DIREITO EUROPEU
DAS
SOCIEDADES

ANTÓNIO MENEZES CORDEIRO
PROFESSOR CATEDRÁTICO DA FACULDADE DE DIREITO DE LISBOA
E DA UNIVERSIDADE CATÓLICA PORTUGUESA
DOUTOR EM DIREITO

DIREITO EUROPEU DAS SOCIEDADES

ALMEDINA
2005

TÍTULO: DIREITO EUROPEU DAS SOCIEDADES

AUTOR: ANTÓNIO MENEZES CORDEIRO

EDITOR: EDIÇÕES ALMEDINA, SA
Rua da Estrela, n.° 6
3000-161 Coimbra
Telef.: 239 851 904
Fax: 239 851 901
www.almedina.net
editora@almedina.net

EXECUÇÃO GRÁFICA: G.C. – GRÁFICA DE COIMBRA, LDA.
Palheira – Assafarge
3001-453 Coimbra
producao@graficadecoimbra.pt

JANEIRO, 2005

DEPÓSITO LEGAL: 221061/04

Em memória do Prof. Doutor Raúl Ventura (1909-1999):
pioneiro no estudo do Direito material europeu

ABREVIATURAS DE REVISTAS

AcP — *Archiv für die civilistische Praxis*
ADC — *Annales de Droit Commercial*
AG — *Aktiengesellschaft*
ArbuR — *Arbeit und Recht*
BB — *Betriebs-Berater*
BFD — *Boletim da Faculdade de Direito*
BMJ — *Boletim do Ministério da Justiça*
CC/Pareceres — *Câmara Corporativa/Pareceres*
CDE — *Cahiers de Droit Européen*
CDP — *Cadernos de Direito Privado*
CJ — *Colectânea de Jurisprudência*
CJ/Supremo — *Colectânea de Jurisprudência/Supremo*
CMLR — *Common Market Law Review*
Comm. Int. — *Commercio Internazionale*
DB — *Der Betrieb*
DDC — *Documentação e Direito Comparado*
D Sess — *Diário das Sessões*
DStR — *Deutsches Steuerrecht*
E.R.P.L. — *European Review of Private Law*
EuDP — *Europa e diritto privato*
EuGHE — *Sammlung der Rechtsprechung des Gerichtshofes der Europäischen Gemeinschaft*
EuGRZ — *Europäische Grundrechte-Zeitschrift*
Eu.L.R. — *European Law Review*
EuR — *Europarecht*
EuZW — *Europäische Zeitschrift für Wirtschaftsrecht*
EWS — *Europäisches Wirtschafts- & Steuerrecht*
GmbHR — *GmbH-Rundschau*
IPRax — *Praxis des Internationalen Privat- und Verfahrensrechts*
JA — *Juristische Arbeitsblätter*

JConst — *Jurisprudência Constitucional*
JOCE — *Jornal Oficial das Comunidades Europeias*
Jura — *Jura/Juristische Ausbildung*
JuS — *Juristische Schulung*
JZ — *Juristenzeitung*
KJ — *Kritische Justiz*
NJW — *Neue Juristische Wochenschrift*
NJW-RR — *Neue Juristische Wochenschrift/Rechtsprechung*
NZA — *Neue Zeitschrift für Arbeits- und Sozialrecht*
NZG — *Neue Zeitschrift für Gesellschaftsrecht*
RabelsZ — *Rabels Zeitschrift für ausländisches und internationales Recht*
RdA — *Recht der Arbeit*
RDComm — *Rivista di Diritto Commerciale e del Diritto Generale delle Obbligazioni*
RDES — *Rivista de Direito e de Estudos Sociais*
RFDUL — *Revista da Faculdade de Direito da Universidade de Lisboa*
RIW/AWD — *Recht des Internationalen Wirtschaft*
RMCUE — *Revue du Marché Commun et de l'Union Européenne*
ROA — *Revista da Ordem dos Advogados*
RTDEu — *Revue Trimestrielle de Droit Européen*
SI — *Scientia Iuridica*
Slg — *Sammlung der Rechtsprechung des Gerichtshofes und des Gerichts erster Instanz*
WM — *Wertpapier-Mitteilungen*
Wpg — *Die Wirtschaftsprüfung*
ZBB — *Zeitschrift für Bankrecht und Bankwirtschaft*
ZeuP — *Zeitschrift für Europäisches Privatrecht*
ZfgG — *Zeitschrift für das gesamte Genossenchaftswesen*
ZGR — *Zeitschrift für Unternehmens- und Gesellschaftsrecht*
ZHR — *Zeitschrift für das gesamte Handels- und Wirtschaftsrecht*
ZIP — *Zeitschrift für Wirtschaftsrecht*

ADVERTÊNCIAS

O *Direito europeu das sociedades*, agora a público, é obra autónoma, pelo método como pelo objecto. Complementa, exteriormente, o nosso *Manual de Direito das sociedades*.

A opção era inevitável. As sociedades de Direito português operam numa rede intrincada de normas e de princípios que soem chamar-se *Direito europeu*. Matéria densa, ainda instável e com postulados próprios: não poderia, com razoabilidade científica e expositiva, ser incluída no *Manual*.

A necessidade, ora sentida, de dotar a literatura jurídica portuguesa de uma obra geral de Direito europeu das sociedades coincidiu ainda com um período de rápidas mutações, no plano da União. Nos finais dos anos oitenta do século XX, cessou a produção de directrizes de Direito das sociedades: período também marcado pelos falhanços da 5.ª (estrutura das sociedades), da 9.ª (grupos de sociedades), da 10.ª (fusões internacionais), da 13.ª (ofertas públicas de aquisição) e da 14.ª (transferências de sede) Directrizes. Num grande esforço de consenso, logrou pôr-se de pé novo projecto da 13.ª Directriz ... fragorosamente rejeitado no Parlamento Europeu, em 2001.

Quebrando a letargia, o ano de 2004 vem assistir: à entrada em vigor do Regulamento n.° 2157/2001, de 8 de Outubro, sobre sociedades europeias, após mais de quarenta anos de estudos; à transposição da Directriz n.° 2003/6/CE, de 28 de Janeiro, sobre abuso do mercado e à das Directrizes n.° 2003/124/CE e n.° 2003/125/CE, ambas de 22 de Dezembro, relativas às modalidades de aplicação da primeira; à concretização do Regulamento n.° 1602/2002, de 19 de Julho de 2002, quanto às normas internacionais de contabilidade, adoptadas pelo Regulamento n.° 1725/2003, de 21 de Setembro; e à preparação das sociedades cooperativas europeias, cujo estatuto foi aprovado pelo Regulamento n.° 1435/2003, de 22 de Julho: um mundo novo, a desbravar.

O estudo de toda esta matéria não pode aguardar melhores oportunidades.

As disposições legais não acompanhadas de fonte correspondem a artigos do Código das Sociedades Comerciais, aprovado pelo Decreto-Lei n.° 262/86, de 2 de Setembro, com alterações subsequentes.

A obra está actualizada com referência a elementos publicados até Junho de 2004 e, nalguns casos, até Outubro desse mesmo ano.

Quinta do Junco, Cacela Velha, Outubro de 2004.

I

INTRODUÇÃO

§ 1.° O Direito europeu das sociedades

1. Noção geral

I. O Direito relativo às sociedades e a questões conexas constitui, hoje, um complexo jurídico-normativo autónomo. Está em causa um sector do ordenamento centrado na ideia de *sociedade* e, ainda, uma área da Ciência do Direito vocacionada para o estudo e a aplicação do sector em causa. De acordo com o estádio actual dos nossos conhecimentos, ficam abrangidas, em conjunto, as sociedades comerciais e as civis, nas suas diversas formas[1].

Substancialmente, as sociedades dão corpo a fenómenos privados de cooperação[2] e de organização[3]. Ou seja: através do Direito privado, dominado pelos princípios da igualdade e da liberdade, as sociedades facultam a congregação e a institucionalização de esforços humanos conjuntos, com fitos de actuação económica.

II. O Direito das sociedades é Direito interno português. Na sequência de uma evolução centenária, com marcas nas Ordenações e em diversas leis antigas e mediante sucessivas codificações e diplomas extravagantes[4], vigora, no território português, um subsistema jurídico societário autónomo. Subsistemas próprios ocorrem em cada um dos vinte e cinco Estados que hoje compõem a União Europeia.

---

[1] *Vide* o nosso *Manual de Direito das sociedades*, 1.° vol. (2004), 23 ss..

[2] KARSTEN SCHMIDT, *Gesellschaftsrecht*, 4.ª ed. (2002), 3 e GÖTZ HUECK/CHRISTINE WINDBICHLER, *Gesellschaftsrecht*, 20.ª ed. (2003), 1.

[3] ULRICH EISENHARDT, *Gesellschaftsrecht*, 11.ª ed. (2003), 2 e BARBARA GRUNEWALD, *Gesellschaftsrecht*, 5.ª ed. (2003), 1.

[4] Relevamos: o Código FERREIRA BORGES (1833), a Lei das Sociedades Anónimas (1867), o Código VEIGA BEIRÃO (1888) e o Código das Sociedades Comerciais (1986).

III. O Tratado de Roma (1957) veio constituir a Comunidade Económica Europeia englobando, na época, seis Estados: Alemanha, Bélgica, França, Holanda, Itália e Luxemburgo. Seguiram-se alargamentos sucessivos: Reino Unido, Irlanda e Dinamarca (1973), Grécia (1981) e Espanha e Portugal (1986). Em 1992, o Tratado de Maastricht constituiu a União Europeia, numa linha de crescente integração. Houve novas adesões: Áustria, Finlândia e Suécia (1995)[5]. Sobrevieram os Tratados de Amesterdão (1997) e de Nice (2000) e a introdução da moeda única (2002). Surge o projecto de Constituição Europeia (2003) e, em 1-Mai.-2004, opera um importante alargamento: Estónia, Letónia, Lituânia, Malta, Polónia, Eslováquia, Eslovénia, Chéquia, Hungria e Chipre.

Podemos chamar Direito europeu ao conjunto dos Tratados que regem a União Europeia (Direito primário) e, ainda, às normas produzidas pelos órgãos europeus resultantes desses Tratados (Direito secundário ou derivado)[6].

IV. Pois bem: os Tratados que regem a União Europeia contêm algumas regras sobre sociedades. Além disso, os órgãos da União, através de directrizes e de regulamentos, têm produzido comandos a elas relativos. Todas essas normas, primárias ou derivadas, são susceptíveis, em determinada medida, de um estudo conjunto, habilitando à construção de princípios e à elaboração de técnicas específicas de interpretação e de aplicação.

O Direito europeu das sociedades será, assim, o conjunto de normas e de princípios, contidos nos Tratados que regem a União Europeia ou produzidos pelos órgãos legislativos da União, relativos às sociedades.

2. O Direito internacional das sociedades

I. O Direito europeu foi, na origem, um Direito internacional especial. Hoje, ele assume características marcantes surgindo como um *tertium genus*: Direito interno da União e Direito supranacional para os Estados-membros. Podemos, assim, proceder à distinção entre o Direito europeu e Direito internacional das sociedades.

---

[5] A Noruega rejeitou, por referendo, a sua adesão.

[6] HELMUT LECHELER, *Einführung in das Europarecht*, 2.ª ed. (2003), 112 ss. e 127 ss., por todos.

II. Na base de um mercado de capitais planetário, podem surgir sociedades internacionais ou, em linguagem consagrada, "multinacionais": sociedades que assumam, nos seus elementos estruturais, factores de estraneidade[7]. O fenómeno é incrementado pela circulação internacional de pessoas e pela associação de interessados provenientes de Estados distintos. Podemos distinguir:

- grupos de sociedades dispersas por mais de um Estado: cada uma delas poderá pertencer a um único ordenamento: todavia, todas em conjunto integram um grupo supranacional;
- sociedades de um único Estado mas com actividades, directas ou indirectas, noutros Estados;
- sociedades com sedes de conveniência – *off shore* ou paraísos jurídicos ou fiscais – com uma actuação marcada num ou em mais Estados;
- sociedades com elementos estáveis em mais de um Estado;
- sociedades de um Estado mas com capitais oriundos de outro ou de outros.

A importância das multinacionais na economia planetária e na globalização em curso é muito grande[8]. Estima-se haver, hoje, mais de 63.000 multinacionais, com milhões de trabalhadores[9]. Exige-se uma especial mobilização da Ciência do Direito.

III. A solução mais simples e directa para enquadrar as situações decorrentes de multinacionais é o aprontamento de um Direito material a tanto destinado[10]. Esse Direito material poderá ser internacional, também pela fonte: quando assente em tratados ou convénios internacionais. Mas sê-lo-á meramente pelo objecto, sempre que corresponda a Direito interno de alguns dos Estados em presença, destinado a reger sociedades desse

---

[7] Cf. Daniel Zimmer, *Internationales Gesellschaftsrecht* (1996), 35 ss..

[8] Winfried Ruigrok, *Das multinationale Unternehmen im Zeitalter der Globalisierung*, em Carl Baundenbacher, *Internationales und Europäisches Wirtschaftsrecht*, 1.° vol. (2004), 83-96, com indicações.

[9] Winfried Ruigrok, *Das multinationale Unternehmen* cit., 85.

[10] Cf. a introdução de Grossfeld em Staudinger/Bernhard Grossfeld, *Internationales Gesellschaftsrecht* (1998).

tipo[11]. Em qualquer das duas hipóteses, as regras internacionais das sociedades distinguem-se das "europeias" por um traço negativo: o de não surgirem no quadro da União Europeia, para os Estados-membros. Este quadro determina vectores específicos inconfundíveis, abaixo examinados.

3. O Direito internacional privado

I. Outra hipótese de reger situações societárias internacionais reside em normas de conflitos. Na presença de vários ordenamentos nacionais vocacionados para reger uma situação societária, normas especializadas, através de um factor de conexão, vão determinar, dos ordenamentos em presença, qual o vocacionado para encontrar a solução concreta. Temos Direito internacional privado[12].

II. A regra básica do Direito internacional privado das sociedades consta do artigo 33.° do Código Civil; segundo o seu n.° 1,

> A pessoa colectiva tem como lei pessoal a lei do Estado onde se encontra situada a sede principal e efectiva da sua administração.

Aparentemente, a sede puramente formal ou estatutária seria insuficiente para determinar a lei pessoal. Todavia, o artigo 3.° do Código das Sociedades Comerciais, depois de repetir a regra civil[13], vem dispor:

> A sociedade que tenha em Portugal a sede estatutária não pode, contudo, opor a terceiros a sua sujeição a lei diferente da lei portuguesa.

Os terceiros – vamos entender que estando de boa fé[14] – são pois protegidos pela lei portuguesa, caso a sociedade considerada tenha a sua sede estatutária no País. Além disso, eles podem prevalecer-se da sede real, pro-

[11] Encontramos normas internacionais "internas" no domínio da banca – artigos 36.° e seguintes e 44.° e seguintes do RGIC – e dos seguros – artigos 34.° e seguintes do RGES.

[12] Cf. ANTÓNIO MARQUES DOS SANTOS, *Algumas reflexões sobre a nacionalidade das sociedades em Direito internacional privado e em Direito internacional público* (1985), e LIMA PINHEIRO, *Direito internacional privado/Parte especial* (1999), 67 ss., com indicações.

[13] Cf. REv 19-Out.-1995 (ÓSCAR CATROLA), BMJ 450 (1995), 585.

[14] Trata-se de uma exigência genérica para que possa proceder a tutela da aparência.

vocando, consequentemente, a aplicação da lei estrangeira, quando esta lhes seja mais favorável ou conveniente[15]. Perante terceiros de "má fé" – isto é: conhecedores da real situação da sociedade ou desconhecedores, com culpa, desse mesmo elemento – a lei aplicável será a da sede principal e efectiva.

III. Na falta de leis expressas, a doutrina divide-se, tradicionalmente, entre a teoria da sede e a teoria da constituição[16]. Esta concentração em duas grandes teorias substituiu uma diversidade doutrinária anterior mais vasta: teoria do capital; teoria da nacionalidade dos sócios; teoria do controlo; teoria do estabelecimento; teoria do local da constituição.

Segundo a *teoria da sede*, o estatuto da sociedade é determinado pelo Direito do local onde a sociedade tenha a sua sede efectiva. Trata-se de uma orientação hoje dominante, na doutrina[17] e na jurisprudência[18]. Ela veio, ainda, a ser adoptada pelo Tribunal de Justiça da União Europeia[19]. Parece, ainda, o mais razoável, perante uma apreciação de tipo económico. A *teoria da constituição* defende, pelo contrário, que o estatuto da sociedade é fixado pelos seus fundadores, os quais estipulam o Direito aplicável. Como variante: valeria a sede formal – portanto: a designada pelos fundadores – e não a efectiva. A teoria da constituição surgiu em Ingla-

---

[15] Cf., perante o Direito anterior, RAÚL VENTURA, *A sede da sociedade no Direito interno e no Direito internacional privado português*, SI 26 (1977), 345-361 e 462-509 (467 ss.).

[16] Cf. DANIEL ZIMMER, *Internationales Gesellschaftsrecht* cit., 28 ss. e STAUDINGER/GROSSFELD, *Internationales Gesellschaftsrecht* cit., Nr. 16 ss. (4 ss.). Entre nós cf. LUÍS LIMA PINHEIRO, *O Direito aplicável às sociedades/Contributo para o Direito internacional privado das sociedades*, ROA 1998, 673-721 = *Estudos Jurídicos e Económicos em Homenagem ao Professor João Lumbrales* (2000), 475-555. Perante o Direito anterior, cumpre recordar RAÚL VENTURA, *A sede da sociedade* cit., 462 ss..

[17] GROSSFELD, em STAUDINGER/GROSSFELD cit., Nr. 38 (9), com indicações; cf. CARSTEN THOMAS EBENROTH/BIRGIT BIPPUS, *Die Sitztheorie als Theorie effektiver Verknüpfungen der Gesellschaft*, JZ 1988, 677-683 (682-683).

[18] BGH 30-Jan.-1970, BGHZ 53 (1970), 181-184 (183), quanto a uma sociedade do Liechenstein, BGH 21-Mar.-1986, BGHZ 97 (1986), 269-273 (271), em novo caso do Liechenstein, OLG Düsseldorf 15-Dez.-1994, IPRax 1996, 128-132 (129), a propósito de uma sociedade norte-americana, BGH 28-Nov.-1994, NJW 1995, 1032-1033, perante uma sociedade de Direito checo, BGH 21-Nov.-1996, JZ 1997, 568-571, sobre uma sociedade sueca, anot. DIETER LEIPOLD, *idem*, 571-573, e BGH 30-Mar.-2000, ZIP 2000, 967-969 (969/I).

[19] TJE 27-Set.-1988, JZ 1989, 384-386 (caso *Daily Mail*), anot. BERNHARD GROSSFELD/CLAUS LUTTERMANN, *idem*, 386-387; outras decisões em STAUDINGER/GROSSFELD cit., Nr. 122 ss. (28 ss.).

Quanto a tentativas de conciliação entre as teorias cf. JÜRGEN BASEDOW, *Europäisches internationales Privatrecht*, NJW 1996, 1921-1930 (1926 ss.).

Sobre o tema, PETER BEHRENS, *Die Gesellschaft mit beschränkter Haftung im internationalen und europäischen Recht* (1997, 1675 pp.), 60 ss., com rec. HARTWIN BUNGERT, NJW 1998, 2806.

terra, logo no séc. XVIII, valendo como meio destinado a permitir a criação, fora da Grã-Bretanha, de sociedades regidas pelo Direito inglês[20]. Ainda hoje funcional em Inglaterra e nos Estados Unidos – onde não deixa de suscitar críticas – ela é questionada pela fuga, que permite, para os "oásis" ou para "paraísos fiscais"[21].

De todo o modo, ela recebeu um inesperado impulso, a propósito do caso *Centros*[22]. É, ainda, em certos casos e excepcionalmente, aplicada pelos tribunais[23], documentando-se decisões que mantêm a sua recusa[24]. Esta matéria poderá ter efeitos em Portugal, delimitando a teoria da sede, legalmente prevista.

IV. O âmbito da lei pessoal é dado pelo artigo 33.°/2, do Código Civil:

> À lei pessoal compete especialmente regular: a capacidade da pessoa colectiva; a constituição, funcionamento e competência dos seus órgãos; os modos de aquisição e perda da qualidade de associado e os correspondentes direitos e deveres; a responsabilidade da pessoa colectiva, bem como a dos respectivos órgãos e membros, perante terceiros; a transformação, dissolução e extinção da pessoa colectiva.

Trata-se de um âmbito amplo e muito expressivo. Compreende-se, por isso, a exigência de constituição, em Portugal, de determinadas sociedades.

V. Temos, depois, o problema da transferência, da sede, de um Estado para outro. Segundo o artigo 33.°/3, do Código Civil,

> A transferência, de um Estado para outro, da sede da pessoa colectiva não extingue a personalidade desta, se nisso convierem as leis de uma e outra sede.

O artigo 2.°/2 do Código das Sociedades Comerciais adapta esta regra à realidade mercantil:

---

[20] Cf. Staudinger/Grossfeld, *Internationales Gesellschaftsrecht* cit., Nr. 31 (7), com indicações.

[21] *Idem*, loc. cit.; certos países europeus, como a Holanda e a Suíça, seguem a teoria da constituição, ainda que com limites.

[22] *Infra*, n.° 22, I; cf. Hueck/Windbichler, *Gesellschaftsrecht*, 20.ª ed. cit., 13.

[23] OLG Frankfurt a.M. 23-Jun.-1999, NJW-RR 2000, 1226.

[24] Heribert Hirte, *Die Entwicklung des Unternehmens- und Gesellschaftsrechts in Deutschland in den Jahren 1998 und 1999* – I, NJW 2000, 3321-3332 (3323).

> A sociedade que transfira a sua sede efectiva para Portugal mantém a personalidade jurídica, se a lei pela qual se regia nisso convier, mas deve conformar com a lei portuguesa o respectivo contrato social.

Na execução desse mandamento e segundo o n.° 3 do mesmo preceito, deve um representante da sociedade outorgar em Portugal escritura pública onde seja declarada a transferência de sede e onde seja exarado o contrato pelo qual a sociedade passará a reger-se: a tudo isto – n.° 4 – aplicar-se-á a lei portuguesa.

Por seu turno, o Direito português admite – 3.°/5 – que a sociedade com sede efectiva em Portugal a possa transferir para outro país, mantendo a sua personalidade, se a lei do país em causa nisso convier. Esta ocorrência é tratada com cautela: a correspondente deliberação deve obedecer aos requisitos para as alterações do contrato de sociedade, exigindo 75% dos votos correspondentes ao capital social; além disso, os sócios discordantes podem exonerar-se da sociedade, notificando-a nos 60 dias subsequentes à publicação da deliberação em causa – artigo 3.°/6.

VI. O Direito europeu das sociedades não se confunde com o Direito internacional. Desde logo: ele não se dirige – ou não se dirige necessariamente – a situações jurídicas que tenham relação com mais de um ordenamento: o Direito europeu pode visar ocorrências meramente internas.

De seguida, ele não segue, em regra, a técnica própria das normas de conflito: antes se assume como Direito material.

Em terceiro lugar: não se trata de um Direito preocupado com relações internacionais e com os equilíbrios que estas devam procurar: antes é um Direito interno da União, subordinado aos valores e aos princípios ínsitos no Tratado de Roma.

Finalmente: o Direito europeu dispõe de modos específicos de produção, com técnicas bem marcadas. Solicita uma Ciência diversa da internacional.

4. Âmbito

I. O Direito europeu das sociedades tem um âmbito que resulta de duas coordenadas:

– o objecto;
– as fontes.

Quanto ao objecto, o Direito europeu das sociedades ocupa-se, em primeira linha, das sociedades comerciais. Mas vai mais longe: contém regras que, directa ou indirectamente, se podem aplicar, também, às sociedades civis. Além disso, atinge outras pessoas colectivas, como as associações, as empresas públicas e as cooperativas. De certo modo, equivale ao Direito das sociedades amplo, tal como hoje é estudado na literatura alemã.

Assim, segundo KARSTEN SCHMIDT, o Direito das sociedades abrange: a associação (§§ 21 e ss. do BGB), a sociedade civil (§§ 705 e ss. do BGB), a sociedade em nome colectivo (§§ 105 ss. do HGB), a sociedade em comandita (§§ 161 e ss. do HGB), a associação em participação (§§ 230 e ss. do HGB), a companhia de navegação (§§ 489 e ss. do HGB), a sociedade anónima (§§ 1 e ss. do AktG), a sociedade em comandita por acções (§§ 278 ss. do AktG), a sociedade por quotas (§§ 1 e ss. do GmbHG), a cooperativa (§§ 1 e ss. do GenG), a associação mútua de seguros (§§ 15 e ss. do VAG), o agrupamento europeu de interesses económicos e a sociedade de profissionais liberais[25]. Poderíamos, ainda, acrescentar a sociedade europeia.

Não pertencem a este universo: a comunhão, a comunhão hereditária, a comunhão conjugal e a fundação de Direito privado.

Nem todas estas realidades caem, na mesma medida, sob a alçada do Direito europeu das sociedades. Ele é, todavia e pelo objecto, mais amplo do que o Direito nacional das sociedades[26].

II. No que toca às fontes, o Direito europeu das sociedades lida:

- com normas primárias, isto é: regras incluídas no próprio Tratado de Roma;
- com regulamentos;
- com directrizes;

[25] KARSTEN SCHMIDT, *Gesellschaftsrecht*, 4.ª ed. cit., 4.

[26] Devemos ter presente que o Código Civil português, na parte relativa às associações e às sociedades civis, está fortemente “comercializado”. Desde logo: foi autor dos correspondentes anteprojectos o Prof. FERRER CORREIA, insigne comercialista. De seguida: o grande modelo tido em mente pelo legislador de 1966, particularmente aquando das “revisões ministeriais”, foi o do Código Civil italiano, que operara, em 1942, a unificação do Direito privado, acolhendo os vectores das sociedades comerciais na área das pessoas colectivas em geral e na das sociedades civis. O âmbito lato do Direito europeu das sociedades não violenta, assim, o Direito nacional.

- com diplomas de transposição, isto é, com Direito nacional resultante da transposição das directrizes;
- com diplomas nacionais que, embora não transpondo directrizes, tenham sido directamente inflectidos por projectos europeus (ainda) não vinculativos;
- com a jurisprudência comunitária;
- com a jurisprudência nacional, quando aplica Direito europeu.

III. Tudo isto surge lasso. Por isso, o Direito europeu das sociedades complementa as fontes através da construção de princípios. A análise dos instrumentos comunitários obriga ainda a uma permanente consideração de Direito comparado. A Ciência do Direito aqui aplicada a tanto conduz.

IV. Existem outras fórmulas de exposição do Direito europeu das sociedades, de que cumpre dar nota.

Em França, onde não conhecemos exposições globais de "Direito europeu das sociedades", a matéria apresenta uma certa tendência para ser englobada nas obras mais latas sobre o "Direito europeu dos negócios". Temos em conta as obras de Gavalda/Parleani[27] e de André e Georges Decocq[28]. Mas se o Direito europeu das sociedades se inclui, indubitavelmente, no todo mais vasto do Direito material europeu[29], parece-nos claro que o desenvolvimento hoje alcançado permite, com dignidade, a sua autonomização. A leitura das obras de "Direito europeu dos negócios" documenta uma efectiva incipiência, no tocante às sociedades. Temos todas as condições para uma maior ambição.

Na Alemanha, cuja literatura mais longe leva o estudo do Direito europeu das sociedades, desenha-se uma tendência para inserir, no seu estudo, os Direitos europeus do mercado de capitais, fiscal, da insolvência e dos conflitos[30].

---

[27] Christian Gavalda/Gilbert Parleani, *Droit des affaires de l'Union européenne*, 4.ª ed. (2002), 12; quanto às sociedades: 149 ss..

[28] André Decocq/Georges Decocq, *Droit européen des affaires* (2003), 1; quanto às sociedades: 69 ss..

[29] O próprio "Direito europeu dos negócios" será um ramo do Direito europeu (material): Gavalda/Parleani, *Droit des affaires*, 4.ª ed. cit., 12.

[30] Stefan Grundmann, *Europäisches Gesellschaftsrecht* (2004), 2-6.

§ 2.° Papel e natureza do Direito europeu das sociedades

5. Um Direito em formação

I. O Direito europeu das sociedades é jovem: mais jovem do que o próprio Direito comunitário.

A primeira obra de fôlego relativa ao Direito europeu das sociedades é a de BÄRMANN, 1970[31]. Refere princípios gerais[32], esforços relativos à sociedade europeia[33] e comporta o texto da 1.ª Directriz[34] ... bem como as então propostas de 2.ª e 3.ª Directrizes[35]. Seguir-se-iam outros escritos, com relevo para o de LUTTER, 1984[36]. A evolução é flagrante, até aos nossos dias – e isso mau grado a escassez de obras gerais, praticamente acantonadas à Alemanha, como veremos. A publicação do Regulamento sobre as sociedades anónimas europeias[37], finalmente ocorrido em 8-Out.-2001, veio provocar um grande incremento de publicações atinentes ao Direito europeu das sociedades, com destaque para as obras de HABERSACK[38], de GÜNTER CHRISTIAN SCHWARZ[39] e de GRUNDMANN[40].

---

[31] Mais precisamente: JOHANNES BÄRMANN, *Europäische Integration im Gesellschaftsrecht*, 1970.

[32] *Idem*, 33 ss..

[33] *Idem*, 146 ss..

[34] *Idem*, 279 ss.. A 1.ª Directriz surgiu (escassos) dez anos após a assinatura do Tratado de Roma: uma autêntica estreia.

[35] *Idem*, 298 ss..

[36] MARCUS LUTTER, *Europäisches Gesellschaftsrecht*, 2.ª ed. (1984), XXXI + 567 pp., com cerca de 80 páginas de doutrina e as restantes de textos.

[37] Cf. *infra*, 855.

[38] MATHIAS HABERSACK, *Europäisches Gesellschaftsrecht* (1999), 317 pp. e 2.ª ed. (2003), 463 pp..

[39] GÜNTER CHRISTIAN SCHWARZ, *Europäisches Gesellschaftsrecht/Ein Handbuch für Wissenschaft* (2000), XLIII + 846 pp..

[40] STEFAN GRUNDMANN, *Europäisches Gesellschaftsrecht* (2004), 557 pp..

Entre nós surgem referências ao Direito europeu das sociedades em artigos de Brito Correia[41] e de Fausto de Quadros[42], de feição descritiva e já antigos, se tivermos em conta a natureza recente de muitos dos desenvolvimentos importantes. A grande massa das obras de Direito europeu vive acantonada no chamado Direito institucional ou em temas gerais de integração. As obras gerais de Direito das sociedades comerciais têm, fatalmente, pouco espaço para consagrar ao Direito europeu.

Tudo isto justifica a referência à extrema juventude do Direito europeu das sociedades.

O Direito europeu das sociedades assenta em fontes que se encontram numa fase ainda incipiente. Mas além disso e sobretudo: ele postula um tipo de doutrina que apenas com o tempo se irá densificando.

II. O próprio Direito europeu das sociedades, além do material científico-positivo de que já dispõe, significa ainda um programa jurídico-político[43]: ele apresenta vectores programáticos e postulados em curso de realização. Visa, entre outros aspectos[44]:

- a harmonização dos direitos nacionais para igualizar protecções de sócios e de terceiros;
- essa mesma harmonização para abrir os mercados a operações transfronteiriças;
- o recíproco reconhecimento dos Direitos nacionais;
- o apronto de formas societárias supranacionais.

Pois bem: tudo isto pressupõe desenvolvimentos jurídico-científicos futuros. Exigem-se novas fontes comunitárias, novas transposições e novas iniciativas políticas e científicas.

---

[41] Luís Brito Correia, *Direito europeu das sociedades*, em *Temas de Direito comunitário*, org. Ordem dos Advogados/Instituto da Conferência (1983), 51-77.

[42] Fausto de Quadros, *Direito europeu das sociedades*, em *Estruturas jurídicas da empresa* (1989), 151-181; este Autor – ob. cit., 152 – declara considerar mais correcta a expressão "Direito comunitário das sociedades".

[43] Cf. a Comunicação da Comissão ao Conselho e ao Parlamento Europeu de 21-Mai.-2003: *Modernizar o direito das sociedades e reforçar o governo das sociedades na União Europeia: Uma estratégia para o futuro*, referida *infra*, n.° 38 e n.° 40, com o texto.

[44] Cf. Marcus Lutter, *Europäisches Gesellschaftsrecht*, 2.ª ed. cit., 1, retomado à letra por Wolfgang Pfister, *Europäisches Gesellschaftsrecht* (1993), 2.

6. Um Direito complementar

I. O Direito europeu das sociedades é incapaz de reger situações jurídicas completas ou, mesmo, de certa extensão; funciona como um Direito fragmentário justaposto aos diversos Direitos nacionais[45]. E fá-lo assumidamente, quer pelos condicionamentos do seu modo de criação, quer pela natureza das situações a que se dirige.

Este aspecto só poderá ser apreendido no termo da presente obra. Todavia, para um melhor conhecimento do método a adoptar, impõe-se uma prévia explicação.

II. Como veremos, algumas normas primárias relevantes em termos de Direito europeu das sociedades – como a liberdade de estabelecimento – têm hoje aplicação imediata. Mas esse aspecto, só por si, não permite regular vicissitudes significativas: apenas questões pontuais, ainda que, *in concreto*, da maior importância. E mesmo essas questões terão de ser aferidas perante o Direito nacional concretamente em causa.

III. As directrizes obrigam os Estados, como adiante melhor será recordado. Carecem de transposição, para regular as situações a que se destinem. Ora a transposição é questão de Direito interno. Em regra, há vários caminhos para a levar a cabo: cada País é um caso. Uma vez transposta, a directriz – que, então, já é mais do que isso – vai articular-se num sistema complexo, com diversos vectores. Por si, não resolve questões reais.

IV. Temos, por fim, os próprios regulamentos, de aplicação directa. A nata é representada pelo Regulamento n.° 2157/2001, de 8 de Outubro, que aprovou o regime da sociedade anónima europeia ou *societas europaea* (SE), após mais de quarenta anos de preparatórios. Seria suposto o regime em causa vigorar, idêntico, em toda a União. Todavia, a complexidade da matéria em presença levou o legislador comunitário a prever, apenas, um *torso*[46]: toda uma infinidade de aspectos regulativos é remetida para o Direito do Estado da sede. Mesmo a este nível, não há uma *societas europaea*: antes tantas *societates* quantos os Direitos nacionais existentes.

---

[45] GÜNTER CHRISTIAN SCHWARZ, *Europäisches Gesellschaftsrecht* cit., 5 (Nr. 3).
[46] Cf. *infra*, 917.

V. O Direito europeu das sociedades vive, assim, encostado aos Direitos nacionais, aos quais deixa o essencial dos meandros regulativos societários. Apenas vai intervindo em certos pontos sensíveis. Nem tanto os mais importantes: antes aqueles sobre os quais as complexas engrenagens de Bruxelas lograram alcançar o necessário consenso.

7. Autonomia dogmática

I. Surpreendentemente, a autonomia dogmática do Direito europeu das sociedades não oferece dificuldades de afirmação[47].

O Direito europeu das sociedades reporta-se a fontes "europeias" e a normas "transpostas". Isso implica regras específicas de interpretação e de aplicação, uma vez que as mensagens legislativas se situam para além das próprias fontes interpretandas.

O método de pesquisa assenta, pela natureza das coisas, em dimensões essencialmente comparatísticas. Temos, ainda, toda uma área de acolhimento e integração no ordenamento nacional.

II. A essas várias particularidades "europeias" soma-se, depois, a complexidade própria do Direito das sociedades com o seu sistema de fontes[48]: Direito imperativo e Direito supletivo; Direito específico dos diversos tipos societários e princípios enformadores; princípios gerais; Direito civil subsidiário; diversas categorias de Direito supletivo.

Podemos ainda contar com subsistemas complexos, como o relativo às sociedades anónimas europeias[49].

III. Pois bem: tudo isto, dobrado por regras específicas de interpretação e de aplicação, com finos remates de jurisprudência europeia e na base de uma Ciência imersa no Direito comparado, permite apresentar uma autonomia dogmática invejável. Trata-se, mesmo, de um irresistível banco de ensaio, excelente para testar quanto os modernos ordenamentos, em crescente diluição, têm para nos apresentar de novo.

---

[47] Cf. WOLFGANG SCHÖN, *Das Bild des Gesellschafters im Europäischen Gesellschaftsrecht*, RabelsZ 64 (2000), 1-37 (6 ss.).

[48] Cf. o nosso *Manual de Direito das sociedades*, 1.° vol. cit., 177 ss..

[49] *Infra*, 938 ss..

Ao longo da exposição, veremos em que medida a autonomia dogmática pode suprir as fraquezas sistemáticas deste sector, essencialmente fragmentário.

8. Natureza

I. Perguntar pela natureza do Direito europeu das sociedades equivale a questionar a sua essência predominante. É evidente que estamos perante um sector normativo que – aliás como a generalidade dos sectores – contém regras de natureza diversa: públicas e privadas; europeias e nacionais; primárias e derivadas. A "essência predominante" permitirá, todavia, emprestar um colorido de fundo ao ramo em análise, cimentando a sua dogmática e a sua sistemática em moldes que não deixarão, depois, de relevar para a interpretação e a aplicação do conjunto.

II. A benefício dos desenvolvimentos subsequentes, podemos adiantar alguns aspectos conclusivos.

O Direito europeu das sociedades é, ainda, um Direito das sociedades e, portanto: um Direito que, como sector jurídico-normativo, regula as manifestações privadas de organização e de cooperação humanas a que soi chamar-se "sociedades"; paralelamente, o Direito aqui em jogo estuda, interpreta e aplica as normas próprias das "sociedades".

Mas não há "sociedades europeias": elas são, necessariamente, nacionais. Mesmo na experiência de ponta, em vigor a partir de 8-Out.-2004, da *societas europaea*, na base do Regulamento n.° 2157/2001, de 8 de Outubro: o Estado da sede é determinante para conhecer muito do seu regime.

O Direito europeu das sociedades assume, deste modo, feições diversas: tantas quantas as nacionalidades das sociedades a que se irá aplicar. Parece apriorístico que o "mesmo" Direito europeu, mesclado com diferentes Direitos nacionais, levará a produtos finais distintos.

III. O próprio Direito "europeu" não tem unidade transnacional. As regras primárias e os regulamentos deveriam tê-la: pelo menos na medida em que as diversidades linguísticas e de construção científica o permitam, o que logo constitui um óbice demolidor.

Mas as directrizes originam puras regras nacionais. De resto: é esse o seu objectivo. Poderão ocasionar aproximação ou harmonização de soluções: nunca identidade[50]. Verificá-lo-emos em cada ponto.

Finalmente, o conjunto: Direito primário, regulamentos e normas de transposição de directrizes, tudo isso coado e concretizado em línguas diversas e por tradições jurídico-científicas milenárias: será europeu pelas origens e pelas intenções, mas nacional pela Ciência e pelas vias de aplicação. Ora é neste último ponto que surge o Direito.

IV. O Direito europeu das sociedades acaba, assim, por ser Direito nacional, ainda que com especiais elementos de estraneidade: nas fontes e no modo de concretização.

Na presente exposição, tomaremos por objecto o Direito europeu de aplicação portuguesa. Pelas necessidades de pesquisa, recorreremos, quando necessário, às "aplicações" feitas noutros países da União.

---

[50] SCHWARZ, *Europäisches Gesellschaftsrecht* cit., 68 ss., fala em conjugação (*Zusammenspiel*) entre os Direitos europeu e nacional das sociedades; podemos, porém, ir mais longe.

§ 3.° Relevo, bibliografia e programa

9. Relevo

I. A nível nacional, as sociedades constituem hoje e por excelência o modo de gestão das grandes, das médias e, até, das pequenas empresas. Além disso, elas emprestam os seus quadros para as mais diversas realizações económicas, independentemente da presença de empresas. Sem preocupações de exaustão, encontramos sociedades nos enquadramentos seguintes:

- sociedades-empresas: a sociedade assegura uma organização de meios humanos e naturais, com uma direcção e com capacidade de produzir bens ou serviços, dentro de critérios de racionalidade económica;
- sociedades de enquadramento: visam ordenar ou articular duas ou mais empresas, de acordo com exigências diversas; ocorrem, aqui, *holdings* e SGPS;
- sociedades instrumentais: uma empresa pode ver vários dos seus departamentos personalizados, constituindo formalmente sociedades autónomas;
- sociedades nominais: trata-se de sociedades regularmente constituídas, mas que não apresentam actividade; antes estão disponíveis para suportar custos ou para eventuais actuações futuras;
- sociedades individuais: a sociedade ou é puramente unipessoal, no que é permitido pelo actual Direito interno (e pelo europeu!) ou, não o sendo formalmente, apenas dá guarida às tarefas profissionais de uma única pessoa.

Não é possível, hoje e no nosso País, referir os regimes dos interesses patrimoniais sem ter em conta as sociedades e o seu Direito.

II. No plano geral do País, o panorama das sociedades é o seguinte[51]:

Forma jurídica	N.° (1)	Volume de emprego (2)	Capital social (3)
Sociedades em nome colectivo	491	4.288	146.391.544
Sociedades em comandita	9	621	2.966.268
Sociedades anónimas	11.973	673.248	9.222.718.783
Sociedades por quotas	241.710	1.566.568	2.928.490.388
Sociedades unipessoais por quotas	6.745	24.526	109.423.207
Sociedades cooperativas	2.215	29.346	52.649.523
Empresas públicas	38	18.171	603.150.059
AEIE	7	73	120.289

(1) Número de sociedades.
(2) Número de pessoas.
(3) Em contos de réis (= 1.000$00).

No plano europeu, podemos considerar que as sociedades, particularmente quando dêem forma a empresas, são as verdadeiras feitoras do mercado interno[52]. Há que contar, na União, com mais de dezasseis milhões de empresas, no maior espaço económico, a nível planetário[53].

III. Qual o relevo do nosso País na União Europeia? Numa Europa a 27[54], Portugal soma 10 dos seus 481,7 milhões de habitantes, isto é: 2,08%. Ocupa, no Parlamento Europeu, 22 lugares em 732: 3,01%. A força que tenha advém-lhe de ser um Estado independente, com a sua língua e o seu Direito.

Contemplando o problema pelo prisma das sociedades, logo se vê o papel avassalador que poderão assumir os elementos "europeus". Quer para intervir no exterior, quer para enfrentar as sociedades "europeias" no interior, há que conhecer a realidade jurídica aplicável.

[51] Elementos de 2000, fornecidos pelo Instituto Nacional de Estatística; são os mais recentes disponíveis, neste momento.

[52] SCHWARZ, *Europäisches Gesellschaftsrecht* cit., 4.

[53] Cf. o *Livro Verde/Parceria para uma nova organização do trabalho*, COM (1997), 128, 4 ss..

[54] Contando já com a Roménia (22,5) e com a Bulgária (8,2 milhões de habitantes, respectivamente).

IV. Acresce ainda que o Direito europeu das sociedades não se aplica, em geral, apenas a sociedades de grande porte. Numerosas regras já introduzidas entre nós, seguem linhas de aplicação que atingem todas as sociedades, incluindo as mais pequenas. Trata-se de um aspecto que nem sempre tem sido devidamente salientado.

Digamos que, neste momento, o Direito europeu das sociedades está omnipresente.

V. Pergunta-se, depois, qual o papel do Direito das sociedades no campo do Direito europeu. O espaço europeu é, antes de mais, um espaço económico. As áreas jurídicas mais relevantes no mercado único têm a ver com os agentes económicos e as relações que, entre eles, se estabelecem: sociedades, trabalho e obrigações[55]. E nestas áreas, aquela em que mais se avançou – portanto: a "mais europeia" – é, precisamente, a das sociedades[56]. Quer isto dizer que, mesmo do ponto de vista puramente europeu, o Direito das sociedades caminha na dianteira, apresentando-se como a mais desenvolvida área do Direito europeu material.

V. Podemos concluir que o Direito europeu das sociedades tem o relevo que apresenta o próprio Direito das sociedades, porventura acrescido pelo conhecimento alargado da realidade europeia que ele proporciona.

Além disso, o seu estudo faculta horizontes do maior interesse, particularmente no que toca ao Direito comparado e às técnicas de integração. Dentro do Direito privado, o Direito das sociedades constitui, hoje, a área de preferente empenho comunitário, isto é: aquela que apresenta a maior densidade de directrizes e onde já surgem regulamentos de primeiro plano. Constitui um campo experimental que pode propiciar preciosos ensinamentos para o futuro do Direito europeu.

10. **Programa e método**

I. Na exposição subsequente iremos seguir um programa pragmático, que permita acompanhar a matéria do Direito europeu das sociedades no

---

55 Stefan Grundmann, *Das Thema Systembildung im Europäischen Privatrecht/Gesellschafts-, Arbeits-, und Schuldvertragsrecht*, em Stefan Grundmann (ed.), *Systembildung und Systemlücken in Kerngebieten des Europäischen Privatrechts* (2000), 1.

56 Wolfgang Gross, *Komponenten und Lücken bei der Gesellschaftsharmonisierung aus Sicht der Praxis*, em Grundmann, *Systembildung* cit., 189-206 (189).

seu desenvolvimento aplicativo e, depois, localizar com facilidade os problemas e a sua sede de tratamento. Vamos dividi-la em quatro partes, a somar à presente introdução:

- dogmática geral;
- directrizes do Direito das sociedades;
- vectores evolutivos: projectos e propostas de directrizes;
- regulamentos: tipos europeus de sociedades.

A dogmática geral levar-nos-á a estudar os grandes quadros comunitários, os fundamentos da intervenção europeia nas sociedades e as técnicas de interpretação e de aplicação do Direito europeu.

Quanto às directrizes: procuraremos examinar, lado a lado, a directriz e o produto da sua transposição.

Os projectos e as propostas de directrizes interessam-nos a título informativo. Mas podem ter ainda um papel específico quando o legislador nacional, mesmo antes da sua aprovação, tenha decidido modelar o Direito interno em função do projecto. E isso, entre nós, já sucedeu precisamente no domínio das sociedades: adiantamos que o Código das Sociedades Comerciais foi muito marcado pela proposta de 5.ª Directriz, hoje abandonada. Os restantes elementos traduzem vectores evolutivos cujo conhecimento tem, desde já, o maior relevo.

Os tipos europeus de sociedades constam, de regulamentos. Eles serão examinados e expostos, à luz da sua aplicação no espaço interno. Por razões de proximidade sistemática, a Directriz n.° 2001/86, de 8 de Outubro, relativa à intervenção dos trabalhadores na gestão das sociedades europeias, será considerada na sequência do Regulamento n.° 2157/2001, também de 8 de Outubro, sobre esse tipo de sociedades. A mesma lógica opera quanto às cooperativas europeias.

II. No tocante ao método, teremos presentes as considerações pertinentes feitas no campo do Direito civil, do Direito comercial e do Direito das sociedades[57]. Poremos um assento particular no pragmatismo, na actualização e no correcto tratamento da Ciência do Direito.

Tratando-se de Direito europeu: há que manusear, pelo crivo do Direito comparado, os ordenamentos que mais têm contribuído para as

[57] Cf. os nossos *Tratado de Direito civil* I/2, 2.ª ed. (2000), 49 ss. e 119 ss., *Manual de Direito comercial*, 1 (2001), 136 ss. e *Manual de Direito das sociedades*, 1 cit., 168.

soluções comunitárias. De modo a delimitar com realismo a exposição, prevenindo meras listagens algo exóticas, trabalharemos, preferencialmente, com os Direitos alemão, francês e italiano. A primazia irá para o primeiro: de longe o que mais tem contribuído para as soluções "europeias" e o que oferece maiores estudo e elementos de análise.

III. O Direito europeu exige, desde logo, o domínio das fontes. A partir do seu conhecimento – se necessário: exegético – poder-se-á, depois, processar o desenvolvimento dogmático subsequente.

Assumiremos, assim, o método do experiente HABERSACK[58]: o de transcrever a fonte europeia em causa – directriz ou regulamento – antes de proceder à análise a ela pertinente. A alternativa de os inserir em anexo final – tipo LUTTER[59] – obriga o leitor a uma certa dispersão. Finalmente: não há, na nossa literatura, uma recolha de textos comunitários sobre sociedades, para a qual se possa remeter. E alguns dos textos relevantes nem sequer existem em língua portuguesa. Sem fontes, não há estudo sério.

11. Bibliografia

I. Bibliografia geral sobre Direito europeu

A bibliografia essencial surge-nos em língua alemã: uma das razões que nos levou a publicar a presente obra, em português. Temos:

a) *Comentários*

CHRISTIAN CALLIESS/MATTHIAS RUFFERT, *Kommentar des Vertrages über die Europäische Union und des Vertrages zur Gründung der Europäischen Gemeinschaft – EUV/EGV*, 2.ª ed., Neuwied, 2002;

CARL OTTO LENZ/KLAUS-DIETER BORCHARD, *EU- und EG-Vertrag/Kommentar*, 3.ª ed., Colónia, 2003;

RUDOLF STREINZ, com a colaboração de CHRISTOPH OHLER e de mais 41 especialistas por tema: *EUV/EGV – Vertrag über die Europäische Union und Vertrag zur Gründung der Europäischen Gemeinschaft*, Munique, 2003;

---

58 MATHIAS HABERSACK, *Europäisches Gesellschaftsrecht*, 1.ª ed. (1999) e 2.ª ed. (2003).

59 MARCUS LUTTER, *Europäisches Gesellschaftsrecht*, 2.ª ed. cit., 83 ss., de resto: desactualizado.

HANS VON DER GROEBEN/JÜRGEN SCHWARZE, *Kommentar zum Vertrag über die Europäischen Union und zur Gründung der Europäische Gemeinschaft*, 6.ª ed., 4 volumes, Baden-Baden, 2003/2004.

b) *Manuais*

ANTÓNIO MENEZES CORDEIRO (Embaixador), *Direito comunitário*, colab. HENRIQUE PIETRA TORRES, polic., Lisboa, 2001;

GIANNANTONIO BENACCHIO, *Diritto privato della comunità europea/ /Fonti, modelli, regole*, 2.ª ed., Pádua, 2001;

PETER M. HUBER, *Recht der Europäischen Integration*, 2.ª ed., Munique, 2002;

CHRISTIAN GAVALDA/GILBERT PARLEANI, *Droit des affaires de l'Union européenne*, 4.ª ed., Paris, 2002;

ANDRÉ DECOCQ/ GEORGES DECOCQ, *Droit européen des affaires*, Paris, 2003;

CHRISTIAN KOENIG/ANDREAS HARATSCH, *Europarecht*, 4.ª ed., Tübingen, 2003;

BERNHARD NAGEL, *Wirtschaftsrecht der Europäischen Union/Eine Einführung*, Baden-Baden, 2003;

RUDOLF STREINZ, *Europarecht*, 6.ª ed., Heidelberg, 2003;

NICOLÒ LIPARI (org.), *Trattato di diritto privato europeo*, 2.ª ed., 4 volumes, Pádua, 2003/2004;

PAULO DE PITTA E CUNHA, *Direito Institucional da União Europeia*, Coimbra, 2004;

LUIGI DANIELE, *Diritto dell' Unione Europea*, Milão, 2004;

ANA MARIA GUERRA MARTINS, *Curso de Direito Constitucional da União Europeia*, Coimbra, 2004;

FAUSTO DE QUADROS, *Direito da União Europeia/Direito constitucional e administrativo da União Europeia*, Coimbra, 2004.

II. **Bibliografia sobre sociedades**[60]

FRANCESCO FERRARA JR./FRANCESCO CORSI, *Gli imprenditori e le società*, 12.ª ed., Milão, 2001;

---

[60] Uma indicação mais completa pode ser vista no nosso *Manual de Direito das sociedades*, 1 cit., 170-171; quanto a obras nacionais – cf., aí, 169-170. Por dever de função, chamamos a atenção para o seguinte: o leitor, mesmo perante títulos nacionais recentes, deverá verificar sempre a sua actualização, particularmente quanto a elementos europeus.

KARSTEN SCHMIDT, *Gesellschaftsrecht*, 4.ª ed., Colónia, Berlim, Bona e Munique, 2002;

PHILIPPE MERLE, *Droit commercial/Sociétés commerciales*, 9.ª ed., col. ANNE FAUCHON, Paris, 2003;

ANTÓNIO MENEZES CORDEIRO, *Manual de Direito das sociedades*, 1.°, Coimbra, 2004.

III. **Bibliografia sobre Direito europeu das sociedades**

JOHANNES BÄRMANN, *Europäische Integration im Gesellschaftsrecht*, Colónia, Berlim, Bona e Munique, 1970;

MARCUS LUTTER, *Europäisches Gesellschaftsrecht*, 2.ª ed., Munique, 1984;

— *Europäisches Unternehmensrecht*, 4.ª ed., Colónia e outras, 1996;

WOLFGANG PFISTER, *Europäisches Gesellschaftsrecht*, Frankfurt e outras, 1993;

BERNHARD NAGEL, *Deutsches und Europäisches Gesellschaftsrecht/Eine Einführung*, Munique, 2000;

GÜNTER CHRISTIAN SCHWARTZ, *Europäisches Gesellschaftsrecht/Ein Handbuch für Wissenschaft und Praxis*, Baden-Baden, 2000;

MICHEL MENJUCQ, *Droit international et européen des sociétés*, Paris, 2001;

KLAUS HOPT/EDDY WYMEERSCH, *European Company and Financial Law/Texts and Leading Cases*, 3.ª ed., Oxford, 2003;

MATHIAS HABERSACK, *Europäisches Gesellschaftsrecht*, 2.ª ed., Munique, 2003;

STEFAN GRUNDMANN, *Europäisches Gesellschaftsrecht/Eine systematische Darstellung unter Einbeziehung des Europäischen Kapitalmarktrechts*, Heidelberg, 2004.

12. **Revistas e *Internet***

I. A matéria relativa ao Direito europeu das sociedades aparece-nos em revistas de Direito das sociedades e nas de Direito europeu[61].

[61] Outras indicações resultam do índice de abreviaturas de revistas.

Temos:

— *Cahiers de Droit Européen* (CDE);
— *Common Market Law Review* (CMLR);
— *Die Aktiengesellschaft* (AG);
— *Europäische Zeitschrift für Wirtschaftsrecht* (EuZW);
— *Europarecht* (EuR);
— *European Review of Privat Law* (ERPL);
— *GmbH-Rundschau* (GmbHR);
— *Neue Zeitschrift für Gesellschaftsrecht* (NZG);
— *Revue de Sociétés* (RS);
— *Revue Trimestrielle de Droit Européen* (RTDEu);
— *Rivista delle società* (RivS);
— *Zeitschrift für Europäisches Privatrecht* (ZeuP);
— *Zeitschrift für Unternehmens- und Gesellschaftsrecht* (ZGR).

Para poder acompanhar o dia-a-dia da produção legislativa com relevo comunitário e societário, a publicação mais eficaz e acessível ainda será a NJW (*Neue Juristische Wochenschrift*).

II. No tocante à *Internet*, para além das bases de dados jurídicos hoje facilmente acessíveis, cumpre assinalar, todas *http://*:

— europa.eu.int (União Europeia);
— www.ecb.int/ (Banco Central Europeu);
— europa.eu.int/eur-lex (Eur-Lex).

Esta última compreende bases de dados com a legislação europeia, os projectos e as decisões do Tribunal de Justiça Europeu.

Finalmente, assinalamos a base de dados da Priberam: *LegiX 7 Europa*, que contém a base Celex, onde pode ser confrontada toda a legislação europeia.

III. A ética universitária veda a referência a obras meramente listadas como tendo sido efectivamente consultadas. Quando se recorra à *Internet*, há que indicar sempre esse facto e a fonte usada.

II

DOGMÁTICA GERAL

CAPÍTULO I

AS SOCIEDADES NO TRATADO DA UNIÃO EUROPEIA

§ 4.° Aspectos gerais

13. Os objectivos da União

I. O Tratado da União Europeia – portanto: o Tratado que constituiu a Comunidade Económica Europeia ou Tratado de Roma, tal como resultou da revisão levada a cabo pelo Tratado de Maastricht – refere as sociedades de passagem. Fá-lo nos artigos 44.°/2, *g*) e 48.°, a propósito da liberdade de estabelecimento, em preceitos que examinaremos de modo mais detido. No entanto, fica claro que o Tratado da União acaba por interferir no domínio das sociedades por diversas outras vias. Vamos captar alguns desses aspectos.

II. O Direito europeu, como qualquer outro sistema parcelar, tem objectivos bem delimitados. Esses objectivos constituem um permanente factor de interpretação e de integração das normas subsequentes. Todavia, a própria ideia de União Europeia surge como conceito indeterminado e aberto: circunstância que, de resto, permite a sua aceitação por pensamentos diversos[62].

---

[62] HUBER, *Recht der Europäischen Integration*, 2.ª ed. cit., 83.

Dentro desta vaguidade de princípio[63], retemos o artigo 2.° do Tratado da União Europeia, segundo o qual a missão da Comunidade reside nos objectivos seguintes[64]:

> (...) o desenvolvimento harmonioso, equilibrado e sustentável das actividades económicas, um elevado nível de emprego e de protecção social, a igualdade entre homens e mulheres, um crescimento sustentável e não inflacionista, um alto grau de competitividade e de convergência dos comportamentos das economias, um elevado nível de protecção e de melhoria da qualidade do ambiente, o aumento do nível e da qualidade de vida, a coesão económica e social e a solidariedade entre os Estados-Membros.

III. Os objectivos da Comunidade implicam, depois, uma sequência de tarefas, enumeradas nas vinte e uma alíneas do artigo 3.°, do Tratado de Roma. Vamos, desse preceito, reter os pontos que, de modo mais directo, relevam para as sociedades[65]:

(...)

b) Uma política comercial comum;

c) Um mercado interno caracterizado pela abolição, entre os Estados-Membros, dos obstáculos à livre circulação de mercadorias, de pessoas, de serviços e de capitais;

(...)

g) Um regime que garanta que a concorrência não seja falseada no mercado interno;

h) A aproximação das legislações dos Estados-Membros na medida do necessário para o funcionamento do mercado comum;

(...)

IV. O elenco dos objectivos da União é suficientemente amplo para permitir as medidas mais díspares: contraditórias mesmo, no limite. Todavia, perante os diversos institutos concretos, a referência aos objectivos de origem poderá ser útil. Além do efeito legitimador que sempre comportam, os objectivos básicos devem manter-se no momento crucial da ponderação das consequências da decisão que esteja em vias de ser tomada.

---

[63] Helmut Lechler, *Einführung in das Europarecht*, 2.ª ed. (2003), 39 ss..

[64] Jean Paul Jacqué, em Hans von der Groeben/Jürgen Schwarze, *Kommentar zum Vertrag über die Europäische Union und zur Gründung der Europäischen Gemeinschaft*, vol. 1, 6.ª ed. (2003), 54-55 e Rudolf Streinz, *Vertrag über die Europäische Union und Vertrag zur Gründung der Europäischen Gemeinschaft* (2003), 22 ss..

Entre outros aspectos, a referência aos objectivos deverá afastar a tentação sempre assumida pelos aparelhos dotados de largas burocracias: a de localizar, nos próprios mecanismos comunitários, fins em si mesmos. Não é assim. O Direito europeu é, apenas, um instrumento para os objectivos mais amplos que cabem à União.

14. A mínima competência da União

I. A repartição de competências entre os Estados membros e a União levanta uma série de problemas delicados. O Tratado não é muito claro, nesse domínio, pelo que a prática assume um papel de relevo.

O Tratado da União contém, no seu artigo 5.°, um princípio a que poderemos chamar a mínima competência da União[66]. Segundo o artigo 5.° do Tratado[67]:

> A Comunidade actuará nos limites das atribuições que lhe são conferidas e dos objectivos que lhe são cometidos pelo presente tratado.

Se seguirmos as diversas áreas por que se tem vindo a desenvolver o Direito europeu, verificaremos que a intensidade de intervenção jurídico-normativa da União é bastante variável[68]. Em qualquer dos casos, as atribuições da União constituem um quadro de facultação de competências.

---

[65] MANFRED ZULEEG, em VON DER GROEBEN/SCHWARZE, *Kommentar*, 1.°, 6.ª ed. cit., 604 ss. (609-610, quanto à aproximação de legislações); cf. JÖRG UKROW, em CHRISTIAN CALLIESS/MATTHIAS RUFFERT, *Kommentar des Vertrages über die Europäische Union und Vertrages zur Gründung der Europäischen Gemeinschaft – EUV/EGV*, 2.ª ed. (2002), 355 ss. e CARL OTTO LENZ, em CARL OTTO LENZ/KLAUS-DIETER BORCHARDT, *EU- und EG-Vertrag/Kommentar*, 3.ª ed. (2003), 186 ss..

[66] HANS PETER KRAUSSER, *Das Prinzip begrenzter Ermächtigung im Gemeinschaftsrecht als Strukturprinzip des EWG-Vertrages* (1991), 16 ss. (o conceito), 20 ss. (o conteúdo) e 26 ss. (a função), KLAUS-DIETER BORCHARDT, *Die rechtlichen Grundlagen der Europäischen Gemeinschaften – Rechtquellen, Rechtshandlungen, Rechtsetzung*, em MORITZ RÖTTINGER/CLAUDIA WEYRINGER, *Handbuch der europäischen Integration* (1991), 43-75 (56-57) e RUDOLF STREINZ, *Europarecht*, 6.ª ed. (2003), 190-191.

[67] ZULEEG, em VON DER GROEBEN/SCHWARZE, *Kommentar*, 1.°, 6.ª ed. cit., 615 ss., com muitas indicações.

[68] Cf. LECHELER, *Einführung in das Europarecht*, 2.ª ed. cit., 43.

II. Corolário da competência mínima é o princípio da subsidiariedade do Direito comunitário[69], assim consagrado[70], no artigo 5.° II e III, do Tratado da União:

> Nos domínios que não sejam das suas atribuições exclusivas, a Comunidade intervém apenas, de acordo com o princípio da subsidiariedade, se e na medida em que os objectivos da acção encarada não possam ser suficientemente realizados pelos Estados-Membros, e possam pois, devido à dimensão ou aos efeitos da acção prevista, ser melhor alcançados ao nível comunitário.
>
> A acção da Comunidade não deve exceder o necessário para atingir os objectivos do presente Tratado.

III. Tem-se entendido que o mínimo de competência e o princípio da subsidiariedade não assumem, no campo das sociedades, um alcance diferenciado[71]. Podemos admiti-lo. Todavia, trata-se de regras comunitárias muito claras, que devem nortear três níveis de actuação:

- a elaboração das directrizes: estas só devem surgir quando necessárias, à luz dos fins da União; além disso, a sua regulação deve ser comedida, pautando-se pela circunspecção sabiamente incluída no artigo 5.° do Tratado;
- a transposição de directrizes: também aqui deve o legislador nacional dar mostras de bom senso; não é obrigatório transpor matérias já vigentes, entre nós[72]; e também não se torna necessário nem conveniente acentuar "dimensões comunitárias", para além do requerido pela própria directriz;

[69] HUBER, *Recht der Europäischen Integration*, 2.ª ed. cit., 249 ss.. Cf. HELMUT LECHELER, *Das Subsidiaritätsprinzip/Strukturprinzip einer europäischen Union* (1993), 14 ss., BERNHARD SCHIMA, *Das Subsidiaritätsprinzip im Europäischen Gemeinschaftsrecht* (1994), 2 ss. e GRUNDMANN, *Europäisches Gesellschaftsrecht* cit., 45-46.

[70] ZULEEG, em VON DER GROEBEN/SCHWARZE, *Kommentar*, 1.°, 6.ª ed. cit., 621 ss..

[71] HABERSACK, *Europäisches Gesellschaftsrecht*, 2.ª ed. cit., 24. Cf. WOLFGANG SCHÖN, *Gesellschaftsrecht nach Maastricht/Art. 3b EGV und das europäische Gesellschaftsrecht*, ZGR 1995, 1-38 (11 ss. e 19 ss.).

[72] Por exemplo: a Primeira Directriz do Direito das Sociedades, fortemente influenciada pelo Direito alemão e que obrigou a significativas alterações nos diversos Estados europeus, não implicou, na Alemanha, modificações significativas, uma vez que as suas regras já, aí, estavam em vigor; cf. HABERSACK, *Europäisches Gesellschaftsrecht*, 2.ª ed. cit., 64.

– a interpretação e a aplicação de matéria transposta: nas margens sempre oferecidas ao intérprete-aplicador, deve este aprofundar as saídas menos gravosas para o Direito nacional, desde que assegurados os escopos da União.

IV. A preocupação em manter os princípios da mínima competência e da subsidiariedade bem presentes, no domínio do Direito europeu das sociedades, não tem a ver com um mero nacionalismo. O Direito português – tal como, nos respectivos campos, os diversos Direitos nacionais – comporta uma harmonia interna propiciada por um longo aperfeiçoamento. Perante isso, o Direito europeu surge como um corpo estranho, de consequências imprevisíveis. Reconduzi-lo à sua lógica própria permite uma melhor absorção. E paralelamente, os problemas a resolver apresentam um *optimum* no tocante à previsibilidade das soluções. Trata-se de um ponto fundamental, especialmente no domínio sensível das sociedades.

15. **A primazia do Direito europeu; a eficiência**

I. A primazia do Direito europeu sobre o Direito nacional não resulta, de modo expresso, do Tratado da União[73]. Veremos até onde vai, neste ponto, a Constituição Europeia[74]. Antecipamos que o legislador nacional português é, neste ponto e já hoje, de grande subserviência.

Com relevo na matéria, cumpre referir o actual artigo 249.° do Tratado da União, que passamos a recordar[75]:

> Para o desempenho das suas atribuições e nos termos do presente Tratado, o Parlamento Europeu em conjunto com o Conselho, o Conselho e a Comissão adoptam regulamentos e directivas, tomam decisões e formulam recomendações ou pareceres.

---

[73] Cf. HELMUT LECHELER, *Einführung in das Europarecht*, 2.ª ed. cit., 52 ss..

[74] Cf. JORGE MIRANDA, *A Constituição Europeia e a ordem jurídica portuguesa*, O Direito 134.°/135.° (2002/2003), 9-29 (27 ss.) e PAULO DE PITTA E CUNHA, *A Constituição Europeia/Um olhar crítico sobre o projecto* (2004), 55 ss..

Sobre a teoria da Constituição Europeia, refira-se a obra maciça (889 pp.) de ANNE PETERS, *Elemente einer Theorie der Verfassung Europas* (2001).

[75] A literatura é inabarcável; cf., com indicações, GUDRUN SCHMIDT, em VON DER GROEBEN/SCHWARZE, *Kommentar*, 4.° vol. (2004), 762 ss..

O regulamento tem carácter geral. É obrigatório em todos os seus elementos e directamente aplicável em todos os Estados-Membros.

A directiva vincula o Estado-Membro destinatário quanto ao resultado a alcançar, deixando, no entanto, às instâncias nacionais a competência quanto à forma e aos meios.

A decisão é obrigatória em todos os seus elementos para os destinatários que designar.

As recomendações e os pareceres não são vinculativos.

II. Com o limite da Constituição, as normas "europeias" prevalecem sobre o Direito nacional. Este vector é importante, perante regulamentos. Quanto às directrizes: na medida em que a norma transposta corresponda à jurídico-positividade comunitária, há que lhe dar a primazia nos concursos que venham a ocorrer com as normas internas.

III. O princípio da primazia deve ser tomado em sentido substancial. Daí o reclamar-se um vector de eficiência do Direito comunitário: ele deve ter um *effet utile* em termos de harmonização[76]. Como vector de interpretação e de aplicação: haverá que validar as vias que conduzam à concretização dos objectivos da União.

[76] Cf. Irene Klauer, *Die Europäisierung des Privatrechts/Der EuGH als Zivilrichter* (1998), 27.

§ 5.° Direitos e liberdades fundamentais

16. Um Direito de cariz Ocidental

I. O Direito europeu é um Direito de cariz Ocidental[77]. Compartilha os valores que se difundiram nos países do Ocidente após as Revoluções inglesa e francesa. Assenta, designadamente, nos vectores da liberdade e da livre iniciativa individuais[78]: a ordem económica é a economia do mercado[79]. E, às pessoas, reconhece direitos e outras prerrogativas, que elas podem opor aos Estados e à própria União. Acrescentamos ainda que, mau grado as incompreensíveis tibiezas dos actuais dirigentes europeus em consignar, na Constituição Europeia, uma referência singela ao Cristianismo como elemento essencial do Ocidente, a natureza personalista do Direito comunitário mantém-se e é eficaz.

II. Como veremos, o Tratado da União consagra diversas posições individuais, oponíveis *erga omnes*. Outras têm vindo a afirmar-se através da jurisprudência e da doutrina.

Passos importantes no tocante, por exemplo, às liberdades económicas foram dados a propósito de questões que opuseram simples cidadãos aos respectivos Estados. Por vezes: com exagero. Pensamos, todavia, que

---

[77] Referimos diversos textos fundamentais do Prof. MESTMÄCKER: ERNST-JOACHIM MESTMÄCKER, *Wirtschaft und Verfassung in der Europäischen Union/Beiträge zu Recht, Theorie und Politik der europäischen Integration* (2003), 701 pp..

[78] O Direito europeu, particularmente depois de Maastricht (7-Fev.-1992) veio a assumir um verdadeiro liberalismo de convicção – cf. ANDRÉ DECOCQ/GEORGES DECOCQ, *Droit européen des affaires* cit., 12; diversos aspectos estruturantes do Direito europeu procuram eternizar essa opção; o futuro dirá se tal opção é viável e definitiva ou se se tratou de mero exacerbar liberal, subsequente à queda do muro de Berlim e à vitória na Guerra Fria.

[79] ERNST-JOACHIM MESTMÄCKER, *Marktversagen und Staatsversagen in der Europäische Union*, em GRUNDMANN, *Systembildung* (2000) cit., 54-65 (57).

se revela, aqui, um aspecto ponderoso. Em todas as construções teóricas ou práticas propiciadas pelo Direito europeu, dominará sempre o modo de pensar que determina os direitos das pessoas e que, a partir daí, procede para os realizar e concretizar.

17. **Os direitos fundamentais**

I. O Direito europeu tem vindo a desenvolver alguns conceitos próprios. Para tanto, utiliza muitas vezes o fundo comum dos diversos ordenamentos, particularmente nas áreas do Direito civil e do Direito constitucional. Nestas condições surgem os direitos fundamentais, contrapostos à categoria das liberdades fundamentais.

Os Direitos fundamentais europeus correspondem a uma transposição comunitária da evolução processada depois da II Guerra Mundial, nos vários países do Ocidente e, em especial, na Alemanha[80]. Traduzem, no essencial, posições reconhecidas às pessoas, que se prendem à sua própria existência, desenvolvimento e dignidade e que devem ser respeitadas, em primeira linha, pelo Estado[81] ou, aqui, pelos Estados-membros[82].

II. Apesar de ter disponíveis os diversos catálogos nacionais[83], o legislador comunitário não logrou, ainda, aprontar a competente enumeração[84]. O Parlamento Europeu deliberou, em 8-Abr.-1997[85], a preparação, pela União Europeia, de uma Declaração Europeia dos Direitos Fundamentais. Sem efeitos. Nova deliberação, em 17-Fev.-1998[86]: com idênticos resultados.

---

[80] Christian Walter, *Geschichte und Entwicklung der Europäischen Grundrechte und Grundfreiheiten*, em Dirk Ehlers (publ.), *Europäische Grundrechte und Grundfreiheiten* (2003), 1-19 (1 ss.). Como referência, Andrew Clapham, *Human Rights and the European Community: A Critical Overview* (1991) e Antonio Cassese/Andrew Clapham/Joseph Weiler (ed.), *Human Rights and the European Community: Methods of Protection*, 2 volumes (1991).

[81] Dirk Ehlers, *Die Grundrechte des europäischen Gemeinschaftsrechts*, Jura 2002, 468-477 (468 ss.).

[82] Matthias Ruffert, *Die Mitgliedstaaten der Europäischen Gemeinschaft als Verpflichtete der Gemeinschaftsgrundrechte*, EuGRZ 1995, 518-530.

[83] Nagel, *Wirtschaftsrecht der Europäischen Union*, 4.ª ed. cit., 61.

[84] Lecheler, *Einführung in das Europarecht*, 2.ª ed. cit., 116.

[85] JOCE 1997 Nr. C-132, 31, de 28-Abr.-1997.

[86] JOCE 1998 Nr. C-80, 43, de 16-Mar.-1998.

O Conselho, na Cimeira de Nice, em 7-Dez.-2000, proclamou a Carta dos Direitos Fundamentais da União Europeia[87]. Esta não se tornou, porém e ainda, num texto efectivamente vinculativo[88]. Espera-se, agora, que a matéria venha a ser acolhida na Constituição Europeia[89].

III. Apesar dessa falha legislativa, a jurisprudência europeia tem vindo a reconhecer e a aplicar os diversos direitos fundamentais[90]. O Tribunal de Justiça Europeu deriva a sua competência, nesse domínio, simplesmente do artigo 220.°/I do Tratado da União[91]:

> No âmbito das respectivas competências, o Tribunal de Justiça e o Tribunal de Primeira Instância garantem o respeito do Direito na interpretação e aplicação do presente Tratado.

De entre os direitos fundamentais reconhecidos pelo Tribunal de Justiça, passamos a enumerar:

- a dignidade da pessoa[92];
- o direito de propriedade[93];
- a liberdade geral de comércio[94];

---

[87] JOCE 2000 Nr. C-364, 1-21, de 18-Dez.-2000. De referir a obra colectiva publ. JÜRGEN MEYER, *Kommentar zur Charta der Grundrechte der Europäischen Union* (2003), 634 pp., bem como a publ. GIUSEPPE FRANCO FERRARI, *I diritti fondamentali doppo la Carta di Nizza/Il costituzionalismo dei diritti* (2001), 275 pp..

[88] Cf. CHRISTIAN CALLIESS, *Die Europäische Grundrechts-Charta*, em DIRK EHLERS, *Europäische Grundrechte und Grundfreiheiten* (2003), 447-466 e *Die Charta der Grundrechte der Europäischen Union – Fragen der Konzeption, Kompetenz und Verbindlichkeit*, EuZW 2001, 261-268 (267).

[89] Cf. o *Projecto de Tratado que estabelece uma Constituição para a Europa*, JOCE N.° C-169, 1-105, de 18-Jul.-2003, Parte II, 22-29.

[90] HANS-WERNER RENGELING, *Grundrechtsschutz in der Europäischen Gemeinschaft/Bestandaufnahme und Analyse der Rechtsprechung des Europäischen Gerichtshofs zum Schutz der Grundrechte als allgemeine Rechtsgrundsätze* (1993), 11 ss. e *passim*.

[91] Cf. a prenot. de CHARLOTTE GAITANIDES aos artigos 220.° a 245.°, no VON DER GROEBEN/ /SCHWARZE, *Kommentar*, 4.° vol. (2004), 298 ss..

[92] TJE/I 30-Abr.-1996 (P./S.), Proc. 13/94, EuGHE 1996, I, 2159-2167 (2165, n.° 22, com referências a uma discriminação atentatória da dignidade e da liberdade).

[93] TJE 13-Dez.-1979 (Liselotte Hauer), Proc. 44/79, EuGHE 1979, 3727-3729 (3728, n.° 4). Cf. RENGELING, *Grundrechtsschutz* cit., 30 ss., CHRISTIAN CALLIESS, *Eigentumsgrundrecht*, em DIRK EHLERS, *Europäische Grundrechte* (2003) cit., 381-397.

[94] TJE 21-Mai.-1987 (Walter Rau), Proc. n.° 133 a 136/85, EuGHE 1987, III, 2334-2344 (2339, n.° 19).

– a liberdade de emprego e de ocupação económica[95];
– a liberdade de associação[96];
– a inviolabilidade do domicílio[97];
– o respeito pela esfera privada[98];
– a protecção de dados pessoais[99];
– a liberdade religiosa[100];
– a tutela da família[101];
– a liberdade de opinião[102];
– o princípio geral da igualdade[103].

Surgem, ainda, denominados direitos processuais[104], cuja lista se tem vindo a alargar, na jurisprudência do Tribunal de Justiça Europeu[105].

IV. Os direitos fundamentais comunitários não apresentam uma feição puramente defensiva. Eles vêm inflectir regras comunitárias básicas, dando corpo a desempenhos da União[106]. A preocupação de igualizar, tam-

---

[95] TJE 13-Dez.-1979 (Liselotte Hauer), Proc. 44/79 cit., 3729 (n.° 7). Cf. MATTHIAS RUFFERT, *Grundrecht der Berufsfreiheit*, em DIRK EHLERS, *Europäische Grundrechte* (2003) cit., 364-380. Cf. RENGELING, *Grundrechtsschutz* cit., 58 ss..

[96] TJE 15-Dez.-1995 (Bosman), Proc. n.° 415/93, EuGHE 1995, I, 5040-5082 (5065, n.° 79).

[97] TJE 21-Set.-1989 (Hoechst AG), Proc. 46/87, EuGHE 1989, 2919-2935 (2924, n.° 17, com a referência de que só se reconhece esse direito a pessoas singulares).

[98] TJE/I 8-Abr.-1992 (R.F.A.), Proc. 62/90, EuGHE 1992, I, 2601-2611 (2609, n.° 23).

[99] TJE 7-Nov.-1989 (Adams), Proc. 145/83, EuGHE 1985, 3557-3593 (3587, n.° 34), surgindo como um dever de sigilo.

[100] TJE 27-Out.-1975 (Vivien Prais), Proc. 130/75, EuGHE 1975, 3, 1589-1600 (1599, n.° 12/19).

[101] TJE 18-Mai.-1989 (R.F.A.), Proc. 249/86, EuGHE 1989, 1286-1294 (1290, n.° 11). Cf. RENGELING, *Grundrechtsschutz* cit., 98 ss..

[102] TJE 17-Jan.-1984 (VBVB e VBBB), Procs. n.°s 43 e 63/82, EuGHE 1984, 19-71 (62, n.°s 33 e 34: reconhece o direito, mas afasta a sua aplicação *in casu*). TJE/I 25-Jul.-1991 (Holanda), Proc. n.° 353/89, EuGHE 1991/I, 4088-4103 (4097, n.° 30).

[103] TJE 25-Nov.-1986 (Klensch), Procs. n.°s 201 e 202/85, EuGHE 1986, 3503-3512 (3507, n.° 9: "a proibição de discriminação é apenas a manifestação específica do princípio geral da igualdade, que pertence aos princípios fundamentais do Direito comunitário"). TJE/I 13-Abr.-2000 (Karlsson), Proc. n.° 292/97, EuGHE 2000-I, 2760-2785 (2775, n.° 39, retomando a fórmula). Cf. RENGELING, *Grundrechtsschutz* cit., 137 ss., THORSTEN KINGREEN, *Gleichheitsrechte*, em DIRK EHLERS, *Europäische Grundrechte* (2003) cit., 398-420.

[104] JÖRG GUNDES, *Verfahrensgrundrechte*, em DIRK EHLERS, *Europäische Grundrechte* (2003) cit., 421-446.

[105] Com indicações, KOENIG/HARATSCH, *Europarecht*, 4.ª ed. (2003), 36.

[106] GÜNTHER HIRSCH, *Gemeinschaftsgrundrechte als Gestaltungsaufgabe*, em KARL F. KREUZER/ /DIETER H. SCHEUING/ULRICH SIEBER, *Europäischer Grundrechtsschutz* (1998), 7-24.

bém neste nível, os diversos Estados já permitiu que, aos direitos fundamentais europeus, se chamasse o "motor da União"[107].

Trata-se de um aspecto para o qual os estudiosos e os práticos devem estar sempre atentos: ele funciona como um excelente tópico argumentativo.

18. As liberdades fundamentais

I. O Direito comunitário garante aos cidadãos e agentes comunitários espaços de liberdade especialmente delimitados pelas suas características. Desta feita, ao contrário do que sucede com os direitos fundamentais, não temos propriamente direitos subjectivos, isto é, aproveitamentos específicos de bens: antes permissões de tipo genérico[108].

Também, ao contrário do que sucedeu com os direitos fundamentais comunitários, que surgiram como criação da jurisprudência, as liberdades fundamentais obtiveram uma consagração expressa no Tratado da União[109].

II. As liberdades fundamentais são, assim, cronologicamente anteriores aos direitos. Estes vieram a decorrer dos progressos da integração e – podemos adiantá-lo – pela pressão doutrinária e ideológica dos Direitos nacionais, com relevo para o alemão. Pelo contrário: as liberdades fundamentais foram consignadas pelos próprios pais do Tratado de Roma. Nelas verteram o essencial ideológico do projecto de Comunidade. A busca do mercado comum far-se-ia dentro de vectores de livre iniciativa e de liberdade.

III. O Tratado de Roma distinguiu cinco liberdades fundamentais[110]:

– a livre circulação de mercadorias (23.° e ss.);
– a livre circulação de trabalhadores (39.° e ss.);

---

[107] GÜNTHER HIRSCH, *Die Grundrechte in der Europäischen Union*, RdA 1998, 194-200 (200/I).

[108] LECHELER, *Einführung in das Europarecht*, 2.ª ed. cit., 221.

[109] Cf. DIRK EHLERS, *Die Grundfreiheiten der Europäischen Gemeinschaften*, § 7.° *Allgemeine Lehren* e *Die Grundrechten der Europäischen Gemeinschaften*, § 13.°, *Allgemeine Lehren*, ambos em EHLERS (publ.), *Europäische Grundrechte und Grundfreiheiten* (2003), 147-186 e 319-338, respectivamente.

[110] PETER M. HUBER, *Recht der Europäischen Integration*, 2.ª ed. cit., 266 ss.. A matéria mantém-se no projecto de Constituição Europeia, embora com outra arrumação.

- a liberdade de estabelecimento (43.° e ss.);
- a livre prestação de serviços (49.° e ss.);
- a livre circulação de capital e de pagamentos (56.°, todos do Tratado da União, na numeração actual).

Todas elas tiveram vias de concretização que, como veremos, levariam, primeiro, ao seu alargamento e ao seu aprofundamento e, depois, à sua confluência.

19. Âmbito de aplicação

I. Os direitos e liberdades fundamentais de base comunitária visam um objectivo muito concreto: a consecução de um mercado único – artigo 14.°/II, do Tratado da União[111]. Não se podem considerar, à partida, como visando a tutela humana – embora o façam: um factor que tem vindo a ganhar importância. Devemos, todavia, manter o discurso europeu no âmbito que lhe é próprio: o da harmoniosa integração económica. Este sentido económico é, naturalmente, mais vincado no tocante às liberdades fundamentais: intervêm em situações de natureza pecuniária[112].

II. As liberdades fundamentais – tal como os direitos – dirigem-se, em primeira linha, contra os Estados-membros: reforçam as correspondentes disposições dos Estados-membros em causa. Têm aplicação imediata, não dependendo de ulteriores desenvolvimentos legislativos, seja comunitários, seja de Estados-membros[113].

Nalguns casos, o Tribunal de Justiça Europeu tem aberto as portas a uma "eficácia perante terceiros", "eficácia directa" ou "eficácia horizontal"[114]. Trata-se de uma ocorrência mais fácil no domínio das liberdades de trabalho e de prestação de serviço[115]: numa economia essencialmente pri-

---

[111] Jörn Pipkorn/Angela Bardenhewer-Rating/Hans Claudius, no von der Groeben/ /Schwartze, *Kommentar*, 1.° vol., 6.ª ed. cit., 704 ss., com indicações.

[112] Peter M. Huber, *Recht der Europäischen Integration*, 2.ª ed. cit., 266.

[113] Urban Scheffer, *Die Marktfreiheiten des EG-Vertrages als Ermessensgrenze des Gemeinschaftsgesetzgebers* (1998), 131 ss. e Peter M. Huber, *Recht der Europäischen Integration*, 2.ª ed. cit., 268.

[114] Koenig/Haratsch, *Europarecht*, 4.ª ed. cit., 198.

[115] Peter M. Huber, *Recht der Europäischen Integration*, 2.ª ed. cit., 267.

vatizada, parece claro que essas situações tendem a ser encabeçadas por particulares. Aos Estados cabe assegurar a observância das regras do jogo.

III. O âmbito de aplicação dos direitos e liberdades fundamentais tem vindo a sofrer um processo de aprofundamento também na vertical. Como adiante melhor veremos, a propósito da liberdade de estabelecimento, particularmente vocacionada para intervir no domínio das sociedades, passou-se, sucessivamente, de uma proibição pura de discriminações, a um afastamento de discriminações mediatas e à proibição de limitações[116].

A leitura dos competentes textos doutrinários deixa, na mente do leitor interessado com experiência de Direito civil, pairar a seguinte ideia: o Direito europeu, com um atraso de três a quatro décadas, está a retomar os avanços civis e constitucionais processados, nas ordens internas – particularmente na alemã – no domínio dos direitos e liberdades fundamentais.

IV. Finalmente, devemos ter em conta que os direitos e liberdades fundamentais comunitários se aplicam a situações "europeias", aqui no sentido de relevarem para mais de um dos Estados-membros[117]. Não funcionariam perante situações puramente internas.

Isso coloca, naturalmente, um problema constitucional interno: o artigo 13.° da Constituição portuguesa não poderia admitir, em nome da igualdade, pessoas mais ou menos protegidas, no nosso espaço jurídico, em função das relações económicas que entretecessem. Quando opere uma fonte europeia: a tutela interna não deverá ficar aquém da comunitária. Resta acrescentar que a nossa Constituição tem todas as condições para o conseguir, prosseguindo a igualdade de tutela. Aliás: defendida cabalmente a pessoa humana, esse aspecto não pode deixar de cair para segundo plano.

---

116 LECHELER, *Einführung in das Europarecht*, 2.ª ed. cit., 222.

117 PETER M. HUBER, *Recht der Europäischen Integration*, 2.ª ed. cit., 277-278.

§ 6.° A liberdade de estabelecimento

20. Conceito básico

I. A liberdade de estabelecimento constitui o ponto básico para o Direito europeu das sociedades[118]. Vamos reter os textos principais.

Segundo o artigo 43.°/I do Tratado da União[119]:

> No âmbito das disposições seguintes, são proibidas as restrições à liberdade de estabelecimento dos nacionais de um Estado-Membro no território de outro Estado-Membro. Esta proibição abrangerá igualmente as restrições à constituição de agências, sucursais ou filiais pelos nacionais de um Estado-Membro estabelecidos no território de outro Estado-Membro.

Prossegue o artigo 43.°/II, com uma primeira e explícita referência às sociedades:

> A liberdade de estabelecimento compreende tanto o acesso às actividades não assalariadas e o seu exercício, como a constituição e a gestão de empresas e designadamente de sociedades, na acepção do segundo parágrafo do artigo 48.°, nas condições definidas na legislação do país de estabelecimento para os seus próprios nacionais, sem prejuízo do disposto no capítulo relativo aos capitais.

[118] PETER TROBERG/JÜRGEN TIEDJE, no VON DER GROEBEN/SCHWARZE *Kommentar*, 1.° vol., 6.ª ed. cit., prenot. aos artigos 43.° a 48.°, com inúmeras indicações, ALEXANDER SCHEUER, no LENZ/ /BORCHARDT *Kommentar*, 3.ª ed. cit., 613 ss., JÜRGEN BRÖHMER, no CALLIESS/RUFFERT *Kommentar*, 2.ª ed. cit., 771 ss. e GRUNDMANN, *Europäisches Gesellschaftsrecht* cit., 84.

[119] Cf. PETER-CHRISTIAN MÜLLER-GRAF, em STREINZ, *EUV/EGV* (2003), 635-638, com indicações.

II. A liberdade de estabelecimento abrange[120]:

- a liberdade de desenvolver individualmente actividades económicas num Estado-membro que não o da nacionalidade;
- a liberdade de constituir e de gerir empresas, designadamente sociedades, num Estado-membro que não o da nacionalidade;
- a liberdade, para as sociedades de um Estado-membro, de desenvolver a sua actividade noutro ou noutros Estados-membros;
- a liberdade para constituir agências, sucursais ou filiais em territórios de Estados-membros que não o de origem.

A liberdade de estabelecimento, na língua portuguesa, possibilita uma aproximação à ideia de "estabelecimento" e, portanto, de articulação entre meios humanos e materiais, para uma actividade produtiva[121] [122]. Na língua alemã, o sentido não é coincidente: *Niederlassungsfreiheit* melhor ficaria traduzido por liberdade de instalação. Temos, assim, a ideia do desenvolvimento de actividades (não-subordinadas) no próprio local, por oposição à colocação, no mercado de um Estado, de serviços oriundos de outro (liberdade de prestação de serviços)[123].

A liberdade de estabelecimento tem, como manifestações mais típicas e elevadas, as liberdades de exercício de profissões liberais[124] e de empresa[125].

---

[120] Cf. CHRISTIAN TIETJE, *Niederlassungsfreiheit*, em DIRK EHLERS, *Europäische Grundrechte und Grundfreiheiten* (2003), 240-267; anteriormente, PETER BEHRENS, *Niederlassungsfreiheit und Internationales Gesellschaftsrecht*, RabelsZ 52 (1988), 498-525 (508 ss.); em língua francesa: GAVALDA/ /PARLEANI, *Droit des affaires de l'Union européenne* cit., 135 ss..

[121] Estaríamos, assim, na área do "estabelecimento comercial" ou "industrial"; a acrescentar uma direcção, teríamos a "empresa". Cf. o nosso *Manual de Direito comercial*, 1.° vol. cit., 207 ss. e 237 ss..

[122] Em francês fala-se, na verdade, em *liberté d'établissement*; todavia, o nosso estabelecimento comercial é o *fonds de commerce*, pelo que a aproximação pode ser evitada.

[123] Cf., quanto à delimitação da liberdade de estabelecimento de outras liberdades fundamentais: WOLFGANG GROSS, *Niederlassungsrecht (Art. 3 lit. c, Art. 52 ff. EWG-Vertrag) im Gemeinsamen Markt*, AG 1990, 530-538 (531).

[124] ANDREAS NACHBAUR, *Art. 52 EWGV-Mehr als nur ein Diskriminierungsverbot?*, EuZW 1991, 470-472.

[125] WOLFGANG GROSS, *Niederlassungsrecht* cit., 530/I.

III. A liberdade de estabelecimento, tal como emerge do artigo 43.°, permite logo a contraposição: liberdade primária e liberdade secundária[126]: distinção particularmente útil no campo das sociedades[127].

A liberdade secundária releva principalmente para as sociedades. Estas podem manter o seu núcleo de actividade no Estado de origem e desenvolver, através de agências, filiais ou sucursais, a sua actividade noutros Estados-membros[128]. Pensamos que estão aqui em causa as diversas formas de distribuição e de produção descentralizada. Em rigor, as pessoas singulares podem beneficiar destes esquemas.

21. Âmbito subjectivo: as sociedades

I. O artigo 43.° do Tratado da União já continha uma referência às sociedades, no seu parágrafo segundo. Além disso, a consignação da liberdade secundária de estabelecimento, que se concretiza através de agências, sucursais ou filiais, fazia um apelo implícito a pessoas colectivas e, *maxime*, a sociedades.

As sociedades são plenamente atingidas pela liberdade de estabelecimento[129]. O essencial da vida económica decorre, hoje e nos diversos países, em modo colectivo e, designadamente, através de empresas, seja qual for a forma jurídica que assumam. A sua mobilidade e a sua autonomia são garantidas, enquanto factor decisivo do mercado único[130].

II. Consciente do papel das sociedades, de resto comum aos diversos Estados-membros, o Tratado da União desenvolveu, com maior cuidado, a matéria a elas atinente.

Dispõe o artigo 44.° do Tratado da União[131]:

---

[126] DOMINIK SCHNICHELS, *Reichweite der Niederlassungsfreiheit/Dargestellt am Beispiel des deutschen Internationalen Gesellschaftsrechts* (1995), 40.

[127] HABERSACK, *Europäisches Gesellschaftsrecht*, 2.ª ed. cit., 9.

[128] GRUNDMANN, *Europäisches Gesellschaftsrecht* cit., 365.

[129] BRIGITTE KNOBBE-KEUK, *Niederlassungsfreiheit: Diskriminierungs- oder Beschränkungsverbot?*, DB 1990, 2573-2584 (2580/I), WOLFGANG GROSS, *Niederlassungsrecht* cit., 532/I.

[130] ARMIN HATJE, *Die Niederlassungsfreiheit im europäischen Binnenmarkt*, Jura 2003, 160--167 (160/I).

[131] TROBERG/TIEDJE, no VON DER GROEBEN/SCHWARZE *Kommentar*, 1.° vol., 6.ª ed. cit., 1527 ss., SCHEUER, no LENZ/BORCHARDT *Kommentar*, 3.ª ed. cit., 624 ss., JÜRGEN BRÖHMER, no CALLIESS//RUFFERT *Kommentar*, 2.ª ed. cit., 787 ss..

1. Para realizar a liberdade de estabelecimento numa determinada actividade, o Conselho, deliberando de acordo com o procedimento previsto no artigo 251.°, e após consulta do Comité Económico e Social, adoptará directivas.

2. O Conselho e a Comissão exercerão as funções que lhes são confiadas nos termos das disposições anteriores, designadamente:

a) Dando prioridade, em geral, às actividades em que a liberdade de estabelecimento constitua uma contribuição particularmente útil para o desenvolvimento da produção e das trocas comerciais;
b) Assegurando uma colaboração estreita entre os serviços nacionais competentes tendo em vista conhecer as situações especiais, na Comunidade, das diversas actividades em causa;
c) Eliminando os procedimentos e práticas administrativas decorrentes, quer da legislação nacional quer de acordos anteriormente concluídos entre os Estados-Membros, cuja manutenção constitua obstáculo à liberdade de estabelecimento;
d) Velando para que os trabalhadores assalariados de um dos Estados-Membros, empregados no território de outro Estado-Membro, possam permanecer nesse território, para nele exercerem uma actividade não assalariada, desde que satisfaçam as condições que lhes seriam exigidas se chegassem a esse Estado no momento em que pretendem ter acesso a essa actividade;
e) Tornando possível a aquisição e exploração de propriedades fundiárias, situadas no território de um Estado-Membro, por um nacional de outro Estado-Membro, na medida em que não sejam lesados os princípios estabelecidos no n.° 2 do artigo 33.°;
f) Aplicando a supressão gradual das restrições à liberdade de estabelecimento em todos os ramos de actividade considerados, por um lado, quanto às condições de constituição de agências, sucursais ou filiais no território de um Estado-Membro e, por outro, quanto às condições que regulam a admissão de pessoal do estabelecimento principal nos órgãos de gestão ou de fiscalização daquelas;
g) Coordenando as garantias que, para protecção dos interesses dos sócios e de terceiros, são exigidas nos Estados-Membros às sociedades, na acepção do segundo parágrafo do artigo 48.°, na medida em que tal seja necessário, e a fim de tornar equivalentes essas garantias;
h) Certificando-se de que as condições de estabelecimento não sejam falseadas pelos auxílios concedidos pelos Estados-Membros.

A matéria das directrizes consta do artigo 249.°, enquanto o artigo 251.° rege o processo da sua adopção. Temos, pois e aqui, o fundamento das múltiplas directrizes que se reportam ao Direito das sociedades.

III. Tem relevo o artigo 48.°, para o qual remete o artigo 44.°/2, *g*), acima transcrito. Dispõe[132] [133]:

> As sociedades constituídas em conformidade com a legislação de um Estado-Membro e que tenham a sua sede social, administração central ou estabelecimento principal na Comunidade são, para efeitos do disposto no presente capítulo, equiparadas às pessoas singulares, nacionais dos Estados-Membros.
>
> Por sociedades entendem-se as sociedades de direito civil ou comercial, incluindo as sociedades cooperativas, e as outras pessoas colectivas de direito público ou privado, com excepção das que não prossigam fins lucrativos.

Deve notar-se, na base do Direito comparado, que ficam incluídas certas associações e certas fundações com escopos de tipo económico[134].

22. **Concretização jurisprudencial**

I. O entendimento do livre estabelecimento veio a sofrer uma concretização jurisprudencial, que cumpre conhecer. Essa concretização foi pautada por quatro acórdãos do Tribunal de Justiça Europeu, que fazem história da literatura da especialidade: os casos *Daily Mail* (27-Set.-1988), *Centros* (9-Mar.-1999), *Überseering* (5-Nov.-2002) e *Inspire Act* (30-Set.-2003). Vamos ver.

TJE 27-Set.-1988 (Daily Mail): a sociedade britânica Daily Mail and General Trust PLC pretendia mudar a sua sede social para a Holanda, sem quebra de identidade; todavia, o Direito inglês aplicável proibia as mudanças de sede para o estrangeiro sem o prévio consentimento do Ministério das Finanças; o TJE acabou por entender que os artigos

[132] TROBERG/TIEDJE, no VON DER GROEBEN/SCHWARZE *Kommentar*, 1.° vol., 6.ª ed. cit., 1596-1621, com múltiplos elementos, SCHEUER, no LENZ/BORCHARDT *Kommentar*, 3.ª ed. cit., 643 ss., JÜRGEN BRÖHMER, no CALLIESS/RUFFERT *Kommentar*, 2.ª ed. cit., 808 ss..

[133] No Projecto de Constituição Europeia, este preceito aparece como artigo III, 27.°.

[134] TROBERG/TIEDJE, no VON DER GROEBEN/SCHWARZE *Kommentar*, 1.° vol., 6.ª ed. cit., 1597 (Nr. 2).

52.° e 58.° do Tratado (hoje: 42.° e 48.°) não concediam às sociedades de um Estado-membro que nele tenham a sede estatutária, o direito de deslocar a sua sede para outro Estado-membro[135].

TJE 9-Mar.-1999 (Centros): um casal dinamarquês constitui, em Inglaterra, a sociedade Centros, Ltd., que não tinha, aí, quaisquer interesses; pretendeu o seu registo na Dinamarca, que recusou; o TJE entendeu, desta feita, que fora violado o princípio do livre estabelecimento resultante dos então artigos 52.° e 58.° do Tratado de Roma[136].

TJE 5-Nov.-2002 (Überseering): a sociedade holandesa Überseering, constituída nos Países Baixos segundo a aí vigente teoria da constituição, vem demandar, na Alemanha, uma sociedade de construção; a acção foi desamparada porque a Überseering, tendo mudado a sede para a Alemanha, não teria, aí, personalidade jurídica; esta solução foi julgada contrária à liberdade de estabelecimento[137]; o próprio TJE fez a harmonização com a doutrina Daily Mail: nesta, a "limitação" era imposta por uma norma do próprio Estado da sede inicial; agora, seria uma restrição imposta pelo Estado receptor, o que não é permitido pelo Tratado da União[138].

---

[135] TJE 27-Set.-1988 (Daily Mail), Proc. 81/87, NJW 1989, 2186-2188. Cf. PETER MANKOWSKI, *Der Arrestgrund der Auslandsvollstreckung und das Europäische Gemeinschaftsrecht*, NJW 1995, 306-308 (307/I) e JÜRGEN BASEDOW, *Europäisches Internationales Privatrecht*, NJW 1996, 1921-1930 (1922).

[136] TJE 9-Mar.-1999 (Centros), Proc. 212/97, NJW 1999, 2027. Cf. PETER KINDLER, *Niederlassungsfreiheit für Scheinauslandsgesellschaften? – Die "Centros"-Entscheidung des EuGH und das internationale Privatrecht*, NJW 1999, 1993-2000 e CHRISTIAN TIMMERMANNS, *Neue Rechtsprechung des Gerichtshofs der EG zum europäischen Gesellschaftsrecht* (2003), 13 ss..

[137] TJE 5-Nov.-2002 (Überseering), Proc. 208/00, NJW 2002, 3614-3617 = AG 2003, 37-39. De entre a vasta literatura daqui resultante, confrontámos: ULRICH FORSTHOFF, *Abschied von der Sitztheorie/Anmerkung zu den Schussanträgen des GA Dámaso Ruiz-Jarabo Colomer in der Rs. Überseering*, BB 2002, 318-321 e *EuGH fördert Vielfalt im Gesellschaftsrecht/Traditionelle deutsche Sitztheorie verstösst gegen Niederlassungsfreiheit*, DB 2002, 2471-2477 (2471 e 2477/II), HORST EIDENMÜLLER, *Wettbewerb der Gesellschaftsrechte in Europa*, ZIP 2002, 2233-2245, DANIEL ZIMMER, *Wie es Euch gefällt? Offene Frage nach dem Überseering-Urteil*, BB 2003, 1-7, MARCUS LUTTER, *"Überseering" und die Folgen*, BB 2003, 7-10, procurando ordenar as doutrinas *Centros*, *Daily Mail* e *Überseering* (9/II e 10/I), HELGE GROSSERICHTER, *Ausländische Kapitalgesellschaften im deutschen Rechtsraum: Das deutsche Internationale Gesellschaftsrecht und seine Perspektiven nach der Entscheidung "Überseering"*, DStR 2003, 159-169, MARK K. BINZ/GERD MAYER, *Die ausländische Kapitalgesellschaft & Co.KG im Aufwind? Konsequenzen aus dem "Überseering"-Urteil*, GmbHR 2003, 249-257 (257/II), PETER KINDLER, *Auf dem Weg zur Europäischen Briefkastengesellschaft?/Die "Überseering" – Entscheidung des EuGH und das internationale Privatrecht*, NJW 2003, 1073-1079 (1076/I) e ERICH SCHANZE/ANDREAS JÜTTNER, *Anerkennung und Kontrolle ausländischer Gesellschaften – Rechtlage und Perspektiven nach der Überseering Entscheidung des EuGH*, AG 2003, 30-36.

[138] TJE 5-Nov.-2002 cit., n.° 65 ss. (= NJW 2002, 3615).

TJE 30-Set.-2003 (Inspire Art): a Inspire Art, Ltd., é uma sociedade de Direito inglês cujo sócio único reside nos Países Baixos; a Câmara de Comércio Holandesa pretende obrigar a sucursal neerlandesa da Inspire Art a, entre outros aspectos, usar a designação "sociedade formalmente estrangeira", para que pudesse exercer a sua actividade na Holanda: o TJE decidiu que, para além do disposto na 11.ª Directriz, qualquer outro requisito de Direito local para o exercício do comércio por sociedades comunitárias estrangeiras contraria a liberdade de estabelecimento, salvo abuso da mesma[139].

II. A jurisprudência do Tribunal de Justiça Europeu, principalmente na linha evolutiva traçada pela doutrina *Centros*, *Überseering* e *Inspire Art*, parece sacrificar a teoria da sede[140]. Em rigor, não é assim. A sede surge, desde logo, fundamental para determinar a própria aplicabilidade do Direito comunitário. Isto posto: é sempre relativamente à sede que devemos entender e aplicar os estatutos. A matéria não vai, porém, tão longe que limite a liberdade de estabelecimento, no sentido mais forte da expressão. Podem, deste modo, actuar plenamente num espaço jurídico sociedades que se rejam por Direito estrangeiro[141], ainda que à custa da segurança dos indígenas[142]. Também a co-gestão alemã poderia ser contornada, através de sociedades de Direito estrangeiro[143].

---

139 TJE 30-Set.-2003 (*Inspire Art*), Proc. 167/01, NJW 2003, 3331-3335 = AG 2003, 680-683; cf. DANIEL ZIMMER, *Nach "Inspire Art": Grenzenlose Gestaltungsfreiheit für deutsche Unternehmen?*, NJW 2003, 3585-3592, MARTIN SCHULZ, *(Schein-) Auslandsgesellschaften in Europa – Ein Schein-Problem*, NJW 2003, 2705-2708, também relativo ao *Überseering*, ERICH SCHANZE/ANDREAS JÜTTNER, *Die Entscheidung für Pluralität: Kollisionsrecht und Gesellschaftsrecht nach der EuGH-Entscheidung "Inspire Art"*, AG 2003, 661-671 e SUSANNE RIEDEMANN, *Das Auseinanderfallen von Gesellschafts- und Insolvenzstatut/"Inspire Art" und die Insolvenz über das Vermögen einer englischen "limited" in Deutschland*, GmbHR 2004, 345-349 (345-346).

140 Assim: KOENIG/HARATSCH, *Europarecht*, 4.ª ed. cit., 237 ss. (239). O problema era (e é) especialmente relevante na Alemanha onde, justamente a coberto da *Sitztheorie*, não se reconheciam as sociedades de capitais estrangeiros; cf. HORST EIDENMÜLLER/GERHARD M. REHM, *Gesellschafts- und zivilrechtliche Folgeprobleme der Sitztheorie*, ZGR 1997, 89-114 (113). Opinando pela manutenção desta: HOLGER ALTMEPPEN, *Schutz vor "europäischen" Kapitalgesellschaften*, NJW 2004, 97-104 (99/I).

141 NORBERT HORN, *Deutsches und europäisches Gesellschaftsrecht und die EuGH-Rechtsprechungsfreiheit – Inspire Art*, NJW 2004, 893-901, reexaminando os quatro casos liderantes (895/I e II).

142 HORST EIDENMÜLLER, *Mobilität und Restrukturierung von Unternehmen im Binnenmarkt/ /Entwicklungsperspektiven des europäischen Gesellschaftsrechts im Schnittfeld von Gemeinschaftsgesetzgeber und EuGH*, JZ 2004, 24-33, com especiais referências ao *Überseering* e ao *Inspire Art*.

143 MARTIN VEIT/JOACHIM WICHERT, *Unternehmerische Mitbestimmung bei europäischen Kapitalgesellschaften mit Verwaltungssitz in Deutschland nach "Überseering" und "Inspire Art"*, AG

III. Consequência directa da liberdade de estabelecimento assim entendida é a desdramatização de vários instrumentos que procuram harmonizar os Direitos das sociedades nacionais ... em nome dessa mesma liberdade. Para quê? Afinal, mesmo sem harmonização, as sociedades podem "circular" no espaço comunitário[144]. Quando muito, poderíamos suscitar uma "concorrência" entre os Direitos nacionais das sociedades: os interessados, podendo circular no espaço comunitário, limitar-se-iam a escolher, dos diversos Direitos em presença, qual o mais conveniente, para os efeitos pretendidos. Por certo: o *podium* seria disputado pelos Direitos menos burocratizados e que acarretem menos custos marginais.

23. **Da não-discriminação à igualdade**

I. O Direito europeu deve ser entendido como um sistema dinâmico. Empenhado na formação do mercado único, com os vectores de equilíbrio que lhe são prescritos pelo Tratado da União, o Direito europeu modifica, em permanência, muitas das suas estruturas. Fica, por isso, na situação de contínua busca de novos equilíbrios. De outro modo, perderá as estruturas que o habilitam à juridicidade científica.

As considerações antecedentes podem justamente ser testadas à luz da evolução de liberdade de estabelecimento.

II. A liberdade de estabelecimento foi evoluindo, de modo a permitir uma tipificação em quatro fases: a proibição de limitações, as directrizes de harmonização, os efeitos imediatos e as directrizes de reconhecimento[145]. Vamos ver.

A proibição de limitações ou de discriminações foi o primeiro e mais imediato passo decorrente do livre estabelecimento[146]. Ele implicou a supressão da velha política colbertiana do nacionalismo económico: as fronteiras abririam à iniciativa dos outros agentes comunitários.

2004, 14-20 (14 ss.) e EBERHARD SCHWARK, *Globalisierung, Europarecht und Unternehmensmitbestimmung im Konflikt*, AG 2004, 173-180 (177/I).

[144] WALTER G. PAEFFEN, *Umwandlung, europäische Grundfreiheiten und Kollisionsrecht*, GmbHR 2004, 463-476 (467/I).

[145] Trata-se de uma tipificação inspirada em ROLF WÄGENBAUR, *Inhalt und Etappen der Niederlassungsfreiheit*, EuZW 1991, 427-434; foram introduzidas modificações.

[146] WÄGENBAUR, *Inhalt und Etappen* cit., 433/I. Cf. WERNER F. EBKE, *Die "ausländische Kapitalgesellschaft & Co.KG" und das europäische Gemeinschaft*, ZGR 1987, 245-270 (253 ss.).

Na segunda fase – particularmente nos anos setenta do século XX – surgem directrizes de harmonização em pontos sensíveis[147]. Elas estavam expressamente previstas no actual artigo 44.°/I do Tratado da União. São significativas: a diversidade jurídica permite dissimular verdadeiras discriminações, em termos suficientes para conferir mero alcance formal à apregoada liberdade de estabelecimento.

A terceira fase – a das decisões retumbantes, como a *Centros*, a *Überseering* e a *Inspire Art* – procede a uma aplicação directa das regras primárias, ignorando se necessário o Direito local[148].

A quarta fase vai mais longe. Em nome do livre estabelecimento, ela postula medidas legislativas que facilitam a instalação de estrangeiros. Inscrevem-se, aqui, as directrizes relativas ao reconhecimento de diplomas[149].

III. O aprofundamento do livre estabelecimento pode seguir, figurativamente, a linha proibição de limitações/proibição de discriminações. Digamos que dominou, nos espíritos e na prática, a ideia de uma Europa em que as mercadorias e os serviços pudessem circular livremente. Depois se passou à mobilidade dos próprios agentes de produção[150]. Portanto, requer-se a igualdade e a homogeneidade dos mercados[151] ou, se preferir: o surgimento efectivo de um mercado único. Este, todavia, não deve ser confundido com nivelamentos nem com a supressão das particularidades locais. O empobrecimento cultural da Europa seria, afinal, uma perda incalculável para o próprio mercado que a todos serve.

---

[147] WÄGENBAUR, *Inhalt und Etappen* cit., 433/II.

[148] *Idem*, 434/I; alargamos a ideia de modo a comportar decisões que não tinham sido tomadas à data em que WÄGENBAUR escreveu.

[149] *Idem*, 434/I.

[150] Cf. ULRICH EVERLING, *Das Niederlassungsrecht in der EG als Beschränkungsverbot/ /Tragweite und Grenzen*, GS Brigitte Knobbe-Keuk (1997), 607-625 (613 ss.). Na origem deste esquema explicativo esteve precisamente um escrito da malograda professora KNOBBE-KEUK, *Niederlassungsfreiheit* cit., 2575 ss..

[151] Cf. WULF-HENNING ROTH, *Die Niederlassungsfreiheit zwischen Beschränkungs- und Diskriminierungsverbot*, GS Brigitte Knobbe-Keuk (1997), 729-742 (737).

§ 7.° Livre circulação de mercadorias, de pessoas, de serviços e de capitais

24. Livre circulação de mercadorias e de pessoas

I. A matéria das sociedades no Direito europeu está especialmente relacionada com a liberdade de estabelecimento. Todavia, ela tem conexões com as restantes liberdades fundamentais asseguradas pelo Tratado da União.

Em primeiro lugar, cumpre referir a livre circulação de mercadorias[152]. Ela vem assegurada nos artigos 23.° a 30.° do Tratado[153]. Ficam proibidos os direitos aduaneiros de importação e de exportação, ou quaisquer encargos de efeitos equivalentes, bem como a contingentação. Reside, aqui, o ponto inicial e o núcleo duro da Comunidade: a união aduaneira[154]. A evolução jurisprudencial visou aprofundar o princípio, afastando restrições não aparentes ou encobertas sob variadas justificações. Nessa linha, o TJE acabaria por se ocupar de diversas limitações à livre contratação, que nada tinham a ver com o comércio entre Estados. A orientação foi corrigida pelo acórdão *Keck*.

> *TJE 24-Nov.-1993 (Keck e Daniel Mithouard)*: Keck e Mithouard, comerciantes, incorriam sob a lei penal francesa por efectuarem vendas abaixo dos custos; em defesa, invocaram estar em jogo a livre circulação de

---

[152] Por todos: KOENIG/HARATSCH, *Europarecht*, 4.ª ed. cit., 200 ss. e GAVALDA/PARLEANI, *Droit des affaires de l'Union européenne* cit., 75 ss..

[153] NIKOLAUS VAULONT, em VON DER GROEBEN/SCHWARZE *Kommentar*, 1.°, 6.ª ed. cit., 805 ss., com múltiplas indicações.

[154] Cf. ASTRID EPINEY, *Freiheit des Warenverkehrs*, em DIRK EHLERS, *Europäische Grundrechte und Grundfreiheiten* (2003), 147-186, com indicações.

mercadorias. O TJE respondeu não haver contradição entre a norma francesa e os preceitos do Tratado; de facto, estariam em causa valores diversos, que não contundem com a ideia da livre circulação no mercado único[155].

A doutrina Keck é importante: recorda a necessidade de efectuar, nas diversas situações, a ponderação teleológica das normas em presença. Outras decisões vieram trazer precisões complementares[156].

II. Segue-se a livre circulação de trabalhadores, consignada e explicitada nos artigos 39.° a 42.°[157]. O conceito de "trabalhador" é tido como de "Direito europeu"[158], independente do dos Estados-membros. Trata-se de um conceito que, assente embora na ideia de subordinação, apresenta uma especial amplitude, de modo a melhor prosseguir os objectivos do Tratado.

A questão é melindrosa. Para os efeitos da presente monografia, bastamo-nos com a ideia de que, no Direito europeu, prevalece um vector de funcionalidade, que procura assegurar a efectiva obtenção dos valores prosseguidos pelo legislador comunitário.

25. **Livre circulação de serviços e de capitais**

I. A livre circulação de serviços foi autonomizada como uma das quatro liberdades fundamentais da União Europeia. Ela ocorre nos artigos 49.° a 55.° do Tratado[159]. Ficam abrangidas as actividades industriais, comerciais, artesanais e liberais (50.°)[160]. O artigo 50.°/II explicita:

> Sem prejuízo do disposto no capítulo relativo ao direito de estabelecimento, o prestador de serviços pode, para a execução da prestação, exercer, a título temporário, a sua actividade no Estado onde a prestação é realizada, nas mesmas condições que esse Estado impõe aos seus próprios nacionais.

---

155 TJE 24-Nov.-1993 (Keck), Proc. 267/91, NJW 1994, 121.

156 Cf. PETER M. HUBER, *Recht der Europäischen Integration*, 2.ª ed. cit., 273-274.

157 ULRICH WÖLKER/GERHARD GRILL, no VON DER GROEBEN/SCHWARZE *Kommentar*, 1.°, 6.ª ed. cit., 1275 ss., com múltiplas indicações.

158 KOENIG/HARATSCH, *Europarecht*, 4.ª ed. cit., 220; cf. ULRICH BECKER, *Arbeitnehmerfreizügigkeit*, em DIRK EHLERS, *Europäische Grundrechte und Grundfreiheiten* (2003), 214-239.

159 Cf. TIEDJE/TROBERG, no VON DER GROEBEN/SCHWARZE *Kommentar*, 1.° vol., 6.ª ed., 1621 ss..

160 ECKARD PACHE, *Dienstleistungsfreiheit*, em DIRK EHLERS, *Grundrechte und Grundfreiheiten* (2003), 268-289.

A matéria dos transportes dispõe de regras especiais, enquanto a da banca é remetida para a livre circulação de capitais (51.°). Também neste domínio se voltam a colocar os problemas relativos à proibição de discriminações e de restrições: burilados pela jurisprudência do TJE[161].

II. A livre circulação de capitais é a última liberdade fundamental garantida pelo Tratado da União – 56.° a 60.°[162]. Trata-se da contrapartida da livre circulação de mercadorias[163], de pessoas e de serviços, complementando também o livre estabelecimento[164]. Na verdade, todas as "liberdades" aqui em jogo têm conteúdo económico; não se poderiam concretizar quando os inerentes fluxos financeiros não pudessem ocorrer[165].

26. Aplicação imediata e convergência de liberdades

I. As liberdades fundamentais têm hoje aplicação imediata na União[166]. Constituem – tal como os direitos fundamentais – importantes pólos argumentativos.

O Direito das sociedades é-lhes sensível, nos seus mais diversos domínios. Toda a sua actuação é pautada pela livre circulação de mercadorias, de serviços e de capitais. No recrutamento dos administradores, dos quadros e dos trabalhadores, há que lidar com a livre circulação de trabalhadores. No fundo, elas constituem o fundamento do Direito europeu, aqui em estudo[167].

II. A doutrina tem sublinhado a convergência das diversas liberdades[168], ainda que sem perda das funções próprias[169]. À medida que o Direito

---

161 Koenig/Haratsch, *Europarecht*, 4.ª ed. cit., 252-255, com indicações.

162 Wolfgang Kiemel, no von der Groeben/Schwarze *Kommentar*, 1.° vol., 6.ª ed., 1729 ss..

163 Koenig/Haratsch, *Europarecht*, 4.ª ed. cit., 262.

164 Cf. Lecheler, *Einführung in das Europarecht*, 2.ª ed. cit., 283 ss..

165 Peter von Wilmowsky, *Freiheit des Kapital- und Zahlungsverkehrs*, em Dirk Ehlers, *Grundrechte und Grundfreiheiten* (2003), 290-317.

166 Peter M. Huber, *Recht der Europäischen Integration*, 2.ª ed. cit., 268 e Scheffer, *Die Marktfreiheiten des EG-Vertrages* cit., 131 ss..

167 Wägenbaur, *Inhalt und Etappen der Niederlassungsfreiheit* cit., 434/II.

168 Roth, *Die Niederlassungsfreiheit* cit., 740 ss. e Everling, *Die Niederlassungsrecht* cit., 625.

169 Philipp Steinberg, *Zur Konvergenz der Grundfreiheiten und der Tatbestands- und Rechtfertigungsebene*, EuGRZ 2002, 13-25 (25/II).

europeu tenda para um efectivo sistema, dotado de uma lógica e de uma harmonia internas, as liberdades fundamentais inserem-se numa ordem global marcada pela livre iniciativa privada e pela igualdade. Podemos distingui-las para efeitos de análise: mas na convicção de que integram um todo mais vasto e explícito.

O Direito europeu das sociedades irá levar a cabo, na área específica da cooperação e da organização privadas, o conjunto incindível das liberdades fundamentais, consignadas no Tratado da União.

CAPÍTULO II

A REALIZAÇÃO DO DIREITO EUROPEU DAS SOCIEDADES

§ 8.° As fontes europeias

27. Aspectos gerais; a harmonização

I. As fontes europeias do Direito das sociedades repousam no Direito primário a elas destinado. Recordamos, todos do Tratado da União, os artigos 3.°/1, *b*), *c*), *g*), 5.°/II, 43.°/II, 44.°/1 e 2, *g*) e 48.°. Na base desses preceitos, a União, através dos órgãos próprios, irá produzir regras mais concretas, relativas a sociedades, as quais irão interagir com as normas internas de cada Estado[170].

As regras europeias sobre sociedades devem prosseguir o modelo de sociedades claramente delineado no Tratado e marcado pela livre concorrência, pela liberdade de iniciativa e pelo respeito dos direitos das pessoas. Não se trata, nesse sentido, de regras neutras.

II. Apesar da funcionalização do Direito europeu, o próprio Tratado põe balizas. Segundo o artigo 44.°, *g*), do Tratado, cabe ao Conselho e à Comissão *coordenar* (...) as garantias que, para protecção dos interesses dos sócios e de terceiros, são exigidas nos Estados-Membros às socieda-

[170] Os estudiosos do Direito material privado europeu consideram a distribuição de competências entre a União e o Estado pouco clara e geradora de dificuldades; impôr-se-ia uma melhor "unificação"; cf. CHRISTIAN KIRCHNER, *Ein Regelungsrahmen für Rechtseinheitlichkeit und Rechtsvielfalt in der Gemeinschaft*, em GRUNDMANN, *Systembildung* (2000) cit., 99-113 (105, 109 e 112).

des (...). Não se trata, pois, de criar um Direito inteiramente novo – nem isso seria possível, particularmente no campo do Direito privado. O legislador comunitário antes deverá partir dos Direitos nacionais, coordenando-os, de modo a intentar uma harmonização[171]. Esta, por seu turno, não é um fim em si mesma: apenas procura a efectivação do mercado interno[172]. Mas o próprio mercado interno poderia ainda emergir, num âmbito de liberdade de estabelecimento, através de uma concorrência de ordens jurídicas nacionais: os agentes escolheriam, muito simplesmente, a mais acolhedora[173]. O dilema não está resolvido, tendo sido já apontado um especial gosto, do Tribunal de Justiça Europeu, pelo cenário da concorrência entre ordens jurídicas: essa opção induz incertezas[174].

III. Em abstracto, temos duas vias possíveis:

- ou recorrer a quadros suficientemente amplos para permitir dar abrigo às conceitualizações dos espaços nacionais – técnica do menor denominador comum;
- ou consignar soluções alternativas, de tal modo que os interessados possam escolher, de entre várias saídas consideradas equivalentes, a que mais se aproxime das preferências nacionais – técnica das alternativas equivalentes.

Desde já adiantemos que o sector das sociedades, rico em normas comunitárias mas de nível técnico bastante elevado é, precisamente, dos que mais permitem ilustrar estas opções do legislador comunitário. Poderia ser tomado como modelo para o ensino do Direito europeu – o que, infelizmente, não sucede.

---

171 MARCUS LUTTER, *Konzepte, Erfolge und Zukunftsaufgaben Europäischer Gesellschaftsrechtsharmonisierung*, em GRUNDMANN, *Systembildung* (2000) cit., 121-143 (121).

172 ROLAND BIEBER/ASTRID EPINEY/MARCEL HAAG/BENGT BEUTLER, *Die Europäische Union/Rechtsordnung und Politik*, 5.ª ed. (2001), 385 e 387.

173 WOLFGANG KERBER, *Rechtseinheitlichkeit und Rechtsvielfalt aus ökonomischer Sicht*, em GRUNDMANN, *Systembildung* (2000) cit., 67-97 (67).

174 MARTINA R. DECKERT, *Zu Harmonisierungsbedarf und Harmonisierungsgrenzen im Europäischen Gesellschaftsrecht*, RabelsZ 64 (2000), 478-496 (495).

28. Directrizes e sua transposição; directrizes ou "directivas"?

I. O quadro geral das directrizes das sociedades comerciais e a sua transposição é o seguinte[175]:

Directriz n.° 68/151/CEE do Conselho, de 9 de Março de 1968, Primeira Directriz das Sociedades Comerciais ou *Directriz sobre publicidade*: coordena as garantias que, para protecção dos interesses dos sócios e de terceiros, são exigidas nos Estados-Membros, às sociedades[176]; foi transposta pelo Código do Registo Comercial, aprovado pelo Decreto-Lei n.° 403/86, de 3 de Dezembro[177] e, ainda, pelo próprio Código das Sociedades Comerciais[178];

Directriz n.° 77/91/CEE do Conselho, de 13 de Dezembro de 1976, Segunda Directriz das Sociedades Comerciais ou *Directriz sobre o capital*: coordena as garantias que, para protecção dos interesses dos sócios e de terceiros, são exigidas pelos Estados-Membros às sociedades, no que respeita à constituição da sociedade anónima, bem como à conservação e às modificações do seu capital social[179]; esta Directriz foi transposta pelo Código das Sociedades Comerciais[180], aflorando em múltiplas das suas soluções, com relevo para a realização do capital em espécie, para o regime restritivo das acções próprias e para o direito de preferência dos accionistas, na subscrição de novas acções;

---

[175] Quanto à transposição das Directrizes societárias nalguns países emblemáticos, cf., na Alemanha, KARSTEN SCHMIDT, *Gesellschaftsrecht*, 4.ª ed. cit., 37 ss., em França, PHILIPPE MERLE, *Droit commercial/Sociétés commerciales*, 9.ª ed. (2003), 31-34 e em Itália, FRANCESCO FERRARA JR./FRANCESCO CORSI, *Gli imprenditori e le società*, 12.ª ed. cit., 359 ss., queixando-se, aliás, da tardia recepção. Uma exposição sobre as diversas directrizes pode ser confrontada em MATHIAS HABERSACK, *Europäisches Gesellschaftsrecht/Einführung für Studium und Praxis*, 2.ª ed. (2003), 42 ss.. Quanto a esta obra, na sua 1.ª ed., de 1999, a rec. de PETER BEHRENS, NJW 2000, 1095. As diversas directrizes são, depois, circunstanciadamente examinadas, 61 ss..

[176] JOCE N.° L-65, 8-12, de 14-Mar.-1968. Cf. RAÚL VENTURA, *Adaptação do Direito português à Primeira Directiva do Conselho da Comunidade Económica Europeia sobre Direito das sociedades*, DDC 2 (1980), 89-217, com o texto da Directriz, 219-228.

[177] Cf. os pontos 1 e 11 do preâmbulo do Decreto-Lei n.° 403/86, de 3 de Dezembro, bem como o ponto 16 do preâmbulo do Decreto-Lei n.° 262/86, de 2 de Setembro.

[178] Cf. o ponto 23 do preâmbulo do Decreto-Lei n.° 403/86, de 3 de Dezembro.

[179] JOCE N.° L-26, 1-13, de 30-Jan.-1977. Cf. RAÚL VENTURA, *Adaptação do Direito português à Segunda Directiva do Conselho da Comunidade Económica Europeia sobre o Direito das sociedades*, DDC 3 (1980), 5-152, com o texto da Directriz, 153-170, em francês.

[180] Cf. os pontos 11 e 31 do preâmbulo do Decreto-Lei n.° 262/86, de 2 de Setembro.

Directriz n.° 78/660/CEE do Conselho, de 25 de Julho de 1978, Quarta Directriz das Sociedades Comerciais[181] ou *Directriz sobre o balanço*: relativa às contas anuais de certas formas de sociedades[182]; foi transposta pelo Plano Oficial de Contabilidade, aprovado pelo Decreto-Lei n.° 410/89, de 21 de Novembro[183];

Directriz n.° 78/855/CEE do Conselho, de 9 de Outubro de 1978, Terceira Directriz das Sociedades Comerciais ou *Directriz sobre as fusões*: dispõe sobre a fusão de sociedades anónimas[184]; foi transposta pelo Código das Sociedades Comerciais[185];

Directriz n.° 82/891/CEE do Conselho, de 17 de Dezembro de 1982, Sexta Directriz das Sociedades Comerciais ou *Directriz sobre as cisões*, relativa às cisões das sociedades anónimas[186]; foi transposta pelo Código das Sociedades Comerciais[187], tendo ainda, tal como a 1.ª, a 2.ª e a 3.ª, obtido um estudo especial de Raúl Ventura[188];

Directriz n.° 83/349/CEE do Conselho, de 13 de Junho de 1983, Sétima Directriz das Sociedades Comerciais ou *Directriz sobre consolidação*, relativa às contas consolidadas[189]; foi transposta, para o Código das Sociedades Comerciais pelo Decreto-Lei n.° 238/91, de 2 de Julho[190];

Directriz n.° 84/253/CEE do Conselho, de 10 de Abril de 1984, Oitava Directriz das Sociedades Comerciais ou *Directriz sobre revisores*, relativa à aprovação das pessoas encarregadas da fiscalização legal dos documentos contabilísticos[191]; foi transposta pelo Decreto-Lei

---

181 Como se vê, a *Quarta Directriz* veio a surgir antes da *Terceira*.

182 JOCE N.° L-222, 11-31, de 14-Ago.-1978. Cf. José Vieira dos Reis, *Os documentos de prestação de contas na CEE e a legislação portuguesa/Análise das 4.ª, 7.ª e 8.ª Directivas da CEE sobre as sociedades comerciais* (1987), com o texto da 4.ª Directriz, 121-173.

183 Cf. o nosso *Manual de Direito Comercial*, 1.° vol. cit., 306.

184 JOCE N.° L-295, 36-43, de 20-Out.-1978. Cf. Raúl Ventura, *Adaptação do Direito português à Terceira Directiva do Conselho da Comunidade Económica relativa à fusão das sociedades por acções*, DDC 4 (1980), 183-252, com o texto da Directriz, 253-266, em francês.

185 Cf. o ponto 12 do preâmbulo do Decreto-Lei n.° 262/86, de 2 de Setembro.

186 JOCE N.° L-378, 47-54, de 31-Dez.-1982.

187 O qual foi "melhor adequado" à Directriz pelo Decreto-Lei n.° 280/87, de 8 de Julho; cf. o ponto 3 do preâmbulo deste diploma.

188 Raúl Ventura, *Adaptação do direito português à Sexta Directiva do Conselho da Comunidade Económica Europeia relativa às cisões das sociedades por acções*, DDC 10 (1982), 7 a 89, com o texto da Directriz.

189 JOCE N.° L-193, 1-17, de 18-Jul.-1983. Cf. José Vieira dos Reis, *Os documentos de prestação de contas na CEE* cit., 247-289, com o texto da 7.ª Directriz.

190 Cf. o preâmbulo do citado Decreto-Lei n.° 238/91, de 2 de Julho.

191 JOCE N.° L-126, 20-26, de 12-Mai.-1984. Cf. José Vieira dos Reis, *Os documentos de prestação de contas na CEE* cit., 311-326, com o texto da 8.ª Directriz.

n.° 422-A/93, de 30 de Dezembro, que aprovou o Estatuto dos Revisores Oficiais de Contas[192]; este diploma foi substituído pelo Decreto-Lei n.° 487/99, de 16 de Novembro, para onde transitou a competente regulação;

Directriz n.° 89/666/CEE do Conselho, de 12 de Dezembro de 1989, Décima Primeira Directriz das Sociedades Comerciais ou *Directriz das sucursais*, relativa à publicidade das sucursais criadas num Estado-Membro por certas formas de sociedades reguladas pelo Direito de outro Estado[193]; a sua transposição foi em parte assegurada, em antecipação, pelo Código do Registo Comercial, tendo sido completada pelo Decreto-Lei n.° 225/92, de 21 de Outubro;

Directriz n.° 89/667/CEE do Conselho, de 21 de Dezembro de 1989, Décima Segunda Directriz das Sociedades Comerciais ou *Directriz sobre sociedades unipessoais*: dispõe quanto às sociedades de responsabilidade limitada com um único sócio[194]; foi transposta, para o Código das Sociedades Comerciais pelo Decreto-Lei n.° 257/96, de 31 de Dezembro[195];

Directriz n.° 2004/25/CE, do Parlamento e do Conselho, de 21 de Abril de 2004, Décima Terceira Directriz das Sociedades Comerciais ou *Directriz sobre ofertas públicas de aquisição*[196]: aguarda transposição.

II. Além das referidas, cumpre ainda dar nota das directrizes seguintes:

Directriz n.° 88/627/CEE do Conselho, de 12 de Dezembro de 1988 ou *Directriz da transparência*[197], sobre informações privilegiadas; esta Directriz foi revogada pela Directriz n.° 2001/34/CE, de 28 de Maio de 2001[198], relativa à admissão de valores mobiliários à cotação oficial de uma bolsa de valores e à informação a publicar sobre esses valores e que veio codificar diversas directrizes relacionadas com esse tema;

---

[192] Cf. o preâmbulo do Decreto-Lei n.° 422-A/93, de 30 de Dezembro, no DR I Série, n.° 303, de 30-Dez.-1993, 7240-(6)/I; *vide*, ainda, o ponto 3 do preâmbulo do Decreto-Lei n.° 257/96, de 31 de Dezembro.

[193] JOCE N.° L-395, 36-39, de 30-Dez.-1989.

[194] JOCE N.° L-395, 40-42, de 30-Dez.-1989.

[195] Cf. o ponto 2 do referido Decreto-Lei n.° 257/96, de 31 de Dezembro.

[196] JOCE N.° L-142, 12-23, de 30-Abr.-2004.

[197] JOCE N.° L-348, 62-65, de 17-Dez.-1988.

[198] JOCE N.° L-184, 1-66, de 6-Jul.-2001.

Directriz n.° 89/592/CEE do Conselho, de 13 de Novembro de 1989 sobre *insider trading*[199]; foi transposta, tal como a anterior, pelo CVM[200]; esta Directriz foi revogada pela Directriz n.° 2003/6/CE, de 28 de Janeiro de 2003, relativa ao abuso de informação privilegiada e à manipulação de mercado (abuso do mercado)[201], ainda não transposta[202]; modalidades de aplicação desta Directriz foram fixadas pela Directriz n.° 2003/124/CE, de 22 de Dezembro[203] (definição e divulgação pública de informação privilegiada e à definição de manifestação de mercado) e pela Directriz n.° 2003/125/CE, da mesma data[204] (apresentação imparcial de recomendações de investimento e à divulgação de conflitos de interesses); estas Directrizes não foram transpostas[205];

Directriz n.° 90/604/CEE, de 8 de Novembro de 1990, que permitiu excluir as pequenas e médias empresas do âmbito das Quarta e Sétima Directrizes[206];

Directriz n.° 90/605/CEE, de 8 de Novembro de 1990, sobre o âmbito da *Quarta Directriz* (balanços), e da *Sétima* (contas consolidadas) adequando-as às sociedades por quotas e em comandita[207];

Directriz n.° 90/434/CEE do Conselho, de 23 de Julho de 1990, relativa ao regime fiscal comum aplicável às funções, cisões, entradas de activos e permutas de acções entre sociedades de Estados-Membros diferentes[208];

Directriz n.° 90/435/CEE do Conselho, de 23 de Julho de 1990, relativa ao regime fiscal comum aplicável às sociedades-mães e sociedades afiliadas nos Estados-Membros diferentes[209];

Directriz n.° 92/101/CEE do Conselho, de 23 de Novembro de 1992, que altera a *Segunda Directriz das Sociedades Comerciais* ou *Directriz n.° 77/91/CEE*[210]; foi transposta pelo Decreto-Lei n.° 28/95, de 9 de Dezembro, que alterou o Código das Sociedades Comerciais;

---

199 JOCE N.° L-334, 30-32, de 18-Nov.-1989.

200 Cf. o ponto 21 do preâmbulo do Decreto-Lei n.° 486/99, de 13 de Novembro.

201 JOCE N.° L-96, 16-25, de 12-Abr.-2003.

202 O prazo para a transposição termina em 12-Out.-2004 (artigo 18.°/1).

203 JOCE N.° L-339, 70-72, de 24-Dez.-2003.

204 JOCE N.° L-339, 73-77, de 24-Dez.-2003.

205 O prazo para a transposição de ambas as Directrizes termina em 12-Out.-2004, segundo os respectivos artigos 6.°/1 e 10.°/1.

206 JOCE N.° L-317, 57-59, de 16-Nov.-1990.

207 JOCE N.° L-317, 60-62, de 16-Nov.-1990.

208 JOCE N.° L-225, 1-5, de 20-Ago.-1990.

209 JOCE N.° L-225, 6-9, de 20-Ago.-1990.

210 JOCE N.° L-347, 64-66, de 28-Nov.-1992.

Directriz n.° 2001/65/CE, do Parlamento e do Conselho, de 23 de Julho de 2001, referente a certas regras de valorimetria[211]: foi transposta pelo Decreto-Lei n.° 88/2004, de 20 de Abril, que alterou o mesmo Código.

III. Directrizes ou "directivas"? A questão tem alguma relevância: constitui um primeiro palco de aferição da cultura jurídica portuguesa, enquanto parte do todo mais complexo da cultura nacional. Em português correcto, directriz é preferível. *Directiva* equivale a um galicismo e coaduna-se mais com instruções concretas do que com normas de procedimento. De todo o modo, como *directiva* surge correntemente nos textos comunitários escritos em português, reservá-la-emos para as transcrições, ficando directriz para o nosso próprio discurso.

Directriz, feminino de director, pode surgir como substantivo ou como adjectivo. Já directiva deveria ser, apenas, adjectivo. A forma substantivada difundiu-se após a Guerra de 1914-1918, traduzindo um plano geral, a concretizar pelos executantes. Mas também aí prevaleceu o bom português "directriz".

Actualmente, a Sociedade de Língua Portuguesa considera directriz como o termo preferível[212]. Quanto aos textos de Bruxelas: é evidente que eles não são linguisticamente vinculativos. Aliás – como será sobejamente documentado nesta obra – tais textos caracterizam-se pelo mau português em que vêm expressos: nunca poderiam ser tomados como exemplo de boa linguagem, nem é esse o seu papel[213].

Pretender alicerçar *directiva* em considerandos jurídico-comunitários não faz qualquer sentido. Já o mau manuseio da própria língua-mãe é um prelúdio preocupante a qualquer dogmática subsequente[214].

29. **Projectos e propostas**

Tem ainda interesse conhecer alguns projectos de directrizes, que apresentam influência directa, na doutrina e na própria legislação:

---

211 JOCE N.° L-283, 28-32, de 27-Out.-2001.

212 *Grande Dicionário da Língua Portuguesa*, vol. IV, 266/I.

213 O mesmo fenómeno ocorre noutros idiomas: os autores queixam-se da linguagem usada pelos textos comunitários, nas diversas línguas.

214 Para mais elementos sobre o tema cf. o nosso *Vernáculo jurídico: directrizes ou directivas?*, na ROA 2004, 609-614.

Quinta Directriz das Sociedades Comerciais, relativa à estrutura das sociedades[215];

Nona Directriz das Sociedades Comerciais, sobre os grupos de sociedades[216];

Décima Directriz das Sociedades Comerciais, sobre fusões internacionais de sociedades anónimas[217];

Décima Quarta Directriz das Sociedades Comerciais, sobre mudanças de sedes[218].

Estão em preparação directrizes sobre a liquidação de sociedades de capitais e sobre o capital e a fusão de sociedades por quotas[219].

30. **Regulamentos**

A União Europeia já recorreu a regulamentos para reger alguns aspectos relativos às sociedades. São eles:

- o Regulamento (CEE) n.° 2137/85, do Conselho, de 25 de Julho de 1985, sobre o agrupamento europeu de interesse económico[220];
- o Regulamento n.° 2157/2001, do Conselho, de 8 de Outubro de 2001, referente à sociedade anónima europeia ou *societas europaea* (SE)[221]; este Regulamento é completado pela Directriz n.° 2001/86/CE, do Conselho e da mesma data[222];
- o Regulamento n.° 1606/2002, do Parlamento Europeu e do Conselho, de 19 de Julho de 2002, relativo à aplicação das normas internacionais de contabilidade[223];

---

[215] Proposta de 9-Out.-1972, JOCE N.° C-131, 49-61, de 13-Dez.-1972, Segunda proposta alterada de 19-Ago.-1983, JOCE N.° C-240, 2-38, de 9-Set.-1983 e Terceira proposta alterada de 20-Nov.-1991, JOCE N.° C-321, 9-17, de 12-Dez.-1991.

[216] Projecto de 1984, publicado em alemão na obra de MARCUS LUTTER, *Europäisches Unternehmensrecht*, 4.ª ed. (1996), 239 ss..

[217] Proposta de 8-Jan.-1985, JOCE N.° C-23, 11-22, de 14-Jan.-1985, hoje substituída pela *Proposta de Directiva relativa às fusões transfronteiras das sociedades de capitais*, COM (2003) 703 final.

[218] Anteproposta de 20-Abr.-1997. Está publicada em alemão na ZGR 1999, 157-164 e na ZIP 1997, 1721-1724.

[219] Cf. K. SCHMIDT, *Gesellschaftsrecht*, 4.ª ed. cit., 39.

[220] JOCE N.° L 199, 1-9, de 31-Jul.-1985, rectificado no JOCE N.° L 124, 52, de 15-Mai.-1990.

[221] JOCE N.° L 294, 1-21, de 10-Nov.-2001.

[222] JOCE N.° L 294, 22-32, de 10-Nov.-2001.

[223] JOCE N.° L 243, 1-4, de 11-Set.-2002.

– o Regulamento n.° 1435/2003, de 22 de Julho de 2003, relativo ao estatuto da sociedade cooperativa europeia (SCE)[224]; este Regulamento é completado pela Directriz n.° 2003/72/CE, do Conselho, da mesma data, no que respeita ao envolvimento dos trabalhadores[225];
– o Regulamento n.° 1725/2003, de 21 de Setembro de 2003, que adopta certas normas internacionais de contabilidade nos termos do Regulamento n.° 1606/2002[226]; segundo este último, a matéria entrará em vigor a partir de 1-Jan.-2005[227].

31. **Jurisprudência**

I. Junto das directrizes e suas transposições e dos regulamentos, cumpre ainda referir, como fonte, a jurisprudência do Tribunal de Justiça Europeu (TJE), hoje desdobrado, também, no Tribunal de Justiça de Primeira Instância (TJE/I)[228].

Em diversas áreas comunitárias, dominadas por regras funcionais e por cláusulas gerais, a jurisprudência do Tribunal de Justiça Europeu tornou-se fundamental[229]. Acima tivemos a oportunidade de verificar as concretizações que ele veio trazendo, por exemplo, ao princípio do livre estabelecimento[230].

No domínio específico do Direito europeu das sociedades, essa importância é menor.

---

224 JOCE N.° L 207, 1-24, de 18-Ago.-2003.

225 JOCE N.° L 207, 25-36, de 18-Ago.-2003.

226 JOCE N.° L-261, 1-2, de 13-Out.-2003; as normas constam, depois, de anexos que se alargam por mais de 400 pp..

227 Artigo 2.° do Regulamento n.° 1606/2002, de 19 de Julho.

228 Cf., quanto ao TJE e por todos: KOENIG/HARATSCH, *Europarecht*, 4.ª ed. cit., 78 ss. e 120 ss..

229 Cf. WERNER SCHROEDER, *Das Gemeinschaftsrechtssystem/Eine Untersuchung zu den rechtsdogmatischen, rechttheoretischen und verfassungsrechtlichen Grundlagen ds Systemdenkens im Europäischen Gemeinschaftsrecht* (2002), 104 ss.. Cf. a introdução de IRENE KLAUER, à sua já citada *Die Europäisierung des Privatrechts/Der EuGH als Zivilrichter* (1998), 17 ss..

230 Não sufragamos a afirmação de que o papel da jurisprudência do TJE se ficaria a dever a um pano de fundo anglo-saxónico. Bastará atentar nas jurisprudências alemã e francesa e no seu papel de concretização de princípios, para verificar que o TJE assenta na tradição continental. A construção e a sistematização próprias do TJE são continentais, assim como o é a técnica de interpretação das fontes.

II. De facto, como vimos, o Direito europeu das sociedades é, essencialmente, Direito interno. As questões que suscita são dirimidas pelo foro nacional. O contributo da jurisprudência comunitária fica, assim, acantonado nos temas do Direito primário, que têm a ver com a interpretação e a aplicação directas do Tratado. Todavia, ao ponderar a regularidade das transposições, a jurisprudência comunitária assume um importante papel, também nesse ponto[231].

---

[231] CHRISTOPH HERRMANN, *Richtlinienumsetzung durch die Rechtsprechung* (2003), 207 ss..

§ 9.° Interpretação e aplicação

32. Aspectos gerais; as dificuldades científicas da integração europeia

I. O cerne da realização do Direito europeu das sociedades reside na sua interpretação e na sua aplicação. Pergunta-se, agora, se se deve prever uma interpretação e uma aplicação "europeias" ou se, pelo contrário, as inerentes fontes devem ser tratadas como fontes portuguesas comuns.

A questão prende-se com o sentido técnico-jurídico da "integração europeia". Pretendem-se nivelar e igualizar os diversos ordenamentos? Haveria que fazer apelo a interpretações e aplicações uniformes e, provavelmente, a uma ordem jurisdicional puramente comunitária. Adiantamos já – pelo menos no actual estado dos nossos conhecimentos – que não é esse o sentido da integração europeia. O objectivo não é igualizar – ou não se recorreria a meras directrizes ou a regulamentos tipo "torso": apenas o de harmonizar[232], aproveitando, para isso, as Ciências nacionais.

II. A contrário do que poderá resultar de certa literatura comunitarista, que se compraz em apresentar quanto observa como radical novidade, as experiências de integração legislativa e de unificação são antigas. Os seus efeitos são conhecidos.

Tomemos como exemplo as leis uniformes sobre letras, livranças e cheques. Quanto a letras e livranças, foram assinadas, em Genebra e a 7-Jun.-1930, três convenções referentes, respectivamente: a uma lei uniforme; a certos conflitos de leis; ao imposto de selo[233]. Foram aprovadas pelo Decreto-Lei n.° 23 721, de 29 de Março de 1934 e confirmadas e rati-

[232] Recordamos MARCUS LUTTER, *Konzepte, Erfolge und Zukunftsaufgabe Europäischer Gesellschaftsrechtsharmonisierung* cit., 121.

[233] As Convenções de Genebra foram discutidas e preparadas durante décadas. Traduziram, pelo menos aparentemente, a afectiva confluência das diversas Ciências jurídicas nacionais.

ficadas por Carta de 10 de Maio de 1934. A Convenção de Genebra relativa ao cheque foi assinada em Genebra a 19-Mar.-1931: aprovou a respectiva lei uniforme. Ela foi aprovada, entre nós, pelos diplomas relativos às letras e livranças, acima referidos. As leis uniformes foram adoptadas por numerosos outros países, com relevo para a Alemanha, a França e Itália. São idênticas – tanto quanto as traduções jurídicas o permitem. Todavia, transpostas para países distintos, com tradições e ciências próprias, acabaram por divergir. Hoje, o Direito cambiário é nacional, sendo frequente que normas "idênticas" propiciem soluções diversas.

III. A História ia-se repetindo, com o advento do Tratado de Roma e a subsequente integração. Num primeiro tempo, pensou-se que a unificação material de áreas sensíveis, como o Direito bancário, não deixaria de operar[234]. Verificou-se, depois, a dificuldade, perante as irredutíveis especificidades científico-culturais de cada Estado-Nação. Passou-se, então, a directrizes: estas, carecidas de transposição, permitiriam as necessárias adaptações nacionais. Mas até aqui há problemas, seja na concepção, seja na execução. Optou-se, por fim, por directrizes de enquadramento, isto é, directrizes que abdicando do Direito material, se limitem a prescrever condições mínimas para que as diversas instituições sejam reconhecidas nos vários países.

É neste domínio que surge o Direito europeu das sociedades.

33. **A diferenciação científica e linguística**

I. Devemos perguntar frontalmente se é pensável uma uniformização do Direito privado, dadas as conhecidas diversidades científicas e linguísticas do Velho Mundo.

No actual estado dos nossos conhecimentos, tal uniformização não é possível.

II. É certo que os Direitos privados europeus tiveram um tronco comum: o Direito romano de recepção ou *ius commune*. Porém, a formação irresistível dos Estados nacionais da expansão pôs termo a essa unidade. O Direito privado resistiu: ainda no século XVIII, a doutrina surgia

---

[234] Cf. algumas indicações no nosso *Manual de Direito bancário*, 2.ª ed. (2001), 42 ss. e 71 ss..

em latim, circulando sem fronteiras. Já então particularismos locais de todo o tipo diferenciavam bem os ordenamentos: pense-se nas Ordenações do Reino, desde o século XV.

O jusracionalismo, a adopção das línguas nacionais no ensino e na prática do Direito e, depois, os códigos franceses diferenciaram, em definitivo, os Direitos da Europa. A experiência anglo-saxónica (vagamente) paralela à dos parlamentos franceses pré-revolucionários, seguiu rumos distantes. Os Direitos de cá e de lá do Reno integraram estilos diferentes. A Itália, a Holanda, a Grécia, os Países Nórdicos e a Espanha: outros tantos universos distintos e vivos. No seio dos países do Sul, avulta a experiência portuguesa, claramente germânica, mas totalmente inconfundível com o Direito alemão e muito diferente dos Direitos espanhol, francês e italiano.

III. O Direito não é uma lei (ou muitas): estaríamos perante um retrocesso positivista que ninguém admitiria subscrever. O Direito é, antes, uma vivência colectiva que exala uma Ciência capaz de resolver problemas. Para tanto, ela consubstancia todo um processo de realização: da fonte ao caso. Princípios, conceitos indeterminados, esquemas integradores e conexões variadas: tudo conflui, com a mediação criativa do juiz, para resolver o caso concreto.

Na presença de Ciências jurídicas distintas, qualquer integração está votada ao fracasso.

IV. Temos, depois, o problema incontornável da linguagem[235]. As fórmulas jurídicas correspondem a abstracções. A sua aprendizagem e a sua comunicação não se fazem – pelo menos por agora – em termos de pensamento puro: os seres humanos são obrigados, pelas suas limitações, a operar através da linguagem, isto é, através de figurações fonéticas com correspondência escrita e das subsequentes combinações estudadas pela gramática e pela semântica. Um conceito jurídico é, assim, uma fórmula linguisticamente condicionada ou melhor: ontologicamente linguística. Comunicar um conceito é transmitir a figuração linguística que lhe corresponda. Pensar nesse conceito é, antes do mais, invocar essa mesma figuração. O jurista não "pensa" em termos puros: estes são susceptíveis, ape-

---

[235] Tonio Walter, *Entwurf einer Richtlinie zur sprachlichen Gestaltung europarechtlichter Texte*, NJW 2004, 582-584, onde, num texto humorístico, se apontam as dificuldades linguísticas do "Direito europeu".

nas, de dar corpo a sentimentos básicos ou a estruturações muito genéricas e indiferenciadas.

V. Este estado de coisas dá azo a três proposições que compete ter sempre em conta, num qualquer discurso jurídico. Assim:

- os conceitos são viabilizados ou potenciados pela linguagem;
- as justificações podem ser meramente linguísticas;
- é possível um metadiscurso, isto é, um discurso que não se reporta à realidade em si mas, apenas, às locuções que a descrevam.

Os conceitos são viabilizados ou potenciados pela linguagem: trata-se do ponto de partida de toda a rubrica relativa ao papel substancial da linguagem. O Direito comparado permite ilustrar esta afirmação da melhor forma: uma obrigação será simples ou complexa, consoante o idioma em que ela seja expressa, compreenda ou não um termo para a exprimir; na hipótese negativa, somos obrigados a recorrer a um conjunto de expressões – e, portanto: a um conjunto de deveres – para exprimir o que, de outro modo, surgiria como dever único. Certos contratos ocorrem como tipos autónomos nos Direitos cujos idiomas comportem expressões próprias. Por exemplo: no Direito alemão e no Direito italiano surge, como autónoma, a figura da "locação de coisa produtiva", ao contrário do que sucede no Direito português; quer a língua alemã, quer a italiana têm termos unitários para designar essa figura: *Pacht* e *affitto*, respectivamente[236]. No limite, podemos afirmar que um Direito nacional – particularmente: um Direito privado nacional – será verdadeiramente distinto dos restantes na medida em que assente numa língua diferenciada[237].

VI. A língua inglesa tende a impor-se, a nível de negócios, como idioma universal. Fazer, dela, a língua jurídico-científica dos povos da Europa representaria um passo não-realista: pelo menos nas próximas gerações. E o resultado final ficaria ainda longe da uniformização pois a

---

[236] Quanto ao *Pacht*, cf. os §§ 581 e seguintes do BGB; quanto ao *affitto*, os artigos 1615 e seguintes do Código italiano.

[237] Cf. JEAN-LOUIS SOURIOUX, *Pour l'apprentissage du langage du droit*, RTDC 1999, 343-353 e HANS HATTENHAUER, *Zur Zukunft des Deutsches als Sprache der Rechtswissenschaft*, JZ 2000, 545-551 (546); este Autor – *idem*, 549 – chama a atenção para os problemas suscitados pela tradução do Código Civil alemão em língua inglesa.

língua inglesa iria veicular ... um Direito não-inglês: perspectivam-se novas diferenciações. Numa altura em que o Direito escocês renasce, com características continentais, não vemos hipóteses consistentes de semelhante colonização.

34. A jurisdicidade das directrizes

I. O papel das directrizes e das normas de transposição no Direito privado de hoje coloca problemas metodológicos. A interpretação de directrizes constitui tarefa complexa[238]. Um dos elementos clássicos da interpretação é, sabidamente, o sistemático: os diplomas não são interpretados de modo isolado, antes devendo ser situados na lógica do ordenamento a que pertençam.

As directrizes não se inserem numa ordem jurídica coerente[239]. Elaboradas por técnicos formados à luz de Ciências jurídicas diversas, elas apresentam, com frequência, um mosaico de conceitos. A reconstituição do seu conteúdo normativo exige, muitas vezes, um recurso intenso ao Direito comparado. Fala-se, nesse domínio, de uma comparação valorativa de Direitos[240]. Bons autores vêem, logo aí, um caos[241].

II. Verificam-se, ainda, problemas de transposição linguística ou tradução. O português é uma das línguas oficiais da União: os textos em vernáculo fazem fé, tal como os escritos noutras línguas. Simplesmente, as traduções levadas a cabo, perante conceitos complexos resultam, por vezes, incorrectas ou incompreensíveis. Haverá então – ainda que a título de auxiliares de interpretação – que recorrer a versões escritas noutros

---

[238] Com um tratamento modelar: CLAUS-WILHELM CANARIS, *Die richtlinienkonforme Auslegung und Rechtsfortbildung im System der juristischen Methodenlehre*, FS Bydlinski (2002), 47-103. Cf., ainda, HERRMANN, *Richtlinienumsetzung durch die Rechtsprechung* cit., 87 ss..

[239] Entre 1961 e 1991, a título de exemplo, foram elaboradas mais de 750 directrizes. Mau grado este número elevado, as directrizes não constituem qualquer corpo harmónico de normas. Cf. CHRISTOF SCHMIDT, *Der Einfluss europäischer Richtlinien auf das innerstaatliche Privatrecht am Beispiel des Einwendungsdurchgriffs bei verbundenen Geschäften* (1997), 1 ss..

[240] MARTIN SCHWAB, *Der Dialog zwischen dem EuGH und nationalen Exegeten bei der Auslegung von Gemeinschaftsrecht und angeglichenem Recht*, ZGR 2000, 446-478 (446).

[241] Cf. WERNER SCHROEDER, *Die Auslegung des EU-Rechts*, JuS 2004, 180-186 (180/I).

idiomas[242], para melhor entender a mensagem normativa subjacente[243]. Os diversos actos europeus surgem nos idiomas oficiais da União. Por sérias que sejam, é evidente que as traduções não comunicam mensagens idênticas. Fundamental seria conhecer a língua mental dos autores materiais dos textos: e muitas vezes, serão vários, com diversas línguas-mães. O estudo aprofundado de um texto comunitário exige o confronto entre versões em várias línguas: pelo menos em alemão e em francês, além do vernáculo. Aliás, os textos vertidos em português, por vezes, nem fazem sentido, havendo que recorrer a versões noutras línguas[244]. E naturalmente: não basta conhecer os idiomas; impõe-se, sempre, uma sindicância de Direito comparado[245].

III. Quanto à aplicação ou, mais latamente, à jurisdicidade, importa sublinhar que as directrizes são comandos dirigidos, em primeira linha, aos Estados[246]. Estes ficam obrigados a transpô-las, de acordo com o que delas resulte[247]. Se os correspondentes diplomas de transposição não forem elaborados, os Estados poderão incorrer em responsabilidade perante as competentes instâncias comunitárias. E quanto aos particulares? Pode o particular lesado pela não transposição indevida ou pela transposição tardia, insuficiente ou incorrecta, de uma directriz, prevalecer-se destas e, daí, retirar direitos e pretensões?

A solução consagrada é a seguinte: os particulares podem invocar directamente as directrizes contra os próprios Estados faltosos; não o podem, porém, fazer contra outros particulares[248].

---

[242] Particularmente em francês e em alemão. Cf., sobre o tema, MARCUS GALDIA, *Rechtsvergleichendes Übersetzen* em *The European Legal Forum* (2003), 1-5.

[243] Também SCHROEDER, *Die Auslegung des EU-Rechts* cit., 185/I.

[244] O problema nem é específico das versões em português. P. ex., JÖRG ANKELE, *Zum Vorschlag der Kommission der Europäischen Gemeinschaften für eine Zweite gesellschaftsrechtliche Richtlinie*, BB 1970, 988-992 (989/II, nota 7), a propósito da então proposta de 2.ª Directriz, afirma ter-se visto constrangido a trabalhar com a versão em francês, por a versão alemã se encontrar errada em vários pontos.

[245] O problema é agravado pela presença de conceitos próprios de certos ordenamentos e que não comportam traduções em idiomas diversos daquele que lhe deu corpo. O exemplo de escola mais conhecido é o da *faute* francesa, sem tradução correcta em português, italiano ou alemão ... enquanto a nossa culpa não comporta tradução exacta em francês.

[246] Entre nós, ainda tem interesse confrontar AUGUSTO ROGÉRIO LEITÃO, *O efeito jurídico das directivas comunitárias na ordem interna dos Estados membros*, DDC 14 (1982), 7-59.

[247] KOENIG/HARATSCH, *Europarecht*, 4.ª ed. cit., 98-99, por todos.

[248] Com elementos, CHRISTOF SCHMIDT, *Der Einfluss europäischer Richtlinien* cit., 4-5; sinteticamente: ERNST R. FÜHRICH, *Wirtschaftsprivatrecht*, 6.ª ed. (2002), 17.

IV. O TJE tomou posição clara quanto à primeira proposição em acórdão de 17-Dez.-1970 (caso SACE contra a República Italiana): verificou-se, aí, que o Estado italiano não transpusera determinada directriz, de onde resultou continuar a cobrar certas taxas; o Tribunal reconheceu que a SACE S.p.A., empresa visada, tinha, perante isso, direitos contra o Estado que as jurisdições internas deveriam salvaguardar[249].

Esta posição foi mantida. O TJE, em 5-Abr.-1979 (caso Ratti contra a República Italiana) decidiu, numa questão relativa a embalagens de solventes, que o Estado em falta quanto à transposição de uma directriz não poderia invocar esse facto para, dele, se prevalecer contra um particular[250]. A opção foi aprofundada em TJE 19-Jan.-1982 (caso Ursula Becker contra as Finanças de Münster): numa questão fiscal, decidiu-se que o Estado não podia prevalecer-se de não-transposições, particularmente quando as normas da Directriz em causa fossem suficientemente explícitas[251].

A segunda proposição documenta-se no acórdão do TJE 26-Fev.-1986 (caso Marshall contra a Autoridade de Saúde de Southampton e South-West Hampshire): num assunto de aposentações, um particular não pode fazer valer uma Directriz não transposta contra outro particular: apenas contra o Estado ou organismos equiparados ainda que, com isso, se quebre a igualdade entre esses organismos e outros similares, de natureza privada[252].

35. **A interpretação conforme com as directrizes**

I. Pergunta-se se a interpretação e a aplicação de diplomas de transposição de directrizes não deverá obedecer a regras especiais. Particularmente em causa está o mote da interpretação conforme com as directrizes[253].

---

[249] TJE 17-Dez.-1970 (SACE), Proc. 33/70, disponível na *Internet*.

[250] TJE 5-Abr.-1979 (Tullio Ratti), Proc. 148/78, disponível na *Internet*.

[251] TJE 19-Jan.-1982 (Ursula Becker), Proc. 8/81, disponível na *Internet*.

[252] TJE 26-Fev.-1986 (Marshall), Proc. 152/84, disponível na *Internet*.

[253] Cf. Canaris, *Die richtlinienkonforme Auslegung* cit., 79 ss., Ulrich Everling, *Rechtsvereinheitlichung durch Richterrecht in der Europäischen Gemeinschaft*, RabelsZ 50 (1986), 193-232 (224-225), Peter Hommelhoff, *Zivilrecht unter dem Einfluss europäischer Rechtsangleichung*, AcP 192 (1992), 75-105 (95), Marek Schmidt, *Privatrechtsangleichende EU-Richtlinien und nationale Auslegungsmethoden*, RabelsZ 59 (1995), 569-597 (572), Ulrich Ehriche, *Die richtlinienkonforme Auslegung nationalen Rechte*, RabelsZ 59 (1995), 598-644 (612 ss.) e Martin Schwab, *Der Dialog zwischen dem EuGH und nationalen Exegeten bei der Auslegung von Gemeinschaftsrecht und angeglichenem Recht*, ZGR 2000, 446-478 (465 ss.).

A interpretação conforme com as directrizes surge especialmente referida como tópico argumentativo na própria jurisprudência do Tribunal de Justiça Europeu. Como exemplos: 23-Jan.-2003 (Sterbenz)[254], 20-Nov.--2003 (Unterpertinger)[255] e 7-Jan.-2004 (Comissão v. Reino de Espanha)[256]. Esse mesmo tópico é usado para defender que as normas de transposição dos Estados não podem ser usadas para interpretar as directrizes[257].

II. Efectivamente, os diplomas de transposição têm um objectivo claramente assumido: o de verter, para a ordem interna, uma orientação valorativa assumida pelo legislador comunitário. Tal orientação, a ser minimamente expressa, poderá ser complementada pela interpretação que não deixará de atender à directriz em causa: quer a *occasio*, quer a *ratio legis* apontam para isso[258]. O método comparativo e a funcionalização dos diplomas deverão ajudar[259].

A interpretação conforme com a directriz a transpor não pode, todavia, esquecer três pontos:

– que a directriz admite, em regra, várias hipóteses de transposição e, ainda, um espaço de manobra dos Estados; ora nos limites da directriz em jogo, há que procurar determinar a exacta medida em que o Estado exerceu essa sua liberdade, determinação essa a fazer à luz do Direito interno;
– que as directrizes não podem prevalecer sobre certas regras internas e, *maxime*, a Constituição;
– que o Estado pode ter decidido violar a directriz: será (porventura) responsável, mas a norma de transposição, pelo menos perante particulares, deverá ser interpretada em si.

Todas estas considerações são oportunas para a aplicação. Neste nível, haverá que reflectir nas consequências das decisões, à luz das directrizes de origem, na medida em que devam ser tidas em conta.

---

[254] TJE 23-Jan.-2003 (Sterbenz), Proc. n.° 16/01, n.° 28, disponível na *Internet*.

[255] TJE 20-Nov.-2003 (Unterpetinger), Proc. n.° 212/01, n.° 14, disponível na *Internet*.

[256] TJE 7-Jan.-2004 (Comissão contra Reino de Espanha), Proc. n.° 58/02, n.° 4, disponível na *Internet*; a hipótese aqui suscitada situar-se-ia mesmo na área penal.

[257] Proc. n.° 152/02 (caso Terra Beudedarf-Handel GmbH): conclusões da advogada geral, disponíveis na *Internet*.

[258] Cf. STJ 9-Mai.-2002 (Ribeiro Coelho), CJ/Supremo X (2002) 2, 55-58 (58/I).

[259] Schroeder, *Die Auslegung des EU-Rechts* cit., 183/II e 185/II.

III. As boas interpretação e aplicação dos diplomas de transposição exigem o conhecimento e a própria interpretação das directrizes em causa. O jurista europeu fica, assim, obrigado a manusear permanentemente o Direito comparado[260]. Quer isto dizer que, num sistema nacional que acolha diplomas de transposição, a unidade interpretativa e aplicativa do conjunto fica comprometida.

O Direito português nem é dos mais atingidos: mercê das suas características próprias, o seu estudo sempre requereu intensos níveis comparatísticos.

IV. A interpretação conforme com as directrizes pode ainda ser esclarecida com recurso à questão do seu fundamento. Surgem três orientações[261]:

- a da vontade do legislador nacional aquando da transposição;
- a da precedência do Direito comunitário;
- a da força vinculativa do Tratado da União.

A primeira orientação não é satisfatória. Estamos numa área em que domina a "vontade" do legislador europeu e não a do legislador nacional. Esta, todavia, poderá ser marginalmente relevante, como nos casos em que a directriz seja transposta antes do prazo obrigatório.

A segunda pressuporia que a directriz fosse *self-executing*: não é, em regra, o caso. Os comandos comunitários, enquanto tais, não se dirigem às situações reguladas pelas normas de transposição.

Fica a terceira orientação: a jurídico-positividade dimanada do artigo 249.°/3, do Tratado da União, obriga, por uma lógica de sistema, à interpretação conforme. Esta funciona como o embrião de uma Ciência do Direito capaz de acolher e de tratar o Direito nacional e o Direito comunitário, na área em que se interpenetram: a das normas de transposição.

36. **Interpretação e aplicação do Direito europeu das sociedades**

I. O Direito europeu das sociedades não tem especificidades interpretativas e aplicativas perante o Direito europeu comum. De todo o modo,

[260] JÜRGEN BASEDOW, *Grundlagen des europäischen Privatrechts*, JuS 2004, 89-96 (91/II).

[261] O debate, com a indicação dos diversos autores envolvidos, pode ser seguido em CANARIS, *Die richtlinienkonforme Auslegung* cit., 49-55.

ele apresenta alguns particularismos. Vamos passar, a esse propósito, em revista algumas regras de interpretação comunitária[262].

No Direito comunitário, particularmente na jurisprudência do TJE, não se procede à distinção entre interpretação e integração de lacunas ou, sequer, à interpretação criativa (*Rechtsfortbildung*). De acordo com a prática francesa, tudo é considerado "interpretação", ainda que esta recaia sobre normas análogas, sobre princípios ou sobre o conjunto do sistema, para resolver questões carecidas de normas aplicáveis.

Ainda no Direito comunitário e em sede geral, o Direito primário e o secundário deveriam sujeitar-se às mesmas regras interpretativas. Embora esse princípio pareça óbvio – dele, de resto, dependendo a própria unidade jurídico-científica do Direito europeu das sociedades – a jurisprudência do TJE tem operado uma certa distinção, nesse domínio: aceita regras diversas para os Direitos primário e secundário, um tanto à imagem do que sucede, nos Direitos nacionais, com a interpretação do Direito constitucional e do Direito ordinário[263].

II. No tocante ao Direito primário, o ponto de partida é constituído pela interpretação literal: as regras valem com o sentido óbvio e imediato que delas resulte. Quanto ao problema da diversidade linguística, o TJE decidiu em vários acórdãos exemplares – TJE 5-Dez.-1967[264], 12-Nov.-1969[265] e 12-Jul.-1979[266] – que o sentido a validar deveria resultar do cotejo entre as versões feitas nas diversas línguas oficiais. Na época,

---

262 No desenvolvimento subsequente temos em especial conta os elementos constantes de GÜNTER CHRISTIAN SCHWARZ, *Europäisches Gesellschaftsrecht* cit., 56 ss. e de MARCUS LUTTER, *Die Auslegung angeglichnen Rechts*, JZ 1992, 593-607.

263 ALBERT BLECKMANN, *Zu den Auslegungsmethoden des EuGH*, NJW 1982, 1177-1182 (1178/II).

264 TJE 5-Dez.-1967, Proc. n.° 19/67 (Van der Vecht), na *Internet*: "A necessidade de uma interpretação uniforme dos regulamentos comunitários exclui que o texto de uma disposição seja considerado isoladamente, antes exigindo, em caso de dúvida que seja interpretado e aplicado à luz das versões estabelecidas nas outras três línguas". (Não existe em português; usou-se a versão francesa).

265 TJE 12-Nov.-1969, Proc. n.° 29/69 (Erich Stauder), na *Internet*: "(...) a necessidade de uma aplicação e, daí, de uma interpretação uniformes exclui que o texto seja considerado isoladamente numa das suas versões, antes requerendo que seja interpretado em função do fim prosseguido, à luz, designadamente, das versões escritas em todas as línguas". (*Idem*, quanto à versão francesa).

266 TJE 12-Jul.-1979, Proc. n.° 9/79 (Marianne Koschniske), na *Internet*: "A necessidade de uma interpretação uniforme (...) exige que ele seja interpretado e aplicado à luz das versões estabelecidas noutras línguas oficiais", a propósito do sentido de *diens echtgenote*, expressão holandesa literalmente equivalente ao francês *son épouse*, mas que deve ser interpretada latamente. (*Idem*, quanto à versão utilizada).

porém, elas eram quatro, enquanto lidamos hoje com vinte línguas, ainda que algumas não sejam oficiais. Na prática, haverá que ter em conta a língua do litígio e as chamadas línguas de trabalho.

Os factores considerados decisivos são o sistemático e o teleológico, animados com os objectivos do Tratado[267] e de acordo com a obtenção do efeito útil[268]. Já ao elemento histórico é dada pouca importância: uma vez que o Direito dos Tratados é, em regra, um Direito de compromisso, não seria útil, para o seu entendimento, recorrer a elementos anteriores[269].

III. Na interpretação do Direito secundário, há que ter em conta a interpretação conforme com o primário[270]. Os elementos históricos têm, aqui, já grande importância, admitindo-se o recurso aos projectos e a outros trabalhos preparatórios[271]. O sentido a ter em conta é mais marcadamente subjectivo[272], valendo conhecer as ponderações feitas, por exemplo, na Comissão, no decurso do competente processo legislativo ou as tomadas de posição do Parlamento[273].

Nas matérias técnicas do Direito europeu das sociedades, parece-nos, neste contexto, inultrapassável o conhecimento da ordem jurídica dadora, isto é: do Direito que esteve na origem da opção assumida.

IV. O Tribunal de Justiça Europeu e o Tribunal de Primeira Instância garantem o controlo do Direito comunitário primário e secundário, perante os dispositivos do Tratado[274].

De entre as várias formas de actuação de que o Tribunal de Justiça dispõe, avulta, no Direito europeu das sociedades, o das decisões prejudiciais, tomadas nos termos do artigo 234.° do Tratado[275] [276]. Trata-se de um

---

267 TJE 20-Set.-1988, Proc. 302/86 (Comissão c. Dinamarca), na *Internet*: admite validar medidas legislativas que levantem menos obstáculos às trocas livres.

268 TJE 17-Jan.-1980, Proc. n.° 792/79 (Camera Care, Ltd.), na *Internet*, referindo a necessidade de "garantir o efeito útil". (Não existe em português; usou-se a versão francesa).

269 SCHWARZ, *Europäisches Gesellschaftsrecht* cit., 58 (Nr. 82).

270 BLECKMANN, *Zu den Auslegungsmethoden* cit., 1178/I.

271 SCHWARZ, *Europäisches Gesellschaftsrecht* cit., 60.

272 BLECKMANN, *Zu den Auslegungsmethoden* cit., 1179/I, sendo todavia necessário que os competentes elementos se encontrem publicados.

273 MARCUS LUTTER, *Die Auslegung angeglichenen Rechts* cit., 600-601.

274 Cf. o artigo 220.° do Tratado (ex-artigo 164.°).

275 SCHWARZ, *Europäisches Gesellschaftsrecht* cit., 61 e 63 e, em geral, KRAUSSER, *Das Prinzip begrenzter Ermächtigung im Gemeinschaftsrecht* cit., 57.

276 Quanto ao artigo 234.° do Tratado (ex-artigo 177.°), cf. ULRICH EHRICKE, em STREINZ, *EUV/EGV* (2003), 2064 ss..

esquema habilmente montado para conseguir uma quadratura aparentemente impossível:

- a de evitar qualquer intrusão nos sistemas judiciários dos Estados-membros;
- garantindo, todavia, a uniformidade do Direito comunitário aplicado, nos diversos países, pelos tribunais respectivos.

O tribunal nacional confrontado com alguma dúvida de aplicação do Direito europeu, primário ou secundário, colocará o problema, em abstracto, ao Tribunal de Justiça Europeu. Este decidirá a questão, sem se imiscuir no caso concreto: tarefa do tribunal nacional.

Tudo isto assenta na ideia da possibilidade de quebrar o processo de realização do Direito, numa operação hoje considerada impossível. De todo o modo, por via prejudicial, o Tribunal de Justiça tem vindo a precisar fontes interpretativas importantes do Direito europeu das sociedades.

§ 10.° Estádio actual e perspectivas

37. Vantagens e óbices

I. O Direito das sociedades europeu deveria decorrer de uma consideração simples: perante a unidade do mercado europeu, a presença de ordenamentos diferenciados e, por vezes, incompatíveis, surgiria como anomalia[277]. As divergências no domínio societário seriam especialmente pesarosas, uma vez que jogariam contra o livre estabelecimento, questionando, no terreno, as liberdades fundamentais da União. A uniformização do Direito das sociedades resolveria essas questões, fazendo baixar os custos das transacções[278].

II. O Direito das sociedades, muito estudado e assente em diversas directrizes, seria um bom exemplo na linha da harmonização[279]. Todavia, esse optimismo tem vindo a encontrar múltiplas dificuldades.

O tempo de preparação das directrizes é muito longo, tendendo a piorar. Os regulamentos são, por vezes, de elaboração ainda mais lenta: o da sociedade anónima europeia demorou mais de quarenta anos, tendo chegado a resultados modestos.

Surgem áreas de bloqueio. Por exemplo, a inviabilidade de exportar, para o Sul, o modelo alemão de co-gestão bloqueou a 5.ª e a 10.ª Directrizes e dificultou, em extremo, o regulamento das sociedades europeias[280], estando em aberto o saber-se como vai terminar a aventura que ele repre-

---

[277] JÜRGEN BASEDOW, *Über Privatrechtvereinheitlichung und Marktintegration*, FS Mestmäcker (1996), 347-363 (347).

[278] *Idem*, 356 ss..

[279] PETER BEHRENS, *Krisensymptone in der Gesellschaftsrechtsangleichung*, FS Mestmäcker (1996), 831-894 (831) e TIM DRYGALA, *Stand und Entwicklung des europäischen Gesellschaftsrechts*, ZeuP 2004, 337-365 (339).

[280] BEHRENS, *Krisensymptone* cit., 833 ss..

senta, no campo da participação dos trabalhadores[281]. O projecto de 9.ª Directriz, relativa às relações de grupo, pode considerar-se abandonado: não suscitou consensos mínimos e versa matéria que melhor poderá ser tratada noutros moldes[282].

III. A técnica de avançar nos instrumentos comunitários retirando todos os pontos duvidosos ou que não suscitem consenso[283] enfraquece as mensagens normativas da União e deixa larga margem aos Direitos nacionais. Podemos hoje afirmar com toda a segurança que o Direito das sociedades português, depois da aportação comunitária, é muito mais complexo, sendo ininteligível para juristas "europeus" não iniciados nas particularidades nacionais. Com os vários Direitos nacionais sucederá outro tanto.

As perspectivas da Constituição Europeia têm-se diluído nos temas (importantes) dos direitos fundamentais[284] e dos aspectos institucionais[285]. Quedam os outros, relevantes no dia-a-dia. Em suma: temos todo um campo aberto à reflexão.

38. **Ponderação científica**

I. No âmbito desta rubrica, impõem-se algumas considerações sobre o Direito privado europeu. Quais serão as suas perspectivas? Estaremos perante um Código Civil europeu próximo e isso ao ponto de se tornar dispensável o aprofundamento das soluções nacionais?

O Direito das sociedades é, neste momento, o ramo privado tradicional mais marcado por exigências comunitárias. Pode, assim, servir de banco de reflexão para um tema que se coloca em todo o ordenamento privado.

---

281 *Infra*, 772-773.

282 COM (2003) 284, final, p. 21 e nota 21.

283 Trata-se da via seguida com as SE, como modo de possibilitar a rápida aprovação do correspondente regulamento; cf. DRYGALA, *Stand und Entwicklung* cit., 341.

284 MATTHIAS RUFFERT, *Schlüsselfragen der Europäischen Verfassung der Zukunft: Grundrechte – Institutionen – Kompetenzen – Ratifizierung*, EuR 2004, 165-201 (169 ss.).

285 CASPAR EINEM, *Eine Verfassung für Europa/Anmerkungen zu ausgewähten Aspekten des Verfassungentwurfs*, EuR 2004, 202-215.

II. Em termos práticos, não há vantagens em alargar as dimensões "europeias" dos Direitos internos. As relações económicas processam-se, hoje, nos moldes seguintes:

- a grande maioria das situações submete-se ao Direito de um único Estado; as partes conhecem-no e, à partida, ele constitui o esquema melhor adaptado para resolver os problemas que ocorram;
- para a pequena minoria de situações plurilocalizadas, as partes escolhem a lei que lhes convenha; normalmente: a mais adaptada ou a mais segura.

Os "custos de transacção" são comportáveis.

III. Perante o "Direito europeu", as dúvidas são máximas:

- a sua interpretação e aplicação levantam problemas e exigem estudos especializados;
- nunca se sabe qual o entendimento que os tribunais nacionais vão dar às regras "transpostas"; geralmente, vamos deparar com entendimentos divergentes: pense-se na experiência das Convenções de Genebra e das leis "uniformes";
- a conciliação entre directrizes e leis de transposição surge sempre como uma suplementar área de fricção;
- nos casos de recurso ao Tribunal Europeu, as dúvidas são maiores, o tempo de espera aumenta e os custos marginais também.

Em suma: dúvidas, dificuldades, incerteza no resultado e custos de transacção seguramente acrescidos: tal o resultado de regras uniformes. Além disso, a não haver uma jurisdição "europeia", parece óbvio que se manterão as divergências.

IV. A experiência dos Estados plurilegislativos, como os Estados Unidos e o Canadá, mostra que a existência de Direitos internos diferenciados não é obstáculo à integração e ao desenvolvimento. Por certo que existem áreas "uniformes" e, até, uma jurisdição federal. Mas a variedade mantém-se e é bem acolhida. Nunca se explicou porque não seria, assim, na Europa onde, além do mais, temos de lidar com a diversidade linguística e com Histórias milenárias.

V. Em termos técnicos – jurídico-científicos, culturais e mesmo estéticos – a diversidade de Direitos privados europeus anda ligada à variedade linguística e à riqueza histórico-cultural. Ela torna possível testar soluções diferentes e, através de um intercâmbio que sempre existiu, apurar e divulgar as melhores.

Os partidários da "unificação" têm o ónus de vir a terreiro dar as suas razões.

VI. Em defesa do Direito privado uniforme europeu só vemos razões políticas. Haveria que erguer um Estado Europeu ainda que à custa das culturas nacionais, relegadas para "particularismos locais". A língua europeia (o inglês?) teria de ser adoptada nos diversos textos legais, nos actos oficiais e no ensino do Direito. A imagem do Código europeu em várias línguas seria um permanente perigo para a unidade jurídico-científica[286].

Os custos seriam enormes (mesmo os económicos) e as vantagens diminutas. Tanto basta para rejeitar tal cenário que, de "europeu", teria o nome.

Mas com uma ressalva: se o Direito nacional prosseguir na actual rota de dispersão, de prolixidade e de assistematismo, qualquer solução racionalizadora poderá ganhar terreno. Bruxelas fará o que Lisboa, de todo, não logre realizar.

Temos, aqui, mais um incentivo especial para o estudo. A experiência alcançada na análise do Direito europeu das sociedades pode ser um bom exemplo para todo o Direito privado.

39. **Perspectivas**

I. A evolução do Direito nacional é, por vezes, imprevisível. Ao sabor das crises ministeriais e das equipas que rodeiem os ministros, as nossas

[286] Não há Direito sem língua! Cf. Jürgen Basedow, *Grundlagen des europäischen Privatrechts*, JuS 2004, 89-96 (91/I). Considerando irrealista a hipótese do Código Civil europeu: Tilman Repgen, *Europäisierung des Privatrechts durch Wiederbelebung des ius commune?*, em AAVV, *Europäisierung des Privatrechts/Zwischen bilanz und Perspektiven*, Mainzer Tagung 10-13-September 1997, *Jahrbuch Junger Zivilrechtswissenschaftler* (1981), 9-36 (34). Por seu turno, Martin Franzen, *Auslegung und Fortbildung von privatrechtsangleichenden Richtlinien*, *idem*, 295-306 (306), chama a atenção para que quanto mais interpretação criativa houver, mais difícil é a integração comunitária.

leis apresentam uma sequência de reforma algo aleatória. Trata-se de um aspecto que teremos de corrigir.

Em compensação, o Direito europeu vem sendo planeado com uma antecedência de anos. Dispomos, neste momento, de uma planificação para os próximos dez anos, planificação essa que confirma, ao que cremos, as considerações que temos vindo a produzir desde 1997[287] [288].

II. No dia 4 de Novembro de 2002, um denominado *Grupo de Alto Nível de peritos no domínio do direito das sociedades*, nomeado pelo comissário BOLKESTEIN, em Setembro de 2001, apresentou um relatório final: *Um quadro regulamentar moderno para o direito das sociedades na Europa*. Após uma discussão subsequente, a Comissão apresentou uma comunicação[289]. Dela podemos retirar o estado das matérias[290].

A Comissão contrapôs, aí, o Direito das sociedades ao governo das sociedades[291] apresentando, como objectivos[292]:

- promover a eficiência e a produtividade das empresas da UE à escala mundial;
- reforçar os direitos dos accionistas;
- fortalecer a protecção de terceiros.

Todavia, a Comissão entende dever:

> (...) respeitar plenamente os princípios da subsidiariedade e da proporcionalidade consignados no Tratado e a diversidade das inúmeras abordagens diferentes dos Estados-Membros no que se refere aos mesmos problemas, prosseguindo simultaneamente objectivos claros (reforçar o mercado interno e melhorar os direitos dos accionistas e de terceiros).

---

[287] Altura em que iniciámos o estudo sistemático do Direito bancário, o que nos levou a analisar as hipóteses de unificação europeia *versus* harmonização através de (meras) directrizes de enquadramento.

[288] Cf. PETER HOMMELHOFF, *Impulse für das Europäische Gesellschaftsrecht/Begrüssung*, ZGR 2004, 303-304.

[289] A já referida *Comunicação da Comissão ao Conselho e ao Parlamento Europeu/Modernizar o direito das sociedades e reforçar o governo das sociedades na União Europeia – Uma estratégia para o futuro*, de 21-Mai.-2003, em COM (2003) 284, final, 32 pp.. Cf. *infra*, o texto da *Comunicação*, com outras indicações.

[290] Cf., também, KAREL VAN HULLE/SILJA MAUL, *Aktionsplan zur Modernisierung des Gesellschaftsrechts und Stärkung der Corporate Governance*, ZGR 2004, 484-505.

[291] *Corporate governance*; cf. o nosso *Manual de Direito das sociedades*, 1.° vol. cit., 694 ss..

[292] COM (2003) 284, 3.

Isto posto, haveria uma aplicação flexível, mas com princípios firmes, da realidade comunitária, contribuindo para a evolução da regulamentação a nível internacional. A Comissão mostra-se impressionada pelos escândalos americanos (Enron e subsequentes) que abalaram fortemente todo um sistema baseado na captação de meios no mercado mobiliário.

III. No tocante ao Direito das sociedades, recorde-se que o artigo 44.°/2, *g*), do Tratado, a propósito da liberdade de estabelecimento, constituiu a base para a intervenção do domínio das sociedades. Assim surgiram as diversas directrizes e, mercê de uma abordagem mais flexível, o regulamento das sociedades anónimas europeias[293].

O novo impulso agora a assumir, destinado a modernizar o quadro existente e a lançar um número limitado de iniciativas, teria em mente[294]:

– modernizar o mercado interno;
– integrar os mercados de capitais;
– maximizar os benefícios que advêm das tecnologias modernas;
– o alargamento de 2004;
– restabelecer a confiança (pós-escândalos).

IV. Quanto ao governo das sociedades, a Comissão considerou inconveniente a adopção de um Código Europeu Unitário[295]: a diversidade das situações e a confluência já existente desaconselham-no. Antes opta por reforçar a divulgação de informações no domínio do governo das sociedades e por ampliar os direitos dos accionistas, designadamente no tocante à informação e à participação[296].

Haveria que modernizar a estrutura do conselho de administração, atentando na sua composição, na remuneração dos administradores e nas suas responsabilidades[297].

V. No domínio do Direito das sociedades, a Comissão recorda o papel angular da 2.ª Directriz (conservação e modificação do capital social), a qual deveria ser simplificada. Os Grupos são considerados legítimos,

---

293 COM (2003) 284, 6.

294 *Idem*, 7-8.

295 *Idem*, 11-13.

296 *Idem*, 15-16.

297 *Idem*, 17-19.

optando-se por não "reactivar" o projecto da 9.ª Directriz; a informação financeira e não-financeira sobre o que representam deveria, no entanto, ser incentivada[298].

Já a reestruturação e a mobilidade das empresas deveria ser retomada, prevendo-se a apresentação de novas propostas de 10.ª Directriz (fusões transfronteiriças) e de 14.ª Directriz (transferência da sede social de um Estado-Membro para outro). Nesta linha, haverá que simplificar as 3.ª e 6.ª Directrizes (fusão e cisão de sociedades, respectivamente). Perante a complexidade do Regulamento n.° 2157/2001, de 8 de Outubro, sobre a sociedade anónima europeia, a Comissão propõe-se fazer estudar o estatuto relativo à sociedade europeia fechada (SEF), destinado a enquadrar pequenas e médias empresas[299] [300].

VI. Em síntese, o programa da Comissão prevê[301]:

- a curto prazo, diversas medidas relativas ao governo das sociedades, com um projecto de Directriz sobre a participação dos accionistas; quanto às sociedades: simplificação da 2.ª Directriz; propostas alteradas de 10.ª e de 14.ª Directriz; estudo de viabilidade da sociedade fechada europeia; melhoria nas propostas da associação europeia e da sociedade mútua europeia;
- a médio prazo, no que tange ao governo das sociedades, projectos de Directriz sobre investidores institucionais e sobre responsabili-

[298] *Idem*, 19-22.

[299] *Idem*, 23-24.

[300] Sobre o tema há já uma bibliografia interessante; assim; PETER HOMMELHOFF, *Die "société fermée européenne"/eine Supranationale Gesellschaftsform für kleine und mittlere Unternehmen im Europäischen Binnenmarkt*, WM 1997, 2101-2109 (2109/I, bastante céptico), ULRICH EHRICKE, *Die Überwindung von Akzeptanzdefiziten als Grundlage zur Schaffung neuer supranationalen Gesellschaftsformen in der EU/Ein Beitrag zur Entwicklung einer sog. Société Fermée Européenne (Europäische Privatgesellschaft)*, RabelsZ 64 (2000), 497-516, concluindo que a "... obtenção de formas de sociedades supranacionais é uma parte essencial de um Direito europeu das sociedades, ROLF STEDING, *Das Gesellschaftsrecht der EU zwischen Erwartung und Enttäuschung*, NGZ 2000, 913-918 (917/I), GREGOR BACHMANN, *Grundtendenzen der Reform geschlossener Gesellschaften in Europa/Dargestellt am Beispiel des britischen Reformprozesses und der Europäischen Privatgesellschaft*, ZGR 2001, 351-384 (370 ss.), PAULINE DEJMEK, *Das künftige Europa und die Europäische Privatgesellschaft*, NZG 2001, 878-884 (884/I), dando conta do especial interesse dos empresários franceses na consecução dessas fórmulas e RÜDIGER KRAUSE, *Die Stellung von KMU im europäischen Gesellschaftsrect*, EuZW 2003, 747-751 (750); KMU (*kleine und mittlere Unternehmen*) equivale às nossas PME.

[301] COM (2003) 284, 27-29, com um quadro completo.

dade dos administradores; quanto às sociedades, nova simplificação da 2.ª Directriz, regras sobre pirâmides de sociedades, simplificação das 3.ª e 6.ª Directrizes, eventual proposta de estatuto da sociedade europeia fechada, estudo de outras formas jurídicas, com exemplo na fundação europeia e regras sobre a transparência das formas jurídicas nacionais;

– a longo prazo, proceder-se-ia à eventual introdução, na 2.ª Directriz, de um regime alternativo.

Resta acrescentar o seguinte: segundo a própria Comissão, teríamos:

– curto prazo (2003/2005);
– médio prazo (2006/2008);
– longo prazo (a partir de 2009).

Neste momento – meados de 2004 – o plano, um pouco atrasado, mantém-se exequível.

Passamos, de seguida, a divulgar, na íntegra, o texto da Comunicação.

40. Comunicação: modernizar o Direito das sociedades e reforçar o governo das sociedades na União Europeia (21-Mai.-2003)

COMUNICAÇÃO DA COMISSÃO AO CONSELHO E AO PARLAMENTO EUROPEU

Modernizar o direito das sociedades e reforçar o governo das sociedades na União Europeia – Uma estratégia para o futuro[302]

INTRODUÇÃO

Impõe-se um direito e um governo das sociedades com uma natureza dinâmica e flexível para uma sociedade industrializada moderna, evolutiva e interligada. Trata-se de um aspecto essencial para milhões de investidores e revela-se fundamental para consolidar o mercado interno e criar um mercado de capitais integrado à escala europeia, bem como para maximizar os benefícios que advirão do alargamento para todos os Estados-Membros, actuais e futuros.

302 COM (2003) 284 final. Tem ainda um especial interesse confrontar o *Parecer do Comité Económico e Social Europeu* que recaiu sobre esta Comunicação, em JOCE N.° C-80, 12-16, de 30-Mar.-2004. Mantém-se a numeração original das notas de rodapé.

Um direito das sociedades de elevada qualidade e boas práticas de **governo das sociedades** em todo o território da UE reforçarão a economia real:

- Uma abordagem eficaz promoverá a **eficiência e a competitividade das empresas** da UE à escala mundial. As empresas bem geridas, pautando-se por boas práticas de **governo das sociedades** e sensibilizadas para as questões sociais e ambientais, obtêm melhores resultados que os seus concorrentes. A Europa requer mais empresas deste tipo para fomentar a criação de emprego e promover um nível mais elevado de crescimento sustentável a longo prazo.
- Uma abordagem eficaz contribuirá para reforçar os direitos dos accionistas e a protecção de terceiros. Em especial, permitirá restabelecer a confiança dos investidores europeus após a recente série de escândalos no domínio do governo das sociedades. Os rendimentos, as pensões e os investimentos de milhões de europeus dependem da natureza adequada e responsável dos resultados e do governo das sociedades cotadas em que investem.

Âmbito

A presente comunicação delineia a abordagem que a Comissão tenciona especificamente adoptar na área do **direito e do governo das sociedades.**

A prossecução dos objectivos visados (fomentar a eficiência e a competitividade das empresas e reforçar os direitos dos accionistas e a protecção de terceiros) requer uma abordagem **plenamente integrada**.

Várias iniciativas conexas que se inserem nesta abordagem integrada, mas que não fazem parte do presente Plano de Acção, incluem:

- **O Plano de Acção para os Serviços Financeiros** (1) **de 1999**, que confirmou os objectivos gerais que deviam presidir à política em matéria de serviços financeiros a nível da UE e que estabelecia o enquadramento para alcançar um mercado integrado de capitais até 2005;
- **A estratégia em matéria de informações financeiras a prestar pelas empresas** (2) **de 2000**, que pretende assegurar informações financeiras de elevada qualidade mediante a adopção de um conjunto comum de normas contabilísticas e o desenvolvimento de um sistema de aplicação eficaz, que conduziu à adopção em 2002 do Regulamento relativo à aplicação das normas internacionais de contabilidade;
- **A Comunicação relativa à Responsabilidade Social das Empresas** (3) **de 2002**, que aborda a dimensão social e ambiental das empresas numa economia global e que conduziu à criação de um Fórum Multilateral Europeu com vista a promover a adopção voluntária de práticas sociais e ambientais pelas empresas, associadas às suas actividades de base, transcendendo as suas actuais obrigações legais;
- **A Comunicação relativa à Política Industrial na Europa alargada** (4) **de 2002**, que aborda a necessidade de a indústria comunitária assegurar uma estrutura de produção mais sustentável enquanto força motriz do crescimento e da produtividade.

---

(1) Serviços financeiros: Aplicação do enquadramento para os mercados financeiros – Plano de Acção, Comunicação da Comissão, COM (1999) 232 de 11.05.99.

(2) Estratégia da UE para o futuro em matéria de informações financeiras a prestar pelas empresas, Comunicação da Comissão, COM (2000) 359 de 13.06.00.

(3) Responsabilidade Social das Empresas: Um contributo das empresas para o desenvolvimento sustentável, Comunicação da Comissão, COM (2002) 347 de 02.07.02. O fórum multilateral europeu sobre RSE reúne organizações que representam as empresas, os sindicatos e a sociedade civil. Em 2004, apresentará um relatório sobre os seus trabalhos à Comissão, que procederá subsequentemente a uma avaliação dos respectivos resultados, decidirá sobre o seu futuro e examinará a possibilidade de qualquer outra iniciativa adequada.

(4) "Política Industrial na Europa Alargada", Comunicação da Comissão, COM (2000) 714 de 11.12.02.

– **A Comunicação relativa às prioridades no domínio da revisão oficial de contas na EU**, que é publicada em conjunto com a presente comunicação e que incide sobre a abordagem estratégica comunitária destinada a assegurar a qualidade da auditoria e a confiança pública nos revisores oficiais de contas. Abrange questões tais como a utilização de Normas Internacionais de Auditoria (ISA – International Standards on Auditing), o controlo público de auditores e a modernização da Oitava Directiva no domínio do direito das sociedades tendo em vista a adopção de uma abordagem baseada em princípios.

Resposta ao Relatório do Grupo de Alto Nível

Em 4 de Novembro de 2002, **um Grupo de Alto Nível de peritos no domínio do direito das sociedades,** nomeado pelo Comissário Bolkestein em Setembro de 2001 e presidido por Jaap Winter, apresentou o seu relatório final intitulado "Um quadro regulamentar moderno para o direito das sociedades na Europa". Este relatório centrou-se na questão do governo das sociedades na UE e na modernização do direito das sociedades a nível europeu. O **Conselho Competitividade** (30 de Setembro de 2002) convidou a Comissão a organizar uma discussão aprofundada sobre o próximo relatório e a desenvolver, em coordenação com os Estados-Membros, um Plano de Acção no domínio do direito das sociedades, incluindo o **governo das sociedades**, logo que exequível, tendo anunciado a sua intenção de considerar o Plano de Acção como uma questão prioritária. O Conselho Ecofin também manifestou um profundo interesse nestes trabalhos.

A presente comunicação representa a **resposta da Comissão**. Explica as razões pelas quais o quadro regulamentar europeu no domínio do direito e do governo das sociedades deve de ser modernizado. Define os principais objectivos políticos que deverão orientar qualquer acção futura a ser adoptada a nível da UE nestas áreas. Estabelece um Plano de Acção, sendo as respectivas prioridades definidas a curto, a médio e a longo prazo. Indica o tipo de instrumento regulamentar a ser utilizado para o efeito (5) e fixa o respectivo prazo.

(5) Sempre que for previsto um instrumento legislativo, tal significa que a acção preconizada requer a adopção de uma nova proposta legislativa ou a alteração de um ou vários instrumentos legislativos em vigor.

Critérios de orientação

Na elaboração do presente Plano de Acção, a Comissão atribuiu particular atenção à necessidade de qualquer iniciativa de carácter regulamentar a nível europeu respeitar uma série de critérios:

- Deve respeitar plenamente os princípios da **subsidiariedade e da proporcionalidade** consignados no Tratado e a diversidade das inúmeras abordagens diferentes dos Estados-Membros no que se refere aos mesmos problemas, prosseguindo simultaneamente objectivos claros (reforçar o mercado interno e melhorar os direitos dos accionistas e de terceiros);
- Deve caracterizar-se por uma **aplicação flexível, mas por princípios firmes**. Deve centrar-se em prioridades, ser transparente e resultar dos devidos procedimentos e consultas;
- Deve contribuir para **influenciar a evolução da regulamentação a nível internacional**. A UE deve definir uma abordagem própria em matéria de **governo das sociedades**, adaptada às suas tradições culturais e empresariais. Com efeito, trata-se de uma oportunidade no sentido de a União reforçar a sua influência à escala mundial através de regras de **governo das sociedades** sólidas e sensatas. O **governo das sociedades** constitui efectivamente uma área em que as normas têm vindo cada vez mais a ser estabelecidas a nível internacional, conforme evidenciado pela recente evolução registada nos Estados Unidos. A Lei **Sarbanes-Oxley**, adoptada em 30 de Julho de 2002, após uma série de escândalos, representou uma resposta rápida neste contexto. Infelizmente, suscitou uma série de problemas, devido aos seus efeitos extraterritoriais a nível das empresas e dos revisores oficiais de contas na Europa, tendo a Comissão empreendido um intenso diálogo com as autoridades norte-americanas (nomeadamente a *Securities and Exchange Commission*) no domínio da regulamentação com vista a negociar soluções aceitáveis. Em muitas áreas, a UE partilha objectivos e princípios gerais idênticos aos enunciados na Lei Sarbanes-Oxley e, nalguns casos, vigora já uma regulamentação sólida e equivalente na UE. Nalgumas outras áreas, contudo, são necessárias novas iniciativas. Assegurar o direito de serem reconhecidas como regras menos "equivalentes" a outras regras nacionais e internacionais constitui, só por si, um objectivo legítimo e profícuo.

1. MODERNIZAR O DIREITO DAS SOCIEDADES E REFORÇAR O GOVERNO DAS SOCIEDADES: O ACERVO COMUNITÁRIO E A NECESSIDADE DE NOVAS INICIATIVAS

1.1. O acervo comunitário no domínio do direito das sociedades

Tradicionalmente, a maioria das iniciativas adoptadas a nível da UE no domínio do direito das sociedades baseou-se no **n.° 2, alínea g), do artigo 44.° (ex-54.°) do Tratado** que institui a Comunidade Europeia. Este artigo, inserido no capítulo consagrado ao direito de estabelecimento, exige que as instituições europeias assegurem a liberdade de estabelecimento "*coordenando as garantias que, para protecção dos interesses dos sócios e de terceiros, são exigidas nos Estados-Membros às sociedades, na acepção do segundo parágrafo do artigo 48.° (ex-58.°), na medida em que tal seja necessário, e a fim de tornar equivalentes essas garantias*".

Este artigo foi interpretado no sentido de comportar dois vectores importantes para justificar a adopção de iniciativas comunitárias no domínio do direito das sociedades:

a) **facilitar a liberdade de estabelecimento das empresas**: a harmonização de uma série de requisitos mínimos permite às empresas estabelecerem-se com maior facilidade noutros Estados-Membros em que o quadro regulamentar é semelhante;

b) **garantir a segurança jurídica das operações intracomunitárias**: a existência de uma série de garantias comuns constitui um elemento-chave para fomentar a confiança nas relações económicas transfronteiras.

Ao longo dos anos, as instituições da UE adoptaram uma série de iniciativas no domínio do direito das sociedades, muitas das quais permitiram alcançar **resultados significativos** (6). No período compreendido entre 1968 (adopção da Primeira Directiva no domínio do direito das sociedades) e 1989 (adopção da Décima Segunda Directiva neste domínio), foram adoptadas nove directivas e um regulamento. Embora a situação possa divergir ligeiramente consoante os Estados-Membros, estas medidas europeias tiveram um **impacto importante** sobre o direito das sociedades a nível nacional. Além disso, a sua influência não se restringiu aos tipos de sociedades expressamente abrangidos pelas directivas, dado que muitos Estados-Membros decidiram alargar a aplicação das referidas disposições a outras formas jurídicas.

(6) Ver no Anexo 2 a lista de instrumentos existentes e propostos no domínio do direito das sociedades a nível europeu.

Nos últimos dez anos, o processo legislativo a nível comunitário no domínio do direito das sociedades tem vindo a caracterizar-se, na sequência do Tratado de Maastricht de 1992, por uma maior tomada em consideração do direito nacional (com um maior número de referências às regras nacionais nas propostas legislativas). Esta **abordagem mais flexível** em matéria de harmonização tornou nomeadamente possível a adopção do Estatuto relativo a Sociedade Europeia (Societas Europaea) em Outubro de 2001.

1.2. Razões que justificam a adopção de novas iniciativas a nível da UE

Chegou o momento de dar um novo impulso importante ao processo de harmonização do direito das sociedades a nível da UE. Impõem-se novas iniciativas destinadas a modernizar os instrumentos existentes no domínio do direito das sociedades a nível comunitário ou a completar o quadro legislativo da UE com um número limitado de novos instrumentos específicos, pelas razões a seguir referidas:

- **Tirar partido do mercado interno**: a crescente tendência das empresas europeias no sentido de desenvolverem actividades a nível transfronteiras no mercado interno apela para a existência de mecanismos comuns à escala europeia no domínio do direito das sociedades, nomeadamente, para facilitar a liberdade de estabelecimento e a reestruturação transfronteiras.
- **Integração dos mercados de capitais**: a existência de mercados dinâmicos de valores mobiliários é vital para o futuro da economia europeia (7). Para o efeito, é necessário que os emitentes e os investidores disponham da oportunidade de desempenharem um papel muito mais activo noutros mercados de capitais da UE e possam ter confiança que as empresas em que investem se regem por regras equivalentes no domínio do governo das

sociedades. As sociedades cotadas pretendem um enquadramento legislativo europeu mais coerente, dinâmico e flexível.

- **Maximizar os benefícios que advêm das tecnologias modernas**: o rápido desenvolvimento das novas tecnologias de informação e comunicação (videoconferências, correio electrónico e, sobretudo, Internet) tem vindo a afectar a forma como a informação das empresas é armazenada e divulgada (8), bem como a própria vida das empresas (por exemplo, assembleias gerais virtuais, reuniões do Conselho por ligação vídeo, exercício de direitos de voto a nível transfronteiras).

---

(7) Ver "Quantification of the Macro-Economic Impact of Integration of UE Financial Markets", Relatório Final à Comissão Europeia – Direcção-Geral Mercado Interno, elaborado pela London Economics (em colaboração com a PricewaterhouseCoopers e a Oxford Economic Forecasting), de 12 de Novembro de 2002, http://europa.eu.int/comm/internal_market/en/finances/mobil/overview.htm

(8) Ver neste contexto a proposta de directiva, de Junho de 2002, que altera a Primeira Directiva no domínio do direito das sociedades, no que diz respeito aos requisitos de informação aplicáveis a certos tipos de empresas, que introduz tecnologias modernas nos registos comerciais. As alterações propostas permitirão que seja tirado pleno partido das tecnologias modernas: as empresas poderão apresentar documentos e informações em suporte de papel ou por via electrónica e os terceiros interessados poderão obter cópias por qualquer destes meios.

- **Alargamento:** a adesão num futuro próximo de dez Estados-Membros à UE constitui outra razão importante para reexaminar o âmbito do direito das sociedades na UE. A adesão dos novos Estados-Membros intensificará a diversidade dos quadros regulamentares nacionais na UE, realçando ainda mais a importância de uma abordagem assente em princípios, susceptível de assegurar um elevado nível de segurança jurídica nas operações intracomunitárias. Além disso, as iniciativas com vista a modernizar o acervo comunitário tornar-se-ão cada vez mais prementes, a fim de facilitar a transição rápida e global desses países para economias de mercado modernas plenamente concorrenciais.
- **Responder aos desafios suscitados pelos recentes acontecimentos:** Os recentes escândalos financeiros desencadearam um novo debate intenso sobre o governo das sociedades, constituindo a necessidade de restabelecer um clima de confiança outra razão que justifica a adopção de novas iniciativas a nível da UE. Os investidores, grandes e pequenos, exigem uma maior transparência e uma melhor informação sobre as empresas, pretendendo adquirir uma maior influência sobre a forma como funcionam as sociedades anónimas de que são proprietários. Os proprietários das empresas são os accionistas e não os seus quadros, mas assiste-se demasiadas vezes ao atropelamento dos direitos dos primeiros devido ao comportamento pouco profissional, ganancioso e, por vezes, fraudulento dos quadros. Impõe-se um maior sentido de proporcionalidade e equidade.

2. PRINCIPAIS OBJECTIVOS POLÍTICOS

A Comissão considera que as futuras intervenções a nível da UE no domínio do direito das sociedades devem procurar, na medida do possível, prosseguir os dois objectivos políticos em seguida referidos.

2.1. Reforçar os direitos dos accionistas e a protecção de terceiros

Assegurar a protecção efectiva e proporcionada dos accionistas e de terceiros deve estar **no cerne de qualquer política no domínio do direito das sociedades**. A existência de um enquadramento sólido para a protecção dos sócios e de terceiros, por forma a garantir um **elevado grau de confiança** nas relações comerciais, constitui uma condição fundamental para a eficiência e a competitividade das empresas. Em especial, a existência de um regime eficaz para a protecção dos accionistas e dos seus direitos, que proteja o aforro e as pensões de milhões de pessoas e que reforce os alicerces dos mercados de capitais a longo prazo no contexto da diversificação das participações na UE, revela-se essencial para que as empresas possam mobilizar capitais ao mais baixo custo possível.

A manutenção de uma protecção eficiente dos sócios e de terceiros tornar-se-á ainda mais importante no futuro, atendendo à **crescente mobilidade das empresas** na UE.

No intuito de permitir às empresas europeias tirar partido dos benefícios do mercado interno único e da integração em curso do mercado europeu de capitais, cabe organizar a protecção adequada dos sócios e de terceiros da seguinte forma:

- Em primeiro lugar, a Comissão considera que devem ser adoptadas algumas novas iniciativas específicas com vista a reforçar os **direitos dos accionistas** e a clarificar as responsabilidades dos gestores; e, em segundo lugar, devem ser modernizadas as disposições relativas à **protecção dos credores,** tendo em vista a manutenção de um enquadramento de elevada qualidade (por exemplo, no que diz respeito à manutenção do capital ou à sua alteração).
- Deve ser estabelecida **uma distinção adequada entre as diferentes categorias de empresas**. Revela-se desejável um quadro mais estrito para as sociedades cotadas ([9]) e para as empresas que procederam à mobilização de capitais junto do público. Devem estar sujeitas a um certo número de regras pormenorizadas adequadas, nomeadamente, em matéria de divulgação de informações. No que diz respeito às outras empresas, as iniciativas regulamentares devem ter plenamente em conta a respectiva forma e dimensão, permitindo um quadro mais flexível para as PME (inspirando-se para o efeito nas iniciativas adoptadas em matéria de desregulamentação a nível nacional).

([9]) Pela expressão "sociedades cotadas" utilizada na presente comunicação, entende-se as empresas cujos valores mobiliários são admitidos à negociação num mercado regulamentado num ou mais Estados-Membros na acepção da Directiva 93/22/CEE do Conselho (JO L 41 de 11.06.1993, p. 27, com a última redacção que lhe foi dada pela Directiva 2000/64/CE do Parlamento Europeu e do Conselho (JO L 290 de 17.11.2000, p. 27) O presente Plano de Acção apresenta expressamente, quando necessário, informações sobre o âmbito das diversas acções propostas. Em suma, as acções apresentadas na secção relativa ao governo das sociedades abrangem, em princípio, as sociedades cotadas, muito embora se considere que seria profícuo que algumas destas fossem igualmente aplicáveis às sociedades não cotadas. As acções apresentadas nas outras secções são geralmente aplicáveis a todas as empresas, exceptuando a secção relativa às pirâmides que, devido à sua natureza intrínseca, abrange apenas as sociedades cotadas.

- **As tecnologias modernas** podem auxiliar em grande medida os sócios e os terceiros a exercerem os seus direitos de forma eficaz. O direito das sociedades deve, no mínimo, permitir e incentivar tanto quanto possível a utilização das tecnologias de informação e comunicação mais avançadas pelas empresas nas suas diversas relações com os sócios e terceiros. Além disso, a Comissão considera que deve ser atribuída uma atenção adequada a áreas específicas em que a protecção dos accionistas e de terceiros pode tornar necessário impor às empresas o recurso às tecnologias modernas. No entanto, revela-se ainda prematuro permitir que as empresas imponham sistematicamente a utilização das tecnologias modernas a todos os sócios e terceiros, sem as devidas salvaguardas.

– O desenvolvimento de uma economia sólida requer um elevado grau de confiança nas relações entre os diversos intervenientes relevantes, pelo que a protecção dos sócios e de terceiros será assegurada por um número limitado de medidas destinadas a **combater a fraude e o abuso** de certas formas jurídicas. Tais medidas devem ser cuidadosamente concebidas, com vista a evitar comprometer o desenvolvimento e a utilização de estruturas e sistemas eficazes no âmbito do direito das sociedades, indispensáveis para promover a eficiência e a competitividade das empresas.

2.2. Fomentar a eficiência e a competitividade das empresas

A eficiência e a competitividade das empresas, que representam componentes vitais do crescimento económico e da criação de emprego, dependem de inúmeros factores, um dos quais consiste na existência de um enquadramento sólido no domínio do direito das sociedades. Um aspecto fundamental para a prossecução deste objectivo consiste em assegurar o devido equilíbrio entre as acções a nível da UE e as acções a nível nacional. Algumas regras no domínio do direito das sociedades são susceptíveis de serem abordadas de forma mais adequada e actualizadas de forma mais eficaz a nível nacional, não sendo de excluir que um certo grau de concorrência entre as regras nacionais possa contribuir para a eficiência do mercado único.

Tomando devidamente em consideração os princípios da subsidiariedade e da proporcionalidade, a eficiência e a competitividade das empresas devem ser promovidas da seguinte forma:

– As iniciativas comunitárias no domínio do direito das sociedades devem evidentemente abordar uma série de **questões transfronteiras** específicas (por exemplo, fusões transfronteiras ou transferência da sede social, entraves transfronteiras ao exercício dos direitos de accionistas, etc.), em relação às quais uma acção comunitária é susceptível de ser a única forma de alcançar os objectivos visados.

– Para além destas questões transfronteiras específicas, deve ser atribuída a atenção necessária a outras iniciativas destinadas a promover a eficiência e a competitividade das empresas. Como supramencionado, um certo grau de harmonização de **questões nacionais definidas** reduz a insegurança jurídica, podendo assim reforçar de forma significativa a eficiência e a competitividade das empresas.

– Deve ser proporcionada a maior **flexibilidade** possível às empresas: sempre que os sistemas sejam considerados equivalentes, deve ser conferido às partes relevantes a maior margem de manobra possível em termos de liberdade de acção.

3. UM PLANO DE ACÇÃO A NÍVEL DA UE

A prossecução dos objectivos políticos supramencionados requer a adopção de uma série de iniciativas a nível da UE nos próximos anos. Propõe-se a seguinte abordagem:

- **Definir as acções em função de três fases** (curto prazo, médio prazo e longo prazo), com base em prioridades claras.
- **As consultas de peritos** devem constituir parte integrante do processo de elaboração das iniciativas a nível da UE no domínio do direito e do governo das sociedades. Por conseguinte, a Comissão solicitará regularmente o parecer dos representantes dos Estados-Membros, tal como sucede actualmente no âmbito do grupo de peritos nacionais no domínio do direito das sociedades, mas também junto de representantes das empresas e dos meios académicos, a fim de obter as contribuições externas necessárias.
- A presente comunicação será objecto de um processo de consulta pública até 31 de Agosto de 2003. Quando adequado, serão igualmente organizadas **consultas públicas abertas** no futuro sobre as principais iniciativas previstas no Plano de Acção.
- No que diz respeito mais especificamente ao governo das sociedades, será convocado um Fórum Europeu sobre o Governo das Sociedades uma ou duas vezes por ano, que deverá contribuir para coordenar os esforços dos Estados-Membros nesta área, conforme explicado na secção 3.1.4.

O presente Plano de Acção identifica a natureza e o âmbito das acções que se afiguram necessárias, propõe o tipo de instrumento regulamentar a ser utilizado e define prioridades claras a curto, a médio e a longo prazo.

3.1. Governo das sociedades

Por governo das sociedades, que pode ser definido de diversas formas, entende-se normalmente o sistema mediante o qual as empresas são administradas e controladas ([10]). À luz dos recentes escândalos relacionados com a gestão das empresas, ocorridos sobretudo nos EUA, trata-se actualmente de uma questão que assume uma importância à escala mundial. As práticas inadequadas de algumas empresas, sobretudo do ponto de vista do **governo das sociedades,** abalaram em grande medida a confiança nos mercados de capitais.

([10]) Cadbury Report, Dezembro de 1992. Para uma definição mais alargada ver, por exemplo, os Princípios de 1999 da OCDE: "O governo das sociedades engloba uma série de relações entre os quadros de direcção de uma empresa, o seu conselho de administração, os seus accionistas e outras partes interessadas. O governo das sociedades faculta igualmente a estrutura mediante a qual são fixados os objectivos da empresa e determinados os meios de alcançá-los, bem como o processo de acompanhamento dos resultados obtidos". O governo das sociedades centra-se essencialmente nos problemas que resultam da demarcação entre a propriedade e o controlo das empresas e aborda, em especial, as relações de tipo mandante-mandatário entre os accionistas e os gestores.

Na UE, os Estados-Membros caracterizam-se por diferentes sistemas de governo das sociedades, que reflectem as suas culturas divergentes e a diversidade de opiniões sobre o papel da empresa e o seu modo de financiamento. Ao longo dos últimos anos, o debate sobre o **governo das sociedades** tem vindo a tornar-se cada vez mais intenso. **Durante a última década, foram adoptados cerca de quarenta códigos de governo das sociedades relevantes para a União Europeia**, a nível nacional ou internacional, no intuito de melhor defender os interesses dos accionistas e/ou terceiros interessados.

As divergências no que respeita às regras nacionais no domínio do governo das sociedades podem ser fonte de incerteza e implicar custos adicionais para os emitentes e os investidores, tratando-se assim de um problema que deve ser solucionado para promover uma integração eficiente dos mercados de capitais da UE. Como anunciado no seu Plano de Acção para os Serviços Financeiros de 1999, a Comissão lançou em 2001 um exame dos principais códigos de governo das sociedades relevantes para a UE. O **estudo comparativo global**, elaborado para a Comissão por Weil, Gotshal & Manges LLP, foi ultimado em Março de 2002 ([11]), tendo concluído **que a UE não deve consagrar tempo, nem recursos à elaboração de um código europeu no domínio do governo das sociedades**. De acordo com o estudo, seria mais frutífero que a Comissão Europeia centrasse os seus esforços em reduzir os entraves jurídicos e regulamentares à participação dos accionistas na votação transfronteiras ("entraves à participação"), bem como os obstáculos que impedem os accionistas de avaliarem a gestão das empresas ("entraves à informação").

([11]) *Comparative Study of the Corporate Governance Codes relevant to the European Union and its Members States*: http://europa.eu.int/comm/internal_market/en/company/company/news/corp-gov-codes-rpt_en.htm

O Grupo de Alto Nível de peritos no domínio do direito das sociedades examinou igualmente a necessidade de um código europeu e de uma melhor divulgação das práticas relacionadas com o governo das sociedades, bem como uma série de questões adicionais levantadas pelo **Conselho de Oviedo em Abril de 2002** na sequência dos escândalos que eclodiram nos Estados Unidos (papel dos administradores não executivos e do conselho fiscal, remuneração dos gestores, responsabilidade dos quadros pelos mapas financeiros e práticas de auditoria). No seu relatório final, confirmou que não era necessário um código de governo das sociedades à escala da UE.

Nesta ordem de ideias, a Comissão observa, em primeiro lugar, que as principais diferenças entre os Estados-Membros se situam a nível do direito das sociedades e da regulamentação dos mercados de valores mobiliários, e não dos códigos de governo das sociedades que, segundo o estudo de Março de 2002, denotam um grau de convergência notável e, em segundo lugar, que a existência de vários códigos na UE não é geralmente encarada como uma dificuldade pelos emitentes (que, na sua maioria, continuam a desenvolver actividades sobretudo no seu mercado nacional; quando operam noutros mercados, defrontam-se com códigos bastante semelhantes e, nas raras instâncias em que as disposições dos códigos são divergentes, o princípio "respeitar ou justificar os desvios" assegura uma solução satisfatória).

Além disso, a Comissão considera que:

a) a adopção de um código europeu não asseguraria a plena informação dos investidores no que diz respeito às principais regras em matéria de governo das sociedades aplicáveis às empresas em todo o território europeu, uma vez que estas regras continuariam a basear-se e a constituir parte integrante das legislações nacionais no domínio do direito das sociedades que, em relação a certos aspectos, apresentam profundas divergências;

b) a adopção de um código deste tipo não contribuiria de forma significativa para o reforço do governo das sociedades na UE, dado que este código teria de prever diversas opções diferentes ou restringir-se a enunciar princípios abstractos. Procurar harmonizar todos os elementos de um código europeu exigiria longos anos e não seria exequível num período de tempo razoável.

Não obstante, a UE pode desempenhar um papel activo no domínio do governo das sociedades, uma vez que algumas regras e princípios específicos precisam de ser acordados a nível da UE sob a forma de directivas ou recomendações, devendo igualmente ser assegurada uma certa coordenação dos códigos de governo das sociedades na UE a fim de incentivar uma maior convergência e um intercâmbio das melhores práticas.

Por conseguinte, na fase actual, a Comissão considera que:

– Nada parece indicar que a elaboração de um código europeu de governo das sociedades, que representaria um estrato adicional entre os princípios desenvolvidos a nível internacional e os códigos adoptados a nível nacional, proporcionaria um valor acrescentado significativo. Neste contexto, a Comissão faz notar que o governo das sociedades se encontra actualmente no cerne das actividades da OCDE, que decidiu recentemente rever os seus princípios de 1999 neste domínio com vista a adoptar uma versão modernizada destes princípios em 2004. A Comissão participa activamente neste exercício.

– É evidente que uma abordagem de auto-regulamentação pelo mercado, baseada exclusivamente em recomendações não vinculativas, nem sempre se revela suficiente para garantir a adopção de boas práticas de governo das sociedades. É necessária a existência de um certo número de regras específicas para que os mercados estejam em condições de desempenhar o seu papel disciplinador de forma eficiente. À luz da crescente integração dos mercados de capitais europeus, deve ser adoptada uma abordagem comum a nível da UE no que diz respeito a algumas regras essenciais e assegurada uma coordenação adequada dos códigos de governo das sociedades.

Mais concretamente, a Comissão, em consonância com as linhas gerais das propostas formuladas pelo Grupo de Alto Nível, tenciona proceder da forma a seguir referida ([12]).

([12]) Na elaboração da sua abordagem, a Comissão atribuiu especial atenção aos seguintes aspectos: examinar quando possível a) o recurso a outras soluções que não a legislação; e b) a preferência a ser dada aos requisitos em matéria de informação (dado representarem uma menor intrusão na vida das empresas, sendo susceptível de constituir uma forma muito eficaz, induzida pelo mercado, de alcançar rapidamente os resultados pretendidos).

3.1.1. Reforçar a divulgação de informações no domínio do governo das sociedades

Declaração anual sobre o governo das sociedades

As sociedades cotadas devem ser obrigadas a incluir no seu relatório e nas suas contas anuais uma declaração coerente e descritiva que englobe os principais elementos da sua estrutura e práticas em matéria de governo das sociedades, devendo abranger pelo menos os seguintes aspectos:

a) funcionamento da assembleia geral de accionistas e seus poderes principais, bem como uma descrição dos direitos dos accionistas e respectiva forma de exercício;

b) composição e funcionamento do conselho de administração e dos respectivos comités (13);

c) identidade dos principais accionistas, incluindo os seus direitos de voto e de controlo, bem como os acordos mais importantes;

d) outros vínculos directos e indirectos entre estes accionistas principais e a empresa;

e) quaisquer transacções significativas com outras partes conexas;

f) existência e natureza de um sistema de gestão do risco;

g) referência a um código de governo das sociedades, designado para efeitos de utilização a nível nacional, que a empresa respeita ou em relação ao qual justifica certos desvios.

A Comissão considera como uma prioridade a curto prazo a apresentação de uma proposta de directiva que enumere os princípios aplicáveis a esta declaração anual sobre o governo das sociedades, que deve figurar de forma destacada nos documentos anuais publicados pelas sociedades cotadas, por forma a permitir rapidamente um melhor exercício das pressões de mercado. Na definição destes princípios, serão tomados em consideração de forma adequada os requisitos conexos exigidos pelos instrumentos existentes (por exemplo, participações importantes (14)) ou propostos (por exemplo, ofertas públicas de aquisição).

(13) Neste contexto, considera-se fundamental para restabelecer a confiança do público que sejam divulgadas informações adequadas sobre a forma como a empresa se organizou ao mais alto nível para estabelecer e manter um sistema de controlo interno eficaz.

(14) Ver Directiva 2001/34/CE do Parlamento Europeu e do Conselho, de 28 de Maio de 2001, relativa à admissão de valores mobiliários à cotação oficial de uma bolsa de valores e à informação a publicar sobre estes valores (Título IV – Capítulo III "Obrigação de informação por ocasião da aquisição ou alienação de uma participação importante numa sociedade cotada na bolsa").

Informações sobre o papel desempenhado pelos investidores institucionais

Os investidores institucionais devem ser obrigados a:

a) divulgarem a sua política de investimento e a sua política em matéria de exercício dos direitos de voto nas empresas em que investem;

b) divulgarem, mediante pedido, aos participantes nos respectivos fundos a forma como estes direitos foram utilizados num caso específico.

Estes requisitos não só melhorarão o governo interno dos próprios investidores institucionais, como permitirão igualmente reforçar a participação destes investidores nas actividades das empresas em que investem. Não se considera todavia desejável um requisito no sentido de os investidores institucionais exercerem sistematicamente os seus direitos de voto, à luz dos potenciais efeitos contraproducentes (devido à falta de tempo ou de recursos, os investidores institucionais podem simplesmente votar a favor de qualquer resolução proposta a fim de satisfazer este requisito).

Os investidores institucionais têm um importante papel a desempenhar no governo das empresas em que investem. A promoção deste papel exigirá alterações a uma série de textos jurídicos existentes (relacionados com as empresas de seguros, os fundos de pensões, os fundos de investimento, etc.) e, factor mais importante ainda, a introdução deste requisito apenas produzirá plenos efeitos a partir do momento em que tiverem sido solucionados os problemas relacionados com a votação transfronteiras. Por conseguinte, a Comissão tenciona adoptar as medidas necessárias a médio prazo.

3.1.2. Reforçar os direitos dos accionistas

Acesso à informação

Os accionistas das sociedades cotadas devem dispor de meios electrónicos para aceder às informações relevantes antes da realização das assembleias gerais. Esta questão é actualmente abordada no âmbito da proposta de directiva relativa à transparência, que autoriza basicamente as sociedades cotadas a utilizar meios electrónicos para informarem os seus accionistas ([15]) e que contém disposições específicas que garantem um acesso atempado à informação prevista na regulamentação quando os valores mobiliários são cotados noutro Estado-Membro que não o Estado-Membro de origem ([16]). A Comissão considera esta solução como um primeiro passo significativo e proporcionado, que não exclui a adopção de outras medidas a médio prazo (que exigiriam, de modo geral, que as sociedades cotadas utilizassem meios electrónicos para informar os seus accionistas), caso tal se afigure desejável atendendo à transposição da directiva relativa à transparência (que contém ela própria uma cláusula de revisão).

([15]) O Estado-Membro de origem deve autorizar os emitentes a recorrerem a meios electrónicos para a transmissão de informações aos accionistas, na condição dessa decisão ser aprovada numa assembleia geral e preencher uma série de condições, incluindo o consentimento individual de cada accionista relevante (ver artigo 13.°).

([16]) Um Estado-Membro de acolhimento pode exigir aos emitentes: a) a publicação de informações específicas nos seus sítios *web*; e b) que alertem qualquer pessoa interessada, sem demora e gratuitamente, da divulgação de novas informações ou de uma alteração às informações já publicadas (ver artigo 17.°).

Outros direitos dos accionistas

Impõe-se reforçar o exercício de toda uma série de direitos dos accionistas nas sociedades cotadas (o direito de formular perguntas, apresentar resoluções, votar sem estar presente, participar na assembleia geral através de meios electrónicos). Tais direitos devem ser assegurados aos accionistas em todo o território da UE, devendo os problemas específicos relacionados com a votação transfronteiras ser solucionados de forma premente. A Comissão considera que as regras necessárias neste domínio devem ser estabelecidas numa directiva, uma vez que o exercício efectivo destes direitos requer a resolução prévia de uma série de dificuldades jurídicas. Atendendo aos importantes benefícios que deverão advir de um enquadramento deste tipo, a Comissão considera a adopção de uma proposta relevante na matéria uma prioridade a curto prazo.

Democracia dos accionistas

O reforço dos direitos dos accionistas deve basear-se essencialmente no seguinte: a) apresentação de informações exaustivas sobre os diversos direitos existentes e a respectiva forma de exercício; b) desenvolvimento dos mecanismos necessários para assegurar um exercício efectivo dos direitos existentes. Esta abordagem coaduna-se plenamente com os princípios de governo das sociedades enunciadas pela OCDE ([17]).

([17]) Ver disposições relevantes no que diz respeito à apresentação de informações (as estruturas de capital e os mecanismos de voto que permitem a certos accionistas exercer na sociedade um controlo desproporcionado em relação à sua participação no capital devem ser objecto de divulgação) e sobre o exercício dos direitos (os accionistas devem dispor da oportunidade de participar efectivamente nas assembleias gerais de accionistas e de nelas votarem).

A Comissão entende que se justifica fortemente, enquanto objectivo de médio a longo prazo, pretender instituir uma verdadeira democracia dos accionistas na UE. O estudo comparativo sobre os códigos de governo das sociedades relevantes para a UE demostrou que os códigos neste domínio tendem a subscrever o princípio "uma acção/um voto", apesar de muitos deles favorecerem alguma flexibilidade neste contexto. A abordagem mais estrita é adoptada no âmbito dos códigos emitidos por organismos associados aos investidores, que são claramente desfavoráveis à emissão de acções com direitos de voto reduzidos ou inexistentes. Não obstante, a Comissão observa que quaisquer iniciativas neste sentido, que visariam assegurar uma maior proporcionalidade entre a participação no capital social e o controlo, conforme recomendado pelo Grupo de Alto Nível no seu primeiro relatório sobre as questões relacionadas com as ofertas públicas de aquisição, exigiriam um estudo prévio. Por conseguinte, a Comissão tenciona realizar um estudo, a curto ou a médio prazo, sobre as consequências resultantes de uma abordagem deste tipo.

3.1.3. Modernizar a estrutura do conselho de administração

Composição do conselho

Em áreas fundamentais em que existe claramente um **conflito de interesses** para os administradores executivos das sociedades cotadas (ou seja, remuneração de administradores e supervisão da auditoria das contas da empresa), as decisões devem ser tomadas exclusivamente por administradores **não executivos ou por membros do conselho fiscal** que são, na sua maioria, independentes. No que se refere à selecção de administradores a serem designados pelo órgão competente ao abrigo do direito nacional das sociedades, a responsabilidade pela selecção dos candidatos em caso de vagas no conselho de administração deve, em princípio, incumbir a um grupo composto principalmente por administradores executivos, uma vez que estes últimos podem tirar partido do seu profundo conhecimento dos desafios defrontados pela empresa e das aptidões e experiência dos recursos humanos formados no seu seio. Não obstante, devem ser igualmente incluídos administradores não executivos e previstas salvaguardas específicas para a resolução dos conflitos de interesse que possam vir a surgir, por exemplo, aquando da tomada de uma decisão relativa à recordação de um administrador.

A observância destes requisitos deve ser assegurada pelos Estados-Membros, pelo menos com base no princípio "respeitar ou justificar os desvios". Algumas normas mínimas com vista a permitir definir o que se deve entender por independência devem ser instituídas a nível da UE. Com vista a fomentar um papel concreto e activo para os administradores não executivos ou membros do conselho fiscal, deve ser prestada particular atenção à questão do número de mandatos susceptíveis de serem detidos de forma paralela. Além disso, o impacto de cargos interligados a nível da independência dos administradores constitui uma questão a ser abordada de forma adequada no âmbito das normas mínimas a serem estabelecidas.

A Comissão considera estas medidas como um elemento-chave para restabelecer a confiança nos mercados, tencionando assim adoptar uma sua recomendação para o efeito a curto prazo.

Essa recomendação definirá as normas mínimas aplicáveis à criação, composição e papel dos **comités de nomeação, de remuneração e de auditoria**. À luz dos recentes escândalos contabilísticos, será concedido especial destaque ao comité de auditoria (ou organismo equivalente), no intuito de promover o papel fulcral que deverá desempenhar na supervisão da função de auditoria, tanto no que se refere aos seus aspectos externos (selecção do auditor externo a ser designado pelos accionistas, acompanhamento das relações com o mesmo, incluindo os eventuais honorários por funções não relacionadas com a auditoria) como aos seus aspectos internos (revisão da política contabilística da empresa, controlo e acompanhamento dos processos de auditoria interna da empresa e do seu sistema de gestão de risco) ([18]).

([18]) Na elaboração de normas mínimas aplicáveis ao comité de auditoria, será atribuída a devida atenção aos seguintes aspectos: a) capacidade de acesso à informação relevante (poderá eventualmente justificar-se a necessidade de assegurar uma maior protecção jurídica para todos aqueles que apresentam denúncias); b) medida em que se revela desejável a transparência no que respeita às suas actividades.

Além disso, o Grupo de Alto Nível recomendou, pelo menos no que diz respeito às sociedades cotadas na UE, que estas deveriam normalmente dispor da possibilidade de optar entre uma **estrutura de um nível** (com administradores executivos e não executivos) e uma **estrutura de dois níveis** (com administradores da direcção e administradores que sejam membros do conselho fiscal). A Comissão acolhe favoravelmente a ideia de assegurar uma maior liberdade de organização às sociedades cotadas, mas entende que as implicações de uma proposta deste teor devem ser cuidadosamente estudadas. Deverão ser ainda extraídas muitas lições a este respeito à luz da adaptação do direito nacional ao regulamento e à directiva em matéria de Estatuto da Sociedade Europeia. Por conseguinte, a Comissão propõe que esta recomendação do Grupo de Alto Nível seja objecto de um seguimento a médio prazo.

Remuneração dos administradores

Os accionistas devem estar em condições de apreciar plenamente a relação entre os resultados da empresa e o nível de remuneração dos administradores, tanto numa base *ex ante* como *ex post*, devendo ainda poder tomar decisões no que respeita aos elementos da remuneração associados à cotação das acções. Em consonância com o Grupo de Alto Nível, a Comissão considera que um regime regulamentar adequado deve ser composto por **quatro elementos-chave** (informação sobre a política de remuneração nas contas anuais, divulgação de informações pormenorizadas sobre as remunerações de cada administrador nas contas anuais, aprovação prévia pela assembleia geral de accionistas de regimes que prevêem a atribuição de acções e de opções em matéria de acções a favor dos administradores, reconhecimento adequado nas contas anuais dos custos desses sistemas de incentivo para as empresas).

No intuito de fomentar a rápida aplicação deste regime, deve ser adoptada uma recomendação da Comissão para o efeito. A Comissão considera esta acção um elemento-chave para restabelecer a confiança e tenciona adoptar a referida recomendação a curto prazo, devendo ainda acompanhar de perto a sua aplicação com vista a identificar a necessidade de complementá-la mediante a adopção de novas regras a médio prazo.

Responsabilidades dos administradores

Com vista a reforçar as responsabilidades dos administradores, a **responsabilidade colectiva** de todos os membros do conselho de administração no que diz respeito aos mapas financeiros e a outras declarações não financeiras importantes (incluindo a declaração anual sobre o governo das sociedades acima referida na secção 3.1.1) deve ser confirmada no âmbito da legislação comunitária. A Comissão entende que essa confirmação em disposições-quadro constitui um primeiro passo susceptível de ser dado rapidamente, tencionando tomar as iniciativas necessárias a curto prazo.

O Grupo de Alto Nível apresentou diversas outras recomendações destinadas a reforçar as responsabilidades dos administradores: a) introdução de um **direito especial de investigação,** mediante o qual os accionistas que detêm uma determinada percentagem do capital social dispõem do direito de solicitar a uma autoridade judicial ou administrativa que autorize a realização de uma investigação especial sobre as actividades da empresa; b) elaboração de uma **regra da negligência comercial** ("*wrongful trading*"), mediante a qual os administradores serão considerados pessoalmente responsáveis pelas consequências do incumprimento da empresa, no caso de haver sido previsível que a empresa não poderia continuar a honrar as suas dívidas e não tenham decidido restabelecer a viabilidade da empresa, por forma a assegurar o pagamento das dívidas, ou proceder à sua liquidação; c) imposição da **proibição do exercício do cargo de administrador** em todo o território da UE a título de sanção pela elaboração de mapas financeiros e outros documentos não financeiros que tenham induzido em erro, bem como em caso de má conduta por parte dos administradores. A Comissão apoia estas propostas, cuja implementação requer uma análise mais aprofundada, pelo que tenciona apresentar uma proposta de directiva na matéria a médio prazo.

3.1.4. Coordenar os esforços dos Estados-Membros em matéria de governo das sociedades

A Comissão subscreve o ponto de vista do Grupo de Alto Nível que **a UE deve coordenar activamente os esforços dos Estados-Membros com vista a reforçar o governo das sociedades** através do seu direito das sociedades, da sua legislação no domínio dos valores mobiliários, das regras em matéria de cotação nas bolsas de valores, de códigos ou de qualquer outra forma. Em especial, cada Estado-Membro deve envidar esforços no sentido de designar o código de governo das sociedades a ser aplicado a nível nacional, que as empresas cotadas que sejam abrangidas pela sua jurisdição devem respeitar ou em relação ao qual devem explicar os desvios. A coordenação não deve apenas abranger a elaboração desses códigos nacionais, mas igualmente os procedimentos instituídos pelos Estados-Membros para acompanhar e assegurar a observância desses códigos, bem como a divulgação de informações neste domínio. Os Estados-Membros devem participar no processo de coordenação estabelecido pela UE, muito embora o processo em si deva ser voluntário e não obrigatório, com uma forte adesão dos operadores no mercado.

O estudo comparativo dos códigos relevantes para a UE concluiu há um ano que **estes códigos denotam um grau de convergência notável**. Não obstante, a Comissão faz notar que esta situação pode evoluir rapidamente: vários Estados-Membros estão a empreender importantes iniciativas políticas neste domínio e a UE será brevemente alargada por forma a englobar dez novos Estados-Membros. Além disso, as normas são cada vez mais definidas a nível internacional, devendo ser aplicadas nos Estados-Membros de forma coerente.

Por estas razões, a Comissão considera importante promover a coordenação e a convergência dos códigos nacionais através de reuniões de alto nível regulares do Fórum Europeu sobre o governo das sociedades. Os participantes nesse Fórum, que poderá reunir-se uma ou duas vezes por ano, incluirão representantes dos Estados-Membros, das autoridades europeias de regulamentação (incluindo o CARMEVM), emitentes e investidores, bem como outros operadores do mercado e pessoas oriundas de meios académicos. Os deputados do Parlamento Europeu eventualmente interessados serão também convidados a exporem as suas opiniões. O Fórum será presidido pela Comissão.

3.2. Manutenção e alteração do capital

A Segunda Directiva no domínio do direito das sociedades, adoptada pelo Conselho em 13 de Dezembro de 1976, relativa à constituição de sociedades anónimas, bem como à conservação e às modificações do seu capital social, representa uma das pedras angulares do direito das sociedades europeu. Impõe requisitos mínimos em matéria de capital às sociedades anónimas e contém uma série de disposições pormenorizadas destinadas a proteger os accionistas e os credores, que incidem nomeadamente sobre a etapa de criação da sociedade, as distribuições aos accionistas, a aquisição de acções próprias, os aumentos de capital e as reduções de capital.

Em 1999, um **Relatório do Grupo SLIM no domínio do direito das sociedades** concluiu que o regime de manutenção de capital instituído pela Segunda Directiva poderia ser simplificado no que se refere a um número limitado de aspectos, tendo apresentado diversas propostas para o efeito ([19]). Com base nas discussões que se verificaram na sequência da apresentação do referido Relatório SLIM, afigurou-se que a aplicação de muitas destas recomendações exigia uma análise mais aprofundada.

([19]) Os temas abrangidos pelo Relatório SLIM foram os seguintes: supressão em determinadas circunstâncias definidas da necessidade do parecer de um perito sobre as contribuições em espécie; introdução de acções sem valor nominal; simplificação das regras aplicáveis à retirada de acções; simplificação das regras aplicáveis à aquisição de acções próprias; redução do âmbito da proibição de assistência financeira; simplificação das regras aplicáveis aos direitos preferenciais.

O Grupo de Alto Nível de peritos no domínio do direito das sociedades confirmou que a maioria das propostas do Grupo SLIM devia ser efectivamente aplicada, tendo fornecido algumas orientações a esse respeito. Além disso, o Grupo de Alto Nível formulou algumas propostas adicionais com vista a modernizar a segunda directiva. A Comissão considera que uma **simplificação da Segunda Directiva** com base nestas propostas e recomendações contribuiria de forma significativa para promover a eficiência e a competitividade das empresas, sem reduzir contudo a protecção assegurada aos accionistas e aos credores. Por conseguinte, uma proposta de alteração da Segunda Directiva de acordo com estas linhas gerais é considerada como uma prioridade a curto prazo.

O Grupo de Alto Nível propôs, além disso, que a protecção adequada dos accionistas e dos credores era susceptível de ser assegurada, eventualmente de forma ainda mais eficaz, mediante a introdução, numa fase ulterior, de um **regime alternativo** que deixaria de se basear no conceito de requisitos legais em matéria de capital. Este regime alternativo, cujas linhas gerais são delineadas de forma resumida pelo Grupo ([20]), poderia ser proposto a título de opção aos Estados-Membros que poderiam escolher livremente o novo regime ou manter as regras da Segunda Directiva, conforme alteradas da forma supramencionada.

([20]) Este regime alternativo basear-se-ia nomeadamente na necessidade de ser aplicado um critério de solvência antes de poder ser efectuado qualquer pagamento de dividendos ou outro tipo de distribuição.

A Comissão considera que, antes de tomar uma decisão sobre a introdução de um regime alternativo que representaria uma alteração fundamental em relação ao regime de manutenção de capital actualmente instituído pela Segunda Directiva, são necessários trabalhos mais aprofundados tanto no que se refere às características exactas de um eventual regime alternativo, como à sua capacidade de assegurar uma protecção eficaz dos accionistas e de terceiros. **Um estudo sobre a viabilidade de uma solução alternativa ao regime de manutenção de fundos próprios** será lançado pela Comissão a médio prazo. O estudo deverá nomeadamente identificar as vantagens específicas que adviriam de um regime alternativo comparativamente às regras da Segunda Directiva, a serem alteradas a curto prazo.

3.3. Grupos e pirâmides

O Grupo de Alto Nível de peritos no domínio do direito das sociedades salientou que os grupos de empresas, actualmente frequentes na maioria, senão em todos os Estados-Membros, devem ser considerados uma forma legítima de realizar actividades empresariais, muito embora apresentem riscos específicos para os accionistas e os credores sob diversos ângulos. A Comissão, com base na recomendação formulada pelo Grupo, entende que não há qualquer necessidade de "reactivar" o projecto de Nona Directiva relativa às relações de grupo ([21]), uma vez que não se afigura necessária a adopção de um acto legislativo distinto sobre os grupos, devendo os problemas específicos ser abordados através de disposições concretas em três áreas.

([21]) Um projecto de "Nona Directiva no domínio do direito das sociedades sobre o comportamento dos grupos com uma sociedade anónima como filial" foi divulgado pela Comissão em Dezembro de 1984 para efeitos de consulta. De acordo com a sua exposição de motivos, a directiva destinava-se a estabelecer um quadro para uma boa gestão dos grupos, assegurando a protecção adequada dos interesses afectados pelas operações dos grupos. A falta de um quadro jurídico deste tipo, adaptado às circunstâncias específicas dos grupos, foi considerada uma lacuna do sistema jurídico na maioria dos Estados-Membros. Para além das suas disposições referentes à notificação e divulgação das participações detidas em sociedades anónimas, aplicáveis a todas as sociedades anónimas, as restantes disposições da directiva só seriam aplicáveis quando uma sociedade anónima fosse filial de outra empresa (que poderia ser, por seu turno, uma sociedade anónima, mas igualmente uma pessoa singular ou colectiva).
As principais características da proposta eram as seguintes: a) definição de "empresa filial" que obrigaria os Estados-Membros a preverem "acordos de controlo"; b) regras em matéria de divulgação das participações detidas em sociedades anónimas; c) regras pormenorizadas (Secção 4) relativas ao comportamento de uma "empresa-mãe" em relação a uma filial que fosse uma sociedade anónima (incluindo a responsabilidade da empresa-mãe pelos danos causados à sociedade anónima que fosse sua filial, bem como pelas suas dívidas); d) regras pormenorizadas aplicáveis quando a empresa-mãe celebrasse um "acordo de controlo" com uma sociedade anónima (Secção 5) ou efectuasse uma "declaração unilateral instituindo um grupo vertical" (Secção 6) que deveria conter salvaguardas semelhantes às prescritas na Secção 4, mas com outras regras importantes suplementares (incluindo o direito de veto dos representantes dos trabalhadores no conselho fiscal da sociedade anónima filial em relação às instruções da empresa-mãe").
A consulta sobre o projecto de directiva demonstrou que este recolhia em consenso muito reduzido no que se refere a um enquadramento geral tão exaustivo aplicável aos grupos: uma abordagem deste tipo era pouco corrente na maioria dos Estados-Membros e as empresas consideravam-na demasiado complexa e inflexível. Consequentemente, foi adoptada uma decisão no sentido de não apresentar uma proposta oficial.

Informação financeira e não financeira

A existência de informações completas e a divulgação de informações relativas à estrutura do grupo e às relações intragrupo constituem uma condição *sine qua non* para assegurar que o funcionamento dos grupos seja compatível com os interesses dos accionistas e dos credores aos mais diferentes níveis. As actuais disposições da Sétima Directiva no domínio do direito das sociedades relativa às contas consolidadas não abordam estas preocupações de forma adequada, na medida em que os dados consolidados não reflectem a situação financeira das várias partes do grupo, nem o grau de dependência das filiais em relação à empresa-mãe.

A necessidade de uma melhor informação de carácter financeiro e não financeiro sobre os grupos de empresas já foi suprida parcialmente por uma série de medidas comunitárias, adoptadas (aplicação das NIC às contas consolidadas) pendentes (informação a prestar nos termos da proposta de Décima Terceira Directiva) ou preconizadas (informação a apresentar na declaração anual sobre o governo das sociedades). A Comissão faz notar, no entanto, que o âmbito de aplicação destas medidas se restringe às sociedades cotadas. Por conseguinte, a Comissão considera que se impõem iniciativas adicionais destinadas a melhorar, na medida do necessário, a informação de índole financeira e não financeira a ser divulgada pelos grupos sempre que a empresa-mãe não seja cotada numa bolsa de valores. Uma vez que se considera que, em relação aos grupos (independentemente de estes serem ou não cotados na bolsa), a transparência é a área de intervenção a privilegiar, a Comissão entende que estas iniciativas adicionais devem constituir prioridades a curto prazo.

Aplicação de uma política de grupo

Os Estados-Membros devem ser obrigados a prever uma regra-quadro aplicável aos grupos, por forma a permitir aos responsáveis pela gestão de empresas pertencentes a um grupo adoptarem e implementarem uma política de grupo coordenada, na condição de os interesses dos credores dessa empresa serem efectivamente protegidos e de ser estabelecido o devido equilíbrio entre os encargos a serem suportados ao longo do tempo pelos accionistas da referida empresa e as respectivas vantagens. A Comissão considera que a introdução desta regra constitui um importante passo em direcção a uma melhor eficiência e competitividade das empresas, mas salienta que devem ser cuidadosamente concebidas as salvaguardas adequadas neste contexto. Por conseguinte, uma proposta de directiva-quadro para o efeito será apresentada a médio prazo.

Pirâmides

O Grupo de Alto Nível definiu as pirâmides como cadeias de empresas gestoras de participações sociais cujo controlo final é assegurado mediante um reduzido investimento global, devido a um recurso muito alargado a accionistas minoritários. Este tipo de estrutura suscita uma série de problemas devido à sua falta de transparência. A Comissão faz notar que a introdução de um requisito no sentido de publicar uma declaração anual em matéria de governo das sociedades (conforme proposto na Secção 3.1.1) constituiria, juntamente com a adopção da proposta de Décima Terceira Directiva, uma primeira melhoria significativa neste contexto.

O Grupo salientou que os grupos com uma estrutura de pirâmide que incluem sociedades cotadas suscitam particular preocupação. Recomendou que as autoridades nacionais deviam ser obrigadas a não admitir à cotação as empresas pertencentes a pirâmides com fins abusivos. O grupo definiu tais empresas como sociedades gestoras de participações sociais cujos activos consistem exclusiva ou principalmente numa participação noutra sociedade cotada (mas abriu uma excepção nos casos em que fosse demonstrado o valor económico dessa cotação numa bolsa de valores), reconhecendo assim que a definição de uma pirâmide com fins abusivos exigia uma análise mais aprofundada. Propôs igualmente que os operadores de índices bolsistas deviam tomar devidamente em consideração o volume de títulos em circulação para determinar a ponderação respectiva de cada empresa.

A Comissão considera necessário examinar em maior pormenor o risco inerente à utilização abusiva de pirâmides. Neste contexto, a Comissão terá em conta a necessidade de evitar impor restrições indevidas sobre a liberdade de escolha das empresas quanto à organização que entenderem ser mais adequada. A Comissão tenciona assim obter o parecer do Comité das Autoridades de Regulamentação dos Mercados Europeus de Valores Mobiliários (CARMEVM) sobre esta questão.

3.4. Reestruturação e mobilidade das empresas

A crescente integração do mercado único conduz as empresas a realizarem cada vez mais as suas **actividades a nível transfronteiras** na União Europeia. No intuito de poderem alinhar a sua estrutura em função das suas actividades, as empresas europeias apelaram reiteradamente para a adopção de instrumentos jurídicos susceptíveis de darem resposta às suas necessidades em matéria de fusões entre empresas de diferentes Estados-Membros e transferência da sua sede social de um Estado-Membro para outro.

A Comissão tenciona apresentar a curto prazo uma nova proposta de **Décima Directiva no domínio do direito das sociedades** relativa às fusões transfronteiras (22), bem como uma proposta de **Décima Quarta Directiva no domínio do direito das sociedades** relativa à transferência da sede social de um Estado-Membro para outro (23). Ambas as propostas se defrontam com o problema de solucionar as dificuldades relacionadas com a estrutura de administração e a participação dos trabalhadores. Neste contexto, a Comissão congratula-se com a aprovação, em Outubro de 2001, do Estatuto da Sociedade Europeia, que oferece perspectivas promissoras para a resolução de questões comparáveis no quadro das Décima e Décima Quarta Directivas. Para além das implicações jurídicas da reestruturação e da mobilidade das empresas, que são abrangidas pela presente comunicação, é também analisado o seu impacto social no âmbito de outras iniciativas da Comissão (este impacto social é abordado no Programa de Trabalho Plurianual dos Parceiros Sociais para 2003-2005).

(22) Apesar de o direito de alguns Estados-Membros não proibir uma empresa de um desses Estados de absorverem uma empresa de outro Estado-Membro, nem de participar na criação de uma nova empresa mediante a fusão com uma empresa estabelecida noutro Estado-Membro, uma operação deste tipo só pode ser realizada com empresas de Estados-Membros cuja legislação também não proíba essas operações. A adopção do estatuto de sociedade europeia oferece uma solução para esses problemas (uma sociedade europeia pode ser nomeadamente criada através da fusão de duas ou mais sociedades anónimas de Estados-Membros diferentes). Revela-se todavia desejável uma proposta de Décima Directiva no domínio do direito das sociedades, dado que: a) as empresas podem pretender realizar uma fusão transfronteiras sem criar uma sociedade europeia; e b) outros tipos de empresas poderão desejar proceder a uma fusão transfronteiras.

(23) Na ausência de qualquer legislação destinada a reger a transferência transfronteiras da sede social, essa operação é actualmente impossível ou pelo menos está dependente de mecanismos jurídicos complexos. Tal deve-se ao facto de as legislações dos Estados-Membros não preverem os meios necessários para o efeito e, sempre que uma transferência seja possível mediante a aplicação simultânea das legislações nacionais, verificam-se frequentes conflitos de leis

devido aos diferentes critérios relevantes aplicados nos Estados-Membros. Impõe-se um esforço legislativo neste domínio a fim de assegurar a aplicação do princípio da liberdade de estabelecimento conforme consignado no Tratado.

O Grupo de Alto Nível formulou **outras recomendações** relacionadas com as operações de reestruturação, de acordo com as seguintes linhas gerais: a) alguns dos requisitos actualmente previstos pela Terceira Directiva no domínio do direito das sociedades (fusões de sociedades anónimas) e pela Sexta Directiva (cisão dessas sociedades) devem ser aplicadas de forma mais flexível em determinados casos específicos em que estas se revelam irrelevantes); b) Os Estados-Membros devem ser obrigados a prever direitos de afastamento obrigatório (a favor dos accionistas maioritários) e direitos de resgate obrigatório (para os accionistas minoritários), pelo menos no que diz respeito às sociedades cotadas, sob reserva de serem atingidos determinados limiares. A introdução desses direitos complementaria disposições comparáveis já contidas na actual proposta de Décima Terceira Directiva no domínio do direito das sociedades relativa às ofertas públicas de aquisição.

A Comissão considera que se justifica a simplificação das operações de reestruturação visada pela flexibilização proposta de alguns dos requisitos actualmente previstos pela Terceira e Sexta Directivas, contanto que sejam asseguradas as salvaguardas necessárias. A Comissão faz notar que esta simplificação não foi considerada como uma prioridade imediata pelo Grupo, tencionando assim tomar as iniciativas necessárias a médio prazo.

No que diz respeito à introdução dos **direitos de afastamento e resgate obrigatórios** proposto pelo Grupo de Alto Nível no seu capítulo consagrado à reestruturação, a Comissão observa que uma das recomendações formuladas pelo Grupo SLIM relativamente à simplificação da Segunda Directiva, subscrita pelo Grupo de Alto Nível, prossegue os mesmos objectivos. Por conseguinte, a Comissão tenciona considerar a introdução desses direitos como parte integrante do processo de modernização da Segunda Directiva, que a Comissão entende ser uma prioridade a curto prazo.

3.5. A Sociedade Europeia Fechada

O Grupo de Alto Nível fez notar que a Societas Europaea (SE), adoptada em Outubro de 2001, pode não corresponder às expectativas globais do sector empresarial, nomeadamente as PME, e fez alusão ao desenvolvimento no quadro de uma **iniciativa neste domínio**, do estatuto de "sociedade europeia fechada" (SEF) que, enquanto **nova forma jurídica a nível da UE**, responderia sobretudo às necessidades das PME que desenvolvem actividades em mais de um Estado-Membro. Este conceito suscitou um **interesse e um apoio generalizados** não só por parte do sector privado, mas também pelo Comité Económico e Social Europeu, tendo a introdução desta forma jurídica sido considerada mais fácil de assegurar que o estatuto de sociedade europeia.

O Grupo observou, não obstante, que a primeira prioridade deveria consistir na adopção da **Décima Directiva** relativa às fusões transfronteiras, que deverá satisfazer uma das finalidades subjacentes à SEF. Deste modo, e atendendo às inúmeras questões que devem ser resolvidas (por exemplo, no domínio da fiscalidade ou da co-determinação), o Grupo recomendou que, antes de decidir apresentar uma proposta formal, a Comissão devia lançar um

estudo de viabilidade a fim de identificar claramente as vantagens práticas da introdução de um estatuto relativo à SEF, bem como os problemas conexos.

O Grupo propôs que este estudo de viabilidade fosse lançado a médio prazo, ou seja, após a adopção da Décima Directiva. A Comissão considera que a identificação da maioria das vantagens práticas e dos problemas conexos associados à introdução de um estatuto SEF pode ser assegurada de forma independente em relação aos progressos aguardados no que diz respeito à Décima Directiva. Por conseguinte, a Comissão lançará um estudo de viabilidade **a curto prazo**, tendo em vista a apresentação, a médio prazo, de uma proposta relativa ao estatuto da SEF (se o estudo de viabilidade vier a confirmar a necessidade dessa iniciativa). O objectivo deste estudo consistirá em avaliar as vantagens e os problemas inerentes a um eventual estatuto jurídico europeu para as pequenas e médias empresas com vista a facilitar a internacionalização das suas actividades. Para o efeito, o estudo deve realizar uma análise aprofundada dos regimes jurídico, fiscal e em matéria de política social que sejam relevantes para as PME nos 25 Estados-Membros da União alargada.

3.6. A Sociedade Cooperativa Europeia e outras formas jurídicas de empresas da UE

O Conselho Europeu adoptou no ano transacto orientações gerais sobre a proposta de regulamento relativa à **Societas Cooperativa Europaea** (SCE) e propostas de estatutos relativamente a uma **Associação Europeia** e a uma **Sociedade Mútua Europeia** que estão a ser actualmente examinadas pelo Parlamento Europeu e pelo Conselho. A Comissão observa que a maioria das respostas recebidas no âmbito do processo de consulta organizado pelo Grupo de Alto Nível era favorável aos referidos estatutos, tendo referido a sua utilidade.

A Comissão tenciona **apoiar activamente o processo legislativo em curso sobre** estes estatutos, em resposta ao desejo expressamente manifestado pelo Parlamento Europeu de atribuir uma atenção significativa ao desenvolvimento de novas formas jurídicas de empresas a nível europeu. Está prevista num futuro próximo a adopção pelo Conselho do regulamento relativo a uma sociedade cooperativa europeia, ao passo que continuam a decorrer no Conselho discussões activas sobre a proposta de associação europeia. Logo que seja alcançado um consenso sobre esta proposta, será consagrada a atenção necessária à proposta relativa a uma sociedade mútua europeia.

No que diz respeito à eventual elaboração de uma proposta de regulamento relativo ao estatuto de **fundação europeia**, a Comissão tenciona, antes de decidir apresentar uma proposta, lançar um estudo destinado a examinar de forma aprofundada a viabilidade de um estatuto deste tipo. Esta avaliação tomará em consideração as lições extraídas da adopção e da aplicação de outros estatutos europeus, pelo que se trata de uma acção a realizar a médio prazo.

3.7. Reforçar a transparência das formas jurídicas nacionais de empresas

É necessário **reforçar os requisitos em matéria de divulgação de informação aplicáveis a todas as entidades jurídicas com responsabilidade limitada,** a fim de preservar a igualdade das condições de concorrência ([24]) e impedir qualquer abuso do direito das sociedades para efeitos de fraude, terrorismo ou outras actividades criminosas ([25]). A Comissão manifesta o seu empenhamento em responder a esta necessidade, mas o âmbito e a natureza desta recomendação requerem uma análise mais aprofundada. Dada a existência de um grande número de prioridades, as acções necessárias serão empreendidas a médio prazo.

([24]) A Primeira Directiva no domínio do direito das sociedades que contém requisitos essenciais em matéria de informação (as empresas devem apresentar uma série de documentos e informações junto de um registo, podendo as partes interessadas obter uma cópia dos mesmos) é apenas aplicável às empresas de responsabilidade limitada e não a uma série de outros tipos de empresas. A criação de um quadro relativo à divulgação de dados básicos sobre certas outras entidades jurídicas que desenvolvem actividades económicas é assim considerada como favorável ao comércio e à concorrência no mercado interno.

([25]) Ver, neste contexto, o estudo intitulado "Transparency and Money Laundering: A study of the regulation and its implementation, in the EU Member States, that obstruct anti-money laundering international co-operation (banking/financial and corporate/company regulative fields)", apresentado à Comissão em Outubro de 2001 pelo Instituto Transcrime (Universidade de Trento, Itália). Este estudo, encomendado em conformidade com a conclusão n.° 58 do Conselho Europeu Especial de Tampere de 1999 e o Conselho comum ECOFIN/JAI de Outubro de 2000, apresenta recomendações destinadas a reforçar a transparência das sociedades de responsabilidade limitada, bem como de outras entidades (tais como os fundos de investimento).

4. CONCLUSÕES

A presente comunicação explica as razões pelas quais o quadro regulamento europeu relativo ao direito e ao governo das sociedades deve ser modernizado. Nela são definidas os principais objectivos políticos que deverão presidir a quaisquer acções futuras a serem adoptadas a nível da UE nestas áreas. Inclui igualmente um Plano de Acção, definido em função das respectivas prioridades, a fim de identificar as diversas medidas que se afiguram necessárias a curto, a médio e a longo prazo. Determina o tipo de instrumento regulamentar a ser utilizado e define de forma aproximada o respectivo calendário.

Na sequência das conclusões adoptadas pelo Conselho Europeu, reunido em Bruxelas em 20 e 21 de Março de 2003, em que era solicitada a adopção de um Plano de Acção relativo ao direito e ao governo das Sociedades, a Comissão transmite a presente comunicação ao Parlamento e ao Conselho, bem como ao Comité Económico e Social Europeu e ao Comité das Regiões.

As partes interessadas são convidadas a apresentarem as suas observações até 31 de Agosto de 2003. Essas observações devem ser transmitidas à DG MARKT G3, Comissão Europeia, B-1049 Bruxelas (endereço electrónico: Markt-COMPLAW@cec.eu.int).

A Comissão publicará uma sinopse das observações recebidas e estas serão tidas em conta de forma adequada aquando da execução do presente Plano de Acção.

ANEXO 1

Modernizar o direito das sociedades e reforçar o governo das sociedades na União Europeia – Uma estratégia para o futuro		
Lista de Acções		
A CURTO PRAZO (2003-2005)		
	Descrição da acção	**Tipo de iniciativa a privilegiar** (26)
Governo das sociedades	Requisitos de informação mais estritos em matéria de governo das sociedades (incluindo confirmação da responsabilidade colectiva dos membros do conselho de administração em relação a importantes declarações de natureza não financeira)	Legislativa (directiva que altera a legislação em vigor)
	Quadro jurídico integrado para fomentar a eficiência da comunicação com os accionistas e do processo de tomada de decisões pelos mesmos (participação nas reuniões, exercício dos direitos de voto, votação transfronteiras) Legislativa (directiva)	Legislativa (directiva)
	Reforçar o papel dos administradores independentes não executivos e membros do conselho fiscal	Não legislativa (recomendação)
	Promover um regime adequado de remuneração dos administradores Não legislativa (recomendação)	Não legislativa (recomendação)
	Confirmar, a nível da UE, a responsabilidade colectiva dos membros do conselho de administração pelos mapas financeiros	Legislativa (directiva que altera a legislação em vigor)
	Convocação de um Fórum Europeu sobre o governo das sociedades para coordenar os esforços dos Estados-Membros neste domínio	Não legislativa (iniciativa da Comissão)
Manutenção de capital	Simplificação da Segunda Directiva, com base nas recomendações SLIM, conforme completadas no Relatório do Grupo de Alto Nível (SLIM-Plus)	Legislativa (directiva que altera a legislação em vigor)

Grupos de empresas	Reforço da informação sobre a estrutura dos grupos e as relações intragrupo, tanto financeiras como não financeiras	Legislativa (directiva que altera a legislação em vigor)
Reestruturação	Proposta de Décima Directiva relativa às fusões transfronteiras	Legislativa (directiva)
	Proposta de Décima Quarta Directiva relativa à transferência transfronteiras da sede social	Legislativa (directiva)
Sociedade Europeia Fechada	Estudo de viabilidade a fim de examinar a necessidade prática de estatutos relativos à Sociedade Europeia Fechada e aos problemas daí decorrentes	Não legislativa (estudo)
Formas jurídicas da UE	Verdadeiros progressos a nível das propostas actuais (Associação Europeia, Sociedade Mútua Europeia)	Legislativa (propostas existentes)

MÉDIO PRAZO (2006-2008)		
	Descrição da acção	**Tipo de iniciativa a privilegiar**
Governo das sociedades	Reforço da informação prestada pelos investidores institucionais sobre as suas políticas em matéria de investimento e votação	Legislativa (directiva)
	Escolha, por todas as sociedades cotadas, de dois tipos de estruturas de administração (monista/dualista) Reforçar a responsabilidade dos membros do conselho de administração (direito especial de investigação, regra da negligência comercial, casos em que é vedados aos administradores o exercício do seu cargo)	Legislativa (directiva)
Manutenção de capital	Análise da viabilidade de uma solução alternativa ao regime de manutenção de capital	Não legislativa (estudo)
Grupos de empresas	Regra-quadro aplicável aos grupos, por forma a permitir a adopção a nível da filial de uma política de grupo coordenada	Legislativa (directiva)
Pirâmides	Proibição da cotação nas bolsas de valores de pirâmides com fins abusivos, caso adequado, na sequência de uma análise mais aprofundada com base no parecer dos peritos	Legislativa (eventual directiva que altera a legislação em vigor)

Reestruturação	Simplificação da Terceira Directiva (fusões) da Sexta Directiva (cisões)	Legislativa (directiva que altera a legislação em vigor)
Sociedade Europeia Fechada	Eventual proposta relativa aos Estatutos de Sociedade Europeia Fechada (em função dos resultados do estudo de viabilidade)	Legislativa Não legislativa (estudo)
Formas jurídicas da UE	Avaliar a necessidade de criar outras formas jurídicas na UE (por exemplo, Fundação Europeia)	Legislativa (directiva ou directiva que altera a legislação em vigor)
Transparência das formas jurídicas nacionais	Introdução de regras básicas em matéria de informação aplicáveis a todas as entidades jurídicas com responsabilidade limitada, sob reserva de uma análise mais aprofundada	

A LONGO PRAZO (a partir de 2009)		
	Descrição da acção	**Tipo de iniciativa a privilegiar**
Manutenção de capital	Eventual introdução na Segunda Directiva no domínio do direito das sociedades de um regime alternativo (em função dos resultados do estudo de viabilidade) Legislativa (directiva que altera a legislação em vigor)	Legislativa (directiva que altera a legislação em vigor)

(26) Esta coluna apresenta informações sobre o tipo de instrumento regulamentar a ser utilizado:
- Quando é feita alusão a uma "directiva", tal significa que a acção preconizada requer quer a adopção de uma nova directiva, quer a alteração de uma ou várias directivas em vigor (no domínio do direito das sociedades, regulamentação dos valores mobiliários, apresentação de informações financeiras pelas empresas, etc.), em conformidade com os poderes de regulamentação dos vários órgãos competentes a nível da UE;
- Na medida do possível, as iniciativas necessárias serão reagrupadas com vista a evitar a multiplicação de iniciativas legislativas.

ANEXO 2

Lista de instrumentos existentes e propostos no domínio do direito das sociedades a nível europeu

Instrumentos existentes no domínio do direito da sociedade a nível europeu

REGULAMENTOS

Título do acto	Referência da publicação
Regulamento (CEE) n.° 2137/85 do Conselho, de 25 de Julho de 1985, relativo à instituição do Agrupamento Europeu de Interesse Económico (AEIE)	[1985] JO L 199, p. 1
Regulamento (CE) n.° 2157/2001 do Conselho, de 8 de Outubro de 2001, relativo ao estatuto da sociedade europeia (SE) *completado pela* Directiva 2001/86/CE do Conselho, de 8 de Outubro de 2001, que completa o estatuto da sociedade europeia no que respeita ao envolvimento dos trabalhadores	[2001] JO L 294, p. 1 [2001] JO L 294, p. 22
Regulamento (CE) n.° 1606/2002 do Parlamento Europeu e do Conselho, de 19 de Julho de 2002, relativo à aplicação das normas internacionais de contabilidade	[2002] JO L 243, p. 1

DIRECTIVAS

Título do acto	Referência da publicação
Primeira Directiva do Conselho (CEE) 68/151, de 9 de Março de 1968, tendente a coordenar as garantias que, para protecção dos interesses dos sócios e de terceiros, são exigidas nos Estados-Membros às sociedades, na acepção do segundo parágrafo do artigo 58.° do Tratado, a fim de tornar equivalentes essas garantias em toda a Comunidade	[1968] JO L 65, p. 8
Segunda Directiva do Conselho (CEE) 77/91 de 13 de Dezembro de 1976, tendente a coordenar as garantias que, para protecção dos interesses dos sócios e de terceiros, são exigidas nos Estados-Membros às sociedades, na acepção do segundo parágrafo do artigo 58.° do Tratado, no que respeita à constituição da sociedade anónima, bem como à conservação e às modificações do seu capital social, a fim de tornar equivalentes essas garantias em toda a Comunidade	1977] JO L 26, p. 1
Terceira Directiva do Conselho (CEE) 78/855, de 9 de Outubro de 1978, fundada na alínea g) do n.° 3 do artigo 54.° do Tratado e relativo à fusão das sociedades anónimas	[1977] JO L 295, p. 36
Quarta Directiva do Conselho (CEE) 78/660, de 25 de Julho de 1978, baseada no artigo 54.°, n.° 3, alínea g) do Tratado e relativa às contas anuais de certas formas de sociedades	[1978] JO L 222, p. 11

Sexta Directiva do Conselho (CEE) 82/891, de 17 de Dezembro de 1982, fundada no n.° 3, alínea g), do artigo 54.° do Tratado, relativa às cisões de sociedades anónimas	[1982] JO L 378, p. 47
Sétima Directiva do Conselho (CEE) 83/349, de 13 de Junho de 1983, baseada no n.° 3, alínea g), do artigo 54.° do Tratado e relativa às contas consolidadas	[1983] JO L 193, p. 1
Oitava Directiva do Conselho (CEE) 84/253, de 10 de Abril de 1984, fundada no n.° 3, alínea g), do artigo 54.° do Tratado CE, relativa à aprovação das pessoas encarregadas da fiscalização legal dos documentos contabilísticos	[1984] JO L 126, p. 20
Décima Primeira Directiva do Conselho (CEE) 89/666, de 21 de Dezembro de 1989, relativa à publicidade de sucursais criadas no Estado-Membro por certas formas de sociedades reguladas pelo direito de outro Estado-Membro	[1989] JO L 395, p. 96
Décima Segunda Directiva do Conselho (CEE) 89/667, de 21 de Dezembro de 1989, em matéria de direito das sociedades relativa às sociedades de responsabilidade limitada com um único sócio	[1989] JO L 395, p. 40

RECOMENDAÇÕES	
Título do acto	**Referência da publicação**
Recomendação da Comissão (2001/256/CE), de 15 de Novembro de 2000, relativa ao controlo da qualidade da revisão oficial de contas da União Europeia: requisitos mínimos	[2001] JO L 91, p. 91
Recomendação da Comissão (2001/453/CE), de 30 de Maio de 2001, respeitante ao reconhecimento, à valorimetria e à prestação de informações sobre questões ambientais nas contas anuais e no relatório de gestão das sociedades	[2001] JO L 156, p. 33
Recomendação da Comissão (2002/590/CE), de 16 de Maio de 2002, relativa à independência dos revisores oficiais de contas na UE: Um conjunto de princípios fundamentais	[2002] JO L 191, p. 22

Instrumentos propostos no domínio do direito das sociedades a nível europeu	
REGULAMENTOS	
Título do acto	**Referência da publicação**
Proposta alterada de Regulamento do Conselho (CEE) que institui o estatuto da associação europeia	[1993] JO C 236, p. 1
Proposta alterada de Regulamento do Conselho (CEE) que institui o estatuto da sociedade cooperativa europeia	[1993] JO C 236, p. 17
Proposta alterada de Regulamento do Conselho (CEE) que institui o estatuto da mutualidade europeia	[1993] JO C 236, p. 40

DIRECTIVAS	
Título do acto	**Referência da publicação**
Proposta de Directiva do Parlamento Europeu e do Conselho que altera a Directiva 68/151/CEE do Conselho no que diz respeito aos requisitos de publicidade relativamente a certas categorias de sociedades: COM (2002) 279	[2002] JO C 227, p. 377
Proposta de Directiva do Parlamento Europeu e do Conselho relativa às ofertas públicas de aquisição: COM (2002) 534 final	[2003] JO C 45 E, p. 1

III

DIRECTRIZES DE DIREITO DAS SOCIEDADES E SUA TRANSPOSIÇÃO

CAPÍTULO I

1.ª DIRECTRIZ (68/151/CEE): GARANTIAS DOS SÓCIOS E DE TERCEIROS

§ 11.° Textos da 1.ª Directriz e da Directriz de alteração

41. Texto da Directriz (9-Mar.-1968)

De acordo com a metodologia anunciada, começaremos cada rubrica pela publicação do texto comunitário em estudo.

PRIMEIRA DIRECTIVA 68/151/CEE DO CONSELHO

de 9 de Março de 1968

tendente a coordenar as garantias que, para protecção dos interesses dos sócios e de terceiros, são exigidas nos Estados-Membros às sociedades, na acepção do segundo parágrafo do artigo 58.° do Tratado, a fim de tornar equivalentes essas garantias em toda a Comunidade[303]

---

[303] JOCE N.° L-65, 8-12, de 14-Mar.-1968. As epígrafes dos preceitos não são oficiais. Esta publicação visa o estudo da matéria: recomenda-se ao interessado a consulta da versão portuguesa "oficial", confrontando-a com alguma versão noutra língua: fácil através do *Eur-Lex*, na *Internet*. O texto português tem lacunas, logo no preâmbulo, que colmatámos com recurso à versão francesa, confrontada com a alemã. Foram, ainda, corrigidos lapsos evidentes. Por exemplo: "sociedades por acções e outras sociedades de responsabilidade limitada", por "sociedades anónimas e sociedades por quotas", como resulta da versão alemã. A referência às sociedades portuguesas, feita no âmbito de aplicação da directriz, adveio do Tratado de Adesão; corrigimos, todavia, as designações, que não estavam correctas. Foram ainda corrigidas algumas formas verbais, omitindo-se os troços que tenham apenas a ver com outros Direitos.

O CONSELHO DAS COMUNIDADES EUROPEIAS

Tratado que institui a Comunidade Económica Europeia e, nomeadamente, o n.° 3, alínea g), do seu artigo 54.°,

Tendo em conta o Programa Geral para a Supressão das Restrições à Liberdade de Estabelecimento (1) e, designadamente, o seu título VI,

Tendo em conta a proposta da Comissão,

Tendo em conta o parecer do Parlamento Europeu (2),

Tendo em conta o parecer do Comité Económico e Social (3),

(1) JO n.° 2 de 15.1.1962, p. 36/62.
(2) JO n.° 96 de 28.5.1966, p. 1519/66.
(3) JO n.° 194 de 27.11.1964, p. 3248/64.

Considerando que é urgente a coordenação prevista no n.° 3 alínea g), do artigo 54.°, e no Programa Geral para a Supressão das Restrições à Liberdade de Estabelecimento, nomeadamente em relação às sociedades anónimas e às sociedades por quotas, porquanto a actividade destas sociedades frequentemente se estende para além dos limites do território nacional;

Considerando que a coordenação das disposições nacionais respeitantes à publicidade, à validade das obrigações contraídas por estas sociedades e à nulidade destas, reveste particular importância, nomeadamente para assegurar a protecção dos interesses de terceiros;

Considerando que, neste domínio, devem ser adoptadas simultaneamente disposições comunitárias para estas sociedades, visto que, como garantia, em face de terceiros, elas apenas oferecem o património social;

Considerando que a publicidade deve permitir que os terceiros conheçam os actos essenciais da sociedade e certas indicações a ela respeitantes, nomeadamente a identidade das pessoas que têm o poder de a vincular;

Considerando que a protecção de terceiros deve ser assegurada por disposições que limitem, na medida do possível, as causas de invalidade das obrigações contraídas em nome da sociedade;

Considerando que, para garantir a segurança jurídica tanto nas relações entre a sociedade e terceiros, como entre os sócios, é necessário limitar os casos de nulidade, assim como o efeito retroactivo da declaração de nulidade, e fixar um prazo curto para a oposição de terceiros a esta declaração,

ADOPTOU A PRESENTE DIRECTIVA:

Artigo 1.°
(Âmbito)

As medidas de coordenação prescritas pela presente directiva aplicam-se às disposições legislativas, regulamentares e administrativas dos Estados-membros relativas – aos seguintes tipos de sociedades:

- para a República Federal da Alemanha:
die Aktiengesellschaft, die Kommanditgesellschaft auf Aktien, die Gesellschaft mit beschraenkter Haftung;
- para a Bélgica:
de naamloze vennootschap, de commanditaire vennootschap, op aandelen, de personenvennootschap met beperkte aansprakelijkheid;
la société anonyme la société en commandite par actions, la société de personnes à responsabilité limitée;
- para a França:
La société anonyme, la société en commandite par actions, la société à responsabilité limitée;
- para a Itália:
società per azioni, società in accomandita per azioni, società a responsabilità limitata;
- para o Luxemburgo:
la société anonyme, la société en commandite par actions, la société à responsabilité limitée;
- para os Países Baixos:
de naamloze vennootschap, de commanditaire vennootschap op aandelen;
(...)
- para Portugal:
a sociedade anónima, a sociedade em comandita por acções, a sociedade por quotas;
(...)

SECÇÃO I
Publicidade

Artigo 2.°
(Actos e indicações sujeitos a publicidade obrigatória)

1. Os Estados-membros tomarão as medidas necessárias para que a publicidade obrigatória relativa às sociedades abranja, pelo menos, os seguintes actos e indicações:

a) O acto constitutivo e os estatutos, se estes forem objecto de um acto separado;

b) As alterações dos actos mencionados na alínea *a*), nelas se compreendendo a prorrogação da sociedade;

c) Depois de cada alteração do acto constitutivo ou dos estatutos, o texto integral do acto alterado, na sua redacção actualizada;

d) A nomeação e a cessação de funções, assim como a identidade das pessoas que, na qualidade de órgão legalmente previsto ou de membros de tal órgão:
   i) Tenham o poder de vincular a sociedade para com terceiros e de a representar em juízo,
   ii) Participem na administração, na vigilância ou na fiscalização da sociedade.

As medidas de publicidade devem precisar se as pessoas que tenham o poder de vincular a sociedade podem fazê-lo sozinhas ou devem fazê-lo conjuntamente;

e) Uma vez por ano, pelo menos, o montante do capital subscrito, nos casos em que o acto constitutivo ou os estatutos mencionarem um capital autorizado, salvo se o aumento do capital subscrito acarretar uma alteração dos estatutos;

f) O balanço e a conta de ganhos e perdas de cada exercício. O documento que contém o balanço deve indicar a identidade das pessoas que, por força da lei, o devem certificar. Todavia, quanto às sociedades Gesellschaft mit beschränkter Haftung, société de personnes à responsabilité limitée, personenvennootschap met beperkte aansprakelijkheid, société à responsabilité limitée e società a responsabilità limitata, dos direitos alemão, belga, francês, italiano ou luxemburguês, mencionadas no artigo 1.°, bem como quanto à belosten naamloze vennootschap do direito neerlandês, a aplicação obrigatória desta disposição é diferida até à data da entrada em vigor de uma directiva sobre a coordenação do conteúdo dos balanços e contas de ganhos e perdas, que dispense da obrigação de publicar a totalidade ou parte desses documentos aquelas sociedades em que o montante de balanço seja inferior a uma cifra que por ela será fixada. O Conselho adoptará essa directiva nos dois anos seguintes à adopção da presente directiva;

g) Qualquer transferência da sede social;

h) A dissolução da sociedade;

i) A decisão judicial que declare a nulidade da sociedade;

j) A nomeação e a identidade dos liquidatários, bem como os seus poderes respectivos, salvo se estes poderes resultarem expressa e exclusivamente da lei ou dos estatutos;

k) O encerramento da liquidação, assim como o cancelamento do registo nos Estados-membros em que este cancelamento produza efeitos jurídicos.

2. Para aplicação do n.° 1, alínea f), são consideradas besloten naamloze vennootschappen as sociedades que preencham as seguintes condições:
(...)

Artigo 3.°
(Modos de efectivar a publicidade)

1. Em cada Estado-membro será aberto um processo, seja junto de um registo central, seja junto de um registo comercial ou de um registo das sociedades, para cada uma das sociedades que aí estiverem inscritas.

2. Todos os actos e todas as indicações que estejam sujeitos a publicidade, nos termos do artigo 2.°, serão arquivados no processo ou transcritos no registo; o objecto das transcrições no registo deve, em qualquer caso, constar do processo.

3. A cópia integral ou parcial de qualquer acto ou indicação mencionados no artigo 2.° pode ser obtida por pedido escrito, mas o seu custo não pode ser superior ao custo administrativo.

As cópias enviadas serão certificadas "conformes", salvo se o requerente dispensar tal certificação.

4. Os actos e as indicações referidos no n.° 2 serão objecto, no boletim nacional designado pelo Estado-membro, de publicação integral ou por extracto, ou sob a forma de uma menção que assinale o arquivamento do documento no processo ou a sua transcrição no registo.

5. Os actos e as indicações não são oponíveis a terceiros pela sociedade antes de efectuada a publicação referida no n.° 4, excepto se a sociedade provar que esses terceiros tinham conhecimento deles. Todavia, relativamente às operações efectuadas antes do décimo sexto dia seguinte ao da publicação, tais actos e indicações não são oponíveis aos terceiros que provem terem estado impossibilitados de ter conhecimento deles.

6. Os Estados-membros tomarão as medidas necessárias para evitar qualquer discordância entre o conteúdo da publicação na imprensa e o conteúdo do registo ou do processo.

Todavia, em caso de discordância, o texto publicado na imprensa não é oponível a terceiros; estes podem, no entanto, prevalecer-se do texto publicado, salvo se a sociedade provar que eles tiveram conhecimento do texto arquivado no processo ou transcrito no registo.

7. Os terceiros podem, além disso, prevalecer-se sempre dos actos e indicações relativamente aos quais não tenham ainda sido cumpridas as formalidades de publicidade, salvo se a falta de publicidade os privar de efeitos.

Artigo 4.°
(Correspondência e notas de encomenda)

Os Estados-membros determinarão que a correspondência e as notas de encomenda contenham as seguintes indicações:

- a conservatória do registo onde se encontra aberto o processo mencionado no artigo 3.°, bem como o número de matrícula da sociedade nesse registo;
- o tipo de sociedade, o lugar da sua sede social e, se for caso disso, o facto de que a sociedade se encontra em liquidação.

Se nesses documentos for feita menção do capital da sociedade, devem ser mencionados o capital subscrito e o capital realizado.

Artigo 5.°
(Pessoas obrigadas às formalidades)

Cada Estado-membro determinará quais as pessoas obrigadas a efectuar as formalidades de publicidade.

Artigo 6.°
(Sanções)

Os Estados-membros devem prever sanções apropriadas para:

- a falta de publicidade do balanço e da conta de ganhos e perdas, nos termos prescritos no n.° 1, alínea *f*), do artigo 2.°;
- a omissão, nos papéis comerciais, das indicações obrigatórias previstas no artigo 4.°.

SECÇÃO II
Validade das obrigações contraídas pela sociedade

Artigo 7.°
(Responsabilidade por actos anteriores à aquisição de personalidade)

Se foram praticados actos em nome de uma sociedade em formação, antes de ela ter adquirido personalidade jurídica, e a sociedade não vier a assumir as obrigações daí decorrentes, as pessoas que os realizaram serão solidária e ilimitadamente responsáveis por tais actos, salvo convenção em contrário.

Artigo 8.°
(Inoponibilidade de irregularidades na designação de representantes)

A realização das formalidades de publicidade relativas às pessoas que, na qualidade de órgão social, tenham o poder de vincular a sociedade, torna qualquer irregularidade ocorrida na sua nomeação inoponível a terceiros, salvo se a sociedade provar que esses terceiros tinham conhecimento da irregularidade.

Artigo 9.°
(Actos *ultra vires*)

1. A sociedade vincula-se perante terceiros pelos actos realizados pelos seus órgãos, mesmo se tais actos forem alheios ao seu objecto social, a não ser que esses actos excedam os poderes que a lei atribui ou permite atribuir a esses órgãos.

Todavia, os Estados-membros podem prever que a sociedade não fique vinculada, quando aqueles actos ultrapassem os limites do objecto social, se ela provar que o terceiro sabia, ou não o podia ignorar, tendo em conta as circunstâncias, que o acto ultrapassava esse objecto; a simples publicação dos estatutos não constitui, para este efeito, prova bastante.

2. As limitações aos poderes dos órgãos da sociedade que resultem dos estatutos ou de uma resolução dos órgãos competentes, são sempre inoponíveis a terceiros, mesmo que tenham sido publicadas.

3. Quando a legislação nacional preveja que o poder de representar a sociedade seja atribuído por cláusula estatutária, derrogatória da norma legal sobre a matéria, a uma só pessoa ou a várias pessoas agindo conjuntamente, essa legislação pode prever a oponibilidade de tal cláusula a terceiros, desde que ela seja referente ao poder geral de representação; a oponibilidade a terceiros de uma tal disposição estatutária é regulada pelas disposições do artigo 3.°.

SECÇÃO III
Invalidade do contrato de sociedade

Artigo 10.°
(Forma do contrato)

Em todos os Estados-membros cuja legislação não preveja um controlo preventivo, administrativo ou judicial, aquando da constituição da sociedade, o acto constitutivo e os estatutos desta, bem como as alterações a tais actos, devem ser celebrados por documento autêntico.

Artigo 11.°
(Invalidade do contrato de sociedade)

A legislação dos Estados-membros pode regular o regime das invalidades do contrato de sociedade, desde que respeite as seguintes regras:

1. A invalidade deve ser reconhecida por decisão judicial;
2. A invalidade apenas pode ser reconhecida com os seguintes fundamentos:
   a) Falta de acto constitutivo ou inobservância quer das formalidades de fiscalização preventiva, quer da forma autêntica;
   b) Natureza ilícita ou contrária à ordem pública do objecto da sociedade;
   c) Omissão, no acto constitutivo ou nos estatutos, de indicação relativa à denominação da sociedade, às entradas, ao montante total do capital subscrito ou ao objecto social;
   d) Inobservância das disposições da legislação nacional relativas à liberação mínima do capital social;
   e) Incapacidade de todos os sócios fundadores;
   f) Quando, contrariamente à legislação nacional aplicável à sociedade, o número de sócios fundadores for inferior a dois.

Fora destes casos de invalidade, as sociedades não podem ser declaradas nulas, nem ficam sujeitas a qualquer outra causa de inexistência, de nulidade absoluta, de nulidade relativa ou de anulabilidade.

Artigo 12.°
(Oponibilidade da decisão judicial que declare a invalidade)

1. A oponibilidade a terceiros da decisão judicial que reconheça a invalidade é regulada pelo disposto no artigo 3.°. A oposição de terceiros, quando o direito nacional a preveja, só será admitida durante o prazo de seis meses, a contar da publicação da decisão judicial.

2. A invalidade provocará a liquidação da sociedade, da mesma forma que a dissolução.

3. A invalidade não afecta, por si mesma, a validade das obrigações contraídas pela sociedade ou para com ela, sem prejuízo dos efeitos do estado de liquidação.

4. A legislação dos Estados-membros pode regular os efeitos da invalidade entre os sócios.

5. Os titulares de quotas ou de acções continuarão obrigados ao pagamento do capital subscrito e não liberado, na medida em que tal for necessário para o cumprimento das obrigações contraídas para com os credores.

SECÇÃO IV
Disposições gerais

Artigo 13.°
(*Vacatio*)

Os Estados-membros porão em vigor, no prazo de dezoito meses a contar da notificação da directiva, todas as alterações às suas disposições legislativas, regulamentares ou administrativas, que sejam necessárias para darem cumprimento às disposições da presente directiva. Desse facto informarão imediatamente a Comissão.

A obrigação de publicidade prevista no n.° 1, alínea f, do artigo 2.° só entrará em vigor, no que respeita às sociedades anónimas do direito neerlandês, diversas das indicadas no actual artigo 42.° c do Código Comercial neerlandês, trinta meses após a notificação da presente directiva.

Os Estados-membros podem prever que a publicidade relativa ao texto integral dos estatutos, na redacção resultante das alterações efectuadas desde a constituição da sociedade, seja exigida apenas, pela primeira vez, quando ocorrer a próxima alteração dos estatutos, ou, na sua falta, até 31 de Dezembro de 1970.

Os Estados-membros comunicarão à Comissão o texto das principais disposições de direito nacional que adoptarem no domínio regulado pela presente directiva.

Artigo 14.°
(Destinatários)

Os Estados-membros são destinatários da presente directiva.

Feito em Bruxelas, em 9 de Março de 1968.

Pelo Conselho
O Presidente
M. COUVE de MURVILLE

42. Proposta de alteração à 1.ª Directriz (3-Jun.-2002); exposição de Motivos

Para o melhor conhecimento da realidade que envolve a 1.ª Directriz e a que ela se aplica, cumpre divulgar a proposta de alteração da Comissão. Mais precisamente a *Proposta de Directiva do Parlamento Europeu e do Conselho que altera a Directiva n.° 68/151/CEE no que diz respeito aos requisitos de publicidade relativamente a certas categorias de sociedades*[304].

Diz a competente

EXPOSIÇÃO DE MOTIVOS[305]

1. Introdução

A Primeira Directiva em matéria de direito das sociedades (1) foi adoptada em 1968 tendo em vista coordenar, para protecção dos interesses dos sócios e de terceiros, as disposições de direito interno aplicáveis às sociedades de responsabilidade limitada em três áreas: obrigação de publicidade pelas sociedades dos seus documentos e indicações, validade das obrigações contraídas pelas sociedades e nulidade das sociedades.

(1) Primeira Directiva do Conselho, de 9 de Março de 1968, tendente a coordenar as garantias que, para protecção dos interesses dos sócios e de terceiros, são exigidas nos Estados-Membros às sociedades, na acepção do segundo parágrafo do artigo 58.° do Tratado, a fim de tornar equivalentes essas garantias em toda a Comunidade (68/151/CEE), JO L 65 de 14/03/68, p. 8, com a última redacção que lhe foi dada pelo Acto de Adesão de 1994 (JO C 241 de 29/08/1994, p.194).

No que diz respeito à obrigação de publicidade pelas sociedades dos seus documentos e indicações, os principais requisitos da Primeira Directiva são os seguintes:

- a obrigação de publicidade pelas sociedades deve abranger, pelo menos, os documentos e indicações referidos no artigo 2.°;
- estes documentos e indicações devem ser arquivados e mantidos num registo e subsequentemente publicados num jornal oficial nacional. Deve ser possível obter do registo cópia destes documentos e indicações;
- a correspondência e as notas de encomenda utilizadas pelas sociedades devem referir as indicações mencionadas no artigo 4.°;
- os Estados-Membros determinarão quem deverá cumprir as formalidades de publicidade e estabelecerão sanções adequadas em casos definidos.

[304] COM (2002) 279, final, 22 pp..
[305] COM (2002) 279, 1-8.

Em Dezembro de 1997, a Comissão Europeia organizou uma Conferência sobre o direito das sociedades e o mercado único. Esta conferência (2) foi consagrada a três temas importantes, entre os quais o impacto dos métodos modernos de comunicação sobre o direito das sociedades. Uma das conclusões da conferência foi que o sistema de publicidade obrigatória organizado pela Primeira Directiva deverá beneficiar significativamente com a introdução de tecnologias modernas, que ajudará a alcançar os importantes objectivos de tornar mais fácil e mais rapidamente acessível a informação sobre a sociedade.

No âmbito da quarta fase do processo de Simplificação da Legislação do Mercado Interno (SLIM), lançada pela Comissão em Outubro de 1998, um Grupo de Trabalho sobre direito das sociedades apresentou, em Setembro de 1999, um Relatório sobre a simplificação da Primeira e Segunda Directivas em matéria de direito das sociedades (3). Este relatório continha recomendações circunstanciadas sobre áreas em que poderia ser realizada uma simplificação. As principais recomendações relativamente à Primeira Directiva consistiram, por um lado, na necessidade de acelerar o arquivo e a obrigação de publicidade dos documentos e indicações através da utilização de tecnologias modernas e, por outro, a necessidade de melhorar o acesso transfronteiras à informação sobre a sociedade através da autorização do registo voluntário de documentos e indicações noutras línguas.

No seu relatório ao Parlamento Europeu e ao Conselho (4), a Comissão declarou que apoiava o objectivo global das principais recomendações relativas à Primeira Directiva e que estudaria a melhor forma de alterar a Primeira Directiva nesse sentido. As recomendações do Grupo de Trabalho SLIM e respectivas implicações práticas foram subsequentemente discutidas com os peritos dos Estados-Membros em direito das sociedades em três reuniões (Junho de 2000, Março de 2001 e Junho de 2001).

---

(2) Actas da Conferência sobre o direito das sociedades e o mercado único, de 15 e 16 de Dezembro de 1997, Bruxelas, Comissão Europeia, publicadas pelo Serviço das Publicações Oficiais em Abril de 1998.

(3) Recomendações do Grupo de Trabalho SLIM sobre o direito das sociedades relativamente à simplificação da Primeira e Segunda Directivas em matéria de direito das sociedades, Setembro de 1999.

(4) Relatório da Comissão ao Parlamento Europeu e ao Conselho – Resultados da quarta fase do SLIM, 4 de Fevereiro de 2000 (COM (2000) 56 final).

Destas discussões resultou que as principais recomendações relativamente à Primeira Directiva foram amplamente apoiadas. Foi considerado que a modernização da Primeira Directiva de acordo com as orientações estabelecidas nestas recomendações não só ajudará a alcançar os importantes objectivos de tornar mais fácil e rapidamente acessíveis as informações sobre as sociedades por partes dos interessados, mas também irá simplificar significativamente as formalidades de publicidade impostas às sociedades. Foi igualmente decidido aproveitar esta oportunidade para actualizar a Primeira Directiva, se necessário, nomeadamente no que diz respeito às categorias de sociedades abrangidas e às referências às Directivas em matéria de contabilidade.

2. Calendário e data de aplicação

A proposta fixa a data de 1 de Janeiro de 2005 como prazo limite para a transposição pelos Estados-Membros das disposições legislativas, regulamentares e administrativas necessárias para dar cumprimento à presente directiva. Esta data deve ser encarada como razoável, tendo em conta o facto de que a maior parte dos Estados-Membros já iniciou, nalguns casos há vários anos, reformas destinadas a introduzir tecnologias modernas nos sistemas de arquivamento e de publicidade aplicáveis à informação sobre as sociedades.

3. Síntese do teor da presente proposta

3.1. Artigo 1.°

Para além do objectivo estabelecido supra, o artigo 1.° torna necessárias estas alterações à Primeira Directiva do Conselho de 9 de Março de 1968.

3.1.1. *N.° 1*

Este número actualiza as categorias de sociedades a que se aplica a Primeira Directiva, mediante a inclusão das categorias de sociedades que foram introduzidos a nível nacional desde a adopção da Primeira Directiva (a "société par actions simplifiée" em França, e a "besloten vennootschap met beperkte aansprakelijkheid" nos Países Baixos) ou após a adesão dos Estados-Membros (a "anpartsselskab" na Dinamarca).

3.1.2. *N.° 2*

Este número actualiza o artigo 2.° da Primeira Directiva, que enumera os documentos e indicações cuja publicidade é obrigatória, a fim de reflectir a subsequente adopção de uma série de directivas relativas aos documentos contabilísticos que devem ser elaborados pelas sociedades ("Directivas em matéria de contabilidade").

O artigo 2.° da Primeira Directiva é, por conseguinte, alterado da seguinte forma:

- A expressão "o balanço e a conta de ganhos e perdas" é substituída pela expressão "os documentos contabilísticos" (isto é, contas anuais – relatório anual – parecer do auditor/contas consolidadas – relatório anual consolidado – parecer do auditor) cuja publicidade é obrigatória em conformidade com as Directivas em matéria de contabilidade adoptadas depois de 1968;
- é suprimida a disposição transitória que adia a aplicação do n.° 1, alínea f), do artigo 2.° até à data de implementação de uma futura directiva a ser adoptada em matéria de contabilidade;
- é suprimida a disposição prevista no n.° 2 do artigo 2.°, que está directamente relacionada com a disposição transitória prevista no n.° 1, alínea f), do artigo 2.°.

No âmbito das discussões que se seguiram ao relatório do grupo SLIM, foi sugerido que fosse acrescentada uma série de elementos (por ex. o endereço do sítio web, o endereço electrónico, etc.) aos documentos e indicações referidos no artigo 2.° da Primeira Directiva. A proposta não tem em conta esta sugestão, que não foi considerada coerente com o objectivo da simplificação. Contudo, salienta-se que a Primeira Directiva não impede os Estados-Membros de exigirem ou autorizarem a publicidade de outros documentos e indicações para além dos previstos no artigo 2.°.

3.1.3. *N.° 3*

Este número altera o artigo 3.° da Primeira Directiva, que contém as regras básicas aplicáveis ao registo e publicidade dos documentos e indicações das sociedades, por forma a tornar possível a utilização de tecnologias modernas no preenchimento dos seus requisitos.

Artigo 3.° – N.° 1

O n.° 1 do artigo 3.° mantém-se inalterado. Salienta-se que a directiva deixa aos Estados-Membros a livre decisão de organizarem o sistema de registo numa base centralizada ou descentralizada. A introdução de tecnologias modernas não implica uma alteração à directiva a este respeito.

Artigo 3.° – N.° 2

O n.° 2 do artigo 3.° é alterado pela inclusão de um segundo parágrafo, através do qual os Estados-Membros são obrigados a tornar possível o arquivamento dos documentos e indicações das sociedades por via electrónica a partir de 1 de Janeiro de 2005. A partir desta data, as sociedades poderão, em princípio, escolher entre um arquivamento em suporte de papel e um arquivamento por via electrónica. Os Estados-Membros podem impor o arquivamento por via electrónica a todas ou a certas categorias de sociedades de todos ou de certos tipos de documentos e indicações. É evidente que os Estados-Membros limitarão essa obrigação a situações em que não é criado um encargo não razoável para as sociedades.

Se o arquivo for efectuado em suporte de papel após 1 de Janeiro de 2005, os Estados-Membros terão que assegurar que os documentos e indicações arquivados sejam sistematicamente convertidos para formato electrónico a fim de serem arquivados no processo ou transcritos no registo, como previsto no novo terceiro parágrafo do n.° 2.

O novo quarto parágrafo do n.° 2 contém disposições relacionadas com documentos e indicações arquivados em suporte de papel até 31 de Dezembro de 2004. Os Estados-Membros são obrigados a assegurar a conversão de tais documentos e indicações para formato electrónico pelo menos mediante pedido apresentado pelas partes interessadas (o que, em todo o caso, deixa aos Estados-Membros a liberdade de os converterem total ou parcialmente). Isto não impede os Estados-Membros que o desejem de exigirem que todas ou certas categorias de sociedades forneçam todos ou certos tipos de documentos e indicações por via electrónica.

É de salientar que a introdução de um pedido dos Estados-Membros para tornar possível o arquivamento dos documentos das sociedades por via electrónica a partir de 1 de Janeiro de 2005 não afecta de modo algum a liberdade de os Estados-Membros decidirem 1) quem deverá cumprir as formalidades de publicidade, 2) que tipos de controlo (sobre a forma e/ou conteúdo das publicidades) devem ser efectuados, 3) que normas técnicas devem ser seguidas (por exemplo, utilização de softwares específicos) e 4) que encargos devem ser imputados às sociedades para o arquivamento em suporte de papel e/ou em formato electrónico.

Artigo 3.° – N.° 3

O n.° 3, que organiza o fornecimento das cópias de documentos e indicações, é alterado por forma a que os requerentes possam escolher entre suporte de papel e meios electrónicos, tanto no que se refere ao pedido apresentado como à cópia obtida.

O primeiro parágrafo do n.° 3 é alterado para permitir que os pedidos possam ser apresentados em suporte de papel ou por via electrónica.

O novo segundo parágrafo do n.° 3 é alterado para que as cópias possam ser obtidas em suporte de papel ou por via electrónica. Porém, os Estados-Membros podem decidir, por razões de ordem prática, que os documentos e indicações arquivados até 31 de Dezembro de 2004 não possam ser obtidos por via electrónica se tiverem sido arquivados em suporte de papel mais de 10 anos antes da data do pedido.

O novo terceiro parágrafo do n.° 3 reproduz a actual disposição prevista no artigo 3.° (o custo da obtenção de cópias não pode ser superior ao respectivo custo administrativo), sendo a mesma extensiva às cópias electrónicas.

O novo quarto parágrafo do n.° 3 reproduz a actual disposição prevista no artigo 3.° (as cópias em suporte de papel serão em princípio autenticadas como "conformes") e não exige que as cópias electrónicas sejam sistematicamente autenticadas, uma vez que tal disposição pode induzir custos elevados considerando que as cópias electrónicas são solicitadas a maior parte das vezes apenas para efeitos de informação.

O novo quinto parágrafo do n.° 3 assegura que a autenticação das cópias electrónicas será baseada na utilização de uma assinatura electrónica avançada, tal como definido no n.° 2 do artigo 2.° da Directiva 1999/93/CE ([5]). Uma assinatura electrónica avançada é de facto necessária para alcançar os objectivos fixados para a autenticação de cópias electrónicas (para garantir tanto a autenticidade da sua origem como a integridade dos seus conteúdos). Tal não impede os Estados-Membros de preverem que as assinaturas electrónicas avançadas utilizadas devam ter características adicionais (por exemplo, serem baseadas num certificado qualificado e criadas através de um dispositivo seguro de criação de assinaturas, na acepção do artigo 2.° da Directiva 1999/93/CE), se desejarem que tais assinaturas tenham os efeitos legais previstos no artigo 5.° da Directiva 1999/93/CE.

([5]) Directiva 1999/93/CE do Parlamento Europeu e do Conselho de 13 de Dezembro de 1999 relativa a um quadro legal comunitário para as assinaturas electrónicas, JO L 13 de 19/1/ 2000, p. 12.

Artigo 3.° – N.° 4

O primeiro parágrafo do n.° 4 é alterado mediante a inserção de uma frase autorizando expressamente que o jornal oficial nacional seja arquivado sob a forma electrónica. A referência a uma publicação no jornal oficial nacional não foi suprimida da directiva, porque vários Estados-Membros referiram que as respectivas disposições nacionais associaram o valor jurídico da informação sobre a sociedade a tal publicação.

Porém, como este problema não se verifica em todos os Estados-Membros, foi acrescentado um segundo parágrafo ao n.° 4 para autorizar os Estados-Membros a substituírem esta publicação no jornal oficial nacional por meios igualmente eficazes. Isto está sujeito ao fornecimento de um acesso central e cronológico às informações sobre as sociedades, que é a principal função de um jornal oficial nacional.

Artigo 3.° – N.°s 5 e 6

As alterações ao n.° 4 tornam necessário alterar em conformidade algumas expressões utilizadas nos n.°s 5 e 6. No n.° 5, a expressão "efectuada a publicação" e o termo "publicação" são substituídos pelos termos "publicados" e "publicidade" respectivamente. No n.° 6, as expressões "publicação na imprensa" e "publicado na imprensa" são substituídas pelas expressões "publicidade em conformidade com o n.° 4" e "publicado em conformidade com o n.° 4".

Artigo 3.° – N.° 7

O n.° 7 do artigo 3.° mantém-se inalterado.

Artigo 3.° – N.° 8

É inserido no artigo 3.° um novo n.° 8 a fim de definir com precisão a expressão "por via electrónica" incluída na directiva. Esta definição é comparável às definições adoptadas noutras directivas relativas à sociedade da informação (ver o n.° 2 do artigo 1.° da Directiva 98/34/CE ([6]) ou o artigo 2.° da Directiva 2001/115/CE ([7])).

([6]) Directiva 98/34/CE do Parlamento Europeu e do Conselho, de 22 de Junho de 1998 relativa a um procedimento de informação no domínio das normas e regulamentações técnicas, JO L 204 de 21/07/1998, 7. p. 37, com a última redacção que lhe foi dada pela Directiva 98/48/CE.

([7]) Directiva 2001/115/CE do Conselho, de 20 de Dezembro de 2001, que altera a Directiva 77/388/CEE tendo em vista simplificar, modernizar e harmonizar as condições aplicáveis à facturação em matéria de imposto sobre o valor acrescentado, JO L 15 de 17/1/2002, p. 24.

Tal definição implica a utilização de um computador em ambos os extremos do canal de comunicação e, por conseguinte, não inclui meios como telefonia vocal, faxes normais e telexes. Salienta-se, porém, que os Estados-Membros não estão impedidos de autorizar a utilização de tais meios por sociedades quando registarem os seus documentos e indicações e/ou por partes interessadas quando estas desejarem obter uma cópia para além da via electrónica.

3.1.4. *N.° 4*

Este número insere um novo artigo 3.°-A na Primeira Directiva, a fim de melhorar o acesso transfronteiras às informações sobre as sociedades e assegurar que os terceiros podem confiar nas traduções fornecidas.

O n.° 2 do novo artigo 3.°-A autoriza, para além da publicidade obrigatória numa das línguas autorizadas no respectivo Estado-Membro, as sociedades a publicarem os seus documentos e indicações noutras línguas oficiais da Comunidade. Os Estados-Membros tomarão as medidas necessárias para assegurar que, quando as sociedades optam por fazê-lo, seja facultado o acesso electrónico nessa(s) língua(s).

O disposto no n.° 3 do novo artigo 3.°-A permite expressamente aos Estados-Membros autorizarem as sociedades a publicarem voluntariamente os seus documentos e indicações noutras línguas não comunitárias.

O disposto no n.° 4 do novo artigo 3.°-A garante que os terceiros podem confiar nas traduções fornecidas. Para este efeito, os Estados-Membros tomarão as medidas necessárias para evitar qualquer discordância entre as versões publicadas nas diferentes línguas (no que se refere, por exemplo, à publicação consolidada destas versões linguísticas ao longo do tempo). Em caso de discordância, os terceiros de boa fé são devidamente protegidos.

3.1.5. *N.° 5*

Este número altera o artigo 4.° da Primeira Directiva, que contém as indicações que devem ser mencionadas na correspondência e notas de encomenda utilizadas pelas sociedades, por forma a tornar claro que esta disposição se aplica a toda a correspondência e notas de encomenda, tanto em suporte de papel como em qualquer outro meio (por ex. fax, correio electrónico, Internet, etc.).

O nome do registo onde se encontra aberto o processo da sociedade é uma das indicações incluídas no artigo 4.°. A expressão "a informação necessária para identificar" foi inserida antes da expressão "o registo", a fim de permitir meios alternativos para referir o registo em vez do seu nome. Esta alteração é considerada desejável tendo em conta as discussões em curso entre registos na Europa, a fim de se chegar a acordo quanto a um sistema comum de número de identificação das sociedades e registos.

Por último, no artigo 4.° é inserido um novo parágrafo, a fim de alargar a obrigação de referir as indicações mencionadas aos sítios Web das sociedades. Não se afigura desejável obrigar todas as sociedades a terem um sítio Web, mas os sítios Web existentes deverão conter as mesmas informações mínimas como a correspondência e notas de encomenda utilizadas pelas sociedades. Tal exigência afigura-se necessária apesar da Directiva relativa ao comércio electrónico de 8 de Junho de 2000 ([8]), que contém algumas disposições relativamente à informação sobre as sociedades que devem constar dos sítios Web das sociedades, por duas razões. Por um lado, as indicações apresentadas no artigo 5.° da Directiva relativa ao comércio electrónico não incluem todas as indicações apresentadas no artigo 4.° da Primeira Directiva. Por outro lado, o âmbito da Directiva relativa ao comércio electrónico é limitado às pessoas singulares ou colectivas que forneçam um serviços da sociedade de informação. Esta noção, definida no n.° 2 do artigo 1.° da Directiva 98/34/CE, presume uma actividade económica (remunerada ou não), pelo que nem todos os sítios Web são necessariamente abrangidos.

(8) Directiva 2000/31/CE do Parlamento Europeu e do Conselho, de 8 de Junho de 2000, relativa a certos aspectos legais da sociedade da informação, em especial do comércio electrónico, no mercado interno (Directiva sobre o comércio electrónico), JO L 178, 17/7/2000, p. 1.

3.1.6. *N.° 6*

Este número introduz no artigo 6.° da Primeira Directiva algumas alterações na sequência das alterações acima indicadas: – a referência "ao balanço e à conta de ganhos e perdas" é substituída pela referência a "documentos contabilísticos"; – a disposição aplicável aos documentos comerciais é alargada a todos os sítios Web das sociedades.

3.2. Artigos 2.° a 4.° – Disposições finais

As disposições destes artigos dizem respeito à adopção e aplicação da directiva proposta.

43. Segue; texto da proposta de alteração

Segue-se a proposta de alteração em si. Eis o seu teor:

DIRECTIVA DO PARLAMENTO EUROPEU E DO CONSELHO

que altera a Directiva 68/151/CEE no que diz respeito aos requisitos de publicidade relativamente a certas categorias de sociedades[306]

O PARLAMENTO EUROPEU E O CONSELHO DA UNIÃO EUROPEIA,

Tendo em conta o Tratado que institui a Comunidade Europeia e, nomeadamente, o n.° 2, alínea g), do seu artigo 44.°,

Tendo em conta a proposta da Comissão (9),

Tendo em conta o parecer do Comité Económico e Social (10),

Actuando em conformidade com o procedimento previsto no artigo 251.° do Tratado (11),

(9) JO C [...], [...], p. [...].
(10) JO C [...], [...], p. [...].
(11) JO C [...], [...], p. [...].
(12) JO L 65 de 14.3.1968, p. 8, com a última redacção que lhe foi dada pelo Acto de Adesão da Áustria, Finlândia e Suécia.

306 COM (2002) 279, 9-15.

Considerando o seguinte:

(1) A Primeira Directiva 68/151/CEE do Conselho, de 9 de Março de 1968, tendente a coordenar as garantias que, para protecção dos interesses dos sócios e de terceiros, são exigidas nos Estados-Membros às sociedades, na acepção do segundo parágrafo do artigo 58.° do Tratado, a fim de tornar equivalentes essas garantias em toda a Comunidade ([12]), fixa os requisitos relativos à obrigação de publicidade de uma série de documentos e indicações por parte das sociedades de responsabilidade limitada.

(2) No âmbito da quarta fase do processo de Simplificação da Legislação do Mercado Interno (SLIM), lançada pela Comissão em Outubro de 1998, um Grupo de Trabalho sobre direito das sociedades apresentou, em Setembro de 1999, um Relatório sobre a simplificação da Primeira e Segunda Directivas que continha certas recomendações ([13]).

([12]) JO L 65 de 14.3.1968, p. 8, com a última redacção que lhe foi dada pelo Acto de Adesão da Áustria, Finlândia e Suécia.

([13]) Ver Relatório da Comissão ao Parlamento Europeu e ao Conselho – Resultados da quarta fase do SLIM, 4 de Fevereiro de 2000 (COM (2000) 56 final).

(3) A modernização da Directiva 68/151/CEE de acordo com as orientações estabelecidas nestas recomendações não só ajudará a alcançar os importantes objectivos de tornar mais fácil e rapidamente acessíveis as informações sobre a sociedade por parte dos interessados, mas também irão simplificar significativamente as formalidades de publicidade impostas às sociedades.

(4) A lista das sociedades abrangidas pela Directiva 68/151/CEE será alargada para ter em conta os novos tipos de sociedades criadas a nível nacional desde a adopção da directiva.

(5) Desde 1968 foram adoptadas várias directivas destinadas a harmonizar os requisitos aplicáveis aos documentos contabilísticos que devem ser elaborados pelas sociedades, nomeadamente, a Quarta Directiva 78/660/CEE do Conselho, de 25 de Julho de 1978, baseada no n.° 3, alínea g), do artigo 54.° do Tratado relativa às contas anuais de certas formas de sociedades ([14]), a Sétima Directiva 83/349/CEE do Conselho, de 13 de Junho de 1983 baseada no n.° 3, alínea g), do artigo 54.° do Tratado relativa às contas consolidadas ([15]), a Directiva 86/635/CEE do Conselho, de 8 de Dezembro de 1986 relativa às contas anuais e às contas consolidadas dos bancos e outras instituições financeiras ([16]) e a Directiva 91/674/CEE do Conselho de 19 de Dezembro de 1991 relativa às contas anuais e às contas consolidadas das empresas de seguros ([17]). As referências constantes da Directiva 68/151/CEE aos documentos contabilísticos que têm que ser publicados em conformidade com estas directivas deverão ser actualizadas em conformidade.

([14]) JO L 222 de 14.8.1978, p. 11, com a última redacção que lhe foi dada pela Directiva 2001/ /65/CE do Parlamento Europeu e do Conselho (JO L 283 de 27.10.2001, p. 28).

([15]) JO L 193 de 18.7.1983, p. 1, p. 37, com a última redacção que lhe foi dada pela Directiva 2001/ /65/CE.

([16]) JO L 372 de 31.12.1986, p. 1, p. 37, com a última redacção que lhe foi dada pela Directiva 2001/65/CE.

([17]) JO L 374 de 31.12.1991, p. 7.

(6) No quadro da modernização em vista, as sociedades poderão optar por registar os seus documentos e indicações obrigatórios em suporte de papel ou por via electrónica. As partes interessadas devem poder obter do registo uma cópia de tais documentos e indicações em suporte de papel, bem como por via electrónica.

(7) Os Estados-Membros poderão decidir arquivar o jornal oficial nacional, designado para a publicação de documentos e indicações obrigatórias, em suporte de papel ou em formato electrónico ou prever a publicação por meios igualmente eficazes.

(8) O acesso transfronteiras à informação sobre a sociedade deve ser melhorado permitindo, para além da publicidade obrigatória numa das línguas autorizadas no Estado-Membro da sociedade, o registo voluntário de documentos e indicações noutras línguas. Os terceiros de boa fé devem poder confiar nessas traduções.

(9) É adequado clarificar que as indicações obrigatórias de acordo com o artigo 4.° da Directiva 68/151/CEE devem ser efectuadas em todas as cartas e notas de encomenda, quer sejam apresentadas em suporte de papel quer através de outro meio. Tendo em conta a evolução tecnológica, é igualmente adequado prever que estas indicações sejam referidas no sítio Web de qualquer sociedade.

(10) A Directiva 68/151/CEE deve ser alterada em conformidade.

ADOPTARAM A PRESENTE DIRECTIVA:

Artigo 1.°

A Directiva 68/151/CEE é alterada do seguinte modo:

1) O artigo 1.° é alterado da seguinte forma:

   a) O terceiro travessão é substituído pelo seguinte:
   "– Em França:
   la société anonyme, la société en commandite par actions, la société à responsabilité limitée, la société par actions simplifiée;"

   b) O sexto travessão é substituído pelo seguinte:
   "– Nos Países Baixos:
   de naamloze vennootschap, de commanditaire vennootschap op aandelen, de besloten vennootschap met beperkte aansprakelijkheid;"

   c) O terceiro travessão é substituído pelo seguinte:
   "– Na Dinamarca:
   aktieselskab, kommanditaktieselskab, anpartsselskab."

2) O artigo 2.° é alterado da seguinte forma:

   a) A alínea (f) do n.° 1 passa a ter a seguinte redacção:
   "(f) Os documentos contabilísticos de cada exercício, que devem ser publicados em conformidade com as Directivas 78/660/CEE (*), 83/349/CEE (**), 86/63(5/ /CEE (***) e 91/674/CEE (****) do Conselho."

(*) JO L 222 de 14.8.1978, p. 11.
(**) JO L 193 de 18.7.1983, p. 1.
(***) JO L 372 de 31.12.1986, p. 1.
(****) JO L 374 de 31.12.1991, p. 7."

b) O n.° 2 é suprimido.

3) O artigo 3.° passa a ter a seguinte redacção:

"Artigo 3.°

1. Em cada Estado-Membro será aberto um processo, seja junto de um registo central, seja junto de um registo comercial ou de um registo das sociedades, para cada uma das sociedades que aí estiverem inscritas.

2. Todos os documentos e todas as indicações que estão sujeitos a publicidade, nos termos do artigo 2.°, serão arquivados no processo ou transcritos no registo. O objecto das transcrições no registo deve, em qualquer caso, constar do processo.

Os Estados-Membros assegurarão que o arquivo no processo, por parte das sociedades, de todos os documentos e todas as indicações que estão sujeitos a publicidade, em conformidade com o artigo 2.°, possa ser feito por via electrónica a partir de 1 de Janeiro de 2005. Além disso, os Estados-Membros podem impor a todas ou a certas categorias de sociedades o arquivo no processo por via electrónica de todos ou de certos tipos desses documentos e indicações a partir de 1 de Janeiro de 2005.

Todos os documentos e indicações referidos no artigo 2.° que forem arquivados no processo a partir de 1 de Janeiro de 2005, quer em suporte de papel quer por via electrónica, serão arquivados no processo ou transcritos no registo sob forma electrónica. Para este efeito, os Estados-Membros assegurarão que todos os documentos e indicações que forem arquivados em suporte de papel a partir de 1 de Janeiro de 2005 serão transcritos no registo sob forma electrónica.

Os documentos e indicações referidos no artigo 2.° arquivados em suporte de papel até 31 de Dezembro de 2004 não têm que ser convertidos automaticamente para forma electrónica pelo registo. Os Estados-Membros assegurarão, porém, que os mesmos serão convertidos para formato electrónico pelo registo mediante pedido apresentado em conformidade com as disposições previstas no n.° 3.

3. Deve poder ser obtida mediante pedido uma cópia integral ou parcial dos documentos ou indicações mencionados no artigo 2.°. A partir de 1 de Janeiro de 2005 os pedidos podem ser apresentados ao registo em suporte de papel ou por via electrónica, à escolha do requerente.

A partir de 1 de Janeiro de 2005, as cópias referidas no primeiro parágrafo podem ser obtidas do registo em suporte de papel ou por via electrónica, à escolha do requerente, se os documentos ou indicações tiverem sido arquivados antes ou após 1 de Janeiro de 2005. Porém, os Estados-Membros podem decidir que todos ou certos tipos de documentos e indicações que foram arquivados em suporte de papel até 31 de Dezembro de 2004 não poderão ser obtidos do registo em formato electrónico se tiverem sido arquivados antes de um determinado período que precede a data do pedido apresentado ao registo. Tal período não pode ser inferior a 10 anos.

O custo da obtenção de uma cópia integral ou parcial dos documentos ou indicações mencionados no artigo 2 .°, tanto em suporte de papel como por via electrónica, não pode ser superior ao respectivo custo administrativo.

As cópias em suporte de papel fornecidas serão autenticadas como "conformes", salvo se o requerente dispensar tal autenticação. As cópias em formato electrónico não serão autenticadas como "conformes", salvo se o requerente expressamente solicitar tal autenticação.

Os Estados-Membros tomarão as medidas necessárias para assegurar que a autenticação das cópias em formato electrónico garanta tanto a autenticidade da sua origem como a integridade dos seus conteúdos, através de uma assinatura electrónica avançada na acepção do n.° 2 do artigo 2.° da Directiva 1999/93/CE do Parlamento Europeu e do Conselho, de 13 de Dezembro de 1999, relativa a um quadro legal comunitário para as assinaturas electrónicas (*****).

(*****) JO L 13 de 19.1.2000, p. 12.

4. Os documentos e as indicações referidos no n .° 2 serão objecto, no jornal oficial nacional designado pelo Estado-Membro, de publicação integral ou por extracto, ou sob a forma de uma menção que assinale o arquivamento do documento no processo ou a sua transcrição no registo. O jornal oficial nacional designado para esse efeito pode ser arquivado sob a forma electrónica.

   Os Estados-Membros podem decidir substituir a publicação no jornal oficial nacional por meios igualmente eficazes, que exijam pelo menos a utilização de um sistema mediante o qual a informação objecto de publicidade possa ser acedida por ordem cronológica através de uma plataforma electrónica central.

5. Os documentos e as indicações não são oponíveis a terceiros pela sociedade antes de publicados de acordo com o n .° 4, excepto se a sociedade provar que esses terceiros tinham conhecimento deles.

   Todavia, relativamente às operações efectuadas antes do décimo sexto dia seguinte ao da publicidade, tais documentos e indicações não são oponíveis a terceiros, desde que estes provem não ter tido a possibilidade de tomar conhecimento deles.

6. Os Estados-Membros tomarão as medidas necessárias para evitar qualquer discordância entre o conteúdo da publicidade em conformidade com o n.° 4 e o conteúdo do registo ou do processo.

   Todavia, em caso de discordância, o texto publicado em conformidade com o n.° 4 não é oponível a terceiros. Estes podem, no entanto, prevalecer-se do texto publicado, salvo se a sociedade provar que eles tiveram conhecimento do texto arquivado no processo ou transcrito no registo.

7. Os terceiros podem, além disso, prevalecer-se sempre dos actos e indicações relativamente aos quais não tenham ainda sido cumpridas as formalidades de publicidade, salvo se a falta de publicidade os privar de efeitos.

8. Para efeitos do presente artigo, a expressão "por via electrónica" significará que a informação é enviada desde a origem e recebida no seu destino através de instrumentos electrónicos de processamento (incluindo a compressão digital) e de armazenamento de dados, que é inteiramente transmitido, encaminhado e recebido por cabo, rádio, meios ópticos ou outros meios electromagnéticos.".

4) É inserido o seguinte artigo 3.°-A:

"Artigo 3.°-A

1. Os documentos e indicações que estão sujeitos a publicidade nos termos do artigo 2.° serão elaborados numa das línguas autorizadas pelas disposições linguísticas aplicáveis no Estado-Membro em que a sociedade tenha a sua sede social.

2. Para além da publicidade obrigatória a que se refere o n.° 1, os Estados-Membros devem autorizar que os documentos e indicações referidos no artigo 2.° sejam publicados em conformidade com o artigo 3.° em qualquer outra língua oficial da Comunidade.

   Os Estados-Membros podem exigir a autenticação da tradução de tais documentos e indicações.

   Os Estados-Membros tomarão as medidas necessárias para assegurar que seja facultado o acesso electrónico nas línguas oficiais da Comunidade em que os documentos e indicações tenham sido publicados.

3. Para além da publicidade obrigatória a que se refere o n.° 1, e da publicidade autorizada nos termos do n.° 2, os Estados-Membros podem autorizar que os documentos e indicações referidos no artigo 2.° sejam publicados em conformidade com o artigo 3.° em qualquer outra língua.

   Os Estados-Membros podem exigir a autenticação da tradução de tais documentos e indicações.

4. Os Estados-Membros tomarão as medidas necessárias para evitar qualquer discordância entre os documentos e indicações publicados em conformidade com o n.° 1 e todas as traduções publicadas nos termos do n.° 2 ou do n.° 3.

   Todavia, em caso de discordância, a tradução publicada em conformidade com o n.° 2 ou o n.° 3 não é oponível a terceiros. Estes podem, no entanto, invocar o texto publicado, salvo se a sociedade provar que eles tinham conhecimento da versão publicada em conformidade com o n.° 1.".

5) O artigo 4.° passa a ter a seguinte redacção:

"Artigo 4.°

Os Estados-Membros exigirão que a correspondência e as notas de encomenda, tanto em suporte de papel como em qualquer outro meio, contenham as seguintes indicações:

a) A informação necessária para identificar o registo onde se encontra aberto o processo mencionado no artigo 3.°, bem como o número de matrícula sob o qual a sociedade está inscrita nesse registo;

b) O tipo de sociedade, o lugar da sua sede social e, se for caso disso, o facto de que a sociedade se encontra em liquidação.

Se, nesses documentos, for feita menção ao capital da sociedade, devem ser indicados o capital subscrito e o capital realizado.

Os Estados-Membros exigirão que os sítios Web das sociedades contenham, pelo menos, as indicações referidas no primeiro parágrafo e, se aplicável, as menções ao capital subscrito e realizado.".

6) O artigo 6.° passa a ter a seguinte redacção:

"Artigo 6.°

Os Estados-Membros devem prever sanções apropriadas para a:

a) falta de publicidade dos documentos contabilísticos prevista no n.° 1, alínea f), do artigo 2.°;

b) omissão nos documentos comerciais ou no sítio Web das sociedades das indicações obrigatórias previstas no artigo 4.°.".

Artigo 2.°

1. Os Estados-Membros porão em vigor, o mais tardar em 31 de Dezembro de 2004, as disposições legislativas, regulamentares e administrativas necessárias para dar cumprimento à presente directiva. Do facto informarão imediatamente a Comissão.

   Quando os Estados-Membros adoptarem tais disposições, estas deverão incluir uma referência à presente directiva, ou ser acompanhadas dessa referência, aquando da sua publicação oficial. As modalidades dessa referência serão adoptadas pelos Estados-Membros.

2. Os Estados-Membros comunicarão à Comissão o texto das disposições de direito interno que adoptarem no domínio regido pela presente directiva.

Artigo 3.°

A presente directiva entra em vigor no vigésimo dia seguinte ao da sua publicação no Jornal Oficial das Comunidades Europeias.

Artigo 4.°

Os Estados-Membros são destinatários da presente directiva.

Feito em Bruxelas ...

Pelo Parlamento Europeu	Pelo Conselho
O Presidente	*O Presidente*

44. Outros elementos de política legislativa

I. A proposta de alteração da 1.ª Directriz é acompanhada por uma ficha financeira legislativa e por uma ficha de avaliação do impacto. Sempre dentro do prisma de melhor conhecer a realidade aqui em jogo, vamos consignar extractos da primeira e da segunda. Assim, quanto à ficha financeira legislativa, retemos a rubrica "necessidade de intervenção comunitária". Diz ela[307]:

> A Primeira Directiva 68/151/CEE do Conselho, de 9 de Março de 1968, tendente a coordenar as garantias que, para protecção dos interesses dos sócios e de terceiros, são exigidas nos Estados-Membros às sociedades, na acepção do segundo parágrafo do artigo 58.° do Tratado, a fim de tornar equivalentes essas garantias em toda a Comunidade, fixa os requisitos relativos à obrigação de publicidade de uma série de documentos e indicações por parte das sociedades de responsabilidade limitada.
>
> No âmbito da quarta fase de processo de Simplificação da Legislação do Mercado Interno (SLIM) lançada pela Comissão em Outubro de 1998, um Grupo de Trabalho sobre direito das sociedades apresentou, em Setembro de 1999, um Relatório sobre a simplificação da Primeira e Segunda Directivas em matéria de direito das sociedades (18). As principais recomendações relativamente à Primeira Directiva consistiram, por um lado, na necessidade de acelerar o arquivo e a obrigação de publicidade dos documentos e indicações através da utilização de tecnologias modernas e, por outro, a necessidade de melhorar o acesso transfronteiras à informação sobre a sociedade através da autorização do registo voluntário de documentos e indicações noutras línguas.
>
> (18) Ver Relatório da Comissão ao Parlamento Europeu e ao Conselho – Resultados da quarta fase do SLIM, 4 de Fevereiro de 2000 (COM (2000) 56 final).
>
> A modernização da Primeira Directiva de acordo com as orientações estabelecidas nestas recomendações não só ajudará a alcançar os importantes objectivos de tornar mais fácil e rapidamente acessíveis as informações sobre a sociedade por parte dos interessados, mas também irão simplificar significativamente as formalidades de publicidade impostas às sociedades. Por último, a Primeira Directiva também deverá ser actualizada se necessário, nomeadamente no que diz respeito às categorias de sociedades abrangidas e às referências às Directivas em matéria de contabilidade adoptadas posteriormente.

II. Por seu turno, retiramos da ficha de avaliação do impacto o seguinte[308]:

[307] COM (2002) 279, 17.
[308] COM (2002) 279, 19-22.

Proposta

1. Tendo em conta o princípio da subsidiariedade, porque é necessária legislação comunitária neste domínio e quais os seus principais objectivos?

A Primeira Directiva 68/151/CEE do Conselho, de 9 de Março de 1968, tendente a coordenar as garantias que, para protecção dos interesses dos sócios e de terceiros, são exigidas nos Estados-Membros às sociedades, na acepção do segundo parágrafo do artigo 58.° do Tratado, a fim de tornar equivalentes essas garantias em toda a Comunidade, fixa os requisitos relativos à obrigação de publicidade de uma série de documentos e indicações por parte das sociedades de responsabilidade limitada.

No âmbito da quarta fase de processo de Simplificação da Legislação do Mercado Interno (SLIM) lançada pela Comissão em Outubro de 1998, um Grupo de Trabalho sobre direito das sociedades apresentou, em Setembro de 1999, um Relatório sobre a simplificação da Primeira e Segunda Directivas em matéria de direito das sociedades (19). As principais recomendações relativamente à Primeira Directiva consistiram, por um lado, na necessidade de acelerar o arquivo e a obrigação de publicidade dos documentos e indicações através da utilização de tecnologias modernas e, por outro, a necessidade de melhorar o acesso transfronteiras à informação sobre a sociedade através da autorização do registo voluntário de documentos e indicações noutras línguas.

(19) Ver Relatório da Comissão ao Parlamento Europeu e ao Conselho – Resultados da quarta fase do SLIM, 4 de Fevereiro de 2000 (COM (2000) 56 final).

A modernização da Primeira Directiva de acordo com as orientações estabelecidas nestas recomendações não só ajudará a alcançar os importantes objectivos de tornar mais fácil e rapidamente acessíveis as informações sobre a sociedade por parte dos interessados, mas também irão simplificar significativamente as formalidades de publicidade impostas às sociedades. A Primeira Directiva será igualmente actualizada sempre que necessário, nomeadamente no que diz respeito às categorias de sociedades abrangidas e às referências às Directivas em matéria de contabilidade adoptadas depois da Primeira Directiva.

Nos últimos anos, vários Estados-Membros já adoptaram ou iniciaram reformas do respectivo sistema nacional de publicidade obrigatória das informações sobre as sociedades. Um dos objectivos destas reformas consiste na utilização de tecnologias modernas de várias formas. Tendo em conta o princípio da subsidiariedade, afigura-se, porém, necessária legislação comunitária neste domínio pelas seguintes razões:

(1) A obrigação de publicidade das informações sobre as sociedades já está regulamentada a nível comunitário na Primeira Directiva, necessitando algumas das suas disposições de serem alteradas a fim de assegurar que a utilização de instrumentos tecnológicos não seja incompatível com a actual redacção da Primeira Directiva.

(2) As reformas dos sistemas nacionais de publicidade obrigatória das informações sobre as sociedades foram adoptadas ou iniciadas apenas nalguns Estados-Membros e não são comparáveis em termos de âmbito e/ou calendário. Por conseguinte, são necessárias medidas a nível comunitário para alcançar os objectivos fixados pelo Grupo SLIM no que diz respeito à modernização, de modo coerente, da Primeira Directiva.

Impacto sobre as empresas

2. Quem vai ser afectado pela proposta?

   A Primeira Directiva aplica-se a todas as categorias de sociedades de responsabilidade limitada na UE. Actualmente não há qualquer distinção no que diz respeito aos sectores de actividade, à dimensão das empresas ou à área geográfica da Comunidade. Porém, a situação específica das pequenas e médias empresas será a que é descrita no n.° 5.

3. O que é que as empresas têm de respeitar com a proposta?

   O principal objectivo das alterações propostas é proporcionar maior flexibilidade às sociedades em vários estádios do sistema de publicidade obrigatória. As sociedades optarão, em princípio, por registar os seus documentos e indicações obrigatórios em suporte de papel ou em formato electrónico. As partes interessadas poderão obter uma cópia de tais documentos e indicações em suporte de papel ou por via electrónica. As sociedades serão autorizadas, para além da publicidade obrigatória numa das línguas autorizadas no Estado-Membro da sociedade, a publicar documentos e indicações noutras línguas. Em consequência, a responsabilidade de dar cumprimento à proposta competirá principalmente aos Estados-Membros.

   A proposta contém apenas uma disposição que as empresas têm que respeitar: toda a correspondência e notas de encomenda utilizadas pelas sociedades, tanto em suporte de papel como em qualquer outro meio, deverão referir as indicações obrigatórias indicadas no artigo 4.° da Primeira Directiva, devendo as mesmas indicações ser referidas nos sítios Web da sociedade. Salienta-se que as indicações apresentadas actualmente no artigo 4.° não são alargadas e que este requisito só será aplicável às sociedades que deliberadamente optem por utilizar as tecnologias modernas. O requisito em si mesmo não parece que seja oneroso ou difícil de cumprir.

4. Que efeitos económicos poderá ter a proposta?

   Espera-se que as principais disposições da proposta tornem mais fácil e rapidamente acessíveis as informações sobre a sociedade por partes dos interessados, simplificando, ao mesmo tempo, significativamente as formalidades de publicidade impostas às sociedades. Este duplo objectivo deverá contribuir para reduzir os encargos suportados pela sociedades no arquivamento das suas informações bem como na obtenção de cópias das informações arquivadas por outras sociedades, devendo, por seu lado, melhorar a competitividade das empresas.

   A longo prazo, espera-se que obrigação de introdução de tecnologias modernas nos sistemas de publicidade das informações sobre as sociedades levará os órgãos responsáveis a alargarem a utilização de tecnologias modernas a algumas das outras suas funções. Uma destas é a constituição de novas sociedades, sempre que a utilização de tecnologias modernas ajude a facilitar a criação de novas empresas tanto em termos de tempo como de custos.

5. A proposta contém medidas destinadas a tomar em conta a situação específica das pequenas e médias empresas (requisitos reduzidos ou diferentes, etc.)?

A disposição que altera a lista de documentos e indicações que devem ser publicados no que diz respeito aos documentos contabilísticos em questão emprega a expressão "que devem ser publicados", reflectindo, por conseguinte, a existência nas Directivas em matéria de contabilidade de certas isenções - com base em determinados critérios de dimensão – da obrigação de publicar total ou parcialmente estes documentos contabilísticos.

A proposta contém algumas disposições que autorizam os Estados-Membros a imporem o arquivamento por meios electrónicos a todas ou a certas categorias de sociedades de todos ou de certos tipos de documentos e indicações. É evidente que os Estados-Membros que optarem por fazer isto tomarão devidamente em conta a situação específica das pequenas e médias empresas, limitando essas obrigações quer às grandes sociedades quer aos documentos e indicações facilmente disponíveis em formato electrónico.

Por último, a obrigação de declarar uma série de indicações sobre correspondência e notas de encomenda em suporte diferente do papel e nos sítios Web existentes irá afectar somente as sociedades que optarem por utilizar tecnologias modernas.

Consulta

6. Em Dezembro de 1997, a Comissão Europeia organizou uma Conferência sobre o direito das sociedades e o mercado único no seguimento da ampla consulta lançada pelo questionário da Comissão de Fevereiro de 1997. Das conclusões tanto da consulta como da conferência em si, resultou que o sistema de publicidade obrigatória organizado pela Primeira Directiva deverá beneficiar significativamente com a introdução de tecnologias modernas.

   As principais disposições da proposta são inspiradas nas recomendações apresentadas por um Grupo de Trabalho sobre direito das sociedades em Setembro de 1999, no âmbito da quarta fase do processo de Simplificação da Legislação do Mercado Interno (SLIM) lançada pela Comissão em Outubro de 1998. Este grupo teve três reuniões em 1999 e compunha-se de funcionários do Estados-Membros, profissionais em matéria de direito das sociedades e universitários.

   As recomendações do Grupo de Trabalho SLIM e respectivas implicações práticas foram subsequentemente discutidas com os peritos dos Estados-Membros em direito das sociedades em três reuniões (Junho de 2000, Março de 2001 e Junho de 2001). Destas discussões resultou que as principais recomendações relativamente à Primeira Directiva foram amplamente apoiadas

45. Parecer do Comité Económico e Social Europeu

Sobre a proposta de alteração à 1.ª Directriz, aqui em estudo, o Comité Económico e Social Europeu emitiu o seguinte parecer[309]:

[309] JOCE n.° C-85, 13-15, de 8-Abr.-2003.

1. **Introdução**

1.1. A Directiva 68/51/CEE é a primeira directiva comunitária em matéria de sociedades comerciais. O seu objectivo principal consiste em criar condições favoráveis à protecção dos interesses dos sócios e de terceiros nas sociedades cuja característica fundamental é a responsabilidade limitada dos sócios, ou seja, das sociedades de capital, mediante a chamada publicidade legal.

1.2. A publicidade legal resulta da obrigatoriedade de inscrição das sociedades comerciais nos serviços nacionais de registo destinados a esse efeito. O objectivo é unicamente proteger os interesses dos sócios que constituem as referidas sociedades comerciais, bem como os de terceiros com relação contratual. A referida publicidade manifesta-se em três vertentes: na informação sobre o acto constitutivo, na responsabilidade adquirida durante o período fundador e nos efeitos resultantes da declaração de nulidade do acto constitutivo.

1.3. Este tipo de publicidade legal corresponde, no passado, ao registo dos comerciantes nos organismos respectivos, passando, posteriormente, a ter carácter obrigatório para as sociedades comerciais a fim de adquirir personalidade jurídica. O conteúdo da obrigatoriedade de inscrição manifesta-se sob dois aspectos, o interno, relativo à exigência de um conteúdo mínimo do contrato de constituição das sociedades comerciais, e o externo, que pressupõe a designação de pessoas ou órgãos cujos actos vinculem, jurídica e patrimonialmente, as sociedades.

1.4. Durante o longo período de vigência desta directiva, ocorreram mudanças jurídicas e económicas que requerem a sua alteração. Por um lado, aumentaram os tipos de sociedades sujeitas à obrigatoriedade de inscrição no registo (artigo 1.°), e, por outro, desenvolveram-se os sistemas técnicos de acumulação e divulgação de informação (artigo 3.°), que permitem uma mais ampla transmissão e conhecimento dos dados inscritos, inclusive fora das fronteiras dos Estados.

1.5. Neste contexto, levou-se a cabo a quarta fase de simplificação ([1]), na qual o grupo de trabalho sobre o direito das sociedades estabeleceu uma série de recomendações referentes à primeira e segunda directiva sobre as sociedades, entre as quais se destacam: o aperfeiçoamento do acesso aos dados contidos nos diferentes registos, bem como a possibilidade de utilizar mais de uma língua e actualizar os tipos de sociedades sujeitas a matrícula. Deve igualmente ter-se em conta as alterações introduzidas pelas directivas contabilísticas que requerem a publicação de contas anuais mediante inscrição no registo comercial.

([1]) Ver Relatório da Comissão ao Parlamento Europeu e ao Conselho – Resultados da quarta fase do SLIM, 4 de Fevereiro de 2000 (COM (2000) 56 final).

2. **Teor da proposta**

2.1. A proposta de alteração da Directiva 68/151/CEE traduz, por um lado, a necessidade de introduzir as novas tecnologias no arquivamento e divulgação de dados e, por outro, adaptar estes novos instrumentos às necessidades jurídicas, tendo em vista o cumprimento dos princípios de legalidade e segurança jurídica, características essenciais dos registos públicos.

2.2. Em primeiro lugar, destacam-se duas alterações de alargamento do teor da directiva:

- Obrigatoriedade de matrícula para novos tipos de sociedades;
- Actos de registo obrigatório (documentos contabilísticos).

No primeiro caso, a obrigatoriedade resulta de disposições nacionais, na medida em que, nos países mencionados, foram criados novos tipos sociais; no segundo, são outras disposições comunitárias (Directiva 78/660/CEE do Conselho de 20 de Julho 1978 (2), com a última redacção que lhe foi dada pela Directiva 2001/65/CE do Parlamento Europeu e do Conselho (3); Directiva 83/349/CEE do Conselho de 13 de Junho 1983 (4); Directiva 86/635/CEE do Conselho de 8 de Dezembro 1986 (5), com a última redacção que lhe foi dada pela Directiva 2001/65/CE; Directiva 91/674/CEE do Conselho de 19 de Dezembro 1991 (6), actualmente com proposta de alteração COM) que impõem a referida obrigatoriedade.

(2) JO L 222 de 14.8.1978.
(3) JO L 283 de 27.10.2001.
(4) JO L 193 de 18.7.1983.
(5) JO L 372 de 31.12.1986.
(6) JO L 374 de 31.12.1991.

2.3. No que se refere à alteração mais importante, a introdução das novas tecnologias no sistema de inscrição e de publicidade do registo, importa distinguir as seguintes propostas:

- Sistema de arquivamento electrónico a partir de 2007;
- Certificados electrónicos dos documentos inscritos;
- Oponibilidade a terceiros dos documentos publicados electronicamente;
- Introdução de mais de uma língua no sistema de inscrição e divulgação;
- Identificação registo nos documentos comerciais das sociedades.

2.4. Todas estas mudanças afectam os registos apenas em termos formais, enquanto os princípios nos quais se baseiam se mantêm inalteráveis. Por outro lado, interessa ter em conta que já está em vigor a Directiva 1999/93/CE (7) relativa às assinaturas electrónicas, o que permite garantir a segurança jurídica na utilização dos sistemas electrónicos no que se refere à certificação dos dados inscritos nos registos.

(7) JO L 13 de 19.1.2000.

3. **Observações na generalidade**

3.1. O CESE considera positivas as alterações às disposições em vigor no âmbito das propostas de simplificação da legislação comunitária, em especial as que facilitem a segurança comercial e a correcta informação de todas as partes envolvidas na actividade económica.

3.2. Não obstante, importa referir que a simplificação não pode, em caso algum, alterar os princípios gerais do Tratado, destacando-se, em particular, a diversidade linguística; de facto, há que reconhecê-la não só no próprio Estado-Membro – em alguns casos com várias línguas regionais reconhecidas – como também entre todos eles.

3.3. A proposta poderá gerar confusão jurídica no que se refere à obrigatoriedade de um sistema informatizado a partir de 2005 e aos prazos de informatização de todos os actos inscritos num período anterior – dez anos. Alguns actos de grande importância, tal como a escritura de constituição social, poderão ter sido inscritos anteriormente e, por conseguinte, não ser abrangidos pela referida obrigatoriedade.

3.4. Tendo em vista evitar tal ambiguidade, seria conveniente fazer a distinção entre actos de registo obrigatório (os exigidos no artigo 2.°) e os de registo voluntário, frequentemente de teor estatutário. Deste modo, os prazos seriam aplicáveis apenas aos primeiros, enquanto a informatização dos segundos poderia ser adiada.

3.5. Outro ponto da proposta que se caracteriza por uma certa ambiguidade é o da oponibilidade a terceiros dos actos inscritos (n.° 5 do artigo 3.° da antiga directiva). A nova redacção do n.° 4 do artigo 3.° pressupõe o conhecimento dos referidos actos por dois meios: a publicação nos jornais oficiais destinados a esse fim ou a via electrónica. O conhecimento por via electrónica tornaria mais complicado comprovar tal conhecimento, para que produza os devidos efeitos, a não ser que se estabeleça um sistema de confirmação de acesso de registo que permita provar a abertura electrónica da informação.

3.6. No que se refere ao custo dos certificados, o CESE concorda em manter o seu valor nos custos administrativos, não devendo estes, contudo, incluir os gastos de informatização do registo.

4. **Observações na especialidade**

4.1. O objectivo da proposta de alteração do regime de publicidade das sociedades inscritas é o de estender os seus efeitos, no âmbito do Mercado Único, mediante um efeito transfronteiriço; por conseguinte, o seu conteúdo refere-se ao regime linguístico e à utilização dos sistemas electrónicos como forma de inscrição e de publicidade dos actos inscritos. Não obstante, o CESE considera que, em qualquer caso, importa preservar a segurança jurídica das relações empresariais, baseadas nos princípios de transparência e de legalidade das actuações.

4.2. No sentido universal da proposta, importa clarificar aspectos que podem ter efeitos contrários aos pretendidos. Em primeiro lugar, a redacção do n.° 1 do artigo 3.°-A poderia originar um resultado diferente do esperado, ao considerar que os Estados-Membros podem optar por uma das línguas permitidas pelo regime linguístico aplicável em cada país.

4.3. O CESE solicita à Comissão que se aperfeiçoe a redacção deste número, no sentido de exigir que os Estados-Membros, com carácter obrigatório, definam a língua oficial comunitária do país para a inscrição dos actos mencionados no artigo 2.°, podendo preservar-se a identidade linguística regional mediante a utilização de outras línguas, como estabelecido no n.° 2 do artigo 3.°

4.4. No que se refere ao sistema de inscrição electrónica, importa referir que surge uma certa disparidade no n.° 5 do artigo 3.°, pois a redacção original da Directiva 68/151/CEE não foi modificada; de facto, o prazo estabelecido para o conhecimento da oponibilidade a terceiros de boa fé dos actos inscritos, dezasseis dias, é muito longo para o novo sistema de conhecimento. Os Estados-Membros poderão reduzir esse prazo em função do desenvolvimento da aplicação destas novas tecnologias.

4.5. O CESE sugere que se inclua uma frase, no referido ponto, que limite a sua aplicação nos registos que não utilizem o sistema electrónico de inscrição e publicação dos actos. Deste modo, cumpre-se um dos objectivos: rapidez e universalidade da publicidade legal.

Bruxelas, 11 de Dezembro de 2002.

O Presidente
do Comité Económico e Social Europeu
Roger Briesch

46. A Directriz 2003/58/CE (15-Jul.-2003)

Na sequência dos apontados trabalhos, a 1.ª Directriz do Direito das sociedades veio a ser alterada pela Directriz n.° 2003/58/CE, de 15 de Julho. Não incluímos as alterações nos locais próprios, uma vez que se trata de uma Directriz ainda não transposta. Eis o seu texto[310]:

DIRECTIVA 2003/58/CE DO PARLAMENTO EUROPEU E DO CONSELHO

de 15 de Julho de 2003

que altera a Directiva 68/151/CEE no que diz respeito aos requisitos de publicidade relativamente a certas categorias de sociedades

O PARLAMENTO EUROPEU E O CONSELHO DA UNIÃO EUROPEIA,

Tendo em conta o Tratado que institui a Comunidade Europeia e, nomeadamente, a alínea g) do n.° 2 do seu artigo 44.°,

Tendo em conta a proposta da Comissão ([1]),

Tendo em conta o parecer do Comité Económico e Social Europeu ([2]),

[310] JOCE N.° L-221, 13-16, de 4-Set.-2003.

Deliberando nos termos do artigo 251.° do Tratado ([3]),

Considerando o seguinte:

([1]) JO C 227 E de 24.9.2002, p. 377.

([2]) JO C 85 de 8.4.2003, p. 13.

([3]) Parecer do Parlamento Europeu de 12 de Março de 2003 (ainda não publicado no Jornal Oficial) e decisão do Conselho de 11 de Julho de 2003.

(1) A primeira Directiva 68/151/CEE do Conselho, de 9 de Março de 1968, tendente a coordenar as garantias que, para protecção dos interesses dos sócios e de terceiros, são exigidas nos Estados-Membros às sociedades, na acepção do segundo parágrafo do artigo 58.° do Tratado, a fim de tornar equivalentes essas garantias em toda a Comunidade ([4]), fixa os requisitos relativos à obrigação de publicidade de uma série de documentos e indicações por parte de todas as sociedades cuja responsabilidade seja limitada.

([4]) JO L 65 de 14.3.1968, p. 8. Directiva com a última redacção que lhe foi dada pelo Acto de Adesão de 1994.

(2) No âmbito da quarta fase do processo de simplificação da legislação do mercado interno (SLIM), lançada pela Comissão em Outubro de 1998, um grupo de trabalho sobre direito das sociedades apresentou, em Setembro de 1999, um relatório sobre a simplificação da primeira e segunda directivas sobre o direito das sociedades, que continha certas recomendações.

(3) A actualização da Directiva 68/151/CEE de acordo com as orientações estabelecidas nestas recomendações deve contribuir para facilitar e acelerar o acesso das partes interessadas às informações sobre as sociedades, simplificando significativamente as formalidades de publicidade impostas a estas últimas.

(4) A lista das sociedades abrangidas pela Directiva 68/151/CEE deve ser actualizada para ter em conta os novos tipos de sociedades criados e os tipos de sociedades suprimidos ao nível nacional desde a aprovação da directiva.

(5) Desde 1968, foram aprovadas várias directivas destinadas a harmonizar os requisitos aplicáveis aos documentos contabilísticos que devem ser elaborados pelas sociedades, a saber, a quarta Directiva 78/660/CEE do Conselho, de 25 de Julho de 1978, relativa às contas anuais de certas formas de sociedades ([5]), a Sétima Directiva 83/349/CEE do Conselho, de 13 de Junho de 1983, relativa às contas consolidadas ([6]), a Directiva 86/635/CEE do Conselho, de 8 de Dezembro de 1986 relativa às contas anuais e às contas consolidadas dos bancos e outras instituições financeiras ([7]), e a Directiva 91/674/CEE do Conselho, de 19 de Dezembro de 1991, relativa às contas anuais e às contas consolidadas das empresas de seguros ([8]). As referências constantes da Directiva 68/151/CEE aos documentos contabilísticos cuja publicação é obrigatória por força destas directivas devem ser alteradas em consequência.

([5]) JO L 222 de 14.8.1978, p. 11. Directiva com a última redacção que lhe foi dada pela Directiva 2003/38/CE do Conselho (JO L 120 de 15.5.2003, p. 22).

(6) JO L 193 de 18.7.1983, p. 1. Directiva com a última redacção que lhe foi dada pela Directiva 2003/51/CE (JO L 178 de 17.7.2003, p. 16).

(7) JO L 372 de 31.12.1986, p. 1. Directiva com a última redacção que lhe foi dada pela Directiva 2003/51/CE.

(8) JO L 374 de 31.12.1991, p. 7.

(6) No contexto da actualização em vista, e sem prejuízo das formalidades e requisitos essenciais previstos pela legislação nacional dos Estados-Membros, as sociedades devem poder optar por registar os seus documentos e indicações obrigatórios em suporte de papel ou por via electrónica.

(7) As partes interessadas devem poder obter do registo cópia dos referidos documentos e indicações em suporte de papel ou por via electrónica.

(8) Os Estados-Membros devem dispor da possibilidade de arquivar o jornal oficial nacional designado para a publicação de documentos e indicações obrigatórias em suporte de papel ou em formato electrónico ou prever a sua publicação por meios igualmente eficazes.

(9) O acesso transfronteiras às informações sobre as sociedades deve ser melhorado, permitindo, para além da publicidade obrigatória numa das línguas autorizadas no Estado-Membro das sociedades em causa, o registo voluntário noutras línguas dos documentos e indicações necessários. Os terceiros de boa fé devem poder invocar essas traduções.

(10) É adequado clarificar que a menção das indicações obrigatórias enumeradas no artigo 4.° da Directiva 68/151/CEE deve ser efectuada em todas as cartas e notas de encomenda das sociedades, quer sejam apresentadas em suporte de papel, quer através de qualquer outro meio. Tendo em conta a evolução tecnológica, é igualmente adequado prever que estas indicações sejam referidas nos sítios internet das sociedades.

(11) A Directiva 68/151/CEE deve ser alterada em conformidade,

ADOPTARAM A PRESENTE DIRECTIVA:

Artigo 1.°

A Directiva 68/151/CEE é alterada do seguinte modo:

1. No artigo 1.°:

   a) O terceiro travessão passa a ter a seguinte redacção:
   "— *em França*:
   la société anonyme, la société en commandite par actions, la société à responsabilité limitée, la société par actions simplifiée,";

   b) O sexto travessão passa a ter a seguinte redacção:
   "— nos Países Baixos:
   de naamloze vennootschap, de besloten vennootschap met beperkte aansprakelijkheid,";

c) O nono travessão passa a ter a seguinte redacção:
"— na Dinamarca:
aktieselskab, kommanditaktieselskab, anpartsselskab,";

d) O décimo quarto travessão passa a ter a seguinte redacção:
"— na Finlândia:
yksityinen osakeyhtiö/privat aktiebolag, julkinen osakeyhtiö/publikt aktiebolag,".

2. No artigo 2.°:

a) A alínea f) do n.° 1 passa a ter a seguinte redacção:
"f) Os documentos contabilísticos de cada exercício, que devem ser publicados em conformidade com as Directivas 78/660/CEE (*), 83/349/CEE (**), 86/635/ /CEE (***) e 91/674/CEE (****) do Conselho.";

(*) JO L 222 de 14.8.1978, p. 11. Directiva com a última redacção que lhe foi dada pela Directiva 2003/38/CE do Conselho (JO L 120 de 15.5.2003, p. 22).
(**) JO L 193 de 18.7.1983, p. 1. Directiva com a última redacção que lhe foi dada pela Directiva 2003/51/CE (JO L 178 de 17.7.2003, p. 16).
(***) JO L 372 de 31.12.1986, p. 1. Directiva com a última redacção que lhe foi dada pela Directiva 2003/51/CE.
(****) JO L 374 de 31.12.1991, p. 7.

b) É revogado o n.° 2.

3. O artigo 3.° passa a ter a seguinte redacção:

"*Artigo 3.°*

1. Em cada Estado-Membro será aberto um processo, seja junto de um registo central, seja junto de um registo comercial ou de um registo das sociedades, para cada uma das sociedades que aí estiverem inscritas.

2. Todos os documentos e indicações que estão sujeitos a publicidade, por força do artigo 2.°, serão arquivados no processo ou transcritos no registo. O objecto das transcrições no registo deve, em qualquer caso, constar do processo.

Os Estados-Membros assegurarão que o arquivo no processo, por parte das sociedades e das restantes pessoas e órgãos obrigados a efectuar o arquivo ou a nele colaborar, de todos os documentos e indicações sujeitos a publicidade em conformidade com o artigo 2.° possa ser efectuado por via electrónica, o mais tardar a partir de 1 de Janeiro de 2007. Além disso, os Estados-Membros podem impor a todas ou a certas categorias de sociedades o arquivo no processo por via electrónica de todos ou de certos tipos desses documentos e indicações.

Todos os documentos e indicações referidos no artigo 2.° que forem arquivados no processo a partir de 1 de Janeiro de 2007, quer em suporte de papel quer por via electrónica, serão arquivados no processo ou transcritos no registo em formato electrónico. Para este efeito, os Estados-Membros assegurarão que todos os documentos e indicações que forem arquivados em suporte de papel a partir de 1 de Janeiro de 2007 sejam transcritos no registo em formato electrónico.

Os documentos e indicações referidos no artigo 2.° arquivados em suporte de papel até 31 de Dezembro de 2006 não têm de ser convertidos automaticamente para formato electrónico pelo registo. Os Estados-Membros assegurarão, porém, que sejam convertidos para formato electrónico pelo registo, após recepção de um pedido de que lhes seja dada publicidade por via electrónica, apresentado de acordo com as normas adoptadas para dar execução ao disposto no n.° 3.

3. Deve poder ser obtida, mediante pedido, cópia integral ou parcial dos documentos ou indicações mencionados no artigo 2.° A partir de 1 de Janeiro de 2007 os pedidos podem ser apresentados ao registo em suporte de papel ou por via electrónica, à escolha do requerente.

A partir de uma data a fixar por cada Estado-Membro, mas não posterior a 1 de Janeiro de 2007, as cópias referidas no primeiro parágrafo podem ser obtidas do registo em suporte de papel ou por via electrónica, à escolha do requerente. A presente disposição aplica-se a todos os documentos e indicações, independentemente de terem sido arquivados antes ou depois da data fixada. Porém, os Estados-Membros podem decidir que todos ou certos tipos de documentos e indicações arquivados em suporte de papel até 31 de Dezembro de 2006 não poderão ser obtidos do registo em formato electrónico se tiverem sido arquivados se já tiver decorrido um determinado período entre o arquivo e a apresentação do pedido. Tal período não pode ser inferior a 10 anos.

O custo da obtenção de uma cópia integral ou parcial dos documentos ou indicações mencionados no artigo 2.°, tanto em suporte de papel como por via electrónica, não pode ser superior ao respectivo custo administrativo.

As cópias em suporte de papel fornecidas serão autenticadas, salvo se o requerente dispensar tal autenticação. As cópias em formato electrónico não serão autenticadas, salvo se o requerente expressamente solicitar tal autenticação.

Os Estados-Membros tomarão as medidas necessárias para assegurar que a autenticação das cópias em formato electrónico garanta tanto a autenticidade da sua origem como a integridade do respectivo conteúdo, pelo menos através de uma assinatura electrónica avançada na acepção do n.° 2 do artigo 2.° da Directiva 1999/93/CE do Parlamento Europeu e do Conselho, de 13 de Dezembro de 1999, relativa a um quadro legal comunitário para as assinaturas electrónicas (*****).

(*****) JO L 13 de 19.1.2000, p. 12."

4. Os documentos e as indicações referidos no n.° 2 serão objecto de publicação integral ou por extracto, sob a forma de uma menção que assinale o arquivamento do documento no processo ou pela sua transcrição no registo, no jornal oficial nacional designado pelo Estado-Membro. O jornal oficial nacional designado para esse efeito pode ser arquivado sob forma electrónica.

Os Estados-Membros podem decidir substituir a publicação no jornal oficial nacional por meios igualmente eficazes, que exijam pelo menos a utilização de um sistema mediante o qual a informação objecto de publicidade possa ser acedida por ordem cronológica através de uma plataforma electrónica central.

5. Os documentos e as indicações não são oponíveis a terceiros pela sociedade antes de publicados de acordo com o n.° 4, excepto se a sociedade provar que esses terceiros tinham conhecimento deles.

Todavia, relativamente às operações efectuadas antes do décimo sexto dia seguinte ao da publicação, tais documentos e indicações não são oponíveis a terceiros, desde que estes provem não ter tido a possibilidade de tomar conhecimento deles.

6. Os Estados-Membros tomarão as medidas necessárias para evitar qualquer discordância entre o conteúdo da publicidade em conformidade com o n.° 4 e o conteúdo do registo ou do processo.

Todavia, em caso de discordância, o texto publicado em conformidade com o n.° 4 não é oponível a terceiros. Estes podem, no entanto, prevalecer-se do texto publicado, salvo se a sociedade provar que eles tiveram conhecimento do texto arquivado no processo ou transcrito no registo.

7. Os terceiros podem, além disso, prevalecer-se sempre dos documentos e indicações relativamente aos quais não tenham ainda sido cumpridas as formalidades de publicidade, salvo se a falta de publicidade os privar de efeitos.

8. Para os efeitos do presente artigo, a expressão 'por via electrónica' significará que a informação é enviada desde a origem e recebida no seu destino através de instrumentos electrónicos de processamento (incluindo a compressão digital) e armazenamento de dados e que é inteiramente transmitida, encaminhada e recebida por cabo, rádio, meios ópticos ou outros meios electromagnéticos, na forma determinada pelos Estados-Membros.

4. É inserido o seguinte artigo:

"*Artigo 3.°A*

1. Os documentos e indicações sujeitos a publicidade nos termos do artigo 2.° serão elaborados e arquivados numa das línguas autorizadas pelo regime linguístico aplicável no Estado-Membro em que se abra o processo referido no n.° 1 do artigo 3.°

2. Para além da publicidade obrigatória a que se refere o artigo 3.°, os Estados-Membros devem autorizar que os documentos e indicações referidos no artigo 2.° sejam publicados em conformidade com o artigo 3.° em qualquer das línguas oficiais da Comunidade.

Os Estados-Membros podem exigir a autenticação da tradução de tais documentos e indicações.

Os Estados-Membros tomarão as medidas necessárias para facilitar o acesso de terceiros às traduções voluntariamente publicadas.

3. Para além da publicidade obrigatória a que se refere o artigo 3.°, e da publicidade voluntária prevista no n.° 2 do presente artigo, os Estados-Membros podem autorizar que os documentos e indicações em questão sejam publicados em conformidade com o artigo 3.° em qualquer outra língua.

Os Estados-Membros podem exigir a autenticação da tradução de tais documentos e indicações.

4. Em caso de discrepância entre os documentos e indicações publicados nas línguas oficiais do registo e a tradução voluntariamente publicada, esta não é oponível a terceiros. Estes podem, no entanto, invocar as traduções voluntariamente publicadas, salvo se a sociedade provar que tinham conhecimento da versão objecto de publicidade obrigatória.".

5. O artigo 4.° passa a ter a seguinte redacção:

"*Artigo 4.°*

Os Estados-Membros exigirão que a correspondência e as notas de encomenda, tanto em suporte de papel como em qualquer outro meio, contenham as seguintes indicações:

a) A informação necessária para identificar o registo onde se encontra aberto o processo mencionado no artigo 3.°, bem como o número de matrícula sob o qual a sociedade está inscrita nesse registo;

b) O tipo de sociedade, o lugar da sua sede social e, se for caso disso, o facto de que a sociedade se encontra em liquidação.

Se, nesses documentos, for feita menção ao capital da sociedade, devem ser indicados o capital subscrito e o capital realizado.

Os Estados-Membros exigirão que os sítios internet das sociedades contenham, pelo menos, as indicações referidas no primeiro parágrafo e, se aplicável, as menções ao capital subscrito e realizado.".

6. O artigo 6.° passa a ter a seguinte redacção:

"*Artigo 6.°*

Os Estados-Membros devem estabelecer sanções apropriadas pelo menos nos seguintes casos:

a) Falta de publicidade dos documentos contabilísticos prevista na alínea f) do n.° 1 do artigo 2.°;

b) Omissão nos documentos comerciais ou no sítio internet das sociedades das indicações obrigatórias previstas no artigo 4.°.".

Artigo 2.°

1. Os Estados-Membros devem pôr em vigor as disposições legislativas, regulamentares e administrativas necessárias para dar cumprimento à presente directiva antes de 31 de Dezembro de 2006 e informar imediatamente a Comissão desse facto.

Quando os Estados-Membros aprovarem essas disposições, estas devem incluir uma referência à presente directiva ou ser acompanhadas dessa referência aquando da sua publicação oficial. As modalidades dessa referência serão aprovadas pelos Estados-Membros.

2. Os Estados-Membros devem comunicar à Comissão o texto das disposições de direito interno que aprovarem nas matérias reguladas pela presente directiva.

3. A Comissão apresentará ao Parlamento Europeu e ao Conselho, até 1 de Janeiro de 2012, um relatório, acompanhado, se for caso disso, de uma proposta de alteração da presente directiva à luz da experiência adquirida com a sua aplicação, dos seus objectivos e da evolução tecnológica até então registada.

Artigo 3.°

A presente directiva entra em vigor no dia da sua publicação no Jornal Oficial da União Europeia.

Artigo 4.°

Os Estados-Membros são os destinatários da presente directiva.

Feito em Bruxelas, em 15 de Julho de 2003.

Pelo Parlamento Europeu	*Pelo Conselho*
O Presidente	*O Presidente*
P. COX	G. TREMONTI

§ 12.° Preparação e sistema geral

47. A preparação da 1.ª Directriz

I. A 1.ª Directriz do Direito das sociedades, dita "tendente a coordenar as garantias que, para protecção dos interesses dos sócios e de terceiros, são exigidas nos Estados-Membros" foi, como vimos, adoptada pelo Conselho, a 9 de Março de 1968, tendo sido publicada no Jornal Oficial cinco dias depois.

Ela surgiu escassos dez anos após a entrada em vigor do Tratado de Roma. Foi, ainda, a primeira medida tomada no sentido da harmonização do Direito privado dos então seis Estados-Membros[311]. A doutrina, antes do aparecimento desta Directriz, chegou a interrogar-se sobre se o então artigo 54.°/3, *g*), do Tratado de Roma, teria alguma serventia ou se apenas fundamentaria trabalhos preparatórios e teorias[312]. E a sua publicação foi saudada como uma opção nos dilemas do Direito europeu[313]: a escolha da harmonização, com salvaguarda dos Direitos nacionais, em detrimento de uma pura e simples uniformização. Em 1968, com uma Comunidade limitada a seis países bastante homogéneos, esta última hipótese poderia ter sido ensaiada. Cabe enaltecer a largueza de vistas dos pais do Tratado de Roma que, em 1957, conseguiram deixar em aberto as vias para a melhor evolução futura.

---

[311] HABERSACK, *Europäisches Gesellschaftsrecht*, 2.ª ed. cit., 62.

[312] JOACHIM KREPLIN, *Erweiterte Angabenpflicht auf Geschäftsbriefen für Aktiengesellschaften, Kommanditgesellschaften auf Aktien und Gesellschaften mit beschränkter Haftung*, BB 1969, 1112-1114 (1112/I).

[313] E. GESSLER, *Europäisches Gesellschaftsrecht am Scheideweg?*, DB 1969, 1001-1008.

II. A primeira proposta da Comissão data de 21-Fev.-1964[314], tendo merecido os pareceres do Comité económico e social e do Parlamento Europeu (11-Mai.-1966)[315]. Na origem, ela remonta ao Programa para a Supressão das Restrições à Liberdade de Estabelecimento de 18-Dez.-1961[316]. Houve, pois, um período de maturação da ordem dos quatro anos, num estilo que perduraria, depois, ao longo das iniciativas subsequentes.

III. A preocupação fundamental da 1.ª Directriz foi a de fixar um quadro mínimo de publicidade e de poderes de representação que permita, a sociedades de Direito diferentes, movimentarem-se no campo comunitário sem pôr em crise a confiança das pessoas que, com elas, contratem[317].

A influência doutrinária dominante que emerge na 1.ª Directriz é a alemã. É certo que o próprio Direito alemão teve, depois, de ser modificado – ainda que muito pouco – de modo a assegurar a transposição da Directriz. Todavia, os meios utilizados, em termos dogmáticos, eram conhecidos e foram aprofundados na comercialística germânica. Assim sucede:

- com o registo obrigatório e, de certo modo, constitutivo;
- com os esquemas de efectiva representação *ultra vires* ou sem poderes.

A doutrina francesa queixa-se da técnica de harmonização levada a cabo pelas directrizes[318]: ela levaria a um alinhamento pela legislação mais complexa e não, como se imporia, pela mais simples. Do nosso ponto de vista: na presença de várias opções jurídico-científicas e a haver suficiente período de reflexão, que faça esmorecer os estusiasmos políticos, tenderá sempre a prevalecer a escolha mais apurada, em termos dogmá-

---

[314] JÖRG ANKELE, *Die Anpassung des deutschen Rechts an die Erste gesellschaftliche Richtlinie des Rates der Europäischen Gemeinschaften und ihre Auswirkungen für die GmbH*, GmbHR 1969, 52-57 (52/II ss.).

[315] Estes textos não estão acessíveis por via informática; cf., como desenvolvimento e a seu respeito, BÄRMANN, *Europäische Integration im Gesellschaftsrecht* cit., 97 ss..

[316] Cf. SCHWARZ, *Europäisches Gesellschaftsrecht* cit., 196.

[317] HABERSACK, *Europäisches Gesellschaftsrecht*, 2.ª ed. cit., 63.

[318] YVES GUYON, *Droit des affaires*, 1 – *Droit commercial général et Sociétés*, 10.ª ed. (1998), 228. O Tratado de Roma previa uma coordenação através de tratados – artigo 220.° –, tendo sido aprontado um primeiro, sobre o reconhecimento mútuo das sociedades (1968). Os Países Baixos recusaram a ratificação, pelo que nunca entrou em vigor, tendo-se abandonado essa via.

ticos. A 1.ª Directriz do Direito das sociedades documenta claramente essa afirmação.

48. O sistema geral; âmbito

I. A 1.ª Directriz surge em 14 artigos, assim ordenados:

Secção I – Publicidade;
Secção II – Validade das obrigações contraídas pela sociedades;
Secção III – Invalidade do contrato de sociedade;
Secção IV – Disposições gerais.

A *Secção I* abrange cinco artigos – o 2.° de grande extensão –, a saber:

artigo 2.° (Actos e indicações sujeitos a publicidade obrigatória);
artigo 3.° (Modos de efectivar a publicidade);
artigo 4.° (Correspondência e notas de encomenda);
artigo 5.° (Pessoas obrigadas às formalidades);
artigo 6.° (Sanções).

A *Secção II* compreende três preceitos:

artigo 7.° (Responsabilidade por actos exteriores à aquisição de personalidade);
artigo 8.° (Inoponibilidade de irregularidades na designação de representantes);
artigo 9.° (Aspectos *ultra vires*).

A *Secção III* ocupa, igualmente, três preceitos:

artigo 10.° (Forma do contrato);
artigo 11.° (Invalidade do contrato de sociedade);
artigo 12.° (Oponibilidade da decisão judicial que declare a invalidade).

A *Secção IV* ocupa-se de:

artigo 13.° (*Vacatio*);
artigo 14.° (Destinatários).

II. O artigo 1.°, fora das secções, delimita o âmbito de aplicação das Directrizes. Fá-lo enumerando os tipos de sociedades dos seis Estados fundadores a que o diploma comunitário se aplica. *Grosso modo*, fica-se pelas sociedades anónimas, pelas comanditas por acções e pelas sociedades por quotas, tendo o cuidado de enumerar, pelas designações nacionais, as diversas entidades. A técnica seguida levanta dois problemas:

- o dos novos tipos societários criados nos seis Países em causa;
- o dos Países que, tendo aderido após a data da publicação da Directriz, não viram as suas sociedades relevantes incluídas na listagem do artigo 1.°.

A primeira questão – citamos DUPPICHOT – foi resolvida, pelo menos em França, através da manipulação das designações. A *société anonyme simplifiée* (SAS) que, de todo, não é anónima, teria assim sido designada para ocupar um lugar nas fileiras das sociedades anónimas simplificadas[319].

Em termos científicos, naturalmente, sempre haverá que partir do Direito comunitário antes de iniciar as tais novas formas[320].

Hoje, a questão não se põe: veio a ser resolvida pelas alterações introduzidas pela Directriz n.° 2003/58[321].

III. O problema dos alargamentos veio a receber solução através dos diversos actos de adesão. Os Estados-Membros que vieram a aderir acolheram as directrizes anteriores como parte do *acquis communautaire*[322].

Podem, além disso, beneficiar da experiência dos seus antecessores[323].

49. **Publicidade, representação e sociedades irregulares**

I. No tocante à publicidade[324], a Directriz previu a existência de um registo específico para cada sociedade: um registo central, um registo

---

[319] Cf. MICHEL DE JUGLART/BENJAMIN IPPOLITO/JACQUES DUPICHOT, *Les sociétés comerciales*, 10.ª ed. (1999), 647 e a (bem humorada) nota 751.

[320] PETER O. MÜLBERT/JULIA NIENHAUS, *Europäisches Gesellschaftsrecht und die Neubildung nationaler Gesellschaftsformen – oder: unterliegt die Vorgesellschaft der Publizitätsrichtlinie?*, RabelsZ 65 (2001), 513-546 (545).

[321] Cujo prazo de transposição expira apenas em 31-Dez.-2006 (artigo 2.°/1).

[322] Cf. a lista, já incompleta, de HABERSACK, *Europäisches Gesellschaftsrecht*, 2.ª ed. cit., 90 e 91.

[323] Como exemplo, cf. a bibliografia citada por CORNELIUS FISCHER-ZERNIN, *Der Rechtsangleichungserfolg der Ersten gesellschaftsrechtlichen Richtlinie der EWG* (1986), 372 ss..

[324] JÜRGEN EINMAHL, *Die erste gesellschaftsrechtliche Richtilinie des Rates der Europäischen Gemeinschaften und ihre Bedeutung für das deutsche Aktienrecht*, AG 1969, 131-139, 167-173 e 210-214 (132 ss.).

comercial ou um registo das sociedades (3.°/1). Os interessados poderão obter cópia parcial ou integral do que aí conste (3.°/2), prevendo-se, ainda, uma publicação em "boletim nacional" (n.° 4).

A Directriz dispõe, ainda, de uma lista de actos e indicações de inscrição obrigatória (2.°). Tais actos e indicações não são oponíveis a terceiros pela sociedade antes da publicação exigida no artigo 3.°/4, excepto provando que tinham, deles, conhecimento; mesmo então: as operações efectuadas antes do 16.° dia seguinte ao da publicação não são oponíveis aos terceiros que provem terem estado impossibilitados de ter conhecimento deles (n.° 5).

Os terceiros podem prevalecer-se de actas e indicações relativamente aos quais não tenham sido cumpridas as formalidades de publicidade (3.°/7).

Na correspondência e nas notas de encomenda, as sociedades devem indicar (artigo 4.°): a conservatória do registo, a matrícula, o tipo de sociedade, a sede e, sendo referido o capital: o subscrito e o realizado. Os Estados-Membros indicarão as pessoas obrigadas às formalidades relacionadas com a publicidade e as sanções (5.° e 6.°)[325].

Chamamos a atenção para o grande relevo que o tema da publicidade assume na União Europeia, particularmente tratando-se de sociedades abertas. A 1.ª Directriz é, de facto, complementada hoje por diversos outros instrumentos[326].

II. A temática da representação é regulada pelo prisma da responsabilidade por actos da pré-sociedade (7.°), pelo da vinculação da sociedade mesmo perante actos de representantes irregularmente representados (8.°) e por actos *ultra vires*, isto é, alheios ao objecto social (9.°)[327].

Trata-se de um aspecto nuclear, que dá corpo à doutrina alemã da aparência jurídica e que teria, depois, um efeito significativo na doutrina societária geral[328].

---

[325] Cf., a propósito da transposição alemã: ECKART GUSTAVUS, *Die registerrechtlichen Bestimmungen des Gesetzes zur Durchführung der Ersten EWG-Richtlinie zur Koordinierung des Gesellschaftsrechts*, BB 1969, 1335-1336 e FISCHER-ZERNIN, *Der Rechtsangleichungserfolg der Ersten gesellschaftsrechtlichen Richtlinie* cit., 62 ss..

[326] Cf., com elementos, GRUNDMANN, *Europäisches Gesellschaftsrecht* cit., 108 ss..

[327] JÜRGEN EINMAHL, *Die erste gesellschaftsrechtliche Richtilinie* cit., 169 ss..

[328] CHRISTOPH SCHMIDT, *Die gemeinschaftsrechtliche Überlagerung der Tatbestände des Missbrauchs der Vertretungsmacht und des Insichgeschäfts*, AG 1998, 127-133 (129 ss.), bem como FISCHER-ZERNIN, *Der Rechtsangleichungserfolg der Ersten gesellschaftsrechtlichen Richtlinie* cit., 92 ss..

III. A invalidade do contrato de sociedade dá, entre nós, azo à doutrina tradicional da sociedade irregular[329] [330]. Finalmente limitou-se o tema da invalidade das sociedades, quer exigindo sentença judicial, quer prescrevendo os fundamentos da própria invalidade (11.°). A oponibilidade da sentença em causa ficou dependente da sua publicidade (12.°)[331].

IV. No seu conjunto, a 1.ª Directriz obrigou a alterações, de resto modestas, no Código Comercial alemão[332], nas leis alemãs das sociedades anónimas[333] e nas sociedades por quotas[334]. De facto, a 1.ª Directriz foi de tal modo moldada no Direito alemão das sociedades comerciais que a República Federal Alemã, ao contrário do que sucedeu com outros países, se considerou praticamente dispensada de proceder a adaptações[335]. Houve alterações significativas no Código das Sociedades francês[336] e no Código Civil italiano[337]. O quadro geral das alterações introduzidas nos (então) quinze Estados da Comunidade pode ser confrontado em SCHWARZ[338].

---

[329] Cf. o nosso *Manual de Direito das sociedades* 1 cit., 432.

[330] *Fehlerhafte Gesellschaft*, na terminologia alemã. Cf., a propósito da Directriz em causa, FISCHER-ZERNIN, *Der Rechtsangleichungserfolg* cit., 153 ss..

[331] EINMAHL, *Die erste gesellschaftsrechtliche Richtilinie* cit., 210 ss. e ANKELE, *Die Anpassung* cit., 57/I.

[332] Assim, a Lei de 30-Ago.-1969; cf. EBERHARD VON OLSHAUSEN, *Neuerungen im System der handelsrechtlichen Rechtsscheingrundsätze/Zur Publizitätswirkung des Handelsregisters*, BB 1970, 137-145 (137 ss.) e *Fragwürdige Rechtsscheingrenzen im neuen § 15 Abs 3 HGB/Koordinierung des europäischen Gesellschaftsrechts*, NJW 1971, 966-968 bem como VOLKER BEUTHIEN, *Sinn und Grenzen der Rechtsscheinhaftung nach § 15 Abs. 3 HGB*, FS Reinhart 1972, 199-210.

[333] JENS MEYER-LADEWIG, *Die Durchführung der Ersten Richtilinie des Rates der Europäischen Gemeinschaften zur Koordinierung des Gesellschaftsrechts in der Bundesrepublik*, MDR 1969, 818-820 (819 ss.), Cf. UWE HÜFFER, *Aktiengesetz*, 6.ª ed. (2004), 1338 ss., quanto à declaração de nulidade das sociedades anónimas.

[334] ANKELE, *Die Anpassung* cit., 54 ss.. Fundamentalmente, tratou-se, neste caso como no das sociedades anónimas, de adaptar os catálogos dos fundamentos de nulidade à lista do artigo 11.° da 1.ª Directriz.

[335] HABERSACK, *Europäisches Gesellschaftsrecht*, 2.ª ed. cit., 64-65.

[336] Cf. a Ordenança 69-1176, de 20-Dez.-1969, Decreto 69-1108, de 5-Dez.-1969 e o Decreto de 24-Dez.-1969.

[337] Cf. PETER KINDLER, *Die sachliche Reichweite der Vertretungsmacht des Verwaltungsrates im italienischen Kapitalgesellschaftsrecht/Publizitätsrichtlinie und innerstaatliches Recht im Vergleich*, FS Lutter 2000, 483-496.

[338] SCHWARZ, *Europäisches Gesellschaftsrecht* cit., 194-195.

§ 13.° Transposição para o Direito português

50. O estudo de Raúl Ventura

I. Raúl Ventura dedicou à 1.ª Directriz sobre o Direito das Sociedades Comerciais um estudo de fôlego[339]. Passa a recordar os diversos eventos que levaram à sua aprovação e analisa, depois, a Directriz artigo por artigo, cotejando-a com o Direito português então vigente[340].

Na exposição realizada, Raúl Ventura mantém a sistematização da Directriz, considerando, sucessivamente, a publicidade[341], a validade das vinculações da sociedade[342], a nulidade da sociedade[343] e as disposições gerais[344]. Apesar do teor descritivo do conjunto, Raúl Ventura não deixou de considerar as influências jurídico-científicas subjacentes à Directriz e, designadamente, as alemãs[345].

II. Passando à proposta de alterações a introduzir na legislação portuguesa[346], Raúl Ventura confrontou-se com o problema de, na altura, não haver Código das Sociedades Comerciais. Preconizou, assim:

– alterações ao Código Comercial;
– alterações à Lei das Sociedades por Quotas;

---

339 Recordamos: Raúl Ventura, *Adaptação do Direito português à 1.ª Directiva do Conselho da Comunidade Económica Europeia sobre Direito das Sociedades*, DDC 2 (1980), 89-217, seguido do texto francês da directriz – *idem*, 219-228.

340 Raúl Ventura, *Adaptação* cit., 99 ss..

341 *Idem*, 99 ss..

342 *Idem*, 135 ss..

343 *Idem*, 160 ss..

344 *Idem*, 200 ss..

345 *Idem*, 140 ss., como exemplo.

346 *Idem*, 205 ss..

– alterações ao Decreto-Lei n.° 42 644, de 14 de Novembro de 1959 (Código do Registo Comercial);
– alterações ao Decreto-Lei n.° 42 645, de 14 de Novembro de 1959 (Regulamento do Registo Comercial).

III. A análise das propostas de RAÚL VENTURA tem interesse, ainda hoje, para o bom conhecimento do Direito europeu.

Na época, o estudo passou despercebido. As alterações preconizadas não se realizaram: houve que aguardar, para tanto, o Código das Sociedades Comerciais, também na base de um projecto de RAÚL VENTURA. Todavia, elas eram mais comedidas do que o texto final do Código, realizando plenamente o dever de transpor a Directriz em causa. Algumas das críticas em que incorrem os transpositores de 1986 não atingem o escrito de RAÚL VENTURA[347].

51. As regras da publicidade

I. A 1.ª Directriz das sociedades comerciais foi transposta pelo Código do Registo Comercial, aprovado pelo Decreto-Lei n.° 403/86, de 3 de Dezembro[348] e pelo Código das Sociedades Comerciais[349]. No tocante à publicidade, cumpre distinguir o registo e as publicações obrigatórias.

A exigência do artigo 3.° da Directriz é satisfeita, em Portugal, através do registo comercial[350]. Posto isto e quanto aos actos e indicações sujeitos a publicidade (a registo) obrigatória, temos, seguindo a ordem do artigo 2.°/1 da Directriz:

– a) *O acto constitutivo e os estatutos*: embora a doutrina distinga[351], o Código das Sociedades Comerciais fala em contrato de sociedade para abranger ambas as realidades; está sujeito a registo, nos termos do artigo 3.°, *a*), do Código de Registo Comercial;

---

[347] Assim, o Código das Sociedades Comerciais apenas "protege" a sociedade após o registo, reduzindo a tutela prevista na 1.ª Directriz e violando esta; não fora essa a solução de RAÚL VENTURA; cf. o nosso *Manual de Direito das sociedades* cit., 474-475.

[348] Cf. os pontos 1 e 11 do preâmbulo do Decreto-Lei n.° 403/86.

[349] Cf. o ponto 16 do preâmbulo do Decreto-Lei n.° 262/86.

[350] *Vide* o nosso *Manual de Direito comercial* 1 (2001), 312 ss..

[351] *Vide* o nosso *Manual de Direito das sociedades* cit., 385.

– b) *As alterações a essas realidades, incluindo a prorrogação da sociedade*: artigo 3.°, *a*) do CRC, implicitamente e *q*), quanto à prorrogação;
– c) *Depois de cada alteração do acto constitutivo ou dos estatutos, o texto integral do acto, na sua redacção actualizada*: não foi transposto, de modo expresso;
– d) *A nomeação ou cessação de funções e a identidade das pessoas que têm o poder de vincular a sociedade para com terceiros ou que participam na administração, na vigilância ou na fiscalização da sociedade*: artigo 3.°, *m*), do CRCom[352]; quanto à indicação de quem tenha o poder de vincular a sociedade, temos de recorrer ao artigo 16.°, *b*), *in fine*, do Regulamento do Registo Comercial, aprovado pela Portaria n.° 883/89, de 13 de Outubro, relativo ao extracto de inscrição;
– e) *Uma vez por ano, pelo menos, o capital subscrito*: a matéria deve constar do contrato de sociedade – artigos 199.° e 272.°, *e*), do CSC, para as sociedades por quotas e anónimas, este último preceito aplicável às comanditas por acções; a publicidade resulta da própria inscrição do contrato de sociedade – 3.°, *a*), do CRCom;
– f) *O balanço e a conta de ganhos e perdas, com indicação de quem os deva certificar*: artigo 3.°, *n*), do CRCom, embora sem especificar esta última parte;
– g) *A transferência da sede*: artigo 3.°, *a*), do CRCom, uma vez que equivale a uma alteração do contrato de sociedade, visto o artigo 9.°/1, *e*), do CSC; este elemento consta, ainda, do extracto da inscrição – 16.°, *b*), do RRCom;
– h) *A dissolução da sociedade*: artigo 3.°, *q*), do CRCom;
– i) *A decisão judicial que declare a nulidade da sociedade*: artigo 9.°, *c*), do CRCom;
– j) *A nomeação e identidade dos liquidatários e os seus poderes, salvo se resultarem expressa e exclusivamente da lei ou dos estatutos*: artigo 3.°, *r*), do CRCom;

[352] Que, todavia, isenta do registo a cessação pelo decurso do tempo, o que não consta da Directriz. Todavia, a omissão é colmatada pelo artigo 16.°, *u*), do RRCom, que obriga à indicação do prazo para que os diversos titulares tenham sido designados.

– k) *O encerramento da liquidação e o cancelamento do registo*: artigo 3.°, *s*), do CRCom; o registo do encerramento da liquidação envolve, pelo Direito português, a extinção da sociedade – artigo 160.°/2, do CSC.

II. A possibilidade de se obter cópia integral ou parcial de qualquer acto ou indicação sujeitos a registo (3.°/3 da 1.ª Directriz) está latamente consignada no artigo 73.° do CRCom.

III. As publicações obrigatórias referidas no artigo 3.°/4 da Directriz são asseguradas, quanto às sociedades de capitais, pelo artigo 70.°/1, do CRCom.

A inoponibilidade, a terceiros, dos actos e indicações envolvidos, antes de efectuada a publicação e salvo se a sociedade provar que elas tinham conhecimento do acto não publicitado (artigo 3.°/5, da Directriz) consta dos artigos 168.°/2 do CSC e 14.°/2 do CRCom. As leis nacionais vão mais longe: não basta provar que o terceiro conhecia o acto: este tem, ainda, de se mostrar registado. Quanto à salvaguarda das operações efectuadas antes do décimo sexto dia seguinte ao da publicação, não oponíveis aos terceiros que provem terem estado impossibilitados de ter conhecimento deles (3.°/5, 2.ª parte, da Directriz): está assegurada pelo artigo 168.°/3, do CSC[353].

IV. A hipótese de discordância entre o registo e o texto publicado (3.°/6, 2.ª parte, da Directriz) surge no artigo 169.°/3, do CSC: a sociedade não pode opôr a terceiros o texto publicado, mas estes podem prevalecer-se dele, salvo se a sociedade provar que eles conheciam o texto constante do registo.

A regra do artigo 3.°/7 da Directriz, segundo a qual os terceiros podem prevalecer-se sempre dos actos e indicações relativamente aos quais não tenham sido cumpridas as formalidades de publicidade, salvo se a publicidade os privar de efeitos surge no artigo 168.° do CSC.

---

[353] No nosso *Manual de Direito das sociedades*, 1 cit., 494, chamamos a atenção para o bloqueio grave que estes preceitos, aplicados pela burocracia (ainda) reinante na nossa Terra, representam.

V. O dever de as sociedades exararem na correspondência e nas notas de encomenda as indicações elencadas no artigo 4.° da Directriz está latamente consignado no artigo 171.° do CSC.

Quanto às pessoas obrigadas a efectuar as formalidades de publicidade (artigo 5.° da Directriz) e às sanções (*idem*, 6.°): a lei portuguesa, através do artigo 17.° do CRCom, pune com coimas as sociedades que omitam o cumprimento do dever de registar. A competente obrigação recai sobre os administradores respectivos[354]. Fica abrangida a falta de publicidade do balanço e contas de ganhos e perdas; já a omissão, nos papéis comerciais, das indicações do artigo 4.° da Directriz (171.° do CSC) não tem sanção directa.

52. **Obrigações contraídas pela sociedade**

I. A responsabilidade por actos praticados em nome de uma sociedade em formação, antes de ela ter adquirido personalidade jurídica, quando a sociedade não assuma as obrigações já decorrentes corre, solidária e ilimitadamente, pelos seus autores, salvo convenção em contrário: é o regime do artigo 7.° da Directriz, que encontramos no artigo 40.°[355]. Este preceito, tal como a 1.ª Directriz, tem aplicação às sociedades de capitais. Sendo os negócios em jogo condicionados ao registo da sociedade e à assumpção, por ela, das inerentes obrigações, cessa a responsabilidade – 40.°/2.

II. As irregularidades eventualmente registadas na nomeação dos titulares de órgãos societários com poderes de representação não é oponível a terceiros quando tenham sido cumpridas as formalidades de publicidade – artigo 8.° – salvo quando os terceiros em causa delas tenham conhecimento.

Trata-se de uma manifestação da publicidade positiva[356] que, no nosso Direito, poderemos derivar do artigo 22.° do CRCom[357]. *Grosso modo*, a transposição da Directriz, neste ponto, será a seguinte:

---

354 O artigo 29.°/1 confere legitimidade para requerer os actos de registo referentes a pessoas colectivas aos representantes destas.

355 Cf. o nosso *Manual de Direito das sociedades*, 1 cit., 449-450; trata-se de um preceito que, como muitos outros de feição comunitária, deriva do Direito alemão.

356 SCHWARZ, *Europäisches Gesellschaftsrecht* cit., 206 ss.; quanto ao Direito interno alemão: KARSTEN SCHMIDT, *Handelsrecht*, 5.ª ed. (1999), 406 ss..

357 Cf. MENEZES CORDEIRO, *Manual de Direito comercial*, 1 cit., 332 ss..

- o registo relativo a administradores irregularmente providos é nulo: implica títulos falsos ou insuficientes – 22.°/1, *a*) ou *b*), do CRCom;
- todavia, a nulidade não pode ser invocada perante terceiros de boa fé que reúnam as condições do artigo 22.°/4, do CRCom;
- além disso, tendo sido publicada determinada relação de representação, pode o terceiro prevalecer-se do resultante da publicação – artigo 169.°/3, *a fortiori*.

Nesta área devemos invocar com convicção uma interpretação conforme com a Directriz transposta.

III. A matéria dos actos *ultra vires*[358], constante do artigo 9.° da Directriz, foi transposta para o artigo 6.°: matéria de alguma complexidade[359], que aqui examinaremos apenas no prisma "europeu"[360].

O artigo 9.°/1, 1.ª parte, da Directriz começa por dispor que a sociedade fique vinculada perante terceiros pelos actos realizados, mesmo quando alheios ao objecto social (*ultra vires*), desde que não excedam os poderes que a lei atribua ou permita atribuir a esses órgãos. O n.° 2 complementa que as limitações estatutárias ou deliberativas que limitem os poderes dos órgãos, são sempre inoponíveis a terceiros, mesmo quando publicadas. Tudo isto encontrou guarida no artigo 6.°/4, ainda que sob uma fórmula subtil: resulta do seu teor que a capacidade societária não é limitada pelos estatutos ou por deliberações; *a contrario*, haverá limitações legais, que assimilamos a proibições.

---

[358] Quanto à origem dessa doutrina, cf. o nosso *Manual de Direito das sociedades* 1 cit., 319-320.

[359] Cf. Pedro de Albuquerque, *A vinculação das sociedades comerciais por garantia de dívidas de terceiros*, ROA 1995, 689-711 e *Da prestação de garantias por sociedades comerciais a dívidas de outras entidades*, ROA 1997, 69-147 (143 ss., as conclusões); em resposta a esses dois escritos, Carlos Osório de Castro, *Da prestação de garantias por sociedades a dívidas de outras entidades*, ROA 1996, 565-593 e *De novo sobre a prestação de garantias por sociedades a dívidas de outras entidades: luzes e sombras*, ROA 1998, 859-873, defendeu a tese da limitação da capacidade da sociedade pelo seu fim mediato; todavia, na prática e através da inexistência de *animus donandi*, acaba, como se impunha, por validar garantias dadas a terceiros.

No sentido da "capacidade ampla", Luís Serpa Oliveira, *Prestação de garantias por sociedades a dívidas de terceiros*, ROA 1999, 389-412. Cf., ainda, João Labareda, *Nota sobre a prestação de garantias por sociedades comerciais a dívidas de outras entidades*, em *Direito societário português* (1998), 167-195 e José Horta Osório, *Das tomadas de controlo de sociedades (takeovers) por leveraged buy-out e a sua harmonização com o Direito português* (2001), 144 ss..

[360] Quanto ao problema dos actos gratuitos, cf. o nosso *Manual de Direito das Sociedades* cit., 325 ss.

O problema reside em que a lei portuguesa, ignorando a própria evolução nacional[361], manteve, como aparente factor de delimitação das sociedades, o princípio da especialidade, princípio esse que a 1.ª Directriz, de modo incisivo, rejeitou. Pois bem: a interpretação conforme com as directrizes obriga, também por esta via, a rever o princípio da especialidade. A única ressalva é a da existência de proibições legais ("... excedem os poderes que a lei atribui ou permite atribuir a esses órgãos"); por aí, poderíamos incluir o tema dos actos gratuitos e das garantias, com as ressalvas que a lei portuguesa consigna. Aparentemente, o legislador português não usou a faculdade de proteger a sociedade em face de terceiros que tivessem, perante o acto, conhecimento da limitação do "objecto social". Foi pena. No limite, poderemos acudir com a doutrina do abuso do direito.

O artigo 9.°/3 da 1.ª Directriz permite que as leis nacionais possam estabelecer a oponibilidade de regras de representação estatutárias, derrogatórias das regras comuns, desde que referentes ao poder geral de representação e tenham a competente publicidade. Assim é, perante as diversas sociedades, jogando, como vimos, com o CRCom e com o RRCom.

53. **Sociedades (de capitais) irregulares**

I. Como vimos, a 1.ª Directriz dedica a sua secção III ao tema da invalidade do contrato de sociedade. Em causa, para o legislador europeu, estão apenas as sociedades por quotas, as sociedades anónimas e as sociedades em comandita por acções[362].

Em execução do artigo 10.° da 1.ª Directriz e de acordo com a tradição jurídica portuguesa, os contratos de sociedade (de capitais) devem ser celebrados por escritura pública – artigo 7.°/1.

II. A nulidade deve ser declarada por sentença – 11.°/1 da 1.ª Directriz. Assim sucede no Direito português (não por força de uma regra geral, uma vez que admitimos a invocação extrajudicial de invalidades) apenas quando a sociedade tenha sido registada. O Direito comunitário protege,

---

361 Cf. o nosso *Manual de Direito das sociedades* 1 cit., 322 ss..

362 O grande tratamento da matéria deve-se a Christian Kersting, *Die Vorgesellschaft im europäischen Gesellschaftsrecht* (2000), 412 pp.. Cf. Wolfgang Schön, *Das Bild des Gesellschafters im Europäischen Gesellschaftsrecht* cit., 16 ss..

aqui, a sociedade mesmo antes do registo, ao contrário do Direito português: um óbice que já iremos encontrar, de novo.

O artigo 42.°/1 transpõe as alíneas do artigo 11.°/2, da 1.ª Directriz, ainda que por ordem diversa. Por maioria de razão e, ainda, por força de uma interpretação conforme com a Directriz, as sociedades não podem ser anuladas sob nenhum fundamento. Tão-pouco pode ser suscitada a hipótese de "inexistências", que não são admitidas, como vício autónomo, pelo Direito civil português[363]. A sequência do artigo 42.°/1 é taxativa[364].

III. Deve notar-se que a Directriz transposta não exige o registo da sociedade. Temos, pois, de entender, pela lógica do Direito português e, também, para evitar a violação, pelo nosso Estado, da Directriz em causa, que antes do registo, não há "sociedade", para efeitos da protecção ora em jogo. Mas isso suscita outras dificuldades.

Os vícios alinhados apresentam um surrealismo vincado. Não se vê como se consiga registar uma sociedade ... que não tenha sido reduzida a escritura pública. E quando isso sucedesse, o registo em causa seria, *illico* nulo, podendo ser impugnado[365], o que não é vedado por nenhuma lei, interna ou comunitária. Deixaria, então, de haver registo, seguindo-se o regime do artigo 41.° ... O vício "falta de escritura" só faz sentido quando não se requeira o registo ou quando o problema se discuta antes de o mesmo ter sido efectivado[366]. Os demais vícios também são de verificação bem improvável: não vemos nenhum notário capaz de lavrar uma escritura com tão patentes insuficiências. A natureza óbvia da 1.ª Directriz tem a ver com a data: 1968. Nessa altura, a legislação comunitária dava pequenos passos.

De todo o modo, ao "proteger" o contrato apenas após o registo, o Código das Sociedades Comerciais está a transpor deficientemente a

---

[363] *Vide* o nosso *Tratado de Direito civil*, I/1, 2.ª ed. (2000), 649 ss..

[364] Cf. Raúl Ventura, *Adaptação do Direito português à 1.° Directiva do Conselho* cit., 184 ss..

[365] Cf. os artigos 22.°/1, *a*) e *b*), do CRCom.

[366] Albino Matos, *Constituição de sociedades*, 5.ª ed. (2001), 127 e Pinto Furtado, *Curso de Direito das sociedades*, 5.ª ed. (2004), 216, estranhando a previsão legal, pela sua remota, quando não impossível, verificação. De facto, ela resulta de uma inadequada transposição da Directriz comunitária. Coutinho de Abreu, *Curso de Direito comercial*, vol. II – *Das sociedades* (2003), 143, nota 121, faz uma breve referência à não correspondência com o texto da Directriz; não tira, daí, consequências; cf., também, Maria Elisabete Ramos, *Constituição das sociedades comerciais*, em *Estudos de Direito das Sociedades*, coord. Coutinho de Abreu, 6.ª ed., 2003, 31-68 (59), igualmente sem consequências.

1.ª Directriz. No plano interno, nada a fazer. Os prejudicados poderão, de todo o modo, responsabilizar o Estado português por essa falha[367].

IV. A Directriz ocupa-se, depois – artigo 12.° –, das consequências da decisão judicial que reconheça a invalidade de uma sociedade. A sua oponibilidade fica dependente da publicidade, por remissão, para o artigo 3.° – 12.°/1, da Directriz. O CRCom, por via do artigo 9.°, *c*) e dos princípios gerais, chega à mesma e comunitária solução.

A invalidade dá azo à liquidação da sociedade, sem afectar a validade das obrigações por ela contraídas – artigo 12.°/1 e 2 da Directriz. Esses e outros aspectos do mesmo artigo , com relevo para os efeitos da invalidade perante os sócios, constam do artigo 52.°[368].

54. **Considerações finais: o progresso jurídico-científico**

I. A 1.ª Directriz do Direito das sociedades merece sempre uma atenção muito especial. Ela tocou, em preceitos breves, nos três aspectos mais significativos da moderna dogmática societária: a tutela dos terceiros perante a sociedade, a validade das obrigações por ela contraídas, em face de óbices internos e as sociedades irregulares. Limita o seu âmbito às chamadas sociedades de capitais, embora sendo evidente que as legislações nacionais, querendo, podem generalizar as regras mais ajustadas. Foi, de resto, o que sucedeu no nosso caso.

II. Em traços largos, a harmonização operou. Dentro do espaço comunitário, ninguém poderá contratar confiantemente com uma sociedade e, depois, ser confrontado com a invalidade da representação ou com a inoperacionalidade do acto, por razões atinentes ao objecto da sociedade em causa. São vantagens evidentes. O papel do registo foi incrementado e com efeitos substantivos indiscutíveis.

---

[367] RAÚL VENTURA, *A adaptação do Direito português à 1.ª Directiva* cit., 168, explicou claramente que o artigo 11.° da Directriz em causa não limita a protecção aí concedida, excluindo sociedades sem forma legal e não registadas; a proposta que apresenta – ob. cit., 214 ss. – não refere a necessidade de registo para a protecção.

[368] Cf. o nosso *Manual de Direito das sociedades* 1 cit., 468 ss..

Já quanto aos meandros envolvidos: a matéria é complexa, nunca podendo dispensar a consulta a um jurista especializado no sector e isso dentro de cada uma das ordens jurídicas comunitárias.

Para efeitos puramente internos: como já havíamos prevenido, o Direito nacional, depois da transposição comunitária, ficou muito mais complicado: quer pelas exigências da transposição, quer pelos floreados complementares que o legislador entendeu acrescentar.

III. O aspecto mais significativo é o surto jurídico-científico possibilitado por esta matéria. Ainda que com alguma delonga, a doutrina nacional relativa à capacidade das sociedades, ao alcance da representação, às obrigações sociais e às sociedades irregulares está, hoje, irreconhecível, perante o estado anterior. Mantemos todas as condições para um excelente aprofundamento da matéria aqui em jogo.

55. **A transposição da Directriz n.° 2003/58**

I. A Directriz n.° 2003/58 veio alterar a 1.ª Directriz na área relativa à publicidade. Como vimos, ela apenas se deverá mostrar transposta nos finais de 2006. De todo o modo, tem interesse antecipar o teor geral das alterações que ela irá provocar na ordem interna.

II. O grande objectivo da Directriz n.° 2003/58 é, como vimos, o de adaptar a publicidade das sociedades às actuais possibilidades informáticas e de informação. Além disso, ela vem alargar, em função da evolução comunitária, o círculo dos elementos a publicitar.

III. Nestas condições, será de encarar alterações ao Código do Registo Comercial e ao Código das Sociedades, de modo a facultar:

- que os elementos contabilísticos a publicitar correspondam ao que entretanto resulta do acervo normativo comunitário;
- que o arquivo de elementos possa operar por via electrónica, podendo os pedidos de informação seguir, também, essa via;
- que os elementos a publicitar, além da língua portuguesa, possam surgir noutra língua da Comunidade, à escolha do interessado;

– que os sítios na *Internet* onde venham referidas as sociedades publicitem os elementos essenciais respectivos.

Restará acrescentar que, com um pequeno esforço, o País está apetrechado para a rápida introdução destas inovações. O princípio básico de que os actos oficiais devem ser praticados em português tem de ser cuidadosamente preservado. A Directriz n.° 2003/58 não o põe, de resto, em causa.

CAPÍTULO II

2.ª DIRECTRIZ (77/91/CEE): GARANTIAS DO CAPITAL SOCIAL

§ 14.° Textos da 2.ª Directriz e da Directriz de alteração

56. Texto da 2.ª Directriz (13-Dez.-1976)

Disponibilizamos, de seguida, o texto da 2.ª Directriz.

SEGUNDA DIRECTIVA DO CONSELHO

de 13 de Dezembro de 1976

tendente a coordenar as garantias que, para protecção dos interesses dos sócios e de terceiros, são exigidas nos Estados-membros às sociedades, na acepção do segundo parágrafo do artigo 58.° do Tratado, no que respeita à constituição da sociedade anónima, bem como à conservação e às modificações do seu capital social, a fim de tornar equivalentes essas garantias em toda a Comunidade[369]

O CONSELHO DAS COMUNIDADES EUROPEIAS,

Tendo em conta o Tratado que institui a Comunidade Económica Europeia e, nomeadamente, o n.° 3, alínea g), do seu artigo 54.°,

Tendo em conta a proposta da Comissão,

---

[369] JOCE N.° L-26, 1-13, de 31-Jan.-1977. As epígrafes são da nossa responsabilidade. O texto português da 2.ª Directriz afigura-se mais correcto do que o da 1.ª. Apenas corrigimos algumas formas verbais.

Tendo em conta o parecer do Parlamento Europeu [1]

Tendo em conta o parecer do Comité Económico e Social [2]

Considerando que a prossecução da coordenação prevista no n.° 3, alínea g) do artigo 54.°, e no Programa Geral para a Supressão das Restrições à Liberdade de Estabelecimento, iniciada com a Directiva n.° 68/151/CEE [3] reveste particular importância para as sociedades anónimas, porquanto a actividade destas sociedades é predominante na economia dos Estados-membros e estende-se, frequentemente, para além dos limites do seu território nacional;

(1) JO n.° C 114 de 11. 11. 1971, p. 18.
(2) JO n.° C 88 de 6. 9. 1971, p. 1.
(3) JO n.° L 65 de 14. 3. 1968, p. 8.

Considerando que, para assegurar uma equivalência mínima da protecção dos accionistas e dos credores destas sociedades, é necessário, sobretudo, coordenar as legislações nacionais respeitantes à sua constituição, bem como à conservação, ao aumento e à redução do seu capital;

Considerando que, no território da Comunidade, os estatutos ou o acto constitutivo de uma sociedade anónima devem permitir aos interessados conhecer as características essenciais de tal sociedade e, nomeadamente, a composição exacta do seu capital;

Considerando que devem ser adoptadas normas comunitárias para conservar o capital, que constitui uma garantia dos credores, proibindo, nomeadamente, que seja afectada por indevidas distribuições aos accionistas e limitando a possibilidade de a sociedade adquirir acções próprias;

Considerando que, em conformidade com os objectivos referidos no n.° 3, alínea g), do artigo 54.°, é necessário que, em matéria de aumento e de redução do capital, as legislações dos Estados-membros assegurem a observância e harmonizem a aplicação dos princípios que garantem a igualdade de tratamento dos accionistas que se encontram em condições idênticas e a protecção dos titulares de créditos anteriores à deliberação de redução,

ADOPTOU A PRESENTE DIRECTIVA:

Artigo 1.°
(Âmbito)

1. As medidas de coordenação prescritas pela presente directiva aplicar-se-ão às disposições legislativas, regulamentares e administrativas dos Estados-membros relativas aos seguintes tipos de sociedades:

– para a República Federal da Alemanha:
die Aktiengesellschaft
– para a Bélgica:
la société anonyme/de naamloze vennootschap

– para a Dinamarca:
aktieselskabet
– para a França:
la société anonyme
– para a Irlanda:
the public company limited by shares e the public company limited by guarantee and having a share capital.
– para a Itália:
la società per azioni
– para o Luxemburgo:
la société anonyme
– para os Países Baixos:
de naamloze vennootschap
– para o Reino Unido:
the public company limited by shares e the public company limited by guarantee and having a share capital.

(...)

– para Portugal:
a sociedade anónima.

(...)

A denominação social de uma sociedade que adopte um dos tipos acima indicados, deve incluir, ou ser acompanhada, de uma designação diferente das prescritas para outros tipos de sociedades.

2. Os Estados-membros podem deixar de aplicar a presente directiva às sociedades de investimento de capital variável e às cooperativas constituídas segundo um dos tipos de sociedades indicados no n.° 1. Sempre que as legislações dos Estados-membros se prevaleçam de tal faculdade, determinarão que tais sociedades façam inserir os termos "sociedade de investimento de capital variável" ou "cooperativa", respectivamente, em todos os documentos referidos no artigo 4.° da Directiva 68/151/CEE.

Por sociedades de investimento de capital variável, na acepção da presente directiva, devem apenas entender-se as sociedades:

- que tenham exclusivamente por objecto a aplicação dos seus próprios fundos em valores mobiliários diversos, em valores imobiliários diversos ou em outros valores, com o único fim de repartir os riscos de investimento e de fazer beneficiar os seus accionistas dos resultados da gestão dos seus haveres;
- que recorram a subscrição pública para colocar as suas próprias acções;

  e

- cujos estatutos prevejam que, dentro dos limites de um certo capital mínimo e máximo, podem em qualquer momento emitir, resgatar e revender acções próprias.

Artigo 2.°
(Conteúdo mínimo do pacto social)

Os estatutos ou o acto constitutivo da sociedade devem conter, pelo menos, as seguintes indicações:

a) O tipo e a denominação da sociedade;

b) O objecto social;

c) – se a sociedade não tiver um capital autorizado, o montante do capital subscrito;
– se a sociedade tiver um capital autorizado, o montante deste e o montante do capital subscrito no momento da constituição da sociedade ou da obtenção da autorização para o início das suas actividades, e bem assim por ocasião de qualquer alteração do capital autorizado, sem prejuízo do disposto na alínea e) do artigo 2.° da Directiva 68/151/CEE;

d) As regras a observar, na medida em que tal regulamentação não resulte da lei, quanto ao número e ao processo de designação dos membros dos órgãos encarregados da representação perante terceiros, da administração, da direcção, da vigilância ou da fiscalização da sociedade, assim como à repartição de competências entre estes órgãos;

e) A duração da sociedade, se esta não for constituída por tempo indeterminado.

Artigo 3.°
(Outras indicações a publicitar)

Pelo menos as indicações seguintes devem figurar nos estatutos, no acto constitutivo ou num documento separado, que deve ser objecto de publicidade efectuada segundo os modos previstos pela legislação de cada Estado-membro, em conformidade com o artigo 3.° da Directiva 68/151/CEE:

a) A sede social;

b) O valor nominal das acções subscritas e, pelo menos anualmente, o número de tais acções;

c) O número de acções subscritas sem menção de valor nominal, no caso de a legislação nacional autorizar a emissão destas;

d) As condições especiais que limitam a transmissão das acções, se for caso disso;

e) Se houver várias categorias de acções, as indicações referidas nas alíneas b), c) e d), relativamente a cada categoria, assim como os direitos inerentes às acções de cada categoria;

f) A espécie, nominativa ou ao portador, das acções, quando a legislação nacional previr essas duas espécies, e bem assim as disposições relativas à sua conversão, salvo se esta estiver regulada pela lei;

g) O montante do capital subscrito que tenha sido realizado no momento da constituição da sociedade ou no momento da obtenção da autorização para o início das suas actividades;

h) O valor nominal das acções ou, na falta de um valor nominal, o número das acções emitidas como contrapartida de qualquer entrada que não consista em dinheiro, e bem assim a natureza de tal entrada e o nome da pessoa que a efectua;

i) A identidade das pessoas singulares ou colectivas ou das sociedades que subscreveram ou em nome das quais foram subscritos os estatutos ou o acto constitutivo, ou, quando a constituição da sociedade não é simultânea, a identidade das pessoas singulares ou colectivas ou das sociedades que subscreveram ou em nome das quais foi subscrito o projecto de estatutos ou de acto constitutivo;

j) O montante total, ou uma sua estimativa, de todas as despesas decorrentes da constituição da sociedade e, se for caso disso, efectuadas antes de a sociedade obter a autorização para o início das suas actividades, que incumbem à sociedade ou são postas a seu cargo;

k) Qualquer vantagem especial concedida aquando da constituição da sociedade ou até ao momento em que esta obtenha a autorização para o início da suas actividades, a quem quer que tenha participado na constituição da sociedade ou nas operações destinadas a obter a referida autorização.

Artigo 4.°
(Autorização)

1. Se a legislação de um Estado-membro determinar que uma sociedade não pode iniciar as suas actividades antes de receber uma autorização para o efeito, deve também prever disposições relativas à responsabilidade decorrente das obrigações contraídas pela sociedade, ou por conta desta, durante o período que precede o momento em que a referida autorização for concedida ou recusada.

2. O n.° 1 não se aplica às obrigações decorrentes de contratos celebrados pela sociedade sob condição de que a autorização para iniciar as suas actividades lhe seja concedida.

Artigo 5.°
(Número de sócios inferior ao mínimo exigido)

1. Se a legislação de um Estado-membro exigir o concurso de vários sócios para a constituição de uma sociedade, a reunião de todas as acções na titularidade de uma só pessoa, ou a redução do número de sócios abaixo do mínimo legal ocorrida depois da constituição da sociedade, não implica a dissolução de pleno direito da sociedade.

2. Se, nos casos previstos no n.° 1, a legislação de um Estado-membro determinar que a dissolução judicial da sociedade pode ser decretada, a autoridade judicial competente deve poder conceder-lhe um prazo suficiente para regularizar a situação.

3. Se a dissolução for decretada, a sociedade entra em liquidação.

Artigo 6.°
(Capital mínimo)

1. Para a constituição da sociedade ou para a obtenção da autorização para iniciar as suas actividades, as legislações dos Estados-membros devem exigir a subscrição de um capital mínimo que não pode ser fixado em montante inferior a 25 000 unidades de conta europeias.

A unidade de conta europeia é a que está definida na Decisão n.° 3289/75/CECA da Comissão ([4]). O contravalor em moeda nacional é inicialmente calculado à taxa de câmbio aplicável no dia da adopção da presente directiva.

2. Se o contravalor da unidade de conta europeia em moeda nacional for modificado de modo a que o montante do capital mínimo fixado em moeda nacional fique inferior ao valor de 22.500 unidades de conta europeias durante o período de um ano, a Comissão informará o Estado-membro interessado de que ele deve adaptar a sua legislação às disposições do n.° 1, no prazo de doze meses a contar do termo daquele período. Todavia, o Estado-membro pode determinar que a adaptação da sua legislação só se aplicará às sociedades já existentes, dezoito meses depois da sua entrada em vigor.

3. O Conselho, mediante proposta da Comissão, procederá todos os cinco anos ao exame e, se for caso disso, à revisão dos montantes do presente artigo, expressos em unidades de conta europeias, tendo em consideração, por um lado, a evolução económica e monetária na Comunidade e, por outro, as tendências que visam reservar a escolha dos tipos de sociedade indicados no n.° 1 do artigo 1.° às grandes e médias empresas.

([4]) JO n.° L 327 de 19. 12. 1975, p. 4.

Artigo 7.°
(Subscrição do capital)

O capital subscrito só pode ser constituído por elementos de activo susceptíveis de avaliação económica. Todavia, estes elementos de activo não podem ser constituídos pela obrigação de execução de trabalhos ou de prestação de serviços.

Artigo 8.°
(Valor das acções)

1. As acções não podem ser emitidas a um valor inferior ao seu valor nominal ou, na falta de valor nominal, ao seu valor contabilístico.

2. Todavia, os Estados-membros podem admitir que aqueles que, por sua profissão, se encarreguem de colocar acções, paguem menos que o valor total das acções por eles subscritas no decurso desta operação.

Artigo 9.°
(Realização mínima)

1. As acções emitidas em contrapartida de entradas devem ser liberadas, no momento da constituição da sociedade ou no momento da obtenção da autorização para iniciar as suas actividades, em proporção não inferior a 25 % do seu valor nominal ou, na falta de valor nominal, do seu valor contabilístico.

2. Todavia, as acções emitidas em contrapartida de entradas em bens diferentes de dinheiro, no momento da constituição da sociedade ou no momento do obtenção do autorização para iniciar as suas actividades, devem ser inteiramente liberadas no prazo de cinco anos a contar do momento da constituição ou do momento da obtenção da referida autorização.

Artigo 10.°
(Entradas em espécie)

1. As entradas que não consistam em dinheiro devem ser objecto de um relatório elaborado, antes da constituição da sociedade ou da obtenção da autorização para iniciar as suas actividades, por um ou mais peritos independentes da sociedade, nomeados ou reconhecidos por uma autoridade administrativa ou judiciária. Estes peritos podem ser, consoante a legislação de cada Estado-membro, pessoas singulares ou colectivas, ou sociedades.

2. O relatório do perito deve, pelo menos, descrever cada uma das entradas, referir os critérios de avaliação adoptados e indicar se os valores obtidos segundo esses critérios correspondem, pelo menos, ao número e ao valor nominal ou, na falta de valor nominal, ao valor contabilístico e, se for caso disso, ao prémio de emissão das acções a emitir em contrapartida.

3. O relatório do perito deve ser objecto de publicidade a efectuar segundo os modos previstos pela legislação de cada Estado-membro, nos termos do artigo 3.° da Directiva n.° 68/151/CEE.

4. Os Estados-membros podem deixar de aplicar o presente artigo, sempre que 90 % do valor nominal ou, na falta de valor nominal, do valor contabilístico de todas as acções seja emitido em contrapartida de entradas que não consistam em dinheiro, feitas por uma ou mais sociedades, e sejam preenchidos os seguintes requisitos:

a) No que respeita à sociedade beneficiária dessas entradas, as pessoas ou sociedades indicadas na alínea i) do artigo 3.° tenham renunciado à elaboração do relatório do perito;

b) Esta renúncia tenha sido objecto de publicidade, nos termos do n.° 3;

c) As sociedades que fazem essas entradas disponham de reservas que a lei ou os estatutos não permitam distribuir, e cujo montante seja, pelo menos, igual ao valor nominal ou, na falta de valor nominal, ao valor contabilístico das acções emitidas em contrapartida das entradas que não consistam em dinheiro;

d) As sociedades que fazem essas entradas se declarem garantes, até à concorrência do montante indicado na alínea c), das dívidas da sociedade beneficiária, constituídas entre o momento da emissão das acções em contrapartida de entradas diferentes de dinheiro e o termo de um ano, a contar da publicação das contas anuais desta sociedade, relativas ao exercício durante o qual as entradas foram feitas. É proibida a cessão dessas acções durante o referido período.

e) A garantia referida na alínea d) tenha sido objecto de publicidade, nos termos do n.° 3.

f) As sociedades que fazem essas entradas constituam uma reserva de montante igual ao indicado na alínea c) que só pode ser distribuída depois de findo um período de três anos, a contar da publicação das contas anuais da sociedade beneficiária, relativas ao exercício durante o qual as entradas foram feitas ou, se for caso disso, num momento ulterior, depois de todas as reclamações relativas à garantia referida na alínea d) e feitas durante esse período tiverem sido satisfeitas.

Artigo 11.°
(Aquisição de bens a sócios)

1. Se, antes do termo do prazo fixado pela legislação nacional, o qual será, no mínimo, de dois anos a contar do momento da constituição da sociedade ou da obtenção da autorização para iniciar as suas actividades, a sociedade adquirir qualquer elemento do activo pertencente a uma pessoa ou a uma sociedade mencionada na alínea i) do artigo 3.° por um contravalor de, pelo menos, um décimo do capital subscrito, esta aquisição deve ser objecto de uma verificação e de uma publicidade idênticas às previstas no artigo 10.° e deve ser submetida à aprovação da assembleia geral.

Os Estados-membros podem igualmente prever a aplicação destas disposições no caso de o elemento de activo pertencer a um accionista ou a qualquer outra pessoa.

2. O n.° 1 não se aplica às aquisições feitas no quadro das operações correntes da sociedade, nem às aquisições feitas por iniciativa ou sob a fiscalização de uma autoridade administrativa ou judiciária, nem às aquisições feitas na bolsa.

Artigo 12.°
(Dever de realizar as entradas)

Sem prejuízo das disposições respeitantes à redução do capital subscrito, os accionistas não podem ser dispensados da obrigação de realizar a sua entrada.

Artigo 13.°
(Transformação em sociedade anónima)

Até à coordenação ulterior das legislações nacionais, os Estados-membros tomarão as medidas necessárias para que, pelo menos, garantias idênticas às previstas nos artigos 2.°

a 12.° sejam dadas em caso de transformação de uma sociedade de outro tipo em sociedade anónima.

Artigo 14.°
(Disposições ressalvadas)

Os artigos 2.° a 13.° não prejudicam as disposições legislativas dos Estados-membros sobre a competência e o processo a observar na modificação dos estatutos ou do acto constitutivo.

Artigo 15.°
(Limites de distribuições aos accionistas)

1. a) Exceptuando casos de redução do capital subscrito, nenhuma distribuição pode ser feita aos accionistas sempre que, na data de encerramento do último exercício, o activo líquido, tal como resulta das contas anuais, fosse inferior, ou passasse a sê-lo por força de uma tal distribuição, à soma do montante do capital subscrito e das reservas que a lei ou os estatutos não permitam distribuir.

b) Ao montante do capital subscrito indicado na alínea a) deduz-se o capital subscrito ainda não exigido, quando este último não estiver contabilizado no activo do balanço.

c) O montante da distribuição feita aos accionistas não pode exceder o montante dos resultados do último exercício encerrado, acrescido dos lucros transitados, bem como de fundos retirados de reservas disponíveis para este efeito, e deduzido das perdas transitadas, bem como dos valores levados a reserva, nos termos da lei ou dos estatutos.

d) O termo "distribuição", tal como figura nas alíneas a) e c), compreende, nomeadamente, o pagamento de dividendos e de juros correspondentes às acções.

2. Se a legislação de um Estado-membro admitir o pagamento de adiantamentos sobre os dividendos, deve subordiná-lo, pelo menos, às seguintes condições:

a) Deve ser elaborado um balanço intercalar que demonstre que os fundos disponíveis para a distribuição são suficientes;

b) O montante a distribuir não pode exceder o montante dos resultados realizados desde o fim do último exercício cujas contas anuais tenham sido aprovadas, acrescido dos lucros transitados, bem como de fundos retirados das reservas disponíveis para este efeito, e deduzido das perdas transitadas, bem como dos valores a levar a reservas, nos termos da lei ou dos estatutos.

3. Os n.°s 1 e 2 não prejudicam as disposições dos Estados-membros relativas ao aumento do capital subscrito por incorporação de reservas.

4. A legislação de um Estado-membro pode prever derrogações à alínea a) do n.° 1, no caso de sociedades de investimento de capital fixo.

Por "sociedades de investimento de capital fixo", na acepção do presente número, devem apenas entender-se as sociedades:

– que tenham exclusivamente por objecto a aplicação dos seus próprios fundos em valores mobiliários diversos, em valores imobiliários diversos ou em outros valores, com o único fim de repartir os riscos de investimento e de fazer beneficiar os seus accionistas dos resultados da gestão dos seus haveres;

e

– que recorram a subscrição pública para colocar as suas próprias acções.

As legislações dos Estados-membros que se prevalecerem desta faculdade:

a) Exigirão que estas sociedades inscrevam os termos "sociedade de investimento" em todos os documentos indicados no artigo 4.° da Directiva n.° 68/151/CEE;

b) Não autorizarão que uma sociedade deste tipo, cujo activo líquido seja inferior ao montante indicado na alínea a) do n.° 1, proceda a uma distribuição aos accionistas sempre que, na data do encerramento do último exercício, o total do activo da sociedade, tal como resulta das contas anuais, for inferior, ou passasse a sê-lo por força de distribuição, a uma vez e meia o montante do total das dívidas da sociedade para com os credores, tal como resulta das contas anuais;

c) Determinarão que todas as sociedades deste tipo que procedam a uma distribuição, quando o seu activo líquido for inferior ao montante indicado na alínea a) do n.° 1), especifiquem tal facto numa nota, nas suas contas anuais.

Artigo 16.°
(Restituição de distribuições recebidas)

Qualquer distribuição feita com violação do disposto no artigo 15.° deve ser restituída pelos accionistas que a tiverem recebido, se a sociedade provar que estes accionistas conheciam a irregularidade das distribuições feitas a seu favor ou que, tendo em conta as circunstâncias, a não deviam ignorar.

Artigo 17.°
(Perda grave do capital subscrito)

1. No caso de perda grave do capital subscrito, deve ser convocada uma assembleia geral no prazo fixado pelas legislações dos Estados-membros, para examinar se a sociedade deve ser dissolvida ou se deve ser adoptada qualquer outra medida.

2. Para os efeitos previstos no n.° 1, a legislação de um Estado-membro não pode fixar em mais de metade do capital subscrito o montante da perda considerada grave.

Artigo 18.°
(Proibição de subscrever acções próprias)

1. A sociedade não pode subscrever acções próprias.

2. Se as acções de uma sociedade forem subscritas por uma pessoa actuando em nome próprio mas por conta da sociedade, a subscrição é considerada como tendo sido feita por conta do subscritor.

3. As pessoas ou as sociedades referidas na alínea i) do artigo 3.° ou, no caso de aumento de capital, os membros do órgão de administração ou de direcção são obrigados a liberar as acções subscritas com violação do presente artigo.

Todavia, a legislação de um Estado-membro pode estabelecer que qualquer interessado possa libertar-se dessa obrigação, provando que nenhuma falta lhe é pessoalmente imputável.

Artigo 19.°
(Condições para a aquisição de acções próprias)

1. Se a legislação de um Estado-membro permitir que uma sociedade adquira as suas próprias acções, quer por si mesma, quer por uma pessoa que actue em nome próprio mas por conta desta sociedade, deve subordinar tais aquisições, pelo menos, às seguintes condições:

a) A autorização de adquirir deve ser concedida, pela assembleia geral, que fixará os condicionalismos dessas aquisições, nomeadamente o número máximo de acções a adquirir, o período de tempo, não excedente a dezoito meses, durante o qual a autorização é válida e, no caso de aquisição a título oneroso, os contravalores mínimo e máximo. Os membros dos órgãos de administração ou de direcção devem certificar-se de que, no momento de qualquer aquisição autorizada, as condições indicadas nas alíneas b), c) e d) são respeitadas;

b) O valor nominal ou, na falta de valor nominal, o valor contabilístico das acções adquiridas, incluindo as acções que a sociedade tenha adquirido anteriormente e que tenha em carteira, bem como as acções adquiridas por uma pessoa que actue em nome próprio mas por conta da sociedade, não pode ultrapassar 10 % do capital subscrito;

c) Das aquisições não pode resultar que o activo líquido se torne inferior ao montante indicado no n.° 1, alínea a), do artigo 15.°;

d) A operação só pode incidir sobre acções integralmente liberadas.

2. A legislação de um Estado-membro pode derrogar o n.° 1, primeira frase da alínea a), quando a aquisição de acções próprias for necessária para evitar à sociedade um prejuízo grave e iminente. Nesse caso, a assembleia geral seguinte deve ser informada, pelo órgão de administração ou de direcção, das razões e da finalidade das aquisições efectuadas, do número e do valor nominal ou, na falta de valor nominal, do valor contabilístico das acções adquiridas, da fracção do capital subscrito que elas representam, bem como do contravalor dessas acções.

3. Os Estados-membros podem deixar de aplicar o n.° 1, primeira frase da alínea a), às acções adquiridas, quer pela própria sociedade, quer por uma pessoa que actue em nome próprio mas por conta da sociedade, com o fim de serem distribuídas ao pessoal desta ou ao pessoal de uma sociedade coligada. A distribuição de tais acções deve ser efectuada no prazo de doze meses, a contar da sua aquisição.

Artigo 20.°
(Excepções possíveis)

1. Os Estados-membros podem deixar de aplicar o artigo 19.°:

a) As acções adquiridas em execução de uma deliberação de redução do capital ou no caso referido no artigo 39.°;

b) Às acções adquiridas em consequência de uma transmissão de património a título universal;

c) Às acções inteiramente liberadas, adquiridas a título gratuito, ou adquiridas por bancos e outras instituições financeiras, a título de comissão de compra;

d) Às acções adquiridas em virtude de uma obrigação legal ou em execução de uma decisão judicial que tenha por fim proteger os accionistas minoritários, nomeadamente, nos casos de fusão, de mudança do objecto ou do tipo da sociedade, de transferência da sede social para o estrangeiro ou de introdução de limitações à transmissão de acções;

e) Às acções adquiridas de uma accionista por falta da sua liberação;

f) Às acções adquiridas com o fim de indemnizar os accionistas minoritários de sociedades coligadas;

g) Às acções inteiramente liberadas, adquiridas por adjudicação judiciária, em execução de um crédito da sociedade sobre o titular dessas acções;

h) Às acções inteiramente liberadas, emitidas por uma sociedade de investimento de capital fixo, na acepção do n.° 4, segundo parágrafo, do artigo 15.°, e adquiridas a pedido dos investidores por essa sociedade ou por uma sociedade com ela coligada Aplicar-se-á o disposto no n.° 4, alínea a), do artigo 15.°. Destas aquisições não pode resultar que o activo líquido se torne inferior ao montante do capital subscrito, acrescido das reservas que a lei não permita distribuir.

2. As acções adquiridas nos casos indicados no n.° 1, alíneas b) a g), devem, todavia, ser alienadas no prazo máximo de três anos, a contar da data da sua aquisição, a não ser que o valor nominal ou, na falta de valor nominal, o valor contabilístico das acções adquiridas, incluindo as acções que a sociedade possa ter adquirido por uma pessoa actuando em nome próprio mas por conta da sociedade, não ultrapasse 10 % do capital subscrito.

3. Se não forem alienadas no prazo fixado no n.° 2, as acções devem ser anuladas. A legislação de um Estado-membro pode subordinar essa anulação a uma redução do capital subscrito de montante correspondente. Tal redução será obrigatória, na medida em que

as aquisições de acções a anular tiverem o efeito de tornar o activo líquido inferior ao montante referido no n.° 1, alínea a), do artigo 15.°.

Artigo 21.°
(Acções próprias indevidamente adquiridas)

As acções adquiridas com violação dos artigos 19.° e 20.° devem ser alienadas no prazo de um ano, a contar da data da sua aquisição. Se não forem alienadas nesse prazo, aplicar-se-á o n.° 3 do artigo 20.°.

Artigo 22.°
(Regime das acções próprias)

1. Se a legislação de um Estado-membro permitir que uma sociedade adquira as suas próprias acções, quer actuando directamente, quer por intermédio de uma pessoa que actue em nome próprio mas por conta da sociedade, ela subordinará a detenção dessas acções, durante todo o período em que esta se verificar, pelo menos às seguintes condições:

   a) Dos direitos inerentes às acções, o direito de voto das acções próprias ficará, em qualquer caso, suspenso;

   b) Se essas acções forem contabilizadas no activo do balanço, deve ser criada no passivo uma reserva indisponível de montante igual.

2. Se a legislação de um Estado-membro permitir que uma sociedade adquira as suas próprias acções quer actuando directamente, quer por intermédio de uma pessoa que actue em nome próprio mas por conta da sociedade, ela exigirá que o relatório anual da gestão mencione, pelo menos:

   a) Os motivos das aquisições efectuadas durante o exercício;

   b) O número e o valor nominal ou, na falta de valor nominal, o valor contabilístico das acções adquiridas e alienadas durante o exercício, bem como a fracção do capital subscrito que elas representam;

   c) No caso de aquisições ou alienação a título oneroso, o contravalor das acções;

   d) O número e o valor nominal ou, na falta de valor nominal, o valor contabilístico do conjunto das acções adquiridas e detidas em carteira, bem como a fracção do capital subscrito que elas representam.

Artigo 23.°
(Empréstimos e garantias para a aquisição de acções próprias)

1. Uma sociedade não pode adiantar fundos, conceder empréstimos, ou prestar garantias para que um terceiro adquira as suas acções.

2. O disposto no n.° 1 não se aplica às transacções que se enquadrem nas operações correntes dos bancos ou de outras instituições financeiras, nem às operações efectuadas com vista à aquisição de acções pelo ou para o pessoal da sociedade ou de uma sociedade coligada com ela. Todavia, destas transacções e operações não pode resultar que o activo líquido da sociedade se torne inferior ao montante referido no n.° 1, alínea a), do artigo 15.°.

3. O disposto no n.° 1 não se aplica às operações efectuadas para a aquisição das acções mencionadas no n.° 1, alínea h) do artigo 20.°.

Artigo 24.°
(Penhor de acções próprias)

1. A aceitação em penhor pela sociedade das suas próprias acções, quer por si mesma, quer por intermédio de uma pessoa que actue em nome próprio mas por conta da sociedade, é equiparada às aquisições indicadas no artigo 19.°, no n.° 1 do artigo 20.° e nos artigos 22.° e 23.°.

2. Os Estados-membros podem deixar de aplicar o n.° 1 às operações correntes dos bancos e de outras instituições financeiras.

Artigo 24.°-A[370]

1. a) A subscrição, aquisição ou detenção de acções de uma sociedade anónima por outra sociedade, na acepção do artigo 1.° da Directiva 68/151/CEE, em que a sociedade anónima disponha directa ou indirectamente da maioria dos direitos de voto ou na qual possa exercer directa ou indirectamente uma influência dominante consideram-se feitas pela própria sociedade anónima.

   b) A alínea a) é igualmente aplicável sempre que a outra sociedade seja sujeita ao direito de um país terceiro e tenha uma forma jurídica comparável às previstas no artigo 1.° da Directiva 68/151/CEE.

2. Todavia, sempre que a sociedade anónima disponha indirectamente da maioria dos direitos de voto ou possa exercer indirectamente uma influência dominante, os Estados-membros podem não aplicar o número anterior, desde que prevejam a suspensão dos direitos de voto inerentes às acções da sociedade anónima detidas pela outra sociedade.

3. Enquanto não se coordenarem as disposições nacionais sobre o direito dos grupos, os Estados-membros podem:

   a) Definir os casos em que se presume que uma sociedade anónima pode exercer uma influência dominante noutra sociedade; se um Estado-membro fizer uso desta possibilidade, a sua legislação nacional deve, de qualquer modo, prever que existe a possibilidade de exercer uma influência dominante quando uma sociedade anónima:

---

[370] Aditado pela Directriz n.° 92/101/CEE, de 23 de Novembro; *vide*, *infra*, n.° 57.

– tiver o direito de nomear ou destituir a maioria dos membros dos órgãos de administração, de direcção ou de fiscalização e for simultaneamente accionista ou sócia da outra sociedade,

ou

– for accionista ou sócia da outra sociedade e tiver o controlo exclusivo da maioria dos direitos de voto dos accionistas ou sócios desta, por força de um acordo celebrado com outros accionistas ou sócios dessa sociedade.

Os Estados-membros não são obrigados a prever outros casos além dos referidos nos dois travessões anteriores;

b) Definir os casos em que se considera que uma sociedade anónima dispõe indirectamente de direitos de voto ou está em condições de exercer indirectamente uma influência dominante;

c) Determinar as circunstâncias em que se considera que uma sociedade anónima dispõe de direitos de voto.

4. a) Os Estados-membros podem não aplicar o n.° 1 sempre que a subscrição, aquisição ou detenção seja por conta de um terceiro que não o subscritor, adquirente ou detentor e que não seja nem a sociedade anónima referida no n.° 1 nem outra sociedade em que a sociedade anónima disponha directa ou indirectamente da maioria dos direitos de voto ou sobre a qual possa exercer directa ou indirectamente uma influência dominante.

b) Além disso, os Estados-membros podem não aplicar o n.° 1 sempre que a subscrição, aquisição ou detenção seja efectuada pela outra sociedade na sua qualidade e no âmbito da sua acção de operador profissional de títulos, desde que seja membro de uma bolsa de valores situada ou que opere num Estado-membro ou que seja reconhecida ou fiscalizada por uma autoridade de um Estado-membro competente para a fiscalização dos operadores profissionais de títulos que, na acepção da presente directiva, podem incluir as instituições de crédito.

5. Os Estados-membros não são obrigados a aplicar o n.° 1 sempre que a detenção de acções da sociedade anónima por outra sociedade resulte de uma aquisição realizada antes de a relação entre essas duas sociedades preencher os critérios constantes do n.° 1.

No entanto, os direitos de voto inerentes a essas acções serão suspensos e essas acções serão tomadas em consideração para determinar se a condição prevista no no 1, alínea b), do artigo 19.° se encontra preenchida.

6. Os Estados-membros podem não aplicar o disposto nos n.°s 2 e 3 do artigo 20.° e no artigo 21.° em caso de aquisição de acções de uma sociedade anónima pela outra sociedade, na acepção do n.° 1, desde que prevejam:

a) A suspensão dos direitos de voto inerentes às acções da sociedade anónima detidas pela outra sociedade,

e

b) Que membros dos órgãos de administração ou de direcção da sociedade anónima sejam obrigados a resgatar à outra sociedade as acções a que se referem os n.°s 2 e 3 do artigo 20.° e o artigo 21.° ao preço a que esta outra sociedade os tinha adquirido; esta sanção não é aplicável no caso de esses membros provarem que a sociedade anónima é totalmente alheia à subscrição ou aquisição das referidas acções.

Artigo 25.°
(Aumento de capital)

1. Qualquer aumento do capital deve ser deliberado pela assembleia geral. Esta deliberação, bem como a realização do aumento do capital subscrito devem ser objecto de publicidade, a efectuar segundo os modos previstos pela legislação de cada Estado-membro, nos termos do artigo 3.° da Directiva n.° 68/151/CEE.

2. Todavia, os estatutos, o acto constitutivo ou a assembleia geral, cuja deliberação deva ser objecto de publicidade nos termos do n.° 1, podem autorizar o aumento do capital subscrito até um montante máximo por eles fixado, com observância do montante máximo eventualmente previsto na lei. O órgão da sociedade designado competente para esse efeito decidirá, se for caso disso, aumentar o capital subscrito, dentro dos limites do montante fixado. Este poder do órgão tem um prazo máximo de exercício de cinco anos, e pode ser renovado uma ou mais vezes pela assembleia geral, por um período que, para cada renovação, não pode ultrapassar cinco anos.

3. Quando existam várias categorias de acções, a deliberação da assembleia geral relativa ao aumento do capital indicado no n.° 1, ou à autorização para aumentar o capital, referida no n.° 2, ficarão subordinadas, pelo menos, a uma votação separada, a efectuar por cada uma das categorias de accionistas cujos direitos sejam afectados pela operação.

4. O presente artigo aplica-se à emissão de quaisquer títulos convertíveis em acções ou providos de um direito de subscrição de acções, mas não é aplicável à conversão dos títulos, nem ao exercício do direito de subscrição.

Artigo 26.°
(Emissão de novas acções e prémio de emissão)

As acções emitidas em contrapartida de entradas, na sequência de um aumento de capital subscrito, devem ser liberadas em proporção não inferior a 25 % do seu valor nominal ou, na falta de valor nominal, do seu valor contabilístico. Quando for previsto um prémio de emissão, o seu montante deve ser integralmente pago.

Artigo 27.°
(Novas acções realizadas em espécie)

1. As acções emitidas em contrapartida de entradas que não consistam em dinheiro, na sequência de um aumento do capital subscrito, devem ser integralmente liberadas no prazo de cinco anos, a contar da deliberação de aumento do capital subscrito.

2. As entradas referidas no n.° 1 serão objecto de um relatório elaborado, antes da realização do aumento do capital subscrito, por um ou mais peritos independentes da sociedade, nomeados ou habilitados por uma autoridade administrativa ou judiciária. De acordo com a legislação de cada Estado-membro, estes peritos podem ser pessoas singulares ou colectivas, ou sociedades.

Aplicar-se-á o disposto nos n.° 2 e 3 do artigo 10.°.

3. Os Estados-membros podem deixar de aplicar o disposto no n.° 2 quando o aumento do capital subscrito for efectuado para realizar uma fusão ou uma oferta pública de compra ou de troca e tendo em vista remunerar os accionistas da sociedade incorporada, ou os accionistas da sociedade que seja objecto de oferta pública de compra ou de troca.

4. Os Estados-membros podem deixar de aplicar o n.° 2 quando todas as acções emitidas na sequência de um aumento de capital subscrito forem emitidas em contrapartida de entradas em bens diferentes de dinheiro, feitas por uma ou mais sociedades, com a condição de que todos os accionistas da sociedade beneficiária das entradas tenham renunciado à elaboração do relatório pericial e de que sejam preenchidas as condições previstas no n.° 4, alíneas b) a f), do artigo 10.°.

Artigo 28.°
(Aumento não totalmente subscrito)

Quando um aumento de capital não for inteiramente subscrito, o capital só será aumentado até à concorrência das subscrições recolhidas, se as condições de emissão tiverem expressamente previsto essa possibilidade.

Artigo 29.°
(Preferência dos accionistas nos aumentos de capital)

1. Em todos os aumentos do capital subscrito por entradas em dinheiro, as acções devem ser oferecidas com preferência aos accionistas, proporcionalmente à parte do capital representada pelas suas acções.

2. Os Estados-membros podem:

a) Não aplicar o disposto no n.° 1 às acções com um direito limitado de participação nas distribuições, na acepção do artigo 15.°, e/ou na partilha do património social, em caso de liquidação;

ou

b) Permitir que, quando, numa sociedade em que existam várias categorias de acções, dotadas de diferentes direitos no tocante ao voto, à participação nas distribuições, na acepção do artigo 15.°, ou à partilha do património social em caso de liquidação, o capital subscrito for aumentado pela emissão de novas acções de uma dessas categorias, o exercício do direito de preferência pelos accionistas das outras categorias só possa ser efectivado depois de os accionistas da categoria correspondente às novas acções emitidas terem exercido o seu direito de preferência.

3. A oferta da subscrição a título preferencial, bem como o prazo no qual este direito deve ser exercido, devem ser objecto de publicação no boletim nacional designado em conformidade com a Directiva n.° 68/151/CEE. Todavia, a legislação de um Estado-membro pode deixar de exigir esta publicação sempre que todas as acções da sociedade forem nominativas. Neste caso, todos os accionistas devem ser informados por escrito. O direito de preferência deve ser exercido em prazo que não deve ser inferior a catorze dias, a contar da publicação da oferta ou do envio das cartas aos accionistas.

4. O direito de preferência não pode ser limitado nem suprimido pelos estatutos ou pelo acto constitutivo. A limitação ou supressão deste direito podem, todavia, ser decididas pela assembleia geral. O órgão de direcção ou de administração deve apresentar a essa assembleia um relatório escrito que indique os motivos para limitar ou suprimir o direito de preferência e justifique o preço de emissão proposto. A assembleia delibera segundo as regras de quorum e de maioria prescritas no artigo 40.°. A deliberação deve ser objecto de publicidade, a efectuar segundo as modalidades previstas pela legislação de cada Estado-membro, nos termos do artigo 3.° da Directiva n.° 68/151/CEE.

5. A legislação de um Estado-membro pode estabelecer que os estatutos, o acto constitutivo ou a assembleia geral, deliberando em conformidade com as regras de quorum, de maioria e de publicidade indicadas no n.° 4, possam conceder o poder de limitar ou de suprimir o direito de preferência ao órgão da sociedade autorizado a decidir o aumento de capital subscrito, nos limites do capital autorizado. Esta competência não pode ter um prazo de exercício superior à do poder previsto no n.° 2 do artigo 25.°.

6. Os n.°s 1 a 5 aplicam-se à emissão de quaisquer títulos convertíveis em acções ou providos de um direito de subscrição de acções, mas não à conversão dos títulos, nem ao exercício do direito de subscrição.

7. Não se verifica a exclusão do direito de preferência, na acepção dos n.°s 4 e 5, quando, de acordo com a deliberação de aumento do capital subscrito, as acções forem emitidas em favor de bancos ou outras instituições financeiras, para que estes as ofereçam aos accionistas da sociedade, nos termos dos n.° 1 e 3.

Artigo 30.°
(Redução de capital)

Qualquer redução do capital subscrito, à excepção da que for ordenada por decisão judicial, deve ser, pelo menos, deliberada pela assembleia geral, com observância das regras de quorum e de maioria fixadas no artigo 40.°, sem prejuízo dos artigos 36.° e 37.°. Esta deliberação deve ser objecto de publicidade, a efectuar segundo os modos previstos pela legislação de cada Estado-membro, em conformidade com o artigo 3.° da Directiva n.° 68/151/CEE.

A convocação da assembleia deve indicar, pelo menos, a finalidade da redução e a forma segundo a qual será realizada.

Artigo 31.°
(Redução havendo várias categorias de acções)

Se existirem várias categorias de acções, a deliberação da assembleia geral sobre a redução do capital subscrito ficará subordinada, pelo menos, a uma votação separada, a efectuar por cada uma das categorias de accionistas cujos direitos sejam afectados pela operação.

Artigo 32.°
(Garantias dos credores)

1. No caso de redução do capital subscrito, pelo menos os credores cujos créditos tenham sido constituídos antes da publicação da deliberação de redução têm, pelo menos, o direito de obter uma garantia para os créditos ainda não vencidos no momento dessa publicação. As legislações dos Estados-membros fixarão as condições de exercício deste direito. Este direito só pode ser excluído, se o credor dispuser de garantias adequadas ou se estas não forem necessárias, tendo em conta o património da sociedade.

2. As legislações dos Estados-membros devem, pelo menos, determinar que a redução ficará sem efeito ou que nenhum pagamento pode ser efectuado em proveito dos accionistas, enquanto os credores não tiverem obtido satisfação, ou um tribunal não tiver decidido que o seu pedido não procede.

3. O presente artigo é aplicável sempre que a redução do capital subscrito se opere por dispensa total ou parcial do pagamento dos saldos das entradas dos accionistas.

Artigo 33.°
(Dispensa de garantias)

1. Os Estados-membros podem deixar de aplicar o artigo 32.° a uma redução do capital subscrito que tenha por finalidade compensar perdas sofridas ou incorporar valores numa reserva, contanto que, em consequência desta operação, o montante desta reserva não ultrapasse 10 % do capital subscrito reduzido. Esta reserva não pode, salvo no caso de redução do capital subscrito, ser distribuída aos accionistas; ela só pode ser utilizada para compensar perdas sofridas, ou para aumentar o capital subscrito por incorporação de reservas, na medida em que os Estados-membros permitam tal operação.

2. Nos casos previstos no n.° 1, as legislações dos Estados-membros determinarão, pelo menos, as medidas necessárias para que as importâncias provenientes da redução do capital subscrito não possam ser utilizadas para efectuar pagamentos ou distribuições aos accionistas, nem para dispensar os accionistas da obrigação de realizar as suas entradas.

Artigo 34.°
(Limites da redução)

O capital subscrito não pode ser reduzido a um montante inferior ao capital mínimo, fixado em conformidade com o artigo 6.°. Todavia, os Estados-membros podem autorizar uma tal redução se previrem igualmente que a decisão de proceder à redução só produzirá efeitos quando o capital subscrito for aumentado para um montante pelo menos igual ao mínimo prescrito.

Artigo 35.°
(Amortização do capital sem redução)

Quando a legislação de um Estado-membro autorizar a amortização total ou parcial do capital subscrito sem redução deste, exigirá, pelo menos, a observância das seguintes condições:

a) Se os estatutos ou o acto constitutivo previrem a amortização, esta será deliberada pela assembleia geral, com observância, pelo menos, das condições ordinárias de quorum e de maioria. Sempre que os estatutos ou o acto constitutivo não previrem a amortização, esta será deliberada pela assembleia geral, com observância, pelo menos, das condições de quorum e de maioria previstas no artigo 40.°. A deliberação deve ser objecto de publicidade, a efectuar segundo os modos previstos pela legislação de cada Estado-membro, nos termos do artigo 3.° da Directiva n.° 68/151/CEE;

b) Para os fins da amortização só podem ser utilizados fundos distribuíveis nos termos do n.° 1 do artigo 15.°;

c) Os accionistas cujas acções forem amortizadas, conservarão os seus direitos na sociedade, com exclusão do direito ao reembolso da entrada e do direito de participação na distribuição de um primeiro dividendo, atribuído às acções não amortizadas.

Artigo 36.°
(Condições de amortização forçada)

1. Se a legislação de um Estado-membro autorizar as sociedades a reduzir o seu capital subscrito por amortização forçada de acções, exigirá pelo menos a observância das seguintes condições:

a) A amortização forçada deve estar prevista ou autorizada pelos estatutos ou pelo acto constitutivo, antes da subscrição das acções que forem objecto da amortização;

b) Se a amortização forçada for somente autorizada pelos estatutos ou pelo acto constitutivo, deve ser deliberada pela assembleia geral, salvo se os accionistas afectados a tiverem aprovado unanimemente;

c) O órgão da sociedade que delibere sobre a amortização forçada fixará as condições e as modalidades desta operação, na medida em que estas não tiverem sido previstas nos estatutos ou no acto constitutivo;

d) Aplicar-se-á o disposto no artigo 32.°, a não ser que se trate de acções inteiramente liberadas, postas à disposição da sociedade, a título gratuito, ou que sejam amortizadas com utilização de fundos distribuíveis, de acordo com o disposto no n.° 1 do artigo 15.°; neste caso, deve ser constituída uma reserva de montante igual ao valor nominal ou, na falta de valor nominal, ao valor contabilístico de todas as acções amortizadas. Esta reserva não pode ser distribuída aos accionistas, salvo no caso de redução do capital subscrito; esta reserva só pode ser utilizada para compensar perdas sofridas ou para aumentar o capital subscrito mediante incorporação de reservas, se os Estados-membros permitirem tal operação;

e) A deliberação relativa à amortização forçada deve ser objecto de publicidade, a efectuar segundo os modos previstos pela legislação de cada Estado-membro, em conformidade com o artigo 3.° da Directiva n.° 68/151/CEE.

2. O n.° 1 do artigo 30.° e os artigos 31.°, 33.° e 40.° não são aplicáveis aos casos previstos no n.° 1.

Artigo 37.°
(Redução por extinção de acções)

1. No caso de redução do capital subscrito por extinção de acções adquiridas pela própria sociedade ou por uma pessoa que actue em nome próprio mas por conta da sociedade, a extinção deve ser sempre deliberada pela assembleia geral.

2. É aplicável o artigo 32.°, a não ser que se trate de acções inteiramente liberadas, adquiridas a título gratuito ou mediante fundos distribuíveis, em conformidade com o disposto no n.° 1 do artigo 15.°; nestes casos, deve ser constituída uma reserva de montante igual ao valor nominal ou, na falta de valor nominal, ao valor contabilístico, de todas as acções extintas. Esta reserva não pode ser distribuída aos accionistas, salvo no caso de redução do capital subscrito; ela só pode ser utilizada para compensar perdas sofridas ou para aumentar o capital subscrito mediante incorporação de reservas, se os Estados-membros permitirem uma tal operação.

3. Os artigos 31.°, 33.° e 40.° não são aplicáveis aos casos previstos no n.° 1.

Artigo 38.°
(Várias categorias de acções)

Nos casos previstos no artigo 35.°, no n.° 1, alínea b) do artigo 36.°, e no n.° 1 do artigo 37.°, se existirem várias categorias de acções, a deliberação da assembleia geral sobre a amortização do capital subscrito ou sobre a redução deste por extinção de acções, ficará subordinada, pelo menos, a uma votação separada, a efectuar por cada uma das categorias de accionistas cujos direitos sejam afectados pela operação.

Artigo 39.°
(Acções remíveis)

Se a legislação de um Estado-membro autorizar as sociedades a emitir acções remíveis, exigirá que na remição destas acções se observem, pelo menos, as seguintes condições:

a) A remição deve ser autorizada pelos estatutos ou pelo acto constitutivo, antes da subscrição das acções remíveis;

b) Estas acções devem estar inteiramente liberadas;

c) As condições e as modalidades da remição devem ser estabelecidas nos estatutos ou no acto constitutivo;

d) A remição só pode efectuar-se com utilização de fundos distribuíveis, em conformidade com o n.° 1 do artigo 15.°, ou do produto de uma nova emissão, efectuada com vista a essa remição;

e) Um montante igual ao valor nominal ou, na falta de valor nominal, ao valor contabilístico de todas as acções remíveis deve ser levado a uma reserva que não pode, salvo no caso de redução de capital subscrito, ser distribuída aos accionistas; esta reserva pode ser utilizada unicamente para aumentar o capital subscrito mediante incorporação de reservas;

f) A alínea e) não é aplicável sempre que a remição for efectuada com utilização do produto de uma nova emissão, realizada com vista a essa remição;

g) No caso de estar previsto o pagamento de um prémio aos accionistas, em consequência da remição, este prémio só pode ser retirado de fundos distribuíveis, em conformidade com o n.° 1 do artigo 15.°, ou de uma reserva, que não seja a referida na alínea e), a qual não pode ser distribuída aos accionistas, salvo no caso de redução do capital subscrito; esta reserva só pode ser utilizada para aumentar o capital subscrito, mediante incorporação de reservas, ou para cobrir os encargos referidos na alínea j) do artigo 3.° ou os encargos de emissões de acções ou obrigações, ou para efectuar o pagamento de um prémio a favor dos detentores de acções ou de obrigações a remir;

h) A remição deve ser objecto de publicidade, a efectuar segundo os modos previstos pela legislação de cada Estado-membro, em conformidade com o artigo 3.° da Directiva n.° 68/151/CEE.

Artigo 40.°
(Maiorias qualificadas)

1. As legislações dos Estados-membros determinarão que as deliberações referidas nos n.° 4 e 5 do artigo 29.°, e nos artigos 30.°, 31.°, 35.° e 38.° devem ser tomadas, pelo menos, por uma maioria não inferior a dois terços dos votos correspondentes quer aos títulos representados, quer ao capital subscrito representado.

2. Todavia, as legislações dos Estados-membros podem estabelecer que será suficiente a maioria simples dos votos indicados no n.° 1 quando estiver representado, pelo menos, metade do capital subscrito.

Artigo 41.°
(Derrogações)

1. Os Estados-membros podem derrogar o disposto no n.° 1 do artigo 9.°, no n.° 1, primeira frase da alínea a) e alínea b) do artigo 19.°, bem como o disposto nos artigos 25.°,

26.° e 29.°, na medida em que estas derrogações forem necessárias para a adopção ou para a aplicação de disposições que visem favorecer a participação dos trabalhadores ou de outras categorias de pessoas, determinadas pela lei nacional, no capital das empresas.

2. Os Estados-membros podem deixar de aplicar o disposto no n.° 1, primeira frase da alínea a), do artigo 19.° e o disposto nos artigos 30.°, 31.°, 36.°, 37.°, 38.° e 39.° às sociedades sujeitas a um estatuto especial que emitirem ao mesmo tempo acções de capital e acções de rabalho, estas últimas a favor do colectivo do pessoal que é representado nas assembleias gerais dos accionistas por mandatários dispondo de direito de voto.

Artigo 42.°
(Igual tratamento)

Para a aplicação da presente directiva, as legislações dos Estados-membros garantirão um tratamento igual aos accionistas que se encontrem em condições idênticas.

Artigo 43.°
(*Vacatio*)

1. Os Estados-membros porão em vigor as disposições legislativas, regulamentares e administrativas necessárias para darem cumprimento à presente directiva, no prazo de dois anos a contar da sua notificação. Desse facto informarão imediatamente a Comissão.

2. Os Estados-membros podem deixar de aplicar as alíneas g), i), j) e k) do artigo 3.°, às sociedades já existentes no momento da entrada em vigor das disposições indicadas no n.° 1.

Eles podem prever que as outras disposições da presente directiva só serão aplicáveis a estas sociedades dezoito meses após esta data.

Todavia, este prazo pode ser de três anos para os artigos 6.° e 9.° e de cinco anos para as *unregistered companies* do Reino Unido e da Irlanda.

3. Os Estados-membros comunicarão à Comissão o texto das disposições essenciais de direito nacional que adoptem no domínio regulado pela presente directiva.

Artigo 44.°
(Destinatários)

Os Estados-membros são destinatários da presente directiva.

Feito em Bruxelas, em 13 de Dezembro de 1976.

Pelo Conselho
O Presidente
M. van der STOEL

57. Texto da Directriz 92/101/CEE (23-Nov.-1992)

O Conselho adoptou, em 23-Nov.-1992, uma Directriz destinada a alterar a 2.ª Directriz do Direito das sociedades. Fundamentalmente, ela veio acrescentar um novo artigo – o artigo 24.°-A – à Directriz em causa. Ele foi inserido, acima, no local próprio. De todo o modo, tem interesse interpretativo conhecer o conjunto da Directriz em causa. Ei-lo[371]:

DIRECTIVA 92/101/CEE DO CONSELHO

de 23 de Novembro de 1992

que altera a Directiva 77/91/CEE relativa à constituição da sociedade anónima, bem como à conservação e às modificações do seu capital social

O CONSELHO DAS COMUNIDADES EUROPEIAS,

Tendo em conta o Tratado que institui a Comunidade Económica Europeia e, nomeadamente, o seu artigo 54.°,

Tendo em conta a proposta da Comissão (1),

Em cooperação com o Parlamento Europeu (2),

Tendo em conta o parecer do Comité Económico e Social (3),

Considerando que a Directiva 77/91/CEE (4), a fim de manter a integralidade do capital subscrito e de garantir a igualdade de tratamento dos accionistas, limita a possibilidade de uma sociedade anónima adquirir as suas próprias acções;

(1) JO n.° C 8 de 12.1.1991, p. 5 e JO n.° C 317 de 7.12.1991, p. 13.

(2) JO n.° C 240 de 16.9.1991, p. 103 e decisão de 28 de Outubro de 1992 (ainda não publicada no Jornal Oficial).

(3) JO n.° C 269 de 14.10.1991, p. 21.

(4) JO n.° L 26 de 31.1.1977, p. 1. Directiva com a última redacção que lhe foi dada pelo Acto de Adesão de Espanha e de Portugal.

Considerando que as limitações em matéria de aquisição de acções próprias se aplicam não apenas às aquisições efectuadas pela própria sociedade, mas igualmente às efectuadas por uma pessoa agindo em nome próprio, mas por conta dessa sociedade;

Considerando que, a fim de evitar que uma sociedade anónima se sirva de outra sociedade, na qual dispõe da maioria dos direitos de voto ou sobre a qual pode exercer uma influência dominante, para proceder a tais aquisições sem respeitar as limitações previstas a este

[371] JOCE N.° L-347, 64-66, de 28-Nov.-1992.

respeito, convém tornar extensível o regime respeitante à aquisição de acções próprias por uma sociedade aos casos mais importantes e mais frequentes de aquisição de acções efectuada por essa outra sociedade; que é conveniente tornar extensível o mesmo regime à subscrição de acções da sociedade anónima;

Considerando que, a fim de evitar desvios à Directiva 77/91/CEE é conveniente visar as sociedades abrangidas pela Directiva 68/151/CEE (5), bem como as sujeitas à legislação de um país terceiro e dotadas de uma forma jurídica comparável;

---

(5) JO n.° L 65 de 14.3.1968, p. 8.

Considerando que, quando a relação entre a sociedade anónima e a outra sociedade, tal como prevista no terceiro considerando, for apenas indirecta, é conveniente atenuar as disposições aplicáveis quando esta relação for directa, prevendo a suspensão dos direitos de voto como medida mínima destinada a realizar os objectivos da presente directiva;

Considerando que, quando um Estado-membro previr um sistema de sanções equivalente às previstas pela Directiva 77/91/CEE, bem como a suspensão dos direitos de voto, se pode considerar que essa legislação responde já aos objectivos da presente directiva;

Considerando que se justifica, além disso, isentar os casos em que o carácter específico de uma actividade profissional exclua a possibilidade de pôr em perigo os objectivos da presente directiva;

Considerando que é conveniente prever um período de adaptação adequado para um Estado-membro, a fim de evitar, por um lado, perturbações do seu mercado financeiro decorrentes da estrutura económica desse país e, por outro, consequências demasiado bruscas ao nível da regulamentação do autocontrolo,

ADOPTOU A PRESENTE DIRECTIVA:

Artigo 1.°

Após o artigo 24.° da Directiva 77/91/CEE é aditado o seguinte artigo:

(...)

Artigo 2.°

1. Os Estados-membros podem não aplicar o artigo 24.°-A da Directiva 77/91/CEE às aquisições de acções realizadas antes da data prevista no n.° 2 do artigo 3.°.

Contudo, os direitos de voto inerentes a essas acções serão suspensos e essas acções serão tomadas em consideração para determinar se a condição prevista no n.° 1, alínea b), do artigo 19.° se encontra preenchida.

2. A fim de evitar perturbações no mercado financeiro, o Reino da Bélgica pode adiar até 1 de Janeiro de 1998 a suspensão destes direitos de voto, desde que:

- sejam inerentes a acções adquiridas antes da notificação da presente directiva, e
- não ultrapassem, para o conjunto das sociedades cuja relação com a sociedade anónima corresponde aos critérios definidos no n.° 1 do artigo 24.°-A da citada directiva, 10 % dos direitos de voto da sociedade anónima.

Artigo 3.°

1. Os Estados-membros adoptarão até 1 de Janeiro de 1994 as disposições legislativas, regulamentares e administrativas necessárias para dar cumprimento à presente directiva. Do facto informarão imediatamente a Comissão.

2. Os Estados-membros fixarão a data de entrada em vigor dessas disposições o mais tardar em 1 de Janeiro de 1995.

3. Os Estados-membros comunicarão à Comissão o texto das principais disposições de direito interno que adoptarem no domínio regido pela presente directiva.

4. As disposições adoptadas pelos Estados-membros devem fazer referência expressa à presente directiva ou ser acompanhadas dessa referência aquando da sua publicação oficial. As modalidades dessa referência serão adoptadas pelos Estados-membros.

Artigo 4.°

Os Estados-membros são os destinatários da presente directiva.

Feito em Bruxelas, em 23 de Novembro de 1992.

Pelo Conselho
O Presidente
N. LAMONT

§ 15.° Preparação e sistema geral

58. A preparação da 2.ª Directriz

I. A 2.ª Directriz do Direito das sociedades visa medidas destinadas a garantir o capital social das sociedades anónimas, seja aquando da sua constituição, seja, depois, na sua manutenção ou nas vicissitudes que o possam alterar.

Trata-se de uma Directriz muito importante, do ponto de vista técnico. Prossegue um objectivo de enquadramento das sociedades anónimas, com resultados alargados. Adiante veremos a evolução que denota desde a 1.ª Directriz.

II. Um primeiro anteprojecto de 2.ª Directriz foi apresentado pela Comissão, em 1965[372]. Um projecto surge em 1970[373]. Ele foi objecto de diversos estudos[374], tendo-se criticado a natureza parcelar das medidas que representa[375]. Seguiram-se negociações complicadas, designadamente as derivadas das adesões, em 1973, do Reino Unido, da Irlanda e da Dinamarca[376]. Finalmente, a 2.ª Directriz acabou por ser adoptada pelo Conselho, em 13-Dez.-1976, sendo publicada a 31-Jan. do ano seguinte.

---

[372] SCHWARZ, *Europäisches Gesellschaftsrecht* cit., 363. Entre nós, cf. alguns elementos em RAÚL VENTURA, *Adaptação do Direito português à Segunda Directiva do Conselho da Comunidade Económica Europeia sobre o Direito das sociedades*, DDC 3 (1980), 5-152 (6-7). O texto, em francês, da 2.ª Directriz surge em anexo: DDC 3 (1980), 153-170.

[373] PETER O. MÜLBERT, *Kapitalschutz und Gesellschaftszweck bei der Aktiengesellschaft*, FS Lutter 2000, 535-555 (544): o projecto de 1970 diferia, nalguns pontos, da Directriz.

[374] Assim, HERMANN NIESSEN, *Gründung und Kapital von Aktiengesellschaft im Gemeinsamen Markt/Zum Vorschlag der Kommission einer zweiten Richtlinie zur Angleichung des Gesellschaftsrechts*, AG 1970, 281-296 (281/II ss.).

[375] JÖRG ANKELE, *Zum Vorschlag der Kommission der Europäischen Gemeinschaften für eine eine Zweite gesellschaftsrechtliche Richtlinie* cit., 988/II.

[376] As competentes indicações podem ser confrontadas em HABERSACK, *Europäisches Gesellschaftsrecht*, 2.ª ed. cit., 105, notas 1 e 2.

Subjacente à Directriz está não apenas a preocupação de facilitar a liberdade de estabelecimento: houve, ainda, a intenção de abrir caminho para um mercado de capitais.

III. Em 23 de Novembro de 1992, foi adoptada a Directriz n.° 92/101/ /CEE, do Conselho. Na base de um projecto de 1990, ela visou complementar, num ponto específico entretanto detectado pela prática, o sistema que já derivava da Directriz alterada.

59. **Sistema geral; âmbito; "mínimos ou máximos"?**

I. A 2.ª Directriz alarga-se por 44 artigos. Aliás: 45, após o aditamento do artigo 24.°-A, feito pela Directriz n.° 92/101/CEE. Ao contrário da 1.ª Directriz, a 2.ª não foi ordenada em secções. Todavia, afigura-se possível distinguir, no seu seio, áreas normativas bem vincadas. Assim[377]:

- o artigo 1.° define o âmbito de aplicação da Directriz;
- os artigos 2.° a 5.° colocam diversos requisitos para a constituição de sociedades anónimas;
- os artigos 6.° a 14.° ocupam-se do capital mínimo, da subscrição e das entradas;
- os artigos 15.° a 17.° versam a distribuição de bens aos accionistas e a perda grave de capital;
- os artigos 18.° a 24.°-A regulam as acções próprias;
- os artigos 25.° a 29.° tratam o aumento de capital;
- os artigos 30.° a 39.° fazem outro tanto, em relação à sua redução;
- os artigos 40.° a 44.° compreendem disposições gerais e finais.

II. A 2.ª Directriz comporta matéria bastante técnica e específica. O seu desenvolvimento pressuporia uma exposição completa sobre o Direito das sociedades anónimas, que ultrapassa os objectivos da presente obra[378]. Indicaremos, por isso e apenas, alguns traços gerais.

---

[377] Cf. Henrik Drinkuth, *Die Kapitalrichtlinie – Mindest- oder Höchtsnorm* (1998), 117 ss., e a sistematização por ele adoptada. O conteúdo essencial da 2.ª Directriz pode, ainda, ser confrontado em Schwarz, *Europäisches Gesellschaftsrecht* cit., 363 (Nr. 572).

[378] Drinkuth, *Die Kapitalrichtlinie* cit., procede à análise da 2.ª Directriz: esgota 294 pp., de mancha apertada.

III. O âmbito de aplicação da 2.ª Directriz é muito estrito: as sociedades anónimas – 1.°/1[379]. O artigo 1.°/2 prevê que os Estados-Membros possam não aplicar o dispositivo da Directriz às sociedades de investimento de capital variável e às cooperativas, constituídas sob a forma de sociedades anónimas. Foi aventada a hipótese de se estudar o seu alargamento às sociedades por quotas: considerada, para já, fora de questão[380].

IV. Pergunta-se se a 2.ª Directriz é um diploma de "mínimos" ou de "máximos"[381]. De facto, alguns dos seus preceitos são claramente "mínimos": desde logo o artigo 6.°/1, quando fixa o capital ... mínimo. Outros, parecem "máximos": segundo o artigo 17.°/2, para efeitos de "perdas graves", a legislação do Estado-Membro não pode fixar em mais de metade do capital subscrito o montante da perda considerada grave.

Perante isso, há que atender ao escopo das normas em causa, de modo a determinar a sua natureza[382]. Isto dito: a preocupação da 2.ª Directriz, de acordo com o sentido geral do Tratado de Roma é harmonizar e não igualizar[383]. A harmonia é conseguida na base de uma aproximação mínima. Para além disso, se os Estados-Membros lograrem refinar os seus Direitos das sociedades anónimas, excelente: para as Ciências nacionais e para a cultura da Europa.

60. A constituição das sociedades anónimas (2.° a 5.°)

I. O artigo 2.° da também 2.ª Directriz fixa indicações mínimas a inserir nos estatutos ou no acto constitutivo: tipo e "denominação"[384]; objecto social; capital subscrito ou eventual capital autorizado; órgãos sociais, na medida em que não resultem da lei e duração, quando não inde-

---

[379] Schwarz, *Europäisches Gesellschaftsrecht* cit., 364 e Raúl Ventura, *Adaptação do Direito português à Segunda Directiva* cit., 8.

[380] Habersack, *Europäisches Gesellschaftsrecht*, 2.ª ed. cit., 105-106.

[381] Recorde-se o sugestivo título de Drinkuth, *Die Kapitalrichtlinie – Mindest- oder Höchtsnorm* cit., especialmente 58 ss..

[382] Habersack, *Europäisches Gesellschaftsrecht*, 2.ª ed. cit., 107.

[383] Ernst Steindorf, *Gesellschaftsrechtliche Richtlinien der EG und strengeres staatliches Recht*, EuZW 1990, 251-254 (254/I): a 2.ª Directriz não pode ser interpretada independentemente do Direito primário. Em sentido paralelo, Grundmann, *Europäisches Gesellschaftsrecht* cit., 140-141.

[384] A tradução correcta seria *firma* (e não denominação), uma vez que estamos perante uma designação de uma sociedade comercial; na versão alemã: *Firma*.

terminada[385]. O artigo 3.° reforça a ideia, com outras indicações: sede, valor nominal das acções subscritas, número de acções sem valor nominal, se a lei do Estado as permitir[386], os condicionalismos que limitem a transmissão das acções, as categorias de acções e as suas características, a espécie (nominativa ou ao portador) das acções, o montante do capital subscrito, o valor nominal das acções, quando o tenham, a identidade dos subscritores do pacto social, o montante (ou a estimativa) das despesas de constituição e quaisquer vantagens especiais concedidas aquando da constituição[387].

Estas indicações devem ser publicitadas, nos termos da 1.ª Directriz. Trata-se de elementos mínimos.

II. Pode a lei do Estado-Membro predispor uma autorização para que a sociedade anónima inicie a actividade[388]. Quando isso suceda, há que prever o destino das obrigações contraídas pela sociedade antes da autorização e na hipótese de ela não ser concedida, numa regra que não se aplica se essas obrigações estiverem condicionadas à obtenção da autorização: artigo 4.°.

III. Por fim: o artigo 5.° obriga a que, havendo um número mínimo de sócios, as leis nacionais concedam um prazo para a recomposição desse número, quando ele venha a baixar. Havendo dissolução, segue-se a liquidação.

61. **Capital mínimo, subscrição e entradas (6.° a 14.°)**

I. O capital mínimo das sociedades anónimas foi fixado, no artigo 6.°, em 25.000 ECUS[389]; hoje 25.000 euros. O capital subscrito não pode sê-lo com indústria ("execução de trabalhos" ou "prestação de serviços": artigo 7.°[390]).

As acções não podem ser emitidas abaixo do par (8.°/1), salvo especialidades nacionais para corretores (8.°/2).

---

[385] Raúl Ventura, *Adaptação do Direito português à Segunda Directiva* cit., 10-11.

[386] Não é o caso em Portugal.

[387] Cf. Drinkuth, *Die Kapitalrichtlinie* cit., 117 ss., Habersack, *Europäisches Gesellschaftsrecht*, 2.ª ed. cit., 108-111 e Schwarz, *Europäisches Gesellschaftsrecht* cit., 365-366.

[388] Assim sucede, designadamente, nas áreas sujeitas a entidades de supervisão, com exemplo na banca e nos seguros.

[389] Cf. Raúl Ventura, *Adaptação do Direito português à Segunda Directiva* cit., 22-23.

[390] Sobre todo este grupo de preceitos: Drinkuth, *Die Kapitalrichtlinie* cit., 129 ss..

As acções subscritas devem ser realizadas, no mínimo, em 25%, aquando da constituição. Quando realizadas em espécie, devem sê-lo totalmente no prazo de cinco anos (9.°).

II. As entradas em espécie são longamente reguladas no artigo 10.°[391]. Prevê-se, designadamente, um relatório a elaborar por um perito (ou mais), independente e reconhecido e que descreva e ateste o valor das entradas em causa. O relatório tem publicidade. Prevêem-se, ainda, certas circunstâncias que dispensam este regime.

O artigo 11.° versa o que na doutrina alemã se designa "entradas ocultas em espécie" (*verdeckte Sacheinlagen*)[392], tendo-se tornado num dos preceitos mais discutidos, na matéria[393], em várias dimensões[394] e numa conexão com o próprio Direito interno alemão[395]. Consistem no seguinte: caso a sociedade, pouco após a sua formação, adquira bens a sócios, temos uma fórmula de efectuar entradas não-aparentes em espécie. Trata-se de uma situação de base jurisprudencial alemã, já prevista, melhoradamente, no AktG[396] e cujo historial remonta ao velho ADHGB, de 1861[397]. Ela surge agora no referido artigo 11.° da 2.ª Directriz[398]: segue o regime das entradas em espécie, passados determinados limites[399].

---

[391] Cf. JOACHIM GANSKE, *Das Zweite gesellschaftsrechtliche Koordinierungsgesetz vom 13. Dezember 1976*, DB 1978, 2461-2465 (2462/I), WELF MÜLLER, *Zum Entwurf eines Gesetzes zur Durchführung der Zweiten Richtlinie des Rates der Europäischen Gemeinschaften zur Koordinierung des Gesellschaftsrechts (Kapitalschutzrichtlinie)*, Wpg 1978, 565-574 (569 ss.) e SCHWARZ, *Europäisches Gesellschaftsrecht* cit., 371 ss..

[392] MARCUS LUTTER/CHRISTIAN GEHLING, *Verdeckte Sacheinlagen/Zur Entwicklungen der Lehre und zu den europäischen Aspekten*, WM 1989, 1445-1460 (1447/II ss.) e WIENAND MEILICKE, *"Verschleierte" Sacheinlage und EWG-Vertrag*, DB 1990, 1173-1179.

[393] CARSTEN THOMAS EBENROTH/ELLEN NEISS, *Zur Vereinbarkeit der Lehre von der verdeckten Sacheinlage mit EG-Recht*, BB 1992, 2085-2090 (2087/I e 2088/I).

[394] PETER KINDLER, *Verdeckte Sacheinlage und Kapitalschutzrichtlinie – Zur Umwandlung von Geldkrediten in Nennkapital der AG*, FS Boujong 1996, 299-318.

[395] DOROTHEE EINSELE, *Verdeckte Sacheinlage, Grundsatz der Kapitalaufbringung und Kapitalerhaltung*, NJW 1996, 2681-2689 (2689/I).

[396] Cf. HÜFFER, *Aktiengesetz*, 6.ª ed. cit., § 27, Nr. 7 (149) e § 52, Nr. 2 ss. (254 ss.); a tradução portuguesa dos textos em causa pode ser confrontada em RAÚL VENTURA, *Adaptação do Direito português à Segunda Directiva* cit., 31-32.

[397] WIENAND MEILICKE, *Die "verschleierte" Sacheinlage – eine deutsche Fehlentwicklung* (1989), 37 ss..

[398] HABERSACK, *Europäisches Gesellschaftsrecht*, 2.ª ed. cit., 118-120 e SCHWARZ, *Europäisches Gesellschaftsrecht* cit., 375 ss..

[399] MEILICKE, *Die "verschleierte" Sacheinlage* cit., 53 ss..

III. O sector agora em estudo remata com o dever de realizar as entradas (12.°) e com a aplicabilidade destas regras às sociedades anónimas provenientes de transformação: pelo menos até ulteriores directrizes (13.°)[400].

Ficam ressalvadas as disposições legislativas dos Estados-Membros sobre a competência e o processo a observar na modificação do pacto social (14.°, todos da 2.ª Directriz).

62. Distribuição de bens e perdas graves de capital (15.° a 17.°)

I. O artigo 15.° da 2.ª Directriz proíbe distribuições de bens da sociedade aos accionistas[401], sempre que, na data do encerramento do último exercício, o activo líquido seja inferior – ou passe a sê-lo, por força da distribuição – à soma do montante do capital subscrito e das reservas que a lei ou os estatutos não permitam distribuir – n.° 1, *a*). As alíneas subsequentes precisam este dispositivo. O artigo 15.°/2 dispõe sobre o pagamento antecipado de dividendos, subordinando-os a certos postulados. Trata-se de garantir o capital das sociedades anónimas: um dos vectores fundamentais da 2.ª Directriz[402].

II. Quando porventura ocorram distribuições de bens ou de dividendos com violação do artigo 15.°, manda o 16.° que as mesmas sejam restituídas. A sociedade deverá, para tanto, provar que os accionistas visados conheciam ou não deviam ignorar a irregularidade da distribuição[403]. Fundamentalmente, este preceito visa alicerçar a regra da intangibilidade do capital social[404].

III. Finalmente, o artigo 17.° dispõe sobre perdas graves do capital subscrito: um preceito cuja transposição, para o Direito português, tem provocado vincados problemas. Havendo perda grave no capital subscrito – que a legislação dos Estados-Membros não pode fixar em mais de metade do mesmo – deve ser convocada uma assembleia geral para deci-

[400] Raúl Ventura, *Adaptação do Direito português à Segunda Directiva* cit., 35-36.

[401] Ou "dividendos em espécie"; cf. Magdalena Leinekugel, *Die Sachdividende im deutschen und europäischen Aktienrecht* (2001), 11 ss..

[402] Schwarz, *Europäisches Gesellschaftsrecht* cit., 378 ss..

[403] Habersack, *Europäisches Gesellschaftsrecht*, 2.ª ed. cit., 121 ss., com indicações.

[404] Cf., com elementos comparatísticos, Leinekugel, *Die Sachdividende* cit., 43 ss. e Julia Nienhaus, *Kapitalschutz in der Aktiengesellschaft mit atypischer Zwecksetzung* (2002), 237 ss..

dir se a sociedade deve ser dissolvida ou se deve ser adoptada qualquer outra medida[405]. Trata-se de um preceito de origem alemã, que remonta ao velho ADHGB, de 1861, reformado em 1884 e cuja evolução retrata muito da História do Direito das sociedades[406].

63. **Acções próprias (18.° a 24.°)**

I. A 2.ª Directriz do Direito das sociedades compreende um dispositivo bastante completo relativo à aquisição de acções próprias[407]. Desta feita, o modelo que inflectiu o legislador comunitário foi o do *common law*[408]. Isso não obstante haver já uma tradição continental de contenção no tocante à aquisição de acções próprias[409]. E a razão é simples: adquirindo acções próprias, a sociedade descapitaliza-se já que, por cada acção, sai da sociedade precisamente o valor que ela representa ou, melhor, que ela custou. Além disso, a administração passaria a dispor dos inerentes votos, perturbando toda a lógica da orgânica societária[410].

II. O artigo 18.°/1 proíbe a subscrição de acções próprias[411]. Quando subscritas por terceiros em nome da sociedade, ter-se-ão feitas pelo próprio subscritor – n.° 2.

---

[405] HABERSACK, *Europäisches Gesellschaftsrecht*, 2.ª ed. cit., 127 ss., também com indicações e SCHWARZ, *Europäisches Gesellschaftsrecht* cit., 381.

[406] Cf. os nossos *Da perda de metade do capital social das sociedades comerciais*, ROA 1996, 157-177 (171 ss.) e *Manual de Direito das sociedades* 1 cit., 558 ss.. Tem ainda interesse confrontar RAÚL VENTURA, *Adaptação do Direito português à Segunda Directiva* cit., 62 ss..

[407] DRINKUTH, *Die Kapitalrichtlinie* cit., 183 ss. e HABERSACK, *Europäisches Gesellschaftsrecht*, 2.ª ed. cit., 129 ss..

[408] Cf. MATHIAS HABERSACK, *Rückerwerbbare Aktien auch für deutsche Gesellschaften*, FS Lutter 2000, 1329-1346 (1335 ss.). Outras indicações em HABERSACK, *Europäisches Gesellschaftsrecht*, 2.ª ed. cit., 129, nota 90. Como obra actual de referência: BARBARA POZZO, *L'acquisto di azioni proprie/La storia di un problema in un'analisi di diritto comparato* (2003), XVII + 555 pp.. Quanto à 2.ª Directriz cf., aí, 199 ss., com múltiplos elementos.

[409] Recorde-se o clássico: KONRAD COSACK, *Eigene Aktien als Bestandteile des Vermögens einer Aktiengesellschaft*, 1907. As restrições à aquisição de acções próprias datam, na Alemanha, da Novela de 1931.

[410] Entre nós, a obra de referência anterior aos textos comunitários – mas tendo já em conta a proposta de 2.ª Directriz – é a de RAÚL VENTURA, *Auto-participação da sociedade: as acções próprias*, ROA 1978, 217-277.

[411] Cf. GANSKE, *Das Zweite gesellschaftsrechtliche Koordinierungsgesetz* cit., 2463/I, MÜLLER, *Zum Entwurf eines Gesetzes zur Durchführung der Zweiten Richtlinie* cit., 569 ss..

Na hipótese de a legislação nacional permitir a aquisição de acções próprias, deverão ser seguidas certas condições mínimas: autorização pela assembleia geral, que fixará os seus termos; limite de 10% em relação ao capital subscrito; manutenção de certo activo líquido; a aquisição só pode incidir sobre acções totalmente liberadas. Admite-se derrogação, com reservas, para salvaguardar prejuízos graves e iminentes.

O artigo 20.° consigna, com alguma precisão, excepções possíveis à proibição da aquisição de acções próprias.

As acções próprias indevidamente adquiridas devem ser alienadas no prazo de um ano – 21.°, sempre da 2.ª Directriz.

III. As acções próprias legitimamente adquiridas têm um regime específico – artigo 22.°. Designadamente – n.° 1: não dão lugar a votos e obrigam a contabilizar, no passivo, uma reserva correspondente ao activo que elas exprimam, no balanço. O relatório anual deverá exprimir o sentido e o valor da aquisição.

A preocupação de funcionalidade leva à proibição de empréstimos e garantias a terceiros para que adquiram acções próprias (23.°/1), salvo tratando-se de operações correntes de bancos e instituições financeiras (*idem*, n.° 2). A aceitação de penhor de acções próprias é, em certos moldes, equiparada à sua aquisição (24.°).

O artigo 24.°-A tem a ver com a aquisição de acções de uma sociedade anónima levada a cabo por uma sociedade dominada pela primeira[412].

Existe um movimento tendente a aligeirar a possibilidade de aquisição de acções próprias[413] [414].

---

412 Johann Kindl, *Der Erwerb eigener Aktien nach Europäischem Gemeinschfatsrecht*, ZeuP 1994, 77-99 (77).

413 Rüdiger von Rosen/Leonhard Helm, *Der Erwerb eigener Aktien durch die Gesellschaft/ /Plädoyer für ein neues Instrument der Unternehmensfinanzierung in Deutschland und einen wichtigen Impuls für den deutschen Kapitalmarkt*, AG 1996, 434-442, Rolf Skog, *Der Erwerb eigener Aktien: Reformbestrebungen in den EU-Mitgliedstaaten*, ZGR 1997, 306-333 (329 ss.), Christina Escher-Weingart/Friedrich Kübler, *Erwerb eigener Aktien – Deutsche Reformbedürfnisse und europäische Fesseln?*, ZHR 162 (1998), 537-562 (538 ss., o Direito vigente, 546 ss., o Direito americano e 559 ss., o problema da 2.ª Directriz).

414 Cf. a proposta sueca: Martin M. Geiger, *Der Erwerb eigener Aktien im schwedischen Recht*, AG 1997, 163-168.

64. **Aumento de capital (25.° a 29.°)**

I. A 2.ª Directriz reporta-se, em cinco artigos, ao tema do aumento de capital das sociedades anónimas[415]. Faremos uma mera síntese.

O aumento de capital deve ser deliberado pela assembleia geral, com publicidade – 25.°/1; com a ressalva de os estatutos ou a própria assembleia fixarem um máximo, até ao qual a decisão pode caber a outro órgão – *idem*, n.° 2.

Havendo aumento com emissão de novas acções, devem estas ser realizadas até ao mínimo de 25%; o prémio de emissão, quando exista, deve ser integralmente pago – artigo 26.°.

II. As acções emitidas em contrapartida de entradas em espécie devem ser liberadas em cinco anos – 27.°/1; haverá, ainda, um relatório adequado, nos termos previstos para a realização em espécie – 27.°/2[416].

Quando um aumento não seja integralmente subscrito, o capital só será, de facto, aumentado até à concorrência da cifra efectivamente subscrita – 28.°.

III. O artigo 29.° reporta-se, depois, a um instituto clássico do Direito das sociedades e, em especial, das sociedades anónimas: o direito de preferência dos accionistas na subscrição de novas acções[417]. Entre vários aspectos[418], cumpre sublinhar a possibilidade de limitação ou de compressão desse direito pela assembleia geral[419] – 29.°/4 – mediante um juízo de mérito[420]; essa possibilidade, assente nos pressupostos formais e mate-

---

[415] DRINKUTH, *Die Kapitalrichtlinie* cit., 222 ss. e HABERSACK, *Europäisches Gesellschaftsrecht*, 2.ª ed. cit., 133 ss..

[416] RAÚL VENTURA, *Adaptação do Direito português à Segunda Directiva* cit., 73-74.

[417] KARSTEN SCHMIDT, *Gesellschaftsrecht*, 4.ª ed. cit., 901 ss., com múltiplas indicações.

[418] Cf. PEDRO DE ALBUQUERQUE, *Direito de preferência dos sócios em aumentos de capital nas sociedades anónimas e por quotas* (1993), 109-111 e RAÚL VENTURA, *Adaptação* cit., 76-95.

[419] JOACHIM NATTERER, *Bezugsrechtsausschluss und zweite gesellschaftsrechtliche Richtlinie*, ZIP 1995, 1481-1489 e, com muitos elementos comparatísticos, EDDY WYMEERSCH, *Das Bezugsrecht der alten Aktionäre in der Europäischen Gemeinschaft: eine rechtsvergleichende Untersuchung*, AG 1998, 382-390 (383 ss.). Como obra de referência: FRIDERIKE BAGEL, *Der Ausschluss des Bezugsrechts im Europa* (2000), 407 pp., com indicações comparatísticas: Itália, Espanha e Portugal (36 ss.), Grã-Bretanha (113 ss.), França, Bélgica e Holanda (162 ss.) e Suíça (249 ss.). Cf., ainda aí, 285 ss., novas considerações comparatísticas.

[420] WIENAND MEILICKE, *Vereinbarkeit der Inhaltskontrolle des Bezugsrechtsausschlusses mit europäischem Recht*, DB 1996, 513-517, PETER KINDLER, *Die sachliche Rechtsfertigung des*

riais[421] pode ser deferida, em certas circunstâncias, ao órgão habilitado, pela assembleia, a decidir o próprio aumento – 29.°/5.

65. **Redução de capital (30.° a 39.°)**

I. O tema da redução de capital obteve uma minuciosa regulação comunitária. Presente estará a preocupação especial da tutela dos credores[422]. A própria 2.ª Directriz merece, aliás, o epíteto de Directriz de protecção do capital das sociedades.

À partida, a redução de capital deve ser deliberada pela assembleia geral, com regras de *quorum* e de publicidade – 30.°[423]. Havendo várias categorias de acções, proceder-se-á a votações separadas pelas equivalentes categorias de accionistas – 31.°.

II. Os credores anteriores à redução podem obter uma garantia para os créditos ainda não vencidos aquando da publicação da redução – 32.°/1. Podem as leis nacionais prever que, antes de os credores terem sido pagos, nenhuma importância pode ser entregue aos accionistas – 32.°/2. As garantias podem ser dispensadas quando a redução vise cobrir perdas (33.°)[424].

A redução não deve ir abaixo do capital mínimo; todavia, os Estados-Membros podem derrogar essa regra desde que a redução fique condicionada a um subsequente aumento, que alcance o mínimo em causa (34.°).

III. A amortização do capital subscrito sem redução do capital pode ser deliberada nas condições mínimas do artigo 35.°. Também a amortização forçada passa pelo crivo apertado do artigo 36.°, admitindo-se, com regras, a redução por extinção de acções próprias ou equivalente – 37.°.

---

aktienrechtlichen Bezugsrechtsausschlusses im Lichte der Zweiten Gesellschaftsrechtlicher Richtlinie der Europäischen Gemeinschaft, ZHR 158 (1994), 339-370; neste estudo podem ser confrontadas as experiências alemã, francesa e italiana (341 ss.) e os limites materiais da exclusão, de acordo com a 2.ª Directriz (351 ss.).

[421] ULRIKE LIEBERT, *Der Bezugsrechtausschluss bei Kapitalerhölungen von Aktiengesellschaften* (2003), 47 ss. e 56 ss..

[422] HABERSACK, *Europäisches Gesellschaftsrecht*, 2.ª ed. cit., 144.

[423] RAÚL VENTURA, *Adaptação do Direito português à Segunda Directiva* cit., 101 ss..

[424] SCHWARZ, *Europäisches Gesellschaftsrecht* cit., 399.

Procede-se a votações separadas quando haja várias categorias de acções. As condições de admissibilidade das acções remíveis advêm do artigo 39.°.

66. **Disposições gerais e finais (40.° a 44.°)**

I. As disposições gerais contêm regras do maior relevo. O artigo 40.° prevê que várias deliberações, designadamente a exclusão da preferência dos accionistas e várias situações de redução exijam maioria qualificada não inferior a dois terços. Admitem-se certas derrogações para favorecer a participação dos trabalhadores – 41.°.

O princípio do igual tratamento dos accionistas em circunstâncias idênticas é assegurado pelo artigo 42.°.

II. A *vacatio* foi fixada em dois anos, sendo os Estados-Membros os destinatários do diploma: artigos 43.° e 44.°, ambos da 2.ª Directriz.

67. **Alcance geral na União**

I. Como foi dito, a 2.ª Directriz tem um alcance técnico bastante mais acentuado do que a 1.ª. Limitada às sociedades anónimas, a 2.ª Directriz acaba por apresentar um pormenor regulativo marcado – e isso sem deixar de, aos Direitos nacionais, dar margens de concretização.

II. De novo a grande ordem dadora foi a alemã. Por isso, o Direito alemão foi o menos alterado, em termos de transposição[425]. Quanto aos restantes, as alterações foram marcadas nos sistemas mais distantes do "núcleo" europeu: na Grã-Bretanha e na Irlanda, não se previa nenhum capital mínimo, enquanto na Holanda faltavam regras sobre acções próprias. A 2.ª Directriz levou, pois, à introdução, nesses Países, de esquemas inteiramente novos[426]. Em França, a transposição operou através da Lei n.° 81-1162, de 30-Dez.-1981 e, na Itália, pelo Decreto n.° 30, de 10-Fev.-1986[56].

---

[425] Lei de 13-Dez.-1978; a Directriz 92/101/CE não deu azo a nenhuma transposição, uma vez que já correspondia ao estrito Direito alemão.

[426] Cf. SCHWARZ, *Europäisches Gesellschaftsrecht* cit., 363 (Nr. 571).

[427] Quanto aos outros países cf. o quadro de SCHWARZ, ob. cit., 359-361 e, quanto à Directriz n.° 92/101/CE, 361-362.

III. A aproximação conseguida pela 2.ª Directriz entre os vários Direitos europeus sobre sociedades anónimas foi significativa. Os resultados obtidos obviaram ao aparecimento de esquemas exóticos, que pudessem tornar irreconhecíveis os Direitos em presença. As regras assim impostas são, nalguns casos, demasiado pesadas ou complexas. Tem-se, por isso, reclamado a sua simplificação. Por outro lado, elas apresentam-se insuficientes para sectores sensíveis, como o da banca e o dos seguros. Por isso houve, aí, que prever directrizes mais precisas.

Com todas estas limitações, a 2.ª Directriz ou Directriz de Capital logrou uma efectiva harmonização dos Direitos das sociedades anónimas da União.

§ 16.° Transposição para o Direito português

68. Aspectos gerais; o anteprojecto Raúl Ventura e o Código das Sociedades Comerciais

I. A transposição da 2.ª Directriz para o Direito português foi, ao que sabemos, objecto apenas de um estudo do Prof. Raúl Ventura[428]. Na altura – 1980 – os trabalhos relativos ao que viria a ser o Código das Sociedades Comerciais estavam, ainda, muito incipientes. Por isso, Raúl Ventura optou por um articulado corrido, muito próximo do próprio texto da Directriz e com os artigos identificados por letras. Tal articulado tanto poderia ser usado para alterar leis velhas – designadamente o Código Comercial – como para preparar leis novas[429]. Sublinhamos a elegância da linguagem. A transposição tomaria corpo no actual Código das Sociedades Comerciais. Recordamos que a "... necessidade urgente de adaptar a legislação portuguesa às directivas da CEE, a que Portugal aceitou ficar vinculado, tornou inadiável a publicação do Código ...", segundo as palavras do preâmbulo do Decreto-Lei n.° 262/86, de 2 de Setembro, que o aprovou[430].

A preocupação transpositora do legislador de 1986 foi, de resto e de modo assumido, mais longe do que o exigido pelas fontes comunitárias. O preâmbulo do Decreto-Lei n.° 262/86 chegou a proclamar que[431]:

> A frequência das relações societárias entre portugueses e estrangeiros, sobretudo europeus, impõe, aliás, uma harmonização progressiva dos regimes jurídicos.

---

[428] Raúl Ventura, *Adaptação do Direito português à Segunda Directiva* cit., 135-152: um anteprojecto de articulado.

[429] Raúl Ventura, *Adaptação* cit., 135.

[430] *Vide* o preâmbulo em causa, n.° 2, 5.° §.

[431] *Idem*, n.° 3, 5.° §/2.

Trata-se de um ponto que não se prende com a liberdade de estabelecimento, mas com relações entre pessoas. De todo o modo, é curiosa tal preocupação, assim formulada e que bem se entende, no ambiente de entusiasmo que acompanhou a adesão ao Tratado de Roma.

II. Ainda o preâmbulo do Decreto-Lei n.° 262/86 multiplica as referências a medidas de transposição da 2.ª Directriz. Retemos os competentes textos:

> Regulamenta o Código pormenorizadamente a obrigação de entrada dos sócios e a conservação do capital (artigos 25.° a 35.°), de acordo com a 2.ª Directiva Comunitária, disciplinando rigorosamente a fiscalização da realização das entradas (artigo 28.°), a aquisição de bens aos accionistas (artigo 29.°), a distribuição dos bens aos sócios (artigos 32.° e 33.°) e a perda de metade do capital (artigo 35.°).
>
> (...)
>
> Os preceitos sobre alterações do contrato em geral (artigos 85.° e 86.°) e, especialmente, sobre o aumento e redução do capital (artigos 87.° a 96.°), visam claramente reforçar a protecção dos sócios e dos credores sociais. É de ressaltar, a este propósito, que se transpuseram para o Código preceitos da 2.ª Directiva Comunitária sobre o aumento e redução do capital das sociedades por quotas e criou-se um direito legal de preferência na subscrição de quotas e acções (artigos 266.° e 452.° a 454.°)[432].
>
> (...)
>
> Regula-se a dissolução segundo as linhas tradicionais, acolhendo-se quanto a sociedades unipessoais a posição de Ferrer Correia e tendo presente o disposto na 2.ª Directiva da CEE[433].
>
> (...)
>
> Fixa-se em 5 000 000$00 o capital mínimo da sociedade anónima (artigo 276.°), em consonância com o preceituado na 2.ª Directiva comunitária[434].
>
> (...)

[432] Preâmbulo, n.° 11. Os artigos 452.° a 454.°, depois alterados pelo Decreto-Lei n.° 328/95, de 9 de Dezembro, não tinham a ver com a preferência dos accionistas na subscrição de novas acções: tratava-se, na realidade, dos artigos 458.° a 460.°.

[433] Preâmbulo, n.° 14.

[434] Preâmbulo, n.° 26, 3.° §.

Também em consonância com a 2.ª Directiva da CEE é limitada a possibilidade de a sociedade adquirir acções próprias, de modo a melhor garantir os direitos dos credores[435].

(...)

Consagra-se o direito de preferência dos accionistas nos aumentos de capital (artigos 458.° a 460.°), em conformidade com a orientação preconizada na já referida 2.ª Directiva[436].

III. Apesar de meramente ilustrativo, o preâmbulo do Decreto-Lei n.° 262/86 permite inferir de alguns dos traços que caracterizam a transposição da 2.ª Directriz. Assim:

- não houve um plano de conjunto, salvo o que se disse quanto ao anteprojecto de Raúl Ventura;
- a matéria aparece dispersa por todo o Código;
- a transposição não se limitou às sociedades anónimas: houve áreas das sociedades por quotas atingidas, assistindo-se ainda ao seu acolhimento na parte geral do Código: aplica-se, nesse sector, a todas as sociedades.

De facto, a 2.ª Directriz traduz uma recolha de elementos europeus, particularmente alemães e, nalguns casos, anglo-saxónicos, para reger as (grandes) sociedades anónimas. A sua generalização, na Nossa Terra, às pequenas e médias empresas vem dar corpo a uma das críticas que se têm vindo a formular ao Código das Sociedades Comerciais: a de tornar pesada e complexa a gestão das sociedades de menor porte.

69. **Constituição, capital e entradas**

I. A constituição das sociedades anónimas, particularmente no que tenha a ver com as indicações a inserir no seu pacto social, resulta dos artigos 9.° e 272.°. Devem ter publicidade, nos termos já considerados do artigo 3.°, *a*), do CRCom.

O artigo 5.° da 2.ª Directriz, que exige, no caso de dissolução por insuficiência do número de sócios, um prazo para que se possa recompor

435 Preâmbulo, n.° 28, 2.° §.

436 Preâmbulo, n.° 31.

a pluralidade necessária, foi acolhido no artigo 142.°/1, *a*). O legislador nacional foi cauteloso, retomando essa regra no artigo 464.°/3 e 4, especialmente consagrados às sociedades anónimas. A orientação consagrada já havia sido defendida por FERRER CORREIA[437]. Hoje, perdeu um pouco o impacto, devido à generalização, também por via comunitária, das sociedades por quotas unipessoais[438].

II. O capital social mínimo das sociedades anónimas foi fixado em 5.000.000$00, correspondendo ao artigo 6.° da 2.ª Directriz[439]. Hoje é de 50.000 euros, perante o artigo 276.°/3, na redacção dada pelo Decreto-Lei n.° 343/98, de 6 de Novembro, no seu artigo 3.°/2 e 3. Não há sócios de indústria – 277.°/1.

As acções não podem ser emitidas abaixo do seu valor nominal, podendo ser descontadas as despesas de colocação por instituição de crédito – 298.°: equivale ao artigo 8.° da 2.ª Directriz. Pode ser diferida a realização de 70% do valor nominal das acções (277.°/2): o artigo 9.° da 2.ª Directriz permitiria ir aos 75%. O limite de 5 anos opera, na Directriz, para as entradas em espécie (9.°); o artigo 285.°/1 reporta essa norma às entradas em dinheiro[440].

Como vemos: trata-se de normas de transposição simples. Todavia, sem uma iniciação específica ao Direito português, o jurista "europeu", mesmo conhecendo a nossa língua, não daria com elas.

III. A matéria das entradas em espécie está prevista no artigo 10.° da Directriz. Ela consta do artigo 28.°. Recordamos o essencial.

As entradas em espécie traduzem-se na transferência, para a sociedade, de direitos patrimoniais, susceptíveis de penhora e diferentes do dinheiro. Falamos em "direitos": pode estar em causa qualquer situação distinta do direito de propriedade: por exemplo, o direito ao uso e fruição, direitos sobre bens imateriais, tais como patentes ou técnicas de saber-

---

437 A. FERRER CORREIA, *O problema das sociedades unipessoais*, BMJ 166 (1967), 183-217 (216-217, com um projecto legislativo). Este trabalho inseriu-se num ciclo destinado, precisamente, à preparação do Código das Sociedades Comerciais.

438 12.ª Directriz das Sociedades Comerciais, transposta pelo Decreto-Lei n.° 257/96, de 31 de Dezembro. Cf. *infra*, 469 ss..

439 No anteprojecto de RAÚL VENTURA, *Adaptação* cit., 136, o correspondente preceito estava em branco.

440 O legislador português, dentro das hipóteses abertas pela Directriz, mostra uma certa tendência para as soluções mais severas. Não sabemos qual a razão dessa postura.

-fazer (*know-how*). O artigo 28.°/1 fala em "... bens diferentes de dinheiro ..." [441]. Trata-se de uma fórmula excessivamente empírica para exprimir a ideia dos referidos direitos patrimoniais.

IV. O dinheiro é de fácil avaliação: basta ver o montante, em função do princípio do nominalismo. Já a "espécie" pode ter valores subjectivos. Repare-se que não basta, aqui, relevar o valor que, por acordo, os sócios lhe queiram atribuir: a sociedade tem um património objectivo, que interessa à comunidade e, em especial, aos credores. Por isso, o Direito preocupa-se com o conhecimento do valor exacto dos "bens", procurando que seja devidamente determinado.

O artigo 28.° prevê, com pormenor, a preparação de um relatório elaborado por um revisor oficial de contas (ROC), devidamente distanciado e que avalie, objectivamente, os bens, explicando os critérios usados e declarando formalmente se o valor deles atinge o valor nominal indicado pelos sócios – n.° 3, *d*)[442].

V. Ao relatório em causa deve ser dada especial publicidade – 28.°/5 e 6. Recordamos que o grande objectivo do trabalho exigido ao ROC é a defesa de terceiros: os credores da sociedade, os futuros adquirentes de posições sociais e o público em geral. Por isso, os próprios sócios estão, aqui, perante regras imperativas. Nem por comum acordo podem ser postergadas.

VI. As entradas ocultas em espécie ou aquisição de bens a accionistas (11.° da Directriz) surgem, com pormenor, no artigo 29.°. Fica a originalidade de, tratando-se de uma regra expressamente limitada a sociedades anónimas e a comanditas por acções, ela se situar na parte geral do Código.

O dever de realizar as entradas (12.°) ocorre nos artigos 27.° e 285.°, entre outros[443].

---

[441] Cf., sobre o tema, PAULO DE TARSO DOMINGUES, *Do capital social/Noção, princípios e funções*, 2.ª ed. (2004), 78 ss..

[442] Na redacção dada pelo Decreto-Lei n.° 257/96, de 31 de Dezembro.

[443] Quanto ao regime geral cf. o nosso *Manual de Direito das Sociedades*, 1, 524 ss..

70. A defesa do capital

I. A defesa do capital das sociedades anónimas, no plano comunitário, é assegurada pelas regras restritivas quanto à distribuição de bens aos sócios e quanto às perdas graves do capital social. Vamos recordar brevemente o dispositivo português de transposição.

II. No tocante à distribuição de bens, cabe reter o artigo 32.°, norma básica para a tutela dos credores:

> Sem prejuízo do preceituado quanto à redução do capital social, não podem ser distribuídos aos sócios bens da sociedade quando a situação líquida desta, tal como resulta das contas elaboradas e aprovadas nos termos legais, for inferior à soma do capital e das reservas que a lei ou o contrato não permitem distribuir aos sócios ou se tornasse inferior a esta soma em consequência da distribuição.

III. A coerência do sistema é, depois, assegurada por um conveniente processo de distribuição de bens. Consta ele do artigo 31.°, traduzindo-se, essencialmente, no seguinte:

- a distribuição de bens (salvo a hipótese de distribuição antecipada de lucros e outros casos previstos na lei) depende de deliberação dos sócios – n.° 1;
- mesmo quando tomada, tal deliberação não deve ser executada pelos administradores quando tenham fundadas razões para crer: que alterações ocorridas no património social tornariam a distribuição ilícita perante o artigo 32.°; que, de todo o modo, ela viole os artigos 32.° e 33.°; ou que ela assentou em contas inadequadas – n.° 2; quando optem pela não execução, os administradores devem requerer inquérito judicial;
- a distribuição também não terá lugar após a citação da sociedade "... para a acção de invalidade de deliberação de aprovação do balanço ou de distribuição de reservas ou lucros de exercício ..." – n.° 4 – sendo os autores de tal acção responsáveis, solidariamente, pelos prejuízos que causem aos outros sócios, quando litiguem temerariamente ou de má fé – n.° 5.

IV. O artigo 16.° da 2.ª Directriz foi directamente transposto. Os bens indevidamente recebidos pelos sócios devem ser restituídos à sociedade:

tal o sentido geral do artigo 34.°. Todavia, fica protegida a posição dos sócios de boa fé – 34.°/1 – sendo o todo aplicável aos transmissários dos direitos dos sócios – n.° 2.

Os credores podem propor acção para restituição, à sociedade, das importâncias em causa, tendo ainda acção contra os administradores – 34.°/3. O n.° 4 regula o ónus da prova, enquanto o n.° 5 alarga o dispositivo da restituição a "... qualquer facto que faça beneficiar o património das referidas pessoas dos valores indevidamente atribuídos".

Temos, aqui, manifestações do instituto da repetição do indevido – artigos 476.°, do Código Civil.

V. As perdas graves do capital foram transpostas para o artigo 35.°, que dispõe sobre a hipótese da perda de metade do capital social das sociedades comerciais[444]. Trata-se de um preceito que levantou uma série de dúvidas e de controvérsias, desde 1986. Actualmente, ele tem uma redacção introduzida pelo Decreto-Lei n.° 162/2002, de 11 de Julho. Dispõem os seus dois primeiros números:

> 1. Os membros da administração que, pelas contas do exercício, verifiquem estar perdida metade do capital social devem mencionar expressamente tal facto no relatório de gestão e propor aos sócios uma ou mais das seguintes medidas:
>
> *a*) A dissolução da sociedade;
>
> *b*) A redução do capital social;
>
> *c*) A realização de entradas em dinheiro que mantenham pelo menos em dois terços a cobertura do capital social;
>
> *d*) A adopção de medidas concretas tendentes a manter pelo menos em dois terços a cobertura do capital social.
>
> 2. Considera-se estar perdida metade do capital social quando o capital próprio constante do balanço do exercício for inferior a metade do capital social.

---

[444] Sobre o tema, ainda que pelo Direito anterior, cf. o nosso *Da perda de metade do capital social das sociedades comerciais*, ROA 1996, 157-177 e PAULO DE TARSO DOMINGUES, *Garantias da consistência do património social*, em IDET/*Problemas do Direito das sociedades* (2002), 497-545 (526 ss.).

O balanço do exercício traduz o resultado final do inventário e exprime a diferença entre o activo e o passivo; o saldo corresponde ao "capital próprio"[445]. A lei optou, pois, por uma noção clara. Tudo dependerá da forma por que estejam elaboradas as contas.

Perante a prefigurada situação da perda de metade do capital social, o Direito reage, em termos preventivos. Trata-se de:

- ou obviar à ocorrência, reforçando os capitais da sociedade;
- ou de fazer corresponder a realidade nominal à verdade da situação patrimonial;
- ou de pôr termo à sociedade, antes que se agravem – ou possam agravar – os perigos para terceiros.

Supomos ser esta a escala de valores jurídico-sociais. Todavia, as alíneas do n.° 1 inverteram-na, deixando para o fim a "adopção das medidas convenientes", verdadeira cláusula geral. Porquê? Para conseguir uma articulação incentivadora e, mesmo, compulsória, que leve as sociedades, através dos administradores, a reforçar os seus capitais.

VI. O n.° 3 regula o *modus faciendi* da apresentação, na assembleia geral, da competente proposta. O n.° 4 dispõe, por fim, que mantendo-se a situação da perda de metade do capital social no final do exercício seguinte, a sociedade se considera imediatamente dissolvida, desde a aprovação das contas daquele exercício e assumindo os administradores, a partir desse momento, as competências de liquidatários.

O artigo 523.° pune com prisão até três meses e multa até 90 dias, o gerente, administrador ou director que não dê cumprimento ao artigo 35.°, aqui em causa. Ambos estes preceitos – o artigo 35.°, na redacção anterior – estavam, segundo a melhor opinião, suspensos desde 1986, tendo sido postos em vigor apenas pelo Decreto-Lei n.° 237/2001, de 30 de Agosto. O Decreto-Lei n.° 162/2002 veio tornar o dispositivo ainda mais pesado, remetendo, todavia, a sua entrada em vigor para 2004/2005. Anunciam-se novas alterações tendentes a dulcificar o severo regime vigente.

---

[445] Algumas noções sobre as contas das sociedades podem ser confrontadas em PINTO FURTADO, *Curso de Direito das sociedades*, 5.ª ed. cit., 479 ss. e em PAULO DE TARSO DOMINGUES, *Capital e património sociais, lucros e reservas*, em *Estudos de Direito das sociedades*, coord. COUTINHO DE ABREU, 6.ª ed. (2003), 127-172.

Portugal é, neste momento, o País da União com a mais elevada taxa de falências: dado amplamente publicitado junto da opinião pública europeia[446]. Pergunta-se, naturalmente, ao que vêm medidas tão draconianas, precisamente no pico da crise. A legislação comunitária não pode ser desculpa para o abstraccionismo legiferante dos departamentos da Justiça[447].

71. **Acções próprias**

I. A temática relativa às acções próprias foi cuidadosamente transposta para os artigos 316.° e 325.°[448]. Por seu turno, o artigo 24.°-A da 2.ª Directriz, aditado pela Directriz n.° 92/101/CEE, do Conselho, de 23 de Novembro, foi transposto pelo Decreto-Lei n.° 328/95, de 9 de Dezembro.

O artigo 316.° equivale ao 18.° da 2.ª Directriz: proíbe, como regra, a aquisição de acções próprias, ainda que por interposta pessoa. No artigo 317.° condensam-se as excepções facultadas pelos artigos 19.° e 20.° da Directriz.

II. A deliberação de aquisição, incluída no artigo 19.°/2 da 2.ª Directriz, consta com autonomia do artigo 319.°. Os empréstimos e as garantias para aquisição de acções próprias (23.°) surgem no artigo 322.° e o penhor (24.°), no 325.°.

O importante artigo 324.° contém o regime das acções próprias, tal como provém do artigo 22.° da 2.ª Directriz.

Como referimos, os artigos 325.°-A e 325.°-B acolhem o regime do artigo 24.°-A, da 2.ª Directriz, relativo à aquisição de acções próprias por sociedades dependentes. As epígrafes não são adequadas, mas o regime é claro.

III. O artigo 321.° consagra o princípio da igualdade de tratamento dos accionistas, nas aquisições e alienações de acções próprias. De facto,

---

446 Notícia do *Tagesschau* da ARD (o 1.° canal oficial alemão de televisão), a 3-Fev.-2004.

447 Para outros elementos e, em especial, para a evolução legislativa relativa à (não) aplicação do artigo 35.°, cf. o nosso *Manual de Direito das sociedades* cit., 555 ss..

448 Sobre estes preceitos, é obrigatório o comentário de Raúl Ventura, *Acções próprias*, em *Estudos vários sobre sociedades anónimas* (1992), 346 a 408. Cf., ainda, Maria Victória Ferreira da Rocha, *Aquisição de acções próprias no Código das Sociedades Comerciais* (1994) e João Gomes da Silva, *Acções próprias e interesses dos accionistas*, ROA 2000, 1221-1296.

o princípio da igualdade de tratamento consta do artigo 42.° da 2.ª Directriz, mas reportando-se a toda a matéria nela versada: não, apenas, ao tema das acções próprias.

Não haverá dúvidas em alargar o âmbito do artigo 321.°, em nome de uma interpretação conforme com a Directriz.

72. **Aumento e redução de capital**

I. A matéria relativa ao aumento e à redução do capital social das sociedades anónimas, inserida nos artigos 25.° a 39.° da 2.ª Directriz, foi transposta para o Capítulo VIII da Parte Geral do Código das Sociedades Comerciais, relativo às *alterações do contrato*: artigos 85.° a 96.°.

Quanto às alterações em geral: no Direito das sociedades, utiliza-se "alteração" no sentido mais estreito de modificação dos estatutos que não tenha eficácia subjectiva, reduzindo (fusão) ou ampliando (cisão) as pessoas colectivas e que não conduza à adopção, por uma sociedade de certo tipo, de um tipo diverso.

O tema está regulado no Capítulo VIII da Parte geral, nos artigos 85.° a 96.°, distinguindo-se, como indicado, entre alterações em geral, aumento de capital e redução do capital.

A alteração do contrato de sociedade pode operar por modificação, supressão ou aditamento de cláusulas. Ela deve ser deliberada pelos sócios, salvo quando a lei permita, cumulativamente, atribuir essa função a outro órgão (85.°/1). Há que respeitar o tipo social em jogo (*idem*, n.° 2).

Adoptada a alteração, deve a mesma ser consignada em escritura pública (85.°/3), tendo qualquer membro da administração o dever de a outorgar, com a maior brevidade e sem dependência de especial designação dos sócios (85.°/4)[449]. A escritura pública pode ser dispensada nos casos previstos nas duas alíneas do artigo 85.°/3.

O artigo 86.° ocupa-se da protecção dos sócios[450]. Assim, só por unanimidade pode ser atribuído efeito retroactivo à alteração do contrato e, ainda então e como é lógico, apenas nas relações entre eles. Se a alteração

[449] Todo um ciclo de acórdãos recusa valor a "escrituras" lavradas em Inglaterra, uma vez que o *notary* não exerce uma função pública: RPt 12-Jul.-1994 (Pelayo Gonçalves), CJ XIX (1994) 4, 184-187 (186/I), RPt 19-Jan.-1995 (Sousa Leite), BMJ 443 (1995), 451-452 (o sumário) e STJ 3-Out.-1995 (Santos Monteiro), BMJ 450 (1995), 508-514 (513).

[450] Raúl Ventura, *Alterações do contrato de sociedade*, 2.ª ed. (1998), 75 ss..

impuser o aumento das prestações dos sócios, ela é ineficaz para os que, nele, não tenham consentido (n.° 1 e n.° 2, respectivamente).

II. A deliberação de aumento de capital[451] deve conter os requisitos elencados no artigo 87.°/1, mencionando expressamente:

a) A modalidade do aumento do capital;
b) O montante do aumento do capital;
c) O montante nominal das novas participações;
d) A natureza das novas entradas;
e) O ágio, se o houver;
f) Os prazos dentro dos quais as entradas devem ser efectivadas, sem prejuízo do disposto no artigo 89.°;
g) As pessoas que participarão nesse aumento.

O n.° 3 desse preceito proíbe o aumento de capital na modalidade de novas entradas, enquanto não estiver definitivamente registado um aumento anterior, nem estiverem vencidas todas as prestações de capital, inicial ou proveniente de anterior aumento. Trata-se de uma medida destinada a prevenir a capitalização artificial das sociedades.

As modalidades do aumento de capital abrangem:

- as novas entradas, seja de sócios, seja de terceiros que, assim, se tornam sócios;
- a incorporação de reservas, aproveitando o valor real do património da sociedade para formalizar capital;
- a transformação de dívidas em capital, passando os credores a sócios.

Em termos internos, o capital considera-se aumentado e as participações constituídas a partir da celebração da escritura (88.°). Para efeitos exteriores, exige-se o registo (14.°/1, do CRCom).

O problema das entradas merece o artigo 89.°. Aplica-se, tendencialmente, o regime das entradas aquando da constituição da sociedade[452]. Com as seguintes especialidades:

---

[451] Sobre o tema, Raúl Ventura, *Alterações*, 2.ª ed. cit., 94 e ss. e Maria Ângela Coelho Bento Soares, *Aumento de capital*, em *Problemas de Direito das sociedades* (2002), 237 a 255.

[452] *Supra*, 523 ss..

- as entradas em espécie devem estar totalmente efectuadas até à celebração da escritura (89.°/2);
- as entradas em dinheiro, quando deferíveis, são exigíveis a partir do registo definitivo do aumento de capital (89.°/3);
- a deliberação de aumento caduca ao fim de um ano se a escritura não puder ser outorgada nesse prazo, por falta de realização das entradas.

Trata-se de elementos a fiscalizar pelo notário (90.°).

O aumento por incorporação de reservas obtém particulares cautelas legislativas (91.°)[453], regulando-se o aumento das participações dos sócios (92.°) e prevendo-se uma especial fiscalização (93.°). O respeito pela realidade subjacente assim o exige.

III. A redução do capital de uma sociedade pode pôr em crise os direitos e as expectativas de terceiros. Compreende-se que a lei a rodeie de cuidados vincados[454]: na linha dos artigos 30.° a 39.° da 2.ª Directriz, ora transposta.

Logo a convocatória deve ter as especificações do artigo 94.°. Faltando, a deliberação é nula, nos termos acima explicitados.

A redução, uma vez deliberada, não pode ser consignada em escritura pública nem registada sem que a sociedade tenha, primeiro, obtido autorização judicial (95.°/1). Essa matéria vem regulada nos artigos 1487.° e 1488.°, do Código de Processo Civil. A autorização judicial é dispensada quando a redução vise cobrir perdas (95.°/3), seguindo-se, então, a tramitação do artigo 95.°/4.

A redução pode conduzir a um capital inferior ao mínimo legal, desde que fique expressamente condicionada a um aumento igual ou superior a esse mínimo (96.°): uma denominada operação "acórdeão".

IV. Uma menção especial deve ser feita ao direito de preferência dos accionistas na subscrição de novas acções[455]. A matéria inclui-se nos artigos 456.° e seguintes, que contemplam algumas especialidades de regime

---

453 Raúl Ventura, *Alterações*, 2.ª ed. cit., 256 ss..

454 Cf. Raúl Ventura, *Alterações*, 2.ª ed. cit., 312 ss..

455 Cf. o nosso *Da preferência dos accionistas na subscrição de novas acções: exclusão e violação*, ROA 1990, 345-362 e Pedro de Albuquerque, *Direito de preferência dos sócios em aumentos de capital nas sociedades anónimas e por quotas* cit., 117 ss..

no tocante ao aumento e redução do capital das sociedades anónimas. O direito de preferência, o seu exercício e a sua limitação ou supressão, constam dos artigos 458.°, 459.° e 460.°. A preferência dos sócios nos aumentos de capital a realizar em dinheiro consta, ainda, do artigo 266.°, relativo a sociedades por quotas.

73. **Considerações finais: a densificação regulativa**

I. A 1.ª Directriz do Direito das sociedades provocou, entre nós, um aprofundamento jurídico-científico de vários e importantes temas, como vimos[456]. A 2.ª Directriz teve uma feição diferente: ela promoveu, no nosso Direito, uma densificação regulativa[457]. Efectivamente, diversos institutos, desde as entradas em espécie até às acções próprias, obtiveram uma atenção do legislador que permitiu colocá-las no topo das problemáticas jurídicas europeias.

II. A tentação de 1986 foi simples: alargar muitas das regras comunitárias, destinadas às sociedades anónimas, aos diversos tipos societários, através da sua inserção na parte geral do Código. Fazendo-o, o legislador nacional foi para além do requerido, em termos comunitários. Mas pode dificultar a vida das pequenas e médias empresas. Esta disfunção ainda se torna mais patente se tivermos em conta que, mesmo no núcleo das sociedades anónimas, a palavra de ordem é, hoje, a da simplificação da 2.ª Directriz[458].

Uma interpretação conforme com a 2.ª Directriz exigirá que se tenham em conta os tipos societários a que se vão aplicar as regras "gerais" dela provenientes: aplicação plena, no caso das anónimas; aplicação eventualmente reduzida, em termos teleológicos, nos restantes.

---

[456] *Supra*, 178 ss..

[457] Admitimos, todavia, que mesmo na falta de integração europeia, essa densificação pudesse ser obtida através do Direito comparado.

[458] Recorde-se a *Comunicação da Comissão ao Conselho e ao Parlamento Europeu/Modernizar o direito das sociedades e reforçar o governo das sociedades na União Europeia – Uma estratégia para o futuro*, de 21-Mai.-2003, em COM (2003) 284, final, 17 ss..

CAPÍTULO III

3.ª (78/855/CEE) E 6.ª (82/891/CEE) DIRECTRIZES: FUSÃO E CISÃO

§ 17.° **Textos da 3.ª e da 6.ª Directrizes**

74. **Texto da 3.ª Directriz (9-Out.-1978)**

Segue-se o texto da 3.ª Directriz, com epígrafes de nossa autoria. Nessas epígrafes, adoptamos a terminologia portuguesa, particularmente a que resulta do nosso Código das Sociedades Comerciais

TERCEIRA DIRECTIVA 78/855/CEE DO CONSELHO

de 9 de Outubro de 1978

fundada na alínea g) do n.° 3, do artigo 54.°, do Tratado e relativa à fusão das sociedades anónimas[459]

O CONSELHO DAS COMUNIDADES EUROPEIAS,

Tendo em conta o Tratado que institui a Comunidade Económica Europeia e, nomeadamente, a alínea g) do n.° 3, do seu artigo 54.°,

Tendo em conta a proposta da Comissão (1),

Tendo em conta o parecer do Parlamento Europeu (2),

---

[459] JOCE N.° L-295, 36-43, de 20-Out.-1978. O texto, em língua francesa, foi publicado, entre nós, na DDC 4 (1980), 253-266.

Tendo em conta o parecer do Comité Económico e Social (3),

Considerando que a coordenação prevista na alínea g) do n.° 3, do artigo 54.°, e no programa geral para a supressão das restrições à liberdade de estabelecimento (4) se iniciou com a Directiva n.° 68/151/CEE (5);

Considerando que esta coordenação prosseguiu, no que respeita à constituição da sociedade anónima, bem como à conservação e modificações do seu capital, pela Directiva n.° 77/91/CEE (6) e, no que diz respeito às contas anuais de certos tipos de sociedades, pela Directiva n.° 78/660/CEE (7);

---

(1) JO n.° C 89 de 14. 7. 1970, p. 20.
(2) JO n.° C 129 de 11. 12. 1972, p. 50 e JO n.° C 95 de 28. 4. 1975, p. 12.
(3) JO n.° C 88 de 6. 9. 1971, p. 18.
(4) JO n.° 2 de 15. 1. 1962, p. 36/62.
(5) JO n.° L 65 de 14. 3. 1968, p. 8.
(6) JO n.° L 26 de 31. 1. 1977, p. 1.
(7) JO n.° L 222 de 14. 8. 1978, p. 11.

Considerando que a protecção dos interesses dos sócios e de terceiros requer uma coordenação das legislações dos Estados-membros a respeito da fusão das sociedades anónimas e que é conveniente introduzir no direito de todos os Estados-membros o instituto da fusão;

Considerando que, no quadro dessa coordenação, é particularmente importante assegurar aos accionistas das sociedades participantes na fusão uma informação adequada e tanto quanto possível objectiva, bem como garantir uma protecção apropriada dos seus direitos;

Considerando que a protecção dos direitos dos trabalhadores, no caso de transmissão de empresas, de estabelecimentos ou de partes de estabelecimentos, é actualmente disciplinada pela Directiva n.° 77/187/CEE (8);

Considerando que os credores, obrigacionistas ou não, e os portadores de outros títulos das sociedades participantes na fusão devem ser protegidos de modo a evitar que a realização de fusões os prejudique;

Considerando que a publicidade prevista pela Directiva n.° 68/151/CEE deve ser extensiva às operações relativas à fusão, de modo que os terceiros dela sejam suficientemente informados;

---

(8) JO n.° L 61 de 5. 3. 1977, p. 26.

Considerando que é necessário alargar as garantias previstas a favor dos sócios e de terceiros, no quadro do processo de fusão, a certas operações jurídicas que, em certos pontos essenciais, têm características análogas às da fusão, a fim de que esta protecção não possa ser iludida;

Considerando que é necessário, tendo em vista assegurar a segurança jurídica nas relações tanto entre as sociedades interessadas, como entre estas e terceiros, bem como entre os accionistas, limitar os casos de invalidade e estabelecer, por um lado, que os vícios do acto sejam sanáveis sempre que possível, encurtando, por outro lado, o prazo em que pode ser invocada a invalidade,

ADOPTOU A PRESENTE DIRECTIVA:

Artigo 1.°
(Âmbito de aplicação)

1. As medidas de coordenação prescritas pela presente directiva aplicar-se-ão às disposições legislativas, regulamentares e administrativas dos Estados-membros relativas aos seguintes tipos de sociedades:

- para a República Federal da Alemanha:
  die Aktiengesellschaft,
- para a Bélgica:
  La société anonyme/de naamloze vennootschap,
- para a Dinamarca:
  Aktieselskaber,
- para a França:
  la société anonyme,
- para a Irlanda:
  public companies limited by shares, e public companies limited by guarantee having a share capital,
- para a Itália:
  la societá per azioni,
- para o Luxemburgo:
  la société anonyme,
- para os Países Baixos:
  de naamloze vennootschap,
- para o Reino Unido:
  public companies limited by shares, e public companies limited by guarantee having a share capital,
  (...)
- para Portugal:
  a sociedade anónima,
  (...)

2 Os Estados-membros podem não aplicar a presente directiva às sociedades cooperativas constituídas segundo um dos tipos de sociedades indicados no n.° 1. Quando as legislações dos Estados-membros se prevaleçam desta faculdade, determinarão que estas sociedades façam figurar o termo "cooperativa" em todos os documentos referidos no artigo 4.° da Directiva n.° 68/151/CEE.

3. Os Estados-membros podem não aplicar a presente directiva quando uma ou várias das sociedades que sejam incorporadas ou que se extingam sejam objecto de um processo de falência, de concordata ou de outro processo análogo.

CAPÍTULO I
Regime da fusão mediante incorporação de uma ou várias sociedades numa outra sociedade e da fusão mediante a constituição de uma nova sociedade.

Artigo 2.°
(Tipos de fusão)

Os Estados-membros regulamentarão, para as sociedades reguladas pela sua legislação, a fusão mediante incorporação de uma ou várias sociedades numa outra e a fusão mediante a constituição de uma nova sociedade.

Artigo 3.°
(Fusão por incorporação)

1. Para os efeitos da presente directiva, entende-se por fusão mediante incorporação a operação pela qual uma ou várias sociedades, por meio de uma dissolução sem liquidação, transferem para outra todo o seu património activo e passivo, mediante a atribuição aos accionistas da ou das sociedades incorporadas de acções da sociedade incorporante e, eventualmente, de uma quantia em dinheiro não superior a 10% do valor nominal das acções assim atribuídas ou, na falta de valor nominal, do seu valor contabilístico.

2. A legislação de um Estado-membro pode prever que a fusão mediante incorporação possa igualmente ser efectuada quando uma ou várias das sociedades incorporadas se encontrem em liquidação, desde que esta possibilidade seja dada apenas às sociedades que não tenham ainda iniciado a partilha dos activos entre os seus accionistas.

Artigo 4.°
(Fusão por concentração)

1. Para os efeitos da presente directiva, entende-se por fusão mediante a constituição de uma nova sociedade a operação pela qual várias sociedades, por meio da sua dissolução sem liquidação, transferem para uma sociedade que elas constituem todo o seu património activo e passivo, mediante a atribuição aos seus accionistas de acções da nova sociedade, e, eventualmente, de uma quantia em dinheiro não superior a 10% de valor nominal das acções atribuídas ou, na falta de valor nominal, do seu valor contabilístico.

2. A legislação de um Estado-membro pode prever que a fusão mediante a constituição de uma nova sociedade possa igualmente ser efectuada quando uma ou várias das sociedades que se extinguem se encontrem em liquidação, desde que esta possibilidade seja dada apenas às sociedades que não tenham ainda iniciado a partilha dos activos entre os seus accionistas.

CAPÍTULO II
Fusão mediante incorporação

Artigo 5.°
(Projecto de fusão)

1. Os órgãos de administração ou de direcção das sociedades que participam na fusão elaborarão um projecto escrito de fusão.

2. O projecto de fusão indicará, pelo menos:

a) O tipo, a denominação e a sede social das sociedades participantes na fusão;

b) A relação de troca das acções e, se for caso disso, a quantia em dinheiro atribuída aos accionistas;

c) As modalidades de entrega das acções da sociedade incorporante;

d) A data a partir da qual essas acções conferem o direito aos dividendos, bem como qualquer especialidade relativa a esse direito;

e) A data a partir da qual as operações das sociedades incorporadas serão consideradas, do ponto de vista contabilístico, efectuadas por conta da sociedade incorporante;

f) Os direitos assegurados pela sociedade incorporante aos accionistas que gozem de direitos especiais e aos portadores de títulos diferentes das acções, ou as medidas propostas relativamente a eles;

g) Quaisquer vantagens especiais atribuídas aos peritos referidos no n.° 1 do artigo 10.°, bem como aos membros dos órgãos de administração, de direcção, de vigilância ou de fiscalização das sociedades participantes na fusão.

Artigo 6.°
(Publicidade do projecto)

O projecto de fusão deve ser objecto de publicidade, segundo os modos previstos pela legislação de cada Estado-membro, nos termos do artigo 3.° da Directiva n.° 68/151/CEE, relativamente a cada uma das sociedades participantes, com uma antecedência mínima de um mês sobre a data a reunião da assembleia geral convocada para se pronunciar sobre o projecto de fusão.

Artigo 7.°
(Aprovação pelas assembleias gerais)

1. A fusão tem de ser aprovada, pelo menos, pela assembleia geral de cada uma das sociedades participantes. As legislações dos Estados-membros determinarão que aquelas deliberações devam ser tomadas com, pelo menos, uma maioria não inferior a dois terços dos votos correspondentes quer aos títulos representados, quer ao capital subscrito representado.

Contudo, a legislação de um Estado-membro pode dispor que, estando representado, pelo menos, metade do capital subscrito, seja suficiente a maioria simples dos votos indicados no primeiro parágrafo. Aplicar-se-ão ainda, se for caso disso, as normas relativas à alteração dos estatutos.

2. Se existirem várias categorias de acções, a deliberação de fusão ficará subordinada a uma votação separada, a efectuar, pelo menos, por cada uma das categorias de accionistas cujos direitos sejam afectados pela operação.

3. A deliberação a tomar incidirá sobre a aprovação do projecto de fusão e, se for caso disso, sobre as alterações dos estatutos necessárias à sua realização.

Artigo 8.°
(Dispensa de aprovação pela assembleia geral da sociedade incorporante)

A legislação de um Estado-membro pode não exigir a aprovação da fusão pela assembleia geral da sociedade incorporante, desde que sejam observados os seguintes requisitos:

a) A publicidade prescrita no artigo 6.° deve ser efectuada relativamente à sociedade incorporante, pelo menos um mês antes da data da reunião da assembleia geral da ou das sociedades incorporadas, convocada para se pronunciar sobre o projecto de fusão;

b) Todos os accionistas da sociedade incorporante devem ter o direito de consultar, na sede social desta sociedade, pelo menos um mês antes da data indicada na alínea a), os documentos indicados n.° 1 do artigo 11.°;

c) Um ou vários accionistas da sociedade incorporante, que disponham de uma percentagem mínima do capital subscrito, devem ter o direito de exigir a convocação de uma assembleia geral da sociedade incorporante, para esta se pronunciar sobre a aprovação da fusão. Esta percentagem mínima não pode ser fixada em mais de 5%. Contudo, os Estados-membros podem dispor que as acções sem direito de voto são excluídas do cálculo dessa percentagem.

Artigo 9.°
(Relatório das administrações)

Os órgãos de administração ou de direcção de cada uma das sociedades participantes na fusão elaborarão um relatório escrito pormenorizado, explicando e justificando do ponto de vista jurídico e económico o projecto de fusão e, em especial, a relação de troca das acções.

O relatório indicará, além disso, as dificuldades especiais de avaliação, caso existam.

Artigo 10.°
(Relatório dos peritos independentes)

1. Relativamente a cada uma das sociedades participantes na fusão, um ou mais peritos independentes destas, designados ou reconhecidos por uma autoridade judicial ou adminis-

trativa, examinarão o projecto de fusão e redigirão um relatório escrito, destinado aos accionistas. Contudo, a legislação de um Estado-membro pode prever a nomeação de um ou de vários peritos independentes para todas as sociedades participantes na fusão, se esta nomeação for feita por uma autoridade judicial ou administrativa, a pedido conjunto das sociedades. Estes peritos podem ser pessoas singulares ou colectivas ou sociedades, conforme dispuser a legislação de cada Estado-membro.

2. No relatório mencionado no n.° 1, os peritos devem sempre declarar se, em sua opinião, a relação de troca de acções é justa e razoável. Esta declaração deve, pelo menos:

a) Indicar o método ou os métodos seguidos para a determinação da relação de troca proposta;

b) Indicar se tal ou tais métodos são adequados ao caso concreto e mencionar os valores a que cada um desses métodos conduz, emitindo parecer sobre a importância relativa concedida a esses métodos na determinação do valor fixado.

O relatório indicará, além disso, as dificuldades especiais de avaliação, caso existam.

3. Cada perito tem o direito de obter das sociedades participantes na fusão, todas as informações e documentos de que careça e de proceder a todas as verificações necessárias.

Artigo 11.°
(Direito de consulta dos accionistas)

1. Qualquer accionista tem o direito de consultar, na sede social, com uma antecedência mínima de um mês relativamente à data da reunião da assembleia geral convocada para se pronunciar sobre o projecto de fusão, pelo menos, os seguintes documentos:

a) O projecto de fusão;

b) As contas anuais, bem como os relatórios de gestão dos três últimos exercícios das sociedades participantes na fusão;

c) Um balanço contabilístico reportado a uma data que não deve ser anterior ao primeiro dia do terceiro mês anterior à data do projecto de fusão, no caso de as últimas contas anuais se reportarem a um exercício cujo termo é anterior em mais de seis meses a esta data;

d) Os relatórios dos órgãos de administração ou de direcção das sociedades participantes na fusão, mencionados no artigo 9.°;

e) Os relatórios mencionados no artigo 10.°.

2. O balanço contabilístico previsto no n.° 1, alínea c), será elaborado segundo os mesmos métodos e seguindo a mesma apresentação do último balanço anual.

Contudo, a legislação de um Estado-membro pode estabelecer:

a) Que não é necessário proceder a um novo inventário físico;

b) Que as avaliações que figuram no último balanço apenas devem ser alteradas em função dos lançamentos contabilísticos. Todavia, devem ser tomadas em conta:

– as amortizações e provisões provisórias,
– as modificações importantes do valor real que não apareçam na contabilidade.

3. Qualquer accionista pode obter, sem encargos e através de simples pedido, cópia integral ou, se o desejar, parcial dos documentos mencionados no n.º 1.

Artigo 12.º
(Protecção dos direitos dos trabalhadores)

A protecção dos direitos dos trabalhadores de cada uma das sociedades participantes na fusão é regulada nos termos da Directiva n.º 77/187/CEE.

Artigo 13.º
(Protecção dos credores anteriores à publicação do projecto de fusão)

1. As legislações dos Estados-membros devem prever um adequado sistema de protecção dos interesses dos credores das sociedades participantes na fusão, relativamente aos créditos anteriores à publicação do projecto de fusão e ainda não vencidos no momento desta publicação.

2. Para este efeito, as legislações dos Estados-membros devem estabelecer, pelo menos, que estes credores terão o direito de obter garantias adequadas sempre que a situação financeira das sociedades participantes na fusão torne essa protecção necessária e estes credores não disponham já de tais garantias.

3. A protecção pode ser diferente para os credores da sociedade incorporante e para os da sociedade incorporada.

Artigo 14.º
(Protecção dos obrigacionistas)

Sem prejuízo das regras relativas ao exercício colectivo dos seus direitos, o artigo 13.º é aplicável aos obrigacionistas das sociedades participantes na fusão, salvo se a fusão tiver sido aprovada por uma assembleia dos obrigacionistas, quando a lei nacional preveja um tal assembleia, ou pelos obrigacionistas individualmente.

Artigo 15.º
(Protecção dos portadores de títulos com direitos especiais)

Os portadores de títulos que não sejam acções, dotados de direitos especiais, devem beneficiar, na sociedade incorporante, de direitos, pelo menos, equivalentes àqueles de que beneficiavam na sociedade incorporada, salvo se a modificação destes direitos tiver sido aprovada por uma assembleia dos portadores desses títulos, quando a lei nacional preveja uma tal assembleia, ou pelos portadores dos títulos individualmente, ou ainda se esses portadores tiverem o direito de obter da sociedade incorporante o resgate dos seus títulos.

Artigo 16.°
(Forma da fusão)

1. Se a legislação de um Estado-membro não previr para as fusões um controlo preventivo de legalidade, judicial ou administrativo, ou se esse controlo não incidir sobre todos os actos necessários à fusão, as actas das assembleias gerais que deliberam a fusão e, se for caso disso, o contrato de fusão posterior a essas assembleias gerais, devem revestir a forma de documento autêntico. Nos casos em que a fusão não tenha de ser aprovada pelas assembleias gerais de todas as sociedades participantes, o projecto de fusão deve revestir a forma de documento autêntico.

2. O notário ou a autoridade competente para exarar o documento autêntico deve verificar e certificar a existência e a legalidade dos actos e formalidades que incumbam à sociedade junto da qual ele actua, bem como do projecto de fusão.

Artigo 17.°
(Data da eficácia da fusão)

As legislações dos Estados-membros determinarão a data a partir da qual a fusão produz efeitos.

Artigo 18.°
(Publicidade da fusão)

1. A fusão deve ser objecto de uma publicidade efectuada segundo os modos previstos pela legislação de cada Estado-membro, nos termos do artigo 3.° da Directiva n.° 68/151/CEE, para cada uma das sociedades participantes.

2. A sociedade incorporante pode proceder ela própria às formalidades de publicidade respeitantes à ou às sociedades incorporadas.

Artigo 19.°
(Efeitos da fusão)

1. A fusão produz ipso iure e simultaneamente os seguintes efeitos:

a) A transmissão universal do conjunto do património activo e passivo da sociedade incorporada para a sociedade incorporante, tanto no que a estas respeita, como relativamente a terceiros;

b) Os accionistas da sociedade incorporada tornam-se accionistas da sociedade incorporante;

c) A sociedade incorporada extingue-se.

2. Nenhuma acção da sociedade incorporante é dada em troca de acções da sociedade incorporada que sejam possuídas:

a) Quer pela própria sociedade incorporante, quer por uma pessoa que actue em nome próprio, mas por conta da sociedade;

b) Quer pela própria sociedade incorporada, quer por pessoa que actue em nome próprio, mas por conta da sociedade.

3. Não são afectadas as disposições legislativas dos Estados-membros que exijam formalidades particulares para a oponibilidade a terceiros da transmissão de certos bens, direitos e obrigações provindos da sociedade incorporada. A sociedade incorporante pode efectuar ela própria estas formalidades; contudo, a legislação dos Estados-membros pode permitir que a sociedade incorporada continue a efectuar essas formalidades durante um período limitado, que não pode ser fixada, salvo casos excepcionais, em mais de seis meses a contar da data em que a fusão se tornou eficaz.

Artigo 20.°
(Responsabilidade civil dos administradores ou directores)

As legislações dos Estados-membros regularão, pelo menos, a responsabilidade civil dos membros do órgão de administração ou de direcção da sociedade incorporada para com os accionistas desta sociedade, decorrente das irregularidades cometidas pelos membros desse órgão na preparação e realização da fusão.

Artigo 21.°
(Responsabilidade civil dos peritos)

As legislações dos Estados-membros regularão, pelo menos, a responsabilidade civil, para com os accionistas da sociedade incorporada, dos peritos encarregados de elaborar para esta sociedade o relatório previsto no n.° 1 do artigo 10.°, decorrente das irregularidades cometidas no exercício das suas funções.

Artigo 22.°
(Regime da invalidade da fusão)

1. As legislações dos Estados-membros podem disciplinar o regime da invalidade da fusão, mas somente, nas condições seguintes:

a) A invalidade deve ser reconhecida por decisão judicial;

b) A invalidade de uma fusão, que se tornou eficaz nos termos de artigo 17.°, só pode ser reconhecida com fundamento na falta do controlo preventivo, judicial ou administrativo, de legalidade, ou de documento autêntico, ou se for decidido que a deliberação da assembleia geral é nula ou anulável, em virtude do direito nacional;

c) A acção de invalidade não pode ser intentada se a irregularidade já tiver sido sanada ou se já tiver decorrido o prazo de seis meses, a contar da data em que a fusão seja oponível àquele que invoca a invalidade;

d) No caso de ser possível sanar o vício susceptível de produzir a invalidade da fusão, o tribunal competente concederá às sociedades interessadas um prazo para regularizar a situação;

e) A decisão que reconheça a invalidade da fusão deve ser objecto de uma publicidade a efectuar pelos modos previstos pela legislação de cada Estado-membro, nos termos do artigo 3.° da Directiva n.° 68/151/CEE;

f) A oposição de terceiros, no caso de ser prevista pela legislação de um Estado-membro, não pode ser admitida depois de decorridos seis meses a contar da publicidade da decisão, efectuada nos termos da Directiva n.° 68/151/CEE;

g) A decisão que reconheça a invalidade da fusão não afecta, por si só, a validade das obrigações nascidas, contra ou a favor da sociedade incorporante, anteriormente à publicidade da decisão, mas posteriormente à data mencionada no artigo 17.°;

h) As sociedades participantes na fusão respondem solidariamente pelas obrigações da sociedade incorporante, mencionadas na alínea g).

2. Em derrogação do disposto no n.° 1, alínea a), a legislação de um Estado-membro pode também prever que a invalidade da fusão seja proferida por uma autoridade administrativa, desde que possa ser interposto recurso de tal decisão perante uma autoridade judicial. As alíneas b), d), e), f), g) e h) são aplicáveis por analogia com relação à autoridade administrativa. Este processo de invalidade não pode ser iniciado depois de decorridos seis meses a contar da data referida no artigo 17.°.

3. Ficam ressalvadas as legislações dos Estados-membros relativas à invalidade da fusão, proferida na sequência de um controlo desta, diverso do controlo preventivo de legalidade, judicial ou administrativo.

CAPÍTULO III
Fusão mediante constituição de uma nova sociedade

Artigo 23.°
(Normas aplicáveis)

1. Os artigos 5.°, 6.° e 7.°, bem como os artigos 9.° a 22.° são aplicáveis, sem prejuízo dos artigos 11.° e 12.° da Directiva n.° 68/151/CEE, à fusão mediante constituição de uma nova sociedade. Para efeitos desta aplicação, as expressões "sociedades participantes na fusão" ou "sociedade incorporada" designam as sociedades que se extinguem, e a expressão "sociedade incorporante" designa a nova sociedade.

2. É igualmente aplicável à nova sociedade o disposto na alínea a) do n.° 2, do artigo 5.°.

3. O projecto de fusão e, se constarem de um acto separado, o acto constitutivo ou o projecto de acto constitutivo e os estatutos ou o projecto de estatutos da nova sociedade devem ser aprovados pela assembleia geral de cada uma das sociedades que se extinguem.

4. Os Estados-membros podem deixar de aplicar à constituição da nova sociedade as regras relativas à verificação das entradas que não sejam em dinheiro, previstas no artigo 10.° da Directiva 77/91/CEE.

CAPÍTULO IV
Incorporação de uma sociedade numa outra que possua, pelo menos, 90% das acções da primeira

Artigo 24.°
(Incorporação havendo domínio total)

Os Estados-membros regularão, para as sociedades sujeitas à sua legislação, a operação pela qual uma ou várias sociedades se dissolvam sem liquidação e transfiram o conjunto do seu património activo e passivo para uma outra sociedade que seja titular de todas as respectivas acções e dos títulos que confiram direito de voto na assembleia geral. Esta operação está sujeita às disposições do capítulo II, com excepção do disposto nas alíneas b), c) e d) do n.° 2, do artigo 5.°; dos artigos 9.° e 10.°; das alíneas d) e e) do n.° 1, do artigo 11.°; da alínea b) do n.° 1, do artigo 19.°, bem como dos artigos 20.° e 21.°.

Artigo 25.°
(Dispensa de aprovação pela assembleia da sociedade incorporante)

Os Estados-membros podem não aplicar o disposto no artigo 7.° à operação indicada no artigo 24.°, desde que sejam observados, pelo menos, os seguintes requisitos:

a) A publicidade prescrita no artigo 6.° deve ser efectuada, relativamente a cada uma das sociedades participantes na operação, um mês antes, pelo menos, da operação produzir efeitos;

b) Os accionistas da sociedade incorporante devem ter o direito de consultar, na sede social desta sociedade, pelo menos um mês antes da operação produzir efeitos, os documentos indicados nas alíneas a), b) e c) do n.° 1, do artigo 11.°. Os n.° 2 e 3 do artigo 11.° são também aplicáveis.

c) O disposto na alínea c) do artigo 8.° é aplicável.

Artigo 26.°
(Domínio total indirecto)

Os Estados-membros podem aplicar os artigos 24.° e 25.° a operações pelas quais uma ou várias sociedades se dissolvam sem liquidação e transfiram o conjunto do seu património activo e passivo para outra sociedade, se todas as acções e os outros títulos, indicados no artigo 24.°, da ou das sociedades incorporadas pertencerem à sociedade incorporante e/ou a pessoas que detenham estas acções e estes títulos em nome próprio, mas por conta desta sociedade.

Artigo 27.°
(Incorporação havendo titularidade de 90% do capital)

Em caso de fusão mediante incorporação de uma ou várias sociedades numa outra sociedade que seja titular de 90% ou mais, mas não da totalidade, das respectivas acções e dos outros títulos que confiram direito de voto na assembleia geral, os Estados-membros podem não exigir a aprovação da fusão pela assembleia geral da sociedade incorporante, desde que sejam observados os seguintes requisitos:

a) A publicidade prescrita no artigo 6.° deve ser efectuada, relativamente à sociedade incorporante, pelo menos um mês antes da data da reunião da assembleia geral da ou das sociedades incorporadas, convocada para se pronunciar sobre o projecto de fusão;

b) Os accionistas da sociedade incorporante devem ter o direito de consultar, na sede social desta sociedade, pelo menos um mês antes da data indicada na alínea a), os documentos indicados nas alíneas a), b) e c), do n.° 1 do artigo 11.°. Os n.° 2 e 3 do artigo 11.° são também aplicáveis.

c) O disposta na alínea c) do artigo 8.°, é aplicável.

Artigo 28.°
(Regime)

Os Estados-membros podem não aplicar os artigos 9.°, 10.° e 11.° a uma fusão, na acepção do artigo 27.°, desde que sejam observados os seguintes requisitos:

a) Os accionistas minoritários da sociedade incorporada têm o direito de exigir que a sociedade incorporante adquira as suas acções;

b) Têm o direito de, nesse caso, obter uma contrapartida correspondente ao valor das suas acções;

c) Em caso de desacordo sobre esta contrapartida, esta deve poder ser fixada por um tribunal.

Artigo 29.°
(Titularidade indirecta de 90% do capital)

Os Estados-membros podem aplicar os artigos 27.° e 28.° a operações pelas quais uma ou várias sociedades se dissolvem sem liquidação e transferem o conjunto do seu património activo e passivo para outra sociedade, se 90%, ou mais, mas não a totalidade, das acções e dos outros títulos indicados no artigo 27.°, da ou das sociedade incorporadas, pertencerem à sociedade incorporante e/ou pessoas que detenham essas acções e esses títulos em nome próprio, mas por conta desta sociedade.

CAPÍTULO V
Outras operações equiparadas à fusão

Artigo 30.°
(Fusão com pagamentos associados)

Sempre que a legislação de um Estado-membro permitir, para uma das operações referidas no artigo 2.°, que a quantia em dinheiro ultrapasse a percentagem de 10%, os capítulos II e III, assim como os artigos 27.°, 28.° e 29.° são aplicáveis.

Artigo 31.°
(Manutenção das sociedades transferentes)

Sempre que a legislação de um Estado-membro permitir uma das operações referidas nos artigos 2.°, 24.° ou 30.°, sem que todas as sociedades transferentes cessem de existir, são aplicáveis, respectivamente, o capítulo II, com excepção da alínea c) do n.° 1, do artigo 19.°, e os capítulos III e IV.

CAPÍTULO VI
Disposições finais

Artigo 32.°
(Prazo de transposição e dispensas)

1. Os Estados-membros porão em vigor as disposições legislativas, regulamentares e administrativas necessárias para darem cumprimento à presente directiva, no prazo de três anos a contar da sua notificação. Deste facto informarão imediatamente a Comissão.

2. Contudo, pode ser previsto um prazo de cinco anos, a contar da entrada em vigor das disposições referidas no n.° 1, para a aplicação dessas disposições às "unregistered companies" do Reino Unido e da Irlanda.

3. Os Estados-membros podem deixar de aplicar os artigos 13.°, 14.° e 15.° no que respeita aos detentores de obrigações e de outros títulos convertíveis em acções se, no momento da entrada em vigor das disposições referidas no n.° 1, as condições de emissão tiverem fixado previamente a posição desses detentores em caso de fusão.

4. Os Estados-membros podem não aplicar a presente directiva às fusões ou operações equiparadas às fusões, desde que na data da entrada em vigor das disposições referidas no n.° 1, um acto ou uma formalidade prescritos pela legislação nacional, com vista à preparação ou realização de tais operações, já tenham sido praticados.

Artigo 33.°
(Destinatários da directriz)

Os Estados-membros são destinatários da presente directiva.

Feito no Luxemburgo em 9 de Outubro de 1978.

Pelo Conselho
O Presidente
H. J. VOGEL

75. **Texto da 6.ª Directriz (17-Dez.-1982)**

A conexão material entre as fusões e as cisões, normalmente reguladas em conjunto, justifica que se quebre a sequência numérica, aproximando os textos da 3.ª e 6.ª Directrizes. Eis o texto desta última.

SEXTA DIRECTIVA 82/891/CEE DO CONSELHO

de 17 de Dezembro de 1982

fundada no n.° 3, alínea g), do artigo 54.° do Tratado, relativa às cisões de sociedades anónimas[460]

O CONSELHO DAS COMUNIDADES EUROPEIAS,

Tendo em conta o Tratado que institui a Comunidade Económica Europeia e, nomeadamente, o n.° 3, alínea g), do seu artigo 54°,

Tendo em conta a proposta da Comissão (1),

Tendo em conta o parecer do Parlamento Europeu (2),

Tendo em conta o parecer do Comité Económico e Social (3),

Considerando que a coordenação prevista no n.° 3, alínea g), do artigo 54.° e no programa geral para a supressão das restrições à liberdade de estabelecimento (4) se iniciou com a Directiva n.° 68/151/CEE (5);

Considerando que esta coordenação prosseguiu com a Directiva n.° 77/91/CEE (6), relativa à constituição da sociedade anónima bem como à conservação e às modificações do seu

[460] JOCE N.° L-378, 47-54, de 31-Dez.-1982. O texto, em língua francesa, foi publicado, entre nós, na DDC 10 (1982), 67-89.

capital, com a Directiva n.° 77/660/CEE (7), relativa às contas anuais de certos tipos de sociedades e com a Directiva n.° 78/885/CEE (8), relativa à fusão de sociedades anónimas,

(1) JO n.° C 89 de 14.7.1970, p. 20.
(2) JO n.° C 129 de 11.12.1979, p. 50, e JO n.° C 95 de 28.4. 1975, p. 12.
(3) JO n.° C 88 de 6.9.1971, p. 18.
(4) JO n.° 2 de 15.1.1962, p. 36/62.
(5) JO n.° L 65 de 14.3.1968, p. 8.
(6) JO n.° L 26 de 31.1.1977, p. 1.
(7) JO n.° L 222 de 14.8.1978, p. 11.
(8) JO n.° L 295 de 20.10.1978, p. 36.

Considerando que a Directiva n.° 78/855/CEE apenas regulou a fusão de sociedades anónimas e certas operações equiparadas; que, todavia, a proposta da Comissão contemplava igualmente a operação de cisão; que o Parlamento Europeu e o Comité Económico e Social se pronunciaram também a favor de uma regulamentação desta operação;

Considerando que, por causa das semelhanças existentes entre as operações de fusão e de cisão, o risco de que as garantias instituídas relativamente às fusões pela Directiva n.° 78/855/CEE sejam iludidas só poderá ser evitado se se previr uma protecção equivalente no caso de cisão;

Considerando que a protecção dos interesses dos sócios e de terceiros requer uma coordenação das legislações dos Estados-membros no que respeita às cisões das sociedades anónimas, quando os Estados-membros permitam esta operação;

Considerando que, no âmbito desta coordenação, é particularmente importante assegurar aos accionistas das sociedades participantes na cisão uma informação adequada e tanto quanto possível objectiva, bem como garantir uma protecção apropriada dos seus direitos;

Considerando que a protecção dos direitos dos trabalhadores no caso de transmissão de empresas, estabelecimentos ou partes de estabelecimentos está actualmente disciplinada pela Directiva n.° 77/187/CEE (9);

(9) JO n.° L 61 de 5.3.1977, p. 26.

Considerando que os credores, obrigacionistas ou não, e os portadores de outros títulos das sociedades participantes na cisão devem ser protegidos de modo a evitar que a realização da cisão os prejudique;

Considerando que a publicidade prevista pela Directiva n.° 68/151/CEE deve ser extensiva às operações relativas à cisão, a fim de que os terceiros dela sejam suficientemente informados;

Considerando que é necessário alargar as garantias previstas a favor dos sócios e de terceiros, no âmbito do processo de cisão, a certas operações jurídicas que têm, em certos pontos essenciais, características análogas às da cisão, a fim de que esta protecção não possa ser iludida;

Considerando que, para assegurar a segurança jurídica nas relações tanto entre as sociedades participantes na cisão, como entre estas e terceiros, bem como entre os accionistas, há que limitar os casos de invalidade, estabelecendo, por um lado, que os vícios do acto sejam sanáveis, sempre que possível, e, por outro lado, um prazo breve para invocar a invalidade,

ADOPTOU A PRESENTE DIRECTIVA:

Artigo 1.°
(Âmbito de aplicação)

1. Se os Estados-membros permitirem a operação de cisão mediante incorporação, conforme adiante definida no artigo 2.°, de sociedades sujeitas à sua legislação e referidas no n.° 1 do artigo 1.° da Directiva n.° 78/855/CEE, submeterão esta operação às disposições do capitulo I da presente directiva.

2. Se os Estados-membros permitirem a operação de cisão das sociedades referidas no n.° 1 mediante constituição de novas sociedades, conforme definida no artigo 21.°, submeterão esta operação às disposições do capítulo II.

3. Se os Estados-membros permitirem, para as sociedades indicadas no n.° 1, a operação pela qual uma cisão mediante incorporação, definida no n.° 1 do artigo 2.°, é combinada com uma cisão mediante constituição de uma ou mais novas sociedades, definida no n.° 1 do artigo 21.°, submeterão esta operação às disposições do capítulo I e do artigo 22.°.

4. Serão aplicáveis os n.°s 2 e 3 do artigo 1.° da Directiva n.° 78/855/CEE.

CAPÍTULO I
Cisão mediante incorporação

Artigo 2.°
(Cisão-fusão)

1. Para os efeitos da presente directiva, entende-se por cisão mediante incorporação a operação pela qual uma sociedade, por meio da sua dissolução sem liquidação, transfere para várias outras sociedades todo o seu património activo e passivo, mediante a atribuição aos accionistas da sociedade cindida de acções das sociedades beneficiárias das transmissões resultantes da cisão, adiante chamadas "sociedades beneficiárias", e, eventualmente, de uma quantia em dinheiro não superior a 10% do valor nominal das acções atribuídas ou, na falta de valor nominal, do seu valor contabilístico.

2. Será aplicável o n.° 2 do artigo 3.° da Directiva n.° 78/855/CEE.

3. Sempre que a presente directiva remeta para a Directiva n.° 78/855/CEE, a expressão "sociedades participantes na fusão" designará as sociedades que participam na cisão, a expressão "sociedade incorporada" designará a sociedade cindida, a expressão "sociedade incorporante" designará cada uma das sociedades beneficiárias e a expressão "projecto de fusão" designará o projecto de cisão.

Artigo 3.°
(Projecto de cisão)

1. Os órgãos de administração ou de direcção das sociedades que participam na cisão elaborarão um projecto escrito de cisão.

2. O projecto de cisão indicará, pelo menos:

a) O tipo, a denominação e a sede social das sociedades participantes na cisão;

b) A relação de troca das acções e, se for caso disso, a quantia em dinheiro atribuída aos accionistas;

c) As modalidades de entrega das acções das sociedades beneficiárias;

d) A data a partir da qual estas acções conferem direito aos dividendos, bem como qualquer especialidade relativa a este direito;

e) A data a partir da qual as operações da sociedade cindida serão consideradas, do ponto de vista contabilístico, efectuadas por conta de uma ou de outra das sociedades beneficiárias;

f) Os direitos assegurados pelas sociedades beneficiárias aos accionistas que gozem de direitos especiais e aos portadores de títulos diferentes das acções, ou as medidas propostas relativamente a eles;

g) Quaisquer vantagens especiais atribuídas aos peritos, referidas no n.° 1 do artigo 8.°, bem como aos membros dos órgãos de administração, da direcção, de vigilância ou de fiscalização das sociedades participantes na cisão;

h) A descrição e a repartição precisas dos elementos do património activo e passivo a transmitir para cada uma das sociedades beneficiárias;

i) A repartição pelos accionistas da sociedade cindida das acções das sociedades beneficiárias, bem como o critério em que esta repartição se baseou.

3. a) Quando um elemento do património activo não for atribuído no projecto de cisão e a interpretação deste não permitir decidir a sua repartição, esse elemento ou o seu contra-valor será repartido entre todas as sociedades beneficiárias proporcionalmente ao activo atribuído a cada uma destas no projecto de cisão;

b) Quando um elemento do património passivo não for atribuído no projecto de cisão e a interpretação deste não permitir decidir a sua repartição, cada uma das sociedades beneficiárias será solidariamente responsável por ele. Os Estados-membros podem determinar que esta responsabilidade solidária seja limitada ao activo líquido atribuído a cada sociedade beneficiária.

Artigo 4.°
(Publicidade do projecto)

O projecto de cisão deve ser objecto de publicidade a efectuar segundo os moldes previstos pela legislação de cada Estado-membro, nos termos do artigo 3.° da Directiva n.°

68/151/CEE ([10]), relativamente a cada uma das sociedades participantes na cisão, com uma antecedência mínima de um mês sobre a data da reunião da assembleia geral convocada para se pronunciar sobre o projecto de cisão.

([10]) JO n.° L 65 de 14.3.1968, p. 9.

Artigo 5.°
(Aprovação pelas assembleias gerais)

1. A cisão tem de ser aprovada, pelo menos, pela assembleia geral de cada uma das sociedades participantes. O artigo 7.° da Directiva n.° 78/855/CEE é aplicável no que respeita à maioria requerida para estas deliberações, ao alcance destas, bem como à necessidade de um voto separado.

2. Se as acções das sociedades beneficiárias forem atribuídas aos accionistas da sociedade cindida não proporcionalmente aos seus direitos no capital desta sociedade, os Estados-membros podem estabelecer que os accionistas minoritários desta mesma sociedade terão o direito de exigir que lhes adquiram as suas acções. Neste caso, terão o direito de obter uma contrapartida correspondente ao valor das suas acções. Em caso de desacordo sobre a contrapartida, esta deve poder ser determinada por um tribunal.

Artigo 6.°
(Dispensa de aprovação pela sociedade beneficiária)

A legislação de um Estado-membro pode não exigir a aprovação da cisão pela assembleia geral de uma sociedade beneficiária, desde que sejam observados os seguintes requisitos:

a) A publicidade prescrita no artigo 4.° deve ser efectuada, relativamente à sociedade beneficiária, pelo menos um mês antes da data da reunião da assembleia geral da sociedade cindida, convocada para se pronunciar sobre o projecto de cisão;

b) Todos os accionistas da sociedade beneficiária devem ter o direito de consultar, na sede social desta sociedade, pelo menos um mês antes da data indicada na alínea a), os documentos indicados no n.° 1 do artigo 9.°;

c) Um ou vários accionistas da sociedade beneficiária, que disponham de uma percentagem mínima de capital subscrito, devem ter o direito de exigir a convocação de uma assembleia geral da sociedade beneficiária, para esta se pronunciar sobre a aprovação da cisão. Esta percentagem mínima não pode ser fixada em mais de 5%. Contudo, os Estados-membros podem dispor que as acções sem direito de voto são excluídas do cálculo dessa percentagem.

Artigo 7.°
(Relatório das administrações)

1. Os órgãos de administração ou de direcção de cada uma das sociedades participantes na cisão elaborarão um relatório escrito pormenorizado, explicando e justificando do ponto

de vista jurídico e económico o projecto de cisão e, em especial, a relação de troca das acções, bem como o critério para a sua atribuição.

2. O relatório indicará, além disso, as dificuldades especiais de avaliação, caso existam.

O relatório deve mencionar igualmente a elaboração do relatório sobre a verificação das entradas que não consistam em dinheiro, previsto pelo n.° 2 do artigo 27.° da Directiva n.° 77/91/CEE ([11]), para as sociedades beneficiárias, bem como o registo em que tal relatório deve ser depositado.

3. Os órgãos de direcção ou de administração da sociedade cindida devem informar a assembleia geral desta sociedade, bem como os órgãos de direcção ou de administração das sociedades beneficiárias, para que eles informem a assembleia geral da sua sociedade de qualquer mudança importante do património activo e passivo, ocorrida entre a data da elaboração do projecto de cisão e a data da reunião da assembleia geral da sociedade cindida, convocada para se pronunciar sobre o projecto de cisão.

([11]) JO n.° L 26 de 31.1.1977, p. 1.

Artigo 8.°
(Relatório dos peritos independentes)

1. Relativamente a cada uma das sociedades participantes na cisão, um ou mais peritos independentes destas, designados ou reconhecidos por uma autoridade judicial ou administrativa, examinarão o projecto de cisão e redigirão um relatório escrito, destinado aos accionistas. Contudo, a legislação de um Estado-membro pode prever a nomeação de um ou de vários peritos independentes para todas as sociedades participantes na cisão, se esta nomeação for feita por uma autoridade judicial ou administrativa, a pedido conjunto destas sociedades. Estes peritos podem ser pessoas singulares ou colectivas ou sociedades, conforme dispuser a legislação de cada Estado-membro.

2. São aplicáveis os n.°s 2 e 3 do artigo 10.° da Directiva n.° 78/855/CEE.

3. Os Estados-membros podem determinar que o relatório sobre a verificação das entradas que não consistam em dinheiro, referido no n.° 2 do artigo 27.° da Directiva n.° 77/91/ /CEE, assim como o relatório sobre o projecto de cisão, referido no n.° 2 do presente artigo, sejam elaborados pelo mesmo ou mesmos peritos.

Artigo 9.°
(Direito de consulta dos accionistas)

1. Qualquer accionista tem o direito de consultar com uma antecedência mínima de um mês relativamente à data da reunião da assembleia geral convocada para se pronunciar sobre o projecto de cisão, pelo menos, os seguintes documentos:

a) Os projecto de cisão;

b) As contas anuais, bem como os relatórios de gestão dos três últimos exercícios das sociedades participantes na cisão;

c) Balanço contabilístico reportado a uma data que não deve ser anterior ao primeiro dia do terceiro mês anterior à data do projecto de cisão, no caso de as últimas contas anuais se reportarem a um exercício cujo termo é anterior em mais de seis meses a esta data;

d) Os relatórios dos órgãos de administração ou de direcção das sociedades participantes na cisão, mencionados no n.° 1 do artigo 7.°;

e) Os relatórios mencionados no artigo 8.°.

2. O balanço contabilístico previsto no n.° 1, alínea c) será elaborado segundo os mesmos métodos e seguindo a mesma apresentação do último balanço anual.

Contudo, a legislação de um Estado-membro pode estabelecer:

a) Que não é necessário proceder a um novo inventário físico;

b) Que as avaliações que figuram no último balanço apenas devem ser alteradas em função dos lançamentos contabilísticos. Todavia, devem ser tomadas em conta:

– as amortizações e provisões provisórias;
– as modificações importantes do valor real que não aparecem na contabilidade.

3. Qualquer accionista pode obter, sem encargos e através de um simples pedido, cópia integral ou, se o desejar, parcial dos documentos mencionados no n.° 1.

Artigo 10.°
(Elementos dispensáveis)

Os Estados-membros podem permitir que o disposto no artigo 7.°, nos n.°s 1 e 2 do artigo 8.° e no n.° 1, alíneas c), d) e e), do artigo 9.° não se apliquem se todos os accionistas e os portadores de outros títulos que confiram direito de voto das sociedades que participam na cisão a isso tiverem renunciado.

Artigo 11.°
(Protecção dos direitos dos trabalhadores)

A protecção dos direitos dos trabalhadores de cada uma das sociedades participantes na cisão é regulada nos termos da Directiva n.° 77/187/CEE ([12]).

([12]) JO n.° L 61 de 5.3.1977, p. 26.

Artigo 12.°
(Protecção dos credores anteriores à publicação do projecto de fusão)

1. As legislações dos Estados-membros devem prever um adequado sistema de protecção dos interesses dos credores das sociedades participantes na cisão, relativamente aos crédi-

tos anteriores à publicação do projecto de cisão e ainda não vencidos no momento desta publicação.

2. Para este efeito, as legislações dos Estados-membros devem estabelecer, pelo menos, que estes credores terão o direito de obter garantias adequadas sempre que a situação financeira da sociedade cindida, bem como a da sociedade para a qual a obrigação será transferida em conformidade com o projecto de cisão, torne essa protecção necessária e estes credores não disponham já de tais garantias.

3. Na medida em que o credor da sociedade para a qual a respectiva obrigação foi transferida, em conformidade com o projecto de cisão, não tenha obtido satisfação do seu crédito, as sociedades beneficiárias respondem solidariamente por esta obrigação.

Os Estados-membros podem limitar esta responsabilidade ao activo líquido atribuído a cada uma das outras sociedades, diversas daquela para a qual a obrigação foi transferida. Os Estados-membros podem não aplicar o disposto no presente n.° se a operação de cisão for submetida ao controlo de uma autoridade judicial, nos termos do artigo 23.°, e a maioria dos credores, representando três quartos do montante dos créditos, ou a maioria de uma categoria de credores da sociedade cindida, representando três quartos do montante dos créditos desta categoria, tiver renunciado a fazer valer esta responsabilidade solidária, em assembleia realizada nos termos do disposto no n.° 1, alínea a), do artigo 23.°

4. É aplicável o disposto no n.° 3 do artigo 13.° da Directiva n.° 78/855/CEE.

5. Sem prejuízo das normas relativas ao exercício colectivo dos seus direitos, o disposto nos n.°s 1 a 4 é aplicável aos obrigacionistas das sociedades participantes na cisão, salvo se a cisão tiver sido aprovada por uma assembleia de obrigacionistas, quando a lei nacional preveja um tal assembleia, ou pelos obrigacionistas individualmente.

6. Os Estados-membros podem estabelecer que as sociedades beneficiárias respondam solidariamente pelas obrigações da sociedade cindida. Neste caso, podem não aplicar o disposto nos n.°s anteriores.

7. Se um Estado-membro combinar o regime de protecção dos credores referido nos n.°s 1 a 5 com a responsabilidade solidária das sociedades beneficiárias referida no n.° 6, pode limitar esta responsabilidade ao activo líquido atribuído a cada uma destas sociedades.

Artigo 13.°
(Protecção dos portadores de títulos com direitos especiais)

Os portadores de títulos que não sejam acções, dotados de direitos especiais, devem beneficiar, nas sociedades beneficiárias contra as quais estes títulos podem ser invocados, nos termos do projecto de cisão, de direitos, pelo menos, equivalentes àqueles de que beneficiavam na sociedade cindida, salvo se a modificação destes direitos tiver sido aprovada por uma assembleia dos portadores desses títulos, no caso de a lei nacional prever uma tal assembleia, ou pelos portadores destes títulos individualmente, ou ainda se estes portadores tiverem o direito de obter da sociedade beneficiária o resgate dos seus títulos.

Artigo 14.°
(Forma da cisão)

Se a legislação de um Estado-membro não previr para as cisões um controlo preventivo de legalidade, judicial ou administrativo, ou se esse controlo não incidir sobre todos os actos necessários à cisão, aplicar-se-á o disposto no artigo 16.° da Directiva n.° 78/855/CEE.

Artigo 15.°
(Data de eficácia da cisão)

As legislações dos Estados-membros determinarão a data a partir da qual a cisão produz efeitos.

Artigo 16.°
(Publicidade da cisão)

1. A cisão deve ser objecto de uma publicidade efectuada segundo os moldes previstos pela legislação de cada Estado-membro, nos termos do artigo 3.° da Directiva n.° 68/151/CEE, para cada uma das sociedades participantes.

2. Qualquer sociedade beneficiária pode proceder ela própria às formalidades de publicidade respeitantes à sociedade cindida.

Artigo 17.°
(Efeitos da cisão)

1. A cisão produz ipso jure e simultaneamente os seguintes efeitos:

a) A transmissão, do conjunto do património activo e passivo da sociedade cindida para as sociedades beneficiárias, tanto no que a estas respeita, como relativamente a terceiros; esta transmissão efectua-se por partes, nos termos da repartição prevista no projecto de cisão ou no n.° 3 do artigo 3.°;

b) Os accionistas da sociedade cindida tornam-se accionistas de uma ou das sociedades beneficiárias, nos termos da repartição prevista no projecto de cisão;

c) A sociedade cindida extingue-se.

2. Nenhuma acção de uma sociedade beneficiária é dada em troca de acções da sociedade cindida, que sejam possuídas:

a) Quer pela própria sociedade beneficiária, quer por pessoa que actue em nome próprio, mas por conta da sociedade;

b) Quer pela própria sociedade cindida, quer por pessoa que actue em nome próprio, mas por conta da sociedade.

3. Não são afectadas as disposições legislativas dos Estados-membros que exijam formalidades particulares para a oponibilidade a terceiros da transmissão de certos bens, direitos e obrigações, provindos da sociedade cindida. A ou as sociedades beneficiárias para as quais sejam transmitidos estes bens, direitos ou obrigações, nos termos do projecto de cisão ou do n.° 3 do artigo 3.°, podem efectuar elas próprias estas formalidades : contudo, a legislação dos Estados-membros pode permitir que a sociedade cindida continue a efectuar essas formalidades durante um período limitado, que não pode ser fixado, salvo casos excepcionais, em mais de seis meses a contar da data a partir da qual a cisão produz efeitos.

Artigo 18.°
(Responsabilidade civil dos administradores ou directores e dos peritos)

As legislações dos Estados-membros regularão, pelo menos, a responsabilidade civil dos membros do órgão de administração ou de direcção da sociedade cindida para com os accionistas desta sociedade, decorrente das irregularidades cometidas por membros desse órgão na preparação e na realização da cisão, bem como a responsabilidade civil dos peritos encarregados de elaborar para essa sociedade o relatório previsto no artigo 8.° decorrente de irregularidades cometidas por esses peritos no exercício das suas funções.

Artigo 19.°
(Regime de invalidade da cisão)

1. As legislações dos Estados-membros podem disciplinar o regime da invalidade da cisão, mas somente nas seguintes condições:

a) A invalidade deve ser reconhecida por decisão judicial;

b) A invalidade de uma cisão que se tornou eficaz nos termos do artigo 15.° só pode ser reconhecida com fundamento na falta do controlo preventivo de legalidade judicial ou administrativo, ou de documento autêntico, ou se for decidido que a deliberação da assembleia geral é nula ou anulável, por força do direito nacional;

c) A acção de invalidade não pode ser intentada se a irregularidade já tiver sido sanada ou se já tiver decorrido o prazo de seis meses, a contar da data em que a cisão é oponível àquele que invocar a invalidade.

d) No caso de ser possível sanar o vício susceptível de produzir a invalidade da cisão, o tribunal competente concederá às sociedades interessadas um prazo para regularizar a situação;

e) A decisão que profira a invalidade da cisão deve ser objecto de uma publicidade a efectuar pelos modos previstos na legislação de cada Estado-membro, nos termos do artigo 3.° da Directiva n.° 68/151/CEE;

f) A oposição de terceiros, no caso de ser prevista pela legislação de um Estado-membro, não pode ser admitida depois de decorridos seis meses a contar da publicidade da decisão, efectuada nos termos da Directiva n.° 68/151/CEE;

g) A decisão que profira a invalidade da cisão não afecta, por si só, a validade das obrigações nascidas contra ou a favor das sociedades beneficiárias, anteriormente à publicidade da decisão, mas posteriormente à data mencionada no artigo 15.°;

h) Cada uma das sociedades beneficiárias responde pelas obrigações postas a seu cargo e contraídas após a data em que a cisão produziu efeito mas antes da data em que a decisão que profira a invalidade da cisão seja publicada. A sociedade cindida responde também por estas obrigações; os Estados-membros podem prever que esta responsabilidade seja limitada ao activo líquido atribuído à sociedade beneficiária a cargo da qual foram contraídas estas obrigações.

2. Em derrogação do disposto no n.° 1, alínea a), a legislação de um Estado-membro pode também prever que a invalidade da cisão seja reconhecida por uma autoridade administrativa, desde que possa ser interposto um recurso de tal decisão perante uma autoridade judicial. As alíneas b), d), e), f), g) e h) são aplicáveis por analogia com relação à autoridade administrativa. Este processo de invalidade não pode ser iniciado depois de decorridos seis meses a contar da data referida no artigo 15.°.

3. Ficam ressalvadas as legislações dos Estados-membros relativas à invalidade de uma cisão, reconhecida na sequência de um controlo desta, diverso do controlo preventivo de legalidade judicial ou administrativo.

Artigo 20.°
(Cisão de sociedade detida pelas sociedades beneficiárias)

Se as sociedades beneficiárias, no seu conjunto, forem titulares de todas as acções da sociedade cindida e dos outros títulos desta que confiram direito de voto em assembleia geral, os Estados-membros podem, sem prejuízo do artigo 6.°, não exigir a aprovação da cisão pela assembleia geral da sociedade cindida desde que sejam observados, pelo menos, os seguintes requisitos:

a) A publicidade prescrita no artigo 4.° deve ser efectuada por cada uma das sociedades participantes na operação, um mês antes, pelo menos, de a operação produzir efeitos;

b) Todos os accionistas das sociedades participantes na operação devem ter o direito de consultar, na sede social da sua sociedade, pelo menos um mês antes de a operação produzir efeitos, os documentos indicados no n.° 1 do artigo 9.°. Os n.°s 2 e 3 do artigo 9 são também aplicáveis;

c) Um ou vários accionistas da sociedade cindida, que disponham de acções representativas de uma percentagem mínima do capital subscrito, devem ter o direito de exigir a convocação de uma assembleia geral da sociedade cindida, para que esta delibere sobre a aprovação da cisão. Esta percentagem mínima não pode ser ficada em mais de 5%. Contudo, os Estados-membros podem dispor que as acções sem direito de voto são excluídas do cálculo dessa percentagem;

d) Na falta de convocação da assembleia geral da sociedade cindida para deliberar sobre a cisão, a informação referida no n.° 3 do artigo 7.° dirá respeito a qualquer mudança importante do património activo e passivo, ocorrida depois da elaboração do projecto de cisão.

CAPÍTULO II
Cisão mediante constituição de novas sociedades

Artigo 21.°
(Cisão-dissolução)

1. Para os efeitos da presente directiva, entende-se por cisão mediante constituição de novas sociedades a operação pela qual uma sociedade, por meio de uma dissolução sem liquidação, transfere para várias sociedades constituídas de novo todo o seu património activo e passivo, mediante a atribuição aos accionistas da sociedade cindida de acções das sociedades beneficiárias e, eventualmente, de uma quantia em dinheiro não superior a 10% do valor nominal das acções assim atribuídas ou, na falta de valor nominal, do seu valor contabilístico.

2. É aplicável o disposto no n.° 2 do artigo 4.° da Directiva n.° 78/855/CEE.

Artigo 22.°
(Regras aplicáveis)

1. Os artigos 3.°, 4.°, 5.° e 7.° os n.°s 1 e 2, do artigo 8.° e os artigos 9.° a 19.° são aplicáveis, sem prejuízo dos artigos 11.° e 12.° da Directiva n.° 68/151/CEE, à cisão mediante constituição de novas sociedades. Para efeitos desta aplicação, a expressão "sociedades participantes na cisão" designa a sociedade cindida, a expressão "sociedade beneficiária das entradas resultantes da cisão" designa cada uma das novas sociedades.

2. O projecto de cisão deve mencionar, além das indicações referidas no n.° 2 do artigo 3.°, o tipo, a denominação e a sede social de cada uma das novas sociedades.

3. O projecto de cisão e, se constarem de acto separado, o acto constitutivo ou o projecto de acto constitutivo e os estatutos ou o projecto de estatutos de cada uma das novas sociedades devem ser aprovados pela assembleia geral da sociedade cindida.

4. Os Estados-membros podem determinar que o relatório sobre a verificação das entradas que não consistam em dinheiro, referido no artigo 10.° da Directiva n.° 77/91/CEE, bem como o relatório sobre o projecto de cisão referido no n.° 1 do artigo 8.° da presente directiva devem ser elaborados pelo mesmo ou pelos mesmos peritos.

5. Os Estados-membros podem estabelecer que nem o artigo 8.° nem o artigo 9.° se aplicam, no que diz respeito ao relatório de peritos, sempre que as acções de cada uma das novas sociedades forem atribuídas aos accionistas da sociedade cindida proporcionalmente aos seus direitos no capital desta sociedade.

CAPÍTULO III
Cisão sujeita ao controlo da autoridade judicial

Artigo 23.°
(Regime)

1. Os Estados-membros podem aplicar o disposto no n.° 2 sempre que a operação de cisão estiver submetida ao controlo de uma autoridade judicial que tenha o poder de:

a) Convocar a assembleia geral dos accionistas da sociedade cindida, a fim de deliberar sobre a cisão;

b) Assegurar-se de que os accionistas de cada uma das sociedades participantes na cisão receberam ou podem obter, pelo menos, os documentos referidos no artigo 9.°, em prazo que lhes permita examiná-los em tempo útil antes da data da reunião da assembleia geral da sua sociedade que deva deliberar sobre a cisão; se um Estado-membro utilizar a faculdade prevista no artigo 6.°, o prazo deve ser suficiente para permitir aos accionistas das sociedades beneficiárias o exercício dos direitos que lhes são concedidos neste último artigo;

c) Convocar qualquer assembleia de credores de cada uma das sociedades participantes na cisão, a fim de se pronunciar sobre a cisão;

d) Assegurar-se de que os credores de cada uma das sociedades participantes na cisão receberam ou podem obter, pelo menos, o projecto de cisão, em prazo que permita examiná-lo em tempo útil antes da data referida na alínea b);

e) Aprovar o projecto de cisão.

2. Sempre que a autoridade judicial verificar que as condições referidas no n.° 1, alíneas b) e d) estão preenchidas e que os accionistas e os credores não sofrerão prejuízos, pode dispensar as sociedades participantes de aplicar:

a) O artigo 4.°, contanto que o sistema de tutela dos interesses dos credores, referido no n.° 1 do artigo 12.°, cubra todos os créditos, independentemente da data em que se tenham constituído;

b) Os requisitos referidos nas alíneas a) e b) do artigo 6.°, quando um Estado-membro usar da faculdade prevista no dito artigo;

c) O artigo 9.°, pelo que respeita ao prazo e às modalidades estabelecidas para permitir aos accionistas tomar conhecimento dos documentos aí referidos.

CAPÍTULO IV
Outras operações equiparadas à cisão

Artigo 24.°
(Prémio superior a 10%)

Sempre que a legislação de um Estado-membro permitir, para uma das operações referidas no artigo 1.°, que a quantia em dinheiro atribuída aos accionistas ultrapasse a percentagem de 10%, são aplicáveis os capítulos I, II e III.

Artigo 25.°
(Cisão sem dissolução)

Sempre que a legislação de um Estado-membro permitir uma das operações referidas no artigo 1.°, sem que a sociedade cindida se extinga, são aplicáveis os capítulos I, II e III, com excepção do disposto no n.° 1, alínea c), do artigo 17.°.

CAPÍTULO V
Disposições finais

Artigo 26.°
(Disposições finais)

1. Os Estados-membros porão em vigor, antes de 1 de Janeiro de 1986, as disposições legislativas, regulamentares e administrativas necessárias para darem cumprimento à presente directiva, desde que nessa data permitam as operações às quais a directiva se aplica. Deste facto informarão imediatamente a Comissão.

2. Se um Estado-membro apenas vier a permitir a operação de cisão após a data prevista no n.° 1, porá em vigor as disposições indicadas no referido n.°, na data em que permitir esta operação. Deste facto informará imediatamente a Comissão.

3. Contudo, pode ser previsto um prazo de cinco anos a contar da entrada em vigor das disposições referidas no n.° 1 para a sua aplicação às "unregistered companies" no Reino Unido e na Irlanda.

4. Os Estados-membros podem deixar de aplicar os artigos 12.° e 13.°, no que respeita aos detentores de obrigações e de outros títulos convertíveis em acções se, no momento da entrada em vigor das disposições referidas nos n.°s 1 e 2.°, as condições de emissão tiverem fixado previamente a posição desses detentores em caso de cisão.

5. Os Estados-membros podem não aplicar a presente directiva às cisões ou às operações equiparadas às cisões, desde que, na data da entrada em vigor das disposições referidas nos n.°s 1 e 2, já tenham sido praticados um acto ou uma formalidade prescritos pela legislação nacional, com vista à preparação ou realização de tais operações.

Artigo 27.°
(Destinatários da directriz)

Os Estados-membros são destinatários da presente directiva.

Feito em Bruxelas em 17 de Dezembro de 1982.

Pelo Conselho
O Presidente

H. CHRISTOPHERSEN

§ 18.° Problemática geral e preparação

76. Problemática geral

I. As 3.ª e 6.ª Directrizes, embora distintas, versam uma problemática próxima e assumem regras semelhantes. A 6.ª Directriz comporta, de resto, toda uma série de remissões para a 3.ª, como vimos. Deste modo, é frequente os tratadistas de Direito societário europeu inserirem-nas lado a lado[461] e procederem a uma análise conjunta[462]. Essa metodologia afigura-se-nos preferível, no tocante ao estudo do tronco comum da temática envolvida. Passando ao estudo descritivo das duas Directrizes, há que proceder a discursos separados.

II. As 1.ª e 2.ª Directrizes têm a ver com aspectos estáticos das sociedades. A 1.ª reporta-se à publicidade básica, às vinculações e à invalidade das sociedades, enquanto a 2.ª se prende com os condicionalismos mínimos das sociedades anónimas, de modo a garantir as posições dos sócios e dos credores. Na *mens europaea* tratar-se-ia, agora, de harmonizar aspectos atinentes à dinâmica das sociedades ou, se se quiser, às suas vicissitudes.

As regras atinentes a essas vicissitudes obedecem a valores já explicitados nas 1.ª e 2.ª Directrizes. Assim encontramos preocupações de publicidade, de tutela da confiança de terceiros e de garantias dos direitos dos sócios e dos credores. Tais preocupações, que dão um evidente teor regulamentar e, quiçá, restritivo à regulamentação comunitária aqui em causa, não escondem, porém, o reverso: a fusão e a cisão são apresentadas, nas suas diversas modalidades, como operações possíveis, à disposição

---

[461] HABERSACK, *Europäisches Gesellschaftsrecht*, 2.ª ed. cit., 194-217.

[462] GRUNDMANN, *Europäisches Gesellschaftsrecht* cit., 397 ss..

dos agentes económicos e das empresas, para melhor prosseguirem os objectivos respectivos.

III. Em termos gerais, a fusão pode servir diversos escopos e, em especial, dois[463]:

- o crescimento exterior, com aproveitamento de sinergias, com uma cobertura mais alargada de capital ou com a obtenção de uma massa crítica que torne viáveis programas de maior porte;
- a recomposição interna da textura empresarial, facilitando uma direcção coerente e racionalizando as responsabilidades.

Digamos que, embora a fusão se associe, de imediato, à ideia de concentração capitalista, ela serve, hoje, objectivos mais vastos de engenharia empresarial.

A cisão, por seu turno, prossegue, em primeira linha, objectivos de aligeiramento empresarial, contrariando o gigantismo e as perdas de produtividade que, daí, possam advir. Mas a cisão anda paredes meias com operações de recomposição empresarial, permitindo, em certas circunstâncias, prosseguir objectivos de puro crescimento externo.

IV. O estudo da evolução do Direito das sociedades nas áreas da fusão e da cisão[464] mostra que, do ponto de vista jurídico, essas operações não são óbvias. O próprio tratamento unitário das empresas ou, pelo que agora está em causa, das sociedades, obriga a um cinzelamento da Ciência do Direito que requer gerações de esforços. Havia ordens jurídicas omissas quanto a esses problemas, enquanto outras tratavam, apenas, alguns dos aspectos em presença.

A legislação comunitária procurou e generalizou os esquemas mais aperfeiçoados que o Direito do Velho-Mundo conseguira aprontar. Temos, aqui, uma dimensão jurídico-científica do maior interesse.

77. **Preparação e objectivos**

I. Na origem da 3.ª Directriz, relativa à fusão das sociedades anónimas, de 9-Out.-1978, temos um anteprojecto da Comissão, datado de

---

[463] GRUNDMANN, *Europäisches Gesellschaftsrecht* cit., 399.

[464] Cf. o nosso *Manual de Direito das sociedades*, 1.° vol. cit., 783 ss..

1968[465]. Em 16-Jun.-1970 surge um projecto[466], modificado em versões publicadas, respectivamente, a 4-Jan.-1973 e a 22-Dez.-1975[467]. Na preparação do projecto prevaleceu uma técnica analítica de tipo germânico[468] [469], mau grado uma forte influência francesa.

Quanto aos objectivos profundos do legislador comunitário, neste ensejo, cumpre salientar[470]:

- introduzir o instituto da fusão nas ordens jurídicas que, como a holandesa, não o conheciam;
- uniformizar as tutelas dos credores e dos sócios, nos diversos Estados.

Este último aspecto é importante para efeitos de concorrência: na falta de harmonização, tenderiam a ser penalizados justamente os Direitos que mais cuidados pusessem na tutela de sócios e de credores.

II. A 6.ª Directriz, relativa às cisões das sociedades anónimas, de 17-Dez.-1982, tem uma pré-história comum à da 3.ª[471]. Efectivamente, o artigo 21.° do Projecto de Terceira Directriz, de 1970, inserido num capítulo V intitulado "outras operações semelhantes à fusão" dispunha[472]:

---

[465] PIERRE VAN OMMESLAGHE, *Unternehmenskonzentration und Rechtsangleichung in der EWG*, ZHR 132 (1969), 201-231, reclamando (230) um certo optimismo, perante as dificuldades do tema.

[466] Sobre este projecto cabe referir JEANS MEYER-LADEWIG, *Der Kommissionsvorschlag für ein Dritte Richtlinie des Rates zur Koordinierung des Gesellschaftsrechts (Nationale Fusion)*, BB 1970, 1517-1520 e HANS-JÜRGEN SONNENBERGER, *Interne Fusion von Aktiengesellschaften im Gemeinsamen Markt – Kommissionsvorschlag einer dritten Richtlinie zur Angleichung des Gesellschaftsrechts*, AG 1971, 76-82 (77 ss.).

[467] Os locais das publicações respectivas podem ser confrontados em SCHWARZ, *Europäisches Gesellschaftsrecht* cit., 402.

[468] PIERRE VAN OMMESLAGHE, *La proposition de troisième directive sur l'harmonisation des fusions de sociétés anonimes*, em *Qui Vadis Ius Sociatum/Liber amicorum Pieter Sanders* (1972), 123-150 (143 ss., particularmente quanto à ideia da transmissão universal do património).

[469] Quanto à preparação da 3.ª Directriz cf. RAÚL VENTURA, *Adaptação do Direito português à Terceira Directiva da Comunidade Económica Europeia relativa à fusão das sociedades por acções*, DDC 4 (1980), 183-252 (183), retomado em *Fusão, cisão, transformação de sociedades* (1990), 6 ss..

[470] SCHWARZ, *Europäisches Gesellschaftsrecht* cit., 405.

[471] SCHWARZ, *Europäisches Gesellschaftsrecht* cit., 428 e PETER HOMMELHOFF/KARL RIESENHUBER, *Strukturmassennahmen, insbesondere Verschmelzung und Spaltung im Europäischen und deutschen Gesellschaftsrecht*, em STEFAN GRUNDMANN, *Systembildung und Systemlücken* (2000), 259-282 (265 ss.); entre nós: RAÚL VENTURA, *Adaptação do Direito português à Sexta Directiva do Conselho da Comunidade Económica Europeia relativa às cisões das sociedades por acções*, DDC 10 (1982), 7-66 (12) e *Fusão, cisão, transformação de sociedades* cit., 326 ss. e JOANA VASCONCELOS, *A cisão de sociedades* (2001), 87 ss..

[472] Usa-se a tradução de RAÚL VENTURA, *Adaptação do Direito português à Sexta Directiva* cit., 12.

1. Quando os Estados membros organizem para sociedades sujeitas à sua legislação operações diferentes das definidas pelos artigos 2.° e 20.° da presente Directiva e pelas quais uma sociedade transfere para uma ou várias sociedades existentes ou a constituir a totalidade ou uma parte do seu património mediante a atribuição aos seus accionistas de acções da sociedade ou das sociedades beneficiárias da transmissão, são aplicáveis as disposições dos capítulos II e III da presente Directiva, com excepção dos artigos 6.° e 9.°, parágrafo 2.°.

Os números seguintes regulavam a aplicação ou não-aplicação dos outros preceitos da então projectada 3.ª Directriz às operações previstas no n.° 1.

O Comité Económico e Social, em parecer de 27-Mai.-1971, estranhou a inclusão da matéria da cisão[473]. De todo o modo, o preceito manteve-se, nas versões alteradas de 1973 e de 1975. Apenas desapareceu da versão final[474].

O tema das cisões acabaria, deste modo, por constituir objecto de uma Directriz autónoma: a 6.ª. Ficou numericamente separada da 3.ª porque, durante o (longo) período em que a inerente matéria esteve anexada à mesma terceira, surgiram os projectos da 4.ª e da 5.ª Directrizes. Seja na autonomização das cisões, seja no tratamento dado à 6.ª Directriz, aponta-se uma influência especial do Direito francês da *scission*[475].

Quanto aos objectivos profundos, a 6.ª Directriz assume o de impedir os interessados de contornar a 3.ª Directriz, defraudando os seus preceitos[476].

III. Passando às ideias-chaves de ambas as Directrizes, tal como resultam dos preâmbulos respectivos, temos o quadro que segue. A 3.ª Directriz visa prosseguir a coordenação dos diversos Direitos das sociedades, introduzindo, em todos, o instituto da fusão. Procura-se a protecção dos accionistas das sociedades, particularmente dos minoritários, bem como a dos credores sociais. A publicidade é especialmente contemplada. Tomam-se medidas para prevenir que os competentes preceitos possam ser iludidos e

---

[473] *Vide* a transcrição do trecho relevante em RAÚL VENTURA, *Adaptação* cit., 13.

[474] JOANA VASCONCELOS, *A cisão de sociedades* cit., 89.

[475] KONRAD DUDEN/WOLFGANG SCHILLING, *Die Spaltung von Gesellschaften*, AG 1974, 202-212 (204) e ARNDT TEICHMANN, *Die Spaltung einer Aktiengesellschaft als gesetzgeberiche Aufgabe*, AG 1980, 85-93 (88 ss.).

[476] HABERSACK, *Europäisches Gesellschaftsrecht*, 2.ª ed. cit., 181.

limita-se o alcance das invalidades que possam vitimar a operação, em nome da confiança que todos devem poder depositar no sistema[477].

A 6.ª Directriz, por seu turno, assume prosseguir igualmente a harmonização dos Direitos das sociedades. As regras das fusões seriam contornáveis através de cisões, o que deveria ser prevenido. Seguem-se os valores de tutela dos accionistas, dos credores sociais e as vantagens da publicidade. As garantias deveriam ser alargadas[478].

78. **Transposições e sentido geral**

I. A 3.ª Directriz foi transposta, na Alemanha, pelo *Verschmelzungsrichtlinie-Gesetz* de 25-Out.-1982[479]. Este diploma foi para além das sociedades anónimas, ultrapassando as exigências comunitárias[480]: num exemplo que Portugal levaria até às últimas consequências, como veremos. Em França, a transposição operou através da Lei n.° 88-17, de 6-Jan.-1988 e, em Itália, pelo Decreto n.° 32 de 16-Jan.-1991[481]. Curiosamente, estes dois últimos diplomas, francês e italiano, respectivamente, vieram transpôr, em simultâneo, a 6.ª Directriz[482] [483]. Já na Alemanha, esta matéria apenas seria transposta pelo *Umwandlungsgesetz* de 28-Out.-1994. Em rigor, a 6.ª Directriz não obriga à transposição, uma vez que não impõe a autonomização das cisões[484]. Mas foi tida em conta.

No nosso País, a transposição de ambas as Directrizes foi levada a cabo pelo Código das Sociedades Comerciais, em termos que abaixo serão desenvolvidos.

---

[477] Todos estes aspectos resultam do seu preâmbulo: *supra*, 234.

[478] *Vide* o preâmbulo da 6.ª Directriz, *supra*, 247-249.

[479] Que alterou os §§ 339 a 353 do AktG. Estes preceitos seriam, depois, revogados pelo *Umwandlungsgesetz*, para onde transitaria esta matéria.

[480] SCHWARZ, *Europäisches Gesellschaftsrecht* cit., 407. Logo na altura: JOACHIM GANSKE, *Änderungen des Verschmelzungsrechts/Zur Dritte gesellschaftsrechtlichen EG-Richtlinie/Gedanken zu ihrer Umsetzung in deutsches Recht*, DB 1981, 1551-1559.

[481] Um quadro com as transposições da 3.ª Directriz levadas a cabo nos outros países pode ser confrontado em SCHWARZ, *Europäisches Gesellschaftsrecht* cit., 404-405.

[482] Um quadro similar, quanto às transposições da 6.ª Directriz: *idem*, 429-430.

[483] Quanto à Itália, cf. PETER KINDLER, *Neuere italienische Gesetzgebung auf dem Gebiet des Gesellschaftsrechts*, ZGR 1995, 225-249.

[484] JOHANNES SEMLER/ARNDT STENGEL, *Umwandlungsgesetz* (2003), 11-12.

II. A transposição foi considerada especialmente fácil, em França, uma vez que as Directrizes em jogo já haviam recebido o influxo cultural francês[485].

As 3.ª e 6.ª Directrizes apresentam um teor regulamentar. Apesar de fazerem múltiplos apelos aos Direitos nacionais e às opções dos legisladores respectivos, elas apresentam uma estrutura e uma densidade que, delas, quase fariam diplomas directamente aplicáveis. Este estado de coisas tem sido explicado pela ideia inicial de regular a matéria das fusões a nível internacional, igualizando os regimes[486]. A ideia acabaria por perder-se, desenhando-se sobre os escombros, a proposta de 10.ª Directriz, de 1985, relativa a fusões internacionais. Sem êxito, até hoje[487].

---

[485] Cf. GAVALDA/PARLEANI, *Droit des affaires de l'Union européenne* cit., 160; em França, a matéria só respeita, todavia, às sociedades anónimas. *Vide* CÄCILIE ENGELMEYER, *Die Spaltung von Aktiengesellschaften nach dem neuen Umwandlungsrecht* (1995), 6 ss. e 9 ss..

[486] GRUNDMANN, *Europäisches Gesellschaftsrecht* cit., 399.

[487] Cf. *infra*, 804-805.

§ 19.° Sistema geral da 3.ª Directriz

79. **Ordenação das matérias; âmbito de aplicação**

I. A Terceira Directriz comporta 33 artigos, ordenados em seis capítulos. Eis os seus termos:

Capítulo I – Regime da fusão mediante incorporação de uma ou várias sociedades numa outra sociedade e da fusão mediante a constituição de uma nova sociedade – 2.° a 4.°;

Capítulo II – Fusão mediante incorporação – 5.° a 22.°;

Capítulo III – Fusão mediante constituição de novas sociedades – 23.°;

Capítulo IV – Incorporação de uma sociedade numa outra que possua, pelo menos, 90% das acções da primeira – 24.° a 29.°;

Capítulo V – Outras operações equiparadas à fusão – 30.° e 31.°;

Capítulo VI – Disposições finais – artigos 32.° e 33.°.

O Capítulo I abrange:

artigo 2.° (Tipos de fusão);

artigo 3.° (Fusão por incorporação);

artigo 4.° (Fusão por concentração).

O Capítulo II abarca:

artigo 5.° (Projecto de fusão);

artigo 6.° (Publicidade do projecto);

artigo 7.° (Aprovação pelas assembleias gerais);

artigo 8.° (Dispensa de aprovação pela assembleia geral da sociedade incorporante);

artigo 9.° (Relatório das administrações);

artigo 10.° (Relatório dos peritos independentes);
artigo 11.° (Direito de consulta dos accionistas);
artigo 12.° (Protecção dos direitos dos trabalhadores);
artigo 13.° (Protecção dos credores anteriores à publicação do projecto de fusão);
artigo 14.° (Protecção dos obrigacionistas);
artigo 15.° (Protecção de portadores de títulos com direitos especiais);
artigo 16.° (Forma da fusão);
artigo 17.° (Data de eficácia da fusão);
artigo 18.° (Publicidade da fusão);
artigo 19.° (Efeitos da fusão);
artigo 20.° (Responsabilidade civil dos administradores ou directores);
artigo 21.° (Responsabilidade civil dos peritos);
artigo 22.° (Regime da invalidade da fusão).

O Capítulo III comporta:
artigo 23.° (Normas aplicáveis).

O Capítulo IV contém:
artigo 24.° (Incorporação havendo domínio total);
artigo 25.° (Dispensa de aprovação pela assembleia da sociedade incorporante);
artigo 26.° (Domínio total indirecto);
artigo 27.° (Incorporação havendo titularidade de 90% de capital);
artigo 28.° (Regime);
artigo 29.° (Titularidade indirecta de 90% do capital).

O Capítulo V ordena:
artigo 30.° (Fusão com pagamentos associados);
artigo 31.° (Manutenção das sociedades transferentes).

O Capítulo VI remata:
artigo 32.° (Prazo de transposição e dispensas);
artigo 33.° (Destinatários da Directriz).

Como se vê, mais de metade dos artigos da Directriz são dedicados à fusão por incorporação. Trata-se, efectivamente, do núcleo regulamentativo deste instituto.

II. O âmbito de aplicação da Directriz surge fixado no seu artigo 1.°: as sociedades anónimas[488]. Efectivamente, é este o tipo societário que, principalmente, atrai fusões (e cisões)[489]. Mas esta opção não poderia deixar de ter efeitos sobre o próprio regime adoptado: um regime complexo, dispendioso e que pressupõe toda uma estrutura. A sua aplicação a sociedades de pequeno porte surgiria como inconveniente: implicaria um colete formal e burocrático sem correspondência na realidade sócio-económica em jogo. O alargamento do seu regime a outros tipos societários mais simples – como sucedeu na Alemanha e em Portugal – deveria ser especialmente ponderado, à luz destas considerações.

III. O artigo 1.°/2 e 3 da Directriz permite aos Estados membros a sua não aplicação às cooperativas[490] e às sociedades envolvidas em processos de falência, de concordata ou análogos. De facto, trata-se de situações que, pela sua própria natureza, colocam questões de ordem diversa.

80. **Modalidades de fusão**

I. A 3.ª Directriz distingue, no seu artigo 2.°:

- a fusão mediante incorporação de uma ou várias sociedades numa outra;
- a fusão mediante a constituição de uma nova sociedade.

De acordo com a terminologia portuguesa, a primeira modalidade é dita fusão por incorporação e, a segunda, por concentração.

---

[488] HABERSACK, *Europäisches Gesellschaftsrecht*, 2.ª ed. cit., 169, SCHWARZ, *Europäisches Gesellschaftsrecht* cit., 406 e GRUNDMANN, *Europäisches Gesellschaftsrecht* cit., 401.

[489] GAVALDA/PARLEANI, *Droit des affaires de l'Union européenne* cit., 159.

[490] A Directriz diz – e bem – sociedades cooperativas; quanto à discussão sobre a sua natureza, em Portugal, embaçada por considerações políticas, cf. o nosso *Manual de Direito das sociedades*, 1.° vol. cit., 348 ss. (352-354).

II. A fusão por incorporação desenha-se quando[491]:

- uma ou várias sociedades (as incorporadas), por dissolução sem liquidação,
- transfiram para outra (a incorporante) o seu activo e o seu passivo,
- sendo atribuídas aos accionistas da (ou das) sociedades incorporadas acções da sociedade incorporante e, eventualmente, um prémio em dinheiro não superior a 10% do valor nominal das acções atribuídas ou, na falta de valor nominal, do seu valor contabilístico.

Sublinha-se que, pela incorporação, os accionistas das sociedades incorporadas se tornam, *ipso iure*, accionistas da incorporante – artigo 19.°/1, *b*), da 3.ª Directriz.

III. A fusão por concentração opera no seguinte cenário[492]:

- várias sociedades dissolvem-se, sem liquidação,
- transferindo para uma nova sociedade, que elas constituem, o seu activo e o seu passivo,
- mediante a atribuição aos seus accionistas de acções da nova sociedade e, eventualmente, de um prémio não superior a 10% do valor nominal das acções atribuídas ou, na falta de valor nominal, do seu valor contabilístico.

Também aqui os accionistas adquirem a sua nova posição *ispso iure*, pela fusão.

IV. Uma categoria especial de fusões surge, ainda, nos artigos 24.° a 29.° da 3.ª Directriz: a das fusões dentro de grupos de sociedades ou sociedades coligadas, desde que se mostrem atingidas certas margens[493].

81. **Fusão por incorporação; processo**

I. O núcleo regulativo da 3.ª Directriz é constituído pela fusão por incorporação: matéria que, como vimos, ocupa mais de metade do seu arti-

---

491 Raúl Ventura, *Adaptação do Direito português à Terceira Directiva* cit., 190 ss..

492 *Idem*, 171; é a *Verschmelzung durch Neugründung*; esta designação explica a terminologia presente no artigo 4.° da Directriz. Cf., quanto à lei alemã, Roman Bärwaldt, em Semler/Stengel, *Umwandlungsgesetz* (2003), § 36 (465 ss.).

493 Habersack, *Europäisches Gesellschaftsrecht*, 2.ª ed. cit., 171-172.

culado. O legislador comunitário abdicou de um tratamento puramente conceitual, passando a regular o processo de fusão, nas suas diversas fases.

II. O primeiro acto consiste na elaboração, pelas administrações ou pelas direcções[494] das sociedades implicadas, de um projecto de fusão[495]. O projecto deve ser elaborado por escrito, devendo conter os elementos seriados nas sete alíneas do artigo 5.° da 3.ª Directriz.

A esse projecto deve ser dada publicidade: segundo a legislação de cada Estado membro, na sequência da transposição da 1.ª Directriz e relativamente a cada uma das participadas. Essa publicidade deve ser efectivada com uma antecedência mínima de um mês sobre a data da reunião da assembleia geral, convocada para se pronunciar sobre o projecto de fusão – 6.°. Este dispositivo, em conjunto com elementos da 2.ª Directriz, como os que regulam as entradas em espécie e a preferência dos accionistas na subscrição do capital, tutela as minorias e os credores da sociedade[496].

III. A Directriz prevê, ainda[497]:

- um relatório escrito pormenorizado, em termos jurídicos e económicos, elaborado pelos órgãos de administração ou de direcção de cada sociedade participante: especialmente justificada deve ser a relação de troca das acções – artigo 9.° da 3.ª Directriz;
- em relação a cada sociedade envolvida, um relatório elaborado por peritos independentes, com os elementos especificados no artigo 10.°/2 – *idem*, artigo 10.°.

Estes relatórios devem ser elaborados com uma antecedência suficiente para poderem ser disponibilizados aos accionistas pelo menos um mês antes da data da assembleia geral. Com efeito, o artigo 11.° da 3.ª

---

[494] A contraposição entre "administração" e "direcção" corresponde aos dois figurinos de sociedades anónimas que dividem a Europa: as sociedades monistas, com conselho de administração e as dualistas, com direcção e conselho geral ("conselho de vigilância", na terminologia alemã).

[495] Raúl Ventura, *Adaptação do Direito português à Terceira Directiva* cit., 198 ss..

[496] Cf. Hartwig Henze, *Das Richtlinienrecht und der Schutz von Minderheitsgesellschaftern und Gläubigern im deutschen Aktienrecht/verdeckte Sacheinlage, Bezugsrecht und Verschmelzungsbericht*, em Stefan Grundmann, *Systembildung und Systemlücken* (2000), 235-257 (240 ss., 245 ss. e 252 ss.).

[497] Esta matéria é anterior à assembleia geral; não está, por isso, devidamente sistematizada. Quanto aos relatórios, Raúl Ventura, *Adaptação do Direito português à Terceira Directiva* cit., 206.

Directriz confere aos accionistas o direito de, com essa mesma margem, consultar na sede social – 11.°/1:

- o projecto de fusão;
- as contas anuais e os relatórios de gestão dos últimos três exercícios das sociedades intervenientes;
- um balanço actualizado;
- os relatórios referidos nos artigos 9.° (administração e direcção) e 10.° (peritos).

IV. Segue-se a aprovação do projecto pelas assembleias gerais de cada uma das sociedades implicadas, aprovação essa a adoptar por maioria qualificada não inferior a dois terços dos votos correspondentes quer aos títulos representados, quer ao capital subscrito representado – 7.°/1[498] – ainda que com aligeiramentos eventuais – *idem*, 2.ª parte.

Havendo várias categorias de acções, a votação faz-se em separado para cada categoria – 7.°/3.

O artigo 8.° admite que as leis nacionais possam dispensar a aprovação da fusão pela assembleia geral da sociedade incorporante. *Grosso modo* assim será quando, tendo-se procedido à competente publicidade e tendo os accionistas da sociedade incorporante o direito de consultar os elementos relevantes indicados no artigo 11.°/1, uma percentagem deles (que não deve ser superior a 5%) não venha exigir a convocação de uma assembleia geral. Para uma grande sociedade incorporante, compreende-se que uma fusão com pequenas entidades possa, *a priori*, não justificar uma assembleia geral.

V. Acompanhando o projecto de fusão e, depois, a sua efectivação, devem inserir-se dispositivos que protejam:

- os direitos dos trabalhadores, nos termos da Directriz n.° 77/187/ /CEE – artigo 12.°;
- os direitos dos credores anteriores[499] à publicação do projecto de

[498] A solução é sistematicamente justificada: a fusão é um acto comparável, em termos estruturais, à modificação dos estatutos; recorde-se o artigo 40.° da 2.ª Directriz. Além disso, o próprio artigo 7.° da 3.ª Directriz prevê que a deliberação possa incidir não só sobre o projecto mas, também, sobre as alterações dos estatutos necessárias à sua realização.

[499] Quando se trate de créditos posteriores à publicação do projecto, os credores tiveram acesso à operação projectada; poderão ponderar se, nessas condições, lhes convém conceder o crédito; não se justifica, por isso, uma tutela especial.

fusão, designadamente pela atribuição de garantias adequadas – 13.°[500];
- os direitos dos obrigacionistas, nos mesmos moldes – 14.°;
- os portadores de títulos que não sejam acções, dotados de direitos especiais – 15.°: devem beneficiar de direitos pelo menos equivalentes aos de que beneficiavam na sociedade incorporada.

VI. Quanto à fusão, uma vez aprovada:

- ela deve operar por documento autêntico, salvo prevendo-se um controlo prévio, judicial ou administrativo, de legalidade– artigo 16.°;
- a data de produção de efeitos deve ser fixada pelos Estados-membros: trata-se de prevenir dúvidas – artigo 17.°;
- a fusão deve ser publicitada nos termos transpostos da 1.ª Directriz – artigo 18.°;
- a fusão produz *ipso iure* – portanto: automaticamente – os efeitos seguintes – artigo 19.°/1, todos da 3.ª Directriz[501]:
  - a transmissão universal, entre elas e *erga omnes*, do activo e do passivo da sociedade incorporada para a incorporante – *a*);
  - os accionistas da sociedade incorporada tornam-se accionistas da incorporante – *b*);
  - a sociedade incorporada extingue-se – *c*).

VII. As legislações nacionais devem prever a responsabilidade civil dos administradores ou directores e a dos peritos – artigos 20.° e 21.°. De um modo geral, perante o regime comum, havendo irregularidades cometidas, já haveria lugar a responsabilidade. Todavia, o legislador comunitário pretendeu ser explícito, nesse domínio. Pensamos que jogam, também, as dimensões preventivas da própria responsabilidade civil.

VIII. Finalmente, a invalidade da fusão[502] pode ser disciplinada pelos Estados, mas em certos moldes restritivos: os elencados nas oito alíneas

---

[500] GRUNDMANN, *Europäisches Gesellschaftsrecht* cit., 411-412.

[501] Cf. o importante desenvolvimento de RAÚL VENTURA, *Adaptação do Direito português à Terceira Directiva* cit., 225 ss..

[502] *Fehlerhafte Verschmelzung*; cf. HABERSACK, *Europäisches Gesellschaftsrecht*, 2.ª ed. cit., 180-181. RAÚL VENTURA, *Adaptação* cit., 233, fala em "nulidade".

do artigo 22.°/1[503] e com as delimitações dos números 2 e 3 do mesmo preceito.

82. **Fusão-concentração**

I. À fusão por constituição de uma nova sociedade ou fusão-concentração aplica-se, fundamentalmente, o regime da fusão por incorporação. É o que resulta da remissão feita pelo artigo 23.°/1 para os artigos 5.° a 7.° e 9.° a 22.°, da própria 3.ª Directriz. Apenas se exclui o artigo 8.°: diz respeito à dispensa (eventual) de aprovação pela assembleia geral da sociedade incorporante que, aqui, não existe.

II. O projecto de fusão e do pacto social devem ser aprovados pela assembleia geral de cada uma das sociedades que se irão extinguir – 23.°/3. As leis nacionais podem dispensar as regras relativas às entradas em espécie, previstas no artigo 10.° da 2.ª Directriz – 23.°/4.

83. **Incorporações no âmbito de grupos de sociedades**

I. A 3.ª Directriz contém, como vimos, diversas regras específicas para as hipóteses de incorporações no seio de grupos de sociedades. A ideia comunitária é a seguinte: quando, nesses grupos, se atinjam níveis elevados de controlo, não se justificam algumas das cautelas próprias do regime comum.

Isso sucede, desde logo, na presença de uma situação de domínio total – 24.°. Ficam, de modo geral, dispensadas as regras que tenham a ver com a valoração ou a entrega das acções, com os relatórios dos administradores e dos peritos e com a responsabilidade daí resultante.

Também a assembleia geral da sociedade incorporante pode ser dispensada: havendo publicidade adequada, consulta pelos accionistas e na falta de uma minoria qualificada que pretenda a sua convocação – 25.°.

II. Na hipótese de domínio indirecto – portanto: todas as acções pertencerem à sociedade incorporante ou a pessoas que as detenham por conta

[503] *Supra*, 242-243.

dela – podem os Estados-membros aplicar o regime derivado dos artigos 24.°, 25.° e 26.°.

III. Os artigos 27.° a 29.° ocupam-se da hipótese de a sociedade incorporante deter, pelo menos, 90% do capital social da incorporada, mas não todo. Como especificidade, retemos o do artigo 28.°: podem ser dispensados os relatórios e o direito de consulta de elementos, desde que os accionistas minoritários da sociedade incorporada tenham o direito de exigir a aquisição das suas acções, por contrapartida adequada, com possibilidade de recurso para o Tribunal.

Esquemas similares podem operar quando os 90% de acções sejam alcançados de modo indirecto – 29.°.

84. **Operações equiparadas a fusões e disposições finais**

I. A 3.ª Directriz é aplicável, em geral, nos casos em que o prémio que acompanhe as acções a adquirir pelos sócios da sociedade incorporada ultrapasse os 10%. Essa eventualidade, a permitir pelos Estados-membros, leva a uma "operação equiparada à fusão" – 30.°. O mesmo sucede quando as sociedades transferentes não se extingam[504] – 31.°.

II. O artigo 32.°/1 prevê que os Estados-membros ponham em vigor as disposições legislativas, regulamentares e administrativas necessárias no prazo de três anos a contar da sua notificação. Ficaram previstos certos alargamentos.

Os Estados-membros são destinatários da Directriz – 33.°.

[504] Razão por que se não podem dizer "incorporadas".

§ 20.° A transposição da 3.ª Directriz

85. O estudo de RAÚL VENTURA; aspectos gerais

I. A 3.ª Directriz mereceu um importante estudo de RAÚL VENTURA, tendente à sua transposição[505]. Esse estudo concluía com um projecto de alterações legislativas a introduzir no Decreto-Lei n.° 598/73, de 8 de Novembro: diploma que, à data, regulava entre nós a matéria das fusões e das cisões[506].

Deve recordar-se que o próprio Decreto-Lei n.° 598/73 fora elaborado na base de um estudo de RAÚL VENTURA[507], estudo esse que tivera em boa conta o então já conhecido projecto de 3.ª Directriz[508]. O Direito português estava, assim, maduro para acolher a 3.ª Directriz, agora em estudo.

II. A transposição da 3.ª Directriz foi operada pelo Código das Sociedades Comerciais. Este diploma acolheu ainda o Decreto-Lei n.° 598/73, que já havia operado uma "pré-transposição". O Decreto-Lei n.° 262/86, de 2 de Setembro, que aprovou o Código, limita-se a dizer, no seu preâmbulo[509]:

> A disciplina da fusão e da cisão de sociedades retoma o disposto no Decreto-Lei n.° 598/73, de 8 de Novembro, com algumas adaptações exigidas pelas 3.ª e 6.ª Directivas da CEE.

---

[505] RAÚL VENTURA, *Adaptação do Direito português à Terceira Directiva* cit., 184-245.

[506] *Idem*, 246-252.

[507] RAÚL VENTURA, *Fusão e cisão de sociedades*, RFDUL XXIV (1972), 23-50.

[508] Cf. RAÚL VENTURA, *Fusão, cisão, transformação de sociedades* cit., 12.

[509] Ponto 12 do preâmbulo do Decreto-Lei n.° 262/86, de 2 de Setembro; por lapso refere-se, nele, a 8.ª Directriz, quando se queria dizer a 6.ª.

III. O Código das Sociedades Comerciais dedicou o capítulo IX da sua parte geral à fusão de sociedades. Fê-lo sem subcapítulos, nos termos seguintes – artigos 97.° a 117.°:

97.° (Noção. Modalidades);
98.° (Projecto de fusão);
99.° (Fiscalização do projecto);
100.° (Registo do projecto e convocação de assembleia);
101.° (Consulta de documentos);
102.° (Reunião da assembleia);
103.° (Deliberação);
104.° (Participação de uma sociedade no capital de outra);
105.° (Direito de exoneração dos sócios);
106.° (Escritura de fusão);
107.° (Publicidade da fusão e oposição dos credores);
108.° (Efeitos da oposição);
109.° (Credores obrigacionistas);
110.° (Portadores de outros títulos);
111.° (Registo de fusão);
112.° (Efeitos do registo);
113.° (Condição ou termo);
114.° (Responsabilidade emergente da fusão);
115.° (Efectivação de responsabilidade no caso de extinção da sociedade);
116.° (Incorporação de sociedade totalmente pertencente a outra);
117.° (Nulidade da fusão).

Aparentemente, o Código condensou um tanto os preceitos da 3.ª Directriz. Na realidade, isso foi conseguido reunindo, num mesmo artigo, matéria dispersa por vários.

86. Âmbito

I. O Código das Sociedades Comerciais seguiu, genericamente, o esquema da 3.ª Directriz. Esta apresenta um esquema regulamentar bastante preciso, que permite a orientação assumida.

O artigo 97.°/1 e 2 debate-se com evidentes dificuldades de apontar a "noção" de fusão[510]. De todo o modo, o n.° 1 contém um elemento da

[510] Cf. Raúl Ventura, *Fusão, cisão, transformação de sociedades* cit., 14-15, quanto às dificuldades de definir fusão.

maior importância: a fusão respeita a duas ou mais sociedades, ainda que de tipo diverso. Não há limitações, podendo ser abrangidas, ao que pensamos, sociedades civis[511]. Estamos longe da ideia comunitária, que se limita a prever fusões que envolvam sociedades anónimas. Seguiu-se, até ao extremo, uma opção feita pelo legislador alemão de 1982 e por ele levada às últimas consequências em 1994[512].

II. O n.° 4 do artigo 97.° distingue, tal como a 3.ª Directriz:

- a fusão-incorporação – *a*);
- a fusão concentração – *b*).

Admite o n.° 5 que a atribuição das partes, acções ou quotas[513] possa ser acompanhada pela atribuição, aos sócios das sociedades incorporadas ou fundidas, de quantias em dinheiro que não excedam 10% do valor nominal das participações que lhes couberem.

87. **Processo**

I. O processo de fusão vem regulado pelo Código das Sociedades Comerciais em termos paralelos aos da 3.ª Directriz.

O projecto de fusão surge no artigo 98.°, em termos mais complexos do que os da 3.ª Directriz: pode cobrir uma paleta de situações mais extensa do que a das sociedades anónimas previstas pelo legislador comunitário[514]. O projecto é de elaboração conjunta das administrações envolvidas.

II. A fiscalização do projecto é confiada aos órgãos de fiscalização das sociedades, quando os haja – 99.°/1. Além disso, o projecto de fusão deve ser examinado por um revisor oficial de contas ou por uma sociedade de revisores independentes de todas as sociedades implicadas – 99.°/2.

---

[511] Será uma das situações de retroacção do Código das Sociedades Comerciais sobre as sociedades civis. Quanto a esse tema e às múltiplas dificuldades que levanta: RAÚL VENTURA, *Fusão, cisão, transformação de sociedades* cit., 31-34.

[512] Recordamos SCHWARZ, *Europäisches Gesellschaftsrecht* cit., 407.

[513] Forma necessária para abranger a generalidade de tipos societários que, pelo Direito português, podem ser abrangidos pela fusão.

[514] RAÚL VENTURA, *Fusão, cisão, transformação de sociedades* cit., 61 ss..

O projecto de fusão é registado – 100.°/1 – convocando-se a assembleia para depois de decorridos, pelo menos, 30 dias, devidamente contados – 100.°/2 e 3.

Publicado o aviso, os sócios e os credores das diversas sociedades envolvidas têm o direito de consultar os documentos referidos no artigo 101.°.

A assembleia reúne com o formalismo prescrito no artigo 102.°, deliberando nos termos prescritos para a alteração do contrato de sociedade – 103.°/1. Tratando-se de sociedade anónima e havendo várias categorias de acções, a deliberação só é eficaz se for aprovada pela assembleia geral de cada categoria, tal como exige a Directriz – 103.°/3. Como, todavia, podem estar em causa outros tipos de sociedade, impunha-se a regra geral que transparece no artigo 103.°/2: a do acordo dos sócios atingidos nas respectivas posições, para que a deliberação possa ser executada.

O artigo 104.° limita o direito de voto das sociedades que participem no capital de outras, para efeitos de aprovação da fusão – 104.°.

III. Aprovada a fusão pelas várias assembleias, compete às administrações das sociedades participantes outorgar a escritura de fusão (106.°/1), observando-se, quando aplicáveis, as disposições que regem a constituição de novas sociedades (106.°/2).

A fusão produz efeitos pelo registo – artigos 111.° e 112.°.

88. **Protecção dos sócios e dos credores**

I. A protecção dos sócios ficou consignada através da necessidade do seu consentimento, quando estejam em causa vantagens próprias prejudicadas pela fusão, como vimos. Havendo direito de exoneração, ele consta do artigo 105.°. Trata-se de uma figura que não resulta da 3.ª Directriz, mas que pode advir da lei ou do pacto social[515].

II. Mais complexo é o esquema de protecção dos credores. O legislador português, apesar de a Directriz falar em "garantias", optou por conceder aos credores das sociedades participantes cujos créditos sejam anteriores à publicação do projecto de deliberação de fusão, um direito de

[515] *Idem*, 138 ss..

deduzir oposição judicial contra ela[516]. Essa oposição impede a inscrição definitiva da fusão no registo comercial até que – artigo 108.°/1:

- a oposição seja julgada improcedente com trânsito em julgado ou, havendo absolvição da instância, desde que o opoente não tenha intentado nova acção no prazo de trinta dias;
- tenha havido desistência do opoente;
- ter a sociedade pago ao opoente ou tenha sido prestada a caução fixada por acordo ou por decisão judicial;
- ter havido consentimento do opoente na inscrição ou ter ocorrido consignação em depósito.

Esta plêiade de ocorrências resume-se a duas: ou a oposição é considerada improcedente ou o credor é satisfeito. Todos sabemos os (muitos) anos que demora a obter uma decisão transitada. Na prática, pois, a fusão fica dependente do consentimento dos credores, salvo se forem previamente satisfeitos.

A Directriz deu ao legislador português a possibilidade de escolher soluções mais adequadas à realidade nacional. Pena foi que não tenham sido aproveitadas.

III. Os direitos dos credores obrigacionistas e dos portadores de outros títulos estão assegurados pelos artigos 109.° e 110.°. *Grosso modo*: aos primeiros são atribuídos direitos semelhantes aos dos credores em geral, devidamente adaptados, enquanto aos segundos se confere um direito de oposição à fusão: por decisão maioritária, quando se preveja uma assembleia de titulares ou individual, caso assim não suceda. A alternativa: continuarem a gozar "... de direitos pelo menos equivalentes na sociedade incorporante ...".

89. **Responsabilidade, situações de grupo e nulidade da fusão**

I. A responsabilidade emergente da fusão é reportada, pelo artigo 114.°/1, aos administradores e aos membros dos órgãos de fiscalização da sociedade envolvida que "... não tenham observado a diligência de um ges-

[516] *Idem*, 170 ss., para uma exposição sobre as fórmulas possíveis de protecção dos credores.

tor criterioso e ordenado". Não chega: será necessário que o responsável tenha, ainda, violado concretas normas de conduta[517]. A efectivação da responsabilidade opera nos termos do artigo 115.°, no caso da extinção da sociedade.

II. O artigo 116.° regula, com algum pormenor, a incorporação de uma sociedade totalmente pertencente a outra. Concretiza, com desenvolvimento, o preceito correspondente da 3.ª Directriz[518].

III. A nulidade da fusão advém do artigo 117.°. O legislador português manteve-se, em geral, nos parâmetros da 3.ª Directriz[519].

90. **Ponderação global**

I. A concluir, ocorre uma ponderação global do regime português da fusão, perante o Direito europeu transposto.

Logo à partida impõe-se a constatação de que o legislador nacional transcendeu largamente o que lhe era exigido: estabeleceu um sistema para todos os tipos de sociedades, enquanto a 3.ª Directriz apenas pedia uma solução para as sociedades anónimas. Além disso, fixou-se um regime praticamente idêntico para todas as sociedades: desde a maior sociedade anónima às mais pequenas sociedades em nome colectivo e por quotas. Parece-nos evidente que apenas as grandes sociedades, designadamente as anónimas, irão percorrer o complexo regime adoptado em 1986.

II. De seguida, o cotejo de preceitos nacionais com o teor da 3.ª Directiva, mostra que o nosso legislador optou, de modo permanente, pelas soluções mais cuidadosas e apuradas: na publicidade, nas formalidades a observar, na tutela dos sócios e na protecção dos credores.

Mesmo perante o exigido para as sociedades anónimas, o legislador nacional fez zelo, isolando esquemas de rigor.

---

[517] Operam, aqui, as considerações relativas ao dever geral de diligência, contido no artigo 64.°; cf. o nosso *Manual de Direito das sociedades*, 1.° vol. cit., 691 ss..

[518] RAÚL VENTURA, *Fusão, cisão, transformação de sociedades* cit., 303 ss..

[519] *Idem*, 312 ss.; recordamos que não é objecto da presente obra uma exposição completa de Direito português.

III. Fica o receio de que o legislador nacional, desviando-se, afinal, da lógica comunitária, tenha acabado por fixar um regime de especial complexidade, impraticável fora do campo das sociedades de grande porte.

Ao fim de quase vinte anos de vigência do Código das Sociedades Comerciais: há pouca jurisprudência sobre fusões, enquanto a doutrina alargada disponível se mantém na obra de RAÚL VENTURA. A necessidade de simplificação parece consensual. Talvez ela venha a ser satisfeita mercê de novas iniciativas das instâncias europeias.

Finalmente: a hipótese de recorrer ao Direito português para se efectivar uma fusão de tipo internacional parece remota: não impossível. O regime das sociedades europeias deveria, por isso, ganhar entre nós um interesse acrescido.

§ 21.° Sistema geral da 6.ª Directriz

91. Ordenação da matéria; âmbito de aplicação

I. A 6.ª Directriz, relativa às cisões das sociedades anónimas, abrange 27 artigos agrupados em cinco capítulos. Eis os seus termos:

Capítulo I – Cisão mediante incorporação – 2.° a 20.°;
Capítulo II – Cisão mediante constituição de novas sociedades – 21.° e 22.°;
Capítulo III – Cisão sujeita ao controlo da autoridade judicial – 23.°;
Capítulo IV – Outras operações equiparadas à cisão – 24.° 5 25.°;
Capítulo V – Disposições finais – 26.° e 27.°.

O Capítulo I abrange cerca de dois terços dos preceitos da 6.ª Directriz:

artigo 2.° (Cisão-fusão);
artigo 3.° (Projecto de cisão);
artigo 4.° (Publicidade do projecto).
artigo 5.° (Aprovação pelas assembleias gerais);
artigo 6.° (Dispensa de aprovação pela sociedade beneficiária);
artigo 7.° (Relatório das administrações);
artigo 8.° (Relatório dos peritos independentes);
artigo 9.° (Direito de consulta dos accionistas);
artigo 10.° (Elementos dispensáveis);
artigo 11.° (Protecção dos direitos dos trabalhadores);
artigo 12.° (Protecção dos credores anteriores à publicação do projecto de cisão);
artigo 13.° (Protecção de portadores de títulos com direitos especiais);
artigo 14.° (Forma da cisão);
artigo 15.° (Data de eficácia da cisão);
artigo 16.° (Publicidade da cisão);

artigo 17.° (Efeitos da cisão);
artigo 18.° (Responsabilidade civil dos administradores e directores e dos peritos);
artigo 19.° (Regime da invalidade da cisão);
artigo 20.° (Cisão da sociedade detida pelas sociedades beneficiárias).

O Capítulo II abrange:

artigo 21.° (Cisão-dissolução);
artigo 22.° (Regras aplicáveis).

O Capítulo III, sobre a cisão sujeita ao controlo judicial, reporta-se a um único artigo, ainda que extenso:

artigo 23.° (Regime).

O Capítulo IV, quanto a outras operações equiparadas à cisão, abarca:

artigo 24.° (Prémio superior a 10%);
artigo 25.° (Cisão sem dissolução).

Finalmente, encontramos nas disposições finais do Capítulo V:

artigo 26.° (Disposições finais);
artigo 27.° (Destinatários da Directriz).

II. Tal como sucede na 3.ª Directriz, também a 6.ª visa, apenas, as sociedades anónimas e num plano interno[520]. Fá-lo, aliás, por remissão para o artigo 1.°/1 da Directriz n.° 78/855/CEE: a 3.ª. Todavia e ao contrário da 3.ª Directriz, a 6.ª assume, de certo modo, uma feição facultativa[521]. O artigo 1.°/1 é muito claro:

> Se os Estados-membros permitirem a operação de cisão mediante incorporação (...) submeterão esta operação às disposições (...) da presente directiva.

---

520 RAÚL VENTURA, *Adaptação do Direito português à Sexta Directiva* cit., 18-21 e JOANA VASCONCELOS, *A cisão de sociedades* cit., 90.

521 MARTIN HEIDENHAIN, *Fehlerhafte Umsetzung der Spaltungs-Richtlinie*, EuZW 1995, 327-330 (327/I) e JOANA VASCONCELOS, *A cisão de sociedades* cit., 91-92, relatando expressões como "obrigatoriedade condicional", "relativa" e "eventual".

Este preceito, relativo à cisão-fusão e retomado nos números subsequentes do mesmo artigo 1.°, quanto às outras modalidades de cisão.

III. O legislador comunitário partiu do princípio – de resto: verosímel – de que as legislações nacionais, prevendo a fusão, não deixariam de fazer o mesmo quanto à cisão. Esta, em certas modalidades, associa-se estreitamente à fusão, apresentando, em geral, um regime muito próximo.

92. **Modalidades de cisão**

I. A 6.ª Directriz, modificando a técnica adoptada pela 3.ª, não procedeu, num preceito inicial, à contraposição entre as várias modalidades de cisão. Elas apenas vêm referidas, no artigo 1.°, por remissão para preceitos ulteriores. As noções surgem nos artigos 2.° e 21.°, admitindo-se ainda uma combinação entre ambos[522].

II. O artigo 2.° isola a *cisão mediante incorporação*, entre nós chamada habitualmente cisão-fusão[523]. Apresenta-a como:

> (...) a operação pela qual uma sociedade, por meio da sua dissolução sem liquidação, transfere para várias outras sociedades todo o seu património activo e passivo, mediante a atribuição aos accionistas da sociedade cindida de acções das sociedades beneficiárias (...)

Temos, pois, uma estreita ligação entre a cisão e a fusão: uma sociedade cinde-se, para fundir as parcelas daí resultantes com outras. Esta proximidade com a fusão leva o artigo 2.°/3 a equiparar a terminologia da 6.ª Directriz à da 3.ª.

III. O artigo 21.° da 6.ª Directriz reporta-se à *cisão mediante a constituição de novas sociedades* ou cisão-dissolução, na nossa terminologia[524]. A figura é apresentada, no n.° 1, como:

---

[522] *Vide*, por exemplo, Gernot Wirth, *Auseinanderspaltung als Mittel zur Trennung von Familienstämmen und zur Filialabspaltung*, AG 1997, 455-460.

[523] Cf. Raúl Ventura, *Adaptação do Direito português à Sexta Directiva* cit., 21 ss.; este Autor, que trabalhara com a versão francesa da Directriz, fala em "cisão por absorção".

[524] Cf. Raúl Ventura, *Adaptação do Direito português à Sexta Directiva* cit., 54 ss..

> (...) a operação pela qual uma sociedade, por meio de uma dissolução sem liquidação, transfere para várias sociedades constituídas de novo todo o seu património activo e passivo, mediante a atribuição aos accionistas da sociedade cindida de acções das sociedades beneficiárias (...)

IV. A nossa chamada cisão simples, pela qual uma sociedade destaca parte do seu património para, com ele, constituir uma nova sociedade, mas sem se extinguir, é versada no artigo 25.°, como:

> (...) uma das operações referidas no artigo 1.°, sem que a sociedade cindida se extinga (...)

93. **Cisão-fusão; processo**

I. Como vimos, a 6.ª Directriz dedica à cisão-fusão o grosso do seu texto. Após as definições do artigo 2.°, ela passa a regular o processo. Fá-lo, aliás, em termos semelhantes aos da fusão[525].

II. O processo principia por um projecto de cisão, a elaborar pelos órgãos de administração ou de direcção das sociedades envolvidas (3.°/1). O projecto deve conter a matéria referida nas 9 alíneas do artigo 3.°/2[526], de modo a identificar perfeitamente a operação pretendida[527]. O 3.°/3 dissipa dúvidas quanto à atribuição de certos elementos activos e passivos.

Ao projecto deve ser dada publicidade nos termos referenciados na 1.ª Directriz e paralelos ao disposto na 3.ª, para as fusões. Sobre ele devem incidir relatórios das administrações implicadas (7.°) e de peritos independentes (8.°)[528].

III. O projecto deve ser aprovado pelas assembleias gerais das sociedades envolvidas, com exigências similares às da fusão (5.°)[529]. E também em moldes similares pode ser dispensada a aprovação pela sociedade

---

[525] *Supra*, 283-284.

[526] *Supra*, 250. Cf. SCHWARZ, *Europäisches Gesellschaftsrecht* cit., 432.

[527] Cf. RAÚL VENTURA, *Adaptação do Direito português à Sexta Directiva* cit., 25 ss..

[528] *Idem*, 33 e 34 ss..

[529] *Idem*, 29 ss..

beneficiária, desde que haja publicidade e direito de consulta e desde que accionistas representando uma certa percentagem mínima do capital não venham exigir a convocação da assembleia (6.°).

De toda a maneira têm os accionistas o direito de consultar os elementos referidos no artigo 9.°, os quais devem estar oportunamente disponíveis[530]. Pode haver certas dispensas (10.°).

IV. Acompanhando a cisão e sempre de acordo com o modelo da 3.ª Directriz, relativa às fusões, deve-se lidar com[531]:

– a protecção dos direitos dos trabalhadores, a qual é remetida para a Directriz n.° 77/187/CEE (11.°);
– a protecção dos credores anteriores à publicação do projecto de cisão, credores esses que deverão dispor de garantias adequadas (12.°)[532];
– a protecção dos portadores de títulos com direitos especiais (13.°)[533].

V. A cisão deve ser celebrada por forma autêntica (14.°, que remete para o 16.°, da 3.ª Directriz)[534]. Os Estados-membros devem fixar a data a partir da qual ela é eficaz, para prevenir dúvidas (15.°). Há que lhe conferir publicidade, nos termos da 1.ª Directriz (16.°)[535].

Os efeitos da cisão produzem-se *ipso iure* e abarcam (17.°):

– a transmissão do activo e do passivo da sociedade cindida para as sociedades beneficiárias;
– os accionistas da sociedade cindida tornam-se accionistas das beneficiárias;
– a sociedade cindida extingue-se.

VI. O artigo 18.° prevê a responsabilidade civil dos administradores ou directores das sociedades cindidas e a dos peritos: junta, num único, a matéria que, na 3.ª Directriz, surgia nos artigos 20.° e 21.°[536]. Presidem, aqui, as mesmas razões que levaram o legislador comunitário a referir

---

530 SCHWARZ, *Europäisches Gesellschaftsrecht* cit., 434.

531 RAÚL VENTURA, *Adaptação do Direito português à Sexta Directiva* cit., 39 ss..

532 MATHIAS HABERSACK, *Grundfragen der Spaltungshaftung nach § 133, Abs. 1 S. 1 UmwG*, FS Bezzenberger (2000), 93-109 (98 ss.).

533 MARTIN HEIDENHAIN, *Sonderrechtsnachfolge bei der Spaltung*, ZIP 1995, 801-805 (805/I).

534 RAÚL VENTURA, *Adaptação do Direito português à Sexta Directiva* cit., 43-44.

535 *Idem*, 45-46.

536 *Idem*, 48-49.

expressamente a responsabilidade destes intervenientes, a propósito da fusão.

VII. A invalidade da cisão é contemplada com um regime específico, semelhante ao da fusão, e que visa tutelar a confiança no sistema (19.°)[537].

Por fim, permite-se que, na hipótese de cisão de sociedades detidas pelas próprias beneficiárias, certos aspectos do processo possam ser aligeirados (20.°)[538].

94. **Cisão-dissolução e cisões judiciais**

I. Como vimos, na cisão-dissolução, a sociedade cindida dissolve-se, repartindo-se o seu património por várias sociedades, constituídas de novo para o efeito (21.°)[539].

O artigo 22.°/1 determina, praticamente por remissão para as regras inseridas no campo da cisão-fusão, as normas aplicáveis. Além disso – e dada a especificidade da situação – determina o n.° 2 do mesmo preceito que o projecto de cisão mencione ainda[540]:

– o tipo;
– a "denominação", i. é, a firma;
– a sede social,

de cada uma das novas sociedades.

II. Na hipótese de cisão sujeita ao controlo da autoridade judicial, os Estados-membros podem dispensar diversos aspectos relativos ao processo a seguir (23.°). Bem se compreende: a intervenção do tribunal garantirá, com equilíbrio, a observância dos direitos das pessoas envolvidas.

95. **Operações equiparadas e disposições finais**

I. Como operações equiparadas às cisões figuram:

537 *Idem*, 49-52.
538 *Idem*, 52-53.
539 *Idem*, 54-57.
540 *Idem*, 58-59.

– aquelas em que aos accionistas beneficiários seja atribuído um prémio em dinheiro superior a 10% do valor das acções (24.°)[541];
– as cisões sem extinção da sociedade cindida, o que abrange, designadamente, a cisão-simples ou a cisão-destaque (25.°)[542].

Ambos os casos são regidos por remissão para os preceitos anteriores.

II. Nas disposições finais inclui-se uma *vacatio* até 1-Jan.-1986, mas apenas quando os Estados-membros queiram prever a própria cisão (26.°).

Como cláusula de estilo, o artigo 27.° proclama os Estados-membros como destinatários da Directriz.

[541] *Idem*, 61-62.

[542] *Idem*, 62-65. Cf., sobre as "operações equiparadas", JOANA VASCONCELOS, *A cisão de sociedades* cit., 94 ss..

§ 22.° A transposição da 6.ª Directriz

96. O estudo de RAÚL VENTURA; aspectos gerais

I. Tal como sucedeu com a 1.ª, a 2.ª e a 3.ª, também a 6.ª Directriz mereceu um significativo estudo de RAÚL VENTURA, com vista à sua transposição[543]. De novo jogou o facto de o Decreto-Lei n.° 598/73, de 8 de Novembro, igualmente obra de RAÚL VENTURA e já afinado perante os dados comunitários, ter inserido, no nosso Direito, os modernos parâmetros do instituto[554].

II. A transposição da 6.ª Directriz foi levada a cabo pelo Código das Sociedades Comerciais, diploma esse que acolheu, no mesmo ensejo, o Decreto-Lei n.° 598/73[545].

O Código dedicou, à cisão de sociedades, o capítulo X da Parte Geral, num total de doze artigos. A saber:

artigo 118.° (Noção. Modalidades);
artigo 119.° (Projecto de fusão);
artigo 120.° (Disposições aplicáveis);
artigo 121.° (Exclusão de novação);
artigo 122.° (Responsabilidade por dívidas);
artigo 123.° (Requisitos da cisão simples);
artigo 124.° (Activo e passivo destacáveis);
artigo 125.° (Redução do capital da sociedade a cindir);

---

[543] RAÚL VENTURA, *Adaptação do Direito português à Sexta Directiva* cit., 7-66. Desta feita, o estudo não remata com um projecto de articulado.

[544] Cf., agora a propósito da cisão, uma vez que o Decreto-Lei n.° 598/73 também se ocupa da fusão: JOANA VASCONCELOS, *A cisão de sociedades* cit., 68 ss..

[545] Cf. o Ponto 12 do preâmbulo do Decreto-Lei n.° 262/86, de 2 de Setembro, transcrito *supra*, 276.

artigo 126.° (Cisão-dissolução. Extensão);
artigo 127.° (Participação na nova sociedade);
artigo 128.° (Requisitos especiais da cisão-fusão);
artigo 129.° (Constituição de novas sociedades).

III. Alguns destes preceitos contêm puras remissões para as regras da fusão. Assiste-se, assim, a uma certa condensação das regras provenientes da 6.ª Directriz. Todavia, o legislador de 1986 teve alguns cuidados regulamentares que conduziram a uma maior complexidade da matéria.

97. **Âmbito**

I. O âmbito português do Direito das cisões abrange logo, à partida, três modalidades (artigo 118.°/1)[546]:

- a cisão simples ou cisão-destaque – *a*);
- a cisão-dissolução – *b*);
- a cisão-fusão – *c*).

Com isso apresenta-se um quadro diverso e mais rico do que o da 6.ª Directriz: esta, como vimos, parte da cisão-fusão, à qual consagra o grosso da sua matéria normativa, trata a cisão-dissolução e refere a cisão simples como mera figura equiparada à cisão.

II. Também em oposição à 6.ª Directriz, que apenas visa cisões de sociedades anónimas, a lei portuguesa generaliza essa figura e todos os tipos de sociedades. Basta ver:

- que os artigos 118.° e seguintes se incluem na parte geral, não fazendo qualquer restrição às sociedades anónimas;
- que o artigo 118.°/2 dispõe, de modo expresso:

> As sociedades resultantes da cisão podem ser de tipo diferente do da sociedade cindida.

---

546 Raúl Ventura, *Fusão, cisão, transformação de sociedades* cit., 336-337.

98. **Processo**

I. O processo aplicável à cisão vem regulado no Código das Sociedades Comerciais, ora de modo expresso, ora por remissão para a fusão. Em ambos os casos, ele segue, de perto, o esquema da 6.ª Directriz.

II. O primeiro passo do processo conducente à cisão é o da elaboração do projecto respectivo – artigo 119.°. O legislador retoma, aqui, o artigo 3.° da 6.ª Directriz. Poderia ter remetido boa parte das especificações a inserir no projecto para o equivalente preceito da fusão – o artigo 98.° –, o que não fez. E como ao fundo comum da matéria acrescentou vários pontos próprios da cisão, chegou a uma lista extensa: 15 alíneas[547]. O elenco não é exaustivo: o corpo do artigo 119.° manda incluir, ainda:

> (...) os demais elementos necessários ou convenientes para o perfeito conhecimento da operação visada, tanto no aspecto jurídico como no aspecto económico (...)

III. Quanto ao resto do processo, o artigo 120.° manda aplicar, com as necessárias adaptações, o disposto relativamente à fusão. Por esta via e referindo RAÚL VENTURA[548], são designadamente aplicáveis:

- o artigo 100.° (Registo do projecto e convocação da assembleia);
- o artigo 101.° (Consulta de documentos);
- o artigo 102.° (Reunião da assembleia);
- o artigo 103.° (Deliberação);
- o artigo 104.° (Participação de uma sociedade no capital de outra), pelo menos no tocante aos seus números 1 e 2;
- o artigo 105.° (Direito de exoneração dos sócios) poderá ser aplicado, havendo lei ou contrato que permita a exoneração;
- o artigo 106.° (Escritura de fusão);
- o artigo 107.° (Publicidade da fusão e oposição dos credores) é aplicável à cisão: seguramente, quanto ao n.° 1; com dúvidas e em casos especiais, quanto à oposição dos credores[549];
- o artigo 108.° (Efeitos da oposição) e 109.° (Credores obrigacionistas), dependendo do que se entenda quanto à oposição dos credores;

[547] *Idem*, 350 ss., fazendo o levantamento das alíneas comuns à fusão.

[548] *Idem*, 358 ss..

[549] *Idem*, 359, 373 ss. e 377 e JOANA VASCONCELOS, *A cisão de sociedades* cit., 192 ss..

– o artigo 110.° (Portadores de outros títulos);
– o artigo 111.° (Registo da fusão);
– o artigo 112.° (Efeitos do registo);
– o artigo 113.° (Condição ou termo);
– o artigo 114.° (Responsabilidade emergente da fusão);
– o artigo 115.° (Efectivação da responsabilidade no caso de extinção da sociedade).

Por esta via de remissões, a cisão acaba dotada de uma regulação minuciosa. Os preceitos devem, no entanto, ser sempre ponderados caso a caso: quer para estabelecer a sua aplicabilidade, quer para se proceder às convenientes adaptações.

99. **Requisitos da cisão simples**

I. A cisão simples, ao contrário do resultante da tradição jurídica portuguesa, não obteve, por parte da 6.ª Directriz, mais do que uma escassa referência: no artigo 25.°. Todavia, ela levanta diversos problemas específicos, que a lei nacional entendeu não deixar sem solução.

II. O artigo 123.° fixa os impedimentos à cisão simples, em obediência aos princípios da conservação do capital social, da liberação das participações sociais e da expressa verificação dos requisitos[550]. Assim, a cisão (simples) não é possível:

– se o valor do património da sociedade a cindir se tornar inferior à soma das importâncias do capital social e da reserva legal e não se proceder, antes da cisão ou juntamente com ela, à correspondente redução do capital social;
– se o capital da sociedade a cindir não estiver inteiramente liberado.

Nas sociedades por quotas haverá que, para efeitos de determinação do valor do património da sociedade a cindir, que adicionar a importância das prestações suplementares feitas pelos sócios e ainda não reembolsadas – 123.°/2.

---

[550] RAÚL VENTURA, *Fusão, cisão, transformação de sociedades* cit., 385 ss..

Todos estes requisitos, na sua verificação, devem constar dos relatórios das administrações, das fiscalizações e dos revisores oficiais de contas – 123.°/3.

III. O artigo 124.° fixa, para efeitos de cisão simples, quais os elementos destacáveis. Fundamentalmente: participações noutras sociedades e bens que possam formar uma unidade económica. O legislador manifestou aqui um incompreensível pender intervencionista; estamos no Direito privado: por que não permitir, aos particulares responsáveis, a livre gestão dos seus interesses?

Nada disto é exigido na 6.ª Directriz.

IV. A redução do capital social da sociedade a cindir só é necessária quando ocorra a previsão do artigo 125.°, do Código das Sociedades Comerciais[551].

100. **Requisitos da cisão-dissolução e da cisão-fusão**

I. O Código das Sociedades Comerciais fixa alguns requisitos para as outras duas modalidades de cisão.

Quanto à cisão-dissolução, determina o artigo 126.°/1 que ela abranja todo o património da sociedade a cindir. A hipótese parece inevitável, ou já não haveria cisão-dissolução[552]. Não tendo sido estipulado quanto a todos os bens, o remanescente será repartido pelas novas sociedades na proporção resultante do projecto. Quanto às dívidas: respondem solidariamente as novas sociedades.

II. Na fusão-cisão, determina o artigo 128.° que não serão dispensados os requisitos a que, por lei ou por contrato, esteja submetida a transmissão de certos bens ou direitos. Sobre a constituição de novas sociedades por fusões-cisões simultâneas, dispõe o artigo 129.°[553].

551 *Idem*, 395 ss..

552 *Idem*, 400.

553 *Idem*, 411 ss..

101. **Responsabilidade por dívidas**

I. Deixamos para o final o tema da responsabilidade pelas dívidas da sociedade cindida.

O artigo 121.° determina, por influência da lei francesa, a exclusão da novação[554]. As dívidas em presença mantêm, pois, a sua identidade.

II. A ideia básica do legislador, expressa no artigo 122.°, é a da responsabilidade solidária pelas dívidas envolvidas na operação. Assim:

- a sociedade cindida responde pelas dívidas atribuídas à sociedade incorporante ou à nova sociedade;
- as sociedades beneficiárias respondem até ao montante das entradas, pelas dívidas da cindida.

O legislador vai mais longe do que o requerido pela 6.ª Directriz: o artigo 12.°/3 da Directriz apenas determina uma responsabilidade subsidiária[555].

102. **Ponderação global**

I. Tal como vimos suceder a propósito da fusão[556], também na cisão o legislador nacional transcendeu largamente o que lhe era exigido, desta feita pela 6.ª Directriz.

Desde logo, assim sucedeu quanto ao âmbito. Enquanto a 6.ª Directriz se acantonava às sociedades anónimas, o legislador nacional transpôs a matéria para todas as sociedades. Fê-lo, de novo, em termos de uniformidade, de tal modo que, no limite, as pequenas sociedades se irão ver confrontadas com regimes elaborados para anónimas de grande porte.

II. Quanto à regulamentação do instituto da cisão: o legislador nacional de 1986 foi (muito) além das exigências comunitárias, fixando, nos vários meandros, as mais elaboradas soluções. Toda a matéria da fusão foi transplantada, aditando-se-lhe, ainda, umas quantas particularidades específicas para as cisões.

---

554 *Idem*, 371 ss..

555 *Idem*, 384.

556 *Supra*, 281-282.

III. De novo se perfila o receio de que o zelo do legislador acabe, na prática, por dificultar os institutos que quereria normalizar. Notamos a falta de cisões, de jurisprudência e de doutrina. Perante a reestruturação de grandes grupos, acabam por sair leis especiais que, naturalmente, aligeiram toda a complexa matéria em presença. O futuro do Direito comunitário talvez implique uma simplificação desta complicada regulação.

CAPÍTULO IV

4.ª (78/660/CEE), 7.ª (83/349/CEE) E 8.ª (84/253/CEE) DIRECTRIZES E IAS: PRESTAÇÃO DE CONTAS

§ 23.° **Textos da 4.ª, da 7.ª e da 8.ª Directrizes**

103. **Texto da 4.ª Directriz (25-Jul.-1978)**

Justifica-se, também por razões materiais, a aproximação entre os textos da 4.ª, da 7.ª e da 8.ª Directrizes, todas respeitantes à prestação de contas das sociedades.

Eis o texto da 4.ª Directriz, com epígrafes nossas.

QUARTA DIRECTIVA 78/660/CEE DO CONSELHO

de 25 de Julho de 1978

baseada no artigo 54.°, n.° 3, alínea g), do Tratado e relativa às contas anuais de certas formas de sociedades[557] [558]

---

[557] JOCE N.° L-222, 11-31, de 14-Ago.-1978. As lacunas na versão portuguesa foram colmatadas com recurso à versão em francês, confrontada com a versão em alemão.

[558] Esta Directriz foi alterada: pela 7.ª Directriz do Conselho, de 13-Jun.-1983, n.° 83/349/CEE, JOCE N.° L-193, 1-17, de 18-Jul.-1983, pela Directriz do Conselho de 27-Nov.-1984, n.° 84/569/CEE, JOCE N.° L-314, 28, de 4-Dez.-1984, pela 11.ª Directriz do Conselho de 21-Dez.-1989, n.° 89/666/CEE, JOCE N.° L-395, 36-39, de 21-Dez.-1989, pela Directriz do Conselho de 8-Nov.-1990 n.° 90/604/CEE, JOCE N.° L-317, 57-59, de 16-Nov.-1990, pela Directriz do Conselho, também de 8-Nov.-1990, n.° 90/605/CEE, JOCE N.° L-317, 60-62, de 16-Nov.-1990, pela Directriz n.° 94/8/CE,

O CONSELHO DAS COMUNIDADES EUROPEIAS,

Tendo em conta o Tratado que institui a Comunidade Económica Europeia e, nomeadamente, o seu artigo 54.°, n.° 3, alínea g),

Tendo em conta a proposta da Comissão,

Tendo em conta o parecer do Parlamento Europeu (1),

Tendo em conta a parecer do Comité Económico e Social (2),

(1) JO n.° C 129 de 11. 12. 1972, p. 38.
(2) JO n.° C 39 de 7. 6. 1973, p. 31.

Considerando que a coordenação das disposições nacionais respeitantes à estrutura e conteúdo das contas anuais e do relatório de gestão, aos métodos de avaliação, assim como à publicidade destes documentos, no que respeita nomeadamente à sociedade anónima e à sociedade de responsabilidade limitada, reveste uma importância particular quanto à protecção dos associados e de terceiros;

Considerando que se impõe uma coordenação simultânea nesses domínios para as referidas formas de sociedades, já que, por um lado, a actividade dessas sociedades se estende frequentemente para além dos limites do território nacional e que, por outro lado, só oferecem como garantia a terceiros o seu património social; que, aliás, a necessidade e a urgência de uma tal coordenação foram reconhecidas e confirmadas pelo artigo 2.°, n.° 1, alínea f), da Directiva 68/151/CEE (3);

(3) JO n.° L 65 de 14. 3. 1968, p. 8.

Considerando que, além disso, é necessário estabelecer na Comunidade regras jurídicas equivalentes mínimas quanto ao âmbito das informações financeiras a divulgar junto do público por sociedades concorrentes;

Considerando que as contas anuais devem dar uma imagem fiel do património, da situação financeira, assim como dos resultados da sociedade; que, com esta finalidade, devem prever-se esquemas de carácter obrigatório para a elaboração do balanço e da conta de ganhos e perdas e que deve fixar-se o conteúdo mínimo do anexo, assim como do relatório de gestão; que, todavia, podem ser concedidas derrogações em favor de certas sociedades tendo em conta a sua pouca importância económica e social;

Considerando que os diferentes métodos de avaliação devem ser coordenados na medida necessária de modo a assegurar a comparabilidade e equivalência das informações contidas nas contas anuais;

do Conselho, de 21-Mar.-1994, JOCE N.° L-82, 33-34, de 25-Mar.-1994, pela Directriz n.° 1999/60/ /CE, do Conselho, de 17-Jun.-1999, JOCE N.° L-162, 65-66, de 17-Jun.-1999 e pela Directriz n.° 2001/65/CE, do Parlamento Europeu e do Conselho, de 27-Set.-2001, JOCE N.° L-283, 28-32, de 27-Set.-2001.

As alterações são inseridas nos locais próprios. Por razões de economia, apenas são publicadas, na íntegra, além da 4.ª, as 7.ª e 8.ª Directrizes.

Considerando que as contas anuais de todas as sociedades a que se aplica a presente directiva devem ser objecto de publicidade, em conformidade com a Directiva 68/151/CEE; que, todavia, igualmente neste domínio, certas derrogações podem ser concedidas em favor das pequenas e médias sociedades;

Considerando que as contas anuais devem ser controladas por pessoas habilitadas cujas qualificações mínimas serão objecto de coordenação posterior e que só as pequenas sociedades podem ser isentas desta obrigação de controlo;

Considerando que, quando uma sociedade faz parte de um grupo, é desejável que sejam publicadas contas do grupo dando uma imagem fiel das actividades do conjunto do grupo; que, todavia, até à entrada em vigor de uma directiva do Conselho relativa às contas consolidadas, se torna necessário prever derrogações a certas disposições da presente directiva;

Considerando que, para responder às dificuldades resultantes do estado actual das legislações de certos Estados-membros, o prazo estabelecido para a aplicação de certas disposições da presente directiva deve ser mais longo que o prazo previsto em geral a este respeito,

ADOPTOU A PRESENTE DIRECTIVA:

Artigo 1.º[559]
(Âmbito)

1. As medidas de coordenação prescritas pela directiva aplicam-se às disposições legislativas, regulamentares e administrativas dos Estados-membros respeitantes às seguintes formas de sociedades:

- na República Federal da Alemanha:
  die Aktiengesellschaft, die Kommanditgesellschaft auf Aktien, die Gesellschaft mit beschraenkter Haftung;
- na Bélgica:
  La société anonyme/de naamloze vennootschap, la société en commandite par actions/de commanditaire vennootschap op aandelen, la société de personnes à responsabilité limiteé/de personenvennootschap met beperkte aansprakelijkheid;
- na Dinamarca:
  aktieselskaber, kommanditaktieselskaber, anpartsselskaber;
- na França:
  La société anonyme, la société en commandite par actions, la société à responsabilité limitée;
- na Irlanda:
  public companies limited by shares or by guarantee, private companies limited by shares or by guarantee;

[559] Os 2.° e 3.° parágrafos do n.° 1 foram aditados pelo n.° 1 do artigo 1.° da Directriz n.° 90//605/CEE do Conselho, de 8 de Novembro de 1990.

– na Itália:
la società per azioni, la società in accomandita per azioni, la società a responsabilità limitata;

– no Luxemburgo:
la société anonyme, la société en commandite par actions, la société à responsabilité limitée;

– nos Países Baixos:
de naamloze vennotschap, de besloten vennootschap met beperkte aansprakelijkheid;

– no Reino Unido:
public companies limited by shares or by guarantee, private companies limited by shares or by guarantee.

(...)

– em Portugal:
a sociedade anónima, a sociedade em comandita por acções e a sociedade por quotas;

(...)

As medidas de coordenação prescritas pela presente directiva aplicam-se igualmente às disposições legislativas, regulamentares e administrativas dos Estados-membros relativas às seguintes formas de sociedades:

a) Na República Federal da Alemanha:
die Offene Handelsgesellschaft, die Kommanditgesellschaft;

b) Na Bélgica:
la société en nom collectif/de vennootschap onder firma, la société en commandite simple/de gewone commanditaire vennootschap;

c) Na Dinamarca:
interessantskaber, Kommanditselskaber;

d) Em França:
la société en nom collectif, la société en commandite simple;

e) Na Grécia:
i omórrythmos etairia, i eterórrythmos etairia;

f) Em Espanha:
sociedad colectiva, sociedad en comandita simple;

g) Na Irlanda:
the partnership; the limited partnership, the unlimited company;

h) Em Itália:
la società in nome collectivo, la società in accomandita semplice;

i) No Luxemburgo:
la société en nom collectif, la société en commandite simple;

j) Nos Países Baixos:
de vennootschap onder firma, de commanditaire vennootschap;

k) Em Portugal:
sociedade em nome colectivo, sociedade em comandita simples;

l) No Reino Unido
the partnership, the limited partnership, the unlimited company;

sempre que todos os sócios de responsabilidade ilimitada sejam sociedades sob uma das formas indicadas no primeiro parágrafo ou sociedades não sujeitas à legislação de um Estado-membro, mas cuja forma jurídica seja comparável às referidas na Directiva 68/151/CEE.

A presente directiva aplica-se igualmente às sociedades sob as formas contempladas no segundo parágrafo, sempre que todos os sócios de responsabilidade ilimitada se encontrem eles próprios organizados numa das formas indicadas nesse parágrafo ou no primeiro parágrafo.

2. Até coordenação ulterior, os Estados-membros podem não aplicar a presente directiva aos bancos e a outros estabelecimentos financeiros, assim como às sociedades de seguros.

SECÇÃO 1
Disposições gerais

Artigo 2.°
(Contas anuais)

1. As contas anuais compreendem o balanço, a conta de ganhos e perdas e o anexo. Estes documentos formam um todo.

2. As contas anuais devem ser estabelecidas com clareza e em conformidade com a presente directiva.

3. As contas anuais devem dar uma imagem fiel do património, da situação financeira, assim como dos resultados da sociedade.

4. Quando a aplicação da presente directiva não for suficiente para dar a imagem fiel mencionada no n.° 3, devem ser fornecidas informações complementares.

5. Se, em casos excepcionais, a aplicação de uma disposição da presente directiva se revelar contrária à obrigação prevista no n.° 3, deve derrogar-se a disposição em causa de modo que seja dada uma imagem fiel na acepção do n.° 3. Uma tal derrogação deve ser mencionada no anexo e devidamente justificada, com indicação da sua influência sobre o património, a situação financeira e os resultados. Os Estados-membros podem especificar os casos excepcionais e fixar o regime derrogatório correspondente.

6. Os Estados-membros podem autorizar ou exigir a divulgação nas contas anuais de outras informações além daquelas cuja divulgação é exigida pela presente directiva.

SECÇÃO 2
Disposições gerais relativas ao balanço e à conta de ganhos e perdas

Artigo 3.°
(Princípio da estabilidade)

A estrutura do balanço e a da conta de ganhos e perdas, especialmente quanto à forma prevista para a sua apresentação, não podem ser modificadas de exercício para exercício. Em casos excepcionais são admissíveis derrogações a este princípio. Quando se fizer uso de tais derrogações, estas devem ser mencionadas no anexo e devidamente justificadas.

Artigo 4.°
(Apresentação de certas rubricas)

1. No balanço e na conta de ganhos e perdas as rubricas previstas nos artigos 9.°, 10.°, e 23.° a 26.° devem aparecer separadamente pela ordem indicada. É autorizada uma subdivisão mais pormenorizada das rubricas, desde que respeite a estrutura dos esquemas. Podem ser acrescentadas novas rubricas na medida em que o seu conteúdo não esteja abrangido por nenhuma das rubricas previstas nos esquemas. Os Estados-membros podem impor essa subdivisão ou acréscimo.

2. A estrutura, a nomenclatura e a terminologia das rubricas do balanço e da conta de ganhos e perdas que são precedidas de algarismos árabes devem ser adaptadas quando o exigir a natureza particular da empresa. Uma tal adaptação pode ser imposta pelos Estados-membros às empresas que façam parte de um determinado sector económico.

3. As rubricas do balanço e da conta de ganhos e perdas que são precedidas de algarismos árabes podem ser agrupadas:

   a) Quando apresentem um valor pouco significativo face ao objectivo do artigo 2.°, n.° 3;

   b) Quando o agrupamento favoreça a clareza, com a condição de que as rubricas agrupadas sejam apresentadas de forma separada no anexo. Um tal agrupamento pode ser imposto pelos Estados-membros.

4. Cada uma das rubricas do balanço e da conta de ganhos e perdas deve comportar a indicação do valor relativo à rubrica correspondente do exercício anterior. Os Estados-membros podem prever que, quando esses valores não sejam comparáveis, o valor do exercício precedente deva ser adaptado. Em todo o caso, a falta de comparabilidade e, sendo caso disso, a adaptação dos valores devem ser assinaladas no anexo e devidamente comentadas.

5. Salvo se existir uma rubrica correspondente ao exercício precedente em conformidade com o n.° 4, uma rubrica do balanço ou da conta de ganhos e perdas, que não comporte qualquer valor, não é mencionada.

Artigo 5.°
(Esquemas específicos para sociedades de investimento)

1. Por derrogação ao artigo 4.°, n.°s 1 e 2, os Estados-membros podem prever esquemas específicos relativamente às contas anuais das sociedades de investimento, bem como, no que respeita às sociedades de participação financeira, com a condição de que estes esquemas dêem dessas sociedades uma imagem equivalente à prevista no artigo 2.°, n.° 3.

2. Por sociedades de investimento, para efeitos da presente directiva, entendem-se exclusivamente:

a) As sociedades cuja objecto único seja colocar os seus fundos em diversos valores mobiliários, em diversos valores imobiliários e noutros valores com a única finalidade de repartir os riscos de investimentos e de fazer beneficiar os seus accionistas ou associados dos resultados da gestão dos seus capitais;

b) As sociedades coligadas com sociedades de investimento de capital fixo, se o único objecto daquelas sociedades coligadas for o de adquirir acções inteiramente liberadas emitidas por essas sociedades de investimento, sem prejuízo do artigo 20.°, n.° 1, alínea b), da Directiva 77/91/CEE ([4]).

3. Por sociedades de participação financeira, para efeito da presente directiva, entendem-se exclusivamente as sociedades cujo objecto único seja a tomada de participações noutras empresas, assim como a gestão e valorização dessas participações sem que estas sociedades interfiram directa ou indirectamente na gestão dessas empresas, sem prejuízo dos direitos que as sociedades de participação financeira têm na sua qualidade de accionistas ou de associados. O respeito dos limites impostos às actividades dessas sociedades deve poder ser controlado por uma autoridade judicial ou administrativa.

([4]) JO n.° L 26 de 31. 1. 1977, p. 1.

Artigo 6.°
(Indicação da afectação de resultados)

Os Estados-membros podem autorizar ou prescrever a adaptação dos esquemas do balanço e da conta de ganhos e perdas, a fim de evidenciar a afectação dos resultados.

Artigo 7.°
(Proibição de compensações)

É proibida qualquer compensação entre contas do activo e do passivo, ou entre contas de custos e proveitos.

SECÇÃO 3
Estrutura do balanço

Artigo 8.°
(Estrutura do balanço)

No que respeita à apresentação do balanço, os Estados-membros preverão um dos dois esquemas ou os dois esquemas contidos nos artigos 9.° e 10.°. Se um Estado-membro previr os dois esquemas, pode deixar às sociedades a escolha entre esses dois esquemas.

Artigo 9.°
(Primeiro esquema)

Activo

A. Capital subscrito não realizado

com indicação da parte exigida
(a menos que a legislação nacional preveja a inscrição do capital exigido no passivo. Neste caso, a parte do capital exigido mas ainda não realizado deve figurar ou na rubrica A do activo ou na rubrica D, II, 5, do activo).

B. Despesas de estabelecimento

Tal como são definidas pela legislação nacional e desde que esta autorize a sua inscrição no activo. A legislação nacional pode igualmente prever a inscrição das despesas de estabelecimento como primeira rubrica em "Imobilizações incorpóreas".

C. Activo imobilizado

I. *Imobilizações incorpóreas*

1. Despesas de investigação e de desenvolvimento, desde que a legislação nacional autorize a sua inscrição no activo.
2. Concessões, patentes, licenças, marcas, assim como os direitos e valores similares, se foram:
   a) adquiridos a título oneroso, sem dever figurar na rubrica C, I, 3;
   b) criados pela própria empresa, desde que a legislação nacional autorize a sua inscrição no activo.
3. Trespasse, na medida em que tenha sido adquirido a título oneroso.
4. Adiantamentos por conta.

II. *Imobilizações corpóreas*

1. Terrenos e construções.

2. Instalações técnicas e máquinas.
3. Outras instalações, utensílios e mobiliário.
4. Adiantamentos por conta e imobilizações corpóreas em curso.

III. *Imobilizações financeiras*

1. Partes de capital em empresas coligadas.
2. Créditos sobre empresas coligadas.
3. Participações.
4. Créditos sobre empresas com as quais a sociedade tem um elo de participação.
5. Títulos com a característica de imobilizações.
6. Outros empréstimos.
7. Acções próprias ou quotas próprias (com a indicação do seu valor nominal ou, na falta de valor nominal, do seu equivalente contabilístico), na medida em que a legislação nacional autorize a sua inscrição no balanço.

D. Activo circulante

I. *Existências*

1. Matérias-primas e de consumo.
2. Produtos em curso de fabrico.
3. Produtos acabados e mercadorias.
4. Adiantamentos por conta.

II. *Créditos*

(o montante dos créditos cuja duração residual é superior a um ano deve ser indicado separadamente para cada uma das rubricas abaixo):

1. Créditos resultantes de verbas e de prestações de serviços.
2. Créditos sobre empresas coligadas.
3. Créditos sobre empresas com as quais a sociedade tem um elo de participação.
4. Outros créditos.
5. Capital subscrito, exigido, mas não realizado (a não ser que a legislação nacional preveja a inscrição do capital exigido na rubrica A do activo).
6. Contas de regularização (a não ser que a legislação nacional preveja a inscrição das contas de regularização na rubrica E do activo).

III. *Valores mobiliários*

1. Partes de capital em empresas coligadas.

2. Acções próprias ou quotas próprias (com a indicação do seu valor nominal ou, na falta de valor nominal, do seu equivalente contabilístico), na medida em que a legislação nacional autorize a sua inscrição no balanço.

3. Outros valores mobiliários.

IV. *Depósitos bancários e caixa*

E. Contas de regularização

(a não ser que a legislação nacional preveja a inscrição das contas de regularização na rubrica D, II, 6, do activo).

F. Prejuízo do exercício

(a não ser que a legislação nacional preveja a sua inscrição na rubrica A, VI, do passivo).

Passivo

A. Capitais próprios

I. *Capital subscrito*

(a não ser que a legislação nacional preveja a inscrição do capital exigido nesta rubrica. Neste caso, os montantes do capital subscrito e do capital realizado devem ser mencionados separadamente).

II. *Prémios de emissão*

III. *Reserva de reavaliação*

IV. *Reservas*

1. Reserva legal, na medida em que a legislação nacional imponha a constituição de uma tal reserva.

2. Reserva para acções próprias ou quotas próprias, na medida em que a legislação nacional imponha a constituição de uma tal reserva, sem prejuízo do artigo 22.°, parágrafo 1, alínea b), da Directiva 77/91/CEE.

3. Reservas estatutárias.

4. Outras reservas.

V. *Resultados transitados*

VI. *Resultado do exercício*

(a não ser que a legislação nacional preveja a inscrição desta conta nas rubricas F do activo e E do passivo).

B. Provisões para riscos e encargos

1. Provisões para pensões e obrigações similares.
2. Provisões para impostos.
3. Outras provisões.

C. Dívidas

(o montante das dívidas cuja duração residual não é superior a um ano e o montante das dívidas cuja duração residual é superior a um ano devem ser indicados separadamente para cada uma das rubricas abaixo mencionadas, assim como para o conjunto das mesmas):

1. Empréstimos por obrigações, com menção separada dos empréstimos convertíveis.
2. Dívida aos estabelecimentos de crédito.
3. Adiantamentos recebidos sobre encomendas, na medida em que não sejam deduzidos das existências de maneira distinta.
4. Dívidas por compras e prestações de serviços.
5. Dívidas representadas por letras e outros títulos a pagar.
6. Dívidas a empresas coligadas.
7. Dívidas a empresas com as quais a sociedade tem um elo de participação.
8. Outras dívidas, entre as quais dívidas fiscais e dívidas a título de segurança social.
9. Contas de regularização (a não ser que a legislação nacional preveja a inscrição das contas de regularização na rubrica D do passivo).

D. Contas de regularização

(a não ser que a legislação nacional preveja a inscrição das contas de regularização na rubrica C 9 do passivo).

E. Lucro do exercício

(a não ser que a legislação nacional preveja a sua inscrição na conta A, VI, do passivo).

Artigo 10.°
(Segundo esquema)

A. Capital subscrito não realizado

Com indicação da parte exigida

(a não ser que a legislação nacional preveja a inscrição do capital exigido na conta L. Neste caso, a parte do capital exigido, mas ainda não realizado, deve figurar ou na rubrica A ou na rubrica D, II, 5).

B. Despesas de estabelecimento

Tal como são definidas pela legislação nacional e desde que esta autorize a sua inscrição no activo. A legislação nacional pode igualmente prever a inscrição das despesas de estabelecimento como primeira rubrica em "Imobilizações incorpóreas".

C. Activo imobilizado

I. *Imobilizações incorpóreas*

1. Despesas de investigação e de desenvolvimento, desde que a legislação nacional autorize a sua inscrição no activo.
2. Concessões, patentes, licenças, marcas, assim como os direitos e valores similares, se foram:
   a) adquiridos a título oneroso, sem dever figurar na rubrica C, I, 3;
   b) criados pela própria empresa, desde que a legislação nacional autorize a sua inscrição no activo.
3. Trespasse, na medida em que tenha sido adquirido a título oneroso.
4. Adiantamentos por conta.

II. *Imobilizações corpóreas*

1. Terrenos e construções.
2. Instalações técnicas e máquinas.
3. Outras instalações, utensílios e mobiliário.
4. Adiantamentos por conta e imobilizações corpóreas em curso.

III. *Imobilizações financeiras*

1. Partes de capital em empresas coligadas.
2. Créditos sobre empresas coligadas.
3. Participações.
4. Créditos sobre empresas com as quais a sociedade tem um elo de participação.
5. Títulos com a característica de imobilizações.
6. Outros empréstimos.
7. Acções próprias ou quotas próprias (com a indicação do seu valor nominal ou, na falta de valor nominal, do seu equivalente contabilístico), na medida em que a legislação nacional autorize a sua inscrição no balanço.

D. Activo circulante

I. *Existências*

1. Matérias-primas e de consumo.

2. Produtos em curso de fabrico.
3. Produtos acabados e mercadorias.
4. Adiantamentos por conta.

II. *Créditos*

(o montante dos créditos cujo valor residual é superior a um ano deve ser indicado separadamente para cada uma das rubricas abaixo):

1. Créditos resultantes de vendas e de prestações de serviços.
2. Créditos sobre empresas coligadas.
3. Créditos sobre empresas com as quais a sociedade tem um elo de participação.
4. Outros créditos.
5. Capital subscrito, exigido, mas não realizado (a não ser que a legislação nacional preveja a inscrição do capital exigido na rubrica A).
6. Contas de regularização (a não ser que a legislação nacional preveja a inscrição das contas de regularização na rubrica E)

III. *Valores mobiliários*

1. Partes de capital em empresas coligadas.
2. Acções próprias ou quotas próprias (com a indicação do seu valor nominal ou, na falta de valor nominal, do seu equivalente contabilístico), na medida em que a legislação nacional autorize a sua inscrição no balanço.
3. Outros valores mobiliários.

IV. *Depósitos bancários e caixa*

E. Contas de regularização

(a não ser que a legislação nacional preveja a inscrição das contas de regularização na rubrica D, II, 6).

F. Dívidas cuja duração residual não seja superior a um ano

1. Empréstimos por obrigações, com menção separada dos empréstimos convertíveis.
2. Dívidas aos estabelecimentos de crédito.
3. Adiantamentos recebidos sobre encomendas, na medida em que não sejam deduzidos das existências de maneira distinta.
4. Dívida por compras e prestações de serviço.
5. Dívidas representadas por letras e outros títulos a pagar.
6. Dívidas a empresas coligadas.
7. Dívidas a empresas com as quais a sociedade tem um elo de participação.

8. Outras dívidas, entre as quais dívidas fiscais e dívidas a título de segurança social.

9. Contas de regularização (a não ser que a legislação nacional preveja a inscrição das contas de regularização na rubrica K).

G. **Activo circulante** [incluindo as contas de regularização, se indicadas na rubrica E] **superior às dívidas cuja duração residual não é superior a um ano** [incluindo as contas de regularização, se indicadas na rubrica K]

H. **Montante total dos elementos do activo após dedução das dívidas cuja duração residual não é superior a um ano**

I. Dívidas cuja duração residual é superior a um ano

1. Empréstimos por obrigações, com menção separada dos empréstimos convertíveis.
2. Dívidas aos estabelecimentos de crédito.
3. Adiantamentos recebidos sobre encomendas, na medida em que não sejam deduzidos das existências de maneira distinta.
4. Dívidas por compras e prestações de serviço.
5. Dívidas representadas por letras e outros títulos a pagar.
6. Dívidas a empresas coligadas.
7. Dívidas a empresas com as quais a sociedade tem um elo de participação.
8. Outras dívidas, entre as quais dívidas fiscais e dívidas a título de segurança social.
9. Contas de regularização (a não ser que a legislação nacional preveja a inscrição das contas de regularização na rubrica K).

J. **Provisões para riscos e encargos**

1. Provisões para pensões e obrigações similares.
2. Provisões para impostos.
3. Outras provisões.

K. **Contas de regularização**

(a não ser que a legislação nacional preveja a inscrição das contas de regularização nas rubricas F, 9, ou I, 9).

L. **Capitais próprios**

I. *Capital subscrito*

(a não ser que a legislação nacional preveja a inscrição do capital exigido nesta rubrica. Neste caso, os montantes do capital subscrito e do capital realizado devem ser mencionados separadamente).

II. *Prémios de emissão*

III. *Reserva de reavaliação*

IV. *Reservas*

1. Reserva legal, na medida em que a legislação nacional imponha a constituição de uma tal reserva.
2. Reserva para acções próprias ou quotas próprias, na medida em que a legislação nacional imponha a constituição de uma tal reserva, sem prejuízo do artigo 22.°, parágrafo 1, alínea b), da Directiva 77/91/CEE.
3. Reservas estatutárias.
4. Outras reservas.

V. *Resultados transitados*

VI. *Resultado do exercício*

Artigo 11.°[560]
(Balanço simplificado para pequenas sociedades)

Os Estados membros podem permitir que as sociedades que, na data de encerramento do balanço, não ultrapassem os limites quantitativos de dois dos três critérios seguintes:

- total do balanço: 3 125 000 euros;
- montante líquido do volume de negócios: 6 250 000 euros;
- número de membros do pessoal empregue em média durante o exercício: 50,

---

[560] Os montantes constantes dos 1.° e 2.° travessões do primeiro parágrafo do presente artigo têm sido sujeitos às revisões previstas no n.° 2 do artigo 53.° da presente Directriz. Assim:

- a redacção inicial era a seguinte:
  - total do balanço: 1 000 000 unidades de conta europeias;
  - montante líquido das vendas e prestações de serviços: 2 000 000 unidades de conta europeias;
- pelo n.° 1) do artigo 1.° da Directriz n.° 84/569/CEE do Conselho, de 27 de Novembro de 1984:
  - total do balanço: 1 550 000 ECUs;
  - montante líquido do volume de negócios: 3 200 000 ECUs;
- pelos n.°s 1. e 2. do artigo 1.° da Directriz n.° 90/604/CEE do Conselho, de 8 de Novembro de 1990:
  - total do balanço: 2 000 000 de ecus;
  - montante líquido do volume de negócios: 4 000 000 de ecus;
- pelo n.° 1. do artigo 1.° da Directriz n.° 94/8/CEE do Conselho, de 21 de Março de 1994:
  - total do balanço: 2 500 000 de ecus;
  - montante líquido do volume de negócios: 5 000 000 de ecus;
- a redacção actual foi-lhe dada pelo n.° 1. do artigo 1.° da Directriz n.° 1999/60/CE do Conselho, de 17 de Junho de 1999.

O 2.° parágrafo do presente artigo foi aditado pelo n.° 3. do artigo 1.° da Directriz n.° 90/604//CEE do Conselho, de 8 de Novembro de 1990.

estabeleçam um balanço sintético tomando apenas as contas precedidas de letras e de algarismos romanos previstos nos artigos 9.° e 10.° com menção separada das informações exigidas entre parêntesis nas rubricas D, II, do activo e C do passivo no artigo 9.° e na rubrica D, II, no artigo 10.°, mas de uma maneira global para cada rubrica referida.

Os Estados-membros podem autorizar que a alínea a) do n.° 3 e o n.° 4 do artigo 15.° não se apliquem ao balanço sintético.

Artigo 12.°
(Ultrapassagem dos limites)

1. Quando uma sociedade, na data de encerramento do balanço, acabar de ultrapassar ou já não ultrapassar os limites quantitativos de dois dos três critérios indicados no artigo 11.°, esta circunstância não produz efeitos para aplicação da derrogação prevista no referido artigo, senão quando ela se verifique durante dois exercícios consecutivos.

2. Os montantes em unidades de conta europeias que figuram no artigo 11.° podem ser aumentados no limite máximo de 10% para serem convertidos em moeda nacional.

3. O total do balanço referido no artigo 11.° compõe-se, no esquema previsto no artigo 9.°, das rubricas A a E do activo c, no esquema previsto no artigo 10.° das rubricas A a E.

Artigo 13.°
(Elementos abrangidos por várias rubricas)

1. Quando um elemento do activo ou do passivo seja abrangido por várias rubricas do esquema, a sua relação com outras rubricas deve ser indicada ou na rubrica onde figura ou no anexo, quando esta indicação é necessária para a compreensão das contas anuais.

2. As acções próprias e as quotas próprias, bem como as partes de capital em empresas coligadas, não podem figurar noutras rubricas que não sejam as previstas para esse fim.

Artigo 14.°
(Indicação de garantias)

Devem figurar de maneira distinta a seguir ao balanço ou no anexo, se não existir a obrigação de os inscrever no passivo, todos os compromissos assumidos a título de qualquer garantia, distinguindo segundo as categorias de garantias previstas pela legislação nacional e mencionado expressamente as garantias reais dadas. Se os compromissos mencionados existem relativamente a empresas ligadas, deve ser feita referência separadamente.

SECÇÃO 4
Disposições particulares respeitantes a certas rubricas do balanço

Artigo 15.°
(Activo imobilizado e activo circulante)

1. A inscrição dos elementos do património no activo imobilizado ou no activo circulante é determinada pelo destino destes elementos.

2. O activo imobilizado compreende os elementos do património que se destinam a servir de maneira durável à actividade da empresa.

3. a) Os movimentos das diversas rubricas do activo imobilizado devem ser indicados no balanço ou no anexo. Para este efeito deve evidenciar-se, partindo do preço de aquisição ou do custo de produção, para cada uma das rubricas do activo imobilizado separadamente, por um lado, as entradas e saídas, assim como as transferências do exercício e, por outro lado, as correcções de valor acumuladas à data de encerramento do balanço e as rectificações efectuadas durante o exercício às correcções de valor de exercícios anteriores. As correcções de valor são indicadas no balanço, deduzindo-as de maneira distinta à rubrica respectiva, ou no anexo;
   b) Quando, no momento da elaboração das primeiras contas anuais, em conformidade com a presente directiva, o preço de aquisição ou custo de produção de um elemento do activo imobilizado não pode ser determinado sem despesa ou demora injustificadas, o valor residual no início do exercício pode ser considerado como preço de aquisição ou custo de produção. A aplicação da presente alínea b) deve ser mencionada no anexo;
   c) Em caso de aplicação do artigo 33.°, os movimentos das diversas rubricas do activo imobilizado mencionadas na alínea a) do presente parágrafo são indicados partindo do preço de aquisição ou do custo de produção reavaliado.

4. O n.° 3, alíneas a) e b), aplica-se à apresentação da rubrica "Despesas de estabelecimento".

Artigo 16.°
(Terrenos e construções)

Na rubrica "Terrenos e construções" devem figurar os direitos imobiliários e outros direitos assimilados tal como são definidos na legislação nacional.

Artigo 17.°
(Participações)

Para efeitos da presente directiva, entende-se por participações os direitos no capital de outras empresas, materializados ou não por títulos, que, criando uma ligação duradoura com estas, se destinam a contribuir para a actividade da sociedade. A detenção de uma parte do capital de uma outra sociedade presume-se ser uma participação, quando excede uma percentagem fixada pelos Estados-membros a um nível que não pode ser superior a 20%.

Artigo 18.°
(Contas de regularização do activo)

Na rubrica "contas de regularização" do activo devem figurar os encargos contabilizados durante o exercício mas respeitantes a um exercício seguinte, assim como os proveitos que respeitem ao exercício que não serão exigíveis senão posteriormente ao encerramento deste último. Os Estados-membros podem, no entanto, prever que os mencionados proveitos figurem entre os créditos; quando sejam de uma certa importância, devem ser explicitados no anexo.

Artigo 19.°
(Correcções de valor)

As correcções de valor compreendem todas as correcções destinadas a ter em conta a depreciação, definitiva ou não, dos elementos do património verificada à data do encerramento do balanço.

Artigo 20.°
(Provisões)

1. As provisões para riscos e encargos têm por objecto cobrir perdas ou dívidas que estão claramente circunscritas, quanto à sua natureza, mas que, na data de encerramento do balanço, são ou prováveis ou certas, mas indeterminadas quanto ao seu montante ou quanto à data da sua ocorrência.

2. Os Estados membros podem igualmente autorizar a constituição de provisões tendo por objecto cobrir encargos que tenham a sua origem no exercício ou em exercício anterior e que estão claramente circunscritos quanto à sua natureza mas que, na data de encerramento do balanço, são ou prováveis ou certos mas indeterminados quanto ao seu montante ou quanto à data da sua ocorrência.

3. As provisões para riscos e encargos não podem ter por objecto corrigir os valores dos elementos do activo.

Artigo 21.°
(Contas de regularização do passivo)

Na rubrica "Contas de regularização" do passivo devem figurar os proveitos recebidos antes da data de encerramento do balanço, mas imputáveis a um exercício seguinte, bem como os encargos que, respeitando ao exercício, só serão pagos durante um exercício seguinte. Os Estados membros podem, no entanto, prever que os mencionados encargos figurem entre as dívidas; quando sejam de certa importância, devem ser explicitados no anexo.

SECÇÃO 5
Estrutura da conta de ganhos e perdas

Artigo 22.°
(Conta de ganhos e perdas)

Para a apresentação da conta de ganhos e perdas, os Estados-membros prevêem um ou vários dos esquemas mencionados nos artigos 23.° a 26.°. Se um Estado-membro previr vários esquemas, pode deixar às sociedades a escolha entre estes esquemas.

Artigo 23.°
(Primeiro esquema)

1. Montante líquido das vendas e prestações de serviços.
2. Variação das existências de produtos acabados e em curso de fabrico.
3. Trabalhos efectuados pela empresa para ela própria e levados ao activo.
4. Outros proveitos de exploração.
5. a) Encargos com matérias-primas e de consumo.
   b) Outros encargos externos.
6. Despesas com o pessoal:
   a) Salários e ordenados.
   b) Encargos sociais, com menção separada dos que cobrem as pensões.
7. a) Correcções de valor sobre despesas de estabelecimento e sobre imobilizações corpóreas e incorpóreas.
   b) Correcções de valor sobre elementos do activo circulante, na medida em que elas ultrapassem as correcções de valor normais no seio da empresa.
8. Outros encargos de exploração.
9. Proveitos provenientes de participações, com menção separada dos provenientes de empresas ligadas.
10. Proveitos provenientes de outros valores mobiliários e de créditos incluídos no activo imobilizado, com menção separada dos provenientes de empresas ligadas.
11. Outros juros e produtos semelhantes, com menção separada dos provenientes de empresas coligadas.

12. Correcções de valor sobre imobilizações financeiras e sobre valores mobiliários fazendo parte do activo circulante.

13. Juros e encargos assimilados, com menção separada dos respeitantes a empresas ligadas.

14. Impostos sobre o resultado provenientes das actividades normais.

15. Resultado proveniente das actividades normais, depois de impostos.

16. Proveitos excepcionais.

17. Encargos excepcionais.

18. Resultado excepcional.

19. Impostos sobre o resultado excepcional.

20. Outros impostos não figurando nas rubricas acima.

21. Resultado do exercício.

Artigo 24.°
(Segundo esquema)

A. Encargos

1. Redução das existências de produtos acabados e em curso de fabrico.

2. a) Encargos com matérias-primas e de consumo.
   b) Outros encargos externos.

3. Despesas com o pessoal:
   a) Salários e ordenados.
   b) Encargos sociais, com menção separada dos que cobrem as pensões.

4. a) Correcções de valor sobre despesas de estabelecimento e sobre imobilizações corpóreas e incorpóreas.
   b) Correcções de valor sobre elementos do activo circulante, na medida em que elas ultrapassem as correcções de valor normais no seio da empresa.

5. Outros encargos de exploração.

6. Correcções de valor sobre imobilizações financeiras e sobre valores mobiliários fazendo parte do activo circulante.

7. Juros e encargos assimilados, com menção separada dos respeitantes a empresas ligadas.

8. Impostos sobre os resultados provenientes de actividades normais.

9. Resultado proveniente das actividades normais, depois de impostos.

10. Encargos excepcionais.

11. Impostos sobre o resultado excepcional.

12. Outros impostos não figurando nas rubricas acima.

13. Resultado do exercício.

B. Proveitos

1. Montante líquido das vendas e prestações de serviços.

2. Aumento das existências de produtos acabados e em curso de fabrico.

3. Trabalhos efectuados pela empresa para ela própria levados ao activo.

4. Outros proveitos de exploração.

5. Proveitos provenientes de participações, com menção separada dos provenientes de empresas ligadas.

6. Proveitos provenientes de outros valores mobiliários e de créditos indevidos no activo imobilizado, com menção separada dos provenientes de empresas ligadas.

7. Outros juros e proveitos assimilados, com menção separada dos provenientes de empresas ligadas.

8. Resultado proveniente das actividades normais, depois de impostos.

9. Proveitos excepcionais.

10. Resultado do exercício.

Artigo 25.°
(Terceiro esquema)

1. Montante líquido das vendas e prestações de serviços.

2. Custos de produção das prestações fornecidas para a realização das vendas e prestações de serviços (compreendendo as correcções de valor).

3. Resultado bruto proveniente das vendas e prestações de serviços.

4. Custos de distribuição (compreendendo as correcções de valor).

5. Despesas gerais administrativas (compreendendo as correcções de valor).

6. Outros proveitos de exploração.

7. Proveitos provenientes de participações, com menção separada dos provenientes de empresas ligadas.

8. Proveitos provenientes de outros valores mobiliários e de créditos indevidos no activo imobilizado, com menção separada dos provenientes de empresas ligadas.

9. Outros juros e proveitos assimilados, com menção separada dos provenientes de empresas ligadas.

10. Correcções de valor sobre imobilizações financeiras e sobre valores mobiliários fazendo parte do activo circulante.

11. Juros e encargos assimilados, com menção separada dos respeitantes a empresas ligadas.

12. Impostos sobre o resultado proveniente das actividades normais.

13. Resultado proveniente das actividades normais, depois de impostos.

14. Proveitos excepcionais.

15. Encargos excepcionais.

16. Resultado excepcional.

17. Impostos sobre o resultado excepcional.

18. Outros impostos não figurando nas rubricas acima.

19. Resultado do exercício.

Artigo 26.°
(Quarto esquema)

A. Encargos

1. Custos de produção das prestações fornecidas para a realização das vendas e prestações de serviços (compreendendo as correcções de valor).

2. Custos de distribuição (compreendendo as correcções de valor).

3. Despesas gerais administrativas (compreendendo as correcções de valor).

4. Correcções de valor sobre imobilizações financeiras e sobre valores mobiliários fazendo parte do activo circulante.

5. Juros e encargos assimilados, com menção separada dos respeitantes a empresas ligadas.

6. Impostos sobre o resultado proveniente das actividades normais.

7. Resultado proveniente das actividades normais, depois de impostos.

8. Encargos excepcionais.

9. Impostos sobre o resultado excepcional.

10. Outros impostos não figurando nas rubricas acima.

11. Resultado do exercício.

B. Proveitos

1. Montante líquido das vendas e prestações de serviços.

2. Outros proveitos de exploração.

3. Proveitos provenientes de participações, com menção separada dos provenientes de empresas ligadas.

4. Proveitos provenientes de outros valores mobiliários e de créditos incluídos no activo imobilizado, com menção separada dos provenientes de empresas ligadas.

5. Outros juros e proveitos assimilados, com menção separada dos provenientes de empresas ligadas.

6. Resultado proveniente das actividades normais depois de impostos.

7. Proveitos excepcionais.
8. Resultado do exercício.

Artigo 27.°[561]
(Aligeiramentos para médias empresas)

Os Estados-membros podem autorizar as sociedades que, na data de encerramento do balanço, não ultrapassem os limites quantitativos de dois dos três critérios seguintes:

- total do balanço: 12 500 000 euros;
- montante líquido do volume de negócios: 25 000 000 euros;
- número de membros de pessoal empregue em média durante o exercício: 250,

a derrogar os esquemas figurando nos artigos 23.° a 26.° dentro dos seguintes limites:

a) Artigo 23.°: reagrupamento das rubricas 1 a 5, inclusive, sob uma única rubrica denominada "Resultado bruto".

b) Artigo 24.°: reagrupamento das rubricas A1, A2 e B1 a B4, inclusive, sob uma única rubrica denominada "Proveitos brutos" ou "Encargos brutos", conforme o caso.

c) Artigo 25.°: reagrupamento das rubricas 1, 2, 3 e 6 numa única rubrica denominada "Resultado bruto".

d) Artigo 26.°: reagrupamento das rubricas A1, B1 e B2 numa única rubrica denominada "Proveitos brutos" ou "Encargos brutos", conforme o caso.

O artigo 12.° é aplicável.

---

[561] Os montantes constantes dos 1.° e 2.° travessões do primeiro parágrafo do presente artigo têm sido sujeitos às revisões previstas no n.° 2 do artigo 53.° da presente Directriz. Assim:

- a redacção inicial era a seguinte:
  - total do balanço: 4 milhões de unidades de conta europeias;
  - montante líquido das vendas e prestações de serviços: 8 milhões de unidades de conta europeias;
- pelo n.° 2) do artigo 1.° da Directriz n.° 84/569/CEE do Conselho, de 27 de Novembro de 1984:
  - total do balanço: 6 200 000 de ECUs;
  - montante líquido do volume de negócios: 12 800 000 de ECUs;
- pelos n.°s 1. e 2. do artigo 2.° da Directriz n.° 90/604/CEE do Conselho, de 8 de Novembro de 1990:
  - total do balanço: 8 000 000 de ecus;
  - montante líquido do volume de negócios: 16 000 000 de ecus;
- pelo n.° 2. do artigo 1.° da Directriz n.° 94/8/CEE do Conselho, de 21 de Março de 1994:
  - total do balanço: 10 000 000 de ecus;
  - montante líquido do volume de negócios: 20 000 000 de ecus;
- a redacção actual foi-lhes dada pelo n.° 2. do artigo 1.° da Directriz n.° 1999/60/CE do Conselho, de 17 de Junho de 1999.

SECÇÃO 6
Disposições particulares respeitantes a certas rubricas da conta de ganhos e perdas

Artigo 28.°
(Montantes líquidos)

O montante líquido das vendas e prestações de serviços compreende os montantes resultantes da venda dos produtos e da prestação de serviços correspondentes às actividades normais da sociedade, dedução feita das reduções sobre vendas, assim como da taxa sobre o valor acrescentado e de outros impostos directamente ligados às vendas e prestações de serviços.

Artigo 29.°
(Proveitos ou encargos extraordinários)

1. Nas rubricas "Proveitos extraordinários" ou "Encargos extraordinários" devem figurar os proveitos ou encargos não provenientes das actividades normais da sociedade.

2. Se os proveitos e encargos mencionados no n.° 1 forem importantes para apreciação dos resultados, devem ser dadas no anexo explicações sobre o seu montante e a sua natureza. O mesmo se aplica para os proveitos e encargos imputáveis a um outro exercício.

Artigo 30.°
(Outros impostos)

Os Estados-membros podem permitir que os impostos sobre o resultado proveniente das actividades normais e os impostos sobre o resultado excepcional sejam agrupados e inscritos na conta de ganhos e perdas numa rubrica figurando antes da rubrica "Outros impostos não figurando nas rubricas acima". Nesse caso, a rubrica "Resultado proveniente das actividades normais, depois de impostos" que figura nos esquemas dos artigos 23.° a 26.° é suprimida.

Quando esta derrogação for aplicada, as sociedades devem fornecer no anexo informações sobre as proporções em que os impostos sobre o resultado incidem sobre o resultado proveniente das actividades normais e sobre resultado excepcional.

SECÇÃO 7
Regras da valorimetria

Artigo 31.°
(Princípios gerais)

1. Os Estados membros assegurarão que a valorimetria das rubricas que figuram nas contas anuais seja feita de acordo com os seguintes princípios gerais:

a) Presume-se que a sociedade continua as suas actividades;

b) Os critérios valorimétricos não podem ser modificados de um exercício para o outro;

c) O princípio de prudência deve em qualquer caso ser observado e em particular:

aa) Somente os lucros realizados à data de encerramento do balanço podem nele ser inscritos;

bb) Devem tomar-se em conta os riscos previsíveis e as perdas eventuais que tenham a sua origem no exercício ou num exercício anterior, mesmo se estes riscos ou perdas apenas tiverem sido conhecidos entre a data de encerramento do balanço e a data na qual este é elaborado;

cc) Devem tomar-se em conta as depreciações, quer o exercício apresente prejuízo quer lucro;

d) Devem tomar-se em consideração os encargos e os proveitos respeitantes ao exercício a que se referem as contas, sem atenção à data de pagamento ou de recebimento destes encargos ou proveitos;

e) Os elementos das rubricas do activo e do passivo devem ser valorizados separadamente;

f) O balanço de abertura de um exercício deve corresponder ao balanço de encerramento do exercício precedente.

2. Admitem-se, em casos excepcionais, derrogações a estes princípios gerais. Quando se faça uso destas derrogações, estas devem ser assinaladas no anexo e devidamente justificadas, com indicação da sua influência sobre o património, a situação financeira e os resultados.

Artigo 32.°
(Disposições aplicáveis)

A valorimetria das rubricas que figuram nas contas anuais faz-se segundo as disposições dos artigos 34.° a 42.°, baseadas no princípio do preço de aquisição ou do custo de produção.

Artigo 33.°
(Derrogações)

1. Os Estados-membros podem declarar à Comissão que se reservam a possibilidade, por derrogação ao artigo 32.° e até coordenação ulterior, de autorizar ou de impor para todas as sociedades ou certas categorias de sociedades:

a) A valorimetria com base no valor de substituição para as imobilizações corpóreas cuja utilização é limitada no tempo, assim como para as existências;

b) A valorimetria das rubricas figurando nas contas anuais, incluindo os capitais próprios, na base de outros métodos diferentes do indicado na alínea a), destinados a ter em conta a inflação;

c) A reavaliação das imobilizações corpóreas, assim como das imobilizações financeiras.

3. As correcções de valor são calculadas em cada ano na base do valor retido para o exercício considerado. Todavia, em derrogação aos artigos 4.° e 22.°, os Estados-membros podem autorizar ou exigir que apenas o montante das correcções de valor resultantes da aplicação da regra geral prevista no artigo 32.° figure nas rubricas pertinentes dos esquemas mencionados nos artigos 23.° a 26.° e que a diferença resultante da aplicação do método de avaliação adoptado, em conformidade com o presente artigo, figure separadamente nos esquemas. Além disso, os artigos 34.° a 42.° são aplicáveis por analogia.

4. No caso de aplicação do n.° 1, deve ser mencionado no balanço ou no anexo, separadamente para cada uma das rubricas do balanço previstas nos esquemas que figuram nos artigos 9.° e 10.°, excepto as existências:

a) O montante da valorização efectuada conforme a regra geral prevista no artigo 32.° o montante acumulado das correcções de valor tal como elas se apresentem na data de encerramento do balanço;

ou

b) O montante, na data de encerramento do balanço, da diferença entre a valorização efectuada conforme o presente artigo e a que resultaria da aplicação do artigo 32.° e, sendo caso disso, o montante acumulado das correcções de valor complementares.

5. Sem prejuízo do artigo 52.°, o Conselho, sob proposta da Comissão, procederá, num prazo de sete anos, a contar da notificação da presente directiva, ao exame e, se for esse o caso, à alteração do presente artigo em função da evolução económica e monetária na Comunidade.

Artigo 34.°
(Despesas de estabelecimento)

1. a) Caso a legislação nacional autorize a inscrição no activo das despesas de estabelecimento, estas devem ser amortizadas num prazo máximo de cinco anos.

   b) Na medida em que as despesas de estabelecimento não estejam completamente amortizadas, é interdita qualquer distribuição de resultados, a menos que o montante das reservas disponíveis para este efeito e os resultados transitados sejam pelo menos iguais ao montante das despesas não amortizadas.

2. Os elementos inscritos na rubrica "Despesas de estabelecimento" devem ser comentados no anexo.

Artigo 35.°
(Avaliação do activo imobilizado)

1. a) Os elementos do activo imobilizado devem ser avaliados ao preço de aquisição ou ao custo de produção, sem prejuízo das alíneas b) e c).

   b) O preço de aquisição ou o custo de produção dos elementos do activo imobilizado cuja utilização é limitada no tempo deve ser diminuído das correcções de valor calculadas de maneira a amortizar sistematicamente o valor destes elementos durante a sua duração de utilização.

c) aa) As imobilizações financeiras podem ser objecto de correcções de valor a fim de dar a estes elementos a valor inferior que lhes seja atribuído na data de encerramento do balanço.

bb) Quer a sua utilização seja ou não limitada no tempo, os elementos do activo imobilizado devem ser objecto de correcções de valor a fim de dar a estes elementos o valor inferior que lhes seja atribuído na data de encerramento do balanço, quando se prever que a depreciação será duradoura.

cc) As correcções de valor mencionadas em aa) e bb) devem ser levadas à conta de ganhos e perdas e indicadas separadamente no anexo, se não forem indicadas separadamente na conta de ganhos e perdas.

dd) A avaliação por valor inferior mencionada em aa) e bb) não pode manter-se, quando as razões que motivaram as correcções de valor deixem de existir.

d) Se os elementos do activo imobilizado forem objecto de correcções de valor excepcionais apenas para efeitos da aplicação da legislação fiscal, deve ser indicado no anexo o montante devidamente justificado destas correcções.

2. O preço de aquisição obtém-se adicionando as despesas acessórias ao preço de compra.

3. a) O custo de produção obtém-se adicionando ao preço de aquisição das matérias-primas e de consumo os custos directamente imputáveis ao produto considerado.

b) Uma fracção razoável dos custos que não são senão indirectamente imputáveis ao produto considerado pode ser adicionada ao custo de produção na medida em que estes custos respeitem ao período de fabricação.

4. A inclusão no custo de produção dos juros sobre os capitais emprestados para financiar a fabricação de imobilizações é permitida na medida em que estes juros respeitem ao período de fabricação. Nestes casos, a sua inscrição no activo deve ser assinalada no anexo.

Artigo 36.°
(Regras para as sociedades de investimento)

Em derrogação ao artigo 35.°, n.° 1, alínea c), subalínea cc), os Estados membros podem permitir às sociedades de investimento, na acepção do artigo 5.°, n.° 2, compensar as correcções de valor sobre os valores mobiliários directamente com os capitais próprios. Os montantes em questão devem figurar separadamente no passivo do balanço.

Artigo 37.°
(Despesas de investigação e desenvolvimento)

1. O artigo 34.° é aplicável à rubrica "Despesas de investigação e desenvolvimento". Todavia, os Estados membros podem autorizar, em casos excepcionais, derrogações ao artigo 34.°, n.° 1, alínea a). Neste caso, podem igualmente prever derrogações ao artigo

34.°, parágrafo 1, alínea b). Estas derrogações devem ser assinaladas no anexo e devidamente justificadas.

2. O artigo 34.°, n.° 1, alínea a), é aplicável à rubrica "Trespasse". Os Estados-membros podem, todavia, autorizar as sociedades a amortizar sistematicamente o seu trespasse num período limitado superior a cinco anos, na condição de este período não exceder a duração de utilização deste activo, que seja mencionada no anexo e que seja devidamente justificada.

Artigo 38.°
(Imobilizações constantemente renováveis)

As imobilizações corpóreas e as matérias-primas e de consumo que são constantemente renováveis e cuja valor global seja de importância secundária para a empresa podem ser levadas ao activo por uma quantidade e valor fixos, se a sua quantidade, o seu valor e a sua composição não variarem sensivelmente.

Artigo 39.°
(Activo circulante)

1. a) Os elementos do activo circulante devem ser avaliados ao preço de aquisição ou ao custo de produção, sem prejuízo das alíneas b) e c).

b) Os elementos do activo circulante são objecto de correcções de valor, a fim de dar a estes elementos o valor inferior de mercado, ou, em circunstâncias particulares, um outro valor inferior que se lhes atribua na data de encerramento do balanço.

c) Os Estados-membros podem autorizar correcções de valor excepcionais, se estas são necessárias, com base numa apreciação comercial razoável, para evitar que, num futuro próximo, a avaliação destes elementos deva ser modificada por motivos de flutuações de valor. O montante destas correcções de valor deve ser indicado separadamente na conta de ganhos e perdas ou no anexo.

d) A avaliação a valor inferior mencionada nas alíneas b) e c) não pode ser mantida se as razões que motivaram as correcções de valor deixaram de existir.

e) Se os elementos do activo circulante forem objecto de correcções de valor excepcionais motivadas unicamente pela aplicação da legislação fiscal, deve ser indicado no anexo o seu montante devidamente justificado.

2. A definição do preço de aquisição ou do custo de produção, figurando no artigo 35.°, parágrafos 2 e 3, é aplicável. Os Estados-membros podem igualmente aplicar o artigo 35.°, n.° 4. As despesas de distribuição não podem ser incorporadas no custo de produção.

Artigo 40.°
(Objectos da mesma categoria)

1. Estados-membros podem permitir que o preço de aquisição ou o custo de produção das existências de objectos da mesma categoria, assim como de todos os elementos fungíveis, incluindo os valores mobiliários, seja calculado na base dos preços médios ponderados ou segundo os métodos "primeira entrada-primeira saída" (FIFO) ou "última entrada-primeira saída" (LIFO), ou um método análogo.

2. Quando a avaliação efectuada no balanço, após a aplicação dos modos de cálculo indicados no n.° 1, difere por um montante importante, na data de encerramento do balanço, de uma avaliação na base do último preço de mercado conhecido antes da data de encerramento do balanço, o montante desta diferença deve ser indicado globalmente por categoria no anexo.

Artigo 41.°
(Reembolsos sobre as dívidas)

1. Quando o montante a reembolsar sobre as dívidas seja superior ao montante recebido, a diferença pode ser levada ao activo e deve ser indicada separadamente no balanço ou no anexo.

2. Esta diferença deve ser amortizada por montantes anuais razoáveis e o mais tardar no momento do reembolso da dívida.

Artigo 42.°
(Provisões)

O montante das provisões para riscos e encargos não pode ultrapassar as necessidades.

As provisões que figuram no balanço na rubrica "Outras provisões" devem ser discriminadas no anexo, na medida em que sejam de certa importância.

SECÇÃO 7-A[562]
Avaliação pelo justo valor

Artigo 42.°A
(Âmbito da avaliação)

1. Em derrogação do artigo 32.° e sem prejuízo das condições fixadas nos n.°s 2 a 4 do presente artigo, os Estados-Membros devem autorizar ou exigir a todas as sociedades ou a

[562] Aditada pelo n.° 1. do artigo 1.° da Directriz n.° 2001/65/CE do Parlamento Europeu e do Conselho, de 27 de Setembro de 2002; consta dos artigos 42.°-A a 42.°-D.

determinadas categorias de sociedades que avaliem pelo justo valor os instrumentos financeiros que detêm, incluindo os derivados.

Tal autorização ou exigência pode restringir-se às contas consolidadas na acepção da Directiva 83/349/CEE.

2. Para efeitos da presente directiva, os contratos sobre mercadorias que confiram a qualquer das partes no contrato o direito a efectuar a liquidação em numerário ou por meio de outro instrumento financeiro serão considerados instrumentos financeiros derivados, excepto quando:

a) Tenham sido celebrados para satisfazer e continuem a satisfazer as necessidades da sociedade previstas em matéria de compra, venda ou utilização dessas mercadorias;

b) Tenham sido concebidos para esse fim desde o início; e

c) Devam ser liquidados mediante a entrega das mercadorias.

3. O n.° 1 aplica-se exclusivamente aos elementos do passivo que sejam:

a) Detidos enquanto elementos da carteira de negociação; ou

b) Instrumentos financeiros derivados.

4. A avaliação nos termos do n.° 1 não se aplica:

a) Aos instrumentos financeiros não derivados detidos até ao vencimento;

b) Aos empréstimos e créditos concedidos pela própria sociedade que não sejam detidos para efeitos de negociação; e

c) Às participações em filiais, empresas associadas e empreendimentos conjuntos (joint-ventures), aos instrumentos de capital próprio emitidos pela sociedade, aos contratos que prevejam contribuições circunstanciais no quadro de uma associação entre empresas, bem como a outros instrumentos financeiros que, pelas suas características especiais, de acordo com as regras geralmente aceites, devam ser contabilizados de forma diferente dos outros instrumentos financeiros.

5. Em derrogação do artigo 32.°, relativamente a qualquer activo ou passivo que possa ser qualificado como elemento coberto ao abrigo de um sistema de contabilidade de cobertura em justo valor, ou relativamente a uma parte identificada desse activo ou passivo, os Estados-Membros podem autorizar a avaliação pelo montante específico exigido nos termos desse sistema.

Artigo 42.°B
(Determinação do justo valor)

1. O justo valor referido no artigo 42.°A é determinado por referência:

a) A um valor de mercado, relativamente aos instrumentos financeiros para os quais possa ser facilmente identificado um mercado fiável. Quando o valor de mercado de um instrumento não puder ser identificado facilmente, mas puder ser identificado por referência aos seus componentes ou a um instrumento semelhante, o valor de mercado pode ser derivado do valor dos seus componentes ou desse instrumento semelhante; ou

b) A um valor resultante de modelos e técnicas de avaliação geralmente aceites, para os instrumentos financeiros para os quais não possa ser facilmente identificado um mercado fiável. Tais modelos ou técnicas de avaliação devem assegurar uma aproximação razoável ao valor de mercado.

2. Os instrumentos financeiros que não podem ser mensurados de forma fiável por nenhum dos métodos descritos no n.° 1 deverão ser avaliados nos termos dos artigos 34.° a 42.°.

Artigo 42.°C
(Variações de valor)

1. Sem prejuízo do disposto no n.° 1, alínea c), do artigo 31.°, quando um instrumento financeiro seja avaliado nos termos do artigo 42.°B, qualquer variação de valor deve ser inscrita na conta de ganhos e perdas. Porém, tal variação deve ser imputada directamente aos capitais próprios, numa reserva de justo valor, sempre que:

a) O instrumento contabilizado seja um instrumento de cobertura no quadro de um sistema de contabilidade de cobertura que permita que algumas ou todas as variações de valor não sejam evidenciadas na conta de ganhos e perdas; ou

b) A variação de valor corresponda a uma diferença cambial referente a um instrumento monetário que faça parte do investimento líquido de uma sociedade numa entidade estrangeira.

2. Os Estados-Membros podem autorizar ou exigir que as variações de valor de um activo financeiro disponível para venda, diverso de um instrumento financeiro derivado, sejam inscritas directamente numa conta de capitais próprios, na reserva de justo valor.

3. A reserva de justo valor deve ser ajustada no caso de os montantes nela inscritos deixarem de ser necessários para a aplicação dos n.°s 1 e 2.

Artigo 42.°D
(Informações anexas)

Sempre que tenha sido aplicado o método de avaliação pelo justo valor dos instrumentos financeiros, o anexo às contas deve conter as seguintes informações:

a) No caso de o justo valor ter sido determinado em conformidade com o n.° 1, alínea b), do artigo 42.°B, os principais pressupostos subjacentes aos modelos e técnicas de avaliação;

b) Por categoria de instrumentos financeiros, o justo valor, as variações de valor inscritas directamente na conta de ganhos e perdas e as variações inscritas na reserva de justo valor;

c) Para cada categoria de instrumentos financeiros derivados, informações sobre o volume e a natureza dos instrumentos, nomeadamente as principais modalidades e condições que possam afectar o montante, o calendário e o grau de certeza dos fluxos de caixa futuros; e

d) Um quadro que discrimine os movimentos ocorridos na reserva de justo valor durante o exercício.

SECÇÃO 8
Conteúdo do anexo

Artigo 43.º[563]
(Enunciado)

1. Além das menções prescritas por outras disposições da presente directiva, o anexo deve comportar pelo menos indicações sobre:

1) Os critérios de avaliação aplicados às diversas rubricas das contas anuais, assim como os métodos de cálculo utilizados para as correcções de valor. Relativamente aos elementos contidos nas contas anuais que estejam ou tenham estado na sua origem expressos em moeda estrangeira, devem ser indicadas as bases de conversão utilizadas para a sua expressão em moeda local;

2) O nome e a sede das empresas nas quais a sociedade detém, quer ela própria, quer através de uma pessoa agindo em seu nome, mas por conta da sociedade, pelo menos uma percentagem do capital que os Estados-membros não podem fixar em mais de 20%, com indicação da fracção do capital detido, assim como do montante dos capitais próprios e do resultado do último exercício da empresa em causa para o qual as contas tenham sido aprovadas. Podem ser omitidas estas informações, quando tiverem um interesse pouco significativo face ao objectivo do artigo 2.º, n.º 3. A indicação dos capitais próprios e do resultado pode igualmente ser omitida quando a empresa em causa não publicar o seu balanço e se ela é participada em menos de 50%, directa ou indirectamente, pela sociedade;

   O nome, a sede e a forma jurídica de todas as empresas de que a sociedade seja sócia de responsabilidade ilimitada. Esta declaração pode ser omitida quando for de interesse irrelevante em relação ao objectivo do n.º 3 do artigo 2.º;

---

[563] O actual n.º 3. foi aditado pelo artigo 4.º da Directriz n.º 90/604/CEE do Conselho, de 8 de Novembro de 1990.

O 2.º parágrafo do ponto 2) do n.º 1. foi aditado pelo n.º 2 do artigo 1.º da Directriz n.º 90/605/CEE do Conselho, de 8 de Novembro de 1990.

O n.º 2, a) do artigo 1.º da Directriz n.º 2001/65/CE do Parlamento Europeu e do Conselho de 27 de Setembro de 2001, deu nova redacção ao ponto 10) do n.º 1, passando a referir-se aos artigos 31.º e 34.º a 42.º-C em vez de aos artigos 31.º e 34.º a 42.º.

O n.º 2, b) do artigo 1.º da Directriz n.º 2001/65/CE do Parlamento Europeu e do Conselho de 27 de Setembro de 2001, aditou um novo ponto 14) ao n.º 1.

3) O número e o valor nominal ou, na falta de valor nominal, o equivalente valor contabilístico das acções subscritas durante o exercício dentro dos limites do capital autorizado, sem prejuízo das disposições respeitantes ao montante deste capital previstas no artigo 2.°, n.° 1, alínea e), da Directiva 68/151/CEE, assim como no artigo 2.°, alínea c), da Directiva 77/91/CEE;
4) Quando existam várias categorias de acções, o número e o valor nominal ou, na falta de valor nominal, o equivalente valor contabilístico de cada uma delas;
5) A existências de partes de capital beneficiárias, de obrigações convertíveis e de títulos ou direitos similares, com indicação do seu número e do âmbito dos direitos que conferem;
6) O montante das dívidas da sociedade cuja duração residual é superior a cinco anos, assim como o montante de todas as dívidas da sociedade cobertas por garantias reais dadas pela sociedade, com indicação da sua natureza e da sua forma. Estas indicações devem ser dadas separadamente para cada uma das rubricas relativas às dívidas, em conformidade com os esquemas que figuram nos artigos 9.° e 10.°;
7) O montante global dos compromissos financeiros que não figuram no balanço, na medida em que a sua indicação seja útil para apreciação da situação financeira. Os compromissos existentes em matéria de pensões, assim como os compromissos face a empresas ligadas devem ser evidenciados de forma distinta;
8) A distribuição do montante líquido das vendas e prestações de serviços no sentido do artigo 28.° por categorias de actividade, assim como por mercado geográfico, na medida em que, do ponto de vista da organização da venda dos produtos e da prestação de serviços correspondendo às actividades normais da sociedade, estas categorias e mercados difiram entre si de forma considerável;
9) O número de membros do pessoal empregue em média durante o exercício, ventilado por categorias, assim como, se não forem mencionadas separadamente na conta de ganhos e perdas, as despesas com o pessoal referentes ao exercício e ventiladas conforme o artigo 23.°, ponto 6;
10) A proporção na qual o cálculo do resultado do exercício foi afectado por uma avaliação das rubricas que, em derrogação dos princípios dos artigos 31.° e 34.° a 42.° foi executada durante o exercício ou num exercício anterior com vista a obter vantagens fiscais. Quando tal avaliação influenciar de maneira não negligenciável a carga fiscal futura, devem ser dadas indicações sobre esse facto;
11) A diferença entre a carga fiscal imputada ao exercício e aos exercícios anteriores e a carga fiscal já paga ou a pagar com referência a estes exercícios, na medida em que esta diferença tenha interesse significativo face à carga fiscal futura. Este montante pode igualmente figurar de modo acumulado no balanço numa rubrica especial a intitular em conformidade;
12) O montante das remunerações atribuídas com referência ao exercício aos membros dos órgãos de administração, de direcção ou de fiscalização por motivo das suas funções, assim como os compromissos surgidos ou contratados em matéria de pensões de reforma para os antigos membros dos órgãos supracitados. Estas informações devem ser dadas de forma global para cada categoria;

13) O montante dos adiantamentos e dos créditos concedidos aos membros dos órgãos de administração, de direcção ou de fiscalização, com indicação de taxas de juro, das condições principais e dos montantes eventualmente reembolsados, assim como os compromissos tomados por sua conta a título de qualquer garantia. Estas informações devem ser dadas de forma global para cada categoria.

14) Sempre que não tenha sido aplicado o método de avaliação pelo justo valor dos instrumentos financeiros em conformidade com a secção 7A:

a) Para cada categoria de instrumentos financeiros derivados:

i) o justo valor dos instrumentos, caso esse valor possa ser determinado por qualquer dos métodos prescritos no n.° 1 do artigo 42.°-B,

ii) informações sobre o volume e a natureza dos instrumentos; e

b) Para as imobilizações financeiras abrangidas pelo artigo 42.°A, inscritas por um montante acima do seu justo valor e sem que haja recurso à opção de proceder a uma correcção de valor nos termos do n.° 1, alínea c), subalínea aa), do artigo 35.°:

i) o valor contabilístico e o justo valor dos activos em questão, quer considerados isoladamente quer agrupados de forma adequada,

ii) as razões que motivaram a não redução do valor contabilístico, incluindo a natureza dos elementos que permitam presumir que o valor contabilístico será recuperado.

2. Até coordenação ulterior, os Estados-membros podem não aplicar o n.° 1, ponto 2), às sociedades de participação financeira nos termos do artigo 5.°, n.° 3.

3. Os Estados-membros podem permitir que não sejam fornecidas as indicações previstas no ponto 12 do n.° 1, sempre que tais indicações permitam identificar a situação de um membro determinado desses órgãos.

Artigo 44.°[564]
(Derrogações)

1. Os Estados-Membros podem autorizar as sociedades a que se refere o artigo 11.° a elaborar anexos sintéticos às suas contas sem as informações exigidas nos pontos 1 e 5 a 12 e

---

[564] Redacção dada pelo n.° 3 do artigo 1.° da Directriz n.° 2001/65/CE do Parlamento Europeu e do Conselho, de 27 de Setembro de 2001. A redacção anterior, dada pelo artigo 5.° da Directriz n.° 90/604/CEE do Conselho, de 8 de Novembro de 1990, era a seguinte:

1. Os Estados-membros podem permitir que as sociedades referidas no artigo 11.° elaborem um anexo sintético sem inclusão das informações requeridas no n.° 1, pontos 5 a 12, do artigo 43.° Todavia, o anexo deve fornecer globalmente, quanto a todas as rubricas em questão, as informações previstas no n.° 1, ponto 6, do artigo 43.°.

(...)

A redacção original era a seguinte:

Os Estados-membros podem permitir que as sociedades mencionadas no artigo 11.°, estabeleçam um anexo sintético sem as indicações exigidas no artigo 43.°, n.° 1, pontos 5) a 12).

na alínea a) do ponto 14 do artigo 43.° No entanto, os anexos devem conter, em relação a todas as rubricas em causa, a totalidade das informações especificadas nos pontos 1 e 6 do artigo 43.°.

2. Os Estados-membros podem, além disso, permitir que as sociedades referidas no n.° 1 fiquem isentas da obrigação de fornecer no anexo os dados previstos nos n.° 3, alínea a), e n.° 4 do artigo 15.°, bem como nos artigos 18.° e 21.°, no n.° 2 do artigo 29.°, no segundo parágrafo do artigo 30.°, no n.° 2 do artigo 34.°, no n.° 2 do artigo 40.° e no segundo parágrafo do artigo 42.°.

3. Aplica-se o artigo 12.°.

Artigo 45.°
(Outras derrogações)

1. Os Estados-membros podem permitir que as indicações mencionadas no artigo 43.°, n.° 1, ponto 2):

a) Tomem a forma de um extracto apresentado em conformidade com o artigo 3.°, n.° 1 e 2, da Directiva 68/151/CEE; o facto deve ser mencionado no anexo;

b) Sejam omitidas, quando sejam de natureza a causar grave prejuízo a uma das empresas mencionadas no artigo 43.°, n.° 1, ponto 2). Os Estados-membros podem subordinar esta omissão a autorização prévia de uma autoridade administrativa ou judicial. A omissão destas indicações deve ser mencionada no anexo.

2. O n.° 1, alínea b), aplica-se igualmente às indicações prescritas no artigo 43.°, n.° 1, ponto 8).

Os Estados-membros podem autorizar as sociedades mencionadas no artigo 27.° a omitir indicações previstas no artigo 43.°, n.° 1, ponto 8). O artigo 12.° é aplicável.

SECÇÃO 9
Conteúdo do relatório de gestão

Artigo 46.°[565]
(Conteúdo)

1. O relatório de gestão deve conter, pelo menos, uma exposição fiel acerca da evolução dos negócios e da situação da sociedade.

Todavia, o anexo deve indicar de forma global para todas as rubricas respectivas as informações previstas no artigo 43.°, n.° 1, ponto 6).

O artigo 12.° é aplicável.

[565] As actuais alíneas e) e f) foram aditadas, respectivamente, pelo artigo 11.° da 11.ª Directriz (89/666/CEE) do Conselho, de 21 de Dezembro de 1989 e pelo n.° 4 do artigo 1.° da Directriz n.° 2001/65/CE do Parlamento Europeu e do Conselho, de 27 de Setembro de 2001.

2. O relatório deve igualmente incluir indicações sobre:

a) Os acontecimentos importantes verificados após o encerramento do exercício;

b) A evolução previsível da sociedade;

c) As actividades em matéria de investigação e desenvolvimento;

d) No que respeita à aquisição de acções próprias, as indicações mencionadas no artigo 22.°, n.° 2, da Directiva 77/91/CEE;

e) A existência das sucursais da sociedade;

f) Em relação com a utilização dos instrumentos financeiros pela sociedade e quando pertinente para a avaliação dos elementos do activo e do passivo, da posição financeira e dos ganhos ou perdas,

- os objectivos e as políticas da sociedade em matéria de gestão dos riscos financeiros, incluindo a sua política de cobertura de cada uma das principais categorias de transacções previstas para as quais seja utilizada a contabilidade de cobertura, e
- a exposição da sociedade aos riscos de preço, de crédito, de liquidez e de fluxos de caixa.

3. Os Estados-membros podem permitir que as sociedades referidas no artigo 11.° não sejam obrigadas a elaborar o relatório de gestão, sob condição de inscreverem no anexo as informações referidas no n.° 2 do artigo 22.° da Directiva 77/91/CEE e respeitante à aquisição das acções próprias.

SECÇÃO 10
Publicidade

Artigo 47.°[566]
(Dever de publicidade)

1. As contas anuais regularmente aprovadas e o relatório de gestão, assim como o relatório elaborado pela pessoa encarregada do controlo das contas, devem ser objecto de publicidade efectuada de acordo com as modalidades previstas pela legislação de cada Estado-membro em conformidade com o artigo 3.° da Directiva 68/151/CEE.

O actual n.° 3. foi igualmente aditado pelo artigo 6.° da Directriz n.° 90/604/CEE do Conselho, de 8 de Novembro de 1990.

[566] Redacção dada pelo artigo 7.° da Directriz n.° 90/604/CEE do Conselho, de 8 de Novembro de 1990. A redacção inicial era a seguinte:

1. (...)

2. (...)

b) Um anexo abreviado sem as indicações exigidas no artigo 43.°, n.° 1, pontos 5) a 12). Todavia, o anexo deve indicar de maneira global para todas as rubricas respectivas as informações previstas no artigo 43.°, n.° 1, ponto 6).

(...)

Todavia, a legislação de um Estado-membro pode permitir que o relatório de gestão não seja objecto da publicidade acima mencionada. Neste caso, o relatório de gestão é posto à disposição do público na sede da sociedade no Estado-membro respectivo. Uma cópia integral ou parcial deste relatório deve poder ser obtida sem despesas e a simples requisição.

1A. O Estado-membro da sociedade referida no n.° 1, segundo e terceiro parágrafos, do artigo 1.° (sociedade abrangida) pode dispensar esta sociedade da publicação das suas contas, nos termos do artigo 3.° da Directiva 68/151/CEE, desde que essas contas fiquem à disposição do público na sua sede social, se:

a) Todos os sócios de responsabilidade ilimitada da sociedade abrangida forem sociedades contempladas pelo n.° 1, primeiro parágrafo, do artigo 1.°, regidas pela legislação de Estados-membros diferentes daquele por cuja legislação se rege essa sociedade e nenhuma dessas sociedades publicar as contas da sociedade abrangida juntamente com as suas próprias contas, ou se

b) Todos os sócios de responsabilidade ilimitada forem sociedades não sujeitas à legislação de um Estado-membro, mas cuja forma jurídica seja comparável às contempladas pela Directiva 68/151/CEE.

Deve ser facultada cópia das contas mediante simples pedido. O preço exigido por essa cópia não pode exceder o seu custo administrativo. Devem ser previstas sanções adequadas em caso de não cumprimento da obrigação de publicidade imposta pelo presente número.

2. Em derrogação ao n.° 1, os Estados-membros podem permitir que as sociedades mencionadas no artigo 11.° publiquem:

a) Um balanço sintético contendo apenas as rubricas precedidas de letras e algarismos romanos previstos nos artigos 9.° e 10.°, com menção separada das informações pedidas entre parêntesis em D, II, do activo, e C do passivo do artigo 9.°, assim como em D, II, do artigo 10.°, mas de uma maneira global para todas as rubricas respectivas;

b) Um anexo sintético, nos termos do artigo 44.°.

O artigo 12.° é aplicável.

Além disso, os Estados-membros podem permitir a estas sociedades não publicar a sua conta de ganhos e perdas, o seu relatório de gestão, assim como o relatório elaborado pela pessoa encarregada do controlo das contas.

3. Os Estados-membros podem permitir que as sociedades mencionadas no artigo 27.° publiquem;

a) Um balanço sintético tomando apenas as rubricas precedidas de letras e de algarismos romanos previstos nos artigos 9.° e 10.°, com menção separada no balanço ou no anexo:

- das rubricas C I 3, C II 1, 2, 3 e 4, C III 1, 2, 3, 4 e 7, D II 2, 3 e 6 e D III 1 e 2, do activo, assim como C 1, 2, 6, 7 e 9, do passivo, do artigo 9.°;

- das rubricas C I 3, C II 1, 2, 3 e 4, C III 1, 2, 3, 4 e 7, D II 2, 3 e 6, D III 1 e 2, F 1, 2, 6, 7 e 9, assim como I 1, 2, 6, 7 e 9, do artigo 10.°;
- das informações pedidas entre parêntesis nas rubricas D II, do activo e C do passivo do artigo 9.°, mas de maneira global para todas as rubricas respectivas e separadamente para as rubricas D II 2 e 3 do activo, assim como C 1, 2, 6, 7 e 9 do passivo;
- das informações pedidas entre parêntesis na rubrica D II, do artigo 10.°, mas de maneira global para todas as rubricas respectivas e separadamente para as rubricas D II 2 e 3;

b) Um anexo abreviado, sem as indicações pedidas no artigo 43.°, n.° 1, pontos 5), 6), 8), 10) e 11). Todavia, o anexo deve indicar as informações previstas no artigo 43.°, n.° 1, ponto 6), de uma maneira global para todas as rubricas respectivas.

O presente parágrafo não prejudica o n.° 1 no que respeita à conta de ganhos e perdas, ao relatório de gestão, assim como ao relatório elaborado pela pessoa encarregada do controlo das contas.

O artigo 12.° é aplicável.

Artigo 48.°
(Forma da publicação)

Aquando de qualquer publicação integral, as contas anuais e o relatório de gestão devem ser reproduzidos segundo a forma e o texto na base dos quais o pessoa encarregada do controlo das contas elaborou o seu relatório. Estes documentos devem ser acompanhados do texto integral da certificação. Se a pessoa encarregada do controlo das contas emitir reservas ou recusou a sua certificação, este facto deve ser assinalado e as razões devem ser dadas.

Artigo 49.°
(Publicação incompleta)

Se as contas anuais não forem publicadas na íntegra, deve precisar-se que se trata de uma versão sintética e deve ser feita referência ao registo junto do qual as contas foram depositadas em conformidade o artigo 47.°, n.° 1. Se este depósito ainda não tiver sido efectuado, este tacto deve ser mencionado. A certificação da pessoa encarregada do controlo das contas não pode acompanhar esta publicação, mas deve ser mencionado se a certificação foi dada com ou sem reserva ou se ela foi recusada.

Artigo 50.°
(Resultados)

Devem ser publicadas ao mesmo tempo que as contas anuais e segundo as mesmas modalidades:

– a proposta da aplicação dos resultados;

– a aplicação dos resultados,

no caso em que estes elementos não apareçam nas contas anuais.

Artigo 50.°-A[567]
(Moeda a usar na publicação)

As contas anuais, além de publicadas na moeda em que são elaboradas, podem sê-lo em ecus, utilizando a taxa de conversão em vigor à data de encerramento do balanço. Esta taxa é indicada no anexo.

SECÇÃO 11
Controlo

Artigo 51.°
(Deveres de controlo)

1. a) As sociedades devem fazer controlar as contas anuais por uma ou várias pessoas habilitadas face à lei nacional para o controlo das contas;

b) A pessoa ou pessoas encarregadas do controlo das contas devem igualmente verificar a concordância do relatório de gestão com as contas anuais do exercício.

2. Os Estados-membros podem isentar da obrigação prevista no n.° 1, as sociedades mencionadas no artigo 11.°.

O artigo 12.° aplicável.

3. No caso mencionado no n.° 2, os Estados-membros introduzirão na sua legislação as sanções adequadas para o caso em que as contas anuais ou o relatório de gestão das sociedades em questão não sejam elaborados em conformidade com a presente directiva.

SECÇÃO 12
Disposições finais

Artigo 52.°
(Comité de contacto)

1. É criado junto da Comissão um comité de contacto tendo por missão:

567 Aditado pelo artigo 8.° da Directriz n.° 90/604/CEE do Conselho, de 8 de Novembro de 1990.

a) Facilitar, sem prejuízo dos artigos 169.° e 170.° de tratado, uma aplicação harmónica da presente directiva por uma concertação regular incidindo especialmente sobre os problemas concretos da sua aplicação;

b) Aconselhar, quando necessário, a Comissão sobre os complementos ou as alterações a fazer à presente directiva.

2. O Comité de contacto é composto por representantes dos Estados-membros, assim como por representantes da Comissão. A presidência é assegurada por um representante da Comissão. O Secretariado é assegurado pelos serviços da Comissão.

3. O Comité é convocado pelo seu presidente, por iniciativa deste ou a pedido de um dos seus membros.

Artigo 53.°[568]
(Unidade de conta europeia)

1. O ecu, na acepção da presente directiva, é o definido no Regulamento (CEE) n.° 3180/78 (*), com a redacção que lhe foi dada pelo Regulamento (CEE) n.° 2626/84 (**), e pelo Regulamento (CEE) n.° 1971/89 (***).

2. O Conselho, sob proposta da Comissão, procederá todos os cinco anos ao exame e, sendo caso disso, à revisão dos montantes da presente directiva expressos em unidades de conta europeias, em função da evolução económica e monetária na Comunidade.

(*) JO n.° L 379 de 30.12.1978, p. 1.
(**) JO n.° L 247 de 16.9.1984, p. 1.
(***) JO n.° L 189 de 4.7.1989, p. 1.

[568] Redacção dada pelo artigo 3.° da Directriz n.° 90/604/CEE do Conselho, de 8 de Novembro de 1990. A redacção anterior, dada pelo n.° 3), a) e b) do artigo 1.° da Directriz n.° 84/569/CEE do Conselho, de 27 de Novembro de 1984, era a seguinte:

1. O ECU na acepção da presente directiva é aquele que foi definido pelo Regulamento (CEE) n.° 3180/78 (5), alterado pelo Regulamento (CEE) n.° 2626/84 (6). O contravalor em moeda nacional é aquele que foi aplicado em 25 de Julho de 1983.

(...)

(5) JO n.° L 379 de 30.12.1978, p. 1.
(6) JO n.° L 247 de 16.9.1984, p. 1.

A redacção inicial era a seguinte:

1. A unidade de conta europeia para efeitos da presente directiva é a definida pela Decisão n.° 3289/75/CECA da Comissão (5). O contravalor em moeda nacional é inicialmente o que é aplicável no dia da adopção da presente directiva.

(...)

(5) JO n.° L 327 de 19.12.1975, p. 4.

Artigo 54.°[569]

A presente directiva não prejudica as legislações dos Estados membros que obriguem ao depósito das contas anuais das sociedades não sujeitas ao seu direito nacional junto do registo no qual as sucursais destas sociedades são inscritas.

Artigo 55.°
(Prazo de transposição)

1. Os Estados-membros porão em vigor as disposições legislativas, regulamentares e administrativas necessárias para se conformarem à presente directiva num prazo de dois anos a contar da sua notificação. Eles devem informar imediatamente esse facto à Comissão.

2. Os Estados-membros podem prever que as disposições mencionadas no n.° 1 não se apliquem senão dezoito meses depois do termo do prazo previsto no dito parágrafo.

Todavia, estes dezoito meses podem ser alargados a cinco anos:

a) No que respeita às unregistered companies no Reino Unido e na Irlanda;

b) No que respeita à aplicação dos artigos 9.° e 10.°, assim como dos artigos 23.° a 26.° respeitantes aos esquemas do balanço e da conta de lucros e perdas, na medida em que um Estado-membro tenha posto em vigor, para estes documentos, esquemas diferentes num período máximo de três anos antes da presente directiva;

c) No que respeita à aplicação das disposições da presente directiva que respeitem ao cálculo e apresentação no balanço de amortizações aferentes aos elementos do património que dependem das rubricas do activo mencionadas no artigo 9.°, rubricas C, II, 2 e 3, e no artigo 10.°, rubricas C, II, 2 e 3;

d) No que respeita à aplicação do artigo 47.°, n.° 1, excepto no que respeita às sociedades já submetidas á obrigação de publicidade em virtude do artigo 2.°, n.° 1, alínea f), da Directiva 68/151/CEE. Neste caso, o artigo 47.°, n.° 1, segunda alínea, da presente directiva aplica-se às contas anuais e ao relatório elaborado pela pessoa encarregada do controlo das contas;

e) No que respeita à aplicação do artigo 51.°, n.° 1.

Além disso, este prazo de dezoito meses pode ser alargado para oito anos no que respeita às sociedades de navegação cujo objecto principal é a navegação e que existam já no momento da entrada em vigor das disposições mencionadas no n.° 1.

3. Os Estados-membros tomarão o cuidado de comunicar à Comissão o texto das principais disposições de direito interno que adoptem no domínio regulamentado pela presente directiva.

---

[569] O artigo 54.° foi suprimido pelo artigo 15.° da 11.ª Directriz (89/666/CEE) de 21 de Dezembro de 1989. Manteve-se a sua inserção mas em itálico.

Artigo 56.º[570]
(Relação com a 7.ª Directriz)

1. A obrigação de indicar nas contas anuais as rubricas previstas nos artigos 9.º, 10.º e 23.º a 26.º que se referem às empresas coligadas na acepção do artigo 41.º da Directiva 83/349/CEE e a obrigação de dar informações relativas a estas empresas, de acordo com o n.º 2 do artigo 13.º, artigo 14.º e n.º 1, ponto 7, do artigo 43.º, entram em vigor a partir da data indicada no n.º 2 do artigo 49.º da directiva atrás citada.

2. O anexo deve, além disso, incluir:

a) A denominação e a sede da empresa que elabora as contas consolidadas do maior conjunto de empresas de que a sociedade faça parte enquanto empresa filial;

b) A denominação e a sede da empresa que elabora as contas consolidadas do conjunto mais pequeno de empresas incluidas no conjunto de empresas referidas na alínea a), de que a sociedade faça parte enquanto empresa filial;

c) O local onde as contas consolidadas referidas nas alíneas a) e b) possam ser obtidas deve ser mencionado, a não ser que elas não estejam disponíveis.

Artigo 57.º[571]
(Derrogações)

Sem prejuízo das Directivas 68/151/CEE e 77/91/CEE, os Estados-membros podem não aplicar às sociedades sujeitas ao seu direito nacional, que sejam empresas filiais na acep-

---

[570] Redacção dada pelo artigo 43.º da Directriz n.º 83/349/CEE do Conselho, de 13 de Junho de 1983. A redacção inicial era a seguinte:

A obrigação de indicar nas contas anuais as rubricas previstas nos artigos 9.º, 10.º e 23.º a 26.º que respeitem às empresas coligadas e à obrigação de dar as informações referentes a estas empresas, de acordo com o artigo 13.º, n.º 2, o artigo 14.º ou o artigo 43.º, n.º 1, ponto 7), entram em vigor ao mesmo tempo que uma directiva do Conselho referente às contas consolidadas.

[571] Redacção dada pelo artigo 43.º da Directriz n.º 83/349/CEE do Conselho, de 13 de Junho de 1983. A redacção inicial era a seguinte:

1. Até à entrada em vigor de uma directiva do Conselho respeitante às contas consolidadas e sem prejuízo das Directivas 68/151/CEE e 77/91/CEE, os Estados-membros podem não aplicar às sociedades dependentes de um grupo que estejam sujeitas ao seu direito nacional as disposições da presente directiva relativas ao conteúdo, ao controlo assim como à publicação das contas anuais destas sociedades dependentes, se forem preenchidas as condições seguintes:

a) A sociedade dominante esteja sujeita ao direito de um Estado-membro;

b) Todos os accionistas ou associados da sociedade dependente declarem estar de acordo com a isenção acima indicada; esta declaração é necessária em relação a cada exercício;

c) A sociedade dominante seja declarada garante dos compromissos tomados pela sociedade dependente;

d) As declarações mencionadas em b) e c) sejam objecto de publicidade por parte da sociedade dependente, em conformidade com o artigo 47.º, n.º 1, primeira alínea;

e) As contas anuais da sociedade dependente sejam consolidadas nas contas anuais do grupo;

f) A isenção visando o conteúdo, o controlo e a publicidade das contas anuais da sociedade dependente seja mencionada no anexo das contas anuais do grupo.

ção da Directiva 83/349/CEE, as disposições da presente directiva relativas ao conteúdo, à fiscalização bem como à publicidade das contas anuais, se estiverem preenchidas as condições seguintes:

a) A empresa-mãe esteja sujeita ao direito de um Estado-membro;

b) Todos os accionistas ou sócios da empresa filial se tenham declarado de acordo com a dispensa atrás referida; esta declaração é requerida para cada exercício;

c) A empresa-mãe se tenha declarado garante dos compromissos contraídos pela empresa filial;

d) As declarações referidas nas alíneas b) e c) sejam objecto de uma publicidade por parte da empresa filial segundo os modos previstos pela legislação do Estado-membro, de acordo com o artigo 3.° da Directiva 68/151/CEE;

e) A empresa filial seja incluída nas contas consolidadas elaboradas pela empresa-mãe de acordo com a Directiva 83/349/CEE;

f) A dispensa acima referida seja mencionada no anexo das contas consolidadas pela empresa-mãe;

g) As contas consolidadas referidas na alínea e), o relatório consolidado de gestão e o relatório da pessoa encarregada da fiscalização destas contas sejam objecto de publicidade por parte da empresa filial segundo os modos previstos pela legislação do Estado-membro, de acordo com o artigo 3.° da Directiva 68/151/CEE.

Artigo 57.°-A[572]
(Sociedades sócias de sociedades de responsabilidade ilimitada)

1. Os Estados-membros podem exigir das sociedades contempladas pelo n.° 1, primeiro parágrafo, do artigo 1.°, regidas pela sua legislação, que sejam sócias de responsabilidade ilimitada de qualquer das sociedades referidas no n.° 1, segundo e terceiro parágrafos, do artigo 1.° (sociedade abrangida), que elaborem, mandem controlar e publiquem, juntamente com as suas próprias contas, e de acordo com o disposto na presente directiva, as contas da sociedade abrangida.

Neste caso, as exigências da presente directiva não se aplicam à sociedade abrangida.

2. Os Estados-membros podem não aplicar as exigências da presente directiva à sociedade abrangida, se:

a) As contas desta sociedade forem elaboradas, controladas e publicadas, nos termos do disposto na presente directiva, por uma sociedade contemplada pelo n.° 1, primeiro parágrafo do artigo 1.°, que seja sócia de responsabilidade ilimitada da sociedade abrangida e seja regida pela legislação de outro Estado-membro;

---

2. Os artigos 47.° e 51.° são aplicáveis às contas anuais do grupo.

3. Os artigos 2.° a 46.° são aplicáveis, na medida do possível, às contas anuais do grupo.

[572] Aditado pelo n.° 4 do artigo 1.° da Directriz n.° 90/605/CEE do Conselho, de 8 de Novembro de 1990.

b) A sociedade abrangida for incluída nas contas consolidadas, elaboradas, controladas e publicadas, nos termos da Directiva 83/349/CEE, por um sócio de responsabilidade ilimitada ou se a sociedade abrangida for incluída nas contas consolidadas de um grupo mais vasto de empresas, elaboradas, controladas e publicadas, nos termos da Directiva 83/349/CEE do Conselho, por uma empresa-mãe, regida pela legislação de um Estado-membro. Esta dispensa deve ser mencionada no anexo das contas consolidadas.

3. Nestes casos, a sociedade abrangida é obrigada a comunicar, a quem o solicite, o nome da sociedade que publica as contas.

Artigo 58.º[573]
(Derrogações)

Os Estados-membros podem não aplicar às sociedades sujeitas ao seu direito nacional, que sejam empresas-mãe na acepção da Directiva 83/349/CEE, as disposições da presente directiva relativas à fiscalização, bem como à publicação, da conta de ganhos e perdas, se estiverem preenchidas as seguintes condições:

a) A empresa-mãe elabore contas consolidadas de acordo com a Directiva 83/349/ /CEE e esteja compreendida nas contas consolidadas;

b) A dispensa atrás referida seja mencionada no anexo das contas anuais da empresa-mãe;

c) A dispensa atrás referida seja mencionada no anexo das contas consolidadas elaboradas pela empresa-mãe;

d) O resultado do exercício da empresa-mãe, calculado de acordo com a presente directiva, figure no balanço da empresa-mãe.

---

[573] Redacção dada pelo artigo 43.º da Directriz n.º 83/349/CEE do Conselho, de 13 de Junho de 1983. A redacção inicial era a seguinte:

1. Até à entrada em vigor de uma directiva do Conselho respeitante às contas consolidadas e sem prejuízo da Directiva 77/91/CEE, os Estados-membros podem não aplicar às sociedades dominantes de um grupo que estejam sujeitas ao seu direito nacional as disposições da presente directiva relativas ao controlo, assim como à publicidade da conta de ganhos e perdas destas sociedades dominantes, se forem preenchidas as condições seguintes:

a) Esta isenção seja objecto de publicidade, em conformidade com o artigo 47.º, n.º 1, primeiro parágrafo, por parte da sociedade dominante;

b) As contas anuais da sociedade dominante sejam consolidadas nas contas anuais do grupo;

c) A isenção visando o controlo e a publicidade da conta de ganhos e perdas da sociedade dominante seja mencionada no anexo das contas anuais do grupo;

d) O resultado da sociedade dominante, calculado segundo os princípios da presente directiva, figure no balanço da sociedade dominante.

2. Os artigos 47.º e 51.º são aplicáveis às contas anuais do grupo.

3. Os artigos 2.º a 46.º são aplicáveis, na medida do possível, às contas anuais do grupo.

Artigo 59.°[574]
(Avaliação de participações de empresas coligadas)

1. Os Estados-membros podem permitir ou determinar que as participações, na acepção do artigo 17.°, detidas no capital de empresas sobre cuja gestão e política financeira das quais seja exercida uma influência significativa, sejam inscritas no balanço de acordo com os n.° 2 a 9 seguintes, como sub-rubricas das rubricas "Partes em empresas coligadas" e "Participações", conforme for o caso. Presume-se que uma empresa exerce uma influência significativa sobre outra empresa quando detenha 20% ou mais dos direitos de voto dos accionistas ou sócios desta empresa. O artigo 2.° da Directiva 83/349/CEE é aplicável.

2. Quando este artigo for aplicado pela primeira vez a uma participação referida no n.° 1, esta deverá ser inscrita no balanço:

a) Seja pelo seu valor contabilístico avaliado de acordo com a secção 7 ou 7-A. A diferença entre este valor e o montante correspondente à fracção dos capitais próprios representada por esta participação deve ser mencionada separadamente no balanço

---

[574] Redacção dada pelo n.° 5 do artigo 1.° da Directriz n.° 2001/65/CE do Parlamento Europeu e do Conselho, de 27 de Setembro de 2001. A redacção anterior, dada pelo artigo 43.° da Directriz n.° 83/349/CEE do Conselho, de 13 de Junho de 1983, era a seguinte:

(...)

2. (...)

a) Seja pelo seu valor contabilístico avaliado de acordo com os artigos 31.° a 42.°. A diferença entre este valor e o montante correspondente à fracção dos capitais próprios representada por esta participação deve ser mencionada separadamente no balanço ou no anexo. Esta diferença deve ser calculada na data em que o método tenha sido aplicado pela primeira vez;

b) Seja pelo montante correspondente à fracção dos capitais próprios representada por esta participação. A diferença entre este montante e valor contabilístico avaliado de acordo com as regras de avaliação previstas nos artigos 31.° a 42.° deve ser mencionada separadamente no balanço ou no anexo. Esta diferença deve ser calculada na data em que o método tiver sido aplicado pela primeira vez.

(...)

A redacção inicial era a seguinte:

Até coordenação ulterior, os Estados-membros podem permitir que os direitos detidos no capital de empresas coligadas sejam avaliados segundo o método de equivalência se forem preenchidas as seguintes condições:

a) A aplicação de tal método de avaliação seja mencionada no anexo das contas anuais da sociedade que detém estes direitos;

b) O montante das diferenças, no momento da aquisição destes direitos, entre o seu valor de aquisição e a fracção do capital que eles representam, compreendendo as reservas, o resultado e os resultados transitados da empresa coligada seja mencionado separadamente no balanço ou no anexo das contas anuais da sociedade que detém estes direitos;

c) O valor de aquisição destes direitos seja acrescido ou diminuído, no balanço da sociedade que os detém, do lucro ou da perda realizada pela empresa coligada proporcionalmente à fracção do capital detido;

d) Os montantes indicados em c) sejam inscritos em cada ano na conta de ganhos e perdas da sociedade que detém estes direitos, numa rubrica diferente, a titular em conformidade;

e) Quando a empresa coligada distribua os dividendos à sociedade que detém estes direitos, a valor contabilístico destes últimos seja diminuído de outro tanto;

f) Quando os montantes inscritos na conta de ganhos e perdas, em conformidade com a alínea d), ultrapassem os montantes dos dividendos já recebidos ou cujo pagamento possa ser reclamado, o montante das diferenças seja levado a uma reserva que não possa ser distribuída aos accionistas.

ou no anexo. Esta diferença deve ser calculada na data em que o método tenha sido aplicado pela primeira vez;

b) Seja pelo montante correspondente à fracção dos capitais próprios representada por esta participação. A diferença entre este montante e valor contabilístico avaliado de acordo com as regras de avaliação previstas na secção 7 ou 7-A deve ser mencionada separadamente no balanço ou no anexo. Esta diferença deve ser calculada na data em que o método tiver sido aplicado pela primeira vez.

c) Os Estados-membros podem determinar a aplicação de uma ou outra das alíneas a) e b). O balanço ou o anexo deve indicar qual das alíneas a) ou b) foi utilizada.

d) Atém disso, os Estados-membros podem, para a aplicação das alíneas a) e b), determinar ou permitir que o cálculo da diferença se efectue na data de aquisição da participação referida no n.° 1 ou, no caso das aquisições terem sido realizadas em datas diferentes, na data em que as acções ou partes se tiverem tornado uma participação na acepção do n.° 1.

3. Sempre que elementos do activo ou do passivo da empresa na qual seja detida uma participação na acepção do n.° 1 tenham sido avaliados segundo métodos diferentes dos utilizados pela sociedade ao elaborar as suas contas anuais, estes elementos podem, para o cálculo da diferença referida no n.° 2, alínea a) ou alínea b), ser de novo avaliados de acordo com os métodos utilizados pela sociedade ao elaborar as suas contas anuais. Sempre que se não tiver procedido a esta nova avaliação, deve mencionar-se este facto em anexo. Os Estados-membros podem impor esta nova avaliação.

4. O valor contabilístico na alínea a) do n.° 2 ou o montante correspondente à fracção dos capitais próprios referido na alínea b) do n.° 2 será acrescido ou deduzido do montante da variação, entretanto verificada no decorrer do exercício, da fracção dos capitais próprios representada por esta participação; tal valor é reduzido do montante dos dividendos correspondente à participação.

5. Na medida em que uma diferença positiva mencionada na alínea a) ou alínea b) do n.° 2 não seja relacionável com uma categoria de elementos do activo ou do passivo, ela deve ser tratada de acordo com as regras aplicáveis à rubrica "Fundos de comércio".

6. a) A fracção do resultado atribuível às participações referidas no n.° 1 deve ser inscrita na conta de ganhos e perdas numa rubrica própria a intitular convenientemente.

b) Sempre que este montante exceda o montante dos dividendos já recebidos ou cujo pagamento possa ser exigido, o montante da diferença deve ser levado a uma reserva que não pode ser distribuída aos accionistas.

c) Os Estados-membros podem permitir ou determinar que a fracção do resultado atribuível às participações referidas no n.° 1 não figure na conta de ganhos e perdas a não ser na medida em que ela corresponda a dividendos já recebidos ou cujo pagamento possa ser exigido.

7. As eliminações referidas no n.° 1, alínea c), do artigo 26.° da Directiva 83/349/CEE devem ser efectuadas na medida em que os elementos sejam conhecidos ou estejam acessíveis. Os n.°s 2 e 3 do artigo 26.° da directiva atrás citada aplicam-se.

8. Sempre que uma empresa na qual é detida uma participação na acepção do n.° 1 elabora contas consolidadas, as disposições dos números precedentes são aplicáveis aos capitais próprios inscritos nestas contas consolidadas.

9. Pode renunciar-se à aplicação do presente artigo quando as participações referidas no n.° 1 não apresentem um interesse significativo relativamente ao objectivo do n.° 3 do artigo 2.°.

Artigo 60.°
(Avaliação de fundos em sociedades de desenvolvimento)

Até coordenação ulterior, os Estados-membros podem prever que a avaliação dos valores nos quais as sociedades de investimento, no sentido do artigo 5.°, n.° 2, colocaram os seus fundos, se faça com base no valor de mercado.

Neste caso, os Estados-membros podem igualmente dispensar as sociedades de investimento de capital variável de fazer figurar de forma distinta os montantes das correcções de valor mencionados no artigo 36.°.

Artigo 61.°[575]
(Sociedade dominante)

Os Estados-membros podem não aplicar a uma sociedade sujeita ao respectivo direito nacional, que seja uma empresa-mãe na acepção da Directiva 83/349/CEE, as disposições do n.° 1, ponto 2, do artigo 43.° da presente directiva relativa aos montantes dos capitais próprios e ao montante do resultado das empresas em causa:

a) Sempre que as empresas consideradas estejam incluídas nas contas consolidadas elaboradas por esta empresa-mãe ou nas contas concolidadas de um conjunto maior de empresas referidas no n.° 2 do artigo 7.° da Directiva 83/349/CEE,

ou

b) Sempre que os direitos detidos no respectivo capital sejam tratados por esta empresa-mãe nas suas contas anuais de acordo com o artigo 59.° ou nas contas consolidadas que esta empresa-mãe elabore de acordo com o artigo 33.° da Directiva 83/349/CEE.

---

[575] Redacção dada pelo artigo 43.° da Directriz n.° 83/349/CEE do Conselho, de 13 de Junho de 1983. A redacção inicial era a seguinte:

Até à entrada em vigor de uma directiva do Conselho relativa às contas consolidadas, os Estados-membros podem não aplicar à sociedade dominante de um grupo que esteja sujeito ao seu direito nacional as disposições do artigo 43.°, n.° 1, ponto 2), relativas ao montante dos capitais próprios e ao montante do resultado das empresas respectivas, se as contas anuais destas empresas estiverem consolidadas nas contas anuais do grupo ou se os direitos detidos no capital destas empresas estiverem avaliados segundo o método da equivalência.

Artigo 61.°-A[576]
(Análise pela Comissão)

A Comissão deve analisar até 1 de Janeiro de 2007 as disposições dos artigos 42.°-A a 42.°-D, do n.° 1, pontos 10 e 14, do artigo 43.°, do n.° 1 do artigo 44.°, do n.° 2, alínea f), do artigo 46.° e do n.° 2, alíneas a) e b), do artigo 59.° à luz da experiência adquirida com a aplicação das disposições em matéria de contabilidade pelo justo valor e tendo em conta a evolução a nível internacional no domínio da contabilidade e, sendo caso disso, apresentará uma proposta ao Parlamento Europeu e ao Conselho tendo em vista a alteração dos artigos supracitados.

Artigo 62.°
(Destinatários)

Os Estados-membros são destinatários da presente directiva.

Feito em Bruxelas em 25 de Julho de 1978.

Pelo Conselho
O Presidente
K. von DOHNANYI

104. **Texto da 7.ª Directriz (13-Jun.-1983)**

Segue-se o texto da 7.ª Directriz, com epígrafes nossas.

SÉTIMA DIRECTIVA 83/349/CEE DO CONSELHO

de 13 de Junho de 1983

baseada no n.° 3, alínea g), do artigo 54.° do Tratado e relativa às contas consolidadas[577] [578]

---

576 Aditado pelo n.° 6 do artigo 1.° da Directriz n.° 2001/65/CE do Parlamento Europeu e do Conselho, de 27 de Setembro de 2001.

577 JOCE N.° L-193, 1-17, de 18-Jul.-1983. A versão alemã pode ainda ser consultada em HORST ALBACH/GÜNTER KLEIN, *Harmonisierung der Konzernrechnungslegung in Europa* (1990), 283-321.

578 Esta Directriz foi alterada: pela 11.ª Directriz do Conselho de 21-Dez.-1989 (n.° 89/666/CEE), JOCE N.° L-395, 36-39, de 21-Dez.-1989, pela Directriz do Conselho de 8-Nov.-1990

O CONSELHO DAS COMUNIDADES EUROPEIAS,

Tendo em conta o Tratado que institui a Comunidade Económica Europeia e, nomeadamente, o n.° 3, alínea g), do seu artigo 54.°,

Tendo em conta a proposta da Comissão (1),

Tendo em conta o parecer do Parlamento Europeu (2),

Tendo em conta o parecer do Comité Económico e Social (3),

Considerando que o Conselho adoptou, em 25 de Julho de 1978, a Directiva 78/660/ /CEE (4) tendente a coordenar as legislações nacionais sobre as contas anuais de certas formas de sociedades; que um importante número de sociedades fazem parte de conjuntos de empresas; que devem ser elaboradas contas consolidadas para que a informação financeira sobre esses conjuntos de empresas seja levada ao conhecimento dos sócios e de terceiros; que, por conseguinte, se revela necessária uma coordenação das legislações nacionais sobre as contas consolidadas a fim de realizar os objectivos de comparabilidade e de equivalência entre essas informações;

(1) JO n.° C 121 de 2. 6. 1976, p. 2.
(2) JO n.° C 163 de 10. 7. 1978, p. 60.
(3) JO n.° C 75 de 26. 3. 1977, p. 5.
(4) JO n.° L 222 de 14. 8. 1978, p. 11.

Considerando que, para determinar as condições da consolidação, é preciso considerar não só os casos em que o poder de controlo se baseie numa maioria de direito de voto mas também os casos em que se baseie em acordos, onde tais acordos são admitidos; que é necessário, além disso, permitir aos Estados-membros onde isso aconteça regular os casos em que, em determinadas circunstâncias, o exercício efectivo do controlo foi estabelecido com base numa participação minoritária; que, finalmente, é necessário permitir aos Estados-membros regular o caso dos conjuntos de empresas que se encontrem em pé de igualdade entre si;

Considerando que a coordenação em matéria de contas consolidadas tem por objectivo proteger os interesses ligados às sociedades de capitais; que esta protecção implica o princípio da elaboração de contas consolidadas sempre que uma sociedade fizer parte de um conjunto de empresas e que estas contas são obrigatórias, pelo menos sempre que a referida sociedade for uma empresa-mãe; que, além disso, é necessário para uma informação completa que uma empresa filial que seja ela mesma uma empresa-mãe, elabore contas conso-

n.° 90/604/CEE, JOCE N.° L-317, 57-59, de 16-Nov.-1990, pela Directriz do Conselho, também de 8-Nov.-1990 n.° 90/605/CEE, JOCE N.° L-317, 60-62, de 16-Nov.-1990 e pela Directriz n.° 2001/65/CE, do Parlamento Europeu e do Conselho, de 27-Set.-2001, JOCE N.° L-283, 28-32, de 27-Set.-2001.

As alterações são inseridas nos locais próprios.

Finalmente: corrigiram-se os lapsos gramaticais mais escandalosos bem como erros de tradução (p. ex.: "fiscalização" por "vigilância", "partes" por "quotas" e "denominação" por "firma"): a versão portuguesa da 7.ª Directriz é particularmente descuidada, chegando a ter troços incompreensíveis: obrigou a recorrer à versão francesa, confrontada, por cautela, com a alemã.

lidadas; que, no entanto, uma tal empresa-mãe pode e, em certas condições, deve ser dispensada de elaborar tais contas consolidadas desde que os seus sócios e os terceiros sejam suficientemente protegidos;

Considerando que para os conjuntos de empresas que não ultrapassem uma determinada dimensão se pode justificar uma dispensa da obrigação de elaborar as contas consolidadas; que, consequentemente, é necessário determinar limites máximos para uma tal dispensa; que, neste sentido, os Estados-membros podem ou prever que o facto de ultrapassar o limite numérico de um qualquer dos três critérios seja suficiente para a não aplicação da dispensa, ou adoptar limites numéricos inferiores aos previstos na directiva;

Considerando que as contas consolidadas devem dar uma imagem fiel do património, da situação financeira, bem como do resultado económico do conjunto de empresas incluídas no consolidado; que, para este efeito, a consolidação deve englobar todas as empresas do referido conjunto; que esta consolidação deve incluir o resumo integral dos elementos do activo e do passivo, dos rendimentos e dos encargos destas empresas, mencionando separadamente os interesses das pessoas estranhas ao próprio conjunto; que todavia, devem efectuar-se as correcções necessárias de forma a eliminar os efeitos das relações financeiras entre as empresas consolidadas;

Considerando que deve ser definido um certo número de princípios em matéria de elaboração de contas consolidadas e de avaliação no âmbito destas contas de forma a assegurar que estas reagrupem elementos coerentes e comparáveis, tanto no que diz respeito aos métodos seguidos para a sua avaliação como aos períodos contabilísticos tomados em consideração;

Considerando que as participações no capital de empresas, nas quais exercem uma influência significativa, empresas incluídas na consolidação, devem ser incluídas nas contas consolidadas com base no método de equivalência;

Considerando que é indispensável que o anexo às contas consolidadas contenha indicações precisas sobre as empresas a consolidar;

Considerando que algumas das derrogações inicialmente previstas a título transitório pela Directiva 78/660/CEE podem ser mantidas sob reserva de uma ulterior reapreciação,

ADOPTOU A PRESENTE DIRECTIVA:

SECÇÃO I
Condições de elaboração das contas consolidadas

Artigo 1.°
(Âmbito de aplicação)

1. Os Estados-membros imporão a qualquer empresa sujeita ao seu direito nacional a obrigação de elaborar contas consolidadas e um relatório consolidado da gestão se esta empresa (empresa-mãe):

a) Tiver a maioria dos direitos de voto dos accionistas ou sócios de uma empresa (empresa afiliada),

ou

b) Tiver o direito de nomear ou de exonerar a maioria dos membros do órgão de administração, de direcção ou de vigilância de uma empresa (empresa afiliada) e for simultaneamente accionista desta empresa,

ou

c) Tiver o direito de exercer influência dominante sobre uma empresa (empresa afiliada) da qual seja accionista ou sócia, por força de um contrato concluído com esta ou de uma cláusula dos estatutos desta, sempre que o direito ao qual a empresa afiliada esteja sujeita permita que ela se submeta a tais contratos ou cláusulas estatutárias; os Estados-Membros podem não exigir que a empresa-mãe seja accionista ou sócia da empresa afiliada. Os Estados-Membros cujo direito não preveja um tal contrato ou uma tal cláusula estatutária não são obrigados a aplicar esta disposição,

ou

d) For accionista ou sócia de uma empresa e:

aa) A maioria dos membros do órgão de administração, de direcção ou de vigilância desta empresa (empresa afiliada), em funções durante o exercício em curso bem como no exercício anterior e até à elaboração das contas consolidadas, tiver sido exclusivamente nomeada para efeitos do exercício dos seus direitos de voto

ou

bb) Controlar por si só, na sequência de um acordo concluído com outros accionistas ou sócios desta empresa (empresa afiliada) a maioria dos direitos de voto dos accionistas ou sócios desta. Os Estados-Membros podem tomar disposições mais pormenorizadas relativamente à forma e conteúdo de tais acordos.

Os Estados-Membros imporão, pelo menos, a aplicação do disposto na subalínea bb).

Os Estados-Membros podem subordinar a aplicação do disposto na subalínea aa) ao facto de a percentagem de participação ser igual a 20% ou mais dos direitos de voto dos accionistas ou sócios.

Contudo, a subalínea aa) não se aplica se uma outra empresa tiver relação a esta empresa afiliada, direitos referidos nas alíneas a), b) ou c).

2. Para além dos casos referidos no n.° 1 e até posterior coordenação, os Estados-Membros podem impor a qualquer empresa sujeita ao seu direito nacional a obrigação de elaborar contas consolidadas e um relatório consolidado de gestão caso esta empresa (empresa-mãe) detenha uma participação, na acepção do artigo 17.° da Directiva 78/660/CEE, numa outra empresa (empresa afiliada), e desde que

a) Exerça efectivamente sobre aquela uma influência dominante

ou

b) Ela própria e a empresa afiliada se encontrem colocadas sob a sua direcção única.

Artigo 2.°
(Regras de imputação havendo influência dominante)

1. Para efeitos de aplicação do n.° 1, alíneas a), b) e d), do artigo 1.°, aos direitos de voto, de nomeação ou de exoneração da empresa-mãe devem ser acrescidos os direitos de qualquer outra empresa filial bem como os de pessoas que ajam em nome próprio mas por conta da empresa-mãe ou de qualquer outra empresa afiliada.

2. Para efeitos de aplicação do n.° 1, alíneas a), b) e d), do artigo 1.°, aos direitos indicados no n.° 1 do presente artigo devem ser deduzidos os direitos:

a) Relativos às acções ou partes detidas por conta de uma pessoa que não seja a empresa-mãe ou uma empresa afiliada

ou

b) Relativos às acções ou quotas detidas como garantia, desde que estes direitos sejam exercidos em conformidade com as instruções recebidas, ou que a detenção destas acções ou quotas seja para a empresa detentora uma operação decorrente das suas actividades em matéria de empréstimos, na condição de os direitos de voto serem exercidos no interesse do prestador da garantia.

3. Para efeitos de aplicação do n.° 1, alíneas a) e d), do artigo 1.°, à totalidade dos direitos de voto dos accionistas ou dos sócios da empresa afiliada deve deduzir-se os direitos de voto relativos às acções ou quotas detidas por esta empresa, por uma empresa afiliada desta ou por uma pessoa actuando em nome próprio mas por conta destas empresas.

Artigo 3.°
(Consolidação independentemente da sede)

1. Sem prejuízo do disposto nos artigos 13.°, 14.° e 15.°, a empresa-mãe e todas as suas filiais devem ser consolidadas qualquer que seja o local da sede destas empresas afiliadas.

2. Para efeitos de aplicação do n.° 1, qualquer empresa afiliada de uma empresa afiliada é considerada como filial da empresa-mãe que esteja à cabeça das empresas a consolidar.

Artigo 4.°[579]
(Tipos sociais sujeitos à consolidação)

1. A empresa-mãe e todas as suas filiais são empresas a consolidar, na acepção da presente directiva, sempre quer a empresa-mãe quer uma ou várias filiais estejam organizadas segundo uma das seguintes formas de sociedades:

[579] O 2.° parágrafo do n.° 1 foi aditado pelo n.° 1 do artigo 2.° da Directriz n.° 90/605/CEE do Conselho, de 8 de Novembro de 1990. O n.° 2 do mesmo artigo deu nova redacção ao n.° 2 do artigo 4.°; era a seguinte a redacção inicial:

2. Contudo, os Estados-membros podem prever a dispensa da obrigação prevista no n.° 1 do artigo 1.° sempre que a empresa-mãe não estiver organizada segundo uma das formas de sociedade indicadas no n.° 1.

a) Na República Federal da Alemanha:
die Aktiengesellschaft, die Kommanditgesellschaft auf Aktien, die Gesellschaft mit beschraenkter Haftung;

b) Na Bélgica:
la société anonyme / de naamloze vennootschap, la société en commandite par actions / de commanditaire vennootschap op aandelen, la société de personnes à responsabilité limitée / de personnenvennootschap met beperkte aansprakelijkheid;

c) Na Dinamarca:
aktieselskaber, kommanditaktieselskaber, anpartsselskaber;

d) Em França:
la société anonyme, la société en commandite par actions, la société à responsabilité limitée;

(...)

f) Na Irlanda:
public companies limited by shares or by guarantee, private companies limited by shares or by guarantee;

g) Em Itália:
la società per azioni, la società in accomandita per azioni, la società a responsabilità limitata;

h) No Luxemburgo:
la société anonyme, la socicté en commandite par actions, la société à responsabilité limitée;

i) Nos Países Baixos:
de naamloze vennootschap, de besloten vennotschap met beperkte aansprakelijkheid;

j) No Reino Unido:
public companies limited by shares or by guarantee, private companies limited by shares or by guarantee;

(...)

l) Em Portugal:
a sociedade anónima, a sociedade em comandita por acções, a sociedade por quotas;

(...)

O primeiro parágrafo aplica-se igualmente, sempre que, quer a empresa-mãe quer uma ou mais empresas afiliadas, estiverem organizadas sob uma das formas de sociedade indicadas no n.° 1, segundo e terceiro parágrafos, do artigo 1.° da Directiva 78/600/CEE.

2. Todavia, os Estados-membros podem prever a dispensa da obrigação prevista no n.° 1 do artigo 1.° se a empresa-mãe não estiver organizada sob uma das formas indicadas no n.° 1 do presente artigo ou no n.° 1, segundo e terceiro parágrafos, do artigo 1.° da Directiva 78/660/CEE.

Artigo 5.°
(Derrogação do dever de consolidação; sociedades de participação financeira)

1. Os Estados-membros podem prever a dispensa da obrigação prevista no n.° 1 do artigo 1.° sempre que a empresa-mãe for uma sociedade de participação financeira, na acepção do n.° 3, do artigo 5.°, da Directiva n.° 78/660/CEE, e

a) Não tenha, no exercício em curso, intervindo directa ou indirectamente na gestão da empresa filial,

e

b) Não tenha, durante o exercício em curso bem como durante os cinco exercícios anteriores, exercido o direito de voto inerente à sua participação relativamente à nomeação de um membro do órgão de administração, de direcção ou de vigilância da empresa afiliada, ou, no caso do exercício do direito de voto ter sido necessário ao funcionamento dos órgãos de administração, direcção e de vigilância da empresa filial, nenhum accionista ou sócio que detenha a maioria dos direitos de voto da empresa-mãe, nem nenhum membro dos órgãos de administração, de direcção ou de vigilância desta empresa ou da sua accionista ou sócio que tenha a maioria dos direitos de voto, faça parte dos órgãos de administração, de direcção e de vigilância da empresa filial e os membros destes órgãos assim nomeados tenham exercido as suas funções fora de qualquer ingerência ou influência da empresa-mãe ou de uma das suas filiais,

e

c) Só tenha concedido empréstimos a empresas nas quais detenha uma participação. Se tiverem sido concedidos empréstimos a outros beneficiários, devem ter sido reembolsados antes da data do fecho das contas anuais do exercício anterior,

e

d) A dispensa seja concedida por uma autoridade administrativa após verificação do preenchimento das condições acima mencionadas estão preenchidas.

2. a) Em caso de dispensa da obrigação de uma sociedade de participação financeira, o n.° 2 do artigo 43.° da Directiva 78/660/CEE não se aplica a partir da data prevista no n.° 2 do artigo 49.° às contas anuais desta sociedade relativamente a qualquer participação maioritária nas suas empresas filiais.

b) No que diz respeito às participações maioritárias, as indicações previstas n.° 1, ponto 2, do artigo 43.° da Directiva 78/660/CEE, podem ser omitidas quando sejam de natureza a prejudicar gravemente a sociedade, os seus accionistas ou sócios ou uma das empresas filiais. Os Estados-membros podem subordinar esta omissão a uma autorização prévia de uma autoridade administrativa ou judicial. A omissão destas indicações deve ser mencionada no anexo.

Artigo 6.°
(Derrogação do dever de consolidar perante médias empresas)

1. Sem prejuízo do disposto no n.° 2 do artigo 4.° e no artigo 5.°, os Estados-Membros poderão prever a dispensa da obrigação prevista no n.° 1 do artigo 1.° sempre que, na data do fecho do balanço da empresa-mãe, o conjunto de empresas a consolidar, com base nas últimas contas anuais aprovadas, não ultrapasse os limites numéricos de dois dos três critérios referidos no artigo 27.° da Directiva 78/660/CEE.

2. Os Estados-Membros podem autorizar ou ordenar que, para o cálculo dos limites numéricos acima citados, não se proceda à compensação referida no n.° 1 do artigo 19.° nem à eliminação referida no n.° 1, alíneas c) e d), do artigo 26.°. Neste caso, os limites numéricos dos critérios relativos ao total do balanço e ao montante líquido do volume de negócios serão majorados de 20%.

3. O artigo 12.° da Directiva 78/660/CEE aplica-se aos critérios acima referidos.

4. O presente artigo não se aplica sempre que uma das empresas a consolidar for uma sociedade cujos valores mobiliários tenham sido admitidos à cotação oficial de uma bolsa de valores estabelecida num Estado-Membro.

5. Até ao termo de um prazo de dez anos a contar da data referida no n.° 2 do artigo 49.°, os Estados-membros podem multiplicar por 2,5, no máximo, os limites numéricos dos critérios, expressos em ECUs, e aumentar até ao máximo de 500 o número médio dos elementos do pessoal empregue ao longo do exercício.

Artigo 7.°
(Derrogação do dever de consolidar; domínio total)

1. Sem prejuízo do disposto no n.° 2 do artigo 4.° e nos artigos 5.° e 6.°, os Estados-Membros dispensarão da obrigação prevista no n.° 1 do artigo 1.° qualquer empresa-mãe que esteja sujeita ao respectivo direito nacional e que seja também uma empresa afiliada, desde que a respectiva empresa-mãe esteja sujeita ao direito de um Estado-Membro nos dois casos seguintes:

a) A empresa-mãe seja titular de todas as partes ou acções da empresa dispensada da obrigação. Não serão tidas em consideração as partes ou acções desta empresa detidas por membros dos seus órgãos de administração, de direcção ou de vigilância por força de uma obrigação legal ou estatutária;

b) A empresa-mãe detenha 90% ou mais das quotas ou acções da empresa dispensada da obrigação e os restantes accionistas ou sócios desta empresa tenham aprovado a dispensa.

Na medida em que o direito de um Estado-Membro, na data da adopção da presente directiva, determinar a consolidação neste caso, esse Estado-Membro pode não aplicar a presente disposição até ao termo de um prazo de dez anos a contar da data referida no n.° 2 do artigo 49.°.

2. A dispensa está subordinada à verificação de todas as condições seguintes:

a) A empresa dispensada bem como, sem prejuízo dos artigos 23.°, 14.° e 15.°, todas as suas empresas afiliadas tenham contas consolidadas num conjunto maior de empresas cuja empresa-mãe esteja sujeita ao direito de um Estado-Membro;

b) aa) As contas consolidadas referidas na alínea a), bem como o relatório consolidado de gestão do conjunto maior de empresas, sejam elaborados pela empresa-mãe deste conjunto e fiscalizados, segundo o direito do Estado-Membro a que ela esteja sujeita, de acordo com a presente directiva;

bb) As contas consolidadas referidas na alínea a) e o relatório consolidado de gestão referido na alínea aa), bem como a certificação da pessoa encarregada da revisão destas contas e, se for caso disso, os documentos referidos no artigo 9.°, sejam objecto, por parte da empresa dispensada, de publicidade efectuada segundo os modos previstos pelo direito do Estado-Membro a que esta empresa esteja sujeita, de acordo com o artigo 38.°. Este Estado-Membro pode exigir que a publicidade destes documentos seja efectuada na sua língua oficial e que a tradução destes documentos seja certificada.

c) O anexo das contas anuais da empresa dispensada inclua:

aa) A firma e a sede da empresa-mãe que elabore as contas consolidadas referidas na alínea a),

e

bb) a menção da dispensa da obrigação de elaborar contas consolidadas e o relatório consolidado de gestão.

3. Os Estados-Membros não são obrigados a aplicar o presente artigo às sociedades cujos valores mobiliários sejam admitidos à cotação oficial de uma bolsa de valores estabelecida num Estado-membro.

Artigo 8.°
(*Idem*)

1. Nos casos que não sejam os previstos no n.° 1 do artigo 7.°, os Estados-Membros podem, sem prejuízo do disposto no n.° 2 do artigo 4.° e nos artigos 5.° e 6.°, dispensar da obrigação prevista no n.° 1 do artigo 1.° qualquer empresa-mãe que esteja sujeita ao respectivo direito nacional e seja também uma empresa filial cuja própria empresa-mãe esteja sujeita ao direito de um Estado-Membro, desde que todas as condições enumeradas no n.° 2 do artigo 7.° estejam preenchidas e desde que os accionistas ou sócios da empresa dispensada, titulares de acções ou de partes numa percentagem mínima do capital subscrito desta empresa, não tenham solicitado a elaboração de contas consolidadas, o mais tardar, seis meses antes do fim do exercício. Os Estados-Membros não podem fixar esta percentagem em mais de 10% para as sociedades anónimas e sociedades em comandita por acções, nem em mais de 20% para as empresas constituídas sob outra forma.

2. Um Estado-Membro não pode subordinar a dispensa à condição de que a empresa-mãe que elabore as contas consolidadas referidas no n.° 2.°, alínea a), do artigo 7.°, esteja sujeita igualmente ao respectivo direito nacional.

3. Um Estado-Membro não pode subordinar a dispensa a condições relativas à elaboração e à fiscalização das contas consolidadas referidas no n.° 2, alínea a), do artigo 7.°.

Artigo 9.°
(Informações suplementares)

1. Os Estados-Membros podem subordinar a dispensa prevista nos artigos 7.° e 8.° à prestação de informações suplementares, de acordo com a presente directiva, nas contas consolidadas referidas no n.° 2, alínea a), do artigo 7.° ou num documento em anexo, na condição de que elas sejam exigidas a empresas sujeitas ao direito nacional desse Estado-Membro que estejam obrigadas a elaborar contas consolidadas e que se encontrem na mesma situação.

2. Os Estados-Membros podem, além disso, subordinar a dispensa à condição de serem indicados no anexo às contas consolidadas referidas no n.° 2, alínea a), do artigo 7.° ou nas contas anuais da empresa dispensada, todas ou algumas das informações seguintes, relativamente ao conjunto de empresas cuja empresa-mãe dispensam da obrigação de elaborar contas consolidadas:

- montante do activo imobilizado,
- montante líquido do volume de negócios,
- resultado do exercício e montante dos capitais próprios,
- número de membros do pessoal empregado em média ao longo do exercício.

Artigo 10.°
(Disposições ressalvadas)

Os artigos 7.° a 9.° não prejudicam as disposições legislativas dos Estados-Membros relativas à elaboração de contas consolidadas ou de um relatório consolidado de gestão

- sempre que os documentos sejam requeridos para informação dos assalariados ou dos respectivos representantes,

  ou
- a pedido de uma autoridade administrativa ou judicial para a sua própria informação.

Artigo 11.°
(Derrogação)

1. Os Estados-Membros podem, sem prejuízo do disposto no n.° 2 do artigo 5.° e 6.°, dispensar da obrigação prevista no n.° 1 do artigo 1.° qualquer empresa-mãe que esteja sujeita

ao respectivo direito nacional e seja também uma empresa filial, desde que a sua própria empresa-mãe não esteja sujeita ao direito de um Estado-Membro, se todas as condições seguintes estiverem preenchidas:

a) A empresa dispensada, bem como, sem prejuízo dos artigos 13.°, 14.° e 15.°, todas as suas empresas afiliadas estejam consolidadas nas contas de um conjunto maior de empresas;

b) As contas consolidadas referidas na alínea a) e, se for caso disso, o relatório consolidado de gestão, sejam elaboradas de acordo com a presente directiva ou de maneira equivalente a contas consolidadas bem como a relatórios consolidados de gestão elaborados de acordo com a presente directiva;

c) As contas consolidadas referidas na alínea a) tenham sido fiscalizadas por uma ou mais pessoas habilitadas para a fiscalização de contas por força do direito nacional a que a empresa que elaborou as respectivas contas esteja sujeita.

2. O n.° 2, subalínea bb) e alínea c), do artigo 7.° e os artigos 8.° a 10.° são aplicáveis.

3. Um Estado-Membro só pode prever dispensas com base no presente artigo se admitir as mesmas dispensas com base nos artigos 7.° a 10.°.

Artigo 12.°
(Alargamento facultativo do dever de consolidar)

1. Sem prejuízo do disposto nos artigos 1.° a 10.°, os Estados-Membros podem impor a qualquer empresa que esteja sujeita ao respectivo direito nacional a obrigação de elaborar contas consolidadas e um relatório consolidado de gestão, desde que:

a) Esta empresa, bem como uma ou várias outras empresas entre as quais não existam as relações referidas nos n.°s 1 ou 2 do artigo 1.°, estejam colocadas sob uma direcção única por força de um contrato concluído com esta empresa ou de cláusulas estatutárias daquelas empresas,

ou

b) Os órgãos de administração, de direcção ou de vigilância dessa empresa, bem como os de uma ou de várias outras empresas entre as quais não existam as relações referidas nos n.°s 1 e 2 do artigo 1.°, sejam compostos na maioria pelas mesmas pessoas em funções durante o exercício e até à elaboração das contas consolidadas.

2. Em caso de aplicação do n.° 1.°, as empresas entre as quais existem as relações referidas naquele número, bem como todas as suas empresas filiais, são empresas a consolidar, na acepção da presente directiva, desde que uma ou várias destas empresas estejam organizadas numa das formas de sociedade referidas no artigo 4.°.

3. O artigo 3.°, o n.° 2 do artigo 4.°, os artigos 5.°, 6.°, 13.° a 28.°, os n.°s 1, 3, 4 e 5 do artigo 29.°, os artigos 30.° a 38.°, bem como o n.° 2 do artigo 39.°, aplicam-se às contas consolidadas e ao relatório consolidado de gestão referidos pelo presente artigo, considerando-se como feitas a qualquer das empresas referidas no n.° 1 as referências à empresa-

mãe. No entanto, sem prejuízo do n.° 2 do artigo 19.°, as rubricas "capital", "prémios de emissão", "reservas de reavaliação", "reservas", "resultados do ano anterior", e "resultados do exercício", a incluir nas contas consolidadas, equivalem aos montantes somados atribuídos a cada uma das empresas referidas no n.° 1.°.

Artigo 13.°
(Exclusão para empresas sem interesse significativo)

1. Uma empresa pode ser excluída da consolidação desde que ela não apresente um interesse significativo para o objectivo referido no n.° 3 do artigo 16.°.

2. Se existirem várias empresas que correspondam ao critério previsto no n.° 1, mas que apresentem no seu conjunto um interesse significativo para o objectivo referido no n.° 3 do artigo 16.°, tais empresas devem ser incluídas na consolidação.

3. Outrossim, uma empresa pode ser excluída da consolidação sempre que:

a) Restrições severas e duradoiras prejudiquem substancialmente

aa) O exercício pela empresa-mãe dos seus direitos sobre o património ou a gestão desta empresa,

ou

bb) O exercício da direcção única desta empresa se encontre nas relações referidas no n.° 1 do artigo 12.°;

b) As informações necessárias para elaborar as contas consolidadas de acordo com a presente directiva não possam ser obtidas sem custos desproporcionados ou sem demora injustificada;

c) As acções ou quotas desta empresa sejam detidas, exclusivamente, com vista à sua cessão posterior.

Artigo 14.°
(Exclusão para empresas com actividades diferenciadas)

1. Sempre que uma ou várias empresas a consolidar exerçam actividades de tal modo diferentes que a respectiva inclusão na consolidação se revele incompatível com a obrigação prevista no n.° 3 do artigo 16.°, estas empresas devem, sem prejuízo do artigo 33.°, ser excluídas da consolidação.

2. O n.° 1 não é aplicável pelo simples facto de as empresas a incluir na consolidação serem empresas parcialmente industriais, parcialmente comerciais e empresas que efectuem parcialmente prestações de serviços, ou de estas empresas exercerem actividades industriais ou comerciais relativas a produtos diferentes ou efectuarem prestações de serviços diferentes.

3. O recurso ao disposto no n.° 1 deve ser mencionado em anexo e devidamente justificado. Se as contas anuais ou contas consolidadas das empresas assim excluídas da conso-

lidação não forem publicadas no mesmo Estado-membro de acordo com a Directiva 68/151/CEE ([5]), devem ser juntas às contas consolidadas ou serem postas à disposição do público. Neste último caso, deve poder ser obtida, a simples pedido, cópia destes documentos a um preço que não pode exceder o custo administrativo desta cópia.

([5]) JO L 65 de 14. 3. 1968, p. 8.

Artigo 15.°
(Exclusão para empresas-mãe sem actividade industrial ou comercial)

1. Sempre que uma empresa-mãe, não excercendo nenhuma actividade industrial ou comercial, detenha acções ou quotas de uma empresa filial na base de um acordo comum com uma ou várias empresas não compreendidas na consolidação, os Estados-membros podem permitir, para aplicação do n.° 3 do artigo 16.°, que esta empresa-mãe seja excluída da consolidação.

2. As contas anuais da empresa-mãe devem ser juntas às contas consolidadas.

3. Sempre que se fizer uso destas derrogações, ou deve aplicar-se às contas anuais da empresa-mãe o artigo 59.° da Directiva 78/660/CEE, ou devem figurar em anexo as informações que resultariam da aplicação deste artigo.

SECÇÃO 2
Modos de elaboração das contas consolidadas

Artigo 16.°
(Elementos das contas consolidadas)

1. As contas consolidadas compreendem o balanço consolidado, a conta consolidada de ganhos e perdas, bem como o anexo. Estes documentos formam um todo.

2. As contas consolidadas devem ser elaboradas com clareza e de acordo com a presente directiva.

3. As contas consolidadas devem dar uma imagem fiel do património, da situação financeira, bem como dos resultados do conjunto das empresas compreendidas na consolidação.

4. Sempre que a aplicação da presente directiva não for suficiente para dar a imagem fiel referida no n.° 3, devem ser fornecidas informações complementares.

5. Se, em casos excepcionais, a aplicação de uma disposição dos artigos 17.° a 35.° e do artigo 39.° for incompatível com a obrigação prevista no n.° 3, a disposição em causa deve ser afastada a fim de que seja dada uma imagem fiel na acepção do n.° 3. Uma tal derrogação deve ser mencionada no anexo e devidamente justificada, com indicação da respectiva influência sobre o património, a situação financeira e os resultados. Os Estados-membros podem definir os casos excepcionais em causa e fixar o regime derrogatório correspondente.

6. Os Estados-membros podem autorizar ou determinar a divulgação nas contas consolidadas de mais informações do que aquelas cuja divulgação seja exigida pela presente directiva.

Artigo 17.°
(Regras aplicáveis)

1. Relativamente à estrutura das contas consolidadas, são aplicáveis os artigos 3.° a 10.°, 13.° a 26.° e 28.° a 30.° da Directiva 78/660/CEE, sem prejuízo das disposições da presente directiva e tendo em conta as adaptações indispensáveis que resultem das características próprias das contas consolidadas em relação às contas anuais.

2. Os Estados-membros podem autorizar, caso circunstâncias especiais determinem custos desproporcionados, que as existências sejam objecto de um reagrupamento nas contas consolidadas.

Artigo 18.°
(Consideração integral dos elementos do activo e do passivo)

Os elementos do activo e do passivo das empresas compreendidas na consolidação são integralmente considerados na balanço consolidado.

Artigo 19.°
(Compensação dos valores das participações)

1. Os valores contabilísticos das acções ou quotas das empresas compreendidas na consolidação são compensados pela fracção dos capitais próprios das empresas compreendidas na consolidação que elas representam.

a) Esta compensação far-se-á com base nos valores contabilísticos existentes à data em que esta empresa tenha sido incluída pela primeira vez na consolidação. As diferenças resultantes da compensação são imputadas, na medida do possível, directamente às rubricas do balanço consolidado que tenham um valor superior ou inferior ao respectivo valor contabilístico.

b) Os Estados-membros podem autorizar ou determinar que a compensação se efectue com base no valor dos elementos identificáveis do activo e do passivo à data de aquisição das acções ou partes ou, no caso de aquisições em datas diferentes, na data em que a empresa se tornou uma empresa filial.

c) A diferença que subsista depois da aplicação da alínea a) ou que resulte da aplicação da alínea b) deve ser inscrita no balanço consolidado numa rubrica própria a intitular convenientemente. Esta rubrica, os métodos aplicados e, se forem importantes, as modificações em relação ao exercício anterior devem ser comentados no anexo. Se um Estado-membro autorizar uma compensação entre as diferenças positiva e negativa, a avaliação destas diferenças deve igualmente figurar no anexo.

2. Todavia, o n.° 1 não se aplica às acções ou partes no capital da empresa-mãe detidas seja por ela própria, seja por uma outra empresa compreendida na consolidação. Estas acções ou partes devem ser consideradas nas contas consolidadas como acções ou quotas próprias, de acordo com a Directiva 78/660/CEE.

Artigo 20.°
(Derrogações)

1. Os Estados-membros podem autorizar ou determinar que os valores contabilísticos das acções ou quotas de uma empresa compreendida na consolidação não sejam compensados a não ser pela fracção correspondente do capital, na condição de que:

a) As acções ou partes detidas representem, pelo menos, 90% do valor nominal ou, na falta de valor nominal, do par contabilístico das acções ou partes da empresa que não sejam as descritas no n.° 2, alínea a), do artigo 29.° da Directiva 77/91/CEE (6);

b) A proporção referida na alínea a) tenha sido atingida por força de um acordo prevendo a emissão de acções ou partes por uma empresa compreendida na consolidação;

c) O acordo referido na alínea b) não preveja um pagamento à vista superior a 10% do valor nominal ou, na falta do valor nominal, do par contabilístico das acções ou partes emitidas.

2. Qualquer diferença que resulte das aplicação das disposições previstas no n.° 1 deve ser adicionada ou deduzida às reservas consolidadas, conforme for o caso.

3. A aplicação do método descrito no n.° 1, os movimentos que daí resultarem para as reservas, bem como a denominação e a sede das empresas em causa devem ser mencionados no anexo.

---

(6) JO n.° L 26 de 31. 1. 1977, p. 1.

Artigo 21.°
(Inscrição das participações de terceiros)

Os montantes atribuíveis às acções ou quotas detidas, nas empresas filiais consolidadas, por pessoas estranhas às empresas compreendidas na consolidação devem ser inscritos no balanço consolidado numa rubrica própria a intitular convenientemente.

Artigo 22.°
(Integralidade dos proveitos e encargos)

Os proveitos e os encargos das empresas compreendidas na consolidação serão integralmente considerados na conta consolidada de ganhos e perdas.

Artigo 23.°
(Indicação dos resultados de terceiros)

Os montantes atribuíveis às acções ou partes detidas, no resultado das empresas filiais consolidadas, por pessoas estranhas às empresas compreendidas na consolidação, devem ser inscritos na conta consolidada de ganhos e perdas, numa rubrica própria a intitular convenientemente.

Artigo 24.°
(Princípios das contas consolidadas)

A elaboração das contas consolidadas deve obedecer aos princípios previstos nos artigos 25.° a 28.°.

Artigo 25.°
(Princípio da estabilidade)

1. As modalidades de consolidação não podem ser modificadas de um exercício para o outro.

2. São admitidas derrogações ao n.° 1 em casos excepcionais. Sempre que se fizer uso destas derrogações, estas devem ser assinaladas no anexo e devidamente justificadas, com indicação da respectiva influência sobre o património, a situação financeira e os resultados do conjunto das empresas compreendidas na consolidação.

Artigo 26.°
(Princípio da "empresa única")

1. As contas consolidadas devem apresentar o património, a situação financeira e os resultados das empresas compreendidas na consolidação como se se tratasse de uma só empresa. Nomeadamente:

a) Os débitos entre as empresas compreendidas na consolidação devem ser eliminados das contas consolidadas;

b) Os proveitos e encargos relativos às operações efectuadas entre empresas compreendidas na consolidação devem ser eliminados das contas consolidadas;

c) Os ganhos e as perdas que resultem de operações efectuadas entre empresas compreendidas na consolidação e que estejam incluídos no valor contabilístico do activo devem ser eliminados das contas consolidadas. Todavia, enquanto se aguarda a coordenação ulterior, os Estados-membros podem permitir que as eliminações atrás mencionadas sejam feitas proporcionalmente à fracção do capital detida pela empresa-mãe em cada uma das empresas filiais compreendidas na consolidação.

2. Os Estados-membros podem admitir derrogações à alinea c) do n.° 1, sempre que a operação tenha sido concluída de acordo com as condições normais do mercado e que a eliminação dos ganhos e das perdas possa implicar custos desproporcionados. As derrogações ao princípio devem ser assinaladas e, sempre que tenham uma influência significativa sobre o património, a situação financeira e os resultados no conjunto das empresas compreendidas na consolidação, este facto deve ser mencionado no anexo das contas consolidadas.

3. São admitidas derrogações às alíneas a), b) e c) do n.° 1 sempre que os montantes em causa não apresentem um interesse significativo relativamente ao objectivo referido no n.° 3 do artigo 16.°.

Artigo 27.°
(Princípio da contemporaneidade)

1. As contas consolidadas devem ser elaboradas na mesma data das contas anuais da empresa-mãe.

2. Todavia, os Estados-membros podem autorizar ou determinar que as contas consolidadas sejam elaboradas noutra data, a fim de ter em conta a data de fecho do balanço da maior parte das empresas compreendidas na consolidação ou das mais importantes. Sempre que se fizer uso desta derrogação, tal facto deve ser assinalado no anexo das contas consolidadas e devidamente justificado. Além disso, deve ter-se em conta ou fazer menção dos acontecimentos importantes relativos ao património, à situação financeira ou aos resultados de uma empresa compreendida na consolidação que tenham ocorrido entre a data de fecho do balanço dessa empresa e a data de fecho das contas consolidadas.

3. Se a data de fecho do balanço de uma empresa compreendida na consolidação for anterior em mais de três meses, à data de fecho das contas consolidadas, esta empresa deve ser consolidada na base das contas provisórias elaboradas na data de fecho das contas consolidadas.

Artigo 28.°
(Princípio da comparabilidade)

Se a composição do conjunto das empresas comprendidas na consolidação sofrer, no decurso do exercício, uma modificação significativa, as contas consolidadas devem incluir informações que tornem significativa a comparação das contas consolidadas sucessivas. Quando a modificação for importante, os Estados-membros podem autorizar ou determinar que esta obrigação seja cumprida sob a forma de elaboração de um balanço de abertura e de uma conta de ganhos e perdas adaptadas.

Artigo 29.°[580]
(Princípio da uniformidade)

1. Os elementos do activo e do passivo a incluir nas contas consolidadas devem ser avaliados de acordo com métodos uniformes e em conformidade com as secções 7 e 7-A e com o artigo 60.° da Directiva 78/660/CEE.

2. a) A empresa que elabore as contas consolidadas deve aplicar os mesmos métodos de avaliação que os aplicados às suas próprias contas anuais. Todavia, os Estados-membros podem autorizar ou determinar outros métodos de avaliação de acordo com os artigos atrás referidos da Directiva 78/660/CEE.
   b) Sempre que se fizer uso destas derrogações, tal facto deve ser assinalado no anexo das contas consolidadas e devidamente justificado.

3. Sempre que elementos do activo e do passivo incluídos na consolidação tenham sido avaliados por empresas compreendidas na consolidação segundo métodos não uniformes com os fixados para a consolidação, estes elementos devem ser de novo avaliados de acordo com os métodos fixados para a consolidação, a não ser que o resultado desta nova avaliação não apresente um interesse significativo relativamente ao objectivo referido no n.° 3 do artigo 16.°. São admitidas derrogações a este princípio em casos excepcionais. Tais derrogações devem ser assinaladas no anexo das contas consolidadas e devidamente justificadas.

4. Deve ser tido em conta no balanço e na conta consolidada de ganhos e perdas a diferença que aparecer aquando da consolidação entre os encargos fiscais imputáveis ao exercício e aos exercícios anteriores e os encargos fiscais já pagos ou a pagar relativamente a estes exercícios, na medida em que seja provável que daí resulte, para uma das empresas consolidadas, um encargo efectivo num futuro previsível.

5. Sempre que elementos do activo compreendidos na consolidação tenham sido objecto de correcções excepcionais de valor, exclusivamente na sequência da aplicação da legislação fiscal, esses elementos não podem ser considerados nas contas consolidadas senão depois da eliminação dessas correcções. Todavia, os Estados-membros podem autorizar ou determinar que esses elementos sejam considerados nas contas consolidadas sem eliminação destas correcções, na condição de que o montante de tais correcções, devidamente justificado, seja indicado no anexo das contas consolidadas.

---

[580] Redacção dada pelo n.° 1 do artigo 2.° da Directriz n.° 2001/65/CE do Parlamento Europeu e do Conselho de 27 de Setembro de 2001. A redacção original era a seguinte:

1. Os elementos do activo e do passivo incluídos na consolidação devem ser avaliados segundo métodos uniformes e de acordo com os artigos 31.° a 42.° e 60.° da Directiva 78/660/CEE.

(...)

Artigo 30.°
(Diferença positiva de consolidação)

1. Se a rubrica especial referida no n.° 1, alínea c), do artigo 19.° corresponder a uma diferença positiva de consolidação, será tratada segundo as regras estabelecidas pela Directiva 78/660/CEE aplicáveis à rubrica "fundos de comércio".

2. Os Estados-membros podem permitir que a diferença positiva de consolidação seja deduzida imediata e explicitamente das reservas.

Artigo 31.°
(Diferença negativa de consolidação)

Se o montante que figurar na rubrica especial referida no n.° 1, alínea c), do artigo 19.° corresponder a uma diferença negativa de consolidação, não pode ser levado à conta de ganhos e perdas consolidada a não ser:

a) Quando esta diferença corresponda à previsão, à data de aquisição, de uma evolução desfavorável dos resultados futuros da empresa, ou à previsão de encargos que ela ocasionará, na medida em que a referida previsão se realize,

ou

b) Na medida em que esta diferença corresponda a uma mais-valia realizada.

Artigo 32.°
(Direcção conjunta com terceiros)

1. Sempre que uma empresa compreendida na consolidação dirija, conjuntamente com uma ou várias empresas não compreendidas na consolidação, uma outra empresa, os Estados-membros podem autorizar ou determinar que esta outra empresa seja incluída nas contas consolidadas proporcionalmente aos direitos detidos, no respectivo capital, pela empresa compreendida na consolidação.

2. Os artigos 13.° a 31.° aplicam-se mutatis mutandis à consolidação proporcional referida no n.° 1.

3. No caso de aplicação do presente artigo, o artigo 33.° não se aplica sempre que a empresa objecto de uma consolidação proporcional seja uma empresa associada, na acepção do artigo 33.°.

Artigo 33.°
(Empresas associadas)

1. Sempre que uma empresa compreendida na consolidação exerça uma influência significativa sobre a gestão e a política financeira de uma empresa não compreendida na conso-

lidação (empresa associada), na qual ela detenha uma participação na acepção do artigo 17.° da Directiva 78/660/CEE, esta participação deve ser inscrita no balanço consolidado numa rubrica própria a intitular convenientemente. Presume-se que uma empresa exerce uma influência significativa sobre uma outra empresa sempre que detenha 20% ou mais dos direitos de voto dos accionistas ou sócios desta empresa. O artigo 2.° é aplicável.

2. Quando o presente artigo for aplicado pela primeira vez a uma participação abrangida pelo n.° 1, esta deve ser inscrita no balanço consolidado:

a) Quer pelo seu valor contabilístico avaliado de acordo com as regras de avaliação previstas pela Directiva 78/660/CEE. A diferença entre este valor e o montante correspondente à fracção dos capitais próprios representada por esta participação deve ser mencionada separadamente no balanço consolidado ou no anexo. Esta diferença deve ser calculada na data em que o método tenha sido aplicado pela primeira vez;

b) Quer pelo montante correspondente à fracção dos capitais próprios da empresa associada representada por esta participação. A diferença entre este montante e o valor contabilístico avaliado de acordo com as regras de avaliação previstas pela Directiva 78/660/CEE deve ser mencionada separadamente no balanço consolidado ou no anexo. Esta diferença deve ser calculada na data em que o método tenha sido aplicado pela primeira vez;

c) Os Estados-membros podem determinar a aplicação da alínea a) ou da alínea b). O balanço consolidado ou o anexo deve indicar qual das alíneas a) ou b) foi utilizada;

d) Outrossim, os Estados-Membros podem, para a aplicação das alíneas a) ou b), autorizar ou determinar que o cálculo da diferença se efectue na data da aquisição das acções ou partes ou, no caso de aquisições em datas diferentes, na data em que a empresa se tenha tornado uma empresa associada.

3. Sempre que elementos do activo ou do passivo da empresa associada tenham sido avaliados segundo métodos não uniformes com os fixados para a consolidação de acordo com o n.° 2 do artigo 29.°, estes elementos podem, para o cálculo da diferença referida no n.° 2, alínea a) ou b), do presente artigo, ser de novo avaliados de acordo com os métodos seguidos para a consolidação. Sempre que não se tenha procedido a esta nova avaliação, deve fazer-se menção de tal facto no anexo. Os Estados-Membros podem impor esta nova avaliação.

4. O valor contabilístico referido na alínea a) do n.° 2 ou o montante correspondente à fracção dos capitais próprios da empresa associada referido na alínea b) do n.° 2 deve ser acrescido ou deduzido do montante de qualquer variação, verificada no decorrer do exercício, da fracção dos capitais próprios da empresa associada representada por esta participação; será reduzido do montante dos dividendos correspondentes à participação.

5. Na medida em que a diferença positiva referida na alínea a) ou alínea b) do n.° 2 não seja relacionável com uma categoria de elementos do activo ou do passivo, ela deve ser tratada em conformidade com o artigo 30.° e com o n.° 3 do artigo 39.°.

6. A fracção do resultado da empresa associada atribuível a estas participações deve ser inscrita na conta consolidada de ganhos e perdas numa rubrica própria a intitular convenientemente.

7. As eliminações referidas no n.° 1, alínea c), do artigo 26.° devem ser efectuadas na medida em que os elementos sejam conhecidos ou estejam acessíveis. Os n.°s 2 e 3 do artigo 26.° aplicam-se.

8. Sempre que uma empresa associada elabore contas consolidadas, as disposições dos números precedentes são aplicáveis aos capitais próprios inscritos nessas contas consolidadas.

9. Pode renunciar-se à aplicação do presente artigo desde que as participações no capital da empresa associada não apresentem um interesse significativo em relação ao objectivo referido no n.° 3 do artigo 16.°.

Artigo 34.°[581]
(Indicações mínimas do anexo)

Além das menções determinadas por outras disposições da presente directiva, o anexo deve incluir, pelo menos, indicações sobre:

1. Os métodos de avaliação aplicados às diversas rubricas das contas consolidadas, bem como os métodos de cálculo das correcções de valor utilizados. Para os elementos contidos nas contas consolidadas que sejam ou tenham sido na sua origem expressos em moeda estrangeira, devem ser indicadas as bases de conversão utilizadas para a respectiva conversão na moeda na qual as contas consolidadas sejam elaboradas.

2. a) A denominação e a sede das empresas compreendidas na consolidação; a fracção do capital detido nas empresas compreendidas na consolidação, que não a empresa-mãe, pelas empresas compreendidas na consolidação ou por pessoas agindo em nome próprio mas por conta destas empresas; qual das condições referidas no artigo 1.° e no n.° 1 do artigo 12.° e na sequência da aplicação do artigo 2.°, determinou que se efectuasse a consolidação. Todavia, esta última menção não é necessária sempre que a consolidação tenha sido efectuada com base no n.° 1, alínea a), do artigo 1.° e que a fracção do capital e a proporção dos direitos do voto detidos coincidam.

   b) As mesmas indicações devem ser fornecidas sobre empresas excluídas da consolidação nos termos dos artigos 13.° e 14.°, bem como, sem prejuízo do n.° 3 do artigo 14.°, o motivo da exclusão das empresas referidas no artigo 13.°.

3. a) A firma e a sede das empresas associadas a uma empresa compreendida na consolidação na acepção do n.° 1 do artigo 33.°, com indicação da fracção do respectivo capital detido por empresas compreendidas na consolidação ou por pessoas agindo em nome próprio mas por conta destas empresas.

   b) As mesmas indicações devem ser fornecidas em relação às empresas associadas referidas no n.° 9 do artigo 33.°, bem como os motivos de aplicação dessa disposição.

---

[581] A alínea a) do n.° 2 do artigo 2.° da Directriz n.° 2001/65/CE do Parlamento Europeu e do Conselho, de 27 de Setembro de 2001, deu nova redacção ao ponto 10., passando a referir-se aos artigos 31.° e 34.° a 42.°-C em vez de aos artigos 31.° e 34.° a 42.°. A alínea b) do mesmo artigo aditou os actuais pontos 14. e 15..

4. A firma e a sede das empresas que tenham sido objecto de uma consolidação proporcional por força do artigo 32.°, os elementos em que se baseie a direcção conjunta, bem como a fracção do respectivo capital detido pelas empresas compreendidas na consolidação ou por pessoas agindo em nome próprio mas por conta destas empresas.

5. A firma e a sede das empresas que não sejam referidas nos n.°s 2, 3 e 4, nas quais as empresas compreendidas na consolidação e as excluídas com base no artigo 14.° detenham, seja por elas próprias, seja por pessoas agindo em nome próprio mas por conta destas empresas, pelo menos uma percentagem de capital que os Estados-membros não podem fixar em mais de 20%, com a indicação da fracção do capital detido, bem como do montante dos capitais próprios e do montante do resultado do último exercício da empresa em causa relativamente ao qual as contas tenham sido aprovadas. Estas informações podem ser omitidas desde que não tenham um interesse significativo relativamente ao objectivo referido no n.° 3 do artigo 16.°. A indicação dos capitais próprios e do resultado pode igualmente ser omitida sempre que a empresa em causa não publique o respectivo balanço e sempre que o seu capital seja detido em menos de 50%, directamente ou indirectamente, pelas empresas atrás mencionadas.

6. O montante global das dívidas que figurem no balanço consolidado cuja duração residual seja superior a cinco anos, bem como o montante global das dívidas que figurem no balanço consolidado, cobertas por garantias reais prestadas por empresas compreendidas na consolidação, com indicação da respectiva natureza e forma.

7. O montante global dos compromissos financeiros que não figurem no balanço consolidado, na medida em que a respectiva indicação seja útil para a apreciação da situação financeira do conjunto das empresas compreendidas na consolidação. Os compromissos em matéria de pensões, bem como os compromissos relativos às empresas coligadas não compreendidas na consolidação devem ser mencionados separadamente.

8. A repartição do montante líquido do volume de negócios consolidado, definido de acordo com o artigo 28.° da Directiva 78/660/CEE, por categorias de actividade bem como por mercado geográfico na medida em que, do ponto de vista da organização de venda de produtos e da prestação de serviços correspondentes às actividades normais do conjunto das empresas compreendidas na consolidação, estas categorias e mercados sejam muito diferentes entre si.

9. a) O número médio de membros do pessoal empregado no decurso do exercício pelas empresas compreendidas na consolidação, repartido por categorias, bem como, se não forem mencionados separadamente na conta consolidada de ganhos e perdas, os custos de pessoal relativos ao exercício.

   b) O número médio de membros do pessoal empregado no decurso do exercício pelas às quais se tenha aplicado o artigo 32.° deve ser mencionado separadamente.

10. A proporção na qual o cálculo do resultado consolidado do exercício tenha sido afectado por uma avaliação de rubricas que, em derrogação aos princípios enunciados nos artigos 31.° e 34.° a 42.° da Directiva 78/660/CEE, bem como no n.° 5 do artigo 29.° da presente directiva, tenha sido efectuada durante o exercício ou anteriormente com vista à obtenção de benefícios fiscais. Sempre que tal avaliação influencie de uma maneira signi-

ficativa os encargos fiscais futuros do conjunto das empresas compreendidas na consolidação, devem ser fornecidas indicações a tal respeito.

11. A diferença entre os encargos fiscais imputados às contas consolidadas de ganhos e perdas do respectivo exercício e dos exercícios anteriores, e os encargos fiscais já pagos ou a pagar relativamente a estes exercícios, na medida em que esta diferença tenha um interesse significativo para os encargos fiscais futuros. Este montante pode também figurar cumulativamente no balanço sob uma rubrica própria a intitular convenientemente.

12. O montante das remunerações correspondentes ao exercício atribuídas aos membros dos órgãos de administração, de direcção ou de vigilância da empresa-mãe pelo desempenho das respectivas funções na empresa-mãe e nas suas empresas filiais, bem como o montante dos compromissos surgidos ou contraídos nas mesmas condições em matéria de pensões de reforma referentes aos antigos membros dos órgãos atrás citados. Estas indicações devem ser fornecidas globalmente para cada categoria. Os Estados-membros podem exigir que as remunerações concedidas pelo desempenho de funções exercidas em empresas com as quais existam as relações referidas no artigo 32.° ou no artigo 33.° sejam igualmente incluídas nas indicações referidas no primeiro período.

13. O montante dos adiantamentos e dos créditos concedidos aos membros dos órgãos de administração, de direcção, ou de vigilância da empresa-mãe, por esta ou por uma empresa filial, com indicação das taxas de juro, das principais condições e dos montantes eventualmente reembolsados, bem como os compromissos assumidos por conta daqueles a título de uma qualquer garantia. Estas informações devem ser fornecidas globalmente para cada categoria. Os Estados-membros podem exigir que os adiantamentos e créditos concedidos por empresas com as quais existam as relações referidas no artigo 32.° ou no artigo 33.° sejam igualmente incluídos nas indicações referidas no primeiro período.

14. Quando tenha sido aplicado o método de avaliação pelo justo valor dos instrumentos financeiros em conformidade com a secção 7A da Directiva 78/660/CEE:

a) No caso de o justo valor ter sido determinado em conformidade com o n.° 1, alínea b), do artigo 42.°B dessa directiva, os principais pressupostos subjacentes aos modelos e técnicas de avaliação;

b) Por categoria de instrumentos financeiros, o justo valor e as variações de valor inscritas directamente na conta de ganhos e perdas, bem como, nos termos do artigo 42.°C dessa directiva, as variações inscritas na reserva de justo valor;

c) Para cada categoria de instrumentos financeiros derivados, informações sobre o volume e a natureza dos instrumentos, nomeadamente as principais modalidades e condições que possam afectar o montante, o calendário e o grau de certeza dos fluxos de caixa futuros; e

d) Um quadro que evidencie os movimentos ocorridos na reserva de justo valor durante o exercício.

15. Quando não tenha sido aplicado o método de avaliação pelo justo valor dos instrumentos financeiros em conformidade com a secção 7A da Directiva 78/660/CEE:

a) Para cada categoria de instrumentos derivados:

i) o justo valor dos instrumentos, se esse valor puder ser determinado por qualquer dos métodos prescritos no n.° 1 do artigo 42.°B dessa directiva,

ii) informações sobre o volume e a natureza dos instrumentos; e

b) Para as imobilizações financeiras abrangidas pelo artigo 42.°A dessa directiva, inscritas por um montante superior ao seu justo valor e sem que tenha havido recurso à opção de proceder a uma correcção de valor em conformidade com o n.° 1, alínea c), subalínea aa), do artigo 35.° dessa directiva:

i) o valor contabilístico e o justo valor dos activos em questão, quer considerados isoladamente quer agrupados de forma adequada,

ii) as razões que motivaram a não redução do valor contabilístico, incluindo a natureza dos elementos que permitam presumir que o valor contabilístico será recuperado.

Artigo 35.°
(Derrogações)

1. Os Estados-membros podem permitir que as indicações previstas nos pontos 2, 3, 4 e 5 do artigo 34.°:

a) Assumam a forma de uma declaração depositada de acordo com os n.°s 1 e 2 do artigo 3.° da Directiva 68/151/CEE; de tal facto deve ser feita menção no anexo;

b) Sejam omitidas sempre que possam causar prejuízo grave a uma das empresas referidas naquelas disposições. Os Estados-membros podem subordinar tal omissão à autorização prévia de uma autoridade administrativa ou judicial. A omissão destas indicações deve ser mencionada no anexo.

2. A alínea b) do n.° 1 aplica-se igualmente às indicações previstas no ponto 8 do artigo 34.°.

SECÇÃO 3
Relatório consolidado de gestão

Artigo 36.°[582]
(Relatório consolidado de gestão)

1. O relatório consolidado de gestão deve conter, pelo menos, uma exposição fiel sobre a evolução dos negócios e a situação do conjunto das empresas compreendidas na consolidação.

2. No que se refere a estas empresas, o relatório deve igualmente incluir indicações sobre:

a) Os acontecimentos importantes ocorridos depois do encerramento do exercício;

b) A evolução previsível do conjunto destas empresas;

[582] A actual alínea e) do n.° 2 foi aditada pelo n.° 3 do artigo 2.° da Directriz n.° 2001/65/CE do Parlamento Europeu e do Conselho, de 27 de Setembro de 2001.

c) As actividades do conjunto destas empresas em matéria de investigação e desenvolvimento;

d) O número, o valor nominal ou, na falta de valor nominal, o valor ao par contabilístico do conjunto das acções ou quotas da empresa-mãe detidas pela própria empresa-mãe, por empresas filiais ou por uma pessoa agindo em nome póprio mas por conta destas empresas. Os Estados-Membros podem autorizar ou determinar que estas indicações sejam apresentadas no anexo.

e) Em relação com a utilização dos instrumentos financeiros pelas empresas compreendidas na consolidação e quando pertinente para a avaliação dos elementos do activo e do passivo, da situação financeira e dos ganhos ou perdas,

- os objectivos e as políticas das empresas em matéria de gestão dos riscos financeiros, incluindo as suas políticas de cobertura de cada uma das principais categorias de transacções previstas para as quais seja utilizada a contabilidade de cobertura, e
- a exposição aos riscos de preço, de crédito, de liquidez e de fluxos de caixa.

SECÇÃO 4
Fiscalização das contas consolidadas

Artigo 37.°
(Dever de fiscalização)

1. A empresa que elabora as contas consolidadas deve mandá-las fiscalizar por uma ou mais pessoas habilitadas para fiscalização de contas, por força do direito do Estado-Membro a que esta empresa esteja sujeita.

2. A ou as pessoas encarregadas da fiscalização das contas consolidadas devem igualmente verificar a concordância do relatório de gestão com as contas consolidadas do exercício.

SECÇÃO 5
Publicidade das contas consolidadas

Artigo 38.°
(Publicidade)

1. As contas consolidadas regularmente aprovadas e o relatório consolidado de gestão, bem como a certificação elaborada pela pessoa encarregada da fiscalização das contas consolidadas, devem ser objecto, por parte da empresa que elabore as contas consolidadas, de uma publicidade efectuada segundo as modalidades previstas pelo direito do Estado-Membro a que esta empresa esteja sujeita de acordo com o artigo 3.° da Directiva 68/151/CEE.

2. No que se refere ao relatório consolidado da gestão é aplicável o n.° 1, segundo parágrafo, do artigo 47.° da Directiva 78/660/CEE.

3. A última frase do segundo parágrafo do n.° 1 do artigo 47.° da Directiva 78/660/CEE passa a ter a seguinte redacção: "Uma cópia integral ou parcial deste relatório deve poder ser obtida por um simples pedido. O preço exigido por esta cópia não pode exceder o seu custo administrativo".

4. Todavia, sempre que a empresa que tenha elaborado as contas consolidadas esteja constituída sob uma forma que não seja nenhuma das enumeradas no artigo 4.°, e desde que ela não esteja sujeita pela respectiva legislação nacional, relativamente aos documentos referidos no n.° 1, a uma obrigação de publicidade análoga à prevista no artigo 3.° da Directiva 68/151/CEE, a referida empresa deve, pelo menos, colocá-las à disposição do público na sua sede social. Cópia destes documentos deve poder ser obtida por um simples pedido. O preço exigido por esta cópia não pode exceder o seu custo administrativo.

5. Os artigos 48.° e 49.° da Directiva 78/660/CEE são aplicáveis.

6. Os Estados-membros devem prever sanções apropriadas no caso de falta de publicidade prevista no presente artigo.

Artigo 38.°-A[583]

As contas consolidadas, além de publicadas na moeda em que são elaboradas, podem sê--lo em ecus, utilizando a taxa de conversão em vigor à data de encerramento do balanço consolidado. Esta taxa é indicada no anexo.

SECÇÃO 6
Disposições transitórias e disposições finais

Artigo 39.°
(Primeiras contas consolidadas)

1. Por ocasião da elaboração das primeiras contas consolidadas de acordo com a presente directiva relativas a um conjunto de empresas entre as quais já existia, antes da aplicação das disposições referidas no n.° 1 do artigo 49.°, uma das relações referidas no n.° 1 do artigo 1.°, os Estados-membros podem autorizar ou determinar que sejam tidos em conta, para efeitos de aplicação do n.° 1 do artigo 19.°, valores contabilísticos das acções ou quotas e da fracção dos capital próprios que representem numa data que pode ir até à da primeira consolidação.

2. O n.° 1 aplica-se mutatis mutandis à avaliação das acções ou quotas, ou à fracção dos capitais próprios que elas representem, no capital de uma empresa associada a uma empresa compreendida na consolidação, para efeitos de aplicação do n.° 2 do artigo 33.°, bem como para a consolidação proporcional referida no artigo 32.°.

---

[583] Aditado pelo artigo 9.° da Directriz n.° 90/604/CEE do Conselho de 8 de Novembro de 1990.

3. Os Estados-membros podem permitir, sempre que a rubrica referida no n.° 1 do artigo 19.° corresponda a uma diferença positiva de consolidação que tenha surgido antes da data de elaboração das primeiras contas consolidadas de acordo com a presente directiva, que:

a) Para a aplicação do n.° 1 do artigo 30.°, o período limitado superior a cinco anos previsto no n.° 2 do artigo 37.° da Directiva 78/660/CEE seja calculado, a partir da data da elaboração das primeiras contas consolidadas, nos termos previstos pela presente directiva,

e

b) Para a aplicação do n.° 2 do artigo 3.°, a dedução seja feita das reservas na data de elaboração das primeiras contas consolidadas de acordo com a presente directiva.

Artigo 40.°
(Derrogações)

1. Até ao termo dos prazos previstos para a aplicação nos respectivos direitos nacionais das directivas que, completando a Directiva 78/660/CEE, harmonizam as disposições relativas às contas anuais dos bancos e de outras instituições financeiras, bem como de empresas seguradoras, os Estados-membros podem derrogar as disposições da presente directiva que respeitem à estrutura das contas consolidadas e aos métodos de avaliação dos elementos incluídos nestas contas, bem como as indicações do anexo:

a) Relativamente a qualquer empresa a consolidar que seja um banco, uma outra instituição financeira ou uma empresa seguradora;

b) Sempre que as empresas a consolidar compreendam principalmente bancos, instituições financeiras ou empresas seguradoras.

Os Estados-membros podem também derrogar o artigo 6.°, mas apenas no que se refere à aplicação dos limites quantificados e dos critérios às empresas atrás mencionadas.

2. Na medida em que, antes da aplicação das disposições referidas no n.° 1 do artigo 49.°, os Estados-membros não tenham imposto a todas as empresas que sejam bancos, outras instituições financeiras ou empresas seguradoras a obrigação de elaborar contas consolidadas, eles podem permitir que, até à aplicação no direito nacional de uma das directivas mencionadas no n.° 1, mas o mais tardar para os exercícios que terminem em 1993:

a) Seja suspensa, para as empresas atrás referidas que sejam empresas-mães, a obrigação prevista no n.° 1 do artigo 1.°. Tal facto deve ser mencionado nas contas anuais da empresa-mãe; as indicações referidas no n.° 1, ponto 2, do artigo 43.° da Directiva 78/660/CEE devem ser fornecidas relativamente a todas as empresas filiais;

b) No caso de elaboração de contas consolidadas, as empresas atrás referidas que sejam empresas filiais sejam excluídas da consolidação, sem prejuízo do artigo 33.°. As indicações previstas no ponto 2 do artigo 34.°, relativas às empresas filiais, devem ser apresentadas no anexo.

3. Nos casos previstos na alínea b) do n.° 2, as contas anuais ou consolidadas dessas empresas filiais devem, desde que a sua publicação seja obrigatória, ser juntas às contas consolida-

das ou, na falta destas, às contas anuais da empresa-mãe, ou serem postas à disposição do público. Neste último caso, cópia destes documentos deve poder ser obtida por simples pedido. O preço exigido por esta cópia não pode exceder o seu custo administrativo.

Artigo 41.°
(Empresas consolidadas)

1. As empresas entre as quais existam as relações referidas no n.° 1, alíneas a) e b) e subalínea bb) da alínea d), do artigo 1.°, bem como as outras empresas que estejam numa tal relação com uma das empresas atrás indicadas são empresas coligadas na acepção da Directiva 78/660/CEE, bem como na acepção da presente directiva.

2. Sempre que um Estado-membro impuser a obrigação de elaborar contas consolidadas por força do n.° 1, alínea c) ou subalínea aa) da alínea d) e do n.° 2 do artigo 1.°, ou do n.° 1 do artigo 12.°, as empresas entre as quais existam as relações referidas nos artigos atrás mencionados, bem como as outras empresas que estejam numa tal relação ou numa relação referida no n.° 1 com uma das empresas antes indicadas, são empresas coligadas na acepção do n.° 1.

3. Quando um Estado-membro não imponha a obrigação de elaborar contas consolidadas por força do n.° 1, alínea c) ou subalínea aa) da alínea d), e do n.° 2 do artigo 1.° ou do n.° 1 do artigo 12.°, o Estado-membro pode, todavia, prever a aplicação do n.° 2 do presente artigo.

4. O artigo 2.° e o n.° 2 do artigo 3.° são aplicáveis.

5. Sempre que o Estado-Membro aplique o n.° 2 do artigo 4.°, pode excluir da aplicação do n.° 1 as empresas coligadas que sejam empresas-mãe e que, tendo em conta a sua forma jurídica, não são obrigadas por este Estado-membro a elaborar contas consolidadas de acordo com as disposições da presente directiva, bem como as empresas-mãe que tenham uma forma jurídica semelhante.

Artigo 42.°

O artigo 56.° Directiva 78/660/CEE passa a ter a seguinte redacção:

Artigo 43.°

O artigo 57.° da Directiva 78/660/CEE passa a ter a seguinte redacção:

Artigo 44.°

O artigo 58.° da Directiva 78/660/CEE passa a ter a seguinte redacção:

Artigo 45.°

O artigo 59.° da Directiva 78/660/CEE passa a ter a seguinte redacção:

Artigo 46.°

O artigo 61.° da Directiva 78/660/CEE passa a ter a seguinte redacção:

(As alterações introduzidas pelos artigos 42.° a 46.° da presente Directriz foram inseridas nos locais próprios da Directriz n.° 78/660/CEE do Conselho, de 25 de Julho de 1978, acima publicada)

Artigo 47.°
(Comité de contacto)

O Comité de Contacto instituído com base no artigo 52.° da Directiva 78/660/CEE tem igualmente por missão:

a) Facilitar, sem prejuízo dos artigos 169.° e 170.° do Tratado, uma aplicação harmonizada da presente directiva através de uma concertação regular sobre, nomeadamente, os problemas concretos da sua aplicação;

b) Aconselhar, se necessário, a Comissão relativamente aos complementos ou, alterações a introduzir na presente directiva.

Artigo 48.°[584]

A presente directiva não prejudica as legislações dos Estados-Membros que determinem que as contas consolidadas nas quais as empresas, que não estão sujeitas ao respectivo direito, são consolidadas, sejam depositadas num registo no qual estejam inscritas as sucursais destas empresas.

Artigo 49.°
(Prazo de transposição)

1. Os Estados-Membros porão em vigor antes de 1 de Janeiro de 1988 as disposições legislativas, regulamentares e administrativas necessárias para darem cumprimento à presente directiva. Desse facto informarão imediatamente a Comissão.

---

[584] O artigo 48.° foi suprimido pelo artigo 15.° da 11.ª Directriz (89/666/CEE) de 21 de Dezembro de 1989. Manteve-se a sua inserção mas em itálico.

2. Os Estados-membros podem prever que as disposições referidas no n.° 1 só se apliquem pela primeira vez às contas consolidadas do exercício que comece em 1 de Janeiro de 1990 ou no decurso do ano de 1990.

3. Os Estados-membros velarão por que seja comunicado à Comissão o texto das principais disposições de direito nacional que adoptem no domínio regulado pela presente directiva.

Artigo 50.°
(Exame e revisão da directriz)

1. O Conselho, sob proposta da Comissão, procederá, cinco anos após a data referida no n.° 2 do artigo 49.°, ao exame e, se for, caso disso, à revisão do n.° 1, segundo parágrafo, da alínea d), do artigo 1.°, do n.° 2 do artigo 4.°, dos artigos 5.° e 6.°, do n.° 1 do artigo 7.° e dos artigos 12.°, 43.° e 44.°, em função da experiência adquirida com a aplicação da presente directiva, dos objectivos da presente directiva e da situação económica e monetária nesse momento.

2. O n.° 1 não prejudica o disposto no n.° 2 do artigo 53.° da Directiva 78/660/CEE.

Artigo 50.°-A[585]

A Comissão deve analisar até 1 de Janeiro de 2007 as disposições do n.° 1 do artigo 29.°, dos n.°s 10, 14 e 15 do artigo 34.° e do n.° 2, alínea e), do artigo 36.° à luz da experiência adquirida com a aplicação das disposições em matéria de contabilidade pelo justo valor e tendo em conta a evolução a nível internacional no domínio da contabilidade e, sendo caso disso, apresentará uma proposta ao Parlamento Europeu e ao Conselho tendo em vista a alteração dos artigos supracitados.

Artigo 51.°
(Destinatários)

Os Estados-Membros são destinatários da presente directiva.

Feito no Luxemburgo em 13 de Junho de 1983.

Pelo Conselho
O Conselho
H. Tietmeyer

[585] Aditado pelo n.° 4 do artigo 2.° da Directriz n.° 2001/65/CE do Parlamento Europeu e do Conselho, de 27 de Setembro de 2001.

105. **Texto da 8.ª Directriz (10-Abr.-1984)**

A concluir esta rubrica, eis o texto da 8.ª Directriz do Direito das sociedades, com epígrafes nossas.

OITAVA DIRECTIVA 84/253/CEE DO CONSELHO

de 10 de Abril de 1984

fundada no n.° 3, alínea g), do artigo 54.° do Tratado CEE, relativa à aprovação das pessoas encarregadas da fiscalização legal dos documentos contabilísticos[586]

O CONSELHO DAS COMUNIDADES EUROPEIAS,

Tendo em conta o Tratado que institui a Comunidade Económica Europeia e, nomeadamente, o n.° 3, alínea g), do seu artigo 54.°,

Tendo em conta a proposta da Comissão (1),

Tendo em conta o parecer do Parlamento Europeu (2),

Tendo em conta o parecer do Comité Económico e Social (3),

Considerando que, por força da Directiva 78/660/CEE (4), as contas anuais de certas formas de sociedades devem ser fiscalizadas por uma ou várias pessoas habilitadas para essa fiscalização e que só as sociedades indicadas no artigo 11.° da referida directiva podem dela ser dispensadas;

Considerando que esta última directiva foi completada pela Directiva 83/349/CEE (5), relativa a contas consolidadas;

(1) JO n.° C 112 de 13. 5. 1978, p. 6. e JO no C 317 de 18. 12. 1975, p. 6.
(2) JO n.° C 140 de 5. 6. 1979, p. 154.
(3) JO n.° C 171 de 9. 7. 1979, p. 30.
(4) JO n.° L 222 de 14.8.1978, p. 11.
(5) JO n.° L 193 de 18.7.1983, p. 1.

Considerando que interessa harmonizar as qualificações das pessoas habilitadas a efectuar a fiscalização legal dos documentos contabilísticos e assegurar que sejam independentes e idóneas;

Considerando que o elevado nível de conhecimentos teóricos necessários para a fiscalização legal dos documentos contabilísticos, bem como a capacidade de aplicação desses conhecimentos na prática dessa fiscalização, devem ser assegurados por um exame de aptidão profissional;

586 JOCE N.° 126, 20-26, de 12-Mai.-1984.

Considerando que deve dar-se aos Estados-membros o poder de aceitar pessoas que não reúnam todas as condições requeridas em matéria de formação teórica, mas que possuam uma longa actividade profissional que lhes dê uma experiência suficiente nos domínios financeiro, jurídico e contabilístico e que se sujeitarem com êxito ao exame de aptidão profissional;

Considerando que deve autorizar-se, igualmente, os Estados-membros a prever disposições transitórias em favor dos profissionais;

Considerando que os Estados-membros poderão aceitar, tanto pessoas singulares, como sociedades de revisores de contas que podem ser pessoas colectivas ou outro tipo de sociedades ou associações;

Considerando que as pessoas singulares que efectuem a fiscalização legal dos documentos contabilísticos em nome de uma tal sociedade de revisores de contas devem satisfazer as condições da presente directiva;

Considerando que um Estado-membro poderá aceitar pessoas que tenham obtido fora desse Estado as qualificações equivalentes às prescritas pela presente directiva;

Considerando que convém admitir que um Estado-membro que, no momento da adopção da presente directiva, reconheça categorias de pessoas singulares que satisfazem as condições fixadas pela presente directiva, mas cujo nível de exame de aptidão profissional é inferior ao do exame de nível de estudos universitários, deve poder continuar a aceitar, sob certas condições a até coordenação ulterior, que estas pessoas efectuem a fiscalização legal dos documentos contabilísticos das sociedades e dos conjuntos de empresas de dimensão limitada, desde que esse Estado-membro não tenha feito uso das faculdades de dispensa previstas nas directivas comunitárias em matéria de elaboração de contas consolidadas;

Considerando que a presente directiva não tem por objecto nem a liberdade de estabelecimento, nem a livre prestação de serviços, no que diz respeito às pessoas encarregadas de efectuar a fiscalização dos documentos contabilísticos;

Considerando que o reconhecimento das aprovações para estas fiscalizações dadas aos nacionais de outros Estados-membros será especificamente regulamentado pelas directivas relativas ao acesso e exercício das actividades nos domínios financeiro, económico e contabilístico, bem como as relativas à livre prestação de serviços nos domínios indicados,

ADOPTOU A PRESENTE DIRECTIVA:

SECÇÃO I
Âmbito de aplicação

Artigo 1.°
(Âmbito)

1. As medidas de coordenação previstas pela presente directiva aplicam-se às disposições legislativas, regulamentares e administrativas dos Estados-membros relativas às pessoas encarregadas de efectuar:

a) A fiscalização legal das contas anuais das sociedades, bem como a verificação da concordância dos relatórios de gestão com as contas anuais, na medida em que essa fiscalização e esse verificação sejam impostas pelo direito comunitário;

b) A fiscalização legal das contas consolidadas dos conjuntos de empresas, bem como a verificação da concordância dos relatórios de gestão consolidados com essas contas consolidadas, na medida em que essa fiscalização e essa verificação sejam impostas pelo direito comunitário.

2. As pessoas referidas no n.° 1 podem ser, segundo a legislação de cada Estado-membro, pessoas singulares ou pessoas colectivas ou outro tipo de sociedades e associações (sociedades de revisores de contas na acepção da presente directiva).

SECÇÃO II
Regras sobre a aprovação

Artigo 2.°
(Pessoas aprovadas para a fiscalização legal)

1. A fiscalização legal referida no n.° 1 do artigo 1.° só pode ser efectuada por pessoas aprovadas. Só podem ser aprovadas pelas autoridades dos Estados-membros:

a) As pessoas singulares que satisfaçam, pelo menos, as condições fixadas nos artigos 3.° a 19.°,

b) As sociedades de revisores de contas que satisfaçam, pelo menos, as seguintes condições:

i) As pessoas singulares que efectuem a fiscalização legal dos documentos referidos no n.° 1, em nome da sociedade de revisores de contas, satisfaçam pelo menos, as condições fixadas nos artigos 3.° a 19.°; os Estados-membros podem prever que essas pessoas singulares devam ser igualmente aprovadas;

ii) A maioria dos direitos de voto pertença a pessoas singulares e a sociedades de revisores de contas que satisfaçam as condições fixadas nos artigos 3.° a 19.°, com excepção do n.° 1, alínea b), do artigo 11.°; os Estados-membros podem prever que essas pessoas singulares e sociedades de revisores de contas devam ser igualmente aprovadas. Todavia, os Estados-membros que, no momento da adopção da presente directiva, não exijam uma tal maioria podem não a impor na condição de que todas as partes ou acções da sociedade de revisores de contas sejam nominativas e só possam ser transferidas de acordo com a sociedade de revisores de contas e/ou, desde que o Estado-membro o preveja, com a aprovação da autoridade competente.

iii) A maioria dos membros do órgão de administração ou de direcção da sociedade de revisores de contas sejam pessoas singulares ou sociedades de revisores de contas que satisfaçam, pelo menos, as condições fixadas nos artigos 3.° a 19.°; os Estados-membros podem prever que estas pessoas singulares ou sociedades de revisores de contas devam ser igualmente aprovadas. Sempre que este órgão seja composto por apenas duas pessoas uma delas, pelo menos, dever satisfazer aquelas condições.

Sem prejuízo do n.° 2 do artigo 14.°, a aprovação de uma sociedade de revisores de contas deve ser revogada logo que deixar de satisfazer uma das condições referidas na alínea b). Todavia, os Estados-membros podem prever um prazo de regularização não superior a dois anos, relativamente às condições referidas nos pontos ii) e iii) da alínea b).

2. Para efeitos da presente directiva, as autoridades dos Estados-membros podem ser associações profissionais na condição de que estejam autorizadas, de acordo com o direito nacional, a concederem aprovações na acepção da presente directiva.

Artigo 3.°
(Idoneidade)

As autoridades de um Estado-membro só concederão a sua aprovação a pessoas idóneas e que não exerçam nenhuma actividade que seja incompatível, de acordo com o direito desse Estado-membro, com a fiscalização legal dos documentos referidos no n.° 1 do artigo 1.°.

Artigo 4.°
(Qualificação profissional)

Uma pessoa singular só pode ser aprovada para exercer a fiscalização legal dos documentos referidos no n.° 1 do artigo 1.°, depois de ter obtido o nível de acesso à Universidade, submetendo-se de seguida a um programa de aprendizagem teórica e tendo efectuado um estágio e passado um exame de aptidão profissional de nível universitário, organizado e reconhecido pelo Estado.

Artigo 5.°
(Exame de aptidão profissional)

O exame de aptidão profissional referido no artigo 4.° deve garantir o nível de conhecimentos teóricos necessários nas matérias pertinentes para efectuar a fiscalização legal dos documentos referidos no n.° 1 do artigo 1.° e a capacidade de aplicar tais conhecimentos ao exercício prático dessa fiscalização. Uma, pelo menos, das partes desse exame deve ser escrita.

Artigo 6.°
(Conteúdo do exame)

A avaliação dos conhecimentos teóricos incluídos no exame deve abranger, em especial, as seguintes matérias:

a) – revisão contabilística,
– análise e crítica de contas anuais,
– contabilidade geral,
– contas consolidadas,
– contabilidade analítica de exploração e contabilidade de gestão,
– fiscalização interna,
– normas relativas à elaboração de contas anuais e de contas consolidadas, bem como o modo de avaliação das rubricas do balanço e da determinação dos resultados,
– normas jurídicas e profissionais relativas à fiscalização legal dos documentos contabilísticos, bem como das pessoas que efectuem essas fiscalizações;

b) Na medida em que interessa à fiscalização de contas:
– direito das sociedades,
– direito das falências e procedimentos análogos,
– direito fiscal,
– direito civil e comercial,
– direito do trabalho e da segurança social,
– sistemas de informação e informática,
– economia de empresa, economia política e economia financeira,
– matemática e estatística,
– princípios fundamentais de gestão financeira das empresas.

Artigo 7.°
(Derrogações)

1. Em derrogação aos artigos 5.° e 6.°, os Estados-membros podem prever que as pessoas que tenham passado um exame universitário ou equivalente ou que sejam titulares de diplomas universitários ou equivalentes sobre uma ou várias matérias referidas no artigo 6.°, sejam dispensadas da avaliação de conhecimentos teóricos sobre as matérias que tenham sido anteiormente sancionadas por esse exame ou por esses diplomas.

2. Em derrogação ao artigo 5.°, os Estados-membros podem prever que os titulares de diplomas universitários ou equivalentes, sobre uma ou várias matérias referidas no artigo 6.°, sejam dispensados da avaliação da sua capacidade de aplicação do conhecimento teórico à prática nas matérias para as quais tiveram uma formação sancionada por um exame ou por um diploma reconhecido pelo Estado.

Artigo 8.°
(Formação prática)

1. A fim de assegurar a capacidade de aplicar os conhecimentos teóricos à prática e que é avaliada no exame, deve ser realizada uma formação prática de, pelo menos, três anos sobre, nomeadamente, a fiscalização de contas anuais, contas consolidadas ou documentos financeiros análogos. Esta formação deve ser realizada, em dois terços, junto de uma pessoa aprovada de acordo com o direito do Estado-membro, em conformidade com a presente

directiva; todavia, os Estados-membros podem permitir que a formação prática seja realizada junto de uma pessoa aprovada de acordo com o direito de um outro Estado-membro, em conformidade com a presente directiva.

2. Os Estados-membros assegurarão que a totalidade da formação seja realizada junto de pessoas que ofereçam garantias suficientes quanto à formação do estagiário.

Artigo 9.°
(Segunda via de admissão)

Os Estados-membros podem, para o exercício da fiscalização legal dos documentos referidos no n.° 1 do artigo 1.°, aprovar pessoas que não reúnam as condições referidas no artigo 4.°, desde que comprovem:

a) Ter exercido durante quinze anos actividades profissionais, que tenham permitido adquirir uma experiência suficiente nos domínios financeiro, jurídico e contabilístico e se tenham sujeitado com êxito ao exame de aptidão profissional referido no artigo 4.°,

b) Ter exercido durante sete anos actividades profissionais nestes mesmos domínios e terem, além disso, seguido a formação prática referida no artigo 8.° e se tenham sujeitado com êxito ao exame de aptidão profissional referido no artigo 4.°.

Artigo 10.°
(Dedução dos períodos de aprendizagem teórica)

1. Os Estados-membros podem deduzir aos anos de actividade profissional referidos no artigo 9.°, os períodos de aprendizagem teórica sobre as matérias referidas no artigo 6.°, na condição de que esta aprendizagem tenha sido sancionada por um exame reconhecido pelo Estado. Esta aprendizagem não pode ser inferior a um ano e não pode ser deduzida nos anos de actividade profissional em mais de quatro anos.

2. A duração das actividades profissionais, bem como a formação prática, não devem ser mais curtas que o programa de aprendizagem teórica e de formação prática prescrito no artigo 4.°.

Artigo 11.°
(Admissão de pessoas com preparação noutros Estados-membros)

1. As autoridades de um Estado-membro podem aprovar as pessoas que tenham obtido parte ou totalidade das suas qualificações num outro Estado, desde que satisfaçam as seguintes condições:

a) As suas qualificações sejam consideradas, pelas autoridades competentes, equivalentes às exigidas por força do direito deste Estado-membro, em conformidade com a presente directiva,

b) Tenham feito prova de conhecimentos jurídicos exigidos neste Estado-membro para a fiscalização legal dos documentos referidos no n.° 1 do artigo 1.°. Todavia, as autoridades deste Estado-membro podem não exigir esta prova sempre que consideram suficientes os conhecimentos jurídicos obtidos num outro Estado.

2. É aplicável o artigo 3.°.

Artigo 12.°
(Direitos adquiridos)

1. Um Estado-membro pode considerar como aprovados, de acordo com a presente directiva, os profissionais que tenham sido aprovados por um acto individual das autoridades competentes desse Estado-membro, antes da aplicação das disposições referidas no n.° 2 do artigo 30.°.

2. A admissão de uma pessoa singular numa associação profissional reconhecida pelo Estado pode ser considerada como uma aprovação por um acto individual, na acepção do n.° 1 do presente artigo, sempre que, de acordo com a legislação desse Estado, essa admissão dê aos membros daquela associação o direito de efectuar a fiscalização legal dos documentos referidos no n.° 1 do artigo 1.°.

Artigo 13.°
(Pessoas com qualificações equivalentes)

Até à aplicação das disposições referidas no n.° 2 do artigo 30.°, um Estado-membro pode considerar como aprovados, de acordo com a presente directiva, os profissionais que não tenham sido aprovados por um acto individual das autoridades competentes mas que tenham, no entanto, as mesmas qualificações neste Estado-membro que as pessoas aprovadas por um acto individual e efectuem, à data da aprovação, a fiscalização legal dos documentos referidos no n.° 1 do artigo 1.° em nome dessas pessoas aprovadas.

Artigo 14.°
(Direitos adquiridos por sociedades)

1. Um Estado-membro pode considerar como aprovadas, de acordo com a presente directiva, as sociedades de revisores de contas que tenham sido aprovadas por um acto individual das autoridades competentes desse Estado-membro, antes da aplicação das disposições referidas no n.° 2 do artigo 30.°.

2. As condições fixadas no n.° 1, pontos ii) e iii) da alínea b), do artigo 2.°, devem estar preenchidas, o mais tardar, num prazo que não pode ser fixado em mais de cinco anos a contar da data da aplicação das disposições referidas no n.° 2 do artigo 30.°.

3. As pessoas que tenham efectuado, até ao início da aplicação das disposições referidas no n.° 2 do artigo 30.°, a fiscalização de documentos referidos no n.° 1 do artigo 1.°, em

nome de sociedades de revisores de contas, podem, depois daquela data, ser autorizadas a continuar a efectuá-las, mesmo que não reúnam todas as condições previstas pela presente directiva.

Artigo 15.°
(Profissionais qualificados)

Até um ano após o início da aplicação das disposições referidas no n.° 2 do artigo 30.°, os profissionais que não tenham sido aprovados por um acto individual das autoridades competentes mas que estejam, contudo, qualificados num Estado-membro para efectuar a fiscalização legal dos documentos referidos no n.° 1 do artigo 1.° e tenham exercido tal actividade até aquela data, podem ser aprovados por este Estado-membro, de acordo com a presente directiva.

Artigo 16.°
(Medidas transitórias)

Até um ano após o início da aplicação das disposições referidas no n.° 2 do artigo 30.°, os Estados-membros podem aplicar medidas transitórias para regular a situação dos profissionais que, depois daquela data, mantenham o direito de efectuar a fiscalização dos documentos contabilísticos anuais de certo tipo de sociedades não submetidas a uma fiscalização legal, mas que não poderiam continuar a efectuá-la, na sequência da instituição de novas fiscalizações legais, a não ser que fossem adoptadas medidas especiais em seu favor.

Artigo 17.°
(Idoneidade)

O artigo 3.° é aplicável aos artigos 15.° e 16.°.

Artigo 18.°
(Pessoas em formação)

1. Até seis anos após a aplicação das disposições referidas no n.° 2 do artigo 30.°, os Estados-membros podem aplicar medidas transitórias para regular a situação das pessoas que, na data de aplicação daquelas disposições, frequentam cursos de formação profissional ou realizam um estágio no termo dos quais não reuniriam as condições fixadas pela presente directiva e que não poderiam, por este facto, efectuar a fiscalização legal dos documentos referidos no n.° 1 do artigo 1.°, para os quais se tenham formado.

2. O artigo 3.° é aplicável.

Artigo 19.°
(Necessidade de aprovação)

Os profissionais referidos nos artigos 15.° e 16.° e as pessoas referidas no artigo 18.° só podem ser aprovadas, em derrogação às disposições do artigo 4.°, se forem considerados aptos pelas autoridades competentes para efectuarem a fiscalização legal dos documentos referidos no n.° 1 do artigo 1.° e se tiverem qualificações equivalentes às das pessoas aprovadas nos termos do disposto no artigo 4.°.

Artigo 20.°
(Inscrição para rever pequenas e médias empresas)

Um Estado-membro que não faça uso da faculdade prevista no n.° 2 do artigo 51.° da Directiva 78/660/CEE e no qual, no momento da adopção da presente directiva, várias categorias de pessoas singulares podem efectuar, por força da legislação nacional, a fiscalização legal dos documentos referidos no n.° 1, alínea a), do artigo 1.° da presente directiva, pode, até à coordenação ulterior em matéria de fiscalização legal do documentos contabilísticos, aprovar a título excepcional para efectuar a fiscalização legal dos documentos referidos no n.° 1, alínea a), do artigo 1.°, de uma sociedade que não ultrapasse os limites numéricos de dois dos três critérios fixados no artigo 27.° da Directiva 78/660/CEE, pessoas singulares que actuem em nome próprio e que:

a) Satisfaçam as condições fixadas nos artigos 3.° e 19.° da presente directiva; contudo, neste caso, o nível do exame de aptidão profissional pode ser inferior ao fixado no artigo 4.° da presente directiva,

   e

b) Já tenham efectuado a fiscalização legal daquela sociedade quando esta ainda não tinha ultrapassado os limites numéricos de dois dos três critérios fixados no artigo 11.° da Directiva 78/660/CEE.

Todavia, se a sociedade fizer parte de um conjunto de empresas a consolidar que ultrapasse os limites de dois dos três critérios referidos no artigo 27.° da Directiva 78/660/CEE, aquelas pessoas não poderão efectuar a fiscalização legal dos documentos daquela sociedade, referidos no n.° 1, alínea a), do artigo 1.° da presente directiva.

Artigo 21.°
(Inscrição para revisão de médias empresas consolidadas)

Um Estado-membro que não faça uso da faculdade prevista no n.° 1 do artigo 6.° da Directiva 83/349/CEE e no qual, no momento da adopção da presente directiva, várias categorias de pessoas singulares podem, por força da legislação nacional, efectuar a fiscalização legal dos documentos referidos no n.° 1, alínea a), do artigo 1.° da presente directiva, pode, até à coordenação ulterior em matéria de fiscalização legal de documentos contabilísticos, aprovar a título excepcional para efectuar a fiscalização legal documentos referidos no n.°

1, alínea a), do artigo 1.°, uma pessoa aprovada por força do artigo 20.° da presente directiva se, na data do fecho do balanço da empresa-mãe, o conjunto de empresas a consolidar, na base das últimas contas anuais aprovadas, não ultrapassar os limites numéricos de dois dos três critérios referidos no artigo 27.° da Directiva 78/660/CEE, na condição de que ela possa efectuar a fiscalização dos documentos referidos no n.° 1, alínea a), do artigo 1.° da presente directiva, de todas as empresas compreendidas na consolidação.

Artigo 22.°
(Formação prática em casos especiais)

Um Estado-membro que faça uso do artigo 20.° pode permitir que a formação prática das pessoas em causa, tal como é referido no artigo 8.°, seja realizada junto de uma pessoa que tenha sido aprovada por força do direito desse Estado-membro a efectuar a fiscalização legal referida no artigo 20.°.

SECÇÃO III
Consciência profissional e independência

Artigo 23.°
(Dever de consciência profissional)

Os Estados-membros determinarão que as pessoas aprovadas para a fiscalização dos documentos referidos no n.° 1, alínea a), do artigo 1.°, executem essa fiscalização com consciência profissional.

Artigo 24.°
((Independência)

Os Estados-membros determinarão que essas pessoas não podem efectuar uma fiscalização legal se não forem consideradas independentes segundo o direito do Estado-membro que exige a fiscalização.

Artigo 25.°
(Fiscalização em nome de SROC)

Aplicam-se, igualmente, os artigos 23.° e 24.° às pessoas singulares que satisfaçam as condições fixadas nos artigos 3.° e 19.° e que efectuem a fiscalização legal dos documentos referidos no n.° 1, alínea a), do artigo 1.°, em nome de uma sociedade de revisores de contas.

Artigo 26.°
(Sanções)

Os Estados-membros assegurarão que as pessoas aprovadas sejam passíveis de sanções apropriadas sempre que não efectuem a fiscalização de acordo com os artigos 23.°, 24.° e 25.°.

Artigo 27.°
(Independência nos casos de SROC)

Os Estados-membros assegurarão que, pelo menos, os accionistas, sócios ou membros da sociedade de revisores de contas aprovadas, bem como os membros do órgão de administração, de direcção ou de fiscalização destas sociedades, que não reúnam pessoalmente, num Estado-membro, as condições previstas nos artigos 3.° a 19.°, não intervenham na execução de uma fiscalização de uma maneira que pudesse afectar a independência da pessoa que efectua a fiscalização dos documentos referidos do n.° 1 do artigo 1.° em nome da sociedade de revisores de contas.

SECÇÃO IV
Publicidade

Artigo 28.°
(Publicidade)

1. Os Estados-membros assegurarão que os nomes e moradas de todas as pessoas singulares e sociedades de revisores de contas aprovadas para o exercício da fiscalização legal dos documentos referidos no n.° 1 do artigo 1.°, serão postos à disposição do público.

2. Além disso, relativamente a cada sociedade de revisores de contas aprovada, devem ser postos à disposição do público:

a) Os nomes e as moradas das pessoas singulares referidas no n.° 1, ponto i) da alínea b), do artigo 2.°.

b) Os nomes e as moradas dos accionistas, sócios ou membros das sociedades de revisores de contas.

3. Sempre que uma pessoa singular possa efectuar a fiscalização legal dos documentos referidos no n.° 1 do artigo 1.° de uma sociedade, nas condições referidas nos artigos 20.°, 21.° e 22.°, aplica-se o n.° 1 do presente artigo. Contudo, é necessário indicar a categoria das sociedades ou do conjunto de empresas em relação às quais tal fiscalização pode ser efectuada.

SECÇÃO V
Disposições finais

Artigo 29.°
(Comité de Contacto)

O Comité de Contacto instituído pelo artigo 52.° da Directiva 78/660/CEE, tem igualmente por funções:

a) Facilitar, sem prejuízo do artigo 169.° e 170.° do Tratado CEE, uma aplicação harmonizada da presente directiva através de uma concertação regular sobre, nomeadamente, os problemas concretos da sua aplicação;

b) Aconselhar, se necessário, a Comissão sobre as matérias complementares ou alterações a introduzir à presente directiva.

Artigo 30.°
(Prazo de transposição)

1. Os Estados-membros porão em vigor antes de 1 de Janeiro de 1988 as disposições legislativas, regulamentares e administrativas necessárias para darem cumprimento à presente directiva. Desse facto, informarão imediatamente a Comissão.

2. Os Estados-membros podem prever que as disposições referidas no n.° 1 só se apliquem a partir de 1 de Janeiro de 1990.

3. Os Estados-membros comunicarão à Comissão o texto das principais disposições do direito nacional que adoptem no domínio regulado pela presente directiva.

4. Os Estados-membros comunicarão, igualmente, à Comissão a lista dos exames organizados ou reconhecidos de acordo com o artigo 4.°.

Artigo 31.°
(Destinatários)

Os Estados-membros são destinatários da presente directiva.

Feito no Luxemburgo em 10 de Abril de 1984.

Pelo Conselho
O Presidente
C. CHEYSSON

§ 24.° Textos dos Regulamentos n.° 1606/2002 e n.° 1725/2003 (IAS)

106. Texto do Regulamento (CE) n.° 1606/2002, de 19 de Julho

Pela sua proximidade material em relação às 4.ª, 7.ª e 8.ª Directrizes do Direito das Sociedades, desde já publicamos o texto do Regulamento (CE) n.° 1606/2002, de 19 de Julho, relativo à aplicação dos IAS ou normas internacionais de contabilidade. As epígrafes são oficiais.

REGULAMENTO (CE) N.° 1606/2002 DO PARLAMENTO EUROPEU E DO CONSELHO

de 19 de Julho de 2002

relativo à aplicação das normas internacionais de contabilidade

O PARLAMENTO EUROPEU E O CONSELHO DA UNIÃO EUROPEIA,

Tendo em conta o Tratado que institui a Comunidade Europeia e, nomeadamente, o n.° 1 do seu artigo 95.°,

Tendo em conta a proposta da Comissão (1),

Tendo em conta o parecer do Comité Económico e Social (2),

Deliberando nos termos do artigo 251.° do Tratado (3),

Considerando o seguinte:

---

(1) JO C 154 E de 29.5.2001, p. 285.

(2) JO C 260 de 17.9.2001, p. 86.

(3) Parecer do Parlamento Europeu de 12 de Março de 2002 (ainda não publicado no Jornal Oficial) e decisão do Conselho de 7 de Junho de 2002.

(1) O Conselho Europeu de Lisboa, que decorreu em 23 e 24 de Março de 2000, salientou a necessidade de acelerar a realização do mercado interno dos serviços financeiros, tendo fixado o prazo limite de 2005 para a execução do Plano de Acção para os Serviços Financeiros, da Comissão, e apelado à tomada de medidas destinadas a reforçar a comparabilidade das demonstrações financeiras elaboradas pelas sociedades cujos títulos são negociados publicamente.

(2) Com o objectivo de contribuir para um melhor funcionamento do mercado interno, as sociedades cujos títulos são negociados publicamente devem aplicar um único conjunto de normas internacionais de contabilidade de elevada qualidade, para efeitos da elaboração das respectivas demonstrações financeiras consolidadas. Além disso, importa que as normas em matéria de apresentação de informações financeiras aplicadas pelas sociedades da Comunidade que participam nos mercados financeiros sejam aceites internacionalmente e constituam normas aplicáveis verdadeiramente a nível mundial. Tal implica um aumento da convergência das normas e regras de contabilidade utilizadas actualmente a nível internacional, com o objectivo último de criar um conjunto único de normas de contabilidade aplicáveis a nível mundial.

(3) A Directiva 78/660/CEE do Conselho, de 25 de Julho de 1978, relativa às contas anuais de certas formas de sociedades ([4]), a Directiva 83/349/CEE do Conselho, de 13 de Junho de 1983, relativa às contas consolidadas ([5]), a Directiva 86/635/CEE do Conselho, de 8 de Dezembro de 1986, relativa às contas anuais e às contas consolidadas dos bancos e outras instituições financeiras ([6]), e a Directiva 91/674/CEE do Conselho, de 19 de Dezembro de 1991, relativa às contas anuais e às contas consolidadas das empresas de seguros ([7]), dirigem-se igualmente às sociedades da Comunidade cujos títulos são negociados publicamente. Os requisitos em matéria de apresentação de informações estabelecidos nessas directivas não podem assegurar o elevado nível de transparência e de comparabilidade em matéria de apresentação de informações financeiras por parte de todas as sociedades da Comunidade cujos títulos são negociados publicamente, que é uma condição necessária para a criação de um mercado de capitais integrado que funcione de modo eficaz, harmonioso e eficiente. Por conseguinte, é necessário complementar o quadro jurídico aplicável às sociedades cujos títulos são negociados publicamente.

([4]) JO L 222 de 14.8.1978, p. 11. Directiva com a última redacção que lhe foi dada pela Directiva 2001/65/CE do Parlamento Europeu e do Conselho (JO L 283 de 27.10.2001, p. 28).

([5]) JO L 193 de 18.7.1983, p. 1. Directiva com a última redacção que lhe foi dada pela Directiva 2001/65/CE do Parlamento Europeu e do Conselho.

([6]) JO L 372 de 31.12.1986, p. 1. Directiva com a última redacção que lhe foi dada pela Directiva 2001/65/CE do Parlamento Europeu e do Conselho.

([7]) JO L 374 de 31.12.1991, p. 7.

(4) O presente regulamento tem como objectivo contribuir para o bom funcionamento dos mercados de capitais, com uma boa relação custo-eficácia. A protecção dos investidores e a manutenção da confiança nos mercados financeiros constituem igualmente aspectos relevantes da realização do mercado interno neste domínio. O presente regulamento reforça a liberdade de circulação dos capitais no quadro do mercado interno,

contribuindo para que as sociedades da Comunidade possam concorrer num plano de igualdade relativamente aos recursos financeiros disponíveis nos mercados de capitais da Comunidade, bem como nos mercados de capitais mundiais.

(5) Para assegurar a competitividade dos mercados de capitais europeus, é importante que se realize a convergência das normas utilizadas na Europa para a elaboração das demonstrações financeiras com as normas internacionais de contabilidade, as quais são susceptíveis de uma utilização a nível mundial, tanto para a realização de operações transfronteiras como para a admissão à cotação no estrangeiro.

(6) Em 13 de Junho de 2000, a Comissão publicou uma comunicação relativa à "Estratégia da UE para o futuro em matéria de informações financeiras a prestar pelas empresas", na qual propôs que todas as sociedades da Comunidade cujos títulos são negociados publicamente elaborem as suas demonstrações financeiras consolidadas em conformidade com um único conjunto de normas de contabilidade, a saber, as normas internacionais de contabilidade (NIC), o mais tardar a partir de 2005.

(7) As normas internacionais de contabilidade (NIC) são elaboradas pelo International Accounting Standards Committee (IASC), cujo objectivo consiste em criar um conjunto único de normas contabilísticas a nível mundial. Na sequência da reestruturação do IASC, uma das primeiras decisões do novo órgão de direcção consistiu em alterar a denominação deste comité para International Accounting Standards Board (IASB) a partir de 1 de Abril de 2001 e, no que diz respeito às futuras normas internacionais de contabilidade, foi determinado que as NIC passariam a denominar-se Normas Internacionais de Informação Financeira (NIIF). Sempre que possível e desde que assegurem um elevado grau de transparência e de comparabilidade das informações financeiras na Comunidade, estas normas devem ser de utilização obrigatória por parte de todas as sociedades da Comunidade cujos títulos são negociados publicamente, bem como por todas as empresas comunitárias.

(8) As medidas necessárias à execução do presente regulamento serão aprovadas nos termos da Decisão 1999/468/CE do Conselho, de 28 de Junho de 1999, que fixa as regras do exercício das competências de execução atribuídas à Comissão ([8]), tendo devidamente em conta a declaração feita pela Comissão perante o Parlamento Europeu, em 5 de Fevereiro de 2002, sobre a aplicação da legislação relativa aos serviços financeiros.

([8]) JO L 184 de 17.7.1999, p. 23.

(9) Para se poder adoptar uma norma internacional de contabilidade com vista à sua aplicação na Comunidade, é necessário, em primeiro lugar, que a mesma satisfaça o requisito fundamental constante das referidas directivas do Conselho, isto é, que a sua aplicação apresente de forma verdadeira e fiel a situação financeira e os resultados obtidos por uma empresa, sendo este princípio ponderado à luz das mencionadas directivas do Conselho, sem que tal implique uma estrita conformidade com todas as disposições dessas directivas; em segundo lugar, que, em conformidade com as conclusões do Conselho de 17 de Julho de 2000, corresponda ao interesse público euro-

peu e, por último, que satisfaça critérios fundamentais no que diz respeito à qualidade das informações requeridas para que as demonstrações financeiras sejam úteis para os utilizadores.

(10) Um Comité Técnico Contabilístico apoiará e prestará assessoria à Comissão na apreciação das normas internacionais de contabilidade.

(11) O mecanismo de aprovação deve funcionar de forma rápida relativamente às normas internacionais de contabilidade propostas, devendo igualmente constituir um meio para ponderar, reflectir e trocar informações sobre normas internacionais de contabilidade entre as principais partes envolvidas, em especial os organismos nacionais de normalização contabilística, as autoridades de supervisão nos domínios dos valores mobiliários, da banca e dos seguros, os bancos centrais, incluindo o Banco Central Europeu, os contabilistas e os utilizadores e responsáveis pela elaboração das contas. Este mecanismo deve constituir um meio para promover uma interpretação comum das normas internacionais de contabilidade adoptadas na Comunidade.

(12) De acordo com o princípio da proporcionalidade, as medidas previstas no presente regulamento, ao requererem a aplicação de um único conjunto de regras internacionais de contabilidade pelas sociedades cujos títulos são negociados publicamente, são necessárias para atingir o objectivo de contribuir para o bom funcionamento dos mercados de capitais da Comunidade com base numa boa relação custo-eficácia e, assim, para a realização do mercado interno.

(13) De acordo com o mesmo princípio, é necessário, no que diz respeito às contas anuais, deixar aos Estados-Membros a opção de autorizarem ou requererem às sociedades cujos títulos são negociados publicamente que elaborem essas contas em conformidade com as normas internacionais de contabilidade adoptadas de acordo com o procedimento previsto no presente regulamento. Os Estados-Membros podem decidir igualmente alargar esta autorização ou este requisito a outras sociedades no que diz respeito à elaboração das suas contas consolidadas e/ou das suas contas anuais.

(14) Para facilitar a troca de opiniões e permitir que os Estados-Membros coordenem as suas posições, a Comissão deverá informar periodicamente o Comité de Regulamentação Contabilística sobre os projectos em curso, os documentos de debate, as sínteses relativas a questões pontuais e os projectos sobre riscos elaborados pelo IASB, bem como sobre o trabalho técnico posteriormente desenvolvido pelo Comité Técnico Contabilístico. Importa também que o Comité de Regulamentação Contabilística seja antecipadamente informado se a Comissão não tencionar propor a adopção de uma norma internacional de contabilidade.

(15) Nas suas deliberações e na elaboração das posições a tomar em documentos ou notas emitidas pelo IASB no processo de desenvolvimento de normas contabilísticas internacionais (NIIF e interpretações do SIC-IFRIC), a Comissão deverá tomar em consideração a importância de evitar uma desvantagem concorrencial para as empresas europeias que operam no mercado global e, na medida do possível, os pontos de vista manifestados pelas delegações no Comité de Regulamentação Contabilística. A Comissão estará representada nos órgãos constitutivos do IASB.

(16) É essencial estabelecer um regime de aplicação apropriado e rigoroso para reforçar a confiança dos investidores nos mercados financeiros. Por força do artigo 10.° do Tratado, os Estados-Membros devem tomar medidas apropriadas para assegurar a observância das normas internacionais de contabilidade. A Comissão tenciona manter-se em contacto com os Estados-Membros, nomeadamente através do Comité das Autoridades de Regulamentação dos Mercados Europeus de Valores Mobiliários (CARMEVM), para definir uma abordagem comum relativamente à aplicação dessas normas.

(17) É também necessário autorizar os Estados-Membros a diferir até 2007 a aplicação de certas disposições às sociedades cujos títulos são negociados publicamente na Comunidade e num mercado regulamentado de qualquer país terceiro e que já aplicam outro conjunto de normas aceites internacionalmente como base principal para as suas contas consolidadas, bem como às sociedades nas quais só os títulos de dívida são negociados publicamente. É, no entanto, crucial que, até 2007, o mais tardar, seja aplicável a todas as sociedades cujos títulos são negociados publicamente num mercado regulamentado da Comunidade um conjunto único de normas internacionais de contabilidade de âmbito global, a saber as NIC.

(18) Para que os Estados-Membros e as sociedades possam realizar as adaptações exigidas para tornar possível a aplicação das normas internacionais de contabilidade, é necessário aplicar certas disposições apenas em 2005. Há que estabelecer as disposições apropriadas para proceder à primeira aplicação das NIC pelas sociedades em consequência da entrada em vigor do presente regulamento. Essas disposições deverão ser formuladas a nível internacional a fim de garantir o reconhecimento internacional das medidas adoptadas,

ADOPTARAM O PRESENTE REGULAMENTO:

Artigo 1.°
Objectivo

O presente regulamento tem como objectivo a adopção e a utilização das normas internacionais de contabilidade na Comunidade, com vista a harmonizar as informações financeiras apresentadas pelas sociedades referidas no artigo 4.°, por forma a assegurar um elevado grau de transparência e de comparabilidade das demonstrações financeiras e, deste modo, um funcionamento eficiente do mercado de capitais da Comunidade e do mercado interno.

Artigo 2.°
Definições

Para efeitos do presente regulamento, por "normas internacionais de contabilidade" entendem-se as International Accounting Standards, – IAS (normas internacionais de contabilidade – NIC), as International Financial Reporting Standards, IFRS (normas internacionais de informação financeira-NIIF) e interpretações conexas (interpretações do SIC-IFRIC), as alterações subsequentes a essas normas e interpretações conexas e as futuras normas e interpretações conexas emitidas ou adoptadas pelo International Accounting Standards Board (IASB).

Artigo 3.°
Adopção e utilização de normas internacionais de contabilidade

1. A Comissão decide nos termos do n.° 2 do artigo 6.° da aplicabilidade na Comunidade das normas internacionais de contabilidade.

2. As normas internacionais de contabilidade só podem ser adoptadas se:

- não forem contrárias ao princípio estabelecido no n.° 3 do artigo 2.° da Directiva 78/660/CEE e no n.° 3 do artigo 16.° da Directiva 83/349/CEE e corresponderem ao interesse público europeu, e
- satisfizerem os critérios de inteligibilidade, relevância, fiabilidade e comparabilidade requeridos das informações financeiras necessárias para a tomada de decisões económicas e a apreciação da eficácia da gestão.

3. Até 31 de Dezembro de 2002, a Comissão deve decidir, nos termos do n.° 2 do artigo 6.°, da aplicabilidade na Comunidade das normas internacionais de contabilidade existentes aquando da entrada em vigor do presente regulamento.

4. As normas internacionais de contabilidade adoptadas devem ser publicadas na íntegra em todas as línguas oficiais da Comunidade, sob a forma de regulamento da Comissão, no Jornal Oficial das Comunidades Europeias.

Artigo 4.°
Contas consolidadas das sociedades cujos títulos são negociados publicamente

Em relação a cada exercício financeiro com início em ou depois de 1 de Janeiro de 2005, as sociedades regidas pela legislação de um Estado-Membro devem elaborar as suas contas consolidadas em conformidade com as normas internacionais de contabilidade, adoptadas nos termos do n.° 2 do artigo 6.°, se, à data do balanço e contas, os seus valores mobiliários estiverem admitidos à negociação num mercado regulamentado de qualquer Estado-Membro, na acepção do n.° 13 do artigo 1.° da Directiva 93/22/CEE do Conselho, de 10 de Maio de 1993, relativa aos serviços de investimento no domínio dos valores mobiliários ([9]).

([9]) JO L 141 de 11.6.1993, p. 27. Directiva com a última redacção que lhe foi dada pela Directiva 2000/64/CE do Parlamento Europeu e do Conselho (JO L 290 de 17.11.2000, p. 27).

Artigo 5.°
Opções relativas às contas anuais e às sociedades cujos títulos não são negociados publicamente

Os Estados-Membros podem permitir ou requerer:

a) Às sociedades referidas no artigo 4.° que elaborem as suas contas anuais;

b) Às sociedades que não as referidas no artigo 4.° que elaborem as suas contas consolidadas e/ou as suas contas anuais,

em conformidade com as normas internacionais de contabilidade adoptadas nos termos do n.° 2 do artigo 6.°.

Artigo 6.°
Comité de Regulamentação Contabilística

1. A Comissão é assistida por um Comité de Regulamentação Contabilística, a seguir designado "Comité".

2. Sempre que se faça referência ao presente número, são aplicáveis os artigos 5.° e 7.° da Decisão 1999/468/CE, tendo-se em conta o disposto no seu artigo 8.°.
O prazo previsto no n.° 6 do artigo 5.° da Decisão 1999/468/CE é de três meses.

3. O comité aprovará o seu regulamento interno.

Artigo 7.°
Relatórios e coordenação

1. A Comissão deve manter contacto regular com o comité sobre a situação dos projectos do IASB em curso, bem como sobre quaisquer documentos conexos emitidos pelo IASB a fim de coordenar posições e de facilitar os debates quanto à eventual adopção de normas decorrentes desses projectos e documentos.

2. A Comissão deve informar cabal e atempadamente o comité sempre que tencione não propor a adopção de uma norma.

Artigo 8.°
Notificação

Sempre que os Estados-Membros adoptarem medidas por força do artigo 5.°, devem comunicá-las de imediato à Comissão e aos outros Estados-Membros.

Artigo 9.°
Disposições transitórias

Em derrogação do disposto no artigo 4.°, os Estados-Membros podem estabelecer que os requisitos desse artigo só sejam aplicáveis em cada exercício financeiro a partir de 1 de Janeiro de 2007 às sociedades:

a) Cujos títulos de dívida apenas se encontrem admitidos num mercado regulamentado de qualquer Estado-Membro, na acepção do n.° 13 do artigo 1.° da Directiva 93/22/CEE; ou

b) Cujos valores mobiliários estão admitidos à negociação pública num Estado não membro e que, para esse efeito, têm vindo a utilizar normas internacionalmente aceites desde um exercício financeiro que começou antes da publicação do presente regulamento no Jornal Oficial das Comunidades Europeias.

Artigo 10.°
Informação e reexame

A Comissão deve proceder ao reexame da aplicação do presente regulamento, apresentando para o efeito um relatório ao Parlamento Europeu e ao Conselho até 1 de Julho de 2007.

Artigo 11.°
Entrada em vigor

O presente regulamento entra em vigor três dias após a sua publicação no Jornal Oficial das Comunidades Europeias.

O presente regulamento é obrigatório em todos os seus elementos e directamente aplicável em todos os Estados-Membros.

Feito em Bruxelas, em 19 de Julho de 2002.

Pelo Parlamento Europeu	*Pelo Conselho*
O Presidente	*O Presidente*
P. Cox	T. Pedersen

107. **Texto do Regulamento (CE) n.° 1725/2003, de 21 de Setembro**

O Regulamento n.° 1606/2003 veio a ser completado pelo Regulamento (CE) n.° 1725/2003, de 21 de Setembro, que adopta certas normas internacionais de contabilidade.

Por razões de economia, apenas publicamos o preâmbulo e os dois artigos deste Regulamento: as normas por ele aprovadas ocupam 420 páginas nas colunas do *Jornal Oficial*. Assim:

REGULAMENTO (CE) N.° 1725/2003 DA COMISSÃO

de 21 de Setembro de 2003

que adopta certas normas internacionais de contabilidade, nos termos do Regulamento (CE) n.° 1606/2002 do Parlamento Europeu e do Conselho[587]

A COMISSÃO DAS COMUNIDADES EUROPEIAS,

Tendo em conta o Tratado que institui a Comunidade Europeia,

Tendo em conta o Regulamento (CE) n.° 1606/2002 do Parlamento Europeu e do Conselho, de 19 de Julho de 2002, relativo à aplicação das normas internacionais de contabilidade (1) e, nomeadamente, o n.° 3 do seu artigo 3.°,

(1) JO L 243 de 11.9.2002, p. 1.

Considerando o seguinte:

(1) O Regulamento (CE) n.° 1606/2002 requer que, em relação a cada exercício financeiro com início em ou depois de 1 de Janeiro de 2005, as sociedades regidas pela legislação de um Estado-Membro cujos títulos são negociados publicamente devem, em determinadas condições, elaborar as suas contas consolidadas em conformidade com as normas internacionais de contabilidade, definidas no artigo 2.° do mencionado regulamento;

(2) A Comissão, após apreciar os pareceres apresentados pelo Comité Técnico Contabilístico, concluiu que as normas internacionais de contabilidade vigentes em 14 de Setembro de 2002 respeitam os critérios estabelecidos para a sua adopção no artigo 3.° do Regulamento (CE) n.° 1606/2002;

(3) A Comissão apreciou igualmente os actuais projectos de melhoria que propõem a alteração de muitas normas existentes. As normas internacionais de contabilidade com a redacção que resultar da finalização destas propostas serão apreciadas para efeitos de adopção, uma vez concluído o processo da sua alteração. As alterações propostas às normas existentes não têm qualquer impacto na decisão da Comissão destinada a adoptar as normas existentes, com excepção dos casos das IAS 32 Instrumentos Financeiros: Divulgação e Apresentação, IAS 39 Instrumentos Financeiros: Reconhecimento e Mensuração e um pequeno número de interpretações conexas, relacionadas com estas normas, a SIC 5 Classificação de Instrumentos Financeiros – Cláusulas de Liquidação Contingente, SIC 16 Capital em Acções – Instrumentos de Capital Próprio Readquiridos (Acções Próprias) e SIC 17 Capital Próprio – Custos de uma Transacção de Capital Próprio;

(4) A existência de normas de elevada qualidade relativas aos instrumentos financeiros, incluindo os instrumentos derivados, é relevante para os mercados de capitais da

[587] JOCE N.° L-261, 1-2, de 13-Out.-2003.

Comunidade. No entanto, nos casos das IAS 32 e 39, é possível que as alterações actualmente em apreciação venham a ser muito profundas, pelo que não se justifica a sua adopção na presente fase. Logo que estiver concluído o actual projecto de melhoria e publicadas as normas revistas, a Comissão ponderará, com carácter de urgência, a sua adopção, nos termos do Regulamento (CE) n.° 1606/2002;

(5) Deste modo, todas as normas internacionais de contabilidade vigentes em 14 de Setembro de 2002, com excepção das IAS 32 e 39 e das interpretações conexas, devem ser adoptadas;

(6) As medidas previstas no presente Regulamento estão em conformidade com o parecer do Comité de Regulamentação Contabilística,

ADOPTOU O PRESENTE REGULAMENTO:

Artigo 1.°

São adoptadas as normas internacionais de contabilidade constantes do Anexo.

Artigo 2.°

O presente regulamento entra em vigor três dias após a sua publicação no Jornal Oficial da União Europeia.

O presente regulamento é obrigatório em todos os seus elementos e directamente aplicável em todos os Estados-Membros.

Feito em Bruxelas, em 29 de Setembro de 2003.

Pela Comissão
Frederick Bolkestein
Membro da Comissão

§ 25.° Direito europeu da prestação de contas

108. Origem e objectivos

I. A escrituração comercial ou, como se diz no domínio do Direito europeu, a prestação de contas abrange uma dupla acepção:

- o conjunto dos livros que o comerciante deve ter para conhecer e dar a conhecer, com precisão e facilidade, as suas operações e o estado do seu património;
- a técnica de registar as operações comerciais e as consequências patrimoniais delas advenientes.

Neste último sentido, a escrituração mercantil é sinónimo de contabilidade. A escrituração material surge, então, como a aplicação deste.

II. A necessidade de manter contas decorre do próprio exercício do comércio. Este, mesmo elementar, implica actos que o comerciante não pode reter sem apoio em notas. E são justamente estas, pelas informações que propiciam, que o poderão nortear em novas operações, sedimentando a experiência e dando corpo às disponibilidades.

A escrituração terá começado por servir os interesses do próprio comerciante: operaria, na doutrina clássica, como "espelho" do interessado, funcionando como a sua "consciência" ou a sua "bússola". Mas além disso, desde cedo se verificou que ela servia, também, os interesses dos credores e isso a um duplo título[588]:

- incentivando a um comércio cuidadoso e ordenado, a escrituração conduz a práticas que põem os credores (mais) ao abrigo de falências e bancarrotas;

---

[588] Quanto aos escopos da escrituração cf. KARSTEN SCHMIDT, *Handelsrecht*, 5.ª ed. (1999), 414 ss. e CANARIS, *Handelsrecht*, 23.ª ed. (2000), 272.

– permitindo conhecer a precisa situação patrimonial e de negócios, a escrituração faculta informações e determina responsabilidades.

A partir daí, reconheceu-se que a escrituração servia toda a comunidade, facultando ainda ao Estado actuar com fins de polícia, de fiscalidade ou de supervisão[589]. Numa evolução ainda mais recente, a escrituração vem a servir os investimentos e a expansão mobiliária das empresas.

III. A escrituração mercantil e os deveres a ela inerentes andam hoje ligados à prestação de contas e à fiscalização das empresas. No fundamental, ela opera como um corpo de regras de Direito público, fixadas pelo Estado e que escapam, por isso e em larga medida, à lógica do Direito privado[590]. A violação das suas regras conduz, no essencial, a sanções de tipo público, particularmente fiscais. Não obstante, de acordo com a tradição europeia continental, era matéria de Direito comercial[591]: razões de sistemática legislativa a tanto conduziam.

CANARIS, perante o escopo público das normas em jogo na escrituração e na prestação de contas, entende mesmo que elas não poderiam sequer ser tomadas como normas de protecção, para efeitos de responsabilidade civil[592]. Trata-se, contudo, de um ponto que deve ser verificado norma a norma.

Apesar da sua natureza pública, os deveres relativos à escrituração mercantil e à prestação de contas fazem parte do acervo que caracteriza o *status* do comerciante. Devem ser referidos a tal propósito, tendo grande importância prática[593]. E embora os juristas não mostrem, à partida, um especial interesse por esse tipo de matéria, ela não tem dificuldade: é-lhes acessível mediante um *minimum* de aprendizagem e de prática.

---

[589] Cf. KURT GÖLLERT/WILFRIED RINGLING, *Bilanzrecht* (1991), 13.

[590] WOLFGANG DIETER BUDDE e outros, *Beck'scher Bilanz-Kommentar. Handels- und Steuerrecht/§§ 238 bis 339 HGB*, 3.ª ed. (1995), § 238, Nr. 56 (12), KARSTEN SCHMIDT, *Handelsrecht*, 5.ª ed. cit., 413-414, HARALD WIEDEMANN, *Bilanzrecht/Kommentar zu den §§ 238 bis 342a HGB* (1999), § 238, Nr. 1 (2) e CANARIS, *Handelsrecht*, 23.ª ed. cit., 274-275.

[591] GEORG CREZELIUS, *Einführung in das Handelsbilanzrecht*, JA 1990, 366-369 e 1991, 1-7 (1990, 366).

[592] Mais precisamente, para efeitos do § 823, II do BGB, correspondente à segunda parte do artigo 483.°/1 do nosso Código Civil. Quanto a CANARIS, cf. o seu *Handelsrecht*, 23.ª ed. cit., 272 e 274.

[593] Cf. BERNHARD GROSSFELD, *Bilanzrecht/Jahresabschluss, Konzernabschluss, Internationale Standards*, 3.ª ed. (1997), 1 ss..

109. Dimensões internacionais; os IAS (IFRS): Regulamentos de 2002 e 2003

I. A escrituração e a prestação de contas eram, inicialmente, matéria nacional. A existência e o aprofundamento de um mercado internacional de capitais, com a necessidade, daí decorrente, de um conhecimento das mais diversas empresas, levou a uma aproximação das técnicas de contabilidade, com a formação de corpos internacionais de regras.

II. No domínio da escrituração e da prestação de contas ocorrem dois grandes sistemas ou técnicas de elaboração: o continental, liderado pela Alemanha e o anglo-saxónico, de origem britânica e hoje liderado pelos Estados Unidos.

No essencial, divergem na filosofia de raiz[594]. O sistema continental preocupa-se com a tutela dos credores; valoriza, em especial, o património, numa situação perfeitamente vincada em função dos interesses dos bancos. O anglo-saxónico dá mais relevo às perspectivas dos negócios e aos interesses dos titulares, actuais ou potenciais: isso explica-se por a evolução das sociedades ter sido mais rápida, além-Mancha e por, aí, se ter recorrido, nas origens, mais ao autofinanciamento e, hoje, ao mercado de capitais. De um modo geral, as contas elaboradas em termos continentais subavaliam as empresas, em face dos estalões norte-americanos.

III. Na apresentação internacional de contas, particularmente para as multinacionais e grandes empresas que pretendam ser admitidas à cotação em Wall Street, há que seguir os GAAP ou US-GAAP: *Generally Accepted Accounting Principles*, preparados e revistos pelo FASB ou *Federal Accounting Standard Board*.

Ainda no tocante à estandartização internacional das contas, deve referir-se o IASC ou *International Accounting Standards Committee*, com sede em Londres[595] [596]. O IASC prepara os IAS ou *International Accoun-*

---

[594] Cf., em espeial, GROSSFELD, *Bilanzrecht* cit., 293 ss. e CARSTEN P. CLAUSSEN, *So musste es kommen! – Über die Situation des deutschen Rechnungslegungsrechts*, AG 1993, 278-280 (278).

[595] Cf. WALTHER BUSSE VON COLBE e outros, *Lexikon des Rechnungswesens*, 3.ª ed. (1994), 306 e ALEXANDER BARDENZ, *Durchbuch für das International Accounting Standards Committee? Entstehung, Organisation und Akzeptanz*, WM 1996, 1657-1671 (1657).

[596] O IASC foi constituído, após diversos antecedentes, em 1973, mercê dos esforços de Lorde HENRY ALEXANDER BENSON, sobrinho do fundador da Coopers & Lybrand, uma das seis maiores

ting Standards: recomendações destinadas a aproximar e a melhorar os esquemas contabilísticos. Os IAS não constituem um sistema completo; de preparação complexa e cuidada, eles não coincidem com os *standards* norte-americanos, apresentando uma maior relevância patrimonial[597]. Os IAS ocupam-se do balanço e dos resultados: não da escrituração[598]. Procuram um *true and fair view* das empresas, estando dominados pelas concepções anglo-saxónicas. Também os contabilistas e auditores dispõem de uma organização de cúpula internacional: a IFAC ou *International Federation of Accountants*, com sede em Bruxelas e representando 108 organizações de 78 países.

IV. A Comissão da União Europeia procurou aproximar os ordenamentos comunitários dos US-GAAP e dos IAS: tal o sentido geral das pertinentes Directrizes, abaixo examinadas. Nessa base ocorreram, nos anos 80, diversas reformas dos planos de contas, com referência para as leis alemãs de 26-Ago.-1983[599] e de 19-Dez.-1985[600] e francesa de 30-Abr.--1983[601]. O movimento prossegue.

Os excessos de normalização vêm penalizar as pequenas empresas, obrigadas a contratar pessoal especializado para a elaboração de documentos que não têm qualquer utilidade exterior. Está, pois, na ordem do dia um movimento tendente à desburocratização, nesses casos[602].

V. A evolução subsequente pautou-se pela crescente internacionalização da prestação de contas. O IASC veio alterar a sua designação para

---

empresas do Mundo de auditoria (os *big six*); reúne, hoje, 116 membros de 86 países. Cf., ainda, Sir Bryan Carsberg, *The Role and Future Plans of the International Accounting Standards Committee*, em Lothar Schruff, *Bilanzsrecht unter dem Einfluss internationaler Reformzwänge* (1996), 41-58, sublinhando (43) a necessidade de harmonização.

[597] Cf. Bardenz, *Durchbruch für das International Accounting Standards Committee?* cit., 1659 ss. e Grossfeld, *Bilanzrecht* cit., 297.

[598] Cf. Wiedemann, *Bilanzrecht* cit., 7 e *passim*.

[599] Wolfgang Kalkhof, *Neue Entwicklungen das handelsrechtlichen Rechnungslegung (4. EG-Richtlinie und Gesetzentwurf Bilanzrichtlinie-Gesetz vom 26-8-1983) und managementorientierte Informationsaufbereitung der Vermögens-, Finanz- und Erfolgslage* (1983).

[600] Joachim Schulze-Osterloh, *Die Rechnungslegung der Einzelkaufleute und Personenhandelsgesellschaften nach dem Bilanzrichtlinien-Gesetz*, ZHR 150 (1986), 403-433 e *Jahresabschluss, Abschlussprüfung und Publizität der Kapitalgesellschaften nach dem Bilanzrichtlinien-Gesetz*, ZHR 150 (1986), 532-569.

[601] Mestre/Tian-Pancrazi, *Droit commercial*, 24.ª ed. (1999), 142.

[602] Assim, em França, a Lei Madelin de 11-Fev.-1994.

IASB (*International Accounting Standards Board*) e as próprias IAS passam a IFRS ou *International Finantial Reporting Standards*, numa orientação ao espírito anglo-saxónico[603]. A grande margem reside na abertura do mercado europeu ao potencial norte-americano.

Culminando todo este movimento, o Regulamento n.° 1606/2002, do Parlamento Europeu e do Conselho, de 19 de Julho, após um elucidativo preâmbulo[604], veio permitir à Comissão decidir a aplicabilidade, na União, das normas internacionais de contabilidade. Estas vieram a ser adoptadas pelo Regulamento n.° 1725/2003, da Comissão, de 21 de Setembro[605]. Nos termos do artigo 5.° do primeiro dos citados Regulamentos, cabe aos diversos Estados-membros permitir ou impor, às suas sociedades, a adopção das aprovadas normas internacionais de contabilidade[606]. Todavia, resulta do artigo 4.° que o Regulamento visa, fundamentalmente, as sociedades cotadas. Toda esta matéria deverá, nos próximos tempos, merecer a maior atenção.

110. **O plano europeu; evolução**

I. A 1.ª Directriz das Sociedades Comerciais já havia estabelecido, no seu artigo 2.°/1, f), o dever das sociedades de capitais publicarem o seu balanço e as suas contas[607]. Essa publicação serviria os interesses dos terceiros que, por qualquer razão, pretendessem conhecer o estado patrimonial e as perspectivas da sociedade considerada.

Efectivamente, a especial valência que as instâncias comunitárias têm no domínio das sociedades levaram-nas a reconverter a matéria da contabilidade e da prestação de contas. Tema tradicionalmente próprio do Direito comercial, ele veio a surgir no palco do Direito europeu das sociedades[608]. E aí já foi mesmo considerado como sendo o seu coração[609].

---

[603] Cf., sobre a matéria, GRUNDMANN, *Europäisches Gesellschaftsrecht* cit., 277 ss.; a bibliografia é infindável.

[604] *Supra*, 387-390.

[605] *Supra*, 394-395.

[606] Cf. GRUNDMANN, *Europäisches Gesellschaftsrecht* cit., 282-283.

[607] *Supra*, 130.

[608] HABERSÄCK, *Europäisches Gesellschaftsrecht*, 2.ª ed. cit., 219 (Nr. 262).

[609] GRUNDMANN, *Europäisches Gesellschaftsrecht* cit., 226.

II. A publicidade requerida pela 1.ª Directriz ao balanço e às contas das sociedades logo deixava surgir grave lacuna no Direito comunitário. Essa publicidade só seria útil se as próprias regras relativas ao balanço e às contas das sociedades tivessem sofrido um processo de harmonização. De outro modo, os diversos elementos seriam dificilmente acessíveis a agentes estrangeiros, ainda que europeus. Além disso: estaria vedada a comparabilidade entre sociedades de países europeus diferentes. O dever de publicitar balanços e contas perderia, assim, o seu alcance prático ou, pelo menos, o essencial desse alcance.

III. Assim surgiram, sucessivamente, as três grandes directrizes que pontuam o Direito europeu da prestação de contas:

- a 4.ª Directriz, relativa à prestação de contas anuais de certas sociedades;
- a 7.ª Directriz, referente às contas consolidadas;
- a 8.ª Directriz, reportada à aprovação das pessoas encarregadas da fiscalização legal dos elementos contabilísticos.

Estas Directrizes – particularmente a 4.ª – foram sendo objecto de diversas alterações, na busca de uma adequação crescente. Finalmente, surgiram publicados dois regulamentos:

- o Regulamento n.° 1606/2002, de 19 de Julho;
- o Regulamento n.° 1725/2003, de 21 de Setembro.

Ambos têm a ver com a aplicação dos IAS no espaço comunitário.

IV. Na evolução do Direito europeu da prestação de contas tem pesado o papel dos Estados Unidos[610], as exigências do mercado de capitais, da sua tutela[611] e a fatalidade de harmonização[612]. Além disso, porém, há que lidar com a própria dinâmica das contas, arrastada por uma evolução em vários planos: o desenvolvimento do mercado de capitais, o progresso na teoria das finanças e a utilização de meios informáticos[613].

---

610 Volker Lührmann, *Bericht über die Podiums- und Plenardiskussion zum Thema Wege zu globale Bilanzierungs-Standards*, em Lothar Schruff, *Bilanzrecht* (1996), 85-94.

611 Joachim Schulze-Osterloh, *Harmonisierung der Rechnungslegung und Kapitalschutz*, *idem*, 121-134.

612 Harad Wiedemann, *Entwicklung internationaler Prüfungs-Standards*, *idem*, 149-196.

613 Stanley Siegel, *Harmonization and Change in Accouting Principles: A Comment on Some Important Changes in United States Accounting*, *idem*, 97-119 (118).

Posteriormente, a sucessão de escândalos, primeiro além-Atlântico (Enron e outros) e, depois, na Europa (Parmalat), tem levado as diversas instâncias a procurar esquemas mais fiáveis de apuramento e publicitação das contas. São de esperar novas iniciativas.

Tudo isto depõe no sentido da internacionalização da prestação de contas[614]: para lá da própria harmonização europeia.

111. A preparação das 4.ª, 7.ª e 8.ª Directrizes

I. A preparação da 4.ª Directriz ou Directriz da prestação de contas[615] foi complexa. Os primeiros trabalhos iniciaram-se em 1965: estava-se no âmbito da preparação da 1.ª Directriz e trabalhava-se, então, para um universo bastante homogéneo de seis Estados: os seis fundadores. Os especialistas deram a sua colaboração assim se chegando a um projecto, em 1967.

A primeira proposta da Comissão foi tornada pública em 1971: ela estava, ainda, fortemente orientada de acordo com os princípios do Direito continental[616]. Com a entrada da Grã-Bretanha, da Irlanda e da Dinamarca, em 1-Jan.-1973, houve que retomar os trabalhos, surgindo nova proposta em 1974[617]. A Directriz seria, finalmente, aprovada em 25-Jul.-1978[618].

Como primeira apresentação, podemos dizer que a 4.ª Directriz tem uma natureza compromissória[619]: entre o sistema alemão, estático e destinado primacialmente à protecção dos credores e o sistema anglo-saxónico, dinâmico e virado para a tutela dos investidores[620].

II. A 7.ª Directriz ou Directriz das contas consolidadas[621] assentou numa primeira proposta da Comissão, de 1976, bastante próxima do Direito

---

614 BERNHARD GROSSFELD, *Internationale Rechnungslegung/Internationalisierung als Führungsaufgabe*, em GRUNDMANN, *Systembildung und Systemlücken* (2000), 289-303.

615 Ou *Bilanzrichtlinie*, na terminologia germânica.

616 GRUNDMANN, *Europäisches Gesellschaftsrecht* cit., 229, com indicações.

617 Cf. KAREL VAN HULLE, *Fortentwicklung des Europäischen Bilanzrechts aus Sicht der EU*, em LOTHAR SCHRUFF, *Bilanzrecht unter dem Einfluss internationaler Reformzwänge* (1996), 7-26.

618 Sobre os diversos elementos, cf. SCHWARZ, *Europäisches Gesellschaftsrecht* cit., 263-264.

619 RUDOLF J. NIEHUS, *Zur Transformation der 4. EG-(Bilanz-)Richtlinie in dem Mitgliedstaaten der Europäischen Gemeinschaft*, ZGR 1985, 536-566 (537).

620 SCHWARZ, *Europäisches Gesellschaftsrecht* cit., 268.

621 Os alemães, reconhecendo embora a impropriedade do termo, chamaram-lhe a *Konzernbilanzrichtlinie*.

alemão da prestação de contas dos *Konzern*[622]. A proposta levantou diversas dificuldades: vários países não tinham quaisquer regras quanto à consolidação de contas, enquanto a experiência britânica, com tradições diferentes, se contrapunha claramente à alemã. Na sua última versão, ela veio a aproximar-se mais do modelo inglês[623]. Após uma proposta alterada de 10-Dez.-1978[624], ela acabaria por ser adoptada em 13-Jun.-1983[625].

III. A 8.ª Directriz ou Directriz dos Revisores Oficiais de Contas[626] veio complementar as outras duas: é evidente que sem profissionais reconhecidamente habilitados para elaborar e certificar contas, todo o laborioso edifício das 4.ª e 7.ª Directrizes seria inaproveitável.

Um anteprojecto inicial surgiu nos finais de 1975. A Comissão apresentou uma primeira proposta em 24-Abr.-1978[627], seguindo-se uma proposta modificada em 1979. A Directriz final veio a ser aprovada pela Comissão em 10-Abr.-1984[628].

112. **Alterações; a Comunicação relativa ao reforço da revisão oficial**

I. A 4.ª Directriz foi já alterada por oito vezes. Eis o quadro geral:

- 7.ª Directriz do Conselho, de 13-Jun.-1983 (n.° 83/349(CEE)[629];
- Directriz do Conselho, de 27-Nov.-1984 (84/569/CEE)[630];

---

[622] SCHWARZ, *Europäisches Gesellschaftsrecht* cit., 270.

[623] LUTTER, *Europäisches Unternehmensrecht* cit., 207.

[624] K. VON WYSOCKI, *Zur endgültigen Fassung der 7. und 8. EG-Richtlinie*, DB 1979, 1472-1473 (1472/II).

[625] Com elementos evolutivos, HORST ALBACH/GÜNTER KLEIN, *Die Entwicklung des europäischen Konzernrechts/Einleitender Überlick über die 7. EG-Richtlinie und ihre Beitrag zur Harmonisierung der Konzernrechnungslegung*, em ALBACH/KLEIN, *Harmonisierung der Konzernrechnungslegung in Europa* (1990), 1-9 (1 ss.).

[626] Será a designação mais adequada, em português. Em alemão usa-se *Prüferbefähigungsrichtlinie*.

[627] WOLFGANG LÜCK, *Zur Harmonisierung nationaler Rechtsvorschriften bei der Zulassung der Abschlussprüfer in der EG/Analyse des Vorschlages einer 8. EG-Richtlinie*, DB 1979, 317-324; este Autor chama a atenção para a presença de inexactidões linguísticas no projecto (ob. cit., 324/I), mas recorda as conveniências da harmonização neste domínio (ob. cit., 325/II). Ainda quanto à proposta da 8.ª Directriz: VON WYSOCKI, *Zur endgültigen Fassung der 7. und 8. EG-Richtlinie* cit., 1473/I.

[628] Os locais de publicação destes elementos podem ser confrontados em SCHWARZ, *Europäisches Gesellschaftsrecht* cit., 247.

[629] JOCE N.° L-193, 1-17, de 18-Jul.-1983.

[630] JOCE N.° L-314, 28, de 4-Dez.-1984.

- 11.ª Directriz do Conselho, de 21-Dez.-1989 (n.° 89/666/CEE)[631];
- Directriz do Conselho, de 8-Nov.-1990 n.° 90/604/CEE[632];
- Directriz do Conselho, também de 8-Nov.-1990 n.° 90/605/CEE[633];
- Directriz n.° 94/8/CE, do Conselho, de 21-Mar.-1994[634];
- Directriz n.° 1999/60/CE, do Conselho, de 17-Jun.-1999[635];
- Directriz n.° 2001/65/CE, do Parlamento Europeu e do Conselho, de 27-Set.-2001[636].

II. A 7.ª Directriz, por seu turno, conheceu quatro alterações. São elas:

- a 11.ª Directriz do Conselho, de 21-Dez.-1989 (n.° 89/666/CEE)[637];
- a Directriz do Conselho, de 8-Nov.-1990 n.° 90/604/CEE[638];
- a Directriz do Conselho, também de 8-Nov.-1990 n.° 90/605/CEE[639]; e
- a Directriz n.° 2001/65/CE, do Parlamento Europeu e do Conselho, de 27-Set.-2001[640].

III. A 8.ª Directriz não sofreu, até hoje, alterações. Todavia, foi apresentada, pela Comissão, ao Conselho e ao Parlamento Europeu, uma Comunicação intitulada "reforçar a revisão oficial de contas na EU", cuja divulgação se nos afigura importante. Eis o seu texto:

COMUNICAÇÃO DA COMISSÃO AO CONSELHO E AO PARLAMENTO EUROPEU

Reforçar a revisão oficial de contas na EU[641]

1. Historial e introdução

Após o colapso da Enron, com os subsequentes escândalos financeiros, fizeram-se ouvir inúmeros apelos na União Europeia no sentido de uma reflexão mais aprofundada sobre as

631 JOCE N.° L-395, 36-39, de 21-Dez.-1989.
632 JOCE N.° L-317, 57-59, de 16-Nov.-1990.
633 JOCE N.° L-317, 60-62, de 16-Nov.-1990.
634 JOCE N.° L-82, 33-34, de 25-Mar.-1994.
635 JOCE N.° L-162, 65-66, de 17-Jun.- 1999.
636 JOCE N.° L-283, 28-32, de 27-Set.- 2001.
637 JOCE N.° L-395, 36-39, de 21-Dez.-1989.
638 JOCE N.° L-317, 57-59, de 16-Nov.-1990.
639 JOCE N.° L-317, 60-62, de 16-Nov.-1990.
640 JOCE N.° L-283, 28-32, de 27-Set.- 2001.
641 COM (2003) 286 final.

questões relacionadas com a prestação de informações financeiras, a revisão oficial de contas, o governo das sociedades e os mercados de valores mobiliários. Nos últimos 12 meses, assistiu-se a uma erosão da confiança dos investidores nos mercados de capitais a nível mundial, tendo sido claramente afectada a credibilidade do público relativamente ao sector da auditoria. As repercussões do caso Enron, bem como a reacção dos EUA para restabelecer a confiança dos investidores, a chamada Lei Sarbanes-Oxley (*Sarbanes-Oxley Act – SOA*), bem como os problemas que surgiram recentemente na UE em matéria de prestação de informações financeiras, apelam a uma redefinição das prioridades europeias no que diz respeito à revisão oficial de contas, no âmbito das iniciativas da Comissão com vista ao reforço do governo das sociedades. A Comissão emitirá, em paralelo com a presente comunicação sobre as prioridades no domínio da revisão de contas, uma comunicação intitulada "Modernizar o direito das sociedades e reforçar o governo das sociedades na União Europeia".

A ausência de uma abordagem harmonizada no domínio da revisão oficial de contas na UE levou a Comissão a organizar, em 1996, uma ampla reflexão sobre a necessidade e o âmbito de novas medidas a adoptar eventualmente a nível comunitário no que diz respeito à função dos revisores oficiais de contas. Esta reflexão foi lançada pelo Livro Verde da Comissão de 1996 ([1]) sobre "O papel, o estatuto e a responsabilidade do revisor oficial de contas na UE". As reacções ao Livro Verde apontaram para a necessidade de serem tomadas medidas a nível comunitário, para além das previstas na Directiva 84/253/CEE do Conselho ([2]) a "Oitava Directiva" que diz de um modo geral respeito à aprovação dos revisores oficiais de contas na UE. As conclusões políticas extraídas pela Comissão desta reflexão foram integradas numa comunicação da Comissão de 1998 intitulada "O futuro da revisão oficial de contas na União Europeia" ([3]).

([1]) JO C 321 de 28.10.1996, p. 1.

([2]) JO L 126 de 12.5.84, p. 20.

([3]) JO C 143 de 8.5.1998, p. 12.

A Comunicação de 1998 propôs a criação do Comité Europeu de Auditoria, que seria incumbido de desenvolver acções suplementares em estreita cooperação com o sector dos profissionais da contabilidade e os Estados-Membros. O objectivo primordial desse comité consiste em melhorar a qualidade da revisão oficial de contas. Os temas essenciais incluídos na sua ordem de trabalhos têm sido o controlo externo da qualidade, as normas de auditoria e a independência dos revisores.

Com base nos trabalhos deste comité, a Comissão emitiu uma Recomendação relativa ao "controlo de qualidade da revisão oficial de contas na União Europeia" ([4]), em Novembro de 2000, e uma Recomendação relativa à "independência dos revisores oficiais de contas na UE", em Maio de 2002 ([5]). Ambas as recomendações estão em fase de implementação por parte dos Estados-Membros. Estão igualmente em curso os trabalhos preparatórios com vista à utilização das Normas Internacionais de Auditoria (ISA – *International Standards on Auditing*).

([4]) JO L 91 de 31.3.01, p. 91.

([5]) JO L 191 de 19.07.02, p. 22.

Apesar destes progressos, a Comissão entende que a situação actual exige novas iniciativas para reforçar a confiança dos investidores nos mercados de capitais e para fomentar a confiança do público na função dos revisores na UE. Foram lançados apelos no sentido de se evitar uma reacção regulamentar precipitada, tentando progredir de forma segura e em consonância com o objectivo global da criação de um mercado de capitais eficiente a nível da UE até 2005, que constitui o objectivo fixado pelo Conselho Europeu. A Comissão está consciente dos riscos de um processo que consista em "legislar de forma descoordenada" e está empenhada em dar uma resposta sólida, eficaz mas também abrangente, equilibrada e proporcionada – após um amplo processo de consulta.

Embora a revisão de contas constitua um instrumento importante para assegurar uma prestação adequada de informações financeiras, não constitui o único elemento a ser alvo das atenções após os recentes escândalos financeiros. A revisão de contas inscreve-se num sistema mais alargado de intervenientes e de autoridades de regulamentação envolvidos no relato financeiro transparente aos mercados de capitais europeus. As iniciativas regulamentares propostas em matéria de revisão oficial de contas devem, por conseguinte, ser encaradas no contexto mais vasto do Plano de Acção para os serviços financeiros, da Comissão, bem como da reacção da Comissão ao colapso da Enron [(6)] ("Primeira resposta da UE às questões políticas suscitadas pelo caso Enron") – que mereceu todo o apoio do Conselho informal ECOFIN, realizado em Oviedo em Abril de 2002. Completa igualmente a Comunicação da Comissão sobre o direito das sociedades e o governo das sociedades – que constitui a sua reacção ao relatório Winter. A revisão de contas constitui um elemento importante das boas práticas em matéria de governo societário.

(6) Publicada em linha pela DG Markt com um comunicado de imprensa (IP/02/584). Website: http://europa.eu.int/comm/internal_market/en/company/company/news/ecofin_2004_04_enron_en.pdf

O mercado de capitais da UE opera num contexto mundial, tal como o demonstra a presença de investidores transfronteiriços, sociedades com cotação múltipla e sociedades registadas no estrangeiro. Nesta perspectiva, o mercado de capitais europeu deveria ser atractivo para todos os emitentes e investidores e assegurar um elevado nível de protecção dos investidores, beneficiando do reconhecimento à escala mundial. A UE prossegue estes objectivos, promovendo e exigindo a utilização de normas de elevada qualidade, reconhecidas a nível internacional, no que diz respeito ao funcionamento do seu mercado de capitais, apoiadas por uma infra-estrutura que assegure a devida aplicação dessas normas.

A credibilidade da informação financeira prestada pelos revisores de contas é indispensável para um leque mais alargado de entidades, para além das sociedades que se encontram cotadas na bolsa, tal como o testemunha a actual legislação comunitária que define requisitos em matéria de revisão de contas para todas as sociedades de responsabilidade limitada, bancos e seguradoras (7). Por conseguinte, o ponto de partida para uma estratégia política coerente e homogénea a nível da UE prende-se com o facto de dever continuar a abranger a totalidade (mais de um milhão) das revisões oficiais de contas efectuadas no território da UE, um número que é significativamente mais elevado do que o número de sociedades cotadas na UE, a saber cerca de 7 000. Quando necessário, as diferentes políticas e medidas deverão ser diferenciadas segundo critérios de interesse público ("entidades de interesse público"), tendo em conta especificamente as necessidades das pequenas e médias empresas (PME).

(7) Quarta (78/660/EEE) e Sétima (83/349/CEE) Directivas em matéria de direitos das sociedades, Directivas relativas às contas dos bancos (86/635/CEE) e das seguradoras (91/674/CEE) incluem requisitos em matéria de revisão de contas. De acordo com as Quarta e Sétima Directivas, os Estados-Membros podem isentar as pequenas empresas desse requisito.

Na sequência da primeira resposta da UE ao documento da Comissão sobre o caso Enron, os serviços da Comissão efectuaram uma consulta junto dos membros do Comité Europeu de Auditoria, no que toca às prioridades a reter para o futuro.

O capítulo 2 da presente Comunicação expõe o ponto de vista da Comissão com vista a um enquadramento regulamentar moderno para a revisão oficial de contas na UE e os capítulos 3 e 4 descrevem a iniciativas preconizadas no domínio da revisão oficial de contas. As propostas da Comissão no que diz respeito às iniciativas delineadas serão elaboradas em estreita cooperação com o Comité Europeu de Auditoria, seguindo um procedimento adequado e dotado da devida transparência.

2. Um enquadramento regulamentar moderno

2.1. Uma Oitava Directiva modernizada e centrada na definição de princípios

A Comunicação de 1998 sobre a revisão oficial de contas conduziu à adopção da Recomendação da Comissão relativa ao controlo de qualidade externo, em 2000, e da Recomendação relativa à independência dos auditores, em 2002. Os Estados-Membros estão já a implementar ambas as recomendações e o grau de harmonização alcançado será avaliado pela Comissão três anos após a sua adopção. Todavia, há que contar com outros instrumentos, para além dos instrumentos não vinculativos, para se obter o necessário grau de aplicação rigorosa, exigido pela actual situação na sequência do caso Enron.

A Comissão propõe por conseguinte uma modernização da Oitava Directiva, que constituiria uma base jurídica abrangente para todas as revisões oficiais efectuadas na UE. Na medida em que tal for adequado, esses princípios deveriam ser aplicados às sociedades de auditoria não comunitárias que prestam serviços de revisão de contas relativamente a sociedades cotadas nos mercados de capitais europeus. A Oitava Directiva, que foi adoptada em 1984 e nunca alterada desde então, diz sobretudo respeito à aprovação das pessoas (singulares e colectivas) que podem efectuar revisões oficiais de contas. Contém igualmente diversas disposições em matéria de transposição, que se encontram desactualizadas desde o início da década de noventa. A actual Oitava Directiva carece de um conjunto alargado de elementos para assegurar uma infra-estrutura de revisão de contas adequada (por exemplo, uma supervisão pública, procedimentos disciplinares e sistemas de controlo de qualidade) e não se refere à utilização de normas de auditoria, a requisitos de independência nem a códigos deontológicos. Tendo em conta os recentes acontecimentos, parece ter chegado a altura de modernizar a Oitava Directiva, transformando-a num texto legislativo europeu mais sucinto e abrangente, com princípios suficientemente claros, nos quais assentem todas as revisões oficiais de contas efectuadas no território da UE.

A abordagem europeia relativamente à estratégia em matéria de revisão de contas (e de prestação de informações financeiras) baseia-se essencialmente na definição de princípios e as acções a desenvolver no futuro devem respeitar esta orientação. No entanto, a aplicação adequada e coerente de princípios pode exigir uma clarificação adicional, através, por exemplo, de orientações pormenorizadas, recomendações quanto às melhores práticas a seguir, etc. É esta a abordagem inerente à adopção da Recomendação relativa à independência dos revisores oficiais de contas. A definição de princípios suficientemente claros na legislação comunitária, em paralelo com medidas de implementação, constitui uma estratégia que é consonante com a abordagem Lamfalussy no domínio da regulamentação dos mercados de valores mobiliários, cuja aplicação aos sectores bancários e segurador está actualmente em estudo.

Uma vez que os mercados de capitais europeus operam no contexto mundial, a aplicação destes princípios também às sociedades de auditoria não comunitárias, que prestam serviços de revisão de contas com incidência para os mercados de capitais europeus, deverá permitir o reconhecimento de soluções equivalentes de outros sistemas regulamentares.

2.2. Criação de um Comité Regulamentar de Auditoria

A política da UE em matéria de revisão oficial de contas, tal como enunciada na Comunicação de 1998, assenta essencialmente no princípio de uma "auto-regulamentação monitorizada". A profissão dos revisores oficiais de contas é desafiada a respeitar o seu compromisso no sentido de resolver as questões neste domínio com base na auto-regulamentação. Em consonância com esta estratégia, o Comité Europeu de Auditoria inclui representantes da profissão de revisão, o que até ao momento se tem revelado útil. Os representantes da profissão têm efectivamente contribuído de modo substancial para os trabalhos do Comité e a troca directa de pontos de vista com as autoridades de regulamentação dos Estados-Membros tem contribuído para um melhor entendimento das questões políticas fundamentais.

Todavia, há que alterar, na presente fase, o equilíbrio entre os representantes do interesse público e os representantes do sector dos profissionais da revisão de contas, para assegurar a devida independência da tomada de decisões a nível da UE. Esta alteração não implica que a tomada de decisões a nível comunitário deixe de envolver os profissionais do sector e de se apoiar nos seus conhecimentos e recursos. Pelo contrário, assegurará que, quer em termos efectivos quer na sua aparência, o interesse do público é e continuará a ser o princípio dominante da estratégia política da UE em matéria de revisão de contas. Este equilíbrio poderia ser conseguido com a constituição de um comité regulamentar de auditoria. O actual Comité Europeu de Auditoria, que deverá passar a chamar-se Comité Consultivo de Auditoria, manterá as suas funções de instância de debate preliminar entre autoridades de regulamentação e profissionais da revisão de contas. O novo Comité Regulamentar de Auditoria será um comité de regulamentação distinto, apenas constituído por representantes dos Estados-Membros e presidido pela Comissão. A Comissão adoptará as necessárias medidas de implementação seguindo um procedimento de comitologia. O novo comité regulamentar de auditoria será instituído através de uma alteração à Oitava Directiva e funcionará de acordo com as actuais disposições interinstitucionais em matéria de comitologia. Assim, as iniciativas na área da revisão oficial de contas deixariam de ser veiculadas pelo Comité de Contacto sobre as Directivas Contabilísticas, que continuaria a ocupar-se das questões relacionadas com a contabilidade.

Síntese das acções no domínio da criação de um enquadramento regulamentar moderno

1) **Comissão:** Proposta de modernização da Oitava Directiva em matéria de direito das sociedades, no primeiro trimestre de 2004, por forma a dispor de uma directiva de âmbito global e assente na definição de princípios, aplicável a todas as revisões oficiais de contas efectuadas no território da UE. A directiva modernizada clarificará o papel e o estatuto dos revisores de contas e definirá requisitos aplicáveis às infra-estruturas de revisão de contas, por forma a assegurar um trabalho de elevada qualidade. Incluirá disposições nos seguintes domínios: formação (ver 3.7), supervisão pública (ver ponto 3.2), controlo de qualidade (ver ponto 3.6), sanções disciplinares (ver ponto 3.8), normas de auditoria (ver ponto 3.1), questões deontológicas e independência (ver pontos 3.4 e 3.5).
2) **Comissão:** Incluir a constituição de um Comité Regulamentar de Auditoria na versão modernizada da Oitava Directiva.

3. Reforçar a função da revisão de contas

Após o colapso da Enron, a Comissão emitiu o documento intitulado "Uma primeira resposta da UE às questões políticas suscitadas pelo caso Enron", que contém uma visão global das medidas a tomar em cinco domínios-chave, incluindo a revisão oficial de contas. Os Ministros das Finanças da UE deram o seu acordo às conclusões deste documento da Comissão, na reunião informal realizada em Oviedo em Abril de 2002. A maioria das iniciativas propostas (3.1 a 3.7) decorrem directamente destas conclusões, tendo igualmente sido objecto de debate com os membros do Comité Europeu de Auditoria.

3.1. A utilização das Normas Internacionais de Auditoria (*International Standards on Auditing* – ISA) em todas as revisões oficiais de contas efectuadas na UE a partir de 2005

O elemento-chave no qual deve assentar o nível uniformemente elevado de qualidade da revisão de contas que se pretende para toda a UE consiste na utilização de normas comuns de auditoria. O Comité Europeu de Auditoria tem desenvolvido, desde 1999, trabalhos preparatórios com vista à utilização das ISA na UE, efectuando um exercício de análise comparativa dessas normas relativamente aos requisitos vigentes nos Estados-Membros neste domínio. Este exercício tem evidenciado que existe já um elevado nível de convergência com as ISA. No entanto, identificou também a necessidade de melhorar o conjunto das ISA em certos pontos específicos, como por exemplo o desenvolvimento de uma norma para a revisão das contas dos grupos internacionais, a actualização do modelo de risco de auditoria das ISA e a elaboração de orientações em matéria de auditoria associadas às normas internacionais de contabilidade (NIC). O *International Auditing and Assurance Standards Board* (IAASB) está actualmente a trabalhar de forma intensiva com o intuito de melhorar as actuais ISA. A Comissão insta o IAASB a prosseguir nesta linha, por forma a conceber as normas da mais elevada qualidade possível no domínio da revisão de contas.

A Comissão pretende tornar obrigatória a utilização das ISA na totalidade das revisões oficiais de contas efectuadas na UE a partir de 2005. Todavia, a implementação com êxito de um requisito vinculativo nesse sentido exige a realização de um conjunto de acções preliminares: a actualização e conclusão da análise das diferenças entre as ISA e os requisitos nacionais em matéria de revisão de contas; a definição de um conjunto de princípios ("enquadramento") para a avaliação das ISA; a análise de possíveis sistemas de aprovação; a elaboração de um relatório de auditoria comum; e a disponibilidade de traduções de elevada qualidade para todas as línguas comunitárias. No que diz respeito ao relatório de auditoria, a Comissão pretende utilizar a próxima revisão da norma ISA 700 (relatório de auditoria) como ponto de partida para analisar as diferenças existentes entre os relatórios de auditoria nacionais, em colaboração com as associações profissionais da UE e com a *Fédération des Experts Comptables Européens* (FEE).

O IAASB é um dos comités técnicos permanentes da IFAC, a *International Federation of Accountants*. Na sequência do caso Enron, a Comissão entende que deve ser seriamente ponderada a possibilidade de separar as actividades de normalização do IAASB dos restantes trabalhos da IFAC. Actualmente, as funções de normalização no domínio da auditoria do IAASB são essencialmente exercidas pelos profissionais do sector da revisão de contas, que são por elas visados. Apesar de a transparência de todo o processo ter sido recentemente melhorada, sendo o interesse público melhor representado através da inclusão no IAASB de um número limitado de pessoas alheias à profissão, a estrutura geral de governo da IFAC prevê um controlo por parte dos profissionais internacionais de contabilidade. Um organismo de normalização independente da IFAC, que agisse primordialmente numa perspectiva de interesse público, dotado de uma estrutura de governo dominada por representantes internacionais (não-profissionais) seria mais credível do ponto de vista do público e mais facilmente reconhecido pela UE.

Síntese das acções no domínio das Normas Internacionais de Auditoria (ISA)

1. **Comissão**: Anúncio, através da presente Comunicação, do objectivo da UE de utilizar as **ISA** a partir de 2005 no que diz respeito à totalidade das revisões oficiais de contas efectuadas na UE;
2. **Comissão/Comité Consultivo de Auditoria:** Acções preliminares destinadas a garantir uma implementação com êxito das **ISA** a partir de 2005, as quais incluirão: uma análise dos requisitos em matéria de revisão de contas vigentes a nível da UE e dos Estados-Membros que não são abrangidos pelas **ISA**; relatório de auditoria comum e traduções de elevada qualidade; novas melhorias a introduzir no processo

de normalização no domínio da revisão de contas da IFAC/IAASB, assegurando nomeadamente que o interesse público seja devidamente tido em conta;

3. Se os resultados da análise preliminar forem satisfatórios, a **Comissão** tenciona propor um instrumento vinculativo que exija a utilização das **ISA** a partir de 2005.

3.2. Supervisão pública profissão de auditoria

A supervisão por parte dos poderes públicos constitui um elemento importante para a preservação da confiança na função dos revisores de contas. A actual erosão da credibilidade deve-se em parte a uma percepção, por parte do público, de que o facto de a profissão ser auto-regulamentada acarreta um risco de conflitos de interesses na tentativa de resolução dos seus problemas.

A nível da UE, a supervisão pública apenas foi até agora objecto da Recomendação da Comissão relativa ao controlo de qualidade. As eventuais novas iniciativas deverão ter como ponto de partida o que já foi acordado, como por exemplo o requisito de o organismo de supervisão incluir uma maioria de pessoas alheias à profissão.

A actual organização da supervisão pública no que diz respeito ao controlo de qualidade é diferente de um Estado-Membro para outro, em função das estruturas existentes para o controlo da profissão da revisão de contas e da importância da supervisão exercida pelas autoridades de regulamentação específicas do sector na monitorização da qualidade da revisão de contas. As autoridades de regulamentação dos valores mobiliários ou as autoridades de regulamentação específicas do sector podem desempenhar o papel de representantes do interesse público, mas todas as iniciativas respeitantes a este controlo deverão ter em conta igualmente o eventual papel das outras partes interessadas. Nenhuma autoridade de supervisão ou parte interessada pode, por si só, ter a pretensão de defender de forma válida a diversidade de interesses presentes na supervisão dos revisores de contas que efectuam mais de um milhão de revisões oficiais na UE.

Para promover uma harmonização a nível da supervisão pública, é em primeiro lugar necessário analisar as diferenças e os pontos comuns entre os sistemas de supervisão pública actualmente existentes nos Estados-Membros. O Comité Europeu de Auditoria começou já a analisar os actuais sistemas de supervisão pública e a debater os requisitos mínimos (princípios) que devem ser satisfeitos pelos sistemas nacionais para garantir uma supervisão pública coerente em toda a UE. Há que abordar nomeadamente as questões seguintes:

- **o âmbito da supervisão** (por exemplo, formação, autorização, normalização, controlo de qualidade, sistemas disciplinares);
- **as competências em matéria de supervisão** (por exemplo poderes de investigação e disciplinares);
- **a composição dos órgãos de supervisão** (por exemplo, maioria de não-profissionais, procedimentos de nomeação adequados);

- **a transparência da supervisão** (por exemplo, publicação de programas de trabalho e relatórios de actividade anuais);
- **o financiamento** (por exemplo, financiamento não exclusivamente por parte do sector).

Na perspectiva da emergência de um mercado de capitais a nível europeu, é necessário criar um mecanismo de coordenação na UE, que reúna os sistemas nacionais numa rede coesa e eficiente a nível europeu. É importante que as pessoas incumbidas da supervisão pública a nível nacional tenham a possibilidade de se encontrarem regularmente para debater os seus problemas, para trocar experiências e para definir as melhores práticas. Respeitando o princípio da subsidiariedade, a Comissão entende que aplicação prática desta supervisão deverá continuar a ser da responsabilidade dos Estados-Membros. A Comissão considera que o seu papel consiste em promover a convergência de princípios e práticas a nível do Comité, a cujos trabalhos irá presidir. Um mecanismo efectivamente coordenado a nível da UE avaliaria então a necessidade do registo e da supervisão das sociedades de auditoria não europeias, que efectuam serviços de revisão de contas junto das sociedades cujos valores mobiliários são negociados nos mercados de capitais regulamentados da UE. A iniciativa que vier a ser considerada mais conveniente nesta questão importante da supervisão pública, seja ela qual for, terá de fundar-se numa Oitava Directiva modernizada.

Síntese de acções no domínio da supervisão pública

1) **Comissão/Comité Consultivo de Auditoria**: Análise dos actuais sistemas de supervisão pública;
2) **Comissão**: Definição de requisitos mínimos (princípios) em matéria de supervisão pública, a inserir na Oitava Directiva;
3) **Comissão**: Definição de um mecanismo de coordenação a nível da UE para reunir os sistemas nacionais de supervisão pública numa rede comunitária eficiente.

3.3. Governo das sociedades e revisão oficial de contas; comités de auditoria e controlo interno

No que diz respeito ao papel do revisor oficial de contas no contexto do governo das sociedades, um dos principais objectivos consiste em fazer com que os revisores oficiais de contas mantenham um grau adequado de independência relativamente aos administradores executivos. É evidente que o revisor de contas não deverá ter demasiada familiaridade ou estar demasiadamente dependente dos administradores executivos, que elaboram as demonstrações financeiras que ele deve avaliar de forma objectiva e crítica, no melhor interesse dos accionistas e das outras partes interessadas. Por conseguinte, a Comissão estudará a inserção de determinados princípios na Oitava Directiva modernizada no que diz respeito à designação, destituição e remuneração dos revisores oficiais de contas, por forma a assegurar uma "soberania" essencial relativamente à administração. Questões tão importantes como esta são a comunicação do revisor oficial de contas com o órgão responsável pelo governo da sociedade [8] bem como os princípios relativos à independência e competência dos membros deste órgão e a existência de métodos de trabalho eficazes.

(8) Órgão de governo: um órgão ou grupo de pessoas integrado na estrutura de governo da sociedade com a missão de exercer a supervisão da respectiva direcção, na qualidade de agente fiduciário dos investidores e, caso a legislação nacional o exija, de outros interessados, como por exemplo os trabalhadores, e que é constituído por, ou inclui pelo menos, indivíduos não pertencentes à direcção, como por exemplo membros do Conselho Fiscal ou de uma comissão de auditoria, um grupo de membros não executivos da direcção ou membros externos do órgão de administração.

Os comités de auditoria, em particular, podem desempenhar um papel importante no governo das sociedades, ajudando os revisores oficiais de contas a manter a sua independência relativamente à administração. Os comités de auditoria contribuem para assegurar a elevada qualidade da prestação de informações financeiras e da revisão oficial de contas, bem como o bom funcionamento e a eficácia do controlo interno, incluindo as práticas de auditoria interna.

Todos os membros do Comité Europeu de Auditoria sublinharam a necessidade de uma clarificação do papel do revisor oficial de contas e dos comités de auditoria, bem como da sua interacção com o sistema de governo das empresas. Todavia, a necessidade e a composição dos comités de auditoria é também uma questão relacionada com o governo societário. Assim, os comités de auditoria são evocados numa comunicação paralela da Comissão intitulada "Modernizar o direito das sociedades e reforçar o governo das sociedades na União Europeia".

Uma outra questão importante no domínio do governo das sociedades é a da responsabilidade e qualidade dos sistemas de controlo interno da empresa, incluindo a função da auditoria interna. Diversos códigos de governo empresarial utilizados na UE e em certos Estados-Membros exigem que o revisor oficial de contas se refira especificamente, no seu relatório, ao sistema de controlo interno. A Comissão propõe que se analise a situação actualmente vigente na UE no que diz respeito ao envolvimento do revisor oficial de contas na avaliação e na apresentação de informações sobre os sistemas de controlo interno, para eventualmente apresentar propostas nesta matéria.

Síntese de acções no domínio do governo das sociedades/comités de auditoria

1) **Comissão**: Definir princípios, no âmbito de uma Oitava Directiva modernizada, relativamente aos seguintes aspectos: designação, destituição e remuneração dos revisores oficiais de contas; comunicação com o revisor oficial de contas.
2) **Comissão**: Propor uma análise da situação actual na UE no que diz respeito ao envolvimento do revisor oficial de contas na avaliação e na prestação de informações sobre os sistemas de controlo interno.

3.4. Código de ética

Os recentes escândalos financeiros levaram a opinião pública a adoptar uma posição desfavorável quanto ao comportamento de certos revisores de contas do ponto de vista ético.

Este facto vem sublinhar a importância do estabelecimento de orientações deontológicas destinadas aos revisores de contas (bem como a necessidade de as seguir na prática). Como ponto de partida, a Comissão propõe uma análise conjunta, com o Comité Consultivo de Auditoria, dos actuais códigos nacionais de deontologia e do código de ética da IFAC. Esta análise pode ser também utilizada para ponderar a questão da necessidade de um código de ética harmonizado a nível da União. Poderão prever-se certos princípios gerais na Oitava Directiva, que contém já alguns princípios de natureza ética, como por exemplo o princípio da integridade profissional.

Síntese de acções com vista a um código de ética

Comissão/Comité Consultivo de Auditoria: Analisar os actuais códigos nacionais e o código da IFAC para ponderar a necessidade de novas medidas.

3.5. Independência dos revisores de contas

A Recomendação da Comissão relativa à independência dos revisores oficiais de contas foi adoptada em 16 de Maio de 2002 (2002/590/CEE). Segue uma abordagem inovadora articulada em torno da definição de princípios, proporcionando ao revisor oficial de contas um quadro de referência seguro relativamente ao qual deve avaliar os riscos que podem constituir uma ameaça para a sua independência. O principal objectivo desta abordagem é simples: o revisor oficial de contas não deve efectuar uma revisão se existirem relações financeiras, negociais, laborais ou outras entre ele próprio e o seu cliente (incluindo a prestação de serviços diferentes da revisão de contas) relativamente às quais um terceiro razoável e informado possa considerar que comprometem a sua independência. Estes princípios, acompanhados de orientações que especificam as suas modalidades de aplicação, constituem provavelmente uma das salvaguardas mais sólidas para a independência dos revisores de contas que existem em todo o mundo, uma vez que permitem aos revisores de contas fazer face a qualquer situação susceptível de comprometer a sua independência.

A Recomendação constitui um passo importante na via da harmonização de um ponto que é controverso e difícil de regulamentar. A maioria dos Estados-Membros está já na fase de implementação da Recomendação e a Comissão deverá acompanhar de perto este exercício, através do Comité Consultivo de Auditoria. Os recentes escândalos financeiros vieram salientar que a falta de independência dos revisores de contas (pressentida) constitui um dos principais factores que comprometem a confiança dos investidores. A Comissão propõe que os princípios de base desta Recomendação sejam incorporados na versão actualizada da Oitava Directiva, para constituir uma base jurídica mais forte para a independência dos revisores oficiais de contas na UE. Há quem aponte para a necessidade de restrições ainda mais rigorosas para os revisores de contas, tento em conta os recentes escândalos. Efectivamente, os aspectos essenciais da abordagem da Comissão podem ser postos em causa pela emergência de novos escândalos, através da exigência de medidas mais rigorosas. A Comissão propõe, por conseguinte, que o lançamento de um estudo sobre os efeitos de uma abordagem mais rigorosa no que diz respeito à prestação de serviços adicionais relativamente à independência dos revisores de contas e da profissão em geral, com vista a evitar o risco de conflitos de interesses.

Síntese de acções no domínio da independência dos auditores
1) **Comissão:** Inclusão na Oitava Directiva modernizada de certos princípios em matéria de independência dos revisores de contas, por forma a promover esta independência de acordo com a actual Recomendação da Comissão;
2) **Comissão:** Estudo do impacto de uma abordagem mais restritiva relativamente aos serviços adicionais prestados aos clientes dos revisores oficiais de contas.

3.6. Controlo de qualidade

Em Novembro de 2000, a Comissão emitiu uma recomendação relativa ao "Controlo de qualidade da revisão oficial de contas na União Europeia". De acordo com esta Recomendação, todos os revisores oficiais de contas comunitários ficarão sujeitos, até 2003, a um sistema adequado de controlo de qualidade externo, acompanhado por uma supervisão pública. A Comissão deverá estudar os resultados da implementação desta Recomendação em 2003.

Todos os Estados-Membros afirmaram que se conformariam aos requisitos da Recomendação até ao final de 2003. A Comissão conduzirá um exercício de auto-avaliação com base num questionário normalizado, com o objectivo de verificar se está a ser realizada a devida implementação de sistemas de controlo de qualidade em todos os Estados-Membros.

Além disso, será incluída na Oitava Directiva uma obrigação de implementar sistemas de controlo de qualidade conformes com a referida Recomendação.

Síntese de acções no domínio do controlo de qualidade
1) **Comissão:** Análise em 2003 da implementação da Recomendação relativa ao controlo de qualidade por parte dos Estados-Membros e da sua eficácia;
2) **Comissão:** Inclusão na Oitava Directiva modernizada da obrigatoriedade de implementar sistemas de controlo de qualidade.

3.7. Formação e estágio

Para adquirir os maiores níveis de competência que lhes são exigidos, os revisores oficiais de contas devem dotar-se de um vasto leque de conhecimentos, bem como desenvolver as suas capacidades e a sua apreensão dos valores inerentes à profissão. É indispensável uma formação teórica e prática adequada. Assim, para assegurar a devida harmonização, a Oitava Directiva enumera as matérias que devem ser abrangidas nos programas de formação dos revisores de contas.

Para garantir que estes requisitos em matéria de formação continuem a ser relevantes, o conteúdo desses programas de formação deve ser avaliado por referência à evolução das práticas das empresas e relato financeiro (por exemplo, o Regulamento IAS), tendo em conta a investigação e os progressos verificados a nível internacional. Essa avaliação deve inspirar-se em orientações internacionais em matéria de formação, como por exemplo as Normas Internacionais de Formação dos Profissionais da Contabilidade emitidas pela IFAC.

Estes novos requisitos deveriam, sempre que possível, ser incorporados em princípios, por forma a introduzir a flexibilidade necessária para permitir acompanhar mais de perto a evolução das melhores práticas. Essa abordagem não deverá enfraquecer a harmonização do actual programa de formação, que se revelou particularmente útil no contexto do processo de alargamento da UE.

A Oitava Directiva deverá também incluir especificamente o princípio da formação contínua.

Síntese de acções no domínio da formação

1) **Comissão/Comité Consultivo de Auditoria**: Exame da relevância dos actuais requisitos no domínio dos programas de formação na UE no contexto da recente evolução;

2) **Comissão:** Ponderar a integração do princípio da formação contínua na Oitava Directiva modernizada.

3.8. Sistemas de sanções disciplinares

Os sistemas de sanções disciplinares constituem um instrumento importante para corrigir e prevenir uma qualidade inadequada a nível da revisão de contas, constituindo simultaneamente uma forma de o sector assegurar a sua credibilidade junto do público. A aplicação de sanções adequadas é já exigida nos termos da Oitava Directiva. Além disso, a Recomendação da Comissão sobre o controlo da qualidade obriga à existência de uma ligação sistemática entre os resultados negativos dos controlos de qualidade e a aplicação de sanções de acordo com o sistema disciplinar.

Embora possa ser difícil harmonizar as próprias sanções, em virtude das diferenças a nível dos sistemas judiciais e jurídicos, a Comissão analisará a possibilidade de novas medidas tendentes à convergência dos processos disciplinares, nomeadamente no que se refere à transparência e à publicidade. Será incluída uma obrigação de cooperação em processos transfronteiras, tal como acontece na Directiva relativa ao abuso de mercado. Em especial, os sistemas de sanções disciplinares deveriam ser sujeitos a uma supervisão pública externa (ver secção 3.3.). O actual requisito no sentido da aplicação de sanções adequadas, contido na Oitava Directiva, será reforçado pela obrigação imposta aos Estados-Membros de disporem de um sistema disciplinar adequado e eficaz.

Síntese de acções no domínio das sanções disciplinares

1) **Comissão/Comité Consultivo de Auditoria**: avaliação dos sistemas nacionais de sanções disciplinares, por forma a definir abordagens comuns e introduzir uma obrigação de cooperação em processos transfronteiras;

2) **Comissão:** Definição de um princípio com vista à garantia da existência de sanções adequadas e eficazes, no âmbito da Oitava Directiva modernizada.

3.9. Transparência das sociedades de revisão de contas e das respectivas redes

Receia-se que exista uma grave discrepância entre a imagem proporcionada pelas redes de sociedades de auditoria enquanto "gabinetes mundiais" e o nível de controlo exercido sobre as sociedades individuais que dele são membros na rede internacional. As redes internacionais assentam frequentemente em acordos relativamente flexíveis entre entidades jurídicas distintas e independentes, que não permitem um controlo decisivo (nem a atribuição de responsabilidades) nos seguintes aspectos: os procedimentos individuais de aceitação e manutenção da clientela, os métodos de auditoria, os processos de decisão a nível dos associados dessas entidades, etc. A recente implosão de uma rede internacional de sociedades de auditoria tornou patente o carácter precário das ligações em que assentam estas redes.

Consequentemente, existe um risco de que o desfasamento entre a situação real e a expectativa de que um nome conhecido seja o corolário do mesmo nível elevado de qualidade de auditoria em todo o mundo. Para clarificar esta situação, é necessário um nível mínimo de transparência nas sociedades de auditoria, nas respectivas redes e na respectiva ligação a essa rede. Deve ser dada importância especial às informações pertinentes no que diz respeito aos sistemas de controlo de qualidade internos dessas redes, que são concebidos para assegurar uma qualidade de revisão de contas equivalente em todas as sociedades que dela são membros. A Comissão definirá as circunstâncias em que é necessário divulgar essas informações, bem como os requisitos mínimos nessa matéria. A Comissão considera a transparência como uma obrigação natural das sociedades de auditoria, que têm por missão fundamental assegurar relato financeiro transparente por parte das empresas.

A Comissão seguirá igualmente de perto os trabalhos do *Forum of Firms* ([9]).

([9]) Constituído em Janeiro de 2001, o *Forum of Firms* (FOF) é uma organização de empresas internacionais que efectuam a revisão das contas financeiras que são ou são susceptíveis de ser utilizadas para além das fronteiras nacionais. Os membros desse *Fórum* submetem-se voluntariamente a certas exigências, nomeadamente um controlo independente de qualidade a nível mundial. Website http://www.ifac.org/Forum_of_Firms/

Síntese de acções no domínio da transparência das sociedades de auditoria e das respectivas redes

Comissão: Definição de requisitos em matéria de divulgação de informações aplicáveis às sociedades de auditoria e respectivas redes, a incluir na Oitava Directiva.

3.10. Responsabilidade dos revisores de contas

Na sua Comunicação de 1998 relativa à revisão oficial de contas, a Comissão referia que a maioria das respostas suscitadas pelo seu Livro Verde manifestavam a opinião segundo a qual a harmonização da responsabilidade profissional era impossível e desnecessária, mas que a profissão dos revisores de contas lhe havia incentivado vivamente a adoptar medidas nesta matéria.

Em resposta a este apelo, a Comissão lançou um estudo dos sistemas de responsabilidade civil, que foi concluído em Janeiro de 2001 ([10]). Uma das conclusões do estudo apontava para o facto de a responsabilidade do revisor de contas se inscrever num conceito mais alargado, que se prende com os sistemas nacionais de responsabilidade civil, e que as diferenças a nível desta responsabilidade dos auditores decorrem de aspectos essenciais dos sistemas jurídicos nacionais, o que leva a concluir que a harmonização da responsabilidade profissional é muito difícil.

([10]) "*A study on systems of civil liability of statutory auditors in the context of a Single Market for auditing services in the European Union*" http://europa.eu.int/comm/internal_market/en/company/audit/docs/auditliability.pdf

O debate deste estudo no seio do Comité Europeu de Auditoria evidenciou que existe um acordo no sentido de os revisores oficiais de contas deverem ser responsabilizados pelas suas falhas. Todavia, o sector dos revisores de contas está preocupado pela noção de responsabilidade solidária, que significa que as pessoas lesadas podem exigir uma indemnização integral apenas a uma parte, sem considerações de proporcionalidade.

A Comissão considera a responsabilidade dos revisores de contas antes de mais como um indutor da qualidade da auditoria e não entende que seja necessário harmonizar ou completar os sistemas de responsabilidade profissional. Pode no entanto ser necessário analisar em termos globais o impacto económico dos actuais regimes de responsabilidade.

Síntese de acções no domínio da responsabilidade dos revisores de contas

Comissão: Análise do impacto económico dos regimes de responsabilidade dos revisores de contas.

3.11. Aspectos internacionais da estratégia da Comissão: a Lei *Sarbanes-Oxley* e o reconhecimento mútuo.

A presente Comunicação reforça a actual estratégia comunitária em matéria de revisão oficial de contas, devendo as acções propostas, bem como as respectivas consequências, ser encaradas igualmente no contexto internacional alargado de um mercado de capitais mundial. A este propósito, a adopção da Lei *Sarbanes-Oxley* e as subsequentes medidas de implementação emanadas da SEC (*Securities and Exchange Commission*) e do PCAOB (*Public Company Accounting Oversight Board*), nos EUA, assumem um particular interesse e relevância.

Desde a fase legislativa final da adopção da Lei *Sarbanes-Oxley,* em meados de Julho de 2002, a Comissão tem vindo a exprimir preocupações sérias relativamente às medidas avançadas. São especialmente preocupantes os efeitos extraterritoriais injustificados desta lei para as sociedades e revisores de contas europeus. Apesar de a Comissão subscrever os objectivos nela visados e apoiar diversas das medidas nela integradas, as diferenças culturais e jurídicas entre a UE e os EUA exigem uma aceitação recíproca por parte dos EUA de soluções europeias com o mesmo grau de eficácia. A convergência num mercado de capitais transatlântico (e mundial) só será possível se a UE e os EUA reconhecerem mutuamente a equivalência dos seus sistemas regulamentares de elevada qualidade.

A Comissão, em colaboração com os Estados-Membros, definiu sete domínios problemáticos principais, divididos em questões relacionadas com o governo das sociedades e relacionadas com a revisão de contas, a saber: certificação das demonstrações financeiras e dos sistemas de controlo interno, registo das sociedades de auditoria europeias nos EUA, acesso directo dos EUA aos documentos de trabalho de auditoria europeus, independência dos revisores, empréstimos dos bancos aos seus administradores e comités de auditoria. Com base nesta análise, a Comissão empreendeu um debate entre autoridades de regulamentação, em especial com a SEC, mas também a nível político no Congresso dos UE e participou em mesas redondas internacionais sobre a independência dos revisores de contas e o registo de sociedades de auditoria estrangeiras junto do PCAOB. O objectivo principal desse debate consistia no reconhecimento da equivalência das orientações regulamentares europeias em matéria de protecção dos investidores e outras partes interessadas, relativamente às normas americanas.

Os resultados destas acções são díspares. A SEC e o PCAOB não reconheceram a equivalência como princípio de base para uma isenção geral das empresas europeias. As concessões até agora aceites pelos Estados Unidos têm nomeadamente por objectivo resolver certos conflitos jurídicos.

A Comissão está particularmente preocupada com a obrigação de registo das sociedades de auditoria da UE junto do PCAOB americano até Abril de 2004. A Comissão continua a opor-se à ideia de um registo das sociedades de auditoria europeias pelos seguintes motivos:

- existem sistemas equivalentes de registo e supervisão nos Estados-Membros (desde o final da década de 1980);
- as medidas propostas na presente comunicação provam que a estratégia comunitária confirma a equivalência geral entre os sistemas regulamentares;
- o sistema de controlo do PCAOB está ainda a ser desenvolvido e não são muito claras as consequências actuais ou futuras da obrigação do registo das sociedades estrangeiras;
- existem importantes conflitos entre os ordenamentos jurídicos, quer no que diz respeito às leis comunitárias quer às leis nacionais, em matéria de protecção de dados e de sigilo profissional.

Por todos estes motivos, a Comissão mantém a sua proposta de moratória para debater e resolver as questões relacionadas com o registo, com vista a uma supervisão eficaz das sociedades de auditoria europeias, com base no controlo pelo país de origem e no reconhecimento mútuo, posição que foi apoiada pelos Ministros das Finanças da UE na reunião informal do ECOFIN realizada em 5 de Abril. Perante a lamentável decisão do PCAOB, a Comissão insta a SEC, que deve ainda aprovar a norma PCAOB (em princípio, em meados de Junho) a isentar as sociedades de auditoria europeias da obrigação de registo, com base na secção 106 alínea c) da Lei *Sarbanes-Oxley*. Esta questão poderá ser debatida com maior profundidade no contexto do diálogo regulamentar UE-EUA sobre os mercados financeiros ou num contexto internacional mais alargado.

Caso tal não resulte, a UE terá de considerar a adopção de soluções paralelas, como por exemplo exigir o registo das sociedades de auditoria americanas na União, medida que não contribuirá para a criação de um mercado de capitais mundial eficaz e com um baixo nível de custos. A UE não pode aceitar que as suas sociedades de auditoria sejam regulamentadas pelos EUA. A UE deverá agora fazer uma tentativa no sentido de iniciar negociações com os EUA, afim de se chegar a uma solução satisfatória bastante antes de Abril de 2004, a data final para o registo das sociedades estrangeiras de auditoria.

Uma vez que o mercado de capitais europeu opera à escala mundial, a aplicação dos princípios que serão incluídos na legislação comunitária também às sociedades de auditoria não comunitárias, que prestam serviços de revisão de contas no mercado de capitais europeu, deverá permitir que se avance no sentido do reconhecimento mútuo das soluções equivalentes em outros sistemas regulamentares.

De entre as acções preconizadas na presente Comunicação, as que se enunciam em seguida têm uma relevância internacional:

Normas de auditoria (ver ponto 3.1)

A utilização obrigatória de **ISA** de elevada qualidade na UE contribuirá não apenas para a criação de um mercado interno dos serviços de auditoria, mas constituirá igualmente uma base sólida para o reconhecimento mútuo internacional das revisões de contas efectuadas em países terceiros por auditores desses países. O Fórum para a Estabilidade Financeira (*Financial Stability Forum – FSF*) [11] considera que as **ISA** constituem um dos 12 conjuntos de normas fundamentais para a solidez dos sistemas financeiros. Neste contexto, a Comissão regista com pesar que a orientação americana relativamente às normas de auditoria, tal como transparece na Lei *Sarbanes-Oxley*, bem como na recente decisão do PCAOB no que diz respeito à definição de normas de auditoria nos EUA, não prossegue uma orientação internacional semelhante no sentido da aceitação mútua de um conjunto completo de normas de auditoria de elevada qualidade e reconhecidas a nível internacional. Finalmente, uma estratégia convincente da UE relativamente à utilização obrigatória das **ISA** na totalidade das revisões oficiais de contas efectuadas na UE a partir de 2005 poderá ter um efeito de repercussão importante sobre outros países e pode constituir o início de um processo de convergência a nível mundial, semelhante ao que foi despoletado com a adopção do regulamento da UE sobre a adopção das NIC, em que a Austrália e a Nova Zelândia seguiram o mesmo caminho.

---

(11) Por iniciativa dos Ministros das Finanças e dos Governadores dos Bancos Centrais do G7, o FSF reúne representantes de alto nível das autoridades financeiras nacionais, das instituições financeiras internacionais, associações de autoridades de regulamentação e supervisão, bem como bancos centrais.

Supervisão pública (ver ponto 3.2)

O mecanismo de coordenação dos sistemas nacionais de supervisão pública a nível comunitário poderá constituir igualmente uma plataforma importante para um diálogo regulamentar sobre as questões relacionadas com a auditoria, a desenvolver com as autoridades de regulamentação de países terceiros, incluindo o PCAOB e/ou a SEC.

Independência dos revisores (ver ponto 3.5)

A Lei *Sarbanes-Oxley* e o subsequente texto de implementação emanado do SEC sobre a independência dos revisores de contas vieram introduzir nos EUA uma abordagem mais restritiva e normativa. Esta abordagem normativa não é coerente nem com a abordagem europeia, baseada em princípios e na limitação de riscos, nem com o código de ética da IFAC, que é em termos gerais semelhante à orientação comunitária (e que é recomendado pela IOSCO (*International Organisation for Securities Commissions* – Organização Internacional das Comissões de Valores Mobiliários)). Apesar de a regulamentação final adoptada pela SEC em 22 de Janeiro de 2003 ter dado resposta a diversos dos seus motivos de preocupação, a Comissão lamenta que a SEC não tenha tido em consideração a proposta da Comissão no sentido de uma isenção plena. A Comissão prosseguirá o diálogo regulamentar com a SEC e com o PCAOB relativamente à independência dos revisores oficiais de contas e outras questões de auditoria, com vista a chegar a soluções adequadas que protejam de forma eficaz e eficiente os interesses dos investidores e outras partes interessadas.

Controlo de qualidade (ver ponto 3.6)

A Lei *Sarbanes-Oxley* veio alterar de forma profunda o sistema de controlo de qualidade no que diz respeito às sociedades de auditoria americanas (e potencialmente às sociedades de auditoria estrangeiras), atribuindo ao PCAOB a responsabilidade pelas inspecções. Na sua essência, a Recomendação da Comissão relativa ao controlo de qualidade vai mais longe do que a abordagem prevista na lei *Sarbanes-Oxley*. Por conseguinte, a Comissão acompanhará de perto a evolução verificada nos EUA, também com o objectivo de assegurar a equivalência dos (futuros) controlos de qualidade americanos relativamente às sociedades de auditoria dos EUA que prestam serviços com incidência nos mercados de capitais europeus.

4. Aprofundar o mercado interno de serviços de auditoria

4.1. O estabelecimento de sociedades de Revisores de Contas na UE

A Comissão propõe que sejam eliminadas todas as restrições injustificadas, susceptíveis de impedir a gestão e a propriedade de empresas de auditoria no espaço europeu. As actuais disposições da Oitava Directiva, bem como a respectiva transposição para o direito dos Estados-Membros, não contribuíram para a criação de condições concorrenciais equitativas e podem efectivamente prejudicar a criação de sociedades de auditoria europeias genuinamente integradas. Além disso, os requisitos de propriedade e gestão deverão ser analisados à luz das alterações introduzidas no Tratado e da jurisprudência posterior à adopção da Oitava Directiva em 1984. Finalmente, a Comissão seria favorável à possibilidade de se optar por qualquer forma jurídica para as sociedades de auditoria. A Comissão entende que deve facilitar-se o acesso ao mercado por parte dessas sociedades, reduzindo ao mínimo os requisitos de propriedade, que devem limitar-se a preservar a independência dos revisores.

4.2. A prestação transfronteiras de serviços de auditoria

Os esforços da UE no sentido de uma maior harmonização de certas questões específicas, como as normas de auditoria e a independência dos revisores de contas, constituem um alicerce importante para uma maior integração do mercado interno de serviços de auditoria. Apesar de a Oitava Directiva referir especificamente, no seu preâmbulo, que não constitui uma Directiva de reconhecimento mútuo, algumas das suas disposições são claramente relevantes para este efeito. Essas mesmas disposições serão reavaliadas, tendo em conta a Directiva recentemente proposta em matéria de reconhecimento das qualificações profissionais ([12]), que deverá permitir a prestação de serviços com base em qualificações adquiridas no país de origem.

([12]) Bruxelas, 07.03.2002 COM(2002)119 final 2002/0061 (COD)

Na fase actual, a Comissão não considera que a aplicação da regulamentação do Estado-Membro de origem constitua uma solução adequada no caso dos revisores oficiais de contas. As revisões oficiais exigem um conhecimento aprofundado da legislação do Estado-Membro de acolhimento em matéria de relato financeiro, fiscalidade, direito das sociedades, segurança social, etc. Enquanto estas leis não forem suficientemente homogéneas, é necessário manter salvaguardas específicas no que diz respeito ao reconhecimento mútuo dos revisores oficiais de contas. A este propósito, todos os membros do Comité Europeu de Auditoria são favoráveis à manutenção da actual faculdade de os Estados-Membros optarem pelo método mais adequado para verificar se o profissional migrante dispõe dos conhecimentos necessários. Esta orientação justifica-se pelos motivos de interesse geral que são protegidos a nível da UE pela Directiva relevante.

4.3. Estrutura do mercado europeu de auditoria e acesso a esse mercado

Os escândalos em matéria de relato financeiro ocorridos nos EUA conduziram à perda de uma das "5 grandes" redes internacionais de sociedades de auditoria. Consequentemente, subsistem apenas quatro grandes redes internacionais, o que pode gerar problemas de concorrência em certos segmentos do mercado de serviços de auditoria, como por exemplo o das sociedades cotadas. Um elevado grau de concentração pode dificultar progressivamente o acesso ao mercado por parte das sociedades de auditoria da UE. Os efeitos sobre o mercado de auditoria resultantes do desaparecimento de uma das grandes redes estão a ser analisados pelos serviços competentes da Comissão, país a país. Foram igualmente levantadas questões no Parlamento Europeu relativamente à concentração do mercado de auditoria na UE. Nos EUA, a Lei *Sarbanes-Oxley* obriga o *Comptroller General* dos EUA a efectuar um estudo sobre a concentração das sociedades de contabilidade desde 1989 e as possíveis consequências de uma concorrência pouco intensa. A Comissão propõe a realização de um estudo sobre a actual estrutura do(s) mercado(s) de auditoria na UE.

Síntese de acções destinadas a aprofundar o mercado interno de serviços de auditoria
1) **Comissão:** Facilitar o estabelecimento de sociedades de auditoria, eliminando as restrições em matéria de propriedade e gestão previstas no artigo 2.° da Oitava Directiva;
2) **Comissão:** Isentar a prestação de serviços de auditoria da proposta relativa ao reconhecimento das qualificações profissionais, alterando a Oitava Directiva por forma a exigir o teste de aptidão como condição para o reconhecimento mútuo;
3) **Comissão:** Efectuar um estudo sobre a estrutura do mercado de serviços de auditoria e o respectivo acesso na UE.

PLANO DE ACÇÃO EM 10 PONTOS NO DOMÍNIO DA REVISÃO OFICIAL DE CONTAS

Prioridades a curto prazo para 2003-2004

Acção	Descrição
Modernizar a Oitava Directiva	A Comissão apresentará uma proposta no sentido de modernizar a Oitava Directiva em matéria de direito das sociedades, de 1984, por forma a dispor-se de uma Directiva completa, baseada em princípios e aplicável a todas as revisões oficiais de contas efectuadas na UE. A Oitava Directiva modernizada incluirá princípios suficientemente claros nos seguintes domínios: supervisão pública, controlo de qualidade externo, independência dos revisores oficiais de contas, código de ética, normas de auditoria, sanções disciplinares e nomeação e destituição dos revisores oficiais de contas.
Reforçar a infra-estrutura regulamentar da UE	As propostas tendentes a uma Oitava Directiva modernizada incluirão igualmente a criação de um comité regulamentar de auditoria. A Comissão (através de procedimentos de comitologia) decidirá as medidas de aplicação necessárias para a transposição para a prática dos princípios estabelecidos na Oitava Directiva modernizada. O actual Comité Europeu de Auditoria, que passará a chamar-se Comité Consultivo de Auditoria, será composto por representantes dos Estados-Membros e da profissão e prosseguirá os seus trabalhos na qualidade de comité consultivo.

Reforçar a supervisão pública a nível da UE dos profissionais de auditoria	A Comissão, em conjunto com o Comité Consultivo de Auditoria, analisará os actuais sistemas de supervisão pública. A Comissão definirá requisitos mínimos (princípios) aplicáveis a esta supervisão, que serão inseridos na Oitava Directiva e definirá o mecanismo de coordenação a nível da UE para estabelecer uma ligação entre os sistemas nacionais de supervisão pública, por forma a constituir uma rede eficiente a nível comunitário.
Tornar obrigatória a utilização de ISA (Normas Internacionais de Auditoria) em todas as revisões oficiais de contas efectuadas na UE a partir de 2005	A Comissão e o Comité Consultivo de Auditoria prepararão medidas destinadas a assegurar a aplicação com êxito das **ISA** a partir de 2005. Essas medidas incluirão: uma análise dos requisitos em matéria de auditoria vigentes a nível europeu e dos Estados-Membros, que não são abrangidos pelas **ISA**; a concepção de um procedimento de aprovação de normas; um relatório de auditoria comum e traduções de elevada qualidade. A Comissão contribuirá para a melhoria do processo de normalização da IFAC/IAASB a nível da auditoria, assegurando nomeadamente que seja tido plenamente em conta o interesse público. O princípio da conformidade com as **ISA** será inserido na Oitava Directiva. Se os resultados da análise preliminar forem satisfatórios, a Comissão proporá um instrumento vinculativo, que torne obrigatória a utilização das **ISA** a partir de 2005.

Prioridades a médio prazo para 2004-2006

Acção	Descrição
Melhorar os sistemas de aplicação de sanções disciplinares	A Comissão e o Comité Consultivo de Auditoria avaliarão os sistemas nacionais de imposição de sanções disciplinares por forma a definir orientações comuns e introduzirá uma obrigação de cooperação nos processos transfronteiras. A Comissão reforçará os actuais requisitos, através da introdução na Oitava Directiva modernizada de um princípio com vista à criação de sistemas de sanções adequados e eficazes.
Tornar transparentes as sociedades de auditoria e as respectivas redes	A Comissão e o Comité Consultivo de Auditoria definirão um conjunto de requisitos em matéria de divulgações aplicáveis às sociedades de auditoria, abrangendo nomeadamente as suas relações com as redes internacionais.

Governo das sociedades; reforçar os comités de auditoria e o controlo interno	A Comissão e o Comité Consultivo de Auditoria debruçar-se-ão sobre os seguintes aspectos: designação, destituição e remuneração dos revisores oficiais de contas; comunicação com os revisores oficiais de contas. A Comissão e o Comité Consultivo de Auditoria analisarão a situação actual da EU no que diz respeito ao envolvimento do revisor oficial de contas na avaliação e relato dos sistemas de controlo interno, com vista a ponderar a necessidade de novas iniciativas.
Reforçar a independência dos revisores de contas e código ético	A Comissão efectuará um estudo sobre o impacto de uma orientação mais restritiva relativamente aos serviços adicionais prestados aos clientes de auditoria. A Comissão prosseguirá o diálogo regulamentar UE/EUA no que toca à independência dos revisores oficiais de contas, nomeadamente com a SEC e/ou o PCAOB, com vista ao reconhecimento da equivalência da abordagem europeia. A Comissão e o Comité Consultivo de Auditoria analisarão os actuais códigos de ética nacionais, bem como o código de ética da IFAC, com vista a eventuais acções adicionais.
Aprofundar o mercado interno dos serviços de auditoria	A Comissão esforçar-se-á por facilitar o estabelecimento de sociedades de auditoria, propondo a supressão das restrições contidas na actual Oitava Directiva no domínio da respectiva propriedade e gestão. A Comissão excluirá a prestação de serviços de auditoria do âmbito da sua proposta relativa ao reconhecimento das qualificações profissionais, alterando a Oitava Directiva por forma a incluir o princípio do reconhecimento mútuo. A Comissão realizará um estudo sobre a estrutura do mercado de auditoria europeu e o acesso a esse mercado.
Examinar a responsabilidade dos revisores oficiais de contas	A Comissão efectuará um estudo onde analisará o impacto económico dos diferentes regimes de responsabilidade dos revisores oficiais de contas.

Lista de abreviaturas

FEE: Fédération des Experts Comptables Européens
FSF: Financial Stability Forum
IAASB International Auditing and Assurance Standards Board
IAS: International Accounting Standards
IFAC: International Federation of Accountants
IOSCO: International Organisation for Securities Commission

ISA: International Standards on Auditing
PCAOB: Public Company Accounting Oversight Board
SEC: Securities and Exchange Commission
PME: Pequenas e médias empresas
SOA: Sarbanes-Oxley Act

§ 26.° Sistema e transposição da 4.ª Directriz

113. Sistema geral

I. A 4.ª Directriz comportava, na versão inicial, 62 artigos – hoje 68[642] – arrumados em 12 secções – hoje 13[643]. Damos, de seguida, nota do seu conteúdo:

Secção 1 – Disposições gerais (2.°);
Secção 2 – Disposições gerais relativas ao balanço e à conta de ganhos e perdas (3.° a 7.°);
Secção 3 – Estrutura do balanço (8.° a 14.°);
Secção 4 – Disposições particulares respeitantes a certas rubricas do balanço (15.° a 21.°);
Secção 5 – Estrutura da conta de ganhos e perdas (22.° a 27.°);
Secção 6 – Disposições particulares respeitantes a certas rubricas da conta de ganhos e perdas (28.° a 30.°);
Secção 7 – Regras de valorimetria (31.° a 42.°);
Secção 7a – Avaliação pelo justo valor (42.°-A a 42.°-D);
Secção 8 – Conteúdo do anexo (43.° a 45.°);
Secção 9 – Conteúdo do relatório de gestão (46.°);
Secção 10 – Publicidade (47.° a 50.°);
Secção 11 – Dever de controlo (51.°);
Secção 12 – Disposições finais (52.° a 62.°).

---

642 Efectivamente, há que computar os artigos 42.°-A a 42.°-D, aditados pela Directriz n.° 2001/65/CE, o artigo 50.°-A, aditado pela Directriz n.° 90/604/CEE, o artigo 57.°-A, aditado pela Directriz n.° 90/605/CEE e o artigo 61.°-A, aditado pela referida Directriz n.° 2001/65/CE; por outro lado, cumpre abater o artigo 54.°, revogado pela Directriz n.° 89/666/CEE.

643 A secção 7ª foi introduzida pela Directriz n.° 2001/65/CE.

II. A 4.ª Directriz apresenta uma concepção de tipo funcional. Em termos materiais, a Directriz prevê como manifestação e suporte da prestação de contas[644]:

- o balanço;
- a conta de ganhos e perdas;
- o anexo.

Temos, depois, o relatório de gestão.

O balanço dá a imagem do património da sociedade, com o seu activo e o seu passivo e as respectivas composições. A conta de ganhos e perdas tem a ver com o fluxo de entradas e saídas, possibilitando uma apreciação mais dinâmica. O anexo assume uma função complementadora do balanço e da conta de ganhos e perdas, exprimindo elementos que nela não têm lugar.

O relatório de gestão deve dar conta da situação efectiva da sociedade, nos diversos parâmetros[645].

III. A natureza funcional de sistematização adoptada pela 4.ª Directriz explica que os princípios gerais dela resultantes se encontrem dispersos pelo seu interior. Podemos apontar:

- o princípio da clareza – 2.°/2;
- o princípio da fidelidade – 2.°/3;
- o princípio da estabilidade – 3.°;
- o princípio da proibição de compensações – 7.°;
- o princípio da prudência – 63.°/1, *c*);
- o princípio da compartimentação temporal – 31.°/1, *d*);
- o princípio da valoração autónoma – 31.°/1, *e*).

Os princípios da clareza e da fidelidade falam por si: a prestação de contas deve ser inteligível, correspondendo efectivamente à realidade que se pretende retratar – *true and fair view*. Quanto à estabilidade: a estrutura da prestação de contas – portanto: do balanço, da conta de ganhos e perdas e do anexo – deve manter-se, de exercício para exercício. De outro modo, tornar-se-ia inviável captar a evolução da sociedade.

---

644 HABERSACK, *Europäisches Gesellschaftsrecht*, 2.ª ed. cit., 228-231.

645 Para um maior desenvolvimento, GRUNDMANN, *Europäisches Gesellschaftsrecht* cit., 238-258.

A proibição de compensações prende-se ao princípio da valoração autónoma: a realidade deve ser transmitida tal e qual, nas suas diversas facetas; o intérprete das contas fará, depois e se entender, os competentes agrupamentos e compensações.

A prudência obriga a que se computem apenas os lucros realizados, tomando-se em conta os riscos previsíveis e as perdas eventuais e as depreciações. A compartimentação temporal visa também a prudência e, ainda, a normalização: operam os encargos e os proveitos respeitantes ao exercício a que se referem as contas, sem atenção às datas efectivas de pagamento ou de recebimento.

O princípio da fidelidade e o da prudência, consagrados, respectivamente, nos artigos 2.°/3 e 31.°71, *c*), ambos da 4.ª Directriz, podem entrar em conflito[646]. A questão foi suscitada, em termos prejudiciais, pelo BGH, tendo obtido um importante acórdão do TJE, em 27-Jun.-1996: o caso Tomberger[647].

Em síntese: uma sociedade afiliada afectou os seus lucros à sociedade-mãe; o Tribunal entendeu, em nome do *true and fair view* que eles podiam ser inscritos no balanço desta última, mesmo quando não realizados: a afectação ocorrera no último dia do exercício.

A decisão, ainda que reportada a factos muito limitados, é importante: introduz uma nota de substancialidade no campo, necessariamente um tanto formal, da prestação de contas[648].

IV. Quanto a aspectos técnicos, a 4.ª Directriz dá uma certa margem aos Estados-membros. A estrutura do balanço pode obedecer a um de dois esquemas (8.°) previstos, respectivamente, nos artigos 9.° e 10.°[649]. Os Estados-membros podem escolher um dos esquemas ou os dois, cabendo então às sociedades a opção por um deles. Quanto à conta de ganhos e perdas, a 4.ª Directriz dispõe, à escolha dos Estados ou das sociedades, quatro esquemas (22.° a 26.°).

---

[646] Cf. HABERSACK, *Europäisches Gesellschaftsrecht*, 2.ª ed. cit., 233.

[647] TJE 27-Jun.-1996, Proc. n.° C-234/94 (Waltrand Tomberger v. Gebrüder von der Weltern GmbH), na *Internet*, e em NJW 1996, 2363-2364, especialmente o n.° 17 (... *o princípio da "imagem fiel", cujo respeito constitui o seu objectivo primordial.*) e o n.° 25 (conclusão).

[648] Cf. NORBERT HERZIG (publ.), *Europäisierung des Bilanzrechts/Konsequenzen der Tomberger-Entscheidung des EuGH für die handelsrechtliche Rechnungslegung und die steuerliche Gewinnermittlung*, 1997.

[649] Ditos "forma de conta" e "forma escalonada", respectivamente.

V. O relatório de gestão deve ter o conteúdo prescrito no artigo 46.°. A publicidade é remetida para os sistemas da 1.ª Directriz (47.°), com determinados complementos – 49.° e 50.°. O dever de fazer controlar as contas anuais por uma ou mais pessoas devidamente habilitadas consta do artigo 51.°: uma ponte estendida para a 8.ª Directriz.

VI. Deixámos para o fim a questão do âmbito de aplicação. Na versão inicial – de 1978 – a 4.ª Directriz visava simplesmente as chamadas sociedades de capitais. Portanto: sociedade anónima, sociedade em comandita por acções e sociedade por quotas – artigo 1.°/1. A Directriz n.° 90/605/CEE veio alargar o dispositivo às sociedades de pessoas: sociedade em nome colectivo e sociedade em comandita simples – artigo 1.°/2. Admite-se, ainda, a sua aplicação a outros tipos ou composições – artigo 1.°/3, também aditado pela Directriz n.° 90/605/CEE[650].

114. **A transposição**

I. A transposição da 4.ª Directriz para o Direito português foi desde logo levada a cabo pelo Código das Sociedades Comerciais.

Do preâmbulo do Decreto-Lei n.° 262/86, de 2 de Setembro, retiramos as referências seguintes:

> 9. Incluem-se diversas disposições importantes sobre a apreciação anual da situação da sociedade (arts. 65.° a 70.°), que têm de conjugar-se com disposições relativas às sociedades por quotas (arts. 263.° e 264.°) e anónimas (445.° a 450.°), relegando, todavia, para diploma especial a regulamentação da contabilidade, sem deixar de atender à 4.° Directriz Comunitária, na parte aplicável.
>
> 24. De acordo com o preceituado na 4.ª Directriz da CEE, prevê-se a revisão de contas nos casos em que a dimensão da empresa, verificada por certos índices, o justifica (art. 262.°).

Esta matéria sofreu alterações. O Decreto-Lei n.° 328/95, de 9 de Dezembro, que veio, entre outros aspectos, transpor a Directriz n.° 90/605/

[650] Tem-se em vista as sociedades sócias de sociedades de responsabilidade ilimitada – fundamentalmente as GmbH & Co. KG alemãs; cf. HABERSACK, *Europäisches Gesellschaftsrecht*, 2.ª ed. cit., 219.

/CEE, de 8 de Novembro[651], além de introduzir, no artigo 9.°/1, *i*), sobre o conteúdo do contrato de sociedade, uma eventual referência às contas, alterou os artigos 65.° a 70.°, bem como outros preceitos. Chamamos, assim, a atenção para os seguintes artigos do Código das Sociedades Comerciais:

- artigo 65.°-A (Adopção do período de exercício);
- artigo 66.° (Relatório de gestão);
- artigo 67.° (Falta de apresentação das contas e deliberação sobre elas);
- artigo 68.° (Recusa de aprovação das contas);
- artigo 69.° (Regime especial de invalidade das deliberações);
- artigo 70.° (Depósito);
- artigo 70.°-A (Depósitos para as sociedades em nome colectivo e em comandita simples).

As epígrafes são elucidativas[652].

II. O próprio preâmbulo do Decreto-Lei n.° 262/86 remetia, como vimos, a "regulamentação da contabilidade", exigida pela 4.ª Directriz, para "diploma especial". Esse papel coube ao Decreto-Lei n.° 408/89, de 21 de Novembro, que aprovou o Plano Oficial de Contabilidade ou, se se preferir, a sua revisão[653]. De facto, o Decreto-Lei n.° 408/89 veio, afinal, introduzir "alguns ajustamentos em matérias contabilísticas ao anterior POC, de 1977, "de acordo com o previsto na Directiva n.° 78/660/CEE (4.ª Directiva)", para citarmos o seu preâmbulo.

Logo no início – e portanto: antes do alargamento levado a cabo pela Directriz n.° 90/605/CEE – o Decreto-Lei n.° 408/89 previu um âmbito alargado para o POC – artigo 2.°/1:

a) Sociedades nacionais e estrangeiras abrangidas pelo Código das Sociedades Comerciais;
b) Empresas individuais reguladas pelo Código Comercial;
c) Estabelecimentos individuais de responsabilidade limitada;
d) Empresas públicas;
e) Cooperativas;

---

651 *Supra*, 404.

652 Para mais explicações cf. o nosso *Manual de Direito das sociedades*, 1.° vol. cit., 773.

653 O Plano Oficial de Contabilidade ou POC fora aprovado pelo Decreto-Lei n.° 47/77, de 7 de Fevereiro, precisamente revogado pelo Decreto-Lei n.° 408/99, de 21 de Novembro.

f) Agrupamentos complementares de empresas e agrupamentos europeus de interesse económico;
g) Outras entidades que, por legislação específica, já se encontrem sujeitas à sua adopção ou venham a estar.

De acordo com as derrogações consentidas pela Directriz, são excluídos os bancos, as seguradoras e "outras entidades do sector financeiro" (2.°/2).

III. Quanto ao esquema de balanço, feito o confronto, verifica-se que o legislador português optou pelo "primeiro esquema" – o do artigo 9.° da 4.ª Directriz – por ser "... o que menos se afasta da apresentação tradicional"[654].

No que tange à estrutura da conta de ganhos e perdas – à demonstração dos resultados, na linguagem nacional – o legislador considera obrigatório o segundo esquema da 4.ª Directriz[655] – artigo 24.° – dito "demonstração dos resultados por natureza": era o mais próximo do anterior POC[656]. As sociedades interessadas podem todavia usar também o terceiro esquema – artigo 25.° da 4.ª Directriz – dito "demonstração dos resultados por funções": o mais útil e o de maior divulgação internacional[657].

O anexo sofreu, nas palavras do POC[658], "uma remodelação total, face às exigências da 4.ª Directiva".

IV. Houve ainda alterações legislativas, destinadas a transpor as Directrizes n.° 90/604/CEE e n.° 90/605/CEE, ambas de 8 de Novembro. Tal o papel do Decreto-Lei n.° 127/95, de 1 de Junho, que na parte aqui em jogo, introduziu no POC a referência à sociedade sócia de responsabilidade ilimitada de "outras empresas" e permitiu que as demonstrações financeiras sejam também indicadas em ecus[659].

---

[654] Ponto 2.1/I do POC; no código das contas, é feita a correspondência entre as da 4.ª Directriz e o POC.

[655] Ponto 2.2 do POC; este ponto foi alterado pelo artigo 2.° do Decreto-Lei n.° 79/2003, de 23 de Abril. No respectivo código de contas, são feitas as correspondências com os preceitos da 4.ª Directriz.

[656] Cf. o ponto 2.2 do POC, na redacção inicial aprovada pelo Decreto-Lei n.° 408/89, de 21 de Novembro.

[657] Cf. o ponto 2.3 do POC, na redacção inicial e na redacção (mais desenvolvida) dada pelo Decreto-Lei n.° 72/2003, de 23 de Abril. Também no respectivo código de contas, são feitas as correspondências com os preceitos da 4.ª Directriz.

[658] Cf. o anexo ao Decreto-Lei n.° 127/95, de 1 de Junho.

[659] Ponto 2.11 do Capítulo 2, "considerações técnicas", do POC.

115. Considerações apreciativas

I. A 4.ª Directriz corresponde, como foi referido, a um compromisso entre a visão anglo-saxónica da prestação de contas e a continental alemã. O legislador comunitário evitou tomar posição consignando as diversas hipóteses, à escolha dos Estados ou das sociedades. Parece, todavia, claro que, por este esquema, não se consegue uma harmonização do *Bilanzrecht* europeu[660]. A comparabilidade de contas apresentadas por sociedades de diversos países pressupõe uma elaboração de acordo com sistemas idênticos: de outro modo, perdem-se as subtilezas que podem constituir a diferença, com prejuízo para o mercado internacional e para os fluxos de investidores.

II. Precisamente o Conselho Europeu de Lisboa, de 23 e 24 de Março de 2000, fixou o ano de 2005 como o prazo limite para serem adoptadas medidas destinadas a reforçar a comparabilidade das demonstrações financeiras[661].

No horizonte, estaria a adopção dos IAS (*International Accounting Standards*) ou dos IFRS (*International Financial Reporting Standards*), na linguagem mais recente: particularmente útil para as empresas cotadas que, assim, seriam acessíveis aos investidores norte-americanos. Nada impede os interessados europeus de adoptar uma dupla contabilidade, de modo a poderem apresentar-se em roupagens de IFRS. Colocam-se, todavia, problemas de custos acrescidos e de credibilidade nas certificações: é evidente que a contabilidade sancionada pelo Estado tem maior peso.

O desafio não tem saída com directrizes: apenas um regulamento poderá enquadrar o tema. Esse o papel, ainda pioneiro, do Regulamento n.° 1606/2002, de 19 de Julho, acima transcrito[662].

III. Tudo isto coloca problemas diversos, que vão desde a formação do pessoal habilitado até temas linguísticos, jurídicos e fiscais. A introdução de IAS e de IFRS traduzirá inútil complicação para empresas meramente locais ou regionais.

---

660 Habersack, *Europäisches Gesellschaftsrecht*, 2.ª ed. cit., 223 e 237.

661 Cf. Grundmann, *Europäisches Gesellschaftsrecht* cit., 278 (Nr. 588); cf. o ponto (1) do preâmbulo do Regulamento n.° 1606/2002, de 19 de Julho.

662 Cf. *supra*, 386-393.

Finalmente: os observadores interrogam-se sobre a pretensão europeia de igualar o dinamismo norte-americano sem prescindir da segurança de que vem disfrutando: quer no emprego, quer na própria salvaguarda do capital. No fundo, a prestação de contas acaba por espelhar as grandes questões em aberto nos nossos dias.

§ 27.° Sistema e transposição da 7.ª Directriz

116. Sistema geral

I. A 7.ª Directriz, na sua versão inicial, abrangia 51 – hoje 52[663] – artigos, ordenados em 6 secções. Eis o seu teor geral:

Secção 1 – Condições de elaboração das contas consolidadas (1.° a 15.°);
Secção 2 – Modos de elaboração das contas consolidadas (16.° a 35.°);
Secção 3 – Relatório consolidado de gestão (36.°);
Secção 4 – Fiscalização das contas consolidadas (37.°);
Secção 5 – Publicidade das contas consolidadas (38.°);
Secção 6 – Disposições finais e transitórias (39.° a 51.°).

Tal como a 4.ª Directriz, à qual se encontra dogmática e funcionalmente associada, a 7.ª obedece a uma sistematização pragmática: circunstâncias que levam à consolidação, modos de consolidação das contas, relatório consolidado, fiscalização, publicidade e disposições finais.

II. A temática da consolidação de contas decorre de uma constatação simples: a generalidade das empresas significativas não actua de modo isolado, antes se articulando em complexos ou grupos de sociedades. Assim sendo, tem o maior relevo determinar o valor do conjunto, o seu funcionamento e as suas perspectivas. As diversas sociedades que componham o grupo em causa têm as suas contas. Todavia, não é possível apreender a realidade económica do grupo através da mera soma ou justaposição das sociedades que o componham: isso origina distorções, justamente

---

[663] Contando com o artigo 38.°-A, aditado pela Directriz n.° 90/604/CEE e o artigo 50.°-A, aditado pela Directriz n.° 2001/65/CE e descontando o artigo 48.°, revogado pela 11.ª Directriz (n.° 89/ /666/CEE).

por não ter em causa o efeito do agrupamento[664]. Há, pois, que apurar uma técnica de elaborar contas "conjuntas" do grupo: as contas consolidadas. À necessidade de consolidação somam-se as conveniências da harmonização, em termos que acima procurámos esclarecer[665].

III. O primeiro ponto é o de definir as circunstâncias que obriguem à consolidação de contas. A 7.ª Directriz – e bem – optou por não definir propriamente o que entende por grupo de sociedades (*Konzern*): antes indica uma série de situações que conduzem à consolidação[666].

Desde logo, temos o tipo de sociedade: a 7.ª Directriz aplica-se às sociedades de capitais: anónimas, por quotas e em comandita por acções (4.°)[667]. De seguida, estão em causa sociedades agrupadas, de acordo com critérios e delimitações inseridas nos artigos 1.° a 3.° e 5.° a 15.°. Como se vê, o legislador comunitário foi minucioso, tendo tido o cuidado de consagrar orientações mínimas: o dever de consolidar pode ser alargado pelos Estados-membros, nos termos do artigo 12.° e nas condições aí fixadas.

Do teor geral desses preceitos resulta que, sem prejuízo da necessária precisão jurídica – pois não seria possível recorrer a conceitos indeterminados, sujeitos, depois, a uma concretização discricionária –, a 7.ª Directriz procurou surpreender a efectiva realidade económica do agrupamento de empresas, em detrimento de meras fórmulas jurídicas.

IV. Passando às contas consolidadas propriamente ditas, verifica-se que elas adoptam a mesma repartição das contas comuns, tal como vimos decorrer da 4.ª Directriz[668] – artigo 16.°:

- balanço consolidado;
- conta consolidada de ganhos e perdas;
- anexo consolidado.

A elas se soma o relatório consolidado de gestão – artigo 36.°.

---

[664] GRUNDMANN, *Europäisches Gesellschaftsrecht* cit., 262-263.

[665] *Supra*, 400 ss..

[666] IRENE KURON, *Der Konsolidierungskreis*, em ALBACH/KLEIN, *Harmonisierung der Konzernrechnungslegung in Europa* (1990), 25-57 (25 ss.).

[667] Cf. HABERSACK, *Europäisches Gesellschaftsrecht*, 2.ª ed. cit., 243.

[668] *Supra*, 427 ss..

No tocante ao balanço[669] e à conta de ganhos e perdas[670], procede-se a uma remissão para a estrutura resultante da 4.ª Directriz – artigo 17.° da 7.ª Directriz. Por esta via, mantêm-se os "direitos" de escolha aí formulados ao encontro dos Estados-membros. Também o anexo tem o seu papel: artigo 34.°[671].

V. A consolidação propriamente dita obedece, de seguida, a alguns princípios bastante claros. Os valores das participações das sociedades, incluídas na consolidação são compensados na fracção dos capitais próprios que representem – 19.°/1, com uma série de especificações subsequentes. Com essa ressalva, os elementos do activo e do passivo das sociedades consolidadas são integralmente considerados no balanço consolidado[672].

Na conta de ganhos e perdas (a "demonstração dos resultados", na terminologia contabilística portuguesa) são integralmente considerados os proveitos e os encargos das sociedades consolidadas – artigo 22.°. Isto posto, há que observar os princípios seguintes:

- princípio da estabilidade (25.°): as modalidades de consolidação não podem ser modificadas de um exercício para o outro: de outro modo, tornar-se-ia impossível avaliar, por comparação, a evolução das empresas ou do grupo em causa;
- princípio da empresa única (26.°): as contas consolidadas devem apresentar o património, a situação financeira, e os resultados das empresas consolidadas como se se tratasse de uma só empresa; daí decorre:
  - que os débitos entre as empresas consolidadas devam ser eliminadas das contas;
  - que outro tanto suceda com os proveitos e os encargos que, entre elas, se estabeleçam;
  - que essa mesma regra se observe quando os ganhos e as perdas estejam incluídos no valor contabilístico do activo.

---

[669] KLAUS-GÜNTHER KLEIN, *Gliederung und Bewertung in der Konzernbilanz*, ALBACH/KLEIN, *Harmonisierung der Konzernrechnungslegung in Europa* (1990), 59-94.

[670] JOACHIM RIESE, *Die Konzern-Gewinn- und Verlustrechnung*, *idem*, 95-116.

[671] ANDREA WIENKÖTTER, *Der Konzernanhang*, *idem*, 117-148.

[672] RUDOLF SCHMIDZ, *Kapitalkonsolidierung im Konzernabschluss*, *idem*, 149-174.

- princípio da contemporaneidade (27.°): as contas consolidadas devem ser reportadas à data das contas anuais da empresa-mãe: de outro modo, a própria justaposição seria impossível;
- princípio da comparabilidade (28.°): sobrevindo alterações na composição do conjunto a consolidar, as contas devem incluir as informações necessárias para tornar comparáveis as contas consolidadas sucessivas;
- princípio da uniformidade (29.°): os elementos do activo e do passivo, a incluir nas contas consolidadas, devem ser avaliados de acordo com métodos uniformes: os resultantes da 4.ª Directriz.

VI. A revisão das contas consolidadas deve ser levada a cabo por pessoas habilitadas – 37.°. A Directriz prevê, de seguida, que as contas consolidadas regularmente aprovadas, o relatório consolidado de gestão e a certificação elaborada pelas pessoas competentes sejam publicitados nos termos previstos na 1.ª Directriz – artigo 38.°, da 7.ª.

Seguem-se diversas disposições finais e transitórias.

O artigo 49.° previa que a transposição operasse até 1-Jan.-1988, admitindo embora que os Estados-membros pudessem dispor uma primeira aplicação às contas do exercício iniciado em 1-Jan.-1990 ou no decurso desse mesmo ano.

117. **Transposição**

I. A 7.ª Directriz foi transposta para o Direito português pelo Decreto-Lei n.° 238/91, de 2 de Julho[673]. O esquema adoptado foi, no essencial, o seguinte:

- o próprio Decreto-Lei n.° 238/91 contém diversas regras relativas à consolidação, designadamente quanto ao universo das empresas a ela adstritas;
- isto posto: altera do Código das Sociedades Comerciais, o Código do Registo Comercial e o Plano Oficial de Contabilidade, de modo a incluírem, nos locais próprios, as regras atinentes à consolidação.

---

[673] De um modo geral, ela deu azo a novidades legislativas nos diversos países; cf. o quadro geral dos diplomas de transposição em SCHWARZ, *Europäisches Gesellschaftsrecht* cit., 254-255.

A transposição da 7.ª Directriz deveria ter sido mais cuidadosa. As regras que ficaram no próprio Decreto-Lei n.° 238/91 mereciam ir para o Código das Sociedades Comerciais[674]. Como alternativa coerente: toda a matéria seria inserida num diploma de consolidação; não vemos é como dispersar regras materiais do mesmo diploma por um diploma extravagante e por alterações ao Código.

Grave, ainda, foi o facto de o legislador não se ter (totalmente) apercebido do mau nível técnico e linguístico da versão portuguesa da 7.ª Directriz, acabando por introduzir locuções deselegantes, descabidas ou erróneas, na nossa própria lei. Como exemplos: logo no preâmbulo, fala-se em "sociedades por acções" quando, no Direito português e desde 22-Jun.-1867[675], a fórmula correcta é "sociedade anónima". De seguida, o diploma usa, de modo repetido o termo "filial" (empresa filial), quando, em vernáculo, se deve dizer afiliada: filial é substantivo ... e aplica-se a estabelecimentos não personalizados[676]. O conjuntivo é, por vezes, postergado[677]. O legislador não se apercebeu, ainda, que a "fiscalização" da versão portuguesa da 7.ª Directriz não tem a ver com fiscalização mas, sim, com a vigilância (órgão de vigilância) das sociedades anónimas de estrutura dualista. Daí resulta que, sem sentido, se venha referir a "fiscalização" como elemento a atender para a consolidação – artigo 1.°/1, *b*) e *d*). O artigo 1.°/2 refere "... direito de voto, de designação e de destituição da empresa-mãe ...", o que não faz sentido. Aparecem perífrases deselegantes e desnecessárias como a do artigo 2.°/2[678]. No artigo 3.°/4, *a*) e *b*), deparamos com a expressão "partes de capital". Não é português jurídico correcto. O equívoco adveio de a versão portuguesa da 7.ª Directriz, em troços que acima corrigimos, falar, de modo repetido, em *acções ou partes* quando o legislador comunitário queria dizer *acções ou quotas*. "Partes" é uma desgraçada tradução literal do francês

---

[674] Designadamente para o Capítulo VI da Parte geral, atinente à apreciação anual da situação da sociedade ou para o Título VI, sobre sociedades coligadas.

[675] Data da Lei das Sociedades Anónimas (ANDRADE CORVO); no Código FERREIRA BORGES (1833), a expressão em uso era "Companhia".

[676] Temos ainda o pitoresco de o artigo 2.°/2 do Decreto-Lei n.° 238/91, de 2 de Julho, ter sido alterado pelo Decreto-Lei n.° 127/95, de 1 de Junho, que optou por "filiadas".

[677] Artigo 1.°/1, *c*): "... da qual é um dos titulares ..." por "... da qual seja um dos titulares ...".

[678] Assim redigido:

> A empresa-mãe e todas as suas filiais são empresas a consolidar, de acordo com este diploma, sempre que a empresa-mãe esteja constituída sob a forma de sociedade anónima, de sociedade em comandita por acções ou de sociedade por quotas.

Quando bastaria dizer qualquer coisa como:

> Estão sujeitos a consolidação, nos termos deste diploma, os grupos cujas sociedades-mães assumam a forma de sociedades por quotas, anónimas ou em comandita por acções.

parts das *sociétés à responsabilité limitée*[679]: as nossas quotas das sociedades por quotas. E como, de facto, "acções ou partes" não faz sentido, o legislador nacional optou por "partes", generalizando: não sendo péssimo, é mau.

Com o devido respeito, referimos este episódio como mais um argumento no sentido da defesa do vernáculo jurídico. Quanto às incongruências normativas: elas terão de ser ultrapassadas em nome de uma interpretação conforme com a Directriz ... utilizando-se, por exemplo, a versão em francês, para esclarecer os troços incompreensíveis.

II. Quanto às disposições inseridas directamente no Decreto-Lei n.° 238/91, temos:

artigo 1.°: *Empresas consolidantes*: enuncia o tipo de ligação que deve existir entre as sociedades-mães e as afiliadas, para que surja a obrigação de consolidar;

artigo 2.°: *Empresas a consolidar*: refere a obrigação de consolidar e enumera os tipos sociais das sociedades-mães que, a ela, se sujeitam;

artigo 3.°: *Dispensa de consolidação*: faz uso das hipóteses abertas, nesse domínio, pela 7.ª Directriz;

artigo 4.°: *Exclusão de consolidação*: faz outro tanto; a diferença entre "dispensa" e "exclusão" não é muito clara; recomenda-se, vivamente, que toda esta matéria seja interpretada perante o texto da Directriz.

III. Passando às alterações introduzidas no Código das Sociedades Comerciais deparamos, em primeiro lugar, com a inclusão da nova alínea *c*) do artigo 414.°/3: estabelece uma incompatibilidade entre a qualidade de membro do conselho fiscal ou fiscal único e a de membro do órgão de administração da sociedade que se encontre em relação de domínio ou de grupo com a sociedade fiscalizada.

De seguida, o Decreto-Lei n.° 238/91, de 2 de Julho, veio introduzir, no Título VI, relativo a sociedades coligadas, um capítulo IV, intitulado "apreciação anual da situação de sociedades obrigadas à consolidação de contas". Temos os seguintes novos preceitos:

---

[679] Cf. o artigo L. 223-2 do *Code de Commerce* actual (p. 224 na 99.ª ed. da Dalloz, de 2004).

Artigo 508.°-A – Obrigação de consolidação de contas[680]: indica as entidades obrigadas, dentro das sociedades, a tomar as medidas necessárias para a consolidação;

Artigo 508.°-B – Princípios gerais sobre a elaboração das contas consolidadas: refere disposições aplicáveis; não se trata, em rigor, de quaisquer princípios;

Artigo 508.°-C – Relatório consolidado de gestão: refere alguns elementos que devem constar do relatório: não se percebe porquê referir o relatório e não o balanço, a demonstração dos resultados e o anexo; estes aparecem, desgarradamente, no final do n.° 2, *d*); esta alínea tem a infelicidade de introduzir, no próprio Código das Sociedades Comerciais, expressões como "empresas filiais" e "partes da empresa-mãe";

Artigo 508.°-D: *– Fiscalização das contas consolidadas*[681]: refere a fiscalização em causa, chegando a especificar, no n.° 3, um dever de (...) *verificar a concordância do relatório consolidado de gestão com as contas consolidadas do exercício* (!);

Artigo 508.°-E – Depósitos: regula o depósito dos elementos atinentes à prestação de contas consolidadas, abrangendo a "certidão" legal (certificação legal)[682] das contas.

IV. Temos, de seguida, alterações ao Código do Registo Comercial, aprovado pelo Decreto-Lei n.° 403/86, de 3 de Dezembro mais precisamente nos seus artigos 3.°, *n*) e 42.°. Trata-se de possibilitar o registo e o depósito de elementos relativos à prestação de contas consolidadas.

V. Por fim, o Decreto-Lei n.° 238/91, de 2 de Julho, veio, no seu artigo 7.°, alterar o Plano Oficial de Contabilidade, aprovado pelo Decreto-Lei n.° 410/89, de 21 de Novembro.

Mais precisamente: foi-lhe introduzido um ponto 13 – *Normas de consolidação de contas* e um ponto 14 – *Demonstrações financeiras con-*

[680] As epígrafes do Código das Sociedades Comerciais surgem entre parênteses ... mas não as dos artigos aditados pelo Decreto-Lei n.° 238/91. A generalidade das publicações do Código corrige o lapso. Mais um.

[681] Preceito ligeiramente alterado pelo Decreto-Lei n.° 257/96, de 31 de Dezembro.

[682] Este lapso clamoroso foi corrigido pelo Decreto-Lei n.° 257/96, de 31 de Dezembro.

solidadas. Outras alterações constam do anexo II ao Decreto-Lei n.° 238/91.

VI. O Decreto-Lei n.° 36/92, de 28 de Março, veio introduzir elementos próprios da 7.ª Directriz no sector bancário[683]. Segue-se o Decreto-Lei n.° 127/95, de 1 de Junho que, a propósito de transpor a Directriz n.° 90/605/CEE, de 8 de Novembro – que alterasse precisamente a 7.ª Directriz – veio modificar o Decreto-Lei n.° 238/91, de 2 de Julho, alargando o âmbito do seu artigo 2.° a outros tipos sociais.

118. **Considerações apreciativas**

I. A 7.ª Directriz corresponde a uma necessidade técnica simples: a de adequar o grande continente da prestação de contas aos grupos de sociedades.

A matéria apresenta dificuldades pela inexistência de um Direito europeu dos grupos de sociedades: a falta da 9.ª Directriz, que ficou no estádio de anteprojecto. Isso obriga o Direito da prestação de contas, supostamente instrumental, a tomar posição num domínio que pressuporia valorações de fundo.

II. Para além disso, a harmonização potenciada pela 7.ª Directriz tem sido considerada insuficiente[684]. Jogam os elementos acima referidos, a propósito da 4.ª Directriz, e que bloqueiam a unidade europeia da prestação de contas, agora agravada pelas particularidades da consolidação.

A questão poderia, para grandes grupos, ser resolvida através de um regulamento: desde que, para tanto, se mostrassem reunidas múltiplas condições de fundo. Para grupos pequenos e médios, de âmbito nacional ou regional, não vemos vantagens em estabelecer regras mais complexas, provavelmente a manusear em inglês.

---

[683] Cf. o nosso *Manual de Direito bancário*, 2.ª ed. cit., 181-182.

[684] HORST ALBACH, *Die Umsetzung der 7. Richtlinie im Überblick*, em ALBACH/KLEIN, *Harmonisierung der Konzernrechmungslegung in Europa* (1990), VII-VIII.

§ 28.° Sistema e transposição da 8.ª Directriz

119. Sistema geral

I. A 8.ª Directriz, relativa à aprovação das pessoas encarregadas da fiscalização legal dos documentos contabilísticos[685] abrange 31 artigos, assim repartidos:

Secção I – Âmbito de aplicação
Artigo 1.° (Âmbito).

Secção II – Regras sobre a aprovação
Artigo 2.° (Pessoas aprovadas para a fiscalização legal);
Artigo 3.° (Idoneidade);
Artigo 4.° (Qualificação profissional);
Artigo 5.° (Exame de aptidão profissional);
Artigo 6.° (Conteúdo do exame);
Artigo 7.° (Derrogações);
Artigo 8.° (Formação prática);
Artigo 9.° (Segunda via de admissão);
Artigo 10.° (Redução dos períodos de aprendizagem teórica);
Artigo 11.° (Admissão de pessoas com preparação noutros Estados-membros);
Artigo 12.° (Direitos adquiridos);
Artigo 13.° (Pessoas com qualificações equivalentes);
Artigo 14.° (Direitos adquiridos por sociedades);
Artigo 15.° (Profissionais qualificados);
Artigo 16.° (Medidas transitórias);
Artigo 17.° (Idoneidade);
Artigo 18.° (Pessoas em função);
Artigo 19.° (Necessidade de aprovação);
Artigo 20.° (Inscrição para rever pequenas e médias empresas);
Artigo 21.° (Inscrição para revisão de médias empresas consolidadas);

[685] *Supra*, 374-385.

Artigo 22.° (Formação prática em casos especiais).

Secção III – Consciência profissional e independência
Artigo 23.° (Dever de consciência profissional);
Artigo 24.° (Independência);
Artigo 25.° (Fiscalização em nome de SROC);
Artigo 26.° (Sanções);
Artigo 27.° (Independência no caso de SROC).

Secção IV – Publicidade
Artigo 28.° (Publicidade).

Secção V – Disposições finais
Artigo 29.° (Comité de contacto);
Artigo 30.° (Prazo de transposição);
Artigo 31.° (Destinatários).

II. A 8.ª Directriz funciona, em quase 70% do seu texto, como um pequeno regimento relativo à inscrição dos revisores oficiais de contas no elenco da sua profissão – artigos 2.° a 22.°[686]. A preocupação comunitária é clara: apenas perante um patamar formativo mínimo comum se torna possível assegurar a realização do Direito europeu de prestação de contas. E a matéria ainda se torna mais importante por via das liberdades comunitárias: livre circulação de pessoas e liberdade de estabelecimento. Um revisor ou uma sociedade de revisão, insuficientemente dotados, poderiam, uma vez aprovados num País, circular no espaço comunitário[687].

As regras sobre a aprovação dos revisores e das sociedades de revisão falam por si: dispensámos a sua análise. Os artigos 4.°, 5.° e 6.° chegam a um certo pormenor, ainda que com alguma flexibilidade, por parte do artigo 7.°[688]. Existe, ainda, uma preocupação de dignificação e de tutela das pessoas implicadas.

III. São importantes os preceitos que impõem regras de conduta profissionais – artigos 23.° e 27.°[689]. A consciência profissional e a indepen-

686 Cf. GRUNDMANN, *Europäisches Gesellschaftsrecht* cit., 272-274.

687 Em rigor, a 8.ª Directriz não assegura a livre circulação de revisores: o seu artigo 11.° pressupõe sempre uma aprovação nacional – o que se compreende, perante a especificidade dos Direitos de cada País: um ponto a reter. Cf. JÜRGEN SCHATZMANN, *Die Auswirkungen der Achten gesellschaftsrechtlichen Richtlinie auf die Bestellung des Abschlussprüfers*, RIW 1984, 614-621 (615/I).

688 SCHATZMANN, *Die Auswirkungen der Achten gesellschaftsrechtlichen Richtlinie* cit., 616/II e 617/I.

689 GRUNDMANN, *Europäisches Gesellschaftsrecht* cit., 274-275.

dência[690] constituem a pedra angular da revisão de contas. Trata-se, naturalmente, de princípios cuja execução exige, depois, toda uma série de condicionalismos, que os legisladores nacionais, para serem coerentes, não poderão deixar de prescrever.

Uma referência, ainda, à publicidade: os revisores de contas e as sociedades de revisão devem ser reconhecíveis, nas suas diversas coordenadas, pelo público interessado – artigo 28.°.

120. **A fiscalização das sociedades em Portugal**; a) **Até 1969**

I. O problema da fiscalização das sociedades veio a decorrer do seu incremento e do surgir de um mercado mobiliário. No nosso País e até 1867, o problema não se pôs, dado o número escasso de sociedades existentes. Também no período de vigência da Lei de 22 de Junho de 1867, sobre sociedades anónimas, nada há a apontar. Porém, no final do século XIX, já sob a vigência do Código Comercial de VEIGA BEIRÃO, o incremento das sociedades e a verificação de crises cíclicas levaram os Governos a reagir. Recorde-se, aliás, que fenómenos semelhantes ocorreram, nesse mesmo período, noutros países europeus.

Particularmente impressivo foi o *crash* de 1891, com situações de falência da Companhia Real dos Caminhos de Ferro, do Banco Lusitano e do Banco do Povo[691]. Esses eventos levaram o VISCONDE DE CARNAXIDE, então deputado, a apresentar um projecto de lei,

> (...) destinado a evitar, quanto possível, que as sociedades anonymas, quer bancos, quer companhias, possam continuar a coberto da limitação da sua responsabilidade e da inefficacia da actual fiscalisação, a defraudar os seus credores, ou sejam depositantes, ou sejam obrigacionistas[692].

A ideia seria admitir, no caso de crise, a intervenção do Governo, através de comissários especiais. Levantaram-se vozes de crítica, com relevo para JOSÉ BENEVIDES que preferiria:

---

690 Cf. SUSANNE MARX, *Die Unabhängigkeit des Abschlussprüfers*, ZGR 2002, 292-319.

691 Segundo informa o VISCONDE DE CARNAXIDE (ANTÓNIO BAPTISTA DE SOUSA), *Sociedades Anonymas/Estudo theorico e pratico de direito interno e comparado* (1913), 17-18, a primeira foi reparada com um convénio fundado em lei especial, a segunda foi enfrentada com uma concordata e a terceira ficou sem solução.

692 ANTONIO BAPTISTA DE SOUSA, *Projecto de lei relativo à fiscalização de sociedades anonymas* (1892), 3.

> (...) uma determinação precisa e rigorosa da responsabilidade civil e penal dos directores e fiscaes das sociedades anonymas (...)[693]

II. De todo o modo, o Decreto de 12 de Julho de 1894, relativo a *instituições bancárias* e visando combater:

> O desvariamento da especulação [que] invadiu o mundo inteiro acarretando consigo, como resultado transformar por vezes instituições destinadas a fomentar o commercio e auxiliar o trabalho, em instrumentos provocadores das ruinas (...)[694]

adoptou a proposta do VISCONDE, em parte, e no tocante àquelas instituições – artigos 14.° e 15.°[695]. O esquema foi retomado pela Lei de 3 de Abril de 1896 – artigos 15.° e 16.°[696].

III. O projecto do VISCONDE DE CARNAXIDE e a discussão havida, a essa propósito, permitem documentar os dois caminhos possíveis, quanto à fiscalização das sociedades anónimas: a fiscalização pelo Estado e o controlo interior, através de responsabilização dos administradores. Com os antecedentes dos diplomas de 1894 e de 1896, a legislação da República inclinar-se-ia, de modo decidido, para a primeira das duas opções.

Assim, um Decreto de 13 de Abril de 1911, do Governo Provisório, veio dispor,

> Artigo 1.° É instituída a fiscalização de todas as sociedades anonymas a cargo de uma Repartição Technica, cuja organização e attribuições constam do regulamento annexo.

A fiscalização prevista pelo Decreto incidia, essencialmente, sobre a escrita e outros documentos[697]. O Regulamento foi revogado, pelo artigo

---

693 JOSÉ BENEVIDES, *Um projecto de lei e a responsabilidade na gerência das sociedades anonymas* (1893), 27.

694 Cf. o *Relatório*, em CLP 1894, 214-217 (214). Faz-se, aí, referência ao projecto de BAPTISTA DE SOUSA – ob. cit., 215 – em termos que provocaram o protesto deste – cf. VISCONDE DE CARNAXIDE, *Sociedades Anonymas* cit., 19-20.

695 CLP 1894, 217-219 (219, 1.ª col.).

696 CLP 1894, 57-59 (58).

697 O *Regulamento da fiscalização das sociedades anonymas,* de 13-Abr.-1911, assinado pelo Ministro das Finanças JOSÉ RELVAS, pode ser confrontado na CLP 1911, 2072-2077. Note-se que este Regulamento, mau grado o título, abrangia, também, as sociedades por quotas.

19.° da Lei do Orçamento, de 30 de Junho de 1913; porém, alguns dos seus artigos foram, de novo, postos em vigor, pelo Decreto n.° 24, de 7 de Julho de 1913, que veio regular o funcionamento do serviço de fiscalização das sociedades anónimas e a situação dos respectivos funcionários[698].

IV. A fiscalização das sociedades, particularmente das anónimas seria discutida, durante todo o período do Estado Novo, sendo certo que se mantiveram, fortes, as tendências para uma fiscalização estadual, um tanto ao arrepio das experiências exemplares, registadas noutros países europeus.

A Lei n.° 1:936, de 18 de Março de 1936, autorizou o Governo a modificar, oportunamente, o regime de fiscalização das sociedades anónimas, de modo a ser realizada, com a intervenção de técnicos especializados e ajuramentados, designados por entidade estranha à sociedade[699]. Porém, o Governo só se desempenharia, anos depois, aprontando uma *Proposta de lei relativa à fiscalização das sociedades por acções.*

A *Proposta* em causa foi remetida, à Câmara Corporativa. Esta elaborou um parecer, relatado por PAULO CUNHA, e subscrito, ainda, por importantes nomes, entre os quais FEZAS VITAL, MARCELLO CAETANO, MACHADO VILELLA, JOSÉ GABRIEL PINTO COELHO e FERNANDO EMÍDIO DA SILVA. Aí, fez-se notar que havia uma série longa de diplomas que permitiam, às Finanças, fiscalizar as sociedades, faltando, contudo, regras no tocante à verificação das contas em si. A fiscalização impor-se-ia para o bem das próprias empresas, sendo, porém, difícil criar auditores bastantes,

---

698 CLP 1913, 343-344.

699 Lei n.° 1:936, de 18 de Março de 1936, Base VII. Esta Lei veio promulgar diversas disposições, àcerca de coligações económicas; o seu conteúdo revela um misto de intervenção governamental na economia e de defesa da concorrência, surgindo, a concluir, a fiscalização das sociedades anónimas. Assim:

Base I

O Governo poderá ordenar a substituição, total ou parcial, das direcções dos organismos corporativos, mandando proceder a nova eleição, quando verifique que actuam em sentido diverso do imposto pelos objectivos económicos próprios de organização corporativa.

(...)

Base III

O Governo poderá dissolver todas as coligações económicas que exerçam uma actuação contrária aos objectivos da economia nacional corporativa.

(...)

Base IV

São ilegais todos os acordos, combinações e coligações que tenham por fim restringir abusivamente a produção, o transporte ou o comércio dos bens de consumo, sendo os promotores e contraentes punidos com multa (...)

uma vez que haveria 533 sociedades por acções. A hipótese do regresso à autorização governamental para a constituição de sociedades por acções é rejeitada. Os verificadores seriam organizados, em termos de independência, podendo o conselho fiscal ser, facultativamente, conservado. O parecer concluía com a proposta de novo texto[700].

O diploma foi discutido, na então Assembleia Nacional, sob a presidência de Alberto dos Reis, tendo-se verificado intervenções curiosas e interessantes, nomeadamente, de Ulisses Cortês[701] e de Águedo de Oliveira[702], sendo, finalmente, aprovado como Lei n.° 1:995, de 17 de Maio de 1943[703]. Os aspectos mais marcantes, deste diploma, resultam das bases seguintes:

Base II

1. A fiscalização será exercida por peritos ajuramentados e com intervenção do tribunal.

2. Os peritos fazem parte de um organismo colegial denominado *Câmara dos Verificadores das Sociedades por Acções.*

(...)

Base III

A constituição das sociedades por acções depende de prévia apreciação do tribunal, quanto à sua conformidade com a lei e respectivos elementos de facto.

Base IV

1. A Câmara dos Verificadores gozará de autonomia, com as limitações desta lei.

2. O número de verificadores será fixado por decreto e irá sendo aumentado à medida das necessidades e possibilidades, sem prejuízo da rigorosa selecção dos candidatos.

(...)

---

700 Paulo Cunha (rel.), *Fiscalização das sociedades anónimas/Parecer*, DSess n.° 19, de 12-Mar.-1943, 172-194 (172-174, 175, 179-180, 181-182 e 191-194).

701 Ulisses Cortês, DSess 1943, 307, faz, designadamente, uma resenha da evolução histórica, no tocante à fiscalização das sociedades anónimas.

702 Águedo de Oliveira, DSess 1943, 303, um tanto ao sabor da ideologia dominante no tempo, compara as desventuras das sociedades anónimas às da democracia, referindo uma "... revolta dos factos contra o Código de Beirão".

703 A Lei n.° 1:995, de 17 de Maio de 1943, abrange 26 bases, repartidas por 5 capítulos: I – Disposições gerais; II – Fiscalização da constituição das sociedades por acções; III – Fiscalização do funcionamento das sociedades por acções; IV – Câmara dos verificadores das sociedades por acções; V – Disposições especiais e transitórias.

Os verificadores recebiam uma larga competência, no domínio da fiscalização.

121. **Segue**; b) **As reformas de 1969 e de 1972**

I. Carecida de regulamentação, que nunca viria a ser aprovada[704], a Lei n.° 1:995, de 17 de Maio de 1943, acabaria por não vigorar, dando lugar a um "... insucesso ...", nas palavras do preâmbulo do Decreto-Lei n.° 49.381, de 15 de Novembro de 1969[705]. Não será arriscado avançar que tal "... insucesso ..." ficou a dever-se a um excesso de intervenção estadual nas sociedades anónimas, pouco consonante com a inclusão do País no bloco ocidental, após o termo da II Guerra Mundial.

II. Seguiu-se o Decreto-Lei n.° 49.381, de 15 de Novembro de 1969, praticamente acolhido no Código das Sociedades Comerciais. Esse diploma veio tentar um compromisso entre as duas correntes que, desde as críticas de BENEVIDES ao projecto do VISCONDE DE CARNAXIDE, há quase um século se defrontavam: a de uma fiscalização exterior das sociedades e a da fiscalização interior, através de órgãos e dos próprios sócios e concretizada, se necessário, na responsabilidade civil.

Apesar de aprovado sob a forma de Decreto-Lei, o diploma aqui em causa, então como Projecto de Decreto-Lei n.° 13/IX, foi expedido para parecer da Câmara Corporativa. Esta desempenhou-se, elaborando o parecer n.° 32/IX, de que foi relator ADELINO DA PALMA CARLOS e sendo subscritores, também, MARQUES GUEDES, PIRES DE LIMA, TRIGO DE NEGREIROS, BURSTORFF SILVA, JOSÉ PIRES CARDOSO, MANUEL ANDRADE E SOUSA e PAULO CUNHA. O parecer era relativamente crítico, sublinhando ter-se

---

[704] Não obstante, chegou a ser publicado um *Projecto de Decreto Regulamentar da Lei n.° 1:995*, "... elaborado por alguns professores de direito, membros da Comissão de Revisão do Código Civil, revisto no Ministério da Justiça": BMJ 25 (1951), 157-195. Tratava-se dum projecto complexo, de 96 artigos, em seis capítulos, pormenorizado e tecnicamente bem elaborado. O interesse suscitado, na época, pela fiscalização das sociedades anónimas, ressalta, ainda, no escrito de RUY ENNES ULRICH, *Sociedades anónimas e sua fiscalização*, ROA 1941, 1, 14-27, onde se esquematizam os regimes vigentes na época, incluindo o português, fazendo-se, em paralelo, um certo apelo aos valores tradicionais das sociedades anónimas e na obra de JOSÉ PIRES CARDOSO, *Problemas do anonimato* – II *Fiscalização das sociedades anónimas* (1943), onde são ponderadas as experiências italiana (25 ss.), francesa (66 ss.), inglesa (114 ss.) e alemã (164 ss.).

[705] DG, I Série, n.° 268, de 15-Nov.-1969, 1665.

acompanhado o modelo francês. Relevou-se, entre outros aspectos, que não faria sentido prever a responsabilidade do conselho fiscal e não a dos administradores. Vinha proposto um articulado alternativo[706]. Houve dois votos de vencido: um de PIRES CARDOSO[707] e outro de PAULO CUNHA[708]: ambos consideravam globalmente inadequado o texto do projecto, preferindo, antes, que se providenciasse uma regulamentação para a Lei n.° 1:995.

Na parte atinente à fiscalização, a regra fundamental constava do artigo 1.°/3: um dos membros do conselho fiscal ou o fiscal único e um suplente têm de ser designados de entre os inscritos, na lista de revisores oficiais de contas. Trata-se de uma regra que, hoje, consta do artigo 414.°/2 do Código das Sociedades Comerciais. O artigo 43.° previa uma regulamentação para as actividades de revisor oficial de contas e de sociedades de revisão.

III. O regime dos revisores oficiais de contas seria aprovado, apenas, pelo Decreto-Lei n.° 1/72, de 3 de Janeiro. Previa-se, aí, como organismo corporativo, a Câmara dos Revisores Oficiais de Contas – artigos 21.° e seguintes – e, como sociedades civis, as sociedades de revisores – artigos 59.° e seguintes. Foi o ponto de partida para a evolução subsequente, prejudicado pelo período de instabilidade que se avizinhava.

122. **A transposição da 8.ª Directriz**

I. A transposição da 8.ª Directriz foi, entre nós, antecipada, de certo modo, pela reforma de 1979. De facto, um novo regime resultaria do Decreto-Lei n.° 519-L2/79, de 29 de Dezembro: tratava-se de corresponder ao acréscimo de atribuições dos ROC, dado o seu papel na fiscalização das empresas públicas e de acentuar a sua independência. A Câmara dos ROC passava a ser uma pessoa colectiva de Direito privado e utilidade pública – artigo 14.°/1 – dependendo, porém, o acesso à função de inscri-

---

[706] ADELINO DA PALMA CARLOS (rel.), *Regime de fiscalização das sociedades anónimas/Parecer*, ACC n.° 149 de 8 de Outubro de 1969 = CC/Pareceres (IX Legislatura) Ano de 1969 (1970), 897-947 (cita-se por esta última publicação), 898, 925 e 926 e 942.

[707] CC/Pareceres 1969 cit., 942-946.

[708] CC/Pareceres 1969 cit., 946-947.

ção numa lista, de que se encarregava uma comissão, presidida por um juiz do Tribunal da Relação de Lisboa – artigos 56.° e seguintes. Seguiu-se o Decreto-Lei n.° 80/81, de 21 de Abril, que veio corrigir inexactidões – aliás numerosas – que surgiam no Decreto-Lei n.° 519-L2/79.

II. O regime aprovado por este diploma seria substituído pelo do Decreto-Lei n.° 422-A/93, de 30 de Dezembro, com a Ratificação n.° 23/94, de 28 de Fevereiro, que veio dar corpo à Directriz do Conselho n.° 84/253/CEE (8.ª Directriz), respeitante às habilitações dos ROC. A Câmara dos ROC passou a associação pública – artigo 1.° – que concentra a generalidade das competências relativas aos ROC. Prevê-se, ainda, a posição dos "revisores comunitários" – artigos 146.° e seguintes. Encontramos, neste diploma, a imagem dos diversos preceitos da Directriz em estudo.

III. A nível geral do País, deve sublinhar-se que, na sequência das Leis n.° 84/88, de 20 de Julho e n.° 11/90, de 5 de Abril, assistiu-se a um movimento generalizado de transformação das empresas públicas, resultantes da Revolução de 1974-75, em sociedades anónimas de capitais públicos, tendencialmente submetidas aos esquemas comuns de fiscalização.

O movimento inverter-se-ia: o Decreto-Lei n.° 26-A/96, de 27 de Março, veio abolir os conselhos fiscais das sociedades anónimas de capitais públicos, determinando que, em sua substituição, fossem, pelas assembleias gerais respectivas, designados ROCs; por seu turno, a Lei n.° 14/96, de 20 de Abril, veio submeter as sociedades de capitais públicos e mistos, entre outras entidades, à fiscalização financeira do Tribunal de Contas. O devir é interessante: de novo a sombra do VISCONDE DE CARNAXIDE se sobrepõe – pelo menos em parte – à de JOSÉ BENEVIDES.

IV. Com os antecedentes apontados, chegamos à reforma de 1999. No uso da autorização legislativa concedida pela Lei n.° 125/99, de 20 de Agosto, o Governo aprovou o Decreto-Lei n.° 487/99, de 18 de Novembro, relativo à Ordem dos Revisores Oficiais de Contas.

O novo diploma desde logo e à cabeça, veio instituir, em Ordem, a organização dos ROC. Fica implicada, por razões culturais e jurídico-científicas toda uma filosofia importante de independência, de deontologia especializada e de especial exigência no acesso e no exercício da profissão. Dá-se, assim, azo a uma melhor transposição da Directriz.

V. Para além disso, o diploma teve em vista adaptar o Estatuto dos ROC[709]:

– às modificações ocorridas, a nível interno, na legislação comercial e no mercado mobiliário;
– às exigências de harmonização comunitária;
– à crescente relevância reconhecida aos ROC "... na defesa do interesse público, subjacente à credibilidade do exame às contas de empresas e outras entidades ...".

O preâmbulo do Decreto-Lei n.° 487/99, de 16 de Novembro, proclamava, ainda:

> Assim sendo, com a consequente atribuição aos revisores oficiais de contas de competências exclusivas relativamente ao exercício dessa actividade, bem como de quaisquer outras funções que por lei exijam a intervenção própria e autónoma destes profissionais sobre actos ou factos patrimoniais das mesmas entidades, todas as matérias de revisão/auditoria às contas, seja legal, estatutária ou contratual, ficam submetidas à disciplina normativa e ao controlo da Ordem.

O novo Estatuto anunciava medidas inovatórias do tipo seguinte:

– a exigência de licenciatura para o acesso à profissão;
– a instituição de exames e do estágio;
– a sujeição à intervenção de ROC de quaisquer empresas ou outras entidades com contabilidade organizada;
– a instituição do conselho superior e do conselho directivo;
– diversas regras quanto à Ordem e aos honorários.

123. **Perspectivas**

I. A temática do Direito europeu da prestação de contas, conquanto que instrumental, tem a maior importância. Dela depende a viabilidade de uma sociedade aberta que mobilize os seus recursos no mercado de capitais. A chave da prestação de contas reside na revisão. Há, pois, que aprofundar a via de um corpo profissional de grande prestígio e independência,

---

709 Trata-se de matéria que está, igualmente, consignada no preâmbulo do diploma.

dotado de habilitações profissionais alargadas e capaz de restabelecer e manter a confiança do grande público.

A Comunicação da Comissão ao Conselho e ao Parlamento Europeu sobre a revisão oficial de contas na União Europeia[710], dá nota desse estado de coisas.

II. Está, assim, na ordem do dia uma revisão da 8.ª Directriz, abrindo as portas a sistemas de controlo de qualidade e a códigos deontológicos. No nosso País, a Ordem dos Revisores Oficiais de Contas tem, de resto, aprofundado já diversos instrumentos nesse sentido.

III. O caminho é inevitável e está traçado. Todavia, importa não generalizar. Boa parte do tecido empresarial do País é constituído por pequenas e médias empresas, que não dependem do mercado de capitais e que requerem uma revisão simples e não dispendiosa. Cabe ao Direito da prestação de contas diversificar os seus esquemas e atender às realidades.

Além disso, há que combater a tendência, recentemente surgida de, a pretexto da especialização dos revisores oficiais de contas, instituir novas hierarquias que ponham em causa a sua independência.

[710] *Supra*, 404-426.

CAPÍTULO V

11.ª DIRECTRIZ (89/666/CEE): PUBLICIDADE DE SUCURSAIS

§ 29.° Texto, preparação, sistema e transposição

124. Texto

Prosseguindo pela ordem numérica das Directrizes do Direito das sociedades efectivamente adoptadas, cumpre reter a 11.ª, relativa às sucursais.

DÉCIMA PRIMEIRA DIRECTIVA DO CONSELHO

de 21 de Dezembro de 1989

relativa à publicidade das sucursais criadas num Estado-membro por certas formas de sociedades reguladas pelo direito de outro Estado (89/666/CEE)[711]

O CONSELHO DAS COMUNIDADES EUROPEIAS,

Tendo em conta o Tratado que institui a Comunidade Económica Europeia e, nomeadamente, o seu artigo 54.°,

Tendo em conta a proposta da Comissão (1),

Em cooperação com o Parlamento Europeu (2),

Tendo em conta o parecer do Comité Económico e Social (3),

---

[711] JOCE N.° L-395, 36-39, de 30-Dez.-1989. As epígrafes são da nossa responsabilidade.

(1) JO n.° C 105 de 21.4.1988, p. 6.
(2) JO n.° C 345 de 21.12.1987, p. 76, e JO n.° C 256 de 9.10.1989, p. 72.
(3) JO n.° C 319 de 30.11.1987, p. 61.

Considerando que, a fim de facilitar o exercício da liberdade de estabelecimento das sociedades referidas no artigo 58.° do Tratado, o n.° 3, alínea g), do artigo 54.° do Tratado e o programa geral para a supressão das restrições à liberdade de estabelecimento prevêem a coordenação das garantias que são exigidas às sociedades, nos Estados-membros, para proteger os interesses, quer dos sócios quer de terceiros;

Considerando que, até agora, essa coordenação foi realizada, em matéria de publicidade, pela adopção da primeira Directiva 68/151/CEE relativa às sociedades de capitais (4), com a última redacção que lhe foi dada pelo Acto de Adesão de 1985; que foi continuada, em matéria de contabilidade, com a quarta Directiva 78/660/CEE, relativa às contas anuais de certas formas de sociedades (5), com a última redacção que lhe foi dada pelo Acto de Adesão de 1985, com a sétima Directiva 83/349/CEE, relativa às contas consolidadas (6), com a última redacção que lhe foi dada pelo Acto de Adesão de 1985, e com a oitava Directiva 84/253/CEE, relativa às pessoas encarregadas da fiscalização legal dos documentos contabilísticos (7);

(4) JO n.° L 65 de 14.3.1968, p. 8.
(5) JO n.° L 222 de 14.8.1978, p. 11.
(6) JO n.° L 193 de 18.7.1983, p. 1.
(7) JO n.° L 126 de 12.5.1984, p. 20.

Considerando que essas directivas se aplicam às sociedades, enquanto tal, mas não se aplicam às sucursais; que a criação de uma sucursal, tal como a constituição de uma filial, é uma das possibilidades que actualmente se abrem a uma sociedade que pretenda exercer o seu direito de estabelecimento num outro Estado-membro;

Considerando que, no que respeita às sucursais, a falta de coordenação, nomeadamento no domínio da publicidade, dá origem a uma certa disparidade, a nível da protecção dos sócios e de terceiros, entre as sociedades que operam em outros Estados-membros criando sucursais e as que aí operam constituindo sociedades filiais;

Considerando que, nesse domínio, as divergências nas legislações dos Estados-membros podem perturbar o exercício do direito de estabelecimento e que, portanto, é necessário eliminá-las para salvaguardar, inter alia, o exercício desse direito;

Considerando que, para assegurar a protecção das pessoas que, por intermédio de uma sucursal, entram em contacto com a sociedade, se impõem medidas de publicidade no Estado-membro em que a sucursal está situada; que, em determinados aspectos, a influência económica e social de uma sucursal pode ser comparável à de uma filial, no sentido de que há interesse do público pela publicidade da sociedade junto da sucursal; que, para organizar essa publicidade, é conveniente fazer referência ao processo já estabelecido para as sociedades de capitais no interior da Comunidade;

Considerando que essa publicidade respeita a uma série de actos e indicações importantes e às respectivas alterações;

Considerando que a referida publicidade pode ser limitada, com excepção do poder de representação, da denominação, da forma, da dissolução e do processo de insolvabilidade da sociedade, às informações relativas às próprias sucursais e a uma referência ao registo da sociedade de que a sucursal é parte integrante, dado que, por força das regras comunitárias existentes, qualquer informação relativa à sociedade enquanto tal está disponível nesse registo;

Considerando que as disposições nacionais que impõem a publicidade dos documentos contabilísticos relativos à sucursal perderam a sua justificação após a coordenação das legislações nacionais em matéria de estabelecimento, de controlo e de publicidade dos documentos contabilísticos da sociedade; que, por conseguinte, basta publicar no registo da sucursal os documentos contabilísticos controlados e publicados pela sociedade;

Considerando que as cartas e notas de encomenda utilizadas pela sucursal devem conter pelo menos as mesmas indicações que as cartas e as notas de encomenda da sociedade, bem como a indicação do registo em que a sucursal está inscrita;

Considerando que, a fim de assegurar a realização dos objectivos da presente directiva e evitar qualquer discriminação relacionada com o país de origem das sociedades, a presente directiva deve abranger também as sucursais criadas por sociedades reguladas pelo direito de países terceiros e organizadas segundo uma forma jurídica comparável à das sociedades referidas na Directiva 68/151/CEE; que, para essas sucursais, se impõem certas disposições diferentes das que se aplicam às sucursais das sociedades reguladas pelo direito de outros Estados-membros, dado que as directivas acima indicadas não se aplicam às sociedades dos países terceiros;

Considerando que a presente directiva em nada afecta as obrigações de informação a que se encontram sujeitas as sucursais devido a outras disposições do âmbito, por exemplo, do direito social no que respeita ao direito de informação dos assalariados, do direito fiscal, bem como para fins estatísticos,

ADOPTOU A PRESENTE DIRECTIVA:

SECÇÃO I
Sucursais de sociedades de outros Estados-membros

Artigo 1.°
(Publicidade)

1. Os actos e indicações relativos às sucursais criadas num Estado-membro por sociedades reguladas pelo direito de outro Estado-membro, às quais se aplica a Directiva 68/151/CEE, serão publicados segundo o direito do Estado-membro onde a sucursal está situada, nos termos do artigo 3.° da referida directiva.

2. Sempre que a publicidade feita ao nível da sucursal for diferente da publicidade feita ao nível da sociedade, prevalecerá a primeira para as operações efectuadas com a sucursal.

Artigo 2.°
(Actos sujeitos a registo)

1. A obrigação de publicidade referida no artigo 1.° só abrange os seguintes actos e indicações:

a) O endereço da sucursal;

b) A indicação das actividades da sucursal;

c) O registo em que o processo referido no artigo 3.° da Directiva 68/151/CEE está aberto para a sociedade e o número de inscrição desta última nesse registo;

d) A denominação e a forma da sociedade, bem como a denominação da sucursal, se esta última não corresponder à da sociedade;

e) A nomeação, a cessação de funções e a identidade das pessoas que têm o poder de obrigar a sociedade perante terceiros e de a representar judicialmente:

- enquanto órgãos da sociedade legalmente previstos ou membros desse órgão, em conformidade com a publicidade feita ao nível da sociedade nos termos do n.° 1, alínea d), do artigo 2.° da Directiva 68/151/CEE,
- enquanto representantes permanentes da sociedade quanto à actividade da sucursal, com a indicação da extensão dos respectivos poderes;

f) – A dissolução da sociedade, a nomeação, a identidade e os poderes dos liquidatários, bem como o encerramento da liquidação, em conformidade com a publicidade feita ao nível da sociedade, nos termos do n.° 1, alíneas h), j) e k), do artigo 2.° da Directiva 68/151/CEE,

- um processo de falência, de concordata ou outro processo análogo de que a sociedade seja alvo;

g) Os documentos contabilísticos, nas condições indicadas no artigo 3.°;

h) O encerramento da sucursal.

2. O Estado-membro em que a sucursal foi criada pode prever a publicidade, nos termos previstos no artigo 1.°:

a) De uma assinatura das pessoas referidas no n.° 1, alíneas e) e f), do presente artigo;

b) Do acto constitutivo e dos estatutos, se estes últimos forem objecto de um acto separado, nos termos do n.° 1, alíneas a), b) e c), do artigo 2.° da Directiva 68/151/CEE, bem como de qualquer alteração desses documentos;

c) De um certidão do registo referido no n.° 1, alínea c), do presente artigo, relativo à existência da sociedade;

d) De uma indicação sobre as garantias que incidem sobre os bens da sociedade situados nesse Estado-membro, desde que essa publicidade se refira à validade dessas garantias.

Artigo 3.°
(Documentos contabilísticos)

A obrigação de publicidade referida no n.° 1, alínea g), do artigo 2.° só diz respeito aos documentos contabilísticos da sociedade elaborados, controlados e publicados segundo o direito do Estado-membro pelo qual se regula a sociedade, em conformidade com as Directivas 78/660/CEE, 83//349/CEE e 84/253/CEE.

Artigo 4.°
(Língua e tradução)

O Estado-membro em que a sucursal tiver sido criada pode impor que a publicidade dos documentos referidos no n.° 2, alínea b), do artigo 2.° e no artigo 3.° seja efectuada noutra língua oficial da Comunidade e que a tradução desses documentos seja autenticada.

Artigo 5.°
(Sucursais múltiplas)

Quando num Estado-membro existirem várias sucursais criadas por uma mesma sociedade, a publicidade referida no n.° 2, alínea b), do artigo 2.° e no artigo 3.° pode ser feita no registo de uma dessas sucursais à escolha da sociedade.

Nesse caso, a obrigação de publicidade das restantes sucursais incidirá sobre a indicação do registo da sucursal em que a publicidade foi feita, bem como do número de inscrição dessa sucursal nesse registo.

Artigo 6.°
(Cartas e notas de encomenda)

Os Estados-membros exigirão que as cartas e as notas de encomenda utilizadas pela sucursal contenham, além das indicações prescritas no artigo 4.° da Directiva 68/151//CEE, a indicação do registo em que está aberto o processo da sucursal, bem como o número de inscrição da sucursal nesse registo.

SECÇÃO II
Sucursais de sociedades de países terceiros

Artigo 7.°
(Publicidade)

1. Os actos e indicações relativos às sucursais criadas num Estado-membro por sociedades que não sejam reguladas pelo direito de um Estado-membro, mas que tenham uma forma jurídica comparável às referidas na Directiva 68/151/CEE, serão publicados segundo

o direito do Estado-membro em que a sucursal foi criada, nos termos do artigo 3.° da referida directiva.

2. É aplicável o n.° 2 do artigo 1.°

Artigo 8.°
(Actos sujeitos a registo)

A obrigação de publicidade referida no artigo 7.° abrange, pelo menos, os actos e indicações seguintes:

a) O endereço da sucursal;

b) A indicação das actividades da sucursal;

c) O direito do Estado pelo qual se regula a sociedade;

d) Se esse direito o previr, o registo em que a sociedade está inscrita e o respectivo número de inscrição nesse registo;

e) O acto constitutivo e os estatutos, se forem objecto de um acto separado, bem como qualquer alteração desses documentos;

f) A forma, sede e objecto da sociedade, bem como, pelo menos anualmente, o montante do capital subscrito, se essas indicações não figurarem nos documentos referidas na alínea e);

g) A denominação da sociedade, bem como a denominação da sucursal, se esta última não corresponder à da sociedade;

h) A nomeação, a cessação de funções e a identidade das pessoas que têm o poder de obrigar a sociedade perante terceiros e de a representar judicialmente:
   – enquanto órgão da sociedade legalmente previsto ou membros desse órgão,
   – enquanto representantes permanentes da sociedade para a actividade da sucursal.

   Deve precisar-se a extensão dos poderes dessas pessoas e se elas podem exercer esses poderes isoladamente ou se o devem fazer em conjunto;

i) – A dissolução da sociedade e a nomeação, a identidade e os poderes dos liquidatários, bem como o encerramento da liquidação;
   – um processo de falência, de concordata ou outro processo análogo de que a sociedade seja alvo;

j) Os documentos contabilísticos, nas condições indicadas no artigo 9.°;

k) O encerramento da sucursal.

Artigo 9.°
(Documentos contabilísticos)

1. A obrigação de publicidade referida na alínea j) do artigo 8.° incide sobre os documentos contabilísticos da sociedade elaborados, controlados e publicados segundo o direito do

Estado-membro pelo qual se regula a sociedade. Quando esses documentos não tiverem sido elaborados em conformidade com as Directivas 78/660/CEE e 83/349/CEE, ou de modo equivalente, os Estados-membros podem exigir a elaboração e a publicidade dos documentos contabilísticos relativos à actividade da sucursal.

2. São aplicáveis os artigos 4.° e 5.°.

Artigo 10.°
(Cartas e notas de encomenda)

Os Estados-membros exigirão que as cartas e notas de encomenda utilizadas pela sucursal contenham a indicação do registo em que está aberto o processo da sucursal, bem como o número de inscrição da sucursal nesse registo. Se o direito do Estado pelo qual se regula a sociedade previr a inscrição num registo, devem igualmente ser indicados o registo em que a sociedade está inscrita e o respectivo número de inscrição nesse registo.

SECÇÃO III
Indicação das sucursais no relatório de gestão da sociedade

Artigo 11.°
(Alteração da 4.ª Directriz)

No n.° 2 do artigo 46.° da Directiva 78/660/CEE, é aditada a seguinte alínea:

(A alínea foi inserida no local próprio da Directriz n.° 78/660/CEE do Conselho, de 25 de Julho de 1978, acima publicada)

SECÇÃO IV
Disposições transitórias e disposições finais

Artigo 12.°
(Sanções)

Os Estados-membros devem prever sanções adequadas em caso de falta da publicidade prevista nos artigos 1.°, 2.°, 3.°, 7.°, 8.° e 9.°, bem como em caso de ausência, nas cartas e notas de encomenda, das indicações obrigatórias previstas nos artigos 6.° e 10.°.

Artigo 13.°
(Determinação das pessoas obrigadas)

Os Estados-membros determinarão quais as pessoas obrigadas a cumprir as formalidades de publicidade prescritas pela presente directiva.

Artigo 14.°
(Derrogações)

1. Os artigos 3.° e 9.° não são aplicáveis às sucursais criadas por instituições de crédito e por instituições financeiras que são objecto da Directiva 89/117/CEE ([8]).

2. Até coordenação posterior, os Estados-membros podem não aplicar os artigos 3.° e 9.° às sucursais criadas por companhias de seguros.

([8]) JO n.° L 44 de 16.2.1989, p. 40.

Artigo 15.°
(Disposições revogadas da 4.ª e da 7.ª Directrizes)

São suprimidos o artigo 54.° da Directiva 78/660/CEE e o artigo 48.° da Directiva 83/349/CEE.

(As alterações foram assinaladas nos locais próprios das Directrizes n.° 78/660/CEE do Conselho, de 25 de Julho de 1978 e n.° 83/349/CEE do Conselho, de 13 de Junho de 1983, acima publicadas)

Artigo 16.°
(Prazo para a transposição)

1. Os Estados-membros adoptarão, antes de 1 de Janeiro de 1992, as disposições legislativas, regulamentares e administrativas necessárias para dar cumprimento à presente directiva. Do facto informarão imediatamente a Comissão.

2. Os Estados-membros preverão que as disposições referidas no n.° 1 se apliquem a partir de 1 de Janeiro de 1993 e, no que respeita aos documentos contabilísticos, que se apliquem pela primeira vez às contas anuais do exercício que se inicia em 1 de Janeiro de 1993 ou durante o ano de 1993.

3. Os Estados-membros comunicarão à Comissão o texto das disposições de direito interno que adoptarem no domínio regulado pela presente directiva.

Artigo 17.°
(Comité de contacto da 4.ª Directriz)

O comité de contacto criado pelo artigo 52.° da Directiva 78/660/CEE passa também a ter as atribuições seguintes:

a) Facilitar, sem prejuízo dos artigos 169.° e 170.° do Tratado, uma aplicação harmonizada da presente directiva através de uma concertação regular sobre, nomeadamente, os problemas concretos que a sua aplicação levante;

b) Aconselhar a Comissão, se necessário, sobre os complementos ou correcções a introduzir na presente directiva.

Artigo 18.°
(Destinatários)

Os Estados-membros são os destinatários da presente directiva.

Feito em Bruxelas, em 21 de Dezembro de 1989.

Pelo Conselho
O Presidente
E. CRESSON

125. **Preparação e objectivos gerais**

I. A 11.ª Directriz, relativa a sucursais, teve um tempo de gestação relativamente curto. A proposta inicial data de 29-Jul.-1986. Foi alterada e revista em 28-Mar.-1988 e em 21-Nov.-1989, respectivamente[712]. A 11.ª Directriz foi, finalmente, adoptada pelo Conselho em 21-Dez.-1989 e publicada a 30 desses mesmos mês e ano[713].

No cerne da sua filosofia, a 11.ª Directriz vem dar corpo à liberdade de estabelecimento derivada, isto é, à liberdade de uma sociedade já de si livre, de criar, na União, outros estabelecimentos ou entidades dela dependentes. Mas ela vai mais longe, regulando também a sucursais de países terceiros.

II. Isto posto, podemos dizer que a 11.ª Directriz veio complementar o âmbito da 1.ª Directriz, relativa à publicidade e o da 4.ª, sobre a prestação de contas[714]: ambos esses domínios não tocavam, efectivamente e de

[712] Os locais de publicação dos elementos preparatórios referidos podem ser confrontados em SCHWARZ, *Europäisches Gesellschaftsrecht* cit., 230.

[713] Cf. a notícia da época em PETER M. WIESNER, *Neue EG-Richtlinie über die Offenlegung von Zweigniederlassungen*, GmbHR 1987, 103/I.

[714] ULRICH SEIBERT, *Die Umsetzung der Zweigniederlassungsrichtlinie im deutschen Recht*, GmbHR 1992, 738-741 (738-739).

acordo com o teor dos dois instrumentos, na temática das sucursais[715]. Em termos de escopos mais imediatos, têm sido apontados dois[716]:

- a protecção de terceiras pessoas, particularmente dos credores;
- a facilitação do exercício da liberdade de estabelecimento.

III. O prosseguimento desses objectivos vem, efectivamente, bulir com esquemas de publicidade[717], e diversos deveres conexos[718] e com a prestação de contas[719]: uma realidade que fica clara perante os diplomas de transposição.

A harmonização procurada, porquanto assente em pilares já supostamente harmonizados – os da 1.ª e 4.ª Directrizes – pareceria bastante simples. A 11.ª Directriz acabaria, todavia, por assumir um teor regulamentar que, a uma primeira leitura, parece complicar a matéria.

126. **Sistema**

I. A 11.ª Directriz consta de 18 artigos, arrumados por quatro secções. Eis os seus termos:

Secção I – Sucursais de sociedades de outros Estados-membros

Artigo 1.° (Publicidade);
Artigo 2.° (Actos sujeitos a registo);
Artigo 3.° (Documentos contabilísticos);
Artigo 4.° (Língua e tradução);
Artigo 5.° (Sucursais múltiplas);
Artigo 6.° (Cartas e notas de encomenda).

---

[715] HABERSACK; *Europäisches Gesellschaftsrecht*, 2.ª ed. cit., 83 e GRUNDAMNN, *Europäisches Gesellschaftsrecht* cit., 376.

[716] Para além dos objectivos comuns a toda esta legislação comunitária.

[717] FRANK PLESSE, *Neuregelung des Rechts der Offenlegung von Zweiggesellschaften/Gesetzentwurf zur Umsetzung der Elften gesellschaftsrechtlichen EG-Richtlinien in deutsches Recht*, DStR 1993, 133-134 (133/I).

[718] PETER KINDLER, *Neue Offenlegungspflichten für Zweigniederlassungen deutscher Kapitalgesellschaften/Zur Umsetzung der Elften gesellschaftsrechtlichen Richtlinie der EG in deutsches Recht*, NJW 1993, 3301-3306 (3305/I).

[719] Referindo, igualmente, os outros aspectos: UTE HAHNEFELD, *Neue Regelungen zur Offenlegung bei Zweigniederlassungen/Inkrafttreten des Gesetzes zur Umsetzung der Elften gesellschaftsrechtlichen EG-Richtlinie*, DStR 1993, 1596-1598 e ULRICH SEIBERT, *Neuordnung des Rechts der Zweigniederlassung im HGB*, DB 1993, 1705-1707.

Secção II – Sucursais de sociedades de países terceiros

Artigo 7.° (Publicidade);
Artigo 8.° (Actos sujeitos a registo);
Artigo 9.° (Documentos contabilísticos);
Artigo 10.° (Cartas e notas de encomenda).

Secção III – Indicação das sucursais no relatório de gestão da sociedade

Artigo 11.° (Alteração da 4.° Directriz).

Secção IV – Disposições transitórias e disposições finais

Artigo 12.° (Sanções);
Artigo 13.° (Determinação das pessoas obrigadas);
Artigo 14.° (Derrogações);
Artigo 15.° (Disposições revogadas da 4.ª e 7.ª Directrizes);
Artigo 16.° (Prazo para a transposição);
Artigo 17.° (Comité de contacto da 4.ª Directriz);
Artigo 18.° (Destinatários).

II. O legislador comunitário recorreu, como se vê, a uma técnica de distinguir sucursais de sociedades comunitárias e sociedades de países terceiros. Daí resultou uma duplicação de preceitos. Teria sido possível lançar mão de uma técnica mais científica.

No tocante à publicidade, a regra é directa: os actos relativos às sucursais devem ser publicados segundo o Direito do Estado membro onde ela tenha sido criada – artigos 1.°/1 e 7.°/1. Quando a publicidade feita ao nível da sucursal for diferente da feita ao nível da sociedade, prevalece a primeira – artigo 1.°/2 e 7.°/2.

Os actos sujeitos a registo abrangem as listagens habituais, com poucas diferenças para os dois tipos de sucursal – artigos 2.° e 8.°. Sublinhamos também a publicidade a nível de cartas e notas de encomenda – artigos 6.° e 10.°.

III. Os documentos contabilísticos devem ser publicitados – artigos 2.°/1, *g*), 3.°, 8.°, *j*) e 9.°. O relatório de gestão da sociedade deve dar conta das sucursais: assim o dispõe o artigo 46.°/2, *f*), da 4.ª Directriz, introduzida pelo artigo 11.° da 11.ª Directriz.

IV. Os aspectos relativos a sanções (12.°) e às pessoas concretamente obrigadas a cumprir as formalidades prescritas na Directriz (13.°) são remetidos para o âmbito dos Estados-membros.

127. Transposição

I. A transposição, para o Direito português, da 11.ª Directriz, depara logo com o problema terminológico e dogmático da "sucursal". Esta expressão deriva da versão francesa da Directriz. Na versão alemã usa-se "estabelecimento secundário" (*Zweigniederlassung*), na inglesa, "dependência" (*branch*) e na holandesa, "segundo negócio" (*bijkantor*). Sucursal é expressão portuguesa correcta. Todavia, ela não era usada, habitualmente, nas nossas leis. Estas preferiam, antes, dependência ou representação permanente.

Independentemente da designação, a sucursal não corresponde a uma noção clara. A própria 11.ª Directriz acaba por não a referir, indiferente às disparidades terminológicas que reinam na União. Trata-se, aliás, de um tema de Direito comercial e não de Direito das sociedades.

A sucursal é apresentada como uma forma intermédia entre a empresa autónoma e uma mera secção da entidade considerada[720]. Ela dispõe de uma autonomia própria, em termos de organização, mas não disfruta de personalidade colectiva. Os negócios que celebre repercutem-se, pois, na esfera da sociedade – ou comerciante individual! – de que dependa.

II. O Código Comercial, particularmente arcaico neste ponto, (apenas) regula a figura dos gerentes de comércio – artigos 248.° e seguintes: têm mandato geral para tratar do comércio de outrem[721], podendo fazê-lo em termos geograficamente distintos[722].

Por seu turno, o artigo 10.° do Código do Registo Comercial, previa – e prevê – a sujeição a registo de:

c) A criação, a alteração e o encerramento de representações permanentes de sociedades, cooperativas, agrupamentos complementares de empresas e agrupamentos europeus de interesse económico com sede em Portugal e no estrangeiro, bem como a designação, poderes e cessação de funções dos respectivos representantes;

---

720 Karsten Schmidt, *Handelsrecht*, 5.ª ed. (1999), 75 ss..

721 *Vide* o nosso *Manual de Direito comercial* cit., 486.

722 Cf. o artigo 255.° do Código Comercial.

A aproximação entre estas "representações permanentes" e as "sucursais" é reforçada pelo artigo 7.° do Código de Processo Civil que, a propósito da responsabilidade judiciária destas últimas, dispõe[723]:

> 1. As sucursais, agências, filiais, delegações ou representações podem demandar ou ser demandadas quando a acção proceda de facto por elas praticado.

Finalmente, o círculo é fechado pelo artigo 13.° do Código das Sociedades Comerciais que, logo na redacção inicial, veio dispor, sob a epígrafe "formas locais de representação", no seu artigo 13.°:

> 1. Sem dependência de autorização contratual, mas também sem prejuízo de diferentes disposições do contrato, a sociedade pode criar sucursais, agências, delegações ou outras formas locais de representação, no território nacional ou no estrangeiro.

III. Com estas explicações, podemos efectivamente entender, ainda que com alguma boa vontade, que a generalidade dos deveres de publicidade previstos na 11.ª Directriz já resultavam, no Direito português, do referido artigo 10.°, *c*) do CRCom. Por seu turno, o artigo 10.°, *d*), manda registar:

> A prestação de contas das sociedades com sede no estrangeiro e representação permanente em Portugal;

A transposição, previamente efectuada pelo CRCom era, contudo, incompleta: não se reportava aos aspectos atinentes ao relatório de gestão e a menção em cartas e notas de encomenda. Portugal estava em falta.

IV. Assim chegamos ao Decreto-Lei n.° 225/92, de 21 de Outubro que, segundo o seu preâmbulo:

> (...) destina-se a completar a transposição da Directiva do Conselho n.° 89/666/CEE, de 21 de Dezembro, relativa às sucursais criadas num Estado

---

[723] Admitindo a falência de uma sucursal, no País, de uma sociedade estrangeira: STJ 12-Mai.-1998 (Fernando Magalhães), BMJ 477 (1998), 524-526.

membro por certas formas de sociedades reguladas pelo direito de outro Estado.

Este diploma veio aditar ao artigo 66.°/2, uma alínea *g*), segundo a qual o relatório de gestão deve, em especial, indicar a existência de sucursais da sociedade. De igual modo ele acrescentou, ao artigo 171.°, relativo à obrigação das sociedades indicarem, nos actos externos[724], claramente, além da firma, o tipo, a sede, a conservatória do registo comercial onde se encontrem matriculadas, o seu número de matrícula nessa conservatória e, eventualmente, a menção de a sociedade se encontrar em liquidação, e ainda, tratando-se de uma sociedade de capitais, o capital social realizado, se for diverso (n.° 1 e n.° 2) um n.° 3, assim concebido:

> O disposto no n.° 1 é aplicável às sucursais de sociedades com sede no estrangeiro, devendo estas, para além dos elementos aí referidos, indicar ainda a conservatória do registo comercial onde se encontrem matriculadas e o respectivo número de matrícula nessa conservatória.

Os artigos 6.° e 10.° da 11.ª Directriz encontraram, nestes termos, assento no nosso Direito.

[724] Portanto: contratos, correspondência, publicações, anúncios e outros.

CAPÍTULO VI

12.ª DIRECTRIZ (89/667/CEE): SOCIEDADES POR QUOTAS UNIPESSOAIS

§ 30.° Texto, preparação e sistema

128. Texto

O texto da 12.ª Directriz, "em matéria de direito das sociedades relativa às sociedades de responsabilidade limitada com um sócio único" – em português: sociedades por quotas – é bastante simples. Tem o teor que segue, com epígrafes da nossa responsabilidade.

DÉCIMA SEGUNDA DIRECTIVA DO CONSELHO

de 21 de Dezembro de 1989

em matéria de direito das sociedades relativa às sociedades de responsabilidade limitada com um único sócio[725]

O CONSELHO DAS COMUNIDADES EUROPEIAS,

Tendo em conta o Tratado que institui a Comunidade Económica Europeia e, nomeadamente, o seu artigo 54.°,

Tendo em conta a proposta da Comissão ([1]),

[725] JOCE N.° L-395, 40-42, de 30-Dez.-1989; houve uma rectificação, mas irrelevante para a versão em língua portuguesa.

Em cooperação com o Parlamento Europeu (2),

Tendo em conta o parecer do Comité Económico e Social (3),

Considerando que é necessário coordenar, de modo a torná-las equivalentes, determinadas garantias que são exigidas, nos Estados-membros, às sociedades, na acepção do segundo parágrafo do artigo 58.° do Tratado, a fim de proteger os interesses tanto dos sócios como de terceiros;

Considerando que, neste domínio, por um lado, as Directivas 68/151/CEE (4) e 78/660/ /CEE (5), com a última redacção que lhes foi dada pelo Acto de Adesão de Espanha e de Portugal, e a Directiva 83/349/CEE (6), com a última redacção que lhe foi dada pelo Acto de Adesão de Espanha e de Portugal, relativas à publicidade, validade das obrigações e invalidade da sociedade, bem como às contas anuais e às contas consolidadas, são aplicáveis ao conjunto das sociedades de capitais; que, por outro, as Directivas 77/91/CEE (7) e 78/855/CEE (8), com a última redacção que lhes foi dada pelo Acto de Adesão de Espanha e de Portugal, e a Directiva 82/891/CEE (9), relativas à constituição e ao capital, bem como às fusões e às cisões, só são aplicáveis às sociedades anónimas;

Considerando que, pela sua resolução de 3 de Novembro de 1986, o Conselho adoptou, em 3 de Novembro de 1986, o programa de acção para as pequenas e médias empresas (PME) (10);

(1) JO n.° C 173 de 2.7.1988, p. 10.
(2) JO n.° C 96 de 17.4.1989, p. 92, e JO n.° C 291 de 20.11.1989, p. 53.
(3) JO n.° C 318 de 12.12.1988, p. 9
(4) JO n.° L 65 de 14.3.1968, p. 8.
(5) JO n.° L 222 de 14.8.1978, p. 11.
(6) JO n.° L 193 de 18.7.1983, p. 1.
(7) JO n.° L 26 de 30.1.1977, p. 1.
(8) JO n.° L 295 de 20.10.1978, p. 36.
(9) JO n.° L 378 de 31.12.1982, p. 47.
(10) JO n.° C 287 de 14.11.1986, p. 1.

Considerando que as reformas introduzidas em algumas legislações nacionais, no decurso dos últimos anos, com o objectivo de permitir a existência de sociedades de responsabilidade limitada com um único sócio, deram origem a disparidades entre as legislações dos Estados-membros;

Considerando que é conveniente prever a criação de um instrumento jurídico que permita a limitação da responsabilidade do empresário individual, em toda a Comunidade, sem prejuízo das legislações dos Estados-membros que, em casos excepcionais, impõem a responsabilidade desse empresário relativamente às obrigações da empresa;

Considerando que uma sociedade de responsabilidade limitada pode ter um único sócio no momento da sua constituição, ou então por força da reunião de todas as partes sociais numa só pessoa; que, enquanto se aguarda a coordenação das disposições nacionais em matéria de direito dos grupos, os Estados-membros podem prever certas disposições especiais, ou sanções, aplicáveis no caso de uma pessoa singular ser o único sócio de diversas sociedades ou quando uma sociedade unipessoal ou qualquer outra pessoa colectiva for o único sócio de uma sociedade; que o único objectivo desta faculdade é atender às particularidades actualmente existentes em determinadas legislações nacionais; que os Estados-membros podem, para esse efeito, e em relação a casos específicos, prever restrições ao acesso à sociedade unipessoal ou a responsabilidade ilimitada do sócio único; que os Estados-membros são livres de estabelecer regras para enfrentar os riscos que a sociedade unipessoal pode apresentar devido à existência de um único sócio, designadamente para garantir a liberação do capital subscrito;

Considerando que a reunião de todas as partes sociais numa única pessoa, bem como a identidade do único sócio, devem ser objecto de publicidade num registo acessível ao público;

Considerando que as decisões adoptadas pelo sócio único, na qualidade de assembleia geral de sócios, devem assumir a forma escrita;

Considerando que a forma escrita deve ser igualmente exigida para os contratos celebrados entre o sócio único e a sociedade por ele representada, desde que esses contratos não digam respeito a operações correntes celebradas em condições normais,

ADOPTOU A PRESENTE DIRECTIVA:

Artigo 1.°
(Âmbito)

As medidas de coordenação prescritas pela presente directiva aplicam-se às disposições legislativas, regulamentares e administrativas dos Estados-membros relativas às seguintes formas de sociedade:

- no que se refere à Alemanha:
  die Gesellschaft mit beschränkter Haftung,

  (...)

- no que se refere à França:
  la société à responsabilité limitée,

  (...)

- no que se refere a Itália:
  la società a responsabilità limitata,

  (...)

- no que se refere a Portugal:
  a sociedade por quotas,

- no que se refere ao Reino Unido:
  the private company limited by shares or by guarantee.

Artigo 2.°
(Admissibilidade)

1. A sociedade pode ter um sócio único no momento da sua constituição, bem como por força da reunião de todas as partes sociais numa única pessoa (sociedade unipessoal).

2. Enquanto se aguarda uma coordenação das disposições nacionais em matéria de direito dos grupos, as legislações dos Estados-membros podem prever disposições especiais ou sanções aplicáveis:

a) Quando uma pessoa singular for o sócio único de várias sociedades, ou
b) Quando uma sociedade unipessoal ou qualquer pessoa colectiva for o sócio único de uma sociedade.

Artigo 3.°
(Publicidade da unipessoalidade superveniente)

Quando a sociedade se torne unipessoal por força da reunião de todas as partes sociais numa única pessoa, tal facto, bem como a identidade do sócio único, deve ou ser indicado no processo ou transcrito no registo, nos termos dos números 1 e 2 do artigo 3.° da Directiva 68/151/CEE, ou ser transcrito num registo mantido na sociedade e acessível ao público.

Artigo 4.°
(Decisões do sócio único)

1. O sócio único exerce os poderes atribuídos à assembleia geral de sócios.

2. As decisões adoptadas pelo sócio único no domínio a que se refere o n.° 1 devem ser lavradas em acta ou assumir a forma escrita.

Artigo 5.°
(Contratos entre o sócio único e a sociedade)

1. Os contratos celebrados entre o sócio único e a sociedade por ele representada devem ser lavrados em acta ou assumir a forma escrita.

2. Os Estados-membros podem decidir não aplicar o disposto no número anterior às operações correntes celebradas em condições normais.

Artigo 6.°
(Aplicabilidade às sociedades anónimas)

As disposições da presente directiva são aplicáveis nos Estados-membros que permitam a existência de sociedades unipessoais, na acepção do n.° 1 do artigo 2.°, também em relação às sociedades anónimas.

Artigo 7.°
(Empresa individual de responsabilidade limitada)

Um Estado-membro pode decidir não permitir a existência de sociedades unipessoais no caso de a sua legislação prever a possibilidade de o empresário individual constituir uma empresa de responsabilidade limitada com um património afecto a uma determinada actividade desde que, no que se refere a essas empresas, se prevejam garantias equivalentes às impostas pela presente directiva bem como pelas outras disposições comunitárias aplicáveis às sociedades referidas no artigo 1.°

Artigo 8.°
(Prazo para a transposição)

1. Os Estados-membros porão em vigor, antes de 1 de Janeiro de 1992, as disposições legislativas, regulamentares e administrativas necessárias para dar cumprimento à presente directiva. Desse facto informarão a Comissão.

2. No que se refere às sociedades já existentes em 1 de Janeiro de 1992, os Estados-membros podem prever que as disposições da presente directiva só se apliquem a partir de 1 de Janeiro de 1993.

3. Os Estados-membros comunicarão à Comissão o texto das principais disposições de direito nacional que adoptem no domínio regido pela presente directiva.

Artigo 9.°
(Destinatários)

Os Estados-membros são destinatários da presente directiva.

Feito em Bruxelas, em 21 de Dezembro de 1989.

Pela Comunidade
O Presidente
E. CRESSON

129. Aprovação e problemática geral

I. A 12.ª Directriz, relativa a sociedades por quotas unipessoais assentou numa proposta da Comissão de 19-Mai.-1988[726], retomada, com alterações, em 20-Jun.-1989[727]. Essa proposta foi fortemente criticada, designadamente por banda dos meios económicos alemães, por ser demasiado restritiva: bloqueava as sociedades unipessoais detidas no âmbito de grupos de sociedades, impedindo que uma dominada a 100% constituísse, por seu turno, novas sociedades unipessoais (proibição de netos ou *Enkelverbot*)[728]. Tratava-se de um preceito de origem francesa[729], contrário à prática dos *Konzern* alemães[730].

Por pressão alemã esse preceito foi revisto, chegando-se à solução de compromisso do artigo 2.°/2 da Directriz.

A versão final acabaria por ser adoptada pelo Conselho, em 23-Dez.-1989.

II. Na origem, a 12.ª Directriz derivou de um programa, adoptado em 3-Nov.-1989, pela Comissão e destinado a desenvolver as pequenas e médias empresas na Europa[731]. Para esse efeito, poderia ser usado o esquema da sociedade unipessoal; apesar de ele contrariar, na origem, a própria concepção de sociedade.

Todavia, numa sequência que se desenvolveu, logo no início do século XX, na Alemanha, entendeu-se que o potencial organizativo das sociedades poderia ser usado, com êxito e vantagem, mesmo fora da pluripessoalidade. Hoje, na sequência da Lei Francesa n.° 85-697, de 11 de Julho de 1985, o próprio artigo 1822 do Código NAPOLEÃO dispõe:

---

726 HANS-WERNER ECKERT, *Die Harmonisierung des Rechts der Einperson – GmbH/Die 12. Gesellschaftsrechtliche Richtlinie und ihre Answirkungen auf das deutsche Recht*, EuZW 1990, 54-57 (54/II).

727 Cf. os locais de publicação desses elementos em SCHWARZ, *Europäisches Gesellschaftsrecht* cit., 322.

728 SCHWARZ, *Europäisches Gesellschaftsrecht* cit., 325.

729 Transcrevemos o artigo L. 223-5 do *Code de Commerce* em vigor (cf. 99.ª ed. da Dalloz, 2004, coord. YVES CHAPUT/NICOLAS RONTCHEVSKY, 225): *Une société à responsabilité limitée ne peut avoir pour associé unique une autre société à responsabilité limitée composée d'une seule personne.* Trata-se de um preceito que adveio da Lei de 1985, abaixo referida; cf. MICHEL DUPICHOT/BENJAMIN IPPOLITO/JACQUES DUPICHOT, *Les sociétés commerciales*, 10.ª ed. (1999), 717-718.

730 LUTTER, *Europäisches Unternehmensrecht* cit., 275.

731 SCHWARZ, *Europäisches Gesellschaftsrecht* cit., 324; o programa vem citado, aliás, no próprio preâmbulo da Directriz.

A sociedade é instituída por duas ou mais pessoas que se adstringem por um contrato a afectar, a um empreendimento comum, bens ou a sua própria indústria com o fim de dividir o benefício ou de aproveitar da economia que, daí, poderá resultar.

Ela pode ser instituída, nos casos previstos na lei, pelo acto de vontade de uma única pessoa.

Os associados obrigam-se a contribuir para as perdas.

Nos anos 80 do século XX, a situação era, na Europa, bastante díspar[732]: alguns Estados reconheciam a figura; outros ignoravam-na; outros, proibiam-na. Impunha-se, pois, a harmonização levada a cabo pela 12.ª Directriz[733], ainda que em termos discutíveis e incompletos.

III. Os objectivos prosseguidos pela sociedade unipessoal podiam, ainda, ser atingidos com recurso ao estabelecimento individual de responsabilidade limitada. Foi a solução encarada, entre nós, pelo Decreto-Lei n.° 248/86, de 25 de Agosto[734], depois muito criticado pelo preâmbulo do Decreto-Lei n.° 257/96, de 31 de Dezembro.

De todo o modo, o artigo 7.° da 12.ª Directriz permite ambas as vias, em simultâneo. Portugal acabaria por aproveitar as duas: um campeão no domínio dos esquemas jurídicos[735].

130. **Sistema**

I. A 12.ª Directriz contém nove artigos[736]:

artigo 1.° (Âmbito);
artigo 2.° (Admissibilidade);

---

[732] HANS-CRISTOPH SCHIMMELPFENNIG/CHRISTOPH E. HAUSCHKA, *Die Zulassung der Ein-Person-GmbH in Europe und die Änderungen des deutschen GmbH-Rechts*, NJW 1992, 942-945 (942/II).

[733] SCHWARZ, *Europäisches Gesellschaftsrecht* cit., 324-325; uma análise dos diversos Direitos pode, ainda, ser confrontada em NADINE EZRAN-CHARRIÈRE, *L'entreprise unipersonnelle dans les Pays de l'Union Européenne* (2002), 173 ss..

[734] Cf. MENEZES CORDEIRO, *Manual de Direito comercial*, 1.° vol. cit., 258 ss..

[735] Focando as especificidades do Direito português: NADINE EZRAN-CHARRIÈRE, *L'entreprise unipersonnelle* cit., 350 ss..

[736] Quanto ao conteúdo da 12.ª Directriz: VOLKER OCHS, *Die Einpersonengesellschaft in Europa/Eine rechtsvergleichende Studie zum Recht der Einpersonen-GmbH in Deutschland, Frankreich, Italien und England* (1997), 30 ss..

artigo 3.° (Publicidade da unipessoalidade superveniente);
artigo 4.° (Decisões do sócio único);
artigo 5.° (Contratos entre o sócio único e a sociedade);
artigo 6.° (Aplicabilidade às sociedades anónimas);
artigo 7.° (Empresa individual de responsabilidade limitada);
artigo 8.° (Prazo para a transposição);
artigo 9.° (Destinatários).

II. Quanto ao âmbito: ela aplica-se a sociedades por quotas ou ao seu equivalente, nos diversos países (artigo 1.°). A unipessoalidade pode ser inicial ou superveniente (2.°/1), admitindo-se, pelo menos provisoriamente, que as leis nacionais aceitem sociedades unipessoais detidas por sociedades unipessoais (2.°/2). O esquema das sociedades por quotas unipessoais pode ser aplicado às sociedades anónimas, pelos Direitos dos Estados-membros (6.°).

Os Estados que admitam a empresa individual de responsabilidade limitada podem, todavia, não permitir as sociedades unipessoais, desde que o sistema por eles adoptado equivalha ao de estas últimas (7.°)[737].

III. A unipessoalidade superveniente está sujeita a publicidade (3.°); a inicial está-lo-ia sempre, pelas regras sobre formação de sociedades.

As relações da sociedade unipessoal com o sócio único têm, sempre, algum melindre. Por isso, o artigo 4.°/2 prevê que as decisões do sócio sejam lavradas em acta ou assumam a forma escrita, outro tanto sucedendo, em princípio, com os contratos que ele celebre com a própria sociedade (5.°/1)[738].

IV. Foi fixado um prazo de transposição até 1-Jan.-1992. Portugal, que já dispunha de um sistema para os estabelecimentos individuais de responsabilidade limitada, ficaria dispensado da transposição, nos termos da própria Directriz. Optou, todavia, por fazê-lo: em 1996, como adiante melhor será explicado.

---

737 ECKERT, *Die Harmonisierung des Rechts der Einpersonen-GmbH* cit., 55/II.

738 ECKERT, ob. cit., 56/I.

§ 31.° A unipessoalidade no Direito português

131. As origens

I. A transposição da 12.ª Directriz operou em moldes diversificados, nos vários Países. Logo à partida, os elementos comunitários tendem a fundir-se com as realidades nacionais, originando situações distintas. Além disso, a própria 12.ª Directriz tem uma margem lata, que veio ampliar o fenómeno. Multiplicam-se, por isso, as prevenções[739] e os estudos comparatísticos[740].

Cumpre, nestas condições, ponderar o pano de fundo português.

II. A sociedade tem origem no contrato de *societas* romano. Tratava-se do produto de um *bonae fidei iudicium*[741], exigindo, por natureza, o mínimo de duas pessoas celebrantes.

Ao longo da História, a *societas* romana veio a receber aportações de outros institutos, designadamente dos agrupamentos medievais de comerciantes. Adviria, daí, uma forte componente institucional que, reforçada pelas grandes companhias coloniais dos séculos XVII e XVIII, acabaria por permitir a personalização das sociedades.

III. Podemos assim considerar que as sociedades comerciais têm um duplo apoio histórico e dogmático: uma origem contratual, particular-

---

[739] Cf. o sugestivo artigo de MARCUS LUTTER, *Missglücke Rechtsangleichung: das Chaos der Ein-Personen-Gesellschaft in Europa*, FS Brandner 1996, 81-95.

[740] VOLKER OCHS, *Die Einpersonengesellschaft in Europa* cit., 35 ss. (Alemanha), 103 ss. (França), 146 ss. (Itália) e 179 ss. (Inglaterra) e NADINE EZRAN-CHARRIÈRE, *L'entreprise unipersonnelle dans les Pays de l'Union Européenne* cit., 173 ss., onde, ainda que sinteticamente, se referem os Direitos de doze países.

[741] Cf. os nossos *Da boa fé no Direito civil* (2001, reimpr.), 71 ss. e *Da responsabilidade civil dos administradores das sociedades comerciais* (1996), 73 ss..

mente patente nas definições de contrato de sociedade que se encontram nas diversas legislações e uma estrutura institucional, própria das pessoas colectivas que assumem uma eficácia *erga omnes*.

A manutenção da vertente *societas* exigia que, para a constituição e a manutenção de uma sociedade, houvesse sempre uma pluralidade de sócios[742]. Na sua falta, faleceria um dos elementos nucleares do substrato. Não se manifestariam os dois factores fundamentais da personalidade colectiva:

- a autonomia patrimonial;
- a limitação, mais ou menos acentuada, consoante o tipo societário, da responsabilidade por dívidas.

IV. Todavia, ao longo do século XX, vieram a ser admitidas situações de unipessoalidade, ainda que transitórias. Razoável pareceria a não-extinção imediata de sociedades que perdessem, supervenientemente, a pluralidade dos seus sócios[743]. A sua imediata extinção, a ser admitida, desencadearia, inclusive, efeitos retroactivos: atingiria as obrigações contraídas ainda em tempo de pluripessoalidade imputando-as, parece que sem limite, ao sócio "sobrevivente".

A solução era excessiva. A Ciência do Direito, mau grado a (então) falta de apoio nos textos, admitiu situações transitórias de unipessoalidade superveniente.

132. O reconhecimento da unipessoalidade transitória; o alargamento da responsabilidade

I. A preparação do Código Civil de 1966 constituiu uma primeira oportunidade para verter em lei a hipótese da unipessoalidade superveniente e transitória. Assim, o artigo 1007.° do Código Civil, relativo às causas de dissolução das sociedades e justamente na base de um anteprojecto de FERRER CORREIA, veio dispor, no que agora interessa:

---

[742] Cf., com indicações, RICARDO ALBERTO SANTOS COSTA, *A sociedade por quotas unipessoal no Direito português* (2002), 26-27, nota 1.

[743] Em especial, ANTÓNIO FERRER CORREIA, *Sociedades fictícias e unipessoais* (1948), 210 ss.; com outras indicações, RICARDO ALBERTO SANTOS COSTA, *A sociedade por quotas unipessoal* cit., 233 ss.. FERRER CORREIA voltaria ao tema, designadamente em *O problema das sociedades unipessoais*, BMJ 166 (1967), 183-217 (216-217), com um projecto legislativo.

A sociedade dissolve-se:

(...)

d) Por se extinguir a pluralidade dos sócios, se no prazo de seis meses não for reconstituída;

Ou seja: admitia-se que, ocorrendo a unipessoalidade superveniente, a sociedade pudesse subsistir, como tal, durante seis meses, enquanto procurava recompor o substrato associativo. Como explicámos noutro local[744]: a supremacia da dimensão organizatória sobre a contratual não operou, ainda, nessa ocasião.

II. Esta regra, aplicável às sociedades civis sob forma civil – ou sociedades do Código Civil – foi alargada pela versão inicial do Código das Sociedades Comerciais de 1986: agora, naturalmente, com um claro alcance comercial. Assim, segundo o artigo 142.° deste Código, relativo às causas de dissolução da sociedade, prevê-se que possa ser requerida dissolução judicial:

a) Quando, por período superior a um ano, o número de sócios for inferior ao mínimo exigido por lei, excepto se um dos sócios for o Estado ou entidade a ele equiparada por lei para esse efeito.

O artigo 143.°, do mesmo Código das Sociedades Comerciais, completava o dispositivo:

1. No caso previsto na alínea *a*) do n.° 1 do artigo anterior, o sócio ou qualquer dos sócios restantes pode requerer ao tribunal que lhe seja concedido um prazo razoável a fim de regularizar a situação, suspendendo-se entretanto a dissolução da sociedade.

2. O juiz, ouvidos os credores da sociedade e ponderadas as razões alegadas pelo sócio, decidirá, podendo ordenar as providências que se mostrarem adequadas para a conservação do património social durante aquele prazo.

III. A consideração dos preceitos transcritos do Código das Sociedades Comerciais é bastante instrutiva quanto à problemática em presença. Verifica-se, efectivamente, que o obstáculo dogmático à unipessoalidade

[744] Menezes Cordeiro, *Manual de Direito das sociedades*, 1.° vol. cit., 299.

foi pragmaticamente ultrapassado: apesar do aparente contra-senso de uma sociedade, assente num "pacto social", surgir com um sócio único, a situação foi admitida, desde que transitoriamente.

Mas outro problema se desenhava: o da efectiva fiscalização da sociedade. Desde que se acentuou a liberdade de constituição das sociedades, houve que providenciar esquemas internos de fiscalização[745]: no interesse dos próprios sócios e no interesse dos credores das sociedades e do público em geral. Tais esquemas, todavia, operavam essencialmente na base da pluripessoalidade. Quando o universo humano de uma sociedade se reduza a uma única pessoa, tudo vacila. Ninguém se fiscaliza a si próprio ou, pelo menos, ninguém o poderá fazer com total credibilidade, perante o público que actue na praça.

IV. O problema da efectiva fiscalização da sociedade reduzida à unidade de sócios ocorria no artigo 143.°/2 do Código das Sociedades Comerciais. Aí se previam, como vimos, "providências adequadas", a decretar pelo juiz, para a conservação do património social, durante aquele prazo.

Na mesma linha de preocupação, dispõe o artigo 84.° do Código das Sociedades Comerciais[746], sob a epígrafe sugestiva "responsabilidade do sócio único":

> 1. (...) se for declarada falida uma sociedade reduzida a um único sócio, este responde ilimitadamente pelas obrigações sociais contraídas no período posterior à concentração das quotas ou das acções, contanto se prove que nesse período não foram observados os preceitos da lei que estabelecem a afectação do património da sociedade ao cumprimento das respectivas obrigações.
>
> 2. O disposto no número anterior é aplicável ao período de duração da referida concentração, caso a falência ocorra depois de ter sido reconstituída a pluralidade de sócios.

O preceito parece claro. Havendo unipessoalidade – ainda que transitória – o património social deverá manter-se afecto ao cumprimento das obrigações sociais. Quando as inerentes regras não forem observadas, o

---

[745] Cf. o nosso *Da responsabilidade civil dos administradores* cit., 83 ss..

[746] Cf. Ana Maria Peralta, *Sociedades unipessoais*, em *Novas perspectivas do Direito comercial* (1988), 249-267 (265 ss.). e Ricardo Alberto Santos Costa, *A sociedade por quotas unipessoal* cit., 68 ss..

sócio único passaria a responder ilimitadamente pelas dívidas da sociedade. É justo e adequado.

133. **A unipessoalidade inicial; a responsabilidade do sócio**

I. As conveniências do tráfego social levaram a um aproveitamento das estruturas organizacionais próprias das sociedades comerciais fora do quadro de colaboração intersubjectiva oriundos do velho contrato de *societas*. E assim, o passo seguinte foi dado, pelo Direito português e ainda antes da 12.ª Directriz e da sua transposição, através da admissão da unipessoalidade inicial, no domínio das sociedades anónimas: em 1986.

Com efeito, o artigo 488.° do Código das Sociedades Comerciais veio prever, sob o título "domínio total inicial":

> 1. Uma sociedade pode constituir, mediante escritura por ela outorgada, uma sociedade anónima de cujas acções ela seja inicialmente a única titular.
>
> 2. Devem ser observados todos os demais requisitos da constituição de sociedades anónimas.
>
> 3. Ao grupo assim constituído aplica-se o disposto nos números 4, 5 e 6 do artigo 489.°.

II. Aos grupos constituídos por domínio total aplicam-se os artigos 501.° a 504.°, do Código das Sociedades Comerciais: artigo 491.°, do mesmo Código.

Ora o artigo 501.° (responsabilidade para com os credores da sociedade subordinada) dispõe:

> 1. A sociedade directora é responsável pelas obrigações da sociedade subordinada, constituídas antes ou depois da celebração do contrato de subordinação, até ao termo deste.
>
> 2. A responsabilidade da sociedade directora não pode ser exigida antes de decorridos 30 dias sobre a constituição em mora da sociedade subordinada.
>
> 3. Não pode mover-se execução contra a sociedade directora com base em título exequível contra a sociedade subordinada.

III. Pois bem: a lei admite, na verdade, uma lata constituição de sociedades anónimas, mediante acto unilateral de uma sociedade preexistente.

Tal sociedade será unipessoal. Todavia, a delicadeza da situação logo é enfrentada através da responsabilização da "sócia única", equiparada à "sociedade directora", pelas dívidas da sociedade unipessoal. A lei atenua um pouco essa responsabilidade através da moratória dos trinta dias e da limitação do título executivo eficaz contra a sociedade unipessoal – 501.°/2 e 3. Mas a responsabilização da sócia única pelas dívidas da sociedade unipessoal é clara.

Podemos considerar que, dada a unipessoalidade, cessa o benefício da limitação da responsabilidade.

134. **O objectivo da limitação de responsabilidade**

I. O tema da unipessoalidade, superveniente ou inicial, veio entroncar com uma problemática diversa: a da limitação da responsabilidade patrimonial.

Uma das aspirações clássicas do Direito comercial era a de encontrar esquemas que permitissem a limitação da responsabilidade do comerciante. Certos negócios poderiam, na verdade, envolver uma responsabilidade que transcendesse a perda dos meios que neles fossem envolvidos. No limite, não só os meios da empresa poderiam ficar comprometidos como, também, a própria fortuna pessoal do comerciante. E aí, uma de duas: ou tais negócios nunca seriam tentados, com perdas para o próprio desenvolvimento económico e social da comunidade onde o problema surgisse, ou eles seriam apenas ensaiados por aventureiros ou por pessoas sem escrúpulos.

II. A limitação da responsabilidade passou, assim, a constituir um objectivo da comercialística. Avançou-se com cautela. Uma primeira hipótese de limitação foi constituída pelas sociedades em comandita[747]: sociedades nas quais um ou mais sócios, que tomariam a iniciativa – os sócios comanditados – desenvolveriam certo projecto empresarial, respondendo com todos os seus bens, enquanto outro ou outros – os sócios comanditários – investiriam algum capital e responderiam apenas por este.

A solução permitia atrair capitais. Mas tinha inconvenientes: os sócios comanditados – precisamente os que deteriam o *know how* empre-

[747] Cf. o nosso *Da responsabilidade civil dos administradores* cit., 83 ss..

sarial – correriam riscos ilimitados. De novo se perfilava a alternativa de ou uma excessiva contenção nas iniciativas, ou uma atracção por aventureiros ou pessoas sem medidas.

A fraqueza das comanditas ditaria o êxito das sociedades anónimas, que disparariam na segunda metade do século XIX.

III. A limitação da responsabilidade conseguida pelas sociedades anónimas tinha alguns inconvenientes. E desde logo: a sociedade anónima vinha desenhada como um ente de grande porte, capaz de mobilizar muitos capitais, mas dispendioso e pouco manejável para empreendimentos mais comedidos.

A questão foi ultrapassada com a concepção de um novo tipo de sociedade comercial mais modesto, mas de responsabilidade limitada: o das sociedades por quotas[748]. Lançadas pela lei alemã de 20-Abr.-1892, as sociedades por quotas foram sendo adoptadas pelas diversas legislações. Em Portugal, elas foram acolhidas pela Lei de 11-Abr.-1901: uma das primeiras, fora da Alemanha.

IV. As sociedades por quotas já permitiam uma limitação da responsabilidade, em empreendimentos mais modestos. Mantinham, porém, um óbice: exigiam uma fórmula societária e, portanto, uma associação entre duas ou mais pessoas. Porque não permitir uma limitação de responsabilidade a um simples comerciante individual?

O Direito civil admite que, por convenção entre as partes, a responsabilidade do devedor, no caso de incumprimento, seja limitada a alguns dos seus bens – artigo 602.°, do Código Civil. Trata-se de uma solução pouco conhecida e pouco praticada. Não sendo institucional, ela exige uma negociação caso a caso, apresentando-se como menos eficaz.

Havia que procurar novas fórmulas.

135. **O estabelecimento individual de responsabilidade limitada**

I. Procurando ir ao encontro do desígnio limitador da responsabilidade do comerciante, mas sem pôr em causa a segurança jurídica, o legis-

---

[748] Quanto à origem e desenvolvimento deste tipo societário, cf., com indicações, o nosso *Da responsabilidade civil dos administradores* cit., 137 ss..

lador português encarou a solução do estabelecimento individual de responsabilidade limitada ao EIRL. Esta figura foi aprovada e regulada pelo Decreto-Lei n.° 248/86, de 25 de Agosto e, portanto: anterior ao próprio Código das Sociedades Comerciais. O legislador português teve em conta a E.U.R.L. francesa (*entreprise unipersonnelle à responsabilité limitée*), adoptada pela Lei n.° 85/697, de 11-Jul.-1985[749]. A E.U.R.L. apresentou-se logo, todavia, como uma sociedade unipessoal, o que não sucedeu com o EIRL nacional.

II. O Decreto-Lei n.° 248/86, de 25 de Agosto[750], reparte-se por 36 artigos agrupados em sete capítulos:

Capítulo I – Constituição (1.° a 7.°);
Capítulo II – Administração e funcionamento (8.° a 11.°);
Capítulo III – Elaboração das contas anuais (12.° a 15.°);
Capítulo IV – Alteração do acto constitutivo (16.° a 20.°);
Capítulo V – Negociação, oneração e penhora do estabelecimento individual de responsabilidade limitada (21.° e 22.°);
Capítulo VI – Liquidação do estabelecimento individual de responsabilidade limitada (23.° a 33.°);
Capítulo VII – Disposições finais (34.° a 36.°).

A ideia é a seguinte: o interessado afecta ao EIRL parte do seu património, o qual constituirá o capital inicial do estabelecimento – artigo 1.°/2. O EIRL constitui-se por escritura pública, com todas as especificações do artigo 2.°/2, devendo ser inscrito no registo comercial e procedendo-se à publicação no *Diário da República* – artigo 5.°: a partir daí, produz efeitos perante terceiros – artigo 6.°.

Pelas dívidas resultantes de actividades compreendidas no objecto do EIRL respondem apenas os bens a este afectados, salvo se o titular não tiver respeitado o princípio da separação dos patrimónios – artigo 11.°. O acto constitutivo pode ser alterado, designadamente através de aumentos ou de reduções do capital, com as cautelas especificadas na lei – artigos 16.° a 20.°.

---

[749] Cf. JUGLART/IPPOLITO/DUPICHOT, *Les sociétés commerciales*, 10.ª ed. cit., 713 ss..

[750] Alterado pelo Decreto-Lei n.° 36/2000, de 14 de Março, no sentido de uma certa desburocratização.

Segundo o artigo 21.°/1 do Decreto-Lei n.° 248/86, de 25 de Agosto,

> O estabelecimento individual de responsabilidade limitada pode ser transmitido por acto gratuito ou oneroso, ou dado em locação. Pode ainda sobre ele constituir-se um usufruto ou um penhor, produzindo este os seus efeitos independentemente da entrega ao credor.

III. O EIRL é, de facto, um estabelecimento comercial, colocado numa situação especial que permite a responsabilidade limitada. Há traços do seu regime que reflectem bem os progressos obtidos ao longo do século XX no tratamento do tema: veja-se o artigo 21.°/1, acima transcrito.

A situação especial em que se coloca o EIRL e a necessidade de proteger terceiros e o comércio em geral levaram o legislador a formalizar alguns aspectos do estabelecimento em jogo. Designadamente: os bens que o componham não são, *ad nutum*, os que sejam afectados ao comércio mas antes aqueles que constem do título constitutivo.

Não obstante, muitos dos valores contemplados no EIRL têm directamente a ver com o estabelecimento comercial. As regras daquele podem, após verificação, funcionar como auxiliares de aplicação, para resolver problemas do estabelecimento em geral. E inversamente.

IV. Tal como o estabelecimento comercial, também o EIRL constitui uma esfera jurídica de afectação: no fundo, este tenderia, à partida, a ser uma modalidade daquele[751].

A criação do EIRL caiu sob uma chuva de críticas, desferidas, inclusive, pelo próprio legislador[752]. Todavia, o respectivo diploma está tecnicamente bem elaborado e representa um conjunto de aspectos interessantes, mesmo para a teoria do estabelecimento.

Não se pode, de facto, contrariar a progressão do Direito das sociedades comerciais, num fenómeno cuja explicação se prenderá à cultura dos nossos dias.

O legislador procurou facilitar o recurso ao EIRL: o Decreto-Lei n.° 36/2000, de 14 de Março, alterou vários preceitos do regime aprovado pelo Decreto-Lei n.° 248/86, de 25 de Agosto, dispensando o recurso à escritura pública, em diversas circunstâncias.

---

[751] De facto e como não há controlo "de mérito" sobre o que se inclua num EIRL, poderia um comerciante incluir neste ... vários estabelecimentos comerciais autónomos. Não obstante, é indubitável que o regime do EIRL está moldado, em pontos importantes e sobre o do estabelecimento.

[752] Cf. o preâmbulo do Decreto-Lei n.° 257/96, de 31 de Dezembro, abaixo referido.

§ 32.° A transposição da 12.ª Directriz

136. A sociedade por quotas unipessoal

I. A iniciativa do estabelecimento individual de responsabilidade limitada não teve êxito. Tratava-se de uma solução que não permitia a personalização do novo ente económico, constituído precisamente pelo EIRL. Além disso, ele não se adaptava a certos dados culturais, mais propensos para valorizar as sociedades.

No plano europeu, há tempos que se anunciava uma evolução doutrinária favorável às sociedades por quotas unipessoais[753]. Essa evolução, após longa consagração doutrinária e jurisprudencial, teve um reconhecimento legal específico na Alemanha, em 1980, através da alteração da Lei sobre Sociedades por Quotas[754]. Em França, o movimento foi mais lento; acabaria, porém, por conduzir a resultados similares, através de Leis de 1985 e de 1994[755]. Em Itália, ele apenas ocorreria mercê de um diploma de 1993[756]: já em transposição da 12.ª Directriz.

---

[753] Para mais pormenores sobre as diversas experiências cf. RICARDO SANTOS COSTA, *A sociedade por quotas unipessoal* cit., 307 ss..

[754] Quanto à liderante experiência alemã: KARSTEN SCHMIDT, *Gesellschaftsrecht*, 4.ª ed. cit., 1243 ss. e GÖTZ HUECK/CHRISTINE WINDBICHLER, *Gesellschaftsrecht*, 20.ª ed. cit., 479 ss.; informam estes autores que cerca de 40% das sociedades por quotas alemãs são, na realidade, unipessoais: de 220 000 a 330 000, em números absolutos.

[755] A Lei francesa n.° 85-697, de 11 de Julho de 1985, acima referida, abriu as portas à "empresa unipessoal de responsabilidade limitada"; a Lei de 12 de Julho de 1999 veio permitir as sociedades por acções simplificadas unipessoais; cf. JUGLART/IPPOLITO/DUPICHOT, *Les sociétés commerciales*, 10.ª ed. cit., 70-71 e 649 ss. e PHILIPPE MERLE, *Sociétés commerciales*, 7.ª ed. cit., 690 ss..

[756] Trata-se do Decreto Legislativo n.° 88, de 3 de Março de 1999, que alterou o Código Civil. Cf. ROBERTO ROSAPEPE, *La società a responsabilità limitata unipersonale* (1996), 1 ss., ALBERTO PERTINARI, *La società a responsabilità limitata con socio unico* (1998), e FRANCISCO FERRARA JR./FRANCESCO CORSI, *Gli imprenditori e le società*, 12.ª ed. cit., 215 ss., 789 ss. e *passim*.

II. Na consolidação das sociedades por quotas unipessoais, surge decisiva a transposição da 12.ª Directriz. Este diploma comunitário foi elaborado, como vimos, sob patente influência alemã. De tal modo que, aquando da sua transposição para o Direito alemão, pouco houve a fazer[757].

A transposição desta Directriz foi levada a cabo, entre nós, pelo Decreto-Lei n.° 257/96, de 31 de Dezembro[758]. Este diploma, antecedido por elucidativo preâmbulo, veio aditar, ao Título III do Código das Sociedades Comerciais, um Capítulo X precisamente intitulado "sociedades unipessoais por quotas".

III. As sociedades unipessoais por quotas estão dotadas de sete artigos, no Código das Sociedades Comerciais: os artigos 270.°-A a 270.°-G[759]. Eis o seu mapa geral:

270.°-A (Constituição);
270.°-B (Firma);
270.°-C (Efeitos da unipessoalidade);
270.°-D (Pluralidade de sócios);
270.°-E (Decisões do sócio);
270.°-F (Contrato do sócio com a sociedade unipessoal);
270.°-G (Disposições subsidiárias).

Como aspectos de relevo salientamos:

- a constituição pode operar por várias formas, incluindo a transformação de prévio estabelecimento individual de responsabilidade limitada;
- a firma deve deixar transparecer a unipessoalidade;
- uma pessoa singular só pode ser sócia de uma única sociedade unipessoal por quotas; esta, por seu turno, não pode ser sócia única de uma sociedade unipessoal por quotas, podendo ser pedida a dissolução das sociedades que não observem estas regras;

---

[757] ECKERT, *Die Harmonisierung des Rechts der Einperson-GmbH* cit., 57/II e HANS-DETLEF SCHWARZ, *Das Gesetz zur Durchführung der Zwölften gesellschaftsrechtlichen EG-Richtlinie/Neuerungen für die Einpersonen-GmbH*, DStR 1992, 221-222.

[758] Com a Rectificação n.° 5-A/97, de 28 de Fevereiro. Quanto ao diploma em geral, cf. ALEXANDRE SOVERAL MARTINS, *Código das Sociedades Comerciais / Alterações introduzidas pelo Decreto-Lei n.° 253/96, de 31 de Dezembro*, em Revista Jurídica da Universidade Moderna I, 1 (1998), 305-318.

[759] A matéria foi alterada pelo Decreto-Lei n.° 36/2000, de 14 de Março.

- a sociedade unipessoal pode passar a sociedade "normal", quando alcance uma pluralidade de sócios;
- as decisões do sócio único, a registar em acta, substituem as decisões da assembleia geral;
- o contrato do sócio único com a própria sociedade deve obedecer a certos requisitos, sob pena de nulidade e de responsabilização ilimitada do sócio;
- às sociedades unipessoais por quotas aplicam-se as normas que regulam as sociedades por quotas, salvo as que pressuponham a pluralidade de sócios.

137. Segue; cautelas legais; o contrato do sócio com a sociedade unipessoal

I. À partida, parece claro que a presença de uma sociedade unipessoal pode representar um potencial centro de abusos da própria personalidade[760]. Os mecanismos internos de fiscalização das sociedades repousam, em grande parte, na pluralidade dos sócios. Desde o momento em que tal pluralidade não se verifique, multiplicam-se os riscos de total instrumentalização da sociedade unipessoal e de confusão entre o património desta e o do sócio único.

O artigo 84.° do Código das Sociedades Comerciais, apesar de pensado antes da introdução da figura da sociedade unipessoal por quotas, tem aqui plena aplicação: havendo falência da sociedade unipessoal, o sócio único é ilimitadamente responsável pelas dívidas da sociedade, quando se mostre que "... não foram observados os preceitos da lei que estabelecem a afectação do património da sociedade ao cumprimento das respectivas obrigações". O privilégio da responsabilidade limitada só se justifica em circunstâncias legalmente fixadas[761].

II. Um dos problemas específicos postos pela unipessoalidade é o da contratação entre a sociedade unipessoal e o sócio único. Tal contratação

[760] Cf., em geral, Ricardo Santos Costa, *A sociedade por quotas unipessoal* cit., 653 ss..

[761] Peter Kindler, *Gemeinschaftsrechtliche Grenzen der Konzernhaftung in der Einmann-GmbH*, ZHR 157 (1993), 1-30 (4).

pode ser feita em desfavor da sociedade, de tal modo que venha pôr em perigo os direitos e os interesses dos credores da própria sociedade unipessoal[762].

Por isso, o artigo 270.°-F, do Código das Sociedades Comerciais, prescreve, para tais negócios, uma série de requisitos:

- o contrato entre a sociedade unipessoal e o sócio único deve servir a prossecução do objecto da sociedade;
- a sua autorização deve constar dos "estatutos" societários;
- deve obedecer à forma prescrita ou, em qualquer caso, deve ser celebrado por escrito;
- os documentos que os exarem devem ser patenteados conjuntamente com o relatório de gestão e os documentos de prestação de contas, podendo ser consultados por qualquer interessado.

III. A violação destas regras tem uma dupla sanção – artigo 270.°-F/5, do Código das Sociedades Comerciais[763]:

- a nulidade dos negócios jurídicos celebrados;
- a responsabilidade ilimitada do sócio único.

Efectivamente, a nulidade do negócio prevaricador representaria uma sanção insuficiente. Tendo providenciado para a conclusão de um contrato ilegítimo, à luz do artigo 270.°-F, o sócio único teria toda a facilidade em executá-lo, mau grado a sua invalidade: é sabido que tais negócios prosseguem, em geral, o objectivo da descapitalização da sociedade ora em causa. Os credores sociais são as vítimas tendenciais desse tipo de actuação.

A sanção da ilimitação de responsabilidade – e, portanto, da cessação do privilégio da limitação da mesma – surge como o passo mais natural para estabelecer o equilíbrio perturbado.

IV. Podemos inferir que a presença de uma sociedade unipessoal, um tanto ao arrepio da velha lógica da *societas*, exige um respeito acrescido por certas regras. Quando esse respeito não seja assegurado, a própria lei impõe o levantamento da personalidade colectiva: haverá, nessa altura, que procurar, sob o manto societário, qual o verdadeiro sujeito responsá-

---

[762] Santos Costa, *A sociedade por quotas unipessoal* cit., 678 ss., com diversas indicações.

[763] *Idem*, 682 ss., com elementos comparatísticos.

vel pelos actos levados a cabo. Esta constatação é importante: constituirá o ponto de partida para os reflexos subsequentes.

138. **Considerações apreciativas**

I. Em termos europeus, como foi referido, a 12.ª Directriz pouco avançou no sentido da harmonização. No fundamental, ela levou a que alguns países (Espanha, Grécia, Irlanda, Itália e Reino Unido) que não admitiam sociedades unipessoais alterassem, por via legislativa, essa posição[764]. Mas para além disso, as hipóteses de escolha, dentro da Directriz, são tantas que os diversos Direitos podem manter vias próprias: não harmónicas.

Por resolver – e nem seria esse o papel do legislador europeu – estão diversas quebras sistemáticas[765], com relevo para a anomalia (até linguística!) de uma sociedade com um "sócio" único. Ninguém pode ser sócio de si mesmo nem de coisa nenhuma.

II. Em termos práticos, as sociedades valem dentro de uma lógica de grupos de sociedades[766]. A ideia de que um cidadão limita a sua responsabilidade através de uma sociedade unipessoal é *naïf*: para qualquer operação, o mais benevolente banqueiro exige a garantia pessoal do sócio-único. De resto: o mesmo sucede, hoje em dia, com as pequenas e médias empresas, constituídas sob a forma de sociedade comum. As vantagens são, pois, meramente contabilísticas e organizativas: nada que o comerciante individual não pudesse obter. Tudo se queda, pois, no plano psicológico da normalização.

Já no domínio dos grupos, a unipessoalidade permite às sociedades de grande porte autonomizar e personalizar estabelecimentos, ponto de partida para práticas de *outsourcing* que permitam alijar trabalhadores e sectores incómodos. A unipessoalidade deve ser controlada através dos esquemas do levantamento da personalidade, que fixem regras justas de

---

[764] SCHWARZ, *Europäisches Gesellschaftsrecht* cit., 333.

[765] Cf. LUTTER, *Missglückte Rechtsangleichung: das Chaos der Ein-Personen-Gesellschaft in Europa* cit., 86 ss..

[766] Cf. HERIBERT HIRTE, *Die Zwölfte EG-Richtlinie als Baustein einer Europäischen Konzernrechts?*, ZIP 1992, 1122-1124 e TIM DRYGALA, *Konzernhaftung und Einmann-Richtlinie*, ZIP 1992, 1528-1534.

responsabilidade dentro dos grupos. A matéria conheceu, na Alemanha, uma densificação jurisprudencial notável, através de vários casos célebres: *Autokran* (16-Set.-1985[767]), *Tiefbau* (20-Fev.-1989[768]), *Video* (23-Set.-1991[769]) e *TBB* (29-Mar.-1993[770]), todos do BGH[771]. Tais esquemas, porém, só com dificuldade podem ser aplicados fora da Alemanha[772], sendo difícil, perante a estagnação do projecto da 9.ª Directriz[773], imaginar uma transposição, nesse plano.

III. A ausência de regras europeias sobre grupos de sociedades e a falta de requisitos materiais para que se possa constituir uma sociedade unipessoal, permitem abusos, mormente quando envolvidos grupos multinacionais, com sede em paraísos jurídicos ou fiscais.

A intensificação dos recursos a testas-de-ferro já tem sido referenciada[774]. Cabe ao Direito das sociedades, apoiado no Direito civil e nas categorias gerais do sistema, validar os textos transpostos e limar os abusos.

---

[767] BGH 16-Set.-1985, BGHZ 95 (1986), 330-349 = NJW 1986, 188-192.

[768] BGH 20-Fev.-1989, BGHZ 107 (1990), 7-23 = NJW 1989, 1800-1804.

[769] BGH 23-Set.-1991, BGHZ 115 (1992), 187-203 = NJW 1991, 3142-3146.

[770] BGH 29-Mar.-1993, BGHZ 122 (1994), 123-136 = NJW 1993, 1200-1204.

[771] A matéria discutida nestes quatro acórdãos, diversos outros locais da sua publicação, literatura atinente a cada um deles e as conclusões propiciadas podem ser confrontadas em Menezes Cordeiro, *O levantamento da personalidade colectiva* (2000), 137-146.

[772] O Direito português permite essa aplicação. Cf., por último, STJ 9-Jan.-2003 (Ferreira de Almeida), ROA, 2004, 627-646, anot. Menezes Cordeiro, *idem*, 647-674.

[773] Werner Junge, *Die Zukunft der GmbH in der Europäischen Gemeinschaft*, GmbHR 1992, 225-231 (228/II).

[774] Lutter, *Missglückte Rechtsangleichung* cit., 95.

CAPÍTULO VII

13.ª DIRECTRIZ (2004/25/CE): OFERTAS PÚBLICAS DE AQUISIÇÃO

§ 33.° Texto da 13.ª Directriz

139. Texto

A 13.ª Directriz do Direito das sociedades relativa a ofertas públicas de aquisição, foi aprovada em 21-Abr.-2004. Foram ultrapassadas numerosas dificuldades, entre as quais uma rejeição pelo Parlamento Europeu. Apesar de os projectos e propostas a ela atinentes sempre a terem referido como a 13.ª Directriz, ela veio a perder essa designação na versão final aprovada: provavelmente por se situar, também, no campo mobiliário. De acordo com a generalidade da doutrina, falaremos, porém e a seu propósito, em 13.ª Directriz.

DIRECTIVA 2004/25/CE DO PARLAMENTO EUROPEU E DO CONSELHO

de 21 de Abril de 2004

relativa às ofertas públicas de aquisição[775]

O PARLAMENTO EUROPEU E O CONSELHO DA UNIÃO EUROPEIA,

Tendo em conta o Tratado que institui a Comunidade Europeia e, nomeadamente, o n.° 1 do seu artigo 44.°,

[775] JOCE N.° L-142, 12-23, de 30-Abr.-2004.

Tendo em conta a proposta da Comissão ([1]),

Tendo em conta o parecer do Comité Económico e Social Europeu ([2]),

Deliberando nos termos do artigo 251.° do Tratado ([3]),

Considerando o seguinte:

([1]) JO C 45 E de 25.2.2003, p. 1.

([2]) JO C 208 de 3.9.2003, p. 55.

([3]) Parecer do Parlamento Europeu de 16 de Dezembro de 2003 (ainda não publicado no Jornal Oficial) e decisão do Conselho de 30 de Março de 2004.

(1) Em conformidade com a alínea g) do n.° 2 do artigo 44.° do Tratado, é necessário coordenar determinadas garantias que são exigidas pelos Estados-Membros às sociedades sujeitas à legislação de um Estado-Membro e cujos valores mobiliários estejam admitidos à negociação de um mercado regulamentado de um Estado-Membro, a fim de proteger os interesses tanto dos sócios como de terceiros, com o objectivo de tornar essas garantias equivalentes a nível da Comunidade.

(2) É necessário proteger os interesses dos titulares de valores mobiliários das sociedades sujeitas à legislação de um Estado-Membro no caso de essas sociedades serem objecto de ofertas públicas de aquisição ou de mudanças de controlo e quando pelo menos uma parte dos seus valores mobiliários estejam admitidos à negociação num mercado regulamentado num Estado-Membro.

(3) É necessário criar um quadro que se paute pela clareza e transparência a nível comunitário para as questões jurídicas a resolver em caso de ofertas públicas de aquisição e para impedir que os planos de reestruturação de sociedades na Comunidade sejam deturpados por divergências arbitrárias nas culturas de administração e de gestão.

(4) Tendo em conta os fins de interesse público prosseguidos pelos bancos centrais dos Estados-Membros, afigura-se inconcebível que possam ser alvo de ofertas públicas de aquisição. Dado que, por razões históricas, alguns desses bancos centrais têm os seus valores mobiliários admitidos à negociação em mercados regulamentados dos Estados-Membros, é necessário excluí-los expressamente do âmbito de aplicação da presente directiva.

(5) Cada Estado-Membro deve designar a autoridade ou autoridades a quem caberá exercer a supervisão dos aspectos da oferta regulados pela presente directiva e assegurar que as partes nela intervenientes cumpram as regras estabelecidas em aplicação da presente directiva. Todas essas autoridades deverão cooperar entre si.

(6) Para ser eficaz, a regulamentação sobre ofertas públicas de aquisição deverá ser flexível e capaz de atender a novas circunstâncias à medida que estas surgirem, devendo por conseguinte prever a possibilidade de excepções e derrogações. Todavia, ao aplicarem regras ou excepções ou ao concederem derrogações, as autoridades de supervisão deverão respeitar certos princípios gerais.

(7) Os organismos de auto-regulamentação deverão poder exercer supervisão.

(8) De acordo com os princípios gerais do direito comunitário, em particular o direito a um processo equitativo, as decisões de uma autoridade de supervisão deverão, em circunstâncias adequadas, ser susceptíveis de revisão por uma instância jurisdicional independente. Todavia, cabe deixar ao critério dos Estados-Membros determinar se devem ser outorgados direitos susceptíveis de ser invocados num processo administrativo ou judicial, quer se trate de um processo contra uma autoridade de supervisão ou entre as partes numa oferta.

(9) Os Estados-Membros deverão tomar as medidas necessárias para proteger os titulares de valores mobiliários e, em especial, os detentores de participações minoritárias, após uma mudança do controlo das sociedades. Os Estados-Membros deverão assegurar essa protecção mediante a imposição ao adquirente que assumiu o controlo de uma sociedade do dever de lançar uma oferta a todos os titulares de valores mobiliários dessa sociedade, tendo em vista a aquisição da totalidade das respectivas participações a um preço equitativo que deve ser objecto de uma definição comum. Os Estados-Membros deverão poder estabelecer outros instrumentos para a protecção dos interesses dos titulares de valores mobiliários, tais como o dever de lançar uma oferta parcial quando o oferente não adquira o controlo da sociedade ou o dever de lançar uma oferta simultaneamente com a aquisição do controlo da sociedade.

(10) O dever de lançar uma oferta dirigida a todos os titulares de valores mobiliários não deverá ser aplicável aos que já possuem participações de controlo na data de entrada em vigor da legislação nacional de transposição da presente directiva.

(11) O dever de lançamento de uma oferta não se aplica no caso de aquisição de valores mobiliários que não comportam direitos de voto nas assembleias-gerais ordinárias. Não obstante, os Estados-Membros devem poder estabelecer que o dever de lançar uma oferta a todos os titulares de valores mobiliários não vise apenas os valores mobiliários acompanhados de direitos de voto, mas igualmente os valores mobiliários a que se associem direitos de voto unicamente em situações específicas ou que não comportem qualquer direito de voto.

(12) Para reduzir a possibilidade de abuso de informação privilegiada, o oferente deverá ser obrigado a anunciar a sua decisão de lançar a oferta logo que possível, bem como a informar da oferta a autoridade de supervisão.

(13) Os titulares de valores mobiliários deverão ser devidamente informados das condições de uma oferta, através de um documento relativo a essa oferta. Deverá também ser fornecida uma informação adequada aos representantes dos trabalhadores da sociedade ou, na sua falta, directamente aos trabalhadores.

(14) É necessário estabelecer regras relativas ao prazo de aceitação da oferta.

(15) Para poderem exercer as suas funções de modo satisfatório, as autoridades de supervisão deverão poder, a qualquer momento, exigir às partes intervenientes na oferta que lhes forneçam informações sobre as suas pessoas e deverão cooperar e prestar sem demora informações de forma eficaz e eficiente a outras autoridades de supervisão dos mercados de capitais.

(16) Para evitar operações que possam comprometer o êxito de uma oferta, deverão ser limitados os poderes do órgão de administração de uma sociedade visada em relação a certas operações de carácter excepcional, sem impedir indevidamente a sociedade visada de prosseguir o curso normal das suas actividades.

(17) O órgão de administração de uma sociedade visada deverá ser obrigado a publicar um documento em que apresente o seu parecer fundamentado sobre a oferta, nomeadamente quanto aos efeitos da mesma sobre os interesses da sociedade no seu conjunto e, em particular, a nível de emprego.

(18) A fim de reforçar o efeito útil das disposições existentes em matéria de livre negociação dos valores mobiliários das sociedades visadas pela presente directiva e do livre exercício do direito de voto, importa que as estruturas e mecanismos de defesa previstos por estas sociedades sejam transparentes e que as referidas estruturas e mecanismos sejam regularmente apresentados em relatórios à assembleia-geral de accionistas.

(19) Os Estados-Membros deverão tomar as medidas necessárias para assegurar a qualquer oferente a possibilidade de adquirir participações maioritárias noutras sociedades e de exercer plenamente o seu controlo. Para este efeito, as restrições à transmissão de valores mobiliários, as restrições ao direito de voto, os direitos especiais de nomeação e os direitos de voto plurais devem ser suprimidos ou suspensos durante o prazo de aceitação de uma oferta ou quando a assembleia-geral de accionistas decidir sobre a adopção de medidas de defesa, alterações aos estatutos da sociedade ou a destituição ou nomeação de membros do órgão de administração na primeira assembleia-geral de accionistas subsequente ao encerramento da oferta. Em caso de prejuízo para os titulares de valores mobiliários emergente da supressão dos seus direitos, deverá ser prevista uma indemnização equitativa em conformidade com as modalidades técnicas fixadas pelos Estados-Membros.

(20) Todos os direitos especiais em sociedades na titularidade dos Estados-Membros deverão ser analisados no quadro da livre circulação de capitais e das disposições aplicáveis do Tratado. Os direitos especiais em sociedades na titularidade dos Estados-Membros que se encontrem previstos no direito privado ou público nacional deverão ficar excluídos da regra da "neutralização", desde que sejam compatíveis com o Tratado.

(21) Tendo em conta as diferenças nos mecanismos e estruturas do direito das sociedades dos Estados-Membros, estes deverão ser autorizados a não exigir às sociedades estabelecidas nos respectivos territórios que apliquem as disposições da presente directiva que limitam os poderes do órgão de administração de uma sociedade visada durante o prazo de aceitação da oferta, nem as disposições que tornam ineficazes as limitações previstas nos estatutos da sociedade ou em acordos específicos. Neste caso, os Estados-Membros deverão, pelo menos, dar às sociedades estabelecidas nos respectivos territórios a opção – que deve ser reversível – de aplicar estas disposições. Sem prejuízo dos acordos internacionais em que a Comunidade Europeia é parte, os Estados-Membros deverão ser autorizados a não exigir que as empresas que apliquem estas disposições ao abrigo do regime facultativo as apliquem quando forem alvo de

ofertas lançadas por sociedades que não apliquem as mesmas disposições ao abrigo do referido regime facultativo.

(22) Os Estados-Membros devem estabelecer regras que cubram os casos em que a oferta caduque, definam as condições em que o oferente tem o direito de rever a sua oferta, prevejam a possibilidade de ofertas concorrentes para os valores mobiliários de uma sociedade, estabeleçam a forma de divulgação dos resultados da oferta e o carácter irrevogável da oferta, bem como as condições admissíveis.

(23) A divulgação da informação aos representantes dos trabalhadores da sociedade oferente e da sociedade visada, bem como a sua consulta, devem ser regidas pelas disposições nacionais pertinentes, nomeadamente as adoptadas em aplicação da Directiva 94/45/CE do Conselho, de 22 de Setembro de 1994, relativa à instituição de um conselho de empresa europeu ou de um procedimento de informação e consulta dos trabalhadores nas empresas ou grupos de empresas de dimensão comunitária ([4]), da Directiva 98/59/CE do Conselho, de 20 de Julho de 1998, relativa à aproximação das legislações dos EstadosMembros respeitantes aos despedimentos colectivos ([5]), da Directiva 2001/86/CE do Conselho, de 8 de Outubro de 2001, que completa o estatuto da sociedade europeia no que respeita ao envolvimento dos trabalhadores ([6]), e da Directiva 2002/14/CE do Parlamento Europeu e do Conselho, de II de Março de 2002, que estabelece um quadro geral relativo à informação e à consulta dos trabalhadores na Comunidade Europeia – Declaração conjunta do Parlamento Europeu, do Conselho e da Comissão sobre a representação dos trabalhadores ([7]). Convém, contudo, prever a possibilidade de os trabalhadores das sociedades interessadas, ou os respectivos representantes, emitirem o seu parecer sobre as repercussões previsíveis da oferta em matéria de emprego. Sem prejuízo do disposto na Directiva 2003/6/CE do Parlamento Europeu e do Conselho, de 28 de Janeiro de 2003, relativa ao abuso de informação privilegiada e à manipulação de mercado (abuso de mercado) ([8]), os Estados-Membros podem em qualquer momento aplicar ou introduzir disposições nacionais relativas à divulgação de informação aos representantes dos trabalhadores do oferente antes do lançamento de uma oferta e à sua consulta.

([4]) JO L 254 de 30.9.1994, p. 64. Directiva alterada pela Directiva 97/74/CE (JO L 10 de 16.1.1998, p. 22).

([5]) JO L 225 de 12.8.1998, p. 16.

([6]) JO L 294 de 10.11.2001, p. 22.

([7]) JO L 80 de 23.3.2002, p. 29.

([8]) JO L 96 de 12.4.2003, p. 16.

(24) Os Estados-Membros deverão tomar as medidas necessárias para permitir que um oferente que tenha alcançado, na sequência de uma oferta pública de aquisição, uma certa percentagem do capital com direitos de voto de uma sociedade possa exigir que os titulares dos valores mobiliários remanescentes lhos vendam. De igual forma, sempre que um oferente tenha alcançado, na sequência de uma oferta pública de aquisição, uma certa percentagem do capital com direitos de voto de uma sociedade, os titulares dos valores mobiliários remanescentes deverão dispor da possibilidade de exigir que o oferente proceda à aquisição dos seus valores mobiliários. Estes mecanismos de

aquisição e alienação potestativas só devem ser aplicáveis em condições específicas ligadas às ofertas públicas de aquisição. Noutras circunstâncias, os Estados-Membros podem continuar a aplicar as regras nacionais relativas aos mecanismos de aquisição e alienação potestativas.

(25) Atendendo a que os objectivos da acção encarada, ou seja, definir as orientações mínimas para a realização das ofertas públicas de aquisição e garantir um nível de protecção suficiente aos titulares de valores mobiliários em toda a Comunidade não podem ser suficientemente realizados pelos Estados-Membros devido à necessidade de transparência e de segurança jurídica sempre que as aquisições ou as tomadas de controlo assumam uma dimensão transfronteiras, e podem, pois, devido à dimensão e aos efeitos da acção, ser melhor alcançados ao nível comunitário, a Comunidade pode tomar medidas em conformidade com o princípio da subsidiariedade consagrado no artigo 5.° do Tratado. Em conformidade com o princípio da proporcionalidade consagrado no mesmo artigo, a presente directiva não excede o necessário para atingir aqueles objectivos.

(26) A aprovação de uma directiva constitui o procedimento adequado para instituir um enquadramento que fixa determinados princípios comuns e um número limitado de requisitos gerais que os Estados-Membros serão obrigados a implementar através de regras mais pormenorizadas, em conformidade com o respectivo sistema nacional e o seu contexto cultural.

(27) Todavia, os Estados-Membros deverão estabelecer sanções em caso de infracção às disposições nacionais de transposição da presente directiva.

(28) Em qualquer momento, e para ter em conta a evolução dos mercados financeiros, poderá ser necessário adoptar orientações técnicas e medidas de execução das normas fixadas na presente directiva. Em relação a certas disposições, a Comissão deverá, consequentemente, ser autorizada a adoptar medidas de execução, se estas não alterarem os elementos essenciais da presente directiva e a Comissão agir em conformidade com os princípios nela fixados, depois de consultar o Comité Europeu dos Valores Mobiliários instituído pela Decisão 2001/528/CE da Comissão (9). As medidas necessárias à execução da presente directiva serão adoptadas nos termos da Decisão 1999/468/CE do Conselho, de 28 de Junho de 1999, que fixa as regras de exercício das competências de execução atribuídas à Comissão (10), e tendo na devida conta a declaração feita pela Comissão ao Parlamento Europeu em 5 de Fevereiro de 2002 sobre a implementação da legislação sobre os serviços financeiros. Em relação às demais disposições, é importante confiar a um comité de contacto a tarefa de assistir os Estados-Membros e as autoridades de supervisão na aplicação da presente directiva e de aconselhar a Comissão, se necessário, sobre quaisquer aditamentos ou alterações à presente directiva. Para este efeito, o comité de contacto pode fazer uso das informações que nos termos da presente directiva os Estados-Membros devem prestar sobre as ofertas públicas de aquisição realizadas nos seus mercados regulamentados.

---

(9) JO L 191 de 13.7.2001, p. 45. Decisão alterada pela Decisão 2004/8/CE (JO L 3 de 7.1.2004, p. 33).

(10) JO L 184 de 17.7.1999, p. 23 (rectificação no JO L 269 de 19.10.1999, p. 45).

(29) A Comissão deverá facilitar a tendência para assegurar a harmonização justa e equilibrada das regras sobre ofertas públicas de aquisição na União Europeia. Por conseguinte, a Comissão deverá poder apresentar propostas de revisão oportunas da presente directiva,

ADOPTARAM A PRESENTE DIRECTIVA:

Artigo 1.°
Âmbito de aplicação

1. A presente directiva estabelece as medidas de coordenação das disposições legislativas, regulamentares e administrativas, dos códigos de conduta e outros normativos dos Estados-Membros, incluindo os normativos estabelecidos por organismos oficialmente habilitados a regular os mercados (em seguida denominadas "regras"), relativos às ofertas públicas de aquisição de valores mobiliários de sociedades sujeitas à legislação dos Estados-Membros, quando esses valores mobiliários são, no todo ou em parte, admitidos à negociação num mercado regulamentado, na acepção da Directiva 93/22/CEE [11], em um ou vários Estados-Membros (em seguida denominado "mercado regulamentado").

2. A presente directiva não se aplica às ofertas públicas de aquisição de valores mobiliários emitidos por sociedades cujo objecto seja o investimento colectivo de capitais obtidos junto do público, cujo funcionamento esteja sujeito ao princípio da diversificação dos riscos e cujas unidades de participação sejam resgatadas ou reembolsadas, a pedido dos titulares, directa ou indirectamente, a partir dos elementos do activo dessas sociedades. É equiparado a tais resgates ou reembolsos o facto de essas sociedades agirem por forma a que o valor, em bolsa, das suas unidades de participação não se desvie sensivelmente do seu valor do activo líquido.

3. A presente directiva não se aplica às ofertas públicas de aquisição de valores mobiliários emitidos pelos bancos centrais dos Estados-Membros.

---

(11) Directiva 93/22/CEE do Conselho, de 10 de Maio de 1993, relativa aos serviços de investimento no domínio dos valores mobiliários (JO L 141 de 11.6.1993, p. 27). Directiva com a última redacção que lhe foi dada pela Directiva 2002/87/CE do Parlamento Europeu e do Conselho (JO L 35 de 11.2.2003, p. 1).

Artigo 2.°
Definições

1. Para efeitos da presente directiva, entende-se por:

a) "Oferta pública de aquisição" ou "oferta": uma oferta pública (que não pela sociedade visada) feita aos titulares de valores mobiliários de uma sociedade para adquirir a totalidade ou uma parte desses valores mobiliários, independentemente de essa oferta ser obrigatória ou voluntária, na condição de ser subsequente à aquisição do controlo da sociedade visada ou ter como objectivo essa aquisição do controlo nos termos do direito nacional;

b) "Sociedade visada": a sociedade cujos valores mobiliários são objecto de uma oferta;

c) "Oferente": qualquer pessoa singular ou colectiva, de direito público ou privado, que lance uma oferta;

d) "Pessoas que actuam em concertação": pessoas singulares ou colectivas que cooperam com o oferente ou com a sociedade visada com base num acordo, tácito ou expresso, oral ou escrito, tendo em vista, respectivamente, obter o controlo da sociedade visada ou impedir o êxito da oferta;

e) "Valores mobiliários": títulos negociáveis que conferem direitos de voto numa sociedade;

f) "Partes na oferta": o oferente, os membros do órgão de administração do oferente, caso este seja uma sociedade, a sociedade visada, os titulares de valores mobiliários da sociedade visada e os membros do órgão de administração da sociedade visada, e as pessoas que actuam em concertação com essas partes;

g) "Valores mobiliários com voto plural": valores mobiliários pertencentes a uma categoria distinta e separada e com direito a mais de um voto.

2. Para efeitos do disposto na alínea d) do n.° 1, as pessoas controladas por outra pessoa, na acepção do artigo 87.° da Directiva 2001/34/CE ([12]), são consideradas pessoas que actuam em concertação com essa pessoa e entre si.

([12]) Directiva 2001/34/CE do Parlamento Europeu e do Conselho, de 28 de Maio de 2001, relativa à admissão de valores mobiliários à cotação oficial de uma bolsa de valores e à informação a publicar sobre esses valores (JO L 184 de 6.7.2001, p. 1). Directiva com a última redacção que lhe foi dada pela Directiva 2003/71/CE (JO L 345 de 31.12.2003, p. 64).

Artigo 3.°
Princípios gerais

1. Para efeitos de aplicação da presente directiva, os Estados-Membros asseguram que sejam respeitados os seguintes princípios:

a) Todos os titulares de valores mobiliários de uma sociedade visada de uma mesma categoria devem beneficiar de um tratamento equivalente; além disso, nos casos em que uma pessoa adquira o controlo de uma sociedade, os restantes titulares de valores mobiliários terão de ser protegidos;

b) Os titulares de valores mobiliários da sociedade visada devem dispor de tempo e informações suficientes para poderem tomar uma decisão sobre a oferta com pleno conhecimento de causa; sempre que aconselha os titulares de valores mobiliários, o órgão de administração da sociedade visada deve apresentar o seu parecer no que diz respeito às repercussões da concretização da oferta sobre o emprego, as condições de emprego e os locais em que a sociedade exerce a sua actividade;

c) O órgão de administração da sociedade visada deve agir tendo em conta os interesses da sociedade no seu conjunto e não pode impedir os titulares de valores mobiliários de decidirem sobre o mérito da oferta;

d) Não devem ser criados mercados artificiais para os valores mobiliários da sociedade visada, da sociedade oferente ou de qualquer outra sociedade interessada na oferta de que resulte uma subida ou descida artificial dos preços dos valores mobiliários e que falseiem o funcionamento normal dos mercados;

e) Um oferente só deve anunciar uma oferta depois de se assegurar de que está em plenas condições de satisfazer integralmente qualquer contrapartida em numerário, caso a oferta tenha sido feita nesses termos, e depois de tomar todas as medidas razoáveis para garantir a entrega de qualquer outro tipo de contrapartida;

f) A sociedade visada não deve, em virtude de uma oferta respeitante aos seus valores mobiliários, ser perturbada no exercício da sua actividade para além de um período razoável.

2. Para efeitos da observância dos princípios previstos no n.° 1, os Estados-Membros:

a) Asseguram que sejam satisfeitos os requisitos mínimos previstos na presente directiva;

b) Podem estabelecer condições adicionais e disposições mais restritivas do que as exigidas pela presente directiva para regulamentar as ofertas.

Artigo 4.°

Autoridade de supervisão e direito aplicável

1. Os Estados-Membros designam a autoridade ou autoridades competentes para a supervisão das ofertas regidas por regras por aqueles aprovadas ou introduzidas em aplicação da presente directiva. As autoridades assim designadas devem ser autoridades públicas, associações ou organismos privados reconhecidos pela legislação nacional ou pelas autoridades públicas expressamente habilitadas para o efeito pela legislação nacional. Os Estados-Membros devem informar a Comissão dessa designação, devendo especificar qualquer eventual repartição de funções. Os Estados-Membros certificam-se de que essas autoridades exercem as suas funções com imparcialidade e independência em relação a todas as partes na oferta.

2. a) A autoridade competente para a supervisão da oferta é a do Estado-Membro em que se situa a sede social da sociedade visada se os valores mobiliários dessa sociedade estiverem admitidos à negociação num mercado regulamentado desse Estado-Membro.

b) Se os valores mobiliários da sociedade visada não estiverem admitidos à negociação num mercado regulamentado do Estado-Membro em que se situa a sede social da sociedade, a autoridade competente para a supervisão da oferta é a do Estado-

-Membro em cujo mercado regulamentado os valores mobiliários dessa sociedade estejam admitidos à negociação.

Se os valores mobiliários da sociedade visada estiverem admitidos à negociação em mercados regulamentados de mais de um Estado-Membro, a autoridade competente para a supervisão da oferta é a do Estado-Membro em cujo mercado regulamentado os valores mobiliários tiverem sido admitidos à negociação em primeiro lugar.

c) Se a primeira admissão à negociação dos valores mobiliários da sociedade visada tiver ocorrido em simultâneo em mercados regulamentados de mais de um Estado-Membro, a sociedade visada deve determinar qual a autoridade competente, de entre as autoridades desses Estados-Membros, para a supervisão da oferta, notificando esses mercados regulamentados e respectivas autoridades de supervisão no primeiro dia de negociação.

Se os valores mobiliários da sociedade visada já estiverem admitidos à negociação nos mercados regulamentados de vários Estados-Membros na data prevista no n.° 1 do artigo 21.°, tendo sido admitidos simultaneamente, as autoridades de supervisão destes Estados-Membros decidem qual a autoridade competente, de entre as mesmas, para a supervisão da oferta num prazo de quatro semanas a contar da data fixada no n.° 1 do artigo 21.° Na falta de decisão por parte das autoridades de supervisão, a sociedade visada determinará a autoridade competente, de entre as mesmas, no primeiro dia de negociação após o termo do prazo de quatro semanas acima referido.

d) Os Estados-Membros asseguram que as decisões referidas na alínea c) sejam divulgadas ao público.

e) Nos casos referidos nas alíneas b) e c), as questões relacionadas com a contrapartida proposta no caso de uma oferta, e em particular o preço, assim como as questões relacionadas com o processamento da oferta, em especial a informação sobre a decisão do oferente de lançar uma oferta, o conteúdo do documento relativo à oferta e a divulgação da oferta, serão tratadas de acordo com as regras do Estado-Membro da autoridade competente. No que respeita às questões relacionadas com a informação aos trabalhadores da sociedade visada e às questões relacionadas com o direito das sociedades, em particular a percentagem de direitos de voto que confere o controlo e qualquer derrogação à obrigação de lançar uma oferta, assim como as condições em que o órgão de administração da sociedade visada pode empreender qualquer acção susceptível de conduzir ao fracasso da oferta, as regras aplicáveis e a autoridade competente são as do Estado-Membro em que se situa a sede da sociedade visada.

3. Os Estados-Membros asseguram que todas as pessoas que exerçam ou tenham exercido actividade junto das respectivas autoridades de supervisão estejam vinculadas pelo sigilo profissional. As informações abrangidas pelo sigilo profissional não podem ser divulgadas a qualquer outra pessoa ou autoridade, excepto por força de disposições legislativas.

4. As autoridades de supervisão dos Estados-Membros para efeitos da presente directiva e outras autoridades responsáveis pela supervisão dos mercados de capitais, nomeadamente nos termos da Directiva 93/22/CEE, da Directiva 2001/34/CE, da Directiva 2003/6/CE e

da Directiva 2003/71/CE do Parlamento Europeu e do Conselho, de 4 de Novembro de 2003, relativa ao prospecto a publicar em caso de oferta pública de valores mobiliários ou da sua admissão à negociação, cooperam entre si e transmitem reciprocamente informações, sempre que necessário, tendo em vista a aplicação das regras estabelecidas em conformidade com a presente directiva e, em especial, nos casos previstos nas alíneas b), c) e e) do n.° 2. As informações assim transmitidas são abrangidas pelo dever de sigilo profissional aplicável a pessoas que exercem ou tenham exercido actividade junto das autoridades de supervisão que recebem tais informações. A cooperação inclui a possibilidade de apresentar os documentos legais necessários para executar as medidas relacionadas com a oferta adoptadas pelas autoridades competentes, assim como qualquer outro tipo de assistência que possa ser solicitada justificadamente pelas autoridades de supervisão em causa para efeitos de investigação de qualquer incumprimento, constatado ou alegado, das regras aprovadas ou introduzidas em aplicação da presente directiva.

5. As autoridades de supervisão devem dispor de todos os poderes necessários para o exercício das suas funções, entre as quais se inclui o dever de assegurar que as partes na oferta respeitem as regras aprovadas ou introduzidas em aplicação da presente directiva.

Sem prejuízo dos princípios gerais enunciados no n.° 1 do artigo 3.°, os Estados-Membros podem estabelecer, nas regras por eles aprovadas ou introduzidas em aplicação da presente directiva, derrogações a estas regras:

i) incluindo essas derrogações nas suas regras nacionais, a fim de ter em conta circunstâncias determinadas a nível nacional,

e/ou

ii) conferindo às suas autoridades de supervisão, caso estas sejam competentes na matéria, o poder de não aplicar as regras nacionais, por forma a ter em conta as circunstâncias mencionadas na alínea i) ou outras circunstâncias específicas, exigindo-se, neste último caso, uma decisão fundamentada.

6. A presente directiva não prejudica a faculdade de os EstadosMembros designarem as autoridades judiciais ou outras competentes para conhecerem de litígios e para se pronunciarem sobre eventuais irregularidades cometidas no decurso de ofertas, nem prejudica a faculdade de os Estados-Membros regularem se e em que circunstâncias as partes numa oferta têm o direito de intentar processos administrativos ou judiciais. A presente directiva não prejudica, em especial, a faculdade de que possam dispor os tribunais de um Estado-Membro de recusarem conhecer de um litígio e de se pronunciarem sobre se este afecta o resultado da oferta. A presente directiva não prejudica os poderes dos Estados-Membros de determinarem as regras legais relativas à responsabilidade das autoridades de supervisão ou à resolução de litígios entre as partes numa oferta.

Artigo 5.°

Protecção dos accionistas minoritários; oferta obrigatória; preço equitativo

1. Sempre que uma pessoa singular ou colectiva, na sequência de uma aquisição efectuada por si ou por pessoas que com ela actuem em concertação, venha a deter valores

mobiliários de uma sociedade a que se refere o n.° 1 do artigo 1.° que, adicionados a uma eventual participação que já detenha e à participação detida pelas pessoas que com ela actuam em concertação, lhe confiram directa ou indirectamente uma determinada percentagem dos direitos de voto nessa sociedade, permitindo-lhe dispor do controlo da mesma, os Estados-Membros asseguram que essa pessoa deva lançar uma oferta a fim de proteger os accionistas minoritários dessa sociedade. Esta oferta deve ser dirigida o mais rapidamente possível a todos os titulares de valores mobiliários, para a totalidade das suas participações, a um preço equitativo definido no n.° 4.

2. O dever de lançar uma oferta previsto no n.° 1 não é aplicável quando o controlo tiver sido adquirido na sequência de uma oferta voluntária realizada em conformidade com a presente directiva, dirigida a todos os titulares de valores mobiliários, para a totalidade das suas participações.

3. A percentagem de direitos de voto que confere o controlo de uma sociedade, para efeitos do n.° 1, bem como a fórmula do respectivo cálculo, são determinados pela regulamentação do Estado-Membro em que se situa a sua sede social.

4. Por preço equitativo entende-se o preço mais elevado pago pelos mesmos valores mobiliários pelo oferente, ou pelas pessoas que com ele actuam em concertação, ao longo de um período a determinar pelos Estados-Membros, não inferior a seis e não superior a 12 meses, que preceda a oferta prevista no n.° 1. Se, depois de a oferta ser tornada pública mas antes do termo do prazo de aceitação da mesma, o oferente ou qualquer pessoa que com ele actue em concertação adquirir valores mobiliários acima do preço da oferta, o oferente deve aumentar o valor da sua oferta até um preço não inferior ao preço mais alto pago pelos valores mobiliários assim adquiridos.

Sem prejuízo dos princípios gerais enunciados no n.° 1 do artigo 3.°, os Estados-Membros podem autorizar as autoridades de supervisão a alterar o preço referido no primeiro parágrafo em circunstâncias e de acordo com critérios claramente determinados. Para o efeito, podem estabelecer uma lista de circunstâncias em que o preço mais elevado pode ser alterado, tanto no sentido da sua subida como descida, por exemplo, se o preço mais elevado tiver sido fixado mediante acordo entre o adquirente e o alienante, se os preços de mercado dos valores mobiliários em causa tiverem sido manipulados, se os preços do mercado em geral ou em especial tiverem sido afectados por acontecimentos excepcionais, ou a fim de permitir a recuperação de uma empresa em situação difícil. Podem igualmente definir os critérios a utilizar em tais casos como, por exemplo, o valor médio de mercado ao longo de um determinado período, o valor de liquidação da sociedade ou outros critérios objectivos de avaliação geralmente utilizados na análise financeira.

Qualquer decisão das autoridades de supervisão no sentido de alterar o preço equitativo deve ser sempre fundamentada e tornada pública.

5. O oferente pode propor como contrapartida valores mobiliários, numerário ou ambos.

Contudo, sempre que a contrapartida proposta pelo oferente não consistir em valores mobiliários líquidos admitidos à negociação num mercado regulamentado, essa contrapartida deve incluir uma alternativa em numerário.

Em todo o caso, o oferente deve propor, pelo menos como alternativa, uma contrapartida em numerário quando ele próprio ou quaisquer pessoas que com ele actuem em concertação tiverem adquirido em numerário valores mobiliários que representem 5 % ou mais dos direitos de voto da sociedade visada, num período que se inicie em simultâneo com o período fixado pelo Estado-Membro nos termos do n.° 4 e que termine no momento do termo do prazo de aceitação da oferta.

Os Estados-Membros podem estabelecer que, pelo menos como alternativa, deva ser proposta uma contrapartida em numerário em todos os casos.

6. Para além da protecção prevista no n.° 1, os Estados-Membros podem estabelecer outros instrumentos destinados a proteger os interesses dos titulares de valores mobiliários, na medida em que estes instrumentos não entravem o desenrolar normal da oferta.

Artigo 6.°
Informação sobre ofertas

1. Os Estados-Membros asseguram que a decisão de lançar uma oferta seja imediatamente tornada pública e que a autoridade de supervisão seja dela informada. Os Estados-Membros podem exigir que a autoridade de supervisão seja informada antes de a decisão ser tornada pública. Logo que a oferta seja tornada pública, os órgãos de administração da sociedade visada e do oferente devem informar respectivamente os representantes dos seus trabalhadores ou, na sua falta, os próprios trabalhadores.

2. Os Estados-Membros asseguram que o oferente esteja sujeito à obrigação de elaborar e divulgar, em tempo oportuno, um documento relativo à oferta que contenha as informações necessárias para permitir aos titulares de valores mobiliários da sociedade visada tomar uma decisão sobre a mesma com pleno conhecimento de causa. Antes de esse documento ser tornado público, o oferente deve apresentá-lo à autoridade de supervisão. Logo que o documento seja tornado público, os órgãos de administração da sociedade visada e do oferente devem divulgá-lo, respectivamente, aos representantes dos seus trabalhadores ou, na sua falta, aos próprios trabalhadores.

Sempre que o documento relativo à oferta previsto no primeiro parágrafo esteja sujeito à aprovação prévia da autoridade de supervisão e logo que tenha sido aprovado, será reconhecido, sem prejuízo de eventual tradução, no outro ou outros Estados-Membros em cujos mercados os valores mobiliários da sociedade visada estejam admitidos a negociação, sem que seja necessário obter a aprovação das autoridades de supervisão desse Estado-Membro. Estas autoridades só podem exigir a introdução de informações suplementares no documento relativo à oferta se tais informações forem específicas do mercado do Estado-Membro ou dos Estados-Membros em cujos mercados os valores mobiliários da sociedade visada estejam admitidos a negociação, e no que se refere às formalidades a cumprir para que a oferta seja aceite e para que seja recebida a contrapartida devida na sequência da oferta, bem como ao regime fiscal a que estará sujeita a contrapartida oferecida aos titulares de valores mobiliários.

3. O documento de oferta previsto no n.° 2 deve conter pelo menos as seguintes indicações:

a) Os termos da oferta;

b) A identificação do oferente ou, caso o oferente seja uma sociedade, o tipo, a firma e a sede social dessa sociedade;

c) Os valores mobiliários ou, se for caso disso, a categoria ou categorias de valores mobiliários que são objecto da oferta;

d) A contrapartida oferecida por valor mobiliário ou categoria de valores mobiliários e, no caso de oferta obrigatória, o método utilizado para determinar essa contrapartida e a respectiva forma de pagamento;

e) A indemnização proposta como contrapartida pelos direitos que possam ser suprimidos por força da regra da neutralização prevista no n.º 4 do artigo 11.º, indicando de que forma a indemnização deve ser paga e o método empregue para determinar o seu valor;

f) As percentagens máximas e mínimas ou o número máximo e mínimo de valores mobiliários que o oferente se compromete a adquirir;

g) Informação detalhada sobre os valores mobiliários que o oferente e as pessoas que com ele actuam em concertação já detenham na sociedade visada;

h) Todas as condições a que a oferta está subordinada;

i) As intenções do oferente quanto à prossecução da actividade da sociedade visada e, na medida em que seja afectada pela oferta, da sociedade oferente, e a manutenção do emprego dos respectivos trabalhadores e dirigentes, incluindo qualquer alteração importante das condições de emprego e, designadamente os planos estratégicos do oferente para ambas as sociedades e as eventuais repercussões sobre o emprego e os locais em que as sociedades exercem actividades;

j) O prazo de aceitação da oferta;

k) Caso a contrapartida proposta pelo oferente inclua valores mobiliários de qualquer tipo, informações relativas aos mesmos;

l) Informações sobre o financiamento da oferta;

m) A identidade das pessoas que actuam em concertação com o oferente ou com a sociedade visada e, caso sejam sociedades, o respectivo tipo, firma e sede social, bem como a natureza da sua relação com o oferente e, sempre que possível, com a sociedade visada;

n) A legislação nacional que será aplicável aos contratos celebrados entre o oferente e os titulares de valores mobiliários da sociedade visada, na sequência da oferta, bem como os tribunais competentes.

4. A Comissão aprovará, nos termos do n.º 2 do artigo 18.º, as regras de aplicação do n.º 3 do presente artigo.

5. Os Estados-Membros asseguram que as partes numa oferta sejam, em qualquer momento, obrigadas a fornecer às autoridades de supervisão do respectivo Estado-Membro, a pedido destas, quaisquer informações de que disponham respeitantes à oferta e que sejam necessárias para o desempenho das funções dessas autoridades.

Artigo 7.°
Prazo de aceitação

1. Os Estados-Membros asseguram que o prazo de aceitação da oferta não seja inferior a duas semanas, nem superior a 10 semanas a contar da data de publicação do documento relativo à oferta. Sem prejuízo do princípio geral enunciado na alínea f) do n.° 1 do artigo 3.°, os Estados-Membros podem estabelecer a possibilidade de prorrogação do prazo de 10 semanas, na condição de o oferente notificar, com uma antecedência de, pelo menos, duas semanas, a sua intenção de encerrar a oferta.

2. Os Estados-Membros podem estabelecer regras que alterem o prazo referido no n.° 1 em casos específicos. O Estado-Membro pode autorizar a autoridade de supervisão a conceder uma derrogação do prazo referido no n.° 1, de modo a permitir à sociedade visada convocar uma assembleia geral de accionistas para analisar a oferta.

Artigo 8.°
Divulgação da oferta

1. Os Estados-Membros asseguram que a oferta seja tornada pública por forma a garantir a transparência e integridade do mercado para os valores mobiliários da sociedade visada, da sociedade oferente ou de qualquer outra sociedade afectada pela oferta, a fim de, nomeadamente, evitar a publicação ou divulgação de informações falsas ou enganosas.

2. Os Estados-Membros devem estabelecer a publicação de todas as informações e documentos exigidos nos termos do artigo 6.°, segundo regras que garantam que os titulares de valores mobiliários, pelo menos nos Estados-Membros em que os valores mobiliários da sociedade visada estejam admitidos à negociação num mercado regulamentado, bem como os representantes dos trabalhadores da sociedade visada e do oferente ou, na sua falta, os próprios trabalhadores, deles possam dispor facilmente e em tempo oportuno.

Artigo 9.°
Deveres do órgão de administração da sociedade visada

1. Os Estados-Membros asseguram o cumprimento das regras previstas nos n.°s 2 a 5.

2. No período referido no segundo parágrafo, o órgão de administração da sociedade visada é obrigado a obter a autorização prévia da assembleia-geral de accionistas para o efeito antes de empreender qualquer acção susceptível de conduzir à frustração da oferta, exceptuando a procura de outras ofertas e, nomeadamente, antes de proceder a qualquer emissão de valores mobiliários susceptível de impedir de forma duradoura que o oferente assuma o controlo da sociedade visada.

Esta autorização é obrigatória, pelo menos a partir do momento em que o órgão de administração da sociedade visada recebe as informações referidas no primeiro período do n.° 1 do artigo 6.° e enquanto o resultado da oferta não for tornado público ou a oferta não terminar. Os Estados-Membros podem impor a antecipação do momento a partir do qual esta autorização deva ser obtida, por exemplo, logo que o órgão de administração da sociedade visada tomar conhecimento da iminência da oferta.

3. No que respeita às decisões que devam ser tomadas antes do início do período previsto no segundo parágrafo do n.° 2 e que não tenham sido ainda parcial ou totalmente aplicadas, a assembleia-geral de accionistas deve aprovar ou confirmar qualquer decisão que não se insira no quadro normal das actividades da sociedade e cuja aplicação seja susceptível de conduzir à frustração da oferta.

4. Para efeitos de obtenção da autorização prévia, da aprovação ou da confirmação pelos titulares de valores mobiliários, a que se referem os n.°s 2 e 3, os Estados-Membros podem estabelecer regras que permitam a convocação de uma assembleia-geral de accionistas a curto prazo, na condição de esta assembleia não ocorrer num prazo inferior a duas semanas a contar da data da sua convocação.

5. O órgão de administração da sociedade visada deve elaborar e tornar público um documento de que conste o seu parecer fundamentado sobre a oferta, nomeadamente quanto às repercussões da aplicação da oferta sobre os interesses da sociedade no seu conjunto, incluindo o emprego, e quanto aos planos estratégicos do oferente para a sociedade visada e as suas eventuais repercussões a nível do emprego e dos locais em que a sociedade exerça actividade enunciados no documento de oferta, em conformidade com a alínea i) do n.° 3 do artigo 6.°. O órgão de administração da sociedade visada deve apresentar simultaneamente este parecer aos representantes dos trabalhadores da sociedade ou, na sua falta, aos próprios trabalhadores. Se o órgão de administração da sociedade visada receber em tempo oportuno um parecer distinto dos representantes dos trabalhadores quanto às repercussões a nível do emprego, este será apenso ao referido documento.

6. Para os efeitos do n.° 2, sempre que a administração da sociedade obedeça a uma estrutura dualista, entende-se por órgão de administração o conselho de administração e a direcção da sociedade.

Artigo 10.°
Informação sobre as sociedades referidas no n.° 1 do artigo 1.°

1. O Estados-Membros asseguram que as sociedades referidas no n.° 1 do artigo 1.° publiquem informações pormenorizadas sobre os seguintes domínios:

   a) A estrutura de capital, incluindo os valores mobiliários não admitidos à negociação num mercado regulamentado de um Estado-Membro, devendo ser indicados, se for caso disso, as diferentes categorias de acções e, em relação a cada categoria de acções, os direitos e obrigações inerentes às mesmas e a percentagem de capital social que representam;

   b) As restrições à transmissão de valores mobiliários, tais como limitações de titularidade de valores mobiliários ou cláusulas de consentimento da sociedade ou de outros titulares de valores mobiliários, sem prejuízo do artigo 46.° da Directiva 2001/34/CE;

c) As participações significativas no capital, directas ou indirectas (por exemplo, através de estruturas em pirâmide ou participações cruzadas), na acepção do artigo 85.° da Directiva 2001/34/CE;

d) Os titulares de valores mobiliários que confiram direitos de controlo especiais e a descrição destes direitos;

e) O mecanismo de controlo previsto num eventual sistema de participação dos trabalhadores no capital, quando os direitos de voto não forem exercidos directamente por estes últimos;

f) As restrições em matéria de direito de voto, tais como as limitações dos direitos de voto a uma determinada percentagem ou a um determinado número de votos, prazos impostos para o exercício do direito de voto ou os sistemas pelos quais, com a cooperação da sociedade, os direitos de conteúdo económico ligados aos valores mobiliários são separados da titularidade dos valores mobiliários;

g) Os acordos entre accionistas que sejam do conhecimento da sociedade e possam conduzir a restrições em matéria de transmissão de valores mobiliários e/ou direitos de voto, na acepção da Directiva 2001/34/CE;

h) As regras aplicáveis à nomeação e à substituição dos membros do órgão de administração e à alteração dos estatutos da sociedade;

i) Os poderes dos membros do órgão de administração, nomeadamente no que respeita à possibilidade de emitir ou amortizar acções;

j) Os acordos significativos em que a sociedade seja parte e que entrem em vigor, sejam alterados ou cessem em caso de mudança de controlo da sociedade na sequência de uma oferta pública de aquisição, bem como os efeitos respectivos, salvo se, pela sua natureza, a divulgação dos mesmos for seriamente prejudicial para a sociedade; esta excepção não é aplicável se a sociedade for especificamente obrigada a divulgar essas informações por força de outros imperativos legais;

k) Os acordos entre a sociedade e os membros do órgão de administração ou trabalhadores que prevejam indemnizações em caso de pedido de demissão do trabalhador, despedimento sem justa causa ou cessação da relação de trabalho na sequência de uma oferta pública de aquisição.

2. As informações previstas no n.° 1 devem ser publicadas no relatório de gestão da sociedade a que se refere o artigo 46.° da Directiva 78/660/CEE ([13]) e o artigo 36.° da Directiva 83/349/CEE ([14]).

3. Os Estados-Membros asseguram que, nas sociedades cujos valores mobiliários estejam admitidos à negociação num mercado regulamentado de um Estado-Membro, o órgão de administração apresente um relatório explicativo sobre as matérias a que se refere o n.° 1 à assembleia geral anual de accionistas.

([13]) Quarta Directiva 78/660/CEE do Conselho, de 25 de Julho de 1978, relativa às contas anuais de certas formas de sociedades (JO L 222 de 14.8.1978, p. 11). Directiva com a última redacção que lhe foi dada pela Directiva 2003/51/CE do Parlamento Europeu e do Conselho (JO L 178 de 17.7.2003, p. 16).

(14) Sétima Directiva 83/349/CEE do Conselho, de 13 de Junho de 1983, relativa às contas consolidadas (JO L 193 de 18.7.1983, p. 1). Directiva com a última redacção que lhe foi dada pela Directiva 2003/51/CE.

Artigo 11.°
Não oponibilidade das restrições em matéria de transmissão de valores mobiliários e direito de voto

1. Sem prejuízo dos demais direitos e obrigações estabelecidos pelo direito comunitário para as sociedades a que se refere o n.° 1 do artigo 1.°, os Estados-Membros asseguram que o disposto nos n.°s 2 a 7 seja aplicável aquando do anúncio público de uma oferta.

2. As restrições à transmissão de valores mobiliários previstas nos estatutos da sociedade visada não são aplicáveis ao oferente durante o período de aceitação da oferta previsto no n.° 1 do artigo 7.°.

As restrições à transmissão de valores mobiliários previstas em contratos entre a sociedade visada e os titulares de valores mobiliários desta sociedade ou em contratos entre estes últimos celebrados após a aprovação da presente directiva não são aplicáveis ao oferente durante o prazo de aceitação da oferta previsto no n.° 1 do artigo 7.°.

3. As restrições em matéria de direito de voto previstas nos estatutos da sociedade visada ficam sem efeito na assembleia-geral de accionistas que tomar uma decisão sobre eventuais medidas de defesa nos termos do artigo 9.°.

As restrições em matéria de direito de voto previstas em contratos entre a sociedade visada e os titulares de valores mobiliários desta sociedade ou em contratos entre estes últimos celebrados após a aprovação da presente directiva ficam sem efeito na assembleia-geral de accionistas que tomar uma decisão sobre eventuais medidas de defesa nos termos do artigo 9.°.

Os valores mobiliários com voto plural têm um único voto na assembleia-geral de accionistas que decidir sobre eventuais medidas de defesa nos termos do artigo 9.°.

4. Quando, na sequência de uma oferta, o oferente detiver pelo menos 75 % do capital com direito de voto, não são aplicáveis as restrições à transmissão de valores mobiliários e ao direito de voto referidas nos n.°s 2 e 3 nem os direitos especiais de accionistas no que diz respeito à nomeação ou destituição de membros do órgão de administração previstos nos estatutos da sociedade visada; os valores mobiliários com voto plural têm um único voto na primeira assembleia-geral de accionistas subsequente ao encerramento da oferta convocada pelo oferente a fim de alterar os estatutos da sociedade ou de destituir ou nomear membros do órgão de administração.

Para o efeito, o oferente deve dispor do direito de convocar uma assembleia-geral de accionistas a curto prazo, na condição de esta assembleia não ocorrer num prazo inferior a duas semanas após a sua convocação.

5. Sempre que sejam suprimidos direitos nos termos do n.°s 2, 3 ou 4 e/ou do artigo 12.°, deve prever-se uma indemnização equitativa pelos eventuais prejuízos suportados pelos titulares destes direitos. As condições para a determinação da indemnização e as modalidades do respectivo pagamento são fixadas pelos Estados-Membros.

6. O disposto nos n.°s 3 e 4 não é aplicável aos valores mobiliários caso as restrições ao direito de voto sejam acompanhadas de vantagens pecuniárias específicas.

7. O presente artigo não se aplica no caso de os Estados-Membros serem titulares de valores mobiliários na sociedade visada que lhes confiram direitos especiais que sejam compatíveis com o Tratado, no caso de direitos especiais previstos na lei nacional que sejam compatíveis com o Tratado, nem no caso de empresas cooperativas.

Artigo 12.°
Regime facultativo

1. Os Estados-Membros podem reservar o direito de não exigir que as sociedades a que se refere o n.° 1 do artigo 1.°, com sede social nos respectivos territórios, apliquem o disposto nos n.°s 2 e 3 do artigo 9.° e/ou no artigo 11.°.

2. Sempre que os Estados-Membros façam uso da faculdade a que se refere o n.° 1, devem, no entanto, dar às sociedades com sede social nos respectivos territórios a opção, que deve ser reversível, de aplicar o disposto nos n.°s 2 e 3 do artigo 9.° e/ou no artigo 11.°, sem prejuízo do disposto no n.° 7 do artigo 11.°.

A decisão da sociedade deve ser tomada pela assembleia-geral de accionistas, em conformidade com a lei do Estado-Membro em que se situe a sua sede social aplicável às alterações aos estatutos. A decisão deve ser comunicada à autoridade de supervisão do Estado-Membro onde a sociedade tenha sede social e a todas as autoridades de supervisão dos Estados-Membros onde os seus valores mobiliários estejam admitidos à negociação num mercado regulamentado ou onde a sua admissão tenha sido requerida.

3. Nas condições determinadas pela lei nacional, os Estados-Membros podem dispensar as sociedades que apliquem os n.°s 2 e 3 do artigo 9.° e/ou o artigo 11.° da aplicação destas disposições se forem alvo de uma oferta lançada por uma sociedade que não aplique os mesmos artigos ou por uma sociedade controlada, directa ou indirectamente, por uma dessas sociedades, nos termos do artigo 1.° da Directiva 83/349/CEE.

4. Os Estados-Membros asseguram que as disposições aplicáveis às respectivas sociedades sejam divulgadas sem demora.

5. A aplicação de qualquer medida em conformidade com o disposto no n.° 3 fica sujeita a autorização da assembleia-geral de accionistas da sociedade visada concedida menos de 18 meses antes da divulgação da oferta nos termos do n.° 1 do artigo 6.°.

Artigo 13.°
Outras regras aplicáveis às ofertas

Os Estados-Membros devem igualmente estabelecer regras relativas às ofertas, pelo menos nos seguintes domínios:

a) Caducidade da oferta;

b) Revisão das ofertas;

c) Ofertas concorrentes;

d) Divulgação dos resultados das ofertas;

e) Carácter irrevogável da oferta e condições admissíveis.

Artigo 14.°
Informação e consulta dos representantes dos trabalhadores

O disposto na presente directiva não prejudica as normas relativas à informação e à consulta, nem, caso os Estados-Membros o estabeleçam, à co-gestão pelos representantes dos trabalhadores da sociedade oferente e da sociedade visada, que são regidas pelas disposições nacionais aplicáveis, nomeadamente as adoptadas em aplicação das Directivas 94/45/CE, 98/59/CE, 2001/86/CE e 2002/14/CE.

Artigo 15.°
Aquisição potestativa

1. Os Estados-Membros asseguram que o disposto nos n.°s 2 a 5 seja aplicável na sequência de uma oferta dirigida a todos os titulares de valores mobiliários da sociedade visada incidindo sobre a totalidade dos seus valores mobiliários.

2. Os Estados-Membros asseguram que o oferente possa exigir que todos os titulares dos valores mobiliários remanescentes lhe transmitam esses valores mobiliários com base num preço justo. Os Estados-Membros devem estabelecer este direito em uma das situações seguintes:

a) O oferente detenha valores mobiliários que representem pelo menos 90 % do capital com direito de voto e 90 % dos direitos de voto da sociedade visada;

ou

b) O oferente tenha adquirido ou celebrado um contrato firme para adquirir, na sequência da aceitação da oferta, valores mobiliários que representem pelo menos 90 % do capital da sociedade visada com direito de voto e 90 % dos direitos de voto abrangidos pela oferta.

No caso previsto na alínea a), os Estados-Membros podem estabelecer um limiar mais elevado, mas nunca superior a 95 % do capital com direito de voto e 95 % dos direitos de voto.

3. Os Estados-Membros asseguram a existência de regras que definam a forma de cálculo deste limiar.

Quando a sociedade visada tiver emitido várias categorias de valores mobiliários, os Estados-Membros podem estabelecer que o direito de aquisição potestativa só possa ser exercido na categoria para a qual tenha sido atingido o limiar fixado no n.° 2.

4. Se entender exercer o direito de aquisição potestativa, o oferente deve fazê-lo no prazo de três meses a contar do termo do prazo de aceitação da oferta a que se refere o artigo 7.°.

5. Os Estados-Membros asseguram que seja garantido um preço justo. Este preço deve assumir a mesma forma que a contrapartida da oferta ou consistir em numerário.

Os Estados-Membros podem estabelecer que deva ser proposto numerário, pelo menos como alternativa.

Na sequência de uma oferta voluntária em qualquer dos casos previstos nas alíneas a) e b) do n.° 2, a contrapartida da oferta presume-se justa se o oferente tiver adquirido, em resultado da aceitação da oferta, valores mobiliários que representem pelo menos 90 % do capital com direito de voto abrangido pela oferta.

Na sequência de uma oferta obrigatória, presume-se que a contrapartida da oferta corresponde ao preço justo.

Artigo 16.°
Alienação potestativa

1. Os Estados-Membros asseguram que o disposto nos n.°s 2 e 3 seja aplicável na sequência de uma oferta dirigida a todos os titulares de valores mobiliários da sociedade visada incidindo sobre a totalidade dos seus valores mobiliários.

2. Os Estados-Membros asseguram que qualquer titular dos valores mobiliários remanescentes possa exigir que o oferente proceda à aquisição dos seus valores mobiliários com base num preço justo, nas mesmas circunstâncias previstas no n.° 2 do artigo 15.°

3. Os n.°s 3 a 5 do artigo 15.° aplicam-se com as necessárias adaptações.

Artigo 17.°
Sanções

Os Estados-Membros determinam o regime das sanções aplicáveis às infracções das disposições nacionais adoptadas em aplicação da presente directiva e tomam todas as medidas necessárias para assegurar a respectiva aplicação. As sanções previstas neste âmbito devem ser efectivas, proporcionadas e dissuasivas. Os Estados-Membros devem notificar estas disposições à Comissão até à data fixada no n.° 1 do artigo 21.°, bem como qualquer alteração posterior das mesmas o mais rapidamente possível.

Artigo 18.°
Processo do comité

1. A Comissão é assistida pelo Comité Europeu dos Valores Mobiliários instituído pela Decisão 2001/528/CE (a seguir designado "comité").

2. Sempre que se faça referência ao presente número, são aplicáveis os artigos 5.° e 7.° da Decisão 1999/468/CE, tendo-se em conta o disposto no artigo 8.° da mesma, desde que as medidas de execução adoptadas nestes termos não alterem as disposições essenciais da presente directiva.

O prazo previsto no n.° 6 do artigo 5.° da Decisão 1999/468/CE é de três meses.

3. Sem prejuízo das medidas de execução já adoptadas, findo um período de quatro anos a contar da entrada em vigor da presente directiva será suspensa a aplicação das suas disposições que determinam a aprovação de regras e decisões de carácter técnico nos termos do n.° 2. Sob proposta da Comissão, o Parlamento Europeu e o Conselho podem prorrogar as disposições em questão nos termos do artigo 251.° do Tratado e, para o efeito revê-las antes do termo do referido prazo.

Artigo 19.°
Comité de contacto

1. É nomeado um comité de contacto com as seguintes atribuições:

   a) Sem prejuízo do disposto nos artigos 226.° e 227.° do Tratado, facilitar a aplicação harmonizada da presente directiva através de reuniões regulares para tratar dos problemas práticos emergentes da sua aplicação;

   b) Aconselhar a Comissão, se necessário, sobre eventuais aditamentos ou alterações à presente directiva.

2. Não faz parte das atribuições do comité de contacto apreciar o mérito das decisões tomadas pelas autoridades de supervisão em casos individuais.

Artigo 20.°
Revisão

Cinco anos após a data fixada no n.° 1 do artigo 21.° a Comissão deve examinar a presente directiva à luz da experiência adquirida na aplicação da mesma e, se necessário, proporá a sua revisão. O exame deve incluir uma análise das estruturas de controlo e obstáculos às ofertas públicas de aquisição não abrangidas pela presente directiva.

Para este efeito, os Estados-Membros devem informar anualmente a Comissão das ofertas públicas de aquisição lançadas sobre sociedades cujos valores mobiliários estejam admitidos à negociação nos seus mercados regulamentados. As informações devem incluir a nacionalidade das sociedades envolvidas, os resultados das ofertas e quaisquer outras informações relevantes para compreender o funcionamento das ofertas públicas de aquisição na prática.

Artigo 21.°
Transposição

1. Os Estados-Membros devem pôr em vigor as disposições legislativas, regulamentares e administrativas para dar cumprimento à presente directiva até 20 de Maio de 2006 e informar imediatamente a Comissão desse facto.

Quando os Estados-Membros aprovarem essas disposições, estas devem incluir uma referência à presente directiva ou ser acompanhadas dessa referência aquando da sua publicação oficial. As modalidades dessa referência serão aprovadas pelos Estados-Membros.

2. Os Estados-Membros devem comunicar à Comissão o texto das principais disposições de direito interno que aprovarem nas matérias reguladas pela presente directiva.

Artigo 22.°
Entrada em vigor

A presente directiva entra em vigor 20 dias após a sua publicação no *Jornal Oficial da União Europeia.*

Artigo 23.°
Destinatários

Os Estados-Membros são os destinatários da presente directiva.

Feito em Estrasburgo, em 21 de Abril de 2004

Pelo Parlamento Europeu	*Pelo Conselho*
O Presidente	*O* Presidente
P. Cox	D. Roche

140. **Preparação**

I. A gestação da 13.ª Directriz prolongou-se por trinta anos. Um primeiro projecto foi elaborado por Robert Pennington, a pedido da Comissão, em 1974[776]. O documento foi apreciado[777]: ocupava-se da tutela das

[776] Cf. Peter Behrends, *Rechtspolitische Grundsatzfragen zu einer Europäischen Regelung für Übernahmeangebote*, ZGR 1975, 433-458 (434). Para uma panorâmica geral mas sintética da evolução que conduziria à 13.ª Directriz, cf. Alexander Zinzer, *Entwicklungen zu einem europäischen Übernahmerecht*, ZRP 2003, 78-82 (78).

[777] Behrends, *Rechtspolitische Grundsatzfragen* cit., 457 e Jürgen Bess, *Eine europäische Regelung für Übernahmeangebote/Kritische Bemerkungen zum Entwurf eines Richtlinienvorschlags über "Übernahmeangebote und Ausgebote"*, I e II, AG 1976, 169-176 e 206-210, que conclui em termos críticos (209).

minorias e, no campo processual, distinguia uma fase secreta e uma fase pública[778]. Mas não teve seguimento. O tema ficou em letargia, tanto mais que, na época, só por excepção se verificaram tomadas (*take over*) de sociedades no plano europeu. Em 1987, surge novo projecto[779]. Coincidindo com crescentes tomadas ocorridas, especialmente, em França e na Inglaterra[780], este projecto veio a dar azo à proposta de 13.ª Directriz, de 19-Jan.-1989[781].

II. A proposta de 1989 deparou com múltiplos críticos, avultando nomes como THEODOR BAUMS[782], PETER HOMMELHOFF, DETLEF KLEINDICK[783], HANS-JOACHIM MERTENS[784] e DIETER HAHN[785]. Como pontos fracos, eram sublinhadas as incongruências perante o Direito dos grupos de sociedades e a desarticulação no tocante às medidas de defesa que pudessem ser opostas às OPAs. Às críticas doutrinárias vieram somar-se as tomadas de posição do Parlamento[786] e o Comité Económico e Social[787]. A Comissão acabou por apresentar, em 14-Set.-1980, uma proposta modificada[788], sobre que chegou a pronunciar-se o Comité Económico e Social[789] [790].

[778] BEHRENDS, *Rechtspolitische Grundsatzfragen* cit., 451 ss. (453 e 455).

[779] SCHWARZ, *Europäisches Gesellschaftsrecht* cit., 479.

[780] Cf. uma série de referências ilustrativas em KLAUS PETER BERGER, *Unternehmensübernahmen in Europa/Der geänderte Vorschlag für eine EG-Takeover-Richtlinie im Vergleich mit nationaler Übernahmeregelung*, ZIP 1991, 1644-1660 (1645/I).

[781] JOCE N.° C-64, 8, de 14-Mar.-1989.

[782] THEODOR BAUMS, *Übernahmeregelung in der Europäischen Gemeinschaft*, ZIP 1989, 1376-1381.

[783] PETER HOMMELHOFF/DETLEF KLEINDICK, *Takeover-Richtlinie und europäisches Konzernrecht*, AG 1990, 106-111 (111).

[784] HANS-JOACHIM MERTENS, *Forderung von, Schutz vor, Zwang zu Übernahmeangeboten?*, AG 1990, 252-259 (259), concluindo que mais valeria não haver qualquer directriz sobre o tema.

[785] DIETER HAHN, *Die Regulierung von Übernahmen in der Europäischen Gemeinschaft*, ZBB 1990, 10-21 (11/II).

[786] Deliberação de 17-Jan.-1990, JOCE N.° C-38, 41-48, de 19-Fev.-1990, com diversas alterações.

[787] Tomada de posição de 9-Mar.-1989, JOCE N.° C-298, 56-58, de 27-Nov.-1989,

[788] JOCE N.° C-240, 7-30, de 26-Set.-1990: as alterações foram extensas.

[789] Tomada de posição de 28-Fev.-1991, JOCE N.° C-102, 49-51, de 18-Abr.-1991.

[790] Cf., ainda, BARBARA GRUNEWALD, *Der geänderte Vorschlag einer 13. Richtlinie betreffend Übernahmeangeboten*, WM 1991, 1361-1366.

A proposta alterada de 13.ª Directriz obteve críticas abertas de diversos países[791], principalmente: do Reino Unido[792], da Alemanha[793] e da Holanda[794]. Recordamos que regia em Inglaterra, com agrado geral, o *City Code on Takeovers and Mergers*, assente na auto-regulação dos interesses em presença. A Alemanha, com as suas grandes sociedades fortemente blindadas, era pouco sensível ao tema, que lhe surgia como um factor de maior peso regulativo. Particularmente visado era o dever de lançar uma OPA por parte de quem obtivesse 1/3 dos votos em assembleia geral: contrário à lógica do *Konzernrecht* alemão[795].

Nestas condições e na Cimeira de Edimburgo, em Dezembro de 1992, a Comissão desistiu da proposta. O assunto foi reestudado, tendo vindo mais claramente a lume a diversidade de sistemas nacionais em vigor. Os países do Norte encaravam com pouca simpatia as hipóteses de OPAs hostis.

III. Em 7-Fev.-1996 surge uma 2.ª proposta modificada de 13.ª Directriz[796]. Atendendo às críticas que a antecederam, esta proposta baixou de 22 para 12 artigos o texto destinado a regular as ofertas públicas de aquisição[797]. Deixou, ainda, um lato espaço de manobra às leis nacionais, sendo bastante melhor acolhida do que a versão anterior[798]. O Comité Económico e Social acabou por tomar posição[799], o mesmo fazendo o Par-

---

791 SCHWARZ, *Europäisches Gesellschaftsrecht* cit., 480, MICHAEL ROOS, *Der neue Vorschlag für eine EG-Übernahme-Richtlinie*, WM 1996, 2177-2188 (2177 ss.), e KLAUS J. HOPT, *Europäisches und deutsches Übernahmenrecht*, ZHR 161 (1997), 368-420 (405).

792 SCHWARZ, *Europäisches Gesellschaftsrecht* cit., 479, com indicações e ROOS, *Der neue Vorschlag* cit., 217 nota 10.

793 Cf., além das obras já referidas, HANS-WERNER NEYE, *Der neue Übernahmekodex der Börsensachverständigenkommission*, ZIP 1995, 1464-1467 (1546-1465), contendo, em anexo, o *Übernahmekodex* alemão.

794 HANS-WERNER NEYE, *Der neue Vorschlag der Kommission für eine dreizehnte Richtlinie über Übernahmeangebote*, DB 1996, 1121-1125 (1121/I), referindo também as críticas britânicas e as da Dinamarca.

795 SCHWARZ, *Europäisches Gesellschaftsrecht* cit., 480.

796 JOCE N.° C-162, 5-8, de 6-Jul.-1996, publicada também em AG 1996, 217-220.

797 Quanto à 2.ª proposta: HARTMUT KRAUSE, *Der revidierte Vorschlag eine Takeover-Richtlinie*, AG 1996, 209-217.

798 MICHAEL ROOS, *Das neue Vorschlag für eine EG-Übernahme-Richtlinie*, WM 1996, 2177--2188 (2187/II) e MARTIN PELTZEK, *Der Kommissionsentwurf für eine 13. Richtlinie über Übernahmeangebote von 7.2.1996*, AG 1997, 145-151 (150/I).

799 Tomada de posição de 10-Jul.-1996, JOCE N.° C-295, 1-10, de 7-Out.-1996.

lamento Europeu, em 26-Jun.-1997, após meses de discussão[800]: favoráveis, de princípio[801]. De todo o modo, na base da posição parlamentar, a Comissão introduziu novas modificações, de alcance modesto. É a 3.ª proposta modificada de 11-Nov.-1997[802]. Esta proposta acentuou a natureza-quadro da regulação europeia, permitindo aos Estados-membros, inclusive, o recurso à auto-regulação.

IV. A 3.ª proposta modificada de 1997 veio obtendo, na literatura da especialidade, um acolhimento cada vez mais benevolente[803]. Iniciaram-se projectos[804] e estratégias[805], na sua base. Na própria Alemanha, concluíra-se que, perante a proposta e a ser a mesma aprovada, nem haveria que alterar o Direito interno[806].

A 3.ª proposta modificada foi objecto de uma tomada de posição comum favorável, da Comissão e do Conselho, de 19-Jun.-2000[807]. A doutrina – salvo o que depois se dirá sobre o dever de neutralidade da direcção, manteve posições favoráveis[808], quedando aguardar a ida para o Parlamento[809].

Surpreendentemente, posta à votação, a proposta de 13.ª Directriz foi rejeitada, no Parlamento Europeu, por empate: 273 contra 273 votos, em 4-Jul.-2001[810]. Várias considerações a tanto terão levado[811]:

---

[800] JOCE N.° C-222, 20-25, de 21-Jul.-1997.

[801] O Parlamento condicionou a aprovação à introdução de numerosas alterações.

[802] JOCE N.° C-378, 10-19, de 13-Dez.-1997, publicada também em ZIP 1997, 2173-2176.

[803] Cf. MATHIAS HABERSACK/CHRISTIAN MAYER, *Der neue Vorschlag 1997 einer Takeover--Richtlinie/Überlegungen zur Umsetzung in das nationale Recht*, ZIP 1997, 2141-2146 e HARALD KALLMEYER, *Pflichangebote nach dem Übernahmekodex und dem neuen Vorschlag 1997 eine Takeover-Richtlinie*, ZIP 1997, 2147-21248.

[804] KLAUS J. HOPT, *Auf dem Weg zum deutschen Übernahmegesetz/Überlegungen zum Richtlinienentwurf 1997, zum Übernahmekodex (1997) und zum SPD-Entwurf 1997*, FS Zöllner I (1998), 253-274 (255).

[805] MARTIN WOLF, *Konzerneingangsschutz bei Übernahmeangeboten/neuere Entwicklungen zur Verteidigungsmassnahmen im Spannungsfeld zum EU-Richtlinienvorschlag*, AG 1998, 212-221, referindo o princípio da neutralidade da direcção (219/I), mas reportando o défice perante a tutela dos *Konzern* (219/II).

[806] SCHWARZ, *Europäisches Gesellschaftsrecht* cit., 483.

[807] JOCE N.° C-23, 1-8, de 24-Jun.-2001, com o texto completo. Cf. HANS-WERNER NEYE, *Der gemeinsane Standpunkt des Rates zur 13. Richtlinie auf dem Weg zu einem europäischen Übernahmerecht*, AG 2000, 289-296.

[808] BARBARA GRUNEWALD, *Europäisierung des Übernahmerechts*, AG 2001, 288-291.

[809] HARTMUT KRAUSE, *Die geplante Takeover-Richtlinie der Europäischen Union mit Ausblick auf das geplante deutsche Übernahmegesetz*, NZG 2000, 905-913 (913/II).

[810] JOCE N.° C-65 E, 57, de 14-Mar.-2002 (ponto 12).

[811] GRUNDMANN, *Europäisches Gesellschaftsrecht* cit., 437.

– o dever de neutralidade da direcção questionável quando se admitem outros meios (menos claros) de defesa[812];
– a protecção dos trabalhadores, que não estaria suficientemente assegurada;
– o *takeover* da Vodafone sobre a Mannesmann, que movimentou a opinião pública alemã.

141. **Aprovação**

I. Após algum embaraço[813], a Comissão decidiu bater-se pela 13.ª Directriz[814]. Particularmente visada pelos estudos depois conduzidos foi a manutenção, em certos países, de diversos esquemas defensivos, enquanto não se permitia a resistência por parte da administração da sociedade visada[815]. Também as aquisições potestativas foram ponderadas.

Assim surgiu uma nova proposta: será a quarta proposta modificada de 13.ª Directriz, de 2-Out.-2002[816]. Apesar de procurar limar as arestas anteriores[817], ela encalhou na cimeira de 19-Mai.-2003, perante críticas variadas. Valeu uma proposta de compromisso, de Junho de 2003, da delegação portuguesa que, no essencial, veio tornar facultativa a opção dos

---

[812] Cf. KLAUS J. HOPT, *Verhaltenspflichten des Vorstands der Zielgesellschaft bei feidlichen Übernahmen/zur aktien- und übernahmerechtlichen Rechtslage in Deutschland und Europa*, FS Lutter 2000, 1361-1400 (1363 ss.), com considerações de Direito comparado, particularmente o inglês (1368 ss.), MARITA KÖRNER, *Die Neuregelung der Übernahmekontrolle nach deutschem und europäischem Recht/insbesondere zur Neutralitätspflicht des Vorstands*, DB 2001, 367-371 (371/II) e ANDREAS DIMKE/KRISTIAN HEISER, *Neutralitätspflicht, Übernahmegesetz und Richtlinienvorschlag 2000*, NZG 2001, 241-259.

[813] Cf. SORIKA PLUSKAT, *Das Scheitern der europäischen Übernahmerichtlinie*, WM 2001, 1937-1942.

[814] HARTMUT KRAUSE, *Der Kommissionsvorschlag für die Revitalisierung der EU-Übernahmerichtlinie*, BB 2002, 2341-2347.

[815] *Idem*, 2341/I e 2342/II; cf. PETER M. WIESNER, *Binnenmarkt und Wettbewerb bleiben auf der Strecke/Zum Kommissionsvorschlag für eine neue Übernahmerichtlinie*, ZIP 2002, 1967.

[816] COM (2002) 534 = JOCE N.° C-45, 1-17, de 25-Fev.-2003; a proposta consta, também, em ZIP 2002, 1863-1872 e em NZG 2002, 1146-1155.

[817] Cf. STEPHAN HARBARTH, *Kontrollerlangung und Pflichtangebot*, ZIP 2002, 321-332, CHRISTOPH SEIBT/KRISTIAN J. HEISER, *Der neue Vorschlag einer EU-Übernahmerichtlinie und das deutsche Übernahmerecht*, ZIP 2002, 2193-2203, KLAUS J. HOPT, *Übernahme, Geheimhaltung und Interessenkonflikte/Probleme für Vorstände, Aufsichtsräte und Banken*, ZGR 2002, 333-376 e BARBARA DAUNER-LIEB/MARIO LAMANDINI, *Der neue Kommissionsvorschlag einer EU-Übernahmerichtlinie – Stellungsnahme der Gutachter des EU-Parlaments*, BB 2003, 265-267.

Estados ou das empresas, pela proibição de medidas defensivas ou pelo dever de neutralidade da administração da sociedade visada[818].

II. Mau grado estes sinais favoráveis, a incerteza manteve-se até ao fim[819]. A proposta acabaria por ser aprovada[820], na base do compromisso[821], surgindo como Directriz do Parlamento Europeu e do Conselho, de 21-Abr.-2004, relativa a ofertas públicas de aquisição.

Independentemente da sua valia, a 13.ª Directriz teve, na sua preparação, o mérito de ter promovido inúmeros estudos com uma dimensão lata de Direito comparado. Aguarda-se, agora, o momento seguinte, com as (eventuais) transposições.

---

[818] Sobre estas vicissitudes, GRUNDMANN, *Europäisches Gesellschaftsrecht* cit., 438: o único dos tratadistas do Direito europeu das sociedades que, até hoje, chegou a versar este tema; cf., ainda, ARND ARNOLD, *Entschädigung von Mehrstimmrechten bei Übernahmen – Überlegungen zur geplanten Übernahmerichtlinie*, BB 2003, 267-270 (267/II): falando do artigo 11.° como a "lei da selva" e MARCUS ESCHER/PETER FREY, *Diskussion um die EU-Übernahmerichtlinie/Wegfall der Mehrfachstimmrechte als Übernahmehindernisse?* BKR 2003, 225-226.

[819] ALEXANDER ZINZER, *Entwicklungen zu einem europäischen Übernahmerecht* cit., 79/I ss., após analisar o projecto, afirma (82/I) ser duvidosa a sua aprovação.

[820] "Dificilmente"; cf. HARTMUT KRAUSE, *Die EU-Übernahmerichtlinie/Anpassungsbedarf im Wertpapiererwerbs- und Übernahmegesetz*, BB 2004, 113-119.

[821] PETER M. WEISER, *Die neue Übernahmerichtlinie und die Folgen*, ZIP 2004, 343-350 (345/II).

§ 34.° Sistema, conteúdo e apreciação

142. Sistema, definições e princípios gerais

I. A 13.ª Directriz, abandonando tendências que, nos seus atormentados preparatórios, pareceriam apontar para uma simplificação, acabou por surgir como diploma bastante denso. Comporta 23 artigos, dos quais alguns com assinalável extensão. Não usa capítulos, secções ou qualquer outra forma de ordenação da matéria: limita-se a epigrafar os diversos preceitos. Assim:

Artigo 1.° Âmbito de aplicação;
Artigo 2.° Definições;
Artigo 3.° Princípios gerais;
Artigo 4.° Autoridade de supervisão e direito aplicável;
Artigo 5.° Protecção dos accionistas minoritários; oferta obrigatória; preço equitativo;
Artigo 6.° Informação sobre ofertas;
Artigo 7.° Prazo de aceitação;
Artigo 8.° Divulgação da oferta;
Artigo 9.° Deveres do órgão de administração da sociedade;
Artigo 10.° Informação sobre as sociedades referidas no n.° 1 do artigo 1.°;
Artigo 11.° Não oponibilidade das restrições em matéria de transmissão de valores mobiliários e direito de voto;
Artigo 12.° Regime facultativo;
Artigo 13.° Outras regras aplicáveis às ofertas;
Artigo 14.° Informação e consulta de representantes dos trabalhadores;
Artigo 15.° Aquisição potestativa;
Artigo 16.° Alienação potestativa;
Artigo 17.° Sanções;
Artigo 18.° Processo do comité;
Artigo 19.° Comité de contacto;

Artigo 20.° Revisão;
Artigo 21.° Transposição;
Artigo 22.° Entrada em vigor;
Artigo 23.° Destinatários.

II. Apesar da falta de ordenação formal, a 13.ª Directriz acaba por apresentar uma sequência bastante coerente[822]. Temos:

- definições e princípios gerais (1.° a 5.°);
- processo e direitos das pessoas envolvidas (6.° a 14.°);
- aquisições e alienações potestativas (15.° e 16.°);
- sanções e disposições finais (17.° a 23.°).

A Directriz visa ofertas públicas relativas a sociedades cotadas (1.°/1). Ficam excluídas as sociedades de investimento colectivo (1.°/2) e os bancos centrais (1.°/3). As definições do artigo 2.° são as habituais, no campo mobiliário.

III. No tocante aos princípios gerais, contidos no artigo 3.°/1 da Directriz, passamos a relevar:

- *o princípio da igualdade*, com duas facetas: todos os titulares de valores mobiliários têm igual tratamento; devem ser protegidos os titulares minoritários, quando os restantes tenham adquirido o controlo da sociedade – 3.°/1, *a*);
- *o princípio da reflexão*: os titulares visados devem dispor de tempo e de informação para tomar a decisão correcta; a administração da sociedade visada deve apresentar o seu parecer no tocante às consequências da oferta sobre o emprego, as condições de emprego e os locais em que a sociedade exerce a sua actividade – 3.°/1, *b*);
- *o princípio da isenção*: o órgão de administração da sociedade deve agir de acordo com os interesses da sociedade no seu todo, não podendo impedir os titulares dos valores visados de decidir sobre o mérito da oferta – 3.°/1, *c*);

[822] Quanto à análise da 13.ª Directriz: GRUNDMANN, *Europäisches Gesellschaftsrecht* cit., 387 ss., ZINZER, *Entwicklungen zu einem europäischen Übernahmerecht* cit., 79 ss., HARTMUT KRAUSE, *Die EU-Übernahmerichtlinie* cit., 113 ss. e PETER M. WEISER, *Die neue Übernahmerichtlinie und die Folgen* cit., 346 ss..

– *o princípio da verdade do mercado*: não podem ser criados esquemas que falseiem os preços dos valores mobiliários – 3.°/1, *d*);
– *o princípio da operacionalidade*: o oferente deve-se assegurar previamente de que pode assegurar a contrapartida em tempo útil – 3.°/1, *e*);
– *o princípio da continuidade*: a sociedade visada não deve ser perturbada, pela oferta, para além de um período razoável – 3.°/1, *f*).

Estes princípios são um *minimum* – 3.°/2, *a*); os Estados-membros podem ir mais além, estabelecendo condições adicionais e disposições mais restritivas – 3.°/2, *b*).

IV. Os Estados-membros devem designar as entidades competentes para supervisionar a matéria da directriz. Podem ser entidades públicas ou privadas – 4.°/1 – numa solução destinada a facultar os esquemas de auto-regulamentação, em vigor nalguns países. Normalmente, essa autoridade será a que, em geral, supervisiona os valores mobiliários.

Quanto ao Direito aplicável: será o da autoridade de supervisão competente. A regra básica é a de se apelar à autoridade do Estado-membro onde se situe a sede social da sociedade visada, se os valores em causa estiverem admitidos à cotação num mercado regulamentado nesse Estado – 4.°/2, *a*) – ou à deste último, quando isso não suceda – *idem*, *b*); havendo vários mercados regulamentados de Estados-membros, opera a autoridade daquele em cujo mercado regulamentado os valores primeiro tenham sido admitidos – *idem*, 2.ª parte; sendo a admissão simultânea, escolhe a sociedade visada a autoridade competente – 4.°/2, *c*) – valendo ainda certas regras transitórias para as sociedades já admitidas à data da transposição: decidem as autoridades competentes em presença ou, se o não fizerem no prazo de 4 semanas, a própria sociedade visada.

O segredo profissional é assegurado, no que toca às autoridades de supervisão – 4.°/3. Estas devem dispor dos poderes necessários – 4.°/5 – sem prejuízo de recursos judiciais e/ou administrativos – 4.°/6.

V. A protecção dos accionistas minoritários surge no artigo 5.°. A ideia geral resulta do n.° 1: sempre que uma pessoa venha a deter, por si ou em concertação, uma determinada percentagem de votos que lhe facultem o controlo, deve lançar uma oferta pública de aquisição para proteger os accionistas minoritários – 5.°/1. A percentagem que a tanto obrigue é determinada por cada Estado – 5.°/3: um ponto que custou a alcançar, na fase preparatória. Surgem diversas isenções.

A contrapartida pode consistir em valores mobiliários, numerário ou ambos – 5.°/5.

143. **O processo**

I. A decisão de lançar uma oferta deve ser imediatamente tornada pública, sendo avisada a autoridade de supervisão – 6.°/1; os Estados-membros podem determinar que esta seja previamente avisada. Sendo pública, a oferta deve ser comunicada aos representantes dos trabalhadores ou aos próprios trabalhadores, quando faltem os referidos representantes – 6.°/1.

Devem, ainda, ser divulgadas todas as informações necessárias para que os destinatários possam tomar uma decisão esclarecida – 6.°/2; o respectivo documento deve conter as (numerosas) indicações elencadas nas 14 alíneas do artigo 6.°/4.

II. O prazo da oferta não deve ser inferior a 2 semanas nem superior a 10, em princípio – 7.°/1. Trata-se, no fundo, de conciliar o princípio da reflexão (que exige tempo), com o da continuidade (que requer rapidez).

A oferta deve ser divulgada sem informações falsas ou enganosas – 8.°/1.

III. A questão da neutralidade da administração e das defesas contra OPAs foi tratada pelo artigo 9.°: em termos do delicado compromisso obtido. A ideia geral é a seguinte: a administração só pode empreender medidas defensivas após autorização da assembleia geral.

As sociedades incluídas no universo da 13.ª Directriz devem publicar informações pormenorizadas que tenham a ver com a estrutura do seu capital e com o seu funcionamento – artigo 10.°.

A matéria conjuga-se com o artigo 11.°: durante o período de aceitação da oferta, as restrições à transmissão de valores não são oponíveis ao oferente (n.° 2); também não funcionam as restrições ao direito de voto nem o voto plural, na assembleia que estatua nos termos do artigo 9.° (n.° 3).

Todavia e pelo artigo 12.°, as regras dos artigos 9.° e/ou 11.° são facultativas, no sentido de poderem não ser exigidas aos Estados-membros. Contudo, quando optem pela não-aplicação, devem dar às sociedades com sede social no seu território a opção de escolher entre o esquema do artigo 9.° ou o do artigo 11.°. Podem, porém, ficar ainda isentas de ambos os preceitos quando sejam alvo de uma oferta lançada por sociedade à qual eles não se apliquem, ou por sociedade controlada por outra que se encontre nessa posição – 12.°/3.

Como se vê, temos aqui a cascata de concessões e isenções que permitiu a aprovação da 13.ª Directriz.

IV. Os Estados-membros devem ainda estabelecer outras regras relativas às ofertas, pelo menos quanto – artigo 13.°:

- à caducidade da oferta;
- à revisão das ofertas;
- a ofertas concorrentes;
- à divulgação dos resultados das ofertas;
- à natureza irrevogável da oferta e às condições admissíveis.

V. Ficam ressalvadas as normas relativas à informação e consulta dos representantes dos trabalhadores e, disso sendo o caso, à co-gestão – 14.°.

145. **Actuações potestativas, sanções e disposições finais**

I. Os artigos 15.° e 16.° da 13.ª Directriz dispõem sobre a aquisição potestativa e a alienação potestativa, respectivamente.

Trata-se de um esquema com raízes nalguns países[823] e que facilita a concentração, excluindo pequenas minorias por um preço justo (*squeeze-out*) ou permitindo que essas mesmas minorias se livrem das suas posições, também por um preço justo[824]. A valoração subjacente parece simples: uma pequena minoria – fixada em 10%, mas que os Estados podem levar até 5% – já não tem grande significado em termos de participação societária, mas implica custos e sobressaltos consideráveis. Em benefício

---

[823] Cf. o nosso *Da constitucionalidade das aquisições tendentes ao domínio total (artigo 490.°, n.° 3, do Código das Sociedades Comerciais)*, BMJ 480 (1999), 5-30, bem como o excelente acórdão do TC n.° 491/2002, de 26-Nov.-2002 (Paulo Mota Pinto), DR II Série n.° 18, de 22-Jan.-2003, 1057-1070 = JConst 2004, 43-44 (o sumário), anot. Rui Pinto Duarte, *idem*, 44-49, concordante.

[824] Grundmann, *Europäisches Gesellschaftsrecht* cit., 460 ss..

das sociedades e do que elas representam, a lei permite pôr cobro, potestativamente, à situação, assegurando-se, todavia, de que os interessados não são prejudicados.

II. As sanções correspondentes à inobservância das disposições nacionais que transponham a 13.ª Directriz são deixadas a cargo dos diversos Estados-membros – 17.°. Elas devem, sempre segundo esse preceito, ser "proporcionadas e dissuasivas".

III. Prevê-se (artigo 18.°) que a Comissão seja assistida, no âmbito da Directriz, pelo Comité Europeu dos Valores Mobiliários. Prevê-se, ainda, um comité de contacto (artigo 19.°), bem como a eventual revisão da Directriz, ao fim de cinco anos (artigo 20.°).

O prazo para a transposição foi fixado em 20-Mai.-2006 (artigo 21.°).

144. **Considerações apreciativas; a transposição**

I. O longo período de preparação da 13.ª Directriz – trinta anos desde o projecto PENNINGTON – teve um efeito curioso: ela começou por ser uma típica Directriz de Direito das sociedades; hoje, ela seria qualificada como uma Directriz mobiliária. Nas últimas décadas, o Direito mobiliário veio, efectivamente, a autonomizar-se.

À semelhança do procedimento dominante nos tratadistas do Direito europeu das sociedades[825], mantemos o estudo da 13.ª Directriz[826] no seio das demais: ela comporta elementos directamente relevantes para as sociedades cotadas e manifesta, sobretudo no plano da sua preparação, muito do espírito do Direito europeu.

II. A harmonização procurada pela 13.ª Directriz acabou por ser modesta. Fruto de complicados compromissos, ela acabou por se refugiar:

– no menor denominador comum, acabando por consagrar aquilo que todos os ordenamentos já consignavam;

---

[825] SCHWARZ, *Europäisches Gesellschaftsrecht* cit., 476 ss. e GRUNDMANN, *Europäisches Gesellschaftsrecht* cit., 431 ss..

[826] À qual o legislador comunitário pretendeu mesmo retirar a numeração.

– na técnica das permissões aos Estados-membros: estes recebem uma lata margem de escolhas.

O grande problema enfrentado era o da injustiça das ordens jurídicas "abertas", que deixavam as suas sociedades à mercê dos *raiders* internacionais, perante outras que admitam esquemas defensivos de todo o tipo[827]. Um mercado único exigiria a cessação dessas distorções, podendo invocar-se, em abono, a própria liberdade de estabelecimento e a livre circulação de capitais. A União Europeia partirá, naturalmente, do pressuposto de que dispõe de esquemas de controlo e de defesa contra o crescente capital internacional sem rosto e, por vezes, carecido de branqueamento e que pode desarticular as mais sólidas empresas.

De todo o modo e mau grado as apontadas limitações, a 13.ª Directriz conseguiu efectivos avanços, no tocante à uniformização das defesas.

III. Aparentemente, a 13.ª Directriz pouco terá que não esteja já consagrado no Direito português, particularmente no Código de Valores Mobiliários de 1999. O legislador teve, de resto, à sua disposição, a 3.ª proposta modificada, de 1997. Apenas haveria que acrescentar as referências às informações a prestar aos trabalhadores, constantes da Directriz: têm um sentido social relevante, embora, na prática, só assumam um papel significativo quando haja co-gestão.

Sustentamos que o Direito mobiliário português é demasiado complicado, numa situação agravada por práticas burocráticas obsessivas. Com duas consequências:

– as operações mais significativas acabam por se fazer à margem da lei;
– variados operadores têm-se vindo a retirar do mercado, preferindo financiar-se junto da banca ou, *ad hoc*, no estrangeiro, do que recorrer aos nossos investimentos mobiliários.

O lato prazo dado pelo legislador comunitário para a transposição talvez pudesse ser usado para uma reflexão sobre o tema. O caminho já encetado, com o Código dos Valores Mobiliários de 1999, que conseguiu uma simplificação em relação ao Código do Mercado de Valores Mobiliários de 1991, deveria ser intensificado.

---

827 Cf. o nosso *Da tomada de sociedades (takeover): efectivação, valoração e técnicas de defesa*, ROA 1994, 761-777, com indicações.

CAPÍTULO VIII

DIRECTRIZES COMPLEMENTARES

§ 35.° Directrizes sobre regimes fiscais comuns

146. Directriz n.° 90/434/CEE, de 23 de Julho, relativa ao regime fiscal comum aplicável às fusões, cisões, entradas de activos e permutas entre sociedades de Estados-membros diferentes

No domínio das directrizes complementares da matéria nuclear do Direito europeu das sociedades, vamos começar pelos textos das directrizes fiscais: a n.° 90/434/CEE e a 90/435/CEE, ambas de 23 de Julho. Nos dois casos as epígrafes dos artigos são da nossa autoria.

DIRECTIVA DO CONSELHO

de 23 de Julho de 1990

relativa ao regime fiscal comum aplicável às fusões, cisões, entradas de activos e permutas de acções entre sociedades de Estados-membros diferentes[828]

O CONSELHO DAS COMUNIDADES EUROPEIAS,

Tendo em conta o Tratado que institui a Comunidade Económica Europeia e, nomeadamente, o seu artigo 100°,

Tendo em conta a proposta da Comissão (1),

---

[828] JOCE N.° L-225, 1-5, de 20-Ago.-1990.

Tendo em conta o parecer do Parlamento Europeu ([2]),

Tendo em conta o parecer do Comité Económico e Social ([3]),

([1]) JO n.° C 39 de 22. 3. 1969, p. 1.
([2]) JO n.° C 51 de 29. 4. 1970, p. 12.
([3]) JO n.° C 100 de 1. 8. 1969, p. 4.

Considerando que as fusões, as cisões, as entradas de activos e as permutas de acções entre sociedades de Estados-membros diferentes podem ser necessárias para criar, na Comunidade, condições análogas às de um mercado interno e assegurar deste modo a realização e o bom funcionamento do mercado comum; que essas operações não devem ser entravadas por restrições, desvantagens ou distorções especiais resultantes das disposições fiscais dos Estados-membros; que importa, por conseguinte, instaurar, para essas operações, regras fiscais neutras relativamente à concorrência, a fim de permitir que as empresas se adaptem às exigências do mercado comum, aumentem a sua produtividade e reforcem a sua posição concorrencial no plano internacional;

Considerando que disposições de ordem fiscal penalizam actualmente essas operações em relação às realizadas entre sociedades do mesmo Estado-membro; que é necessário eliminar essa penalização;

Considerando que não é possível atingir este objectivo através do alargamento dos regimes internos em vigor nos Estados-membros ao plano comunitário, uma vez que as diferenças entre esses regimes são susceptíveis de provocar distorções; que apenas um regime fiscal comum poderá constituir uma solução satisfatória a este respeito;

Considerando que o regime fiscal comum deve evitar a tributação das fusões, cisões, entradas de activos e permutas de acções, salvaguardando os interesses financeiros do Estado da sociedade contribuidora ou adquirida;

Considerando que o resultado das operações de fusão, cisão e entradas de activos será normalmente quer a transformação da sociedade contribuidora em estabelecimento estável da sociedade beneficiária da entrada quer a afectação dos activos a um estabelecimento estável desta última sociedade;

Considerando que o regime de adiamento, até à sua realização efectiva, da tributação das mais-valias relativas aos bens transferidos, aplicado aos bens que estejam afectos a esse estabelecimento estável, permite evitar a tributação das mais-valias correspondentes, garantindo ao mesmo tempo a sua tributação posterior pelo Estado da sociedade contribuidora, no momento da sua realização;

Considerando que é igualmente necessário definir o regime fiscal a aplicar a certas provisões, reservas ou prejuízos da sociedade contribuidora e resolver os problemas fiscais que se colocam quando uma das duas sociedades detém uma participação no capital da outra;

Considerando que a atribuição, aos sócios da sociedade contribuidora, de títulos da sociedade beneficiária ou adquirente não deve, por si só, originar qualquer tributação desses sócios;

Considerando que é necessário prever a faculdade de os Estados-membros recusarem o benefício da aplicação da presente directiva sempre que a operação de fusão, de cisão, de entrada de activos ou de permuta de acções tenha como objectivo a fraude ou a evasão fiscais ou tenha como resultado que uma sociedade, quer participe ou não na operação, deixe de preencher as condições requeridas para a representação dos trabalhadores nos órgãos sociais,

ADOPTOU A PRESENTE DIRECTIVA:

TÍTULO I
Disposições gerais

Artigo 1.°
(Âmbito)

Os Estados-membros aplicarão a presente directiva às operações de fusão, de cisão, de entrada de activos e de permuta de acções que digam respeito a sociedades de dois ou mais Estados-membros.

Artigo 2.°
(Definições)

Para efeitos da presente directiva, entende-se por

a) "Fusão": a operação pela qual:

- uma ou mais sociedades transferem, na sequência e por ocasião da sua dissolução sem liquidação, o conjunto do activo e do passivo que integra o seu património para outra sociedade já existente, mediante atribuição aos respectivos sócios de títulos representativos do capital social da outra sociedade, e, eventualmente, de uma quantia em dinheiro não superior a 10% do valor nominal ou, na ausência de valor nominal, do valor contabilístico desses títulos,
- duas ou mais sociedades transferem, na sequência e por ocasião da sua dissolução sem liquidação, o conjunto do activo e do passivo que integra o seu património para uma sociedade que constituam, mediante a atribuição aos respectivos sócios de títulos representativos do capital social da sociedade nova, e, eventualmente, de uma quantia em dinheiro não superior a 10% do valor nominal ou, na ausência de valor nominal, do valor contabilístico desses títulos,
- uma sociedade transfere, na sequência e por ocasião da sua dissolução sem liquidação, o conjunto do activo e do passivo que integra o seu património para a sociedade detentora da totalidade dos títulos representativos do seu capital social;

b) "Cisão": a operação pela qual uma sociedade transfere, na sequência e por ocasião da sua dissolução sem liquidação, o conjunto do activo e do passivo que integra o seu património para duas ou mais sociedades já existentes ou novas, mediante a atribuição aos seus sócios, de acordo com uma regra de proporcionalidade, de títulos representativos do capital social das sociedades beneficiárias da entrada, e, eventualmente, de uma quantia em dinheiro não superior a 10% do valor nominal ou, na ausência de valor nominal, do valor contabilístico desses títulos;

c) "Entrada de activos": a operação pela qual uma sociedade transfere, sem que seja dissolvida, o conjunto ou um ou mais ramos da sua actividade para outra sociedade, mediante entrega de títulos representativos do capital social da sociedade beneficiária da entrada;

d) "Permuta de acções": a operação pela qual uma sociedade adquire uma participação no capital social de outra sociedade, que tem por efeito conferir-lhe a maioria dos direitos de voto desta sociedade, mediante a atribuição aos sócios da outra sociedade, em troca dos seus títulos, de títulos representativos do capital social da primeira sociedade, e, eventualmente, de uma quantia em dinheiro não superior a 10% do valor nominal ou, na ausência de valor nominal, do valor contabilístico dos títulos entregues em troca;

e) "Sociedade contribuidora": a sociedade que transfere o activo e passivo que integram o seu património ou que entrega o conjunto ou um ou mais ramos da sua actividade;

f) "Sociedade beneficiária": a sociedade que recebe o activo e passivo que integram o património da sociedade contribuidora ou o conjunto ou um ou mais ramos de actividade desta sociedade;

g) "Sociedade adquirida": a sociedade na qual outra sociedade adquire uma participação mediante permuta de títulos;

h) "Sociedade adquirente": a sociedade que adquire uma participação mediante permuta de títulos;

i) "Ramo de actividade": conjunto de elementos do activo e do passivo de um departamento de uma sociedade, que constituem, do ponto de vista organizacional, uma exploração autónoma, ou seja, um conjunto capaz de funcionar pelos seus próprios meios.

Artigo 3.°
(Sociedade de um Estado-membro)

Para efeitos de aplicação da presente directiva, a expressão "sociedade de um Estado-membro" designa qualquer sociedade:

a) Que revista uma das formas enumeradas no anexo;

b) Que, de acordo com a legislação fiscal de um Estado-membro, seja considerada como tendo o seu domicílio fiscal nesse Estado e, nos termos de uma convenção em matéria de dupla tributação celebrada com um Estado terceiro, não seja considerada como tendo domicílio fiscal fora da Comunidade;

c) Que, além disso, esteja sujeita, sem possibilidade de opção e sem deles se encontrar isenta, a um dos seguintes impostos:

- impôt des sociétés/vennootschapsbelasting, na Bélgica,
- selskabsskat, na Dinamarca,
- Koerperschaftsteuer, na Alemanha,
- foros eisodimatos nomikon posopon kerdokopikoy charaktira, na Grécia,
- impuesto sobre sociedades, em Espanha
- impôt sur les sociétés, em França,
- corporation tax, na Irlanda,
- imposta sul reddito delle persone giuridiche, na Itália,
- impôt sur le revenu des collectivités, no Luxemburgo,
- vennootschapsbelasting, nos Países Baixos,
- imposto sobre o rendimento das pessoas colectivas, em Portugal,
- corporation tax, no Reino Unido,

ou a qualquer outro imposto que possa vir a substituir um destes impostos.

TÍTULO II
Regras aplicáveis às fusões, cisões e permutas de acções

Artigo 4.°
(Mais-valias)

1. A fusão ou a cisão não implicam qualquer tributação das mais-valias determinadas pela diferença entre o valor real dos elementos do activo e do passivo transferidos e o respectivo valor fiscal.

Entende-se por:

- "valor fiscal": o valor que teria sido fixado para o cálculo de um ganho ou de uma perda a considerar para efeitos de determinação da matéria colectável de um imposto sobre o rendimento, sobre os lucros ou sobre as mais-valias da sociedade contribuidora, se estes elementos do activo e do passivo tivessem sido vendidos no momento da fusão ou da cisão, mas independentemente destas operações;
- "elementos do activo e do passivo transferidos": os elementos do activo e do passivo da sociedade contribuidora que, em consequência da fusão ou da cisão, sejam efectivamente afectos ao estabelecimento estável da sociedade beneficiária situado no Estado-membro da sociedade contribuidora e concorram para a formação dos resultados a tomar em consideração para a determinação da matéria colectável dos impostos.

2. Os Estados-membros subordinarão a aplicação do n.° 1 à condição de a sociedade beneficiária calcular as novas amortizações e as mais-valias ou menos-valias relativas aos

elementos do activo e do passivo transferidos nas mesmas condições em que teriam podido fazê-lo a ou as sociedades contribuidoras se a fusão ou a cisão não tivessem ocorrido.

3. No caso de, nos termos da legislação do Estado-membro da sociedade contribuidora, a sociedade beneficiária poder calcular as novas amortizações e as mais-valias ou menos-valias relativas aos elementos do activo e do passivo transferidos em condições diferentes das previstas no n.° 2, o disposto no n.° 1 não será aplicável aos elementos do activo e do passivo relativamente aos quais a sociedade beneficiária tenha utilizado essa faculdade.

Artigo 5.°
(Provisões ou reservas)

Os Estados-membros tomarão todas as medidas necessárias para que as provisões ou reservas regularmente constituídas com desagravamento parcial ou total de imposto pela sociedade contribuidora, com excepção das provisões ou reservas provenientes de estabelecimentos estáveis situados no estrangeiro, sejam retomadas, nas mesmas condições de isenção de imposto, pelos estabelecimentos estáveis da sociedade beneficiária situados no Estado da sociedade contribuidora, substituindo-se então a sociedade beneficiária aos direitos e obrigações da sociedade contribuidora.

Artigo 6.°
(Retoma de prejuízos)

Na medida em que os Estados-membros apliquem, quando as operações mencionadas no artigo 1° se realizem entre sociedades do Estado da sociedade contribuidora, disposições que permitam a retomada, pela sociedade beneficiária, dos prejuízos da sociedade contribuidora ainda não deduzidos para fins fiscais, os Estados-membros tornarão extensivo o benefício dessas disposições à retomada, pelos estabelecimentos estáveis da sociedade beneficiária situados no seu território, dos prejuízos da sociedade contribuidora ainda não deduzidos para efeitos fiscais.

Artigo 7.°
(Supressão de participações)

1. Sempre que a sociedade beneficiária detenha uma participação no capital da sociedade contribuidora, a mais-valia obtida pela primeira ao anular a sua participação não dá origem a qualquer tributação.

2. Os Estados-membros gozam da faculdade de derrogar o disposto no n.° 1 sempre que a participação da sociedade beneficiária no capital da sociedade contribuidora não exceda 25%.

Artigo 8.°
(Troca de títulos representativos)

1. Em caso de fusão, cisão ou permuta de acções, a atribuição de títulos representativos do capital social da sociedade beneficiária ou adquirente a um sócio da sociedade contri-

buidora ou adquirida, em troca de títulos representativos do capital social desta última, não deve, por si mesma, implicar qualquer tributação sobre o rendimento, os lucros ou as mais-valias do referido sócio.

2. Os Estados-membros subordinarão a aplicação do disposto no n.° 1 à condição de o sócio não atribuir aos títulos recebidos por permuta um valor fiscal mais elevado que aquele que os títulos permutados tinham imediatamente antes da fusão, cisão ou permuta de acções.

A aplicação do n.° 1 não impede que os Estados-membros tributem o ganho resultante da alienação ulterior dos títulos recebidos, do mesmo modo que o ganho resultante da alienação dos títulos existentes antes da aquisição.

Por "valor fiscal" entende-se o valor que serviria de base para o eventual cálculo de um ganho ou de uma perda a considerar para efeitos de determinação da matéria colectável de um imposto sobre o rendimento, os lucros ou as mais-valias do sócio da sociedade.

3. Caso um sócio, nos termos da lei do Estado-membro da sua residência, seja autorizado a optar por tratamento fiscal diferente do definido no n.° 2, o disposto no n.° 1 não será aplicável aos títulos representativos em relação aos quais ele tenha exercido o seu direito de opção.

4. O disposto nos n.°s 1, 2 e 3 não obsta a que o montante em dinheiro eventualmente atribuído ao sócio aquando de uma fusão, de uma cisão ou de uma permuta de acções seja considerado para efeitos da tributação do mesmo.

TÍTULO III
Regras aplicáveis às entradas de activos

Artigo 9.°
(Remissão)

Os artigos 4°, 5° e 6° são aplicáveis às entradas de activos.

TÍTULO IV
Caso especial da transferência de um estabelecimento estável

Artigo 10.°
(Estabelecimento estável)

1. Sempre que dos bens transferidos por ocasião de uma fusão, de uma cisão ou de uma entrada de activos faça parte um estabelecimento estável da sociedade contribuidora situado num Estado-membro diverso do desta sociedade, este último Estado renunciará a qualquer direito de tributar o estabelecimento estável. Todavia, o Estado da sociedade contribuidora pode reintegrar nos lucros tributáveis desta os prejuízos anteriores do estabelecimento estável que tenham eventualmente sido deduzidos dos lucros tributáveis

da sociedade neste Estado, e que não tenham sido compensados. O Estado em que se situa o estabelecimento estável e o Estado da sociedade beneficiária aplicarão a tal entrada de activos as disposições da presente directiva, como se o primeiro Estado fosse o da sociedade contribuidora.

2. Em derrogação do disposto no n.° 1, sempre que o Estado-membro da sociedade contribuidora aplique um regime de tributação do lucro mundial, esse Estado terá direito a tributar os lucros ou as mais-valias do estabelecimento estável verificados por ocasião da fusão, da cisão ou da entrada de activos, desde que autorize a dedução do imposto que, na falta das disposições da presente directiva, incidiria sobre tais lucros ou mais-valias no Estado em que está situado o estabelecimento estável e admita aquela dedução do mesmo modo e pelo mesmo montante que teria aplicado se o imposto tivesse efectivamente sido liquidado e pago.

TÍTULO V
Disposições finais

Artigo 11.°
(Derrogações)

1. Qualquer Estado-membro poderá recusar aplicar, no todo ou em parte, o disposto nos títulos II, III e IV ou retirar o benefício de tais disposições sempre que a operação de fusão, de cisão, de entrada de activos ou de permuta de acções:

a) Tenha como principal objectivo ou como um dos principais objectivos a fraude ou a evasão fiscais; o facto de uma das operações referidas no artigo 1° não ser realizada por razões económicas válidas, tais como a reestruturação ou a racionalização das actividades das sociedades que participam na operação, pode constituir presunção de que essa operação tem como principal objectivo ou como um dos principais objectivos a fraude ou a evasão fiscais;

b) Tenha como resultado que uma sociedade, quer participe ou não na operação, deixe de preencher as condições requeridas para a representação dos trabalhadores nos órgãos sociais nos moldes aplicáveis antes da operação em causa.

2. O disposto na alínea b) do n.° 1 aplicar-se-á enquanto e na medida em que nenhuma regulamentação comunitária que inclua disposições equivalentes em matéria de representação dos trabalhadores nos órgãos sociais seja aplicável às sociedades que são objecto da presente directiva.

Artigo 12.°
(Prazo para a transposição)

1. Os Estados-membros porão em vigor as disposições legislativas, regulamentares e administrativas necessárias se conformarem à presente directiva o mais tardar até 1 de Janeiro de 1992. Desse facto informarão imediatamente a Comissão.

2. Em derrogação ao disposto no n.° 1, a República Portuguesa pode adiar até 1 de Janeiro de 1993 a aplicação das disposições relativas às entradas de activos e às permutas de acções.

3. Os Estados-membros transmitirão à Comissão o texto das disposições essenciais de direito interno que adoptem no domínio regido pela presente directiva.

Artigo 13.°
(Destinatários)

Os Estados-membros são destinatários da presente directiva.

Feito em Bruxelas, em 23 de Julho de 1990.

Pelo Conselho
O Presidente
G. CARLI

ANEXO
Lista das sociedades referidas na alínea a) do artigo 3°

a) As sociedades de direito belga denominadas "société anonyme"/"naamloze vennootschap", "société en commandite par actions"/"commanditaire vennootschap op aandelen", "société privée à responsabilité limitée"/"besloten vennootschap met beperkte aansprakelijkheid", bem como as entidades de direito público que operem sob o regime do direito privado;
b) As sociedades de direito dinamarquês denominadas "aktieselskab", "anpartsselskab";
c) As sociedades de direito alemão denominadas "Aktiengesellschaft", "Kommanditgesellschaft auf Aktien", "Gesellschaft mit beschraenkter Haftung", "bergrechtliche Gewerkschaft";
d) As sociedades de direito helénico denominadas "anonymi etairia";
e) As sociedades de direito espanhol denominadas "sociedad anónima", "sociedad comanditaria por acciones", "sociedad de responsabilidad limitada", bem como as entidades de direito público que operam sob o regime do direito privado;
f) As sociedades de direito francês denominadas "société anonyme", "société en commandite par actions", "société à responsabilité limitée" bem como os estabelecimentos e empresas públicos de carácter industrial e comercial;
g) As sociedades de direito irlandês denominadas "public companies limited by shares" ou "public companies limited by guarantee", "private companies limited by shares", ou

"private companies limited by guarantee", as entidades registadas sob o regime dos "Industrial and Provident Societies Acts" ou as "building societies" registadas sob o regime dos "Building Societies Acts";

h) As sociedades de direito italiano denominadas "società per azioni", "società in accomandita per azioni", "società a responsabilità limitata", bem como as empresas públicas e privadas que exercem actividades industriais e comerciais;

i) As sociedades de direito luxemburguês denominadas "société anonyme", "société en commandite par actions", "société à responsabilité limitée";

j) As sociedades de direito neerlandês denominadas "naamloze vennootschap", "besloten vennootschap met beperkte aansprakelijkheid";

k) As sociedades comerciais ou civis sob forma comercial, bem como outras pessoas colectivas que exerçam actividades comerciais ou industriais, constituídas de acordo com a legislação portuguesa;

l) As sociedades constituídas de acordo com a legislação do Reino Unido.

147. **Directriz n.° 90/435/CEE, de 23 de Julho, relativa ao regime fiscal comum aplicável às sociedades-mães e sociedades afiliadas de Estados-Membros diferentes**

DIRECTIVA DO CONSELHO

de 23 de Julho de 1990

relativa ao regime fiscal comum aplicável às sociedades-mães e sociedades afiliadas de Estados-Membros diferentes[829]

O CONSELHO DAS COMUNIDADES EUROPEIAS,

Tendo em conta o Tratado que institui a Comunidade Económica Europeia e, nomeadamente, o seu artigo 100°,

Tendo em conta a proposta da Comissão (1),

Tendo em conta o parecer do Parlamento Europeu (2),

Tendo em conta o parecer do Comité Económico e Social (3),

(1) JO n.° C 39 de 22. 3. 1969, p. 7, e modificação transmitida em 5 de Julho de 1985.
(2) JO n.° C 51 de 29. 4. 1970, p. 6.
(3) JO n.° C 100 de 1. 8. 1969, p. 7.

829 JOCE N.° L-225, 6-9, de 20-Ago.-1990.

Considerando que os agrupamentos de sociedades de Estados-membros diferentes podem ser necessários para criar, na Comunidade, condições análogas às de um mercado interno e para garantir assim o estabelecimento e o bom funcionamento do mercado comum; que essas operações não devem ser dificultadas por restrições, desvantagens ou distorções especiais decorrentes das disposições fiscais dos Estados-membros; que importa, por conseguinte, instaurar, para esses agrupamentos, regras fiscais neutras relativamente à concorrência, a fim de permitir que as empresas se adaptem às exigências do mercado comum, aumentem a sua produtividade e reforcem a sua posição concorrencial no plano internacional;

Considerando que os agrupamentos em questão podem levar à criação de grupos de sociedades-mães e afiliadas;

Considerando que as disposições fiscais que regem actualmente as relações entre sociedades-mães e afiliadas de Estados-membros diferentes variam sensivelmente de uns Estados-membros para os outros e são, em geral, menos favoráveis que as aplicáveis às relações entre sociedades-mães e afiliadas de um mesmo Estado-membro; que, por esse facto, a cooperação entre sociedades de Estados-membros diferentes é penalizada em comparação com a cooperação entre sociedades de um mesmo Estado-membro; que se torna necessário eliminar essa penalização através da instituição de um regime comum e facilitar assim os agrupamentos de sociedades à escala comunitária;

Considerando que, quando uma sociedade-mãe recebe, na qualidade de sócia da sociedade sua afiliada, lucros distribuídos, o Estado da sociedade-mãe deve:

- ou abster-se de tributar estes lucros,
- ou tributá-los, autorizando simultaneamente esta sociedade a deduzir do montante do seu imposto a fracção do imposto da sociedade afiliada correspondente a estes lucros;

Considerando que, além disso, para garantir a neutralidade fiscal, se torna necessário isentar de retenção na fonte, excepto em alguns casos especiais, os lucros que uma sociedade afiliada distribui à sua sociedade-mãe; que, todavia, se impõe autorizar a República Federal da Alemanha e a República Helénica, devido à especificidade dos seus sistemas de imposto sobre as sociedades, e a República Portuguesa, por razões orçamentais, a continuar a cobrar temporariamente uma retenção na fonte,

ADOPTOU A PRESENTE DIRECTIVA:

Artigo 1.°
(Âmbito)

1. Os Estados-membros aplicarão a presente directiva:
   - à distribuição dos lucros obtidos por sociedades desse Estado e provenientes das suas afiliadas de outros Estados-Membros,

– à distribuição dos lucros efectuada por sociedades desse Estado a sociedades de outros Estados-membros, de que aquelas sejam afiliadas.

2. A presente directiva não impede a aplicação das disposições nacionais ou convencionais necessárias para evitar fraudes e abusos.

Artigo 2.°
(Definições)

Para efeitos de aplicação da presente directiva, a expressão "sociedade de um Estado-Membro" designa qualquer sociedade:

a) Que revista uma das formas enumeradas no anexo;

b) Que, de acordo com a legislação fiscal de um Estado-Membro, seja considerada como tendo nele o seu domicílio fiscal e que, nos termos de uma convenção em matéria de dupla tributação celebrada com um Estado terceiro, não seja considerada como tendo domicílio fora da Comunidade;

c) Que, além disso, esteja sujeita, sem possibilidade de opção e sem deles se encontrar isenta, a um dos seguintes impostos:

– impôt des sociétés/vennootschapsbelasting, na Bélgica,

– selskabsskat, na Dinamarca,

– Koerperschaftsteuer, na Alemanha,

– foros eisodimatos nomikon prosopon kerdoskopikoy charaktira na Grécia,

– impuesto sobre sociedades, em Espanha,

– impôt sur les sociétés, em França,

– corporation tax, na Irlanda,

– imposta sul reddito delle persone giuridiche, em Itália,

– impôt sur le revenu des collectivités, no Luxemburgo,

– vennootschapsbelasting, nos Países Baixos,

– imposto sobre o rendimento das pessoas colectivas, em Portugal,

– corporation tax, no Reino Unido,

ou a qualquer outro imposto que possa vir a substituir um destes impostos.

Artigo 3.°
(Sociedade-mãe e sociedade afiliada)

1. Para efeitos de aplicação da presente directiva:

a) É reconhecida a qualidade de sociedade-mãe, pelo menos, a qualquer sociedade de um Estado-membro que satisfaça as condições enunciadas no artigo 2° e que detenha no capital de uma sociedade de outro Estado-membro, que preencha as mesmas condições, uma participação mínima de 25%;

b) Deve entender-se por "sociedade afiliada" a sociedade em cujo capital é detida a participação referida na alínea a).

2. Em derrogação do disposto no n.° 1, os Estados-membros têm a faculdade:

- de, por via de acordo bilateral, substituir o critério de participação no capital pelo de detenção de direitos de voto,
- de não aplicar a presente directiva às suas sociedades que não conservem, por um período ininterrupto de pelo menos dois anos, uma participação que dê direito à qualidade de sociedade-mãe, ou às sociedades em que uma sociedade de outro Estado-membro não conserve essa participação durante um período ininterrupto de pelo menos dois anos.

Artigo 4.°
(Lucros da sociedade-mãe)

1. Sempre que uma sociedade-mãe receba, na qualidade de sócia da sociedade sua afiliada, lucros distribuídos de outra forma que não seja por ocasião da liquidação desta última, o Estado da sociedade-mãe:

- ou se abstém de tributar esses lucros,
- ou os tributa, autorizando esta sociedade a deduzir do montante do imposto a fracção do imposto da afiliada correspondente a tais lucros e, se for caso disso, o montante da retenção na fonte efectuada pelo Estado-membro da residência afiliada nos termos das disposições derrogatórias do artigo 5°, dentro do limite do montante do imposto nacional correspondente.

2. Todavia, todos os Estados-membros conservam a faculdade de prever que os encargos respeitantes à participação e as menos-valias resultantes da distribuição dos lucros da sociedade afiliada não sejam dedutíveis do lucro tributável da sociedade-mãe. Se, nesse caso, as despesas de gestão relativas à participação forem fixadas de modo forfetário, o montante forfetário não pode exceder 5% dos lucros distribuídos pela sociedade afiliada.

3. O disposto no n.° 1 aplica-se até à data de aplicação efectiva de um sistema comum de imposto de sociedades.

O Conselho adoptará em tempo útil as disposições aplicáveis a partir da data referida no primeiro parágrafo.

Artigo 5.°
(Isenção de retenção na fonte de lucros da afiliada)

1. Os lucros distribuídos por uma sociedade afiliada à sua sociedade-mãe são, pelo menos quando esta detenha uma participação mínima de 25% no capital da afiliada, isentos de retenção na fonte.

2. Em derrogação do disposto no n.° 1, a República Helénica, enquanto não aplicar o imposto sobre sociedades aos lucros distribuídos, pode cobrar uma retenção na fonte sobre os lucros distribuídos às sociedades-mães de outros Estados-membros. Contudo, a taxa dessa retenção não pode ultrapassar a taxa fixada pelas convenções bilaterais destinadas a evitar a dupla tributação.

3. Em derrogação do disposto no n.° 1, a República Federal da Alemanha, enquanto aplicar aos lucros distribuídos uma taxa de imposto sobre sociedades inferior em pelo menos 11 pontos à aplicável aos lucros não distribuídos, mas o mais tardar até meados de 1996, pode cobrar, a título de imposto compensatório, uma retenção na fonte de 5% sobre os lucros distribuídos pelas suas sociedades afiliadas.

4. Em derrogação do disposto no n.° 1, a República Portuguesa pode cobrar uma retenção na fonte sobre os lucros distribuídos pelas suas sociedades afiliadas a sociedades-mães de outros Estados-membros até uma data que não poderá ser posterior ao fim do oitavo ano seguinte à data de entrada em aplicação da presente directiva.

Sem prejuízo das disposições das convenções bilaterais existentes, celebradas entre Portugal e um Estado-membro, a taxa dessa retenção não pode exceder 15% durante os cinco primeiros anos do período referido no parágrafo anterior e 10% durante os três últimos anos.

Antes do fim do oitavo ano, o Conselho decidirá por unanimidade, sob proposta da Comissão, sobre a eventual prorrogação das disposições do presente número.

Artigo 6.°
(Não retenção na fonte de lucros da sociedade-mãe)

O Estado-membro de que depende a sociedade-mãe não pode aplicar uma retenção na fonte sobre os lucros que esta sociedade recebe da sua afiliada.

Artigo 7.°
(Âmbito de "retenção na fonte")

1. A expressão "retenção na fonte", utilizada na presente directiva não abrange o pagamento antecipado ou prévio (pagamento por conta) do imposto sobre as sociedades ao Estado-membro em que está situada a afiliada, efectuado em ligação com a distribuição de lucros à sociedade-mãe.

2. A presente directiva não afecta a aplicação de disposições nacionais ou convencionais destinadas a suprimir ou atenuar a dupla tributação económica dos dividendos, em especial as relativas ao pagamento de créditos de imposto aos beneficiários de dividendos.

Artigo 8.°
(Prazo de transposição)

1. Os Estados-membros porão em vigor as disposições legislativas, regulamentares e administrativas necessárias para se conformarem à presente directiva o mais tardar até 1 de Janeiro de 1992. Desse facto informarão imediatamente a Comissão.

2. Os Estados-membros providenciarão para que seja comunicado à Comissão o texto das disposições essenciais de direito interno que adoptarem no domínio abrangido pela presente directiva.

Artigo 9.°
(Destinatários)

Os Estados-membros são destinatários da presente directiva.

Feito em Bruxelas, em 23 de Julho de 1990.

Pelo Conselho
O Presidente
G. CARLI

ANEXO
Lista das sociedades referidas na alínea a) do artigo 2°

a) As sociedades de direito belga denominadas "société anonyme"/"naamloze vennootschap", "société en commandite par actions"/"commanditaire vennootschap op aandelen", "société privée à responsabilité limitée"/"besloten vennootschap met beperkte aansprakelijkheid", bem como as entidades de direito público que operam sob o regime do direito privado;

b) As sociedades de direito dinamarquês denominadas "aktieselskab", "anpartsselskab";

c) As sociedades de direito alemão denominadas "Aktiengesellschaft", "Kommanditgesellschaft auf Aktien", "Gesellschaft mit beschraenkter Haftung", "Bergrechtliche Gewerkschaft";

d) As sociedades de direito helénico denominadas "anonymi etairia";

e) As sociedades de direito espanhol denominadas "sociedad anónima", "sociedad commanditaria por acciones", "sociedad de responsabilidad limitada", bem como as entidades de direito público que operam em regime de direito privado;

f) As sociedades de direito francês denominadas "société anonyme", "société en commandite par actions", "société à responsabilité limitée" bem como os estabelecimentos e empresas públicos de carácter industrial e comercial;

g) As sociedades de direito irlandês denominadas "public companies limited by shares" ou "public companies limited by guarantee", "private companies limited by shares" ou "private companies limited by guarantee", as entidades registadas sob o regime dos "Industrial and Provident Societies Acts" ou as "building societies" registadas sob o regime dos "Building Societies Acts";

h) As sociedades de direito italiano denominadas "società per azioni", "società in accomandita per azioni", "società a responsabilità limitata", bem como as entidades públicas e privadas que exercem actividades industriais e comerciais;

i) As sociedades de direito luxemburguês denominadas "société anonyme", "société en commandite par actions", "société à responsabilité limitée";

j) As sociedades de direito neerlandês denominadas "naamloze vennootschap", "besloten vennootschap met beperkte aansprakelijkheid";

k) Sociedades comerciais ou civis sob forma comercial e as cooperativas e empresas públicas constituídas de acordo com a legislação portuguesa;

l) As sociedades constituídas de acordo com a legislação do Reino Unido.

148. **Preparação e aspectos gerais**

I. Um verdadeiro avanço na integração europeia exigiria progressos efectivos em três áreas[830]:

– a tributação das empresas;
– a co-gestão ou, mais latamente, a participação dos trabalhadores nas empresas;
– o governo das empresas.

A efectiva mobilidade das sociedades, com a possibilidade de ocorrerem fusões ou cisões internacionais, deslocações e lançamento de filiais exigiria que essas operações fossem fiscalmente inóquas. De outro modo, os agentes procurarão evitá-las[831], podendo ainda dar-se uma fuga de capitais[832].

Também a presença de leis de co-gestão específicas, nalguns Estados, surge impediente a um verdadeiro mercado único. Trata-se de uma problemática, complexa, que muito dificultou o tipo *societas europaea* e que adiante melhor será enfocada[833].

Finalmente, o governo das empresas estaca perante os vários tipos de organização das sociedades. O falhanço da 5.ª Directriz documenta o problema[834].

---

[830] Cf., ainda que com uma ordenação diversa, SCHWARZ, *Europäisches Gesellschaftsrecht* cit., 813.

[831] Cf. HANS-WERNER NEYE, *Neue europäische Initiative im Gesellschaftsrecht*, GmbHR 1997, R-97–R-98, ainda que sem referir expressamente a matéria fiscal.

[832] WOLFGANG SCHÖN, *Neue Wege im Europäischen Steuerrecht*, EuZW 1998, 129 (129/II).

[833] *Infra*, 919 ss..

[834] *Infra*, 714 ss..

II. Nestas condições surgem, solitárias (GRUNDMANN) as duas Directrizes acima transcritas: as 90/434 e 90/435, de 23 de Julho[835].

A Directriz n.° 90/434/CEE, do Conselho, de 23 de Julho, relativa ao regime fiscal comum aplicável às fusões, cisões, entradas de activos e permutas entre sociedades de estados-membros diferentes assentou numa primeira proposta de 1969. Demorou, pois, mais de vinte anos a percorrer os passos necessários para a aprovação final. Esteve em estudo uma proposta de alteração ... há mais de dez anos, uma vez que data de 26-Jul.-1993[836].

Também a Directriz n.° 90/435/CEE, do Conselho, de 23 de Julho, relativa ao regime fiscal comum aplicável às sociedades-mãe e sociedades afiliadas de Estados-membros diferentes se manteve mais de vinte anos no estado de projecto[837], discutindo-se, durante mais de dez, a sua modificação[838]. Em 6-Ago.-2004, estas propostas acabaram por ser retiradas pela Comissão[839].

III. Os relatados esforços legislativos comunitários remontam ao programa para a harmonização dos impostos directos europeus, de 1967[840]. Com poucos resultados, além dos alcançados[841]. Para além de diversos projectos pontuais[842], cumpre referir as comunicações da Comissão de 15-Jun. e 23-Out.-2001.

A Comunicação da Comissão, ao Conselho, ao Parlamento Europeu e ao Comité Económico e Social intitula-se *A política final da União Europeia – prioridades para os próximos anos*, de 23-Mai.-2001[843]. Passamos a transcrever a conclusão:

---

[835] GRUNDMANN, *Europäisches Gesellschaftsrecht* cit., 469. Estas directrizes são referidas, entre nós, por ALBERTO PINHEIRO XAVIER, *Direito tributário internacional: tributação das operações internacionais* (1993), 188.

[836] JOCE N.° C-225, 3, de 20-Ago.-1993 = COM (1993), 293 final.

[837] Conhecida, na Alemanha, como *Konzernbesteuerungs-Richtlinie*.

[838] Projecto de 26-Jul.-1993, JOCE N.° C-225, 5, de 20-Ago.-1993 = COM (1993), 293 final.

[839] COM (2004) 542/26, ainda não traduzida em português.

[840] Cf., com indicações, GRUNDMANN, *Europäisches Gesellschaftsrecht* cit., 467.

[841] GERT SASS, *Die Fusionsrichtlinie und die Mutter/Tochterrichtlinie; zu den beiden steuerlichen EG-Richtlinien für die grenzüberschreitende Zusammenarbeit von Unternehmen*, DB 1990, 2340-2346 (2340/I), sublinhando que só formalmente se trata de três directrizes distintas.

[842] *Idem*, 476, para uma enumeração.

[843] COM (2001) 260 final, em 28 pp..

5. Conclusão

Para além de prosseguir a importante luta contra a concorrência fiscal prejudicial, a Comunidade deve assegurar que a política fiscal apoie a concretização dos objectivos de Lisboa, favoreça a continuação do bom funcionamento do mercado interno, contribua para uma redução duradoura da carga fiscal global, reforce outras políticas abordadas a nível da UE e apoie a modernização do modelo social europeu. Nos últimos anos, verificou-se uma maior tendência no sentido de uma cooperação mais estreita em matéria de política fiscal. Neste momento, a prioridade consiste em assegurar o correcto funcionamento do mercado interno e da UEM. A UE deve sobretudo centrar a sua acção na resolução dos problemas de ordem prática enfrentados pelos particulares e pelas empresas que operam no mercado único, bem como no nível de coordenação entre os Estados-Membros necessário para sanar tais problemas. Estes trabalhos devem ser acompanhados de medidas destinadas a apoiar os Estados-Membros na luta contra a fraude e a evasão fiscais. Embora a dupla tributação resultante unicamente da natureza transfronteiras da actividade económica seja inaceitável, a sua eliminação não deve criar oportunidades de fuga e de evasão fiscais. Do mesmo modo, uma maior coordenação dos regimes fiscais dos Estados-Membros não deve dar origem a situações de não-tributação involuntária.

A presente comunicação identifica um certo número de objectivos específicos em matéria de política fiscal que a Comissão deverá prosseguir. Em especial:

- a Comissão definiu uma estratégia legislativa clara em matéria de IVA para os próximos cinco anos e envidará esforços no sentido de esta estratégia ser rapidamente aplicada a nível do Conselho.
- tendo em conta a necessidade urgente de aproximar as legislações dos Estados-Membros no domínio da fiscalidade nos sectores do ambiente e da energia, a Comissão examinará de forma aprofundada todas as estratégias possíveis que permitam realizar progressos neste domínio.
- por razões tanto de protecção da saúde como de luta contra a fraude e o contrabando no mercado interno, a Comissão propôs medidas destinadas a aumentar a convergência entre as taxas do imposto especial sobre o consumo de tabaco nos Estados-Membros e procede actualmente a consultas no que se refere ao imposto especial sobre o consumo de álcool.
- no domínio da fiscalidade das empresas, coloca-se cada vez mais a questão de saber até que ponto a coordenação reforçada deverá ir. À medida em que aumentam as actividades transfronteiras, o debate centra-se na questão de saber se é possível continuar a eliminar os obstáculos fiscais através de abordagens pontuais, deixando inalterados os regimes nacionais neste domínio. Embora a Comissão reconheça que a definição das taxas do imposto aplicável às sociedades é da competência exclusiva dos Estados-Membros, uma abordagem

mais ambiciosa, como por exemplo, um conjunto de regras comuns para a fiscalidade das empresas, poderia constituir uma solução mais abrangente. O estudo sobre a fiscalidade das empresas ajudará a Comissão a definir uma posição relativamente a esta questão fundamental.

- é indispensável eliminar os obstáculos fiscais ao pagamento transfronteiras de pensões profissionais. Trata-se de uma questão que figura entre as questões abordadas na recente comunicação da Comissão sobre a tributação das pensões. Para atingir este objectivo, a Comissão examinará minuciosamente as regras dos Estados-Membros neste domínio e adoptará as medidas necessárias.
- a Comissão continua a considerar que a passagem a uma votação por maioria qualificada, pelo menos para certas questões fiscais, é indispensável, sobretudo quando se verifiquem graves distorções do mercado interno; no entanto, de momento como base jurídica mantém-se a unanimidade. Por conseguinte, embora a legislação comunitária em matéria de fiscalidade continue a desempenhar um papel importante, a Comissão considera que, para realizar os objectivos da política fiscal, deverão ser utilizados todos os mecanismos disponíveis, designadamente:
- um recurso mais pró-activo, bem focalizado e equitativo aos processos por infracção em matéria fiscal;
- uma cuidadosa ponderação quanto a um recurso crescente a soluções não-legislativas e ao mecanismo de cooperação reforçada.

Se se pretender que a União Europeia enfrente o desafio da globalização e concretize os objectivos fixados pelo Tratado e pelos Conselhos Europeus mais recentes, será necessário resolver os problemas e eliminar os obstáculos identificados na presente comunicação. Embora respeitando integralmente o princípio de subsidiariedade, a Comissão, tendo igualmente em conta as exigências do mercado interno e o seu próprio papel de guardiã dos Tratados, deve agora prosseguir energicamente a coordenação da política fiscal com base nas grandes linhas identificadas na presente comunicação.

Por seu turno, a Comunicação da Comissão ao Conselho, ao Parlamento Europeu e ao Comité Económico e Social tem por título: *Para um mercado interno sem obstáculos fiscais / Estratégia destinada a proporcionar às empresas uma matéria colectável consolidada do imposto sobre as sociedades para as suas actividades a nível da UE, de 23-Out.-2001*[844].

Tal como resulta das conclusões acima transcritas, também agora a Comissão acaba por concluir que seria desejável uma efectiva integração das leis fiscais. A presença de (então) 15 sistemas distintos, para além de propiciar fraudes e fugas, acarreta elevados custos marginais. Estamos, porém, no cerne da soberania nacional. De momento, parece inultrapassável.

---

[844] COM (2001) 582 final, em 51 pp..

IV. O objectivo das reformas tributárias europeias residiria na obtenção da neutralidade fiscal, isto é: de um quadro comunitário harmonizado ao ponto de a fiscalidade não interferir nas operações empresariais, pelo facto de as mesmas transcenderem o estreito âmbito de um dos Estados-membros. Neste plano, as duas Directrizes fiscais foram importantes para o Direito europeu dos impostos[845].

À natural resistência dos Estados em abrir mão, por pouco que seja, da sua soberania fiscal, soma-se a dificuldade técnica da matéria[846].

149. **Sistema geral**

I. A Directriz n.° 90/434, relativa ao regime fiscal de fusões, cisões, entrada de activos e fusões, apresenta treze artigos em cinco títulos:

Título I – Disposições gerais
artigo 1.° (Âmbito);
artigo 2.° (Definições);
artigo 3.° (Sociedade de um Estado-membro).

Título II – Regras aplicáveis às fusões, cisões e permutas de acções
artigo 4.° (Mais-valias);
artigo 5.° (Provisões ou reservas);
artigo 6.° (Retoma de prejuízos);
artigo 7.° (Supressão de participações);
artigo 8.° (Troca de títulos representativos).

Título III – Regras aplicáveis às entradas de activos
artigo 9.° (Remissão).

Título IV – Caso especial de transferência de um estabelecimento
artigo 10.° (Estabelecimento estável).

Título V – Disposições finais
artigo 11.° (Derrogações);
artigo 12.° (Prazo para a transposição);
artigo 13.° (Destinatários).

---

845 OTMAR THÖMES, *Die steuerliche Fusions-Richtlinie – Was bleibt zu tun?*, ZGR 1994, 75-86 (86).

846 A bibliografia sobre a fiscalidade das empresas é inabarcável; cf., p. ex., as indicações de GRUNDMANN, *Europäisches Gesellschaftsrecht* cit., 465-467. Em rigor, ela pertencerá a uma disciplina de Direito europeu fiscal.

II. A Directriz aplica-se às operações de fusão, de cisão, de entrada de activos e de permuta de acções que digam respeito a sociedades de dois ou mais Estados-membros (1.°). Em rigor, opera seja qual for o tipo de sociedades em presença[847]: basta, perante o Direito português, que os entes em causa estejam sujeitos ao imposto sobre o rendimento das pessoas colectivas (3.°).

Quando ocorra alguma das operações visadas pela Directriz, pretende-se que se mantenha uma neutralidade fiscal[848]. Assim se prevê a não-tributação de (certas) mais-valias (4.°), a retoma de provisões ou reservas (5.°) e de prejuízos (6.°) e a irrelevância fiscal da supressão de participações (7.°) e de trocas de títulos representativos (8.°). Tais regras são aplicáveis às entradas de activos (9.°). O estabelecimento estável que, porventura, seja transferido, tem tratamento adequado, à luz da ideia de neutralidade (10.°).

III. A Directriz n.° 90/435, referente ao regime fiscal aplicável às sociedades-mães e sociedades afiliadas de Estados-membros diferentes comporta nove artigos, sem arrumação especial. São eles:

artigo 1.° (Âmbito);
artigo 2.° (Definições);
artigo 3.° (Sociedade-mãe e sociedade afiliada);
artigo 4.° (Lucros da sociedade-mãe);
artigo 5.° (Isenção de retenção na fonte de lucros da afiliada);
artigo 6.° (Não-retenção na fonte de lucros da sociedade-mãe);
artigo 7.° (Âmbito de "retenção na fonte");
artigo 8.° (Prazo de transposição);
artigo 9.° (Destinatários).

No fundo, a Directriz n.° 90/435 pretende, muito simplesmente, prevenir que um mesmo rendimento fosse tributado no plano da afiliada e, de novo, no da sociedade-mãe. Ficam ressalvadas as convenções relativas à dupla tributação (7.°/2).

[847] GRUNDMANN, *Europäisches Gesellschaftsrecht* cit., 469.
[848] GRUNDMANN, *Europäisches Gesellschaftsrecht* cit., 472-473.

150. **Transposição**

A transposição das Directrizes n.° 90/434/CEE e n.° 90/435/CEE, ambas de 23-Jul.-1990, foi levada a cabo pelo Código do Imposto sobre o Rendimento das Pessoas Colectivas. Tal como na Alemanha[849], não se verificaram, aqui, problemas de maior.

[849] VIKTOR SARRAZIN, *Die steuerliche Fusionsrichtlinie – was ist erreicht?*, ZGR 1994, 66-74 (74) e GERD SASS, *Neuere Entwicklungen bei Mutter/Tochter-Beziehungen in der EG*, DB 1994, 1585-1596 (1596/II).

§ 36.° Directrizes sobre informações a prestar ao mercado

151. Texto da Directriz n.° 88/627/CEE, de 12 de Dezembro, relativa às informações a publicar por ocasião da aquisição ou alienação de uma participação importante numa sociedade cotada em bolsa

DIRECTIVA DO CONSELHO

de 12 de Dezembro de 1988

relativa às informações a publicar por ocasião da aquisição ou alienação de uma participação importante numa sociedade cotada na bolsa[850]

O CONSELHO DAS COMUNIDADES EUROPEIAS,

Tendo em conta o Tratado que institui a Comunidade Económica Europeia e, nomeadamente, o seu artigo 54.°,

Tendo em conta a proposta da Comissão (1),

Em cooperação com o Parlamento Europeu (2),

Tendo em conta o parecer do Comité Económico e Social (3),

(1) JO n.° C 351 de 31.12.1985, p. 35, e JO n.° C 255 de 25.9.1987, p. 6.
(2) JO n.° C 125 de 11.5.1987, p. 144, e JO n.° C 309 de 5.12.1988.
(3) JO n.° C 263 de 20.10.1986, p. 1.

Considerando que uma política de informação adequada dos investidores no sector dos valores mobiliários é susceptível de melhorar a sua protecção, de reforçar a sua confiança nos mercados desses valores e de assegurar assim o seu bom funcionamento;

850 JOCE N.° L-348, 62-65, de 17-Dez.-1988; as epígrafes não são oficiais.

Considerando que a coordenação de uma tal política a nível comunitário, porque resulta numa maior equivalência de tal protecção, é susceptível de favorecer a interpenetração dos mercados dos valores mobiliários dos Estados-membros e de contribuir assim para a realização de um verdadeiro mercado europeu dos capitais;

Considerando que, nessa óptica, convém informar os investidores das participações importantes e respectivas modificações nas sociedades comunitárias cujas acções estejam admitidas à cotação oficial de uma bolsa de valores situada ou que opere na Comunidade;

Considerando que convém especificar de forma coordenada o conteúdo e as regras de execução dessa informação;

Considerando que as sociedades cujas acções são admitidas à cotação oficial de uma bolsa de valores da Comunidade só se encontram em condições de informar o público das modificações verificadas nas participações importantes se tiverem sido informadas dessas modificações pelos detentores das participações em causa;

Considerando que a maior parte dos Estados-membros não impõe a esses detentores uma tal obrigação e que, quando ela existe, se verificam diferenças sensíveis nas respectivas regras de execução; que, por conseguinte, convém adoptar uma regulamentação coordenada a nível comunitário nesse domínio,

ADOPTOU A PRESENTE DIRECTIVA:

Artigo 1.°
(Âmbito)

1. Os Estados-membros submeterão à presente directiva as pessoas singulares e as entidades jurídicas de direito público ou privado que adquiram ou alienem, directamente ou por interposta pessoa, uma participação que corresponda aos critérios definidos no n.° 1 do artigo 4.° e que implique uma modificação na detenção dos direitos de voto de uma sociedade sujeita à sua legislação cujas acções tenham sido admitidas à cotação oficial de uma ou de várias bolsas de valores situadas ou a funcionar num ou em vários Estados-membros.

2. Sempre que a aquisição ou alienação de uma participação importante, tal como referido no n.° 1, se efectuar por via de certificados representativos de acções, a presente directiva aplica-se aos portadores de tais certificados e não ao seu emitente.

3. A presente directiva não é aplicável à alienação de uma participação importante nos organismos de investimentos colectivos.

4. No anexo da Directiva 79/279/CEE do Conselho, de 5 de Março de 1979, relativa à coordenação das condições de admissão de valores mobiliários à cotação oficial de uma bolsa de valores (4), com a última redacção que lhe foi dada pela Directiva 82/148/CEE (5), o n.° 5, alínea c), do Esquema C passa a ter a seguinte redacção:

(*A Directriz n.° 79/279/CEE não é objecto da presente publicação*)

---

(4) JO n.° L 66 de 16.3.1979, p. 21.

(5) JO n.° L 62 de 5.3.1982, p. 22.

Artigo 2.°
("Aquisição de uma participação")

Para os efeitos da presente directiva, entende-se por "aquisição de uma participação" tanto a compra da participação como qualquer outra obtenção de uma participação, seja qual for a sua denominação ou o processo utilizado, incluindo a obtenção de uma participação por força de uma das situações referidas no artigo 7.°

Artigo 3.°
(Princípio da regulação mínima)

Os Estados-membros podem submeter as pessoas singulares e entidades jurídicas e as sociedades referidas no n.° 1 do artigo 1.° a obrigações mais rigorosas do que as previstas na presente directiva, ou a obrigações suplementares, desde que essas obrigações se apliquem de um modo geral a todos os adquirentes e cedentes e a todas as sociedades ou ao conjunto dos adquirentes e cedentes e das sociedades de uma categoria determinada.

Artigo 4.°
(Dever de informar)

1. Quando uma pessoa singular ou uma entidade jurídica referida no n.° 1 do artigo 1.° adquirir ou alienar uma participação numa sociedade referida no n.° 1 do artigo 1.° e sempre que, na sequência de tal aquisição ou alienação, a percentagem dos direitos de voto que detém atinja ou ultrapasse os limiares de 10%, 20%, 1/3, 50% e 2/3, ou desça abaixo de tais limiares, essa pessoa ou essa entidade deve informar a sociedade e, simultaneamente, a ou as autoridades competentes referidas no artigo 13.°, no prazo de sete dias úteis, da percentagem dos direitos de voto que passe a deter depois de tal aquisição ou alienação. Os Estados-membros podem não aplicar:

- os limiares de 20% e de 1/3, quando aplicarem um único limiar de 25%,
- o limiar de 2/3, quando aplicarem um único limiar de 75%.

O prazo de sete dias úteis tem início a partir do momento em que a pessoa ou a entidade detentora de uma participação importante teve conhecimento da aquisição ou da alienação, ou a partir do momento em que, tendo em conta as circunstâncias, deveria ter tido conhecimento desse facto.

Os Estados-membros podem prever ainda que a informação da sociedade em questão deva igualmente ter lugar em relação à percentagem do capital detido por uma pessoa singular ou uma entidade jurídica.

2. Os Estados-membros determinarão, se necessário, na sua legislação, e em função dela, as regras segundo as quais serão comunicados às pessoas ou entidades referidas no n.° 1 do artigo 1.° os direitos de voto a ter em conta para a execução do n.° 1 do presente artigo.

Artigo 5.°
(Informação em assembleia geral)

Os Estados-membros estabelecerão que, por ocasião da primeira assembleia geral de uma sociedade referida no n.° 1 do artigo 1.° que tenha lugar mais de três meses após a transposição da presente directiva para o direito nacional, qualquer pessoa singular ou entidade jurídica referida no n.° 1 do artigo 1.° que esteja na posse de 10% ou mais dos direitos de voto de uma sociedade deva do facto informar essa mesma sociedade e, simultaneamente, a(s) autoridade(s) competente(s), especificando a percentagem de direitos de voto que efectivamente detém, salvo se essa mesma pessoa ou entidade já tiver efectuado uma declaração nos termos do artigo 4.°

No mês subsequente a essa assembleia geral, o público será informado do total das participações iguais ou superiores a 10%, nas condições previstas no artigo 10.°

Artigo 6.°
(Isenção, havendo contas consolidadas)

Caso faça parte de um conjunto de empresas que, por força da Directiva 83/349/CEE ([6]), deva elaborar contas consolidadas, o adquirente ou o cedente de uma participação importante, na acepção do artigo 4.°, fica isento da obrigação de efectuar a declaração prevista no n.° 1 do artigo 4.° e no artigo 5.° se essa declaração for efectuada pela empresa-mãe ou, quando a empresa-mãe for por sua vez uma empresa filial, pela respectiva empresa-mãe.

([6]) JO n.° L 193 de 18.7.1983, p. 1.

Artigo 7.°
(Votos equiparados)

Para determinar se uma pessoa singular ou uma entidade jurídica referida no n.° 1 do artigo 1.° é obrigada a fazer a declaração prevista no n.° 1 do artigo 4.° e no artigo 5.°, é conveniente equiparar aos direitos de voto que detenha:

- os direitos de voto detidos em seu próprio nome por outras pessoas ou entidades por conta dessa pessoa ou entidade,
- os direitos de voto detidos pelas empresas controladas por essa pessoa ou entidade,
- os direitos de voto detidos por um terceiro com o qual essa pessoa ou entidade tenha celebrado um acordo escrito que os obriga a adoptar, através de um exercício concertado dos direitos de voto que detêm, uma política comum em relação à gestão da sociedade em causa,
- os direitos de voto detidos por um terceiro por força de um acordo escrito celebrado com essa pessoa ou entidade ou com uma das empresas controladas por essa pessoa ou entidade em que se preveja uma transferência provisória e remunerada desses direitos de voto,

- os direitos de voto associados a acções detidas como caução por essa pessoa ou entidade, excepto quando o depositário detenha direitos de voto e declare a sua intenção de os exercer; neste caso, os direitos de voto serão assimilados aos direitos de voto do depositário,
- os direitos de voto associados às acções de que essa pessoa ou entidade tenha o usufruto,
- os direitos de voto que essa pessoa ou entidade ou uma das outras pessoas ou entidades referidas nos travessões anteriores possam adquirir, por sua exclusiva iniciativa, por força de um acordo formal; neste caso, as informações previstas no n.° 1 do artigo 4.° devem ser prestadas na data da celebração do acordo,
- os direitos de voto associados às acções depositadas junto dessa pessoa ou entidade e que ela possa exercer como entender na ausência de instruções específicas dos respectivos detentores.

Quando uma pessoa ou entidade possa exercer numa sociedade os direitos de voto referidos no último travessão do parágrafo anterior e o conjunto desses direitos de voto, juntamente com os outros direitos de voto que essa pessoa ou entidade detenha nessa sociedade, atinja ou ultrapasse um dos limiares previstos no n.° 1 do artigo 4.°, os Estados-membros podem prever, em derrogação a esse mesmo n.° 1 do artigo 4.°, que a referida pessoa ou entidade só será obrigada a informar a sociedade em questão no prazo de vinte e um dias antes da assembleia geral dessa mesma sociedade.

Artigo 8.°
("Empresa controlada")

1. Para os efeitos da presente directiva, entende-se por "empresa controlada" qualquer empresa em que uma pessoa física ou uma entidade jurídica:
   a) Tenha a maioria dos direitos de voto dos accionistas ou sócios; ou
   b) Tenha o direito de nomear ou de destituir a maioria dos membros do órgão de administração, de direcção ou de fiscalização e seja simultaneamente accionista ou sócio dessa empresa; ou
   c) Seja accionista ou sócio e que, por força de um acordo celebrado com outros accionistas ou sócios dessa empresa, tenha o controlo exclusivo da maioria dos direitos de voto dos seus accionistas ou sócios.
2. Para efeitos da aplicação do n.° 1, os direitos de voto, de nomeação ou de destituição da empresa-mãe devem ser acrescidos dos direitos de qualquer outra empresa controlada, bem como dos de qualquer pessoa ou entidade que actue em seu nome mas por conta da empresa-mãe ou de qualquer outra empresa controlada.

Artigo 9.°
(Dispensa para operadores profissionais)

1. As autoridades competentes podem dispensar da declaração prevista no n.° 1 do artigo 4.° a aquisição ou alienação de uma participação importante, tal como definida no artigo

4.°, feita por um operador de títulos profissional, desde que essa aquisição ou alienação seja efectuada na sua qualidade de operador de títulos profissional e que essa aquisição não seja utilizada pelo operador para se imiscuir na gestão da empresa em causa.

2. As autoridades competentes exigirão que o operador profissional de títulos referido no n.° 1 seja membro de uma bolsa de valores situada ou que opere num Estado-membro ou seja reconhecido ou controlado por uma das autoridades competentes referidas no artigo 12.°.

Artigo 10.°
(Informação ao público)

1. Uma sociedade que tenha recebido a declaração referida no n.° 1, primeiro parágrafo, do artigo 4.° deve, por sua vez, informar desse facto o público de todos os Estados-membros onde as suas acções estejam admitidas à cotação oficial de uma bolsa de valores, com a maior brevidade possível, o mais tardar no prazo de nove dias úteis a contar da recepção dessa declaração.

Qualquer Estado-membro pode prever que a informação do público referida no primeiro parágrafo seja assegurada, não pela sociedade em questão, mas pela autoridade competente, eventualmente em colaboração com essa sociedade.

2. As informações referidas no n.° 1 devem ser publicadas num ou mais jornais de difusão nacional ou de larga difusão no ou nos Estados-membros em causa ou ser postas à disposição do público, quer por escrito, em locais indicados em anúncios a inserir num ou mais jornais de difusão nacional ou de larga difusão nesse ou nesses Estados, quer por outros meios equivalentes aprovados pelas autoridades competentes.

As referidas informações devem ser redigidas na ou nas línguas oficiais ou numa das línguas oficiais ou noutra língua, na condição de que, no Estado-membro em causa, a ou as línguas oficiais ou essa outra língua sejam correntes em matéria financeira e sejam aceites pelas autoridades competentes.

Artigo 11.°
(Dispensa por interesse público)

As autoridades competentes podem, a título excepcional, dispensar as sociedades referidas no n.° 1 do artigo 1.° da obrigação de informar o público, definida no artigo 10.°, sempre que considerarem que a divulgação da informação em questão seria contrária ao interesse público ou prejudicaria seriamente as empresas em causa, desde que, nesse último caso, a ausência de publicação não seja de molde a induzir o público em erro no que respeita a factos e circunstâncias cujo conhecimento seja essencial para a avaliação dos valores mobiliários em causa.

Artigo 12.°
(Designação de autoridades competentes)

1. Os Estados-membros designarão a ou as autoridades competentes para efeitos da aplicação da presente directiva e disso informarão a Comissão, especificando, se necessário, a eventual repartição de competências entre essas autoridades.

2. Os Estados-membros assegurarão que as autoridades competentes tenham os poderes necessários para cumprir a sua missão.

3. As autoridades competentes dos Estados-membros assegurarão entre si toda a cooperação necessária ao cumprimento da sua missão e, para esse efeito, trocarão entre si todas as informações úteis.

Artigo 13.°
(Autoridades competentes)

Para efeitos da aplicação da presente directiva, as autoridades competentes são as autoridades do Estado-membro de cuja lei dependem as empresas a que se refere o n.° 1 do artigo 1.°.

Artigo 14.°
(Segredo profissional)

1. Os Estados-membros devem prever que todas as pessoas que exerçam ou tenham exercido uma actividade junto das autoridades competentes fiquem obrigadas ao segredo profissional. O segredo profissional implica que as informações confidenciais recebidas no exercício da profissão não podem ser divulgadas a quem quer que seja, salvo por força de disposições legais.

2. No entanto, o n.° 1 não impede as autoridades competentes dos vários Estados-membros de trocarem entre si as informações previstas pela presente directiva. As informações assim trocadas encontram-se abrangidas pelo segredo profissional, a que também ficam sujeitas todas as pessoas que exerçam ou tenham exercido uma actividade junto das autoridades competentes que recebam tais informações.

3. A autoridade competente que receba informações confidenciais ao abrigo do n.° 2 não pode utilizar essas informações senão para o cumprimento da sua missão.

Artigo 15.°
(Sanções)

Os Estados-membros devem prever sanções adequadas para os casos em que as pessoas singulares ou entidades jurídicas e as sociedades referidas no n.° 1 do artigo 1.° não respeitem o disposto na presente directiva.

Artigo 16.°
(Comité de contacto)

1. O comité de contacto instituído pelo artigo 20.° da Directiva 79/279/CEE terá igualmente por missão:

a) Permitir uma concertação regular relativa aos problemas concretos decorrentes da aplicação da presente directiva e a respeito dos quais se julgue útil uma troca de pontos de vista;

b) Facilitar a concertação entre os Estados-membros a respeito das obrigações mais rigorosas ou suplementares que, nos termos do artigo 3.°, lhes é possível exigir, a fim de fazer convergir as obrigações impostas em todos os Estados-membros, de acordo com o n.° 3, alínea g), do artigo 54.° do Tratado;

c) Aconselhar a Comissão, se necessário, acerca dos complementos ou alterações a introduzir na presente directiva.

Artigo 17.°
(Prazo para a transposição)

1. Os Estados-membros tomarão as medidas necessárias para dar cumprimento à presente directiva antes de 1 de Janeiro de 1991. Desse facto informarão imediatamente a Comissão.

2. Os Estados-membros comunicarão à Comissão as disposições de direito nacional que vierem a adoptar no domínio regulado pela presente directiva.

Artigo 18.°
(Destinatários)

Os Estados-membros são os destinatários da presente directiva.

Feito em Bruxelas, em 12 de Dezembro de 1988.

Pelo Conselho
O Presidente
P. ROUMELIOTIS

152. **Texto da Directriz n.° 89/592/CEE, de 13 de Novembro, relativa às operações de iniciados (*insider trading*)**

DIRECTIVA DO CONSELHO

de 13 de Novembro de 1989

relativa à coordenação das regulamentações respeitantes às operações de iniciados[851]

O CONSELHO DAS COMUNIDADES EUROPEIAS,

Tendo em conta o Tratado que institui a Comunidade Económica Europeia e, nomeadamente, o seu artigo 100.°A,

[851] JOCE N.° L-334, 30-32, de 18-Nov.-1989.

Tendo em conta a proposta da Comissão (1),

Em cooperação com o Parlamento Europeu (2),

Tendo em conta o parecer do Comité Económico e Social (3),

---

(1) JO n.° C 153 de 11.6.1987, p. 8, e JO n.° C 277 de 27.10.1988, p. 13.
(2) JO n.° C 187 de 18.7.1987, p. 93, et décision du 11 octobre 1989 (non encore parue au Journal officiel). [em francês, no original português]
(3) JO n.° C 35 de 8.2.1989, p. 22.

Considerando que o n.° 1 do artigo 100.°A do Tratado dispõe que o Conselho adoptará as medidas relativas à aproximação das disposições legislativas, regulamentares e administrativas dos Estados-membros que têm por objecto o estabelecimento e o funcionamento do mercado interno;

Considerando que o mercado secundário de valores mobiliários desempenha um papel fundamental no financiamento dos agentes económicos;

Considerando que, para que esse mercado possa desempenhar o seu papel de forma eficaz, devem ser tomadas todas as medidas com vista a assegurar o seu bom funcionamento;

Considerando que o bom funcionamento do mercado em questão depende em grande medida da confiança que inspire aos investidores;

Considerando que essa confiança assenta, nomeadamente, na garantia dada aos investidores de que estão colocados num plano de igualdade e que serão protegidos contra a utilização ilícita da informação privilegiada;

Considerando que as operações de iniciados, em virtude de beneficiarem certos investidores relativamente a outros, podem pôr em causa essa confiança e dessa forma prejudicar o bom funcionamento do mercado;

Considerando que, em consequência, convém tomar as medidas necessárias para lutar contra as operações em questão;

Considerando que, em alguns Estados-membros, não existe uma regulamentação que proíba as operações e que, nos Estados-membros onde existem regulamentações, se verificam os respectivos regimes;

Considerando que convém, consequentemente, adoptar neste domínio uma regulamentação coordenada a nível comunitário;

Considerando que uma tal regulamentação coordenada tem igualmente a vantagem de permitir, pela cooperação entre as autoridades competentes, lutar com maior eficácia contra as operações transnacionais de iniciados;

Considerando que, uma vez que a aquisição ou a cessão de valores mobiliários supõe necessariamente uma decisão prévia de aquisição ou de cessão por parte da pessoa que procede a qualquer uma dessas operações, o facto de efectuar essa mesma aquisição ou cessão não constitui, por si só, utilização de uma informação privilegiada;

Considerando que a operação de iniciados implica a exploração de uma informação privilegiada; que convém, portanto, considerar que o simples facto de um market maker, um organismo autorizado a actuar como contraparte ou um intermediário autorizado que disponha de uma informação privilegiada se limitarem, os primeiros, a exercer a sua actividade normal de compra ou venda de títulos e, o último, a executar uma ordem, não constitui, por si só, utilização dessa informação privilegiada; que é conveniente, nesse sentido, considerar que o facto de se proceder a transacções com o único objectivo de regularizar a cotação de valores mobiliários recentemente emitidos ou negociados no âmbito de uma oferta secundária não constitui por si só utilização de uma informação privilegiada;

Considerando que as estimativas elaboradas com base em dados do domínio público não podem ser consideradas informações privilegiadas e que, por conseguinte, as operações efectuadas com base em tal tipo de estimativas não constituem uma operação de iniciados, na acepção da presente directiva;

Considerando que o facto de comunicar uma informação privilegiada a uma autoridade com o objectivo de lhe permitir garantir o respeito pelas disposições da presente directiva ou outras disposições em vigor não pode manifestamente ser abrangido pelas proibições previstas na presente directiva,

ADOPTOU A PRESENTE DIRECTIVA:

Artigo 1.°
(Definições)

Para efeitos da presente directiva, entende-se por:

1. Informação privilegiada: toda a informação que não tenha sido tonada pública, que tenha um carácter preciso e seja relativa a uma ou várias entidades emitentes de valores mobiliários ou a um ou vários valores mobiliários e que, caso fosse tornada pública, seria susceptível de influenciar de maneira sensível a cotação desse ou desses valores mobiliários;

2. Valores mobiliários:

   a) As acções e as obrigações, bem como os valores equiparáveis a acções e obrigações;

   b) Os contratos ou direitos que permitem subscrever, adquirir ou ceder os valores referidos na alínea a);

   c) Os contratos a prazo, as opções e instrumentos financeiros a prazo relativos aos valores referidos na alínea a);

   d) Os contratos indexados relativos aos valores referidos na alínea a),

quando sejam admitidos à transacção num mercado regulamentado e fiscalizado por autoridades reconhecidas pelos poderes públicos, de funcionamento regular e directa ou indirectamente acessível ao público.

Artigo 2.°
(Proibições)

1. Cada Estado-membro proibirá às pessoas que:

- devido à sua qualidade de membros dos órgãos administrativos, directivos ou de fiscalização do emitente,
- devido à sua participação no capital do emitente, ou
- porque têm acesso a essa informação devido ao desempenho do seu trabalho, da sua profissão ou das suas funções,

disponham de uma informação privilegiada que adquiram ou cedam, em seu nome ou em nome de outrém, quer directa quer indirectamente, valores mobiliários do emitente ou emitentes a quem a informação diz respeito, explorando com conhecimento de causa essa informação privilegiada.

2. Quando as pessoas referidas no n.° 1 forem sociedades ou quaisquer outras pessoas colectivas, a proibição prevista nesse número aplica-se às pessoas singulares que participaram na decisão de proceder à transacção por conta da pessoa colectiva em questão.

3. A proibição prevista no n.° 1 aplica-se a qualquer aquisição ou cessão de valores mobiliários efectuada com a intervenção de um intermediário profissional.

Cada Estado-membro pode prever que essa proibição não se aplique às aquisições ou cessões de valores mobiliários efectuadas sem intervenção de um intermediário profissional, fora de um mercado, tal como definido no ponto 2, in fine, do artigo 1.°.

4. A presente directiva não se aplica às operações efectuadas por razões de política monetária, cambial ou de gestão da dívida pública, por um Estado soberano, pelo seu Banco Central ou qualquer outro organismo designado pelo Estado para o efeito ou por qualquer outra entidade que actue em nome dos mesmos. Os Estados-membros podem alargar essa exclusão aos seus Estados federados ou às colectividades públicas territoriais a eles equiparáveis, no que respeita à gestão da dívida pública destas últimas.

Artigo 3.°
(Dever de sigilo)

Cada Estado-membro proibirá às pessoas sujeitas à proibição referida no artigo 2.° que disponham de uma informação privilegiada que:

a) Comuniquem essa informação privilegiada a um terceiro, salvo no âmbito normal do desempenho do seu trabalho, da sua profissão ou das suas funções;

b) Recomendem a um terceiro, com base nessa informação privilegiada, que adquira ou ceda ou mande um terceiro adquirir ou ceder valores mobiliários admitidos à transacção no respectivo mercado de valores mobiliários, tal como definido no ponto 2, in fine, do artigo 1.°.

Artigo 4.°
(Alargamento do sigilo)

Cada Estado-membro imporá igualmente a proibição prevista no artigo 2.° a qualquer pessoa, além das referidas nesse mesmo artigo 2.°, que, com conhecimento de causa, esteja na posse de uma informação privilegiada cuja fonte directa ou indirecta só possa ser uma pessoa referida no artigo 2.°.

Artigo 5.°
(Âmbito das proibições)

Cada Estado-membro aplicará as proibições previstas nos artigos 2.°, 3.° e 4.°, pelo menos aos actos praticados no seu território, na medida em que os valores mobiliários em questão sejam admitidos à transacção num mercado de um Estado-membro. Em todo o caso, cada Estado-membro considerará que uma transacção é efectuada no seu território sempre que for efectuada num mercado, tal como definido no ponto 2, in fine, do artigo 1.°, situado ou a funcionar nesse território.

Artigo 6.°
(Princípio da regulação mínima)

Cada Estado-membro pode estabelecer disposições mais rigorosas do que as previstas na presente directiva ou disposições suplementares, desde que essas disposições sejam de aplicação geral. Em especial, pode alargar o alcance da proibição prevista no artigo 2.° e impor às pessoas referidas no artigo 4.° as proibições previstas no artigo 3.°.

Artigo 7.°
(Outras disposições aplicáveis)

As disposições previstas no esquema C, ponto 5, alínea a), do anexo da Directiva 79/279/CEE ([4]) aplicam-se igualmente às sociedades e empresas cujos valores mobiliários, independentemente da forma que assumam, sejam admitidos à transacção num mercado, tal como definido no ponto 2, in fine, do artigo 1.° da presente directiva.

([4]) JO n.° L 66 de 16.3.1979, p. 21.

Artigo 8.°
(Autoridades competentes)

1. Cada Estado-membro designará a ou as autoridades administrativas competentes para velar, se necessário em colaboração com outras autoridades, pela aplicação das disposições adoptadas em execução da presente directiva. Do facto informará a Comissão, que transmitirá essas informações aos outros Estados-membros.

2. Para que possam cumprir a sua missão, as autoridades competentes devem ser dotadas da competência e dos poderes de controlo e averiguação necessários, se necessário em colaboração com outras autoridades.

Artigo 9.°
(Sigilo profissional das autoridades competentes)

Cada Estado-membro estabelecerá que todas as pessoas que exerçam ou tenham exercido uma actividade junto das autoridades competentes referidas no artigo 8.° sejam obrigadas ao segredo profissional. As informações cobertas pelo segredo profissional apenas podem ser divulgadas a qualquer pessoa ou autoridade por força de disposições legislativas.

Artigo 10.°
(Cooperação entre autoridades competentes)

1. As autoridades competentes dos Estados-membros assegurarão entre si toda a cooperação necessária ao cumprimento da sua missão, fazendo uso, para esse fim, dos poderes mencionados no n.° 2 do artigo 8.°. Para esse efeito, e não obstante o artigo 9.°, comunicarão entre si todas as informações requeridas, incluindo as que respeitam a actuações proibidas a coberto das faculdades concedidas aos Estados-membros pelo artigo 5.° e pelo segundo período do artigo 6.°, apenas pelo Estado-membro que solicita a cooperação. As informações assim permutadas ficam abrangidas pela obrigação de segredo profissional que incumbe às pessoas que exerçam ou tenham exercido uma actividade ao serviço da autoridade que as recebe.

2. As autoridades competentes podem recusar dar seguimento a um pedido de informação, quando:

a) A comunicação das informações possa pôr em risco a soberania, a segurança ou a ordem pública do Estado a que a informação é solicitada;

b) Esteja já iniciado um processo judicial, pelos mesmos factos e contra as mesmas pessoas, perante as autoridades do Estado a que é solicitada a informação ou quando essas pessoas se encontrem já definitivamente julgadas pelos mesmos factos pelas autoridades competentes do Estado a que é solicitada a informação.

3. Sem prejuízo das obrigações que lhes incumbem no âmbito de processos judiciais de carácter penal, as autoridades que recebam as informações ao abrigo do n.° 1 apenas as podem utilizar no exercício das suas funções, para os efeitos do n.° 1 do artigo 8.° ou no âmbito de processos administrativos ou judiciais que tenham esse exercício por objecto específico. Todavia, quando a autoridade competente que tenha comunicado uma informação o consentir, a autoridade que recebeu essa informação pode utilizá-la para outros fins ou transmiti-la às autoridades competentes de outros Estados.

Artigo 11.°
(Acordos com Estados terceiros)

A Comunidade pode celebrar acordos, nos termos do Tratado, com um ou vários Estados terceiros nos domínios abrangidos pela presente directiva.

Artigo 12.°
(Comité de contacto)

O comité de contacto instituído pelo artigo 20.° da Directiva 79/279/CEE, tem igualmente por funções:

a) Permitir uma concertação regular sobre os problemas concretos que a execução da presente directiva venha a levantar e a respeito dos quais sejam consideradas úteis trocas de opiniões;

b) Aconselhar, se necessário, a Comissão sobre aspectos complementares ou alterações a introduzir na presente directiva.

Artigo 13.°
(Sanções)

Cada Estado-membro estabelecerá as sanções a aplicar em caso de infracção às disposições adoptadas em execução da presente directiva. Essas sanções devem ser suficientes para incitar ao respeito por essas disposições.

Artigo 14.°
(Prazo para a transposição)

1. Os Estados-membros tomarão as medidas necessárias para dar cumprimento à presente directiva até 1 de Junho de 1992. Do facto informarão imediatamente a Comissão.

2. Os Estados-membros comunicarão à Comissão as disposições de direito interno que adoptarem no domínio regido pela presente directiva.

Artigo 15.°
(Destinatários)

Os Estados-membros são os destinatários da presente directiva.

Feito em Bruxelas, em 13 de Novembro de 1989.

Pelo Conselho
O Presidente

P. BÉRÉGOVOY

153. Texto da Directriz n.° 2001/34/CE, de 28 de Maio, relativa à admissão de valores mobiliários à cotação de uma bolsa de valores e à informação a publicar sobre esses valores

DIRECTIVA 2001/34/CE DO PARLAMENTO EUROPEU E DO CONSELHO
de 28 de Maio de 2001

relativa à admissão de valores mobiliários à cotação oficial de uma bolsa de valores e à informação a publicar sobre esses valores[852]

O PARLAMENTO EUROPEU E O CONSELHO DA UNIÃO EUROPEIA

Tendo em conta o Tratado que institui a Comunidade Europeia e, nomeadamente, o n.° 2 do seu artigo 44.° e o seu artigo 95.°,

Tendo em conta a proposta da Comissão,

Tendo em conta o parecer do Comité Económico e Social ([1]),

Deliberando em conformidade com o procedimento estabelecido no artigo 251.° do Tratado ([2]),

Considerando o seguinte:

(1) A Directiva 79/279/CEE do Conselho, de 5 de Março de 1979, relativa à coordenação das condições de admissão de valores mobiliários à cotação oficial de uma bolsa de valores ([3]), a Directiva 80/390/CEE do Conselho, de 17 de Março de 1980, relativa à coordenação das condições de conteúdo, de controlo e de difusão do prospecto a ser publicado para a admissão à cotação oficial de valores mobiliários numa bolsa de valores ([4]), a Directiva 82/121/CEE do Conselho, de 15 de Fevereiro de 1982, relativa à informação periódica a publicar pelas sociedades cujas acções são admitidas à cotação oficial de uma bolsa de valores ([5]), e a Directiva 88/627/CEE do Conselho, de 12 de Dezembro de 1988, relativa às informações a publicar por ocasião da aquisição ou alienação de uma participação importante numa sociedade cotada na bolsa ([6]), foram por diversas vezes alteradas de modo substancial; é conveniente, por uma questão de lógica e clareza, proceder à codificação das referidas directivas num único texto;

([1]) JO C 116 de 20.4.2001, p. 69.

([2]) Parecer do Parlamento Europeu de 14 de Março de 2001 (ainda não publicado no Jornal Oficial) e decisão do Conselho de 7 de Maio de 2001.

([3]) JO L 66 de 16.3.1979, p. 21. Directiva com a última redacção que lhe foi dada pela Directiva 88/627/CEE (JO L 348 de 17.12.1988, p. 62).

[852] JOCE N.° L-184, 1-66, de 6-Jul.-2001; omitem-se o índice e o anexo III, relativo a correspondências de preceitos; dada a forma exaustiva por que os diversos preceitos se encontram arrumados, afigura-se-nos dispensável epigrafar os artigos.

(4) JO L 100 de 17.4.1980, p. 1. Directiva com a última redacção que lhe foi dada pela Directiva 94/18/CE do Parlamento Europeu e do Conselho (JO L 135 de 31.5.1994, p. 1).

(5) JO L 48 de 20.2.1982, p. 26.

(6) JO L 348 de 17.12.1988, p. 62.

(2) A coordenação das condições de admissão de valores mobiliários à cotação oficial das bolsas de valores situadas ou funcionando nos Estados-Membros tem por objectivo garantir uma protecção equivalente aos investidores no plano comunitário, devido à maior uniformidade de garantias que essa coordenação oferecerá nos diferentes Estados-Membros; tal facto facilitará a admissão à cotação oficial em cada um desses Estados dos valores mobiliários provenientes de outros Estados-Membros, bem como a admissão à cotação do mesmo título em várias bolsas da Comunidade; permitirá, portanto, uma maior interpenetração dos mercados nacionais de valores mobiliários eliminando os obstáculos que, prudentemente, possam ser removidos e, consequentemente, a constituição de um mercado europeu de capitais;

(3) A referida coordenação deve aplicar-se aos valores mobiliários, independentemente da natureza jurídica do emitente, e deve também aplicar-se aos valores mobiliários emitidos por países terceiros, ou pelas respectivas pessoas colectivas públicas territoriais ou por organismos internacionais de carácter público; a presente directiva abrange também as entidades não contempladas no segundo parágrafo do artigo 48.° do Tratado;

(4) Deve ser possível o recurso judicial das decisões das autoridades nacionais competentes para a aplicação da presente directiva, no que se refere à admissão de valores mobiliários à cotação oficial, sem que este recurso possa restringir o poder discricionário destas autoridades;

(5) Numa primeira fase, é conveniente que a coordenação dos termos de admissão de valores mobiliários à cotação oficial seja suficientemente flexível para permitir ter em conta as diferenças actualmente existentes entre as estruturas dos mercados de valores mobiliários dos Estados-Membros, bem como para permitir que os Estados-Membros tenham em conta as situações especiais perante as quais serão confrontados;

(6) Por este motivo, é conveniente limitar inicialmente a coordenação à fixação de condições mínimas para a admissão de valores mobiliários à cotação oficial das bolsas de valores situadas ou que funcionam nos Estados-Membros, sem, no entanto, reconhecer aos emitentes um direito à cotação;

(7) Esta coordenação parcial das condições de admissão à cotação oficial constitui um primeiro passo para uma maior aproximação ulterior das regulamentações dos Estados-Membros neste domínio;

(8) A extensão ao conjunto da Comunidade da área económica na qual as empresas são chamadas a exercer as suas actividades desencadeia um aumento paralelo das suas necessidades de financiamento e dos mercados de capitais a que devem recorrer para satisfazerem essas mesmas necessidades; a admissão à cotação oficial nas bolsas dos Estados-Membros de valores mobiliários que são emitidos pelas empresas constitui uma modalidade importante de acesso a esses mercados de capitais; por outro lado, no domínio da livre circulação de capitais, foram suprimidas as restrições de troca na compra de valores mobiliários transaccionados em bolsa de outro Estado-Membro;

(9) Para protecção dos interesses dos investidores actuais e potenciais, são exigidas garantias na maior parte dos Estados-Membros às empresas que fazem um apelo à poupança do público quer através da emissão de valores mobiliários destinados a subscrição pública, quer através da sua admissão à cotação oficial numa bolsa; estas garantias pressupõem uma informação adequada e tão objectiva quanto possível, nomeadamente acerca da situação financeira da empresa emitente e das características dos valores mobiliários cuja admissão à cotação oficial é solicitada; a forma sob a qual esta informação é exigida consiste habitualmente na publicação de um prospecto;

(10) No entanto, as garantias exigidas variam de um Estado-Membro para outro no que diz respeito tanto ao conteúdo e à apresentação do prospecto como à eficácia, às modalidades e ao momento do controlo da informação prestada; estas divergências têm como efeito não só tornar mais difícil para as empresas a admissão dos valores mobiliários à cotação oficial nas bolsas dos diversos Estados-Membros, mas também dificultar aos investidores que residam num Estado-Membro a aquisição de valores cotados nas bolsas de outros Estados-Membros e, por conseguinte, dificultar o financiamento das empresas e a colocação de capitais pelos investidores no conjunto da Comunidade;

(11) É conveniente eliminar estas divergências coordenando as regulamentações sem necessariamente as uniformizar na sua totalidade, a fim de tornar o mais possível equivalentes as garantias exigidas por cada Estado-Membro, de modo a assegurar uma informação adequada e tão objectiva quanto possível dos possuidores actuais e potenciais desses valores mobiliários;

(12) Esta coordenação deve ser aplicada aos valores mobiliários, independentemente da natureza jurídica da empresa emitente; portanto, a presente directiva abrange entidades não mencionadas no segundo parágrafo do artigo 48.° do Tratado;

(13) O reconhecimento mútuo do prospecto a publicar para a admissão de valores mobiliários à cotação oficial representa um importante passo na via da criação do mercado interno comunitário;

(14) Convém, neste contexto, especificar quais as autoridades competentes para controlar e aprovar o prospecto a publicar para a admissão de valores mobiliários à cotação oficial em caso de pedido simultâneo de admissão à cotação oficial em vários Estados-Membros;

(15) O artigo 21.° da Directiva 89/298/CEE do Conselho, de 17 de Abril de 1989, que coordena as condições de estabelecimento, controlo e difusão do prospecto a publicar em caso de oferta pública de valores mobiliários (7) prevê que, sempre que haja ofertas públicas feitas simultaneamente, ou em datas aproximadas, em dois ou mais Estados-Membros, qualquer prospecto de oferta pública elaborado e aprovado de acordo com os artigos 7.°, 8.° ou 12.° da referida directiva deve ser reconhecido como um prospecto de oferta pública nos outros Estados-Membros em causa, com base no reconhecimento mútuo;

---

(7) JO L 124 de 5.5.1989, p. 8.

(16) É também desejável prever que um prospecto de oferta pública seja reconhecido como um prospecto de admissão à cotação em bolsa sempre que a admissão à cotação oficial de uma bolsa de valores mobiliários for solicitada pouco tempo depois da oferta pública;

(17) O reconhecimento mútuo do prospecto de oferta pública e de admissão à cotação oficial não implica, por si só, um direito à admissão à cotação oficial;

(18) É oportuno prever o alargamento, por meio de acordos a celebrar pela Comunidade com países terceiros, do reconhecimento, feito numa base de reciprocidade, dos prospectos de admissão à cotação oficial provenientes desses países;

(19) É conveniente prever a possibilidade, para o Estado-Membro onde se pretende obter a admissão à cotação oficial, de conceder em certos casos a dispensa parcial ou total da obrigação de publicar o prospecto de admissão à cotação oficial aos emitentes cujos valores mobiliários já se encontrem admitidos à cotação oficial em bolsa de outro Estado-Membro;

(20) As sociedades de elevada qualidade e renome internacional já cotadas na Comunidade desde há algum tempo são as candidatas mais prováveis à cotação transfronteiras; essas sociedades são geralmente bem conhecidas na maioria dos Estados-Membros; as informações a elas referentes são amplamente divulgadas e acessíveis;

(21) O objectivo da presente directiva é assegurar que sejam prestadas informações suficientes aos investidores; por conseguinte, quando uma dessas sociedades pretender que os seus valores mobiliários sejam admitidos à cotação num Estado-Membro de acolhimento, os investidores que operam no mercado desse país podem ser protegidos de modo suficiente se receberem apenas uma síntese das informações, em lugar do prospecto de admissão à cotação completo;

(22) Os Estados-Membros podem considerar útil a fixação de critérios quantitativos mínimos não discriminatórios, como por exemplo a capitalização bolsista actual, que os emitentes devem satisfazer para poderem beneficiar das possibilidades de dispensa previstas na presente directiva; atendendo à crescente integração dos mercados de valores mobiliários, as autoridades competentes deverão ter igualmente a possibilidade de conceder um tratamento semelhante às sociedades de menor dimensão;

(23) Além disso, muitas bolsas de valores têm segundos mercados para a transacção de acções de sociedades não admitidas à cotação oficial; nalguns casos, os segundos mercados são regulados e supervisionados por entidades reconhecidas pelos poderes públicos, que impõem às sociedades deveres de informação equivalentes, nos seus aspectos essenciais, aos que são impostos às sociedades cotadas oficialmente e que, por conseguinte, o princípio subjacente ao artigo 23.° da presente directiva poderá também ser aplicado caso essas sociedades pretendam que os seus valores mobiliários sejam admitidos à cotação oficial;

(24) A fim de proteger os investidores, os documentos destinados a serem postos à disposição do público devem ser enviados previamente às autoridades competentes do Estado-Membro em que se pretende obter a admissão à cotação oficial; compete a esse mesmo Estado-Membro decidir quanto à eventual verificação desses documen-

tos pelas suas autoridades competentes e determinar, se necessário, a natureza e o modo de efectuar essa verificação;

(25) Quanto aos valores mobiliários admitidos à cotação oficial de uma bolsa de valores, a protecção dos investidores requer uma informação periódica adequada que deve ser fornecida igualmente durante todo o período de cotação destes mesmos valores mobiliários; a coordenação das regulamentações relativas a esta informação periódica procura atingir objectivos idênticos aos prosseguidos pelo prospecto, ou seja, melhorar esta protecção e torná-la mais equivalente, facilitar a cotação destes valores em várias bolsas da Comunidade e contribuir deste modo para a criação de um verdadeiro mercado comunitário de capitais, permitindo uma maior interpenetração dos mercados de valores mobiliários;

(26) De acordo com a presente directiva, as sociedades cotadas devem, com a maior urgência possível, colocar à disposição dos investidores os seus relatórios e contas anuais que forneçam as informações globais do exercício sobre uma determinada sociedade; a Directiva 78/660/CEE do Conselho ([8]) coordenou as disposições legislativas, regulamentares e administrativas dos Estados-Membros quanto às contas anuais de certas sociedades;

([8]) JO L 222 de 14.8.1978, p. 11. Directiva com a última redacção que lhe foi dada pela Directiva 1999/60/CE (JO L 162 de 26.6.1999, p. 65).

(27) É também conveniente que as sociedades ponham à disposição dos investidores um relatório de actividades, pelo menos uma vez durante cada exercício; a presente directiva pode limitar-se, consequentemente, a coordenar o conteúdo e a difusão de um único relatório abrangendo os seis primeiros meses de exercício;

(28) No entanto, para as obrigações ordinárias, devido aos direitos que conferem aos seus detentores, não se impõe a publicação de um relatório semestral; por força da presente directiva, as obrigações convertíveis, passíveis de troca ou com warrants só podem ser admitidas à cotação oficial, se as acções às quais se referem tiverem sido admitidas anteriormente à cotação nessa mesma bolsa ou num outro mercado regulamentado, de funcionamento regular, reconhecido e aberto, ou aí sejam admitidas simultaneamente; os Estados-Membros só podem derrogar este princípio, se as autoridades competentes se assegurarem de que os detentores de obrigações dispõem de todas as informações necessárias para formar opinião sobre o valor das acções relacionadas com estas obrigações; consequentemente, a coordenação da informação periódica só é necessária para as sociedades cujas acções sejam admitidas à cotação numa bolsa de valores;

(29) O relatório semestral deve permitir aos investidores formar opinião, com conhecimento de causa, sobre a evolução geral da actividade da sociedade durante o período abrangido pelo relatório; este relatório só deve, no entanto, conter as informações essenciais sobre a situação financeira e a evolução geral dos negócios da sociedade;

(30) Para assegurar uma protecção eficaz da poupança e o bom funcionamento das bolsas, as regras relativas à informação periódica a publicar pelas sociedades cujas acções

sejam admitidas à cotação oficial numa bolsa de valores da Comunidade devem aplicar-se não só às sociedades dos Estados-Membros, mas também às sociedades de países terceiros;

(31) Uma política de informação adequada dos investidores no sector dos valores mobiliários é susceptível de melhorar a sua protecção, de reforçar a sua confiança nos mercados desses valores e de assegurar assim o seu bom funcionamento;

(32) A coordenação de uma tal política a nível comunitário, porque resulta numa maior equivalência de tal protecção, é susceptível de favorecer a interpenetração dos mercados dos valores mobiliários dos Estados-Membros e de contribuir assim para a realização de um verdadeiro mercado europeu dos capitais;

(33) Nessa óptica, convém informar os investidores das participações importantes e respectivas modificações nas sociedades comunitárias cujas acções estejam admitidas à cotação oficial de uma bolsa de valores situada ou que opere na Comunidade;

(34) Convém especificar de forma coordenada o conteúdo e as regras de execução dessa informação;

(35) As sociedades cujas acções são admitidas à cotação oficial de uma bolsa de valores da Comunidade só se encontram em condições de informar o público das modificações verificadas nas participações importantes se tiverem sido informadas dessas modificações pelos detentores das participações em causa;

(36) A maior parte dos Estados-Membros não impõe a esses detentores uma tal obrigação e quando ela existe, se verificam diferenças sensíveis nas respectivas regras de execução; por conseguinte, convém adoptar uma regulamentação coordenada a nível comunitário nesse domínio;

(37) A presente directiva não deve prejudicar as obrigações dos Estados-Membros relativas aos prazos de transposição das directivas que constam da parte B do Anexo II.

APROVARAM A PRESENTE DIRECTIVA:

TÍTULO I
DEFINIÇÕES E ÂMBITO DE APLICAÇÃO

CAPÍTULO I
Definições

Artigo 1.°

Para efeitos da presente directiva, entende-se por:

a) "Emitentes": as sociedades e outras pessoas colectivas e qualquer empresa cujos valores mobiliários forem objecto de um pedido de admissão à cotação oficial de uma bolsa de valores;

b) "Organismos de investimento colectivo que não sejam de tipo fechado": os fundos comuns de investimento e as sociedades de investimento:

   i) cujo objecto consiste no investimento colectivo de capitais captados junto do público e cujo funcionamento está sujeito ao princípio da diversificação do risco; e

   ii) cujas partes sejam, a pedido dos portadores, resgatadas ou reembolsadas, directamente ou indirectamente, por conta dos activos desses organismos. Equipara-se a estes resgates ou reembolsos o facto de um organismo de investimento agir com a finalidade de impedir que o valor das suas partes cotadas não se afaste demasiado do seu valor líquido do balanço;

c) "Sociedades de investimento que não sejam de tipo fechado", as sociedades de investimento:

   i) cujo objectivo seja o investimento colectivo de capital fornecido pelo público e cujo funcionamento esteja sujeito ao princípio de diversificação dos riscos; e

   ii) cujas acções sejam, a pedido dos detentores, resgatadas ou reembolsadas, directamente ou indirectamente, pelo activo dessas sociedades. Equipara-se a estes resgates ou reembolsos o facto de uma sociedade de investimento agir com a finalidade de impedir que o valor das suas acções cotadas se afaste sensivelmente do seu valor líquido do balanço;

d) "Instituições de crédito": as empresas cuja actividade consiste em receber do público os depósitos e outros fundos reembolsáveis e em conceder créditos por sua própria conta;

e) "Partes": os valores mobiliários emitidos por organismos de investimento colectivo representativos dos direitos de participação nos activos destes organismos;

f) "Participação": os direitos no capital de outras empresas, representados ou não por títulos, que, ao estabelecerem uma ligação duradoura com estas, se destinam a contribuir para a actividade da empresa que detém esses direitos;

g) "Montante líquido do volume de negócios": o montante que resulta da venda dos produtos e da prestação de serviços correspondentes à actividade normal da empresa, dedução feita das reduções de vendas, do imposto sobre o valor acrescentado e de outros impostos directamente ligados ao volume de negócios;

h) "Contas anuais": o balanço, a conta de ganhos e perdas e os respectivos anexos, formando um todo.

CAPÍTULO II
Âmbito de aplicação

Artigo 2.°

1. Os artigos 5.° a 19.°, 42.° a 69.° e 78.° a 84.° aplicam-se aos valores mobiliários que são admitidos ou que constituem objecto de um pedido de admissão à cotação oficial de uma bolsa de valores situada num Estado-Membro.

2. Os Estados-Membros podem não aplicar as disposições referidas no n.° 1:

a) aos títulos emitidos por organismos de investimento colectivo que não sejam de tipo fechado;

b) aos valores mobiliários emitidos por um Estado-Membro ou pelas suas pessoas colectivas públicas territoriais.

Artigo 3.°

1. Os artigos 20.° a 41.°, assim como o Anexo I, aplicam-se aos valores mobiliários que sejam objecto de um pedido de admissão à cotação oficial de uma bolsa de valores que esteja situada ou funcione num Estado-Membro.

2. As disposições referidas no n.° 1 não se aplicam:

a) aos títulos emitidos por organismos de investimento colectivo que não sejam de tipo fechado; nem

b) aos valores mobiliários emitidos por um Estado-Membro ou pelas suas pessoas colectivas públicas territoriais.

Artigo 4.°

1. Os artigos 70.° a 77.° aplicam-se às sociedades cujas acções sejam admitidas à cotação oficial de uma bolsa de valores situada ou funcionando num Estado-Membro, quer se trate da admissão das próprias acções quer de certificados que as representem, seja qual for a data em que a admissão ocorreu.

2. As sociedades de investimento que não sejam de tipo fechado são, no entanto, excluídas do âmbito de aplicação das disposições referidas no n.° 1.

3. Os Estados-Membros podem excluir os bancos centrais do âmbito de aplicação das disposições referidas no n.° 1.

TÍTULO II
DISPOSIÇÕES GERAIS RELATIVAS À COTAÇÃO OFICIAL DE VALORES MOBILIÁRIOS

CAPÍTULO I
Condições gerais de admissão

Artigo 5.°

Os Estados-Membros assegurarão:

a) que os valores mobiliários não possam ser admitidos à cotação oficial de uma bolsa de valores situada ou funcionando no seu território, a não ser que as condições previstas pela presente directiva estejam preenchidas; e

b) que os emitentes de valores mobiliários admitidos à cotação oficial, seja qual for a data em que a admissão ocorreu, sejam submetidos às obrigações previstas pela presente directiva.

Artigo 6.°

1. A admissão de valores mobiliários à cotação oficial está sujeita às condições enunciadas nos artigos 42.° a 51.° ou 52.° a 63.°, segundo se trate respectivamente de acções ou de obrigações.

2. Os emitentes de valores mobiliários admitidos à cotação oficial devem cumprir as obrigações enumeradas nos artigos 64.° a 69.° ou 78.° a 84.°, segundo se trate, respectivamente, de acções ou de obrigações.

3. Os certificados representativos de acções não podem ser admitidos à cotação oficial sem que o emitente preencha as condições enunciadas nos artigos 42.° a 44.° e cumpra as obrigações enumeradas nos artigos 64.° a 69.°, e que os mesmos certificados satisfaçam as condições enumeradas nos artigos 45.° a 50.°.

Artigo 7.°

Os Estados-Membros não podem subordinar a admissão à cotação oficial de valores mobiliários emitidos por sociedades ou outras pessoas colectivas nacionais de um Estado-Membro, à condição de terem sido já admitidos à cotação oficial de uma bolsa de valores situada ou a funcionar num dos Estados-Membros.

CAPÍTULO II
Condições e obrigações mais rigorosas ou suplementares

Artigo 8.°

1. Sem prejuízo das proibições previstas no artigo 7.° e nos artigos 42.° a 63.°, os Estados-Membros podem subordinar a admissão de valores mobiliários à cotação oficial a condições mais rigorosas do que as enunciadas nos artigos 42.° a 63.°, ou a condições suplementares, desde que estas condições mais rigorosas ou suplementares sejam de aplicação geral para todos os emitentes ou por categorias de emitentes e desde que tenham sido publicadas antes dos pedidos de admissão à cotação desses mesmos valores.

2. Os Estados-Membros podem impor aos emitentes de valores mobiliários admitidos à cotação oficial obrigações mais rigorosas que as enumeradas nos artigos 64.° a 69.° e 78.° a 84.°, ou obrigações suplementares, na condição de que estas obrigações mais rigorosas ou suplementares sejam de aplicação geral para todos os emitentes.

3. Os Estados-Membros podem, nas mesmas condições que as previstas no artigo 9.°, autorizar derrogações às condições e obrigações mais rigorosas ou suplementares referidas nos n.°s 1 e 2 do presente artigo.

4. Os Estados-Membros podem, de acordo com a regulamentação nacional aplicável, exigir dos emitentes de valores mobiliários admitidos à cotação oficial, que coloquem periodicamente à disposição do público informações sobre a sua situação financeira e sobre o desenvolvimento da sua actividade.

CAPÍTULO III
Derrogações

Artigo 9.°

As derrogações às condições de admissão de valores mobiliários à cotação oficial autorizadas de acordo com os artigos 42.° a 63.° devem ser de aplicação geral para todos os emitentes, sempre que as circunstâncias que as justifiquem sejam idênticas.

Artigo 10.°

Os Estados-Membros podem não subordinar às condições enunciadas nos artigos 52.° a 63.° e às obrigações enumeradas nos n.°s 1 e 3 do artigo 81.°, a admissão à cotação oficial de obrigações emitidas por sociedades ou outras pessoas colectivas nacionais de um Estado-Membro que sejam criadas ou reguladas por uma lei especial ou por força de uma lei especial, sempre que tais obrigações beneficiem, para o reembolso e pagamento de juros, da garantia de um Estado-Membro ou de um dos seus Estados federados.

CAPÍTULO IV
Poderes das autoridades nacionais competentes

Secção I
Decisão de admissão

Artigo 11.°

1. As autoridades competentes, referidas no artigo 105.°, decidirão a admissão de valores mobiliários à cotação oficial de uma bolsa de valores situada ou a funcionar no seu território.

2. Sem prejuízo de outros poderes que lhes são atribuídos, as autoridades competentes podem rejeitar o pedido de admissão de um valor mobiliário à cotação oficial se considerarem que a situação do emitente é tal que a admissão será contrária aos interesses dos investidores.

Artigo 12.°

Em derrogação ao artigo 8.°, os Estados-Membros podem, com a intenção de proteger os investidores, dar às autoridades competentes a possibilidade de subordinar a admissão à cotação oficial de um valor mobiliário a condições especiais que julgarem convenientes e tenham sido comunicadas ao requerente de uma maneira explícita.

Artigo 13.°

1. Sempre que para um mesmo valor mobiliário os pedidos de admissão à cotação oficial das bolsas de valores situadas ou funcionando em diversos Estados-Membros sejam apresentados simultaneamente ou em datas aproximadas, ou sempre que um pedido de admissão diga respeito a um valor mobiliário já cotado numa bolsa de valores de um outro Estado-Membro, as autoridades competentes informar-se-ão reciprocamente e tomarão as medidas necessárias para acelerar o processo e para simplificar ao máximo as formalidades e as eventuais condições suplementares requeridas para a admissão do valor em questão.

2. A fim de facilitar o trabalho das autoridades competentes, o pedido de admissão de um valor mobiliário à cotação oficial de uma bolsa de valores situada ou a funcionar num Estado-Membro deve indicar se tal pedido foi feito simultaneamente ou anteriormente num outro Estado-Membro ou se o será num futuro próximo.

Artigo 14.°

As autoridades competentes podem recusar a admissão à cotação oficial de um valor mobiliário já admitido à cotação noutro Estado-Membro, sempre que o emitente não respeite as obrigações resultantes da admissão neste último Estado.

Artigo 15.°

O pedido de admissão à cotação oficial de certificados representativos de acções só pode ser tomado em consideração se as autoridades competentes entenderem que o emitente desses certificados oferece suficientes garantias para protecção dos investidores.

Secção II

Informações requeridas pelas autoridades competentes

Artigo 16.°

1. O emitente cujos valores mobiliários sejam admitidos à cotação oficial deve comunicar às autoridades competentes todas as informações que estas julgarem úteis, como forma de garantir a protecção dos investidores ou o bom funcionamento do mercado.

2. Sempre que a protecção dos investidores ou o bom funcionamento do mercado o exija, o emitente pode ser obrigado pelas autoridades competentes a publicar determinadas informações na forma e no prazo que considerarem apropriados. Se o emitente não cumprir a decisão, as autoridades competentes podem, depois de o ter ouvido, proceder à publicação das informações.

Secção III
Medidas aplicáveis no caso de não cumprimento pelo emitente das obrigações decorrentes da admissão

Artigo 17.°

Sem prejuízo de outras medidas ou sanções aplicáveis no caso de não cumprimento pelo emitente das obrigações decorrentes da admissão à cotação oficial, as autoridades competentes podem tornar público o facto de o emitente não respeitar essas obrigações.

Secção IV
Suspensão e exclusão

Artigo 18.°

1. As autoridades competentes podem decidir a suspensão da cotação de um valor mobiliário, quando não estiver assegurado o bom funcionamento do mercado ou quando a protecção dos investidores o exigir.

2. As autoridades competentes podem decidir a exclusão da cotação de um valor mobiliário, quando tenham a convicção de que, devido a circunstâncias especiais, o mercado normal e regular desse valor mobiliário não pode ser mantido.

Secção V
Recurso judicial em caso de recusa de admissão ou de exclusão

Artigo 19.°

1. Os Estados-Membros assegurarão que qualquer decisão das autoridades competentes de recusa de admissão de um valor mobiliário à cotação oficial ou de exclusão de um valor dessa cotação, possa ser objecto de um recurso judicial.

2. Qualquer decisão respeitante a um pedido de admissão à cotação oficial deve ser notificada ao requerente nos seis meses seguintes à recepção desse pedido ou, se as autoridades competentes solicitarem informações complementares, nos seis meses seguintes ao fornecimento dessas informações pelo interessado.

3. A falta de decisão no prazo indicado no n.° 2 será considerada como rejeição tácita do pedido. Esta decisão é susceptível de um recurso judicial nos termos do n.° 1.

TÍTULO III
CONDIÇÕES ESPECIAIS RELATIVAS À COTAÇÃO OFICIAL DE VALORES MOBILIÁRIOS

CAPÍTULO I
Publicação do prospecto de admissão

Secção I
Disposições gerais

Artigo 20.°

Os Estados-Membros assegurarão que a admissão de valores mobiliários à cotação oficial de uma bolsa de valores, que se situe ou funcione no seu território, esteja subordinada à publicação de uma nota informativa, a seguir denominada "prospecto", de acordo com o capítulo I do título V.

Artigo 21.°

1. O prospecto deve conter as informações que, de acordo com as características do emitente e dos valores mobiliários cuja admissão à cotação oficial é requerida, são necessárias para que os investidores e os seus consultores financeiros possam ter um conhecimento profundo do património, da situação financeira, dos resultados e perspectivas do emitente, bem como dos direitos ligados a esses valores mobiliários.

2. Os Estados-Membros assegurarão que a obrigação referida no n.° 1 incumba aos responsáveis pelos prospectos mencionados nos esquemas A e B, pontos 1.1, que figuram no Anexo I.

Artigo 22.°

1. Sem prejuízo da obrigação estabelecida no artigo 21.°, os Estados-Membros assegurarão que, sob reserva das faculdades de excepção previstas nos artigos 23.° e 24.°, o prospecto contenha, com base numa apresentação que permita uma análise e compreensão tão fáceis quanto possível, pelo menos as informações previstas pelos esquemas A, B, ou C do Anexo I, conforme se trate, respectivamente, de acções, obrigações ou certificados representativos de acções.

2. Nos casos especiais referidos nos artigos 25.° a 34.°, o prospecto deve ser elaborado de acordo com as indicações que são determinadas nesses artigos, sob reserva das faculdades de excepção previstas nos artigos 23.° e 24.°

3. Sempre que certas rubricas contidas nos esquemas A, B e C do Anexo I se revelem inadaptadas à actividade ou à forma jurídica do emitente, deve ser utilizado um prospecto fornecendo informações equivalentes adaptando essas rubricas.

Secção II
Dispensa parcial ou total da obrigação de publicar o prospecto

Artigo 23.°

Sem prejuízo do n.° 1 do artigo 39.°, os Estados-Membros podem autorizar as autoridades competentes encarregadas do controlo do prospecto, em conformidade com a presente directiva, a preverem a dispensa parcial ou total da obrigação de publicar o prospecto nos casos seguintes:

1. Quando os valores mobiliários, cuja admissão à cotação oficial é requerida, são:

   a) Valores que foram objecto de uma emissão pública, ou

   b) Valores emitidos na sequência de uma oferta pública de troca, ou

   c) Valores emitidos na sequência de uma operação de fusão mediante incorporação de uma sociedade ou mediante constituição de uma nova sociedade, de cisão de uma sociedade, de transferência da totalidade ou de uma parte do património de uma empresa ou como contrapartida de transferências que não sejam em dinheiro,

   e sempre que tenha sido publicado, no mesmo Estado-Membro e nos doze meses anteriores à admissão dos ditos valores mobiliários à cotação oficial, um documento considerado pelas autoridades competentes como contendo as informações equivalentes às do prospecto previsto pela presente directiva. Devem igualmente ser publicadas todas as modificações significativas que ocorram após a elaboração deste documento. Este documento deve ser colocado à disposição do público na sede do emitente e junto dos organismos financeiros encarregados de assegurar o serviço financeiro por conta daquela, devendo as modificações supracitadas ser publicadas de acordo com o disposto no n.° 1 do artigo 98.° e no n.° 1 do artigo 99.°;

2. Quando os valores mobiliários, cuja admissão à cotação oficial é requerida, são:

   a) Acções atribuídas gratuitamente aos titulares de acções já cotadas na mesma bolsa; ou

   b) Acções resultantes da conversão de obrigações convertíveis ou acções criadas na sequência de uma troca contra obrigações passíveis de troca, desde que as acções da sociedade cujas acções são para conversão ou troca já estejam cotadas na mesma bolsa; ou

   c) Acções resultantes do exercício de direitos conferidos por *warrants*, desde que as acções da sociedade cujas acções são oferecidas aos portadores dos *warrants* estejam já cotadas na mesma bolsa; ou

   d) Acções emitidas em substituição de acções já cotadas na mesma bolsa, sem que a emissão destas novas acções envolva um aumento do capital subscrito da sociedade, e sempre que as informações previstas no esquema A, capítulo II, do Anexo I, se forem adequadas, sejam publicadas de acordo com o n.° 1 do artigo 98.° e o n.° 1 do artigo 99.°;

3. Quando os valores mobiliários, cuja admissão à cotação oficial é requerida, são:

   a) Acções cuja quantidade, valor em bolsa estimado, valor nominal ou, na falta deste, valor ao par contabilístico é inferior a 10% da quantidade ou do valor correspondente das acções da mesma categoria já cotadas na mesma bolsa; ou

   b) Obrigações emitidas por sociedades e outras pessoas colectivas nacionais de um Estado-Membro:

      i) que beneficiem, para o exercício da sua actividade, de um monopólio de Estado; e

      ii) que sejam criadas ou regidas por uma lei especial ou por força de uma lei especial ou cujos empréstimos contraídos beneficiem da garantia incondicional e irrevogável de um Estado-Membro ou de um dos seus Estados federados; ou

   c) Obrigações emitidas por pessoas colectivas, que não sejam sociedades, nacionais de um Estado-Membro:

      i) que tenham sido criadas por uma lei especial;

      ii) cuja actividade é regulada por esta lei e consiste exclusivamente:

         – em mobilizar fundos, sob o controlo do poder público, através da emissão de obrigações, e

         – em financiar actividades de produção com os recursos que mobilizaram e com os recursos fornecidos por um Estado-Membro,

      iii) e cujas obrigações são equiparadas pela legislação nacional, para efeitos de admissão à cotação oficial, às obrigações emitidas ou garantidas pelo Estado; ou

   d) Acções atribuídas aos trabalhadores, desde que acções da mesma categoria já sejam cotadas na mesma bolsa; não são consideradas como pertencendo a categorias diferentes as acções que se distinguem unicamente pela data em que o direito aos dividendos pode ser exercido pela primeira vez; ou

   e) Valores mobiliários já admitidos à cotação oficial numa outra bolsa de valores do mesmo Estado-Membro; ou

   f) Acções emitidas como remuneração pela renúncia parcial ou total dos gerentes de uma sociedade em comandita por acções. Aos seus direitos estatutários sobre os lucros, desde que acções de uma mesma categoria estejam já cotadas na mesma bolsa; não são consideradas como pertencendo a categorias diferentes as acções que se distinguem unicamente pela data em que o direito aos dividendos pode ser exercido pela primeira vez; ou

   g) Certificados suplementares representativos de acções emitidas em troca de valores mobiliários originais, sem que a emissão destes novos certificados tenha envolvido um aumento do capital subscrito da sociedade e na condição de que estes certificados representativos das acções estejam já cotados na mesma bolsa;

e que

- no caso previsto na alínea a), o emitente tenha satisfeito as condições impostas pelas autoridades nacionais em matéria de publicidade na bolsa e tenha apresentado contas anuais e respectivos relatórios anuais e intercalares considerados suficientes por estas autoridades,
- no caso previsto na alínea e), tenha sido já publicado um prospecto, de acordo com a presente directiva, e
- em todos os casos previstos nas alíneas a) a g), tenham sido publicadas, de acordo com o n.° 1 do artigo 98.° e o n.° 1 do artigo 99.°, informações relativas à quantidade e à natureza dos valores mobiliários a admitir à cotação oficial e às circunstâncias em que estes valores foram emitidos.

4. Quando:

a) Os valores mobiliários ou as acções do emitente ou certificados representativos dessas acções se encontram cotados oficialmente num outro Estado-Membro há pelo menos três anos antes do pedido de admissão à cotação oficial;

b) A contento das autoridades competentes do Estado-Membro em que é solicitada a admissão à cotação oficial, as autoridades competentes do Estado-Membro ou dos Estados-Membros em que os valores mobiliários do emitente estão admitidos à cotação oficial tiverem confirmado que o emitente, durante os últimos três anos, ou durante todo o período de tempo em que os valores mobiliários do emitente estiveram cotados, caso esse período seja inferior a três anos, cumpriu os requisitos de informação e de admissão à cotação impostos às sociedades cujos valores mobiliários são admitidos à cotação oficial pela presente directiva;

c) Todos os elementos seguintes são publicados de acordo com o disposto no artigo 98.° e no n.° 1 do artigo 99.°:

i) um documento contendo as seguintes informações:

- uma declaração de que foi solicitada a admissão dos valores mobiliários à cotação oficial. Caso se trate de acções, essa declaração deverá também especificar a quantidade e a categoria das acções em questão, e deverá incluir uma descrição sumária dos direitos a elas inerentes. Caso se trate de certificados representativos de acções, essa declaração deverá também especificar os direitos inerentes aos títulos originais e informações relativas à possibilidade de conversão dos certificados em títulos originais e o processo de conversão. Caso se trate de títulos de dívida, essa declaração deverá também especificar o montante nominal do empréstimo (se esse montante não estiver fixado, deve mencionar-se esse facto), assim como as condições e as características dos empréstimos; com excepção dos casos de emissões contínuas, o preço de emissão e de reembolso e a taxa de juro nominal (se estiverem previstas diversas taxas de juro, indicação das condições determinantes da sua modificação); no caso de títulos de dívida convertíveis, de títulos de dívida que podem ser trocados, de títulos de dívida com *warrants* ou de *warrants*, a declaração deverá igualmente especificar a natureza das acções oferecidas através de conversão, troca ou subscrição, os direitos a elas inerentes, as condições e os processos de conversão, troca ou subscrição e pormenores sobre as circunstâncias em que podem ser alterados,

- especificação de qualquer alteração ou evolução significativas ocorridas após a data a que os documentos referidos nas subalíneas ii) e iii) se reportam,
- informações especificamente destinadas ao mercado do país em que é solicitada a admissão à cotação, nomeadamente sobre o regime de tributação dos rendimentos e sobre os agentes pagadores do emitente e o modo de publicação dos anúncios destinados aos investidores,
- uma declaração, por parte das pessoas responsáveis pelas informações prestadas nos termos dos travessões anteriores, em como essas informações são verdadeiras e não contêm quaisquer omissões susceptíveis de afectar o conteúdo do documento;

ii) o último relatório anual, as últimas contas anuais auditadas (caso o emitente elabore contas próprias e contas consolidadas, deverão ser fornecidos ambos os tipos de contas. No entanto, as autoridades competentes podem autorizar o emitente a fornecer ou as contas próprias ou as contas consolidadas, na condição de as contas não fornecidas não incluírem quaisquer informações adicionais significativas), bem como o último relatório de gestão semestral do emitente relativo ao exercício em causa, caso já tenha sido publicado;

iii) quaisquer prospectos de admissão à cotação ou documentos equivalentes publicados pelo emitente nos doze meses anteriores ao pedido de admissão à cotação oficial;

iv) as seguintes informações, sempre que não se encontrem já contidas nos documentos previstos nas subalíneas i), ii) e iii):

- a composição dos órgãos de administração, direcção e fiscalização da sociedade, bem como as funções desempenhadas por cada um dos seus membros,
- informações gerais sobre o capital social,
- a situação actual com base nas mais recentes informações comunicadas ao emitente nos termos dos artigos 85.° a 97.°,
- todos os relatórios dos revisores oficiais de contas referentes às últimas contas anuais publicadas exigidos pela legislação nacional do Estado-Membro em que se situa a sede social do emitente;

d) Os anúncios, notas, cartazes e documentos que anunciam a admissão dos valores mobiliários à cotação e que indicam as características essenciais desses valores mobiliários e todos os outros documentos relativos à sua admissão à cotação e destinados a publicação pelo emitente ou em seu nome permitem determinar que as informações referidas na alínea c) existem e mencionam onde estão, ou serão, publicadas de acordo com o disposto no artigo 98.°;

e

e) As informações referidas na alínea c) e os anúncios, notas, cartazes e documentos referidos na alínea d) tenham sido enviados às autoridades competentes antes de serem postos à disposição do público.

5. Sempre que as sociedades cujas acções já tenham sido negociadas durante pelo menos os dois últimos anos num segundo mercado, regulamentado e supervisionado por entidades reconhecidas pelos organismos públicos, pretenderem que os seus valores mobiliários sejam admitidos à cotação oficial no mesmo Estado-Membro e que, na opinião das autoridades competentes, se encontrem à disposição dos investidores, antes da data em que a admissão à cotação oficial se torna efectiva, informações equivalentes no seu conteúdo às requeridas pela presente directiva.

Secção III
Dispensa de inclusão de certas informações no prospecto

Artigo 24.°

As autoridades competentes podem dispensar a inclusão no prospecto de certas informações previstas na presente directiva, sempre que considerem:

a) Que essas informações são de importância menor e não são de natureza a influenciar a apreciação do património, da situação financeira, dos resultados e das perspectivas do emitente; ou

b) Que a divulgação destas informações seria contrária ao interesse público ou provocaria um prejuízo grave ao emitente, desde que, neste último caso, a falta de publicação dessa informação não induzisse o público em erro sobre os factos e as circunstâncias essenciais para a apreciação dos valores mobiliários em questão.

Secção IV
Conteúdo do prospecto em casos especiais

Artigo 25.°

1. Sempre que o pedido de admissão à cotação oficial se referir a acções emitidas com direito de preferência dos accionistas do emitente, estando as acções desse emitente já cotadas na mesma bolsa, as autoridades competentes podem prever que o prospecto contenha apenas as informações previstas pelo esquema A do Anexo I:

a) No capítulo I;

b) No capítulo II;

c) No capítulo III, pontos 3.1.0, 3.1.5, 3.2.0, 3.2.1, 3.2.6, 3.2.7, 3.2.8 e 3.2.9;

d) No capítulo IV, pontos 4.2, 4.4, 4.5, 4.7.1 e 4.7.2;

e) No capítulo V, pontos 5.1.4, 5.1.5 e 5.5;

f) No capítulo VI, pontos 6.1, 6.2.0, 6.2.1, 6.2.2 e 6.2.3;

g) No capítulo VII.

Sempre que as acções referidas no primeiro parágrafo forem representadas por certificados, o prospecto deve conter, pelo menos, sob reserva dos n.°s 2 e 3 do artigo 33.°, além das informações mencionadas naquele parágrafo, as informações previstas pelo esquema C do Anexo I:

a) no capítulo I, pontos 1.1, 1.3, 1.4, 1.6 e 1.8;

e

b) no capítulo II.

2. Sempre que o pedido de admissão à cotação oficial se referir a obrigações convertíveis, obrigações passíveis de troca e obrigações com *warrants*, emitidas com direito de preferência dos accionistas do emitente, estando as acções deste já cotadas na mesma bolsa, as autoridades competentes podem prever que o prospecto apenas contenha:

a) As informações respeitantes à natureza das acções emitidas em resultado de conversão, troca ou subscrição e aos direitos que lhes são inerentes;

b) As informações previstas no esquema A do Anexo I e mencionadas no n.° 1, primeiro parágrafo, com excepção das previstas no capítulo II do mesmo esquema;

c) As informações previstas no esquema B, capítulo II, do Anexo I;

d) As condições e modalidades de conversão, de troca ou de subscrição de acções, bem como os casos em que as mesmas podem ser modificadas.

3. Os prospectos referidos nos n.°s 1 e 2 devem, aquando da sua publicação nos termos do artigo 98.°, ser acompanhados das contas anuais relativas ao último exercício.

4. Se o emitente estabelecer ao mesmo tempo contas anuais não consolidadas e contas anuais consolidadas, estes dois tipos de contas devem ser anexadas ao prospecto. No entanto, as autoridades competentes podem permitir que o emitente anexe somente ao prospecto quer as contas não consolidadas, quer as contas consolidadas, na condição de que as contas que não forem anexadas ao prospecto não contenham informações adicionais importantes.

Artigo 26.°

1. Sempre que o pedido de admissão à cotação oficial se referir a obrigações que não sejam obrigações convertíveis, obrigações passíveis de troca ou obrigações com *warrants*, e que sejam emitidas por uma empresa cujos valores mobiliários estão já cotados na mesma bolsa, as autoridades competentes podem prever que o prospecto apenas contenha as informações previstas no esquema B do Anexo I:

a) No capítulo I;

b) No capítulo II;

c) No capítulo III, pontos 3.1.0, 3.1.5, 3.2.0 e 3.2.2;

d) No capítulo IV, ponto 4.3;

e) No capítulo V, pontos 5.1.2, 5.1.3, 5.1.4 e 5.4;

f) No capítulo VI;

g) No capítulo VII.

2. Caso seja publicado de acordo com o artigo 98.°, o prospecto previsto no n.° 1 deve ser acompanhado das contas anuais relativas ao último exercício.

3. Se o emitente estabelecer ao mesmo tempo contas anuais não consolidadas e contas anuais consolidadas, estes dois tipos de contas devem ser anexados ao prospecto. No entanto, as autoridades competentes podem permitir que o emitente anexe somente ao prospecto quer as contas não consolidadas, quer as contas consolidadas, na condição de que as contas que não forem anexadas ao prospecto não contenham informações adicionais importantes.

Artigo 27.°

Sempre que o pedido de admissão à cotação oficial se referir a obrigações que, em razão das suas características, são normalmente adquiridas quase exclusivamente por um número limitado de investidores particularmente entendidos em matéria de investimentos e que por isso os negoceiam entre si, as autoridades competentes podem dispensar a inclusão no prospecto de certas informações previstas no esquema B do Anexo I ou permitir a sua inclusão sob uma forma resumida, com a condição de que essas informações não sejam significativas para os investidores interessados.

Artigo 28.°

1. Para a admissão à cotação oficial de valores mobiliários emitidos por instituições financeiras, o prospecto deve conter:

a) Pelo menos, as informações previstas nos esquemas A ou B, capítulos I, II, III, V e VI, do Anexo I, consoante se trate, respectivamente, de acções ou de obrigações; e

b) Informações adaptadas às características do emitente em questão e, pelo menos, equivalentes às que estão previstas nos esquemas A ou B, capítulos IV e VII, do Anexo I, de acordo com as regras estabelecidas a este respeito pela legislação nacional ou pelas autoridades competentes.

2. Os Estados-Membros determinarão as instituições financeiras previstas no presente artigo.

3. O regime previsto pelo presente artigo pode ser estendido:

a) Aos organismos de investimento colectivo cujas partes não são excluídas do âmbito de aplicação da presente directiva pelo n.° 2, alínea a), do artigo 3.°;

b) As sociedades de financiamento que não exercem outras actividades diferentes daquelas que consistem em reunir capitais para os colocar à disposição da sua sociedade-mãe ou de empresas ligadas a esta;

c) As sociedades que detêm uma carteira de valores mobiliários, de licenças ou de patentes e que não exercem outra actividade a não ser a gestão dessa carteira.

Artigo 29.°

Sempre que o pedido de admissão à cotação oficial se referir a obrigações emitidas de modo contínuo ou repetido por estabelecimentos de crédito que publicam regularmente as suas contas anuais e que, no interior da Comunidade, são criadas ou reguladas por uma lei especial ou por força de uma lei especial ou estão sujeitas a um controlo público para protecção da poupança, os Estados-Membros podem prever que o prospecto apenas contenha:

a) As informações do esquema B, ponto 1.1 e capítulo II, do Anexo I; e

b) Informações relativas aos acontecimentos importantes para a apreciação dos valores em questão, ocorridos depois da data de encerramento do exercício ao qual se referem as últimas contas publicadas. Estas contas devem estar à disposição do público na sociedade emitente ou nos organismos financeiros que asseguram o serviço financeiro daquele.

Artigo 30.°

1. Para admissão à cotação oficial de obrigações que são garantidas por uma pessoa colectiva, o prospecto deve conter:

a) No que diz respeito ao emitente, as informações previstas pelo esquema B do Anexo I; e

b) No que diz respeito ao garante, as informações previstas pelo mesmo esquema no ponto 1.3 e nos capítulos III a VII.

Sempre que o emitente ou o garante forem uma instituição financeira, a parte do prospecto relativa a essa instituição financeira deve ser elaborada de acordo com o regime previsto no artigo 28.°, sem prejuízo do primeiro parágrafo do presente número.

2. Sempre que o emitente de obrigações garantidas for uma sociedade de financiamento, nos termos do n.° 3 do artigo 28.°, o prospecto deve conter:

a) No que diz respeito ao emitente, as informações previstas no esquema B, capítulos I, II, III e pontos 5.1.0 a 5.1.5 e 6.1, do Anexo I, e

b) No que diz respeito ao garante, as informações previstas pelo mesmo esquema no ponto 1.3 e nos capítulos III a VII.

3. Em caso de pluralidade de garantes, as informações requeridas serão exigidas a cada um deles; contudo, as autoridades competentes podem permitir uma simplificação das informações tendo em vista uma melhor compreensão do prospecto.

4. O contrato de garantia deve, nos casos referidos nos n.°s 1, 2 e 3, ser colocado à disposição do público para consulta na sede do emitente e junto dos organismos financeiros encarregados de assegurar o serviço financeiro daquele. Deverão ser fornecidas a todos os interessados, que o solicitem, cópias do contrato.

Artigo 31.°

1. Sempre que o pedido de admissão à cotação oficial se referir a obrigações convertíveis, passíveis de troca ou com *warrants*, o prospecto deve conter:

a) Informações relativas à natureza das acções oferecidas em conversão, em troca ou em subscrição e os direitos que lhes são inerentes;

b) As informações previstas no esquema A, ponto 1.3 e capítulos III a VII, do Anexo I;

c) As informações previstas no esquema B, capítulo II, do Anexo I;

d) As condições e modalidades de conversão, de troca ou de subscrição, bem como as situações em que aquelas podem ser modificadas.

2. Sempre que o emitente de obrigações convertíveis, passíveis de troca, ou com *warrants* for diferente do emitente de acções, o prospecto deve conter:

a) Informações relativas à natureza das acções oferecidas em conversão, em troca ou em subscrição e os direitos que lhes são inerentes;

b) No que diz respeito ao emitente de obrigações, as informações previstas no esquema B do Anexo I;

c) No que diz respeito ao emitente de acções, as informações previstas no esquema A, ponto 1.3 e capítulos III a VII, do Anexo I;

d) As condições e modalidades de conversão, de troca ou de subscrição bem como as situações em que aquelas podem ser modificadas.

Contudo, sempre que o emitente das obrigações for uma sociedade de financiamento nos termos do n.° 3 do artigo 28.°, o prospecto pode, no que diz respeito à sociedade de financiamento conter apenas as informações previstas no esquema B, capítulos I, II e III e pontos 5.1.0 a 5.1.5 e 6.1, do Anexo I.

Artigo 32.°

1. Sempre que o pedido de admissão à cotação oficial se referir a valores mobiliários emitidos, na sequência de uma operação de fusão mediante incorporação de uma sociedade ou mediante constituição de uma nova sociedade, de cisão de uma sociedade, de uma transferência da totalidade ou de uma parte do património de uma empresa, de uma oferta pública de troca ou como contrapartida de transferências que não sejam em dinheiro, os documentos que indicam os termos e condições destas operações, bem como, se for caso disso, o

balanço de abertura, estabelecido ou não em pro forma, no caso de o emitente não ter ainda organizado contas anuais, devem, sem prejuízo da obrigação de publicar o prospecto, ser colocados à disposição do público para consulta na sede do emitente e junto dos organismos financeiros encarregados de assegurar o serviço financeiro daquele.

2. Sempre que a operação referida no n.° 1 tiver ocorrido há mais de dois anos, as autoridades competentes podem dispensar da obrigação prevista nesse mesmo número.

Artigo 33.°

1. Sempre que o pedido de admissão à cotação oficial se referir a certificados representativos de acções, o prospecto deve conter, no que respeita aos certificados, as informações previstas no esquema C do Anexo I e, no que respeita às acções representadas, as informações previstas no esquema A do Anexo I.

2. Contudo, as autoridades competentes podem dispensar o emitente dos certificados de publicar a sua própria situação financeira, sempre que o emitente for:

a) Um estabelecimento de crédito nacional de um Estado-Membro, criado ou regulado por uma lei especial ou por força de uma lei especial, ou sujeito a um controlo público para protecção da poupança;

b) Uma filial a 95% ou mais, de um estabelecimento de crédito, nos termos da alínea a), cujos compromissos para com os portadores de certificados são garantidos incondicionalmente por esse estabelecimento de crédito, e que está sujeita, *de jure* ou *de facto*, ao mesmo controlo que este;

c) Um *Administratiekantoor* nos Países Baixos, sujeito, relativamente ao depósito de títulos originais, a regras especiais fixadas pelas autoridades competentes.

3. Caso os certificados sejam emitidos por um organismo de transferência de títulos ou por uma instituição auxiliar criada por tais organismos, as autoridades competentes podem dispensar a publicação das informações previstas no esquema C, capítulo I, do Anexo I.

Artigo 34.°

1. Sempre que as obrigações cuja admissão à cotação oficial é solicitada beneficiam, para o reembolso do empréstimo e para o pagamento dos juros, da garantia incondicional e irrevogável de um Estado ou de um dos seus Estados federados, a legislação nacional ou as autoridades competentes podem permitir uma simplificação da informação prevista no esquema B, capítulos III e V, do Anexo I.

2. A possibilidade de simplificação prevista no n.° 1 pode igualmente aplicar-se às sociedades criadas ou reguladas por uma lei especial ou por força de uma lei especial e que podem cobrar encargos aos seus clientes.

Secção V
Modalidades de controlo e difusão do prospecto

Artigo 35.°

1. O prospecto não pode ser publicado antes de ser aprovado pelas autoridades competentes.

2. As autoridades competentes só aprovarão a publicação do prospecto se considerarem que estão satisfeitas as exigências enunciadas na presente directiva.

Artigo 36.°

As autoridades competentes decidirão se aceitam a certificação do revisor oficial de contas previsto nos esquemas A e B, ponto 1.3, do Anexo I e, se for caso disso, se exigirão uma certificação suplementar.

A exigência de uma certificação suplementar deve resultar de um exame caso a caso. A pedido do revisor oficial de contas e/ou do emitente, as autoridades competentes devem indicar os motivos que justificam esta exigência.

Secção VI
Determinação da autoridade competente

Artigo 37.°

Sempre que, para um mesmo valor mobiliário, forem apresentados, simultaneamente ou em datas aproximadas, pedidos de admissão à cotação oficial em bolsas situadas ou que funcionem em vários Estados-Membros, incluindo aquele onde está sediado estatutariamente o emitente, o prospecto será estabelecido no Estado onde está sediado estatutariamente o emitente, de acordo com as regras definidas na presente directiva, e aprovado pelas autoridades competentes desse Estado-Membro; se não estiver sediado num desses Estados-Membros, o emitente escolherá o Estado-Membro ao abrigo de cuja lei o prospecto deve ser estabelecido e aprovado.

Secção VII
Reconhecimento mútuo

Artigo 38.°

1. Uma vez aprovado nos termos do artigo 37.°, o prospecto deverá, sem prejuízo da sua tradução eventual, ser reconhecido pelos outros Estados-Membros em que a admissão à

cotação oficial é solicitada, sem necessidade de obtenção de aprovação das autoridades competentes desses Estados-Membros e sem que estas possam exigir a inserção no prospecto de informações complementares. No entanto, as autoridades competentes podem exigir a inserção no prospecto de informações específicas do mercado do país de admissão, relativas em especial ao regime fiscal dos rendimentos, aos organismos financeiros que asseguram o serviço financeiro do emitente nesse país e ao modo de publicação dos anúncios destinados aos investidores.

2. O prospecto aprovado pelas autoridades competentes nos termos do artigo 37.° deverá ser reconhecido no outro Estado-Membro em que seja apresentado um pedido de admissão à cotação oficial, mesmo que esse prospecto beneficie de uma dispensa ou de uma derrogação parciais, em aplicação da presente directiva, desde que:

a) Aquela dispensa ou derrogação seja de um tipo reconhecido pela lei do outro Estado-Membro em causa; e

b) As condições que justificarem aquela dispensa ou derrogação se verifiquem igualmente no outro Estado-Membro em causa e que não se verifiquem outras condições para tais dispensas ou derrogações que possam levar as autoridades competentes desse Estado a recusá-las.

Mesmo no caso de as condições previstas nas alíneas a) e b) não estarem preenchidas, o Estado-Membro em causa pode permitir às suas autoridades competentes o reconhecimento do prospecto aprovado pelas autoridades competentes nos termos do artigo 37.°.

3. Quando aprovam o prospecto, as autoridades competentes, nos termos do artigo 37.°, enviam às autoridades competentes dos outros Estados-Membros onde foi pedida a admissão à cotação oficial um certificado atestando aquela aprovação. Se, em aplicação da presente directiva, tiver sido concedida uma dispensa ou derrogação parciais, o certificado deve mencionar e justificar tal facto.

4. Por ocasião do pedido de admissão à cotação oficial, o emitente transmitirá às autoridades competentes de cada um dos Estados-Membros em que solicitar a admissão o projecto de prospecto que prevê utilizar nesse Estado.

5. Os Estados-Membros podem limitar a aplicação deste artigo aos prospectos emitidos por emitentes com sede estatutária num Estado-Membro.

Artigo 39.°

1. Sempre que for apresentado um pedido de admissão à cotação oficial num ou vários Estados-Membros e os valores mobiliários tenham sido objecto de um prospecto de oferta pública elaborado e aprovado em qualquer Estado-Membro, de acordo com os artigos 7.°, 8.° ou 12.° da Directiva 89/298/CEE, durante os três meses anteriores ao pedido de admissão, o prospecto de oferta pública será reconhecido, sob reserva da sua eventual tradução, como prospecto de admissão à cotação oficial no ou nos Estados-Membros em que tenha sido apresentado o pedido de admissão à cotação oficial, sem necessidade de obtenção de aprovação das autoridades competentes desse ou desses Estados-Membros e sem que estas

últimas possam exigir a inserção de informações complementares no prospecto. No entanto, as autoridades competentes podem exigir a inserção no prospecto de informações específicas do mercado do país de admissão, relativas em especial ao regime fiscal dos rendimentos, aos organismos financeiros que assegurem ao emitente o serviço financeiro no país de admissão e ao modo de publicação dos anúncios destinados aos investidores.

2. Os n.°s 2 a 5 do artigo 38.° aplicam-se no caso referido no n.° 1 do presente artigo.

3. O artigo 100.° é aplicável no que se refere a qualquer alteração surgida entre o momento em que o conteúdo do prospecto previsto no n.° 1 tiver sido aprovado e o momento em que a cotação oficial se torna efectiva.

Artigo 40.°

1. Sempre que um pedido de admissão à cotação oficial relativo a valores mobiliários que dêem acesso ao capital social, imediatamente ou a prazo, for apresentado num ou mais Estados-Membros que não aquele em que se encontra sediado estatutariamente o emitente das acções às quais esses valores mobiliários dão direito, estando as acções desse emitente já admitidas à cotação oficial nesse Estado-Membro, as autoridades competentes do Estado-Membro de admissão apenas podem deliberar após terem consultado as do Estado-Membro da sede do emitente das acções em causa.

2. Sempre que for apresentado um pedido de admissão à cotação oficial relativamente a um valor mobiliário já cotado num outro Estado-Membro há menos de seis meses, as autoridades competentes a quem o pedido é apresentado contactarão aquelas que já admitiram o valor mobiliário à cotação oficial e dispensarão, na medida do possível, o emitente desse valor mobiliário de elaborar um novo prospecto, sem prejuízo da eventual necessidade de actualizar, traduzir ou elaborar um suplemento correspondente às exigências próprias do Estado-Membro em questão.

Secção VIII
Acordos com países terceiros

Artigo 41.°

A Comunidade pode, através de acordos celebrados nos termos do Tratado com um ou mais países terceiros, reconhecer, em condições de reciprocidade, que os prospectos de admissão estabelecidos e controlados nos termos da regulamentação desse(s) país(es) terceiro(s) satisfazem as exigências da presente directiva, desde que a regulamentação em causa assegure aos investidores uma protecção equivalente à que é garantida pela presente directiva, mesmo que essa regulamentação não coincida com as disposições da presente directiva.

CAPÍTULO II
Condições especiais relativas à admissão de acções

Secção I
Condições relacionadas com a sociedade cujas acções são objecto de um pedido de admissão à cotação oficial

Artigo 42.°

A situação jurídica da sociedade deve estar em conformidade com as leis e regulamentos aos quais ela está sujeita, tanto no que diz respeito à sua constituição como no que diz respeito ao seu funcionamento estatutário.

Artigo 43.°

1. A capitalização previsível na bolsa das acções que são objecto do pedido de admissão à cotação oficial ou, se ela não puder ser determinada, os capitais próprios da sociedade, incluindo os resultados do último exercício, devem ser de, pelo menos, um milhão de euros.

2. Os Estados-Membros podem prever que o não preenchimento desta condição não constitui impedimento à admissão à cotação oficial, desde que as autoridades competentes tenham a certeza de que se formará um mercado suficiente para as acções em causa.

3. Um Estado-Membro não pode exigir um montante mais elevado de capitalização previsível na bolsa ou de capitais próprios para a admissão à cotação oficial, a não ser que exista nesse Estado um outro mercado regulamentado, de funcionamento regular, reconhecido e aberto, para o qual as exigências nessa matéria são iguais ou inferiores às referidas no n.° 1.

4. A condição enunciada no n.° 1 não é aplicável à admissão à cotação oficial de um lote suplementar de acções da mesma categoria que as admitidas.

5. O contra valor em moeda nacional de um milhão de euros é inicialmente o equivalente do contra valor em moeda nacional de um milhão de unidades de conta europeias que tinha sido aplicada em 5 de Março de 1979.

6. Se, na sequência de modificações do contra valor do euro em moeda nacional, o montante da capitalização na bolsa, expresso em moeda nacional, for inferior ou superior a, pelo menos, 10% do valor de um milhão de euro durante um período de um ano, o Estado-Membro deve, num prazo de doze meses a contar do termo desse período, adaptar as suas disposições legislativas, regulamentares ou administrativas ao disposto no n.° 1.

Artigo 44.°

A sociedade deve ter publicado ou depositado, segundo o direito nacional, as suas contas anuais relativas aos três exercícios anteriores ao pedido de admissão à cotação oficial.

Excepcionalmente, as autoridades competentes podem derrogar esta condição, sempre que tal derrogação for desejável no interesse da sociedade ou dos investidores e desde que as autoridades competentes tenham a certeza de que os investidores dispõem das informações necessárias para formarem um juízo correcto sobre a sociedade e sobre as acções cuja admissão à cotação oficial é pedida.

Secção II
Condições relacionadas com as acções que são objecto de um pedido de admissão à cotação oficial

Artigo 45.°

A situação jurídica das acções deve estar em conformidade com as leis e regulamentos a que estão sujeitas.

Artigo 46.°

1. As acções devem ser livremente negociáveis.

2. As autoridades competentes podem equiparar às acções livremente negociáveis as acções não inteiramente liberadas, sempre que tenham sido tomadas disposições para que a negociabilidade destas acções não seja dificultada e desde que a transparência das transacções seja assegurada por uma adequada informação prestada ao público.

3. Relativamente à admissão à cotação oficial de acções cuja aquisição está dependente de aprovação, as autoridades competentes só podem derrogar o n.° 1 se a utilização da cláusula de aprovação não perturbar o mercado.

Artigo 47.°

No caso de emissão pública precedendo a admissão à cotação oficial, só se pode estabelecer a primeira cotação oficial após o encerramento do período no decorrer do qual os pedidos de subscrição podem ser apresentados.

Artigo 48.°

1. Deve ser realizada, o mais tardar, até ao momento da admissão, uma suficiente difusão das acções entre o público num ou mais Estados-Membros.

2. A condição prevista no n.° 1 não é aplicável no caso de a difusão de acções pelo público ser efectuada através da bolsa. Neste caso, a admissão à cotação oficial não pode ser decidida sem que as autoridades competentes estejam convictas de que uma difusão satisfatória com intervenção da bolsa será feita num curto espaço de tempo.

3. No caso de pedido de admissão à cotação oficial de um lote suplementar de acções da mesma categoria, as autoridades competentes podem verificar se a difusão das acções pelo público é suficiente relativamente à totalidade das acções emitidas e não somente em relação a este lote suplementar.

4. Se as acções forem admitidas à cotação oficial num ou mais Estados terceiros, as autoridades competentes podem, em derrogação ao n.° 1, prever a admissão à cotação oficial se for efectuada uma difusão suficiente pelo público no ou nos países terceiros onde as acções estão cotadas.

5. Presume-se que foi efectuada uma difusão suficiente quando as acções que forem objecto do pedido de admissão se encontram dispersas pelo público numa proporção de, pelo menos, 25% do capital social subscrito representado por essa categoria de acções, ou quando, devido ao elevado número de acções da mesma categoria e devido à amplitude da sua difusão entre o público, esteja assegurado um funcionamento regular do mercado com uma percentagem mais baixa.

Artigo 49.°

1. O pedido de admissão à cotação oficial deve referir-se a todas as acções da mesma categoria já emitidas.

2. Os Estados-Membros podem prever que esta condição não se aplique aos pedidos de admissão que não se refiram à totalidade das acções da mesma categoria já emitidas, sempre que as acções dessa categoria cuja admissão não é solicitada façam parte de lotes destinados a manter o controlo da sociedade ou não sejam negociáveis durante um período determinado por força de convenções, sem prejuízo de o público dever ser informado destas situações e na condição de isso não prejudicar os portadores das acções cuja admissão à cotação oficial é solicitada.

Artigo 50.°

1. Relativamente à admissão à cotação oficial de acções emitidas por sociedades nacionais de um outro Estado-Membro e que são objecto de uma apresentação material, é necessário e suficiente que esta apresentação esteja de acordo com as normas em vigor nesse outro Estado-Membro. Se a apresentação material não estiver de acordo com as normas em vigor no Estado-Membro onde a admissão à cotação oficial é solicitada, as autoridades competentes deste Estado devem levar esta situação ao conhecimento do público.

2. A apresentação material de acções emitidas por sociedades nacionais de um país terceiro deve oferecer garantias suficientes de protecção dos investidores.

Artigo 51.°

Se as acções emitidas por uma sociedade nacional de um país terceiro não estiverem cotadas no país de origem ou de difusão principal, elas só podem ser admitidas à cotação oficial se as autoridades competentes tiverem a certeza de que a falta de cotação no país de origem ou de difusão principal não é devida à necessidade de proteger os investidores.

CAPÍTULO III
Condições especiais relativas à admissão das obrigações emitidas por uma empresa

Secção I
Condições relacionadas com a empresa cujas obrigações são objecto de um pedido de admissão à cotação oficial

Artigo 52.°

A situação jurídica da empresa deve estar em conformidade com as leis e regulamentos aos quais ela está sujeita, tanto no que diz respeito à sua constituição como ao seu funcionamento estatutário.

Secção II
Condições relacionadas com as obrigações que são objecto de um pedido de admissão à cotação oficial

Artigo 53.°

A situação jurídica das obrigações deve estar em conformidade com as leis e regulamentos aos quais elas estão sujeitas.

Artigo 54.°

1. As obrigações devem ser livremente negociáveis.

2. As autoridades competentes podem equiparar às obrigações livremente negociáveis as obrigações não inteiramente liberadas, sempre que tenham sido tomadas disposições para que a negociabilidade destas obrigações não seja dificultada e desde que a transparência das transacções seja assegurada por uma adequada informação prestada ao público.

Artigo 55.°

No caso de emissão pública precedendo a admissão à cotação oficial, só se pode estabelecer a primeira cotação oficial após o encerramento do período ao longo do qual os pedidos de subscrição podem ser apresentados. Esta disposição não é aplicável em casos de emissão contínua de obrigações, uma vez que a data de encerramento do período de subscrição não é determinada.

Artigo 56.°

O pedido de admissão à cotação oficial deve englobar todas as obrigações de uma mesma emissão.

Artigo 57.°

1. Relativamente à admissão à cotação oficial de obrigações emitidas por empresas nacionais de um outro Estado-Membro e que são objecto de uma apresentação material, é necessário e suficiente que essa apresentação esteja de acordo com as normas em vigor nesse outro Estado-Membro. Se a apresentação material não estiver de acordo com as normas em vigor no Estado-Membro onde a admissão é solicitada, as autoridades competentes deste Estado devem levar esta situação ao conhecimento do público.

2. A apresentação material das obrigações emitidas num só Estado-Membro deve estar de acordo com as normas em vigor nesse Estado.

3. A apresentação material das obrigações emitidas pelas empresas nacionais de um país terceiro deve oferecer garantias suficientes de protecção dos investidores.

Secção III
Outras condições

Artigo 58.°

1. O empréstimo não pode ser inferior a 200 000 euros. Esta disposição não é aplicável em casos de emissões contínuas, sempre que o montante do empréstimo não estiver fixado.

2. Os Estados-Membros podem prever que a não observância desta condição não impeça a admissão à cotação oficial, desde que as autoridades competentes tenham a certeza de que se formará um mercado suficiente para as obrigações em questão.

3. O contra valor em moeda nacional de 200 000 euros é inicialmente o equivalente do contra valor em moeda nacional de 200000 unidades de conta europeias que tinha sido aplicado em 5 de Março de 1979.

4. Se, na sequência de modificações do contra valor do euro em moeda nacional, o montante mínimo de empréstimo, expresso em moeda nacional, for inferior a, pelo menos, 10% do valor de 200000 euros durante o período de um ano, o Estado-Membro deve, num prazo de doze meses a contar do termo desse período, adaptar as suas disposições legislativas, regulamentares e administrativas ao disposto no n.° 1.

Artigo 59.°

1. As obrigações convertíveis, as obrigações passíveis de troca e as obrigações com *warrants* só podem ser admitidas à cotação oficial se as acções às quais elas se referem tiverem já sido anteriormente admitidas a essa cotação ou num outro mercado regulamentado, de funcionamento regular, reconhecido e aberto, ou se aí forem admitidas ao mesmo tempo.

2. Os Estados membros podem, em derrogação ao n.° 1, prever a admissão à cotação oficial de obrigações convertíveis, passíveis de troca ou com warrants desde que as autoridades competentes tenham a certeza de que os portadores das obrigações dispõem de todas as informações necessárias para formarem um juízo correcto sobre o valor das acções relativas a estas obrigações.

CAPÍTULO IV
Condições especiais relativas à admissão de obrigações emitidas por um Estado ou pelas suas pessoas colectivas públicas territoriais ou por um organismo internacional de carácter público

Artigo 60.°

As obrigações devem ser livremente negociáveis.

Artigo 61.°

No caso de emissão pública precedendo a admissão à cotação oficial, só se pode estabelecer a primeira cotação oficial após o encerramento do período durante o qual os pedidos de subscrição podem ser apresentados. Esta disposição não é aplicável quando a data do encerramento do período de subscrição não for determinada.

Artigo 62.°

O pedido de admissão à cotação oficial deve englobar todas as obrigações de uma mesma emissão.

Artigo 63.°

1. Relativamente à admissão à cotação oficial de obrigações emitidas por um Estado-Membro ou pelas suas colectividades territoriais e que são objecto de uma apresentação material, é necessário e suficiente que essa representação esteja de acordo com as normas em vigor nesse Estado-Membro. Se a apresentação material não estiver de acordo

com as normas em vigor no Estado-Membro onde a admissão à cotação oficial é solicitada, as autoridades competentes deste Estado devem levar esta situação ao conhecimento do público.

2. A apresentação material das obrigações emitidas por países terceiros ou pelas suas colectividades públicas territoriais ou por organismos internacionais de carácter público deve oferecer garantias suficientes de protecção dos investidores.

TÍTULO IV
OBRIGAÇÕES PERMANENTES RELATIVAS AOS VALORES MOBILIÁRIOS ADMITIDOS À COTAÇÃO OFICIAL

CAPÍTULO I
Obrigações da sociedade cujas acções são admitidas à cotação oficial numa bolsa de valores

Secção I
Cotação de acções de uma mesma categoria novamente emitidas

Artigo 64.°

Sem prejuízo do n.° 2 do artigo 49.°, em caso de nova emissão pública de acções de uma mesma categoria que aquelas já admitidas à cotação oficial, a sociedade é obrigada, sempre que não haja admissão automática destas novas acções, a solicitar a sua admissão à cotação, seja, o mais tardar, no prazo de um ano depois da sua emissão, seja no momento em que se tornem livremente negociáveis.

Secção II
Tratamento dos accionistas

Artigo 65.°

1. A sociedade deve assegurar um tratamento igual aos accionistas que se encontrem em condições idênticas.

2. A sociedade deve assegurar, pelo menos em cada Estado-Membro onde as suas acções estiverem cotadas, todas as facilidades e informações necessárias para permitir aos accionistas exercerem os seus direitos. Deve, em especial:

a) informar os accionistas da convocação das assembleias gerais e dar-lhes a possibilidade de exercerem o seu direito de voto;

b) publicar os avisos ou distribuir as circulares relativos à atribuição e ao pagamento dos dividendos, às operações de emissão de novas acções, incluindo acordos de atribuição, de subscrição, de desistência e de conversão;

c) designar um organismo financeiro como mandatário, junto do qual os accionistas podem exercer os seus direitos financeiros, a não ser que a sociedade assegure ela própria o serviço financeiro.

Secção III
Modificação do acto constitutivo ou dos estatutos

Artigo 66.°

1. A sociedade que tencione proceder a uma modificação do seu acto constitutivo ou dos seus estatutos deve comunicar o projecto às autoridades competentes dos Estados-Membros onde as suas acções estiverem cotadas.

2. A comunicação deste projecto às autoridades competentes deve ser feita, o mais tardar, no momento da convocação da assembleia geral convocada para aprovar a modificação proposta.

Secção IV
Contas anuais e relatório de gestão

Artigo 67.°

1. A sociedade deve pôr à disposição do público, logo que possível, as suas últimas contas anuais e o seu último relatório de gestão.

2. Sempre que a sociedade elaborar ao mesmo tempo contas anuais não consolidadas e contas anuais consolidadas, deve colocá-las à disposição do público. Neste caso, as autoridades competentes podem autorizar a sociedade a colocar somente à disposição do público quer as contas não consolidadas, quer as contas consolidadas, desde que as contas que não forem colocadas à disposição do público não contenham informações complementares significativas.

3. Se as contas anuais e o relatório de gestão não estiverem de acordo com as disposições das directivas relativas às contas das sociedades e se não derem uma imagem exacta do património, da situação financeira, bem como dos resultados da sociedade, devem ser fornecidas informações mais pormenorizadas ou complementares.

Secção V
Informações suplementares

Artigo 68.°

1. A sociedade deve informar o público, logo que possível, sobre os factos novos importantes ocorridos na sua esfera de actividade que não sejam do conhecimento público e que

sejam susceptíveis, devido à sua incidência sobre a situação patrimonial ou financeira ou sobre o andamento normal dos seus negócios, de provocar uma variação importante do valor das suas acções.

Contudo, as autoridades competentes podem dispensar a sociedade desta obrigação se a divulgação de certas informações for de natureza a prejudicar os legítimos interesses da sociedade[853].

2. A sociedade deve informar o público, sem demora, sobre qualquer alteração dos direitos inerentes às diferentes categorias de acções.

3. Logo que de tal tenha conhecimento, a sociedade deve informar o público de quaisquer modificações verificadas na estrutura (detentores do capital e fracções do capital) das participações importantes no seu capital, em relação aos dados anteriormente publicados a esse respeito.

Em especial, as sociedades que não estejam sujeitas aos artigos 85.° a 97.°, devem informar o público, o mais tardar no prazo de nove dias úteis, sempre que tenham conhecimento de que uma pessoa adquiriu ou alienou um número de acções tal que a respectiva participação passe a ser superior ou inferior a um dos limiares fixados no artigo 89.°.

Secção VI
Equivalência de informações

Artigo 69.°

1. A sociedade cujas acções estão admitidas à cotação oficial em diversas bolsas de valores situadas ou a funcionar em diferentes Estados-Membros deve fornecer ao mercado de cada uma dessas bolsas informações equivalentes.

2. A sociedade cujas acções estão admitidas à cotação oficial em diversas bolsas situadas ou a funcionar num ou mais Estados-Membros e num ou mais países terceiros deve fornecer ao mercado do ou dos Estados-Membros onde as suas acções estão cotadas informações pelo menos equivalentes àquelas que fornece ao mercado do ou dos Estados terceiros em questão, desde que tais informações tenham importância para a avaliação das acções.

Secção VII
Informações periódicas a publicar

Artigo 70.°

Os Estados-Membros devem assegurar que as sociedades a que se refere o artigo 4.° publiquem um relatório semestral da sua actividade e dos seus resultados, respeitante ao primeiro semestre de cada exercício.

---

853 Preceito revogado pelo artigo 20.° da Directriz n.° 2003/6, abaixo publicada, mas cujo prazo de transposição só expira a 14-Out.-2004.

Artigo 71.°

No que diz respeito ao relatório semestral, os Estados-Membros podem submeter as sociedades a obrigações mais rigorosas que as previstas nos artigos 70.°, 72.° a 76.°, no n.° 2 do artigo 102.° e no artigo 103.° ou a obrigações suplementares, desde que estas sejam de aplicação geral para todas as sociedades ou por categoria de sociedades.

Secção VIII
Publicação e conteúdo do relatório semestral

Artigo 72.°

1. O relatório semestral será publicado nos quatro meses seguintes ao semestre a que respeite.

2. Em casos excepcionais, devidamente comprovados, as autoridades competentes podem prorrogar o prazo de publicação.

Artigo 73.°

1. O relatório semestral compreenderá os números e um comentário relativos à actividade e aos resultados da sociedade no decorrer do semestre em causa.

2. Os números, apresentados sob a forma de quadro, devem indicar pelo menos:

a) o montante líquido do volume de vendas;

b) o resultado antes ou após dedução dos impostos.

Estas noções devem ser entendidas na acepção das directivas relativas às contas das sociedades.

3. Os Estados-Membros podem permitir às autoridades competentes que autorizem, caso a caso e a título excepcional, as sociedades a apresentar o resultado sob forma de estimativa numérica, desde que as acções da sociedade em causa sejam admitidas à cotação oficial num único Estado-Membro. O recurso a este procedimento deve ser indicado pela sociedade no seu relatório e não deve induzir em erro o investidor.

4. Se a sociedade pagar ou se propuser pagar dividendos provisórios, os números devem indicar o resultado após dedução dos impostos no que respeita ao semestre em causa, bem como os dividendos provisórios pagos ou propostos.

5. Relativamente a cada número deve constar o número do período correspondente do exercício anterior.

6. O comentário deve abranger todos os elementos significativos que permitam aos investidores formar, com conhecimento de causa, opinião sobre a evolução da actividade e resultados da sociedade, bem como a indicação de qualquer factor específico que tenha

influenciado aquela actividade e os resultados referentes ao período em questão, e permitir a comparação com o período correspondente do exercício anterior.

Deve também incluir, na medida do possível, a evolução previsível da sociedade no exercício em curso.

7. Quando os números previstos no n.° 2 se revelarem inadaptados à actividade da sociedade, as autoridades competentes velarão por que sejam efectuadas as adaptações adequadas.

Artigo 74.°

Quando uma sociedade publicar contas consolidadas, pode publicar o seu relatório semestral sob a forma consolidada ou não consolidada. Todavia, os Estados-Membros podem permitir que as autoridades competentes, se considerarem que a forma não utilizada contém informações complementares significativas, exija da sociedade que as publique.

Artigo 75.°

Caso as informações contabilísticas tenham sido controladas pelo revisor oficial de contas da sociedade, o relatório feito por este e, se for caso disso, as eventuais reservas, serão reproduzidas integralmente.

Artigo 76.°

1. Quando certas obrigações impostas pela presente directiva sejam inadaptadas à actividade ou à situação da sociedade, as autoridades competentes velarão por que sejam efectuadas nestas obrigações as adaptações necessárias.

2. As autoridades competentes podem dispensar a inclusão no relatório semestral de certas informações previstas pela presente directiva, quando considerem que a divulgação destas informações pode ser contrária ao interesse público ou implicar grave prejuízo para a sociedade, desde que, neste último caso, a falta de publicação não seja susceptível de induzir o público em erro sobre os factos e sobre as condições essenciais para a apreciação das acções em causa.

A sociedade ou os seus representantes são responsáveis pela exactidão e pela pertinência dos factos em que se fundamenta o pedido de dispensa.

3. Os n.°s 1 e 2 aplicam-se igualmente às obrigações mais rigorosas ou suplementares exigidas em aplicação do artigo 71.°

4. Se uma sociedade regulada pelo direito de um país terceiro publicar em país terceiro um relatório semestral, as autoridades competentes podem autorizá-la a publicar este relatório em vez do relatório semestral previsto na presente directiva, desde que as informações fornecidas sejam equivalentes às resultantes da aplicação da presente directiva.

Artigo 77.°

Quando um relatório semestral deva ser publicado em vários Estados-Membros, as autoridades competentes destes países, em derrogação ao artigo 71.°, esforçar-se-ão por aceitar como texto único o texto do relatório que preenche as exigências impostas pelo Estado-Membro onde as acções da sociedade tenham sido admitidas pela primeira vez à cotação oficial, ou um texto que dele se aproxime tanto quanto possível. Em caso de admissão simultânea à cotação oficial em duas ou mais bolsas situadas ou que funcionem em diferentes Estados-Membros, as autoridades competentes dos Estados-Membros em questão esforçar-se-ão por aceitar como texto único o relatório que preencha as exigências do Estado-Membro onde esteja situada a sede da sociedade; se esta se situar em país terceiro, as autoridades competentes dos Estados-Membros em causa esforçar-se-ão por aceitar um texto único do relatório.

CAPÍTULO II
Obrigações do emitente cujas obrigações são admitidas à cotação oficial numa bolsa de valores

Secção I
Obrigações emitidas por uma empresa

Artigo 78.°

1. A empresa deve assegurar um tratamento igual aos portadores de obrigações de um mesmo empréstimo no que diz respeito a todos os direitos inerentes a essas obrigações.

Esta condição não impede, desde que efectuadas de acordo com o direito nacional, as ofertas de resgate antecipado que poderão ser feitas, nomeadamente em função de prioridades de carácter social, pela empresa aos portadores de certas obrigações, em derrogação às condições de emissão.

2. A empresa deve assegurar, pelo menos em cada Estado-Membro onde as suas obrigações são admitidas à cotação oficial, todas as facilidades e informações necessárias para permitir aos obrigacionistas exercerem os seus direitos. Deve, em especial:

a) publicar os avisos ou distribuir circulares relativos à convocação eventual de assembleias de obrigacionistas, ao pagamento de juros, ao exercício de eventuais direitos de conversão, de troca, de subscrição e de renúncia, bem como de reembolso;

b) designar um organismo financeiro como mandatário, junto do qual os obrigacionistas podem exercer os seus direitos financeiros, a não ser que a empresa assegure ela própria o serviço financeiro.

Artigo 79.°

1. A empresa que tencione proceder a uma modificação do seu acto constitutivo ou dos seus estatutos que afecte os direitos dos obrigacionistas deve comunicar o projecto às autoridades competentes dos Estados-Membros onde as suas obrigações estiverem cotadas.

2. A comunicação deste projecto às autoridades competentes deve ser feita, o mais tardar, no momento da convocação do órgão competente chamado a pronunciar-se sobre a modificação proposta.

Artigo 80.°

1. A empresa deve pôr à disposição do público, logo que possível, as últimas contas anuais e o seu último relatório de gestão, cuja publicação seja obrigatória de acordo com o direito nacional.

2. Sempre que a empresa elaborar ao mesmo tempo contas anuais não consolidadas e contas anuais consolidadas, deve colocá-las à disposição do público. Neste caso, as autoridades competentes podem autorizar a empresa a colocar somente à disposição do público quer as contas não consolidadas, quer as contas consolidadas, desde que as contas que não forem colocadas à disposição do público não contenham informações complementares significativas.

3. Se as contas anuais e o relatório de gestão não estiverem de acordo com as disposições das directivas do Conselho relativas às contas das sociedades e se não derem uma imagem exacta do património, da situação financeira, bem como dos resultados da empresa, devem ser fornecidas informações mais pormenorizadas ou complementares.

Artigo 81.°

1. A empresa deve informar o público, logo que possível, dos factos novos importantes ocorridos na sua esfera da actividade e que não sejam do conhecimento público e que sejam susceptíveis de afectar de modo significativo a sua capacidade de responder aos seus compromissos[854].

Contudo, as autoridades competentes podem dispensar a empresa, a seu pedido, desta obrigação se a divulgação de certas informações for de natureza a prejudicar os legítimos interesses da empresa.

2. A empresa deve informar o público, sem demora, sobre qualquer alteração dos direitos dos obrigacionistas que resultem, nomeadamente, de uma modificação das condições do empréstimo ou das taxas de juro.

3. A empresa deve informar o público, sem demora, sobre as novas emissões de empréstimos e, muito especialmente, das respectivas garantias.

4. No caso de a cotação oficial se referir a obrigações convertíveis, obrigações passíveis de troca ou obrigações com *warrants*, a empresa deve informar o público, sem demora, sobre qualquer alteração dos direitos inerentes às diferentes categorias de acções a que se referem estas obrigações.

---

[854] Preceito revogado pelo artigo 20.° da Directriz n.° 2003/6, abaixo publicada, mas cujo prazo de transposição só expira a 14-Out.-2004.

Artigo 82.°

1. A empresa cujas obrigações estão admitidas à cotação oficial em diversas bolsas de valores situadas ou funcionando em diferentes Estados-Membros deve fornecer ao mercado de cada uma destas bolsas informações equivalentes.

2. A empresa cujas obrigações estão admitidas à cotação oficial em diversas bolsas de valores situadas ou a funcionar num ou mais Estados-Membros e num ou mais países terceiros, deve fornecer ao mercado do ou dos Estados-Membros onde as suas obrigações estão cotadas informações pelo menos equivalentes àquelas que fornece ao mercado do ou dos países terceiros em questão, desde que essas informações possam ter importância para a avaliação das obrigações.

Secção II

Obrigações emitidas por um Estado ou pelas suas pessoas colectivas públicas territoriais ou por um organismo internacional de carácter público

Artigo 83.°

1. O Estado, as suas pessoas colectivas públicas territoriais e os organismos internacionais de carácter público devem assegurar um tratamento igual aos portadores de obrigações de um mesmo empréstimo no que diz respeito a todos os direitos inerentes a essas obrigações. Esta condição não impede, desde que efectuadas de acordo com o direito nacional, as ofertas de resgate antecipado que poderão ser feitas, nomeadamente em função de prioridades de carácter social, pelo emitente aos possuidores de certas obrigações, em derrogação às condições de emissão.

2. O Estado, as suas pessoas colectivas públicas territoriais e os organismos internacionais de carácter público devem assegurar, pelo menos em cada Estado-Membro onde as obrigações estão admitidas à cotação oficial, todas as facilidades e informações necessárias para permitir aos obrigacionistas exercerem os seus direitos. Eles devem, em especial:

a) publicar os avisos ou distribuir as circulares relativos à eventual convocação de assembleias dos obrigacionistas, ao pagamento dos juros e ao reembolso;

b) designar um organismo financeiro como mandatário, junto do qual os obrigacionistas podem exercer os seus direitos financeiros.

Artigo 84.°

1. O Estado, as suas pessoas colectivas públicas territoriais e os organismos internacionais de carácter público cujas obrigações estão admitidas à cotação oficial em diversas bolsas de valores situadas ou funcionando em diferentes Estados-Membros devem fornecer ao mercado de cada uma dessas bolsas informações equivalentes.

2. O Estado, as suas colectividades públicas territoriais e os organismos internacionais de carácter público cujas obrigações estão admitidas à cotação oficial em diversas bolsas de valores situadas ou a funcionar num ou vários Estados-Membros e num ou vários países terceiros devem fornecer ao mercado do ou dos Estados-Membros onde as suas obrigações são cotadas informações pelo menos equivalentes àquelas que eles fornecem ao mercado do ou dos países terceiros em questão, desde que tais informações possam ser importantes para a avaliação das obrigações.

CAPÍTULO III
Obrigação de informação por ocasião da aquisição ou alienação de uma participação importante numa sociedade cotada na bolsa

Secção I
Disposições gerais

Artigo 85.°

1. Os Estados-Membros submeterão ao presente capítulo as pessoas singulares e as entidades jurídicas de direito público ou privado que adquiram ou alienem, directamente ou por interposta pessoa, uma participação que corresponda aos critérios definidos no n.° 1 do artigo 89.° e que implique uma modificação na detenção dos direitos de voto de uma sociedade sujeita à sua legislação cujas acções tenham sido admitidas à cotação oficial de uma ou de várias bolsas de valores situadas ou a funcionar num ou em vários Estados-Membros.

2. Sempre que a aquisição ou alienação de uma participação importante, tal como referido no n.° 1, se efectuar por via de certificados representativos de acções, o presente capítulo aplica-se aos portadores de tais certificados e não ao seu emitente.

3. O presente capítulo não é aplicável à aquisição e à alienação de uma participação importante nos organismos de investimento colectivo.

Artigo 86.°

Para os efeitos do presente capítulo, entende-se por "aquisição de uma participação" tanto a compra da participação como qualquer outra obtenção de uma participação, seja qual for a sua denominação ou o processo utilizado, incluindo a obtenção de uma participação por força de uma das situações referidas no artigo 92.°.

Artigo 87.°

1. Para os efeitos do presente capítulo, entende-se por "empresa controlada" qualquer empresa em que uma pessoa física ou uma entidade jurídica:

a) Tenha a maioria dos direitos de voto dos accionistas ou sócios; ou

b) Tenha o direito de nomear ou de destituir a maioria dos membros do órgão de administração, de direcção ou de fiscalização e seja simultaneamente accionista ou sócio dessa empresa; ou

c) Seja accionista ou sócio e que, por força de um acordo celebrado com outros accionistas ou sócios dessa empresa, tenha o controlo exclusivo da maioria dos direitos de voto dos seus accionistas ou sócios.

2. Para efeitos da aplicação do n.° 1, os direitos de voto, de nomeação ou de destituição da empresa-mãe devem ser acrescidos dos direitos de qualquer outra empresa controlada, bem como dos de qualquer pessoa ou entidade que actue em seu nome mas por conta da empresa-mãe ou de qualquer outra empresa controlada.

Artigo 88.°

Os Estados-Membros podem submeter as pessoas singulares e entidades jurídicas e as sociedades referidas no n.° 1 do artigo 85.° a obrigações mais rigorosas do que as previstas no presente capítulo, ou a obrigações suplementares, desde que essas obrigações se apliquem de um modo geral a todos os adquirentes e cedentes e a todas as sociedades ou ao conjunto dos adquirentes e cedentes e das sociedades de uma categoria determinada.

Secção II

Informação por ocasião da aquisição ou alienação de uma participação importante

Artigo 89.°

1. Quando uma pessoa singular ou uma entidade jurídica referida no n.° 1 do artigo 85.° adquirir ou alienar uma participação numa sociedade referida no n.° 1 do artigo 85.° e sempre que, na sequência de tal aquisição ou alienação, a percentagem dos direitos de voto que tem atinja ou ultrapasse os limiares de 10%, 20%, 1/3, 50% e 2/3, ou desça abaixo de tais limiares, essa pessoa ou essa entidade deve informar a sociedade e, simultaneamente, a ou as autoridades competentes referidas no artigo 96.°, no prazo de sete dias úteis, da percentagem dos direitos de voto que passe a ter depois de tal aquisição ou alienação. Os Estados-Membros podem não aplicar:

a) Os limiares de 20% e de 1/3, quando aplicarem um único limiar de 25%;

b) O limiar de 2/3, quando aplicarem um único limiar de 75%.

O prazo de sete dias úteis tem início a partir do momento em que a pessoa ou a entidade detentora de uma participação importante teve conhecimento da aquisição ou da alienação, ou a partir do momento em que, tendo em conta as circunstâncias, deveria ter tido conhecimento desse facto.

Os Estados-Membros podem prever ainda que a informação da sociedade em questão deva igualmente ter lugar em relação à percentagem do capital na posse de uma pessoa singular ou uma entidade jurídica.

2. Os Estados-Membros determinarão, se necessário, na sua legislação, e em função dela, as regras segundo as quais serão comunicados às pessoas ou entidades referidas no n.° 1 do artigo 85.° os direitos de voto a ter em conta para a execução do n.° 1 do presente artigo.

Artigo 90.°

Os Estados-Membros estabelecerão que, por ocasião da primeira assembleia geral de uma sociedade referida no n.° 1 do artigo 85.°, que se realiza:

na Bélgica, a partir de 1 de Outubro de 1993,

na Dinamarca, a partir de 1 de Outubro de 1991,

na Alemanha, a partir de 1 de Abril de 1995,

na Grécia, a partir de 1 de Outubro de 1992,

em Espanha, a partir de 15 de Junho de 1991,

em França, a partir de 1 de Outubro de 1991,

na Irlanda, a partir de 1 de Novembro de 1991,

em Itália, a partir de 1 de Junho de 1992,

no Luxemburgo, a partir de 1 de Junho de 1993,

nos Países Baixos, a partir de 1 de Maio de 1992,

na Áustria, a partir de 1 de Abril de 1995,

em Portugal, a partir de 1 de Agosto de 1991,

na Finlândia, a partir de 1 de Abril de 1995,

na Suécia, a partir de 1 de Abril de 1996

e

no Reino Unido, a partir de 18 de Dezembro de 1993,

qualquer pessoa singular ou entidade jurídica referida no n.° 1 do artigo 85.° que esteja na posse de 10% ou mais dos direitos de voto de uma sociedade deva do facto informar essa mesma sociedade e, simultaneamente, a(s) autoridade(s) competente(s), especificando a percentagem de direitos de voto que efectivamente tem, salvo se essa mesma pessoa ou entidade já tiver efectuado uma declaração nos termos do artigo 89.°.

No mês subsequente a essa assembleia geral, o público será informado do total das participações iguais ou superiores a 10%, nas condições previstas no artigo 91.°

Artigo 91.°

Uma sociedade que tenha recebido a declaração referida no n.° 1, primeiro parágrafo, do artigo 89.° deve, por sua vez, informar desse facto o público de todos os Estados-Membros onde as suas acções estejam admitidas à cotação oficial de uma bolsa de valores, com a maior brevidade possível, o mais tardar no prazo de nove dias úteis a contar da recepção dessa declaração.

Qualquer Estado-Membro pode prever que a informação do público referida no primeiro parágrafo seja assegurada, não pela sociedade em questão, mas pela autoridade competente, eventualmente em colaboração com essa sociedade.

Secção III
Determinação dos direitos de voto

Artigo 92.°

Para determinar se uma pessoa singular ou uma entidade jurídica referida no n.° 1 do artigo 85.° é obrigada a fazer a declaração prevista no n.° 1 do artigo 89.° e no artigo 90.°, é conveniente equiparar aos direitos de voto que tenha:

a) os direitos de voto que possuem em seu próprio nome outras pessoas ou entidades por conta dessa pessoa ou entidade;

b) os direitos de voto que possuem empresas controladas por essa pessoa ou entidade;

c) os direitos de voto que possui um terceiro com o qual essa pessoa ou entidade tenha celebrado um acordo escrito que os obriga a adoptar, através de um exercício concertado dos direitos de voto que possuem, uma política comum em relação à gestão da sociedade em causa;

d) os direitos de voto que possui um terceiro por força de um acordo escrito celebrado com essa pessoa ou entidade ou com uma das empresas controladas por essa pessoa ou entidade em que se preveja uma transferência provisória e remunerada desses direitos de voto;

e) os direitos de voto associados a acções que possui como caução essa pessoa ou entidade, excepto quando o depositário tenha direitos de voto e declare a sua intenção de os exercer; neste caso, os direitos de voto serão assimilados aos direitos de voto do depositário;

f) os direitos de voto associados às acções de que essa pessoa ou entidade tenha o usufruto;

g) os direitos de voto que essa pessoa ou entidade ou uma das outras pessoas ou entidades referidas nas alíneas a) a f) possam adquirir, por sua exclusiva iniciativa, por força de um acordo formal; neste caso, as informações previstas no n.° 1 do artigo 89.° devem ser prestadas na data da celebração do acordo;

h) os direitos de voto associados às acções depositadas junto dessa pessoa ou entidade e que ela possa exercer como entender na ausência de instruções específicas dos respectivos detentores.

Quando uma pessoa ou entidade possa exercer numa sociedade os direitos de voto referidos na alínea h) do primeiro parágrafo e o conjunto desses direitos de voto, juntamente com os outros direitos de voto que essa pessoa ou entidade tenha nessa sociedade, atinja ou ultrapasse um dos limiares previstos no n.° 1 do artigo 89.°, os Estados-Membros podem prever, em derrogação a esse mesmo n.° 1 do artigo 89.°, que a referida pessoa ou entidade só será obrigada a informar a sociedade em questão no prazo de vinte e um dias antes da assembleia geral dessa mesma sociedade.

Secção IV
Isenções e dispensas

Artigo 93.°

Caso faça parte de um conjunto de empresas que, por força da Directiva 83/349/CEE do Conselho ([9]), deva elaborar contas consolidadas, o adquirente ou o cedente de uma participação importante, na acepção do artigo 89.°, fica isento da obrigação de efectuar a declaração prevista no n.° 1 do artigo 89.° e no artigo 90.° se essa declaração for efectuada pela empresa-mãe ou, quando a empresa-mãe for por sua vez uma empresa filial, pela respectiva empresa-mãe.

([9]) JO L 193 de 18. 7. 1983, p. 1.

Artigo 94.°

1. As autoridades competentes podem dispensar da declaração prevista no n.° 1 do artigo 89.° a aquisição ou alienação de uma participação importante, tal como definida no artigo 89.°, feita por um operador de títulos profissional, desde que essa aquisição ou alienação seja efectuada na sua qualidade de operador de títulos profissional e que essa aquisição não seja utilizada pelo operador para se imiscuir na gestão da empresa em causa.

2. As autoridades competentes exigirão que o operador profissional de títulos referido no n.° 1 seja membro de uma bolsa de valores situada ou que opere num Estado-Membro ou seja reconhecido ou controlado por uma das autoridades competentes referidas no artigo 105.°.

Artigo 95.°

As autoridades competentes podem, a título excepcional, dispensar as sociedades referidas no n.° 1 do artigo 85.° da obrigação de informar o público, definida no artigo 91.°, sempre que considerarem que a divulgação da informação em questão seria contrária ao interesse público ou prejudicaria seriamente as empresas em causa, desde que, nesse último caso, a ausência de publicação não seja de molde a induzir o público em erro no que respeita a factos e circunstâncias cujo conhecimento seja essencial para a avaliação dos valores mobiliários em causa.

Secção V
Autoridades competentes

Artigo 96.°

Para efeitos da aplicação do presente capítulo, as autoridades competentes são as autoridades do Estado-Membro de cuja lei dependem as empresas a que se refere o n.° 1 do artigo 85.°.

Secção VI
Sanções

Artigo 97.°

Os Estados-Membros devem prever sanções adequadas para os casos em que as pessoas singulares ou entidades jurídicas e as sociedades referidas no n.° 1 do artigo 85.° não respeitem o disposto no presente capítulo.

TÍTULO V
PUBLICAÇÃO E COMUNICAÇÃO DE INFORMAÇÕES

CAPÍTULO I
Publicação e comunicação do prospecto para a admissão de valores mobiliários à cotação oficial de uma bolsa de valores

Secção I
Modalidades e prazos de publicação do prospecto e dos seus suplementos

Artigo 98.°

1. O prospecto deve ser publicado:

a) seja através de um ou mais jornais de difusão nacional no Estado-Membro onde é solicitada a admissão de valores mobiliários à cotação oficial;

b) seja sob a forma de uma brochura colocada gratuitamente à disposição do público na sede da bolsa ou das bolsas nas quais é solicitada a admissão de valores mobiliários à cotação oficial bem como na sede do emitente e junto dos organismos financeiros encarregados de assegurar o serviço financeiro deste no Estado-Membro em que é solicitada a admissão à cotação oficial.

2. Além disso, devem ser insertos numa publicação designada pelo Estado-Membro em que é solicitada a admissão de valores mobiliários à cotação, quer o prospecto completo, quer uma comunicação que informe onde foi publicado o prospecto e onde pode ser consultado.

Artigo 99.°

1. O prospecto deve ser publicado num prazo razoável, a fixar pela legislação nacional ou pelas autoridades competentes, antes da data em que a cotação oficial se torne efectiva.

Além disso, sempre que a admissão de valores mobiliários à cotação for precedida de uma negociação dos direitos de preferência de subscrição que impliquem transacções registadas na cotação oficial, o prospecto deve ser publicado num prazo razoável, a fixar pelas autoridades competentes, antes do início da negociação.

2. Em casos excepcionais devidamente fundamentados, as autoridades competentes podem permitir que o prospecto seja publicado:

a) depois da data em que a cotação oficial se torna efectiva, tratando-se de valores mobiliários de uma categoria já cotada na mesma bolsa, emitidos em contrapartida de transferências que não sejam em dinheiro;

b) depois da data da abertura da negociação dos direitos de preferência de subscrição.

3. Sempre que a admissão das obrigações à cotação oficial se efectue ao mesmo tempo que a sua emissão pública e que certas condições dessa emissão só sejam fixadas no último momento, as autoridades competentes podem limitar-se a exigir a publicação, num prazo razoável, de um prospecto que não contenha as informações relativas a essas condições, mas que indique o modo como virão a ser fornecidas. Estas últimas informações devem ser publicadas antes da data em que a cotação oficial se torne efectiva, excepto se as obrigações forem emitidas de modo contínuo a preços variáveis.

Artigo 100.°

Qualquer facto novo que seja significativo e que possa influenciar a avaliação dos valores mobiliários e que ocorra entre o momento em que o conteúdo do prospecto está estabelecido e o momento em que a cotação oficial se torna efectiva, deve ser objecto de um suplemento ao prospecto, controlado nas mesmas condições que este e publicado segundo as modalidades que forem fixadas pelas autoridades competentes.

Secção II

Comunicação prévia às autoridades competentes dos meios publicitários

Artigo 101.°

Sempre que, um prospecto é ou deva ser publicado, de acordo com os artigos 3.° e 20.°, para a admissão de valores mobiliários à cotação, os anúncios, avisos, cartazes e documentos que anunciam esta operação e indicam as características essenciais dos valores mobiliários, bem como todos os outros documentos relativos a esta admissão e destinados a serem publicados pelo emitente ou por sua conta, devem ser previamente comunicados às autoridades competentes. Estas decidirão se aqueles devem ser submetidos ao controlo antes da sua publicação.

Os documentos supracitados devem mencionar a existência de um prospecto e indicar onde é ou será publicado, de acordo com o artigo 98.°.

CAPÍTULO II
Publicação e comunicação de informações depois da cotação

Artigo 102.°

1. As informações, referidas nos artigos 67.°, 68.°, 80.°, 81.° e 91.°, que os emitentes de um valor mobiliário admitido à cotação oficial em um ou mais Estados-Membros são obrigadas a pôr à disposição do público, devem ser publicadas num ou mais jornais de difusão nacional ou de larga difusão no ou nos Estados-Membros em causa ou ser postas à disposição do público, quer por escrito, em locais indicados em anúncios a inserir num ou mais jornais de difusão nacional ou de larga difusão nesse ou nesses Estados, quer por outros meios equivalentes aprovados pelas autoridades competentes.

Os emitentes devem simultaneamente comunicar às autoridades competentes as informações referidas nos artigos 67.°, 68.°, 80.° e 81.°.

2. O relatório semestral, referido no artigo 70.°, deve ser publicado no ou nos Estados-Membros onde as acções sejam admitidas à cotação oficial, através de um ou vários jornais de difusão nacional ou de larga difusão, ou no Jornal Oficial, ou ser posto à disposição do público, quer sob forma escrita nos locais indicados em anúncios a inserir em um ou vários jornais de difusão nacional ou de larga difusão, quer por meios equivalentes permitidos pelas autoridades competentes.

A sociedade enviará simultaneamente um exemplar do relatório semestral às autoridades competentes de cada Estado-Membro onde as acções sejam admitidas à cotação oficial. A comunicação deve ser feita, o mais tardar, no momento em que o relatório semestral seja publicado pela primeira vez num Estado-Membro.

CAPÍTULO III
Línguas

Artigo 103.°

As informações referidas nos artigos 67.°, 68.°, 80.°, 81.° e 91.°, assim como o relatório semestral referido no artigo 70.°, devem ser redigidos na língua ou línguas oficiais ou numa das línguas oficiais ou numa outra língua, desde que no Estado-Membro em causa a ou as línguas oficiais ou essa outra língua sejam usuais em matéria financeira e aceites pelas autoridades competentes.

Artigo 104.°

As informações referidas no n.° 4, alíneas c) e d), do artigo 23.° devem ser publicadas na língua ou numa das línguas oficiais do Estado-Membro em que é solicitada a admissão à cotação oficial, ou numa outra língua, desde que no Estado-Membro em causa essa outra língua seja utilizada habitualmente nos meios financeiros, seja aceite pelas autoridades competentes e, sempre que seja o caso, quaisquer outras condições que possam impor sejam respeitadas.

TÍTULO VI
AUTORIDADES COMPETENTES E COOPERAÇÃO ENTRE OS ESTADOS-MEMBROS

Artigo 105.°

1. Os Estados-Membros assegurarão o cumprimento da aplicação da presente directiva e designarão a ou as autoridades competentes para efeitos dessa aplicação. Desse facto informarão a Comissão, especificando, a eventual repartição de competência entre essas autoridades.

2. Os Estados-Membros assegurarão que as autoridades competentes tenham os poderes necessários para cumprir a sua missão.

3. A presente directiva não tem por efeito modificar a responsabilidade das autoridades competentes, a qual se rege exclusivamente pelo direito nacional.

Artigo 106.°

As autoridades competentes assegurarão entre si toda a cooperação necessária ao cumprimento das suas atribuições e, para esse efeito, trocarão entre si todas as informações úteis.

Artigo 107.°

1. Os Estados-Membros determinarão que todas as pessoas que exerçam ou tenham exercido uma actividade junto das autoridades competentes fiquem obrigadas ao segredo profissional. O segredo profissional implica que as informações confidenciais recebidas no exercício da profissão não podem ser divulgadas a quem quer que seja, salvo por força de disposições legais.

2. No entanto, o n.° 1 não impede as autoridades competentes dos vários Estados-Membros de trocarem entre si as informações previstas pela presente directiva. As informações assim trocadas encontram-se abrangidas pelo segredo profissional, a que também ficam sujeitas todas as pessoas que exerçam ou tenham exercido uma actividade junto das autoridades competentes que recebam tais informações.

3. Sem prejuízo de casos abrangidos pelo direito penal, as autoridades competentes que, nos termos do artigo 106.°, receberem as informações referidas no capítulo I do título III, no capítulo I do título V e no Anexo I, apenas as podem utilizar para o exercício das suas funções ou no contexto de recursos administrativos ou de processos judiciais relacionados com esse exercício.

A autoridade competente que ao abrigo do n.° 2 receba as informações confidenciais referidas no capítulo III do título IV, não pode utilizar essas informações senão para o cumprimento das suas atribuições.

TÍTULO VII
COMITÉ DE CONTACTO

CAPÍTULO I
Composição, funcionamento e atribuições do Comité

Artigo 108.°

1. É criado junto à Comissão um Comité de Contacto, a seguir denominado por "Comité".

O Comité é composto por pessoas designadas pelos Estados-Membros e por representantes da Comissão e é presidido por um representante da Comissão. O secretariado é assegurado pelos serviços da Comissão.

O Comité é convocado pelo seu presidente, quer por sua própria iniciativa, quer a pedido da delegação de um Estado-Membro. Compete-lhe também fixar o regulamento interno.

2. O Comité tem por missão:

a) No caso das condições de admissão de valores mobiliários à cotação oficial, das condições de estabelecimento, de controle e difusão do prospecto a publicar para a admissão e da informação periódica a publicar pelas sociedades cujas acções são admitidas, facilitar, sem prejuízo dos artigos 226.° e 227.° do Tratado, uma aplicação harmonizada da presente directiva, através de uma concertação regular referente aos problemas concretos suscitados pela sua aplicação e a respeito dos quais a troca de pontos de vista seja considerada útil;

b) No caso das informações a publicar por ocasião da aquisição e alienação de uma participação importante numa sociedade cotada na bolsa, permitir uma concertação regular relativa aos problemas concretos decorrentes da aplicação da presente directiva e a respeito dos quais se julgue útil uma troca de pontos de vista;

c) Facilitar a concertação entre os Estados-Membros no que se refere:

   i) às condições e obrigações mais rigorosas ou suplementares que, de acordo com o artigo 8.°, lhes é permitido exigir no plano nacional;

   ii) aos suplementos e melhoramentos do prospecto de admissão que as autoridades competentes têm a faculdade de exigir ou recomendar no plano nacional;

iii) às obrigações mais rigorosas ou suplementares que, nos termos dos artigos 71.° e 88.°, lhes é possível exigir, a fim de fazer convergir as obrigações impostas em todos os Estados-Membros, de acordo com o n.° 2, alínea g), do artigo 44.° do Tratado;

d) Aconselhar a Comissão, se necessário, acerca dos complementos ou alterações a introduzir na presente directiva; em particular no que se refere ao exame das eventuais alterações dos artigos 71.° e 73.° à luz dos progressos realizados no sentido da convergência das obrigações mencionadas na alínea c), terceira subalínea ou às adaptações a efectuar de acordo com o artigo 109.°.

O Comité não tem por função apreciar o fundamento das decisões tomadas em casos individuais pelas autoridades competentes.

CAPÍTULO II
Adaptação do montante de capitalização em bolsa

Artigo 109.°

1. Tendo em vista a adaptação, em função das exigências da situação económica, do montante mínimo de capitalização em bolsa previsto e fixado no n.° 1 do artigo 43.°, a Comissão submeterá à apreciação do Comité um projecto de medidas a tomar.

2. São aplicáveis os artigos 5.° e 7.° da Decisão 1999/468/CE do Conselho, de 28 de Junho de 1999, que fixa as regras de exercício das competências de execução atribuídas à Comissão ([10]), tendo-se em conta o disposto no seu artigo 8.°.

3. O prazo previsto no n.° 6 do artigo 5.° da Decisão 1999/468/CE é de três meses.

([10]) JO L 184 de 17.7.1999, p. 23 (Rectificação: JO L 269 de 19.10.1999, p. 45).

TÍTULO VIII
DISPOSIÇÕES FINAIS

Artigo 110.°

Os Estados-Membros comunicarão à Comissão o texto das principais disposições de ordem legislativa, regulamentar ou administrativa que adoptem no domínio regulado pela presente directiva.

Artigo 111.°

1. São revogadas as Directivas 79/279/CEE, 80/390/CEE, 82/121/CEE e 88/627/CEE, tal como modificadas pelos actos que constam da parte A do Anexo II, sem prejuízo das obri-

gações dos Estados-Membros em relação aos prazos de transposição que constam da parte B do Anexo II.

2. As referências feitas às directivas revogadas devem entender-se como feitas à presente directiva e ser lidas de acordo com o quadro de correspondência que consta do Anexo III.

Artigo 112.°

A presente directiva entra em vigor vinte dias após a sua publicação no Jornal Oficial das Comunidades Europeias.

Artigo 113.°

Os Estados-Membros são os destinatários da presente directiva.

Feito em Bruxelas, em 28 de Maio de 2001.

Pelo Parlamento Europeu *A Presidente* N. FONTAINE	*Pelo Conselho* *O Presidente* T. ÖSTROS

ANEXO I
ESQUEMAS DO PROSPECTO PARA A ADMISSÃO DE VALORES MOBILIÁRIOS À COTAÇÃO OFICIAL DE UMA BOLSA DE VALORES

ESQUEMA A
Esquema do prospecto para a admissão de acções à cotação oficial de uma bolsa de valores

Capítulo 1

Informações relativas aos responsáveis do prospecto e à revisão de contas:

1.1. Nome e funções das pessoas singulares ou firma e sede das pessoas colectivas que assumem a responsabilidade do prospecto ou, se for caso disso, de partes deste, especificando neste caso as respectivas partes.

1.2. Declaração dos responsáveis referidos em 1.1 atestando que, na medida do seu conhecimento e no que diz respeito à(s) parte(s) do prospecto de que assumem a responsabilidade, os dados respectivos estão de acordo com os factos e não existem omissões que possam alterar o seu significado.

1.3. Nome, endereço e qualificação dos revisores oficiais de contas que, de acordo com a legislação nacional, procederam à verificação das contas anuais dos três últimos exercícios.

Declaração de que as contas anuais foram revistas. No caso de os revisores oficiais de contas terem recusado a certificação das contas anuais ou de terem emitido reservas, esta recusa ou estas reservas devem ser integralmente reproduzidas e os motivos devem ser explicitados.

Indicação de outras informações que figurem no prospecto e que tenham sido verificadas pelos revisores oficiais de contas.

Capítulo 2

Informações relativas à admissão à cotação oficial e às acções que são objecto do pedido de admissão

2.1. Indicação de que se trata de uma admissão à cotação oficial de acções já em circulação ou de uma admissão à cotação oficial tendo em vista a sua colocação através da bolsa.

2.2. Informações relativas às acções cuja admissão à cotação é solicitada.

2.2.0. Indicação das deliberações, autorizações e aprovações por força das quais as acções foram ou serão criadas e/ou emitidas.

Natureza e montante da emissão.

Quantidade de acções que foram ou serão criadas e/ou emitidas, se previamente determinada.

2.2.1. No caso de acções emitidas na sequência de uma operação de fusão, de cisão, de transferência da totalidade ou de uma parte do património de uma empresa, de uma oferta pública de troca ou em contrapartida de transferências que não sejam em dinheiro, menção dos locais onde estão à disposição do público os documentos que indicam os termos e as condições dessas operações.

2.2.2. Descrição sumária dos direitos inerentes às acções, nomeadamente a extensão do direito de voto, direitos a participar nos lucros e no remanescente em caso de liquidação, bem como qualquer privilégio.

Prazo de prescrição do exercício do direito aos dividendos e indicação da entidade em proveito da qual essa prescrição opera.

2.2.3. Retenções fiscais na fonte relativas aos rendimentos de acções no país de origem e/ou no país de cotação.

Indicação sobre a eventual assumpção pelo emitente de responsabilidade de retenção fiscal na fonte.

2.2.4. Regime de transmissão das acções e eventuais restrições à sua livre negociabilidade, como, por exemplo, cláusula que estabeleça a necessidade de aprovação.

2.2.5. Data em que surge o direito aos dividendos.

2.2.6. Bolsas nas quais é ou será solicitada a admissão à cotação.

2.2.7. Organismos financeiros que, no momento da admissão das acções à cotação oficial, asseguram o serviço financeiro do emitente no Estado-Membro em que esta admissão se efectua.

2.3. Na medida em que sejam relevantes, informações relativas à emissão e colocação públicas ou privadas das acções cuja admissão à cotação oficial é solicitada, sempre que essa emissão e essa colocação tenham ocorrido nos doze meses anteriores à admissão.

2.3.0. Indicação do exercício do direito de preferência dos accionistas ou da limitação ou supressão deste direito.

Indicação, se for caso disso, dos motivos de limitação ou de supressão deste direito; nestes casos, justificação do preço de emissão sempre que se trate de uma emissão contra pagamento em dinheiro; indicação dos beneficiários no caso de a limitação ou supressão do direito de preferência ter em vista beneficiar pessoas determinadas.

2.3.1. Montante total da emissão ou colocação públicas ou privadas e quantidade das acções emitidas ou colocadas, se for caso disso, por categorias.

2.3.2. Se a emissão ou colocação públicas ou privadas forem efectuadas simultaneamente em vários Estados e se tiver sido reservada ou se reservar uma parte para alguns destes, indicação de tais partes.

2.3.3. Preço de subscrição ou de cessão, com indicação do seu valor nominal ou, em falta deste, do seu valor ao par contabilístico ou do montante a capitalizar; do prémio de emissão e, eventualmente, do montante das despesas explicitamente a cargo do subscritor ou adquirente.

Modalidades do pagamento do preço, nomeadamente quanto à liberação de acções não integralmente liberadas.

2.3.4. Modalidades de exercício do direito de preferência; negociabilidade dos direitos de subscrição; tratamento dos direitos de subscrição não exercidos.

2.3.5. Período de abertura da subscrição ou da colocação das acções e indicação dos organismos financeiros encarregados de recolher as subscrições do público.

2.3.6. Modalidades e prazos de entrega das acções, criação eventual de títulos provisórios.

2.3.7. Indicação das pessoas singulares ou colectivas que, relativamente ao emitente, assumem ou assumiram a tomada firme da emissão ou lha garantem. Se a tomada firme ou a garantia não abrange a totalidade da emissão, dever-se-á indicar a parte não coberta.

2.3.8. Indicação ou avaliação do montante global e/ou do montante por acção dos encargos relativos à operação de emissão, mencionando as remunerações totais dos intermediários financeiros, incluindo a comissão ou margem da tomada firme, a comissão de garantia, a comissão de colocação ou a comissão de serviço de venda.

2.3.9. Montante líquido, para o emitente, do produto de emissão e destino que se lhe pretende dar, como, por exemplo, financiamento de um programa de investimento ou consolidação da situação financeira do emitente.

2.4. Informações relativas à admissão de acções à cotação oficial.

2.4.0. Descrição das acções cuja admissão à cotação é solicitada, nomeadamente, quantidade e valor nominal ou, na falta de valor nominal, valor ao par contabilístico ou valor nominal global, denominação exacta ou categoria, e cupões anexados.

2.4.1. No caso de colocação através da bolsa de acções que não foram anteriormente dirigidas ao público, indicação da quantidade de acções postas à disposição do mercado e do seu valor nominal ou, na falta deste, do valor ao par contabilístico, ou indicação do valor nominal global e, se for caso disso, indicação do preço mínimo de cessão.

2.4.2. Se conhecidas, as datas em que as novas acções serão cotadas e transaccionadas.

2.4.3. No caso de já estarem cotadas numa ou várias bolsas acções da mesma categoria, indicação dessas bolsas.

2.4.4. Se ainda não foram admitidas à cotação oficial acções da mesma categoria mas forem transaccionáveis em um ou vários outros mercados regulamentados, funcionando regularmente, reconhecidos e abertos, indicação desses mercados.

2.4.5. Indicação, relativamente ao último exercício e ao exercício em curso:

a) das ofertas públicas de compra ou de troca efectuadas por terceiros relativamente a acções do emitente,

b) das ofertas públicas de troca efectuadas pelo emitente relativamente a acções de uma outra sociedade.

Indicação do preço e das condições de troca relativas a tais ofertas e respectivo resultado.

2.5. Se, simultaneamente ou em data aproximada à criação de acções cuja admissão à cotação oficial é solicitada, forem subscritas ou colocadas de forma privada acções de mesma categoria, ou forem criadas acções de outras categorias tendo em vista a sua colocação pública ou privada, indicação da natureza destas operações bem como do montante e das características das acções a que se referem.

Capítulo 3

Informações de carácter geral relativas ao emitente e ao seu capital

3.1. Informações de carácter geral relativas ao emitente.

3.1.0. Firma, sede social e estabelecimento administrativo principal, caso este não seja a sede social.

3.1.1. Data de constituição, duração do emitente se não for indeterminada.

3.1.2. Legislação que regula a actividade do emitente e forma jurídica adoptada no âmbito dessa legislação.

3.1.3. Indicação do objecto social e referência do artigo dos estatutos que o estipula.

3.1.4. Indicação do registo e respectivo número de inscrição.

3.1.5. Indicação dos locais, referidos no prospecto, onde podem ser consultados os documentos relativos ao emitente.

3.2. Informações de carácter geral relativas ao capital.

3.2.0. Montante do capital subscrito, quantidade e categorias de títulos que o representam, com menção das principais características respectivas.

Parte do capital subscrito ainda não liberado, com indicação da quantidade e do valor nominal global e da natureza das acções ainda não integralmente liberadas, avaliadas, se for caso disso, segundo o seu grau de liberação.

3.2.1. Se existir um capital autorizado mas não emitido, ou um compromisso de aumentar o capital, nomeadamente em caso de emissão de empréstimos convertíveis ou de concessão de opções de subscrição, indicação:

a) do montante desse capital autorizado ou desse compromisso de aumento de capital e, se for caso disso, prazo de caducidade da autorização,

b) das categorias de pessoas titulares de direito de preferência na subscrição dessas partes suplementares do capital,

3.2.2. Se existirem acções não representativas do capital, indicação da sua quantidade e das suas características principais.

3.2.3. Montante das obrigações convertíveis, passíveis de troca ou com warrants, com indicação das condições e modalidades de conversão, de troca ou de subscrição.

3.2.4. Condições estipuladas nos estatutos para as alterações do capital e dos direitos respectivos das várias categorias de acções, sempre que tais condições forem mais restritivas que as previstas na lei.

3.2.5. Descrição sumária das operações que, no decurso dos três últimos anos, alteraram o capital subscrito e/ou a quantidade e as categorias de acções que o representam.

3.2.6. Na medida em que sejam do conhecimento do emitente, indicação das pessoas singulares ou colectivas que, directa ou indirectamente, isolada ou conjuntamente, exercem ou podem exercer um controlo sobre o próprio emitente, e indicação do montante da fracção do capital que detêm dando direito de voto.

Por controlo conjunto, entende-se o controlo exercido por várias sociedades ou por várias pessoas que estabeleceram entre si um acordo que as pode conduzir à adopção de uma política comum em relação ao emitente.

3.2.7. Na medida em que sejam do conhecimento do emitente, indicação dos accionistas que, directa ou indirectamente, detêm uma percentagem do seu capital, que os Estados-Membros não podem fixar em mais de 20%.

3.2.8. Se o emitente fizer parte de um agrupamento de empresas, descrição sumária do agrupamento e da posição que o emitente nele ocupa.

3.2.9. Quantidade, valor contabilístico e valor nominal ou, em falta deste, valor ao par contabilístico das acções próprias adquiridas ou detidas em carteira pelo emitente ou por uma sociedade na qual participa directa ou indirectamente em mais de 50%, se tais acções não estiverem indicadas em rubrica própria no balanço.

Capítulo 4

Informações relativas à actividade do emitente

4.1. Principais actividades do emitente.

4.1.0. Descrição das principais actividades do emitente, com indicação das principais categorias de produtos vendidos e/ou de serviços prestados.

4.1.1. Repartição do montante líquido do volume de negócios realizado no decurso dos três últimos exercícios, por categoria de actividade bem como por mercado geográfico, na medida em que, do ponto de vista da organização da venda dos produtos e da prestação de serviços correspondente às actividades normais do emitente, estas categorias e mercados sejam muito diferentes entre si.

4.1.2. Localização, importância dos estabelecimentos principais do emitente e informações sucintas sobre o seu património imobiliário. Por estabelecimento principal entende-se qualquer estabelecimento que contribui em mais de 10% do volume de negócios ou da produção.

4.1.3. Relativamente às actividades de extracção mineral, extracção de hidrocarbonetos e exploração de minas e outras actividades similares na medida em que sejam significativas, descrição dos jazigos, cálculo das reservas economicamente exploráveis e duração provável de exploração.

Indicação dos prazos e das principais condições das concessões de exploração e das condições económicas da sua exploração.

Indicação do estado de adiantamento do trabalho.

4.1.4. Menção dos acontecimentos excepcionais que tenham eventualmente influenciado os dados indicados nos pontos 4.1.0 a 4.1.3.

4.2. Informações resumidas acerca da eventual dependência do emitente relativamente a patentes e licenças, contratos industriais, comerciais ou financeiros, ou novos processos de fabrico, no caso de estes factores terem uma importância fundamental para a actividade ou rendibilidade do emitente.

4.3. Indicações referentes à política de investigação e de desenvolvimento de novos produtos e processos no decurso dos três últimos exercícios, no caso de estas informações serem significativas.

4.4. Indicação de qualquer processo judicial ou arbitral que possa afectar, ou tenha afectado recentemente, a situação financeira do emitente.

4.5. Indicação de qualquer interrupção de actividades do emitente que possa afectar, ou tenha afectado recentemente, a situação financeira do emitente.

4.6. Efectivo médio do pessoal e sua evolução no decurso dos três últimos exercícios, desde que esta evolução seja significativa, indicando ainda, se possível, a repartição dos efectivos pelas principais categorias de actividade.

4.7. Política de investimentos.

4.7.0. Descrição quantitativa dos principais investimentos, incluindo os interesses noutras empresas, tais como acções, participações, obrigações, etc., realizados no decurso dos três últimos exercícios e nos meses já decorridos do exercício em curso.

4.7.1. Indicações relativas aos principais investimentos em curso, com excepção dos interesses em curso de aquisição noutras empresas.

Repartição do volume destes investimentos em função da sua localização (no país ou no estrangeiro).

Modo de financiamento (autofinanciamento ou não).

4.7.2. Indicações relativas aos principais futuros investimentos do emitente que foram já objecto de um compromisso definitivo dos seus órgãos de direcção, com excepção dos interesses a adquirir noutras empresas.

Capítulo 5

Informações relativas ao património, situação financeira e resultados do emitente

5.1. Contas do emitente.

5.1.0. Balanços e contas de ganhos e perdas relativos aos três últimos exercícios, estabelecidos pelos órgãos do emitente e apresentados sob a forma de um quadro comparativo. Anexo das contas anuais do último exercício.

O projecto do prospecto deve ser apresentado às autoridades competentes no prazo máximo de dezoito meses a contar do encerramento do exercício anual a que se referem as últimas contas anuais publicadas. As autoridades competentes podem prorrogar este prazo em casos excepcionais.

5.1.1. Se o emitente apenas organiza contas anuais consolidadas, deve incluí-las no prospecto, de acordo com o ponto 5.1.0.

Se o emitente organiza simultaneamente contas anuais não consolidadas e contas anuais consolidadas, deve incluir no prospecto estes dois tipos de contas, de acordo com o ponto 5.1.0.

Todavia, as autoridades competentes podem permitir que o emitente apenas inclua no prospecto ou as contas anuais consolidadas ou as contas anuais não consolidadas, desde que as contas que não forem incluídas não forneçam qualquer informação adicional importante.

5.1.2. Resultado do exercício por acção do emitente, por ano financeiro, proveniente das suas actividades normais, depois da dedução dos impostos, relativamente aos três últimos exercícios, sempre que o emitente incluir no prospecto as suas contas anuais não consolidadas.

Sempre que o emitente apenas inclua no prospecto contas anuais consolidadas, indicará o resultado do exercício consolidado, por acção, relativamente aos três últimos exercícios. Esta informação deve acompanhar os dados fornecidos nos termos do parágrafo anterior, sempre que o emitente incluir igualmente no prospecto as suas contas anuais não consolidadas.

Se, no decurso do período dos três últimos exercícios supracitados, a quantidade de acções do emitente tiver sido alterada na sequência, nomeadamente, de um aumento ou de uma redução do capital, de um reagrupamento ou fraccionamento de acções, os resultados por acção referidos no primeiro e segundo parágrafos devem ser adaptados para serem comparáveis; neste caso, deve indicar-se as fórmulas utilizadas para a adaptação.

5.1.3. Montantes do dividendo por acção, relativamente aos três últimos exercícios, adaptados, se for caso disso, para serem comparáveis de acordo com o terceiro parágrafo do ponto 5.1.2.

5.1.4. No caso de terem já decorrido mais de nove meses sobre a data do encerramento do exercício ao qual se referem as últimas contas anuais não consolidadas e/ou consolidadas publicadas, deve ser inserido no prospecto ou anexado a este um relatório financeiro intercalar referente, pelo menos, aos seis primeiros meses. Se este relatório intercalar não tiver sido revisto, deve ser mencionado esse facto.

No caso de o emitente organizar contas anuais consolidadas, as autoridades competentes decidirão se o relatório financeiro intercalar deve ou não ser apresentado sob forma consolidada.

Qualquer modificação significativa, ocorrida após o encerramento do último exercício ou após a elaboração do relatório financeiro intercalar, deve ser descrita numa nota a inserir no prospecto ou a anexar a este.

5.1.5. Se as contas anuais não consolidadas ou consolidadas não tiverem sido elaboradas em conformidade com as directivas relativas às contas anuais das sociedade, e se não derem uma imagem fiel do património, da situação financeira e dos resultados do emitente, devem ser fornecidas informações mais pormenorizadas e/ou complementares.

5.1.6. Mapa de origem e aplicação de fundos relativos aos três últimos exercícios.

5.2. Informações individuais, enumeradas a seguir, relativas às empresas das quais o emitente detém uma parte do capital susceptível de ter uma incidência significativa na apreciação do seu próprio património, da sua situação financeira e dos seus resultados.

As informações a seguir enumeradas devem, em qualquer caso, ser fornecidas pelas empresas nas quais o emitente detém, directa ou indirectamente, uma participação, desde que o seu valor contabilístico represente, pelo menos, 10% dos capitais próprios ou contribua com, pelo menos, 10% do resultado líquido do emitente, ou, se se tratar de um grupo, desde que o valor contabilístico desta participação represente, pelo menos, 10% dos capitais próprios consolidados ou contribua com, pelo menos, 10% do resultado líquido consolidado do grupo.

As informações a seguir enumeradas podem não ser fornecidas desde que o emitente demonstre que a participação tem um carácter meramente provisório.

Igualmente se podem omitir as informações previstas nas alíneas e) e f) sempre que a empresa na qual se tem participação não publique contas anuais.

Os Estados-Membros podem autorizar as autoridades competentes a permitirem que as informações previstas nas alíneas d) a j) sejam omitidas, no caso de as contas anuais das empresas nas quais se tem participações estarem consolidadas nas contas anuais do grupo ou no caso de o valor atribuído à participação, segundo o método de equivalência, ser publicado nas contas anuais, na condição de que, no parecer das autoridades competentes, a falta destas informações não induza o público em erro sobre os factos e as circunstâncias cujo conhecimento é fundamental para a apreciação do título em causa.

As informações previstas nas alíneas g) e j) podem ser omitidas se as autoridades competentes considerarem que a sua falta não induz os investidores em erro.

a) Firma e sede social da empresa.

b) Domínio de actividade.

c) Fracção do capital detido.

d) Capital subscrito.

e) Reservas.

f) Resultado do último exercício decorrente das actividades normais, depois dos impostos.

g) Valor sob o qual o emitente contabiliza as acções ou partes que detém.

h) Montante ainda por liberar das acções ou partes que detém.

i) Montante dos dividendos recebidos no decurso do último exercício das acções ou partes que detém.

j) Montante dos créditos e dos débitos do emitente relativamente à empresa.

5.3. Informações individuais relativas às empresas não referidas no ponto 5.2 e nas quais o emitente detém, pelo menos, 10% do capital. Estas informações podem ser omitidas sempre que tiverem pouco interesse relativamente ao objectivo definido no artigo 21.°:

a) Firma e sede social da empresa.

b) Fracção do capital detido.

5.4. Se o prospecto incluir as contas anuais consolidadas:

a) Indicação dos princípios aplicados na consolidação. Estes princípios devem ser explicitamente descritos sempre que no Estado-Membro não exista legislação relativa à consolidação das contas anuais ou sempre que estes princípios não estejam em conformidade coma essa legislação ou com um método comummente aceite e usado no Estado-Membro no qual está situada ou funciona a bolsa na qual a admissão à cotação oficial é solicitada;

b) Indicação da firma e da sede social das empresas abrangidas pela consolidação, desde que esta informação seja importante para a apreciação do património, da situação financeira e dos resultados do emitente. Para tanto, será suficiente assinalá-las graficamente na lista das empresas a respeito das quais estão previstas informações no ponto 5.2;

c) Relativamente a cada uma das empresas referidas na alínea b), indicação:

i) da proporção global dos interesses de terceiros, no caso de as contas anuais serem consolidadas globalmente;

ii) da proporção da consolidação calculada com base nos interesses, no caso de a consolidação ter sido efectuada numa base proporcional.

5.5. Sempre que o emitente for uma empresa dominante que forma um grupo com uma ou várias empresas dependentes, devem ser fornecidas pelo emitente e pelo grupo as informações previstas nos Capítulos 4 e 7.

As autoridades competentes podem permitir que estas informações sejam apenas fornecidas relativamente ao emitente ou ao grupo, na condição de que as informações não apresentadas não sejam importantes.

5.6. Se determinadas informações previstas pelo presente esquema constarem das contas anuais elaboradas nos termos do presente capítulo, não necessitam de ser repetidas.

Capítulo 6

Informações relativas à administração, direcção e fiscalização

6.1. Nome, endereço e funções na sociedade emitente das pessoas seguintes, com menção das principais actividades que exercem fora desta sociedade sempre que tais actividades sejam significativas em relação a esta:

a) Membros dos órgãos de administração, de direcção ou de fiscalização;

b) Sócios comanditados, no caso de se tratar de uma sociedade em comandita por acções;

c) Fundadores, no caso de se tratar de uma sociedade constituída há menos de cinco anos.

6.2. Interesses dos dirigentes na sociedade emitente.

6.2.0. Remunerações e benefícios em espécie atribuídos a qualquer título durante o último exercício encerrado e contabilizados na conta de despesas gerais ou na conta de distribuição de lucros, aos membros dos órgãos de administração, de direcção ou de fiscalização, devendo estes montantes ser indicados globalmente para cada categoria de órgãos.

Montante global das remunerações e benefícios em espécie atribuídos ao conjunto dos membros dos órgãos de administração, de direcção ou de fiscalização do emitente pelo conjunto da suas empresas dependentes e com as quais forma um grupo.

6.2.1. Quantidade total de acções do emitente detidas pelo conjunto dos membros dos seus órgãos, de administração, de direcção ou de fiscalização, e direitos de preferência que lhes foram conferidos sobre as acções do emitente.

6.2.2. Informações sobre a natureza e a extensão dos interesses dos membros dos órgãos de administração, de direcção ou de fiscalização, em transacções extraordinárias, pela sua natureza e condições, efectuadas pelo emitente – como, por exemplo, compras estranhas à actividade corrente, aquisição ou cessão de elementos do activo imobilizado – no decurso do último exercício e durante o exercício em curso. Sempre que tais transacções extraordinárias tiverem sido estipuladas em exercícios anteriores mas não tenham ainda sido definitivamente concluídas, devem igualmente ser fornecidas informações sobre essas transacções.

6.2.3. Indicação global de todos os empréstimos em curso concedidos pelo emitente às pessoas referidas na alínea a) do ponto 6.1, bem como das garantias prestadas pelo emitente em favor daqueles.

6.3. Indicação dos esquemas de participação do pessoal no capital do emitente.

Capítulo 7

Informações relativas à evolução recente e às perspectivas do emitente

7.1. Salvo derrogação concedida pelas autoridades competentes, indicações gerais relativas à evolução dos negócios do emitente desde o encerramento do exercício a que se referem as últimas contas anuais publicadas, e em especial:

a) as tendências recentes mais significativas da evolução da produção, das vendas, das existências e do volume da carteira de encomendas;

b) as tendências recentes da evolução de custos e preços de venda.

7.2. Salvo derrogação concedida pelas autoridades competentes, indicações relativas às perspectivas do emitente no que diz respeito, pelo menos, ao ano em curso.

ESQUEMA B
Esquema do prospecto para a admissão de obrigações à cotação oficial de uma bolsa de valores

Capítulo 1

Informações relativas aos responsáveis do prospecto e à revisão de contas

1.1. Nome e funções das pessoas singulares ou firma e sede das pessoas colectivas que assumem a responsabilidade do prospecto ou, se for caso disso, de partes deste, especificando neste caso as respectivas partes.

1.2. Declaração dos responsáveis referidos em 1.1 atestando que, na medida do seu conhecimento e no que diz respeito à(s) parte(s) do prospecto de que assumem a responsabilidade, os dados respectivos estão de acordo com os factos e não existem omissões que possam alterar o seu significado.

1.3. Nome, endereço e qualificação dos revisores oficiais de contas que, de acordo com a legislação nacional, procederam à verificação das contas anuais dos três últimos exercícios.

Declaração de que as contas anuais foram revistas. No caso de os revisores oficiais de contas terem recusado a certificação das contas anuais ou de terem emitido reservas, esta recusa ou estas reservas devem ser integralmente reproduzidas e os motivos devem ser explicitados.

Indicação de outras informações que figurem no prospecto e que tenham sido verificadas pelos revisores oficiais de contas.

Capítulo 2
Informações relativas ao empréstimo e à admissão de obrigações à cotação oficial

2.1. Condições do empréstimo.

2.1.0. Montante nominal do empréstimo; se o montante não estiver fixado, deve mencionar-se esse facto.

Natureza, quantidade e números das obrigações e montante dos cupões.

2.1.1. Com excepção dos casos de emissões contínuas, preço de emissão e de reembolso e taxa de juro nominal; se estiverem previstas várias taxas de juro, indicação das condições de modificação.

2.1.2. Modalidades de atribuição de outros benefícios, qualquer que seja a sua natureza; método de cálculo desses benefícios.

2.1.3. Retenções fiscais na fonte sobre o rendimento das obrigações, no país de origem e/ou no país de cotação.

Indicação sobre a eventual assumpção pelo emitente da responsabilidade de retenção fiscal na fonte.

2.1.4. Modalidades de amortização do empréstimo, incluindo os procedimentos de reembolso.

2.1.5. Organismos financeiros que, no momento de admissão das obrigações à cotação oficial, asseguram o serviço financeiro do emitente no Estado-Membro em que esta admissão se efectua.

2.1.6. Moeda do empréstimo; se o empréstimo for expresso em unidades de conta, estatuto contratual desta; opção de câmbio.

2.1.7. Prazos:

a) Duração do empréstimo, vencimentos intercalares eventuais;

b) Data a partir da qual se efectuará o pagamento de juros e datas do vencimento dos juros;

c) Prazo de prescrição dos juros e do capital;

d) Modalidades e prazos de entrega das obrigações, criação eventual de certificados provisórios.

2.1.8. Com ressalva das emissões contínuas, indicação da taxa de rendimento. O método de cálculo desta taxa será descrito de uma forma resumida.

2.2. Informações de carácter jurídico.

2.2.0. Indicação das deliberações, autorizações e aprovações por força das quais as obrigações foram ou serão criadas e/ou emitidas.

Natureza e montante da emissão.

Quantidade de obrigações que foram ou serão criadas e/ou emitidas, se previamente determinada.

2.2.1. Natureza e âmbito das garantias e dos compromissos destinados a assegurar o bom cumprimento do empréstimo, ou seja, o reembolso das obrigações e o pagamento dos juros.

Indicação dos locais onde o público pode consultar os textos dos contratos relativos a estas garantias e compromissos.

2.2.2. Organização de *trustees* ou de qualquer outra forma de representação dos obrigacionistas.

Nome e funções ou firma e sede do representante dos obrigacionistas, principais condições de representação, nomeadamente as condições de substituição do representante.

Indicação dos locais onde o público pode consultar os textos dos contratos relativos a estas formas de representação.

2.2.3. Menção das cláusulas de subordinação do empréstimo relativamente a outros débitos do emitente já contraídos ou futuros.

2.2.4. Indicação da legislação com base na qual as obrigações foram criadas e dos tribunais competentes em caso de litígio.

2.2.5. Indicação sobre se as obrigações são nominativas ou ao portador.

2.2.6. Restrições eventualmente impostas pelas condições de emissão à livre negociabilidade das obrigações.

2.3. Informações relativas à admissão das obrigações à cotação oficial.

2.3.0. Bolsas nas quais a admissão à cotação oficial é ou será solicitada, ou já foi solicitada.

2.3.1. Indicação das pessoas singulares ou colectivas que, relativamente ao emitente, assumem ou assumiram a tomada firme da emissão ou lha garantem. Se a tomada firme ou a garantia não abrange a totalidade da emissão, dever-se-á indicar a parte não coberta.

2.3.2. Se a emissão ou colocação, públicas ou privadas, tiverem sido ou forem efectuadas simultaneamente em mercados de vários Estados-Membros e se uma parte tiver sido ou for reservada para alguns destes, indicação das partes respectivas.

2.3.3. No caso de já estarem cotadas numa ou várias bolsas obrigações da mesma categoria, indicação dessas bolsas.

2.3.4. Se ainda não foram admitidas à cotação oficial acções da mesma categoria mas forem transaccionáveis em um ou vários outros mercados regulamentados, funcionando regularmente, reconhecidos e abertos, indicação desses mercados.

2.4. Informações relativas à emissão, no caso de ser simultânea à admissão à cotação oficial ou no caso de se ter efectuado nos três meses anteriores a esta.

2.4.0. Modalidades de exercício do direito de preferência, negociabilidade dos direitos de subscrição, tratamento dos direitos de subscrição não exercidos.

2.4.1. Modalidade de pagamento do preço de subscrição ou de venda.

2.4.2. Com ressalva das emissões contínuas de obrigações, período de abertura da subscrição ou colocação das obrigações e indicação das eventuais possibilidades de antecipação do termo da emissão.

2.4.3. Indicação dos organismos financeiros encarregados de recolher as subscrições do público.

2.4.4. Menção, se for caso disso, de que as subscrições são susceptíveis de redução.

2.4.5. Com ressalva das emissões contínuas de obrigações, indicação do produto líquido do empréstimo.

2.4.6. Indicação da finalidade da emissão e do destino que se pretende dar ao produto da mesma.

Capítulo 3

Informações de carácter geral relativas ao emitente e ao seu capital

3.1. Informações de carácter geral relativas ao emitente.

3.1.0. Firma, sede social e estabelecimento administrativo principal, caso este não seja a sede social.

3.1.1. Data de constituição, duração do emitente se não for indeterminada.

3.1.2. Legislação que regula a actividade do emitente e forma jurídica adoptada no âmbito desta legislação.

3.1.3. Indicação do objecto social e referência ao artigo dos estatutos que o estipula.

3.1.4. Indicação do registo e respectivo número de inscrição.

3.1.5. Indicação dos locais, referidos no prospecto, onde podem ser consultados os documentos relativos ao emitente.

3.2. Informações de carácter geral relativas ao capital.

3.2.0. Montante do capital subscrito, quantidade e categorias de títulos que representam, com menção das principais características respectivas.

Parte do capital subscrito ainda não liberado, com indicação da quantidade e do valor nominal global e da natureza das acções ainda não integralmente liberadas, avaliadas, se for caso disso, segundo o seu grau de liberação.

3.2.1. Montante das obrigações convertíveis, passíveis de troca ou com warrants, com indicação das condições e modalidades de conversão, de troca ou de subscrição.

3.2.2. Se o emitente fizer parte de um agrupamento de empresas, descrição sumária do agrupamento e da posição que o emitente nele ocupa.

3.2.3. Quantidade, valor contabilístico e valor nominal ou, na falta deste, valor ao par contabilístico das acções próprias adquiridas ou detidas em carteira pelo emitente ou por uma sociedade na qual participa directa ou indirectamente em mais de 50%, se tais acções não estiverem indicadas em rubrica própria no balanço e na medida em que representem uma percentagem significativa do capital subscrito.

Capítulo 4

Informações relativas à actividade do emitente

4.1. Principais actividades do emitente.

4.1.0. Descrição das principais actividades do emitente, com indicação das principais categorias de produtos vendidos e/ou de serviços prestados.

Indicação dos produtos novos e/ou das novas actividades, desde que significativas.

4.1.1. Montante líquido do volume de negócios apurado no decurso dos dois últimos exercícios.

4.1.2. Localização, importância dos estabelecimentos principais do emitente e informações sucintas sobre o seu património imobiliário. Por estabelecimento principal, entende-se qualquer estabelecimento que contribui em mais de 10% do volume de negócios ou da produção.

4.1.3. Relativamente às actividades de extracção mineral, extracção de hidrocarbonetos e exploração de minas e outras actividades similares, na medida em que sejam significativas, descrição dos jazigos, cálculo de reservas economicamente exploráveis e duração provável da exploração.

Indicação dos prazos e das principais condições das concessões de exploração e das condições económicas da sua exploração.

Indicações do estado de adiantamento do trabalho.

4.1.4. Menção dos acontecimentos excepcionais que tenham eventualmente influenciado os dados indicados nos pontos 4.1.0. a 4.1.3..

4.2. Informações resumidas acerca de eventual dependência do emitente relativamente a patentes e licenças, contratos industriais, comerciais ou financeiros, ou novos processos de fabrico, no caso de estes factores terem uma importância fundamental para a actividade ou rendibilidade do emitente.

4.3. Indicação de qualquer processo judicial ou arbitral que possa afectar, ou tenha afectado recentemente, a situação financeira do emitente.

4.4. Política de investimentos.

4.4.0. Descrição quantitativa dos principais investimentos, incluindo os interesses noutras empresas, tais como acções, participações, obrigações, etc., realizados no decurso dos três últimos exercícios e nos meses já decorridos do exercício em curso.

4.4.1. Indicações relativas aos principais investimentos em curso, com excepção dos interesses em curso de aquisição noutras empresas.

Repartição do volume destes investimentos em função da sua localização (no país ou no estrangeiro).

Modo de financiamento (autofinanciamento ou não).

4.4.2. Indicações relativas aos principais futuros investimentos do emitente que foram já objecto de um compromisso definitivo dos seus órgãos de direcção, com excepção dos interesses a adquirir noutras empresas.

Capítulo 5

Informações relativas ao património, situação financeira e resultados do emitente

5.1. Contas do emitente.

5.1.0. Balanços e contas de ganhos e perdas relativos aos dois últimos exercícios, elaborados pelos órgãos do emitente e apresentados sob a forma de um quadro comparativo. Anexo das contas anuais do último exercício.

O projecto do prospecto deve ser apresentado às autoridades competentes no prazo máximo de dezoito meses a contar do encerramento do exercício anual a que se referem as últimas contas anuais publicadas. As autoridades competentes podem prorrogar este prazo em casos excepcionais.

5.1.1. Se o emitente apenas organiza contas anuais consolidadas, deve incluí-las no prospecto, de acordo com o ponto 5.1.0..

Se o emitente organiza simultaneamente contas anuais não consolidadas e contas anuais consolidadas, deve incluir no prospecto estes dois tipos de contas, de acordo com o ponto 5.1.0.. Todavia, as autoridades competentes podem permitir que o emitente apenas inclua no prospecto ou as contas anuais consolidadas ou as contas anuais não consolidadas, desde que as contas que não forem incluídas não forneçam qualquer informação adicional importante.

5.1.2. No caso de terem já decorrido mais de nove meses sobre a data do encerramento do exercício ao qual se referem as últimas contas anuais não consolidadas e/ou consolidadas publicadas, deve ser inserido no prospecto ou anexado a este um relatório financeiro intercalar referente, pelo menos, aos seis primeiros meses. Se este relatório intercalar não tiver sido revisto, deve ser mencionado esse facto.

No caso de o emitente organizar contas anuais consolidadas, as autoridades competentes decidirão se o relatório financeiro intercalar deve ou não ser apresentado sob forma consolidada.

Qualquer modificação significativa, ocorrida após o encerramento do último exercício ou após a elaboração do relatório financeiro intercalar, deve ser descrita numa nota a inserir no prospecto ou a anexar a este.

5.1.3. Se as contas anuais não consolidadas ou consolidadas não tiverem sido elaboradas em conformidade com as directivas relativas às contas anuais das sociedades, e se não derem uma imagem fiel do património, da situação financeira e dos resultados do emitente, devem ser fornecidas informações mais pormenorizadas e/ou complementares.

5.1.4. Indicação, à data mais recente possível (que deve estar determinada), dos seguintes montantes, se significativos:

a) Montante global dos empréstimos obrigacionistas ainda por reembolsar, distinguindo entre empréstimos garantidos (com direitos reais de garantia ou de outra forma, pelo emitente ou por terceiro) e empréstimos não garantidos;

b) Montante global de todos os outros empréstimos e débitos, distinguindo entre empréstimos e débitos com garantia e empréstimos e débitos sem garantia;

c) Montante global dos compromissos sujeitos a condições.

Se não existirem tais empréstimos, débitos ou compromissos, deve ser inserida no prospecto uma declaração negativa.

Se o emitente organiza contas anuais consolidadas, aplica-se o ponto 5.1.1..

Em regra geral, não deveriam ser considerados os compromissos entre sociedades dentro do mesmo grupo; em caso de necessidade, far-se-á uma declaração a este respeito.

5.1.5. Mapa de origem e aplicação dos fundos relativos aos três últimos exercícios.

5.2. Informações individuais, enumeradas a seguir, relativas às empresas das quais o emitente detém uma parte do capital susceptível de ter uma incidência significativa na apreciação do seu próprio património, da sua situação financeira e dos seus resultados.

As informações a seguir enumeradas devem, em qualquer caso, ser fornecidas pelas empresas nas quais o emitente detém, directa ou indirectamente, uma participação, desde que o seu valor contabilístico represente, pelo menos, 10% dos capitais próprios ou contribua com pelo menos 10% do resultado líquido do emitente, ou, se se tratar de um grupo, desde que o valor contabilístico desta participação represente pelo menos 10% dos capitais próprios consolidados ou contribua com, pelo menos, 10% do resultado líquido consolidado do grupo.

As informações a seguir enumeradas podem não ser fornecidas desde que o emitente demonstre que a participação tem um carácter meramente provisório.

Igualmente se podem omitir as informações previstas nas alíneas e) e f) sempre que a empresa na qual se tem participação não publique contas anuais.

Os Estados-Membros podem autorizar as autoridades competentes a permitirem que as informações previstas nas alíneas d) a h) sejam omitidas no caso de as contas anuais das empresas nas quais se tem participações estarem consolidadas nas contas anuais do grupo ou no caso de o valor atribuído à participação, segundo o método de equivalência, ser publicado nas contas anuais, na condição de que, no parecer das autoridades competentes, a falta destas informações não induza o público em erro sobre os factos e as circunstâncias cujo conhecimento é fundamental para a apreciação do título em causa.

a) Firma e sede social da empresa.

b) Domínio de actividade.

c) Fracção do capital detido.

d) Capital subscrito.

e) Reservas.

f) Resultado do último exercício decorrente das actividades normais depois dos impostos.

g) Montante ainda por liberar das acções ou partes que detém.

h) Montante dos dividendos recebidos no decurso do último exercício das acções ou partes que detém.

5.3. Se o prospecto incluir as contas anuais consolidadas:

a) Indicação dos princípios aplicados na consolidação. Estes princípios devem ser explicitamente descritos sempre que no Estado-Membro não exista legislação relativa à consolidação das contas anuais ou sempre que estes princípios não estejam em conformidade a essa legislação ou a um método comummente aceite e usado no Estado-Membro no qual está situada ou funciona a bolsa na qual a admissão à cotação oficial é solicitada;

b) Indicação da firma e da sede social das empresas abrangidas pela consolidação, desde que esta informação seja importante para a apreciação do património, da situação financeira e dos resultados do emitente. Para tanto, será suficiente assinalá-las graficamente na lista das empresas a respeito das quais estão previstas informações no ponto 5.2;

c) Relativamente a cada uma das empresas referidas na alínea b), indicação:

i) da proporção global dos interesses de terceiros, no caso de as contas anuais serem consolidadas globalmente,

ii) da proporção da consolidação calculada com base nos interesses, no caso de a consolidação ter sido efectuada numa base proporcional.

5.4. Sempre que o emitente for uma empresa dominante que forma um grupo com uma ou várias empresas dependentes, devem ser fornecidas, pelo emitente e pelo grupo, as informações previstas nos Capítulos 4 e 7.

As autoridades competentes podem permitir que estas informações sejam apenas fornecidas relativamente ao emitente ou ao grupo, na condição de que as informações não apresentadas não sejam importantes.

5.5. Se determinadas informações previstas pelo presente esquema constarem das contas anuais elaboradas nos termos do presente capítulo, não necessitam de ser repetidas.

Capítulo 6

Informações relativas à administração, direcção e fiscalização

6.1. Nome, endereço e funções na sociedade emitente das pessoas seguintes, com menção das principais actividades que exercem fora desta sociedade sempre que tais actividades sejam significativas em relação a esta:

a) Membros dos órgãos de administração, de direcção ou de fiscalização;

b) Sócios comanditados, no caso de se tratar de uma sociedade em comandita por acções.

Capítulo 7

Informações relativas à evolução recente e às perspectivas do emitente

7.1. Salvo derrogação concedida pelas autoridades competentes, indicações gerais relativas à evolução dos negócios do emitente desde o encerramento do exercício a que se referem as últimas contas anuais publicadas, e em especial;

a) As tendências recentes mais significativas da evolução da produção, das vendas, das existências e do volume da carteira de encomendas;

b) As tendências recentes da evolução de custos e preços de venda.

7.2. Salvo derrogação concedida pelas autoridades competentes, indicações relativas às perspectivas do emitente no que diz respeito, pelo menos, ao ano em curso.

ESQUEMA C

Esquema de prospecto para a admissão de certificados representativos de acções à cotação oficial de uma bolsa de valores

Capítulo 1

Informações relativas ao emitente

1.1. Firma, sede social e estabelecimento administrativo principal, caso este não seja a sede social.

1.2. Data de constituição, duração do emitente se não for indeterminada.

1.3. Legislação que regula a actividade do emitente e forma jurídica adoptada no âmbito dessa legislação.

1.4. Montante do capital subscrito, quantidade e categorias de títulos que o representam, com menção das principais características respectivas.

Parte do capital subscrito ainda não liberado, com indicação da quantidade e do valor nominal global e da natureza das acções ainda não integralmente liberadas, avaliadas, se for caso disso, segundo o seu grau de liberação.

1.5. Indicação dos principais detentores do capital.

1.6. Nome, endereço e funções na sociedade emitente das pessoas seguintes, com menção das principais actividades que exercem fora desta sociedade sempre que tais actividades sejam significativas em relação a esta:

a) Membros dos órgãos de administração, de direcção ou de fiscalização;

b) Sócios comanditados, no caso de se tratar de uma sociedade em comandita por acções.

1.7. Objecto social. Se a emissão de certificados representativos não for o seu único objecto social, dever-se-á indicar as características das outras actividades, especificando as que têm um carácter puramente fiduciário.

1.8. Resumo das contas anuais relativas ao último exercício encerrado.

No caso de terem já decorrido mais de nove meses sobre a data do encerramento do exercício ao qual se referem as últimas contas anuais não consolidadas e/ou consolidadas publicadas, deve ser inserido no prospecto ou anexado a este, um relatório financeiro intercalar referente, pelo menos, aos seis primeiros meses. Se este relatório intercalar não tiver sido revisto, deve ser mencionado esse facto.

No caso de o emitente organizar contas anuais consolidadas, as autoridades competentes decidirão se o relatório financeiro intercalar deve ou não ser apresentado sob forma consolidada.

Qualquer modificação significativa, ocorrida após o encerramento do último exercício ou após a elaboração do relatório financeiro intercalar, deve ser descrita numa nota a inserir no prospecto ou a anexar a este.

Capítulo 2

Informações relativas aos certificados

2.1. Estatuto jurídico.

Indicação das disposições que regulam a emissão de certificados, com menção da data e local da sua publicação.

2.1.0. Exercício e benefício dos direitos inerentes aos títulos originais, nomeadamente direito de voto – condições em que o emitente dos certificados pode exercer tais direitos e medidas previstas para a obtenção das instruções dos portadores dos certificados – bem como o direito a participar nos lucros e no remanescente de liquidação.

2.1.1. Garantias bancárias ou outras relativas aos certificados destinados a assegurar o cumprimento das obrigações do emitente.

2.1.2. Faculdade de obter a conversão dos certificados em títulos originais e modalidades desta conversão.

2.2. Montante das comissões e despesas a cargo do portador e relativas:

a) À emissão dos certificados.

b) Ao pagamento dos cupões.

c) À criação de certificados adicionais.

d) À troca de certificados por títulos originais.

2.3. Negociabilidade dos certificados:

a) Bolsas nas quais a admissão à cotação oficial, é ou virá a ser solicitada, ou já foi solicitada.

b) Eventuais restrições à livre negociabilidade dos certificados.

2.4. Informações suplementares para a admissão à cotação oficial:

a) Se se tratar de uma colocação através da bolsa, quantidade de certificados postos à disposição do mercado e/ou valor nominal global; preço nominal de cessão, se estiver fixado;

b) Data em que serão cotados os novos certificados, se tal data for conhecida.

2.5. Indicação do regime fiscal abrangendo todos os impostos e taxas eventuais a cargo dos portadores e cobrados no país de emissão dos certificados.

2.6. Indicação da legislação com base na qual os certificados foram criados e dos tribunais competentes em caso de litígio.

ANEXO II

PARTE A
Directivas revogadas e alterações sucessivas (referidas no artigo 111.°)

Directiva 79/279/CEE do Conselho	(JO L 348 de 17.12.1988, p. 62)
Directiva 82/148/CEE do Conselho	(JO L 66 de 16.3.1979, p. 21)
Directiva 88/627/CEE do Conselho	(JO L 62 de 5.3.1982, p. 22)

Directiva 80/390/CEE do Conselho	(JO L 100 de 17.4.1980, p. 1)
Directiva 82/148/CEE do Conselho	(JO L 62 de 5.3.1982, p. 22)
Directiva 87/345/CEE do Conselho	(JO L 185 de 4.7.1987, p. 81)
Directiva 90/211/CEE do Conselho	(JO L 112 de 3.5.1990, p. 24)
Directiva 94/18/CE do Parlamento Europeu e do Conselho	(JO L 135 de 31.5.1994, p. 1)
Directiva 82/121/CEE do Conselho	(JO L 48 de 20.2.1982, p. 26)
Directiva 88/627/CEE do Conselho	(JO L 348 de 17.12.1988, p. 62)

ANEXO II

PARTE B

Prazos de transposição para o direito nacional (referidos no artigo 111.°)

Directiva	*Data limite de transposição*
79/279/CEE	8 de Março de 1981 (1) (2)
80/390/CEE	19 de Setembro de 1982 (2)
82/121/CEE 82/148/CEE	30 de Junho de 1983 (3)
87/345/CEE	1 de Janeiro de 1990 1 de Janeiro de 1991 para a Espanha 1 de Janeiro de 1992 para Portugal
88/627/CEE	1 de Janeiro de 1991
90/211/CEE	17 de Abril de 1991 94/18/CE

(1) 8 de Março de 1982 para os Estados-Membros que tenham introduzido simultaneamente as Directivas 79/279/CEE e 80/390/CEE.

(2) 30 de Junho de 1983 para os Estados-Membros que tenham introduzido simultaneamente as Directivas 79/279/CEE, 80/390/CEE e 82/121/CEE.

(3) Prazo de execução em 30.6.1986.

154. Texto da Directriz n.° 2003/6/CE, de 28 de Janeiro, relativa ao abuso de mercado

DIRECTIVA 2003/6/CE DO PARLAMENTO EUROPEU E DO CONSELHO

de 28 de Janeiro de 2003

relativa ao abuso de informação privilegiada e à manipulação de mercado (abuso de mercado)[855]

O PARLAMENTO EUROPEU E O CONSELHO DA UNIÃO EUROPEIA,

Tendo em conta o Tratado que institui a Comunidade Europeia e, nomeadamente, o seu artigo 95.°,

Tendo em conta a proposta da Comissão (1),

Tendo em conta o parecer do Comité Económico e Social Europeu (2),

Tendo em conta o parecer do Banco Central Europeu (3),

Deliberando nos termos do artigo 251.° do Tratado (4),

(1) JO C 240 E de 28.8.2001, p. 265.

(2) JO C 80 de 3.4.2002, p. 61.

(3) JO C 24 de 26.1.2002, p. 8.

(4) Parecer do Parlamento Europeu, de 14 de Março de 2002, (ainda não publicado no Jornal Oficial) posição comum do Conselho, de 19 de Julho de 2002, (JO C 228 E de 25.9.2002, p. 19) e decisão do Parlamento Europeu de 24 de Outubro de 2002 (ainda não publicada no Jornal Oficial).

Considerando o seguinte:

(1) Um verdadeiro mercado único para os serviços financeiros é fundamental para o crescimento económico e a criação de emprego na Comunidade.

(2) A criação de um mercado financeiro integrado e eficiente pressupõe que seja garantida a integridade do mercado. O bom funcionamento dos mercados dos valores mobiliários e a confiança do público nos mesmos mercados são uma condição essencial do crescimento económico e da prosperidade. As situações de abuso de mercado prejudicam a integridade dos mercados financeiros e a confiança do público nos valores mobiliários e instrumentos derivados.

(3) A comunicação da Comissão de 11 de Maio de 1999, intitulada "Aplicação de um enquadramento para os mercados financeiros: plano de acção", identifica um conjunto de acções necessárias à realização do mercado único para os serviços financeiros.

[855] JOCE N.° L-96, 16-25, de 12-Abr.-2003; as epígrafes dos artigos não são oficiais.

O Conselho Europeu de Lisboa em Abril de 2000 apelou à aplicação deste plano de acção até 2005. O plano sublinha a necessidade de se elaborar uma directiva contra a manipulação do mercado.

(4) Na sua reunião de 17 de Julho de 2000, o Conselho instituiu o Comité de Sábios sobre a regulamentação dos mercados europeus de valores mobiliários. No seu relatório final, o Comité de Sábios propôs a introdução de novas técnicas legislativas com base numa abordagem a quatro níveis, nomeadamente princípios-quadro, medidas de execução, cooperação e aplicação efectiva da legislação. O nível 1, a directiva, deve limitar-se a enunciar "princípios-quadro" de carácter geral, enquanto o nível 2 deverá abarcar as medidas técnicas de execução a adoptar pela Comissão coadjuvada por um comité.

(5) A resolução aprovada pelo Conselho Europeu de Estocolmo em Março de 2001 homologou o relatório final do Comité de Sábios e a abordagem de quatro níveis proposta a fim de tornar o processo de aprovação de legislação comunitária em matéria de valores mobiliários mais transparente e eficiente.

(6) A Resolução do Parlamento Europeu de 5 de Fevereiro de 2002, sobre a aplicação da legislação no âmbito dos serviços financeiros, também homologou o relatório do Comité de Sábios, com base na declaração solene feita pela Comissão perante o Parlamento nesse mesmo dia e na carta de 2 de Outubro de 2001 dirigida pelo Comissário responsável pelo mercado interno ao presidente da Comissão dos Assuntos Económicos e Monetários do Parlamento Europeu sobre as garantias do papel do Parlamento Europeu neste processo.

(7) As medidas necessárias à execução da presente directiva serão aprovadas nos termos da Decisão 1999/468/CE do Conselho, de 28 de Junho de 1999, que fixa as regras de exercício das competências de execução atribuídas à Comissão (5).

(5) JO L 184 de 17.7.1999, p. 23.

(8) De acordo com o Conselho Europeu de Estocolmo, as medidas de execução do nível 2 deverão ser utilizadas mais frequentemente para garantir a actualização das disposições técnicas em relação à evolução dos mercados e das práticas de supervisão, devendo estabelecer-se prazos-limite para todas as fases dos trabalhos do nível 2.

(9) A partir da primeira transmissão do projecto de medidas de execução, o Parlamento disporá de um período de três meses para as examinar e se pronunciar sobre as mesmas. Todavia, em casos urgentes e devidamente justificados, esse período é susceptível de ser abreviado. Se, durante esse período, o Parlamento aprovar uma resolução, a Comissão reexaminará o projecto de medidas.

(10) As inovações financeiras e técnicas aumentam os incentivos, meios e oportunidades de abuso de mercado, através dos novos produtos, das novas tecnologias, de um número cada vez maior de actividades transfronteiriças e da utilização da internet.

(11) O actual enquadramento jurídico comunitário para proteger a integridade do mercado está incompleto. Os requisitos legais variam consoante os Estados-Membros, o que

frequentemente coloca os agentes económicos numa situação de incerteza quanto aos conceitos, definições e aplicação. Em alguns Estados-Membros não existe legislação em matéria de manipulação de preços e de divulgação de informação enganosa.

(12) O abuso de mercado abrange o abuso de informação privilegiada e a manipulação de mercado. O objectivo da legislação contra o abuso de informação privilegiada é o mesmo da legislação contra a manipulação de mercado: garantir a integridade dos mercados financeiros comunitários e promover a confiança dos investidores nos mesmos. Por conseguinte, é aconselhável adoptar regras conjuntas para combater tanto o abuso de informação privilegiada como a manipulação de mercado. Uma directiva única garantirá o mesmo enquadramento em toda a Comunidade para a atribuição de responsabilidades, aplicação da legislação e cooperação.

(13) Dadas as alterações nos mercados financeiros e na legislação comunitária ocorridas desde a aprovação da Directiva 89/592/CEE do Conselho, de 13 de Novembro de 1989, relativa à coordenação das regulamentações respeitantes ao abuso de informação privilegiada [(6)], é necessário substituí-la para garantir a coerência com a legislação em matéria de manipulação de mercado. Uma nova directiva é igualmente necessária para evitar lacunas na legislação comunitária que possam ser utilizadas para comportamentos injustificados e que afectem a confiança do público, prejudicando o bom funcionamento dos mercados.

---

(6) JO L 334 de 18.11.1989, p. 30.

(14) A presente directiva vai ao encontro das preocupações manifestadas pelos Estados-Membros na sequência dos ataques terroristas de 11 de Setembro de 2001 no que se refere à luta contra o financiamento de actividades terroristas.

(15) O abuso de informação privilegiada e a manipulação do mercado impedem uma transparência plena e adequada do mercado, indispensável às operações de todos os agentes económicos num mercado financeiro integrado.

(16) Informação privilegiada é toda a informação com carácter preciso, que não tenha sido tornada pública e diga respeito, directa ou indirectamente, a um ou mais emitentes de instrumentos financeiros ou a um ou mais instrumentos financeiros. Uma informação, que possa ter um efeito significativo sobre a formação e evolução dos preços de um mercado regulamentado enquanto tal, poderá ser considerada como uma informação indirectamente relacionada com um ou mais emitentes de instrumentos financeiros ou com um ou mais instrumentos financeiros derivados com eles relacionados.

(17) No que se refere ao abuso de informação privilegiada, devem ser tomados em consideração os casos em que a fonte da informação privilegiada não é nem uma profissão, nem uma função, mas actividades criminosas cuja preparação ou execução possa ter um efeito significativo sobre os preços de um ou mais instrumentos financeiros ou sobre a formação dos preços do mercado regulamentado enquanto tal.

(18) A utilização de informação privilegiada pode consistir na aquisição ou alienação de instrumentos financeiros, quando a parte envolvida sabe ou lhe seja exigível saber que a informação detida tem carácter privilegiado. Por conseguinte, as autoridades com-

petentes deverão considerar o que, em cada circunstância, é ou deveria ser do conhecimento de uma pessoa normal e razoável. Além disso, o simples facto de os criadores de mercado, instâncias autorizadas a actuar como contraparte, ou as pessoas autorizadas a executar ordens de terceiros, detentoras de informações privilegiadas se limitarem, nos dois primeiros casos, a prosseguir as suas actividades legítimas de compra ou venda de instrumentos financeiros ou, no último caso, de execução respeitosa de uma ordem, não deverá, enquanto tal, ser considerado como constituindo uma utilização dessa informação privilegiada.

(19) Os Estados-Membros devem impedir a prática conhecida por *front-running*, incluindo *front-running* em instrumentos derivados sobre mercadorias, sempre que tal constituir um abuso de mercado nos termos das definições constantes da presente directiva.

(20) A pessoa que realizar operações ou emitir ordens para operações que consubstanciem manipulação de mercado poderá determinar que as suas razões para realizar essas operações ou emitir essas ordens para operações são legítimas e conformes com as práticas aceites do mercado regulamentado em questão. Poderá ainda assim ser imposta uma sanção se a autoridade competente determinar que existe outra razão, ilegítima, por detrás dessas operações ou emissões de ordens para operações.

(21) A autoridade competente pode definir orientações sobre matérias abrangidas pela presente directiva, como sejam a definição de informação privilegiada em relação aos instrumentos derivados sobre mercadorias ou a aplicação da definição de práticas de mercado aceites no que toca à definição das manipulações de mercado. Essas orientações estarão em conformidade com as disposições da presente directiva e com as medidas de execução aprovadas segundo o procedimento de comitologia.

(22) Os Estados-Membros deverão poder escolher a forma mais adequada de regulação das pessoas que realizam ou divulgam os resultados de trabalhos de investigação sobre instrumentos financeiros ou emitentes de instrumentos financeiros ou elaboram ou divulgam outras informações com recomendações ou sugestões de estratégias de investimento, incluindo mecanismos adequados de auto-regulação, que deverão ser notificados à Comissão.

(23) A colocação de informação privilegiada por emitentes nos respectivos sítios da internet será realizada em conformidade com as regras de transferência de dados pessoais para países terceiros, tal como previstas na Directiva 95/46/CE do Parlamento Europeu e do Conselho, de 24 de Outubro de 1995, relativa à protecção das pessoas singulares no que diz respeito ao tratamento de dados pessoais e à livre circulação desses dados (7).

(7) JO L 281 de 23.11.1995, p. 31.

(24) Uma divulgação rápida e leal da informação ao público reforça a integridade do mercado, enquanto uma divulgação selectiva pelos emitentes pode conduzir a uma perda de confiança do investidor na integridade dos mercados financeiros. Os agentes económicos profissionais devem contribuir para a integridade do mercado por várias formas. Tais medidas poderão incluir, por exemplo, a criação de "listas cinzentas", a apli-

cação do *window trading* a categorias de pessoal sensíveis, a aplicação de códigos de conduta internos e o estabelecimento de sistemas de segregação (*Chinese walls*). Tais medidas preventivas só poderão contribuir para combater o abuso de mercado se forem aplicadas com determinação e devidamente controladas. Um controlo adequado da aplicação implicaria, por exemplo, a designação de funcionários de controlo nos organismos interessados e a realização de verificações periódicas por auditores independentes.

(25) Os modernos meios de comunicação tornam possível assegurar uma maior equidade no acesso às informações financeiras pelos profissionais dos mercados financeiros e os investidores individuais, mas aumentam igualmente o risco de divulgação de informações falsas ou enganosas.

(26) Uma maior transparência das transacções efectuadas pelas pessoas com responsabilidades de direcção nos emitentes e, se for caso disso, das pessoas estreitamente ligadas àquelas, constitui uma medida preventiva contra o abuso de mercado. A publicação dessas transacções, pelo menos de forma individual, poderá também constituir um elemento de informação precioso para os investidores.

(27) Os operadores de mercado deverão contribuir para a prevenção do abuso de mercado e adoptar disposições estruturais com o objectivo de prevenir e detectar práticas de manipulação do mercado. Essas disposições podem incluir exigências em matéria de transparência das transacções efectuadas, uma divulgação integral dos acordos de regularização de preços, um sistema equitativo de encontro de ordens, a criação de um sistema eficaz de detecção de ordens atípicas, a adopção de sistemas suficientemente robustos para a fixação do preço de referência dos instrumentos financeiros e a clareza das regras para a suspensão das transacções.

(28) A presente directiva deve ser interpretada e aplicada pelos Estados-Membros em termos compatíveis com as exigências de uma regulamentação eficaz para proteger os interesses dos detentores de valores mobiliários com direitos de voto numa sociedade (ou que podem possuir tais direitos em virtude de exercício ou conversão desses direitos) quando a sociedade for alvo de oferta pública de aquisição ou de outra proposta de mudança do seu controlo. Em especial, a presente directiva em nada impede os Estados-Membros de adoptarem ou manterem em vigor as medidas que considerem convenientes para os referidos efeitos.

(29) O acesso a informação privilegiada relativa a outra sociedade e a sua utilização no contexto de uma oferta pública de aquisição para o efeito de controlo dessa sociedade ou de proposta de fusão com essa sociedade não deverá ser considerado por si só um abuso de informação privilegiada.

(30) Uma vez que a aquisição ou a alienação de instrumentos financeiros supõe necessariamente uma decisão prévia de aquisição ou de alienação por parte da pessoa que procede a qualquer uma dessas operações, o facto de efectuar essa mesma aquisição ou alienação não deverá ser considerado por si só utilização de informação privilegiada.

(31) Os estudos e as estimativas elaborados com base em dados do domínio público não deverão ser considerados informações privilegiadas e, por conseguinte, as operações

efectuadas com base nesse tipo de estudos ou estimativas não deverão ser consideradas por si só, na acepção da presente directiva, um abuso de informação privilegiada.

(32) A execução das políticas monetária, cambial e de gestão da dívida pública pelos Estados-Membros e pelo Sistema Europeu de Bancos Centrais, pelos bancos centrais nacionais, ou qualquer outro organismo designado oficialmente ou por qualquer outra pessoa que actue por conta dos mesmos, não deve ser limitada por restrições.

(33) Em determinadas circunstâncias, as medidas de estabilização dos instrumentos financeiros ou as operações sobre acções próprias efectuadas no âmbito de programas de "recompra" podem justificar-se por razões económicas, não devendo, por conseguinte, ser consideradas por si só abuso de mercado. Devem ser elaboradas regras comuns que forneçam uma orientação prática neste domínio.

(34) O desenvolvimento dos mercados financeiros, a sua rápida evolução e a gama de novos produtos e inovações exigem uma ampla aplicação da presente directiva aos instrumentos e técnicas financeiros em causa, a fim de garantir a integridade dos mercados financeiros da Comunidade.

(35) A criação de condições de igualdade nos mercados financeiros comunitários exige que se confira um vasto âmbito geográfico à aplicação das disposições abrangidas pela presente directiva. No que se refere aos instrumentos derivados, não admitidos à negociação, mas abrangidos pelo âmbito de aplicação da presente directiva, cada Estado-Membro deverá ter competência para sancionar actos, praticados no seu território ou no estrangeiro, relativos a instrumentos financeiros subjacentes admitidos à negociação num mercado regulamentado situado no seu território ou que nele opere ou para os quais tenha sido apresentado um pedido de admissão à negociação nesse mercado regulamentado. Cada Estado-Membro deverá ser igualmente competente para sancionar actos praticados no seu território, relativos a instrumentos financeiros subjacentes admitidos à negociação num mercado regulamentado num Estado-Membro ou para os quais tenha sido apresentado um pedido de admissão à negociação nesse mercado.

(36) A existência de várias autoridades competentes num Estado-Membro, com diferentes responsabilidades, pode dar origem a confusão entre os agentes económicos. Cada Estado-Membro deverá designar uma única autoridade competente que assuma, no mínimo, a responsabilidade final pela supervisão do cumprimento das disposições aprovadas nos termos da presente directiva, bem como pela colaboração internacional. Essa autoridade deverá ter um carácter administrativo a fim de garantir a sua independência em relação aos agentes económicos e evitar os conflitos de interesses. De acordo com a respectiva legislação nacional, os Estados-Membros deverão assegurar um financiamento adequado à autoridade competente. Essa autoridade deverá ter mecanismos de consulta adequados relativamente às eventuais alterações na legislação nacional, tais como um comité consultivo de representantes dos emitentes, dos prestadores de serviços financeiros e dos consumidores, de modo a estar plenamente informada das respectivas opiniões e preocupações.

(37) Um conjunto mínimo de sólidos instrumentos e competências comuns a atribuir à autoridade competente de cada Estado-Membro garantirá a eficácia da supervisão. As

empresas de mercado e todos os agentes económicos deverão também contribuir, ao seu nível, para a integridade do mercado. Neste sentido, a designação de uma única autoridade competente em matéria de abuso de mercado não exclui os laços de colaboração, nem a delegação, no âmbito das responsabilidades da autoridade competente, entre essa autoridade e as empresas de mercado, a fim de garantir a supervisão eficaz do cumprimento das disposições aprovadas por força da presente directiva.

(38) A fim de garantir uma eficácia adequada ao enquadramento comunitário do abuso de mercado, qualquer infracção às proibições ou requisitos estabelecidos por força da presente directiva terá de ser rapidamente detectada, sendo-lhe aplicada uma sanção. Para este efeito, as sanções devem ser suficientemente dissuasivas e proporcionadas à gravidade da infracção e às mais-valias realizadas e devem ser aplicadas de forma sistemática.

(39) Ao definirem as medidas e sanções administrativas, os Estados-Membros devem ter presente a necessidade de assegurar uma certa homogeneidade das regulamentações de Estado-Membro para Estado-Membro.

(40) O aumento das actividades transfronteiriças exige o reforço da cooperação e um amplo conjunto de regras para o intercâmbio de informações entre as autoridades nacionais competentes. A organização da supervisão e das competências de investigação em cada Estado-Membro não deverá impedir a cooperação entre as autoridades nacionais competentes.

(41) Atendendo a que o objectivo da acção encarada, a saber, o de evitar o abuso de mercado sob a forma de abuso de informação privilegiada e de manipulação de mercado, não pode ser suficientemente realizado pelos Estados-Membros e pode, pois, devido à dimensão e aos efeitos da acção prevista, ser melhor alcançado ao nível comunitário, a Comunidade pode tomar medidas em conformidade com o princípio da subsidiariedade consagrado no artigo 5.° do Tratado. Em conformidade com o princípio da proporcionalidade consagrado no mesmo artigo, a presente directiva não excede o necessário para atingir aquele objectivo.

(42) Ocasionalmente, podem ser necessárias orientações técnicas e medidas de execução relativas às regras estabelecidas na presente directiva para ter em conta a evolução dos mercados financeiros. Por conseguinte, deverão ser atribuídas à Comissão as competências necessárias para adoptar medidas de execução, desde que as mesmas não alterem os elementos essenciais da presente directiva e a Comissão actue de acordo com os princípios estabelecidos na mesma, após consulta do Comité Europeu dos Valores Mobiliários, instituído pela Decisão 2001/528/CE da Comissão [8].

(8) JO L 191 de 13.7.2001, p. 45.

(43) No exercício das competências de execução atribuídas nos termos da presente directiva, a Comissão respeitará os seguintes princípios:

- a necessidade de assegurar a confiança dos investidores nos mercados financeiros, fomentando altos níveis de transparência nesses mercados,

- a necessidade de facultar aos investidores uma ampla gama de investimentos em situação de concorrência e um nível de informação e protecção adaptado às suas circunstâncias,
- a necessidade de assegurar que as autoridades de regulação independentes zelem de forma coerente pelo cumprimento das normas, sobretudo no que respeita aos crimes económicos,
- a necessidade de elevados níveis de transparência e consulta com todos os participantes no mercado e com o Parlamento Europeu e o Conselho,
- a necessidade de fomentar a inovação nos mercados financeiros, se se deseja que estes sejam dinâmicos e eficazes,
- a necessidade de assegurar a integridade do mercado mediante um controlo estreito e reactivo da inovação financeira,
- a importância de reduzir o custo do capital e de aumentar as possibilidades de acesso ao mesmo,
- o equilíbrio entre os custos e os benefícios para os participantes no mercado a longo prazo (incluindo as pequenas e médias empresas e os pequenos investidores) em todas as medidas de aplicação,
- a necessidade de fomentar a competitividade internacional dos mercados financeiros da União Europeia, sem prejuízo de uma ampliação sumamente necessária da cooperação internacional,
- a necessidade de conseguir a igualdade de condições entre todos os participantes no mercado mediante o estabelecimento, sempre que oportuno, de regulamentação a nível da União Europeia,
- a necessidade de respeitar as diferenças nos mercados nacionais quando estas não afectem indevidamente a coerência do mercado único,
- a necessidade de assegurar a coerência com a restante legislação da União Europeia neste âmbito, porque as assimetrias de informação e a falta de transparência podem pôr em perigo o funcionamento do mercado e, sobretudo, prejudicar os consumidores e os pequenos investidores.

(44) A presente directiva respeita os direitos fundamentais e observa os princípios reconhecidos na Carta dos Direitos Fundamentais da União Europeia, em especial no artigo 11.°, bem como no artigo 10.° da Convenção Europeia dos Direitos do Homem. A este respeito, a presente directiva não impede de forma alguma que os Estados-Membros apliquem as suas normas constitucionais em matéria de liberdade de imprensa e de liberdade de expressão nos meios de comunicação social,

ADOPTARAM A PRESENTE DIRECTIVA:

Artigo 1.°
(Definições)

Para efeitos da presente directiva, entende-se por:

1. "Informação privilegiada", toda a informação com carácter preciso, que não tenha sido tornada pública e diga respeito, directa ou indirectamente, a um ou mais emitentes de instrumentos financeiros ou a um ou mais instrumentos financeiros e que, caso fosse tornada pública, seria susceptível de influenciar de maneira sensível o preço desses instrumentos financeiros ou dos instrumentos financeiros derivados com eles relacionados.

   Em relação aos instrumentos derivados sobre mercadorias, entende-se por "informação privilegiada" toda a informação com carácter preciso, que não tenha sido tornada pública e diga respeito, directa ou indirectamente, a um ou mais desses instrumentos derivados e que os utilizadores dos mercados em que esses instrumentos derivados são negociados esperariam receber em conformidade com práticas de mercado aceites nesses mercados.

   No caso das pessoas encarregadas da execução de ordens relativas a instrumentos financeiros, a expressão "informação privilegiada" significa também a informação veiculada por clientes e relativa a ordens pendentes dos mesmos, de natureza precisa, directa ou indirectamente relacionada com um ou mais emissores de instrumentos financeiros ou com um ou mais instrumentos financeiros e que, caso fosse tornada pública, seria susceptível de influenciar de maneira sensível o preço desses instrumentos financeiros ou dos instrumentos financeiros derivados com eles relacionados.

2. "Manipulação de mercado", os seguintes comportamentos:

   a) Realização de operações ou emissão de ordens:

      – que originem ou sejam susceptíveis de originar indicações falsas ou enganosas no que respeita à oferta, à procura ou ao preço de instrumentos financeiros, ou

      – que assegurem, por acção de uma pessoa, ou pessoas agindo de forma concertada, o preço de um ou mais instrumentos financeiros a um nível anormal ou artificial,

      a menos que a pessoa que realizou as operações ou emitiu as ordens faça prova da legitimidade das razões que a levaram a realizar essas operações ou a emitir essas ordens e da conformidade das operações e ordens com as práticas de mercado aceites no mercado regulamentado em questão;

   b) Realização de operações ou emissão de ordens recorrendo a procedimentos fictícios ou quaisquer outras formas de engano ou artifício;

   c) Divulgação de informações através dos meios de comunicação, incluindo a internet, ou através de outros meios, que dêem ou possam dar indicações falsas ou enganosas no que respeita a instrumentos financeiros, incluindo a divulgação de rumores ou de notícias falsas ou enganosas, quando a pessoa que os divulgou sabia ou lhe era exigível saber que essas informações eram falsas ou enganosas. No que diz respeito aos jornalistas no exercício da sua actividade profissional, tal divulgação de informações deve, sem prejuízo do artigo 11.°, ser avaliada tendo em conta as regras que regem a sua profissão, a menos que essas pessoas obtenham, de forma directa ou indirecta, uma vantagem ou benefício resultante da divulgação da informação em causa.

Em especial, os casos a seguir indicados decorrem da definição constante das alíneas a), b) e c):

- o facto de uma pessoa, ou pessoas agindo de forma concertada, assegurarem uma posição dominante sobre a oferta ou a procura de um instrumento financeiro, tendo por efeito a fixação, de forma directa ou indirecta, de preços de compra ou de venda ou de outras condições de transacção não equitativas,
- comprar ou vender instrumentos financeiros no momento do fecho do mercado induzindo em erro os investidores que agem com base em preços de fecho,
- tirar proveito do acesso pontual ou regular aos meios de comunicação social (tradicionais ou electrónicos) emitindo opiniões sobre um instrumento financeiro (ou indirectamente sobre o respectivo emitente), tendo previamente tomado posições nesse mesmo instrumento financeiro e tirando seguidamente proveito do impacto dessa opinião no preço do instrumento financeiro, sem simultaneamente haver revelado ao público, de forma adequada e eficaz, o conflito de interesses existente.

As definições de manipulação do mercado devem ser sucessivamente modificadas e alargadas, de forma a incluírem novos modelos de actuação que consubstanciem manipulação de mercado.

3. "Instrumento financeiro"
   - os valores mobiliários tal como definidos na Directiva 93/22/CEE do Conselho, de 10 de Maio de 1993, relativa aos serviços de investimento no domínio dos valores mobiliários (9),
   - as unidades de participação em organismos de investimento colectivo,
   - os instrumentos do mercado monetário,
   - os contratos de futuros, incluindo os instrumentos equivalentes liquidados em numerário,
   - os contratos a prazo sobre taxas de juro,
   - os *swaps* de taxas de juro, divisas e acções,
   - as opções de compra ou de venda de qualquer instrumento abrangido por estas categorias, incluindo instrumentos equivalentes liquidados em numerário. Esta categoria inclui também as opções sobre divisas e taxas de juro,
   - os instrumentos derivados sobre mercadorias,
   - qualquer outro instrumento admitido à negociação ou cuja admissão num mercado regulamentado de um Estado-Membro tenha sido solicitada.
4. "Mercado regulamentado", um mercado na acepção do ponto 13 do artigo 1.° da Directiva 93/22/CEE.
5. "Práticas de mercado aceites", práticas que é razoável esperar num ou mais mercados financeiros e aceites pela autoridade competente, de acordo com as orientações adoptadas pela Comissão, nos termos do n.° 2 do artigo 17.°
6. "Pessoa", qualquer pessoa singular ou colectiva.

7. "Autoridade competente", a autoridade competente designada em conformidade com o artigo 11.°.

Para ter em conta a evolução dos mercados financeiros e garantir uma aplicação uniforme da presente directiva na Comunidade, a Comissão adopta, nos termos do n.° 2 do artigo 17.°, as medidas de execução relativas aos pontos 1, 2 e 3 do presente artigo.

(9) JO L 141 de 11.6.1993, p. 27. Directiva com a última redacção que lhe foi dada pela Directiva 2000/64/CE do Parlamento Europeu e do Conselho (JO L 290 de 17.11.2000, p. 27).

Artigo 2.°
(Actos proibidos)

1. Os Estados-Membros proíbem qualquer pessoa referida no segundo parágrafo que detenha informação privilegiada de utilizar essa informação ao adquirir ou alienar, tentar adquirir ou alienar, por sua conta ou por conta de terceiro, directa ou indirectamente, os instrumentos financeiros a que essa informação diga respeito.

O disposto no primeiro parágrafo aplica-se a qualquer pessoa que detenha a informação em questão:

a) Em virtude da sua qualidade de membro dos órgãos de administração, de gestão ou de fiscalização do emitente;

b) Em virtude da sua participação no capital do emitente;

c) Em virtude do acesso a essa informação privilegiada por força do exercício da sua actividade, da sua profissão ou das suas funções; ou

d) Em virtude das suas actividades criminosas.

2. Quando a pessoa referida no n.° 1 for uma pessoa colectiva, a proibição imposta nesse número aplica-se igualmente às pessoas singulares que participem na decisão de efectuar a operação por conta da pessoa colectiva em causa.

3. O presente artigo não é aplicável às transacções efectuadas para efeitos de execução de uma obrigação de aquisição ou de alienação de instrumentos financeiros que se torne exigível, sempre que essa obrigação resulte de um contrato celebrado antes de a pessoa em causa deter a informação privilegiada.

Artigo 3.°
(Proibição de informar terceiros)

Os Estados-Membros proíbem qualquer pessoa sujeita à proibição estabelecida no artigo 2.° de:

a) Comunicar informação privilegiada a outra pessoa, excepto se essa comunicação ocorrer no âmbito do exercício normal da sua actividade, da sua profissão ou das suas funções;

b) Recomendar a outra pessoa que adquira ou aliene, ou induzir outra pessoa a adquirir ou alienar, com base em informação privilegiada, os instrumentos financeiros a que se refere essa informação.

Artigo 4.°
(Terceiros detentores de informação)

Os Estados-Membros asseguram que os artigos 2.° e 3.° também se aplicam a qualquer pessoa não referida nesses artigos que detenha informação privilegiada, desde que a mesma saiba ou lhe seja exigível saber que se trata de informação privilegiada.

Artigo 5.°
(Proibição de manipular o mercado)

Os Estados-Membros proíbem qualquer pessoa de efectuar manipulação de mercado.

Artigo 6.°
(Dever de publicitar informações privilegiadas)

1. Os Estados-Membros asseguram que os emitentes de instrumentos financeiros tornem públicas o mais rapidamente possível as informações privilegiadas que digam directamente respeito a esses emitentes.

Sem prejuízo das medidas que podem ser tomadas para cumprir o disposto no primeiro parágrafo, os Estados-Membros asseguram que os emitentes colocam no seu sítio da internet, durante um período de tempo adequado, todas as informações privilegiadas que sejam obrigados a tornar públicas.

2. Um emitente pode assumir a responsabilidade de diferir a publicação de uma informação privilegiada, referida no n.° 1, de molde a não prejudicar os seus legítimos interesses, desde que tal omissão não seja susceptível de induzir o público em erro e que o emitente seja capaz de assegurar a confidencialidade dessa informação. Os Estados-Membros podem exigir que um emitente informe sem demora a autoridade competente da decisão de diferir a publicação da informação privilegiada.

3. Quando um emitente, ou uma pessoa que actue em nome ou por conta deste, comunicar uma informação privilegiada a um terceiro no âmbito do exercício normal da sua actividade, da sua profissão ou das suas funções, nos termos da alínea a) do artigo 3.°, os Estados-Membros devem exigir que essa informação seja tornada pública de forma completa e efectiva, simultaneamente, no caso de uma comunicação intencional, e prontamente, no caso de uma comunicação não intencional.

As disposições do primeiro parágrafo não se aplicam se a pessoa que recebe a informação estiver sujeita a uma obrigação de confidencialidade, independentemente de essa obrigação se basear em lei, regulamento, estatuto ou contrato.

Os Estados-Membros devem exigir que os emitentes, ou as pessoas que actuam em seu nome ou por sua conta, elaborem uma lista das pessoas que para eles trabalham, quer ao abrigo de um contrato de trabalho quer de outro regime, e que têm acesso a informação privilegiada. Os emitentes e as pessoas que actuam em seu nome ou por sua conta devem actualizar regularmente esta lista e transmiti-la à autoridade competente sempre que esta última o solicite.

4. As pessoas que exerçam responsabilidades dirigentes no seio de um emitente de instrumentos financeiros e, se for caso disso, as pessoas com elas estreitamente relacionadas, devem, pelo menos, notificar à autoridade competente a existência de todas as transacções efectuadas por conta própria relativas às acções daquele emitente ou a instrumentos derivados ou outros instrumentos financeiros com elas relacionados. Os Estados-Membros devem assegurar que o acesso público a essas informações esteja disponível, numa base pelo menos individual, o mais rapidamente possível.

5. Os Estados-Membros asseguram que exista regulação adequada para garantir que as pessoas que realizem ou divulguem os resultados de trabalhos de investigação sobre instrumentos financeiros ou emitentes de instrumentos financeiros ou elaborem ou divulguem outras informações com recomendações ou sugestões de estratégias de investimento, destinados aos meios de difusão ou ao público, tomem providências para garantir que essas informações sejam apresentadas de forma objectiva e mencionem os seus interesses ou a existência de conflitos de interesses relativamente aos instrumentos financeiros a que se referem as informações. Essas normas devem ser notificadas à Comissão.

6. Os Estados-Membros asseguram que os operadores de mercado adoptem as disposições estruturais necessárias para prevenir e detectar as práticas de manipulação de mercado.

7. A fim de assegurar o cumprimento dos n.°s 1 a 5, a autoridade competente pode tomar todas as medidas necessárias para garantir a informação adequada do público.

8. As instituições públicas que difundem estatísticas susceptíveis de ter um impacto significativo nos mercados financeiros devem difundi-las de forma equitativa e transparente.

9. Os Estados-Membros devem exigir que quem quer que, a título profissional, efectue operações sobre instrumentos financeiros notifique sem demora a autoridade competente se suspeitar, em termos razoáveis, que essas operações constituem abuso de informação privilegiada ou manipulação do mercado.

10. A fim de ter em conta a evolução técnica dos mercados financeiros e assegurar uma aplicação uniforme da presente directiva, a Comissão deve, nos termos do n.° 2 do artigo 17.°, adoptar medidas de execução sobre:

- as modalidades técnicas para a publicação adequada da informação privilegiada nos termos dos n.°s 1 e 3,
- as modalidades técnicas de diferimento da publicação da informação privilegiada nos termos do n.° 2,
- as modalidades técnicas destinadas a fomentar uma abordagem comum em execução do segundo período do n.° 2,

- as condições em que os emitentes, ou as entidades que actuam em seu nome, devem elaborar uma lista das pessoas que para eles trabalham e que têm acesso a informação privilegiada, tal como referido no n.° 3, bem como as condições para a actualização dessa lista,
- as categorias de pessoas sujeitas ao dever de comunicação a que se refere o n.° 4 e as características de uma operação, incluindo a sua dimensão, que desencadeiam esse dever, bem como as normas técnicas de comunicação à autoridade competente,
- as modalidades técnicas, relativamente às diversas categorias de pessoas a que se refere o n.° 5, da comunicação imparcial dos resultados dos trabalhos de investigação e de outras informações com recomendações de estratégias de investimento, bem como da menção de interesses particulares ou de conflitos de interesses a que se refere o n.° 5. Essas modalidades devem ter em conta as normas, mesmo de auto-regulação, que regem a profissão de jornalista,
- as modalidades técnicas segundo as quais as pessoas referidas no n.° 9 devem notificar a autoridade competente.

Artigo 7.°
(Operações de política monetária)

A presente directiva não se aplica às operações efectuadas, por razões de política monetária, cambial ou de gestão da dívida pública, por um Estado-Membro, pelo Sistema Europeu de Bancos Centrais, por um banco central nacional ou qualquer outro organismo designado oficialmente ou por qualquer outra entidade que actue por conta dos mesmos. Os Estados-Membros podem alargar esta exclusão aos seus Estados federados ou às autoridades locais a eles equiparáveis no que respeita à gestão da respectiva dívida pública.

Artigo 8.°
(Programas de recompra e medidas de estabilização)

As proibições impostas na presente directiva não se aplicam às operações sobre acções próprias efectuadas no âmbito de programas de "recompra", nem às medidas de estabilização de um instrumento financeiro, desde que essas operações se efectuem em conformidade com as medidas de execução adoptadas nos termos do n.° 2 do artigo 17.°.

Artigo 9.°
(Instrumentos abrangidos)

As disposições da presente directiva aplicam-se a qualquer instrumento financeiro admitido à negociação num mercado regulamentado de, pelo menos, um Estado-Membro, ou para o qual tenha sido apresentado um pedido de admissão à negociação nesse mercado, independentemente de a própria operação se efectuar ou não nesse mercado.

O disposto nos artigos 2.°, 3.° e 4.° aplica-se igualmente a qualquer instrumento financeiro não admitido à negociação num mercado regulamentado de um Estado-Membro, mas cujo valor dependa de um instrumento financeiro na acepção do primeiro parágrafo.

O disposto nos n.°s 1, 2 e 3 do artigo 6.° não se aplica aos emitentes que não tenham solicitado ou não tenham visto aprovada a admissão dos seus instrumentos financeiros à negociação num mercado regulamentado de um Estado-Membro.

Artigo 10.°
(Âmbito geográfico)

Cada Estado-Membro aplica as proibições e obrigações previstas na presente directiva aos:

a) Actos praticados no seu território ou fora deste relativamente a instrumentos financeiros admitidos à negociação num mercado regulamentado que se situe ou opere no seu território ou para os quais tenha sido apresentado um pedido de admissão à negociação nesse mercado;

b) Actos praticados no seu território relativamente a instrumentos financeiros admitidos à negociação num mercado regulamentado de um Estado-Membro ou para os quais tenha sido apresentado um pedido de admissão à negociação nesse mercado.

Artigo 11.°
(Autoridade administrativa competente)

Sem prejuízo das competências das autoridades judiciais, cada Estado-Membro designa uma única autoridade administrativa competente que garanta a aplicação das disposições aprovadas por força da presente directiva.

Os Estados-Membros devem estabelecer mecanismos e procedimentos consultivos e eficazes com os participantes no mercado no que diz respeito a eventuais alterações na legislação nacional. Esses mecanismos podem abranger a criação de comités consultivos no seio de cada autoridade competente, cuja composição reflicta, na medida do possível, a diversidade dos participantes no mercado, quer sejam emitentes, prestadores de serviços financeiros ou consumidores.

Artigo 12.°
(Poderes de supervisão e de investigação)

1. A autoridade competente deve ser investida de todos os poderes de supervisão e de investigação necessários para o exercício das suas funções. Exerce esses poderes:

a) Directamente;

b) Em colaboração com outras autoridades ou com as empresas de mercado;

c) Sob a sua responsabilidade, por delegação nas referidas autoridades ou nas empresas de mercado; ou

d) Mediante requerimento apresentado às autoridades judiciais competentes.

2. Sem prejuízo do n.° 7 do artigo 6.°, os poderes a que se refere o n.° 1 do presente artigo são exercidos de harmonia com o direito nacional e incluem pelo menos o direito de:

a) Aceder a qualquer documento, independentemente da sua forma, e receber uma cópia do mesmo;

b) Solicitar informações a qualquer pessoa, incluindo as pessoas que sucessivamente intervenham na transmissão de ordens ou na realização das operações em causa, bem como os seus comitentes, e, se necessário, convocar uma pessoa e colher o seu depoimento;

c) Realizar inspecções *in loco*;

d) Exigir a comunicação dos registos telefónicos e de transmissão de dados existentes;

e) Exigir que seja posto termo a uma prática contrária às disposições aprovadas em execução da presente directiva;

f) Suspender a negociação dos instrumentos financeiros em causa;

g) Exigir o congelamento e/ou a apreensão de activos;

h) Exigir a proibição temporária da actividade profissional.

3. O disposto no presente artigo aplica-se sem prejuízo das disposições legislativas nacionais em matéria de sigilo profissional.

Artigo 13.°
(Sigilo profissional)

Todas as pessoas que trabalhem ou tenham trabalhado por conta de uma autoridade competente ou para qualquer autoridade ou empresa do mercado na qual a autoridade competente tenha delegado as suas competências, incluindo os auditores ou peritos mandatados por essa autoridade, ficam sujeitos à obrigação de sigilo profissional. As informações abrangidas pelo sigilo profissional não podem ser comunicadas a qualquer outra pessoa ou autoridade, excepto por força de disposições legislativas.

Artigo 14.°
(Sanções)

1. Sem prejuízo do direito de imporem sanções penais, os Estados-Membros asseguram, nos termos da respectiva legislação nacional, que possam ser tomadas medidas administrativas adequadas ou aplicadas sanções administrativas relativamente às pessoas responsáveis por qualquer incumprimento das disposições aprovadas por força da presente directiva. Os Estados-Membros asseguram que estas medidas sejam efectivas, proporcionadas e dissuasivas.

2. A Comissão estabelece, nos termos do n.° 2 do artigo 7.°, uma lista informativa das medidas e sanções administrativas referidas no n.° 1.

3. Os Estados-Membros determinam as sanções a aplicar por falta de cooperação numa investigação realizada no âmbito do artigo 12.°.

4. Os Estados-Membros autorizarão a autoridade competente a tornar pública qualquer medida ou sanção imposta por infracção às medidas adoptadas nos termos da presente directiva, excepto se essa divulgação afectar gravemente os mercados financeiros ou causar danos desproporcionados às partes envolvidas.

Artigo 15.°
(Recurso para os tribunais)

Os Estados-Membros asseguram que as decisões tomadas pelas autoridades competentes possam ser objecto de recurso junto dos tribunais.

Artigo 16.°
(Cooperação)

1. As autoridades competentes cooperam entre si sempre que necessário para o cumprimento das suas funções, fazendo uso dos seus poderes, quer estes estejam previstos na presente directiva ou nas legislações nacionais. As autoridades competentes prestam assistência às autoridades competentes dos outros Estados-Membros. Nomeadamente, devem proceder ao intercâmbio de informações e cooperar entre si, no quadro das actividades de investigação.

2. As autoridades competentes comunicam imediatamente, a pedido, qualquer informação solicitada para efeitos do n.° 1. Se necessário, as autoridades competentes a quem foi dirigido o pedido adoptam de imediato as medidas necessárias para recolher as informações solicitadas. Se a autoridade competente em causa não estiver em condições de fornecer imediatamente as informações solicitadas, comunica os motivos desse facto à autoridade competente requerente. As informações fornecidas estão abrangidas pela obrigação de sigilo profissional a que estão submetidas as pessoas que exercem ou exerceram actividades junto das autoridades competentes que recebem as informações.

As autoridades competentes podem recusar dar seguimento a um pedido de informações se:

- a comunicação dessas informações for susceptível de prejudicar a soberania, a segurança ou a ordem pública do Estado-Membro em causa,
- já tiver sido intentado um processo judicial relativamente aos mesmos factos e às mesmas pessoas perante as autoridades do Estado-Membro em causa,
- ou já tiver transitado em julgado uma sentença proferida relativamente a esses mesmos factos e pessoas no Estado-Membro em causa.

Nesse caso, notificam a autoridade competente requerente, fornecendo-lhe informações tão pormenorizadas quanto possível sobre os referidos processo ou sentença.

Sem prejuízo do artigo 226.° do Tratado, qualquer autoridade competente a cujo pedido de informações não seja dado seguimento dentro de um prazo razoável, ou cujo pedido de informações seja rejeitado, pode comunicar essa omissão ao Comité das Autoridades de Regulamentação dos Mercados Europeus de Valores Mobiliários, que debaterá a questão a fim de alcançar uma solução rápida e eficaz.

Sem prejuízo das obrigações que lhes incumbam no âmbito de processos judiciais do foro penal, as autoridades competentes que recebam informações nos termos do n.° 1 só podem utilizá-las para o exercício das suas funções no âmbito da presente directiva e no contexto dos processos administrativos ou judiciais especificamente relacionados com o exercício dessas funções. No entanto, sempre que as autoridades competentes que comunicam as informações o consentirem, a autoridade destinatária pode utilizá-las para outros fins ou comunicá-las às autoridades competentes de outros Estados.

3. Quando uma autoridade competente estiver convencida de que estão a ser ou foram praticados actos contrários às disposições da presente directiva no território de outro Estado-Membro, ou de que determinados actos afectam instrumentos financeiros negociados num mercado regulamentado situado noutro Estado-Membro, deve notificar do facto, o mais pormenorizadamente possível, a autoridade competente desse Estado-Membro. A autoridade competente do outro Estado-Membro adopta as medidas adequadas. A autoridade competente notificada deve informar a autoridade competente notificante dos resultados da sua acção e, na medida do possível, dos desenvolvimentos relevantes entretanto ocorridos. O disposto no presente número aplica-se sem prejuízo dos poderes da autoridade competente que tiver transmitido as informações. As autoridades dos diferentes Estados-Membros competentes para efeitos do disposto no artigo 10.° consultam-se mutuamente a respeito do acompanhamento proposto para as medidas por elas adoptadas.

4. A autoridade competente de um Estado-Membro pode solicitar que seja realizada uma investigação pela autoridade competente de outro Estado-Membro, no território deste último.

Pode ainda solicitar que alguns elementos do seu pessoal sejam autorizados a acompanhar os membros da autoridade competente desse outro Estado-Membro no decurso da investigação.

No entanto, a investigação deve ser realizada sob o controlo do Estado-Membro em cujo território decorre.

As autoridades competentes podem recusar dar seguimento a um pedido de realização de uma investigação, tal como referido no primeiro parágrafo, ou a um pedido no sentido de os membros do seu pessoal serem acompanhados por elementos do pessoal da autoridade competente de outro Estado-Membro, tal como referido no segundo parágrafo, se a investigação for susceptível de prejudicar a soberania, a segurança ou a ordem pública do Estado em causa ou se já tiver sido intentado um processo judicial relativamente aos mesmos factos e às mesmas pessoas perante as autoridades do Estado em causa, ou se já tiver transitado em julgado uma sentença proferida relativamente a esses mesmos factos e pessoas no Estado em causa.

Sem prejuízo do disposto no artigo 226.° do Tratado, qualquer autoridade competente a cujo pedido com vista à abertura de um inquérito ou a permitir aos seus agentes que acompanhem os da autoridade competente estrangeira não seja dado seguimento dentro de um prazo razoável, ou cujo pedido seja rejeitado, pode comunicar esse facto ao Comité das Autoridades de Regulamentação dos Mercados Europeus de Valores Mobiliários, que debaterá a questão a fim de alcançar uma solução rápida e eficaz.

5. A Comissão adopta, nos termos do n.° 2 do artigo 17.°, medidas de execução relativas aos procedimentos de intercâmbio de informações e de inspecções transfronteiriças referidos no presente artigo.

Artigo 17.°
(Comité Europeu de Valores Mobiliários)

1. A Comissão é assistida pelo Comité Europeu dos Valores Mobiliários, instituído pela Decisão 2001/528/CE, a seguir designado "comité".

2. Sempre que se faça referência ao presente número, são aplicáveis os artigos 5.° e 7.° da Decisão 1999/468/CE, tendo-se em conta o disposto no seu artigo 8.°, desde que as medidas de execução adoptadas de acordo com o presente procedimento não alterem as disposições fundamentais da presente directiva.

O prazo previsto no n.° 6 do artigo 5.° da Decisão 1999/468/CE é de três meses.

3. O comité aprovará o seu regulamento interno.

4. Sem prejuízo das medidas de execução já adoptadas, após um período de quatro anos a contar da entrada em vigor da presente directiva, a aplicação das suas disposições que determinam a aprovação de regras técnicas e decisões nos termos do n.° 2 será suspensa. Sob proposta da Comissão, o Parlamento Europeu e o Conselho podem renovar as disposições em questão nos termos do artigo 251.° do Tratado e, para o efeito, revê-las-ão antes do termo do referido período.

Artigo 18.°
(Prazo para a transposição)

Os Estados-Membros devem pôr em vigor as disposições legislativas, regulamentares e administrativas necessárias para darem cumprimento à presente directiva até 12 de Outubro de 2004 e informar imediatamente a Comissão desse facto.

Quando os Estados-Membros aprovarem essas disposições, estas devem incluir uma referência à presente directiva ou ser acompanhadas dessa referência aquando da sua publicação oficial. As modalidades dessa referência serão aprovadas pelos Estados-Membros.

Artigo 19.°
(Princípio da regulação mínima)

O artigo 11.° não prejudica a possibilidade de um Estado-Membro adoptar mecanismos legais e administrativos distintos para os territórios ultramarinos europeus cujas relações externas sejam da sua responsabilidade.

Artigo 20.°
(Revogações)

A Directiva 89/592/CEE, bem como o n.° 1 do artigo 68.° e o n.° 1 do artigo 81.° da Directiva 2001/34/CE do Parlamento Europeu e do Conselho, de 28 de Maio de 2001, relativa à admissão de valores mobiliários à cotação oficial de uma bolsa de valores e à informação a publicar sobre esses valores [(10)], são revogados com efeitos a partir da data de entrada em vigor da presente directiva.

(10) JO L 184 de 6.7.2001, p. 1.

Artigo 21.°
(*Vacatio*)

A presente directiva entra em vigor na data da sua publicação no Jornal Oficial da União Europeia.

Artigo 22.°
(Destinatários)

Os Estados-Membros são os destinatários da presente directiva.

Feito em Bruxelas, em 28 de Janeiro de 2003.

Pelo Parlamento Europeu	*Pelo Conselho*
O Presidente	*O Presidente*
P. Cox	G. Papandreou

155. Textos das Directrizes de execução da Directriz n.° 2003/6/CE

I. DIRECTIVA 2003/124/CE DA COMISSÃO

de 22 de Dezembro de 2003

que estabelece as modalidades de aplicação da Directiva 2003/6/CE do Parlamento Europeu e do Conselho no que diz respeito à definição e divulgação pública de informação privilegiada e à definição de manipulação de mercado[856]

A COMISSÃO DAS COMUNIDADES EUROPEIAS,

Tendo em conta o Tratado que institui a Comunidade Europeia,

Tendo em conta a Directiva 2003/6/CE do Parlamento Europeu e do Conselho, de 28 de Janeiro de 2003, relativa ao abuso de informação privilegiada e à manipulação de mercado, (abuso de mercado) (1) e, nomeadamente, o n.° 2 do seu artigo 1.° e o primeiro, segundo e terceiro travessões do n.° 10 do seu artigo 6.°,

Após ter solicitado o parecer técnico do Comité das Autoridades de Regulamentação dos Mercados Europeus de Valores Mobiliários (CARMEVM) (2),

(1) JO L 96 de 12.4.2003, p. 16.

(2) O CARMEVM foi instituído pela Decisão 2001/527/CE da Comissão (JO L 191 de 13.7.2001, p. 43).

Considerando o seguinte:

(1) Os investidores razoáveis baseiam as suas decisões de investimento nas informações postas à sua disposição, isto é, informações disponíveis *ex ante*. Por conseguinte, a questão de saber se um investidor razoável, ao tomar a sua decisão de investimento é susceptível de ter em conta uma dada informação, deve ser apreciada com base na informação disponível *ex ante*. Esta avaliação deve ter em conta o impacto previsível das informações, à luz do conjunto das actividades do emitente com elas relacionadas, a fiabilidade da fonte de informação e quaisquer outras variáveis do mercado que possam afectar o instrumento financeiro relevante ou o instrumento financeiro derivado com ele relacionado, nas circunstâncias em causa.

(2) A informação *ex post* pode ser utilizada para verificar a presunção de que os preços são sensíveis à informação *ex ante*, não devendo, no entanto, ser utilizadas contra alguém que tenha retirado conclusões razoáveis das informações *ex ante* postas à sua disposição.

(3) A segurança jurídica deve ser reforçada para os participantes do mercado, através de uma definição mais estreita de dois dos elementos essenciais para a definição da

[856] JOCE N.° L-339, 70-72, de 24-Dez.-2003.

noção de informação privilegiada, isto é, o carácter preciso dessa informação e o alcance do seu impacto potencial na cotação dos instrumentos financeiros ou dos instrumentos financeiros derivados com eles relacionados.

(4) A protecção dos investidores não só impõe aos emitentes que divulguem atempadamente as informações privilegiadas, como exige igualmente que essa divulgação seja feita, o mais rápida e sincronizadamente possível, a todas as categorias de investidores e em todos os Estados-Membros nos quais os instrumentos financeiros do emitente foram admitidos ou são objecto de um pedido de admissão à negociação num mercado regulamentado, a fim de garantir, a nível comunitário, um acesso equitativo dos investidores a essas informações e evitar o abuso de informação privilegiada. Para o efeito, os Estados-Membros podem definir oficialmente mecanismos destinados a serem utilizados para essa divulgação.

(5) Com vista a proteger os interesses legítimos dos emitentes, deve ser permitido, em circunstâncias específicas bem definidas, diferir a divulgação pública de informação privilegiada. No entanto, a protecção dos investidores exige que, nessas circunstâncias, as informações em causa sejam mantidas confidenciais, a fim de evitar o abuso de informação privilegiada.

(6) Com vista a orientar tanto os participantes no mercado como as autoridades competentes, importa ter em conta certos sinais ao analisar eventuais comportamentos manipuladores.

(7) As medidas previstas na presente directiva estão de acordo com o parecer do Comité Europeu dos Valores Mobiliários,

ADOPTOU A PRESENTE DIRECTIVA:

Artigo 1.°
Informação privilegiada

1. Para efeitos de aplicação no disposto no n.° 1 do artigo 1.° da Directiva 2003/6/CE, considera-se que uma informação possui um carácter preciso se fizer referência a um conjunto de circunstâncias existentes ou razoavelmente previsíveis ou a um acontecimento já ocorrido ou razoavelmente previsível e se essa informação for suficientemente precisa para permitir retirar uma conclusão quanto ao eventual efeito desse conjunto de circunstâncias ou acontecimentos a nível dos preços dos instrumentos financeiros ou dos instrumentos financeiros derivados com eles relacionados.

2. Para efeitos de aplicação do n.° 1 do artigo 1.° da Directiva 2003/6/CE, entende-se por "informação que, caso fosse tornada pública, seria susceptível de influenciar de maneira sensível o preço dos instrumentos financeiros ou dos instrumentos financeiros derivados com eles relacionados", a informação que um investidor razoável utilizaria normalmente para basear em parte as suas decisões de investimento.

Artigo 2.°

Meios e prazos para a divulgação pública de informação privilegiada

1. Para efeitos de aplicação do n.° 1 do artigo 6.° da Directiva 2003/6/CE, aplicar-se-ão o n.° 1 do artigo 102.° e o artigo 103.° da Directiva 2001/34/CE do Parlamento Europeu e do Conselho (3).

Além disso, os Estados-Membros assegurarão que as informações privilegiadas serão divulgadas pelo emitente de forma a permitir ao público um rápido acesso, assim como a sua avaliação completa, correcta e atempada.

Os Estados-Membros assegurarão igualmente que o emitente não combine, de forma susceptível de ser enganadora, a divulgação pública de informações privilegiadas com a comercialização das suas actividades.

2. Os Estados-Membros assegurarão que os emitentes sejam considerados como tendo satisfeito o disposto no n.° 1, primeiro parágrafo, do artigo 6.° da Directiva 2003/6/CE, sempre que tiverem informado de imediato o público, após a ocorrência do conjunto de circunstâncias ou do acontecimento em causa, sem esperar que estes adquiram um carácter formal.

3. Quaisquer alterações significativas às informações privilegiadas já divulgadas serão tornadas públicas o mais rapidamente possível, após a sua ocorrência, através do mesmo canal que o utilizado para a divulgação pública da informação inicial.

4. Os Estados-Membros exigirão que os emitentes tomem medidas razoáveis para assegurar que a divulgação pública da informação privilegiada seja o mais sincronizada possível entre todas as categorias de investidores e em todos os Estados-Membros em que os instrumentos financeiros destes emitentes foram admitidos ou sejam objecto de um pedido de admissão à negociação num mercado regulamentado.

---

(3) JO L 184 de 6.7.2001, p. 1.

Artigo 3.°

Interesses legítimos para o diferimento da divulgação pública e confidencialidade

1. Para efeitos de aplicação do n.° 2 do artigo 6.° da Directiva 2003/6/CE, os interesses legítimos podem, em especial, estar relacionados com as seguintes situações, que não constituem uma enumeração exaustiva:

a) Negociações em curso ou elementos conexos, sempre que a divulgação pública possa afectar os resultados ou o curso normal dessas negociações. Em particular, no caso de a viabilidade financeira do emitente correr um risco grave e iminente e mesmo que não seja abrangida pela legislação pertinente em matéria de insolvência, a revelação pública de informações pode ser diferida durante um período limitado para evitar que os interesses dos accionistas existentes e potenciais sejam seriamente afectados, comprometendo a conclusão de negociações específicas destinadas a garantir a recuperação financeira a longo prazo do emitente;

b) Decisões tomadas ou contratos celebrados pelo órgão de direcção de um emitente, que necessitem da aprovação de outro órgão do emitente para se tornarem efectivas, sempre que a organização desse emitente exigir a separação entre esses órgãos, desde que a revelação pública das informações antes da sua aprovação, em simultâneo com o anúncio de que essa aprovação está pendente, comprometa a correcta avaliação das informações pelo público.

2. Para efeitos de aplicação do n.° 2 do artigo 6.° da Directiva 2003/6/CE e a fim de assegurar a confidencialidade da informação privilegiada, os Estados-Membros exigirão aos emitentes que controlem o acesso a essa informação e, em especial, que:

a) Tomem as medidas eficazes para que o acesso a essa informação só seja autorizado às pessoas que dele necessitem para o exercício das suas funções no emitente;

b) Tomem as medidas necessárias para que as pessoas com acesso a essa informação tenham conhecimento das obrigações jurídicas e regulamentares inerentes a esse acesso, assim como das sanções a que possam estar sujeitas no caso de abuso ou de divulgação indevida dessa informação;

c) Disponham dos mecanismos necessários que permitam a revelação pública imediata, caso o emitente não esteja em condições de garantir a confidencialidade da informação privilegiada relevante, sem prejuízo do disposto no segundo parágrafo do n.° 3 do artigo 6.° da Directiva 2003/6/CE.

Artigo 4.°
Comportamento manipulador relativo à divulgação de sinais falsos ou enganadores ou à fixação de preços

Para efeitos de aplicação do n.° 2, alínea a), do artigo 1.° da Directiva 2003/6/CE e sem prejuízo dos exemplos referidos no segundo parágrafo do seu n.° 2, os Estados-Membros assegurarão que, sempre que as autoridades competentes e os participantes no mercado devam analisar operações ou ordens de negociação, serão tidas em conta os seguintes sinais, que não constituem uma enumeração exaustiva e que não devem necessariamente ser considerados por si só uma manipulação de mercado:

a) A medida em que a emissão de ordens de negociação ou as operações efectuadas representam uma proporção considerável do volume diário de transacções sobre um instrumento financeiro num mercado regulamentado, nomeadamente quando essas actividades dão origem a uma alteração significativa do preço do instrumento financeiro;

b) A medida em que a emissão de ordens de negociação ou as transacções empreendidas por pessoas com uma posição considerável de compra ou de venda sobre um instrumento financeiro dão origem a alterações importantes no preço do instrumento financeiro ou do instrumento subjacente ou derivado com ele relacionado, admitido à negociação num mercado regulamentado;

c) Sempre que as transacções empreendidas não dão origem a alterações nos beneficiários económicos de um instrumento financeiro admitido à negociação num mercado regulamentado;

d) A medida em que as emissões de ordens de negociação ou as transacções empreendidas incluem alterações de posição num curto período de tempo e representam uma percentagem significativa do volume diário de transacções sobre o instrumento financeiro relevante no mercado regulamentado em causa, podendo ser associadas a alterações importantes do preço de um instrumento financeiro admitido à negociação num mercado regulamentado;

e) A medida em que a emissão de ordens de negociação ou as transacções empreendidas se concentram num curto período de tempo durante a sessão de negociação e dão origem a alterações de preços que são subsequentemente invertidas;

f) A medida em que as emissões de ordens de negociação alteram as características do melhor preço de oferta ou de procura de um instrumento financeiro admitido à negociação num mercado regulamentado ou, de um modo mais geral, as características da carteira de ordens à disposição dos participantes no mercado, e que são anuladas antes da sua execução;

g) A medida em que a emissão de ordens de negociação ou a realização de transacções ocorre no momento específico em que são calculados os preços de referência, os preços de liquidação e as avaliações, ou em torno desse momento, dando origem a alterações de preços que influenciam esses preços e avaliações.

Artigo 5.°
Comportamentos manipuladores relativos à utilização de mecanismos fictícios ou quaisquer outras formas de induzir em erro ou de artifício

Para efeitos de aplicação do n.° 2, alínea a), do artigo 1.° da Directiva 2003/6/CE e sem prejuízo dos exemplos referidos no segundo parágrafo do seu n.° 2, os Estados-Membros assegurarão que, sempre que as autoridades competentes e os participantes no mercado devam analisar as operações ou as ordens de negociação, serão tidas em conta os seguintes sinais, que não constituem uma enumeração exaustiva e que não devem necessariamente ser considerados por si só uma manipulação de mercado:

a) O facto de a emissão de ordens de negociação ou a realização de operações por pessoas serem ou não ser antecedidas ou seguidas da divulgação de informações falsas ou enganadoras pelas mesmas pessoas ou por pessoas a elas ligadas;

b) O facto de a emissão de ordens de negociação ou a realização de operações por pessoas ocorrerem antes ou depois de as mesmas pessoas ou pessoas a elas ligadas terem produzido ou divulgado os resultados de trabalhos de investigação ou recomendações de investimento, que sejam falsos ou parciais ou manifestamente influenciados por um interesse significativo.

Artigo 6.°
Transposição

1. Os Estados-Membros porão em vigor as disposições legislativas, regulamentares e administrativas necessárias para dar cumprimento à presente directiva até 12 de Outubro

de 2004, o mais tardar. Os Estados-Membros comunicarão imediatamente à Comissão o texto dessas disposições, bem como um quadro de correspondência entre as referidas disposições e a presente directiva.

Quando os Estados-Membros adoptarem tais disposições, estas deverão incluir uma referência à presente directiva ou ser acompanhadas dessa referência aquando da sua publicação oficial. As modalidades dessa referência serão adoptadas pelos Estados-Membros.

2. Os Estados-Membros comunicarão à Comissão o texto das principais disposições de direito interno que adoptarem no domínio regido pela presente directiva.

Artigo 7.°
Entrada em vigor

A presente directiva entra em vigor na data da sua publicação no Jornal Oficial da União Europeia.

Artigo 8.°
Destinatários

Os Estados-Membros são os destinatários da presente directiva.

Feito em Bruxelas, em 22 de Dezembro de 2003.

Pela Comissão
Frederik BOLKESTEIN
Membro da Comissão

II. DIRECTIVA 2003/125/CE DA COMISSÃO
de 22 de Dezembro de 2003

que estabelece as modalidades de aplicação da Directiva 2003/6/CE do Parlamento Europeu e do Conselho no que diz respeito à apresentação imparcial de recomendações de investimento e à divulgação de conflitos de interesses[857]

A COMISSÃO DAS COMUNIDADES EUROPEIAS,

Tendo em conta o Tratado que institui a Comunidade Europeia,

[857] JOCE N.° L-339, 73-77, de 24-Dez.-2003.

Tendo em conta a Directiva 2003/6/CE do Parlamento Europeu e do Conselho, de 28 de Janeiro de 2003, relativa ao abuso de informação privilegiada e à manipulação de mercado (abuso de mercado) (1), e, nomeadamente, o sexto travessão do n.° 10 do seu artigo 6.°,

Após ter solicitado o parecer técnico do Comité das Autoridades de Regulamentação dos Mercados Europeus de Valores Mobiliários (CARMEVM) (2).

(1) JO L 96 de 12.4.2003, p. 16.

(2) O CARMEVM foi instituído pela Decisão 2001/527/CE da Comissão (13.7.2001, p. 43).

Considerando o seguinte:

(1) São necessárias regras harmonizadas com vista a garantir uma apresentação imparcial, clara e precisa das informações, bem como a divulgação de interesses e de conflitos de interesses, em relação às pessoas que elaboram ou divulgam informações que recomendam ou sugerem uma estratégia de investimento, destinadas aos canais de distribuição ou ao público. Em especial, com vista a garantir a integridade do mercado, importa que a apresentação das informações que recomendam ou sugerem uma estratégia de investimento atinja um elevado nível de imparcialidade, de probidade e de transparência.

(2) A recomendação ou a sugestão de uma estratégia de investimento é feita de forma explícita (por exemplo, recomendações no sentido de "comprar", "manter" ou "vender") ou implícita (por referência a um objectivo em termos de preço ou sob outra forma).

(3) Os conselhos de investimento, formulados sob a forma de uma recomendação pessoal a um cliente em relação a uma ou várias operações sobre instrumentos financeiros (nomeadamente as recomendações informais de investimento a curto prazo provenientes dos serviços de venda ou dos serviços de negociação de uma empresa de investimento ou de uma instituição de crédito e dirigidas aos seus clientes), que não sejam susceptíveis de divulgação pública, não devem ser considerados, por si só, recomendações, na acepção da presente directiva.

(4) As recomendações de investimento que possam servir de base para decisões nesse domínio devem ser elaboradas e divulgadas de acordo com elevados padrões de prudência, para não induzir em erro os participantes no mercado.

(5) A identidade dos autores das recomendações de investimento e as suas regras de conduta profissional, bem como a identidade da sua autoridade competente, devem ser divulgadas, uma vez que podem constituir uma informação preciosa para os investidores no quadro das suas decisões de investimento.

(6) As recomendações devem ser apresentadas de forma clara e precisa.

(7) Os interesses particulares ou os conflitos de interesses das pessoas que recomendam ou sugerem uma estratégia de investimento podem influenciar os pareceres que exprimem nas recomendações. A fim de assegurar a possibilidade de avaliar a objectividade e a fiabilidade das informações, deve ser feita uma divulgação adequada dos interesses financeiros significativos em qualquer instrumento financeiro que seja

objecto de informações que recomendem uma estratégia de investimento, ou de quaisquer conflitos de interesses ou relações de controlo em relação à entidade emitente, a quem a informação diga, directa ou indirectamente, respeito. No entanto, a presente directiva não deve obrigar as pessoas que formulam recomendações de investimento a infringirem as barreiras informativas instituídas para prevenir e evitar os conflitos de interesse.

(8) As recomendações de investimento podem ser divulgadas, por outra pessoa diferente daquela que as formulou, de forma inalterada, alterada ou resumida. A forma como as pessoas que divulgam as recomendações realizam o seu tratamento pode ter um impacto importante na avaliação dessas recomendações pelos investidores. Em especial, o conhecimento da identidade da pessoa que divulga as recomendações de investimento, das suas regras de conduta profissional e da medida em que alterou a recomendação inicial podem constituir uma informação preciosa para os investidores, ao ponderarem as suas decisões de investimento.

(9) A divulgação de recomendações de investimento nos sítios internet deve ser feita de acordo com as regras relativas à transferência de dados de carácter pessoal para países terceiros, tal como estabelecidas na Directiva 95/46/CE do Parlamento Europeu e do Conselho, de 24 de Outubro de 1995, relativa à protecção das pessoas singulares no que diz respeito ao tratamento de dados pessoais e à livre circulação desses dados [3].

(3) JO L 281 de 23.11.1995, p. 31.

(10) As agências de notação do risco emitem pareceres sobre a solvência de um emitente ou de um instrumento financeiro concretos numa determinada data. Enquanto tal, estes pareceres não constituem uma recomendação na acepção da presente directiva. No entanto, as agências de notação do risco devem considerar a possibilidade de adopção de políticas e procedimentos internos, destinados a garantir que as notações do risco que publicam sejam apresentadas de forma imparcial e que revelam adequadamente os interesses ou conflitos de interesses importantes relacionados com os instrumentos financeiros ou com os emitentes a que se referem as suas notações do risco.

(11) A presente directiva respeita os direitos fundamentais e observa os princípios reconhecidos, nomeadamente na Carta dos Direitos Fundamentais da União Europeia e, mais concretamente, no seu artigo 11.° e no artigo 10.° da Convenção Europeia dos Direitos do Homem. A este respeito, a presente directiva em nada impede que os Estados-Membros apliquem as suas regras constitucionais relativas à liberdade de imprensa e à liberdade de expressão nos meios de comunicação social.

(12) As medidas constantes da presente directiva estão de acordo com o parecer do Comité Europeu dos Valores Mobiliários,

ADOPTOU A PRESENTE DIRECTIVA:

CAPÍTULO I
DEFINIÇÕES

Artigo 1.°
Definições

Para efeitos da presente directiva, e para além das definições da Directiva 2003/6/CEE, são aplicáveis as seguintes definições:

1. "Empresa de investimento", qualquer pessoa na acepção do n.° 2 do artigo 1.° da Directiva 93/22/CEE do Conselho [4].

2. "Instituição de crédito", qualquer pessoa na acepção do n.° 1 do artigo 1.° da Directiva 2000/12/CE do Parlamento Europeu e do Conselho [5].

3. "Recomendação", a investigação ou qualquer outra informação que recomende ou sugira uma estratégia de investimento, de forma explícita ou implícita, em relação a um ou vários instrumentos financeiros ou aos seus emitentes, incluindo qualquer parecer sobre o valor actual ou futuro ou sobre o preço desses instrumentos, e que se destine aos canais de distribuição ou ao público.

4. "Trabalhos de investigação ou outras informações que recomendem ou sugiram uma estratégia de investimento":

   a) A informação emitida por um analista independente, uma empresa de investimento, uma instituição de crédito, qualquer outra pessoa cuja actividade principal seja formular recomendações ou uma pessoa singular que neles trabalhe sob contrato ou outra forma e que, directa ou indirectamente, formule uma recomendação de investimento específica sobre um instrumento financeiro ou um emitente de instrumentos financeiros;

   b) A informação elaborada por outras pessoas para além das referidas na alínea a), na qual seja directamente recomendada uma decisão de investimento específica num instrumento financeiro.

5. "Pessoa relevante", qualquer pessoa singular ou colectiva que elabore ou divulgue recomendações no exercício da sua profissão ou no quadro da sua actividade.

6. "Emitente", o emitente de um instrumento financeiro a que uma recomendação diz respeito directa ou indirectamente.

7. "Canais de distribuição", qualquer canal através do qual a informação é divulgada ou susceptível de ser tornada pública; "susceptível de ser tornada pública", será qualquer informação a que terá acesso um elevado número de pessoas.

8. "Regulamentação adequada", qualquer regulamentação, incluindo a auto-regulação, em vigor nos Estados-Membros, tal como previsto na Directiva 2003/6/CE.

(4) JO L 141 de 11.6.1993, p. 27.
(5) JO L 126 de 26.5.2000, p. 1.

CAPÍTULO II
ELABORAÇÃO DE RECOMENDAÇÕES

Artigo 2.°
Identidade dos autores das recomendações

1. Os Estados-Membros assegurarão a existência de uma regulamentação adequada para que todas as recomendações divulguem, de forma clara e bem visível, a identidade da pessoa responsável pela sua elaboração, designadamente o nome e função da pessoa singular que preparou a recomendação e a denominação da pessoa colectiva responsável pela sua elaboração.

2. Sempre que a pessoa relevante for uma empresa de investimento ou uma instituição de crédito, os Estados-Membros exigirão que a identidade da autoridade competente relevante seja divulgada.

Sempre que a pessoa relevante não for uma empresa de investimento nem uma instituição de crédito, mas esteja sujeita a normas ou códigos de conduta estabelecidos no quadro da auto-regulação, os Estados-Membros assegurarão a divulgação de uma referência a essas normas ou códigos de conduta.

3. Os Estados-Membros assegurarão a existência de uma regulamentação adequada para que os requisitos referidos nos n.°s 1 e 2 sejam adaptados por forma a não serem desproporcionados no caso de recomendações não escritas. Esta adaptação pode incluir uma referência ao local em que estas informações são acessíveis ao público, de forma fácil e directa, tal como um sítio internet adequado da pessoa relevante.

4. O n.°s 1 e 2 não se aplicam aos jornalistas sujeitos a uma regulamentação adequada e equivalente nos respectivos Estados-Membros, incluindo a auto-regulação, desde que essa regulamentação atinja os mesmos objectivos dos n.°s 1 e 2.

Artigo 3.°
Regra geral relativa à apresentação imparcial das recomendações

1. Os Estados-Membros assegurarão a existência de uma regulamentação adequada para que todas as pessoas relevantes tomem as devidas precauções no sentido de garantir que:

a) Os factos sejam claramente distinguidos das interpretações, estimativas, pareceres e outros tipos de informação não factual;

b) Todas as fontes sejam fidedignas e, existindo alguma dúvida sobre se é este o caso, que tal seja claramente indicado;

c) O conjunto das projecções, das previsões e dos preços-alvo seja claramente indicado como tal e que as principais hipóteses utilizadas para os determinar sejam indicadas.

2. Os Estados-Membros assegurarão a existência de uma regulamentação adequada para que os requisitos do n.° 1 sejam adaptados por forma a não serem desproporcionados no caso de recomendações não escritas.

3. Os Estados-Membros exigirão que todas as pessoas relevantes tomem as devidas precauções no sentido de poderem demonstrar, a pedido das autoridades competentes, o carácter razoável de qualquer recomendação.

4. O n.°s 1 e 3 não se aplicam aos jornalistas sujeitos a uma regulamentação adequada e equivalente nos respectivos Estados-Membros, incluindo a auto-regulação, desde que essa regulamentação produza os mesmo efeitos que os n.°s 1 e 3.

Artigo 4.°
Obrigações suplementares relativas à apresentação imparcial das recomendações

1. Para além das obrigações estabelecidas no artigo 3.° e sempre que a pessoa relevante for um analista independente, uma empresa de investimento, uma instituição de crédito, qualquer pessoa colectiva a elas ligada ou qualquer outra pessoa cuja actividade principal consista em elaborar recomendações, ou uma pessoa singular que nelas trabalhe sob contrato ou outra forma, os Estados-Membros assegurarão a existência de uma regulamentação adequada para que esta pessoa que tome as devidas precauções no sentido de garantir que:

a) Todas as fontes materiais importantes sejam indicadas, se for caso disso, incluindo o emitente relevante e o facto de a recomendação ter sido revelada a esse emitente e corrigida após esse facto, mas antes da sua divulgação;

b) Qualquer base ou método utilizados para avaliar um instrumento financeiro ou um emitente de um instrumento financeiro, para fixar o preço-alvo de um instrumento financeiro sejam resumidos de forma adequada;

c) O significado de qualquer recomendação emitida, como por exemplo, "comprar", "vender" ou "manter", que pode incluir o horizonte temporal do investimento a que se refere a recomendação, seja explicado de forma adequada e que qualquer advertência pertinente em relação ao risco, incluindo uma análise de sensibilidade das hipóteses em questão, seja indicada;

d) Seja feita referência à eventual frequência prevista para as actualizações da recomendação, bem como a qualquer alteração importante da política de cobertura anteriormente anunciada;

e) A data em que a recomendação foi divulgada pela primeira vez para efeitos de distribuição seja indicada de forma clara e bem visível, tal como a data e hora a que se referem os preços indicados para qualquer instrumento financeiro;

f) Sempre que uma recomendação divirja de uma recomendação relativa ao mesmo instrumento financeiro ou emitente, emitida nos 12 meses precedentes, esta alteração e a data desta recomendação sejam indicadas de forma clara e bem visível.

2. Sempre que as disposições das alíneas a), b) e c) do n.° 1 forem desproporcionadas relativamente à extensão da recomendação divulgada, os Estados-Membros assegurarão que seja suficiente uma referência clara e visível na própria recomendação ao local em que as informações exigidas possam ser fácil e directamente acessíveis ao público como, por

exemplo, um *link* que remeta para um sítio internet adequado da pessoa relevante, desde que a base ou o método de avaliação utilizados não tenham sido alterados.

3. Os Estados-Membros assegurarão a existência de uma regulamentação adequada para que os requisitos referidos no n.° 1 sejam adaptados por forma a não serem desproporcionados no caso de recomendações não escritas.

Artigo 5.°
Regra geral relativa à divulgação de interesses ou de conflitos de interesses

1. Os Estados-Membros assegurarão a existência de uma regulamentação adequada para garantir que as pessoas relevantes divulguem todas as relações e circunstâncias susceptíveis de serem razoavelmente consideradas prejudiciais à objectividade da recomendação, nomeadamente quando as pessoas relevantes têm um interesse financeiro significativo num ou em vários instrumentos financeiros objecto da recomendação ou um conflito de interesses importante com o emitente a que diz respeito e recomendação.

Sempre que a pessoa relevante for uma pessoa colectiva, este requisito aplica-se igualmente às pessoas que nela trabalham, sob contrato ou outro vínculo, que tenham estado envolvidas na elaboração da recomendação.

2. Sempre que a pessoa relevante for uma pessoa colectiva, a informação a divulgar de acordo com o n.° 1 deve incluir, pelo menos, os seguintes elementos:

a) Quaisquer interesses ou conflitos de interesses da pessoa relevante ou das pessoas colectivas a ela ligadas que sejam acessíveis ou que podem razoavelmente ser considerados acessíveis às pessoas que participam na elaboração da recomendação;

b) Quaisquer interesses ou conflitos de interesses da pessoa relevante ou das pessoas colectivas a ela ligadas conhecidos das pessoas que, embora não tenham participado na elaboração da recomendação, tiveram acesso ou podem razoavelmente ser consideradas como tendo tido acesso à recomendação, antes da sua divulgação aos clientes ou ao público.

3. Os Estados-Membros assegurarão a existência de uma regulamentação adequada para garantir que a própria recomendação inclua as informações previstas nos n.°s 1 e 2. Sempre que estas informações forem desproporcionadas relativamente à extensão da recomendação divulgada, será suficiente uma referência clara e visível na própria recomendação ao local em que as informações possam ser fácil e directamente acessíveis ao público como, por exemplo, um link que remeta directamente para essas informações num sítio internet adequado da pessoa relevante.

4. Os Estados-Membros assegurarão a existência de uma regulamentação adequada para que os requisitos do n.° 1 sejam adaptados por forma a não serem desproporcionados no caso de recomendações não escritas.

5. O n.°s 1 e 3 não se aplicam aos jornalistas sujeitos a uma regulamentação adequada e equivalente nos respectivos Estados-Membros, incluindo a auto-regulação, desde que essa regulamentação produza os mesmo efeitos que os n.°s 1 a 3.

Artigo 6.°
Condições suplementares relativas à divulgação de interesses ou de conflitos de interesses

1. Para além das obrigações estabelecidas no artigo 5.°, os Estados-Membros exigirão que as recomendações formuladas por um analista independente, uma empresa de investimento, uma instituição de crédito, qualquer pessoa colectiva a ela ligada ou qualquer outra pessoa cuja actividade principal consista em elaborar recomendações, divulguem de forma clara e bem visível a seguinte informação sobre os seus interesses e conflitos de interesses:

a) As participações importantes existentes entre, por um lado, as pessoas relevantes ou qualquer pessoa colectiva com elas relacionada e o emitente, por outro. Estas participações importantes incluirão, pelo menos, os seguintes casos:

- quando a pessoa relevante ou qualquer pessoa colectiva a ela ligada detiverem mais de 5 % da totalidade do capital emitido do emitente, ou
- quando o emitente detiver mais de 5 % da totalidade do capital emitido da pessoa relevante ou qualquer pessoa colectiva a ela ligada,

os Estados-Membros prevêem limiares inferiores aos 5 % indicados nestes dois casos;

b) Os outros interesses financeiros importantes da pessoa relevante ou qualquer pessoa colectiva com ela relacionada em relação ao emitente:

c) Sempre que for pertinente, uma declaração indicando se a pessoa relevante ou qualquer pessoa colectiva a ela ligada é um intermediário financeiro de fomento do mercado (*market maker*) ou um prestador de liquidez no que diz respeito aos instrumentos financeiros do emitente;

d) Sempre que for pertinente, uma declaração indicando se a pessoa relevante ou qualquer pessoa colectiva a ela ligada desempenhou, nos últimos 12 meses, funções de líder ou de líder associado na colocação de qualquer oferta pública de instrumentos financeiros do emitente;

e) Sempre que for pertinente, uma declaração indicando se a pessoa relevante ou qualquer pessoa colectiva a ela ligada é parte em qualquer outro acordo com o emitente relativamente à prestação de serviços bancários de investimento, desde que tal não implique a divulgação de informações comerciais confidenciais e que o acordo tenha estado em vigor nos últimos 12 meses ou tenha dado origem a uma remuneração ou à promessa de remuneração durante o mesmo período;

f) Sempre que for pertinente, uma declaração indicando se a pessoa relevante ou qualquer pessoa colectiva a ela ligada é parte num acordo com o emitente relativo à elaboração da recomendação.

2. Os Estados-Membros exigirão a divulgação, em termos gerais, da estrutura das disposições administrativas e de organização efectivas, instituídas para prevenir e evitar os conflitos de interesse, no seio da empresa de investimento ou da instituição de crédito, relativamente às recomendações, incluindo as barreiras informativas.

3. Os Estados-Membros exigirão que, para as pessoas singulares ou colectivas que trabalhem para uma empresa de investimento ou uma instituição de crédito sob contrato qualquer ou outro vínculo, e que tenham estado envolvidos na elaboração da recomendação, a condição prevista no segundo parágrafo do n.° 1 do artigo 5.° incluirá, em especial, a informação sobre se a remuneração dessas pessoas está ligada a operações bancárias de investimento realizadas pela empresa de investimento, pela instituição de crédito ou por qualquer pessoa colectiva a ela ligada.

Além disso, sempre que essas pessoas singulares receberem ou adquirirem acções dos emitentes antes da respectiva oferta pública, deve ser indicado o preço e a data de aquisição dessas acções.

4. Os Estados-Membros exigirão que as empresas de investimento e as instituições de crédito divulguem trimestralmente a proporção de todas as recomendações de "comprar", "manter", "vender", ou expressões equivalentes, no conjunto das suas recomendações, bem como a proporção de emitentes que correspondem a cada uma dessas categorias em que as empresas de investimento ou as instituições de crédito prestaram serviços bancários de investimento significativos nos últimos 12 meses.

5. Os Estados-Membros assegurarão que a própria recomendação inclua as informações previstas nos n.°s 1 a 4. Sempre que estas informações forem desproporcionadas relativamente à extensão da recomendação divulgada, será suficiente uma referência clara e visível na própria recomendação ao local em que as informações possam ser fácil e directamente acessíveis ao público como, por exemplo, um link que remeta directamente essas informações para um sítio internet adequado da empresa de investimento ou da instituição de crédito.

6. Os Estados-Membros assegurarão a existência de uma regulamentação adequada para que os requisitos referidos no n.° 1 sejam adaptados por forma a não serem desproporcionadas no caso de recomendações não escritas.

CAPÍTULO III
DIVULGAÇÃO DE RECOMENDAÇÕES ELABORADAS POR TERCEIROS

Artigo 7.°
Identidade das pessoas que divulgam recomendações

Os Estados-Membros assegurarão a existência de uma regulamentação adequada para garantir que, quando uma pessoa relevante sob sua própria responsabilidade divulgar uma recomendação elaborada por um terceiro, a identidade dessa pessoa deve ser indicada de forma clara e bem visível na recomendação.

Artigo 8.°
Regra geral relativa à divulgação das recomendações

Os Estados-Membros assegurarão a existência de uma regulamentação adequada para garantir que, quando uma recomendação elaborada por um terceiro for substancialmente alterada na informação divulgada, essa informação indique de forma clara e em pormenor a alteração introduzida. Os Estados-Membros assegurarão que, quando a alteração substancial consistir numa mudança do sentido da recomendação (por exemplo, uma recomendação de "comprar" que passa a uma recomendação de "manter" ou de "vender" ou vice-versa) as obrigações definidas nos artigos 2.° a 5.° respeitantes ao autor da recomendação sejam cumpridas pela pessoa que a divulga, na medida da alteração substancial introduzida.

Além disso, os Estados-Membros assegurarão a existência de uma regulamentação adequada para que as pessoas colectivas relevantes que divulgam, elas próprias ou através de pessoas singulares, uma recomendação substancialmente alterada, disponham de uma política escrita formal, por forma a poder indicar aos destinatários da informação onde podem encontrar a identidade da pessoa que elaborou a recomendação, a própria recomendação, assim como os interesses ou os conflitos de interesses da referida pessoa, desde que tais elementos sejam públicos.

O primeiro e segundo parágrafos não se aplicam às informações de imprensa respeitantes às recomendações elaboradas por terceiros, desde que estas não tenham sido objecto de alterações substanciais.

No caso de ser divulgado o resumo de uma recomendação elaborada por um terceiro, as pessoas relevantes que divulgam esse resumo garantirão que o mesmo é claro e não contém informações enganosas, mencionando a fonte do documento e o local onde o público pode aceder de forma fácil e directa às informações relacionadas com o documento que constitui a sua fonte, sempre que forem públicas.

Artigo 9.°
Obrigações suplementares impostas às empresas de investimento e às instituições de crédito

Para além das obrigações estabelecidas nos artigos 7.° e 8.°, sempre que uma pessoa relevante for uma empresa de investimento ou uma instituição de crédito, ou uma pessoa singular que trabalhe para essas pessoas sob contrato ou qualquer outro vínculo, divulgar recomendações elaboradas por um terceiro, os Estados-Membros assegurarão que:

a) A denominação da autoridade competente da empresa de investimento ou instituição de crédito seja indicada de forma clara e bem visível;

b) As obrigações estabelecidas no artigo 6.° em relação ao autor sejam cumpridas pelo divulgador, caso o autor da recomendação não a tenha ainda divulgado através de um canal de distribuição;

c) A empresa de investimento ou instituição de crédito respeitará as obrigações impostas aos autores nos artigos 2.° a 6.°, caso tenha alterado de forma substancial a recomendação.

CAPÍTULO IV
DISPOSIÇÕES FINAIS

Artigo 10.°
Transposição

1. Os Estados-Membros porão em vigor as disposições legislativas, regulamentares e administrativas necessárias para dar cumprimento à presente directiva, o mais tardar em 12 de Outubro de 2004. Os Estados-Membros comunicarão imediatamente à Comissão o texto dessas disposições, bem como um quadro de correspondência entre as referidas disposições e a presente directiva.

Quando os Estados-Membros adoptarem tais disposições, estas deverão incluir uma referência à presente directiva ou ser acompanhadas dessa referência aquando da sua publicação oficial. As modalidades dessa referência serão estabelecidas pelos Estados-Membros.

2. Os Estados-Membros comunicarão à Comissão o texto das principais disposições de direito interno que adoptarem no domínio regido pela presente directiva.

Artigo 11.°
Entrada em vigor

A presente directiva entrará em vigor na data da sua publicação no Jornal Oficial da União Europeia.

Artigo 12.°
Destinatários

Os Estados-Membros são os destinatários da presente directiva.

Feito em Bruxelas, em 22 de Dezembro de 2003.

Pela Comissão
Frederik BOLKESTEIN
Membro da Comissão

156. **Aspectos gerais**

I. A Directriz n.° 88/627, de 12 de Dezembro, foi revogada pelo artigo 111.° da Directriz n.° 2001/34, de 28 de Maio, que codificou a matéria atinente à admissão à cotação e às informações a prestar. Todavia, ela tem um interesse manifesto, em termos interpretativos e para uma imediata apreensão dos elementos em presença.

Por seu turno, a Directriz n.° 89/592, de 13 de Novembro, foi revogada pelo artigo 20.° da Directriz n.° 2003/6, de 28 de Janeiro. Esta última, porém, está ainda em prazo de transposição, pelo que a Directriz n.° 89/ /592 mantém um interesse autónomo.

II. Não é objectivo do presente livro o proceder a uma exposição de Direito mobiliário europeu. Todavia, alguns elementos deste são directamente relevantes para as sociedades, razão por que se justifica uma primeira divulgação da matéria.

III. No aprofundamento do mercado único, é basilar o estabelecimento de um mercado de capitais. A harmonização das legislações em presença no tocante aos deveres de informar o mercado e à proibição do *insider trading* parece relativamente fácil, comparada com problemas como os da fiscalidade, da estrutura das sociedades e da sua governação e da co-gestão. Há, por isso e como se viu, um avanço significativo nessa área.

Resta acrescentar que se trata de Directrizes transpostas ou a transpor, entre nós, para o Código de Valores Mobiliários.

IV

VECTORES EVOLUTIVOS

157. **Breve justificação**

I. No domínio dos vectores evolutivos do Direito europeu das sociedades vamos, fundamentalmente, estudar as propostas de 5.ª e de 10.ª Directrizes (estrutura das sociedades anónimas e fusões internacionais, respectivamente) e os projectos de 9.ª e de 14.ª Directrizes (grupos de sociedades e mudanças de sede dentro da União, também respectivamente). De notar que a proposta de 5.ª Directriz foi abandonada, enquanto os projectos de 9.ª e de 14.ª Directrizes não tiveram seguimento e isso ao ponto de não haver versões publicadas oficialmente. Todavia, todos esses instrumentos têm a maior relevância para o objecto da presente obra: o Direito europeu das sociedades, tal como opera no espaço português.

II. Apesar de cada uma dessas Directrizes[858] ser um caso, todas elas têm um especial interesse para ilustrar o modo europeu de colocação dos problemas e o entendimento comunitário a que se chegou, na matéria. Além disso, elas são o produto da Ciência do Direito aplicada ao plano das sociedades europeias: contêm ensinamentos metodológicos importantes e comportam elementos informativos sobre a situação dos problemas, na Europa.

Finalmente: a segunda proposta modificada de 5.ª Directriz foi usada pelo legislador de 1986, na preparação do Código das Sociedades Comerciais. O mesmo sucedeu com o projecto de 9.ª Directriz. Trata-se de interessantes casos de transposição antes da aprovação. O seu conhecimento – que é, aliás, difícil, em língua portuguesa – tem, ainda, esse atractivo suplementar.

[858] Por comodidade de linguagem falaremos, por vezes, em 5.ª, 9.ª, 10.ª e 14.ª Directrizes, apesar de não terem passado de propostas ou, até, de projectos.

CAPÍTULO I

PROPOSTA DE 5.ª DIRECTRIZ (ESTRUTURA DAS SOCIEDADES ANÓNIMAS)

§ 37.° Texto, preparação e dificuldades

158. Texto da proposta (na alteração de 1983)

I. A proposta de 5.° Directriz das sociedades, mais precisamente "proposta de uma quinta directriz tendente a coordenar as garantias exigidas nos Estados-membros às sociedades, no sentido do artigo 58.°, parágrafo 2.° do Tratado, para proteger os interesses, tanto dos associados como dos terceiros, no que respeita à estrutura das sociedades anónimas assim como aos poderes e obrigações dos seus órgãos" foi apresentada pela Comissão em 9 de Outubro de 1972[859] e, depois, em versões alteradas de 19 de Agosto de 1983[860] e de 20-Nov.-1991[861]. Adiante veremos ao que correspondem as alterações mais significativas. A 5.ª Directriz é, em geral, conhecida como a Directriz relativa à estrutura das sociedades anónimas[862].

II. Vamos, de seguida, exarar o texto da proposta em jogo[863]. Lançaremos mão da versão de 1983: foi ela que influenciou o legislador português de 1986, aquando da elaboração do Código das Sociedades Comerciais.

---

[859] JOCE N.° C-131, 49-61, de 13-Dez.-1972; usa-se a versão em língua francesa.

[860] JOCE N.° C-240, 2-38, de 9-Set.-1983; *idem*, quanto à versão usada.

[861] JOCE N.° C-321, 9-12, de 12-Dez.-1991.

[862] Cf. SCHWARZ, *Europäisches Gesellschaftsrecht* cit., 443 ss..

[863] A tradução, feita da versão francesa, confrontada com a alemã, é da nossa responsabilidade; tal como as epígrafes.

PROPOSTA MODIFICADA DE UMA QUINTA DIRECTRIZ BASEADA NO ARTIGO 54.°, N.° 3, C), DO TRATADO CEE, RESPEITANTE À ESTRUTURA DAS SOCIEDADES ANÓNIMAS E AOS PODERES E OBRIGAÇÕES DOS SEUS ÓRGÃOS (19-AGO.-1983)[864]

CAPÍTULO I
CAMPO DE APLICAÇÃO

Artigo 1.°
(Âmbito)

1. As medidas de coordenação prescritas pela presente directriz aplicam-se às disposições legislativas, regulamentares e administrativas dos Estados-membros relativas às seguintes formas de sociedade:

– para a Alemanha: die Aktiengesellschaft
(...)
– para a França: la société anonyme
(...)
– para a Itália: la società per azioni
(...)

2. Os Estados-membros podem não aplicar a presente directriz às sociedades cooperativas constituídas sob uma das formas de sociedade indicadas no n.° 1. Na medida em que os Estados-membros façam uso desta faculdade, elas devem impor a essas sociedades a obrigação de incluir o termo "cooperativa" em todos os documentos indicados no artigo 4.° da Directriz 68/151/CEE.

CAPÍTULO II
ESTRUTURA DA SOCIEDADE

Artigo 2.°
(Sistemas)

1. Os Estados-membros organizam a estrutura da sociedade segundo um sistema dualista (órgão de direcção e órgão de vigilância), em conformidade com as disposições do capítulo III. Eles podem, todavia, autorizar as sociedades a optar seja por um sistema dualista organizado segundo as disposições da capítulo III, seja por um sistema monista (órgão de administração), segundo as disposições do capítulo IV.

---

[864] JOCE N.° C-240, 2-38, de 9-Set.-1983. A versão alemã pode, ainda, ser confrontada em MARCUS LUTTER, *Europäisches Unternehmensrecht*, 3.ª ed. (1991), 233-248, aqui idêntica à 4.ª ed., de 1996.

2. Além disso, os Estados organizam a assembleia geral dos accionistas segundo as disposições do capítulo V e a elaboração e o controlo das contas, segundo as disposições do capítulo VI.

CAPÍTULO III
O SISTEMA DUALISTA

Secção 1
O órgão de direcção e o órgão de vigilância

Artigo 3.°
(Competência)

1. a) A sociedade é gerida por um órgão de direcção, fiscalizado por um órgão de vigilância;

   b) Os membros do órgão de direcção são designados pelo órgão de vigilância. Não obstante, os membros do primeiro órgão de direcção podem ser designados pelos estatutos.

2. Quando o órgão de direcção for composto por vários membros, o órgão de vigilância designa um deles para ficar mais especialmente incumbido das questões do pessoal e das relações de trabalho.

3. As disposições do presente artigo não prejudicam as leis nacionais segundo as quais não se possa proceder à designação ou à destituição de um dos membros da direcção contra o parecer da maioria dos membros do órgão de vigilância indicados pelos trabalhadores.

Artigo 4.°
(Co-gestão)

1. Nas sociedades que empreguem na Comunidade, em média, menos de um certo número de trabalhadores que as legislações dos Estados-membros não podem fixar em mais de 1 000, os membros do órgão de vigilância são designados pela assembleia geral. Para efeitos de determinação do indicado número, são contadas as pessoas empregadas pelas afiliadas da sociedade, no sentido das regras que lhe sejam aplicáveis de acordo com o artigo 1.° da directriz n.° 83/349/CEE.

2. No que respeita às sociedades que empreguem em média um número de pessoas igual ou superior ao número fixado no n.° 1, os Estados organizam a participação dos trabalhadores na designação dos membros do órgão de vigilância segundo as disposições dos artigo 4.°b) ou 4.°c).

Todavia, em vez da participação prevista por esses artigos, os Estados-membros podem organizar a participação através de um órgão que represente os trabalhadores da sociedade segundo as disposições do artigo 4.°d) ou através de sistemas adoptados por convenções colectivas segundo as disposições do artigo 4.°e). Em qualquer dos casos, os Estados-membros podem prever que nenhuma participação dos trabalhadores será organizada nas sociedades cuja maioria dos trabalhadores se tenha pronunciado contra uma tal participação.

3. Se o número médio de trabalhadores de uma sociedade se tornar superior ou inferior ao número fixado em conformidade com o n.° 1, a aplicação dos números 1 e 2 só será, por isso, influenciada se a situação se prolongar durante dois exercícios consecutivos.

4. Os membros do primeiro órgão de vigilância podem ser designados pelos estatutos.

Artigo 4.°a)
(Derrogações)

Por derrogação das disposições dos artigos 4.°/1, 4.°b)/1 e 4.°c)/1, podem as legislações dos Estados-membros prever que até ao máximo de um terço dos membros do órgão de vigilância possam ser designados de modo diverso do previsto nessas disposições. Contudo, quando haja lugar à aplicação do artigo 4.°b)/1, a representação mínima dos trabalhadores aí prevista é sempre obrigatória, salvo na hipótese da proposição do artigo 4.°/2.

Secção 2
Participação dos trabalhadores na designação dos membros do órgão de vigilância

Artigo 4.°b)
(Designação)

1. Os membros do órgão de vigilância são designados pela assembleia geral na proporção máxima de dois terços e pelos trabalhadores da sociedade na proporção mínima de um terço e máxima de metade.

2. Quando os trabalhadores designem metade dos membros do órgão de vigilância, as regras de voto desse órgão prevêem que as decisões poderão ser tomadas, em última instância, pelos membros designados pela assembleia geral.

Artigo 4.°c)[865]
(Cooptação)

1. Os membros dos órgãos de vigilância são nomeados por cooptação por este. No entanto, a assembleia geral ou um grupo de accionistas designados por esta ou os representantes dos trabalhadores podem deduzir oposição à designação de um candidato proposto, seja por incapacidade deste para exercer as suas funções, seja porque a sua designação envolveria uma composição inadequada do órgão de vigilância, em relação aos interesses da sociedade, dos accionistas ou dos trabalhadores. Nesses casos, a designação não poderá

[865] O presente artigo, nas diversas versões oficiais, tem, apenas, n.° 1.

ter lugar senão depois de a oposição ter sido considerada improcedente por um órgão independente do Direito público.

Secção 3
Participação dos trabalhadores da sociedade através de um órgão que os represente

Artigo 4.°d)
(Órgão representativo)

1. Todo o órgão que represente os trabalhadores tem, perante o órgão de direcção da sociedade, o direito de ser regularmente informado e consultado sobre a administração, a situação, a evolução e as perspectivas da sociedade, a sua posição concorrencial, o seu endividamento e os seus projectos de investimento. Tem também direitos idênticos aos conferidos pelo artigo 11.° aos membros do órgão de vigilância.

2. Além disso, nos casos referidos no artigo 12.°/1, o órgão representativo dos trabalhadores deve ser consultado antes de o órgão de vigilância deliberar sobre a oportunidade da autorização. Se este não concordar com o parecer emitido pelo órgão representativo dos trabalhadores, deve comunicar-lhe as suas razões. A lei ou os estatutos podem sujeitar outras operações ao dever de consulta.

3. Os preceitos da segunda e da terceira proposições do artigo 10.°a)/2, aplicam-se aos membros dos órgãos que representem os trabalhadores.

4. O órgão representativo dos trabalhadores reúne regularmente e, pelo menos, imediatamente antes de cada uma das reuniões do órgão de vigilância; ele deve receber todos os documentos e informações relativos à ordem do dia da reunião do órgão de vigilância de que necessite para os seus próprios debates. A pedido do órgão representativo dos trabalhadores, o presidente do órgão de vigilância ou o seu suplente ou um membro do órgão de direcção deve assistir às suas reuniões.

Secção 4
Participação por meio de sistemas adoptados por convenções colectivas

Artigo 4.°e)
(Regra geral)

1. A participação dos trabalhadores é organizada por convenções colectivas concluídas entre a sociedade ou uma organização que a represente e as organizações representativas dos trabalhadores da sociedade.

2. Uma convenção colectiva concluída nos termos do n.° 1 deve respeitar as disposições da presente secção e do artigo 4.°i); além disso, ela deve, pelo menos, organizar uma participação dos trabalhadores no órgão de vigilância segundo o artigo 4.°f) ou uma representação de trabalhadores segundo o artigo 4.°g).

Artigo 4.°f)
(Disposições aplicáveis)

1. Os membros do órgão de vigilância são nomeados de acordo com as disposições dos artigos 4.°b) ou 4.°c).

2. São aplicáveis as disposições dos artigos 5.° a 21.°.

Artigo 4.°g)
(Direito de informação e de consulta)

1. Os representantes dos trabalhadores têm, perante o órgão de direcção da sociedade, o direito de ser regularmente informados e consultados sobre a administração, a situação, a evolução e as perspectivas da sociedade, a sua posição comercial, o seu endividamento e os seus projectos de investimento. Eles têm os mesmos direitos à informação do que os confiados pelo artigo 11.° aos membros dos órgãos de vigilância.

2. Além disso, nos casos referidos no artigo 12.°/1, a lei ou as convenções colectivas concluídas nos termos do artigo 4.°e) devem prever, pelo menos, que os representantes dos trabalhadores devam ser consultados antes de o órgão de vigilância deliberar sobre a oportunidade da autorização. Se este não sufragar o parecer dos representantes dos trabalhadores, ele deve comunicar-lhes as razões dessa posição. A lei, as convenções colectivas ou os estatutos podem submeter outras operações a este dever de consulta.

3. As disposições da segunda e da terceira proposições do artigo 10.°a)/2 aplicam-se aos representantes dos trabalhadores que recebam informações de natureza confidencial em virtude dos números 1 e 2.

4. As disposições do artigo 4.°d)/4 aplicam-se aos representantes dos trabalhadores.

Artigo 4.°h)
(Insuficiência ou falta de convenção colectiva)

1. Os Estados-membros devem prever que quando, dentro de prazo não superior a um ano a contar da expiração do prazo referido no artigo 64.°/2, uma convenção colectiva não seja concluída em conformidade com o artigo 4.°e), a participação dos trabalhadores seja organizada em conformidade com as disposições dos artigos 4.°b), 4.°c) ou 4.°d).

2. Além disso, os Estados-membros devem prever que quando uma convenção colectiva concluída segundo as disposições do artigo 4.°e) chegue ao seu termo e sem que nenhuma nova convenção seja concluída no prazo de um ano, a participação dos trabalhadores seja organizada em conformidade com as disposições dos artigos 4.°b), 4.°c) ou 4.°d).

Secção 5
Princípios relativos à designação dos representantes dos trabalhadores

Artigo 4.°i)
(Enumeração)

Quando os trabalhadores participem na designação dos membros do órgão de vigilância em conformidade com as disposições dos artigos 4.°b) ou 4.°c) ou quando a sua participação for organizada por meio de um órgão representativo segundo o artigo 4.°d), ou por meio dos sistemas adoptados por convenções colectivas segundo o artigo 4.°e), os Estados-membros devem assegurar o respeito pelos princípios seguintes:

a) os membros em causa do órgão de vigilância e os representantes dos trabalhadores são eleitos segundo sistemas de representação proporcional que garantam a protecção das minorias;

b) todos os trabalhadores devem poder participar nas eleições;

c) o voto realiza-se por escrutínio secreto;

d) a liberdade de expressão é garantida.

Secção 6
Os membros dos órgãos de direcção e de vigilância

Artigo 5.°
(Membros do órgão de direcção)

1. Apenas as pessoas singulares podem ser membros do órgão de direcção.

2. Quando as leis dos Estados-membros prevejam que pessoas colectivas possam ser membros do órgão de vigilância, elas devem designar um representante permanente que fica submetido às mesmas condições e obrigações que lhe caberiam se fosse pessoalmente membro do órgão de vigilância, sem prejuízo da responsabilidade da pessoa colectiva que ele representa.

Artigo 6.°
(Proibição de acumulação)

Ninguém pode ser, simultaneamente, membro do órgão de direcção e do de vigilância.

Artigo 7.°
(Mandato dos membros do órgão de vigilância)

1. Os membros do órgão de vigilância são eleitos por um período determinado que não exceda os seis anos. São reelegíveis.

2. No caso de sociedades que empreguem em média um número de pessoas igual ou superior ao número fixado em conformidade com o artigo 4.°/1, os membros do órgão de direcção são nomeados por um período determinado que não exceda os seis anos. São reelegíveis.

Artigo 8.°
(Fixação de remunerações)

Nem os órgãos de direcção nem os de vigilância podem fixar as remunerações dos seus próprios membros. O órgão de direcção não pode fixar as remunerações dos membros do órgão de vigilância.

Artigo 9.°
(Acumulações noutras sociedades)

1. Os membros do órgão de direcção não podem exercer, noutras empresas, uma actividade, seja ou não assalariada, por conta própria ou alheia, sem a autorização do órgão de vigilância.

2. A assembleia geral deve ser, anualmente, informada das autorizações dadas.

3. Antes da designação de qualquer pessoa singular como membro do órgão de vigilância, os órgãos ou pessoas habilitadas a designar ou a opor-se às designações são informados de toda a actividade, assalariada ou não, exercida por uma pessoa noutra empresa, por conta própria ou alheia.

Artigo 10.°
(Conflito de interesses)

1. Todas as convenções na qual a sociedade seja parte e na qual um dos membros do órgão de direcção ou de vigilância tenha um interesse, mesmo indirecto, devem ser autorizadas, pelo menos, pelo órgão de vigilância.

2. Quando um membro do órgão de direcção ou do órgão de vigilância tome conhecimento de que se encontram reunidas as circunstâncias referidas no número anterior, deve, disso, informar os dois órgãos. O interessado tem o direito de ser ouvido mas não pode tomar parte nem na deliberação ou decisão do órgão de direcção relativa à convenção em causa, nem na decisão do órgão de vigilância referente à concessão da autorização referida no n.° 1.

3. A assembleia geral é informada das autorizações dadas nos termos do n.° 1.

4. A ausência de autorização do órgão de vigilância ou a irregularidade da decisão que conceda tal autorização não são oponíveis a terceiros a não ser que a sociedade prove que eles tinham conhecimento da falta de autorização ou da irregularidade da decisão ou não as pudessem ignorar, dadas as circunstâncias.

Artigo 10.°a)
(Igualdade de posições)

1. Todos os membros dos órgãos de direcção e de vigilância terão os mesmos direitos e obrigações do que os outros membros do órgão de que façam parte, sem prejuízo das disposições que permitam uma repartição das atribuições desses órgãos pelos seus membros.

2. Todos os membros dos órgãos de direcção e de vigilância exercem as suas funções no interesse da sociedade, tendo em conta os interesses dos accionistas e dos trabalhadores. Eles devem observar a necessária descrição no que respeita às informações de natureza confidencial de que disponham, sobre a sociedade. Eles ficam adstritos a essa obrigação, mesmo após a cessação das suas funções.

Secção 7
Informação do órgão de vigilância e autorizações dadas por ele

Artigo 11.°
(Informações)

1. O órgão de direcção dirige, pelo menos todos os três meses, ao órgão de vigilância, um relatório escrito sobre a marcha dos negócios da sociedade.

2. O órgão de direcção apresenta ao órgão de vigilância, nos cinco meses subsequentes ao fecho de cada exercício, os projectos de contas anuais e de relatório anual de gestão, no sentido dos artigos 2.° e 46.° da directriz n.° 78/660/CEE.

3. A pedido do órgão de vigilância, o órgão de direcção fornece-lhe um relatório especial sobre os negócios da sociedade ou sobre alguns dos seus negócios.

4. O órgão de vigilância tem o direito de proceder ou de fazer proceder às necessárias verificações. A pedido de pelo menos um terço dos seus membros, ele pode obter do órgão de direcção todas as informações e documentos necessários ao exercício da sua vigilância.

5. Cada membro do órgão de vigilância pode tomar conhecimento de todos os relatórios, documentos ou informações fornecidos pelo órgão de direcção ao órgão de vigilância.

Artigo 12.°
(Autorizações)

1. A autorização do órgão de vigilância deve ser solicitada quanto a decisões do órgão de direcção, no que diga respeito:

a) Ao encerramento ou à transferência da empresa ou de partes importantes dela;

b) A reduções ou extensões importantes da actividade da empresa;

c) A modificações importantes na organização da empresa;

d) Ao estabelecimento de uma cooperação duradoura com outras empresas ou à cessação de uma tal cooperação.

2. A lei ou os estatutos podem subordinar outras operações à autorização do órgão de vigilância.

3. As disposições do artigo 10.°/4 são aplicáveis no que respeita a terceiros.

Artigo 13.°
(Destituição)

1. Os membros do órgão de direcção podem ser destituídos pelo órgão de vigilância.

2. Os membros do órgão de vigilância podem ser destituídos a todo o tempo pelos mesmos órgãos ou pessoas que os tenham designado e segundo os mesmos procedimentos. Todavia, os membros do órgão de vigilância nomeados por este, segundo as disposições do artigo 4.°c), não podem ser destituídos a não ser com justa causa e por decisão judicial, a pedido do órgão de vigilância, da assembleia geral ou dos representantes dos trabalhadores.

Secção 9
Responsabilidade civil

Artigo 14.°
(Princípio geral)

1. As legislações dos Estados-membros organizam a responsabilidade civil dos membros dos órgãos de direcção ou de vigilância de modo a assegurar pelo menos a reparação de prejuízo sofrido pela sociedade, em virtude de violações da lei, dos estatutos ou outras, cometidas pelos membros desses órgãos, no exercício das suas funções.

2. A responsabilidade reporta-se solidária e indefinidamente a cada um dos membros do órgão em causa. Todavia, estes podem liberar-se dela demonstrando que nenhuma violação lhes é pessoalmente imputável, a título de culpa.

3. As disposições dos números precedentes são aplicáveis mesmo quando as atribuições do órgão estejam repartidas entre os seus membros.

4. A autorização dada pelo órgão de vigilância não exclui a responsabilidade civil dos membros do órgão de direcção.

5. Além disso, a quitação, a instrução ou a autorização dadas pela assembleia geral não excluem a responsabilidade civil, nem dos membros do órgão de direcção, nem dos do órgão de vigilância.

Artigo 15.°
(Acção social *ut universi*)

1. A acção de responsabilidade fundada sobre as disposições do artigo 14.° é exercida por deliberação da assembleia geral.

2. Para essa deliberação, nem a lei nem os estatutos podem exigir mais do que a maioria absoluta dos votos expressos pelos accionistas presentes ou representados.

Artigo 16.°
(Acção social de grupo)

1. A acção de responsabilidade fundada sobre as disposições do artigo 14.° deve, também, ser exercida a pedido de um ou de vários accionistas:

a) Que disponham de acções num montante calculado pelo valor nominal ou contabilístico e que os Estados-membros não podem fixar em mais de 5% do capital subscrito;

b) Ou que disponham de acções num montante calculado pelo valor nominal ou contabilístico que os Estados não podem fixar acima de 100.000 ecus. Esse montante poderá variar numa margem máxima de 10% para mais, ao ser convertido em moeda nacional.

2. Caso o Tribunal rejeite o pedido referido no n.° 1, ele pode condenar os accionistas pessoalmente envolvidos na totalidade ou em parte das despesas, se considerar que não havia nenhuma razão válida para exercer a acção.

Artigo 17.°
(Não condicionalidade)

1. O exercício da acção social baseada nas disposições do artigo 14.° não pode ser condicionado nem por lei, nem pelos estatutos, nem por convenção:

a) A prévia decisão da assembleia geral ou de outro órgão da sociedade;

b) A prévia decisão judicial relativa às violações cometidas pelos membros dos órgãos de direcção ou de vigilância ou sobre a destituição ou substituição destes.

2. As disposições do número anterior não prejudicam o direito dos Estados-membros de determinar que a acção referida no artigo 16.° não possa ser exercida a não ser com a autorização prévia de um tribunal. Este poderá recusá-la caso entenda que a acção é manifestamente infundada.

Artigo 18.°
(Renúncia à acção social)

1. A renúncia à acção social baseada no artigo 14.° não decorre:

a) Da mera aprovação, pela assembleia geral, das contas relativas ao exercício em cujo decurso ocorreram os factos danosos;

b) Da mera quitação concedida pela assembleia geral aos membros dos órgãos de direcção ou de vigilância a propósito desse exercício.

2. A renúncia em causa fica subordinada:

   a) À determinação dos danos;

   b) A uma deliberação expressa da assembleia geral; essa deliberação não prejudica o direito conferido pelo artigo 16.° a um ou a vários accionistas que reúnam as condições do referido artigo, desde que tenham votado contra ela ou tenham formulado, contra ela, uma oposição registada em acta.

3. As disposições deste artigo aplicam-se a qualquer transacção relativa à acção de responsabilidade concluída entre a sociedade e o membro de algum dos seus órgãos cuja responsabilidade tenha sido posta em causa.

Artigo 19.°
(Responsabilidade para com terceiros)

As disposições dos artigos 14.° a 18.° em nada prejudicam a responsabilidade pessoal dos membros dos órgãos sociais perante terceiros, em conformidade com as disposições gerais de Direito civil constantes dos Direitos nacionais.

Artigo 20.°[866]
(Suprimido)

Artigo 21.°
(Prazo)

O prazo para o exercício da acção de responsabilidade referida no artigo 14.° não pode ser inferior a três anos a contar do facto danoso ou, quando este tenha sido dissimulado, a contar da sua revelação.

CAPÍTULO IV
SISTEMA MONISTA

Secção 1
O órgão de administração

Artigo 21.°a)
(Regra geral)

1. a) A sociedade é gerida pelos membros executivos de um órgão de administração sob o controlo dos membros não-executivos desse órgão. O número de membros

[866] Na versão de 1972, este preceito dizia respeito à responsabilidade dos titulares dos órgãos perante terceiros, remetendo-a para as leis dos Estados-membros; o preceito ficou prejudicado pelo actual artigo 19.°.

não-executivos deve ser divisível por três e deve ser superior ao dos membros executivos.

b) Os membros executivos do órgão de administração são designados pelos membros não executivos, deliberando, sendo necessário, por maioria. Todavia, os membros executivos do primeiro órgão de administração podem ser designados pelos estatutos.

2. Quando o órgão de administração compreender vários membros executivos, estes, deliberando, sendo necessário, por maioria, designam o membro executivo mais especialmente encarregado de questões de pessoal e das relações de trabalho.

3. As disposições do presente artigo não prejudicam as normas nacionais segundo as quais não se possa proceder à designação ou à destituição de um dos membros do órgão de administração contra o parecer da maioria dos membros desse órgão designados pelos trabalhadores.

Artigo 21.°b)
(Co-gestão)

1. Nas sociedades que empreguem em média, na Comunidade, menos de um certo número de pessoas que as leis dos Estados-membros não podem fixar em mais de 1000, os membros não-executivos são nomeados pela assembleia geral. Para a determinação do referido número, são contadas as pessoas empregadas pelas filiais da sociedade, nos termos da legislação que lhe seja aplicável em conformidade com o artigo 1.° da directriz n.° 88/349/CEE.

2. No tocante a sociedades que empreguem, em média, um número de pessoas igual ou superior ao número fixado em conformidade com o número 1, os Estados-membros organizam a participação dos trabalhadores na designação dos membros não-executivos do órgão de administração, segundo as disposições do artigo 21.°d). Todavia, em vez da participação prevista por este artigo, os Estados-membros podem organizar a participação por meio de um órgão de representação dos trabalhadores da sociedade segundo as disposições do artigo 21.°e) ou por meio de sistemas adoptados por convenções colectivas segundo as disposições do artigo 21.°f). Em todos os casos, os Estados-membros podem prever que não haverá lugar à participação dos trabalhadores nas sociedades cuja maioria dos trabalhadores se tenham pronunciado contra ela.

3. Se o número médio de trabalhadores de uma sociedade se tornar superior ou inferior ao número fixado em conformidade com o número 1, a aplicação dos números 1 e 2 só será influenciada por isso se a situação se prolongar por dois exercícios consecutivos.

4. Os membros não-executivos do primeiro órgão de administração podem ser designados pelos estatutos.

Artigo 21.°c)
(Derrogações)

Por derrogação às disposições do artigo 21.°b) número 1 e 21.°d), podem as legislações dos Estados-membros prever que um terço ou mais dos membros do órgão de administração possam ser nomeados de modo diverso do dos referidos preceitos. Todavia, quando o artigo 21.°d) seja aplicável, a representação mínima dos trabalhadores aí prevista é obrigatória em todos os casos, salvo quando as condições referidas na segunda proposição do artigo 21.°b)/2 se mostrem reunidas.

Secção 2
Participação dos trabalhadores na designação dos membros não-executivos do órgão de administração

Artigo 21.°d)
(Regra geral)

1. Os membros não-executivos do órgão de administração são designados pela assembleia geral na proporção máxima de dois terços e pelos trabalhadores da sociedade na proporção mínima de um terço e máxima de metade.

2. Quando os trabalhadores designem metade dos membros não-executivos do órgão de administração, as regras de voto desse órgão prevêem que, em última análise, as decisões dos membros não-executivos sejam tomadas pelos membros eleitos pela assembleia geral.

Secção 3
Participação dos trabalhadores da sociedade por meio de um órgão que os represente

Artigo 21.°e)
(Regra geral)

1. Todo o órgão representativo dos trabalhadores tem, perante o órgão de administração da sociedade, o direito de ser regularmente informado e consultado sobre a administração, a situação, a evolução e as perspectivas da sociedade, a sua posição concorrencial, o seu endividamento e os seus projectos de investimento. Ele tem, igualmente, os mesmos direitos à informação do que os conferidos pelo artigo 21.°r) aos membros não gerentes do órgão de administração.

2. Além disso, nos casos referidos no artigo 21.°s)/1, o órgão representativo dos trabalhadores deve ser consultado antes de o órgão de administração deliberar sobre a oportunidade da autorização. Se este não sufragar o parecer do órgão representativo dos trabalhadores, são-lhe comunicadas as razões dessa ocorrência. A lei ou os estatutos podem sujeitar outras operações a essa obrigação de consulta.

3. Aos membros do órgão representativo dos trabalhadores tem aplicação o disposto nas segunda e terceira frases do artigo 2.°q)/2.

4. O órgão representativo dos trabalhadores reúne regularmente e, pelo menos, imediatamente antes de cada reunião da administração; ele recebe todos os documentos e informa-

ções relativos à ordem do dia da reunião do órgão de administração e de que careça para os seus próprios debates. A pedido do órgão representativo dos trabalhadores, o presidente do órgão de administração ou o seu suplente ou um membro executivo desse órgão, assiste às reuniões.

Secção 4
Participação por meio de sistemas adoptados pelas convenções colectivas

Artigo 21.°f)
(Regra geral)

1. A participação dos trabalhadores é organizada por convenções colectivas concluídas entre a sociedade ou uma organização que a represente e as organizações representativas desses trabalhadores.

2. Uma convenção colectiva concluída em virtude do número anterior deve respeitar as disposições da presente acção e o artigo 21.°j); além disso, ela deve, pelo menos, organizar uma participação dos trabalhadores no órgão de administração[867] nos termos do artigo 21.°g) ou uma representação dos trabalhadores nos termos do artigo 21.°h).

Artigo 21.°g)
(Normas aplicáveis)

1. Os membros não-executivos do órgão de administração são designados de acordo com as disposições do artigo 21.°d).

2. Têm ainda aplicação as normas dos artigos 21.°j) a 21.°u).

Artigo 21.°h)
(Direito de informação e de ser consultados)

1. Os representantes dos trabalhadores têm, perante o órgão de administração da sociedade, o direito de ser regularmente informados e consultados sobre a administração, a situação, a evolução e as perspectivas da sociedade, a sua posição concorrencial, o seu endividamento e os seus projectos de investimento. Ele tem, igualmente, os mesmos direitos à informação do que os conferidos pelo artigo 21.°r) aos membros não executivos do órgão de administração.

[867] Nas versões francesa e alemã diz-se, por lapso, "no órgão de vigilância". Tratando-se do órgão de vigilância, a participação dos trabalhadores assegurada por convenções colectivas resulta do artigo 4.°e), da proposta de 5.ª Directriz.

2. Além disso, nos casos referidos no artigo 21.°s), a lei ou as convenções colectivas concluídas em virtude do artigo 21.°f)/1 devem prever que os representantes dos trabalhadores sejam consultados antes de o órgão de administração deliberar sobre a autorização. Se este não sufragar o parecer do órgão representativo dos trabalhadores, são-lhes comunicadas as razões dessa ocorrência. A lei ou os estatutos podem sujeitar outras operações a essa obrigação de consulta.

3. Aos representantes dos trabalhadores que, em virtude dos números anteriores, recebam informações de natureza confidencial tem aplicação o disposto nas segunda e terceira frases do artigo 21.°q)/2.

4. Aos representantes dos trabalhadores aplicam-se, ainda, as normas do artigo 21.°e)/4.

Artigo 21.°i)
(Insuficiência ou falta de convenção colectiva)

1. Os Estados-membros devem prever que quando, dentro de prazo não superior a um ano a contar da expiração do prazo referido no artigo 64.°/2, uma convenção colectiva não seja concluída em conformidade com o artigo 21.°f), a participação dos trabalhadores seja organizada em conformidade com as disposições dos artigos 21.°d) ou 21.°e).

2. Além disso, os Estados-membros devem prever que quando uma convenção colectiva concluída segundo as disposições do artigo 21.°f) chegue ao seu termo e sem que nenhuma nova convenção seja concluída no prazo de um ano, a participação dos trabalhadores seja organizada em conformidade com as disposições dos artigos 21.°d) ou 21.°e).

Secção 5
Princípios relativos à designação dos representantes dos trabalhadores

Artigo 21.°j)
(Enumeração)

Quando os trabalhadores participem na designação dos membros do órgão de administração em conformidade com as disposições do artigo 21.°d) ou quando a sua participação for organizada por meio de um órgão representativo segundo o artigo 21.°e), ou por meio dos sistemas adoptados por convenções colectivas segundo o artigo 21.°f), os Estados-membros devem assegurar o respeito pelos princípios seguintes:

a) os membros em causa do órgão de vigilância e os representantes dos trabalhadores são eleitos segundo sistemas de representação proporcional que garantam a protecção das minorias;

b) todos os trabalhadores devem poder participar nas eleições;

c) o voto realiza-se por escrutínio secreto;

d) a liberdade de expressão é garantida.

Secção 6
Os membros do órgão de administração

Artigo 21.°k)
((Membros do órgão de administração)

1. Apenas as pessoas singulares podem ser membros do órgão de administração.

2. Quando a lei dos Estados-membros preveja que pessoas colectivas possam ser membros não-executivos do órgão de administração, elas devem designar um representante permanente que fica submetido às mesmas condições e obrigações que lhes caberiam se fosse pessoalmente membro do órgão de administração, sem prejuízo da responsabilidade da pessoa colectiva que ele representa.

Artigo 21.°l)
(Proibição de acumulação)

Ninguém pode ser, simultaneamente, membro executivo e não-executivo do órgão de administração.

Artigo 21.°m)
(Membros não-executivos)

1. Os membros não-executivos do órgão de administração são eleitos por um período determinado que não exceda os seis anos. São reelegíveis.

2. No caso de sociedades que empreguem em média um número de pessoas igual ou superior ao número fixado em conformidade com o artigo 21.°b)/1, os membros executivos do órgão de administração são nomeados por um período determinado que não exceda os seis anos. São reelegíveis.

Artigo 21.°n)
(Fixação de remunerações)

Nem os membros executivos nem os não-executivos do órgão de administração podem fixar as suas próprias remunerações. Os membros executivos não podem fixar as remunerações dos não-executivos.

Artigo 21.°o)
(Acumulações noutras sociedades)

1. Os membros não-executivos do órgão de administração não podem exercer, noutras empresas, uma actividade, seja ou não assalariada, por conta própria ou alheia, sem a autorização dos membros não-executivos do órgão de administração.

2. A assembleia geral deve ser, anualmente, informada das autorizações dadas.

3. Antes da designação de qualquer pessoa singular como membro não-executivo do órgão de administração, os órgãos ou pessoas habilitadas a designar ou a opor-se às designações são informados de toda a actividade, assalariada ou não, exercida por essa pessoa noutra empresa, por conta própria ou alheia.

Artigo 21.°p)
(Conflito de interesses)

1. Todas as convenções na qual a sociedade seja parte e na qual um membro do órgão de administração, executivo ou não-executivo, tenha um interesse, mesmo indirecto, deve ser autorizada, pelo menos, pelos membros não-executivos do órgão de administração.

2. Quando um membro, executivo ou não-executivo do órgão de administração tome conhecimento de que se encontram reunidas as circunstâncias referidas no número anterior, deve, disso, informar o órgão de administração. O interessado tem o direito de ser ouvido mas não pode tomar parte na deliberação ou na decisão dos membros executivos relativa à convenção em causa nem na decisão dos membros não-executivos referente à concessão da autorização referida no n.° 1.

3. A assembleia geral é informada das autorizações dadas nos termos do n.° 1.

4. A ausência de autorização do órgão de administração ou a irregularidade da decisão que conceda tal autorização não são oponíveis a terceiros a não ser que a sociedade prove que eles tinham conhecimento da falta de autorização ou da irregularidade da decisão ou não as pudessem ignorar, dadas as circunstâncias.

Artigo 21.°q)
(Igualdade de posições)

1. Todos os membros do órgão de administração têm os mesmos direitos e obrigações do que os outros membros do órgão de que façam parte, sem prejuízo das disposições que permitam uma repartição das atribuições desses órgãos pelos seus membros.

2. Todos os membros do órgão de administração exercem as suas funções no interesse da sociedade, tendo em conta os interesses dos accionistas e dos trabalhadores. Eles devem observar a necessária descrição no que respeita as informações de natureza confidencial de que disponham, sobre a sociedade. Eles ficam adstritos a essa obrigação, mesmo após a cessação das suas funções.

Secção 7
Informação dos membros não-executivos do órgão de administração e autorizações dadas por este

Artigo 21.°r)
(Informações)

1. Os membros executivos do órgão de administração dirigem, pelo menos mensalmente, aos membros não -executivos, um relatório escrito sobre a marcha dos negócios da sociedade.

2. Os membros executivos do órgão de administração apresentam, aos membros não-executivos, nos cinco meses subsequentes ao fecho de cada exercício, os projectos de contas anuais e de relatório anual de gestão, no sentido dos artigos 2.° e 46.° da directriz n.° 78/660/CEE.

3. A pedido dos membros não-executivos do órgão de administração, os membros executivos fornecem-lhes um relatório especial sobre os negócios da sociedade ou sobre alguns dos seus negócios.

4. Os membros não-executivos do órgão de administração têm o direito de proceder ou de fazer proceder às necessárias verificações. A pedido de pelo menos um terço dos seus membros, ele pode obter do órgão de direcção todas as informações e documentos necessários ao exercício da sua vigilância.

5. Cada membro não-executivo do órgão de administração pode tomar conhecimento de todos os relatórios, documentos ou informações fornecidos pelos membros não-executivos a outro membro não-executivo.

Artigo 21.°s)
(Autorizações)

1. O órgão de administração não pode delegar os seus poderes no que diga respeito:
   a) Ao encerramento ou à transferência da empresa ou de partes importantes dela;
   b) A reduções ou extensões importantes da actividade da empresa;
   c) A modificações importantes na organização da empresa;
   d) Ao estabelecimento de uma cooperação duradoura com outras empresas ou à cessação de uma tal cooperação.

2. A lei ou os estatutos podem proibir qualquer delegação de poderes referente a decisões respeitantes a outras operações.

3. As disposições do artigo 21.°p)/4 são aplicáveis no que respeita a sucessões.

Secção 8
Destituição dos membros do órgão de administração

Artigo 21.°t)
(Deliberação)

1. Os membros executivos do órgão de administração podem ser destituídos pelos membros não-executivos, deliberando por maioria.

2. Os membros não-executivos do órgão de administração podem ser destituídos a todo o tempo pelos mesmos órgãos ou pessoas que os tenham designado e segundo os mesmos procedimentos.

Secção 9
Responsabilidade civil

Artigo 21.°u)
(Remissões)

As disposições dos artigos 14.° a 21.° têm aplicação aos membros dos órgão de administração, executivos e não-executivos.

CAPÍTULO V
A ASSEMBLEIA GERAL

Artigo 22.°
(Periodicidade das reuniões)

1. A assembleia geral é convocada, pelo menos, uma vez por ano.

2. Ela pode ser convocada a todo o tempo pelo órgão de direcção ou pelos membros executivos do órgão de administração.

Artigo 23.°
(Convocação pelos accionistas)

1. A convocação da assembleia geral e a fixação da ordem do dia podem, também, ser pedidas à sociedade por um ou vários accionistas que reúnam as condições fixadas no artigo 16.°/1.

2. Caso, no prazo de um mês, não seja dada sequência ao pedido formulado nos termos do número anterior, deve o tribunal competente poder formular a convocação da assembleia geral ou dar a autorização para que isso seja feito, seja aos accionistas que o tenham pedido, seja a um mandatário deles.

Artigo 24.°
(Convocatórias)

1. a) As legislações dos Estados-membros podem prever que a convocação da assembleia geral de uma sociedade cujas acções sejam nominativas possa ser feita por todos os meios de comunicação que permitam assegurar a efectividade do envio a cada accionista, estabelecendo a data certa.

   b) Em todos os outros casos, a convocação faz-se por publicação pelo menos no boletim nacional designado nos termos do artigo 3.°/4 das Directriz n.° 68/151/CEE.

2. A convocatória contém, pelo menos, as seguintes menções:

a) A firma e a sede da sociedade;

b) O lugar e a data de reunião;

c) A natureza da assembleia geral (ordinária, extraordinária ou especial);

d) Sendo o caso, as formalidades prescritas nos estatutos para a participação na assembleia geral e o exercício do direito de voto;

e) Sendo o caso, as disposições estatutárias que visem limitar, a determinadas categorias de pessoas, a escolha do representante[868] do accionista;

f) A ordem do dia;

g) Os textos das propostas sobre cada um dos pontos da ordem do dia.

3. O prazo entre a data do envio da primeira convocatória pelos meios referidos no número 1, alínea a) ou a data da primeira publicação da convocatória, em conformidade com o disposto no número 1, alínea b) e a data da primeira reunião da assembleia geral, deve ser, no mínimo, de vinte e um dias.

Artigo 25.°
(Novos pontos na ordem do dia)

1. Pode ser pedida a inscrição de um ou de vários novos pontos na ordem do dia de assembleia geral já convocada, por um ou vários accionistas que reúnam as condições fixadas pelo artigo 16.°/1.

2. Os pedidos de inscrição de novos pontos na ordem do dia são dirigidos à sociedade no prazo de sete dias a contar seja do envio da primeira convocatória à assembleia geral pelos meios visados no artigo 24.°/1,a), seja pela primeira publicação da convocatória, nos termos do disposto no artigo 24.°/1,b).

3. Os pontos cuja inscrição na ordem do dia tenha sido pedida nos termos do número 2 são comunicados ou publicados nos mesmos moldes da convocatória e, o mais tardar, sete dias antes da data da reunião.

Artigo 26.°
(Participação na assembleia geral)

Participam na assembleia geral todos os accionistas que tenham executado as formalidades prescritas pela lei ou pelos estatutos.

---

[868] *Vertreter*, na versão alemã; na francesa, usa-se *mandataire*, que não pode ser traduzido por "mandatário"; recordamos que o Direito português, à semelhança do alemão e diversamente do francês, distingue entre mandato e representação; o mandatário pode não ser representante.

Artigo 27.°
(Representação)

1. Os accionistas podem-se fazer representar na assembleia geral.

2. Os estatutos podem limitar a escolha do representante[869] a uma ou mais categorias determinadas de pessoas. Todavia, qualquer accionista deve poder designar, como representante, outro accionista.

3. A procuração deve ser escrita, remetida à sociedade e conservada por esta durante, pelo menos, três anos a contar da assembleia geral.

Artigo 28.°
(Solicitação pública de procurações)

1. Quando as leis nacionais permitam que as procurações dos accionistas sejam publicamente solicitadas pelas pessoas que se ofereçam para designar os mandatários delas, aplicam-se as normas do artigo 27.° e, ainda, as seguintes:

a) A procuração é passada, apenas para uma única reunião; todavia, ela é válida para uma segunda reunião com a mesma ordem do dia;

b) A procuração é irrevogável;

c) Os accionistas cujos nome e domicílio sejam conhecidos são solicitados, por escrito, a passar a sua procuração;

d) o pedido de procuração contém, pelo menos, as referências seguintes:

aa) a ordem do dia da assembleia;

bb) os textos das propostas relativas a cada um dos pontos da ordem do dia;

cc) a indicação de que os documentos referidos no artigo 30.° estão à disposição do accionista que os peça;

dd) o pedido de instruções para o exercício do direito de voto sobre cada um dos pontos da ordem do dia;

ee) a indicação do sentido no qual o mandatário irá exercer o seu direito de voto, na ausência de intenções do accionista;

e) O direito de voto deve ser exercido de acordo com as instruções do accionista ou, na falta destas, segundo as indicações dadas ao accionista;

f) Todavia, o representante pode afastar-se das instruções do accionista ou das indicações dadas a este em função de circunstâncias desconhecidas aquando do envio das instruções ou do pedido de procuração quando, a assim não proceder, os interesses desse accionista corram o risco de ficar comprometidos;

[869] Cf. a nota anterior.

g) Quando o direito de voto tenha sido exercido em sentido contrário ao das instruções do accionista ou às indicações dadas, a este, o representante deve, por isso, informar sem demora o accionista em causa, fornecendo-lhe explicações.

2. As disposições do parágrafo precedente aplicam-se no caso de a sociedade pedir ao accionista a sua procuração e designe o mandatário deste último.

Artigo 29.°
(Lista de presenças)

Por cada assembleia geral e antes de qualquer deliberação, é elaborada umas lista de presenças. Esta deve conter, pelo menos, as menções seguintes:

a) O nome e o domicílio dos accionistas presentes;

b) O nome e o domicílio dos accionistas representados, assim como os seus mandatários;

c) O número, a categoria, o valor nominal ou na falta deste, o valor contabilístico das acções assim como o número de votos dessas acções, por cada accionista presente ou representado.

Artigo 30.°
(Relatório e contas)

1. Ficam à disposição de todos os accionistas a partir, o mais tardar, da data do envio ou da publicação da convocatória da assembleia geral incumbida de aprovar as contas anuais e a afectação dos resultados do exercício ou apenas estes, se não for competente para aprovar contas, as contas anuais no sentido do artigo 2.°/1 da directriz n.° 78/660/CEE, a proposta de afectação dos resultados, quando esta não surja nas contas anuais, o relatório de gestão no sentido do artigo 46.° da directriz n.° 78/660/CEE e a certificação das pessoas incumbidas da fiscalização das contas, no sentido do artigo 58.°/2 da presente directriz. Os accionistas podem, se o solicitarem, obter gratuitamente cópia desses documentos. A contar da mesma data, fica à disposição de todos os accionistas interessados, na sede social e no local onde deverá decorrer a assembleia geral, o relatório das pessoas incumbidas da fiscalização das contas, no sentido do artigo 60.° da presente directriz.

2. A primeira e a segunda frase do número 1 aplicam-se igualmente às convenções que necessitem do consentimento da assembleia geral, quando esta seja chamada a pronunciar-se.

Artigo 31.°
(Informações)

1. Todo o accionista interessado tem o direito de pedir, nas reuniões da assembleia geral, informações exactas sobre os negócios da sociedade se elas forem necessárias para uma apreciação objectiva dos pontos inscritos na ordem do dia.

2. O órgão de direcção ou os membros executivos do órgão de administração ficam incumbidos de dar essas informações.

3. A prestação de uma informação só pode ser recusada se:

a) Ela for de natureza a causar grave prejuízo à sociedade, ou

b) Se for incompatível com um dever legal de sigilo.

4. Compete aos tribunais dirimir os litígios relativos à justificação da recusa de uma informação.

Artigo 32.°
(Matéria fora da ordem do dia)

1. A assembleia geral não pode deliberar sobre matéria ausente da ordem do dia.

2. O número anterior não se aplica quando todos os accionistas estejam presentes ou representados e nenhum accionista formule, para a acta, objecções contrárias à deliberação.

3. Além disso, os Estados-membros podem não aplicar o número 1 às decisões que visem os seguintes pontos:

a) A destituição dos membros dos órgãos de direcção e de vigilância assim como das pessoas incumbidas da fiscalização das contas, desde que, na mesma assembleia geral, se decida a sua substituição[870];

b) O exercício da acção de responsabilidade contra os membros dos órgãos de administração, de direcção ou de vigilância, desde que as contas anuais tenham sido objecto de uma deliberação ou de uma decisão, na mesma reunião da assembleia geral;

c) A convocação de nova assembleia.

Artigo 33.°
(Direito de voto)

1. O direito de voto do accionista é proporcional à quantidade de capital subscrito representada pela acção.

2. Todavia, as leis dos Estados-membros podem autorizar os estatutos a permitir:

a) Uma limitação ou uma exclusão do direito de voto para as acções a que sejam acordadas vantagens especiais;

[870] A presente alínea consta, apenas, da versão inicial de 1972, tendo sido eliminada na proposta alterada de 1983, cuja tradução vimos efectuando; todavia, pelo seu interesse, optamos por incluí-la na presente versão.

b) Uma limitação do número de votos para as acções atribuídas ao mesmo accionista, desde que essa limitação se aplique, pelo menos, a todos os accionistas da mesma categoria.

3. O direito de voto não pode ser exercido pelo accionista que, na data da assembleia geral, não tenha efectuado a contribuição para que tenha sido interpelado pela sociedade pelo menos um mês antes daquela data.

Artigo 34.°
(Incompatibilidades)

Um accionista ou representante desse accionista não pode exercer o direito de voto relativo às suas próprias acções ou às acções de terceiros quando a deliberação da assembleia tenha por objecto:

a) A quitação desse accionista;

b) Os direitos que a sociedade possa fazer valer contra esse accionista;

c) A liberação desse accionista das obrigações para com a sociedade;

d) A autorização das convenções concluídas entre a sociedade e esse accionista.

Artigo 35.°
(Acordos parassociais)

São nulas as convenções pelas quais um accionista se obrigue a votar:

a) Seguindo sempre as instruções da sociedade ou de um dos seus órgãos;

b) Ou aprovando sempre as proposições feitas por estes;

c) Ou exercendo esse direito de voto num sentido determinado ou, pelo contrário, abstendo-se, em contrapartida de vantagens especiais.

Artigo 36.°
(Maioria)

1. As deliberações da assembleia geral são tomadas por maioria absoluta dos votos expressos pelos accionistas presentes ou representados, a menos que uma maioria mais elevada ou outras condições sejam prescritas pela lei ou pelos estatutos.

2. O número 1 não se aplica às designações dos membros dos órgãos da sociedade ou das pessoas incumbidas da fiscalização das contas da sociedade.

Artigo 37.°
(Alteração dos estatutos)

1. As modificações dos estatutos requerem uma deliberação da assembleia geral.

2. Todavia, as legislações dos Estados-membros podem prever que a assembleia geral possa habilitar outro órgão da sociedade a modificar os estatutos, desde que:

a) Essa modificação apenas se realize em execução de uma decisão já tomada pela assembleia geral;

b) Ou ela seja imposta por uma autoridade administrativa cuja autorização seja necessária para a validade ou as modificações dos estatutos;

c) Ou ela apenas vise harmonizar os estatutos com as disposições legais imperativas.

Artigo 38.°
(Publicidade das propostas de alteração)

1. O texto integral da modificação dos estatutos a submeter à assembleia geral deve ser inserido na convocatória da reunião.

2. Todavia, as leis dos Estados-membros podem determinar que quando a convocação se efectue por publicação nas condições previstas no artigo 24.°/1,b), o texto da modificação visada no número 1 fique à disposição de todos os accionistas a contar, pelo menos, da data da publicação. Qualquer accionista que o peça pode obter gratuitamente cópia desse texto.

Artigo 39.°
(Maioria qualificada)

1. As decisões relativas à assembleia geral que tenham por objecto uma modificação dos estatutos requerem uma maioria que não pode ser inferior a dois terços, seja dos votos atinentes aos títulos representados na assembleia, seja do capital subscrito representado.

2. Todavia, as leis dos Estados-membros podem prever que, quando pelo menos metade do capital subscrito esteja representada, a maioria prevista no artigo 36.°/1 seja suficiente.

3. As decisões da assembleia geral que impliquem um aumento das obrigações dos accionistas requerem, em todo o caso, a aprovação de todos os accionistas interessados.

Artigo 40.°
(Categorias de acções)

1. Quando haja várias categorias de acções, a validade das decisões da assembleia geral é subordinada a um voto separado por cada categoria, pelo menos quando a deliberação prejudique os respectivos detentores.

2. As disposições do artigo 39.° são aplicáveis.

Artigo 41.°
(Acta)

1. De cada reunião da assembleia geral deve ser elaborada uma acta.

2. A acta deve conter, pelo menos, as menções seguintes:

a) O lugar e a data da reunião;

b) O teor das deliberações;

c) O resultado das votações;

d) As eventuais objecções dos accionistas perante a deliberação.

3. Devem anexar-se à acta:

a) A lista de presenças;

b) Os documentos relativos à convocação da assembleia geral.

4. A acta e os documentos anexos devem conservar-se e manter-se à disposição dos accionistas durante, pelo menos, três anos.

Artigo 42.°
(Nulidade ou anulabilidade das deliberações)

Os Estados-membros prevêem que, sem prejuízo para os direitos adquiridos pelos terceiros de boa fé, toda a deliberação da assembleia geral seja nula ou anulável sempre que:

a) A assembleia geral não tenha sido convocada em conformidade com o artigo 24.°, parágrafos 1 e 2, alíneas b) e d), bem como o n.° 3;

b) A matéria da deliberação não tenha sido comunicada e publicada em conformidade com o artigo 24.°/2,f), ou com o artigo 25.°/3, sem prejuízo do artigo 32.°/2 ou 3;

c) Contrariamente ao disposto no artigo 26.°, um accionista não tenha sido admitido a votar;

d) Um accionista não tenha podido tomar conhecimento de um documento, contrariamente ao artigo 30.° ou uma informação haja sido recusada, contrariamente ao artigo 31.°;

e) Aquando da deliberação, tenham sido violados os artigos 33.° e 34.° sobre o exercício do direito de voto, resultando, daí, uma interferência determinante no resultado da votação;

f) Não tenha sido alcançada a maioria exigida nos artigos 36.° ou 39.°;

g) Não tenha, contrariamente ao artigo 40.°/1, havido lugar a votações separadas.

Artigo 43.°
(Legitimidade)

A acção de nulidade ou de anulação prevista no artigo 42.° pode ser intentada pelo menos:

a) No caso previsto no artigo 42.°, alínea a), por todo o accionista que não tenha estado presente ou sido representado na assembleia geral;

b) No caso previsto no artigo 42.°, alínea b), por qualquer accionista, a menos que ele tenha estado presente ou sido representado na assembleia sem, em acta, ter formulado objecções à deliberação;

c) No caso previsto no artigo 42.°, alínea c), pelo accionista que não tenha sido admitido a participar na assembleia geral;

d) No caso previsto no artigo 42.°, alínea d), por todo o accionista que não tenha podido tomar conhecimento de um documento ou a quem tenha sido recusada uma informação;

e) No caso previsto no artigo 42.°, alínea e), por todo o accionista que tenha sido excluído da votação ou que conteste a participação, na mesma votação, de outro accionista;

f) No caso previsto no artigo 42.°, alínea f), por qualquer accionista;

g) No caso previsto no artigo 42.°, alínea g), por todo o accionista que pertença à categoria cujos direitos tenham sido atingidos por deliberação da assembleia.

Artigo 44.°
(Prazo da acção)

A acção de nulidade ou de anulação devem ser intentadas num prazo que os Estados-membros não podem fixar em menos de três meses ou em mais de um ano contados a partir do momento em que a deliberação da assembleia se tenha tornado oponível àquele que invoque a nulidade ou a anulabilidade.

Artigo 45.°
(Renovação da deliberação)

A nulidade de uma deliberação da assembleia geral não pode ser decretada quando ela tenha sido substituída por outra tomada em conformidade com a lei e os estatutos. Para tanto, o tribunal competente deve poder conceder prazo, à sociedade.

Artigo 46.°
(Publicidade e oponibilidade das decisões judiciais)

1. A decisão judicial que declare a nulidade[871] de uma deliberação da assembleia geral deve ser objecto de publicidade efectuada pelas formas previstas nas leis de cada Estado em conformidade com o artigo 3.° da directriz n.° 68/151/CEE.

[871] Do contexto, parece-nos que fica abrangida, também, a anulação.

2. A oponibilidade a terceiros de uma decisão judicial de declaração de nulidade [ou de anulação] de uma deliberação social rege-se pelas disposições do artigo 12.°/1 da directriz n.° 68/151/CEE.

Artigo 47.°
(Assembleias de categorias de accionistas)

Quando as legislações dos Estados-membros prevejam assembleias especiais para os detentores de certas categorias de acções aplicam-se, *mutatis mutandis*, a essas assembleias e às suas deliberações, as disposições do capítulo V.

CAPÍTULO VI
APROVAÇÃO E FISCALIZAÇÃO DAS CONTAS ANUAIS

Artigo 48.°
(Aprovação)

1. As contas anuais no sentido do artigo 2.° da directriz n.° 78/660/CEE são aprovadas pela assembleia geral.

2. Todavia, as legislações dos Estados-membros podem prever que, nas sociedades organizadas segundo o sistema dualista, as contas anuais sejam aprovadas não pela assembleia geral mas pelos órgãos de direcção e de vigilância, a menos que esses órgãos decidam diversamente ou não se entendam quanto à sua aprovação.

Artigo 49.°
(Reserva legal)

1. Cinco por cento dos benefícios de exercício, diminuídos, sendo esse o caso, das perdas reportadas, devem ser afectos à reserva legal até que esta atinja, pelo menos, dez por cento do capital subscrito.

2. A reserva legal, quando não ultrapasse o montante indicado no número anterior só pode ser usada para aumentar o capital subscrito ou para compensar prejuízos e apenas quando as outras reservas disponíveis não sejam suficientes para esses fins.

3. Até a ulterior coordenação, os Estados-membros podem não aplicar as disposições do presente artigo às sociedades de investimento de capital variável definidas no artigo 1.°/2 da directriz n.° 77/91/CEE.

Artigo 50.°
(Afectação dos resultados)

1. A assembleia geral decide a afectação dos resultados de exercício, aumentados, quando esse seja o caso, pelos benefícios reportados assim como pelos levantamentos efectuados

sobre as reservas para tanto disponíveis e diminuídos das perdas reportadas assim como das quantias levadas a reservas, em conformidade com a lei e os estatutos.

2. Todavia, os estatutos podem dispor a afectação, no máximo, de cinquenta por cento dos resultados calculados em conformidade com o número 1.

Artigo 51.°
(Suprimido)

Artigo 52.°
(Suprimido)[872]

Artigo 53.°
(Revisão das contas e incompatibilidades)

1. A revisão das contas não deve, em caso algum, ser exercida por pessoas que façam parte, ou tenham feito parte, nos últimos três anos, do órgão de administração, de direcção ou de vigilância ou do pessoal da sociedade cujas contas sejam controladas.

2. Além disso, a revisão das contas não deve, em caso algum, ser exercido por sociedades cujos associados, os membros do órgão de administração, de direcção ou de vigilância ou as pessoas que tenham o poder de representação e delas façam ou tenham feito, nos últimos casos, parte do órgão de administração, de direcção ou de vigilância ou do pessoal da sociedade cujas contas sejam controladas.

Artigo 54.°
(Outras incompatibilidades)

1. As pessoas que tenham exercido a revisão das contas não devem, em caso algum, fazer parte nem do órgão de administração, de direcção ou de vigilância nem do pessoal da sociedade cujas contas sejam revistas nos três anos subsequentes à cessação das suas funções.

2. Além disso, os associados, os membros do órgão de administração, de direcção ou de vigilância ou as pessoas que tenham o poder de representar as sociedades, que tenham exercido a revisão das contas não devem, em caso algum, fazer parte nem do órgão de administração, de direcção ou de vigilância nem do pessoal da sociedade cujas contas tenham sido controladas nos três anos subsequentes à cessação das suas funções.

---

[872] Estes preceitos tinham, na versão de 1972, a ver com os revisores de contas.

Artigo 55.°
(Designação de revisores)

1. As pessoas que devam exercer o controlo das contas são nomeadas pela assembleia geral.

Todavia, a presente directriz não prejudica as disposições dos Estados-membros relativos à designação dessas pessoas no momento da constituição da sociedade.

2. Quando a designação pela assembleia geral não tenha sido feita em tempo útil ou quando alguma das pessoas nomeadas não possa assegurar as suas funções, o órgão de administração, de direcção ou de vigilância ou qualquer accionista deve poder pedir a uma autoridade judicial ou administrativa a designação de uma ou várias pessoas para o exercício da revisão de contas.

3. Além disso, a autoridade judicial ou administrativa deve poder destituir com justa causa qualquer pessoa designada pela assembleia geral para exercer o controlo das contas e nomear, para esse efeito, outra pessoa, se o pedido emanar do órgão de administração, de direcção ou de vigilância ou de um ou vários accionistas que preencham as condições fixadas no artigo 16.°/1. Este pedido deve ser formulado no prazo de duas semanas a contar da data da designação pela assembleia geral.

Artigo 56.°
(Duração do mandato)

As pessoas que exerçam o controlo das contas são designadas por um período determinado que não pode ser inferior a três nem superior a seis anos. Elas são reelegíveis.

Artigo 57.°
(Remuneração)

1. A remuneração das pessoas incumbidas da revisão das contas ou o método de cálculo dessa remuneração deve ser fixada antes do início e para toda a duração das suas funções, tendo em conta a natureza e a importância das operações a efectuar.

2. Além da retribuição fixada segundo o número anterior, nenhuma outra remuneração ou vantagem pode ser concedida às pessoas indicadas para a revisão de contas.

3. (Suprimido)

Artigo 58.°
(Fidedignidade)

1. As pessoas incumbidas do controlo das contas verificam, em qualquer caso, se as contas anuais no sentido do artigo 2.° da directriz n.° 78/660/CEE dão uma imagem fiel do

património, da situação financeira assim como dos resultados da sociedade. Elas verificam igualmente a concordância do relatório de gestão, no sentido do artigo 46.° da referida directriz, com as contas anuais do exercício.

2. Quando não tenham qualquer reserva a formular, as pessoas incumbidas da revisão certificam, com referência às contas anuais que as prescrições do número 1 foram respeitadas; no caso contrário, a certificação é acompanhada de reservas ou é recusada.

Artigo 59.°
(Informações e verificações)

As pessoas incumbidas do controlo das contas têm o direito de obter, junto da sociedade, todas as informações e documentos e de proceder a todas as verificações necessárias.

Artigo 60.°
(Relatório de revisão)

As pessoas incumbidas do controlo das contas elaboram um relatório pormenorizado sobre o resultado da sua missão. Esse relatório deve conter, pelo menos, as seguintes menções:

a) (Suprimida);

b) Observações sobre eventuais violações da lei ou dos estatutos, constatadas aquando do controlo, na contabilidade, nas contas anuais ou no relatório de gestão da sociedade;

c) Observações sobre todos os factos, constatadas aquando do controlo, que representem um perigo grave para a situação financeira da sociedade;

d) O texto integral da certificação dada segundo as disposições do artigo 58.°/2. Quando tenham sido emitidas reservas ou quando a certificação tenha sido recusada, devem ser indicados os motivos respectivos.

Artigo 61.°
(Não-destituibilidade)

As pessoas incumbidas da revisão das contas não podem ser destituídas sem justa causa, pela assembleia geral, antes de terminado o seu mandato.

Artigo 62.°
(Responsabilidade civil)

As disposições dos artigos 14.° a 19.° e 21.° são aplicáveis à responsabilidade civil das pessoas incumbidas do controlo das contas, de modo a assegurar a reparação do prejuízo sofrido pela sociedade em virtude das violações cometidas no exercício das suas funções.

Artigo 63.°
(Invalidade da aprovação de contas)

1. Os Estados-Membros prevêem que, sem prejuízo dos direitos adquiridos por terceiros de boa fé, toda a decisão do órgão competente para a aprovação das contas anuais seja nula ou anulável sempre que:

a) As contas anuais não tenham sido controladas em conformidade com o artigo 58.°/1;

b) A certificação das contas anuais tenha sido recusada em conformidade com o artigo 58.°/2;

c) As contas anuais não tenham sido controladas por uma pessoa designada ou acreditada segundo o artigo 52.°;

d) As contas anuais tenham sido revistas por uma pessoa que, nos termos do artigo 53.° não deveria ter sido incumbida dessa revisão ou que tenha sido destituída pelo tribunal em conformidade com o artigo 55.°/3 ou pela assembleia geral em conformidade com o artigo 61.°;

e) As contas anuais tenham sido revistas por uma pessoa que não tenha sido nem designada pela assembleia geral em conformidade com o artigo 55.°/1, nem nomeada pelo tribunal em conformidade com o artigo 55.°/2 ou 3.

2. A acção de nulidade ou de anulação pode, pelo menos, ser intentada por qualquer accionista.

3. Têm aplicação os artigos 44.° a 46.°.

CAPÍTULO VII
DISPOSIÇÕES GERAIS

Artigo 63.°a)
(Ecus)

1. O Ecu, no sentido da presente directriz, é o definido pelo regulamento n.° 3180/78/ /CEE[873]. O contravalor em moeda nacional é inicialmente o que é aplicável no dia da adopção da presente directriz.

2. O Conselho, por proposta da Comissão, procede todos os cinco anos à revisão e, sendo esse o caso, à revisão dos montantes da presente directriz expressos em Ecus, em função da evolução económica e monetária na Comunidade.

---

873 JO N.° L-379, de 30-Dez.-1978, p. 1.

Artigo 63.°b)
(Derrogações)

1. Até ulterior coordenação, os Estados-Membros podem, quando a sociedade seja a empresa-mãe de um grupo:

a) derrogar as disposições dos artigos 4.° e 21.°b), na medida necessária para permitir aos trabalhadores das empresas afiliadas do grupo ser incluídos no sistema de participação ou de representação de trabalhadores aplicável à empresa-mãe segundo as disposições da presente directriz;

b) não aplicar as disposições dos artigos 10.°a)/2, primeira frase e 21.°q)/2, primeira frase, às decisões respeitantes a uma empresa afiliada do grupo.

1 *bis.* Até ulterior coordenação, os Estados-Membros podem derrogar os artigos 4.° a 4.°i) e 21.°b) a 21.°i), quando a sociedade seja:

a) uma sociedade de participação financeira no sentido do artigo 5.°/3 da directriz n.° 78/660/CEE, ou

b) a empresa-mãe de um grupo internacional quando o objectivo único dela seja a coordenação da gestão e do financiamento das empresas afiliadas.

2. Até coordenação ulterior, os Estados-Membros podem, quando a sociedade seja uma empresa afiliada de um grupo:

a) não aplicar as disposições dos artigos 4.° e 21.°b), na condição de os trabalhadores dessa sociedade afiliada estarem incluídos no sistema de participação ou de representação dos trabalhadores aplicável à empresa-mãe do grupo, segundo as disposições da presente directriz;

b) derrogar, na condição de os direitos dos trabalhadores à participação ou à representação estarem garantidos em conformidade com o disposto na alínea a), ao disposto nos artigos 12.°, 14.° e 21.°s) na medida do necessário para permitir a essa empresa afiliada ser gerida segundo a estratégia do grupo e desde que a empresa-mãe responda pelas obrigações da empresa afiliada perante terceiros e, no que tange ao artigo 14.°, pelas obrigações referidas nesse artigo;

c) derrogar aos artigos 3.°/1,b) e 13.°/1, desde que os membros do órgão de vigilância da empresa afiliada sejam designados em conformidade com o artigo 4.°c).

Artigo 63.°c)
(Relatório da Comissão)

1. A Comissão submete ao Conselho e ao Parlamento, no prazo máximo de cinco anos após o termo do prazo referido no artigo 64.°/2, um relatório sobre os resultados da aplicação da presente directriz nos Estados-membros e, em particular, dos seus artigos 2.° a 4.°i), 11.°, 12.° e 21.°b) a 21.°s). Nesse relatório, a Comissão dará especial atenção às opiniões, expressas sobre a aplicação desses artigos, pelas associações patronais e de trabalhadores interessadas.

2. A Comissão deve incluir, na medida do necessário, no relatório referido no número 1, proposições mais pormenorizadas respeitantes às matérias regidas pela presente directriz em geral e pelos artigos enumerados no número 1 em particular.

Artigo 63.°d)
(Derrogações para sociedades especiais)

Os Estados-Membros podem derrogar os artigos 4.° a 4.°i) e 21.° a 21.°i), para as sociedades cujo objecto único ou principal seja:

a) Político, religioso, humanitário, caritativo, pedagógico, científico ou artístico;

b) Ligado à informação do público ou à expressão de opiniões.

Essas disposições devem ser limitadas ao necessário para garantir a essas empresas o uso efectivo das suas liberdades respectivas segundo as regulações nacionais que lhes sejam aplicáveis.

Artigo 64.°
(*Vacatio*)

1. Os Estados-Membros devem pôr em vigor antes de .....[874] as disposições legislativas, regulamentares e administrativas necessárias para se conformar com as disposições da presente directriz. Disso devem informar, imediatamente, a Comissão.

2. Os Estados-Membros podem prever que as modificações das suas legislações indicadas no número 1 não se apliquem às sociedades já existentes no momento da entrada em vigor dessas disposições a não ser no prazo de dezoito meses a contar da data indicada no número 1. Todavia, esses dezoito meses podem ser reportados a quatro casos por aplicação do artigo 2.°/1.

3. Os Estados-Membros comunicam à Comissão, para informação, os textos dos projectos legislativos e regulamentares assim como os das suas justificações, respeitantes ao domínio regulado pela presente directriz. Essa comunicação deverá ter lugar o mais tardar seis meses antes da data encarada para a entrada em vigor do projecto.

Artigo 65.°
(Destinatários)

Os Estados-Membros são os destinatários da presente directriz.

---

[874] A versão de 1972 previa um prazo de 18 meses.

159. **Preparação e modificações**

I. A proposta de 5.ª Directriz visava coordenar as garantias exigidas aos Estados-membros, (...) *para proteger os interesses, tanto dos associados como dos terceiros, no que respeita à estrutura das sociedades anónimas assim como aos poderes e obrigações dos seus órgãos*. Esta fórmula encobre como veremos, um complexo programa de reforma das sociedades anónimas, acabando por surgir como um pequeno código.

A proposta da Comissão, de 9-Out.-1972 inseria a 5.ª Directriz na sequência das Directrizes (então em projecto) sobre a prestação de contas, sobre a constituição e o capital das sociedades anónimas e sobre a sua fusão. Isto posto: verificava que a concorrência exigia condições jurídicas equivalentes para as diversas sociedades[875]. Todavia[876]:

- existem, de momento, dois sistemas de organização das sociedades anónimas na comunidade: monista (com conselho de administração) e dualista (com direcção e conselho de vigilância), sendo este último preferível;
- nem todos os ordenamentos prevêem a participação dos trabalhadores na gestão das sociedades, numa situação que deve cessar.

Além disso:

- haveria que prever regras relativas à responsabilidade dos membros dos órgãos e às acções destinadas à sua efectivação;
- as assembleias gerais, nos diversos aspectos e os direitos dos accionistas, particularmente quanto à informação, deveriam ser regulados, incluindo o de impugnar certas deliberações;
- as minorias deveriam ser dotadas de capacidade de intervenção;
- as contas deveriam ser confiadas a revisores independentes.

II. O programa da 5.ª Directriz, versão inicial, era essencialmente alemão: basta ver a imposição do sistema dualista[877] e a obrigação de fazer

---

[875] Cf. CHRISTIAN STRIEBECK, *Reform des Aktienrechts durch die Strukturrichtlinie der Europäischen Gemeinschaft* (1992), 18 ss..

[876] Trata-se de elementos que constam do preâmbulo da proposta: JOCE N.° C-131, 49-50, de 13-Dez.-1972.

[877] HORST KAMINSKI, *Vorschlag einer 5. Richtlinie der Kommission der Europäischen Gemeinschaften*, WPg 1972, 633-638 (633/II).

participar os trabalhadores, logo que o seu número ultrapassasse os 500[878]. A estrutura dualista era, no fundo, tornada necessária para efeitos de co-gestão[879], num aspecto pudicamente calado no preâmbulo.

As críticas multiplicaram-se, potenciadas pelo parecer do Comité Económico e Social de 19-Set.-1974[880], quanto à proposta de 5.ª Directriz, de 10-Abr.-1979[881], quanto ao problema da co-gestão, e do Parlamento Europeu, de 11-Mai.-1982[882]. Este aprovou a proposta, sob reserva das seguintes modificações:

- a não-supressão do sistema monista;
- a igualdade de direitos e de deveres de todos os membros de cada órgão: devem agir no interesse da sociedade, dos accionistas e dos trabalhadores;
- uma representação dos trabalhadores, que reúna regularmente, deve ser informada da marcha da empresa;
- devem ser modificados preceitos relativos à acção social, à convocação da assembleia, à ordem do dia, ao direito de voto e ao controlo das contas;
- a designação, as qualidades, o mandato e os direitos dos membros não-executivos, num sistema monista, assim como as suas relações com os membros executivos devem ser definidos.

Estas sugestões tiveram peso na evolução subsequente.

III. Surgiu, assim, a proposta alterada de 19-Ago.-1983. Logo no seu preâmbulo, sublinhou-se a possibilidade da manutenção dos sistemas monista e dualista, ainda que procedendo à sua aproximação. Também se refere, em moldes mais flexíveis, a participação dos trabalhadores[883].

Entre as novidades introduzidas na proposta de 1983, contam-se:

---

878 SCHWARZ, *Europäisches Gesellschaftsrecht* cit., 444-445 e GRUNDMANN, *Europäisches Gesellschaftsrecht* cit., 165.

879 HERMANN NIESSEN, *Zum Vorschlag einer "Europäischen" Regelung der Mitbestimmung für "nationale" Aktiengesellschaften*, ZGR 1973, 218-229 (220).

880 Parecer do Comité Económico e Social de 29 e 30-Mai.-1974, JOCE N.° C-109, 9-16, de 19-Set.-1974.

881 Parecer do Comité Económico e Social de 2-Fev.-1978, JOCE N.° C-94, 2-3, de 10-Abr.-1979

882 JOCE N.° C-149, 17, de 14-Jun.-1982.

883 JOCE N.° C-240, 3-5, de 9-Set.-1983.

- a introdução do sistema monista: os Estados devem prever o sistema dualista, podendo todavia autorizar as sociedades a optar por este ou por um sistema monista;
- a intervenção dos trabalhadores só se torna obrigatória quando o seu número ultrapasse a cifra de 1000;
- as vias de intervenção dos trabalhadores são diversificadas;
- permite-se a não-aplicação desse esquema a certas sociedades.

As críticas mantiveram-se. Os estudiosos anglo-saxónicos lamentavam a obrigatoriedade da co-gestão[884], enquanto os alemães censuravam a não-correspondência entre os diversos modelos de intervenção dos trabalhadores nela previstos[885].

IV. Seguiu-se uma segunda proposta modificada, de 13-Dez.-1990[886]. Foram alterados os artigos 4.°/5, 21.° b/5, 33.°, 36.° e 64.°/4. Particularmente visados: os direitos preferenciais de indicar a maioria do órgão de vigilância ou do órgão de administração, que foram vedados.

Sobre ela recaíram pareceres do Comité Económico e Social, de 3-Jul.-1991[887] e do Parlamento Europeu, de 10-Jul.-1991[888], este sob reserva de alguns pontos:

- o direito dos detentores de certas categorias de acções com o poder de indicar membros dos órgãos sociais não são sempre atendíveis;
- o direito de voto dos detentores de acções privilegiadas pode ser recuperado em certos casos;
- os estatutos não poderão exigir mais do que a maioria absoluta, para a designação das pessoas responsáveis pelo controlo das contas.

IV. Finalmente, temos a *Terceira modificação à proposta de Quinta directiva do Conselho, baseada no artigo 54.° do Tratado CEE, relativa à*

---

884 Cf. WALTER KOLVENBACH, *Die Fünfte EG-Richtlinie über die Struktur der Aktiengesellschaft (Strukturrichtlinie)*, DB 1983, 2235-2241 (2235/II), bem como GAVALDA/PARLEANI, *Droit des affaires de l'Union européenne*, 4.ª ed. cit., 164.

885 SCHWARZ, *Europäisches Gesellschaftsrecht* cit., 445 (n. 709).

886 JOCE N.° C-7, 4-6, de 11-Jan.-1991.

887 Parecer do Comité Económico e Social de 3-Jul.-1991, JOCE N.° C-269, 48-51, de 14-Out.-1991.

888 Parecer do Parlamento Europeu de 10-Jul.-1991, JOCE N.° C-240, 104-105, de 16-Set.-1991.

estrutura das sociedades anónimas e aos poderes e obrigações dos órgãos, de 20-Nov.-1991[889]. Foram atingidos pontos menores, designadamente no artigo 33.°/2, relativo à limitação ou exclusão do direito de voto a troco de vantagens patrimoniais e no artigo 36.°, quanto à aprovação de deliberações.

160. **Dificuldades e abandono**

I. A 5.ª Directriz incorreu, em boa parte, nas dificuldades que motivaram um atraso de décadas na aprovação do estatuto da sociedade europeia[890]. Essas dificuldades prendem-se com a co-gestão, nos termos que abaixo iremos considerar[891]. Na verdade, as diferentes condições laborais existentes no Norte e no Sul da Europa explicam a diversidade dos meios de enquadramento dos trabalhadores. Num ambiente de contestação generalizada, as empresas alemãs ganham terreno graças ao sistema de co-gestão, indutor de paz social. Já num período de acalmia e de expansão de tipo liberal, essa vantagem transforma-se em factor de regidificação e de custos acrescidos.

Compreende-se, do ponto de vista comunitário, o grande interesse que haveria em uniformizar os esquemas. Isso postularia, porém, um nivelamento de culturas e de tradições sindicais que não se alcança por leis, mesmo europeias.

II. Mau grado estas dificuldades, a Comissão ainda intentou retomar o processo pedindo parecer e encomendando estudos[892]. Ele foi reactivado em 10-Nov.-1993. O Parlamento Europeu solicitou o *dossier*[893], acabando por reconfirmar o seu voto favorável, em 27-Out.-1999. Todavia, o processo manteve-se bloqueado. Aparentemente, a Comissão entendeu dar prioridade ao Regulamento relativo à sociedade europeia, cuja preparação exigiu estudos e negociações complicados.

---

889 JOCE N.° C-321, 9-12, de 12-Dez.-1991.

890 Cf. HERMANN NIESSEN, *Zum Vorschlag einer "Europäischen" Regelung der Mitbestimmung* cit., 218.

891 *Infra*, 913 ss..

892 SCHWARZ, *Europäisches Gesellschaftsrecht* cit., 445-446. Com diversos elementos, cf. MARCUS LUTTER, *Eine grössenabhängige und zwingende Unternehmensverfassung für Kapitalgesellschaften in Europa?*, AG 1997, 538-540 e NEYE, *Neue europäische initiative* cit., R-98.

893 Em 2-Dez.-2003.

III. Finalmente, a Comissão entendeu incluir a proposta de 5.ª Directriz na lista intitulada *Retirada de propostas da Comissão que já não podem ser consideradas actuais*[894].

Resta esclarecer que esta retirada não deve ser considerada definitiva: também a 10.ª Directriz (fusões internacionais) foi incluída nessa lista tendo, paralelamente, ressurgido sem a referência "10.ª", como abaixo melhor veremos[895].

[894] JOCE N.° C-5, 2-33, de 9-Jan.-2004; cf., aí, 20/II.

[895] *Infra*, 805.

§ 38.° Sistema e conteúdo

161. Sistema; âmbito e estruturas da sociedade

I. A projectada 5.ª Directriz é extensa. Com os aditamentos e as supressões advenientes da revisão de 1983, ela soma 96 artigos. Estes arrumam-se em capítulos, subordenados em secções. Eis o quadro mais geral:

Capítulo I – Campo de aplicação (1.°);
Capítulo II – Estrutura da sociedade (2.°);
Capítulo III – O sistema dualista (3.° a 21.°);
Capítulo IV – Sistema monista (21.°a a 21.°u);
Capítulo V – A assembleia geral (22.° a 47.°);
Capítulo VI – Aprovação e fiscalização das contas anuais (48.° a 63.°);
Capítulo VII – Disposições gerais (63.° a 65.°).

II. O projecto de 5.ª Directriz visa as sociedades anónimas. O seu artigo 1.° predispõe uma aplicação, apenas, à *Aktiengesellschaft* alemã, à *société anonyme* francesa e a *società per azioni* italiana. Após a adesão de Portugal, por certo que se teria alargado à nossa sociedade anónima.

O artigo 1.°/2 permite que ela não se aplique às sociedades cooperativas[896] constituídas sob a forma de sociedades anónimas. Quando isso suceda, eles devem agir sempre identificadas como cooperativas, nas diversas manifestações de actuação exterior.

III. O artigo 2.° prevê que os Estados-membros organizem a estrutura da sociedade anónima segundo um sistema dualista. Isto posto e numa

---

[896] Recordamos que, pelo Direito europeu, as cooperativas são pacificamente consideradas sociedades.

especial conquista da alteração de 1983, motivada, proximamente e como vimos, pela tomada de posição do Parlamento Europeu, ela admite que os Estados-membros possam autorizar as sociedades a optar:

- por um sistema dualista, com órgão de direcção e órgão de vigilância;
- por um sistema monista, com órgão de administração.

162. **Estrutura dualista**

I. Seguidamente e pela ordem por que surgem na 5.ª Directriz , cabe referir as duas estruturas possíveis: dualista e monista[897]. À dualista é consagrado o Capítulo III, com a seguinte ordenação:

Secção 1 – O órgão de direcção e o órgão de vigilância – 3.° a 4.°a);
Secção 2 – Participação dos trabalhadores na designação dos membros do órgão de vigilância – 4.°b) e 4.°c);
Secção 3 – Participação dos trabalhadores da sociedade através de um órgão que os represente – 4.°d);
Secção 4 – Participação por meio de sistemas adoptados por convenções colectivas – 4.°e) a 4.°h);
Secção 5 – Princípios relativos à designação dos representantes dos trabalhadores – 4.°f);
Secção 6 – Os membros dos órgãos de direcção e de vigilância – 5.° a 10.°a);
Secção 7 – Informação do órgão de vigilância e autorizações dadas por este – 11.° a 13.°;
Secção 8 – Responsabilidade civil – 14.° a 21.°.

II. Como se vê, é dado um peso muito especial à participação dos trabalhadores. Deixando, agora, de parte esse domínio, temos, na secção 6, a seguinte matéria[898]:

---

[897] STRIEBECK, *Reform des Aktienrechts durch die Strukturrichtlinie* cit., 24 ss. (24, dualista e 28, monista) e BEATE KOSTRZEWA, *Feststellung des Jahresabschluss und Gewinnverwendung nach geplanntem EG-Recht/Eine Untersuchung zum Geänderten Vorschlag einer Fünften Richtlinie des Rates über die Struktur der Aktiengesellschaft sowie die Refugnisse und Verpflichtungen ihrer Organe* (1989), 13 ss..

[898] Cf. HANS JÜRGEN SONNENBERGER, *Die Organisation der Aktiengesellschaften im Gemeinsamen Markt/Kommissionsvorschlag einer fünfte Richtlinie zur Angleichung des Gesellschaftsrechts*, AG 1974, 1-8 e 33-41 (3/II).

Artigo 5.° (Membros do órgão de direcção);
Artigo 6.° (Proibição de acumulação);
Artigo 7.° (Mandato dos membros do órgão de vigilância);
Artigo 8.° (Fixação de remunerações);
Artigo 9.° (Acumulações noutras sociedades);
Artigo 10.° (Conflitos de interesses);
Artigo 10.°a) (Igualdade de posições).

Trata-se de disposições hoje acolhidas no nosso Direito. Salientamos o artigo 5.°/2, segundo o qual a pessoa colectiva designada para o órgão de vigilância deve indicar um representante permanente e o artigo 10.°a), acrescentado por indicação do Parlamento Europeu, em 1983, segundo cujo n.° 2, 1.ª parte,

> Todos os membros dos órgãos de direcção e de vigilância exercem as suas funções no interesse da sociedade, tendo em conta os interesses dos accionistas e dos trabalhadores.

Tratou-se de uma disposição destinada a normalizar a presença, lado a lado, de elementos indicados pelos accionistas e pelos trabalhadores.

III. Quanto à secção 7, relativa à informação ao órgão de vigilância e às autorizações que, a este, compete dar, temos:

Artigo 11.° (Informações);
Artigo 12.° (Autorizações);
Artigo 13.° (Destituição).

O órgão de vigilância tem funções de acompanhamento e de fiscalização: há, por isso, que o habilitar com as necessárias informações. As autorizações são requeridas para os actos mais significativos, do ponto de vista da empresa – 12.°. Trata-se de um *minimum*: a lei ou os estatutos podem ampliar a lista. O artigo 13.°, sob influência francesa, impõe o princípio da livre destituibilidade dos membros do órgão de direcção, pelo de vigilância e dos deste, por quem os haja designado.

IV. Interessante e articulante é a secção 8, relativa à responsabilidade civil. Eis o seu teor[899]:

---

899 Cf. SONNENBERGER, *Die Organisation der Aktiengesellschaften im Gemeinsamen Markt* cit., 33.

Artigo 14.° (Princípio geral);
Artigo 15.° (Acção social *ut universi*);
Artigo 16.° (Acção social de grupo);
Artigo 17.° (Não condicionabilidade);
Artigo 18.° (Renúncia à acção social);
Artigo 19.° (Responsabilidade para com terceiros);
Artigo 21.° (Prazo)[900].

A regra geral da responsabilização dos titulares dos órgãos por violações da lei e dos estatutos (14.°/1) é reforçada com o ónus da prova da culpa: corre contra eles (14.°/2), numa disposição enfatizada no preâmbulo da Directriz. Trata-se de uma responsabilidade solidária (*idem*, 14.°/2).

Prevêem-se duas acções sociais (15.° e 16.°):

- *ut universi*, deliberada pela assembleia geral;
- *de grupo*, a desencadear por accionistas que não têm de representar mais do que 5% do capital ou mais de 100.000 ecus.

A acção social não pode ser condicionada (17.°) e só pode ser objecto de renúncia em condições muito delimitadas (18.°). A responsabilidade para com terceiros obedece às regras gerais (19.°), prevendo-se, em qualquer caso, um prazo não inferior a 3 anos a contar do facto ou do seu conhecimento (20.°).

163. **Estrutura monista**

I. No tocante à estrutura monista, o capítulo IV prevê as seguintes secções:

Secção 1 – O órgão de administração – 21.°a) a 21.°c);
Secção 2 – Participação dos trabalhadores na designação dos membros não-executivos do órgão de administração – 21.°d);
Secção 3 – Participação dos trabalhadores da sociedade por meio de um órgão que os represente – 21.°e);
Secção 4 – Participação por meio de sistemas adoptados por convenções colectivas – 21.°f) a 21.°i);

[900] Recordamos que o artigo 20.° foi suprimido, na proposta alterada de 1983.

Secção 5 – Princípios relativos à designação dos representantes dos trabalhadores – 21.°j);
Secção 6 – Os membros do órgão de administração – 21.°k) a 21.°q);
Secção 7 – Informação dos membros não-executivos do órgão de administração e autorizações dadas por este – 21.°r) e 21.°s);
Secção 8 – Destituição dos membros do órgão de administração – 21.°t);
Secção 9 – Responsabilidade civil – 21.°u).

II. O capítulo IV, com os seus aditados 21 artigos, fez a sua aparição para satisfazer uma crítica: a de que a 5.ª Directriz, ignorando toda a tradição dos Países do Sul e da própria Grã-Bretanha, vinha pura e simplesmente impor o sistema alemão.

Fê-lo, porém, em termos que podemos considerar vocabulares.

Logo no preâmbulo da versão de 1972, o legislador comunitário, a propósito do sistema monista, veio dizer[901]:

> Considerando (...) que na prática, mesmo no sistema que apenas prevê um órgão de administração, estabeleceu-se uma distinção de facto entre membros "activos", que gerem a sociedade e membros "passivos" que se limitam à vigilância (...)

Esta ideia foi aprofundada, na revisão de 1983. O conselho de administração passa, na realidade, a comportar dois órgãos justapostos: o "conselho executivo" e o "conselho não-executivo". Posto isto, a 5.ª Directriz vai colocar o primeiro no papel da direcção e o segundo, no do conselho de vigilância. O sistema monista é, de facto, dualista[902].

III. À luz deste monismo linguístico, o capítulo IV vem duplicar os preceitos do III. Com poucas adaptações, de resto dispensáveis, procurou-se montar um sistema que assegurasse a participação dos trabalhadores, em termos análogos aos do dualista. Na restante matéria, retomam-se as opções e os preceitos já formulados no domínio das sociedades dualistas.

[901] JOCE N.° C-131, 49, de 13-Dez.-1972.

[902] Segundo Kolvenbach, *Die Fünfte EG-Richtlinie* cit., 2240/I, o legislador tentou introduzir, no modelo monista, elementos dualistas.

164. **Assembleia geral**

I. À assembleia geral, a 5.ª Directriz dedica 26 artigos. Desde logo surpreende que o legislador comunitário tenha, neste domínio, excogitado tanta matéria carecida de harmonização. Eis o seu teor:

Artigo 22.° (Periodicidade das reuniões);
Artigo 23.° (Convocação pelos accionistas);
Artigo 24.° (Convocatórias);
Artigo 25.° (Novos pontos na ordem do dia);
Artigo 26.° (Participação na assembleia geral);
Artigo 27.° (Representação);
Artigo 28.° (Solicitação pública de procurações);
Artigo 29.° (Lista de presenças);
Artigo 30.° (Relatório e contas);
Artigo 31.° (Informações);
Artigo 32.° (Matéria fora da ordem do dia);
Artigo 33.° (Direito de voto);
Artigo 34.° (Incompatibilidades);
Artigo 35.° (Acordos parassociais);
Artigo 36.° (Maioria);
Artigo 37.° (Alteração dos estatutos);
Artigo 38.° (Publicidade das propostas de alteração);
Artigo 39.° (Maioria qualificada);
Artigo 40.° (Categoria de acções);
Artigo 41.° (Acta);
Artigo 42.° (Nulidade ou anulabilidade das deliberações);
Artigo 43.° (Legitimidade);
Artigo 44.° (Prazo da acção);
Artigo 45.° (Renovação da deliberação);
Artigo 46.° (Publicidade e oponibilidade das decisões judiciais);
Artigo 47.° (Assembleias de categorias de accionistas).

Agrupamos, sem dificuldade, tudo isto em três blocos:

- funcionamento da assembleia geral – 22.° a 34.° e 36.° a 41.°; podemos, ainda, acrescentar o artigo 47.°, sobre assembleias especiais de categorias de accionistas;
- acordos parassociais – 35.°;
- invalidade das deliberações – 42.° a 46.°.

II. O funcionamento da assembleia segue um roteiro comum, normal e de bom senso, fortemente marcado pelas leis alemãs[903]. As pessoas devem ser convocadas e informadas; só se delibera sobre o que constar da ordem do dia, salvo consenso universal; vota-se; há incompatibilidades; podem ser exigidas maiorias qualificadas; elabora-se uma acta.

Algum interesse suscita o artigo 28.°, relativo à pública solicitação de procurações. As regras de transparência aí adoptadas mereceriam ser retidas.

III. O artigo 35.° refere os acordos parassociais, proibindo algumas das suas manifestações: um preceito que, como veremos, foi acolhido no novo Código das Sociedades Comerciais[904]. *A contrario*, esse dispositivo permite concluir pela admissibilidade de tais acordos: um ponto importante, ainda há pouco contestado em países como a França.

IV. A invalidade das deliberações sociais é prevista em termos fechados, no artigo 42.°[905]. O legislador comunitário pretendeu que o operador europeu, fora do seu próprio Direito nacional, não pudesse ser compreendido por vícios inatacáveis ou por invalidades inesperadas. Aproveitou para regular outros aspectos, como o da legitimidade activa, o do prazo para a acção e o da renovação da deliberação questionável[906].

165. **Aprovação e fiscalização das contas e disposições gerais**

I. A 5.ª Directriz comporta um circunstanciado capítulo – o VI – sobre a aprovação e a fiscalização das contas anuais. Nos termos seguintes[907]:

Artigo 48.° (Aprovação);
Artigo 49.° (Reserva legal);
Artigo 50.° (Afectação dos resultados);
Artigo 53.° (Revisão das contas e incompatibilidades);
Artigo 54.° (Outras incompatibilidades);

[903] Assim: GRUNDMANN, *Europäisches Gesellschaftsrecht* cit., 185 (Nr. 405).

[904] Cf. *infra*, 735 ss..

[905] SCHWARZ, *Europäisches Gesellschaftsrecht* cit., 471, na base do preâmbulo, não considera a enumeração taxativa. A assim ser, perder-se-ia parte da actividade do preceito.

[906] Cf. MATTHIAS PANNIER, *Harmonisierung der Aktionärsrechte in Europa/insbesondere der Verwaltungsrechte* (2003), 137.

[907] Na Proposta Alterada de 1983, foram suprimidos os artigos 51.° e 52.°.

Artigo 55.° (Designação de revisores);
Artigo 56.° (Duração do mandato);
Artigo 57.° (Remuneração);
Artigo 58.° (Fidedignidade);
Artigo 59.° (Informações e verificações);
Artigo 60.° (Relatório de revisão);
Artigo 61.° (Não-destituibilidade);
Artigo 62.° (Responsabilidade civil);
Artigo 63.° (Invalidade da aprovação das contas).

A matéria é agrupável em três blocos:

- a aprovação das contas, com a reserva legal e a afectação dos resultados (48.° a 50.°);
- a revisão de contas, a efectuar por pessoas habilitadas e independentes, dentro de certas regras (53.° a 62.°);
- a invalidade da aprovação das contas (63.°).

II. De novo aflora a concepção germânica do funcionamento das sociedades: desta feita no tocante à revisão de contas. Não se prevê qualquer conselho fiscal: antes a actuação dos revisores de contas, considerada mais operacional, isenta e convincente.

No tocante à invalidade da aprovação de contas, volta a aflorar a preocupação restritiva e estabilizadora que já se manifestara a propósito das invalidades comuns das deliberações da assembleia geral.

III. As disposições gerais do Capítulo VII permitem derrogar alguns preceitos no campo dos grupos de sociedades, para prevenir duplicações – 63.°, b) – e no de sociedades que escapem à lógica comercial: sociedades com fins políticos, religiosos, humanitários, caritativos, pedagógicos, científicos e artísticos ou, ainda, ligados à informação do público ou à expressão de opiniões – 63.°, d).

§ 39.° O problema da co-gestão

166. A co-gestão alemã

I. O grande tema subjacente à 5.ª Directriz, que levou à aprovação do respectivo projecto e que, depois, conduziu às diversas modificações e à sua retirada é, indubitavelmente, o da co-gestão[908].

II. Efectivamente, o Direito alemão das sociedades caracteriza-se pelas regras sobre a co-gestão. Correspondendo a um dos esquemas clássicos propostos para pôr termo à questão social, aplacando a luta de classes[909], a co-gestão apresentou-se, na Alemanha do segundo pós-guerra, como um meio de, simultaneamente, controlar o poder das empresas e dar resposta à evolução colectivizante da Zona de Ocupação Soviética. Uma primeira experiência foi introduzida, na área do carvão e do aço, por uma lei de 21 de Maio de 1951: a chamada *Montan-Mitbestimmungsgesetz* ou *Montan-MitbestG*[910].

---

[908] SONNENBERGER, *Die Organisation der Aktiengesellschaften im Gemeinsamen Markt* cit., 2/II; cf. MEINHARD HEINZE, *Probleme der Mitbestimmung und Betriebsverfassung bei einer grenzüberschreitenden Umstrukturierung von Unternehmen im Binnenmarkt*, ZHR 1994, 47-65. O tema será abaixo retomado a propósito das dificuldades que rodearam a elaboração do estatuto da sociedade europeia.

[909] Cfr. ERICH POTTHOFF, *Zur Geschichte der Mitbestimmung*, em POTTHOFF/BLUME/DUVERNELL, *Zwischenbilanz der Mitbestimmung* (1962), 1-54, (1 ss.) e VOIGT/WEDDIGEN, *Zur Theorie und Praxis der Mitbestimmung*, 1.° vol. (1962), 13 ss.. Sob o nacional-socialismo, o problema não se punha, substituído pelo *Führerprinzip*; cf. WALTER E. KINKEL, *Unternehmer und Betriebsführer in der gewerblichen Wirtschaft* (1938), 47 ss..

[910] Mais precisamente: *Gesetz über die Mitbestimmung der Arbeitnehmer in den Aufsichtsräten und Vorständen der Unternehmen des Bergbaus und der Eisen und Stahl erzeugenden Industrie*, de 21-Mai.-1951, diversas vezes alterada, a última das quais em 23-Jul.-2001. Cf. RUDOLF JUDITH/FRIEDRICH KÜBLER/EUGEN LODERER/HANS SCHRÖDER/ /HEINZ OSKAR VETTER, *Montanmitbestimmung*, vol. 1.°

Um dispositivo geral sobre co-gestão surgiria no *Betriebsverfassungsgesetz*, ou *BetrVG*, de 1952[911], mais precisamente no seu § 76. Segundo este preceito, parte do conselho de vigilância das sociedades seria composto por representantes dos trabalhadores. Seguiu-se-lhe o *BetrVG*, de 1972[912], que nada veio dispor sobre co-gestão. Finalmente, foi publicado o *MitbestG*, de 1976[913], o qual se aplica, apenas, a empresas com mais de 2.000 trabalhadores, reforçando a sua representação no conselho de vigilância, em termos quase paritários. Para as restantes mantém-se, em vigor o § 76 *BetrVG* 1972[914], que merecera, em geral, um juízo favorável[915].

III. O tema da co-gestão, que suscitou expectativas[916] nem sempre concretizadas, é um dos mais prolixos da actual literatura jurídica comercial e laboral alemã: KIRCHNER, com referência ao período de 1950-1985, cita 1328 títulos, a ela relativos[917].

Geschichte, Idee, Wirklichkeit (1979) e vol. 2.°, *Dokumente ihrer Entstehung* (Köln, 1979) e NORBERT RANFT, *Vom Objekt zum Subjekt/Montanmitbestimmung, Sozialklima und Strukturwandel im Bergbau seit 1945* (Köln, 1988). Quanto ao texto actualizado do diploma: *Arbeitsgesetze*, 63.ª ed. (2003), da Beck, intr. REINHARD RICHARDI, 687 ss..

911 Cf. ROLF DIETZ, *Betriebsverfassungsgesetz mit Wahlordnung*, 1.ª ed. (1953), 461 ss..

912 Mais precisamente *Betriebsverfassungsgesetz*, de 15-Jan.-1972, modificado, por último, em 10-Dez.-2001. Cf. *Arbeitsgesetze*, 63.ª ed. (2003), da Beck, com introd. REINHARD RICHARDI e, anteriormente, DÄUBLER/KITTNER/KLEBE/SCHNEIDER, *Betriebsverfassungs-gesetz/Kommentar für die praxis*, 4.ª ed. (1994), 43; foram, ainda, confrontados, ETZEL, *Betriebsverfassungsrecht*, 4.ª ed. (1990), WLOTZKE, *Betriebsverfassungsgesetz*, 2.ª ed. (1992) e LÖWISCH, *Betriebsverfassungsgesetz*, 3.ª ed. (1993), além das obras abaixo citadas.

913 Ou *Gesetz über die Mitbestimmung der Arbeitnehmer*, de 4-Mai.-1976, alterado, por último, em 23-Mar.-2002. Entre os inúmeros comentários existentes, refiram-se os de THOMAS RAISER, *Mitbestimmungsgesetz Kommentar*, 2.ª ed. (1984), com um apanhado histórico, 30 ss., e de DIETRICH HOFFMANN/JÜRGEN LEHMANN/ HEINZ WEINMANN, *Mitbestimmungsgesetz* (1978), ambos maciços. Quanto ao actual estado das questões, com a evolução histórica e a prática da co-gestão, cumpre referir MICHAEL KITTNER/HARALD FUCHS/ULRICH ZACHERT/ROLAND KÖSTLER, *Arbeitnehmervertreter im Aufsichtsrat/ /Erläuterungen und Gesetzestexte*, vol. 1.°, *Aufsichtsratspraxis* e vol. 2.°, *Aufsichtsratswahl*, ambos 4.ª ed. (1991). Quanto ao texto actualizado: *Arbeitsgesetze*, 63.ª ed. cit., 672 ss..

914 Cf. DIETZ/RICHARDI, *Betriebsverfassungsgesetz*, 2.° vol., 6.ª ed. (1982), prenot. § 76 *BetrVG 1952*, Nr. 1-3 (2036-2037). Com outros comentários, SIEBERT/BECKER, *Betriebsverfassungsgesetz*, 7.ª ed. (1992) e STEGE/WEINSPACH, *Betriebsverfassungsgesetz*, 7.ª ed. (1994), 42.

915 OTTO BLUME, *Zehn Jahre Mitbestimmung*, em POTTHOFF/BLUME/DUVERNELL, *Zwischenbilanz der Mitbestimmung* (1962), 55-304. Quanto a perspectivas, mas também com larga análise histórica, KARSTEN UMNUSS, *Organisation der Betriebsverfassung und Unternehmerautonomie/ /Grundlesung für die Reform des organisatorischen Teils der Betriebsverfassung* (1993).

916 HELMUT DUVERNELL, *Mitbestimmung – Heute und Morgen*, em POTTHOFF/BLUME/ /DUVERNELL, *Zwischenbilanz der Mitbestimmung* (1962), 305-311.

917 HILDEBERT KIRCHNER, *Bibliographie zum Unternehmens- und Gesellschaftsrecht 1950 bis 1985* (1989), 200-269.

Ele não se confunde com a participação dos trabalhadores no capital das sociedades: esta última corresponde a uma situação que obedece em princípio, ao Direito societário comum[918]. No Direito da co-gestão, a representação dos trabalhadores opera como representação do trabalho e não do capital.

Estes elementos são importantes. Através do Direito comunitário, eles têm vindo a aproximar-se dos diversos Direitos europeus. Originam dúvidas de política legislativa, cuja evolução cumpre seguir[919].

167. **Projecções comunitárias**

I. A integração europeia obrigou a confrontar directamente as sociedades com e sem co-gestão. Do confronto, resultaram vantagens e desvantagens.

As vantagens cifram-se, naturalmente, na maior coesão empresarial das empresas "co-geridas" e na paz social que daí decorre. Isso, naturalmente, por confronto com o sindicalismo mais agressivo dos países do Sul, ainda apostado na revolução comunista e que, da luta de classes, fazia o motor da História. As desvantagens derivavam do "desvio social" das empresas. Num mundo dominado pelo lucro, as medidas puramente sociais encetadas pelas empresas, sob pressão dos representantes dos trabalhadores, seriam tomadas como meros custos. Além disso, pode-se imputar à co-gestão um alongamento do processo de decisão, com uma certa rigidez empresarial daí decorrente. Medidas como o encerramento de afiliadas, a abertura de sucursais com recrutamentos mais vocacionados para jovens ou as transferências de unidades produtivas originam, em regra, complicadas negociações nos órgãos onde se encontrem representantes dos trabalhadores.

II. À medida que o sindicalismo do Sul foi perdendo a agressividade do início, o problema da co-gestão agudizou-se. O empresariado alemão

[918] Cf. BERND LANGHEIN, *Arbeitnehmerbeteiligungen an mittelständischen Unternehmen/ /Recht, Steuer, Betriebswirtschaft* (1987), 21 ss..

[919] REINHARD RICHARDI, em REINHARD RICHARDI/GREGOR THÜSING/GEORG ANNUSS, *Betriebsverfassungsgesetz mit Wahlordnung*, 8.ª ed. (2002), 926 ss.. Para uma análise de textos: KARL FITTING, *Betriebsverfassungsgesetz/Handkommentar*, 20.ª ed. (2000), com vários colaboradores (1980 pp.).

teme a concorrência de empresas não co-geridas e, daí, supostamente mais ágeis e competitivas. Os trabalhadores alemães receiam a deslocação das próprias empresas, como meio de alijar os esquemas de participação há muito consignados. As leis comunitárias teriam de salvaguardar tudo isto.

III. Como ponto complementar de complicação temos o facto de outros países europeus preverem esquemas de participação dos trabalhadores diversos dos alemães. Sem preocupações de exaustão, podemos apontar os seguintes modelos[920]:

- a co-gestão propriamente dita ou presença de representantes dos trabalhadores nos órgãos de cúpula da sociedade; ainda aí ela pode ser conseguida directamente por eleição (Alemanha) ou através de um esquema de cooptação (Holanda);
- a criação de um órgão distinto, representativo dos trabalhadores, tipo comité de empresa (França, Bélgica) ou comissão de trabalhadores (Portugal); esse órgão receberia, depois, poderes variados, podendo ir até à intervenção, em certos termos e aspectos, na gestão da empresa;
- outros esquemas concretizados por convenções colectivas (Reino Unido, Irlanda e Itália).

Como enfrentar esta diversidade? No fundo, ela pode mesmo pôr em causa a liberdade de estabelecimento, não devendo ser minimizada[921].

168. **As opções da 5.ª Directriz**

I. A 5.ª Directriz começou por prescrever a participação dos trabalhadores para todas as empresas que tivessem mais de 1000 trabalhadores[922]. Para o cômputo, seriam contadas as afiliadas – 4.° e 21.°b).

920 Para uma análise mais circunstanciada cf. GUNTHER MÄVERS, *Die Mitbestimmung der Arbeitnehmer in der Europäischen Aktiengesellschaft* (2002), 33-77. Perante a 5.ª Directriz em estudo: STRIEBECK, *Reform des Aktienrechts durch die Strukturrichtlinie* cit., 35 ss. e 43 ss., quanto aos modelos, bem como SCHWARZ, *Europäisches Gesellschaftsrecht* cit., 460-461.

921 Cf. GREGOR THÜSING, *Deutsche Unternehmensmitbestimmung und europäische Niederlassungsfreiheit*, ZIP 2004, 381-388.

922 Reportamo-nos à Proposta Alterada de 1983, mais flexível, nestes pontos do que a versão inicial: cf. JÖRN PIPKORN, *Die Mitwirkungsrechte der Arbeitnehmer aufgrund der Kommissionvor-*

Posto isto, a Directriz admite quatro modelos de participação:

- a participação de trabalhadores na designação de membros do conselho de vigilância – 4.°b) – ou de membros não-executivos do órgão de administração – 21.°b)/2 e 21.°d);
- a nomeação dos membros do conselho de vigilância faz-se por cooptação, mas podendo a assembleia geral ou os trabalhadores opor-se às designações ou a algumas delas – 4.°c); isso obriga a que, por acordo, sejam indicadas pessoas da confiança de cada "eleitorado";
- a consagração de um órgão que represente os trabalhadores – 4.°d) e 21.°e);
- participação por meio de sistemas adoptados por convenções colectivas – 4.°e) e 21.°f).

II. A regulamentação da Directriz fixa regras para os diversos esquemas visando, no fundo, assegurar a democraticidade das eleições e a representação das minorias. Além disso, surgem diversas normas tendentes a amparar e a dar efectividade aos esquemas de participação previstos.

Particularmente enfocada é a fórmula do direito de informação e de consulta sobre:

> (...) a administração, a situação, a evolução e as perspectivas da sociedade, a sua posição comercial, o seu endividamento e os seus projectos de investimento.

Quando inseridos nos órgãos próprios da sociedade – direcção, conselho de vigilância ou conselho de administração – os membros indicados pelos trabalhadores têm os mesmos direitos e obrigações do que os restantes membros do órgão considerado – 10.°a)/1 e 21.°q)/1. As preocupações dos membros envolvidos não seriam, todavia, idênticas: lucros, para uns e satisfação do eleitorado, para outros.

III. Regressando aos quatro modelos, o legislador comunitário pretendeu a quadratura impossível, satisfazendo os diversos países. Assim, colocou as seguintes opções:

---

schläge der Strukturrichtlinie und der Richtlinie über die Unterrichtung und Anhörung der Arbeitnehmer, ZGR 1985, 566-593 (572 e 593).

– a co-gestão por eleição, equivalente ao esquema alemão[923];
– a co-gestão por cooptação, ao holandês[924];
– o comité de empresa, ao francês[925];
– as soluções convencionais colectivas, ao britânico[926].

Os estudiosos alemães logo declararam – e bem – que estas fórmulas não podem ser consideradas equivalentes. Por isso, paralisou-se longamente a 5.ª Directriz – por agora: ficou mesmo pelo caminho – e a sociedade anónima europeia. Adiante veremos a (complicada) solução de compromisso encontrada para esta última[927].

[923] STRIEBECK, *Reform des Aktienrechts durch die Strukturrichtlinie* cit., 43 ss..

[924] *Idem*, 53; trata-se da solução vertida, em 1976, no livro dois do então BW (*Burgerlijk Wetboek*) ou Código Civil.

[925] *Idem*, 62 ss.; a matéria vem referida no artigo L. 232-3 do *Code de Commerce* e no artigo L. 432-4 do *Code du travail*; cf. PHILIPPE MERLE, *Sociétés commerciales*, 9.ª ed. cit., 612.

[926] *Idem*, 64 ss..

[927] *Infra*, 961 ss..

§ 40.° Repercussões no Direito português e apreciação

169. Aspectos gerais; a estrutura das sociedades anónimas

I. A Proposta de Quinta Directriz era a grande novidade do Direito das Sociedades: precisamente aquando da ultimação do Código das Sociedades Comerciais[928]. Compreende-se, por isso, que tenha exercido algum fascínio nos trabalhos preparatórios. Além disso, a própria Proposta procurou fazer uma bissectriz entre os diversos elementos comparatisticamente disponíveis. O legislador português, de acordo com a técnica nacional de elaboração dos diplomas, particularmente assente no Direito comparado, tomou uma postura semelhante. A Proposta caiu, assim, em terreno fértil.

II. A leitura da Proposta de Quinta Directriz, descontando os aspectos atinentes à co-gestão e à participação dos trabalhadores, mostra que a generalidade dos aspectos aí contemplados tem correspondência no Código nacional. Iremos focar alguns pontos inovadores.

Fica claro que um estudo alargado implicaria uma autêntica exposição sobre a generalidade do Direito das sociedades, fora dos objectivos do presente livro.

III. A 5.ª Directriz visava, exclusivamente, as sociedades anónimas. E o grosso da sua regulamentação, dedicado, como vimos, à co-gestão, dizia apenas respeito às sociedades de maior porte: de mais de 500 trabalhadores, na versão de 1972 e de mais de 1000, na segunda. Mesmo assim,

[928] Brito Correia, *Direito europeu das sociedades* cit., 70, refere-a como (...) *a mais inovadora* (...) *mais interessante e controvertida* (...); recordamos que o artigo em causa, de Brito Correia, foi publicado em 1983, correspondendo a uma conferência proferida em 1981; não tem, efectivamente, em conta a Proposta Alterada de 1983.

em 1981, já se entendia, entre nós, que a 5.ª Directriz representaria encargos pesados para as sociedades anónimas de pequena dimensão[929].

Todavia, e um tanto à semelhança do que foi fazendo com as diversas directrizes, o legislador português, perante os preceitos que retirou da 5.ª Directriz, não teve dúvidas em generalizá-los. Colocou-os, efectivamente, na Parte I do Código: pense-se nos acordos parassociais, na invalidade das deliberações sociais, na responsabilidade dos administradores ou no próprio dever de diligência. Nalguns casos a generalização parece óbvia; noutros, traduz um predomínio irreal do modelo "sociedade anónima" sobre a generalidade do tecido societário: de um modo geral, destinado a reger pequenas e médias empresas.

IV. Um dos aspectos em que o Código das Sociedades Comerciais foi inovador residiu na admissibilidade, por ele introduzida, de dois tipos de sociedades anónimas: de tipo monista e de tipo dualista – artigo 278.°/1[930].

O Direito português tradicional, tal como a generalidade dos Direitos do Sul, apenas admitia a estrutura monista. Por seu turno, o Direito alemão só admitia a estrutura dualista. A novidade veio-nos de França. Aí, o projecto do que viria a ser o Código das Sociedades, de 24-Jul.-1966, só admitia sociedades anónimas de tipo monista. Todavia, a prática levava a que, no seio do conselho de administração, se assistisse a uma certa contraposição entre o presidente, que geria a sociedade e os demais administradores, que exerciam mera vigilância, intervindo, apenas, em certas questões ponderosas. E assim, dois deputados – CAPITANT e LE DOUAREC – vieram propor um aditamento que previa, ao lado do tipo tradicional de sociedades anónimas, monistas, um tipo dual: com *directoire* e *conseil de surveillance*[931]. A iniciativa foi acolhida, tendo jogado a influência alemã, que remonta ao *Aktiengesetz* de 1937.

Deve reconhecer-se que a introdução do modelo dualista não teve, em França, um especial êxito. Hoje, o hexágono gaulês conta com 211 622

---

[929] Essas as palavras de BRITO CORREIA, *Direito europeu das sociedades* cit., 76.

[930] O legislador fez intervir, na contraposição, o conselho fiscal e o revisor oficial de contas, o que não parece conveniente: o "dualismo" esgota-se na direcção/conselho de vigilância, por oposição ao "monismo" que apenas comporta a administração. Também a expressão "conselho geral" – que, uma vez explicada, não merece reparos – pode suscitar dúvidas, uma vez que o cerne do seu papel é, de facto, a vigilância.

[931] Ch. PHILIPPE MERLE, *Sociétés commerciales*, 9.ª ed. cit., 517-518.

sociedades anónimas, das quais apenas 6 491 assumem a estrutura dualista[932]: menos de 3%. Além disso, verificou-se mesmo que 12% das sociedades "dualistas" acabaria por abandonar essa fórmula, regressando à tradicional.

Pelo contrário, a Alemanha ignorou soberanamente o modelo monista. Este apenas será introduzido, como hipótese, em 2004 e isso sob pressão do Regulamento europeu relativo à *societas europaea*[933].

Apesar do êxito diminuto, os autores franceses consideram aceitável a possibilidade de opção pelo modelo dualista: vantajosa (em França!) para sociedades anónimas de fôlego, mas de feição familiar, como a *Peugeot SA*.

V. Aquando da reforma de 1986, pesou, pois, a evolução francesa. Mas também foi decisivo o Projecto Alterado de 5.ª Directriz, cuja transposição o legislador nacional pretendeu antecipar. E de facto, encontramos, nas relações entre os nossos direcção e conselho geral, diversas normas semelhantes às preconizadas pela 5.ª Directriz.

Em compensação, o modo de entender o sistema monista, próprio da 5.ª Directriz e que, no fundo, mais não era do que um esquema dualista linguisticamente dissimulado, não motivou o Código. E bem: compete à autonomia privada discernir entre administradores executivos e não-executivos, o que só fará, de resto, sentido nas grandes sociedades.

170. **Os acordos parassociais**; a) **Direito comparado**

I. Ponto importante e curioso relativamente ao qual a 5.ª Directriz inflectiu o nosso Direito é o dos acordos parassociais. O alcance da matéria deve ser enquadrado pelo Direito comparado.

Normalmente apontam-se os países anglo-saxónicos, no séc. XIX, como tendo dado azo aos primeiros acordos parassociais[934]. Esta facilidade não radica propriamente num exacerbar do princípio da liberdade contratual: antes joga a concepção puramente patrimonial que o *Common Law* tem do direito de voto (*right of property*)[935]. Nas palavras atribuídas ao juiz JESSER, no século XIX, *a shareholder's vote is a right of property*

[932] *Idem*, 271 e 518, nota 1; trata-se de números de 2002.

[933] Cf. *infra*, 976-977.

[934] Cf. PUPO CORREIA, *Direito Comercial*, 7.ª ed. (2001), 476. Entre nós, uma desenvolvida análise comparatística pode ser confrontada em MARIA DA GRAÇA TRIGO, *Os acordos parassociais sobre o exercício do direito de voto* (1998), 45 ss..

[935] Com indicações, *vide* LUCA SIMONETTI, *Gli "shareholders' agreements" in Inghilterra*, em BONELLI/JAEGER, *Sindacati di voto e sindacati di blocco* (1993), 433-447 (438-439).

which he may use as he pleases[936]. E, naturalmente: dá corpo a uma forte capacidade de iniciativa individual, com o respeito pelos compromissos assumidos nesse plano.

Apenas em situações-limite, perante fraudes desenvolvidas contra accionistas minoritários, se prevê uma intervenção do ordenamento.

Quanto à experiência norte-americana, cumpre salientar que, mau grado a complexidade resultante da sobreposição entre os Direitos estaduais e o Direito federal, ela é, neste particular ponto, próxima da inglesa[937]. Ficam ressalvadas normas injuntivas, nomeadamente as que imponham ofertas públicas de aquisição.

II. A experiência francesa teve, no seu início e no tocante a "convenções de voto", pedra angular dos acordos parassociais, um certo desenvolvimento[938].

As "convenções de voto" foram-se implantando, na prática, apesar da falta de bases legais. Pouco publicitadas, elas só vinham à luz em caso de conflito grave entre accionistas. Nessa altura, tornava-se decisivo apurar qual a sua finalidade: a jurisprudência admitia convenções de manifesto interesse social, invalidando as puramente egoístas[939].

Simplesmente, enquanto na Alemanha – em experiência abaixo considerada – as exigências da concentração e da racionalização, operando em nome do interesse social, levaram à definitiva consagração dos acordos parassociais, em França eles ter-se-ão prestado a jogos menos claros entre accionistas.

Assim, um Decreto-Lei de 31-Ago.-1937 veio, no seu artigo 10.°, modificar o artigo 4.° da Lei de 13-Nov.-1933, proibindo as convenções de voto[940]. Fê-lo nos seguintes e sugestivos termos:

---

936 CARSTEN RODEMANN, *Stimmbindungsvereinbarungen in dem Aktien- und GmbH-Rechten Deutschlands, Englands, Frankreichs und Belgiens* (1998), 327.

937 Também com indicações, THOMAS JOYCE, *Shareholders agreements: a U.S. perspective*, em BONELLI/JAEGER, *Sindacati* cit., 355-375 (365 ss.) e FRANKLIN A. GEVURTZ, *Corporation Law* (2000), 481 ss..

938 Um panorama da Ciência jurídica francesa no início do séc. XX, quanto ao problema em estudo, pode ser confrontado em JEAN ESCARRA, *Les restrictions conventionnelles de la transmissibilité des actions*, ADComm 25 (1911), 337-358 e 425-470. Com elementos mais recentes, *vide* DIDIER MARTIN, *Les conventions de vote en France*, em BONELLI/JAEGER, *Sindacati* cit., 377-397. Entre nós, *vide* MARIA DA GRAÇA TRIGO, *Os acordos parassociais* cit., 69 ss..

939 PHILIPPE MERLE, *Droit commercial/Sociétés commerciales*, 9.ª ed. cit., n.° 314 (365).

940 Cf. CHARLES FREYRIA, *Étude de la jurisprudence sur les conventions portant atteinte à la liberté du vote dans les sociétés*, RTDComm IV (1951), 419-437.

> Sont nulles et de nul effet dans leurs dispositions, principales et accessoires, les clauses ayant pour objet ou pour effet de porter atteinte au libre exercice du droit de vote dans les assemblées générales des sociétés commerciales.

Considerado excessivo, este preceito obrigou a cuidadas tarefas de interpretação e de aplicação judiciais. Embora em termos restritivos, certas convenções foram sendo toleradas[941].

A lei das sociedades comerciais de 1966, um tanto surpreendentemente, não se pronunciou sobre o tema. Apenas no seu artigo 440.°, 3 – hoje L. 242-9, 3, do Código de Comércio –, surge um preceito penal punindo com multa e prisão a pessoa que aceite vantagens para votar ou não votar em certo sentido, tal como aquela que as conceda, com esses mesmos objectivos. A "compra de votos" está, pois, vedada[942].

A evolução manteve-se, pois, jurisprudencial. Assim[943]:

- são válidas as convenções nos grupos de sociedades, quando mais não façam do que lhes dar corpo e joguem no interesse social;
- são nulas as convenções pelas quais o accionista se obrigue antecipadamente a votar neste ou naquele sentido.

De todo o modo, o Direito francês é considerado pouco permissivo em relação às "convenções de voto"[944]. Subjaz, ainda, uma concepção do voto como direito funcional, que não poderia ser exercido fora do seu quadro próprio[945]. Documentando a riqueza dos Direitos do Velho Continente, a experiência francesa contrapõe-se, assim, claramente à inglesa e, como veremos, à alemã.

III. Dentro dos Direitos continentais, a experiência alemã é frequentemente considerada como a mais favorável aos acordos parassociais.

---

[941] Cf., com elementos diversos, FREYRIA, *Étude* cit., 421 ss. e 436-437.

[942] Cf. PHILIPPE MERLE, *Droit commercial/Sociétés commerciales*, 9.ª ed. cit., 365 : dois anos de prisão e/ou 9.000 euros de multa.

[943] *Idem*, 366, onde podem ser confrontadas as diversas decisões de suporte. Cf., ainda, MICHEL JEANTIN, *Droit des sociétés*, 3.ª ed. (1994), 105-107.

[944] Cf., ainda, MAURICE COZIAN/ALAIN VIANDIER, *Droit des sociétés*, 3.ª ed. (1994), 302-303 e PIERRE BÉZARD, *La société anonyme* (1986), 290-291.

[945] RODEMANN, *Stimmbindungsvereinbarungen* cit., 180 ss. e ARNOLD BÜSSEMAKER, *Stimmbindungsverträge bei Kapitalgesellschaften in Europa/Ein Vergleich der Rechtslagen in Deutschland, Frankreich und dem Vereinigten Königreich* (1999), 161 ss..

Contrapor-se-ia até, globalmente e nessa base, aos Direitos latinos, mais inclinados para a proibição[946].

Todavia, no princípio do séc. XX, surgiu uma orientação contrária à admissibilidade de acordos parassociais. Em RG 16-Mar.-1904 entendeu-se que um acordo parassocial contrariava o espírito da sociedade, sendo contrário aos bons costumes[947]. Esta orientação foi retomada pelo mesmo *Reischsgericht*, em 7-Jun.-1908[948]. Mais tarde, como veremos, a jurisprudência inverteu a sua posição. Não obstante, mantiveram-se sempre vozes contrárias à admissibilidade de pactos parassociais[949].

As necessidades da organização económica e uma concepção mais marcadamente empresarial das sociedades comerciais, particularmente das anónimas, levou a jurisprudência a admitir a validade e a eficácia de acordos parassociais. Nesse sentido, é possível citar diversa jurisprudência, ainda a nível do *Reichsgericht*: RG 19-Jun.-1923[950], RG 20-Nov.-1925[951] e RG 10-Jan.-1928[952]. Mais tarde, o *Bundesgerichtshof* manteria esta orientação. Assim, BGH 29-Mai.-1967[953], BGH 7-Fev.-1983[954], BGH 25-Set.-1986[955] e BGH 27-Out.-1986[956]. A mesma orientação foi adoptada nos tribunais de apelação, com exemplo em OLG Stuttgart 20-Fev.-1987[957] e OLG Köln 16-Mar.-1988[958].

---

[946] Cf. Wolfgang Zöllner, *Zur Schranken und Wirkung von Stimmbindungsverträgen, insbesondere bei der GmbH*, ZHR 155 (1991), 168-189.

[947] RG 16-Mar.-1904, RGZ 57 (1904), 205-208 (208).

[948] RG 7-Jun.-1908, RGZ 69 (1908), 134-137 (137).

[949] De entre a literatura citada em obras da especialidade, foi confrontado Curt Eduard Fischer, *Neues Aktienrecht für Familien-Unternehmen / Wird eine "Flucht" in die GmbH provoziert?*, GmbHR 1959, 123-129 (127/II), afirmando que tais acordos não são filhos legítimos do Direito alemão das sociedades anónimas.

[950] RG 19-Jun.-1923, RGZ 107 (1924), 67-72 (71), considerando que um acordo parassocial, ainda que incluído num acordo mais vasto, não contrariava os bons costumes.

[951] RG 20-Nov.-1925, RGZ 112 (1926), 273-280.

[952] RG 10-Jan.-1928, RGZ 119 (1928), 386-390 (389-390), entendendo, todavia, não ser possível a execução específica, neste caso concreto.

[953] BGH 29-Mai.-1967, BGHZ 48 (1967), 163-174 (166-167), admitindo a referida execução específica.

[954] BGH 7-Fev.-1983, 432-433 (433).

[955] BGH 25-Set.-1986, WM 1987, 10-13 (11), admitindo uma preferência.

[956] BGH 27-Out.-1986, WM 1987, 71-73, decidindo-se mesmo que uma deliberação tomada contra um acordo parassocial poderia ser anulada; no caso considerado, todos os votantes haviam sido partes no acordo que, depois, alguns, na votação, decidiram violar.

[957] OLG Stuttgart 20-Fev.-1987, NJW 1987, 2449-2450 (2449/II).

[958] OLG Köln 16-Mar.-1988, WM 1988, 974-979 (976-977).

Nesta sequência, surgiu um movimento generalizado: no sentido da admissibilidade lata das convenções de voto. Podemos confrontar, em especial, FISCHER[959], TANK[960], REUTER[961], KONZEN[962], LUTTER/GRUNEWALD[963] e MARTENS[964], cabendo mencionar, a título de tratadistas recentes, KÜBLER[965], KARSTEN SCHMIDT[966] e HUECK/WINDBICHLER[967].

Acolhidas – salvo determinadas limitações de que abaixo daremos conta – as convenções de voto, a Ciência Jurídica alemã tiraria diversas e importantes conclusões, quanto ao seu regime.

Assim, as convenções de voto foram consideradas susceptíveis de execução específica, quando inobservadas; por exemplo: PETERS[968], ERMAN[969] e LOEWENHEIM[970], ainda na fase de afirmação[971]. A jurisprudência admitiu esta orientação, na decisão liderante e já citada do BGH 29-Mai.-1967[972].

IV. A latitude com que, no Direito alemão, são admitidos os acordos parassociais corresponde à lógica empresarial tradicionalmente imprimida

---

959 ROBERT FISCHER, *Zülassigkeit und Wirkung von Abstimmungsvereinbarungen*, GmbHR 1953, 65-70.

960 GERHARD TANK, *Stimmrechtsabkommen im Lichte des Mitbestimmungsgesetzes*, AG 1977, 34-40 (34-35).

961 DIETER REUTER, *Stimmrechtsvereinbarung bei treuhänderischer Abtretung eines GmbH-Anteiles*, ZGR 1978, 633-642.

962 HORST KONZEN, *Paritätische Mitbestimmung im Montanbereicht*, AG 1983, 289-303 (297 ss.).

963 MARCUS LUTTER/BARBARA GRUNEWALD, *Zur Umgehung von Vinkulierungsklauseln in Satzungen von Aktiengesellschafter und Gesellschafter mbH*, AG 1989, 109-117.

964 KLAUS-PETER MARTENS, *Stimmrechtsbeschränkung und Stimmbindungvertrag im Aktienrecht*, AG 1993, 495-502 (497/II).

965 FRIEDRICH KÜBLER, *Gesellschaftsrecht*, 5.ª ed. cit., 200.

966 KARSTEN SCHMIDT, *Gesellschaftrecht*, 4.ª ed. cit., 616 ss., ressalvando o dever de lealdade; nesta obra podem ser confrontadas múltiplas indicações.

967 HUECK/WINDBICHLER, *Gesellschaftsrecht*, 20.ª ed. cit., 345.

968 EGBERT PETERS, *Die Erzwingbarkeit vertraglicher Stimmrechtsbedingungen*, AcP 156 (1957), 311-346.

969 WALTER ERMAN, *Zwangsweise Durchsetzung von Ansprüchen aus einem Stimmbindungsvertrag*, JuS 1969, 260-265.

970 ULRICH LOEWENHEIM, *Zulässigkeit und Vollstreckbarkeit von Stimmbindungsvereinbarungen*, JuS 1969, 260-265.

971 Ulteriormente, cf. JÜRG ZUTT, *Einstweiliger Rechtsschutz bei Stimmbindungen*, ZHR 155 (1991), 190-208 (191 ss.).

972 BGH 29-Mai.-1967, BGHZ 48 (1967), 163-174 (166-167) = GmbHR 1968, 99-100, Anot. CH. BARZ, *idem*, 100-101 = JZ 1968, 26-28, Anot. PETERS, *idem*, 28-29.

à gestão das sociedades. Consegue-se, designadamente e por meio de tais acordos, uma administração estável, mau grado a dispersão do capital[973].

É ainda importante sublinhar que, na prática, o direito de voto vem a ser exercido pelos bancos onde se encontram depositadas as acções[974]. As convenções de voto servem estratégias coerentes de gestão e não arranjos de momento.

De todo o modo, o Direito alemão veio aprontar determinadas restrições[975], seja por via específica, seja, genericamente, através da interacção de grandes princípios.

A primeira proibição específica surge na lei sobre sociedades anónimas de 1965 (*AktG*), a propósito dos preceitos penais e contra-ordenacionais; o § 405, (3), 5 e 6 do *AktG* sanciona o uso do voto *contra a concessão de determinadas vantagens* ou seja e em termos sintéticos: a "compra do voto". Os inerentes contratos serão, naturalmente, nulos. A doutrina discute, depois, sobre a razão de ser desta restrição. No fundamental, o exercício, a troco de vantagens, do direito de voto iria implicar o total desvirtuamento do ente colectivo, abrindo as portas a um controlo dissociado da titularidade do capital. E como, além disso, as "vantagens" iriam, em última análise, ser conferidas à custa da sociedade, teríamos aqui uma grave fonte de prejuízos para os outros sócios e para os credores sociais.

Uma segunda proibição específica emerge do § 136 (2), do *AktG*: é nulo o contrato pelo qual o accionista se obrigue a votar de acordo com instruções da sociedade, da direcção, do conselho de vigilância ou duma empresa subordinada[976].

Para além das limitações específicas, têm vindo a surgir delimitações genéricas. Uma convenção de voto pode pôr em cheque os sócios que nela não participem. Estes, pensando subordinar-se aos estatutos da sociedade, acabam, afinal, por depender de acordos a que foram estranhos e que podem mesmo não conhecer.

---

[973] Cf. Jürg Zutt, *Einstweiliger Rechtsschutz* cit., 190. Por último, com numerosos elementos, referimos Carsten Rodemann, *Stimmbindungsvereinbarungen* cit., 13 ss. e Büssemaker, *Stimmbindungsverträge* cit., 28 ss..

[974] Cf. Jürgen Than, *Verhaltenspflichten bei der Ausübung von Aktienstimmrechten durch Bevollmächtige / Rechtsfragen der Bankspraxis*, ZHR 157 (1993), 125-149.

[975] Entre nós e com múltiplas indicações, cf. Graça Trigo, *Os acordos parassociais* cit., 97 ss. e Mário Leite Santos, *Contratos parassociais e acordos de voto nas sociedades anónimas* (1996), 103 ss..

[976] Cf. Zöllner, *Zu Schranken und Wirkung von Stimmbindungsverträgen* cit., 182 ss..

Em suma: as convenções de voto não podem atentar *contra os deveres de lealdade* existentes entre accionistas[977]. Trata-se duma construção classicamente assente na boa fé e que a decisão do BGH de 1-Fev.-1988 (o "caso-Linotype") veio reconduzir aos esquemas societários[978]. No fundo, não é possível, através de acordos parassociais, conseguir o que não se poderia licitamente obter pelo simples exercício do direito de voto.

Os deveres de lealdade adstringem, particularmente, os grandes accionistas, visando a tutela dos pequenos[979]. Eles ficam ainda em causa quando os acordos parassociais confiram posições vantajosas a terceiros, alheios à sociedade.

V. O Direito italiano posterior à codificação tinha contactos estreitos com o francês. Assim, tanto a doutrina como a jurisprudência negavam a validade de convenções de voto[980]. Aquando da feitura do Código Civil de 1942, o tema foi ponderado. O legislador optou por não se pronunciar: não proibiu – apesar da tradição existente – os acordos parassociais, antes os deixando à jurisprudência[981].

Subsequentemente, na base da doutrina[982] – a que não será estranho o contributo alemão – os acordos vieram a ser admitidos[983], particularmente na jurisprudência[984]. No entanto, distingue-se entre os seus efeitos externos e os internos. Quanto aos primeiros, o pacto parassocial não os comportaria: ele seria irrelevante, no tocante às suas relações com a socie-

---

[977] DIETER MAYER, *Die Zulässigkeit von Stimmrechtsvereinbarungen im GmbH-Recht*, GmbHR 1990, 61-65 (65) e MEINRAD DREHER, *Treuepflichten zwischen Aktionären und Verhaltenspflichten bei der Stimmrechtsbündelung / Gesellschaftliche und zivilrechtliche Grundlagen*, ZHR 157 (1993), 150-171 (152).

[978] BGH 1-Fev.-1988, BGHZ 103 (1988), 184-193 = NJW 1988, 1579-1582, anot. WOLFRAM TIMM, *idem*, 1582-1583 = JR 1988, 505-509, anot. R. BOMMERT, *idem*, 509-511. Cf., em especial, MARCUS LUTTER, *Die Treuepflicht des Aktionärs*, ZHR 153 (1989), 446-471.

[979] Cf. MEINRAD DREHER, *Treuepflichten zwischen Aktionären* cit., 156.

[980] TULLIO ASCARELLI, *La liceità dei sindacati azionari*, RDComm XXIX (1931) II, 256-272 (256 ss.), dando conta da doutrina italiana contrária aos pactos. O próprio ASCARELLI era favorável a uma abertura.

[981] Cf. a transcrição de MARIA DA GRAÇA TRIGO, *Os acordos parassociais* cit., 52.

[982] A grande obra de partida é a de GIORGIO OPPO, *Contratti parasociali* (1942) = *Diritto delle società/Scritti giuridici* II (1992), 1-169; cf. RAFFAELE TORINO, *I contratti parasociali* (2000) e GIORGIO SEMINO, *Il problema della validità dei sindacati di voto* (2003), 1: trata-se da actual obra de referência, em Itália, com 577 pp..

[983] Cf. GIORGIO OPPO, *La convenzioni parasociali tra diritto delle obligazioni e diritto delle società*, RDCiv XXXIII (1987) I, 517-530.

[984] *Vide* GIORGIO SEMINO, *Il problema della validità dei sindacati di voto* cit., 25-91.

dade, não permitindo, designadamente, a impugnação das deliberações sociais tomadas em sua violação[985]. Por essa mesma ordem de razões, não é pensável a execução específica dum acordo parassocial. Já nas relações puramente internas, os acordos parassociais poderiam ser admitidos. A doutrina actual distingue múltiplas possibilidades, enquanto as leis mais recentes vêm reconhecendo o papel da figura[986]. Foi pioneiro, nesse sentido, o texto único da intermediação financeira[987], numa evolução rematada pela reforma das sociedades de 2003, introduzida no Código Civil[988].

VI. Muito significativa, nesta caminhada do Direito italiano, quer pela evolução em si, quer por tocar num ponto sensível do moderno Direito das sociedades, foi a alteração do Código Civil levada a cabo pela reforma societária de 2003. Foi, então, introduzida no Código uma nova secção – a III bis – intitulada *dos pactos parassociais*, com dois artigos: constituem a primeira referência feita, na lei fundamental, à figura que ora nos ocupa. Tem essa nova secção dois artigos, que cumpre divulgar.

Uma noção geral consta do artigo 2341 bis – pactos parassociais:

> Os pactos, estipulados por qualquer forma, com o fim de estabilizar a titularidade ou o governo das sociedades, que:
>
> a) Tenham por objecto o exercício do direito de voto nas sociedades por acções ou nas sociedades que as controlem;
> b) Ponham limites à transferência de acções respectivas ou de participações na sociedade que as controlem;
> c) Tenham por objecto ou como efeito o exercício também conjunto de uma influência dominante sobre tais sociedades,
>
> não podem ter uma duração superior a cinco anos e entendem-se estipulados por essa duração ainda que as partes lhes tenham previsto uma duração superior; os pactos são renováveis quando caduquem.
>
> Quando o pacto não preveja um limite de duração, qualquer das partes tem o direito de rescisão com um pré-aviso de seis meses.

---

[985] Cf. Francesco Ferrara/Francesco Corsi, *Gli imprenditori e le società*, 12.ª ed. cit., 414.

[986] Cf. a extensa obra colectiva coordenada por Franco Bonelli e Pier Giusto Jaeger, já citada: *Sindacati di voto e sindacati di blocco* (1993), bem como as referidas monografias de Torino (2000) e de Semino (2003).

[987] Quanto ao desenvolvimento progressivo dos acordos parassociais nas leis italianas cf. Giorgio Semino, *Il problema della validità dei sindicati di voto* cit., 195 ss..

[988] Cf., além da bibliografia abaixo referida, Giuseppe Ragusa Maggiore, *Trattato delle società*, vol. II (2003), 97 ss..

> As disposições deste artigo não se aplicam aos pactos instrumentais e aos acordos de colaboração na produção ou na troca de bens ou serviços e relativos a sociedades inteiramente possuídas pelos participantes no acordo.

Trata-se de uma inovação importante, de 2003, devidamente saudada pela doutrina[989]. Particularmente interessante foi a fixação de balizas para a duração dos pactos: uma solução a reter.

VII. De seguida, foi introduzido no Código Civil um segundo preceito – o artigo 2341 ter – também importante. Dispôs, sob a epígrafe "publicidade dos pactos parassociais":

> Nas sociedades que recorram ao mercado de capitais de risco, os pactos parassociais devem ser comunicados à sociedade e declarados no início de cada assembleia. A declaração deve ser transcrita na acta e esta deve ser depositada na conservatória do registo das empresas.
>
> No caso da falta de declaração prevista no parágrafo anterior, os possuidores das acções a que se refira o pacto parassocial não podem exercitar o direito de voto e as deliberações adoptadas com o seu voto determinante são impugnáveis nos termos do artigo 2377.

Este novo preceito visou prosseguir a transparência no governo das sociedades[990]. Esclareça-se que as sociedades que "recorram ao capital de risco" são, segundo o artigo 2325 bis, as "sociedades emitentes de acções cotadas em mercados regulamentados ou dispersas pelo público em medida relevante"[991]. Estamos, assim, perante uma norma mobiliária, de que se espera um novo fluxo, no aprofundamento do tema[992].

---

[989] PAOLO COSTANZO e outros, *Le società* cit., 20-21, SEMINO, *Il problema della validità dei sindicati di voto* cit., 341 ss., RAGUSA MAGGIORI, *Trattato*, II vol. cit., 115 ss., e MARIO BERTUZZI/TOMMASO MANFEROCE/FERNANDO PLATANIA, *Società per azioni/Costituzione, patti parasociali, conferimenti* (2003), 130 ss..

[990] Cf. PAOLO COSTANZO e outros, *Le società* (2003), 23.

[991] SEMINO, *Il problema della validità dei sindicati di voto* cit., 361 e MARIO BERTUZZI e outros, *Società per azioni* (2003), 153 ss..

[992] Em SEMINO, *Il problema* cit., 443-536, pode ver-se uma interessante recolha de pactos parassociais de sociedades cotadas: as mais emblemáticas da economia italiana.

171. **Segue**; b) **O Direito português anterior a 1966**

I. A expressão "acordo parassocial" terá sido introduzida, entre nós, por Fernando Galvão Teles, retomando Oppo, em 1951[993].

Pouco tempo depois, discutiu-se o problema da validade dos contratos parassociais a propósito da Sociedade Industrial de Imprensa, SARL[994]: o acórdão da Relação de Lisboa de 18-Mai.-1955 pronunciou-se pela sua invalidade. Nesse caso, houve diversos pareceres. Pronunciaram-se pela invalidade Barbosa de Magalhães[995], Cavaleiro de Ferreira e Fernando Olavo, enquanto Manuel de Andrade e Ferrer Correia tomaram posição inversa[996].

II. A jurisprudência manteve-se desfavorável aos acordos parassociais. Além do primeiro acórdão da RLx de 18-Mai.-1955, cumpre citar STJ 31-Jul.-1963[997], STJ 4-Abr.-1967[998] e STJ 19-Mar.-1980[999]. A falta de apoio legal e a orientação doutrinária dominante explicam esta opção negativista. A ela não terá sido estranha a influência, então marcante, da literatura jurídica francesa.

III. Entretanto, alguma doutrina ia assumindo uma posição mais permissiva. Com antecedentes em Manuel de Andrade e Ferrer Correia, Vaz Serra, Mário Raposo, Amândio de Azevedo e Pinto Furtado vieram a assumir posições favoráveis aos acordos parassociais.

Importante foi, ainda, a opção de Vasco Lobo Xavier, favorável aos pactos[1000].

---

993 Fernando Galvão Teles, *União de contratos e contratos para-sociais*, ROA 11 (1951), 1 e 2, 37-103 (73 ss.).

994 RLx 18-Mai.-1955, JR 1 (1955), 506-507; o essencial deste acórdão vem transcrito em Raúl Ventura, *Estudos vários sobre sociedades anónimas* (1992), 19-20.

995 Barbosa de Magalhães, *Indivisibilidade e nulidade total de um negócio jurídico de "sindicato de voto"/Parecer* (1956), 88 pp..

996 Uma súmula destas posições e a indicação dos locais onde os pareceres em causa estão publicados podem ser confrontados em Graça Trigo, *Os acordos parassociais* cit., 78-82.

997 STJ 31-Jul.-1963 (Cura Mariano), BMJ 129 (1963), 259-268 (264), onde se refere admitirem-se sindicatos de voto nos casos previstos na lei.

998 STJ 4-Abr.-1967 (Carvalho Júnior), BMJ 166 (1967), 416-422 (421), afirmando que os sindicatos de voto são geralmente considerados inadmissíveis.

999 STJ 19-Mar.-1980 (Santos Vítor), BMJ 295 (1980), 434-440 (439), recordando que tanto a doutrina nacional como a estrangeira (a francesa) são contrárias a tais convenções.

1000 Vasco Lobo Xavier, *A validade dos sindicatos de voto no direito português constituído e constituendo*, ROA 1985, 639-653.

172. **Segue**; c) **O Direito vigente**

I. O Código das Sociedades Comerciais, de 1986, veio admitir genericamente os acordos parassociais[1001]. Fê-lo nos seguintes termos – artigo 17.°:

> 1 – Os acordos parassociais celebrados entre todos ou entre alguns sócios pelos quais estes, nessa qualidade, se obriguem a uma conduta não proibida por lei tem efeitos entre os intervenientes, mas com base neles não podem ser impugnados actos da sociedade ou dos sócios para com a sociedade.
>
> 2 – Os acordos referidos no número anterior podem respeitar ao exercício do direito de voto, mas não à conduta de intervenientes ou de outras pessoas no exercício de funções de administração ou de fiscalização.
>
> 3 – São nulos os acordos pelos quais um sócio se obrigue a votar:
>
> *a)* Seguindo sempre as instruções da sociedade ou de um dos seus órgãos;
>
> *b)* Aprovando sempre as propostas feitas por estes;
>
> *c)* Exercendo o direito de voto ou abstendo-se de o exercer em contrapartida de vantagens especiais.

Este preceito foi inspirado no *AktG* alemão e na Proposta de Quinta Directriz, acima examinada. O n.° 3 é, mesmo, uma tradução literal do artigo 35.° da aludida proposta, na versão de 1983 (ignorando, pois, necessariamente, as alterações posteriores).

II. O artigo 17.° admite os acordos parassociais. Com isso, altera a orientação antes prevalente de os considerar excluídos, por falta de base legal. Todavia – e desviando-se, neste ponto, do Direito alemão – o n.° 1 desse preceito apenas lhes confere uma "eficácia obrigacional": produzem

[1001] Sobre este preceito cf. RAÚL VENTURA, *Acordos de voto; algumas questões depois do Código das Sociedades Comerciais*, O Direito 124 (1992), 17-86, depois retomado em *Estudos vários* cit., 19 ss., ENGRÁCIA ANTUNES, *Os grupos de sociedades* (1993), 408 e 460 ss., PUPO CORREIA, *Direito comercial*, 6.ª ed. cit., 465 ss. e PINTO FURTADO, *Curso de Direito das sociedades*, 5.ª ed. cit., 167-170. Além disso, dispomos das importantes monografias de MÁRIO LEITE SANTOS, *Contratos parassociais e acordos de voto nas sociedades anónimas* (1996) e de MARIA DA GRAÇA TRIGO, *Os acordos parassociais sobre o exercício do direito de voto* (1998) e *Acordos parassociais/Síntese das questões jurídicas mais relevantes*, em *Problemas do Direito das sociedades* (2002), 169-184, onde a Autora actualiza a obra anterior, mormente perante as regras mobiliárias, entretanto surgidas.

efeitos entre os sócios intervenientes e, na sua base, não podem ser impugnados actos da sociedade ou de sócios para com a sociedade[1002].

Retiramos ainda daqui que não é possível – contra o que vimos ocorrer no Direito alemão – a execução específica de acordos parassociais[1003]. Repare-se: o voto tem efeitos societários: não meramente "obrigacionais". Admitir uma acção de cumprimento (que teria, aqui, de ser uma execução específica, já que o voto é uma declaração de vontade que, não sendo emitida pelo próprio, teria de o ser pelo tribunal) seria conferir, ao acordo parassocial, uma eficácia *supra partes*. O Direito alemão admite-o; o Direito português não.

III. Em geral, o legislador do artigo 17.° não foi feliz. A sanha tradutora e a subserviência perante os textos comunitários têm impedido a gestação dum pensamento jurídico nacional: a realidade sócio-económica não será idêntica à de Além-Reno. O Direito comparado mostra que, na Alemanha, os acordos parassociais são úteis: permitem dar coerência ao funcionamento das sociedades, num País onde se assiste a uma pulverização do capital social. Já nos países latinos, os acordos parassociais traduzem, muitas vezes, esquemas de controlo do poder ou de *take over*, à margem dos minoritários. As leis latinas têm sido prudentes quanto à sua admissibilidade.

O súbito entusiasmo pró-acordos parassociais poderá ser menos adequado. Assim, ele foi compensado pela "relativização" dos acordos. Eles são admitidos, mas com uma eficácia contida *inter partes*. O funcionamento da sociedade não pode ser directamente perturbado. Além disso, o acordo parassocial não comporta execução específica: a isso se opõe a natureza das obrigações assumidas[1004].

IV. Querendo conferir uma eficácia "absoluta" aos acordos parassociais, as partes têm, todavia, um caminho em aberto: o de estabelecer pesadas cláusulas penais. Cabe agora aos tribunais, através do exercício prudente e criterioso da faculdade de redução equitativa – artigo 812.° do Código Civil –, moralizar esse procedimento, lícito à partida.

[1002] Cf. Raúl Ventura, *Estudos vários* cit., 36.

[1003] Raúl Ventura, *Estudos vários* cit., 97-98, chega a idêntica conclusão, embora com argumentação diversa. Pelas razões que constam do texto, não podemos, aqui, sufragar o desenvolvimento de Maria da Graça Trigo, *Os acordos parassociais* cit., 215 ss..

[1004] João Calvão da Silva, *Sinal e contrato-promessa*, 8.ª ed. (2001), 148.

V. No tocante às sociedades abertas, o CVM inseriu uma norma da maior importância[1005]. O seu artigo 19.°/1 determinou que os acordos parassociais "... que visem adquirir, manter ou reforçar uma participação qualificada em sociedade aberta ou assegurar ou frustrar o êxito de oferta pública de aquisição devem ser comunicados à CMVM por qualquer dos contraentes no prazo de três dias após a sua celebração". A CMVM poderá determinar a publicação total ou parcial do acordo – n.° 2. Por fim, o n.° 5 considera anuláveis as deliberações sociais tomadas na base de acordos não comunicados ou não publicados, salvo se os votos em causa não tiverem sido determinantes.

173. **O "interesse da sociedade"**

I. Outra referência muito curiosa, que o Código de 1986 ficou a dever à Proposta de 5.ª Directriz, tem a ver com a referência ao interesse da sociedade, inserida no seu artigo 64.°. Recordamos o seu teor:

> Os gerentes, administradores ou directores de uma sociedade devem actuar com a diligência de um gestor criterioso e ordenado, no interesse da sociedade, tendo em conta os interesses dos sócios e dos trabalhadores.

Este preceito adveio do artigo 17.°/1 do Decreto-Lei n.° 49.381, de 15 de Novembro de 1969, segundo o qual[1006]:

> Os administradores da sociedade são obrigados a empregar a diligência de um gestor criterioso e ordenado.

Este preceito passaria para o projecto do Código das Sociedades Comerciais, com uma redacção similar[1007]. Todavia, na fase final da revisão do projecto e por iniciativa de Brito Correia, foi-lhe acrescentado "... no interesse da sociedade, tendo em conta os interesses dos sócios e dos trabalhadores"[1008].

[1005] *Vide* Maria da Graça Trigo, *Acordos parassociais*, em *Problemas* cit., 179 ss..

[1006] Cf. Santos Machado/João Carlos Godinho, *Novo regime de fiscalização das sociedades anónimas anotado* (1970), 41.

[1007] Apenas se substituiu "administradores" por "gerentes, administradores e directores"; cf. *Código das Sociedades (Projecto)*, BMJ 325 (1983), 107.

[1008] Luís Brito Correia, *Direito comercial*, 2.° vol., *Sociedades comerciais* (1989), 49.

II. Em termos de construção dogmática, este pequeno aditamento poderia ter um impacto incalculável. É certo que o Código fala, em diversos preceitos, no "interesse social": artigos 6.°/3, 252, 328.°/2, *c*), 400.°/1, *b*) e 460.°/2. Em todos eles, porém, é fácil a sua recondução aos interesses comuns dos sócios. Porém, no artigo 64.°, haveria que lidar com duas realidades distintas, pelo menos na letra da lei: o interesse da sociedade e o dos sócios, a que se acrescentou, ainda, o dos trabalhadores. O que pretendeu o nosso legislador?

Brito Correia, Autor material da novidade, veio à liça afirmando, sucessivamente, ter-se inspirado no § 76 do *Aktiengesetz* de 1965[1009] e no § 70 do Aktiengesetz de 1937[1010]. Mas não: o § 76 não tem a ver com esse tema, enquanto o § 70 se limitava a dispor:

> A direcção deve conduzir a sociedade sob a sua própria responsabilidade, tal como o requeiram o bem da empresa e do seu pessoal e a utilidade comum do povo e do Reich.

III. De facto, o aditamento em estudo proveio do Projecto Modificado de 5.ª Directriz, mais precisamente do seu artigo 10.°a)/2[1011]. E aí tem um sentido bastante diverso e preciso. A Directriz ocupou-se longamente da co-gestão, pressupondo, na direcção e no conselho de vigilância, lado a lado, membros eleitos pelos accionistas e membros eleitos pelos trabalhadores. Com isso ir-se-ia transferir para o coração das sociedades a luta laboral? Responde o legislador comunitário, no preceito em causa:

> Todos os membros dos órgãos de direcção e de vigilância exercem as suas funções no interesse da sociedade[1012], tendo em conta os interesses dos accionistas e dos trabalhadores.

A norma tem uma concepção não-jurídica. Ela adveio, aliás e como vimos, de um aditamento surgido no Parlamento Europeu. De todo o modo, ela tem um conteúdo normativo muito claro: determina que, nas

---

[1009] Brito Correia, *Direito comercial*, 2.° vol. cit., 49.

[1010] Brito Correia, *Os administradores das sociedades anónimas* (1991), 602, nota 17.

[1011] E que Brito Correia também refere, no loc. cit. na nota anterior.

[1012] Na versão alemã: "... *no interesse da empresa* ..."; torna-se muito difícil, perante textos comunitários com semelhantes flutuações terminológicas, elaborar uma dogmática precisa.

sociedades em co-gestão, os diversos membros de órgãos adoptem uma conduta uniforme, visando os interesses subjacentes à organização societária. Os interesses[1013], por seu turno, traduzem as opções legítimas feitas no quadro social.

IV. A transposição do artigo 10.°a)/2, 1.ª parte, da 5.ª Directriz[1014], feita nos moldes em que ocorreu, não foi feliz. O Código português não conhece a co-gestão, para mais no artigo 64.°, aplicável a todos os tipos societários e não, apenas, a sociedades anónimas. Além disso, o preceito transposto, no quadro do Código, parece contrapor a sociedade aos sócios, quando a mensagem da Directriz era, antes, puramente funcional.

Embora a 5.ª Directriz não esteja em vigor impõe-se, aqui, em nome das "circunstâncias em que a lei foi elaborada", uma como que interpretação conforme com a Directriz, que lime as arestas. No fundo, o artigo 64.° pretende muito simplesmente dizer que os administradores exercem uma função, devendo assumir a generalidade das adstrições a ela inerentes.

174. **Apreciação**

I. Em termos de integração europeia e no plano do Direito das sociedades, a 5.ª Directriz deveria ter um papel fundamental. Todavia, mercê das diversas concepções sobre o modo de administrar uma sociedade, acrescidas pela irredutível temática da co-gestão, não foi possível progredir e isso apesar de esforços que somam já mais de trinta anos[1015]. Além da diversidade material subjacente jogam ainda as várias tradições da Europa e, até, as terminologias distintas[1016]. Temos de introduzir uma nota de realismo: na falta de harmonização visualizada pela 5.ª Directriz, muitas das demais aproximações não passam disso mesmo: mantém-se a variedade intrínseca dos diversos ordenamentos.

[1013] Quanto às dificuldades de dogmatizar a noção de "interesses" (que nem por isso deixa de ser útil), cf. o nosso *Manual de Direito comercial* cit., 230-231, com indicações.

[1014] Aliás retomado no seu artigo 21.°q)/2, 1.ª parte.

[1015] MATTHIAS PANNIER, *Harmonisierung der Aktionärsrechte in Europa/insbesondere der Verwaltungsrechte* cit., 18.

[1016] KOSTRZEWA, *Feststellung der Jahresabschluss und Gewinnverwendung nach geplanntem EG-Recht* cit., 188.

II. A simples existência do projecto de 5.ª Directriz e das dificuldades que ele originou dá bem a medida das necessidades de harmonização. Além disso, ela exprime um especial relevo, no coração do Direito europeu, ao Direito comparado[1017], explicando, ainda, pontos delicados da génese do novo Código das Sociedades Comerciais. Podemos ainda afirmar que a 5.ª Directriz contribuiu para a germanização do nosso Direito das sociedades comerciais: colocou, numa linguagem sintética e facilmente acessível, elaborados esquemas de além-Reno.

III. Os esforços tecidos em torno da 5.ª Directriz não foram perdidos. Eles aproveitaram à sociedade europeia e aos respectivos regulamento e directriz. Também por esta via, a 5.ª Directriz é credora do actual surto de estudos sobre Direito europeu das sociedades, em cujo quadro se insere esta nossa obra.

[1017] GRUNDMANN, *Europäisches Gesellschaftsrecht* cit., 185 (Nr. 404).

CAPÍTULO II

9.ª DIRECTRIZ (PROJECTO): GRUPOS DE SOCIEDADES (1984)

§ 41.° Texto, preparação e sistema

175. **Texto**

A 9.ª Directriz não passou do estado de projecto. Não chegou, assim, às colunas do jornal oficial: o seu texto apenas foi levado ao grande público em obras especializadas alemãs.

Passamos a divulgar o seu texto em língua portuguesa[1018].

PROJECTO DE UMA 9.ª DIRECTRIZ DE 1984
(DIRECTRIZ SOBRE GRUPOS DE SOCIEDADES)

1.ª Secção
Âmbito de aplicação

Artigo 1.°
(Âmbito)

Sociedades, para efeitos desta Directriz são:

(...)

– na Alemanha:
die Aktiengesellschaft;

[1018] A tradução, feita a partir de MARCUS LUTTER, *Europäisches Unternehmensrecht/Grundlagen, Stand und Entwicklung nebst Texten und Materialen zur Rechtsangleichung*, 3.ª ed. (1991),

- em França:
  la société anonyme;
- em Itália:
  la società per azioni;

  (...)
- no Reino Unido:
  the public company limited by shares and the public company limited by guarantee and having a share capital.

2.ª Secção
Definições de conceitos

Artigo 2.°
(Sociedades afiliadas)

1. Para efeitos da presente Directriz, são sociedades afiliadas todas as empresas nas quais uma outra sociedade (a sociedade-mãe):

a) Detenha a maioria dos direitos de voto dos accionistas ou sócios

ou

b) Tenha o direito de designar ou de destituir a maioria dos membros do órgão de administração, de direcção ou de vigilância e, em simultâneo, seja accionista ou sócio

ou

c) Seja accionista dos sócios e, apenas através do exercício dos seus direitos de voto, tenha sido designada a maioria dos membros do órgão de administração, de direcção ou de vigilância da sociedade afiliada, em função durante um exercício

ou

d) Seja accionista dos sócios e, apenas através de uma convenção com outros accionistas ou sócios dessa empresa, disponha, sozinho, da maioria dos direitos de voto dos accionistas ou sócios da sociedade afiliada.

2. Para a aplicação do artigo 1.°, são de imputar aos direitos de voto, de designação ou de destituição da sociedade-mãe os direitos de outra sociedade afiliada ou de uma pessoa que actue em nome próprio mas por conta da sociedade-mãe ou de outra sociedade afiliada.

3. Para a aplicação do n.° 1, são deduzidos aos direitos referidos no n.° 2 os direitos:

a) Que estejam ligados a acções ou participações que sejam detidas por conta de uma outra pessoa que não a sociedade-mãe ou uma sociedade afiliada;

291-298 (há 4.ª ed., de 1996, neste ponto inalterada), é da nossa responsabilidade: tal como as epígrafes dos artigos.

b) Que estejam ligados a acções ou participações que sejam detidas como garantia, contanto que esses direitos sejam exercidos segundo indicações recebidas, ou a posse dessas partes ou acções represente, para a empresa detentora, um negócio corrente em conexão com a concessão de empréstimos, desde que os direitos de voto sejam exercidos no interesse do dador de garantia.

4. Para a aplicação do n.° 1, alíneas a), c) e d) são deduzidos, do conjunto dos direitos de voto dos accionistas ou sócios de uma sociedade afiliada, os direitos de voto que estejam ligados a acções ou a participações que sejam detidas por essa mesma sociedade, por uma sociedade sua afiliada ou por uma no seu próprio nome, mas por conta de uma pessoa dessa empresa, que actue.

Artigo 2.°a
(Equivalência nos sistemas monistas)

Quando nesta Directriz se faça referência ao órgão de direcção ou ao órgão de vigilância, relativo uma sociedade ordenada segundo o sistema dualista, nos termos do artigo 2.°/1 da Directriz de ... (1) essa referência corresponde, numa sociedade ordenada segundo o sistema monista no sentido do referido artigo dessa Directriz, à designação dos membros executivos e não-executivos do órgão de administração da sociedade.

(1) Proposta modificada de uma 5.ª Directriz, relativa à estrutura da sociedade anónima.

3.ª Secção
Comunicação e publicitação da participação

Artigo 3.°
(Comunicação à sociedade)

1. Quando uma pessoa singular ou colectiva adquira directa ou indirectamente mais do que 10% do capital social de uma sociedade, deve comunicar a aquisição a esta, por escrito, com indicação do montante total da participação e dos direitos de voto que, com ela, estejam ligados, dentro do prazo de duas semanas, das acções que ocasionem a ultrapassagem da referida percentagem de 10%. Qualquer subsequente aquisição de acções da sociedade, pela qual a participação aumente escalões de 5%, deve ser comunicada de idêntica forma. O mesmo se aplica em todos os casos nos quais a participação desça abaixo da percentagem de 10% ou cada vez que diminua de um escalão de 5%.

2. Contam-se como acções pertencentes a uma pessoa também aquelas que outra pessoa detenha em seu próprio nome, mas por conta daquela. Caso a pessoa seja uma sociedade, contam-se também as acções que pertençam a uma sociedade afiliada ou a outra pessoa em seu próprio nome, mas por conta de uma empresa afiliada.

Artigo 4.°
(Suspensões dos direitos)

1. O accionista não pode exercer os direitos inerentes a acções que devam ser comunicadas nos termos do artigo 3.°/1, enquanto a comunicação não for realizada.

2. Quando, com inobservância do número 1, sejam exercidos, na assembleia geral, direitos de voto e, desse modo, seja influenciado o resultado da votação, a deliberação daí resultante pode ser declarada nula ou anulada, sem prejuízo para os direitos adquiridos por terceiros de boa fé. A acção de anulação ou de nulidade deve ser intentada por qualquer accionista que tenha contestado a legitimidade da participação de outro accionista.

3. A acção deve ser intentada dentro de um prazo que não pode ser fixado pelos Estados-membros em menos de três meses e em mais de um ano a contar do momento a partir do qual o autor teve ou devesse ter conhecimento da existência da participação que deveria ter sido comunicada. O artigo 46.° da Directriz n.° ... (2) é aplicável.

4. A sociedade pode exigir a restituição dos dividendos para cuja percepção o accionista, em função do n.° 1, não tinha legitimidade.

5. Os Estados-membros podem adoptar outras medidas adequadas para o caso de não ser efectuada uma comunicação nos termos do artigo 3.°/1.

(2) Proposta modificada de uma 5.ª Directriz, relativa à estrutura da sociedade anónima.

Artigo 5.°
(Publicitação)

1. A sociedade deve enumerar, no anexo ao relatório anual de contas, as comunicações que tenha recebido, por força do artigo 3.°/1. Além disso, ela deve assegurar-se de que cada comunicação sobre uma nova participação ou sobre uma modificação subsequente da participação que ultrapasse ou fique aquém dos patamares de 10%, 25%, 50%, 75% ou 90% do capital, seja publicitada segundo o procedimento previsto nas disposições legais dos Estados-membros, em conformidade com o artigo 3.° da Directriz n.° 68/151/CEE. O nome do accionista que tenha realizado a comunicação, o montante comunicado da sua participação no capital, assim como os direitos de voto que lhe sejam inerentes são inseridos no anexo da prestação anual de contas.

2. Os Estados-membros podem prever que as indicações referidas no número anterior e, sendo o caso, a publicitação não se realizem, quando possam provocar, ao accionista visado ou à sociedade, um prejuízo considerável. O órgão de direcção ou o órgão que tenha tomado essa decisão deve exará-la no anexo à prestação de contas.

4.ª Secção
Tutela da sociedade que esteja sob a influência de outra

Artigo 6.°
(Delimitação)

Os artigos 7.° a 12.° não são aplicáveis quando uma empresa possa exercer, perante uma sociedade, um poder de direcção, por força dos artigos 24.° ou 35.° ou no âmbito de uma regulação prevista no artigo 38.°.

Artigo 7.°
(Relatório especial)

1. Quando uma sociedade seja, nos termos do artigo 2.°, uma afiliada, o seu órgão de direcção deve apresentar um relatório especial para cada exercício.

2. O relatório especial deve permitir, de modo resumido, apreciar o âmbito e a intensidade das relações estabelecidas, mediata ou imediatamente, entre a sociedade afiliada e a sociedade-mãe, no decurso do decorrido exercício.

Para tanto, o relatório deve, em especial, consignar:

a) O significado que, para a sociedade, assumam os negócios concluídos, no exercício decorrido, com a sociedade-mãe, com uma das afiliadas desta ou com uma terceira entidade, a pedido da sociedade-mãe ou no interesse desta;

b) As medidas importantes que, a pedido ou no interesse da sociedade-mãe, a sociedade tenha tomado ou deixado de tomar.

3. a) Os negócios ou as medidas referidos no n.° 2, alíneas a) e b) e que:

- sejam total ou parcialmente prejudiciais para a sociedade ou
- comportem um risco especial para a sociedade ou
- pelo âmbito ou pelo conteúdo se afastem, de modo essencial, dos negócios habitualmente praticados pela sociedade,

devem ser singularmente explicitados no relatório especial com indicação da sua natureza e a qualidade dos seus participantes. As desvantagens podem, em especial, decorrer de terem sido acordadas ou omitidas condições que se desviem das que teriam sido concluídas, entre si, por empresas independentes.

O relatório especial deve também explicitar os efeitos efectivos ou previsíveis desses negócios ou medidas na situação dos trabalhadores ocupados na sociedade.

b) Quando vários processos negociais estejam conectados de modo unitário e tal não seja habitual, no tráfego, entre empresas independentes, devem eles ser tratados em separado, de acordo com as indicações constantes da alínea a).

c) Quando, em compensação das desvantagens, houver vantagens, o órgão de direcção deve exará-lo especificadamente. Elas não são objecto do relatório especial e não se sujeitam à revisão, nos termos do n.° 4 e do n.° 5.

4. A pessoa incumbida da revisão de contas da sociedade deve verificar se, nos elementos incluídos no relatório especial, existem circunstâncias que deponham a favor de um juízo essencialmente diverso do do órgão de direcção. O resultado desta ponderação deve constar de uma anotação especial no relatório. Quando o revisor constate que os dados exarados são incompletos, deve exará-lo na revisão.

5. O relatório especial, em conjunto com a revisão deve ser posto à disposição de cada accionista pelo menos desde o dia do envio da convocatória da assembleia geral, que delibere sobre a aprovação das contas e a aplicação dos resultados ou do dia da sua publicação. Ele deve ser publicitado em conjunto com as contas anuais e pela mesma forma.

Artigo 8.°
(Revisor especial)

1. A pedido de um accionista ou de um credor da sociedade, que não possa obter a realização do seu crédito ou ainda do representante permanente dos trabalhadores empregados na sociedade, pode o tribunal ou uma autoridade competente, segundo o Direito interno do Estado, designar um ou mais revisores especiais, quando o relatório especial elaborado segundo o artigo 7.°, n.° 3, contenha indicações ou quando sejam invocadas circunstâncias que suscitem o entendimento de que, por via da sociedade-mãe ou de uma das suas afiliadas, decorreu uma desvantagem para a sociedade.

2. O tribunal ou a autoridade devem, antes da indicação do revisor especial, ouvir o órgão de direcção ou de vigilância da sociedade bem como a pessoa incumbida da revisão de contas e dar-lhes a oportunidade de se pronunciarem.

3. O revisor especial deve apurar se a sociedade foi prejudicada pelos negócios ou medidas que foram tomadas ou omitidas e se é de admitir que os mesmos se reportam a uma influência da empresa ou de uma das suas afiliadas.

4. O revisor especial tem igualmente o direito, perante a sociedade e, também perante a sociedade-mãe, as afiliadas e terceiras empresas implicadas, de exigir todas as informações e documentos úteis e de proceder, junto delas, às necessárias verificações.

5. O revisor especial deve relatar por escrito o resultado da sua fiscalização. Os órgãos de direcção da sociedade devem publicitar, segundo o procedimento previsto nas disposições legais dos Estados-membros, em conformidade com o artigo 3.° da Directriz n.° 68/151/ /CEE, um resumo do relatório com as conclusões que dele resultem.

6. Os custos e respectivos aditamentos da revisão são suportados pela sociedade.

7. Não são prejudicados os preceitos nacionais que prevejam processos especiais relativos a fiscalizações especiais da sociedade, por motivos diversos.

Artigo 9.°
(Responsabilidade por controlo de facto)

1. A empresa que se comporte, perante uma sociedade, como um gerente efectivo, responde perante esta por todos os danos causados através dessa influência, provenientes de um erro de gestão e isso nos mesmos pressupostos em que o faria se a empresa fosse membro do órgão de direcção da sociedade e devesse agir com todo o cuidado requerido pelo interesse dessa sociedade.

2. Considera-se como gerente efectivo da sociedade, para efeitos do n.° 1, toda a empresa que, mediata ou imediatamente, exerça uma influência determinante no processo de decisão do órgão de direcção dessa sociedade.

3. a) Quem for juridicamente responsável pela empresa sob cujo domínio aquela empresa se encontrar, responde conjunta e ilimitadamente com ela. O visado pode todavia liberar-se da sua responsabilidade quando prove que o evento danoso não lhe é imputável.

b) Quando a responsabilidade se estenda aos membros do órgão de direcção da sociedade, estes respondem conjuntamente com a empresa e com a pessoa responsável nos termos da alínea a).

Artigo 10.°
(Legitimidade)

1. As pretensões previstas no artigo 9.° podem ser feitas valer em juízo pela sociedade ou por cada accionista ou pelo representante permanente dos trabalhadores da sociedade.

2. As pretensões referidas no n.° 1 podem, sem prejuízo dos preceitos relativos à falência, à liquidação ou processos similares, ser feitas valer judicialmente por cada credor da sociedade, que não possa obter, desta, o pagamento.

Artigo 11.°
(Outras medidas de protecção)

1. Quando se verifiquem os pressupostos do artigo 9.°, pode o Tribunal ou a autoridade competente segundo o Direito nacional, a pedido das pessoas referidas no artigo 8.°/1, determinar uma ou mais das medidas subsequentes, caso o considere necessário para a protecção da sociedade, dos seus accionistas ou dos seus trabalhadores:

a) A destituição provisória de um ou mais membros do órgão de direcção ou de vigilância da sociedade ou qualquer outra medida de Direito interno de efeito equivalente;

b) A recusa de cumprimento subsequente de acordos danosos assim como a retirada de medidas danosas, ficando assegurados os direitos adquiridos por terceiros de boa fé;

c) A obrigação da sociedade dominante de oferecer aos accionistas da sociedade a aquisição das suas acções, pela forma e nas condições dos artigos 15.° e 17.°. O órgão de direcção da sociedade deve publicitar a oferta segundo o procedimento previsto nas disposições legais dos Estados-membros, em conformidade com o artigo 3.° da Directriz n.° 68/151/CEE no mês subsequente è entrada do relatório segundo o artigo 17.°. Aí será indicado que o relatório dos peritos previsto no artigo 17.° será enviado gratuitamente aos accionistas, a pedido destes. Dentro do prazo de um mês depois da publicação, qualquer accionista pode requerer uma verificação judicial de adequação da oferta. Tem aplicação o artigo 22.°/2. Dentro do prazo de três meses depois da publicação da oferta pode qualquer accionista exigir a aquisição das acções. O artigo 23.°/2, tem aplicação.

2. O tribunal ou a autoridade competente deve dar previamente conta das medidas previstas no n.° 1, que tencione tomar, aos membros do órgão de direcção ou de vigilância da sociedade, à empresa ou, sendo o caso, ao revisor, dando-lhes a oportunidade de se pronunciarem.

Artigo 12.°
(Prazo)

O prazo para fazer valer judicialmente as pretensões previstas no artigo 9.° não deve ultrapassar os três anos, contados desde a actuação danosa ou, quando esta não tenha sido patente, da sua descoberta.

5.ª Secção
O contrato de subordinação para a constituição de um grupo

Artigo 13.°
(Contrato de subordinação)

Uma sociedade pode, por contrato escrito, submeter a sua direcção a uma outra empresa. Esta empresa será, subsequentemente, designada como a outra parte no contrato.

Artigo 14.°
(Opções dos accionistas livres)

1. No contrato, é oferecido escolher, a cada accionista livre da sociedade, pelo menos entre:

a) A aquisição das suas acções, nos termos do artigo 15.°;

b) Uma compensação anual segundo o artigo 16.°.

2. Considera-se accionista livre todo o accionista da sociedade, com exclusão dos da outra parte no contrato e dos das empresas seguintes:

a) Da empresa-mãe da parte no contrato;

b) Da empresa terceira ligada a outra parte por meio de um contrato de subordinação ou através de uma declaração unilateral, nos termos do artigo 33.°;

c) Da empresa que se inclua, com a outra parte no contrato, num grupo de empresas, segundo o artigo 38.°;

d) De uma empresa terceira que esteja na posse única da outra parte no contrato; caso estas empresas possuam acções da sociedade.

Artigo 15.°
(Aquisição potestativa)

1. A outra parte no contrato deve oferecer-se para adquirir as acções de cada accionista livre, contra dinheiro.

2. Quando porém a outra parte no contrato seja igualmente uma sociedade e não a sociedade afiliada de outra empresa, ela pode, em vez da aquisição contra dinheiro ou à escolha dela, oferecer-lhe a troca das suas acções por acções ou títulos de dívida convertíveis.

3. Quando a outra parte no contrato seja uma sociedade anónima que não se tenha constituído segundo o Direito de um Estado-membro ou o Direito da Comunidade Económica Europeia e não seja a sociedade afiliada de outra empresa, pode deixar ao accionista livre a escolha entre a aquisição contra dinheiro e a troca das suas acções em acções ou títulos de dívida convertíveis, caso os tenha omitido.

4. Quando a outra parte no contrato seja uma sociedade afiliada, ela pode também fazer, aos accionistas livres, uma oferta segundo o n.° 2, que se reporte a acções ou a títulos igualmente convertíveis, que tenham sido emitidos pela sua sociedade-mãe, pressupondo-se que esta sociedade não seja afiliada de uma outra.

5. Quando a outra parte no contrato seja uma sociedade afiliada de uma sociedade anónima que não se tenha constituído segundo o Direito de um Estado-membro ou da Comunidade Económica Europeia, ela pode fazer aos accionistas livres uma oferta correspondente à do n.° 3, que se reporte a acções ou, sendo o caso, a títulos de dívida convertíveis, que tenham sido emitidos pela sua sociedade-mãe, pressupondo-se que esta sociedade não seja afiliada de uma outra.

Artigo 16.°
(Compensação anual)

1. A outra parte no contrato deve também oferecer aos accionistas livres da sociedade uma compensação anual adequada. Para isso, ela deve assegurar-lhes o pagamento anual de uma importância que corresponda, pelo menos, ao então lucro médio correspondente ao que cada acção poderia ter obtido de acordo com a situação actual da sociedade, com consideração pelas suas perspectivas de futuro.

2. Quando a outra parte no contrato seja igualmente uma sociedade, mas não a sociedade afiliada de uma outra empresa, pode ela, em vez da compensação referida no n.° 1 ou à sua escolha, oferecer aos accionistas livres uma compensação anual de montante correspondente à parte do lucro estimada para as suas próprias acções.

3. Quando a outra parte no contrato seja uma sociedade independente que não se tenha constituído segundo o Direito de um Estado-membro ou da Comunidade Económica Europeia, ela pode deixar aos accionistas livres também a escolha entre as compensações previstas no n.° 1 e no n.° 2.

4. Quando a outra parte no contrato seja uma sociedade afiliada, ela pode propor aos accionistas livres, em vez da compensação prevista no n.° 1, uma compensação anual cujo montante corresponda à parte do lucro que seja estimado para as acções da sua sociedade-mãe, pressupondo-se que esta sociedade não seja a afiliada de uma outra empresa.

5. Quando a outra parte no contrato seja uma sociedade afiliada de uma sociedade independente que não se tenha constituído segundo o Direito de um Estado membro ou segundo o Direito da Comunidade Económica Europeia, ela pode deixar aos accionistas livres a escolha entre as compensações do n.° 1 ou do n.° 4.

6. Nos casos dos números 2 a 5, a relação entre os valores das acções das sociedades implicadas deve ser calculada como para uma troca de acções no caso de uma fusão.

7. Para o cálculo da outra parte do lucro, segundo os números 1 a 5, as afectações do lucro anual a reservas livres só devem ser tidas em conta quando isso seja justificado, segundo um prudente juízo.

Artigo 17.°
(Relatório dos peritos)

1. O órgão de direcção da sociedade designa um ou mais peritos independentes, que tenham sido indicados ou admitidos por um tribunal ou departamento administrativo e incumbe-os de elaborar um relatório sobre a adequação da oferta. Os peritos podem ser as pessoas encarregues da revisão de contas da sociedade.

Aos peritos aplicam-se os artigos 53.°, 54.°, 57.° e 62.° da Directriz de ... (3).

2. No seu relatório, os peritos devem, em especial, verificar se as ofertas da outra parte no contrato correspondem aos artigos 15.° e 16.° e se, na sua opinião, elas não são adequadas. Nesta declaração devem-se, pelo menos, indicar:

a) Segundo que método ou métodos foram determinados o valor de aquisição, a relação de troca e a compensação anual;

b) Se esse método ou métodos são adequados, no caso concreto e que valores resultam segundo cada um desses métodos; deve-se também tomar posição sobre qual o valor relativo que esses métodos assumiram na determinação dos valores subjacentes.

3. No relatório deve ser dada conta das especiais dificuldades que tenham surgido na avaliação e como foram superadas.

4. Cada perito tem o direito de exigir, da sociedade implicada, todas as informações e documentos convenientes e de empreender todas as verificações necessárias.

(3) Proposta modificada de uma 5.ª Directriz, relativa à estrutura da sociedade anónima.

Artigo 18.°
(Relatório da direcção)

O órgão de direcção da sociedade elabora um relatório no qual explique os fundamentos para a conclusão de um contrato de subordinação e os efeitos previsíveis do contrato. Nesse relatório deve-se também tomar posição quanto ao relatório dos peritos, previsto no artigo 17.° e quanto aos seus resultados.

Artigo 19.°
(Aprovação pelo conselho de vigilância e pela assembleia geral)

1. O contrato carece de concordância do órgão de vigilância e da assembleia geral da sociedade. A concordância do órgão de vigilância deve ser formalizado por protocolo escrito. Não são aplicáveis, respectivamente, os artigos 10.° e 21.°, da Directriz ... (4).

2. O órgão de direcção da sociedade convoca, nos termos do artigo 24.° da Directriz ... (5) uma assembleia geral para deliberar sobre o contrato.

3. Na comunicação ou na publicação da convocação deve-se comunicar o contrato. Deve-se referir a existência de concordância do órgão de vigilância. Deve-se fazer referência a que o relatório dos peritos e o relatório do órgão de direcção são gratuitamente enviados aos accionistas, a seu pedido.

4. Quanto à deliberação da assembleia geral aplica-se o artigo 39.°/1 e 2 da Directriz de ... (6). O artigo 34.°, d) da Directriz de ... (7) não tem aplicação.

(4) Proposta modificada de uma 5.ª Directriz, relativa à estrutura da sociedade anónima.
(5) Proposta modificada de uma 5.ª Directriz, relativa à estrutura da sociedade anónima.
(6) Proposta modificada de uma 5.ª Directriz, relativa à estrutura da sociedade anónima.
(7) Proposta modificada de uma 5.ª Directriz, relativa à estrutura da sociedade anónima.

Artigo 20.°
(Publicitação)

1. O contrato e o protocolo sobre a concordância do órgão de vigilância e da assembleia geral devem ser publicitados pelo órgão de direcção da sociedade segundo o procedimento previsto nas disposições legais dos Estados-membros, em conformidade com o artigo 3.° da Directriz n.° 68/151/CEE no prazo de dois meses depois da deliberação da assembleia geral.

2. Os Estados-membros prevêem sanções adequadas para o caso de o dever de publicitação não ser cumprido.

Artigo 21.°
(Regras aplicáveis à outra parte)

1. Quando a outra parte no contrato seja uma sociedade, os artigos 17.° a 20.° também se lhe aplicam.

2. O número 1 não se aplica caso o total do balanço e as perdas compensatórias da sociedade, em relação aos correspondentes montantes da outra parte no contrato, tenham um significado secundário. Os Estados-membros podem prever critérios precisos quanto a este ponto.

Artigo 22.°
(Verificação judicial)

1. No prazo de um mês a contar da publicitação segundo o artigo 20.°, pode cada accionista livre requerer uma verificação judicial da adequação do valor da aquisição e da compensação anual. Quando a outra parte no contrato esteja igualmente, segundo o artigo 21.°, sujeita ao dever de publicitação, o prazo só começa a correr no dia em que a última de ambas as publicitações seja efectuada.

2. Os Estados-membros devem regular o processo judicial com observância dos princípios seguintes:

a) O Tribunal pode designar, à custa da sociedade, peritos independentes; estes peritos submetem-se aos mesmos deveres e têm os mesmos direitos do que aqueles que são designados nos termos do artigo 17.°;

b) O Tribunal pode elevar as contribuições quando se verifique que o valor da aquisição ou a compensação anual estejam manifestamente inadequados;

c) A decisão do Tribunal vale como caso julgado para todas as acções da mesma categoria para que foi requerida a verificação judicial;

d) Na hipótese da alínea b), a decisão judicial, depois de transitada, é publicitada segundo o procedimento previsto nas disposições legais dos Estados-membros, em conformidade com o artigo 3.° da Directriz n.° 68/151/CEE;

e) Os custos do processo apenas podem ser imputados ao requerente quando isso corresponda à equidade.

3. Quando o valor da aquisição ou a compensação anual sejam elevados pelo Tribunal, pode a outra parte no contrato denunciá-lo sem pré-aviso dentro do prazo de um mês a contar do dia do trânsito da decisão.

Artigo 23.°
(Venda potestativa)

1. Dentro do prazo de três meses depois da publicitação efectuada segundo o artigo 20.°, cada accionista livre pode exigir a aquisição das suas acções. Quando a outra parte no contrato esteja igualmente obrigada à publicitação, nos termos do artigo 21.°, esse prazo só começa a correr no dia da última das duas publicitações. O prazo para a aquisição pode, contudo, ser prolongado quando tenha sido requerida a verificação judicial nos termos do artigo 22.°.

2. Quando o Tribunal determine uma elevação, nos termos do artigo 22.° e o contrato não seja denunciado, pode cada accionista livre, que não tenha feito uso dos seus direitos no prazo previsto no n.° 1, exercer esses direitos dentro de um prazo de um mês depois da publicitação da decisão judicial segundo o artigo 22.°/2, d). Os accionistas livres cujas acções tenham sido já adquiridas podem, dentro do mesmo prazo de um mês, exigir essa elevação.

3. No caso de denúncia do contrato nos termos do artigo 22.°/3, a elevação só é devida aos accionistas livres que foram partes no processo ou que tenham feito valer os seus direitos antes do dia da denúncia. A outra parte no contrato pode propor aos accionistas livres cujas acções já tenham sido adquiridas, aceitar a elevação. No caso contrário ela transfere, para eles, as acções questionadas, nas condições iniciais da aquisição.

4. As partes no contrato respondem conjuntamente pelo pagamento da compensação das acções. A outra parte responde pela troca das acções.

5. Os accionistas que não tenham feito uso dos seus direitos nos termos do número 1 mantêm a compensação anual.

6. Para o pagamento da compensação anual respondem conjuntamente ambas as partes no contrato.

Artigo 24.°
(Subordinação)

1. a) A partir do momento da publicação prevista no artigo 20.° a sociedade submete-se à direcção da outra parte no contrato. Esta pode enviar instruções ao órgão de direcção da sociedade, as quais devem ser seguidas por ele. O artigo 10.°a/2, 1 ou o artigo 21.°q/2, 1 da Directriz de ... (8) não têm aplicação. Caso a outra parte no contrato esteja igualmente sujeita, segundo o artigo 21.°, a um dever de publicitação, os poderes de dirigir e de dar instruções só surgem com a publicação realizada em último lugar;

   b) Os preceitos dos artigos 15.° a 17.° da 2.° Directriz (9) não se aplicam a instruções relativas a actuações da sociedade que se devam executar segundo a alínea a).

2. Quando uma instrução se reporte a uma medida dependente de autorização do órgão de vigilância da sociedade e este a recuse, a necessidade da autorização cessa com a repe-

tição da instrução. Quando, porém, os trabalhadores da sociedade participem no processo de decisão da sociedade, a instrução repetida não pode ser executada quando os interesses dos trabalhadores da sociedade destinatária da instrução não seja tutelado da mesma forma, no plano da outra parte no contrato e o órgão representativo, nesse plano, dos trabalhadores não tenha concordado com a repetição da instrução.

(8) Proposta modificada de uma 5.ª Directriz, relativa à estrutura da sociedade anónima.

(9) Directriz n.° 77/91/CEE, de 13-Dez.-1976.

Artigo 25.°
(Dever de diligência)

A outra parte no contrato deve exercer o seu poder de direcção e o seu direito de dar instruções segundo o artigo 24.° com o cuidado de um administrador consciencioso e no interesse do grupo.

Artigo 26.°
(Responsabilidade)

1. A outra parte no contrato responde pelo exercício do poder de direcção e do direito de dar instruções pelos danos que, com isso, a sociedade venha a sofrer, quando a outra parte no contrato tenha violado culposamente o dever previsto no artigo 25.°.

2. A acção de responsabilidade pode ser intentada em nome e por conta da sociedade por um ou mais dos accionistas livres que preencham os pressupostos do artigo 16.° da Directriz de ... (10). Para o cômputo do artigo 16.°, alínea a) dessa Directriz, devem-se descontar as acções que directa ou indirectamente pertençam à outra parte no contrato.

3. O prazo para fazer valer judicialmente a pretensão de indemnização prevista neste artigo não deve ultrapassar três anos a partir da actuação danosa ou, quando esta não for patente, da sua descoberta. O artigo 16.°/2 da Directriz de ... (11) tem aplicação.

(10) Proposta modificada de uma 5.ª Directriz, relativa à estrutura da sociedade anónima.

(11) Proposta modificada de uma 5.ª Directriz, relativa à estrutura da sociedade anónima.

Artigo 27.°
(Exoneração de responsabilidade de membro da direcção)

Os membros do órgão de direcção da sociedade não respondem perante estas pelos danos que tenham decorrido de acções ou de omissões que tenham sido provocadas pelo exercício do direito de direcção ou de instrução da outra parte no contrato. Cabe-lhes o ónus da prova da ocorrência.

Artigo 28.°
(Prestação de contas)

1. Quando a outra parte no contrato tenha a sua sede dentro da Comunidade, é-lhe exigido, durante a vigência do contrato e independentemente da sua forma jurídica, publicitar as contas anuais, o relatório de gestão e o relatório de revisão. As contas anuais, a revisão e a publicitação devem corresponder aos princípios que são aplicáveis às sociedades anónimas, segundo as regras legais ou regulamentares de transposição da 4.ª Directriz sobre as contas anuais das sociedades de determinados tipos (12) que são aplicáveis ao Estado-membro no qual a outra parte no contrato tenha a sua sede. Na medida em que a responsabilidade pelas vinculações da sociedade não tenha, nos termos do artigo 29.°, tradução no passivo do balanço, deve ela ser especialmente anotada no anexo às contas anuais, pela sua totalidade.

2. Depois do termo do exercício que se siga àquele em que foi concluído o contrato, a outra parte no contrato não pode exercer direitos provenientes do contrato enquanto não cumprir as obrigações previstas no número 1 e enquanto não cumprir as obrigações que para ela resultem quanto à consolidação de contas e à elaboração de contas anuais, de um relatório de gestão, para revisão e publicitação segundo as regras legais e regulamentares elaboradas na base da 7.ª Directriz sobre consolidação de contas (13), relativas a grupos ou partes de grupos.

(12) Directriz n.° 78/660/CEE, de 25-Jul.-1978.
(13) Directriz n.° 83/349/CEE, de 13-Jun.-1983.

Artigo 29.°
(Responsabilidade pelas dívidas da sociedade)

1. A outra parte no contrato responde pelas dívidas da sociedade surgidas antes da conclusão do contrato e durante a sua vigência. Ela só pode, todavia, ser demandada depois de os credores terem interpelado a sociedade, por escrito, pondo-a em mora.

2. A outra parte no contrato pode liberar-se dessa responsabilidade demonstrando que a incapacidade da sociedade para cumprir deriva de circunstâncias que forem provocadas por uma influência por esta exercida ou omitida.

3. A responsabilidade prevista no número 1 pode ser feita valer a partir do momento da publicitação referida no artigo 20.° ou, quando a outra parte no contrato esteja igualmente obrigada à publicitação segundo o artigo 21.°, a partir da publicitação ocorrida em último lugar.

Artigo 30.°
(Compensação subsequente ao termo do contrato)

1. A sociedade, aquando do termo do contrato, tem, contra a outra parte, uma pretensão de indemnização por cada diminuição do seu património ocorrida durante a vigência do

contrato. Para o cômputo dessa diminuição contam-se os montantes totais do capital, incluindo as reservas, os resultados e as contribuições de resultado existentes entre o momento da publicação prevista no artigo 20.° e no termo do contrato.

2. A outra parte no contrato pode, contudo, liberar-se desta obrigação, provando que a diminuição do património da sociedade, durante a vigência do contrato, não foi causada pelo exercício ou pela omissão da sua influência.

Artigo 31.°
(Modificações do contrato)

1. O contrato pode ser modificado apenas nos termos dos artigos 19.° a 21.°.

2. As propostas feitas no contrato aos accionistas livres só podem, contudo, ser modificadas com o assentimento deles.

Artigo 32.°
(Cessação do contrato)

1. Por mútuo consentimento das partes, o contrato só pode terminar no final do exercício. Para isso, o conselho de vigilância e a assembleia geral devem dar a sua autorização. O processo rege-se pelo artigo 19.°. A revogação não pode ter efeitos retroactivos.

2. Os Estados-membros regulam as condições, o modo e a forma da denúncia do contrato, com observância dos princípios seguintes:

a) A denúncia ocorre por carta registada;

b) Quando o contrato tenha sido concluído por tempo indeterminado, só pode ser denunciado mediante um pré-aviso de três meses. O contrato pode prever um prazo diverso;

c) O contrato, perante a existência de um fundamento importante, pode terminar a todo o tempo por decisão judicial;

d) Quando a iniciativa de denúncia ou do pedido nos termos da alínea c) pertencer à sociedade, é necessária a autorização do seu órgão de vigilância.

3. Um contrato que, por falta de accionistas livres, tenha sido concluído sem as garantias referidas no artigo 14.° termina quando surja um accionista livre.

4. O termo do contrato deve ser publicitado pelo órgão de direcção da sociedade segundo o procedimento previsto nas disposições legais dos Estados-membros, em conformidade com o artigo 3.° da Directriz n.° 68/151/CEE.

5. A responsabilidade prevista no artigo 29.° prescreve o mais tardar em cinco anos a contar do dia da publicitação do contrato. A pretensão prevista no artigo 30.° prescreve também em cinco anos a contar do mesmo momento.

6. A produção de efeitos da declaração unilateral emitida pela outra parte no contrato põe automaticamente termo ao contrato e conduz à aplicação dos preceitos da 6.ª Secção sobre as relações no grupo.

6.ª Secção
A declaração unilateral
para a constituição de um grupo subordinado

Artigo 33.°
(Declaração unilateral)

1. Quando uma empresa detenha, imediata ou mediatamente, 90% ou mais do capital de uma sociedade, ela pode emitir, perante o órgão de direcção da sociedade, uma declaração unilateral de constituição de um grupo. Quando existam accionistas livres, essa declaração contém a aquisição potestativa das acções deles e fixa as condições aplicáveis.

2. O órgão de direcção da sociedade publicita a declaração unilateral nos dois meses subsequentes à sua recepção, segundo o procedimento previsto nas disposições legais dos Estados-membros, em conformidade com o artigo 3.° da Directriz n.° 68/151/CEE.

Artigo 34.°
(Disposições aplicáveis à aquisição das acções dos accionistas livres)

1. Os artigos 14.°/1, a) e 2, 15.°, 17.°, 18.°, 21.°, 22.° e 23.°/2 são aplicáveis à aquisição das acções dos accionistas livres.

2. Com a publicitação prevista no artigo 33.°/2, as acções dos accionistas livres passam automaticamente para a empresa. Os documentos emitidos com referência a essas acções apenas titulam, até à sua entrega à empresa, a pretensão à compensação em dinheiro ou à troca.

Artigo 35.°
(Outras disposições aplicáveis)

Depois da publicitação prevista no artigo 33.°/2, são aplicáveis os artigos 24.° a 30.°.

Artigo 36.°
(Passagem do contrato de subordinação
à declaração unilateral de grupo)

1. Quando, no âmbito de um grupo constituído na base de um contrato de subordinação, a outra parte no contrato, depois do decurso do prazo referido no artigo 23.°/1 ou 2, adquira, mediata ou imediatamente, 90% ou mais do capital, pode ela exigir a aquisição das acções dos accionistas livres remanescentes, nas condições referidas nos artigos 20.° ou 22.°/2, d). Ele deve comunicar à sociedade, no prazo de uma semana a contar do decurso do prazo referido no artigo 23.°/1 ou 2, se faz uso desse direito. Essa comunicação vale como declaração unilateral, no sentido do artigo 33.°.

2. O órgão de direcção da sociedade deve publicitar essa comunicação, com indicação do montante da indemnização em dinheiro ou da relação de troca imediatamente a seguir, segundo o procedimento previsto nas disposições legais dos Estados-membros, em conformidade com o artigo 3.° da Directriz n.° 68/151/CEE.

3. Quando a outra parte no contrato não faça uso do seu direito de adquirir as acções dos accionistas livres, qualquer um deles tem, dentro do mês que se siga ao decurso do prazo do número 1, por seu turno, o direito de exigir a aquisição das suas acções, nas condições que foram publicitadas segundo os artigos 20.° ou 22.°/2, d).

Artigo 37.°
(Termo do grupo)

1. A relação de grupo termina:

a) Com a revogação da declaração unilateral;

b) Quando já não se encontrem na titularidade da empresa todas as acções da sociedade.

2. Quando todas as acções da sociedade já não se encontrem na titularidade da empresa, ela deve comunicá-lo imediatamente à sociedade.

3. O órgão de direcção da sociedade deve publicitar o termo da relação de grupo imediatamente, segundo o procedimento previsto nas disposições legais dos Estados-membros, em conformidade com o artigo 3.° da Directriz n.° 68/151/CEE.

4. O artigo 32.°/5 tem aplicação.

Artigo 37.°a
(Possibilidade de exclusão)

Os Estados-membros podem excluir a aplicação dos artigos 33.° a 37.° às sociedades nas quais exista um regime de participação dos trabalhadores.

7.ª Secção
Outras constituições de grupo subordinados

Artigo 38.°
(Possibilidade)

Sem prejuízo dos artigos 13.° a 37.°a, os Estados-membros podem introduzir outros preceitos legais relativos à constituição de um grupo, conquanto que sejam mantidas as mesmas garantias previstas nos artigos 14.° a 32.°.

8.ª Secção
Protecção especial do accionista livre

Artigo 39.°
(Venda potestativa)

Quando uma empresa detenha, imediata ou mediatamente, 90% ou mais do capital de uma sociedade, pode cada accionista livre exigir a essa empresa a aquisição das suas acções, contra dinheiro. O pedido do accionista livre deve dirigir-se à sociedade que o retransmite à empresa. Esta empresa fica obrigada a fazer ao accionista uma proposta dentro de um prazo razoável. Ela comunica-lhe se e, sendo esse o caso, em que condições ela adquiriu acções a outros accionistas livres no decurso do ano antecedente à oferta, em aplicação deste preceito. Quando o accionista livre recuse a oferta, cabe ao Tribunal competente decidir, a pedido dele, sobre o montante da compensação. O pedido deve ser deduzido no prazo de um mês depois da recepção da oferta. O órgão de direcção da sociedade faz publicitar a sentença transitada do tribunal segundo o procedimento previsto nas disposições legais dos Estados-membros, em conformidade com o artigo 3.° da Directriz n.° 68/151/CEE.

9.ª Secção
Contrato para a constituição de um grupo paritário

Artigo 40.°
(Grupo paritário)

Uma sociedade independente e uma ou mais outras empresas independentes podem acordar, por contrato escrito submeter-se a uma direcção unitária, sem que, com isso, uma parte no contrato fique submetida às outras.

Artigo 41.°
(Autorização)

1. O contrato necessita das autorizações do órgão de vigilância e da assembleia geral da sociedade. O processo regula-se pelas regras previstas no artigo 19.°. O órgão de direcção da sociedade deve elaborar um processo sobre os fundamentos da conclusão do contrato e as suas consequências previsíveis.

2. O contrato deve ser publicitado pelo órgão de direcção segundo o procedimento previsto nas disposições legais dos Estados-membros, em conformidade com o artigo 3.° da Directriz n.° 68/151/CEE.

3. Os números 1 e 2 aplicam-se a cada modificação do contrato.

4. Para o termo e para a denúncia do contrato aplica-se o artigo 32.°/1, 2 e 4.

10.ª Secção
Disposições transitórias e finais

Artigo 42.°
(Participações)

Os preceitos dos artigos 4.° e 5.° aplicam-se a pessoas singulares ou colectivas que, no momento da comunicação desta Directriz, imediata ou mediatamente possuam mais de 10% do capital social de uma sociedade. Elas ficam obrigadas à comunicação à sociedade dentro de três meses a contar da transposição da Directriz para o Direito interno.

Artigo 43.°
(Prazo para a venda potestativa)

Para a aplicação do artigo 39.° os Estados-Membros dispõem de um prazo máximo de transposição de seis anos.

Artigo 44.°
(Sociedades unipessoais ou com número de sócios inferior ao legal)

Quando, por força da aplicação de preceitos nacionais correspondentes a determinações desta Directriz, todas as acções do capital de uma sociedade se venham a encontrar na titularidade de uma ou poucas pessoas, não se aplicam as disposições nacionais que prevejam, por essa razão, a dissolução da sociedade.

Artigo 45.°
(Transposição)

1. Os Estados-membros devem modificar até ... as suas disposições legais e regulamentares, para adoptar os preceitos desta Directriz, dando imediatamente conhecimento disso à Comissão.

2. Os Estados-Membros providenciarão, além disso, para que sejam enviados à Comissão todos os projectos relativos a preceitos legais e regulamentares que queiram adoptar nos âmbitos próprios desta Directriz, em tempo útil para que ela possa tomar posição.

Artigo 46.°
(Destinatários)

Esta Directriz destina-se aos Estados-Membros.

176. **Preparação**

I. Um primeiro anteprojecto de 9.ª Directriz, relativo a grupos de sociedades, foi aprontado em 1974[1019] (a parte I), logo seguido da parte II, em 1975[1020]. Pretendia-se uma regulação mínima comum relativa a grupos de sociedades: tornada necessária pela diversidade das regras nacionais[1021]. Efectivamente, assistia-se a uma multiplicação de grupos de sociedades, por vezes com fronteiras mal definidas. Haveria que providenciar no sentido da tutela dos accionistas, dos credores e dos trabalhadores das sociedades afiliadas.

II. O projecto de 1974/1975 derivava, por seu turno, de um primeiro texto apresentado pelo Prof. SANDERS, em 1966 e relativo à sociedade europeia[1022].

A concepção básica de grupo de sociedades, aí adoptada, decorria da chamada teoria orgânica ou dos grupos de facto: haveria grupo sempre que ocorresse uma direcção unitária. E surgindo esta, justificar-se-ia a protecção, sendo indiferentes a juridicidade ou a mera facticidade dos grupos.

Este projecto foi apresentado à discussão, não tendo obtido, sequer, o consenso mínimo para passar a proposta[1023]. O texto era denso, complexo e muito proteccionista[1024].

[1019] REINHARD GOERDELER, *Überlegung zum europäischen Konzernrecht*, ZGR 1973, 389-409 (389).

[1020] O texto consta de MARCUS LUTTER, *Europäisches Gesellschaftsrecht*, 2.ª ed. (1984), 187-225. A parte I contém, em 23 artigos, definições e preceitos gerais relativos às empresas coligadas, um tanto ao estilo dos §§ 15 e seguintes do AktG alemão; a parte II, em 63 artigos, regula o Direito aplicável aos grupos, com um especial desenvolvimento para o contrato de subordinação (artigos 8.° a 28.°).

[1021] SCHWARZ, *Europäisches Gesellschaftsrecht* cit., 535.

[1022] Cf. *infra*, 908 ss.. Quanto a estes elementos históricos, cf. MARCUS LUTTER, *Stand und Entwicklung des Konzernrechts in Europa*, ZGR 1987, 324-369 (324 ss.): o projecto de SANDERS continha regras sobre grupos de sociedades, inspirados no (então) jovem Direito alemão.

[1023] Quanto às críticas e ao ambiente que as rodeou: JEAN NICOLAS DRUEY, *Das deutsche Konzernrecht aus der Sicht des übigen Europa*, em MARCUS LUTTER (publ.), *Konzernrecht im Ausland* (1994), 310-368 (341 ss.); aí, a nota 175, transcrevem-se algumas observações dos representantes britânicos, que vale a pena reter: (...) *the German Aktiengesetz which some day might be forced upon us* e, a propósito da 9.ª Directriz, (...) *one of the least acceptable draft Company Law proposals to surface ever*.

[1024] A análise do seu conteúdo consta de SCHWARZ, *Europäisches Gesellschaftsrecht* cit., 537-542 e, entre nós, por partes, de RAÚL VENTURA, *Grupos de sociedades/Uma introdução comparativa a propósito de um Projecto Preliminar de Directiva da CEE*, ROA 1981, 23-81 e 306-362.

III. Perante esse fracasso, a Comissão retomou o processo vindo a surgir, em 1984, um novo Projecto de 9.ª Directriz. Este Projecto distanciou-se da concepção orgânica, de 1974/75. Ligando-se à sistematização alemã, ele veio distinguir os grupos de facto ou relações de dependência e os grupos contratuais. Segundo a Comissão, o Projecto em causa representaria apenas um primeiro passo: os Estados-membros poderiam tomar outras medidas, enquanto a própria Comissão, atenta, prepararia as iniciativas que se viessem a mostrar necessárias. E esse primeiro passo justificar-se-ia, sempre segundo a Comissão[1025],

> Porque nas ordens jurídicas da maioria dos Estados-membros não se contêm, ainda, regras sobre os grupos de sociedades (...)

Justamente: o Direito dos grupos de sociedades é um fenómeno tipicamente alemão. Dá, aí, origem a um ramo especializado – o *Konzernrecht* – com os seus cultores e publicações próprias[1026]. O projecto de 9.ª Directriz, tal como surge, é pouco motivador para juristas sem formação alemã[1027]. Os britânicos vieram, por exemplo, censurar o projecto por regular o contrato de subordinação, sem significado no Reino Unido[1028].

IV. O Projecto de 9.ª Directriz acabou por ser tomado como uma tentativa de recepção – ou de transposição – do *Konzernrecht* alemão no espaço da Comunidade[1029]. Chegou a falar-se em *Konzernrechts-Aversionen*[1030] ou aversões pela codificação do Direito dos grupos de sociedades, ao estilo alemão. Incompreendida foi, também, a inserção de matéria ati-

---

1025 Cf. o preâmbulo do projecto em LUTTER, *Europäisches Unternemensrecht*, 3.ª ed. cit., 280.

1026 Com indicações, VOLKER EMMERICH/JÜRGEN SONNENSCHEIN, *Konzernrecht*, 6.ª ed. (1997), podendo (3 ss.), confrontar-se a evolução histórica do sector.

1027 GAVALDA/PARLEANI, *Droit des affaires de l'Union européenne*, 4.ª ed. cit., 165, n.º 229, dedicam, ao tema, quatro linhas, sem qualquer citação nem indicação de fontes e que passamos a transcrever (em português):

> *Projecto de nona directriz sobre os grupos de sociedades*. A dificuldade técnica do assunto e as suas múltiplas implicações sobre as legislações nacionais explicam que a Comissão não tenha ainda podido apresentar qualquer proposta sobre este assunto tão importante.

C'est tout.

1028 Cf. DRUEY, *Das deutsche Konzernrecht* cit., 341-342.

1029 SCHWARZ, *Europäisches Gesellschaftsrecht* cit., 536.

1030 PETER HOMMELHOFF, *Konzernrecht für den Europäischen Binnenmarkt*, em LUTTER, *Konzernrecht im Ausland* (1994), 55-75 (68 ss.), sublinhando – 72-73 – o problema psicológico da importação do Direito alemão.

nente à protecção dos trabalhadores, considerada de natureza laboral. Curiosamente, outra doutrina julga o projecto "pouco alargado"[1031]. Ele acabaria, assim, por não ter sequência. Os estudiosos actuais afirmam mesmo que, na sua forma actual, ele não tem hipóteses de se realizar[1032].

V. Na falta de iniciativas oficiais, um grupo de professores resolveu retomar o problema no âmbito do denominado *Forum Europaeum Konzernrecht*. O *Forum* visava estudar e divulgar propostas destinadas a harmonizar os Direitos europeus sobre grupos de sociedades. Eis alguns pontos apurados no âmbito dessa iniciativa[1033]:

- pretender-se-ia, apenas, uma regulação nuclear; tudo o resto ficaria para as leis nacionais;
- ficariam abrangidas as sociedades de capitais;
- o conceito central seria representado pela ideia de controlo;
- a presença do grupo seria publicitada;
- prever-se-ia uma gestão ordenada do grupo, sujeita a revisão.

Os observadores parecem cépticos quanto à possibilidade de aprontar uma directriz englobante sobre grupos de sociedades. Apenas seria possível proceder em sectores delimitados, como já sucedeu com a 7.ª Directriz, relativa à consolidação de contas[1034].

177. **Sistema**

I. O Projecto de 9.ª Directriz, de 1984, relativo a grupos de sociedades, abarca 46 artigos, por vezes extensos[1035]. Agrupa-os do modo seguinte:

[1031] MENJUCQ, *Droit international et européen des sociétés* cit., 267.

[1032] GRUNDMANN, *Europäisches Gesellschaftsrecht* cit., 519-520.

[1033] *Forum Europaeum Konzernrecht, Konzernrecht für Europa*, ZGR 1998, 672-772, com teses e propostas (766 ss.); integraram o *Forum*, designadamente, PETER HOMMELHOFF, KLAUS J. HOPT, MARCUS LUTTER, PETER DURALT, JEAN-NICOLAS DRUEY e EDDY WYMEERSCH, além de múltiplos especialistas para pontos concretos.

[1034] EMMERICH/SONNENSCHEIN, *Konzernrecht*, 6.ª ed. cit., 24.

[1035] Cf., quanto ao conteúdo do Projecto, KARL-HEINZ MAUL, *Der Abhängigkeitsbericht im künftigen Konzernrecht/Ein Vergleich zwischen der Regelung des Vorentwurfs zur 9. EG-Richtlinie und der des geltenden Aktienrechts*, DB 1985, 1749-1752 (1749) e PETER HOMMELHOFF, *Zum revidierten Vorschlag für eine EG-Konzernrichtlinie*, FS Fleck (1988), 125-150.

1.ª Secção – Âmbito de aplicação (1.°);
2.ª Secção – Definições de conceitos (2.° e 2.°a);
3.ª Secção – Comunicação e publicitação da participação (3.° a 5.°);
4.ª Secção – Tutela da sociedade que esteja sob influência de outra (6.° a 12.°);
5.ª Secção – O contrato de subordinação para a constituição de um grupo dominado (13.° a 32.°);
6.ª Secção – A declaração unilateral para a constituição de um grupo dominado (33.° a 37.°a);
7.ª Secção – Outros modos de constituir um grupo subordinado (38.°);
8.ª Secção – Protecção especial do accionista livre (39.°);
9.ª Secção – Contrato para a constituição de um grupo igualitário (40.° e 41.°);
10.ª Secção – Preceitos transitórios e finais (42.° a 46.°).

À partida, a 9.ª Directriz aplica-se a sociedades anónimas. Ela visa ainda, de modo mais directo, as sociedades de tipo dualista, com direcção e conselho de vigilância. Todavia, o seu artigo 2.°a, sob influência da revisão entretanto levada a cabo na proposta de 5.ª Directriz, já veio estabelecer a correspondência com o sistema monista.

III. O ponto de partida para a aplicação do regime dos grupos é dada pela presença de participações qualificadas, previstas na secção 3.ª, com os preceitos seguintes:

Artigo 3.° (Comunicação à sociedade);
Artigo 4.° (Suspensão de direitos);
Artigo 5.° (Publicitação).

A ideia central é a de fazer comunicar à sociedade[1036] e, depois, mandar publicitar as participações em causa, sob pena de os accionistas implicados não poderem exercer os respectivos direitos.

IV. Posto isto, a Directriz vai distinguir entre:

– grupos de facto;
– grupos derivados de uma relação específica a tanto destinada.

1036 Karl-Heinz Maul, *Mitteilungspflichten über qualifizierte Beteiligungsverhältnisse/ /Geltende Rechtslage und Regelung im Vorentwurf der 9. EG-Richtlinie zum Gesellschaftsrecht*, BB 1985, 897-900.

Os "grupos de facto" surgem na 4.ª Secção, com o teor seguinte:

Artigo 6.° (Delimitação);
Artigo 7.° (Relatório especial);
Artigo 8.° (Revisor especial);
Artigo 9.° (Controlo de facto);
Artigo 10.° (Legitimidade);
Artigo 11.° (Outras medidas de protecção);
Artigo 12.° (Prazo).

Como resulta do artigo 6.°, estes preceitos não se aplicam quando exista um contrato de subordinação, uma declaração unilateral de grupo ou outra fórmula jurídica de lá se chegar: basta uma dominação, de modo que se possa falar em "afiliada", nos termos do artigo 2.°/1. Fundamentalmente, prevê-se:

- um relatório especial da direcção;
- eventualmente: uma revisão determinada pelo tribunal;
- a responsabilidade por danos causados, mercê da influência da sociedade dominante.

V. Seguem-se os grupos assentes em relações jurídicas a tanto destinadas: contrato de subordinação, declaração unilateral de domínio e outras, na disponibilidade dos Estados-membros. O grande modelo é constituído pelo contrato de subordinação, versado na secção 5.ª, com pormenor: Assim, ele abrange:

Artigo 13.° (Contrato de subordinação);
Artigo 14.° (Opções dos accionistas livres);
Artigo 15.° (Aquisições potestativas);
Artigo 16.° (Compensação anual);
Artigo 17.° (Relatório dos peritos);
Artigo 18.° Relatório da direcção);
Artigo 19.° (Aprovação pelo conselho de vigilância e pela assembleia geral);
Artigo 20.° (Publicitação);
Artigo 21.° (Regras aplicáveis à outra parte);
Artigo 22.° (Verificação judicial);
Artigo 23.° (Venda potestativa);
Artigo 24.° (Subordinação);
Artigo 25.° (Dever de diligência);
Artigo 26.° (Responsabilidade);
Artigo 27.° (Exoneração de responsabilidade dos membros da direcção);

Artigo 28.° (Prestação de contas);
Artigo 29.° (Responsabilidade pelas dívidas da sociedade);
Artigo 30.° (Compensação subsequente ao termo do contrato);
Artigo 31.° (Modificação do contrato);
Artigo 32.° (Cessação do contrato).

Perante um contrato de subordinação, as saídas legais seriam, em síntese:

- ou os accionistas livres vendem as suas acções por um preço adequado;
- ou são compensados da eventual perda de lucros correspondentes às suas acções;
- sendo a sociedade dominante responsável pelos danos que cause;
- e podendo a mesma responder pelas dívidas da sociedade dominada.

O grande óbice reside em determinar os valores ajustados para as operações a levar a cabo. Não havendo acordo, prevê-se toda uma cascata de relatórios e revisões. Assegura-se, naturalmente, a publicidade de todas as situações a que se chegue.

VI. Um grupo subordinado pode-se, ainda, constituir por via de uma declaração unilateral da sociedade que detenha 90% ou mais das sociedades de outra. Se não fizer essa declaração, será um "grupo de facto", que cairá sob os artigos 6.° a 12.°. Fazendo-a, segue-se um regime muito semelhante ao do contrato de subordinação. Temos, assim, na secção 6.ª:

Artigo 33.° (Declaração unilateral);
Artigo 34.° (Disposições aplicáveis à aquisição das acções dos accionistas livres);
Artigo 35.° (Outras disposições aplicáveis);
Artigo 36.° (Passagem do contrato de subordinação à declaração unilateral de grupo);
Artigo 37.° (Termo do grupo);
Artigo 37.°a (Possibilidade de exclusão).

Este último preceito permite excluir a participação de todo este regime às sociedades em que exista um regime de participação dos trabalhadores: uma típica exigência alemã.

VII. Nas secções subsequentes, o Projecto de 9.ª Directriz prevê a possibilidade de os Estados-membros consignarem outras formas de constituição de grupos subordinados (38.°), a protecção do accionista livre, permitindo-lhe proceder à venda potestativa das suas acções, quando uma empresa detenha 90% ou mais do capital social da sociedade (39.°) e o contrato relativo à constituição de um grupo paritário (40.°).

A Directriz encerra com os preceitos habituais.

§ 42.° Repercussões no Direito português e apreciação

178. O Código das Sociedades Comerciais

I. A matéria dos grupos de sociedades foi introduzida, *ex novo*, no nosso Direito, pelo Código das Sociedades Comerciais de 1986[1037]. Não conhecemos estudos prévios de política legislativa que, de modo assumido, tenham aprofundado as opções do legislador. A análise da matéria permite, porém, induzir o processo mental que foi seguido.

Efectivamente, o Título VI do Código das Sociedades Comerciais regula a matéria das sociedades coligadas ou grupos de sociedades. Cumpre recordar, em traços muito largos, o conteúdo desse título.

Actualmente, ele reparte-se por 4 capítulos, a saber:

Capítulo I – Disposições gerais – 481.° e 482.°;
Capítulo II – Sociedades em relação de simples participação, de participações recíprocas e de domínio – 483.° a 487.°;
Capítulo III – Sociedades em relação de grupo – 488.° a 508.°;
Capítulo IV – Apreciação anual da situação de sociedades obrigadas à consolidação de contas – 508.°-A a 508.°-D.

No tocante a disposições gerais, o Capítulo I começa, no artigo 481.°, por definir o âmbito desse título. Ele aplica-se – n.° 1:

> (...) a relações que entre si estabeleçam sociedades por quotas, sociedades anónimas e sociedades em comandita por acções.

O n.° 2 fixava, ainda, um âmbito de aplicação geográfica. Hoje, porém, opera apenas no tocante a sociedades por quotas, uma vez que a

[1037] Cf. o ponto 33 do preâmbulo do Decreto-Lei n.° 262/86, de 2 de Setembro.

matéria relativa a sociedades anónimas consta dos artigos 325.°-A e 325.°-B, introduzidos pelo Decreto-Lei n.° 328/95, de 9 de Dezembro.

O artigo 482.° surge como uma típica norma de enquadramento. Ele considera sociedades coligadas:

a) As sociedades em relação de simples participação;
b) As sociedades em relação de participação recíproca;
c) As sociedades em relação de domínio;
d) As sociedades em relação de grupo.

Podemos usar "grupos de sociedades" em sentido amplo, de modo a abranger as sociedades "coligadas" de que fala o Título VI do Código das Sociedades Comerciais. A "relação de grupo" será, então, um "grupo" em sentido estrito.

II. O Capítulo II do Título VI versa as sociedades em relação de simples participação, de participações recíprocas e de domínio.

Eis o seu teor geral, com base nas epígrafes oficiais do preceito:

artigo 483.° – Sociedades em relação de simples participação;
artigo 484.° – Dever de comunicação;
artigo 485.° – Sociedades em relação de participações recíprocas;
artigo 486.° – Sociedades em relação de domínio;
artigo 487.° – Proibição de aquisição de participações.

A *simples participação* ocorre quando uma das sociedades seja titular de quotas ou acções de outra em montante igual ou superior a 10% do capital desta mas, entre ambas, não haja nem relação de participações recíprocas, nem relação de domínio, nem relação de grupo.

Fundamentalmente, a simples participação dá azo ao dever de comunicação, previsto no artigo 484.°/1: o de comunicar

> (...) por escrito, à outra sociedade, todas as aquisições e alienações de quotas ou acções desta que tenha efectuado (...) e enquanto o montante da participação não se tornar inferior àquele que determinar essa relação.

As *participações recíprocas* tornam-se relevantes a partir do momento em que ambas atinjam 10% do capital da participada – artigo 485.°/1. Como se vê, temos aqui um *plus* em relação à simples participação. Dispõe o n.° 2 do mesmo artigo 485.°:

A sociedade que mais tardiamente tenha efectuado a comunicação exigida pelo artigo 484.°, n.° 1, donde resulte o conhecimento do montante da participação referido no número anterior, não pode adquirir novas quotas ou acções na outra sociedade.

A inobservância desta regra dá azo às inibições prescritas no n.° 3.

A *relação de domínio* ocorre quando determinada sociedade possa exercer, sobre outra, uma influência dominante – artigo 486.°/1. Aparentemente, temos aqui um conceito indeterminado: o n.° 2 precisa-o, em termos que, abaixo, serão ponderados.

A aquisição de acções da sociedade dominante pela dependente obedece às regras específicas dos artigos 325.°-A e 325.°-B do Código das Sociedades Comerciais, aditados pelo Decreto-Lei n.° 328/95, de 9 de Dezembro. Implicitamente revogado, o artigo 487.° aplica-se, apenas, às sociedades por quotas.

III. A matéria das sociedades coligadas suscitou algum interesse doutrinário[1038]. De todo o modo, apenas a prática permitirá, paulatinamente, ir desbravando os diversos textos legais. Mantém-se, de toda a forma, uma instabilidade legislativa que origina contínuos problemas de interpretação.

Como ponto de partida, com especial relevo interpretativo e aplicativo, parece-nos importante sublinhar que as noções legais devem ser devidamente delimitadas. Na verdade, o diagnóstico da presença de grupos de sociedades e, dentro deles, de relações de participação simples, de participações recíprocas, de domínio ou de grupo *stricto sensu*, implica o funcionamento de regimes complexos e envolventes. Todo o sistema ficaria em grave crise quando houvesse dúvidas quanto à existência ou à natureza de qualquer grupo.

No tocante à relação de domínio, dispõe o artigo 486.° do Código das Sociedades Comerciais:

[1038] Cf., como exemplo: Raúl Ventura, *Grupos de sociedades*, ROA 1981, 23-81 e 305-362 e *Estudos vários sobre sociedades anónimas* (1991), Luís Brito Correia, *Grupos de sociedades*, em *Novas perspectivas do Direito comercial*, org. FDL/CEJ (1988), 377-399, Francisco Manuel de Brito Pereira Coelho, *Grupos de sociedades*, BFD LXIV (1988), 297-353, Maria da Graça Trigo, *Grupos de sociedades*, O Direito 123 (1991), 41-114, José Engrácia Antunes, *Os grupos de sociedades/Estrutura e organização jurídica de empresa plurissocietária* (1993), com 2.ª ed. (2002) e *Liability of Corporate Groups* (1994) e Gonçalo Avelãs Nunes, *Tributação dos grupos de sociedades pelo lucro consolidado em sede de IRC/Contributo para um novo enquadramento dogmático e legal do seu regime* (2001), 20 ss..

> 1. Considera-se que duas sociedades estão em relação de domínio quando uma delas, dita dominante, pode exercer, directamente ou por sociedades ou pessoas que preencham os requisitos indicados no artigo 383.°, n.° 2, sobre a outra, dita dependente, uma influência dominante.

A "influência dominante" é um conceito indeterminado. Por isso, o n.° 2 do citado artigo 486.°, veio precisar:

> Presume-se que uma sociedade é dependente de outra se esta directa ou indirectamente:
>
> *a*) Detém uma participação maioritária no capital;
>
> *b*) Dispõe de mais de metade dos votos;
>
> *c*) Tem a possibilidade de designar mais de metade dos membros do órgão de administração ou do órgão de fiscalização.

Como se vê, estamos perante critérios objectivos, precisos e extremamente claros, no seu funcionamento.

Tem ainda interesse considerar o dispositivo do artigo 483.°/2 do Código das Sociedades Comerciais. Para ele remete, como vimos, o artigo 486.°/1, com vista a determinar a relação de domínio.

Dispõe o n.° 2 em causa:

> A titularidade de quotas ou acções, por uma sociedade equipara-se, para efeito do montante referido no número anterior, a titularidade de quotas ou de acções por uma outra sociedade que dela seja dependente, directa ou indirectamente, ou com ela esteja em relação de grupo, e de acções de que uma pessoa seja titular por conta de qualquer dessas sociedades.

Figuram-se, aqui, três situações:

- *titularidade de acções de outra sociedade, que dela seja dependente, directa ou indirectamente*: temos uma remissão para o artigo 486.° que define, com precisão, a relação de domínio, donde deriva uma sociedade dominante e outra, *dependente*;
- *ou com ela esteja em relação de grupo*: desta feita, tem-se em vista o grupo *stricto sensu*, tratado nos artigos 488.° e seguintes e que abrange três hipóteses: (a) do domínio total – artigos 488.° ss.; (b) contrato de grupo paritário – artigos 492.° ss.; (c) contrato de subordinação;

– *acções de que uma pessoa seja titular por conta de qualquer outra dessas sociedades*: trata-se de situações comuns de interposição de pessoas, de mandato sem representação ou de gestão de negócios.

Em qualquer destes casos, a lei entendeu que tudo se poderia passar como se a entidade "principal" fosse a titular efectiva. Donde a equiparação de regimes, que vem prescrita.

IV. A relação de grupo ou grupo *stricto sensu* ocupa todo o Capítulo III do Título VI. É o mais extenso, repartindo-se por 3 secções:

Secção I – Grupos constituídos por domínio total
artigo 488.° – Domínio total inicial;
artigo 489.° – Domínio total superveniente;
artigo 490.° – Aquisições tendentes ao domínio total;
artigo 491.° – Remissão;

Secção II – Contrato de grupo paritário
artigo 492.° – Regime do contrato;

Secção III – Contrato de subordinação
artigo 493.° – Noção;
artigo 494.° – Obrigações essenciais de sociedade directora;
artigo 495.° – Projecto de contrato de subordinação;
artigo 496.° – Remissão;
artigo 497.° – Posição dos sócios livres;
artigo 498.° – Celebração e registo do contrato;
artigo 499.° – Direitos dos sócios livres;
artigo 500.° – Garantia de lucros;
artigo 501.° – Responsabilidade para com os credores da sociedade subordinada;
artigo 502.° – Responsabilidade por perdas da sociedade subordinada;
artigo 503.° – Direito de dar instruções;
artigo 504.° – Deveres e responsabilidades;
artigo 505.° – Modificação do contrato;
artigo 506.° – Termo do contrato;
artigo 507.° – Aquisição do domínio total;
artigo 508.° – Convenção de atribuição de lucros.

O *domínio total* pode ser inicial: uma sociedade, mediante escritura por ela outorgada, constitui uma sociedade anónima de cujas acções ela seja inicialmente a única titular – artigo 488.°/1: surge a relação de grupo.

Mas pode, também, ser superveniente: nessa altura, a relação de grupo ocorre, apenas, quando a sociedade dominante não opte pela dissolução da dependente ou pela alienação das suas quotas ou acções – artigo 489.°/3.

O grupo paritário pressupõe um contrato pelo qual duas sociedades independentes se submetam a uma direcção unitária e comum – 492.°/1.

A subordinação implica um contrato com esse nome: artigo 493.°/1. Por ele, uma sociedade subordina a gestão da sua própria actividade à direcção da outra, sua dominante ou não – 493.°/1. O Código dimana, depois, toda uma regulação tendente a tutelar os sócios livres.

179. **As origens; o estudo de Raúl Ventura**

I. Como foi referido, o regime dos grupos de sociedades, imponentemente consagrado no Título VI do Código das Sociedades Comerciais, foi obra do legislador de 1986. Baseado em quê? Não houve qualquer estudo de campo, que conheçamos; tão-pouco se poderá falar numa problemática nacional de grupos que tenha obrigado a apurar um regime. Aliás, na primeira metade da década de oitenta do passado século XX, os nossos grandes grupos estavam estatizados, mal se antevendo o momento da sua restituição a accionistas privados.

O aparecimento de todo um sistema relativo a grupos ficou, assim, a dever-se à doutrina e à transposição – conquanto que, por vezes: criativa – de elementos externos.

II. Antes de 1986, os estudos existentes sobre grupos de sociedades, entre nós, devem-se a Raúl Ventura[1039], com relevo para o escrito *Grupos de sociedades/Uma introdução comparativa a propósito de um Projecto Preliminar de Directiva da C.E.E.*, publicado em 1981[1040]. Trata-se, como o seu Autor explica, de um mero trabalho descritivo de Direito com-

---

[1039] Assim, todos de Raúl Ventura: *Participações recíprocas de sociedades em sociedades*, SI XXVII (1978), 359-420, *Participações dominantes: alguns aspectos do domínio de sociedades por sociedades*, ROA 1979, 5-62 e 241-291, *Participações unilaterais de sociedades em sociedades e sociedades gestoras de participações noutras sociedades*, SI 1980, 19-101 e *O contrato de subordinação*, em *Novos estudos sobre sociedades anónimas e sociedades em nome colectivo* (1994), 89-127, este último já à luz do Código das Sociedades Comerciais.

[1040] ROA 1981, 23-81 e 305-362, já citado.

parado[1041]. Raúl Ventura examina o sistema alemão[1042] e o projecto de sociedade europeia, na versão de 1975[1043], relatando a influência que os mesmos tiveram na proposta de Cousté[1044]. Aliás, o projecto de sociedade europeia de 1975 já denotava uma influência alemã decisiva[1045], pelo que tudo desaguava na experiência alemã. Posto isto, passa a estudar o Projecto de 9.ª Directriz, na versão de 1974/75[1046]. Este projecto é retomado, a propósito de diversos problemas envolvidos[1047].

III. Aquando da apresentação do projecto de Código das Sociedades Comerciais, em 1983[1048], a matéria relativa aos grupos de sociedades já estava, praticamente, articulada[1049]. Trata-se, pela concepção geral, pela linguagem e pela generalidade das soluções, de um regime de clara inspiração alemã, em cuja recepção o Projecto de 9.ª Directriz e os elementos apurados por Raúl Ventura – que terá sido, precisamente, o Autor material do articulado exarado no Código e relativo aos grupos – tiveram preponderância[1050].

Não se torna, hoje, possível estudar o Direito português dos grupos sem remontar ao Direito alemão e ao projecto, quase ignoto, de 9.ª Directriz das sociedades.

180. **Ponderação global**

I. O Direito português dos grupos de sociedades só tem como equivalente, na União Europeia, o próprio Direito alemão[1051] [1052]. Logo se per-

---

1041 Raúl Ventura, *Grupos de sociedades* cit., 25 ss..

1042 Raúl Ventura, *Grupos de sociedades* cit., 38 ss..

1043 Raúl Ventura, *Grupos de sociedades* cit., 41 ss..

1044 Ou proposta francesa, apresentada pelo deputado Cousté, que conheceu uma evolução, acabando por nunca passar a Lei; ela data de 1978; cf. as indicações de Engrácia Antunes, *Os grupos de sociedades*, 2.ª ed. cit., 273, nota 556.

1045 Cf. *infra*, 913 ss..

1046 Raúl Ventura, *Grupos de sociedades* cit., 46 ss..

1047 Raúl Ventura, *Grupos de sociedades* cit., 55, 78 ss., 310 ss., 327 ss., 331 ss., 333 ss., 337 ss., 344 ss. e 352 ss.: um levantamento não exaustivo.

1048 *Código das Sociedades (Projecto)*, BMJ 327 (1983), 43-339.

1049 Artigos 472.° a 499.°; cf. BMJ 327, 316-330.

1050 Assim: Brito Correia, *Grupos de sociedades* cit., 381 e Engrácia Antunes, *Os grupos de sociedades*, 2.ª ed. cit., 272-273.

1051 Cf. Françoise Blanquet, Societas europaea*: histoire, negotiations et textes*, em Jacques-Louis Colombani/Marc Favero, Societas europaea/*La société européenne* (2002), 5-16 (15).

1052 Outros países têm vindo, mais recentemente, a adoptar leis sobre grupos de sociedades –

gunta se existe uma realidade social e económica paralela, entre esses dois Países, que justifique o paralelismo de regulação jurídica. É evidente que a reforma de 1986, designadamente no que teve a pena preciosa do Prof. RAÚL VENTURA, ocorreu numa altura em que era legítimo apostar numa aprovação rápida da 9.ª Directriz: o Direito português teria, então, sido pioneiro. A evolução posterior foi outra: como vimos, ocorreu todo um conjunto de críticas ao Direito dos grupos de inspiração alemã, que acabariam por deter o processo. As suas repercussões foram, de resto, fortemente sentidas no próprio estatuto de sociedade europeia.

De todo o modo, o Direito dos grupos de sociedades fica, entre nós, como uma disciplina jurídica que exprime, por excelência, a recepção, por via doutrinária, de importantes elementos de Direito europeu.

II. O Direito dos grupos de sociedades carece de reforma. Particularmente chocante é o facto de, segundo o artigo 481.°, o Direito dos grupos só se aplicar, em princípio, a sociedades com sede em Portugal. Quer isto dizer que as sociedades estrangeiras, mesmo actuando em Portugal, terão, aí, um sistema mais favorável[1053], o que não parece admissível. Além disso, não parece razoável fazer assentar – tal como na 9.ª Directriz! – o grosso da regulação, na matéria atinente ao contrato de subordinação: trata-se de um instrumento sem tradições na nossa Terra e que, quanto sabemos, não tem sido praticado.

Provavelmente o próprio Direito europeu dará, no futuro, ensejo à simplificação do (complexo) sistema nacional vigente.

De todo o modo e para os propósitos do presente estudo: fica documentada mais uma importante transposição regulativa e científica, operada na base do Direito europeu das sociedades.

---

cf. ENGRÁCIA ANTUNES, *Os grupos de sociedades*, 2.ª ed. cit., 274: trata-se, praticamente, de Países de Leste, que pretenderam, rapidamente, dotar-se de sistemas semelhantes ao alemão: Hungria, Chéquia, Croácia, Eslovénia e Rússia, segundo informação dada no ult. loc. cit..

[1053] ENGRÁCIA ANTUNES, *O âmbito de aplicação do sistema das sociedades coligadas*, em *Estudos de Homenagem à Professora Doutora Isabel de Magalhães Collaço*, 2.° vol. (2002), 95-116 (116), considera esta solução contrária ao Tratado da União, por inobservância da não-discriminação em função da nacionalidade e porventura, à própria Constituição – artigos 13.°/2 e 81.°/1, *e*); afigura-se-nos que tem razão.

CAPÍTULO III

10.ª DIRECTRIZ (PROPOSTA): FUSÕES INTERNACIONAIS

§ 43.° Texto, preparação, sistema e transposição

181. Texto

No dia 18-Nov.-2003, a Comissão apresentou uma denominada *Proposta de Directiva do Parlamento Europeu e do Conselho, relativa às fusões transfronteiras das sociedades de capitais*. Trata-se da retoma da *Proposta de uma Décima Directiva do Conselho sobre a fusão transfronteiriça de sociedades anónimas, de 14-Jan.-1985*, conhecida na gíria dos especialistas, como a Directriz das fusões internacionais. Vamos manter, para melhor conhecimento e sistematização, a designação consagrada[1054].

De acordo com o método adoptado iremos consignar o texto, antecedido pela exposição de motivos[1055].

[1054] Acresce que "fusões transfronteiras" não é português: haveria que dizer "fusões transfronteiriças". Em francês ("*fusions transfrontalières*") e em alemão ("*grenzüberschreitende Verschmelzung*"), o problema não se põe.

[1055] COM (2003) 703 final; as epígrafes são de nossa autoria.

Proposta de
DIRECTIVA DO PARLAMENTO EUROPEU E DO CONSELHO
relativa às fusões transfronteiras das sociedades de capitais

EXPOSIÇÃO DE MOTIVOS

1. Objectivo e justificação da proposta

O objectivo da directiva, que se inscreve no quadro do Plano de Acção para os Serviços Financeiros e da Comunicação da Comissão ao Conselho e Parlamento Europeu sobre a modernização do direito das sociedades e sobre o reforço do governo das sociedades, de 21 de Maio de 2003, consiste em eliminar uma lacuna importante em matéria de direito das sociedades: mecanismos destinados a facilitar as fusões transfronteiras de sociedades comerciais, sem que as legislações nacionais que as regulam, em geral as legislações dos países em que se encontram as suas sedes, constituam um obstáculo.

Hoje em dia, tal como o direito comunitário se apresenta, estas fusões só são possíveis quando as sociedades que pretendem fundir-se se encontram estabelecidas em certos Estados-Membros. Noutros Estados-Membros, as diferenças entre as legislações nacionais aplicáveis a cada uma das sociedades que pretende fundir-se são de tal ordem que se vêem na obrigação de recorrer a mecanismos jurídicos complexos e onerosos. Estes mecanismos conferem frequentemente à operação um carácter sensível e nem sempre se caracterizam pela transparência e pela segurança jurídica pretendidas. Além disso, estes mecanismos implicam, em geral, a liquidação das sociedades incorporadas, o que constitui uma operação muito onerosa.

No entanto, verifica-se uma necessidade cada vez maior de cooperação entre sociedades de Estados-Membros diferentes, no quadro actual de uma Europa a Quinze e, futuramente, no de uma União alargada, sem esquecer os países da EFTA.

Desde há alguns anos, as empresas da Comunidade e, em especial, a União das Confederações da Indústria e dos Empregadores da Europa (UNICE) têm apelado incessantemente para que seja adoptado um instrumento jurídico comunitário específico para responder às suas necessidades em matéria de cooperação e de concentração entre sociedades de Estados-Membros diferentes, permitindo-lhes proceder a fusões transfronteiras.

Mais do que nunca, é necessário que todas as empresas, quer estejam organizadas como sociedades anónimas ou como qualquer outro tipo de sociedade de capitais, disponham de um instrumento jurídico adequado que lhes permita proceder a fusões transfronteiras nas melhores condições. Por conseguinte, devem ser reduzidos os custos de uma tal operação, garantindo-se em simultâneo a segurança jurídica indispensável e que os correspondentes benefícios sejam partilhados pelo maior número possível de empresas. Por este motivo, o âmbito de aplicação da directiva beneficiará principalmente as pequenas e médias empresas que estiverem interessadas neste tipo de operação, devido à sua dimensão e capitalização mais reduzidas do que as das grandes empresas e relativamente às quais, devido a estas mesmas razões, o estatuto da sociedade europeia não dá uma resposta satisfatória.

2. Contexto histórico

Em 14 de Dezembro de 1984, a Comissão adoptou uma proposta de Décima Directiva do Conselho relativa às fusões transfronteiras de sociedades anónimas [1]. O Parlamento Europeu examinou esta proposta no quadro de várias comissões, de entre as quais a Comissão dos Assuntos Jurídicos e do Mercado Interno, que adoptou o seu Relatório em 21 de Outubro de 1987 [2]. No entanto, o Parlamento Europeu não emitiu um parecer, devido às dificuldades decorrentes do problema da participação dos trabalhadores nos órgãos de decisão da empresa. Esta situação de bloqueio, relacionada com a tramitação da proposta relativa ao estatuto da sociedade europeia, arrastou-se durante mais de quinze anos. Em 2001, no quadro da retirada geral das propostas pendentes desde há vários anos ou que deixaram de ter pertinência, a Comissão retirou esta primeira proposta de décima directiva com o objectivo de apresentar uma nova proposta baseada na evolução mais recente da legislação comunitária. Dado ter sido encontrada uma solução para a questão da sociedade europeia (SE) em 8 de Outubro de 2001, os trabalhos de elaboração de uma nova proposta de directiva relativa às fusões transfronteiras de sociedades puderam assim ser retomados. Tendo em conta esta situação específica e o facto de as partes terem podido pronunciar-se sobre os princípios desta proposta, tanto no quadro das consultas realizadas pelo Grupo de Alto Nível de peritos no domínio do direito das sociedades como no quadro do processo de consultas sobre a Comunicação da Comissão ao Conselho e ao Parlamento Europeu, de 21 de Maio de 2003, sobre a modernização do direito das sociedades e o reforço do governo das sociedades, não foi necessária uma consulta suplementar ou um estudo do impacto relativamente à presente proposta, cuja rápida adopção é pretendida pelas partes interessadas.

([1]) JO C 23 de 25.1.1985, p.11.
([2]) PE/113303/ JUR/FIN, A-2/1987/186.

3. Características da proposta

A presente proposta distingue-se essencialmente da proposta inicial de 1984 no que diz respeito, por um lado, ao âmbito de aplicação e, por outro, à tomada em conta dos princípios e das soluções contidos no Regulamento (CE) n° 2157/2001 do Conselho, de 8 de Outubro de 2001, relativo ao estatuto da sociedade europeia (SE) [3] e na Directiva 2001/86/CE do Conselho, de 8 de Outubro de 2001, que completa o estatuto da sociedade europeia no que respeita ao envolvimento dos trabalhadores [4], no que diz respeito à participação dos trabalhadores nos órgãos de decisão da sociedade incorporante ou da nova sociedade surgida da fusão transfronteiras.

([3]) JO L 294 de 10.11.2001, p. 1.
([4]) JO L 294 de 10.11.2001, p. 22.

3.1. Âmbito de aplicação

A proposta inicial tinha apenas em vista as sociedades anónimas, enquanto a presente proposta alarga o âmbito de aplicação a todas as sociedades de capitais que, de acordo com o parecer unânime dos Estados-Membros, se caracterizam pelo facto de terem uma personalidade jurídica e um património distinto, que responde por si só pelas dívidas da sociedade. A presente proposta dirige-se principalmente às empresas que não estão interessadas na criação de uma SE, principalmente as pequenas e médias empresas.

3.2. Princípios que regem o procedimento de fusão transfronteiras

O princípio de base que rege o procedimento de fusão transfronteiras – salvo disposição em contrário da directiva, devido ao carácter transfronteiras da operação – consiste no facto de a fusão se reger, em cada Estado-Membro, pelos princípios e regras aplicáveis às fusões entre sociedades abrangidas exclusivamente pela legislação desse Estado-Membro (fusões internas).

Este princípio de base tem como objectivo aproximar o procedimento de fusão transfronteiras dos procedimentos de fusões internas, que já são bem conhecidos e utilizados pelos operadores.

Para ter em conta os aspectos transfronteiras, o princípio da aplicação da legislação nacional encontra-se enquadrado, na estrita medida do necessário, por disposições que se inspiram nos princípios e regras relevantes já previstos para a constituição de uma SE.

Encontram-se igualmente protegidos, de acordo com a legislação nacional, os interesses dos credores, dos obrigacionistas, dos portadores de valores mobiliários que não acções, dos sócios minoritários e dos trabalhadores, relativamente aos direitos que não os de participação na sociedade, no que diz respeito a cada uma das sociedades objecto de fusão. Deve evocar-se, neste contexto, a Directiva 2001/23/CE do Conselho, de 12 de Março de 2001, relativa à manutenção dos direitos dos trabalhadores em caso de transferência de empresas (5), a Directiva 2002/14/CE do Parlamento Europeu e do Conselho, de 11 de Março de 2002, que estabelece um quadro geral relativo à informação e à consulta dos trabalhadores na Comunidade Europeia (6), bem como a Directiva 94/45/CE do Conselho, de 22 de Setembro de 1994 (7), e a Directiva 97/74/CE do Conselho, de 15 Dezembro de 1997 (8), ambas relativas à instituição de um conselho de empresa europeu ou de um procedimento de informação e consulta dos trabalhadores nas empresas ou grupos de empresas de dimensão comunitária. Essas directivas dizem igualmente respeito às sociedades surgidas de uma fusão transfronteiras.

A presente directiva, tal como outros instrumentos jurídicos comparáveis (9), não prejudica a aplicação da legislação relativa ao controlo das concentrações entre empresas, tanto a nível comunitário (10) como a nível dos Estados-Membros.

---

(5) JO L 82 de 22.3.2001, p. 16.

(6) JO L 80 de 23.3.2002, p. 29.

(7) JO L 254 de 30.9.1994, p. 1.

(8) JO L 10 de 16.1.1988, p. 22.

(9) Terceira Directiva 78/855/CEE do Conselho relativa à fusão das sociedades anónimas (JO L 295 de 20.10.1978, p. 36).

(10) Regulamento (CEE) n.° 4064/89 do Conselho relativo ao controlo das operações de concentração de empresas (JO L 395 de 30.12.1989, p. 1); versão rectificada JO L 257 de 21.9.1990, p. 13, regulamento com a última redacção que lhe foi dada pelo Regulamento (CE) n.° 1310/97 (JO L 180 de 9.7.1997, p. 1); rectificação no JO L 40 de 13.2.1998, p. 17.

3.3. Participação dos trabalhadores numa perspectiva de coordenação do direito das sociedades

A participação dos trabalhadores numa sociedade que resulta de uma operação de fusão transfronteiras, que originou o bloqueio que afectou a proposta inicial de 1984, é coordenada pela presente proposta de directiva com vista a assegurar a liberdade de estabelecimento.

O principal receio relativamente à fusão transfronteiras prendia-se com a eventualidade de este processo ser apropriado pelas sociedades de Estados-Membros que, devido ao facto de deverem garantir a participação dos trabalhadores, procurariam contornar este regime através de fusões transfronteiras.

O Regulamento (CE) n° 2157/2001 e a Directiva 2001/86/CE contêm uma solução que pode ser utilizada, mutatis mutandis, inclusivamente numa perspectiva de coordenação do direito das sociedades de acordo com o n° 2, alínea g), do artigo 44° do Tratado CE, que é objecto da presente directiva.

O contexto em que se insere o Regulamento e a Directiva relativas às SE é contudo diferente do que enquadra a aplicação da presente directiva. Por força do seu carácter comunitário, a SE não se encontra submetida a quaisquer regras nacionais que impõem a participação do Estado-Membro em que se encontra a sua sede. Em contrapartida, as sociedades resultantes de operações de fusão transfronteiras objecto da presente directiva serão as sociedades abrangidas pelo direito de um Estado-Membro. Por conseguinte, estas sociedades continuarão a estar submetidas às regras que impõem a participação aplicáveis no Estado-Membro em causa. No entanto, é possível que, na sequência de uma operação de fusão transfronteiras, a sede estatutária da sociedade resultante da fusão esteja situada num Estado-Membro que não reconheça este tipo de regras, enquanto uma ou várias sociedades que participam na fusão eram geridas em regime de participação antes da fusão. Neste caso, prevê-se alargar às sociedades objecto da presente directiva a protecção dos direitos adquiridos em matéria de participação, tal como permitido pelo mecanismo criado pelo Regulamento e pela Directiva relativas às SE. A protecção dos direitos adquiridos em matéria de participação justifica-se plenamente neste último caso. Nos outros casos, isto é, nos casos em que a legislação nacional do Estado-Membro que rege a sociedade resultante da fusão reconhece regras que impõem a participação dos trabalhadores, uma tal protecção específica não é necessária, dado que a sociedade em questão estará submetida a essas regras.

4. Observações sobre os artigos

O artigo 1.° estabelece as definições necessárias para delimitar o âmbito de aplicação da directiva. As definições de fusão mediante incorporação e de fusão mediante constituição de uma nova sociedade baseiam-se na Directiva 90/434/CEE, que abrange igualmente a fusão de sociedades de Estados-Membros diferentes e de outras formas de sociedades que não a sociedade anónima. Estas definições encontram-se em conformidade com a definição incluída na Directiva 78/855/CEE relativa às fusões internas das sociedades anónimas [11]. O âmbito de aplicação abrange todas as sociedades de capitais comunitárias que, de acordo com o parecer unânime dos Estados-Membros, se caracterizam pelo facto de terem personalidade jurídica e um património social distinto que responde por si só pelas dívidas da sociedade. Este âmbito de aplicação é mais lato do que o da Directiva 78/855/CEE, dado não se limitar às sociedades anónimas, mas abranger todas as sociedades de capitais.

---

(11) JO L 295 de 20.10.1978, p. 36.

O artigo 2.° identifica a legislação aplicável, em caso de fusão transfronteiras, a cada uma das sociedades objecto de fusão. Salvo disposição em contrário da presente directiva, justificada pelo carácter transfronteiras da operação, cada sociedade continua a estar submetida à sua própria legislação nacional em matéria de fusões internas.

Quanto à protecção dos trabalhadores, a fusão transfronteiras continua a estar submetida, no que diz respeito aos direitos que não os de participação na sociedade incorporante ou na nova sociedade decorrente da fusão transfronteiras, às disposições relevantes aplicáveis nos Estados-Membros, com a harmonização de que forem objecto, nomeadamente através da Directiva 2001/23/CEE do Conselho, de 12 de Março de 2001, de relativa à manutenção dos direitos dos trabalhadores em caso de transferência de empresas, da Directiva 2002/14/CE do Parlamento Europeu e do Conselho, de 11 de Março de 2002, que estabelece um quadro geral relativo à informação e à consulta dos trabalhadores na Comunidade Europeia e das Directivas 94/45/CE e 97/74/CE relativas à instituição de um conselho de empresa europeu ou de um procedimento de informação e consulta dos trabalhadores. Por força destas disposições, a mudança de entidade patronal que resulta da operação de fusão não pode ter qualquer consequência sobre o contrato ou a relação de trabalho em vigor aquando da fusão, que serão automaticamente transferidos para a nova empresa. De igual modo, encontram-se protegidos, após a fusão, todos os direitos adquiridos dos trabalhadores acordados com base numa convenção colectiva, bem como os seus direitos a prestações de velhice, de invalidez ou de sobrevivência a título dos regimes legais de segurança social.

O artigo 3.° enumera os elementos que devem ser incluídos no projecto de fusão transfronteiras. Inclui os elementos já harmonizados pela Directiva 78/855/CEE no que diz respeito às fusões internas das sociedades anónimas a que se acrescentaram, tal como no que diz respeito às SE, os elementos suplementares justificados pelo carácter transfronteiras da operação, nomeadamente o nome e a sede previstos para a nova sociedade. O local onde se encontra a sede estatutária determina a legislação que será aplicável à nova sociedade, o que constitui um elemento informativo relevante para todas as partes interessadas, nomeadamente os credores. O projecto deve igualmente conter informações sobre as regras relativas à participação dos trabalhadores nas decisões tomadas pela sociedade decorrente da fusão transfronteiras.

O artigo 4.° aborda a publicidade do projecto de fusão transfronteiras e as informações que devem ser obrigatoriamente publicadas.

O artigo 5.° prevê a possibilidade, já estabelecida pela Directiva 78/855/CEE no que diz respeito à fusão interna de sociedades anónimas e pelo Regulamento (CE) n° 2157/2001 relativamente à Sociedade Europeia, de se prever um único relatório de peritos para o conjunto dos sócios.

O artigo 6.° estabelece a obrigação de aprovação do projecto de fusão transfronteiras pela assembleia geral. Uma tal obrigação existe igualmente no que diz respeito à fusão interna de sociedades anónimas e à criação de uma SE por fusão.

Os artigos 7.° e 8.° regem o controlo da legalidade da fusão transfronteiras e inspiram-se nos princípios e técnicas correspondentes do Regulamento (CE) n° 2157/2001 no que diz respeito às SE.

O artigo 9.° estabelece para os Estados-Membros a obrigação de preverem a data a partir da qual a fusão transfronteiras passa a produzir efeitos. Prevê-se deixar de aplicar a data prevista pela legislação do Estado-Membro cuja legislação rege a sociedade incorporante, em caso de fusão transfronteiras mediante incorporação, ou a nova sociedade, em caso de fusão transfronteiras mediante constituição de uma nova sociedade. A data a partir da qual a operação passa a produzir efeitos deve ser posterior ao conjunto dos controlos realizados junto de todas as sociedades que participam na operação.

O artigo 10.° trata da publicidade que deve ser dada à realização de uma fusão transfronteiras, inspirando-se nas disposições correspondentes do artigo 3° da Directiva 68/151/CEE relativa às garantias que são exigidas para protecção dos interesses dos sócios e de terceiros [12], que rege a publicidade de todos os actos fundamentais relativos às sociedades de capitais.

(12) JO L 65 de 14.3.1968, p. 8.

O artigo 11.° inspira-se nos artigos 19° e 23° da Directiva 78/855/CEE, que coordena os efeitos da fusão interna sobre as sociedades anónimas.

O artigo 12.° inspira-se no artigo 29° do Regulamento (CE) n° 2157/2001, segundo o qual deixa de ser possível declarar a nulidade da fusão após a data a partir da qual começa a produzir efeitos, a fim de assegurar uma perfeita segurança de todos os terceiros interessados na fusão transfronteiras nos vários Estados-Membros em causa. Será, com efeito, de elevado risco para os terceiros, submetidos a legislações de Estados-Membros diferentes, serem confrontados com a nulidade de uma operação após terem sido realizados de modo conclusivo todos os controlos em cada Estado-Membro em causa.

O artigo 13.° tem em vista simplificar o procedimento de fusão transfronteiras no caso de uma fusão de duas sociedades, das quais a sociedade incorporante já detém a totalidade ou a maior parte dos títulos da sociedade incorporada que conferem o direito de voto na assembleia geral desta sociedade. Nesses casos, pode efectivamente ser evitado um certo número de operações.

O artigo 14.° aborda a participação dos trabalhadores, no quadro da sociedade que resulta da fusão transfronteiras, quando esta implica um risco no que diz respeito à protecção de direitos adquiridos em matéria de participação dos trabalhadores. O artigo 14° só é aplicável quando uma das sociedades que participem à fusão transfronteiras seja regida por regras, obrigatórias ou voluntárias, de participação dos trabalhadores e caso a legislação do Estado-Membro no qual a sociedade resultante da fusão esteja registada não preveja tais regras. Em todos os outros casos, a legislação nacional aplicável à sociedade resultante da fusão determina as regras de participação dos trabalhadores. O artigo 14.° reflecte o equilíbrio já encontrado no contexto do Estatuto da Sociedade Europeia (SE), em particular o processo de negociação que deve permitir às partes negociar um regime apropriado de participação dos trabalhadores. Com essa finalidade, o artigo 14.° contém uma referência expressa às disposições pertinentes da directiva 2001/86/CE e à Parte 3 do seu Anexo, os quais dizem respeito especificamente às fusões. É apenas no caso em que as sociedades que participem à fusão transfronteiras não consigam chegar a um acordo sobre uma solução negociada que se extende à sociedade resultante da fusão o regime que melhor protege os direitos adquiridos em matérias de participação dos trabalhadores e que já exista numa das sociedades participantes na fusão.

Os artigos 15.° e 16.° contêm as disposições finais habituais relativas à aplicação, à entrada em vigor e aos destinatários da directiva.

O PARLAMENTO EUROPEU E O CONSELHO DA UNIÃO EUROPEIA,

Tendo em conta o Tratado que institui a Comunidade Europeia e, nomeadamente, o n.° 1 do seu artigo 44.°,

Tendo em conta a proposta da Comissão (13),

Tendo em conta o parecer do Comité Económico e Social Europeu (14),

Tendo em conta o parecer do Comité das Regiões (15),

(13) JO C [...] de [...], p. [...].
(14) JO C [...] de [...], p. [...].
(15) JO C [...] de [...], p. [...].

Agindo em conformidade com o procedimento previsto no artigo 251.° do Tratado,

Considerando o seguinte:

(1) As necessidades de cooperação e de consolidação das sociedades de Estados-Membros diferentes e as dificuldades defrontadas, a nível legislativo e administrativo, quanto à realização de fusões transfronteiras de sociedades na Comunidade tornam necessário, para assegurar a realização e o funcionamento do mercado interno, prever disposições comunitárias com o objectivo de facilitar a realização de fusões transfronteiras entre sociedades de capitais de diferentes tipos, abrangidas pelas legislações de diferentes Estados-Membros;

(2) Dado que os objectivos mencionados anteriormente não podem ser realizados pelos Estados-Membros de uma forma satisfatória, na medida em que implicam o estabelecimento de uma regulamentação que inclui elementos comuns aplicáveis a nível transnacional e, devido à dimensão e ao impacto da acção proposta, podem assim ser melhor realizados a nível comunitário, a Comunidade pode tomar medidas, de acordo com o princípio de subsidiariedade estabelecido no artigo 5° do Tratado. De acordo com o princípio da proporcionalidade, tal como estabelecido no mencionado artigo, a presente directiva não vai para além do necessário para a realização desses objectivos;

(3) A fim de facilitar as operações de fusão transfronteiras, é oportuno prever, salvo se a presente directiva dispuser em contrário, que cada sociedade que participa na fusão, bem como qualquer terceiro envolvido, continuam a estar submetidos às disposições da legislação nacional que rege a sociedade e que são aplicáveis em caso de fusão com outras sociedades abrangidas pela mesma legislação;

(4) O projecto comum de fusão transfronteiras deve ser elaborado nas mesmas condições relativamente a cada uma das sociedades envolvidas nos diferentes Estados-Membros. Deste modo, deve especificar-se o conteúdo mínimo deste projecto comum, podendo as sociedades em causa chegar a acordo quando a outros elementos do projecto;

(5) Com o objectivo de proteger os interesses tanto dos sócios como de terceiros é oportuno que, relativamente a cada uma das sociedades objecto de fusão, tanto o projecto de fusão como a realização da fusão sejam objecto de publicidade efectuada no registo público adequado;

(6) A legislação de todos os Estados-Membros prevê a apresentação de um relatório sobre o projecto de fusão, redigido por um ou vários peritos, relativamente a cada uma das sociedades objecto de fusão à escala nacional. Para limitar as despesas com peritos no quadro de uma operação de fusão transfronteiras, deve prever-se a possibilidade de apresentação de um relatório único destinado ao conjunto dos sócios das sociedades objecto da operação de fusão transfronteiras. O projecto comum de fusão transfronteiras deve ser aprovado pela assembleia geral de cada uma destas sociedades;

(7) Para facilitar as operações de fusão transfronteiras, deve prever-se que o controlo da realização e da legalidade do processo de tomada de decisões de cada sociedade objecto de fusão é efectuado pela autoridade nacional de cada uma destas sociedades, enquanto o controlo da realização e da legalidade da operação da fusão é efectuado pela autoridade nacional da sociedade que decorre da fusão. Esta autoridade nacional pode ser um tribunal, um notário ou qualquer outra autoridade competente designada pelo Estado-Membro em causa. Além disso, é necessário estabelecer qual a legislação nacional que determina a data a partir da qual a fusão passa a produzir efeitos, devendo esta legislação ser a que regula a sociedade que decorre da fusão;

(8) Para proteger os interesses dos sócios e de terceiros, devem ser indicados os efeitos jurídicos da fusão transfronteiras, distinguindo as situações consoante a sociedade que decorre da fusão seja uma sociedade incorporante ou uma nova sociedade. Para efeitos de segurança jurídica, deve ser proibida a declaração de nulidade de uma fusão transfronteiras após a data em que a fusão passa a produzir efeitos;

(9) A presente directiva não prejudica a aplicação da legislação relativa ao controlo das concentrações entre empresas, tanto a nível comunitário (16) como a nível dos Estados-Membros.

---

(16) Regulamento (CEE) n.° 4064/89 do Conselho relativo ao controlo das operações de concentração de empresas (JO L 395 de 30.12.1989, p. 1); versão rectificada JO L 257 de 21.9.1990, p. 13, regulamento com a última redacção que lhe foi dada pelo Regulamento (CE) n.° 1310/97 (JO L 180 de 9.7.1997, p. 1); rectificação no JO L 40 de 13.2.1998, p. 17.

(10) Os direitos dos trabalhadores, para além dos direitos de participação, regem-se pelas disposições dos Estados-Membros previstas na Directiva 98/59/CE do Conselho, de 20 de Julho de 1998, relativa à aproximação das legislações dos Estados-Membros respeitantes aos despedimentos colectivos [17], na Directiva 2001/23/CE do Conselho, de 12 de Março de 2001, relativa à manutenção dos trabalhadores em caso de transferências de empresas [18], na Directiva 2002/14/CE do Parlamento Europeu e do Conselho, de 11 de Março de 2002, que estabelece um quadro geral relativo à informação e à consulta dos trabalhadores na Comunidade Europeia [19], bem como na Directiva 94/45/CE do Conselho, de 22 de Setembro de 1994, relativa à instituição de um conselho de empresa europeu ou de um procedimento de informação e consulta dos trabalhadores nas empresas ou os grupos de empresas de dimensão comunitária [20], com o objectivo de informar e consultar os trabalhadores;

(17) JO L 225 de 12.8.1998, p. 16.
(18) JO L 61 de 5.3.1977, p. 26.
(19) JO L 80 de 23.3.2002, p. 29.
(20) JO L 254 de 30.9.1994, p. 64, com a redacção que lhe foi dada pela Directiva 97/74/CE (JO L 10 de 16.1.1998, p. 22).

(11) Caso pelo menos uma das sociedades que participam numa fusão transfronteiras seja gerida em regime de participação dos trabalhadores e a legislação nacional do Estado-Membro do local em que se encontra a sede estatutária da sociedade que decorre da fusão não imponha um tal regime a esta sociedade, devem prever-se regras em matéria de participação dos trabalhadores na sociedade que decorre da fusão transfronteiras, bem como do seu envolvimento na definição dos direitos correspondentes. Para o efeito, devem tornar-se como base os princípios e modalidades previstos pelo Regulamento (CE) n° 2157/2001 do Conselho, de 8 de Outubro de 2001, relativo ao estatuto da Sociedade Europeia [21] e pela Directiva 2001/86/CE do Conselho, de 8 de Outubro de 2001, que completa o estatuto da Sociedade Europeia [22],

(21) JO L 294 de 10.11.2001, p. 1.
(22) JO L 294 de 10.11.2001, p. 22.

ADOPTARAM A PRESENTE DIRECTIVA:

Artigo 1.°
(Definições)

Para efeitos da presente directiva, entende-se por :

– "*fusão*", a operação pela qual:

a) uma ou mais sociedades transferem, na sequência e por ocasião da sua dissolução sem liquidação, o conjunto do activo e do passivo que integra o seu património para outra sociedade já existente – sociedade incorporante – mediante atribuição aos respectivos sócios de partes ou títulos representativos do capital social da outra sociedade e, eventualmente, de um saldo em dinheiro não superior a 10% do valor nominal ou, na ausência de valor nominal, do valor contabilístico dessas partes ou títulos;

b) duas ou mais sociedades transferem, na sequência e por ocasião da sua dissolução sem liquidação, o conjunto do activo e do passivo que integra o seu património para uma sociedade que constituem – a nova sociedade – mediante a atribuição aos respectivos sócios de partes ou títulos representativos do capital social desta nova sociedade e, eventualmente, de um saldo em dinheiro não superior a 10% do valor nominal ou, na ausência de valor nominal, do valor contabilístico dessas partes ou títulos;

c) uma sociedade transfere, na sequência e por ocasião da sua dissolução sem liquidação, o conjunto do activo e do passivo que integra o seu património para a sociedade detentora da totalidade das partes ou títulos representativos do seu capital social;

– "*fusão transfronteiras*", a fusão na acepção do primeiro travessão que diz respeito às sociedades de capitais constituídas de acordo com a legislação de um Estado-Membro e cuja sede estatutária, administração central ou estabelecimento principal estão localizados no território da Comunidade, desde que pelo menos duas dessas sociedades sejam regidas pela legislação de diferentes Estados-Membros;

– "*sociedade de capitais*", uma sociedade com personalidade jurídica, que possui um património distinto que responde por si só pelas dívidas da sociedade e que está submetida, pela sua legislação nacional, a condições de garantias, tais como previstas pela Directiva 68/151/CEE do Conselho [(23)], para proteger os interesses tanto dos sócios como de terceiros.

(23) JO L 65 de 14.3.1968, p. 8.

Artigo 2.°
(Ressalva dos Direitos nacionais)

Salvo disposição em contrário da presente directiva, cada sociedade que participa numa fusão transfronteiras encontra-se submetida, relativamente às operações de fusão, às disposições da sua legislação nacional que regem a fusão deste tipo de sociedade com outras sociedades de capitais abrangidas pela mesma legislação nacional. Estas disposições dizem respeito, nomeadamente, ao processo de tomada de decisões relativo à fusão e à protecção dos credores, dos obrigacionistas e dos portadores de partes ou títulos, que não acções, aos quais estão atribuídos direitos especiais, bem como dos trabalhadores no que diz respeito aos direitos para além dos regidos pelo artigo 14.°.

Artigo 3.°
(Projecto comum de fusão)

1. Os Estados-Membros devem assegurar que todos os órgãos de direcção ou de administração das sociedades que pretendam fundir-se elaborem um projecto comum de fusão transfronteiras. Esse projecto incluirá:

a) A forma, a designação e a sede estatutária das sociedades que se fundem, bem como da sociedade que decorre da fusão;

b) A relação de troca das partes ou títulos representativos do capital social e, se for caso disso, o montante de um eventual saldo;

c) As regras para a transferência das partes ou títulos representativos do capital social da sociedade que decorre da fusão;

d) A data a partir da qual estas partes ou títulos representativos do capital social conferem o direito de participação nos lucros, bem como qualquer regra especial relativa a esse direito;

e) A data a partir da qual as operações das sociedades que se fundem são consideradas, do ponto de vista contabilístico, como efectuadas por conta da sociedade que decorre da fusão;

f) Os direitos conferidos pela sociedade que decorre da fusão aos sócios que gozam de direitos especiais e aos outros portadores de partes ou títulos representativos do capital social ou as medidas previstas em relação aos mesmos;

g) Quaisquer privilégios especiais atribuídos aos peritos que estudam o projecto de fusão, bem como aos membros dos órgãos de administração, de direcção, de fiscalização ou de controlo das sociedades que se fundem;

h) Os estatutos da sociedade que decorre da fusão;

i) As informações sobre os procedimentos de acordo com os quais são fixadas, em conformidade com o artigo 14°, as disposições relativas à intervenção dos trabalhadores na definição dos respectivos direitos de participação na sociedade que decorre da fusão.

2. Para além dos elementos previstos no n° 1, as sociedades que se fundem podem acrescentar, de comum acordo, outros elementos ao projecto comum de fusão.

Artigo 4.°
(Elementos sujeitos a publicidade)

Os Estados-Membros devem dispor, relativamente às sociedades que se fundem, que pelo menos os seguintes elementos sejam objecto de publicidade, efectuada de acordo com as disposições previstas pela legislação de cada Estado-Membro em conformidade com o artigo 3° da Directiva 68/151/CEE, menos de um mês antes da data da reunião da assembleia geral prevista no artigo 6°:

a) A forma, a designação e a sede estatutária das sociedades que se fundem, bem como da sociedade que decorre da fusão;

b) O registo público em que foram depositados os actos relativos a cada uma das sociedades que se fundem, bem como o respectivo número de inscrição nesse registo;

c) A indicação, relativamente a cada uma das sociedades que se fundem, das regras de exercício dos direitos dos credores e, se for caso disso, dos sócios minoritários das sociedades que se fundem, bem como o endereço em que podem ser obtidas, gratuitamente, informações exaustivas sobre essas regras.

Artigo 5.°
(Relatório de peritos)

1. Em relação a cada uma das sociedades que se fundem, deve ser elaborado e disponibilizado, pelo menos um mês antes da data de reunião da assembleia geral prevista no artigo 6°, um relatório de peritos destinado aos sócios.
2. Em alternativa ao recurso a peritos que actuem por conta de cada uma das sociedades que se fundem, um ou mais peritos independentes, designados para o efeito e a pedido conjunto dessas sociedades por uma autoridade judicial ou administrativa do Estado-Membro de que depende uma das sociedades que se fundem ou a futura sociedade, podem examinar o projecto de fusão transfronteiras e elaborar um relatório único destinado a todos os accionistas. Os peritos podem ser, de acordo com a legislação de cada Estado-Membro, pessoas singulares, pessoas colectivas ou sociedades.

   Os peritos têm o direito de pedir a cada uma das sociedades que se fundem todas as informações que considerem necessárias para o desempenho das suas funções.

Artigo 6.°
(Aprovação do projecto comum)

1. Após disponibilização do relatório de peritos previsto no artigo 5°, a assembleia geral de cada uma das sociedades que se fundem aprovará o projecto comum de fusão transfronteiras.
2. A assembleia geral de cada uma das sociedades que se fundem pode subordinar a realização da fusão transfronteiras à condição de serem por ela adoptadas expressamente as disposições decididas quanto à participação dos trabalhadores na sociedade que decorre da fusão.

Artigo 7.°
(Autoridades competentes quanto às sociedades interessadas)

1. Cada Estado-Membro designará as autoridades competentes para controlar a legalidade da fusão relativamente à parte do procedimento respeitante a cada uma das sociedades que se fundem e que estão abrangidas pela sua legislação nacional.
2. Em cada Estado-Membro interessado, as autoridades competentes emitirão para cada uma das sociedades que se fundem e que estão abrangidas pela sua legislação nacional, um certificado que comprove de forma concludente o cumprimento correcto dos actos e das formalidades prévios à fusão.

Artigo 8.°
(Autoridades competentes quanto à realização da fusão)

Todos os Estados-Membros designarão as autoridades competentes para controlar a legalidade da fusão relativamente à parte do procedimento respeitante à realização da fusão e, se for caso disso, à constituição de uma nova sociedade que decorre da fusão, quando a sociedade que decorre da fusão estiver abrangida pela sua legislação nacional. Estas autoridades controlarão, em especial, se as sociedades que se fundem aprovaram o projecto comum de fusão transfronteiras nas mesmas condições e se as disposições relativas à participação dos trabalhadores foram fixadas de acordo com o artigo 14°.

Para o efeito, todas as sociedades que se fundem enviarão a estas autoridades o certificado previsto no n° 2 do artigo 7° no prazo de seis meses a contar da sua emissão, bem como o projecto comum de fusão transfronteiras, aprovado pela assembleia geral prevista no artigo 6°.

Artigo 9.°
(Data da eficácia da fusão)

A legislação do Estado-Membro que rege a sociedade que decorre da fusão determina a data em que a fusão transfronteiras produz efeitos. Esta data deve ser posterior à da execução dos controlos previstos no artigo 8°.

Artigo 10.°
(Publicidade nos Países de origem)

A legislação de todos os Estados-Membros a que estavam sujeitas as sociedades que se fundiram determina, no que diz respeito ao seu território, as regras em matéria de publicidade da realização da fusão transfronteiras no registo em que todas as sociedades têm de depositar os actos.

Artigo 11.°

1. A fusão realizada nos termos da alínea a) do primeiro travessão do artigo 1° implica, a partir da data prevista no artigo 9°, os seguintes efeitos:
   a) A transferência global do património activo e passivo de cada uma das sociedades incorporadas para a sociedade incorporante, a título de sucessão universal;
   b) Os sócios da sociedade incorporada tornam-se sócios da sociedade incorporante;
   c) A sociedade incorporada deixa de existir.
2. A fusão realizada, nos termos da alínea b) do primeiro travessão do artigo 1° implica, a partir da data prevista no artigo 9°, os seguintes efeitos:
   a) A transferência global do património activo e passivo das sociedades incorporadas para a nova sociedade, a título de sucessão universal;

b) Os sócios das sociedades que se fundem tornam-se sócios da nova sociedade;

c) As sociedades que se fundem deixam de existir.

3. Sempre que, em caso de fusão de sociedades abrangidas pela presente directiva, a legislação dos Estados-Membros imponha formalidades especiais em relação à oponibilidade a terceiros da transferência de determinados bens, direitos e obrigações das sociedades que se fundem, essas formalidades devem ser cumpridas pela sociedade que decorre da fusão.

Artigo 12.°
(Sanação)

Não pode ser declarada a nulidade de uma fusão transfronteiras que já tenha começado a produzir efeitos, de acordo o artigo 9°.

Artigo 13.°
(Fusão por incorporação)

1. Quando uma fusão transfronteiras mediante incorporação for realizada por uma sociedade que detenha todas as partes ou títulos representativos do capital social que confiram direitos de voto na assembleia geral de uma outra sociedade incorporada, não é aplicável o disposto no n° 1, alíneas b) e c), do artigo 3°, no artigo 5° e no n° 1, alínea b), do artigo 11°.

2. Quando uma fusão mediante incorporação for efectuada por uma sociedade que detenha 90% ou mais, mas não a totalidade, das partes ou títulos representativos do capital social que confiram direitos de voto na assembleia geral de outra sociedade, os relatórios do órgão de direcção ou de administração, os relatórios de um ou vários peritos independentes, bem como os documentos necessários para o controlo são exigíveis unicamente na medida em que o sejam pela legislação nacional que regula a sociedade incorporante ou pela legislação nacional que regula a sociedade incorporada.

Artigo 14.°
(Participação dos trabalhadores)

Caso, pelo menos, uma das sociedades que participam na fusão seja gerida em regime de participação dos trabalhadores e a legislação nacional aplicável à sociedade que decorre da fusão não imponha tal regime, a participação dos trabalhadores na sociedade que decorre da fusão, bem como a respectiva participação na definição dos direitos correspondentes, serão reguladas pelos Estados-Membros, de acordo com os princípios e as modalidades previstas nos n°s 2, 3 e 4 do artigo 12° do Regulamento (CE) 2157/2001 e as seguintes disposições da Directiva 2001/86/CE:

a) n.ºs 1, 2 e 3, primeiro travessão do primeiro parágrafo e segundo parágrafo do n.º 4, n.º 5, primeiro e segundo parágrafos do n.º 6 e n.º 7 do artigo 3.º;

b) n.º 1, ponto g) do n.º 2 e n.º 3 do artigo 4.º;

c) artigo 5.º;

d) artigo 6.º;

e) n.º 1, ponto b) do primeiro parágrafo e segundo parágrafo do n.º 2 e n.º 3 do artigo 7.º;

f) artigos 8.º a 12.º;

g) Parte 3 do Anexo.

Artigo 15.º
(Prazo para a transposição)

Os Estados-Membros porão em vigor as disposições legislativas, regulamentares e administrativas necessárias para darem cumprimento à presente directiva num prazo de 18 meses após a sua publicação. Comunicarão imediatamente à Comissão o texto destas disposições, bem como um quadro de correspondências entre estas disposições e a presente directiva.

Quando os Estados-Membros adoptarem tais disposições, estas devem incluir uma referência à presente directiva ou ser acompanhadas dessa referência aquando da sua publicação oficial. As modalidades dessa referência serão adoptadas pelos Estados-Membros.

A presente directiva entra em vigor no vigésimo dia seguinte ao da sua publicação no Jornal Oficial da União Europeia.

Artigo 16.º
(Destinatários)

Os Estados-Membros são os destinatários da presente directiva.

Feito em Bruxelas, em [... de ... de ...].

Pelo Parlamento Europeu
O Presidente

Pelo Conselho
O Presidente

182. **Preparação**

I. As fusões internacionais de sociedades, isto é, aquelas que envolvam sociedades submetidas a dois ou mais Direitos distintos, levantam complexos problemas de técnica jurídica. Mas teriam o maior interesse, no quadro do mercado único[1056].

A primeira ideia das instâncias europeias foi a de tratar o tema através de uma convenção relativa à fusão internacional de sociedades anónimas. Após um anteprojecto da década de sessenta[1057], foi divulgado um projecto, em 27-Set.-1972[1058]. O documento era extenso: tinha de ocupar-se de diversos aspectos materiais atinentes à fusão propriamente dita e isso independentemente de se tratar de uma fusão internacional[1059].

II. A adopção da 3.ª Directriz relativa a fusões (internas) de sociedades permitiu simplificar o tema. Paralelamente, abandonou-se a ideia de regular as fusões internacionais através de convenção, antes se optando pela técnica da directriz. Assim veio a surgir a *Proposta de Décima Directriz do Conselho relativa a fusões transfronteiriças das sociedades anónimas*, apresentada pela Comissão ao Conselho, em 14-Jan.-1985[1060].

Tratava-se de um texto simples, em 17 artigos, com numerosas remissões para a 3.ª Directriz. De acordo com os princípios norteadores fixados no preâmbulo, entendeu-se[1061]:

- que a deliberação da assembleia geral sobre a fusão transfronteiriça não deveria ficar subordinada a condições mais estritas do que as que se apliquem à deliberação da assembleia geral sobre a fusão interna;
- que o sistema de protecção dos credores das sociedades que participem na fusão transfronteiriça deve ser igual ao previsto para os credores no caso de fusão interna.

A aproximação à 3.ª Directriz tornou-se, assim, patente. A 10.ª Directriz aplicar-se-ia a sociedades anónimas. Ficava em aberto o ponto sensí-

---

1056 GAVALDA/PARLEANI, *Droit des affaires de l'Union européenne*, 4.ª ed. cit., 165-166.

1057 HANS-JÜRGEN SONNENBERGER, *Der Vorentwurf eines Abkommens über die internationale Fusion*, AG 1969, 381-386, com diversos elementos.

1058 Cf., ainda, sem indicação da fonte, Kommission der Europäischen Gemeinschaften, *Entwurf eines Übereinkommens für die internationale Verschmelzung von Aktiengesellschaften*, RabelsZ 39 (1975), 539-560.

1059 GRUNDMANN, *Europäisches Gesellschaftsrecht* cit., 422.

1060 JOCE N.° C-23, 11-15, de 25-Jan.-1985. O seu texto pode ser confrontado, em português, na obra de RAÚL VENTURA, *Fusão, cisão, transformação de sociedades* cit., 565-573.

1061 JOCE N.° C-23, cit., 12/I.

vel da co-gestão. *Quid iuris* se uma sociedade em regime de co-gestão se visse envolvida numa fusão internacional, passando a integrar uma sociedade cujo Direito não obrigasse a tal regime? À falta de solução, o artigo 1.°/3 do Projecto de 1985, de 10.ª Directriz, consagrou o seguinte:

> Até ulterior coordenação, um Estado-membro pode não aplicar as disposições da presente Directriz a uma fusão transfronteiriça que tivesse como resultado o de que uma empresa, pertencente ou não à operação, deixasse de preencher as condições requeridas para a representação dos trabalhadores nos órgãos da empresa.

IV. Esta reserva de não-aplicação (*Nichtanwendungsvorbehalt*) levantou uma série de críticas[1062]: efectivamente, ela equivaleria a bloquear, apenas num sentido, as fusões internacionais[1063]. Todavia, na sua falta, as posições colectivas dos trabalhadores dos países com co-gestão[1064] perder-se-iam, no rescaldo de fusões internacionais[1065].

Este problema bloqueou a 10.ª Directriz durante 20 anos. A literatura da especialidade foi mantendo viva a necessidade de facilitar, por via da harmonização, as reestruturações internacionais de empresas. A própria liberdade de estabelecimento estaria em causa[1066]. Essas reestruturações têm, no seu topo, precisamente, as fusões internacionais[1067].

V. O problema da co-gestão penalizou, como vimos, a 5.ª Directriz[1068] e deteve, por quarenta anos, o estatuto da sociedade europeia. Foi no seio desta última que após infindáveis estudos e negociações se procurou encontrar uma solução razoável, perante os valores em presença.

[1062] Cf. Joachim Ganske, *Internationale Fusion von Gesellschaften in der Europäischen Gemeinschaft – ein neuer Ansatz*, DB 1985, 581-584 (583) e Wolfgang Däubler, *Grenzüberschreitende Fusion und Arbeitsrecht/Zum Entwurf der Zehnten gesellschaftsrechtliche Richtlinie*, DB 1988, 1850-1854 (1852 ss.).

[1063] Schwarz, *Europäisches Gesellschaftsrecht* cit., 514.

[1064] Além da Alemanha, liderante, podem-se referir: a Áustria, a Dinamarca, a Finlândia, a Holanda, o Luxemburgo e a Suécia.

[1065] Däubler, *Grenzüberschreitende Fusion* cit., 1854/II.

[1066] Peter Behrens, *Die Umstrukturierung von Unternehmen durch Sitzverlegung oder Fusion über die Grenze im Licht der Niederlassungsfreiheit im Europäischen Binnenmarkt (Art. 52 und 58 EWGV)*, ZGR 1994, 1-25.

[1067] Herbert Kronke, *Deutsches Gesellschaftsrecht und grenzüberschreitende Strukturänderungen*, ZGR 1994, 26-46 e Marcus Lutter, *Umstrukturierung von Unternehmen über die Grenze: Versuch eines Resümees*, ZGR 1994, 87-93, enfocando também o problema fiscal.

[1068] *Supra*, 727 ss..

Entretanto, o projecto de 10.ª Directriz acabou por ser retirado pela Comissão[1069]. Antes disso, porém, já havia sido retomada como *Proposta de Directriz relativa às fusões transfronteiriças das sociedades de capitais*, de 18-Nov.-2003. Esta Directriz equivale, porém, à 10.ª de 1984, de tal modo que a literatura dedicada a esta ainda pode ser usada com actualidade[1070].

183. **Sistema e conteúdo**

I. A Proposta de 10.ª Directriz, de 2003, alarga-se por 16 artigos. Eis o teor respectivo:

Artigo 1.° (Definições);
Artigo 2.° (Ressalva dos Direitos nacionais);
Artigo 3.° (Projecto comum de fusão);
Artigo 4.° (Elementos sujeitos a publicidade);
Artigo 5.° (Relatório de peritos);
Artigo 6.° (Aprovação do projecto comum);
Artigo 7.° (Autoridades competentes quanto às sociedades interessadas);
Artigo 8.° (Autoridades competentes quanto à realização da fusão);
Artigo 9.° (Data de eficácia da fusão);
Artigo 10.° (Publicidade nos Países de origem);
Artigo 11.° (Efeitos da fusão);
Artigo 12.° (Sanação);
Artigo 13.° (Fusão por incorporação);
Artigo 14.° (Participação dos trabalhadores);
Artigo 15.° (Prazo para a transposição);
Artigo 16.° (Destinatários).

II. O artigo 1.°, a) e b), define, em termos já conhecidos pelo Direito europeu[1071], a fusão por incorporação e a fusão por concentração. A fusão será transfronteiriça quando pelo menos duas das sociedades envolvidas sejam regidas por Direitos de diferentes Estados-membros. O legislador comunitário, desta feita, em vez de enumerar os tipos sociais dos diversos

[1069] Cf. JOCE N.° C-3, 2-33, de 9-Jan.-2004 (20/II).
[1070] Grundmann, *Europäisches Gesellschaftsrecht* cit., 422.
[1071] *Supra*, 269.

Países a que a Directriz será aplicável, optou por definir "sociedade de capitais":

> (...) uma sociedade com personalidade jurídica, que possui um património distinto que responde por si só pelas dívidas da sociedade e que esteja submetida, pela sua legislação nacional, a condições de garantias, tal como previsto pela Directiva 68/151/CEE do Conselho, para proteger os interesses tanto dos sócios como de terceiros[1072].

Esta noção, quando passada pelo crivo da doutrina geral do Direito privado, poderia suscitar problemas; a sua mensagem normativa parece-nos, todavia, clara. De resto, a expressão "sociedade de capitais" está consagrada, dispensando mais explicações.

III. O processo de fusão segue o esquema que já advinha da 3.ª Directriz[1073]. Assim, encontramos sucessivamente:

- o projecto comum de fusão;
- a publicitação de uma série de elementos;
- o relatório dos peritos, a disponibilizar pelo menos um mês antes da data da reunião da assembleia geral que irá deliberar sobre a fusão;
- a aprovação do projecto comum pelas assembleias gerais das sociedades envolvidas;
- a data da eficácia da fusão;
- a publicidade nos Países de origem.

Instrumentalmente, há que indicar as autoridades competentes: quer quanto às sociedades interessadas na fusão, quer no que respeita à fusão em si. Cabe aos Estados-membros proceder a essas indicações – artigos 7.° e 8.°.

IV. Os efeitos da fusão são os habituais, dependendo, na sua concretização, de se tratar de uma fusão por incorporação ou de uma fusão por concentração – artigo 11.°. Assim:

1072 Artigo 1.°, 3.ª parte; foram corrigidas as formas verbais.

1073 O processo de fusão internacional pode ser confrontado em SCHWARZ, *Europäisches Gesellschaftsrecht* cit., 514-516.

- dá-se uma transferência global do(s) património(s), a título de sucessão universal;
- os sócios das sociedades que desapareçam passam a sê-lo da que se mantenha ou da nova sociedade;
- as sociedades incorporadas ou que se fundam extinguem-se.

Após a produção de efeitos, a fusão transfronteiriça não mais pode ser declarada nula (ou, *a fortiori*, anulada) – 12.°.

V. Na parte delicada da participação dos trabalhadores, o artigo 14.° remete, de modo especificado, para o Regulamento e a Directriz relativos à sociedade europeia. É uma matéria complexa, a seu tempo estudada[1074].

Prevê-se, por fim, um grupo de 18 meses, para a transposição.

184. **Transposição**

I. A transposição da 10.ª Directriz, quando seja adoptada, para o Direito português, não representa dificuldades. Praticamente, todas as normas relevantes constam já do nosso Código das Sociedades Comerciais. Apenas haveria que fazer, em termos gerais, referência ao facto de as sociedades intervenientes na fusão poderem provir de outros Países da União, sujeitando-se, à partida, aos respectivos Direitos, nos temos do artigo 2.°. O Direito aplicável ao termo final será, naturalmente, o da sociedade resultante da fusão.

Também no registo comercial, por meio de modificações mínimas, se poderia inserir uma referência à natureza eventualmente internacional dos intervenientes em processos de fusão.

II. Alguma perplexidade poderia advir do Direito a aplicar às participações dos trabalhadores. Embora se aproxime a data da entrada em vigor do Regulamento n.° 2157/2001, de 14 de Outubro, relativo à sociedade europeia, não temos conhecimento[1075] de iniciativas tendentes a transpor a Directriz n.° 2001/86/CE. Sustentamos, todavia, que o Regulamento dis-

---

[1074] *Infra*, 961 ss..

[1075] Em Outubro de 2004, data da revisão destas linhas.

pensa essa transposição[1076], de tal forma que as fusões internacionais não ficariam, por aí, prejudicadas.

Dado o prazo de transposição, é de esperar que o Estado Português não deixe, entretanto, de regularizar a sua posição perante a referida Directriz n.° 2001/86/CE.

Finalmente: a transposição da 10.ª Directriz poderia constituir uma oportunidade para se simplificar o complexo sistema nacional relativo às fusões e às cisões internas.

[1076] *Infra*, 974 ss..

CAPÍTULO IV

14.ª DIRECTRIZ (PROJECTO): TRANSFERÊNCIA DE SEDE

§ 44.° Texto, preparação, sistema e transposição

185. Texto

I. A 14.ª Directriz, relativa à transferência de sede das sociedades, existe apenas em estado de anteprojecto. De seu nome completo: anteprojecto de proposta para uma Décima Quarta Directriz do Parlamento Europeu e do Conselho sobre transferência de sede de uma sociedade para outro Estado-membro, com alteração do Direito a ela aplicável, de 20-Abr.-1997[1077]. O seu texto apenas foi publicado por revistas alemãs especializadas[1078]. Eis a sua tradução em Português; tal como as epígrafes dos artigos: de nossa autoria.

[1077] Cf. SCHWARZ, *Europäisches Gesellschaftsrecht* cit., 495 e MENJUCQ, *Droit international et européen des sociétés* cit., 308.

[1078] ZIP 1997, 1721-1724 = ZGR 1999, 157-164; nesta última versão, há um lapso na numeração dos artigos, que foi corrigido.

ANTEPROJECTO DE UMA PROPOSTA DE DÉCIMA QUARTA DIRECTRIZ DO PARLAMENTO EUROPEU E DO CONSELHO sobre a Transferência de sede de uma sociedade para outro Estado-Membro, com alteração do Direito a ela aplicável

Artigo 1.°
(Âmbito)

A presente Directriz regula a transferência, dentro da Comunidade e de um Estado para outro, da sede estatutária ou da sede efectiva de sociedades constituídas segundo o Direito de um Estado-Membro.

Artigo 2.°
(Definições)

No sentido desta Directriz:

a) "Sede estatutária" significa o local no qual a sociedade tenha sido registada;

b) "Sede efectiva" traduz o local onde a sociedade tenha a sua administração principal e onde tenha sido registada.

Artigo 3.°
(Transferência de sede)

Os Estados-Membros devem tomar todas as medidas necessárias para que a sede estatutária ou a sede efectiva de uma sociedade possa ser transferida para outro Estado-Membro. A transferência de sede não tem como efeitos nem a dissolução da sociedade nem a constituição de uma nova pessoa colectiva; ela dá todavia lugar, com a inscrição da nova sede, segundo o artigo 10.°, no registo comercial, a uma mudança do Direito aplicável à sociedade.

Artigo 4.°
(Projecto de transferência)

1. O órgão de direcção ou de administração deve elaborar um projecto de transferência que será publicado de acordo com os deveres de publicidade vigentes no Estado-Membro da futura sede. O projecto de transferência deve conter os elementos seguintes:

a) A sede projectada para a sociedade;

b) Os estatutos projectados para a sociedade e, sendo esse o caso, a nova firma;

c) O esquema de co-gestão, caso os trabalhadores já estejam representados nos órgãos da sociedade, antes da transferência de sede;

d) O calendário previsto para a transferência.

2. O projecto de transferência deve ser publicitado segundo as modalidades previstas nos preceitos legais do Estado-Membro da mudança, nos termos da Directriz n.° 68/151/CEE (JOCE, N.° L-65, de 14-Mar.-1968, p. 8) do Conselho, em especial dos seus artigos 2.° e 3.°.

Artigo 5.°
(Relatório e direito de consulta)

1. O órgão de direcção ou de administração deve elaborar um relatório no qual se exponham e se justifiquem os aspectos jurídicos e económicos da transferência e onde sejam expostos os efeitos da transferência sobre os sócios e os trabalhadores.

2. Os sócios, os credores e os representantes dos trabalhadores da sociedade têm, pelo menos durante o mês anterior à assembleia geral que deva ter lugar relativamente à transferência, o direito de consultar, na sede da sociedade, o projecto de transferência e o relatório elaborado nos termos do n.° 1 e de solicitar gratuitamente cópias desses documentos.

Artigo 6.°
(Deliberação de transferência)

1. A deliberação relativa à transferência só pode ser tomada dentro dos dois meses subsequentes à publicitação do projecto de transferência.

2. A decisão em causa deve ser aprovada pela assembleia geral com uma maioria de pelo menos dois terços dos votos expressos, desde que o Direito aplicável à sociedade não prescreva ou admita uma maioria mais elevada.

3. Os Estados-membros podem, todavia, prever que seja suficiente a maioria simples dos votos referidos no n.° 2, desde que esteja representado, pelo menos, metade do capital social.

4. As alterações dos estatutos devem ser publicitadas segundo os preceitos legais do Estado de acolhimento, nas modalidades previstas na Directriz n.° 68/151/CEE.

Artigo 7.°
(Tutela dos sócios minoritários)

Os Estados-membros podem, com referência às sociedades regidas pelos Direitos respectivos, prever regras que assegurem uma protecção adequada dos sócios minoritários, que se tenham pronunciado contra a transferência.

Artigo 8.°
(Tutela dos credores)

1. Os credores e as pessoas devidamente legitimadas, cujos créditos sobre a sociedade que tencione transferir a sede se tenham constituído antes da publicitação do plano da

transferência, podem exigir que a sociedade constitua, a seu favor, uma garantia adequada. O exercício deste direito é regido pelo Direito aplicável à sociedade antes da transferência da sua sede.

2. Os Estados-Membros podem também aplicar o n.° 1 às dívidas da sociedade constituída, antes de a transferência de sede se ter efectivado, nos termos do artigo 11.°.

Artigo 9.°
(Certificado de origem)

O Tribunal, o notário ou outra entidade competente do Estado-Membro no qual se encontre a sede da sociedade antes da sua transferência, devem elaborar um certificado do qual resulte, irrevogavelmente, que foram concluídos os actos e formalidades previstos para a transferência.

Artigo 10.°
(Registo da nova sede)

A nova sede só pode ser registada depois da exibição do certificado referido no artigo 9.° e da comprovação de que foram cumpridas as formalidades do registo no novo Estado da sede.

Artigo 11.°
(Efectivação da transferência)

1. A transferência de sede assim como as alterações estatutárias daí resultantes tornam-se eficazes no momento em que a sociedade seja inscrita, nos termos do artigo 10.°, no registo da nova sede.

2. Os Estados-membros podem recusar a inscrição de uma sociedade, nos termos do artigo 10.°, quando a administração efectiva não se encontre no Estado-Membro da nova sede.

3. A referida inscrição da sociedade no registo da sede anterior só pode ser cancelada quando se comprove que a sociedade está inscrita no registo da nova sede.

4. A nova inscrição e o cancelamento da anterior devem ser efectuados em cada um dos Estados-membros implicados, segundo os preceitos legais neles vigentes e segundo as modalidades previstas na Directriz n.° 68/151/CEE do Conselho.

Artigo 12.°
(Oponibilidade a terceiros)

A nova sede é eficaz perante terceiros com a publicação da inscrição da sociedade na nova sede. Enquanto o cancelamento da inscrição no registo da sede anterior não for publicitada, podem os terceiros continuar a prevalecer-se dela, excepto se a sociedade demonstrar que eles tinham conhecimento da nova sede.

Artigo 13.°
(Sociedades em liquidação ou insolventes)

A sociedade que se encontre em dissolução ou em liquidação ou contra a qual tenha sido movido um processo por insolvência, por cessação de pagamentos ou similar, não pode transferir a sua sede ao abrigo da presente Directriz.

Artigo 14.°
(Prazo de transposição)

1. Os Estados-Membros devem pôr em vigor as normas legais e administrativas necessárias para executar esta Directriz até 1-Jan.-2000. Disso devem dar imediato conhecimento à Comissão.

2. Quando adoptem essas normas, os Estados-Membros devem fazer referência, nas próprias normas ou através de uma indicação na publicação oficial, à presente Directriz. Os Estados-Membros regulam as particularidades da referência.

3. Os Estados-Membros devem comunicar à Comissão o teor dos preceitos legais internos mais importantes que se reportem à matéria regulada nesta Directriz.

Artigo 15.°
(Registo competente)

Cada Estado-membro deve designar a entidade competente, para efeitos do artigo 9.°. Disso deve dar conhecimento à Comissão e aos restantes Estados-Membros.

Artigo 16.°
(Destinatários)

Os Estados-Membros são os destinatários desta Directriz.

186. **Preparação**

I. Aparentemente, a mobilidade das sociedades no espaço europeu deveria estar assegurada pelo Tratado de Roma e pela liberdade de estabelecimento, nele consignada. E assim seria por maioria de razão, perante o princípio da equiparação das pessoas colectivas às pessoas singulares, expresso no artigo 48.° do Tratado[1079]. Faria, pois, todo o sentido, estudar, nos quadros comunitários, em que termos e condições poderia uma sociedade, com sede num Estado-membro, transferir, sem perda de identidade, a sua sede para outro Estado-membro.

Ora justamente: essa transferência não é, em princípio, possível. A personalidade colectiva é conferida pelo Direito à sombra do qual a sociedade se constituiu e que, segundo a doutrina prevalecente, é o da sede[1080]. Uma verdadeira mudança de sede envolveria a alteração do Direito aplicável: a sociedade deveria extinguir-se no País de origem, constituindo-se outra, *ex novo*, no País de destino[1081].

II. Apesar do seu evidente interesse, em termos de mercado único, o tema das transferências de sede ficou em certa quietude, à sombra do das fusões internacionais[1082]. Estas envolveriam, necessariamente, problemas de sedes. E deparavam com uma questão em grande parte inultrapassável: a da co-gestão. Como conseguir que uma sociedade originária de um País com co-gestão, possa transferir a sede para um País que não a preveja e sem, com isso, atingir os direitos dos trabalhadores?

Uma segunda ordem de problemas é de natureza fiscal[1083]. Parece evidente que uma transferência de sede, mesmo quando tudo corra da melhor maneira, envolve sempre despesas. Uma sociedade só a irá encarar se os benefícios esperados forem suficientes. A dimensão fiscal será predominante, o que, obviamente, irá desagradar ao Estado *a quo*.

III. A mobilidade das sociedades continua, todavia, a ser considerada como uma lógica necessidade do mercado único, havendo que procurá-la. De entre os postulados que ela implica estará, naturalmente, o da mudança de sede[1084]. O Tribunal de Justiça Europeu, designadamente na decisão

---

[1079] Cf. o ponto I do Preâmbulo do anteprojecto da 14.ª Directriz, ZGR 1999, 157.

[1080] *Idem*, loc. cit.. Sobre toda a matéria das transferências transfronteiriças de sedes cf. MICHEL MENJUCQ, *Droit international et européen des sociétés* cit., 308 ss..

[1081] Cf. LAMY, *Sociétés commerciales* (2003), 226 (n.° 518), em princípio.

[1082] GRUNDMANN, *Europäisches Gesellschaftsrecht* cit., 385-386.

[1083] HELMUT DEBATIN, *Die grenzüberschreitende Sitzverlegung von Kapitalgesellschaften*, GmbHR 1991, 164-170 (165/I) e GEOR CREZELIUS, *Identitätswahrende Sitzverlegung und wesentliche Beteiligung*, DStR 1997, 1712-1716.

[1084] HARALD KALLMEYER, *Die Mobilität der Gesellschaften in der Europäischen Union*, AG 1997, 88-90 (89).

Daily Mail[1085], traçou um quadro importante: a mobilidade requerida pelo Tratado requereria a ausência de constrangimento *à entrada*: não *à saída*, desde que se tratasse de Direito igual para todas as sociedades do Estado-membro visado.

Exigia-se, assim, a preparação de uma Directriz das sociedades – a 14.ª – que encarasse o problema[1086]. E a iniciativa ainda pareceria mais premente, depois da doutrina *Centros*, do Tribunal de Justiça, pela qual o Estado *ad quem* nada poderia fazer, para deter uma transferência de sede[1087].

IV. A Comissão incumbiu a KPMG de preparar um estudo sobre a matéria[1088], assim tendo surgido o anteprojecto agora em estudo.

Como fonte inspiradora funcionou, assumidamente[1089], a então proposta de regulamento relativa à *societas europaea*, particularmente o seu artigo 8.°. Intentou-se ladear o problema da co-gestão através da consignação de um esquema de manutenção dos direitos adquiridos[1090]. Quanto ao texto: ele recorda o articulado relativo à fusão, mantendo-se, todavia, bastante acessível.

187. **Sistema e conteúdo**

I. O anteprojecto comporta 16 artigos, sem divisões, secções ou capítulos, abrange 16 artigos. Nos termos seguintes:

Artigo 1.° (Âmbito);
Artigo 2.° (Definições);
Artigo 3.° (Transferência de sede);
Artigo 4.° (Projecto de transferência);

1085 *Supra*, 56-57.

1086 HANS-WERNER NEYE, *Grössere Mobilität für Unternehmen in Europa/14. EU-Richtlinie zur Sitzverlegung geplant*, GmbHR 1997, R 181-R 182.

1087 WIENAND MEILICKE, *Auswirkungen der "Centros-Entscheidung" auf die 14.EU-Sitzverlegungs-Richtlinie*, GmbHR 1999, 896-897 e HANS-GEORG KOPPENSTEINER, *Die Sitzverlegungsrichtlinie nach Centros*, FS Lutter 2000, 141-156 (142 ss. e 147 ss.).

1088 Cf. SCHWARZ, *Europäisches Gesellschaftsrecht* cit., 496.

1089 Foi aproveitado o relatório DAVIGNON, elaborado no âmbito da preparação do regulamento/SE; cf. GIUSEPPE DI MARCO, *Der Vorschlag der Kommission für eine 14. Richtlinie/Stand und Perspectiven*, ZGR 1999, 3-12 (10-11).

1090 *Infra*, 961 ss.

Artigo 5.° (Relatório e direito de consulta);
Artigo 6.° (Deliberação de transferência);
Artigo 7.° (Tutela dos sócios universitários);
Artigo 8.° (Tutela dos credores);
Artigo 9.° (Certificado de origem);
Artigo 10.° (Registo da nova sede);
Artigo 11.° (Efectivação da transferência);
Artigo 12.° (Oponibilidade a terceiros);
Artigo 13.° (Sociedades em liquidação ou insolventes);
Artigo 14.° (Prazo de transposição);
Artigo 15.° (Registo competente);
Artigo 16.° (Destinatários).

II. A 14.ª Directriz abrange quaisquer tipos de sociedades; necessário é, apenas, que tenham a sua sede num Estado-membro e que tencionem mudá-la para outro. A chave da regulação reside na obrigação que os Estados-membros recebem de permitir transferências, sem prejudicar a manutenção da identidade da pessoa colectiva em jogo[1091].

Para defesa dos interesses das pessoas eventualmente afectadas, previu-se a elaboração de um projecto de transferência, sujeito a registo e a de um relatório jurídico e económico (4.° e 5.°). Os interessados têm um direito de consulta, durante um período alargado (5.°). Só depois poderá sobrevir a deliberação de transferência, a tomar pela assembleia geral com uma maioria qualificada (6.°)[1092].

III. A tutela dos sócios minoritários (7.°) e a dos credores (8.°) fica, em princípio, a cargo do Direito interno dos Estados-membros. De sublinhar que, quanto aos credores e tal como se fez no domínio da fusão e da cisão, o legislador comunitário apenas exige que lhes sejam dadas garantias adequadas. Aqui ficam votos para que o legislador português não

[1091] Cf., quanto à análise do anteprojecto de Directriz e aos seus princípios gerais; KARSTEN SCHMIDT, *Sitzverlegungsrichtlinie, Freizügigkeit und Gesellschaftsrechtspraxis/Grundlagen*, ZGR 1999, 20-35 (29), HARRY RAJAK, *Britisches Recht und der Vorschlag einer 14. Richtlinie*, ZGR 1999, 111-125 (119 ss.) e JOCHEN HOFFMANN, *Neue Möglichkeiten zur identitätswahrenden Sitzverlegung in Europa? – Der Richtlinien Vorentwurf zur Verlegung des Gesellschaftssitzes innerhalb der EU*, ZHR 164 (2000), 43-66 (51 ss.).

[1092] Ainda quanto à análise do anteprojecto cf. WIENAND MEILICKE, *Zum Vorschlag der Europäischen Kommission für die 14. EU-Richtlinie zur Koordinierung des Gesellschaftsrechts/Sitzverlegungs-Richtlinie*, GmbHR 1998, 1053-1058.

venha, de novo, fazer zelo, prevendo infindáveis processos judiciais de oposição, que só dificultam o tráfego jurídico, desvalorizando as empresas nacionais.

O processo assenta no registo: inscrição no Estado *ad quem* e cancelamento no Estado *a quo*, tomando-se medidas para que esta não ocorra sem a primeira (artigos 9.°, 10.° e 11.°)[1093]. O registo é, aqui, condicionante de eficácia absoluta (12.°).

A transferência de sede prevista reporta-se a sociedades saudáveis: assim, ela não pode beneficiar sociedades em liquidação ou contra as quais corra processo de insolvência ou similar (13.°).

IV. O problema sensível da co-gestão foi resolvido de modo discreto, pelo artigo 4.°/1, *c*), do Anteprojecto: quando o Estado *a quo* preveja co-gestão, ela deve manter-se na transferência para o Estado *ad quem*. Trata-se de um aspecto que teria de ser completado: é evidente que se o Estado *ad quem* desconhecer a co-gestão, uma simples referência no projecto seria insuficiente[1094].

O Anteprojecto conclui com regras instrumentais e de estilo.

188. **Apreciação geral**

I. Para quem não conheça os particularismos do Velho-Mundo, será surpreendente que, ao cabo de quase meio século de integração, não tenha sido possível encontrar um esquema para que, dentro do espaço comunitário, uma sociedade possa transferir a sua sede de um Estado para o outro.

O aparecimento do Anteprojecto vem, nas palavras do representante do Ministério da Justiça alemão, cumprir uma promessa de há mais de quarenta anos[1095]. Além disso, ele constituiu pretexto para um conjunto interessante de estudos comunitários e comparativos[1096].

[1093] Karsten Schmidt, *Sitzverlegungsrichtlinie* cit., 30 e Hans-Joachim Priester, *EU-Sitzverlegung/Verfahrenschlauf*, ZGR 1999, 36-50.

[1094] Cf., quanto ao tema: Meinhard Heinze, *Arbeitsrechtliche Probleme bei der grenzüberschreitenden Sitzverlegung in der Europäischen Gemeinschaft*, ZGR 1999, 54-70 e di Marco, *Der Vorschlag der Kommission für eine 14. Richtlinie* cit., 10-11.

[1095] Hans-Werner Neye, *Die Vorstellungen der Bundesregierung zum Vorschlag einer 14. Richtlinie*, ZGR 1999, 13-19 (13).

[1096] Recordamos Rajak, *Britisches Recht und der Vorschlag einer 14. Richtlinie* cit., 111 ss. e referimos: Eddy Wymeersch, *Diz Sitzverlegung nach belgischem Recht*, ZGR 1999, 126-146 e

II. A ideia geral de projecto mereceu acolhimento[1097]. Houve críticas de pormenor, sendo evidente que o projecto pode ser melhorado[1098]. Como grande questão em aberto mantém-se, porém, o tema da co-gestão ou, mais latamente, o da participação dos trabalhadores[1099]. Trata-se de um problema estrutural, que já deteve as fusões internacionais[1100] e que retardou a elaboração do estatuto das sociedades europeias por muitas décadas[1101]. O futuro dirá se a solução encontrada a propósito das sociedades europeias e que se encontra, ainda, pendente de transposição pode constituir uma saída para o mais complexo dos problemas postos à harmonização do Direito das sociedades.

III. Apesar das dificuldades, o prognóstico relativo à 14.ª Directriz é, neste momento, favorável. O estudo referente à modernização do Direito das sociedades comerciais incluiu a elaboração da 14.ª Directriz entre as medidas a adoptar no médio prazo[1102]. Assim sendo, é de contar, proximamente, com uma proposta mais elaborada.

189. **A transposição**

I. A transposição da 14.ª Directriz – admitindo que chegue ao estádio de efectiva Directriz – obrigará, fundamentalmente, a alterar o Código do Registo Comercial.

A questão complexa da co-gestão deve encontrar uma saída através do diploma que venha transpor a Directriz n.° 2001/86, de 8 de Outubro.

II. A transferência de sede exigiria ainda, para ser perfeitamente exequível, um complemento fiscal[1103]. A experiência das fusões mostra que o

---

LEVINUS TIMMERMANN, *Sitzverlegung von Kapitalgesellschaften nach niederländischem Recht und die 14. Richtlinie*, ZGR 1999, 147-156.

[1097] HOFFMANN, *Neue Möglichkeiten* cit., 57 e NEYE, *Die Vorstellungen der Bundesregierung* cit., 19.

[1098] PRIESTER, *EU-Sitzverlegung* cit., 50 e HOFFMANN, *Neue Möglichkeiten* cit., 59.

[1099] DI MARCO, *Der Vorschlag der Kommission für eine 14. Richtlinie* cit., 11, HEINZE, *Arbeitsrechtliche Probleme* cit., 60 ss. e JOCHEN HOFFMANN, *Neue Möglichkeiten* cit., 65.

[1100] *Supra*, 803 ss..

[1101] Cf. *infra*, 914 ss..

[1102] *Supra*, 114.

[1103] Cf. HANS F. HÜGEL, *Steuerrechtliche Hindernisse bei der internationalen Sitzverlegung*, ZGR 1999, 71-108.

nível fiscal precede mesmo, de certo modo, o do Direito das sociedades. Na verdade, a alteração da sede coloca, de imediato, a questão de saber: qual dos Estados (*a quo* ou *ad quem*) tributa o quê? A resposta terá de ser uniforme, em toda a União. De outro modo, além das distinções que se irão introduzir no domínio das transferências de sede, colocar-se-á a eventualidade de um atentado à própria liberdade de estabelecimento.

Também aqui, para além da reflexão nacional, terá de haver uma meditação comunitária.

V

TIPOS EUROPEUS DE SOCIEDADES

190. **Apresentação**

I. Prosseguindo no estudo do Direito europeu das sociedades, cabe analisar os tipos europeus de sociedades: o agrupamento europeu de interesse económico (AEIE), a sociedade europeia (SE) e a sociedade cooperativa europeia (SCE). Adiantamos que, em termos europeus, se trata, efectivamente, de sociedades.

Pela sua própria natureza supranacional, os tipos europeus de sociedades foram adoptados por regulamentos: o n.° 2137/85, de 25 de Julho, o n.° 2157/2001, de 8 de Outubro e o n.° 1435/2003, de 22 de Julho, relativos, respectivamente, ao AEIE, à SE e à SCE. Estes dois últimos são completados pelas Directrizes n.° 2001/86, de 8 de Outubro e n.° 2003/72/CE, de 22 de Julho, também respectivamente.

II. Apesar de essencialmente europeia, esta matéria conhece aplicações diferentes, consoante o Direito nacional da sede das entidades consideradas. Sendo europeu, o estudo que segue é, naturalmente, português. Cabe acrescentar que os regulamentos relativos à SE e à SCE ainda não entraram em vigor. Trata-se, assim, de matéria experimental e candente; além disso, assume a maior importância prática e um grau de interesse científico.

O núcleo dogmático de toda esta matéria é constituído pela sociedade europeia. A evolução por ela sofrida e as soluções a que se chegou exprimem a essência do Direito europeu das sociedades. Dedicaremos, por isso, a essa matéria, um desenvolvimento especial.

CAPÍTULO I

O AGRUPAMENTO EUROPEU DE INTERESSE ECONÓMICO (AEIE)

§ 45.° O Regulamento n.° 2137/85, de 25 de Julho

191. Texto

REGULAMENTO (CEE) N.° 2137/85 DO CONSELHO
de 25 de Julho de 1985

relativo à instituição de um Agrupamento Europeu de Interesse Económico (AEIE)[1104]

O CONSELHO DAS COMUNIDADES EUROPEIAS,

Tendo em conta o Tratado que institui a Comunidade Económica Europeia e, nomeadamente, o seu artigo 235.°,

Tendo em conta a proposta da Comissão [1],

Tendo em conta o parecer do Parlamento Europeu [2],

Tendo em conta o parecer do Comité Económico e Social [3],

(1) JO n.° C 14 de 15. 2. 1974, p. 30 e JO n.° C 103 de 28. 4. 1978, p. 4.
(2) JO n.° C 163 de 11. 7. 1977, p. 17.
(3) JO n.° C 108 de 15. 5. 1975, p. 46.

1104 JOCE N.° L-199, 1-9, de 31-Jul.-1985; as epígrafes não são oficiais.

Considerando que um desenvolvimento harmonioso das actividades económicas e uma expansão contínua e equilibrada no conjunto da Comunidade dependem do estabelecimento e bom funcionamento de um mercado comum capaz de oferecer condições análogas às de um mercado nacional; que a realização deste mercado único e o reforço da sua unidade tornam desejável, nomeadamente, a criação, no interesse das pessoas singulares, sociedades e outras entidades jurídicas, de um quadro jurídico que facilite a adaptação das suas actividades às condições económicas da Comunidade; que, para este fim, é necessário que estas pessoas singulares, sociedades e outras entidades jurídicas possam efectivamente cooperar sem fronteiras;

Considerando que tal cooperação pode encontrar dificuldades de natureza jurídica, fiscal ou psicológica, que a criação de um instrumento jurídico adequado a nível comunitário sob a forma de um Agrupamento Europeu de Interesse Económico contribui para a realização dos objectivos referidos e é, portanto, necessária;

Considerando que o Tratado não previu poderes de acção específicos para a criação de tal instrumento jurídico;

Considerando que a capacidade de adaptação do agrupamento às condições económicas deve ser garantida pela grande liberdade dos seus membros na organização das suas relações contratuais e no funcionamento interno do agrupamento;

Considerando que um agrupamento se distingue de uma sociedade principalmente pelo seu objectivo, que é apenas o de facilitar ou desenvolver a actividade económica dos seus membros, para lhes permitir melhorar os seus próprios resultados; que em consequência deste carácter auxiliar, a actividade de um agrupamento deve estar relacionada com a actividade económica dos seus membros e não se substituir a esta e que, nesta medida, por exemplo, o agrupamento não pode exercer por si próprio, em relação a terceiros, uma profissão liberal, devendo a noção de actividade económica ser interpretada no sentido mais lato;

Considerando que o acesso ao agrupamento deve estar aberto tão amplamente quanto possível às pessoas singulares, sociedades e outras entidades jurídicas, no respeito pelos objectivos do presente regulamento; que este não prejudica, contudo, a aplicação, a nível nacional, das regras legais e/ou deontológicas relativas às condições de exercício de uma actividade ou de uma profissão;

Considerando que o presente regulamento, por si só, não confere a ninguém o direito a participar num agrupamento, mesmo que estejam preenchidas as condições por ele previstas;

Considerando que a faculdade, prevista no presente regulamento, de proibir ou limitar, por razões de interesse público, a participação em agrupamentos, não prejudica a legislação dos Estados-membros relativa ao exercício de actividades, a qual pode prever outras proibições ou limitações, ou controlar ou fiscalizar por qualquer forma a participação num agrupamento de uma pessoa singular, de uma sociedade ou outra entidade jurídica, ou de qualquer categoria destas;

Considerando que, para permitir ao agrupamento atingir o seu objectivo, convém dotá-lo de capacidade jurídica própria e prever a sua representação perante terceiros por um órgão juridicamente distinto dos seus membros;

Considerando que a protecção dos terceiros exige que seja assegurada uma ampla publicidade e que os membros do agrupamento respondam ilimitada e solidariamente pelas dívidas deste, incluindo as dívidas fiscais e de segurança social, sem que, contudo, este princípio afecte a liberdade de excluir ou restringir, por contrato específico entre o agrupamento e um terceiro, a responsabilidade de um ou de vários dos seus membros por uma dívida determinada;

Considerando que as questões relativas ao estado e à capacidade das pessoas singulares e à capacidade das pessoas colectivas são reguladas pela lei nacional;

Considerando que convém regular as causas de dissolução próprias do agrupamento, remetendo para o direito nacional quanto à liquidação e encerramento desta;

Considerando que o agrupamento está submetido às disposições de direito nacional que regulam a insolvência e a cessação dos pagamentos e que este direito pode prever outras causas de dissolução do agrupamento;

Considerando que o presente regulamento estabelece que o resultado das actividades do agrupamento só é tributável a nível dos seus membros; que se entende que, quanto a outros aspectos, se aplica o direito fiscal nacional, nomeadamente no que se refere à repartição dos lucros, aos processos fiscais e a todas as obrigações impostas pelas legislações fiscais nacionais;

Considerando que, nos domínios não abrangidos pelo presente regulamento, são aplicáveis as disposições do direito dos Estados-membros e do direito comunitário, por exemplo no que se refere:

- ao domínio do direito social e do direito do trabalho;
- ao domínio do direito da concorrência;
- ao domínio do direito da propriedade intelectual;

Considerando que a actividade do agrupamento está sujeita às disposições do direito dos Estados-membros relativas ao exercício de uma actividade e ao controlo desta; que em caso de abuso ou contorno, por um agrupamento ou pelos seus membros, da lei de um Estado-membro, este pode adoptar as sanções apropriadas;

Considerando que os Estados-membros são livres de aplicar ou adoptar qualquer medida legislativa, regulamentar ou administrativa que não esteja em contradição com o alcance e os objectivos do presente regulamento;

Considerando que o presente regulamento deve entrar em vigor imediamente em todos os seus elementos; que a aplicação de algumas das suas disposições deve, no entanto, ser diferida, a fim de permitir o estabelecimento prévio, por parte dos Estados-membros, dos mecanismos necessários ao registo dos agrupamentos no seu território e à publicidade dos seus actos; que, a partir da data da aplicação do presente regulamento, os agrupamento constituídos podem operar sem qualquer restrição territorial,

ADOPTOU O PRESENTE REGULAMENTO:

Artigo 1.°
(Agrupamento Europeus de Interesse Económico)

1. Os Agrupamentos Europeus de Interesse Económico constituir-se-ão nas condições, segundo as modalidades e com os efeitos previstos no presente regulamento.

Neste sentido, quem pretenda constituir um agrupamento deve concluir um contrato e proceder ao registo previsto no artigo 6.°.

2. O agrupamento assim constituído tem capacidade, em seu próprio nome, para ser titular de direitos e de obrigações de qualquer natureza, para celebrar contratos ou praticar outros actos jurídicos e estar em juízo, a partir da data do registo previsto no artigo 6.°.

3. Os Estados-membros determinarão se os agrupamentos inscritos nos seus registos por força do artigo 6.° têm ou não personalidade jurídica.

Artigo 2.°
(Lei aplicável)

1. Sem prejuízo do disposto no presente regulamento, a lei aplicável, por um lado ao contrato de agrupamento, excepto quanto às questões relativas ao estado e à capacidade das pessoas singulares e à capacidade das pessoas colectivas, e por outro ao funcionamento interno do agrupamento, é a lei interna do Estado da sede fixada pelo contrato de agrupamento.

2. No caso de um Estado abranger várias unidades territoriais, cada uma das quais com as suas regras próprias aplicáveis às matérias referidas no n.° 1, cada unidade territorial é considerada como um Estado para efeitos de determinação da lei aplicável nos termos do presente artigo.

Artigo 3.°
(Objectivo; actividades excluídas)

1. O objectivo do agrupamento é facilitar ou desenvolver a actividade económica dos seus membros, melhorar ou aumentar os resultados desta actividade; não é seu objectivo realizar lucros para si próprio.

A sua actividade deve estar ligada à actividade económica dos seus membros e apenas pode constituir um complemento a esta última.

2. Por conseguinte, o agrupamento não pode:

a) Exercer, directa ou indirectamente, um poder de direcção ou de controlo das actividades próprias dos seus membros ou das actividades de uma outra empresa, nomeadamente nos domínios relativos ao pessoal, às finanças e aos investimentos;

b) Deter, directa ou indirectamente, a qualquer título, qualquer parte ou acção de uma empresa-membro, sob nenhuma forma; a detenção de partes ou acções numa outra empresa apenas será possível na medida necessária para alcançar o objectivo do agrupamento e quando seja realizada por conta dos seus membros;

c) Empregar mais de 500 assalariados;

d) Ser utilizado por uma sociedade para conceder um empréstimo a um dirigente de uma sociedade, ou a qualquer pessoa a ele ligada, quando tais empréstimos estejam sujeitos a restrições ou a controlos, de acordo com as leis dos Estados-membros aplicáveis às sociedades; um agrupamento também não deve ser utilizado para a transferência de um bem entre uma sociedade e um dirigente ou qualquer pessoa a ele ligada, salvo na medida em que tal seja permitido pelas leis dos Estados-membros aplicáveis às sociedades. Para efeitos do disposto na presente disposição, o empréstimo inclui qualquer operação com efeito similar e o bem pode ser móvel ou imóvel.

e) Ser membro de um outro agrupamento europeu de interesse económico.

Artigo 4.°
(Membros do agrupamento)

1. Só podem ser membros de um agrupamento:

a) As sociedades, na acepção do segundo parágrafo do artigo 58.° do Tratado, bem como as outras entidades jurídicas de direito público ou privado, constituídas de acordo com a legislação de um Estado-membro, que tenham a sua sede estatutária ou legal e a sua administração central na Comunidade; quando, de acordo com a legislação de um Estado-membro, uma sociedade ou outra entidade jurídica não for obrigada a ter uma sede estatutária ou legal, basta que esta sociedade ou outra entidade jurídica tenha a sua administração central na Comunidade;

b) As pessoas singulares que exerçam uma actividade industrial, comercial, artesanal, agrícola que exerçam uma profissão liberal ou que prestem outros serviços na Comunidade.

2. Um agrupamento deve ser composto, no mínimo:

a) Por duas sociedades ou outras entidades jurídicas, na acepção do n.° 1, que tenham a sua administração central em Estados-membros diferentes;

b) Por duas pessoas singulares, na acepção do n.° 1, que exerçam a sua actividade principal em Estados-membros diferentes;

c) Na acepção do n.° 1, por uma sociedade ou outra entidade jurídica e uma pessoa singular, tendo a primeira a sua administração central num Estado-membro e exercendo a segunda a sua actividade principal num Estado-membro diferente.

3. Um Estado-membro pode prever que os agrupamentos inscritos nos seus registos nos termos do artigo 6.° não possam ter mais de vinte membros. Para tanto o Estado-membro

pode prever, de acordo com a sua legislação, que cada membro de uma entidade jurídica constituída em conformidade com a sua legislação, que não seja uma sociedade registada, seja tratado como membro individual do agrupamento.

4. Qualquer Estado-membro pode excluir ou restringir, por razões de interesse público, a participação de determinadas categorias de pessoas singulares, de sociedades ou de outras entidades jurídicas em qualquer agrupamento.

Artigo 5.°
(Elementos do contrato)

Do contrato de agrupamento deve constar, pelo menos:

a) A denominação do agrupamento antecedida ou seguida da expressão "agrupamento europeu de interesse económico" ou das iniciais "AEIE", a não ser que esta expressão ou estas iniciais estejam já incluídas na denominação;

b) A sede do agrupamento;

c) O objectivo em vista do qual foi formado o agrupamento;

d) O nome, firma ou denominação social, a forma jurídica, o domicílio ou sede social e, se for acaso disso, o número e local de registo de cada um dos membros do agrupamento;

c) A duração do agrupamento, quando não for indeterminada.

Artigo 6.°
(Local do registo)

O agrupamento é registado no Estado em que esteja situada a sede, do registo designado nos termos do n.° 1 do artigo 39.°.

Artigo 7.°
(Elementos sujeitos a registo)

O contrato de agrupamento é apresentado no registo referido no artigo 6.°.

Também devem ser apresentados neste registo os actos e as indicações seguintes:

a) Qualquer alteração do contrato de agrupamento, incluindo qualquer alteração da composição do agrupamento;

b) A criação e a supressão de qualquer estabelecimento do agrupamento;

c) A decisão judicial que verifica ou declara a nulidade do agrupamento, nos termos do artigo 15.°;

d) A nomeação do ou dos gerentes do agrupamento, o seu nome ou qualquer outro elemento de identificação exigido pela lei do Estado-membro no qual é mantido o registo, a indicação de que podem agir sós ou devem agir conjuntamente, bem como a cessação das suas funções;

e) Qualquer cessão da participação de um membro no agrupamento ou de parte da sua participação, nos termos do n.° 1 do artigo 22.°;

f) A decisão dos membros que declare ou verifique a dissolução do agrupamento, nos termos do artigo 31.°, ou a decisão judicial que declare tal dissolução, nos termos dos artigos 31.° ou 32.°;

g) A nomeação do ou dos liquidatários do agrupamento, referidos no artigo 35.°, o seu nome e qualquer outro elemento de identificação exigido pela lei do Estado-membro no qual é mantido o registo, bem como a cessação das suas funções;

h) O encerramento da liquidação do agrupamento, referida no n.° 2 do artigo 35.°;

i) O projecto de transferência de sede, referido no n.° 1 do artigo 14.°;

j) A claúsula que exonere um novo membro do pagamento das dívidas contraídas antes da sua entrada, nos termos do n.° 2 do artigo 26.°.

Artigo 8.°
(Elementos a publicar)

Devem ser publicados, nas condições previstas no artigo 39.°, no boletim mencionado no n.° 1 do referido artigo:

a) As indicações que devem obrigatoriamente constar do contrato de agrupamento por força do artigo 5.°, bem como do registo;

b) O número, a data e o lugar de registo, bem como o cancelamento do registo;

c) Os actos e indicações referidos nas alíneas b) a j) do artigo 7.°.

As indicações referidas nas alíneas a) e b) devem ser publicadas integralmente. Os actos e as indicações referidas na alínea c) podem ser publicados integralmente ou sob forma de extractos ou ainda sob forma de indicação de apresentação no registo, consoante a legislação nacional aplicável.

Artigo 9.°
(Actos oponíveis; actos anteriores ao registo)

1. Os actos e indicações sujeitos a publicação, nos termos do presente regulamento, são oponíveis pelo agrupamento em relação a terceiros nas condições previstas pelo direito nacional aplicável, nos termos dos nos 5 e 7 do artigo 3.° do Directiva 68/151/CEE do Conselho de 9 de Março de 1968, relativa à coordenação, para as tornar equivalente, das garantias exigidas, nos Estados-membros, em relação às sociedades, na acepção do segundo parágrafo do artigo 58.° do Tratado, a fim de proteger tanto os interesses dos sócios como de terceiros [(4)].

2. Caso tenham sido praticados actos em nome de um agrupamento antes do seu registo nos termos do artigo 6.° e se o agrupamento não assumir, após o registo, os compromissos resultantes de tais actos, as pessoas singulares, sociedades ou outras entidades jurídicas que os tenham praticado são responsáveis por eles de forma solidária e ilimitada.

---

(4) JO n.° L 65 de 14. 3. 1968, p. 8.

Artigo 10.°
(Estabelecimento situado noutro Estado)

Qualquer estabelecimento do agrupamento situado num Estado-membro que não o Estado-membro da sede deve ser registado nesse Estado. Para efeitos do registo, o agrupamento apresentará no registo competente do Estado-membro em causa uma cópia dos documentos em relação aos quais é obrigatória a apresentação no registo do Estado-membro da sede, acompanhada, se necessário, de uma tradução elaborada de acordo com os usos existentes no registo de inscrição do estabelecimento.

Artigo 11.°
(Publicação no JOCE)

A constituição e o encerramento da liquidação de um agrupamento, com indicação do número, da data e do lugar do seu registo, bem como da data, do lugar e do título da publicação, serão publicadas no Jornal Oficial das Comunidades Europeias, após publicação no boletim referido no n.° 1 do artigo 39.°.

Artigo 12.°
(Local da sede)

A sede mencionada no contrato de agrupamento deve situar-se na Comunidade.

A sede deve ser fixada:

a) No lugar em que o agrupamento tem a sua administração central; ou

b) No lugar em que um dos membros do agrupamento tem a sua administração central ou ainda, quando se trate de uma pessoa singular, no local em que tem a sua actividade principal, desde que o agrupamento desenvolva uma actividade real nesse lugar.

Artigo 13.°
(Transferência do local da sede)

A sede do agrupamento pode ser transferida no interior da Comunidade.

Quando tal transferência não tiver por consequência uma mudança de lei aplicável por força do artigo 2.°, a decisão de transferência será tomada nas condições previstas no contrato do agrupamento.

Artigo 14.°
(Projecto de transferência)

1. Quando a transferência da sede tiver por consequência uma mudança da lei aplicável por força do artigo 2.°, deve ser elaborado um projecto de transferência que deve ser objecto de apresentação e de publicação nas condições previstas nos artigos 7.° e 8.°.

A decisão de transferência só pode ser tomada dois meses após a publicação do referido projecto. Esta decisão deve ser tomada por unanimidade dos membros do agrupamento. A transferência produz efeitos na data em que o agrupamento for registado, nos termos do artigo 6.°, no registo da nova sede. Este registo só se pode efectuar se se provar a publicação do projecto de transferência da sede.

2. O cancelamento do registo do agrupamento no registo da anterior sede só se pode efectuar mediante prova do registo do agrupamento no registo da nova sede.

3. A publicação do novo registo do agrupamento torna a nova sede oponível a terceiros nas condições referidas no n.° 1 do artigo 9.°; todavia, enquanto não se tiver realizado a publicação do cancelamento do registo no registo da anterior sede, os terceiros podem continuar a basear-se na sede antiga, a não ser que o agrupamento prove que os terceiros tinham conhecimento da nova sede.

4. A legislação de um Estado-membro pode prever, no que respeita aos agrupamentos registados neste último, nos termos do artigo 6.°, que uma transferência de sede, de que resultaria uma mudança da lei aplicável, não produz efeitos se, no prazo de dois meses referido no n.° 1, uma autoridade competente desse Estado-membro se opuser. Esta oposição só pode fundamentar-se em razões de interesse público. Deve susceptível de recurso perante uma autoridade jurisdicional.

Artigo 15.°
(Nulidade do agrupamento)

1. Sempre que a lei aplicável ao agrupamento por força do artigo 2.° previr a nulidade do agrupamento, esta nulidade deve ser verificada ou declarada por decisão judicial. Contudo, o tribunal a que a questão tenha sido submetida deve, sempre que for possível a regularização da situação do agrupamento, conceder un prazo que permita proceder a essa regularização.

2. A nulidade do agrupamento implicará a sua liquidação nas condições previstas no artigo 35.°.

3. A decisão que verifica ou declara a nulidade do agrupamento é oponível a terceiros nas condições referidas no n.° 1 do artigo 9.°.

Esta decisão não afecta a validade das obrigações nascidas a cargo ou em benefício do agrupamento anteriormente à data em que se torna oponível a terceiros nas condições referidas no parágrafo anterior.

Artigo 16.°
(Órgãos)

1. Os órgãos do agrupamento são os membros agindo colegialmente e o ou os gerentes.

O contrato do agrupamento pode prever outros órgãos; estabelecerá, neste caso, os seus poderes.

2. Os membros do agrupamento agindo enquanto órgão podem tomar qualquer decisão com vista à realização do objectivo do agrupamento.

Artigo 17.°
(Direito de voto)

1. Cada membro dispõe de um voto. O contrato do agrupamento pode, todavia, atribuir vários votos a certos membros, desde que nenhum deles detenha a maioria.

2. É exigida a unanimidade dos membros para as seguintes decisões:

a) Alterar o objectivo do agrupamento;

b) Alterar o número de votos atribuído a cada um deles;

c) Alterar as condições de tomada de decisão;

d) Prorrogar a duração do agrupamento para além do período fixado no contrato de agrupamento;

e) Alterar a quota de cada um dos membros ou de alguns de entre eles no financiamento do agrupamento;

f) Alterar qualquer outra obrigação de um membro, a não ser que o contrato de agrupamento disponha de outro modo;

g) Proceder a qualquer alteração do contrato do agrupamento que não seja uma alteração referida no presente número, a não ser que este contrato disponha de outro modo.

3. Em todos os casos em que o presente regulamento não preveja que as decisões devem ser tomadas por unanimidade, o contrato de agrupamento pode determinar as condições de quorum e de maioria em que as decisões, ou algumas de entre elas, serão tomadas. Se o contrato nada estipular a este respeito, as decisões serão tomadas por unanimidade.

4. Por iniciativa de um gerente ou a pedido de um membro, o ou os gerentes devem organizar uma consulta aos membros a fim de que estes tomem uma decisão.

Artigo 18.°
(Direito à informação)

Cada membro tem o direito de obter dos gerentes informações sobre os negócios do agrupamento e de consultar os livros e documentos de negócios.

Artigo 19.°
(Gerência)

1. O agrupamento é gerido por uma ou várias pessoas singulares nomeadas no contrato de agrupamento ou por decisão dos membros.

Não podem ser gerentes de um agrupamento as pessoas que:

– segundo a lei que lhes é aplicável,

ou

– segundo a lei interna do Estado da sede do agrupamento,

ou

– na sequência de uma decisão judicial ou administrativa tomada ou reconhecida num Estado-membro,

não podem fazer parte do órgão de administração ou de direcção de uma sociedade, não podem gerir uma empresa ou não podem agir como gerentes de um agrupamento europeu de interesse económico.

2. Um Estado-membro pode prever, para os agrupamentos inscritos nos seus registos por força do artigo 6.°, que uma pessoa colectiva possa ser gerente, desde que esta designe uma ou mais pessoas singulares como seus representantes, que devem ser objecto da menção prevista na alínea d) do artigo 7.°.

Se um Estado-membro usar esta faculdade deve prever que esse ou esses representantes sejam responsáveis como se fossem, eles próprios, gerentes do agrupamento.

As proibições previstas no n.° 1 aplicam-se igualmente a estes representantes.

3. O contrato do agrupamento ou, se este for omisso, uma decisão unânime dos membros estabelecerá as condições de nomeação e de exoneração do ou dos gerentes e fixará os seus poderes.

Artigo 20.°
(Poder de representação)

1. Relativamente a terceiros, só o gerente ou, se forem vários, cada um dos gerentes, representa o agrupamento.

Cada um dos gerentes obriga o agrupamento em relação a terceiros, quando age em nome do agrupamento, mesmo se os seus actos não forem abrangidos pelo objecto deste, a não ser que o agrupamento prove que o terceiro sabia que o acto ultrapassava os limites do objectivo do agrupamento ou não podia ignorá-lo, tendo em conta as circunstâncias; a mera publicação da menção referida na alínea c) do artigo 5.° não é prova suficiente.

Qualquer limitação, resultante do contrato de agrupamento ou de uma decisão dos membros, aos poderes do ou dos gerentes é inoponível a terceiros, mesmo que tenha sido publicada.

2. O contrato de agrupamento pode prever que o agrupamento só se obriga validamente através de dois ou mais gerentes agindo conjuntamente. Esta claúsula só é oponível a terceiros, nas condições referidas no n.° 1 do artigo 9.°, se tiver sido publicada nos termos do artigo 8.°.

Artigo 21.°
(Lucros)

1. Os lucros provenientes das actividades do agrupamento serão considerados como lucros dos membros e repartidos entre eles na proporção prevista no contrato de agrupamento ou, se este for omisso, em partes iguais.

2. Os membros do agrupamento contribuirão para o pagamento do excedente das despesas sobre as receitas na proporção prevista no contrato de agrupamento ou, se este for omisso, em partes iguais.

Artigo 22.°
(Cedência de participação)

1. Qualquer membro do agrupamento pode ceder a sua participação no agrupamento, ou uma fracção desta, quer a outro membro, quer a um terceiro; a eficácia da cessão está subordinada a uma autorização dada, por unanimidade, pelos outros membros.

2. Um membro do agrupamento só pode constituir uma garantia sobre a sua participação no agrupamento após autorização dada por unanimidade pelos outros membros, a não ser que o contrato de agrupamento disponha em contrário. O titular da garantia não pode, em nenhum momento, tornar-se membro do agrupamento por força de tal garantia.

Artigo 23.°
(Investimento público)

O agrupamento não pode fazer apelo ao investimento do público.

Artigo 24.°
(Responsabilidade ilimitada)

1. Os membros do agrupamento respondem ilimitada e solidariamente pelas dívidas daquele, de qualquer natureza. A legislação nacional determinará as consequências dessa responsabilidade.

2. Até ao encerramento da liquidação do agrupamento os credores do agrupamento só podem proceder contra um membro para pagamento das dívidas nas condições previstas no n.° 1, após terem pedido esse pagamento ao agrupamento e este não ter sido efectuado em prazo adequado.

Artigo 25.°
(Indicações dos elementos para o exterior)

As cartas, notas de encomenda e documentos semelhantes devem indicar de modo legível:

a) A denominação do agrupamento, recedida ou seguida das palavras "agrupamento europeu de interesse económico" ou das iniciais "AEIE", excepto se essas palavras ou iniciais já figurarem naquela denominação;

b) O local registo referido no artigo 6.° em que o agrupamento se encontra inscrito, bem como o número de inscrição do agrupamento nesse registo;

c) O endereço da sede do agrupamento;

d) Se for caso disso, a menção de que os gerentes devem agir conjuntamente;

e) Se for caso disso, a menção de que o agrupamento está em liquidação por força dos artigos 15.°, 31.°, 32.° ou 36.°.

Qualquer estabelecimento do agrupamento, desde que inscrito em conformidade com o artigo 10.°, deve fazer constar as indicações supra-mencionadas, acompanhadas pelas relativas ao seu próprio registo, nos documentos referidos no primeiro parágrafo do presente artigo, emanados desse estabelecimento.

Artigo 26.°
(Admissão de novos membros)

1. A decisão de admitir novos membros será tomada por unanimidade dos membros do agrupamento.

2. Qualquer novo membro é responsável, nos termos do artigo 24.°, pelas dívidas do agrupamento, incluindo as resultantes da actividade do agrupamento anteriormente à sua admissão.

O novo membro pode ser, no entanto, isento, por uma claúsula do contrato de agrupamento ou do acto de admissão, do pagamento das dívidas contraídas anteriormente à sua admissão. Esta claúsula só é oponível a terceiros, nas condições referidas no n.° 1 do artigo 9.°, se for publicada em conformidade com o artigo 8.°.

Artigo 27.°
(Exoneração de um membro)

1. Um membro do agrupamento pode exonerar-se nas condições previstas no contrato de agrupamento ou, se este for omisso, com o acordo unânime dos outros membros.

Qualquer membro do agrupamento pode, além disso, exonerar-se com justa causa.

2. Qualquer membro do agrupamento pode ser excluído pelos motivos indicados no contrato de agrupamento e, em qualquer caso, quando faltar gravemente às suas obrigações ou provocar ou ameaçar provocar perturbações graves no funcionamento do agrupamento.

Tal exclusão só pode verificar-se por decisão do tribunal, tomada a pedido conjunto da maioria dos restantes membros, a não ser que o contrato de agrupamento disponha de outro modo.

Artigo 28.°
(Saída de um membro)

1. Qualquer membro do agrupamento deixa de fazer parte deste no momento da sua morte ou no momento em que já não preencher as condições previstas no n.° 1 do artigo 4.°.

Além disso, um Estado-membro pode prever, na sua legislação em matéria de liquidação, dissolução, insolvência ou de cessação de pagamentos, que um membro de agrupamento deixe de a ele pertencer no momento fixado pela referida legislação.

2. Em caso de morte de uma pessoa singular membro do agrupamento, nenhuma outra pessoa pode tomar o seu lugar naquele, excepto nas condições previstas no contrato de agrupamento ou, se este for omisso, com o acordo unânime dos restantes membros.

Artigo 29.°
(Consequência da exoneração ou da saída)

Logo que um membro deixe de fazer parte do agrupamento, o ou os gerentes devem notificar os restantes membros dessa situação; devem igualmente tomar as medidas enunciadas nos artigos 7.° e 8.°. Além disso, qualquer interessado pode tomar as referidas medidas.

Artigo 30.°
(Subsistência do agrupamento)

Salvo disposições do contrato de agrupamento em contrário e sem prejuízo dos direitos adquiridos por uma pessoa por força do n.° 1 do artigo 22.° ou do n.° 2 do artigo 28.°, o agrupamento subsistirá com os restantes membros, após um dos seus membros ter cessado de dele fazer parte, nas condições previstas pelo contrato de agrupamento ou determinadas por decisão unânime dos membros.

Artigo 31.°
(Dissolução por decisão dos membros)

1. O agrupamento pode ser dissolvido por decisão dos seus membros que declare essa dissolução. Esta decisão é tomada por unanimidade, a não ser que o contrato de agrupamento disponha de outro modo.

2. O agrupamento deve ser dissolvido por decisão dos seus membros:

a) Que verifique o decurso do prazo fixado no contrato de agrupamento ou qualquer outra causa de dissolução prevista nesse contrato,

ou

b) Que verifique a realização do objectivo do agrupamento ou a impossibilidade de o prosseguir.

Se, decorridos três meses após a ocorrência de uma das situações referidas no parágrafo anterior, não tiver sido tomada a decisão dos membros que verifica a dissolução do agrupamento, qualquer membro pode solicitar ao tribunal que declare essa dissolução.

3. O agrupamento deve também ser dissolvido por uma decisão dos seus membros ou do membro restante quando as condições do n.° 2 do artigo 4.° já não se encontrarem preenchidas.

4. Após a dissolução do agrupamento por decisão dos seus membros, o ou os gerentes devem proceder à aplicação das medidas enunciadas nos artigos 7.° e 8.°. Além disso, qualquer interessado pode proceder à aplicação das referidas medidas.

Artigo 32.°
(Dissolução por decisão do tribunal)

1. A pedido de qualquer interessado ou de uma autoridade competente, o tribunal deve declarar a dissolução do agrupamento em caso de violação dos artigos 3.° ou 12.° ou do no 3 do artigo 31.°, excepto se a regularização da situação do agrupamento for possível e ocorrer antes da decisão de mérito.

2. A pedido de um membro, o tribunal pode declarar a dissolução do agrupamento por justa causa.

3. Um Estado-membro pode prever que o tribunal possa, a pedido de uma autoridade competente, declarar a dissolução de um agrupamento com sede no Estado a que pertença essa autoridade, em todos os casos em que o agrupamento actue contra o interesse público desse Estado, caso exista essa possibilidade na legislação deste último em relação às sociedades registadas ou a outras entidades jurídicas sujeitas a essa legislação.

Artigo 33.°
(Valor do quinhão do membro que saia)

Quando um membro deixar de fazer parte do agrupamento por causa distinta da cessão dos seus direitos nas condições previstas no n.° 1 do artigo 22.°, o valor dos seus direitos e obrigações será determinado com base no património do agrupamento tal como se apresenta no momento em que esse membro deixe de lhe pertencer.

O valor dos direitos e obrigações do membro que deixa o agrupamento não pode ser fixado antecipadamente.

Artigo 34.°
(Responsabilidade pós-eficaz)

Sem prejuízo do disposto no n.° 1 do artigo 37.°, qualquer membro que deixe de fazer parte do agrupamento continuará responsável, nas condições previstas no artigo 24.°, pelas dívidas resultantes da actividade do agrupamento anteriormente à cessação da sua qualidade de membro.

Artigo 35.°
(Liquidação da agrupamento)

1. A dissolução do agrupamento implicará a sua liquidação.

2. A liquidação do agrupamento e o encerramento dessa liquidação são regulados pelo direito nacional.

3. A capacidade do agrupamento, na acepção do n.° 2 do artigo 1.°, subsiste até ao encerramento da liquidação.

4. O ou os liquidatários procederão à aplicação das medidas enunciadas nos artigos 7.° e 8.°.

Artigo 36.°
(Insolvência e cessação de pagamentos)

Os agrupamentos europeus de interesse económico encontram-se sujeitos às disposições do direito nacional que regulam a insolvência e a cessação dos pagamentos. A instauração de um processo contra um agrupamento por motivo da sua insolvência ou de cessação dos seus pagamentos não implicará, por si só, a instauração de um processo semelhante contra os membros desse agrupamento.

Artigo 37.°
(Prescrição)

1. Qualquer prazo mais longo eventualmente previsto pelo direito nacional aplicável é substituído pelo prazo de prescrição de cinco anos a contar da publicação, nos termos do artigo 8.°, da saída de um membro do agrupamento, quanto às acções contra esse membro, relativas às dívidas decorrentes da actividade do agrupamento anteriormente à cessação da sua qualidade de membro.

2. Qualquer prazo mais longo eventualmente previsto pelo direito nacional aplicável é substituído pelo prazo de prescrição de cinco anos a contar da publicação, nos termos do artigo 8.°, do encerramento da liquidação do agrupamento, quanto às acções contra um membro do agrupamento relativas às dívidas decorrentes da actividade desse agrupamento.

Artigo 38.°
(Actividade contrária ao interesse público)

Sempre que um agrupamento exercer, num Estado-membro, uma actividade contrária ao interesse público desse Estado, uma autoridade competente desse Estado pode proibir tal actividade. A decisão da autoridade competente deve ser susceptível de recurso perante uma autoridade jurisdicional.

Artigo 39.°
(Aspectos de registo e de publicação)

1. Os Estados-membros designarão o ou os registos competentes para proceder ao registo referido nos artigos 6.° e 10.° e determinarão as regras que lhe aplicáveis. Fixarão as condições sob que se deve efectuar a apresentação dos documentos referidos nos artigos 7.° e 10.°. Assegurar-se-ão de que actos e indicações referidos no artigo 8.° sejam publicados no boletim oficial adequado do Estado-membro em que o agrupamento tenha a sua sede, e podem prever as modalidades de publicação dos actos e indicações referidos na alínea c) do artigo 8.°.

Além disso, os Estados-membros velarão por que qualquer pessoa possa tomar conhecimento, no registo competente por força do artigo 6.° ou, se for caso disso, do artigo 10.°, dos documentos referidos no artigo 7.° e obter, mesmo por correio, cópia integral ou parcial dos mesmos.

Os Estados-membros podem prever o pagamento das despesas inerentes às operações referidas nos parágrafos anteriores, mas o montante dessas despesas não pode ser superior ao seu custo administrativo.

2. Os Estados-membros assegurar-se-ão de que as indicações que devem ser publicadas no Jornal Oficial das Comunidades Europeias por força do artigo 11.° são comunicadas ao Serviço das Publicações Oficiais das Comunidades Europeias no mês seguinte à publicação no boletim oficial referido no n.° 1.

3. Os Estados-membros devem prever sanções adequadas em caso de não cumprimento do disposto nos artigos 7.°, 8.° e 10.° em matéria de publicidade e em caso de não cumprimento do disposto no artigo 25.°.

Artigo 40.°
(Lucros tributáveis)

Os lucros ou perdas resultantes da actividade do agrupamento só são tributáveis a nível dos seus membros.

Artigo 41.°
(Comunicações à Comissão)

1. Os Estados-membros tomarão as medidas exigidas por força do artigo 39.° antes de 1 de Julho de 1989. Comunicá-las-ão imediatamente à Comissão.

2. Os Estados-membros comunicarão à Comissão, a título informativo, as categorias de pessoas singulares, sociedades e outras entidades jurídicas que excluam da participação em agrupamentos nos termos do n.° 4 do artigo 4.°.

Artigo 42.°
(Comité de Contacto)

É instituído junto da Comissão, a partir da adopção do presente regulamento, um Comité de Contacto. A sua função consiste em:

a) Facilitar, sem prejuízo do disposto nos artigos 169.° e 170.° do Tratado, a aplicação do presente regulamento através de consultas regulares relativas, nomeadamente, aos problemas concretos suscitados pela sua aplicação;

b) Aconselhar, se necessário, a Comissão sobre os aditamentos ou alterações a fazer ao presente regulamento.

2. O Comité de Contacto é composto por representantes dos Estados-membros, bem como por representantes da Comissão.

A presidência será assegurada por um representante da Comissão.

O secretariado será assegurado pelos serviços da Comissão.

3. O Comité de Contacto é convocado pelo seu presidente, quer por sua própria iniciativa, quer a pedido de um dos seus membros.

Artigo 43.°
(*Vacatio* e aplicação directa)

O presente regulamento entra em vigor no terceiro dia seguinte ao da sua publicação no Jornal Oficial das Comunidades Europeias.

O presente regulamento é aplicável a partir de 1 de Julho de 1989, com excepção dos artigos 39.°, 41.° e 42.°, aplicáveis desde a entrada em vigor do presente regulamento.

O presente regulamento é obrigatório em todos os seus elementos e directamente aplicável em todos os Estados-membros.

Feito em Bruxelas em 25 de Julho de 1985.

Pelo Conselho
O Presidente

J. Poos

192. **A preparação**

I. A ideia do agrupamento europeu de interesse económico ou AEIE adveio do *groupement d'intérêt economique* francês, de 1967, ou GIE.

O GIE surgiu em França mercê de certas características do Direito francês da época e em função do ambiente expansionista que se vivia, antes do choque petrolífero de 1973.

Pretendia-se apurar um sistema de organização privada que permitisse às empresas actuar num mercado mais alargado. E designadamente, procurou-se que elas pudessem desenvolver serviços comuns, tais como gabinetes de investigação, locais de venda e escritórios de exportação, sem perda de autonomia e sem os dispêndios requeridos por estruturas tradicionais.

Ainda na época, entendia-se, em França, que a constituição de sociedades era muito complexa e dispendiosa, enquanto o recurso a associações seria juridicamente insuficiente, dadas as limitações que, sobre elas, impendiam.

Procurando resolver esta problemática, foi aprovado o esquema do GIE: algures entre a sociedade e a associação, ele procuraria colmatar a lacuna apontada[1105].

Os GIE foram instituídos pela Ordonança n.° 67-821, de 23-Set.-1967. Seriam organizações dotadas de personalidade jurídica, ainda que com uma capacidade relativamente limitada: a necessária para prolongar a actividade económica dos seus membros. As partes interessadas disporiam de liberdade na sua configuração, mau grado determinados vectores imperativos. A iniciativa conheceu, em França, um vivo sucesso: de 1969 a 1973 foram criados mais de 1000 por ano. Com a crise de 1974, a cifra baixou para 800. Houve um certo relançar, em 1989, seguido de novo declínio, a que não é estranha a aparição de formas societárias mais leves, como a SAS ou *société anonyme simplifiée*. Em 2002, ainda estavam, em França, recenseadas 16 846 GIE[1106]. Algumas iniciativas europeias de êxito, como a *Airbus Industries* foram, inicialmente, um GIE de Direito francês[1107].

[1105] Cf., com indicações, PHILIPPE MERLE, *Sociétés commerciales*, 9.ª ed. cit., 735.

[1106] Os números constam de MERLE, *Sociétés commerciales*, 9.ª ed. cit., 736-737.

[1107] Agrupando a *Aérospatiale* francesa, a *British Aerospace*, a *Deutsche Airbus/MBB* e a *CASA* espanhola. Este GIE seria transformado em SAS, em 2000.

II. O êxito dos GIE franceses levou a que outros países adoptassem esquemas similares. Assim sucedeu, entre nós, com os agrupamentos complementares de empresas (ACE), aprovados pela Lei n.° 4/73, de 4 de Junho e regulados pelo Decreto-Lei n.° 430/73, de 25 de Agosto. Além disso, a sua aptidão para congregarem empresas de vários países europeus cedo se tornou patente. As instituições europeias procuraram aproveitar a ideia[1108]. Ela tornou-se tanto mais sedutora quanto é certo que o projecto de sociedade europeia, de 1970, encontrou pela frente dificuldades inultrapassáveis. Ora um esquema tipo GIE representaria algo de bastante mais simples: excelente oportunidade para relançar a ideia de tipos societários europeus[1109].

III. Após um projecto de 1971[1110], foi apresentada, pela Comissão, uma proposta para a criação do agrupamento europeu de interesse económico, em 21-Dez.-1973[1111]. Após parecer de conformidade do Comité Económico e Social, de 27-Fev.-1975[1112] e voto do Parlamento, de 14-Jun.-1977[1113], surgiu uma proposta modificada, de 12-Abr.-1978[1114].

O tema foi ainda estudado, entre 1982 e 1985, pelo Grupo das Questões Económicas do Conselho[1115]. A proposta seria aprovada, com modificações, como Regulamento n.° 2137/85, do Conselho, de 25-Jul.-1985.

[1108] Karl Gleichmann, *Europäische Wirtschaftliche Interessenvereinigung*, ZHR 149 (1985), 633-650 (633 ss.), Klaus Abmeier, *Die Europäische Wirtschaftliche Interessenvereinigung und nationales Recht*, NJW 1986, 2987-2991 (1987/II) e Eugenio Alby/Sergio Maiorca, *GEIE/Gruppo europeo di interesse economico* (1998), 14 ss..

[1109] Cf., quanto às origens do AEIE, Anton J. Lentner, *Das Gesellschaftsrecht der Europäischen Wirtschaftlichen Interessenvereinigung (EWIV)/Das Gesellschaftsrecht und die steuerlichen Grundlage der EWIV mit Sitz in der Bundesrepublik Deutschland* (1991), 29 ss., Gerhard Manz, em Paul Selbherr/Gerhard Manz, *Kommentar zur Europäischen Wirtschaftlichen Interessenvereinigung (EWIV)* (1995), 6 ss. e Harald Bramigk, *Der Zweck der Europäischen Wirtschaftlichen Interessenvereinigung (EWIV)* (2002), 75 ss..

[1110] Bramigk, *Der Zweck der EWIV* cit., 91 ss..

[1111] JOCE N.° C-14, 30-35, de 15-Fev.-1974, então em vinte artigos.

[1112] JOCE N.° C-108, 46-51, de 15-Mai.-1975, com um anexo.

[1113] JOCE N.° C-163, 17-24, de 11-Jul.-1977, com várias indicações de alteração.

[1114] JOCE N.° C-103, 4-15, de 28-Abr.-1978.

[1115] Abmeier, *Die EWIV* cit., 2988.

§ 46.° Sistema e conteúdo

193. Sistema; aspectos gerais

I. O Regulamento n.° 2137/85, de 25 de Julho, abrange 43 artigos[1116]. Apesar de ele não o fazer, poderemos ordenar a matéria em grupos, semelhantes a capítulos ou secções. Assim:

I – Aspectos gerais (1.° a 4.°);
II – Contrato, registo e publicidade (5.° a 11.°, 15.° e 25.°);
III – Sede (12.° a 14.°);
IV – Órgãos (16.° a 20.°);
V – Lucros, participações e responsabilidade (21.° a 24.°);
VI – Entrada e saída de membros (26.° a 30, 33.° e 34.°);
VII – Dissolução e liquidação (31.°, 32.°, e 35.° a 38.°);
VIII – Disposições finais (39.° a 43.°).

Parece evidente que o legislador europeu podia ter chegado a uma arrumação mais harmónica.

II. Quanto aos aspectos gerais, relevamos:

Artigo 1.° Agrupamento Europeu de Interesse Económico;
Artigo 2.° Lei aplicável;
Artigo 3.° Objectivo; actividades excluídas;
Artigo 4.° Membros do agrupamento.

[1116] Cf., quanto ao Regulamento, CHRISTIAN MÜLLER-GUGENBERGER, *EWIV – Die Neue europäische Gesellschaftsform*, NJW 1989, 1449-1458 (1449/I) e WOLF-GEORG FRH. VON RECHENBERG, *Die EWIV – Ihr Sein und Werden*, ZGR 1992, 299-313 (299).

O AEIE é apresentado, pelo artigo 1.°/2, como tendo capacidade para, em seu próprio nome, ser titular de direitos e de obrigações de qualquer natureza, para celebrar contratos ou praticar outros actos jurídicos e estar em juízo, a partir da data do registo previsto no artigo 6.°. Perante isso, ele tem personalidade jurídica. Todavia, o artigo 1.°/3 remeteu para os Estados-membros o saber se eles têm personalidade jurídica.

A razão deste melindre é simples. O AEIE, como veremos, acaba por ser uma espécie de sociedade em nome colectivo, modificada[1117]. Esse tipo social não vem sendo considerado, na Alemanha como noutros países, como dotado de personalidade colectiva ou, pelo menos, personalidade colectiva plena. Daí resultaria que a própria personalidade colectiva do AEIE seria duvidosa[1118].

O Regulamento n.° 2137/85 não quis tomar posição: donde a fórmula elíptica do artigo 1.°/2 e 3. Pelo Direito português, o problema não se põe: o AEIE tem, seguramente, personalidade colectiva: *vide* o artigo 1.° do Decreto-Lei n.° 148/90, de 9 de Maio. O legislador italiano chegou à solução oposta: a da não-personalidade[1119].

III. A lei aplicável é a lei do Estado da sede (2.°/1). Ficam ressalvadas as leis pessoais dos intervenientes[1120]. Compreende-se: embora o Regulamento seja directamente aplicável, há menos aspectos circundantes que requerem todo um ordenamento completo: algo que, de momento, só os Estados podem oferecer.

Como foi dito, em vários Países saiu legislação de adaptação ao AEIE. No caso português, esse foi o papel do Decreto-Lei n.° 148/90, de 9 de Maio[1121]. Fala-se na aplicação limitada do Direito dos Estados-membros[1122].

1117 Desde já: GERD FEY, *Rechnungslegungs- und Prüfungspflichten Europäischer Wirtschaftlicher Interessenvereinigungen*, DB 1992, 233-237 (236/II).

1118 HELMUT KOLLHOSSER/ANSELM RADDATZ, *Die Europäische Wirtschaftliche Interessenvereinigung (EWIV)*, JA 1989, 10-16 (14/I).

1119 ALBY/MAIORCA, *GEIE* cit., 141; as sociedades em nome colectivo não são personalizadas, no actual Direito italiano.

1120 Cf. MANZ, no SELBHERR/MANZ, *Kommentar zur EWIV* cit., 27 ss..

1121 Quanto aos outros países, um apanhado consta de SELBHERR/MANZ, *Kommentar* cit., 223 ss. e, mais precisamente: INGRID MEUSSEN, Bélgica, 223-264; OLE NORGAARD, Dinamarca, 265-293; GERHARD MANZ, Alemanha, 295-393; IONNIS LAZOS, Grécia, 395-411; URSULA WESTWEBER, Espanha, 413-474; NICOLE SCHLOTER, França, 475-487; HOWARD LINNANE, Irlanda, 489-542; PETER GRONE, Itália, 543-562; JUBST NEUSS, Luxemburgo, 563-592; HARRY FERMENT, Holanda, 593-616; RUTH BREITENFELD, Portugal, 617-631; e JOHN E. RHODER, Grã-Bretanha e Irlanda do Norte, 633-685.

1122 GLEICHMANN, *EWIV* cit., 648; cf. ABMEIER, *Die EWIV und nationales Recht* cit., 2991/I.

III. O AEIE visa facilitar ou desenvolver a actividade económica dos seus membros e melhorar ou aumentar os resultados dessa actividade; não procura realizar lucros para si próprio – 3.°/1. O n.° 2 exclui do seu âmbito as seguintes situações[1123]:

- exercer directa ou indirectamente o controlo de outras empresas ou de actividades desta;
- deter participações sociais;
- empregar mais de 500 assalariados[1124];
- conceder determinados empréstimos;
- ser membro de um AEIE.

Só podem ser membro de um AEIE sociedades e comerciantes (4.°/1), no mínimo de dois, de Estados diferentes (4.°/2), podendo os Estados-membros limitar ao máximo de vinte (4.°/3). Certas categorias podem ser excluídas de poder pertencer a AEIE, pelos Estados-membros[1125].

194. **Contrato, registo e publicidade**

I. No domínio dos preceitos relativos ao contrato de agrupamento, ao seu registo e à publicidade, relevamos:

Artigo 5.° Elementos do contrato;
Artigo 6.° Local de registo;
Artigo 7.° Elementos sujeitos a registo;
Artigo 8.° Elementos a publicar;
Artigo 9.° Elementos oponíveis; actos anteriores ao registo;
Artigo 10.° Estabelecimento situado noutro Estado;

[1123] Cf. BRAMIGK, *Der Zweck der EWIV* cit., 146 ss., MÜLLER-GUGENBERGER, *EWIV* cit., 1453/II, KARLHEINZ AUTENRIETH, *Die inländische Europäische Wirtschaftliche Interessenvereinigung (EWIV) als Gestaltungsmittel*, BB 1989, 305-310 (306), CHRISTIAN GLORIA/ALEXANDER KARBOWSKI, *Die Europäische Wirtschaftliche Interessenvereinigung (EWIV) – Rechtsgrundlagen, Zweck und Unternehmensgegenstand sowie Gründung einer EWIV mit Sitz in der Bundesrepublik*, WM 1990, 1313-1322 (1316/II) e FRIEDRICH KLEIN-BLENKERS, *Wirtschaftliche Bedeutung und rechtliche Fragen zur Europäischen Wirtschaftlichen Interessenvereinigung*, DB 1994, 2224-2226 (2225): trata-se de um ponto delicado, no regime do AEIE.

[1124] A razão desta limitação tem a ver com a co-gestão; acima dessa cifra e pela lógica do Projecto modificado de 5.ª Directriz, haveria que montar um esquema de co-gestão; a assim ser, ainda hoje estaríamos à espera dos AEIE.

[1125] Quanto ao preceito, MANZ, no SELBHERR/MANZ, *Kommentar zur EWIV* cit., 35 ss..

Artigo 11.° Publicação no JOCE;
Artigo 15.° Nulidade do agrupamento;
Artigo 25.° Indicação de elementos para o exterior.

Como se vê, os artigos 11.° e 25.° estão desalinhados, na lógica do sistema interno do Regulamento n.° 2137/85.

II. Quanto aos elementos do contrato (5.°) encontramos a denominação (ou firma, quando o agrupamento tenha natureza comercial) com a sigla AEIE[1126], a sede, o objectivo, os elementos atinentes aos membros e a duração, quando não seja indeterminada.

O registo[1127] ocorre no Estado da sede (6.°), com as determinações a realizar nos termos do artigo 39.°. Além disso, estão sujeitos a registo os elementos elencados no artigo 7.°: alterações ao contrato, criação ou supressão de estabelecimentos, nomeação de gerentes, dissolução e outros[1128]. Também devem ser feitas as publicações habitualmente exigidas às sociedades (8.°).

Os actos sujeitos a registo e não registados podem ser inoponíveis a terceiros, nos termos da 1.ª Directriz (9.°/1). Os actos praticados antes do registo do AEIE e não assumidos por este, responsabilizam os seus autores, solidária e ilimitadamente (9.°/2).

O estabelecimento em Estado que não o da sua sede deve ser registado naquele Estado, apresentando-se os necessários elementos.

Alguns elementos essenciais do AEIE, designadamente a sua constituição e a sua extinção, devem ser publicados no JOCE.

III. A nulidade – ou anulação – de um AEIE deve ser declarada por decisão judicial, segundo o Direito do Estado da sede (15.°/1), implicando a sua liquidação (15.°/2) e sendo oponível a terceiros de acordo com as regras do registo[1129].

As cartas, notas de encomenda, e documentos semelhantes devem indicar os elementos atinentes ao AEIE (25.°).

1126 FRH. VON RECHENBERG, *Die EWIV* cit., 302 e ALBY/MAIORCA, *GEIE* cit., 31 ss..

1127 Com elementos, SELBHERR/MANZ, *Kommentar zur EWIV* cit., 69 ss.. Cf. ROBERT WEIMAR/ /UDO A. DELP, *Die Europäische Wirtschaftliche Interessenvereinigung (EWIV) in rechtlicher und steuerlicher Sicht*, WPg 1989, 89-99 (93/I).

1128 *Idem*, 80 ss..

1129 SCHWARZ, *Europäisches Gesellschaftsrecht* cit., 635 ss..

195. **Sede e órgãos**

I. A sede deve situar-se na Comunidade, devendo ser fixada no lugar da administração central do agrupamento ou de um dos seus membros, ou no local da principal actividade de um destes, quando seja pessoa singular – 12.°.

A sede pode ser transferida dentro da Comunidade (13.°) devendo, para tanto, ser seguida a complexa regulamentação do artigo 14.°[1130].

Os órgãos do agrupamento "... são os membros agindo colegialmente e o ou os gerentes" – 16.°/1, 1.ª parte. O contrato do agrupamento pode prever outros órgãos[1131].

Em princípio, cada membro tem um voto; o contrato pode consignar votos plurais, desde que nenhum membro tenha a maioria (17.°/1). Para deliberar sobre matérias sensíveis, exige-se unanimidade (17.°/2). Os membros têm o direito de obter dos gerentes informações sobre os negócios do agrupamento (18.°).

III. O agrupamento é gerido por uma ou mais pessoas singulares, aplicando-se-lhes as incompatibilidades dos administradores das sociedades (19.°/1). Os Estados-membros podem admitir uma pessoa colectiva como gerente desde que esta designe um representante singular permanente (19.°/2). O poder de representação compete aos gerentes, em termos que podem ser regulados pelo contrato (20.°).

196. **Lucros, responsabilidade e entrada e saída de membros**

I. Os lucros e os encargos são repartidos pelos membros na proporção acordada no contrato ou, no silêncio deste, em partes iguais (21.°). O agrupamento não pode fazer apelo ao investimento público (23.°): emitir acções ou obrigações, como exemplos.

Os membros do agrupamento respondem ilimitada e solidariamente pelas dívidas daquele; a responsabilidade em causa é, porém, subsidiária (18.°/1 e 2)[1132].

[1130] Lentner, *Das Gesellschaftsrecht der EWIV* cit., 131 ss..

[1131] Lentner, *Das Gesellschaftsrecht der EWIV* cit., 95 ss..

[1132] Selbherr/Manz, *Kommentar zur EWIV* cit., 116 ss. e Autenrieth, *Die inländische EWIV* cit., 309/I. Cf. Alby/Maiorca, *GEIE* cit., 187, quanto à subsidiariedade.

II. A cedência de participações no agrupamento exige autorização unânime dos restantes membros (22.°/1). Essa autorização também é necessária para a constituição de uma garantia sobre a participação (22.°/2).

Igualmente se exige o acordo unânime de todos para a entrada de novos membros (26.°/1) e para a saída dos existentes, salvo cláusula do contrato que preveja outro esquema (27.°). Qualquer membro deixa de fazer parte do agrupamento por morte ou por deixar de preencher as condições necessárias para a pertença ao agrupamento; prevêem-se, ainda, outras circunstâncias que a tanto conduzem (28.°), procedendo-se à notificação dos restantes (29.°) e subsistindo o agrupamento com eles, salvo cláusula em contrário (30.°).

III. Quando um membro saia que não por cessão, o valor do seu quinhão é determinado na base do património do agrupamento no momento considerado (33.°). O membro que saia continua responsável pelas dívidas do agrupamento, nos termos do artigo 34.°.

197. **Dissolução e disposições finais**

I. O agrupamento pode dissolver-se por decisão dos seus membros (31.°) ou por decisão do Tribunal (32.°): um esquema bastante semelhante ao previsto para as sociedades.

A dissolução do agrupamento obriga à sua liquidação, nos termos regulados pela lei nacional (35.°). A mesma lei nacional regula, ainda, a insolvência e a cessação de pagamentos do agrupamento (36.°). Prevê-se um prazo de prescrição de cinco anos com as especificações do artigo 37.°.

II. A autoridade competente de cada Estado pode proibir actividades do agrupamento contrárias ao interesse público, desde que com recurso para os tribunais (38.°).

III. No tocante a disposições finais, bastamo-nos com o seu levantamento:

Artigo 39.° Aspectos de registo e de publicações;
Artigo 40.° Lucros tributáveis;
Artigo 41.° Comunicações à Comissão;
Artigo 42.° Comité de contacto;
Artigo 43.° *Vacatio* e aplicação directa.

§ 47.° Natureza e apreciação geral

198. Regime e natureza

I. O AEIE rege-se, como vimos, pelo Regulamento n.° 2137/85 e, ainda, pelo Direito nacional. No caso português, dispõe o Decreto-Lei n.° 148/90, de 9 de Maio, que veio complementar o regime comunitário. De notar o artigo 11.° desse diploma, que admite a transformação de um AEIE em ACE, quando faltem alguns dos seus requisitos. O Decreto-Lei n.° 1/91, de 5 de Janeiro, precedido pela autorização legislativa aprovada pela Lei n.° 45/90, de 11 de Agosto, prevê diversas sanções penais, aplicáveis no âmbito do AEIE.

Dispõe o artigo 12.° do Decreto-Lei n.° 148/90:

> São aplicáveis aos agrupamentos europeus de interesse económico com sede contratual em Portugal as normas estabelecidas pela lei portuguesa para o agrupamento complementar de empresas em tudo o que se não encontre previsto no Regulamento (CEE) n.° 2137/85, do Conselho, de 25 de Julho de 1985, nem no presente diploma.

Por seu turno, os ACE são regulados pela Lei n.° 4/73, de 4 de Junho e pelo Decreto-Lei n.° 430/73, de 25 de Agosto. Este último dispõe, no seu artigo 20.°, epigrafado "Direito subsidiário":

> No caso de omissão da lei e deste regulamento, são aplicáveis aos agrupamentos complementares de empresas as disposições que regem as sociedades comerciais em nome colectivo.

Estas surgem nos artigos 175.° a 196.°, do Código das Sociedades Comerciais, regendo-se, depois, pelo Direito subsidiário aplicável.

II. Resulta, destes dispositivos, um sistema de fontes[1133] de alguma complexidade. Aos AEIE com sede em Portugal, aplicam-se, sucessivamente:

– o Regulamento n.° 2137/85;
– o Decreto-Lei n.° 148/90;
– a Lei n.° 4/73;
– o Decreto-Lei n.° 430/73;
– os artigos 175.° a 196.° do Código das Sociedades Comerciais;
– as regras sobre o contrato de sociedade, do Código Civil.

III. Tecnicamente, o AEIE é uma sociedade: civil ou, quando tenha por objecto a prática de actos de comércio, comercial – cf. o artigo 3.°/2 do Decreto-Lei n.° 148/90, de 9 de Maio.

E no universo das sociedades, ele surge – tal como o ACE – quanto à forma como uma sociedade em nome colectivo adaptada[1134]: basta ver a natureza fortemente pessoal das posições dos seus membros e a responsabilidade ilimitada em que estes incorrem. E o regime das sociedades em nome colectivo tem aplicação subsidiária.

IV. O AEIE tem uma nacionalidade: a da sede. O Direito que se lhe aplica não é uniforme, em toda a União: depende do Estado da sede. Apresenta uma especial proximidade mercê do tronco comum que lhe advém do Regulamento. Não mais do que isso.

Poderemos considerá-lo como uma forma nacional, com uma especial intensidade de aplicação do Direito europeu.

199. **Valoração**

I. Na visão oficial da Comissão, o AEIE teria cinco vantagens[1135]:

– seria transnacional;
– aproveitaria sinergias;

[1133] Ainda com outros elementos, SCHWARZ, *Europäisches Gesellschaftsrecht* cit., 587-592.

[1134] Cf. AUTENRIETH, *Die isländische EWIV* cit., 310/II e FEY, *Rechnungslegungs- und Prüfungspflichten EWIV* cit., 236/II.

[1135] Comissão Europeia (CHRISTOS PAPOUTSIS), *Die EWIV als Instrument der grenzüberschreitenden Kooperation*, 2.ª ed. (1999), 12 ss..

– seria dotado de especial flexibilidade;
– teria capacidade jurídica e daria garantias;
– dispensaria auxílios e actuações complementares.

A flexibilidade tem sido confirmada[1136], embora seja evidente a limitação do raio de actuação destas entidades. No terreno, a sua consagração é limitada.

Em 1991, estavam recenseados, na Comunidade, 224 AEIE: 78 (35%) na Bélgica[1137], 59 na Holanda, 43 em França, 21 na Alemanha, 14 no Reino Unido, 4 em Espanha, 2 na Dinamarca, e 1 na Irlanda, em Portugal e em Itália[1138]. Em 1993 são reportados 471, dos quais 153 na Bélgica, 140 em França e 36 na Alemanha[1139]; em 1997, 741: 209 na Bélgica, 178 em França, 86 no Reino Unido, 65 na Alemanha, 57 na Holanda, 44 em Espanha, 38 em Itália, 22 no Luxemburgo, 17 em Portugal, 7 na Suécia e na Grécia, 6 na Irlanda e 1 na Áustria[1140]. Em 2004, GRUNDMANN aponta, na Alemanha, 130 AEIE, contra 535 000 sociedades por quotas e 5 600 sociedades anónimas[1141].

No total, em 2003, haverá 1 400 AEIE na Europa, das quais a maioria em França e na Bélgica.

Em Portugal, a evolução do número de AEIE é a seguinte[1142]:

	1993	1994	1995	1996	1997	1998	1999	2000	2001	2002
AEIE Civil	3	4	6	8	8	8	9	9	7	10
AEIE Comercial	1	1	4	4	4	3	4	5	5	5
AEIE Total	4	5	10	12	12	11	13	14	12	15

1136 WEIMAR/DELP, *Die EWIV* cit., 99/I.

1137 Com 52 em Bruxelas: especialmente, escritórios de advogados.

1138 FRH. VON RECHENBERG, *Die EWIV* cit., 300-301.

1139 KLEIN-BLENKERS, *Wirtschaftliche Bedeutung und rechtliche Fragen zur EWIV* cit., 2225/I.

1140 HANS-WERNER NEYE, *Die Europäische wirtschaftliche Interessenvereinigung/eine Zwischenbilanz*, DB 1997, 861-863 (861/II)

1141 GRUNDMANN, *Europäisches Gesellschaftsrecht* cit., 505.

1142 Indicações dadas pelo Instituto Nacional de Estatística. As indicações relativas aos postos de trabalho e ao volume de negócios, em 1993 e em 1994 não são disponibilizadas pelo INE: consideradas confidenciais.

Quanto a indicadores totais relativos aos AEIE, em Portugal, podemos apontar a evolução seguinte:

	1995	1996	1997	1998	1999	2000	2001	2002
Postos de trabalho	34	43	48	45	47	49	107	190
Volume de negócios (em milhares de contos)	6.489	8.710	13.436	13.056	13.799	13.431	15.107	17.344

II. Não sendo elevado, o número de AEIE sempre denota interesse pela figura. Alguma doutrina alemã considera o AEIE como uma iniciativa sem valor (Lutter) ou, até, como um fracasso (Grundmann). Outros autores ponderam essa figura em termos menos pessimistas[1143].

Na verdade, as cautelas postas pela Comissão Europeia na confecção de tipos societários transnacionais são exacerbadas. Para além da primazia das soberanias nacionais, parece imperar a ideia de que tudo é fraude, fuga e manobra. O AEIE tem, assim, um perfil deprimido, que lhe retira muita da sua utilidade. Fica, porém, como uma primeira experiência de tipo social europeu.

1143 Cf. Grundmann, *Europäisches Gesellschaftsrecht* cit., 505, Kollhosser/Raddatz, *Die EWIV* cit., 15/II e 16/I e Neye, *Die EWIV* cit., 863/II.

CAPÍTULO II

SOCIETAS EUROPAEA (SE)

SECÇÃO I

OS TEXTOS

§ 48.° O Regulamento n.° 2157/2001 e a Directriz n.° 2001/86

200. Texto do Regulamento n.° 2157/2001, de 8 de Outubro

REGULAMENTO (CE) N.° 2157/2001 DO CONSELHO

de 8 de Outubro de 2001

relativo ao estatuto da sociedade europeia (SE)[1144]

O CONSELHO DA UNIÃO EUROPEIA,

Tendo em conta o Tratado que institui a Comunidade Europeia, nomeadamente o artigo 308.°,

Tendo em conta a proposta da Comissão (1),

Tendo em conta o parecer do Parlamento Europeu (2),

[1144] JOCE N.° L-294, 2-21, de 10-Nov.-2001.

Tendo em conta o parecer do Comité Económico e Social [3],

(1) JO C 263 de 16.10.1989, p. 41 e JO C 176 de 8.7.1991, p. 1.
(2) Parecer de 4 de Setembro de 2001 (ainda não publicado no Jornal Oficial).
(3) JO C 124 de 21.5.1990, p. 34.

Considerando o seguinte:

(1) A realização do mercado interno e a consequente melhoria da situação económica e social no conjunto da Comunidade, implicam, além da eliminação dos entraves às trocas comerciais, uma adaptação das estruturas de produção à escala da Comunidade. Para esse efeito, é indispensável que as empresas cuja actividade não se limite à satisfação de necessidades puramente locais possam conceber e promover a reorganização das suas actividades a nível comunitário.

(2) Essa reorganização pressupõe que lhes seja proporcionada a possibilidade de congregar o seu potencial, através de operações de fusão. No entanto, essas operações só se podem realizar na observância das regras de concorrência do Tratado.

(3) A realização de operações de reestruturação e de cooperação que envolvam empresas de Estados-Membros diferentes depara com dificuldades de ordem jurídica, fiscal e psicológica. A aproximação do direito das sociedades dos Estados-Membros através de directivas baseadas no artigo 44.° do Tratado pode remediar algumas dessas dificuldades. Essa aproximação não dispensa, no entanto, as empresas sujeitas a legislações diferentes de optar por uma forma de sociedade regulada por uma determinada legislação nacional.

(4) O quadro jurídico em que as empresas devem exercer as suas actividades na Comunidade, continua a basear-se, sobretudo, nas legislações amplamente nacionais, e não se coaduna com o quadro económico em que devem desenvolver-se para permitir a realização dos objectivos enunciados no artigo 18.° do Tratado. Essa situação pode constituir um entrave considerável ao agrupamento de sociedades de Estados-Membros diferentes.

(5) Os Estados-Membros são obrigados a assegurar que as disposições aplicáveis às sociedades europeias por força do presente regulamento não resultem numa discriminação das sociedades europeias em relação às sociedades anónimas em virtude de um tratamento injustificadamente diferente, nem em restrições desproporcionadas à formação de uma sociedade europeia ou à transferência da sua sede.

(6) É essencial fazer corresponder, tanto quanto possível, a unidade económica e a unidade jurídica da empresa na Comunidade. Convém, para o efeito, prever a constituição, em paralelo com as sociedades sujeitas a um determinado direito nacional, de sociedades cuja constituição e funcionamento estejam sujeitas à legislação resultante de um regulamento comunitário directamente aplicável em todos os Estados-Membros.

(7) As disposições de um tal regulamento permitirão a criação e a gestão de sociedades de dimensão europeia sem os entraves resultantes da disparidade e da aplicação territorial limitada do direito nacional das sociedades.

(8) O estatuto da sociedade anónima europeia, adiante designada "SE", figura entre os actos a adoptar pelo Conselho antes de 1992, constantes do Livro Branco da Comissão sobre a realização do mercado interno, aprovado pelo Conselho Europeu de Junho de 1985 em Milão. Na reunião de Bruxelas, em 1987, o Conselho Europeu manifestou o desejo de que esse estatuto fosse rapidamente criado.

(9) Desde a apresentação pela Comissão, em 1970, da proposta de regulamento relativo ao estatuto das sociedades anónimas europeias, alterada em 1975, os trabalhos de aproximação do direito nacional das sociedades progrediram de forma notável, de tal modo que, no caso da SE, é possível remeter para a legislação das sociedades anónimas do Estado-Membro da sede da SE, nos domínios em que o funcionamento desta não exija regras comunitárias uniformes.

(10) O objectivo essencial prosseguido pelo regime jurídico das SE exige, pelo menos e sem prejuízo das necessidades económicas que possam surgir no futuro, que se possa constituir uma SE tanto para permitir que sociedades de Estados-Membros diferentes realizem uma fusão ou criem uma "holding", como para facultar, às sociedades e a outras pessoas colectivas que exerçam uma actividade económica e estejam sujeitas à legislação de Estados-Membros diferentes, a possibilidade de criarem filiais comuns.

(11) Nesse mesmo espírito, é conveniente permitir às sociedades anónimas com a sua sede e sua administração central na Comunidade transformarem-se em SE sem terem de se dissolver, desde que essas sociedades tenham uma filial num Estado-Membro que não o da sua sede.

(12) As disposições nacionais aplicáveis às sociedades anónimas que fazem apelo à subscrição pública de acções e as aplicáveis às transacções de títulos devem igualmente aplicar-se às SE constituídas com apelo a subscrição pública de acções e às SE que pretendam utilizar esses instrumentos financeiros.

(13) A própria SE deve assumir a forma de uma sociedade de capitais por acções, o que, do ponto de vista do financiamento e da gestão, responde melhor às necessidades das empresas que exercem a sua actividade a nível europeu. Para assegurar que essas sociedades tenham uma dimensão razoável, convém fixar um capital mínimo que garanta que essas sociedades disponham de um património suficiente, sem no entanto dificultar a constituição de SE por pequenas e médias empresas.

(14) A SE deve ter uma gestão eficaz e uma fiscalização adequada. Deve-se ter em conta o facto de que existem actualmente na Comunidade dois sistemas diferentes de administração de sociedades anónimas. Embora permitindo à SE escolher entre os dois sistemas, deve-se traçar uma delimitação clara entre as responsabilidades das pessoas encarregadas da gestão e as das pessoas responsáveis pela fiscalização.

(15) Por força das regras e princípios gerais de Direito Internacional Privado, quando uma empresa controla outra sujeita a uma ordem jurídica diferente, os seus direitos e obrigações em matéria de protecção dos accionistas minoritários e de terceiros regulam-se pelo direito a que está sujeita a empresa controlada, sem prejuízo das obrigações a que está submetida a empresa que exerce o controlo por força das disposições do direito ao qual está sujeita, por exemplo, em matéria de elaboração de contas consolidadas.

(16) Sem prejuízo das consequências de uma posterior coordenação do direito dos Estados-Membros, não é actualmente necessária uma regulamentação específica para a SE neste domínio. Devem-se, portanto, aplicar as regras e princípios gerais, tanto nos casos em que a SE exerce o controlo como nos casos em que a SE é a sociedade controlada.

(17) Deve-se especificar o regime efectivamente aplicável nos casos em que a SE seja controlada por outra empresa e remeter, para este efeito, para o direito aplicável às sociedades anónimas no Estado-Membro da sede da SE.

(18) Cada Estado-Membro é obrigado a aplicar às infracções ao disposto no presente regulamento as sanções relativas às sociedades anónimas sujeitas à sua legislação.

(19) As regras relativas ao envolvimento dos trabalhadores na SE constam da Directiva 2001/86/CE do Conselho, de 8 de Outubro de 2001, que completa o estatuto da Sociedade Europeia no que respeita ao envolvimento dos trabalhadores (4). Essas disposições constituem consequentemente um complemento indissociável do presente regulamento e devem poder ser aplicadas concomitantemente.

(4) Ver p. 22 do presente Jornal Oficial.

(20) O presente regulamento não abrange outras áreas do direito, como a fiscalidade, a concorrência, a propriedade intelectual e a insolvência. Por conseguinte, as disposições do direito dos Estados-Membros e do direito comunitário são aplicáveis nessas áreas bem como noutras não abrangidas pelo presente regulamento.

(21) A Directiva 2001/86/CE visa garantir aos trabalhadores o direito de envolvimento nas questões e decisões que afectam a vida da SE. As outras questões de direito social e de direito do trabalho, nomeadamente o direito à informação e à consulta dos trabalhadores, tal como previsto nos Estados-Membros, regulam-se pelas disposições nacionais aplicáveis, nas mesmas condições, às sociedades anónimas.

(22) A entrada em vigor do regulamento deve ser diferida para permitir a todos os Estados-Membros a transposição para o direito nacional das disposições da Directiva 2001/86/CE e a prévia criação dos mecanismos necessários para garantir a constituição e o funcionamento das SE que tenham a sede no seu território, de forma a que o regulamento e a directiva possam ser aplicados concomitantemente.

(23) Uma sociedade cuja administração central não se situe na Comunidade deve ser autorizada a participar na criação de uma SE, desde que aquela tenha sido constituída segundo o direito de um Estado-Membro, tenha a sua sede nesse Estado-Membro e uma conexão efectiva e continuada com a economia de um Estado-Membro, de acordo com os princípios estabelecidos no Programa Geral para a Supressão das Restrições à Liberdade de Estabelecimento, de 1962. Essa conexão existe, designadamente, quando a sociedade tenha um estabelecimento nesse Estado-Membro e realize operações a partir dele.

(24) A SE deve poder transferir a sua sede para outro Estado-Membro. A devida protecção dos interesses dos accionistas minoritários que se oponham à transferência, dos cre-

dores e dos titulares de outros direitos deverá ser proporcionada. A transferência não deverá afectar os direitos antes constituídos.

(25) O presente regulamento não antecipa qualquer disposição, que possa ser incluída na Convenção de Bruxelas de 1968 ou em qualquer texto adoptado pelos Estados-Membros ou pelo Conselho para substituir essa Convenção, relativa às regras de competência aplicáveis em caso de transferência da sede de uma sociedade anónima de um Estado-Membro para outro.

(26) As actividades das instituições financeiras regulam-se por directivas específicas e as disposições nacionais de transposição dessas directivas, bem como as normas nacionais complementares que regulam essas actividades são plenamente aplicáveis a uma SE.

(27) Dada a natureza específica e comunitária da SE, o regime da sede real escolhido para a SE pelo presente regulamento não prejudica as legislações dos Estados-Membros nem antecipa as opções a fazer quanto a outros textos comunitários em matéria de direito das sociedades.

(28) O Tratado não prevê, para a aprovação do presente regulamento, outros poderes de acção para além dos do artigo 308.°

(29) Como os objectivos da acção proposta, enunciados supra, não podem ser suficientemente realizados pelos Estados-Membros, na medida em que se trata da criação da SE a nível europeu, e podem, pois, devido à sua dimensão e aos seus efeitos, ser melhor realizados ao nível comunitário, a Comunidade pode tomar medidas, nos termos do princípio da subsidiariedade previsto nesse artigo 5.° do Tratado. Segundo o princípio da proporcionalidade, previsto no mesmo artigo, o presente regulamento não excede o necessário para alcançar aqueles objectivos,

APROVOU O PRESENTE REGULAMENTO:

TÍTULO I
DISPOSIÇÕES GERAIS

Artigo 1.°

1. Podem ser constituídas, no território da Comunidade, sociedades sob a forma de sociedades anónimas europeias (Societas Europaea, a seguir designada por "SE"), nas condições e de acordo com as regras previstas no presente regulamento.

2. A SE é uma sociedade com o capital dividido em acções. Cada accionista é responsável apenas até ao limite do capital que tenha subscrito.

3. A SE tem personalidade jurídica.

4. O envolvimento dos trabalhadores na SE é regulado pela Directiva 2001/86/CE.

Artigo 2.°

1. As sociedades anónimas referidas no Anexo I, constituídas segundo o Direito de um Estado-Membro e que tenham a sua sede e a sua administração central na Comunidade, podem constituir uma SE por meio de fusão, se pelo menos duas delas se regularem pelo Direito de Estados-Membros diferentes.

2. As sociedades anónimas e as sociedades de responsabilidade limitada referidas no Anexo II, constituídas segundo o Direito de um Estado-Membro e que tenham a sua sede e a sua administração central na Comunidade, podem promover a constituição de uma SE "holding", se pelo menos duas delas:

a) Se regularem pelo Direito de Estados-Membros diferentes, ou

b) Tiverem, há pelo menos dois anos, uma filial regulada pelo Direito de outro Estado-Membro ou uma sucursal situada noutro Estado-Membro.

3. As sociedades, na acepção do segundo parágrafo do artigo 48.° do Tratado, bem como outras entidades jurídicas de direito público ou privado, constituídas segundo o Direito de um Estado-Membro e que tenham a sua sede e a sua administração central na Comunidade, podem constituir uma SE/filial, mediante subscrição das suas acções, se pelo menos duas delas:

a) Se regularem pelo Direito de Estados-Membros diferentes, ou

b) Tiverem, há pelo menos dois anos, uma filial regulada pelo Direito de outro Estado-Membro ou uma sucursal situada noutro Estado-Membro.

4. Uma sociedade anónima, constituída segundo o Direito de um Estado-Membro e que tenha a sua sede e a sua administração central na Comunidade, pode transformar-se em SE desde que tenha há pelo menos dois anos uma filial regulada pelo Direito de outro Estado-Membro.

5. Um Estado-Membro pode prever que uma sociedade que não tenha a sua administração central na Comunidade possa participar na constituição de uma SE, desde que aquela se tenha constituído segundo o Direito de um Estado-Membro, tenha a sede nesse Estado-Membro e uma conexão efectiva e continuada com a economia de um Estado-Membro.

Artigo 3.°

1. Para efeitos dos n.°s 1, 2 e 3 do artigo 2.°, a SE é considerada uma sociedade anónima regulada pelo Direito do Estado-Membro onde tem a sua sede.

2. A própria SE pode constituir uma ou mais filiais sob a forma de SE. As disposições do Estado-Membro da sede da SE filial que exijam que uma sociedade anónima tenha mais do que um accionista não são aplicáveis à SE filial. As disposições legislativas nacionais adoptadas nos termos da Décima-segunda Directiva 89/667/CEE do Conselho, de 21 de Dezembro de 1989, em matéria de direito das sociedades relativa às sociedades (5) de responsabilidade limitada com um único sócio são aplicáveis mutatis mutandis às SE.

(5) JO L 395 de 30.12.1989, p. 40. Directiva com a última redacção que lhe foi dada pelo Acto de Adesão de 1994.

Artigo 4.°

1. O capital da SE é expresso em euros.

2. O capital subscrito deve ser de, pelo menos, 120000 euros.

3. A legislação de um Estado-Membro que preveja um capital subscrito mais elevado para as sociedades que exerçam determinados tipos de actividade é aplicável às SE que tenham a sua sede nesse Estado-Membro.

Artigo 5.°

Sob reserva dos n.°s 1 e 2 do artigo 4.°, o capital da SE, a sua conservação e modificação, bem como as acções, as obrigações e outros títulos equiparáveis da SE, regulam-se pelas disposições aplicáveis a uma sociedade anónima com sede no Estado-Membro onde a SE estiver registada.

Artigo 6.°

Para efeitos do presente regulamento, a expressão "estatutos da SE" designa simultaneamente o acto constitutivo e os estatutos propriamente ditos da SE, quando estes sejam objecto de um acto separado.

Artigo 7.°

A sede da SE deve situar-se no território da Comunidade, no mesmo Estado-Membro que a administração central. Além disso, os Estados-Membros podem impor às SE registadas no seu território a obrigação de terem a administração central e a sede no mesmo local.

Artigo 8.°

1. A sede da SE pode ser transferida para outro Estado-Membro nos termos dos n.°s 2 a 13. Essa transferência não origina a dissolução da SE nem a criação de uma nova pessoa colectiva.

2. O órgão de direcção ou de administração deve elaborar um projecto de transferência, que será sujeito a publicidade nos termos do artigo 13.°, sem prejuízo de formas de publicidade adicionais previstas no Estado-Membro da sede. Esse projecto deve indicar a firma, a sede e o número de registo da SE e incluir:

a) A sede proposta para a SE;

b) Os estatutos propostos para a SE, incluindo, se for caso disso, a sua nova firma;

c) As consequências que a transferência poderá ter para o envolvimento dos trabalhadores na SE;

d) O calendário proposto para a transferência;

e) Todos os direitos relativos à protecção dos accionistas e/ou credores.

3. O órgão de direcção ou de administração deve elaborar um relatório que explique e justifique os aspectos jurídicos e económicos da transferência e explique as suas consequências para os accionistas, os credores e os trabalhadores.

4. Pelo menos um mês antes da assembleia geral chamada a pronunciar-se sobre a transferência, os accionistas e os credores da SE têm o direito de analisar, na sede da SE, o projecto de transferência e o relatório elaborado nos termos do n.° 3 e de, a seu pedido, obter gratuitamente cópias desses documentos.

5. No que se refere às SE registadas no seu território, qualquer Estado-Membro pode adoptar disposições destinadas a assegurar uma protecção adequada dos accionistas minoritários que se tenham pronunciado contra a transferência.

6. A decisão de transferência só pode ocorrer dois meses após a publicação do projecto. A decisão deve ser tomada de acordo com as condições previstas no artigo 59.°.

7. Antes de a autoridade competente emitir o certificado a que se refere o n.° 8 e no que respeita a dívidas anteriores à publicação do projecto de transferência, a SE deve provar que os interesses dos credores e titulares de outros direitos em relação a uma SE (incluindo os de entidades públicas) foram devidamente protegidos nos termos das disposições do Estado-Membro onde a SE tem a sua sede antes da transferência.

Os Estados-Membros podem tornar a aplicação do primeiro parágrafo extensiva às dívidas contraídas (ou susceptíveis de ser contraídas) antes da transferência.

O primeiro e segundo parágrafos não prejudicam a aplicação às SE da legislação nacional dos Estados-Membros relativa à satisfação ou garantia dos pagamentos às entidades públicas.

8. No Estado-Membro da sede da SE, deve ser emitido, por um tribunal, notário ou outra autoridade competente, um certificado que comprove de forma concludente o cumprimento dos actos e formalidades prévios à transferência.

9. O novo registo só se pode efectuar mediante a apresentação do certificado mencionado no n.° 8 e a prova do cumprimento das formalidades exigidas para o registo no país da nova sede.

10. A transferência da sede da SE, bem como a alteração dos estatutos que dela decorre, produzem efeitos na data em que, nos termos do artigo 12.°, a SE for inscrita no Registo da nova sede.

11. Quando tiver sido efectuado o novo registo da SE, o Registo da nova inscrição deve notificar o Registo da inscrição anterior. O cancelamento do registo anterior só pode ser efectuado após recepção dessa notificação.

12. O novo registo e o cancelamento do anterior são publicados nos Estados-Membros em questão, nos termos do artigo 13.°.

13. A publicação do novo registo da SE torna a nova sede oponível a terceiros. Todavia, enquanto não se proceder à publicação do cancelamento do registo na conservatória da sede anterior, os terceiros podem continuar a invocar a antiga sede, excepto se a SE provar que aqueles tinham conhecimento da nova sede.

14. A legislação de um Estado-Membro pode prever, em relação às SE nele registadas, que uma transferência de sede de que resulte uma mudança do Direito aplicável não produza

efeitos se, no prazo de dois meses previsto no n.° 6, uma autoridade competente desse Estado-Membro se lhe opuser. Esta oposição só se pode fundamentar em razões de interesse público.

Se a SE for sujeita a fiscalização por uma autoridade nacional de controlo financeiro nos termos das directivas comunitárias, o direito de oposição à mudança de sede aplicável é igualmente aplicável a essa autoridade.

A oposição é susceptível de recurso judicial.

15. Sempre que tenha sido iniciado um processo de dissolução, liquidação, insolvência, suspensão de pagamentos ou outros processos análogos em relação a uma SE, esta não pode transferir a sua sede.

16. Para efeitos de litígios surgidos antes da transferência determinada no n.° 10, considera-se que uma SE que tenha transferido a sua sede para outro Estado-Membro tem a sua sede no Estado-Membro em que estava registada antes da transferência, mesmo quando seja contra ela intentada uma acção depois da transferência.

Artigo 9.°

1. A SE é regulada:

a) Pelo disposto no presente regulamento;

b) Sempre que o presente regulamento o autorize expressamente, pelo disposto nos estatutos da SE;

ou

c) No que se refere às matérias não abrangidas pelo presente regulamento ou, quando uma matéria o for apenas parcialmente, em relação aos aspectos por ele não abrangidos:

i) Pelas disposições legislativas adoptadas pelos Estados-Membros em aplicação de medidas comunitárias que visem especificamente as SE;

ii) Pelas disposições legislativas dos Estados-Membros que seriam aplicáveis a uma sociedade anónima constituída segundo o Direito do Estado-Membro onde a SE tem a sua sede;

iii) Pelas disposições dos estatutos da SE, nas mesmas condições que para as sociedades anónimas constituídas segundo o Direito do Estado-Membro onde a SE tem a sua sede.

2. As disposições legislativas especialmente adoptadas pelos Estados-Membros para a SE devem cumprir o disposto nas directivas aplicáveis às sociedades anónimas referidas no Anexo I.

3. Se a natureza das actividades exercida por uma SE for regulada por disposições específicas de legislação nacional, estas são integralmente aplicáveis à SE.

Artigo 10.°

Sob reserva do disposto no presente regulamento, uma SE é tratada em cada Estado-Membro como uma sociedade anónima constituída segundo o Direito do Estado-Membro onde a SE tem a sua sede.

Artigo 11.°

1. A firma da SE deve ser precedida ou seguida da sigla "SE".

2. Apenas as SE podem incluir a sigla "SE" na sua firma.

3. Todavia, as sociedades ou outras entidades jurídicas registadas num Estado-Membro antes da data de entrada em vigor do presente regulamento não são obrigadas a alterar a sua firma, quando dela conste a sigla "SE".

Artigo 12.°

1. A SE está sujeita a inscrição no Estado-Membro onde tem a sua sede, num Registo designado pela lei desse Estado-Membro, nos termos do artigo 3.° da Directiva 68/151/CEE do Conselho, de 9 de Março de 1968, tendente a coordenar as garantias que, para protecção dos interesses dos sócios e de terceitos, são exigidas nos Estados-Membros às sociedades, na acepção do segundo parágrafo do artigo 58.° do Tratado, a fim de tornar equivalentes essas garantias em toda a Comunidade (6).

2. Uma SE só pode ser registada se se tiver chegado a um acordo sobre o regime de envolvimento dos trabalhadores nos termos do artigo 4.° da Directiva 2001/86/CE, se tiver sido tomada uma decisão nos termos do n.° 6 do artigo 3.° da mesma directiva ou se o período de negociações previsto no artigo 5.° da directiva tiver decorrido sem se ter chegado a um acordo.

3. Para que uma SE possa ser registada num Estado-Membro que tenha usado da faculdade prevista no n.° 3 do artigo 7.° da Directiva 2001/86/CE, é necessário que, nos termos do artigo 4.° da referida directiva, se tenha chegado a um acordo sobre o regime de envolvimento dos trabalhadores, incluindo a participação, ou que nenhuma das sociedades participantes tenha sido regulada por regras de participação antes do registo da SE.

4. Os estatutos da SE não devem em caso algum ser incompatíveis com o regime definido para o envolvimento dos trabalhadores. Quando novas disposições estabelecidas nos termos da Directiva 2001/86/CE forem incompatíveis com os estatutos existentes, estes devem ser alterados na medida do necessário.

Neste caso, os Estados-Membros podem determinar que o órgão de direcção ou de administração da SE tenha o direito de alterar os estatutos sem necessidade de uma nova decisão da assembleia geral de accionistas.

---

(6) JO L 65 de 14.3.1968, p. 8. Directiva com a última redacção que lhe foi dada pela Acto de Adesão de 1994.

Artigo 13.°

Os actos e indicações relativos à SE sujeitos a publicidade nos termos do presente regulamento são dela objecto, nos termos previstos na legislação do Estado-Membro da sede da SE, em cumprimento da Directiva 68/151/CEE.

Artigo 14.°

1. O registo e o cancelamento do registo de uma SE são objecto de um aviso a publicar, para informação, no Jornal Oficial das Comunidades Europeias, após publicidade efectuada nos termos do artigo 13.°. Desse aviso constam a firma, o número, a data e o local de registo da SE, a data, o local e o título da publicação, bem como a sede e o seu sector de actividade da SE.

2. A transferência da sede da SE nas condições previstas no artigo 8.° é igualmente objecto de um aviso, do qual constam as indicações previstas no n.° 1, bem como as relativas ao novo registo.

3. As indicações referidas no n.° 1 são comunicadas ao Serviço de Publicações Oficiais das Comunidades Europeias no prazo de um mês a contar da publicidade prevista no artigo 13.°.

TÍTULO II
CONSTITUIÇÃO

Secção 1
Generalidades

Artigo 15.°

1. Sob reserva do disposto no presente regulamento, a constituição de uma SE regula-se pela legislação aplicável às sociedades anónimas do Estado onde a SE estabelece a sua sede.

2. O registo de uma SE está sujeito a publicidade nos termos do artigo 13.°.

Artigo 16.°

1. A SE adquire personalidade jurídica na data do registo previsto no artigo 12.°.

2. Se tiverem sido praticados actos em nome da SE antes do registo previsto no artigo 12.° e se após esse registo, a SE não assumir as obrigações deles decorrentes, as pessoas singulares, as sociedades ou outras entidades jurídicas que os tiverem praticado serão por eles solidária e ilimitadamente responsáveis, salvo convenção em contrário.

Secção 2

Constituição de uma SE por meio de fusão

Artigo 17.°

1. Uma SE pode ser constituída por meio de fusão, nos termos do n.° 1 do artigo 2.°.

2. A fusão pode ser efectuada:

a) Pelo processo de fusão mediante incorporação, nos termos do n.° 1 do artigo 3.° da Directiva 78/855/CEE [7]; ou

b) Pelo processo de fusão mediante a constituição de uma nova sociedade, nos termos do n.° 1 do artigo 4.° da mesma directiva.

No caso de fusão mediante incorporação, a sociedade incorporante assume a forma de SE em simultâneo com a fusão. No caso de fusão mediante a constituição de uma nova sociedade, a SE é a nova sociedade.

---

(7) Terceira Directiva 78/855/CEE do Conselho, de 9 de Outubro de 1978, fundada na alínea g) do n.° 3, do artigo 54.°, do Tratado e relativa à fusão das sociedades anónimas. (JO L 295 de 20.10.1978, p. 36). Directiva com a última redacção que lhe foi dada pelo Acto de Adesão de 1994.

Artigo 18.°

Em relação às matérias não abrangidas pela presente Secção ou, quando uma matéria o for apenas parcialmente, em relação aos aspectos por ela não abrangidos, cada sociedade participante na constituição de uma SE por meio de fusão está sujeita às disposições do Estado-Membro de que depende, aplicáveis à fusão de sociedades anónimas nos termos da Directiva 78/855/CEE.

Artigo 19.°

A legislação de um Estado-Membro pode prever que uma sociedade regulada pelo Direito desse Estado-Membro não possa participar na constituição de uma SE por meio de fusão, se uma autoridade competente desse Estado-Membro se lhe opuser antes da emissão do certificado referido no n.° 2 do artigo 25.°.

Essa oposição só se pode fundamentar em razões de interesse público e é susceptível de recurso judicial.

Artigo 20.°

1. Os órgãos de direcção ou de administração das sociedades que pretendam fundir-se elaboram um projecto de fusão. Esse projecto inclui:

a) A firma e a sede das sociedades que se fundem, bem como as previstas para a SE;

b) A relação de troca das acções e, se for caso disso, o montante de uma eventual compensação;

c) As regras de entrega das acções da SE;

d) A data a partir da qual essas acções conferem o direito de participação nos lucros, bem como qualquer regra especial relativa a esse direito;

e) A data a partir da qual as operações das sociedades que se fundem são consideradas, do ponto de vista contabilístico, como efectuadas por conta da SE;

f) Os direitos conferidos pela SE aos accionistas que gozem de direitos especiais e aos portadores de títulos diferentes das acções, ou as medidas previstas em relação aos mesmos;

g) Quaisquer vantagens especiais atribuídas aos peritos que estudam o projecto de fusão, bem como aos membros dos órgãos de administração, de direcção, de fiscalização ou de controlo das sociedades que se fundem;

h) Os estatutos da SE;

i) Informações sobre os procedimentos seguidos para estabelecer as disposições relativas ao envolvimento dos trabalhadores nos termos da Directiva 2001/86/CE.

2. As sociedades que se fundem podem acrescentar outros elementos ao projecto de fusão.

Artigo 21.°

Em relação a cada uma das sociedades que se fundem, e sob reserva de exigências suplementares impostas pelo Estado-Membro de que depende a sociedade em questão, devem ser publicadas as seguintes indicações no órgão oficial desse Estado-Membro:

a) A forma, a firma e a sede das sociedades que se fundem;

b) O Registo em que foram depositados os actos referidos no n.° 2 do artigo 3.° da Directiva 68/151/CEE relativos a cada uma das sociedades que se fundem, bem como o número de inscrição nesse Registo;

c) A indicação das regras de exercício dos direitos dos credores da sociedade em questão, estabelecidas nos termos do artigo 24.°, bem como o endereço em que podem ser obtidas, gratuitamente, informações exaustivas sobre essas regras;

d) A indicação das regras de exercício dos direitos dos accionistas minoritários da sociedade em questão, estabelecidas nos termos do artigo 24.°, bem como o endereço em que podem ser obtidas, gratuitamente, informações exaustivas sobre essas regras;

e) A firma e a sede previstas para a SE.

Artigo 22.°

Em alternativa ao recurso a peritos que actuem por conta de cada uma das sociedades que se fundem, um ou mais peritos independentes, na acepção do artigo 10.° da Directiva 78/855/CEE, designados para o efeito; e a pedido conjunto dessas sociedades; por uma autoridade judicial ou administrativa do Estado-Membro de que depende uma das sociedades que se fundem ou a futura SE, podem examinar o projecto de fusão e elaborar um relatório único destinado a todos os accionistas.

Os peritos têm o direito de pedir a cada uma das sociedades que se fundem todas as informações que considerem necessárias para o desempenho das suas funções.

Artigo 23.°

1. A assembleia geral de cada uma das sociedades que se fundem aprova o projecto de fusão.

2. O envolvimento dos trabalhadores na SE é decidido nos termos da Directiva 2001/86/CE. A assembleia geral de cada uma das sociedades que se fundem pode sujeitar o registo da SE à ratificação expressa do regime assim decidido.

Artigo 24.°

1. O Direito do Estado-Membro de que depende cada uma das sociedades que se fundem é aplicável, tal como no caso da fusão de sociedades anónimas de responsabilidade limitada, tendo em conta o carácter transfronteiriço da fusão, no que respeita à protecção dos interesses:

a) Dos credores das sociedades que se fundem;

b) Dos obrigacionistas das sociedades que se fundem;

c) Dos portadores de títulos, com excepção de acções, aos quais sejam inerentes direitos especiais nas sociedades que se fundem.

2. Um Estado-Membro pode adoptar, em relação às sociedades que se fundem e que são reguladas pelo seu Direito, disposições destinadas a assegurar uma protecção adequada dos accionistas minoritários que se tenham pronunciado contra a fusão.

Artigo 25.°

1. O controlo da legalidade da fusão é efectuado, em relação à parte do processo relativa a cada sociedade que se funde, nos termos da legislação aplicável à fusão de sociedades anónimas no Estado-Membro de que a sociedade depende.

2. Em cada Estado-Membro interessado, é emitido por um tribunal, um notário ou outra autoridade competente um certificado que comprove de forma concludente o cumprimento dos actos e formalidades prévias à fusão.

3. Se o Direito de um Estado-Membro a que esteja sujeita uma sociedade que se funda previr um processo de análise e alteração da relação de troca das acções ou um processo de compensação dos accionistas minoritários, sem impedir o registo da fusão, esse processo aplica-se apenas se, ao aprovarem o projecto de fusão nos termos do n.° 1 do artigo 23.°, as restantes sociedades que se fundem, situadas em Estados-Membros cuja legislação não previa esse tipo de processo, aceitarem explicitamente a possibilidade de os accionistas da sociedade que se funda recorrerem a esse processo. Nesse caso, o tribunal, o notário ou outra autoridade competente pode emitir o certificado referido no n.° 2, mesmo que o referido processo já tenha tido início. No entanto, o certificado deve mencionar a existência de um processo pendente. A decisão decorrente do processo é vinculativa para a sociedade incorporante e para o conjunto dos seus accionistas.

Artigo 26.°

1. O controlo da legalidade da fusão é efectuado, em relação à parte do processo relativa à fusão e à constituição da SE, por um tribunal, por um notário ou por qualquer outra autoridade do Estado-Membro da futura sede da SE, competente para controlar este aspecto da legalidade da fusão de sociedades anónimas.

2. Para esse efeito, cada sociedade que se funda remete a essa autoridade o certificado referido no n.° 2 do artigo 25.°, num prazo de seis meses a contar da sua emissão, assim como uma cópia do projecto de fusão, aprovado pela sociedade.

3. A autoridade referida no n.° 1 certifica-se, em especial, de que as sociedades que se fundem aprovaram um projecto de fusão nos mesmos termos, e de que o regime relativo ao envolvimento dos trabalhadores foi definido nos termos da Directiva 2001/86/CE.

4. A mesma autoridade certifica-se igualmente de que a constituição da SE preenche as condições estabelecidas na legislação do Estado-Membro da sede, nos termos do artigo 15.°.

Artigo 27.°

1. A fusão e a constituição simultânea da SE produzem efeitos na data do registo da SE nos termos do artigo 12.°.

2. A SE só pode ser registada após o cumprimento de todas as formalidades previstas nos artigos 25.° e 26.°.

Artigo 28.°

Em relação às sociedades que se fundem, a realização da fusão deve ser sujeita a publicidade, efectuada nos termos da legislação de cada Estado-Membro, em cumprimento do artigo 3.° da Directiva 68/151/CEE.

Artigo 29.°

1. A fusão realizada nos termos do n.° 2, alínea a), do artigo 17.° implica ipso jure e simultaneamente os seguintes efeitos:

a) A transferência global do património activo e passivo de cada uma das sociedades incorporadas para a sociedade incorporante;

b) Os accionistas da sociedade incorporada tornam-se accionistas da sociedade incorporante;

c) A sociedade incorporada deixa de existir;

d) A sociedade incorporante assume a forma de SE.

2. A fusão realizada nos termos do n.° 2, alínea b), do artigo 17.°, implica ipso jure e simultaneamente os seguintes efeitos:

a) A transferência global do património activo e passivo das sociedades que se fundem para a SE;

b) Os accionistas das sociedades que se fundem tornam-se accionistas da SE;

c) As sociedades que se fundem deixam de existir.

3. Sempre que, em caso de fusão de sociedades anónimas, a legislação de um Estado-Membro imponha formalidades especiais em relação à oponibilidade a terceiros da transferência de determinados bens, direitos e obrigações das sociedades que se fundem, essas formalidades são aplicáveis e devem ser cumpridas pelas sociedades que se fundem, ou pela SE a partir da data do seu registo.

4. Os direitos e obrigações das sociedades participantes em matéria de condições de trabalho, decorrentes da legislação, das práticas e dos contratos individuais de trabalho ou relações de trabalho a nível nacional, existentes à data do registo, são transferidos para a SE no momento do registo e em consequência do mesmo.

Artigo 30.°

A nulidade de uma fusão na acepção do n.° 1 do artigo 2.° não pode ser declarada se a SE tiver sido registada.

A falta de controlo da legalidade da fusão nos termos dos artigos 25.° e 26.° pode constituir fundamento para a dissolução da SE.

Artigo 31.°

1. Quando uma fusão, nos termos do n.° 2, alínea a), do artigo 17.°, for realizada por uma sociedade que detenha todas as acções e outros títulos que confiram direitos de voto na assembleia geral de outra sociedade, não é aplicável o disposto no n.° 1, alíneas b), c) e d) do artigo 20.°, no artigo 22.° e no n.° 1, alínea b), do artigo 29.° São contudo aplicáveis as

disposições nacionais a que esteja sujeita cada uma das sociedades que se fundem e que regulam as fusões de sociedades anónimas nos termos do artigo 24.° da Directiva 78/855/CEE.

2. Quando uma fusão mediante incorporação seja efectuada por uma sociedade que detenha 90 % ou mais, mas não a totalidade, das acções ou outros títulos que confiram direitos de voto na assembleia geral de outra sociedade, os relatórios do órgão de direcção ou de administração, os relatórios de um ou mais peritos independentes, bem como os documentos necessários ao controlo só são exigíveis na medida em que o sejam pela legislação nacional que regula a sociedade incorporante ou pela legislação nacional que regula a sociedade incorporada.

No entanto, os Estados-Membros podem determinar que o presente número se possa aplicar quando uma sociedade detenha acções que confiram 90 % ou mais, mas não a totalidade, dos direitos de voto.

Secção 3
Constituição de uma SE "holding"

Artigo 32.°

1. Uma SE pode ser constituída nos termos do n.° 2 do artigo 2.°.

As sociedades que promovam a constituição de uma SE, nos termos do n.° 2 do artigo 2.°, continuam a existir.

2. Os órgãos de direcção ou de administração das sociedades que promovem a operação elaboram, nos mesmos termos, um projecto de constituição da SE. Esse projecto deve conter um relatório explicativo e justificativo dos aspectos jurídicos e económicos da constituição e indicar as consequências da adopção da forma de SE para os accionistas e para os trabalhadores. Esse projecto inclui ainda as indicações previstas no n.° 1, alíneas a), b), c), f), g), h) e i), do artigo 20.° e fixa a percentagem mínima de acções ou quotas de cada uma das sociedades que promovem a operação com que os accionistas devem contribuir para a constituição da SE. Essa percentagem deve corresponder a um número de acções que confira mais do que 50 % dos direitos de voto permanentes.

3. Em relação a cada uma das sociedades que promovem a operação, o projecto de constituição da SE está sujeito a publicidade, de acordo com as regras previstas na legislação de cada Estado-Membro, nos termos do artigo 3.° da Directiva 68/151/CEE, pelo menos um mês antes da data da reunião da assembleia geral que se deve pronunciar sobre a operação.

4. Um ou mais peritos independentes das sociedades que promovem a operação, nomeados ou aprovados por uma autoridade judicial ou administrativa do Estado-Membro de que depende cada sociedade segundo as disposições nacionais adoptadas em execução da Directiva 78/855/CEE, examinam o projecto de constituição elaborado nos termos do n.° 2 e apresentam um relatório escrito destinado aos accionistas de cada sociedade. Por acordo entre as sociedades que promovem a operação, pode ser elaborado um relatório

escrito para os accionistas do conjunto das sociedades, por um ou mais peritos independentes nomeados ou aprovados por uma autoridade judicial ou administrativa do Estado-Membro de que depende uma das sociedades que promovem a operação ou a futura SE, segundo as disposições nacionais adoptadas em execução da Directiva 78/855/CEE.

5. O relatório deve indicar as dificuldades específicas de avaliação e declarar se a relação prevista de troca das acções ou das quotas é ou não pertinente e razoável, indicando os métodos seguidos para a sua determinação e a adequação desses métodos ao caso em apreço.

6. A assembleia geral de cada uma das sociedades que promovem a operação aprova o projecto de constituição da SE.

O envolvimento dos trabalhadores na SE é decidido nos termos da Directiva 2001/86/CE. A assembleia geral de cada uma das sociedades que promovem a operação pode sujeitar o registo da SE à ratificação expressa do regime assim decidido.

7. O disposto no presente artigo é aplicável, mutatis mutandis, às sociedades de responsabilidade limitada.

Artigo 33.°

1. Os accionistas ou os detentores de quotas das sociedades que promovem a operação dispõem de um prazo de três meses durante o qual podem comunicar às sociedades promotoras a intenção de contribuir com as suas acções ou quotas para a constituição da SE. Esse prazo corre a contar da data em que o projecto de constituição da SE tenha sido definitivamente aprovado nos termos do artigo 32.°.

2. A SE só está constituída se, no termo do prazo referido no n.° 1, os accionistas ou os detentores de quotas das sociedades que promovem a operação tiverem contribuído com a percentagem mínima de acções ou de quotas de cada sociedade fixada de acordo com o projecto de formação e se todas as outras condições tiverem sido preenchidas.

3. Se as condições para a constituição da SE tiverem sido preenchidas nos termos do n.° 2, esse facto é, em relação a cada uma das sociedades promotoras, sujeito a publicidade, segundo as regras previstas no Direito nacional que regula cada uma dessas sociedades e adoptadas nos termos do artigo 3.° da Directiva 68/151/CEE.

Os accionistas ou os detentores de quotas das sociedades que promovem a operação que, no prazo referido no n.° 1, não tenham comunicado a intenção de colocar as suas acções ou quotas à disposição das sociedades promotoras com vista à constituição da SE beneficiam de um prazo suplementar de um mês para o fazer.

4. Os accionistas ou os detentores de quotas que tenham contribuído com os seus títulos para a constituição da SE recebem acções desta.

5. A SE apenas pode ser registada mediante prova do cumprimento das formalidades referidas no artigo 32.° e das condições referidas no n.° 2 do presente artigo.

Artigo 34.°

Os Estados-Membros podem adoptar, em relação às sociedades que promovem a operação, disposições destinadas a assegurar a protecção dos accionistas minoritários que se opõem à operação, dos credores e dos trabalhadores.

Secção 4
Constituição de uma SE "filial"

Artigo 35.°

Uma SE pode ser constituída nos termos do n.° 3 do artigo 2.°

Artigo 36.°

São aplicáveis às sociedades ou outras entidades jurídicas que participem na operação as disposições que regulam a sua participação na constituição de uma filial que assuma a forma de uma sociedade anónima nos termos do direito nacional.

Secção 5
Transformação de uma sociedade anónima em SE

Artigo 37.°

1. Uma SE pode ser constituída nos termos do n.° 4 do artigo 2.°.

2. Sem prejuízo do disposto no artigo 12.°, a transformação de uma sociedade anónima em SE não dá origem à dissolução nem à criação de uma nova pessoa colectiva.

3. A sede não pode ser transferida de um Estado-Membro para outro no momento da transformação, nos termos do artigo 8.°.

4. O órgão de direcção ou de administração da sociedade em questão elabora um projecto de transformação e um relatório que explique e justifique os aspectos jurídicos e económicos da transformação e assinale as consequências da adopção da forma de SE para os accionistas e para os trabalhadores.

5. O projecto de transformação será sujeito a publicidade segundo as regras previstas na legislação de cada Estado-Membro, nos termos do artigo 3.° da Directiva 68/151/CEE, pelo menos um mês antes da data da reunião da assembleia geral chamada a pronunciar-se sobre a transformação.

6. Antes da assembleia geral referida no n.° 7, um ou mais peritos independentes nomeados ou aprovados, segundo as disposições nacionais adoptadas em execução do artigo 10.° da Directiva 78/855/CEE, por uma autoridade judicial ou administrativa do Estado de que

depende a sociedade que se transforma em SE, devem atestar, nos termos da Directiva 77/91/CEE do Conselho (8), mutatis mutandis, que a sociedade dispõe de activos líquidos correspondentes pelo menos ao capital, acrescido das reservas que não podem ser distribuídas nos termos legais ou estatutários.

7. A assembleia geral da sociedade em questão aprova o projecto de transformação e os estatutos da SE. A decisão da assembleia geral deve ser tomada nas condições previstas nas disposições nacionais adoptadas em execução do artigo 7.° da Directiva 78/855/CEE.

8. Os Estados-Membros podem sujeitar uma transformação a um voto favorável, por maioria qualificada ou por unanimidade, dos membros do órgão da sociedade a transformar e em que está organizada a participação dos trabalhadores.

9. Os direitos e obrigações da sociedade a transformar em matéria de condições de trabalho, decorrentes da legislação, das práticas e dos contratos individuais de trabalho ou das relações de trabalho a nível nacional, existentes à data do registo, são transferidos para a SE no momento do seu registo.

(8) Directiva 77/91/CEE do Conselho, de 13 de Dezembro de 1976, tendente a coordenar as garantias que, para protecção dos interesses dos sócios e de terceiros, são exigidas nos Estados-Membros às sociedades, na acepção do segundo parágrafo do artigo 58.° do Tratado, no que respeita à constituição da sociedade anónima, bem como à conservação e às modificações do seu capital social, a fim de tornar equivalentes essas garantias em toda a Comunidade (JO L 26 de 31.1.1977, p. 1). Directiva com a última redacção que lhe foi dada pelo Acto de Adesão de 1994.

TÍTULO III
ESTRUTURA DA SE

Artigo 38.°

A SE inclui, nas condições previstas no presente regulamento:

a) Uma assembleia geral de accionistas e

b) Um órgão de fiscalização e um órgão de direcção (sistema dualista), ou um órgão de administração (sistema monista), consoante a opção adoptada nos estatutos.

Secção 1
Sistema dualista

Artigo 39.°

1. O órgão de direcção é responsável pela gestão da SE. Qualquer Estado-Membro pode prever que a responsabilidade da gestão corrente incumba a um ou a vários directores-gerais, nas mesmas condições que para as sociedades anónimas com sede no seu território.

2. O ou os membros do órgão de direcção são nomeados e destituídos pelo órgão de fiscalização.

No entanto, os Estados-Membros podem prever, ou permitir que os estatutos prevejam, que o ou os membros do órgão de direcção sejam nomeados e destituídos pela assembleia geral nas mesmas condições que os das sociedades anónimas com sede no seu território.

3. Ninguém pode ser simultaneamente membro do órgão de direcção e do órgão de fiscalização da SE. No entanto, o órgão de fiscalização pode, em caso de vaga, designar um dos seus membros para exercer as funções de membro do órgão de direcção. No decurso desse período, as funções da pessoa em questão como membro do órgão de fiscalização são suspensas. Os Estados-Membros podem prever que esse período seja limitado no tempo.

4. O número de membros do órgão de direcção ou as regras para a sua determinação são fixados nos estatutos da SE. No entanto, os Estados-Membros podem fixar um número mínimo e/ou máximo de membros.

5. Na falta de disposições relativas a um sistema dualista no que se refere às sociedades anónimas com sede no respectivo território, os Estados-Membros podem adoptar as medidas adequadas em relação às SE.

Artigo 40.°

1. O órgão de fiscalização controla a gestão assegurada pelo órgão de direcção. O órgão de fiscalização não tem competência própria em matéria de gestão da SE.

2. Os membros do órgão de fiscalização são nomeados pela assembleia geral. Todavia, os membros do primeiro órgão de fiscalização podem ser designados nos estatutos. A presente disposição é aplicável sem prejuízo do disposto no n.° 4 do artigo 47.° ou, se for caso disso, das disposições em matéria de participação dos trabalhadores estabelecidas nos termos da Directiva 2001/86/CE.

3. O número de membros do órgão de fiscalização ou as regras para a sua determinação são definidos nos estatutos. Todavia, os Estados-Membros podem fixar o número de membros do órgão de fiscalização das SE registadas no seu território, ou um número mínimo e/ou máximo de membros.

Artigo 41.°

1. O órgão de direcção informa o órgão de fiscalização, pelo menos de três em três meses, sobre o andamento dos negócios da SE e a sua evolução previsível.

2. Além da informação periódica prevista no n.° 1, o órgão de direcção comunica em tempo útil ao órgão de fiscalização todas as informações sobre acontecimentos susceptíveis de ter repercussões sensíveis na situação da SE.

3. O órgão de fiscalização pode solicitar ao órgão de direcção qualquer tipo de informações necessárias ao controlo que exerce nos termos do n.° 1 do artigo 40.° Os Estados-

-Membros podem prever que todos os membros do órgão de fiscalização possam igualmente beneficiar desta faculdade.

4. O órgão de fiscalização pode proceder ou mandar proceder às verificações necessárias ao desempenho das suas funções.

5. Todos os membros do órgão de fiscalização podem tomar conhecimento de todas as informações comunicadas a este órgão.

Artigo 42.°

Os membros do órgão de fiscalização elegem entre si um presidente. Se metade dos membros tiver sido designada pelos trabalhadores, só pode ser eleito presidente um membro designado pela assembleia geral de accionistas.

Secção 2
Sistema monista

Artigo 43.°

1. O órgão de administração é responsável pela gestão da SE. Qualquer Estado-Membro pode prever que a responsabilidade da gestão corrente incumba a um ou a vários directores-gerais, nas mesmas condições que para as sociedades anónimas com sede no seu território.

2. O número de membros do órgão de administração ou as regras para a sua determinação são fixados nos estatutos da SE. Todavia, os Estados-Membros podem fixar um número mínimo e, se necessário, máximo, de membros.

No entanto, o órgão de administração deve ser composto por um mínimo de três membros, quando a participação dos trabalhadores na SE esteja organizada nos termos da Directiva 2001/86/CE.

3. O ou os membros do órgão de administração são nomeados pela assembleia geral. Todavia, os membros do primeiro órgão de administração podem ser designados nos estatutos. A presente disposição é aplicável sem prejuízo do n.° 4 do artigo 47.° ou, eventualmente, das disposições em matéria de participação dos trabalhadores estabelecidas nos termos da Directiva 2001/86/CE.

4. Na falta de disposições relativas a um sistema monista no que se refere às sociedades anónimas com sede no respectivo território, os Estados-Membros podem adoptar as medidas adequadas em relação às SE.

Artigo 44.°

1. O órgão de administração reúne-se pelo menos de três em três meses, com uma periodicidade fixada nos estatutos, para deliberar sobre o andamento dos negócios da SE e a sua evolução previsível.

2. Todos os membros do órgão de administração podem tomar conhecimento de todas as informações comunicadas a este órgão.

Artigo 45.°

Os membros do órgão de administração elegem entre si um presidente. Se metade dos membros tiver sido designada pelos trabalhadores, só pode ser eleito presidente um membro designado pela assembleia geral de accionistas.

Secção 3

Regras comuns aos sistemas monista e dualista

Artigo 46.°

1. Os membros dos órgãos da sociedade são nomeados por um período fixado nos estatutos, não superior a seis anos.

2. Salvo restrições previstas nos estatutos, os membros podem ser reconduzidos uma ou mais vezes pelo período fixado nos termos do n.° 1.

Artigo 47.°

1. Os estatutos da SE podem prever que uma sociedade ou outra entidade jurídica possa ser membro de um dos seus órgãos, salvo disposição em contrário da legislação do Estado-Membro da sede da SE aplicável às sociedades anónimas.

A sociedade ou outra entidade jurídica designa uma pessoa singular para o exercício dos poderes no órgão em questão.

2. Não podem ser membros de um órgão da SE, nem representantes de um membro na acepção do n.° 1, as pessoas que:

a) Não possam fazer parte, segundo a legislação do Estado-Membro da sede da SE, do órgão correspondente de uma sociedade anónima regulada pelo Direito desse Estado-Membro,

b) Não possam fazer parte do órgão correspondente de uma sociedade anónima regulada pelo Direito de um Estado-Membro por força de decisão judicial ou administrativa proferida num Estado-Membro.

3. Os estatutos da SE podem fixar condições particulares de elegibilidade para os membros que representam os accionistas, à semelhança do que estiver previsto na legislação do Estado-Membro da sede da SE para as sociedades anónimas.

4. O presente regulamento não prejudica as legislações nacionais que permitem a uma minoria de accionistas ou outras pessoas ou autoridades nomear uma parte dos membros dos órgãos.

Artigo 48.°

1. Os estatutos da SE enumeram as categorias de operações que requerem uma autorização do órgão de direcção por parte do órgão de fiscalização, no sistema dualista, ou uma decisão expressa do órgão de administração, no sistema monista.

Todavia, os Estados-Membros podem prever que, no sistema dualista, o órgão de fiscalização possa, por si, sujeitar certas categorias de operações a autorização.

2. Os Estados-Membros podem determinar as categorias de operações que, no mínimo, devem constar dos estatutos das SE registadas no seu território.

Artigo 49.°

Os membros dos órgãos da SE são obrigados a não divulgar, mesmo após a cessação das suas funções, as informações de que disponham sobre a SE, cuja divulgação seja susceptível de lesar os interesses da sociedade, excepto quando essa divulgação seja exigida ou admitida pelas disposições de direito nacional aplicáveis às sociedades anónimas ou pelo interesse público.

Artigo 50.°

1. Salvo disposição em contrário do presente regulamento ou dos estatutos, as regras internas relativas ao quorum e à tomada de decisões dos órgãos da SE são as seguintes:

a) Quorum: pelo menos metade dos membros devem estar presentes ou representados;

b) Tomada de decisões: terá lugar por maioria dos membros presentes ou representados.

2. Na falta de disposições estatutárias na matéria, o presidente de cada órgão tem voto de qualidade em caso de empate. Não é, todavia, admissível nenhuma disposição estatutária em contrário quando 50 % dos membros do órgão de fiscalização forem representantes dos trabalhadores.

3. Quando a participação dos trabalhadores for organizada nos termos da Directiva 2001/86/CE, qualquer Estado-Membro pode estabelecer que, em derrogação do disposto nos n.°s 1 e 2, o quorum e a tomada de decisões pelo órgão de fiscalização fiquem sujeitos às regras aplicáveis, nas mesmas condições, às sociedades anónimas reguladas pelo Direito do Estado-Membro em questão.

Artigo 51.°

Os membros dos órgãos de direcção, de fiscalização ou de administração respondem, nos termos das disposições do Estado-Membro da sede da SE aplicáveis às sociedades anónimas, pelos prejuízos sofridos pela SE na sequência de qualquer violação por eles cometida das obrigações legais, estatutárias ou outras inerentes às suas funções.

Secção 4
Assembleia geral

Artigo 52.°

A assembleia geral decide sobre as matérias relativamente às quais lhe é atribuída competência específica por força:

a) Do presente regulamento,

b) Das disposições da legislação do Estado-Membro onde a SE tem a sua sede, adoptadas em execução da Directiva 2001/86/CE.

Além disso, a assembleia geral decide sobre as matérias relativamente às quais é atribuída competência à assembleia geral das sociedades anónimas reguladas pelo Direito do Estado-Membro onde a SE tem sua sede, quer pela legislação desse Estado-Membro, quer pelos estatutos da SE de acordo com essa mesma legislação.

Artigo 53.°

Sem prejuízo das regras previstas na presente Secção, a organização e a realização da assembleia geral, bem como os processos de votação, regulam-se pela legislação do Estado-Membro da sede da SE aplicável às sociedades anónimas.

Artigo 54.°

1. A assembleia geral reúne-se pelo menos uma vez por ano civil, num prazo de seis meses a contar do encerramento do exercício, excepto se a legislação do Estado-Membro da sede aplicável às sociedades anónimas que exerçam o mesmo tipo de actividade que a SE previr uma frequência superior. Todavia, os Estados-Membros podem prever que a primeira assembleia geral se possa realizar dentro de um prazo de dezoito meses a contar da constituição da SE.

2. A assembleia geral pode ser convocada em qualquer momento pelo órgão de direcção, pelo órgão de administração, pelo órgão de fiscalização, ou por qualquer outro órgão ou autoridade competente nos termos da legislação nacional do Estado-Membro da sede da SE aplicável às sociedades anónimas.

Artigo 55.°

1. A convocação da assembleia geral e a fixação da ordem de trabalhos podem ser solicitadas por um ou mais accionistas que detenham, em conjunto, acções que representem pelo menos 10 % do capital subscrito, podendo os estatutos ou a legislação nacional prever uma percentagem inferior nas mesmas condições que as aplicáveis às sociedades anónimas.

2. O pedido de convocação deve precisar os pontos a incluir na ordem de trabalhos.

3. Se, na sequência do pedido formulado nos termos do n.° 1, a assembleia geral não se realizar em tempo oportuno ou, de qualquer modo, num prazo máximo de dois meses, a autoridade judicial ou administrativa competente do Estado da sede da SE pode ordenar a sua convocação num determinado prazo ou dar autorização aos accionistas que formularam o pedido, ou a um mandatário dos mesmos. Esta disposição não prejudica as disposições nacionais que eventualmente prevejam a possibilidade de os próprios accionistas procederem à convocação da assembleia geral.

Artigo 56.°

Um ou mais accionistas que detenham, em conjunto, pelo menos 10 % do capital subscrito podem solicitar a inscrição de novos pontos na ordem de trabalhos de uma assembleia geral. Os procedimentos e prazos aplicáveis a este pedido são os fixados na legislação nacional do Estado-Membro da sede da SE ou, na sua falta, nos estatutos da SE. A percentagem acima referida pode ser reduzida pelos estatutos ou pela legislação do Estado-Membro da sede, nas mesmas condições que as aplicáveis às sociedades anónimas.

Artigo 57.°

As decisões da assembleia geral são tomadas por maioria dos votos validamente expressos, excepto se o presente regulamento ou, na sua falta, a legislação aplicável às sociedades anónimas no Estado-Membro da sede da SE exigir uma maioria mais elevada.

Artigo 58.°

Os votos expressos não incluem os votos inerentes às acções relativamente às quais o accionista não tenha tomado parte na votação, se tenha abstido ou dado um voto branco ou nulo.

Artigo 59.°

1. A alteração dos estatutos requer uma decisão da assembleia geral tomada por uma maioria que não pode ser inferior a dois terços dos votos expressos, excepto se a legislação aplicável às sociedades anónimas abrangidas pelo Direito do Estado-Membro da sede da SE previr ou permitir uma maioria mais elevada.

2. Todavia, os Estados-Membros podem prever que, sempre que esteja representado, pelo menos, metade do capital subscrito, seja suficiente a maioria simples dos votos referidos no n.° 1.

3. Qualquer alteração dos estatutos está sujeita a publicidade nos termos do artigo 13.°

Artigo 60.°

1. Sempre que existam diversas categorias de acções, qualquer decisão da assembleia geral é sujeita a uma votação separada para cada categoria de accionistas cujos direitos específicos sejam afectados por essa decisão.

2. Sempre que a decisão da assembleia geral requeira as maiorias de votos previstas nos n.°s 1 ou 2 do artigo 59.°, devem ser exigidas as mesmas maiorias para a votação separada para cada categoria de accionistas cujos direitos específicos sejam afectados pela decisão.

TÍTULO IV
CONTAS ANUAIS E CONTAS CONSOLIDADAS

Artigo 61.°

Sob reserva do disposto no artigo 62.°, a SE está sujeita, no que respeita à elaboração das contas anuais e, se for caso disso, das contas consolidadas, incluindo o relatório de gestão que as acompanha, bem como à sua fiscalização e publicidade, às regras aplicáveis às sociedades anónimas reguladas pelo Direito do Estado-Membro da sua sede.

Artigo 62.°

1. As SE que sejam instituições de crédito ou instituições financeiras estão sujeitas, no que respeita à elaboração das contas anuais e, se for caso disso, das contas consolidadas, incluindo o relatório de gestão que as acompanha, bem como à sua fiscalização e publicidade, às regras previstas no direito interno do Estado-Membro da sede, em execução da Directiva 2000/12/CE do Parlamento Europeu e do Conselho, de 20 de Março de 2000, relativa ao acesso à actividade das instituições de crédito e ao seu exercício (9).

2. As SE que sejam empresas de seguros estão sujeitas, no que respeita à elaboração das contas anuais e, se for caso disso, das contas consolidadas, incluindo o relatório de gestão que as acompanha, bem como à sua fiscalização e publicidade, às regras previstas no direito interno do Estado-Membro da sede, em execução da Directiva 91/674/CEE do Conselho, de 19 de Dezembro de 1991, relativa às contas anuais e às contas consolidadas das empresas de seguros (10).

(9) JO L 126 de 26.5.2000, p. 1.
(10) JO L 374 de 31.12.1991, p. 7.

TÍTULO V
DISSOLUÇÃO, LIQUIDAÇÃO, INSOLVÊNCIA E CESSAÇÃO DE PAGAMENTOS

Artigo 63.°

No que se refere à dissolução, liquidação, insolvência, cessação de pagamentos e processos análogos, a SE está sujeita às disposições legais que seriam aplicáveis a uma sociedade anónima constituída segundo o Direito do Estado-Membro onde a SE tem a sua sede, incluindo as disposições relativas à tomada de decisões pela assembleia geral.

Artigo 64.°

1. Sempre que uma SE deixar de cumprir a obrigação prevista no artigo 7.°, o Estado--Membro da sede da SE adopta as medidas necessárias para obrigar esta a regularizar a situação num prazo determinado:

a) Restabelecendo a sua administração central no Estado-Membro da sede, ou

b) Procedendo à transferência da sede pelo processo previsto no artigo 8.°.

2. O Estado-Membro da sede da SE adopta as medidas necessárias para assegurar a liquidação de uma SE que não proceda à regularização da sua situação nos termos do n.° 1.

3. O Estado-Membro da sede institui um recurso judicial contra todas as infracções verificadas ao artigo 7.° Esse recurso tem efeito suspensivo sobre os procedimentos referidos nos n.°s 1 e 2.

4. Sempre que se verificar, por iniciativa das autoridades ou de qualquer outra parte interessada, que uma SE tem a sua administração central no território de um Estado-Membro em infracção ao artigo 7.°, as autoridades desse Estado-Membro informam imediatamente desse facto o Estado-Membro da sede da SE.

Artigo 65.°

A abertura de um processo de dissolução, liquidação, insolvência ou cessação de pagamentos, bem como o seu encerramento e a decisão de continuação da actividade, estão sujeitas a publicidade nos termos do artigo 13.°, sem prejuízo das disposições de direito interno que imponham medidas de publicidade adicionais.

Artigo 66.°

1. A SE pode ser transformada em sociedade anónima regulada pelo Direito do Estado--Membro da sua sede. A decisão de transformação não pode ser tomada antes de decorridos dois anos a contar da data de registo, nem antes da aprovação das duas primeiras contas anuais.

2. A transformação de uma SE em sociedade anónima não dá lugar à dissolução nem à criação de uma nova pessoa colectiva.

3. O órgão de direcção ou de administração da SE deve elaborar um projecto de transformação e um relatório que explique e justifique os aspectos jurídicos e económicos da transformação e assinale as consequências da adopção da forma de sociedade anónima para os accionistas e para os trabalhadores.

4. O projecto de transformação está sujeito a publicidade, segundo a legislação de cada Estado-Membro, nos termos do artigo 3.° da Directiva 68/151/CEE, pelo menos um mês antes da data da reunião da assembleia geral chamada a pronunciar-se sobre a transformação.

5. Antes da assembleia geral referida no n.° 6, um ou mais peritos independentes designados ou aprovados, segundo as disposições nacionais adoptadas por força do artigo 10.° da Directiva 78/855/CEE, por uma autoridade judicial ou administrativa do Estado-Membro de que depende a SE que se transforma em sociedade anónima, atestam que a sociedade dispõe de activos correspondentes pelo menos ao capital.

6. A assembleia geral da SE aprova o projecto de transformação e os estatutos da sociedade anónima. A decisão da assembleia geral deve ser tomada nas condições previstas nas disposições nacionais adoptadas por força do artigo 7.° da Directiva 78/855/CEE.

TÍTULO VI
DISPOSIÇÕES COMPLEMENTARES E TRANSITÓRIAS

Artigo 67.°

1. Cada Estado-Membro pode, se e enquanto a terceira fase da União Económica e Monetária (UEM) não lhe for aplicável, aplicar às SE com sede no seu território as mesmas disposições que aplica às sociedades anónimas reguladas pelo seu Direito no que se refere à expressão do respectivo capital. A SE pode, de qualquer forma, exprimir o seu capital igualmente em euros. Nesse caso, a taxa de conversão entre a moeda nacional e o euro será a do último dia do mês anterior à constituição da SE.

2. Se e enquanto a terceira fase da UEM não for aplicável ao Estado-Membro da sede da SE, esta pode, todavia, elaborar e publicar as suas contas anuais e, se for caso disso, as suas contas consolidadas em euros. O Estado-Membro pode exigir que as contas anuais e, se for caso disso, as contas consolidadas da SE sejam elaboradas e publicadas na moeda nacional, nas mesmas condições que as previstas para as sociedades anónimas reguladas pelo Direito desse Estado-Membro. Esta disposição não prejudica a possibilidade adicional de a SE publicar as suas contas anuais e, se for caso disso, as suas contas consolidadas, em euros, nos termos da Directiva 90/604/CEE [11].

---

(11) Directiva 90/604/CEE do Conselho, de 8 de Novembro de 1990, que altera a Directiva 78/660/CEE, relativa às contas anuais, e a Directiva 83/349/CEE, relativa às contas consolidadas, no que se refere às derrogações a favor das pequenas e médias sociedades, bem como à publicação das contas em ecus (JO L 317 de 16.11.1990, p. 57).

TÍTULO VII
DISPOSIÇÕES FINAIS

Artigo 68.°

1. Os Estados-Membros tomam as disposições adequadas para garantir a aplicação efectiva do presente regulamento.

2. Cada Estado-Membro designa as autoridades competentes na acepção dos artigos 8.°, 25.°, 26.°, 54.°, 55.° e 64.° e informa desse facto a Comissão e os outros Estados-Membros.

Artigo 69.°

O mais tardar cinco anos a contar da data de entrada em vigor do presente regulamento, a Comissão apresenta ao Parlamento Europeu e ao Conselho um relatório sobre a sua aplicação e eventuais propostas de alteração. Esse relatório analisará, nomeadamente, a conveniência das seguintes alterações:

a) Possibilidade de a administração central e a sede de uma SE se situarem em Estados-Membros diferentes;

b) Alargamento do conceito de fusão previsto no n.° 2 do artigo 7.° para permitir também outros tipos de fusão para além dos referidos no n.° 1 do artigo 3.° e no n.° 1 do artigo 4.° da Directiva 78/855/CEE;

c) Revisão da cláusula de competência do n.° 16 do artigo 8.°, em função de eventuais disposições que tenham sido incluídas na Convenção de Bruxelas de 1968 ou em qualquer texto adoptado pelos Estados-Membros ou pelo Conselho em substituição dessa Convenção;

d) Possibilidade de um Estado-Membro autorizar, na legislação por ele adoptada ao abrigo das competências atribuídas pelo presente regulamento ou para assegurar a sua aplicação efectiva, a inserção de disposições em derrogação dessa legislação ou que a completem, mesmo que esse tipo de disposições não seja autorizado nos estatutos de uma sociedade anónima com sede nesse Estado-Membro.

Artigo 70.°

O presente regulamento entra em vigor em 8 de Outubro de 2004.

O presente regulamento é obrigatório em todos os seus elementos e directamente aplicável em todos os Estados-Membros.

Feito em Luxemburgo, em 8 de Outubro de 2001.

Pelo Conselho
O Presidente
L. ONKELINX

ANEXO I

SOCIEDADES ANÓNIMAS REFERIDAS NO N.° 1 DO ARTIGO 2.°

BÉLGICA:
la société anonyme//de naamloze vennootschap.
DINAMARCA:
aktieselskaber.
ALEMANHA:
die Aktiengesellschaft.
GRÉCIA:
ανώνυμη εταιρ'α
ESPANHA:
la sociedad anónima.
FRANÇA:
la société anonyme.
IRLANDA:
public companies limited by shares
public companies limited by guarantee having a share capital.
ITÁLIA:
società per azioni.
LUXEMBURGO:
la société anonyme.
PAÍSES BAIXOS:
de naamloze vennoostschap.
ÁUSTRIA:
die Aktiengesellschaft.
PORTUGAL:
sociedade anónima de responsabilidade limitada.
FINLÂNDIA:
julleinen osakeyhtiô/publikt aktiebolag
SUÉCIA:
publikt aktiebolag.
REINO UNIDO:
public companies limited by shares
public companies limited by guarantee having a share capital.

ANEXO II

SOCIEDADES ANÓNIMAS E SOCIEDADES DE RESPONSABILIDADE LIMITADA REFERIDAS NO N.° 2 DO ARTIGO 2.°

BÉLGICA:
la société anonyme/de naamloze vennootschap,
la société privée à responsabilité limitée//besloten vennoostschap met beperkte aansprakelijkheid.

DINAMARCA:
aktieselskaber
anpartselskaber.
ALEMANHA:
die Aktiengesellschaft
die Gesellschaft mit beschränkter Haftung.
GRÉCIA:
ανώνυμη εταιρ'α
εταιρίαπεριορισμ ένης ευθύνης
ESPANHA:
la sociedad anónima
la sociedad de responsabilidad limitada.
FRANÇA:
la société anonyme
la société à responsabilité limitée.
IRLANDA:
public companies limited by shares
public companies limited by guarantee having a share capital
private companies limited by shares
private companies limited by guarantee having a share capital.
ITÁLIA:
società per azioni
società a responsabilità limitata.
LUXEMBURGO:
la société anonyme
la société à responsabilité limitée.
PAÍSES BAIXOS:
de naamloze vennootschap
de besloten vennootschap met beperkte aansprakelijkheid.
ÁUSTRIA:
die Aktiengesellschaft
die Gesellschaft mit beschränkter Haftung.
PORTUGAL:
sociedade anónima de responsabilidade limitada
sociedade por quotas de responsabilidade limitada.
FINLÂNDIA:
osakeyhtiô
aktiebolag.
SUÉCIA:
aktiebolag.
REINO UNIDO:
public companies limited by shares
public companies limited by guarantee having a share capital
private companies limited by shares
private companies limited by guarantee having a share capital.

201. **Texto da Directriz n.° 2001/86, de 8 de Outubro**

DIRECTIVA 2001/86/CE DO CONSELHO

de 8 de Outubro de 2001

que completa o estatuto da Sociedade Europeia no que respeita ao envolvimento dos trabalhadores

O CONSELHO DA UNIÃO EUROPEIA,

Tendo em conta o Tratado que institui a Comunidade Europeia, nomeadamente o artigo 308.°,

Tendo em conta a proposta alterada da Comissão [1],

Tendo em conta o parecer do Parlamento Europeu [2],

Tendo em conta o parecer do Comité Económico e Social [3],

---

(1) JO C 138 de 29.5.1991, p. 8.
(2) JO C 342 de 20.12.1993, p. 15.
(3) JO C 124 de 21.5.1990, p. 34.

Considerando o seguinte:

(1) Para atingir os objectivos do Tratado, o Regulamento (CE) n.° 2157/2001 do Conselho [4] define o estatuto da Sociedade Europeia (SE).

---

(4) Ver p. 1 do presente Jornal Oficial.

(2) O referido regulamento visa criar um quadro jurídico uniforme dentro do qual as sociedades dos diferentes Estados-Membros possam planear e efectuar a reorganização das suas actividades a nível comunitário.

(3) Para promover os objectivos sociais da Comunidade, é necessário estabelecer disposições específicas, nomeadamente no domínio do envolvimento dos trabalhadores, a fim de garantir que a constituição de uma SE não conduza à abolição ou à redução das práticas de envolvimento dos trabalhadores existentes nas sociedades participantes na constituição de uma SE. Este objectivo deve ser prosseguido através do estabelecimento de um conjunto de regras neste domínio que completem as disposições do referido regulamento.

(4) Como os objectivos da acção proposta, acima esboçados, não podem ser suficientemente alcançados pelos Estados-Membros, na medida em que está em causa o estabelecimento de um conjunto de regras sobre o envolvimento dos trabalhadores aplicáveis às SE, podendo, por isso e em virtude da dimensão e do impacto da acção proposta, ser melhor alcançados ao nível comunitário, a Comunidade pode adoptar medidas, de acordo com o princípio da subsidiariedade previsto no artigo 5.° do Tra-

tado. Segundo o princípio da proporcionalidade, previsto nesse mesmo artigo, a presente directiva não excede o necessário para atingir aqueles objectivos.

(5) A grande diversidade das regulamentações e práticas existentes nos Estados-Membros no que se refere ao modo de participação dos representantes dos trabalhadores no processo de decisão das empresas desaconselha a elaboração de um modelo único de envolvimento dos trabalhadores aplicável às SE.

(6) No entanto, os processos de informação e consulta a nível transnacional devem ser assegurados em todos os casos de constituição de uma SE.

(7) Sempre que se verifique a existência de direitos de participação numa ou mais sociedades participantes na constituição de uma SE, estes devem ser mantidos através da sua transferência para a SE, uma vez constituída, excepto se as partes decidirem em contrário.

(8) Os procedimentos concretos de informação e consulta transnacionais dos trabalhadores, assim como, se aplicável, de participação, aplicáveis a cada SE devem, em primeiro lugar, ser definidos através de um acordo entre as partes envolvidas ou, na sua falta, através da aplicação de um conjunto de normas supletivas.

(9) Deve ser dada aos Estados-Membros a possibilidade de não aplicarem as disposições supletivas relativas à participação em caso de fusão, atendendo à diversidade dos sistemas nacionais de envolvimento dos trabalhadores. A preservação dos sistemas e práticas de participação eventualmente existentes ao nível das sociedades participantes deve ser, neste caso, assegurada mediante a adaptação das regras de registo.

(10) Nas regras de votação no órgão especial de representação dos trabalhadores nos processos de negociação, em especial aquando da conclusão de acordos que prevejam um nível de participação inferior ao existente em uma ou mais sociedades participantes, devem ser proporcionais ao risco de desaparecimento ou de redução dos sistemas e das práticas de participação existentes. Este risco é maior no caso de uma SE constituída através de transformação ou fusão do que através da criação de uma "holding" ou de uma filial comum.

(11) Na falta de um acordo subsequente às negociações entre os representantes dos trabalhadores e os órgãos competentes das sociedades participantes, é conveniente prever disposições para determinados requisitos mínimos aplicáveis à SE, após a sua constituição. Estes requisitos mínimos devem assegurar práticas eficazes de informação e consulta transnacional dos trabalhadores, assim como a sua participação nos órgãos relevantes da SE, sempre que essa participação seja anterior à sua instituição nas sociedades participantes.

(12) É conveniente prever disposições para que os representantes dos trabalhadores gozem, no exercício das suas funções no âmbito da presente directiva, de protecção e garantias semelhantes às que são concedidas aos representantes dos trabalhadores ao abrigo da legislação e/ou prática do país em que estejam empregados. Os representantes dos trabalhadores não devem estar sujeitos a qualquer tipo de discriminação em consequência do exercício legal das suas actividades e devem gozar de protecção adequada contra o despedimento e outras sanções.

(13) Deve-se preservar a confidencialidade de informações sensíveis, mesmo após o termo dos mandatos dos representantes dos trabalhadores.É conveniente prever disposições que permitam ao órgão competente da SE a retenção de informações que, em caso de divulgação pública, possam prejudicar seriamente o funcionamento da SE.

(14) Quando uma SE e as suas filiais e estabelecimentos estejam abrangidos pela Directiva 94/45/CE do Conselho, de 22 de Setembro de 1994, relativa à instituição de um conselho de empresa europeu ou de um procedimento de informação e consulta dos trabalhadores nas empresas ou grupos de empresas de dimensão comunitária (5), as disposições da referida directiva e a disposição que a transpõe para o direito nacional não devem ser aplicáveis à SE nem às suas filiais e estabelecimentos, excepto se o órgão especial de negociação decidir não iniciar as negociações ou concluir as negociações em curso.

(5) JO L 254 de 30.9.1994, p. 64. Directiva com a última redacção que lhe foi dada pela Directiva 97/74/CE (JO L 10 de 16.1.1998, p. 22).

(15) A presente directiva não deve afectar outros direitos de envolvimento existentes nem outras estruturas de representação existentes previstas na legislação e nas práticas nacionais e comunitárias.

(16) Os Estados-Membros devem tomar as medidas adequadas em caso de incumprimento das obrigações previstas na presente directiva.

(17) O Tratado não prevê os poderes necessários para a Comunidade aprovar a directiva proposta, para além dos previstos no artigo 308.°.

(18) A garantia dos direitos adquiridos dos trabalhadores quanto ao seu envolvimento nas decisões das sociedades é um princípio fundamental e um objectivo declarado da presente directiva. Os direitos dos trabalhadores anteriores à criação da SE constituem um ponto de partida para a definição dos seus direitos de envolvimento na SE (princípio "do antes e depois"). Esta abordagem é, por conseguinte, aplicável não só à criação de uma SE mas também às mudanças estruturais de uma SE já constituída e às sociedades afectadas pelos processos de alteração estruturais.

(19) Os Estados-Membros devem ter a faculdade de prever que os representantes dos sindicatos possam ser membros de um grupo especial de negociação, independentemente de serem empregados de uma sociedade que participe na constituição de uma SE. Neste contexto, os Estados-Membros devem, em particular, ter a faculdade de instituir esse direito nos casos em que os representantes dos sindicatos tenham o direito de ser membros dos órgãos de fiscalização ou de administração da sociedade, e de neles votar, de acordo com a legislação nacional.

(20) Em vários Estados-Membros o envolvimento dos trabalhadores em outras áreas das relações colectivas de trabalho baseiam-se na legislação e práticas nacionais que, neste contexto, se entendem como abrangendo também os acordos colectivos a vários níveis, nacional, sectorial e/ou da sociedade.

APROVOU A PRESENTE DIRECTIVA:

SECÇÃO I
DISPOSIÇÕES GERAIS

Artigo 1.°
Objectivo

1. A presente directiva regula o envolvimento dos trabalhadores nas actividades das sociedades anónimas europeias (Societas Europaea, a seguir designada por "SE"), a que se refere o Regulamento (CE) n.° 2157/2001.

2. Para o efeito, é instituído em cada SE um regime de envolvimento dos trabalhadores, de acordo com o procedimento de negociação previsto nos artigos 3.° a 6.° ou, nas circunstâncias definidas no artigo 7.°, de acordo com o Anexo.

Artigo 2.°
Definições

Para efeitos da presente directiva, entende-se por:

a) "SE", uma sociedade constituída nos termos do Regulamento (CE) n.° 2157/2001;

b) "Sociedades participantes", as sociedades que participem directamente na constituição de uma SE;

c) "Filial" de uma sociedade, uma empresa sobre a qual essa sociedade exerce uma influência dominante, na acepção dos n.°s 2 a 7 do artigo 3.° da Directiva 94/45/CE;

d) "Filial ou estabelecimento interessado", uma filial ou um estabelecimento de uma sociedade participante, que passaria a ser uma filial ou um estabelecimento da SE a partir do momento da constituição desta;

e) "Representantes dos trabalhadores", os representantes dos trabalhadores previstos nas legislações e/ou práticas nacionais;

f) "Órgão de representação", o órgão de representação dos trabalhadores constituído por força dos acordos referidos no artigo 4.° ou nos termos do Anexo, com o objectivo de informar e consultar os trabalhadores da SE e das suas filiais e estabelecimentos situados na Comunidade, bem como, se for caso disso, de exercer direitos de participação relacionados com a SE;

g) "Grupo especial de negociação", o grupo constituído nos termos do artigo 3.° para negociar com o órgão competente das sociedades participantes a instituição de um regime de envolvimento dos trabalhadores na SE;

h) "Envolvimento dos trabalhadores", qualquer mecanismo, incluindo a informação, a consulta e a participação, através do qual os representantes dos trabalhadores possam influir nas decisões a tomar no âmbito da sociedade;

i) "Informação", o facto de o órgão de representação dos trabalhadores e/ou os representantes dos trabalhadores serem informados, pelo órgão competente da SE, sobre questões que dizem respeito à própria SE ou a qualquer das suas filiais ou estabelecimentos situados noutro Estado-Membro ou sobre questões que excedam os poderes dos órgãos de decisão de um Estado-Membro, efectuando-se essa informação num momento, de uma maneira e com um conteúdo tais que permitam aos representantes dos trabalhadores proceder a uma análise aprofundada das suas eventuais incidências e, se for caso disso, preparar consultas com o órgão competente da SE;

j) "Consulta", o estabelecimento de diálogo e do intercâmbio de opiniões entre o órgão de representação dos trabalhadores e/ou os representantes dos trabalhadores e o órgão competente da SE, num momento, de uma maneira e com um conteúdo tais que permitam aos representantes dos trabalhadores exprimir, com base nas informações facultadas, um parecer sobre as medidas previstas pelo órgão competente, que possa ser tomado em consideração no quadro do processo decisório no âmbito da SE;

k) "Participação", a influência exercida pelo órgão de representação dos trabalhadores e/ou pelos representantes dos trabalhadores nas actividades de uma sociedade, através:

- do direito de eleger ou designar alguns dos membros do órgão de fiscalização ou de administração da sociedade; ou
- do direito de recomendar e/ou rejeitar a designação de alguns ou todos os membros do órgão de fiscalização ou de administração da sociedade.

SECÇÃO II
PROCEDIMENTO DE NEGOCIAÇÃO

Artigo 3.°
Constituição de um grupo especial de negociação

1. Ao estabelecerem o projecto de constituição de uma SE, os órgãos de direcção ou de administração das sociedades participantes tomam o mais rapidamente possível, após a publicação do projecto de fusão ou de constituição de uma "holding", ou após aprovação de um projecto de constituição de uma filial ou de transformação numa SE, as medidas necessárias, incluindo a prestação de informações sobre a identidade das sociedades participantes, e das filiais ou dos estabelecimentos interessados e o número dos seus trabalhadores, para iniciar as negociações com os representantes dos trabalhadores daquelas sociedades sobre o regime de envolvimento dos trabalhadores na SE.

2. Para o efeito, será constituído um grupo especial de negociação representativo dos trabalhadores das sociedades participantes e das filiais ou dos estabelecimentos interessados, de acordo com as seguintes disposições:

a) Aquando da eleição ou designação dos membros do grupo especial de negociação, deve assegurar-se que:

i) esses membros sejam eleitos ou designados em número proporcional ao número de trabalhadores empregados em cada Estado-Membro pelas sociedades participantes e pelas filiais ou estabelecimentos interessados, sendo atribuído, relativamente a cada Estado-Membro, um lugar por cada fracção de trabalhadores empregados nesse Estado-Membro correspondente a 10 %, ou a uma fracção desta percentagem, do número de trabalhadores empregados pelas sociedades participantes e pelas filiais ou estabelecimentos interessados em todos os Estados-Membros considerados no seu conjunto;

ii) no caso de uma SE constituída por meio de fusão, haja tantos membros suplementares por cada Estado-Membro quantos forem necessários para assegurar que o grupo especial de negociação inclua pelo menos um membro que represente cada sociedade participante registada que tenha trabalhadores nesse Estado-Membro e que, segundo o projecto, deixará de existir enquanto entidade jurídica autónoma após o registo da SE, desde que:

- o número desses membros suplementares não seja superior a 20 % do total de membros designados nos termos da subalínea i); e
- a composição do grupo especial de negociação não tenha como consequência uma dupla representação dos trabalhadores em questão.

Se o número dessas sociedades for superior ao número de lugares suplementares disponíveis nos termos do primeiro parágrafo, esses lugares suplementares serão atribuídos a sociedades em diferentes Estados-Membros por ordem decrescente do número de trabalhadores que empregam.

b) Os Estados-Membros determinam o modo de eleição ou de designação dos membros do grupo especial de negociação a eleger ou designar no seu território e tomam as medidas necessárias para assegurar que, na medida do possível, entre os membros do grupo se conte pelo menos um representante de cada sociedade participante que tenha trabalhadores no seu território. Essas medidas não devem ter por efeito o aumento do número global de membros.

Os Estados-Membros podem prever que entre os membros do grupo se possam igualmente contar representantes dos sindicatos, independentemente de serem ou não trabalhadores de uma sociedade participante ou de uma filial ou estabelecimento interessados.

Sem prejuízo das legislações e/ou práticas nacionais que prevêem limiares para a constituição de um órgão de representação, os Estados-Membros devem prever que os trabalhadores das empresas ou estabelecimentos em que não existam representantes dos trabalhadores por motivos alheios à vontade destes têm o direito de eleger ou designar membros do grupo especial de negociação.

3. O grupo especial de negociação e os órgãos competentes das sociedades participantes definem, por acordo escrito, o regime de envolvimento dos trabalhadores na SE.

Para o efeito, o órgão competente das sociedades participantes informa o grupo especial de negociação acerca do projecto e do andamento do processo de constituição da SE até ao registo desta.

4. Sob reserva do n.° 6, o grupo especial de negociação decide por maioria absoluta dos seus membros, desde que essa maioria represente também a maioria absoluta dos trabalhadores. Cada membro dispõe de um voto. Contudo, se o resultado das negociações conduzir a uma redução quantitativa dos direitos de participação, a maioria exigida para a tomada de uma decisão que aprove esse acordo será constituída pelos votos de dois terços dos membros do grupo especial de negociação que representem pelo menos dois terços dos trabalhadores, incluindo os votos dos membros que representem trabalhadores empregados em dois Estados-Membros, no mínimo,

- no caso de uma SE a constituir por meio de fusão, se a participação abranger, no mínimo, 25 % do número total de trabalhadores das sociedades participantes; ou
- no caso de uma SE a constituir por criação de uma "holding" ou de uma filial, se a participação abranger, no mínimo, 50 % do número total de trabalhadores das sociedades participantes.

Considera-se que existe uma redução dos direitos de participação se a proporção de membros dos órgãos da SE, na acepção da alínea k) do artigo 2.°, for inferior à proporção mais elevada aplicável nas sociedades participantes.

5. Para efeito das negociações, o grupo especial de negociação pode solicitar que peritos da sua escolha, por exemplo, representantes das organizações sindicais adequadas a nível da Comunidade, o apoiem nos seus trabalhos. Os peritos podem estar presentes nas reuniões de negociação, a título consultivo, a pedido do grupo especial de negociação, se necessário para promover a coerência e a compatibilidade a nível da Comunidade. O grupo especial de negociação pode decidir informar os representantes das organizações externas adequadas, incluindo as organizações sindicais, do início das negociações.

6. O grupo especial de negociação pode decidir, pela maioria adiante prevista, não iniciar negociações ou concluir as já iniciadas e invocar as regras aplicáveis em matéria de informação e consulta de trabalhadores nos Estados-Membros onde estejam empregados trabalhadores da SE. Esta decisão suspende o processo de conclusão do acordo referido no artigo 4.° Sempre que tenha sido tomada uma decisão desse tipo, não é aplicável nenhuma das disposições do Anexo.

A maioria exigida para a tomada de uma decisão no sentido de não iniciar ou de concluir as negociações é constituída pelos votos de dois terços dos membros, que representem pelo menos dois terços dos trabalhadores, incluindo os votos de membros que representem trabalhadores empregados em dois Estados-Membros, no mínimo.

No caso de uma SE constituída por meio de transformação, o disposto no presente número não é aplicável quando exista um regime de participação na sociedade a transformar.

O grupo especial de negociação é novamente convocado, mediante pedido escrito de pelo menos 10 % dos trabalhadores da SE, suas filiais e estabelecimentos, ou dos seus representantes, decorrido um prazo mínimo de dois anos a contar da referida decisão, excepto se as partes acordarem em reiniciar as negociações antes do termo desse prazo. Se o grupo especial de negociação decidir reiniciar as negociações com a direcção, e destas não resultar qualquer acordo, não é aplicável nenhuma das disposições do Anexo.

7. As despesas relativas ao funcionamento do grupo especial de negociação e, em geral, às negociações, são custeadas pelas sociedades participantes, de modo a que o grupo especial de negociação possa cumprir adequadamente a sua missão.

Segundo o princípio acima enunciado, os Estados-Membros podem estabelecer regras orçamentais aplicáveis ao funcionamento do grupo especial de negociação e, nomeadamente, limitar o financiamento à cobertura das despesas de um único perito.

Artigo 4.°
Conteúdo do acordo

1. Os órgãos competentes das sociedades participantes e o grupo especial de negociação devem negociar num espírito de cooperação a fim de chegarem a acordo sobre o regime de envolvimento dos trabalhadores na SE.

2. Sem prejuízo da autonomia das partes, e sob reserva do disposto no n.° 4, o acordo referido no n.° 1 entre o órgão competente das sociedades participantes e o grupo especial de negociação estabelece:

a) O âmbito de aplicação do acordo;

b) A composição, o número de membros e a distribuição dos lugares no órgão de representação, que será o interlocutor do órgão competente da SE no que se refere ao regime de informação e consulta dos trabalhadores da SE e das suas filiais e estabelecimentos;

c) As funções e o procedimento de informação e de consulta do órgão de representação;

d) A frequência das reuniões do órgão de representação;

e) Os recursos materiais e financeiros a atribuir ao órgão de representação;

f) Se, no decurso das negociações, as partes decidirem instituir um ou mais procedimentos de informação e de consulta em vez de instituírem um órgão de representação, as regras de execução desses procedimentos;

g) Se, no decurso das negociações, as partes decidirem estabelecer um regime de participação, os elementos fundamentais desse regime, incluindo, se for caso disso, o número de membros do órgão de administração ou de fiscalização da SE que os trabalhadores terão o direito de eleger, designar, recomendar ou rejeitar, os procedimentos segundo os quais os referidos membros poderão ser eleitos, designados, recomendados ou rejeitados pelos trabalhadores, e os seus direitos;

h) A data de entrada em vigor do acordo e a sua duração, os casos em que o acordo deva ser renegociado, e o procedimento de renegociação.

3. Salvo disposição em contrário nele prevista, o acordo não está sujeito às disposições supletivas constantes do Anexo.

4. Sem prejuízo do n.° 3, alínea a), do artigo 12.°, no caso de uma SE constituída por transformação, o acordo deve prever, no mínimo e em relação a todos os elementos relati-

vos ao envolvimento dos trabalhadores, um nível idêntico ao dos elementos já existentes na sociedade a transformar em SE.

Artigo 5.°
Duração das negociações

1. As negociações iniciam-se logo que o grupo especial de negociação estiver constituído e podem prosseguir durante os seis meses seguintes.

2. As partes podem decidir, de comum acordo, prolongar as negociações para além do período referido no n.° 1, até um ano, no total, a contar da data de instituição do grupo especial de negociação.

Artigo 6.°
Legislação aplicável ao procedimento de negociação

Salvo disposição em contrário da presente directiva, a legislação aplicável ao procedimento de negociação previsto nos artigos 3.° a 5.° é a legislação do Estado-Membro em que se situa a sede da SE.

Artigo 7.°
Disposições supletivas

1. Para assegurar a realização do objectivo referido no artigo 1.°, os Estados-Membros estabelecem, sem prejuízo do n.° 3, disposições supletivas sobre o envolvimento dos trabalhadores, que devem preencher o disposto no Anexo.

As disposições supletivas previstas na legislação do Estado-Membro em que se situará a sede da SE são aplicáveis a partir da data de registo da SE:

a) Se as partes assim o decidirem; ou

b) Se, no prazo referido no artigo 5.°, não tiver sido celebrado qualquer acordo e:

- o órgão competente de cada uma das sociedades participantes decidir aceitar a aplicação das disposições supletivas em relação à SE e, portanto, dar continuidade ao registo da SE; e
- o grupo especial de negociação não tiver tomado a decisão prevista no n.° 6 do artigo 3.°.

2. Além disso, as disposições supletivas estabelecidas pela legislação nacional do Estado-Membro de registo nos termos da Parte 3 do Anexo aplicam-se apenas:

a) No caso de uma SE constituída por transformação, se as regras do Estado-Membro relativas à participação dos trabalhadores no órgão de administração ou de fiscalização se aplicaram a uma sociedade transformada em SE;

b) No caso de uma SE constituída por fusão:

- se, antes do registo da SE, uma ou várias formas de participação se aplicavam numa ou em várias das sociedades participantes abrangendo pelo menos 25 % do número total dos trabalhadores do conjunto das sociedades participantes; ou
- se, antes do registo da SE, uma ou várias formas de participação se aplicavam numa ou em várias das sociedades participantes, abrangendo menos de 25 % do número total dos trabalhadores do conjunto das sociedades participantes e se o grupo especial de negociação assim o decidir;

c) No caso de uma SE constituída pela criação de uma "holding" ou pela constituição de uma filial:

- se, antes do registo da SE, uma ou várias formas de participação se aplicavam numa ou em várias das sociedades participantes abrangendo pelo menos 50 % do número total dos trabalhadores do conjunto das sociedades participantes; ou
- se, antes do registo da SE, uma ou várias formas de participação se aplicavam numa ou em várias das sociedades participantes abrangendo menos de 50 % do número total dos trabalhadores do conjunto das sociedades participantes e se o grupo especial de negociação assim o decidir.

Se havia mais de uma forma de participação nas diferentes sociedades participantes, o grupo especial de negociação decide qual dessas formas deve ser instituída na SE. Os Estados-Membros podem estabelecer regras aplicáveis na falta de decisão na matéria por uma SE registada no seu território. O grupo especial de negociação informa o órgão competente das sociedades participantes das decisões tomadas ao abrigo do presente número.

3. Os Estados-Membros podem prever que as disposições supletivas referidas na parte 3 do Anexo não sejam aplicáveis no caso previsto na alínea b) do n.° 2.

SECÇÃO III
DISPOSIÇÕES DIVERSAS

Artigo 8.°
Reserva e confidencialidade

1. Os Estados-Membros devem dispor que os membros do grupo especial de negociação e do órgão de representação, bem como os peritos que os assistem, não sejam autorizados a revelar a terceiros informações que lhes tenham sido comunicadas a título confidencial.

O mesmo se aplica aos representantes dos trabalhadores no âmbito de um procedimento de informação e consulta.

Esta obrigação é aplicável independentemente do local em que se encontrem as referidas pessoas, mesmo após o termo dos respectivos mandatos.

2. Cada Estado-Membro deve dispor que, em casos específicos e de acordo com as condições e limites fixados na legislação nacional, o órgão de fiscalização ou de administra-

ção da SE ou de uma sociedade participante estabelecida no seu território não é obrigado a comunicar informações que, pela sua natureza e segundo critérios objectivos, sejam susceptíveis de entravar gravemente o funcionamento da SE (ou, consoante o caso, da sociedade participante) ou das suas filiais e estabelecimentos ou de lhes ser prejudiciais.

Os Estados-Membros podem subordinar essa dispensa a autorização prévia administrativa ou judicial.

3. Cada Estado-Membro pode adoptar disposições especiais aplicáveis às SE estabelecidas no seu território que prossigam directa e principalmente um objecto de orientação ideológica em matéria de informação e expressão de opiniões, desde que, à data da aprovação da presente directiva, essas disposições já existam na legislação nacional.

4. Ao aplicarem os n.°s 1, 2 e 3, os Estados-Membros devem prever recursos administrativos ou judiciais que os representantes dos trabalhadores possam interpor quando o órgão de fiscalização ou de administração da SE ou de uma sociedade participante exigir confidencialidade ou não fornecer informações.

Esses recursos podem incluir medidas destinadas a salvaguardar a confidencialidade da informação em causa.

Artigo 9.°

Funcionamento do órgão de representação e procedimento de informação e consulta dos trabalhadores

O órgão competente da SE e o órgão de representação trabalham em espírito de cooperação e na observância dos seus direitos e obrigações recíprocos.

O mesmo se aplica à cooperação entre o órgão de fiscalização ou de administração da SE e os representantes dos trabalhadores no âmbito de um procedimento de informação e consulta dos trabalhadores.

Artigo 10.°

Protecção dos representantes dos trabalhadores

Os membros do grupo especial de negociação, os membros do órgão de representação, os representantes dos trabalhadores que exerçam funções no âmbito do procedimento de informação e consulta e os representantes dos trabalhadores que participem no órgão de fiscalização ou administração da SE e que sejam trabalhadores da SE, das suas filiais ou estabelecimentos ou de uma sociedade participante gozam, no exercício das suas funções, de protecção e garantias idênticas às previstas para os representantes dos trabalhadores na legislação e/ou práticas nacionais do país em que estejam empregados.

O disposto no primeiro parágrafo aplica-se, em particular, à participação em reuniões do grupo especial de negociação ou do órgão de representação, em qualquer outra reunião realizada no âmbito do acordo referido no n.° 2, alínea f), do artigo 4.° ou em qualquer outra reunião do órgão de administração ou de fiscalização, bem como ao pagamento da remuneração dos membros que façam parte do pessoal de uma sociedade participante, da SE ou das suas filiais ou estabelecimentos durante os períodos de ausência necessários ao exercício das suas funções.

Artigo 11.°
Procedimentos abusivos

Os Estados-Membros tomam as medidas adequadas, nos termos do direito comunitário, para impedir a utilização abusiva de uma SE com o objectivo de privar os trabalhadores de direitos de envolvimento ou de lhes negar esses direitos.

Artigo 12.°
Cumprimento da presente directiva

1. Cada Estado-Membro assegura que a direcção dos estabelecimentos de uma SE e os órgãos de fiscalização ou de administração das filiais e sociedades participantes situados no seu território e os representantes dos respectivos trabalhadores ou, consoante o caso, os próprios trabalhadores, cumpram as obrigações previstas na presente directiva, independentemente de a SE ter a sua sede no seu território.

2. Os Estados-Membros tomarão as medidas adequadas em caso de incumprimento do disposto na presente directiva, assegurando, nomeadamente, a existência de processos administrativos ou judiciais que permitam a execução das obrigações resultantes da presente directiva.

Artigo 13.°
Relação entre a presente directiva e outras disposições

1. Quando uma SE seja uma empresa de dimensão comunitária ou uma empresa que exerça o controlo de um grupo de empresas de dimensão comunitária na acepção da Directiva 94/45/CE ou da Directiva 97/74/CE [(6)] que torna aquela directiva extensiva ao Reino Unido, as disposições dessas directivas e as disposições de transposição das mesmas para o direito nacional não são aplicáveis às referidas empresas nem às suas filiais.

Contudo, se o grupo especial de negociação decidir, nos termos do n.° 6 do artigo 3.°, não iniciar negociações ou concluir as negociações já iniciadas, são aplicáveis as Directivas 94/45/CE ou 97/74/CE e as disposições que as transpõem para o direito nacional.

2. As disposições em matéria de participação dos trabalhadores nos órgãos sociais previstas na legislação e/ou práticas nacionais, excepto as disposições de execução da presente directiva não se aplicam às sociedades constituídas nos termos do Regulamento (CE) n.° 2157/2001 e abrangidas pela presente directiva.

3. A presente directiva é aplicável sem prejuízo:

a) Dos direitos de envolvimento dos trabalhadores, previstos na legislação e/ou práticas dos Estados-Membros, de que beneficiem os trabalhadores da SE e das suas filiais e estabelecimentos, com exclusão da participação nos órgãos da SE.

b) Das disposições em matéria de participação nos órgãos previstas na legislação e/ou práticas nacionais aplicáveis às filiais da SE.

4. A fim de preservar os direitos referidos no n.° 3, os Estados-Membros podem tomar as medidas necessárias para garantir que as estruturas de representação dos trabalhadores nas sociedades participantes que deixem de existir enquanto entidades jurídicas autónomas se mantenham depois do registo da SE.

---

(6) JO L 10 de 16.1.1998, p. 22.

Artigo 14.°
Disposições finais

1. Os Estados-Membros devem adoptar as disposições legislativas, regulamentares e administrativas necessárias para dar cumprimento à presente directiva o mais tardar em 8 de Outubro de 2004, ou assegurar, nessa mesma data, que os parceiros sociais introduzam as disposições necessárias por via de acordo, devendo os Estados-Membros tomar todas as disposições necessárias para poderem, em qualquer momento, garantir os resultados impostos pela presente directiva. Do facto informarão imediatamente a Comissão.

2. Quando os Estados-Membros adoptarem essas disposições, estas deverão incluir uma referência à presente directiva ou ser dela acompanhadas aquando da sua publicação oficial. As modalidades dessa referência serão estabelecidas pelos Estados-Membros.

Artigo 15.°
Reapreciação pela Comissão

O mais tardar em 8 de Outubro de 2007, a Comissão procede, em consulta com os Estados-Membros e os parceiros sociais a nível comunitário, à reapreciação das regras de execução da presente directiva, com o objectivo de propor ao Conselho as alterações eventualmente necessárias.

Artigo 16.°
Entrada em vigor

A presente directiva entra em vigor na data da sua publicação no Jornal Oficial das Comunidades Europeias.

Artigo 17.°
Destinatários

Os Estados-Membros são os destinatários da presente directiva.

Feito em Luxemburgo, em 8 de Outubro de 2001.

Pelo Conselho
O Presidente
L. ONKELINX

ANEXO
DISPOSIÇÕES SUPLETIVAS
(referidas no artigo 7.°)

Parte 1: Composição do órgão de representação dos trabalhadores

A fim de realizar o objectivo referido no artigo 1.°, e nos casos previstos no artigo 7.°, é constituído um órgão de representação, de acordo com as seguintes regras:

a) O órgão de representação é composto de trabalhadores da SE e das suas filiais e estabelecimentos, eleitos ou designados de entre si pelos representantes dos trabalhadores ou, na sua falta, pelo conjunto dos trabalhadores.

b) A eleição ou designação dos membros do órgão de representação é efectuada nos termos das legislações e/ou práticas nacionais.

Os Estados-Membros definem regras para assegurar que o número de membros do órgão de representação e a distribuição dos respectivos lugares sejam adaptados a fim de tomar em consideração eventuais alterações que ocorram na SE e nas suas filiais e estabelecimentos.

c) Se a sua dimensão o justificar, o órgão de representação elegerá, de entre os seus membros, um comité restrito composto por três membros, no máximo.

d) O órgão de representação aprova o seu regulamento interno.

e) Os seus membros são eleitos ou designados em número proporcional ao número de trabalhadores das sociedades participantes e das filiais e estabelecimentos interessados empregados em cada Estado-Membro, sendo atribuído, relativamente a cada Estado-Membro, um lugar por cada fracção de trabalhadores empregados nesse Estado-Membro correspondente a 10 % ou a uma fracção desta percentagem do número de trabalhadores das sociedades participantes e das filiais e estabelecimentos interessados em todos os Estados-Membros considerados no seu conjunto.

f) O órgão competente da SE é informado da composição do órgão de representação.

g) Quatro anos após a instituição do órgão de representação, este aprecia a oportunidade de iniciar negociações para a celebração do acordo referido nos artigos 4.° e 7.° ou de manter a aplicação das disposições supletivas adoptadas nos termos do presente anexo.

Os n.°s 4 a 7 do artigo 3.° e os artigos 4.° a 6.° aplicam-se, mutatis mutandis, se tiver decidido negociar um acordo nos termos do artigo 4.°; nesse caso, a expressão "grupo especial de negociação" é substituída por "órgão de representação".

Quando não se chegue a acordo até ao termo do prazo para a conclusão das negociações, continuam a ser aplicáveis as disposições inicialmente adoptadas de acordo com as disposições supletivas.

Parte 2: Informação e consulta

A competência e os poderes do órgão de representação instituído numa SE regulam-se pelas seguintes regras:

a) A competência do órgão de representação limita-se às questões que respeitem à própria SE e às suas filiais ou estabelecimentos situados noutro Estado-Membro ou que excedam os poderes das instâncias de decisão situadas num Estado-Membro;

b) Sem prejuízo das reuniões realizadas nos termos da alínea c), o órgão de representação tem o direito de ser informado e consultado e, para o efeito, de se reunir pelo menos uma vez por ano com o órgão competente da SE, a fim de ser informado e consultado, com base em relatórios periódicos elaborados pelo órgão competente, sobre o andamento e as perspectivas das actividades da SE. As direcções locais devem ser informadas desse facto.

   O órgão competente da SE fornece ao órgão de representação as ordens do dia das reuniões do órgão de administração ou, se for caso disso, do órgão de direcção e fiscalização, juntamente com cópias de todos os documentos apresentados à assembleia geral dos seus accionistas.

   As reuniões são consagradas, em especial, a temas como a estrutura, a situação económica e financeira, a evolução previsível das actividades e da produção e vendas, a situação e a evolução provável em termos de emprego, investimentos e quaisquer alterações substanciais em matéria de organização, introdução de novos métodos de trabalho ou processos de produção, transferências da produção, fusões, reduções ou encerramentos de empresas, estabelecimentos ou partes importantes dos mesmos, e despedimentos colectivos.

c) Sempre que surjam circunstâncias excepcionais que afectem em grande medida os interesses dos trabalhadores, e especialmente em caso de mudança de localização, transferência, encerramento de estabelecimentos ou empresas ou despedimentos colectivos, o órgão de representação tem o direito de ser informado. O órgão de representação ou, sempre que este assim o decidir, nomeadamente por motivos de urgência, o comité restrito, tem o direito de se reunir, a seu pedido, com o órgão competente da SE ou, a qualquer outro nível mais adequado, com uma instância de direcção da SE que disponha de poderes de decisão próprios, por forma a ser informado e consultado sobre medidas que afectem significativamente os interesses dos trabalhadores.

   Quando o órgão competente decida não actuar segundo o parecer expresso pelo órgão de representação, este terá direito a voltar a reunir-se com o órgão competente da SE para tentar chegar a um acordo.

Se se realizar uma reunião com o comité restrito, os membros do órgão de representação que representem trabalhadores directamente afectados pelas medidas em questão também terão o direito de participar.

As reuniões acima referidas não afectam as prerrogativas do órgão competente.

d) Os Estados-Membros podem estabelecer regras relativas à presidência das reuniões de informação e consulta.

Antes de qualquer reunião com o órgão competente da SE, o órgão de representação ou o comité restrito, alargados, se necessário, de acordo com o disposto no terceiro parágrafo da alínea c), podem reunir-se sem a presença dos representantes do órgão competente.

e) Sem prejuízo do artigo 8.°, os membros do órgão de representação informam os representantes dos trabalhadores da SE e das suas filiais e estabelecimentos sobre o teor e os resultados dos procedimentos de informação e consulta.

f) O órgão de representação ou o comité restrito podem ser assistidos por peritos por eles escolhidos.

g) Se tal for necessário para o desempenho das suas funções, os membros do órgão de representação terão direito a uma licença de formação, sem perda de remuneração.

h) As despesas do órgão de representação são custeadas pela SE, que dota os membros deste órgão com os recursos financeiros e materiais necessários para que possam cumprir adequadamente a sua missão.

Salvo acordo em contrário, a SE custeará, nomeadamente, as despesas de organização das reuniões e de interpretação, bem como as despesas de estadia e de deslocação dos membros do órgão de representação e do comité restrito.

Segundo os princípios acima enunciados, os Estados-Membros podem estabelecer regras orçamentais no que respeita ao funcionamento do órgão de representação e, nomeadamente, limitar o financiamento à cobertura das despesas de um único perito.

Parte 3: Participação

A participação dos trabalhadores na SE regula-se pelas disposições seguintes:

a) No caso de uma SE constituída por transformação, se as regras de um Estado-Membro relativas à participação dos trabalhadores no órgão de administração ou de fiscalização se aplicaram antes do registo, todos os elementos da participação dos trabalhadores continuam a aplicar-se à SE. A alínea b) aplica-se mutatis mutandis para este efeito.

b) Nos outros casos de constituição de uma SE, os trabalhadores da SE, das suas filiais e estabelecimentos e/ou do seu órgão de representação, têm o direito de eleger, designar, recomendar ou de se opor à designação de um número de membros do órgão de administração ou de fiscalização da SE igual à mais elevada das proporções em vigor nas sociedades participantes em questão antes do registo da SE.

Se nenhuma das sociedades participantes era regulada por regras de participação antes do registo da SE, esta não é obrigada a estabelecer disposições em matéria de participação dos trabalhadores.

O órgão de representação decide sobre a repartição dos lugares dos membros que representam os trabalhadores dos diferentes Estados-Membros no órgão de administração ou de fiscalização, ou sobre o modo como os trabalhadores da SE podem recomendar a designação dos membros desses órgãos ou opor-se-lhe, em função da proporção de trabalhadores da SE empregados em cada Estado-Membro. Se os trabalhadores de um ou vários Estados-Membros não estiverem cobertos por este critério proporcional, o órgão de representação designa um membro de um desses Estados-Membros, designadamente do Estado-Membro da sede da SE, quando tal for adequado. Cada Estado-Membro pode determinar de que modo os lugares que lhe são atribuídos no órgão de administração ou de fiscalização serão repartidos.

Qualquer membro do órgão de administração ou, se for caso disso, do órgão de fiscalização da SE que tenha sido eleito, designado ou recomendado pelo órgão de representação ou, consoante o caso, pelos trabalhadores, é membro de pleno direito, com os mesmos direitos e deveres que os membros que representam os accionistas, incluindo o direito de voto.

SECÇÃO II

Preparação e razões da SE

§ 49.° A preparação do estatuto da SE

202. Elementos pré-comunitários

I. O Estatuto da Sociedade Europeia foi aprovado pelo Regulamento (CE) n.° 2157/2001, do Conselho, de 8 de Outubro[1145], tendo sido publicado, no Jornal Oficial da Comunidade Europeia no dia 10 de Novembro de 2001[1146]. Nasceu, assim, um novo tipo de sociedade anónima: a *societas europaea* ou SE, designação latina adoptada para poder ser usada, sem confusões, em todos os Estados da União Europeia.

Com isso, chegou ao fim um longo processo de preparação, que se arrastou por mais de quarenta anos. Foram vencidos inúmeros obstáculos de ordem política, social e técnico-jurídica, em termos que deixaram marcas no texto final a que se chegou. Tem todo o interesse conhecer esse processo, para melhor entender e aplicar o próprio Regulamento n.° 2157/2001.

[1145] O texto, acima transcrito em português, pode ser confrontado noutros locais e em diversos idiomas; p.ex., em francês, como anexo a Jacques-Louis Colombani/Marc Favero, *Societas Europaea/La société européenne (SE)* (2002), 129-150; em italiano, como anexo a Ugo Draetta/ /Fausto Pocar, *La società europea/Problemi di diritto societario communitario* (2002), 103-129; em alemão, como anexo a Manuel René Theisen/Martin Wenz, *Die Europäische Aktiengesellschaft/ /Recht, Steuern und Betriebswirtschaft der Societas Europaea (SE)* (2002), 609-641 e Mathias Habersack, *Europäisches Gesellschaftsrecht*, 2.ª ed. (2003), 396-412; em inglês, Klaus J. Hopt/ /Eddy Wymeersch, *European Company and Financial Law*, 3.ª ed., *Texts and Leading Cases* (2004), 432-454.

[1146] JOCE N.° L 294, de 10-Nov.-2001, 1-21.

II. Os primeiros antecedentes do Estatuto da Sociedade Europeia são anteriores ao Tratado de Roma.

Se recuarmos ao *ius commune*, verificamos que a Europa Medieval esteve dotada de um Direito que se aplicava a todas as nações: o Direito romano recebido através das Faculdades. Nessa ocasião, as entidades que antecederam as actuais pessoas colectivas – as *universitates* e os *collegia*[1147] – poderiam ser usadas nos diversos países, oferecendo a mesma configuração e disfrutando de regras idênticas. A unidade regulativa europeia perder-se-ia com o surgimento dos Estados nacionais da Idade Moderna. Estes foram, em sucessivas vagas, aprontando regras específicas e diferenciadas, num movimento consumado com os códigos de comércio[1148].

A partir desse momento, as sociedades que entrassem em contacto com mais de uma ordem jurídica, tinham de obedecer a regras complexas passando, ainda, pelo crivo do Direito internacional privado.

III. Foi neste ambiente que quer universitários, quer práticos, vieram defender a possibilidade de se encontrar um tipo societário supra-estadual, capaz de ser adoptado por sociedades com sede em Estados distintos, mas dispondo, sempre, da mesma regulação.

Como referência pioneira, cumpre reter a intervenção de KARL GEILER no 34.° Congresso dos Juristas Alemães, que decorreu em Colónia, nos dias 12 a 15 de Setembro de 1926 e que, na segunda sessão plenária, se ocupou da eventual necessidade da reforma do Direito alemão das sociedades anónimas[1149]. Nesse ensejo, GEILER propôs, entre outros aspectos e designadamente[1150],

> Que o Congresso pondere, além disso, o estabelecimento de uma forma de organização capitalística supra-estatal, que fique à disposição, junto das formas societárias internas.

[1147] Com elementos: RUY DE ALBUQUERQUE, *As represálias/Estudo de História do Direito Português* (sécs. XV e XVI), vol. 1 (1972), 403 ss., ANTÓNIO MENEZES CORDEIRO, *Da responsabilidade civil dos administradores das sociedades comerciais* (1997), 277 ss. e PEDRO DE ALBUQUERQUE, *A vinculação das sociedades comerciais por garantia de dívidas de terceiros*, ROA 1995, 689-711 (689 ss., em nota).

[1148] Com relevo para o francês, de 1807, o alemão, de 1861 e o português (FERREIRA BORGES), de 1833.

[1149] Cf. 34. DJT, II (1927), 875 ss..

[1150] KARL GEILER, 34. DJT, II (1927), 878.

A proposta não teve seguimento conhecido. Todavia, passou a constituir uma referência clássica obrigatória, em matéria de sociedades europeias.

IV. De feição mais prática seriam os projectos preparados no âmbito do Conselho da Europa[1151]. Criado em Londres, este organismo veio, em 1949 e em 1952, divulgar dois projectos, que têm sido considerados como precursores de uma forma europeia de sociedade comercial[1152], embora limitados por aspectos de Direito público[1153]. Estas tentativas estiveram na base de experiências isoladas como a da Eurofirma: uma sociedade para o financiamento de material ferroviário, constituída em 1955 com sede na Suíça[1154]. A Eurofirma tem como accionistas companhias de caminhos de ferro de 28 países, entre as quais a CP portuguesa[1155].

Houve outras experiências interessantes, como a de uma sociedade franco-alemã, com dupla sede na França e na Alemanha, de 1956[1156], e a companhia de aviação civil SAS (*Scandinavian Air System*), norueguesa, sueca e dinamarquesa, que não surge, todavia, como uma verdadeira sociedade[1157]. Iniciativa digna de nota foi ainda a da Eurochemic, criada em 1957 para o tratamento de resíduos nucleares e onde Portugal também participou[1158].

V. Estas experiências são importantes. Embora isoladas, elas mostram que certas exigências práticas requerem a presença de sociedades supra-estaduais. Além disso, elas ilustram desde o início uma confluência potencial entre a reflexão universitária e as necessidades sentidas, no terreno, por empresas que desenvolvem a sua actividade em mais de um Estado.

[1151] Johannes Bärmann, *Supranationale Aktiengesellschaft*, AcP 156 (1957), 156-211 (158) e Gunther Mävers, *Die Mitbestimmung der Arbeitnehmer in der Europäischen Aktiengesellschaft* cit., 87, com indicações.

[1152] Konrad Duden, *Internationale Aktiengesellschaft*, RabelsZ 27 (1962/63), 89-111 (90-91).

[1153] Pieter Sanders, *Auf dem Wege zu einer Europäischen Aktiengesellschaft*, RIW/AWD 6 (1960), 1-5 (1).

[1154] Martin Wenz, *Die Societas Europaea (SE)/Analyse der geplanten Rechtsformen und ihre Nutzungsmöglichkeiten für eine europäische Konzernunternehmung* (1993), 10 ss., com diversas indicações.

[1155] Actualmente, a CP detém 2.600 acções, de 10.000 francos suíços cada, num capital de 2.600.000.000 francos suíços. Lideram a DB alemã e a SNCF francesa, com 63.700 acções cada.

[1156] Johannes Bärmann, *Supranationale Aktiengesellschaften*, NJW 1957, 613-617.

[1157] Bärmann, *Supranationale Aktiengesellschaften*, AcP 156 cit., 157 e 159.

[1158] Cf. Colombani/Favero, *Societas Europaea* cit., 25-26.

O advento das então chamadas Comunidades Económicas Europeias abriria novos horizontes às denominadas sociedades europeias.

203. **O projecto do Prof. Sanders**

I. Já dentro de um cenário comunitário, a ideia de uma sociedade europeia surgiu em 1959, no 57.° Congresso dos Notários de França, pela boca de um prático: C. Thibièrge[1159].

Pouco depois, o Prof. Peter Sanders[1160], no discurso inaugural do Instituto Superior de Ciências Económicas, de Roterdão, defendeu a mesma ideia[1161], a qual foi, de seguida, objecto de diversos articulistas franceses. De novo se retomaria o assunto no Congresso dos Advogados de Paris, de 1960[1162]; houve vozes críticas[1163]. Em 1961, a matéria era já considerada suficientemente falada para se exigir um ponto da situação: levado a cabo por Lietzmann[1164]. O Governo francês exprimiu, em 1965, o seu interesse pelo desenvolvimento da matéria[1165]. Fê-lo remetendo ao Conselho, em Março de 1965, uma nota em que propunha a criação de uma sociedade comercial de tipo europeu[1166]. Um tanto tardiamente, a Comissão acabaria, também, por produzir um memorando, onde ponderava várias das soluções possíveis[1167].

[1159] C. Thibièrge, *Le statut des sociétés étrangères*, em *Le statut de l'étranger et le Marché Commum*, 57ème congrès des Notaires de France, tenu à Tours en 1959 (1959), 270 ss., 352 e 360 ss., citado *apud* Françoise Blanquet, *La* societas europaea*: Histoire de la négotiation et des textes em* Colombani/Favero, *Societas Europaea* cit., 5-16 (5); daquela mesma Autora, *Das Statut der Europäischen Aktiengesellschaft (Societas Europaea, "SE")/ /Ein Gemeinschaftsinstrument für die grenzübergreifende Zusammensarbeit im Dienst der Unternehmen*, ZGR 2002, 20-65 (20).

[1160] Quanto ao Prof. Sanders, cabe referir a obra colectiva *Quo vadis ius societatum? / Liber amicorum Pieter Sanders* (1972). Cf., ainda, Rui Falcão de Campos, *A sociedade anónima europeia: projectos e perspectivas*, RDES XXXI (1989), 255-298 (261-262).

[1161] Cf. Hans Claudius, *"Hilfsweise geltenden Recht" für Europäische Aktiengesellschaften*, em *Quo vadis ius societatum?* cit., 37-48 (37 ss.), com vários elementos. O discurso em causa teve por título *Naar een Europese NV*, tendo sido proferido em 22-Out.-1959. Cf., ainda Carla Tavares da Costa/Alexandra de Meester Bilreiro, *The European Company Statute* (2003), 1.

[1162] Johannes Bärmann, *Einheitliche Gesellschaftsform für die Europäische Wirtschaftsgemeinschaft/Ein kritischer Bericht*, AcP 160 (1961), 97-134(97 e 108 ss.).

[1163] *Idem*, 125 ss..

[1164] Heinrich Lietzmann, *Stand der Diskussion über die europäische Aktiengesellschaft*, AG 1961, 57-61.

[1165] Johannes Bärmann, *Europäische Integration im Gesellschaftsrecht* (1970), 153 ss..

[1166] Cf. Aires Correia, *O direito das sociedades na comunidade económica europeia*, BMJ 190 (1969), 112-164 (120 ss.); este escrito contém importantes informações relativamente ao período de 1965 a 1969. *Vide*, ainda, Falcão de Campos, *A sociedade anónima europeia* cit., 262.

[1167] *Mémorandum sur la création d'une société commerciale européenne*, também referido em

O Conselho acabaria por, em 11-Mai.-1966, tomar uma resolução assim formulada no comunicado desse dia[1168]:

> O Conselho e os Governos dos Estados-membros examinarão, logo que possível, os problemas relativos ao Direito europeu das patentes e à criação de uma sociedade de tipo europeu.

II. Seguiram-se várias controvérsias[1169] que culminaram com a designação de um Grupo de Trabalho o qual, por seu turno, indicou, como Presidente, o Prof. SANDERS. A este se ficou a dever a designação *societas europaea* (SE), bem como um primeiro levantamento das questões a enquadrar[1170]. O Grupo de Trabalho apresentou ao Conselho, em Abril de 1967, um relatório, com as opções essenciais[1171]. Houve, depois, nova controvérsia, tendo os trabalhos chegado a ser suspensos *sine die*[1172]. Uma vez retomados, a Comissão da CEE incumbiu o Prof. SANDERS de preparar um anteprojecto. Com o auxílio de cinco grandes comercialistas[1173], a tarefa foi levada ao fim, dela resultando um articulado extenso[1174], que circulou policopiado, ainda em 1967[1175]. Paralelamente, os especialistas iam debatendo o tema[1176], enfatizando as vantagens das SE[1177] e ponderando as suas dificuldades[1178].

CARLA COSTA/ALEXANDRA BILREIRO, *The European Company Statute* cit., 1 ; a análise do conteúdo desse memorando pode ser confrontada em AIRES CORREIA, *O direito das sociedades na comunidade económica europeia* cit., 128-131, bem como em FALCÃO DE CAMPOS, *A sociedade anónima europeia* cit., 262-264.

[1168] *Apud* AIRES CORREIA, ob. cit., 132, que transcreve a versão em francês.

[1169] *Idem*, 133-136.

[1170] *Idem*, 138-141.

[1171] *Idem*, 141-159. Cf. FALCÃO DE CAMPOS, *A sociedade anónima europeia* cit., 264-265.

[1172] *Idem*, 161.

[1173] Eram eles os professores: ERNST VON CAEMMERER (Alemanha), LÉON DABIN (Bélgica), GABRIEL MARTY (França), GUSTAVO MINERVINI (Itália) e M. ARENDT (Luxemburgo); encontramos, aqui, os mais sonantes especialistas em Direito das sociedades comerciais, na época; o próprio PIETER SANDERS era holandês.

[1174] Com mais de 200 §§; um resumo do projecto SANDERS pode ser confrontado em BÄRMANN, *Europäische Integration* cit., 160-170.

[1175] Cf., do próprio PIETER SANDERS, *Die europäische Aktiengesellschaft / Probleme des Zugangs in der Mitbestimmung*, AG 1967, 344-348.

[1176] Assim, WALTHER SKAUPY, *Europäisches Gesellschaftsrecht / Eine Betrachtung über die Harmonisierungsbestrebungen in der EWG*, AG 1966, 13-24, referindo – 23/I – a existência de muito material ... e isso há quase quarenta anos!

[1177] HANS VON DER GROEBEN, *Auf dem zu europäischen Aktiengesellschaften / Zur Notwendigkeit und Möglichkeit der Schaffung einer europäischen Unternehmensform*, AG 1967, 95-102; também

III. Ainda no âmbito do projecto do Prof. SANDERS, desenharam-se as grandes questões que iriam animar toda a discussão nas décadas subsequentes.

O principal objectivo da sociedade europeia era o de facilitar as fusões internacionais e as mudanças de sede, dentro do espaço comunitário[1179]. Como problemas complexos manifestaram-se, logo na altura, a questão da integração das lacunas[1180] e o tema da co-gestão[1181]. Quanto às lacunas, o projecto do Prof. SANDERS procurava ser auto-suficiente. Só se recorreria ao Direito nacional naquilo que os estatutos não regulassem; fora isso, operariam os princípios[1182]. No que respeita à co-gestão: SANDERS, confrontado com a diversidade de regras nacionais, optou por vários modelos, dependentes das percentagens de trabalhadores pertencentes a países com regras sobre o tema[1183].

IV. A referência ao arranque da ideia de *societas europaea* – de resto, constante nos estudos que se reportam a esta entidade[1184] – permite apontar preocupações de tipo universitário na sua origem. Todavia, também logo desde o princípio, se ensaiou uma aplicação prática da ideia[1185] e se procedeu a ponderações perante a realidade sócio-económica europeia. Parece-nos ainda de sublinhar a seguinte conclusão: hoje, com décadas de ensaios e de reflexões sobre a matéria, podemos considerar que não se tratou de nenhuma aventura menos pensada: antes de uma delicada iniciativa, complexa mas madura. A consideração dos progressos subsequentes permitirá confirmá-lo.

PIETER SANDERS, *Die europäische Aktiengesellschaft* cit., 344/II ss.. Um quadro sobre esta evolução consta de MANUEL R. THEISEN/MARTIN WENZ, *Hintergründe, historische Entwicklung und Grundkonzeption* em THEISEN/WENZ, *Die Europäische Aktiengesellschaft* (2002), 1-50 (30).

[1178] BÄRMANN, *Europäische Integration* cit.., 179 ss. e 184 ss..

[1179] ERNST VON CAEMMERER, *Europäische Aktiengesellschaft*, FS Kronstein 1967, 171-202 (179).

[1180] VON CAEMMERER, *Europäische Aktiengesellschaft* cit., 193 ss..

[1181] VON CAEMMERER, *Europäische Aktiengesellschaft* cit., 199.

[1182] HEIKE VÖLTER, *Der Lückenschluss im Statut der Europäischen Privatgesellschaft* (2000), 82-83.

[1183] GUNTHER MÄVERS, *Die Mitbestimmung der Arbeitnehmer in der Europäischen Aktiengesellschaft* cit., 97 ss..

[1184] Além das obras referidas, cf. VANESSA EDWARDS, *The European Company – Essencial tool or eviscerated dream?*, CMLR 40 (2003), 443-464 (443 ss.).

[1185] Recordem-se as experiências acima referidas da *Eurofirma* e da *Eurochemic*.

204. **O projecto de 1970**

I. Baseando-se, fundamentalmente, no anteprojecto SANDERS, a Comissão Europeia preparou, ela própria, um projecto de Regulamento[1186]. Este foi proposto ao Conselho, em 30-Jun.-1970[1187].

Trata-se de um articulado complexo, em 284 artigos, ordenados em 14 títulos, nos termos seguintes:

Título I – Disposições gerais (1.° a 10.°);
Título I – Constituição:
Secção I – Disposições gerais (11.° a 20.°);
Secção II – Constituição por fusão (21.° a 28.°);
Secção III – Constituição de uma SE-Holding (29.° a 34.°);
Secção IV – Constituição de uma filial comum (35.° a 37.°);
Secção V – Constituição de uma filial por parte de uma SE (38.° e 39.°);

Título III – Capital – Acções e direitos dos accionistas; obrigacionistas:
Secção I – Capital (40.° a 47.°);
Secção II – Acções e direitos dos accionistas (48.° a 53.°);
Secção III – Obrigações (54.° a 60.°);
Secção IV – Outros títulos (61.°);

Título IV – Órgãos:
Secção I – O conselho de direcção (62.° a 72.°);
Secção II – O conselho de vigilância (73.° a 81.°);
Secção III – Deveres particulares dos membros do conselho de direcção e do conselho de vigilância, dos revisores de contas e dos principais accionistas (82.°);
Secção IV – A assembleia geral (83.° a 96.°);
Secção V – Controlo especial dos órgãos (97.° a 99.°);

Título V – A representação dos trabalhadores na SE:
Secção I – Conselho europeu de estabelecimento (100.° a 129.°);
Secção II – Conselho de grupo (130.° a 136.°);
Secção III – Representação dos trabalhadores no conselho de vigilância (137.° a 147.°);

1186 JOCE N.° C-124, 1-59, de 10-Out.-1970; o texto pode ainda ser confrontado no nosso BMJ 216 (1972), 237-302, 217 (1972), 446-495 e 218 (1972), 441-489. O BMJ escolheu publicá-lo em língua italiana.

1187 Sobre o projecto de 1970 foi elaborada a importante monografia de FRANZ NETTA, *Das Recht der verbundenen Unternehmen im Vorschlag eines Statuts für die Societas Europaea* (1974), 202 pp..

Título VI – Prestação de contas (148.° a 222.°)[1188];

Título VII – Grupo de empresas (223.° a 241.°);

Título VIII – Modificações do estatuto (242.° a 246.°);

Título IX – Extinção, liquidação, falência e procedimentos afins (247.° a 263.°);

Título X – Transformação (264.° a 268.°);

Título XI – Fusão (269.° a 274.°);

Título XII – Direito tributário (275.° a 281.°);

Título XIII – Disposições gerais (282.°);

Título XIV – Disposições finais (283.° e 284.°).

II. Passemos a chamar a atenção para alguns aspectos interessantes do projecto de 1970. Desde logo, ele pretendia ser um instrumento autónomo, para as SE[1189]. Veja-se o seu artigo 7.°, que estabelecia um sugestivo sistema de fontes[1190]:

- as matérias constantes do regulamento, mesmo que de forma não expressa, são retiradas aos ordenamentos dos Estados membros;
- nos casos omissos, haveria que aplicar, sucessivamente:
  - os princípios gerais do próprio estatuto;
  - as regras e os princípios gerais dos ordenamentos dos Estados membros;
  - as matérias não disciplinadas pelo estatuto submetem-se aos Direitos nacionais.

Dada a amplidão do articulado, podemos considerar que toda a matéria das SE ficava em posição supranacional.

III. O artigo 11.° previa a instituição, junto do Tribunal de Justiça da Comunidade, de um registo europeu de empresas. A personalidade colectiva das SE adquiria-se pela inscrição nesse registo.

[1188] Trata-se de matéria muito minuciosa, com várias divisões internas, que aqui omitimos.

[1189] WILHELM F. BAYER, *Die Europäische Aktiengesellschaft und die Entwicklung des europäischen Gesellschaftsrechts*, RabelsZ 35 (1971), 201-225 (202), considera haver um desenvolvimento satisfatório.

[1190] Cf. NETTA, *Das Recht der verbundenen Unternehmen* cit., 59 ss..

Verifica-se, ainda, que as SE assumiam uma orgânica interna de tipo alemão ou dualista: conselho de vigilância e direcção. Também estava expressamente prevista a co-gestão de estilo germânico. De todo o modo, o projecto aí estava.

IV. O projecto de 1970 desenvolvia bastante o tema da representação dos trabalhadores[1191]. Ainda na linha do projecto SANDERS, o artigo 102.° do projecto de 1970 remetia os conselhos de estabelecimento para as leis nacionais. Quanto à co-gestão propriamente dita, o artigo 137.° retinha um modelo de tipo alemão[1192]. Adivinhava-se um núcleo problemático de solução difícil, dadas as diferenças entre as leis nacionais[1193].

V. O projecto de 1970 foi objecto de parecer do Comité Económico e Social, de 26-Out.-1972[1194] e de tomada de posição do Parlamento Europeu, de 11-Jul.-1974[1195].

205. **O projecto de 1975**

I. Em 30-Abr.-1975, a Comissão Europeia apresentou um projecto modificado de Estatuto da Sociedade Anónima Europeia[1196]. Este documento é conhecido como o projecto de 1975[1197]: seguiu-se às numerosas toma-

---

[1191] Sobre a co-gestão, cf. os três trabalhos incluídos na publicação de HANS VON DER GROEBEN/HEINZ OSKAR VETTER/OTTO A. FRIEDRICH, *Europäische Aktiengesellschaft/ /Beitrag zur sozialen Integration?* (1972), 92 pp..

[1192] Cf. MÄVERS, *Die Mitbestimmung der Arbeitnehmer in der Europäischen Aktiengesellschaft* cit., 109 ss..

[1193] ANDREA KUFFNER, *Die Beteiligung der Arbeitnehmer in der Europäischen Aktiengesellschaft/auf der Grundlage der Richtlinie über Europäische Betriebsräte* (2003), 12 ss..

[1194] Parecer do CES de 26-Out.-1972, JOCE N.° C-131, 32-48, de 13-Dez.-972.

[1195] Deliberação do PE de 11-Jul.-1974, JOCE N.° C-93, 17-64, de 7-Ago.-1974, com múltiplas indicações de alterações.

[1196] Publicado a 13-Mai.-1975, COM (75) 150.

[1197] Cf. MÄVERS, *Die Mitbestimmung der Arbeitnehmer in der Europäischen Aktiengesellschaft* cit., 132, com indicações. Entre nós, aparece uma referência a este projecto em BRITO CORREIA, *Direito europeu das sociedades* cit., 59, tendo mesmo sido longamente analisado por FALCÃO DE CAMPOS, *A sociedade anónima europeia* cit., 266 ss., precisamente nas vésperas da proposta de 1989, que colocaria o tema em moldes diversos. Cf. a *adenda*, ob. cit., 295-296. Ainda na base do projecto de 1975, cabe recordar o estudo de HUMBERTO F. XAVIER, *Le statut du commissaire aux comptes dans la société anonyme européenne* (1978), em DDC 8 (1981), 7-108, com elementos históricos e com uma cronologia (103-105).

das de posição quanto ao de 1970, ocorridas no âmbito do Parlamento Europeu e do Conselho Económico e Social[1198], acima referidas.

II. O projecto de 1975 era longo: somava mais de 400 artigos. Suscitou interesse científico. Foi na base deste projecto que MARCUS LUTTER organizou uma importante obra colectiva[1199] que reuniu escritos especializados de mais de 20 autores[1200]. Nessa ocasião, uma bibliografia longa sobre sociedades europeias somou nada menos do que 368 títulos[1201]. Apesar deste surto científico, não houve progressos políticos equivalentes[1202].

III. Efectivamente, não foi possível, no Conselho, obter qualquer consenso[1203]. Particularmente discutida foi a ideia da opção pelo figurino orgânico alemão e a adopção da co-gestão, também germânica. Além disso, o mercado interno estava, ainda, pouco consistente: os Estados viam com maus olhos SE sem pátria entrar em competição com as próprias sociedades nacionais.

Em 1982 o projecto falhou, em definitivo. Os trabalhos foram interrompidos[1204].

[1198] THEISEN/WENZ, *Hintergründe* cit., 31.

[1199] MARCUS LUTTER, *Die Europäischen Aktiengesellschaft/Eine Stellungsnahme zur Vorlage der Kommission an den Ministerrat der Europäischen Gemeinschaften über das Statut für Europäischen Aktiengesellschaften vom 30-April-1975* (1976), 459 pp..

[1200] O elenco dos nomes e das matérias tratadas é impressionante. Cumpre retê-lo: WALTER LINDACHER, *Massgebendes Recht, Auslegung und Lückenschliessung*, 1-15; HANS CARL BARZ/MARCUS LUTTER, *Die Gründung der S.E.*, 17-37; HERBERT WIEDEMANN, *Satzung und Satzungsänderung*, 39-53; MARCUS LUTTER, *Der Aktionär in der SE*, 55-71; HANS JÜRGEN SONNENBERGER, *Die Hauptversammlung*, 73-91; FRITZ RITTNER, *Vorstand*, 94-113; H.-J. MERTENS, *Der Aufsichtsrat in der SE*, 116-143; MARCUS LUTTER, *Die Aktien der SE*, 146-163; KLAUS-PETER MERTENS, *Kapital und Kapitalschutz in der SE*, 167-193; HARM PETER WESTERMANN, *Die Finanzierung der SE*, 195-215; HELMUT DEBATIN, *Das Steuerrecht der SE*, 241-261; JOSEF LANFERMANN, *Prüfung, Feststellung und Publizität des Jahrabschlusses*, 263-274; ERNST GESSLER, *Das Konzernrecht der SE*, 274-311; JOSEF LANFERMANN, *Der Konzernabschluss der SE*, 314-326; ALFONS KRAFT/GÜNTHER HÖNN, *Verschmelzung und Umwandlung im Vorschlag des Status für Europäische Aktiengesellschaften*, 328-351; KLAUS HOPT, *Auflösung, Abwicklung und Konkurs der S.E.*, 354-377; UWE H. SCHNEIDER, *Europäische Atiengesellschaft und Verfahrensrecht*, 379-403; WOLFGANG GITTER/MEINHARD HEINZE, *Der Betriebsrat der SE*, 405-425 e *Das Tarifrecht der SE*, 427-438, todos da citada obra colectiva.

[1201] WOLFRAM TIMM, *Bibliographie zur SE*, em LUTTER, *Die Europäische Aktiengesellschaft* cit., 439-459.

[1202] Cf. CARLA DA COSTA/ALEXANDRA BILREIRO, *The European Company Statute* cit., 3.

[1203] *Vide* FRANÇOIS BLANQUET, *Das Statut der Europäischen Aktiengesellschaft* cit., 23 e WENZ, *Societas europaea* cit., 13.

[1204] SCHWARZ, *Europäisches Gesellschaftsrecht* cit., 644.

206. O projecto de 1989

I. Os Estados ficaram pouco motivados para renegociarem entre si o tema das sociedades europeias: parecia não ter solução. O tema foi, todavia, reanimado pelos empresários e por outras forças vivas, em termos que abaixo iremos relatar: a diversidade de leis europeias sujeitava a elevados custos improdutivos as diversas iniciativas europeias transfronteiriças.

A questão foi relançada, no plano político, por JACQUES DELORS. Este, sensibilizado pelos empresários, conseguiu do Conselho que, este próprio, solicitasse à Comissão "a adaptação do Direito das sociedades com o fito de conseguir uma sociedade de Direito europeu"[1205]: estávamos em 1987. Com algumas hesitações, as opções da Comissão foram evoluindo. Assim surgiria o projecto de 25-Ago.-1989, agora desdobrado: numa "proposta de regulamento que institui o estatuto da sociedade europeia"[1206] e numa "proposta de directiva que completa o estatuto da sociedade europeia (SE) no que se refere à posição dos trabalhadores"[1207].

II. A proposta de regulamento de 1989 apresentava 137 artigos, procedendo a diversas remissões para os Direitos nacionais. Abandonava, também, a estrita ligação ao modelo alemão de sociedades anónimas, admitindo que a SE pudesse adoptar ou uma estrutura dualista ou uma monista[1208].

A doutrina, particularmente na Alemanha, manteve-se atenta, ponderando as suas vantagens e as suas falhas[1209], perguntando pela sua suficiência[1210], examinando o tema da co-gestão[1211] e valorando os domínios

---

[1205] Cf. THEISEN/WENZ, *Hintergründe* cit., 31.

[1206] JOCE N.° C-263, 41-68, de 16-Out.-1989. Alguns troços desta proposta – os relativos a fusões – constam de RAÚL VENTURA, *Fusão, cisão, transformação de sociedades* cit., 575-582 (apêndice).

[1207] JOCE N.° C-263, 69-72, de 16-Out.-1989. Os textos em causa podem ainda ser conferidos, em língua alemã, no AG 1990, 111-128 e 128-129, respectivamente.

[1208] PETER HOMMELHOFF, *Gesellschaftsrechtliche Frage im Entwurf eines SE-Statuts*, AG 1990, 422-435 (427/I e II).

[1209] HARALD KALLMEYER, *Die Europäische Aktiengesellschaft – Praktischer Nutzen und Mängel des Statuts*, AG 1990, 103-106 (104/I e 105/II).

[1210] MARCUS LUTTER, *Genügen die vorgeschlagenen Regelung für eine "Europäische Aktiengesellschaft"?*, AG 1990, 413-421.

[1211] BERND VON MAYDELL, *Die vorgeschlagenen Regeln zur Mitbestimmung für eine Europäische Aktiengesellschaft*, AG 1990, 442-447, com larga indicação bibliográfica, a pp. 447-449.

fiscais[1212]. A Comissão, tirando partido do fracasso incorrido pela proposta de 1970, manteve-se atenta aos sinais dos interessados, preparando-se para introduzir novos elementos. De acordo com a própria justificação de motivos, de 1989, a sociedade europeia permitiria, designadamente[1213]:

- fusões transfronteiriças, facultando reestruturação de nível europeu;
- afiliadas e *holdings* comuns a empresas instaladas em países distintos, com a vantagem psicológica de não ter de escolher a estrutura jurídica de um dos Estados em presença;
- facilitar a gestão de grupos transnacionais, pois todas as sociedades de um mesmo grupo poderão ser geridas na base de uma estratégia comum;
- ajudar as pequenas e médias empresas que sentem dificuldades excessivas em, aquando de actuações externas, se sujeitarem a diversos ordenamentos.

O balanço parecia positivo, sendo a SE entendida como economicamente necessária[1214].

III. Todavia, o esquema de co-gestão constante da proposta de Directriz, em 13 artigos, era algo complexo e assaz confuso. O conselho de vigilância da SE seria composto por 1/3 de membros eleitos pelos trabalhadores, 1/3 pelos accionistas e os restantes 1/3, por cooptação dos dois grupos referidos. Previa-se, ainda, um conselho de empresa europeu, que coroaria as representações por empresa[1215]. Surgiu uma certa flexibilidade, não isenta de dúvidas[1216].

O Comité Económico e Social pronunciou-se, em 28-Mar.-1990[1217] e o Parlamento Europeu tomou posição, em 24-Jan.-1991, de novo com múltiplas indicações de modificação[1218].

1212 BRIGITTE KNOBBE-KEUK, *Die steuerliche Behandlung der Europäischen Aktiengesellschaft*, AG 1990, 435-441.

1213 FRANÇOISE BLANQUET, *Das Statut der Europäischen Aktiengesellschaft* cit., 23 ss..

1214 CHRISTOPH E. HAUSCHKA, *Entwicklungslinien und Integrationsfragen der gesellschaftsrechtlichen Akttypen des Europäischen Gemeinschaftsrechts*, AG 1990, 85-106 (94/II).

1215 FRANÇOISE BLANQUET, *La* societas europaea cit., 8.

1216 WOLFGANG DÄUBLER, *Mitbestimmung – ein Thema für Europa?*, KJ 1990, 14-30 (17).

1217 JOCE N.° C-124, 34-46, de 21-Mai.-1990

1218 JOCE N.° C-48, 72-113, de 25-Fev.-1991.

207. **O projecto de 1991**

I. O Conselho publicou, depois, uma versão alterada do projecto[1219]. Fê-lo em 16-Mai.-1991[1220]. O articulado foi reduzido para pouco mais de 100 artigos, sedimentando-se a (nova) orientação de 1989. Em rigor e desde esta, já não se previa uma SE totalmente "europeia", em virtude das remissões para os Direitos nacionais. Antes passou a haver um "torso" [1221] ou um híbrido – mais precisamente e na época: 13 híbridos – entre o Direito nacional considerado e o Direito europeu[1222].

II. O domínio da intervenção dos trabalhadores manteve-se num projecto de Directriz anexa[1223], publicado previamente: em 6-Abr.-1991.

O projecto emendado de 1991 mereceu a apreciação da doutrina[1224]: foi cotejado com a versão de 1989[1225], surgindo vozes globalmente críticas[1226]. Todavia, o projecto tinha perspectivas consideradas razoáveis[1227], surgindo como documento promissor[1228] e com vantagens[1229]. O grande óbice que se levantava era o da co-gestão[1230], sobre o qual houve múltiplas intervenções. Além das já citadas, no campo comunitário, relevamos,

---

1219 JOCE N.° C-176, 1-68, de 8-Jul.-1991.

1220 Cf. CARSTEN THOMAS EBENROTH/OLIVER WILKEN, *Entwicklungstendenzen in deutschen Internationalen Gesellschaftsrecht* – I, JZ 1991, 1014-1022 (1015/II) e BERNHARD GROSSFELD, *Europäisches Gesellschaftsrecht*, WM 1992, 2121-2128 (2127/II)

1221 MARCUS LUTTER, *Genügen die vorgeschlagenen Regelungen für eine "Europäische Aktiengesellschaft"?*, AG 35 (1990), 413-421 (420).

1222 FRANÇOISE BLANQUET, *Das Statut der Europäischen Aktiengesellschaft* cit., 24.

1223 JOCE N.° C-138, 8-17, de 29-Mai.-1991; o texto pode ainda ser visto em RdA 1992, 145-148.

1224 ANDREAS WEHLAU, *The Societas Europaea: A critique of the commission's 1991 amended proposal*, CMLR 1992, 473-510 (478). Foi no âmbito deste projecto que MARTIN WENZ publicou a sua importante e já citada monografia: *Die Societas Europaea/SE*, Berlim (1993), 229 pp..

1225 HENNING RASNER, *Die Europäische Aktiengesellschaft (SE) – ist sie wünschenwert?*, ZGR 1992, 314-326 (317 ss.); cf. KASPAR FREY, *Berich über die Diskussion*, ZGR 1992, 327-333.

1226 HANNO MARKT, *Europäische Aktiengesellschaft: Gesetzgebung als Selbstzweck?/Kritische Bemerkungen zum Entwurf von 1991*, BB 1992, 652-661.

1227 ANDREAS WEHLAU, *Die Europäische Aktiengesellschaft – eine Option für die GmbH?*, GmbHR 1992, 640-643 (643/II).

1228 THOMAS RAISER, *Die Europäische Aktiengesellschaft und die nationalen Aktiengesetze*, FS Semler 1993, 277-297 (277).

1229 BERNHARD GROSSFELD, *Europäisches Gesellschaftsrecht*, WM 1992, 2121-2128 (2127/I).

1230 Cf. WEHLAU, *The Societas Europaea* cit., 497.

no domínio do Direito do trabalho, escritos de BLANPAIN[1231], de WISSMANN[1232] e de BLANK[1233]. Desenhava-se toda a problemática, acima referida[1234] e que provocou o bloqueio da 5.ª Directriz.

1231 ROGER BLANPAIN, *Representation of Employees at the Level of the Entreprise and the EEC*, RdA 1992, 127-131.

1232 HELMUT WISSMANN, *Die Mitbestimmung der Arbeitsnehmer in der Europäischen Aktiengesellschaft (SE)*, RdA 1992, 320-330.

1233 MICHAEL BLANK, *Perspektiven der Mitbestimmung in der EG*, ArbuR 1993, 229-235.

1234 *Supra*, 717 ss..

§ 50.° O projecto final

208. O impasse de 1993; a pressão dos empresários

I. As divergências surgidas em torno do problema da co-gestão levaram a novo bloqueio dos trabalhos relativos à sociedade europeia[1235]. De tal modo que, em 1-Jan.-1993, entraria em vigor o mercado interno, sem que as SE estivessem preparadas para intervir.

No relançamento subsequente, foi importante a pressão dos empresários europeus, abaixo referida[1236] e o eloquente relatório da comissão presidida por CARLO CIAMPI: 30 biliões de euros anualmente perdidos, pela falta de SE[1237].

II. O problema consistia em conciliar duas proposições aparentemente antagónicas: "não às SE sem participação dos trabalhadores" e "não à exportação de modelos nacionais de participação dos trabalhadores"[1238]. Questão delicada que enquistou na altura em que, mercê do estabelecimento do mercado interno com a supressão de condicionantes à livre actuação interna das diversas sociedades, o grande óbice subsistente era, precisamente, a diversidade jurídica existente entre elas.

III. O aprofundamento das virtualidades do mercado interno e a descompressão social permitida pelo crescimento económico dos anos 90 conduziram à aprovação da Directriz n.° 94/45/CE, relativa aos conselhos de empresa europeus[1239]. Embora com poderes limitados à informação e à

[1235] FRANÇOISE BLANQUET, *La* societas europaea cit., 19 e MÄVERS, *Mitbestimmung* cit., 272.

[1236] Cf. *infra*, 924 ss..

[1237] Entre outros, cf. FRANÇOISE BLANQUET, *La* societas europaea cit., 10. *Vide infra*, 925, bem como a nota 1263.

[1238] FRANÇOISE BLANQUET, *La* societas europaea cit., 10.

[1239] Mais precisamente: Directriz n.° 94/45/CE, de 22-Set.-1994, JOCE N.° L 254, de 30-Set.-1994, 64-72.

consulta, os conselhos de empresa europeus já permitiam um envolvimento transnacional dos trabalhadores, junto das estruturas da empresa[1240].

Estava quebrado o bloqueio, de tal modo que ficavam em aberto novas evoluções, susceptíveis de desbloquear as SE[1241].

209. **O relatório Davignon**

I. Visando ultrapassar o bloqueio[1242], foi incumbido, em 1996, o Visconde Etienne Davignon, presidente da *Société Générale de Belgique* e antigo vice-presidente da Comissão, de presidir a um grupo de peritos. Assim surgiu, em 1997, o *relatório Davignon*[1243].

II. Nesse documento, importante para se apreender o espírito das SE e das regras que lhes são próprias, começa por se enfocar um conjunto de circunstâncias que emprestam um particular significado a tais sociedades: o mercado interno, a proximidade da união monetária, a internacionalização e a concentração das empresas e o desfasamento crescente entre a realidade económica e a realidade jurídica, na Europa[1244].

O relatório chama depois a atenção para a diversidade de soluções europeias encontradas nos diversos países[1245], reconhecendo que elas são representativas de realidades e de culturas que se torna difícil harmonizar. Perante isso, afirma o relatório ter decidido dar prioridade a soluções negociadas com os trabalhadores, para cada SE. Não havendo acordo, passar-se-ia a soluções subsidiárias e, designadamente: os trabalhadores teriam, pelo menos, representantes equivalentes a 1/5 do conselho de administração ou do conselho geral, com o mínimo de dois elementos.

[1240] A Directriz foi transposta, entre nós, pela Lei n.° 40/99, de 9 de Junho; a matéria a ela correspondente tem, hoje, o seu assento nos artigos 471.° a 474.° do Código do Trabalho; cf. Luís Gonçalves da Silva, em Pedro Romano Martinez e outros, *Código do Trabalho Anotado* (2003), 685 ss..

[1241] Cf. Marcus Lutter, *Europäische Aktiengesellschaft – Rechtsfigur mit Zukunft?*, BB 2002, 1-7 (2-3).

[1242] Françoise Blanquet, *La* societas europaea cit., 12, fala, a tal propósito, em "electrochoque".

[1243] Cf. a versão resumida *Participation des travailleurs: rapport final du Groupe Davignon*, em www.europa.m.int/comm/internal_market/f...ny/news/396.htm.

[1244] A matéria consta, desenvolvidamente, de Mävers, *Die Mitbestimmung der Arbeitnehmer in der Europäischen Aktiengesellschaft* cit., 294 ss..

[1245] Podem ser confrontados excertos em Blanquet, *La* societas europaea cit., 13.

III. No imediato, o sistema foi mal recebido. Sete países com participação, liderados pela Alemanha, entendiam que a participação ficava aquém do seu próprio sistema; oito países, sem participação, consideravam injustificada a introdução de tal esquema.

De todo o modo, persistiu a pressão das empresas e dos especialistas no sentido do aprontamento do estatuto das SE[1246].

210. **O esquema antes/depois**

I. O novo bloqueio derivado da proposta Davignon de participação subsidiária seria ultrapassado com a fórmula antes/depois (*Vorher-Nachher-Lösung* ou *Avant-Après*, nas línguas alemã e francesa)[1246]. Eis os seus termos[1248].

Não havendo participação, antes da constituição da SE, não haveria que a organizar, quando se passasse à SE. Na hipótese inversa, a participação teria de ser preservada, de acordo com as práticas mais avançadas. Mas como proceder quando a SE proviesse de sociedades nacionais com e sem participação?

II. Tratando-se de SE *holding* ou de SE afiliada comum, seria decisiva a situação da maioria dos trabalhadores assalariados. No caso de fusão, em 2-Dez.-1998, 14 Estados aceitaram a marca de 25% dos trabalhadores com participação: sendo esse patamar atingido, a SE deveria ter, igualmente, participação. Contra, manifestou-se a Espanha: seria inadmissível que uma minoria de trabalhadores impusesse a sua vontade à maioria[1249].

Apesar das pressões e da ameaça de que, na falta de SE, as fusões intra-europeias não deixariam de ocorrer, seguindo regras de circunstância, a Espanha manteve a sua oposição até ao Conselho de Nice[1250].

1246 Mario Monti, *Statut der Europäischen Aktiengesellschaft*, WM 1997, 607-608 (667/III), referindo as vantagens da iniciativa.

1247 Theisen/ Wenz, *Hintergründe* cit., 34 e Blanquet, *La* societas europaea cit., 14.

1248 Ela foi aprovada na linha de uma proposta de Lord Simon, em 1998, sob presidência britânica.

1249 Cf. Meinhard Heinze, *Die Europäische Aktiengesellschaft*, ZGR 2002, 66-95 (70 ss.).

1250 Cf., ainda, Farida El Mahi, *Die Europäische Aktiengesellschaft/Societas Europaea, SE* (2004), 10.

211. **O Conselho de Nice**

I. No Conselho de Nice de 7 e 8 de Dezembro de 2000 foi, finalmente e em ambiente de grande pressão política, obtido um acordo. Este conseguiu-se reconhecendo aos diversos Estados a faculdade de não transpor as disposições subsidiárias relativas à participação nos casos de SE constituídas por fusão (*opting-out*).

II. Foi concedido, até ao fim do ano, prazo para a conclusão dos textos. O Conselho para os assuntos sociais desempenhou-se, aprovando, em 20-Dez.-2000, os textos do Regulamento e da Directriz[1251].

O Parlamento Europeu ainda anunciou uma acção de impugnação por dúvidas de base legal; todavia, ela foi retirada para prevenir obstáculos à entrada em vigor das regras próprias das SE[1525].

[1251] Toda esta matéria pode ser seguida em THEISEN/ WENZ, *Hintergründe* cit., 14-15 e BLANQUET, *La* societas europaea cit., 34-35. Cf. alguns elementos em GRUNDMANN, *Europäisches Gesellschaftsrecht* cit., 481.

[1252] Cf. HANS-WERNER NEYE, *Kein neuer Stolperstein für die Europäische Aktiengesellschaft*, ZGR 2002, 377-382.

§ 51.° A *societas europaea* como exigência prática

212. O problema

I. Com os antecedentes apontados, no dia 10 de Novembro de 2001, foi publicado no Jornal Oficial da União Europeia o Regulamento (CE) n.° 2157/2001, do Conselho, de 8 de Outubro de 2001, relativo ao Estatuto da Sociedade Europeia. A sociedade europeia (ou *societas europaea*, designação latina adoptada para permitir a sigla SE, idêntica em toda a União[1253]) constitui um novo tipo de sociedade anónima, com regras próprias, e que poderá ser assumido, em certas condições, dentro de qualquer um dos Países da União Europeia.

II. O Regulamento n.° 2157/2001, como qualquer regulamento comunitário, é directamente aplicável[1254] em diversos Estados da União, em virtude do artigo 249.°/II (*ex* 189.°/II), do Tratado da União Europeia[1255]. Di-lo, de resto, o seu artigo 70.°, o qual fixa, igualmente, a data de entrada em vigor do novo tipo de sociedade: 8 de Outubro de 2004.

III. A sociedade europeia esteve em preparação, como vimos, durante mais de quarenta anos. Ela levanta problemas técnicos da maior complexidade, envolvendo temas de Direito comunitário e de Direito das sociedades comerciais, sendo certo que o Direito comparado deve estar sempre presente. Além disso, o grande modelo tido em vista pelo legislador europeu foi, de facto, a *Aktiengesellschaft* alemã – o que obriga, naturalmente,

---

[1253] Em França, as sociedades anónimas são, como em Portugal, conhecidas pela sigla SA; em Itália, por SpA (*società per azioni*); na Alemanha, por AG (*Aktiengesellschaft*).

[1254] E isso salvo a possível ocorrência de leis internas de adaptação, desnecessárias mas facilitadoras e que se encontram em estudo, por exemplo, na Alemanha.

[1255] Cf. STREINZ/WERNER SCHROEDER, *EUV/EGV* cit., Art. 249, Nr. 52 ss. (2172 ss.).

a ter em especial conta as respectivas regras para um bom conhecimento das SE.

Nestas condições, antes de abordar um estudo mais aprofundado do Regulamento n.° 2157/2001, logo ocorre perguntar o porquê das SE: objectivos políticos, objectivos teórico-universitários ou objectivos práticos? A complexidade a que se chegou poderá sugerir que as sociedades europeias vieram à luz numa linha de preocupações jurídico-científicas, eventualmente impulsionadas por objectivos políticos. Não foi assim.

213. **As "exigências" empresariais**

I. Na verdade, foi necessário um grande impulso político[1256] para, em finais de 2000 e na cimeira de Nice, se conseguir, efectivamente, o compromisso que conduziria à aprovação do Regulamento[1257]. Parece todavia importante sublinhar que, subjacente, esteve um permanente interesse de ordem prática.

Recordamos alguns episódios[1258]:

- logo no início, em 1959, a ideia de uma sociedade europeia foi lançada ... num congresso de notários, por C. THIBIÈRGE: tratava-se de facilitar o estatuto das sociedades estrangeiras;
- em 1987, GIOVANNI AGNELLI, carismático presidente da FIAT, queixou-se ao Presidente da Comissão, JACQUES DELORS, de que era obrigado a submeter o seu Grupo a tantos Direitos nacionais quantos os Estados membros em que se encontrava implantado;
- em 1989, a *British Petroleum* dirigiu um pedido empenhado de um estatuto único para as SE, fórmula ideal para melhor gerir os seus interesses, na Europa;

[1256] KLAUS J. HOPT, *Europäische Aktiengesellschaft – per aspera ad astra?*, EuZW 2002, 1, em editorial, afirma mesmo que já se tinha o objectivo das SE como impensável, quando surgiu a cimeira de Nice ... HERIBERT HIRTE, *Die Europäische Aktiengesellschaft*, NZG 2002, 1-10 (1), retomado por MANUEL R. THEISEN/MARTIN WENZ, *A – Hintergründe, historische Entwicklung und Grundkonzeption*, em MANUEL R. THEISEN/MARTIN WENZ (publ.), *Die Europäische Aktiengesellschaft/Recht, Steuern und Betriebswirtschaft der Societas Europaea (SE)* (2002), 1-50 (14), fala em "milagre de Nizza".

[1257] Cf. PETER HOMMELHOFF, *Einige Bemerkungen zur Organisationsverfassung der Europäischen Aktiengesellschaft*, AG 2001, 279-288 (279) e MEINHARD HEINZE, *Die Europäische Aktiengesellschaft*, ZGR 2002, 66-95 (77).

[1258] Alguns destes elementos podem ser vistos em COLOMBANI/FAVERO, *Societas Europaea* cit., 7 e 10 ss..

- vinte e cinco grupos económicos europeus importantes sufragaram o pedido da BP;
- a ERT[1259] depôs no mesmo sentido, em 1993-1994: este *lobby* agrupava 40 grandes dirigentes de empresas industriais europeias;
- o relatório CAMPI, de 1995, retomado pela própria Comissão, na Cimeira de Cannes, fez novo apelo à criação de uma SE, em nome do progresso do mercado interior;
- aquando da megafusão operada entre a Rhône-Poulenc, SA e a Hoechst, AG, de onde resultou a Aventis[1260], gigante da indústria farmacêutica – operação iniciada em 1-Dez.-1998 e concluída a 15-Dez.-1999 – o seu presidente considerou que a hipótese de uma SE teria sido uma possibilidade interessante e a considerar[1261].

II. Os grandes grupos empresariais da União interiorizaram a efectiva necessidade de encontrar um estatuto societário europeu. Fizeram-no pelas evidentes vantagens práticas de simplificar a actuação das empresas no mercado interno da Europa, baixando os custos marginais de qualquer actuação.

A tarefa, em termos técnico-jurídicos, é muito complicada. Todavia, parece-nos fundamental, desde o início, explicar que deparamos com uma questão de ordem prática e não com uma (simples) tarefa de construção teorética.

III. Esclareça-se, ainda, que estão feitas análises económicas das SE, as quais concluiram por uma efectiva vantagem para as empresas[1262]. Segundo o relatório PH. MARINI, de 1996, a falta das sociedades europeias penalizaria a competitividade da Europa em 30 biliões de euros por ano[1263].

[1259] *European Round Table* ou *Round Table of European Industrialists* fundada em Paris, em 1983, por PEHR GYKKENHAMMER, da VOLVO, com 17 outros grandes industriais europeus, visando defender a concorrência na Europa.

[1260] Com sede em Estrasburgo e mais de 69.000 trabalhadores; a Aventis foi objecto de uma OPA lançada em 26-Jan.-2004 por outro gigante – a SANOFI – Synthélabo, SA, considerada, a 17-Fev.-2004, como hostil. Esta OPA foi tornada possível pelas cotações artificialmente baixas da Aventis; abaixo – disse o seu Conselho de Administração – do seu valor real. A OPA acabaria por chegar a bom porto, na base de um acordo.

[1261] ULF R. SIEBEL/STEFAN GEBAUER, *Interimsdividende*, AG 1999, 385-402 (394, em nota).

[1262] Cf. THEISEN/WENZ, *Hintergründ* cit., 15 ss., com indicações.

[1263] *Apud* COLOMBANI/FAVERO, *Societas Europaea* cit., 29 e *apud* THEISEN/WENZ, *Hintergründ* cit., 35.

Particularmente no tocante a fusões, é possível sugerir experiências práticas, em domínios tão diversos como a banca e a indústria aeronáutica, nas quais a utilização da técnica *societas europaea*, a ter sido possível, facultaria enormes ganhos em despesas marginais, em rapidez e, depois, em boa organização da nova entidade[1264].

214. **A dimensão financeira**

I. Para além das exigências empresariais que conduziram à aprovação do Regulamento sobre as sociedades europeias, anuncia-se já uma nova e significativa dimensão: a financeira, particularmente relevante no plano da captação de investidores.

Como ponto de partida, convém ter presente que, nas condições actuais, qualquer economia estática ou em (mero) equilíbrio entra, rapidamente, em recessão. A normalidade saudável exige crescimento. No plano jurídico, esta necessidade envolve uma atenção permanente a novos esquemas que vão surgindo, principalmente àqueles que possam traduzir melhores formas de organização. A concorrência é global e impiedosa para os que não se adaptem[1265].

II. A sociedade europeia aparece no termo de sucessivas directrizes comunitárias tendentes a aproximar os Direitos das sociedades comerciais dos diversos países. Tal aproximação tem sido derivada da liberdade de estabelecimento e da livre circulação de capitais[1266]. Todavia, as directrizes têm o alcance limitado que já acima apurámos: exigindo transposições para os Direitos nacionais e dispondo, na generalidade dos casos, de margens de livre opção, elas não põem, de modo algum, termo à diversidade de ordenamentos. Além disso, tem havido falhas e recuos, como sucedeu com as 10.ª e 13.ª Directrizes. Nesse ambiente, o advento das sociedades

---

1264 Cf. a análise pormenorizada de COLOMBANI/FAVERO, *Societas Europaea* cit., 26 ss., bem como a documentada monografia de REGINE BUCHHEIM, *Europäische Aktiengesellschaft und grenzüberschreitende Konzernverschmelzung* (2001), com conclusões claras (307 ss.).

1265 Cf. EDDY WYMEERSCH, *Gesellschaftsrecht im Wandel: Ursachen und Entwicklungslinien*, ZGR 2001, 294-324 (296).

1266 HABERSACK, *Europäisches Gesellschaftsrecht*, 2.ª ed. cit., 8 ss. e 18 ss..

europeias é saudado como "um raio de luz"[1267] ou o "navio almirante do Direito europeu das sociedades"[1268].

III. Pois bem: a sociedade europeia será, por definição, mais transparente e perceptível do que qualquer sociedade nacional e isso perante os investidores estrangeiros. Se a isso somarmos um efeito de moda e o aspecto de modernidade que automaticamente irá envolver, podemos vaticinar que a SE – qualquer sociedade europeia – só por o ser, irá atrair um *suplementum* de interesse. Tratando-se de sociedades abertas, haverá pressão sobre a procura e subida de cotações.

Numa visão optimista, nos próximos cinco anos, qualquer sociedade de dimensão europeia terá adoptado o figurino da *societas europaea*[1269]. Os primeiros tirarão, naturalmente, as vantagens inerentes, aproveitando ao máximo o efeito de novidade para atrair investidores e majorar a capitalização em bolsa.

O papel da economia nas sociedades e em mercados de capitais é muito relevante: não pode ser descurado[1270].

1267 ULRICH KLINKE, *Europäisches Unternehmensrecht und EuGH/Die Rechtsprechung in den Jahren 1998 bis 2000*, ZGR 2002, 163-203 (165).

1268 OTMAR PHILIPP, *Statut der Europäischen Aktiengesellschaft und Mitbestimmungsregelung*, EuZW 2001, 707/II.

1269 CHRISTIAN GUILLUY, *Propos d'un praticien sur la société européenne*, em KLAUS J. HOPT/ /MICHEL MENJUCQ/EDDY WYMEERSCH, *La société européenne/Organisation juridique et fiscale, interêts, perspectives* (2003), 183-188 (187).

1270 HOLGER FREISCHER, *Grundfragen der ökonomischen Theorie im Gesellschafts- und Kapitalmarktrecht*, ZGR 2001, 1-32 (3, 5 e 14).

SECÇÃO III

O estatuto das SE

§ 52.° Considerações prévias sobre o Regulamento e a Directriz das SE

215. O Estatuto perante as propostas antecedentes

I. Conhecido o enquadramento histórico, político e institucional das sociedades europeias, cabe proceder ao estudo do Estatuto aprovado pelo Regulamento n.° 2157/2001. O Estatuto pode ser considerado em si, antes de passarmos ao enquadramento perante o Direito português. Para melhor conhecer a matéria, tem interesse fazer ressaltar as diferenças entre o texto do Regulamento relativo às sociedades europeias finalmente aprovado e as propostas que o antecederam. Trata-se de um método que permitirá conhecer o sentido evolutivo subjacente ao Estatuto "SE".

Tomando como termo de comparação as propostas de 1970 e 1975, verificam-se as seguintes diferenças[1271]:

– o novo texto é bem mais curto: 70 artigos contra cerca de 300;
– desistiu-se de um regime verdadeiramente único: as SE, em diversos aspectos, continuarão a reger-se pelo Direito do Estado das respectivas sedes;

[1271] Cf. GÜNTER CHRISTIAN SCHWARZ, *Zum Statut der Europäischen Aktiengesellschaft/Die nichtigsten Neuerungen und Änderungen der Verordnung*, ZIP 2001, 1847-1861 (1860/II) e MARCUS LUTTER, *Europäische Aktiengesellschaft – Rechtsfigur mit Zukunft ?*, BB 2002, 1-7 (3/I).

– abdicou-se de figurinos estáticos, mormente dos de inspiração claramente alemã: a estrutura dualista e o Direito próprio dos grupos de sociedades[1272];
– abandonou-se um esquema rígido e obrigatório de co-gestão;
– baixou-se o capital mínimo, de modo a abrir as SE às pequenas e médias empresas: 500.000 euros em 1970; 250.000 em 1975 e 120.000 euros, no Regulamento;
– alargou-se a fórmula SE a sociedades exteriores à própria União desde que, nela, tenham alguma sucursal;
– abriu-se o texto a particularismos nacionais.

Os comentadores adiantam que as SE se tornaram, assim, cativantes para as empresas já existentes e para os investidores, permitindo economias de escala, abaixamentos de custos, mais racionalidade contabilística e fiscal e, até, melhores defesas contra OPAs hostis.

Todavia, tem um especial interesse sublinhar que todos estes objectivos têm, subjacente, uma mudança de paradigma.

II. Nos projectos de 1970 e 1975, a SE era vista como uma forma unitária de sociedade, ao serviço de um mercado único[1273]. Em 2001, concluiu-se, em definitivo[1274], que esse mercado era possível no respeito pelas culturas nacionais, desde que houvesse um "torso" ou tronco comum. A ideia de produzir um Regulamento tipo "lei uniforme" foi abandonado. Aliás, para ser consequente, tal ideia sempre exigiria que todas as questões atinentes a SE fossem dirimidas por tribunais comunitários, sob pena de "derivas jurisprudenciais". Como é evidente: os foros dos vários países europeus não deixariam de acusar, no momento crucial da aplicação, a diversidade das Ciências jurídicas respectivas.

Este estado de coisas não obsta, todavia, a que o Regulamento relativo a SE tenha vindo abrir novas potencialidades para as sociedades anónimas do espaço europeu.

1272 Segundo FRANÇOISE BLANQUET, *La* societas europaea *: Histoire de la négotiation et des textes*, JACQUES-LOUIS COLOMBANI/MARC FAVERO, *Societas Europaea / La société européenne (SE)*, já citado, 15, apenas os sistemas alemão e português manteriam o "direito dos grupos obrigatório".

1273 MANUEL R. THEISEN/MARTIN WENZ, *A – Hintergründe, historische Entwicklung und Grundkonzeption* cit., 36.

1274 Cf. CHRISTOPH TEICHMANN, *Die Einführung der Europäischen Aktiengesellschaft – Grundlagen der Ergänzung des europäischen Status durch den deutschen Gesetzgeber*, ZGR 2002, 383-464 (390).

III. Fazendo a comparação entre os projectos de 1989/1991 e o de 1999, próximo já do Regulamento final, verifica-se, neste último, uma simplificação ditada pela supressão das seguintes rubricas[1275]:

- capital, acções e outros títulos de crédito;
- grupos de sociedades;
- fusão;
- estabelecimentos;
- preceitos penais.

Além disso, foi substancialmente reduzida a matéria atinente aos balanços e às contas consolidadas. Inferimos desta evolução que se procedeu ao desagravamento do Estatuto "SE", com a consequência prática de remeter mais matéria para os Direitos dos diversos Estados.

216. **O preâmbulo do Regulamento n.° 2157/2001**

I. De acordo com a tradição das fontes comunitárias, o Regulamento n.° 2157/2001 vem precedido por um preâmbulo explicativo. Este preâmbulo tem utilidade para a interpretação do clausulado subsequente. Far-lhe-emos, assim, uma referência, ainda que breve: permite recordar a *occasio legis* e, ainda, alguns dos objectivos do legislador[1276].

II. O preâmbulo do Regulamento tem 29 números, susceptíveis de diversas ordenações. De acordo com o seu conteúdo, retiramos, deles, os seguintes parâmetros:

- a realização do mercado interno coloca determinados desafios cuja assunção é dificultada pela diversidade de direitos nacionais vigentes; impor-se-ia, assim, uma regulação unitária, ainda que em paralelo com as regras nacionais – n.°s 1 a 7;
- a SE tem determinados antecedentes históricos – n.°s 8 e 9;
- podem-se constituir SE por várias vias – n.°s 10 e 11;

1275 Cf. a tabela comparativa de Regine Buchheim, *Europäische Aktiengesellschaft* cit., 124.

1276 Para a análise de elementos preambulares do Regulamento n.° 2157/2001, cf. André Decocq/Georges Decocq, *Droit européen des affaires* cit., 82 ss..

- a fórmula SE pode dar cobertura a sociedades abertas – n.° 12 – a pequenas empresas – n.° 13 – a sociedades cuja administração central não se situe na comunidade – n.° 23 – e a instituições financeiras – n.° 26;
- as SE devem ter estruturas adequadas – n.° 14 – podendo transferir a sua sede sem prejudicar terceiros – n.° 24;
- não é necessário, actualmente, prever regras sobre grupos de empresas – n.°s 15 a 17;
- o regulamento não abrange as áreas da fiscalidade, da concorrência, da propriedade intelectual e da insolvência – n.° 20;
- certas regras relativas à participação dos trabalhadores constam da Directriz n.° 2001/86/CE, devendo ser transpostas – n.°s 19, 21, e 22;
- às infracções previstas no Regulamento, há que aplicar as sanções relativas às sociedades anónimas do País em causa – n.° 18;
- o regulamento não prejudica medidas subsequentes – n.°s 25 e 27.

III. Embora algo entrechocado, o preâmbulo do Regulamento dá uma ideia efectiva do articulado subsequente, contribuindo para o seu conhecimento interpretativo. Como muitas vezes sucede nestas circunstâncias, o preâmbulo explica, sobretudo, os aspectos finais da preparação do diploma que antecede: tal o caso típico dos números 15 a 17, sobre a pretensa desnecessidade de regras sobre grupos de empresas: recorde-se a paragem da 9.ª Directriz.

217. **Sistematização**

I. O Regulamento tem 70 artigos, arrumados por títulos, nos termos seguintes[1277]:

Título I – Disposições gerais (1.° a 14.°);

Título II – Constituição:

[1277] Quanto à análise geral do Regulamento, para além das obras abaixo citadas, cumpre referir BEM J. M. TERRA, *De Societas Europaea* (2002), na *Internet*, CARLA DA COSTA/ALEXANDRA BILREIRO, *The European Company Statute* cit., 17 ss., FARIDA EL MAHI, *Die Europäische Aktiengesellschaft* cit., 18 ss. e, entre nós, o escrito importante de RUI PINTO DUARTE, *A sociedade (anónima) europeia/Uma apresentação*, CDP 6 (2004), 1-15: um trabalho escrito em Maio de 2003 e revisto em Abril de 2004, como informa o seu Autor.

Secção 1 – Generalidades (15.° e 16.°);
Secção 2 – Constituição de uma SE (17.° a 31.°);
Secção 3 – Constituição de uma SE "holding" (32.° a 34.°);
Secção 4 – Constituição de uma SE "filial" (35.° e 36.°);
Secção 5 – Transformação de uma sociedade anónima em SE (37.°);

Título III – Estrutura da SE (38.°):
Secção 1 – Sistema dualista (39.° a 42.°);
Secção 2 – Sistema monista (43.° a 45.°);
Secção 3 – Regras comuns aos sistemas monista e dualista (46.° a 51.°);
Secção 4 – Assembleia geral (52.° a 60.°);

Título IV – Contas anuais e contas consolidadas (61.° e 62.°);

Título V – Dissolução, liquidação, insolvência e cessação de pagamentos (63.° a 66.°);

Título VI – Disposições complementares e transitórias (67.°);

Título VII – Disposições finais (68.° a 70.°).

II. O Regulamento encerra com dois anexos: o I contém, por Países, as "sociedades anónimas" para efeitos do artigo 2.°/1 – portanto: para efeitos de fusão; aí surgem as nossas sociedades anónimas. O II reporta-se às "sociedades anónimas" para efeitos do artigo 2.°/2 – ou seja: para efeitos de constituição de *holdings*; abrange as nossas sociedades por quotas e as nossas sociedades anónimas.

III. Em termos sistemáticos, a ordenação do Regulamento apresenta uma flagrante semelhança com a do *Aktiengesetz* alemão, que passamos a recordar:

Parte I – Preceitos gerais (§§ 1.° a 22.°);
Parte II – Constituição da sociedade (§§ 23.° a 53.°);
Parte III – Relações jurídicas da sociedade e dos sócios (§§ 53.° a 75.°);
Parte IV – Estruturação da sociedade anónima (§§ 76.° a 147.°);
Parte V – Escrituração e repartição de lucros (§§ 148.° a 178.°);
Parte VI – Modificação de estatutos; aumento e redução de capital (§§ 179.° a 240.°);
Parte VII – Invalidade das deliberações (§§ 241.° a 261.°);
Parte VIII – Dissolução e declaração de nulidade da sociedade (§§ 262.° a 277.°);

(...)[1278]

Livro IV – Fusão, transferência de património e transformação (§§ 338.° a 393.°)[1279].

Pois bem: se suprimirmos a Parte III (relações da sociedade com os sócios) e a Parte VII (invalidade das deliberações) obtemos, praticamente, o sistema interno do Regulamento. Confirma-se, por esta via, a origem germânica do diploma. Trata-se, de resto, de uma característica que deriva das origens[1280] e que foi sedimentado por quarenta anos de trabalhos preparatórios, pontuados por estudos alemães de qualidade.

218. A participação dos trabalhadores: a Directriz n.° 2001/86

I. Ainda em sede geral, cumpre fazer uma referência ao tema da participação dos trabalhadores[1281]. Tratou-se de um dos problemas mais difíceis de ultrapassar, aquando da preparação do Regulamento n.° 2157/2001. A matéria acabou por ser remetida para uma Directriz – a Directriz n.° 2001/86/CE, do Conselho, de 8 de Outubro – justamente como fórmula destinada a permitir uma maior adaptabilidade nos diversos Estados da União. Fruto de múltiplas discussões e transacções, a Directriz n.° 2001/86 surge nitidamente menos clara do que o Regulamento. A matéria nele versada é, todavia, muito mais acessível.

II. A *ratio* básica da Directriz em referência resulta do seu preâmbulo. Assim, lê-se aí, designadamente:

n.° 3: (...) é necessário estabelecer disposições específicas (...) a fim de garantir que a constituição de uma SE não conduza à abolição ou à redução das práticas e envolvimento dos trabalhadores existentes nas sociedades participantes na constituição de uma SE (...)

[1278] Intercala-se a matéria relativa às sociedades em comandita por acções e aos grupos de sociedades.

[1279] Substituídos pelo *Umwandlungsgesetz* (a lei de transformação de sociedades) de 1994.

[1280] O Projecto do Prof. SANDERS, de 1967.

[1281] Entre a bibliografia acima citada, cf. ANDREA KUFFNER, *Die Beteiligung der Arbeitnehmer in der Europäische Beitriebsräte* (2003), 228 pp., com muitos elementos.

n.° 5: A grande diversidade das regulamentações e práticas (...) desaconselha a elaboração de um modelo único (...)

Nesta base, a Directriz dá corpo ao vector *antes/depois*, afanosamente negociado sob a presidência britânica, em 1998.

III. A Directriz desdobra-se por 17 artigos, arrumados por secções, nos termos seguintes[1282]:

Secção I – Disposições gerais
Artigo 1.° – Objectivo
Artigo 2.° – Definições

Secção II – Procedimento de negociação
Artigo 3.° – Constituição de um grupo especial de negociação
Artigo 4.° – Conteúdo do acordo
Artigo 5.° – Duração das negociações
Artigo 6.° – Legislação aplicável ao procedimento de negociação
Artigo 7.° – Disposições supletivas

Secção III – Disposições diversas
Artigo 8.° – Reserva e confidencialidade
Artigo 9.° – Funcionamento do órgão de representação e procedimento de informação e consulta dos trabalhadores
Artigo 10.° – Protecção dos representantes dos trabalhadores
Artigo 11.° – Procedimentos abusivos
Artigo 12.° – Cumprimento da presente directiva
Artigo 13.° – Relação entre a presente directiva e outras disposições
Artigo 14.° – Disposições finais
Artigo 15.° – Reapreciação pela Comissão
Artigo 16.° – Entrada em vigor
Artigo 17.° – Destinatários

IV. Segue-se um anexo com disposições supletivas, em três partes:

Parte 1: Composição do órgão de representação dos trabalhadores;
Parte 2: Informação e consulta;
Parte 3: Participação.

Toda esta matéria carece de cuidadoso estudo. Desde já adiantamos que, no caso português ela tem pouco impacto: excepto na eventualidade

[1282] Os preceitos da Directriz, ao contrário dos do Regulamento, têm epígrafe oficial.

de, por fusão, se constituir uma SE com sede em Portugal, que viesse absorver uma sociedade com sede em País onde vigore a co-gestão e isso de modo aos trabalhadores desta última sociedade atingirem os 25% do total.

Julgamos que as dúvidas que derivem da Directriz e de eventuais diplomas de transposição (ou da sua ausência) não prejudicam o surgimento de "SE" com sede em Portugal. Um aspecto a aprofundar oportunamente.

§ 53.° Disposições gerais do estatuto da SE

219. A SE enquanto sociedade anónima

I. A sociedade europeia é, antes de tudo, uma sociedade anónima sujeita a um regime especial – 1.°/1[1283]. Nessa categoria, apresenta as seguintes características[1284]:

- tem o capital dividido em acções, sendo cada accionista responsável, apenas, até ao limite do capital que tenha subscrito (1.°/2); trata-se de um esquema semelhante ao 271.° do Código das Sociedades Comerciais;
- tem personalidade colectiva – 1.°/3 – a qual se adquire com o registo (16.°/2), sistema equivalente ao 5.° do CSC;
- tem uma firma precedida ou seguida pela sigla "SE" (11.°/1)[1285] contra "SA" para as anónimas nacionais (275.°/1, do CSC);
- tem o capital expresso em euros (4.°/1), devendo ser subscrito, pelo menos, o total de 120.000 euros (4.°/3) contra o mínimo de 50.000 euros, para as anónimas nacionais (276.°/3, do CSC).

II. Deve frisar-se que fica ressalvada a legislação nacional que, para certos tipos de sociedades, estabeleça montantes mais elevados (4.°/3); pense-se na banca e nos seguros. Do mesmo modo, prevalecem as regras nacionais específicas para este tipo de entidades (9.°/3).

1283 Todos os artigos sem indicação de fonte reportam-se, agora, ao Regulamento n.° 2157/2001.

1284 Cf. LUTTER, *Europäische Aktiengesellschaft* cit., 3/II ss.. ANDRÉ DECOCQ/GEORGES DECOCQ, *Droit européen des affaires* cit., 84, dizem, simplesmente, que ela é : uma sociedade anónima ; uma estrutura jurídica de um grupo; e uma sociedade comunitária.

1285 *Vide* ANDREAS JAHN/EBBA HERFS-RÖTTGEN, *Die Europäische Aktiengesellschaft – Societas Europaea*, DB 2001, 631-638 (632/II).

III. O tratamento da SE como sociedade anónima mais se intensifica perante as regras seguintes:

- o capital da SE registada em Portugal, a sua conservação e modificação, bem como as acções, as obrigações e outros títulos equiparáveis da SE regulam-se pelas disposições aplicáveis às sociedades anónimas portuguesas (5.°);
- salvo o Regulamento, uma SE é tratada, em cada Estado-Membro, como uma sociedade anónima constituída segundo o Direito do Estado-Membro da sede (10.°).

IV. Entendeu-se que o Direito das sociedades comerciais teve como grande matriz o regime das sociedades anónimas. Verifica-se, agora, que o mesmo se passa com as "SE". Mas assim sendo, estas podem beneficiar, com naturalidade, do regime histórico desenvolvido em torno das sociedades comerciais. O próprio Direito das sociedades comerciais, enquanto Ciência, ficará, assim, disponível.

220. **O sistema de fontes**

I. O sistema de fontes das SE consta do artigo 9.°[1286]. Trata-se de um preceito complexo, já considerado o *el dorado* da metodologia[1287]. Em síntese, à SE haverá que aplicar[1288]:

- o próprio Regulamento n.° 2157/2001;
- os estatutos da SE, quando o Regulamento o "autorize expressamente" – 9.°/1, *a*) e *b*)[1289].

[1286] ULRICH BRANDT/MATTHIAS SCHEIFELE, *Die Europäische Aktiengesellschaft und das anwendbare Recht*, DStR 2002, 547-555.

[1287] MATTHIAS CASPER, *Der Lückenschluss im Statut der Europäischen Aktiengesellschaft*, FS Ulmer (2003), 51-72 (71-72). Sobre este tema existe uma interessante monografia, já referida: HEIKE VOLTER, *Der Lückenschluss im Statut der Europäischen Privatgesellschaft* (2000), 307 pp., com rec. de GÜNTER CHRISTIAN SCHWARTZ, ZHR 165 (2001), 414-417.

[1288] JENS WAGNER, *Die Bestimmung des auf SE anwendbaren Rechts*, NZG 2002, 985-991.

[1289] Em VOLTER, *Der Lückenschluss* cit., 82 ss., podem ser confrontadas as diversas soluções encontradas nos projectos de "SE": no do Prof. SANDERS (82), no de 1970 (85), no de 1975 (86), no de 1989 (88), no de 1991 (91) e no final (113).

Esclareça-se que "estatutos" designa, aqui, quer o acto constitutivo, quer os estatutos, quando dêem azo a actos separados (6.°)[1290].

II. Quanto a matérias que não sejam tratadas pelo Regulamento n.° 2157/2001 ou que o sejam, apenas, parcialmente, haverá que aplicar – 9.°/1, *c*)[1291]:

- disposições legislativas específicas, adoptadas pelos Estados-Membros quanto às SE;
- disposições legislativas aplicáveis a sociedades anónimas com sede no local da SE;
- disposições dos estatutos das SE, nas mesmas condições que para as sociedades anónimas.

III. Pergunta-se, de imediato, se são necessárias as tais "disposições legislativas específicas" adoptadas pelos Estados quanto a SE. O assunto será abaixo examinado com mais profundidade. Adianta-se, desde já e todavia, que tais disposições nacionais não são necessárias. O Regulamento tem aplicação directa, apresentando esquemas que permitem o seu funcionamento, mesmo na falta de preceitos internos adequados. De outro modo, qualquer Estado poderia bloquear a aplicabilidade interna de um Regulamento, o que fica totalmente fora da letra e do espírito do Tratado da União.

IV. Perante uma lacuna no tecido normativo aplicável à SE, haverá que observar o seguinte:

- se se tratar de matéria que pela lógica do conjunto não possa deixar de ter tratamento unitário, caberá operar por analogia ou com recurso aos princípios, mas dentro do Regulamento;
- na falta de elementos, teremos de apelar aos princípios gerais dos Direitos dos Estados da União;
- ainda na falta de elementos, recorremos ao Direito interno do Estado da sede.

[1290] Quanto aos estatutos: PETER HOMMELHOFF, *Satzungsstrenge und Gestaltungsfreiheit in der Europäischen Aktiengesellschaft*, FS Ulmer (2003), 267-278.

[1291] Tudo isto postula uma hierarquia de normas: CASPER, *Der Lückenschluss* cit., 53.

Porém, se se tratar de matéria que, pelo sistema geral do Regulamento, caiba ao Direito interno, teremos de recorrer ao sistema subsidiário nacional. No caso português, temos (2.° do CSC):

– a integração dos estatutos;
– o recurso à analogia dentro do CSC;
– os princípios informadores das sociedades anónimas;
– o Código Civil.

V. Também no que respeita à interpretação e à aplicação das regras relativas às SE, há especificidades.

O próprio Regulamento n.° 2157/2001 deve ser interpretado de acordo com os vectores próprios do Direito europeu[1292] e, designadamente, com apelo ao Direito comparado e aos seus preparatórios, com vista a conhecer a *occasio legis* e a *ratio legis*.

Os estatutos seguem a "interpretação objectiva" que a moderna comercialística aponta para esse tipo de actos: à luz do Direito europeu, nas áreas para que o Regulamento expressamente remete; à luz do Direito interno, nas outras.

221. **O registo**

I. De acordo com a técnica moderna, a SE está sujeita a inscrição no registo comercial. O artigo 12.° remete para os termos da Directriz n.° 68/151/CEE, de 9 de Março: a 1.ª Directriz[1293].

O tratamento a dar, no registo, a uma SE é precisamente o dispensado às sociedades anónimas nacionais, com as especialidades que imponha o próprio Regulamento. A mesma regra é aplicável à publicidade dos actos – artigo 13.°. Dada a natureza europeia das entidades em causa, há ainda o suplemento de publicidade previsto no artigo 14.°, que cabe transcrever:

> 1. O registo e o cancelamento do registo de uma SE são objecto de um aviso a publicar, para informação, no Jornal Oficial das Comunidades Europeias, após publicidade efectuada nos termos do artigo 13.°. Desse aviso cons-

---

[1292] BRANDT/SCHEIFELE, *Die Europäische Aktiengesellschaft und das anwendbare Recht* cit., 555/II, referindo as "linhas do Tribunal de Justiça Europeu". Cf. *supra*, 83 ss..

[1293] *Supra*, 167 ss..

tam a firma, o número, a data e o local de registo da SE, a data, o local e o título da publicação, bem como a sede e o seu sector de actividade da SE.

2. A transferência da sede da SE nas condições previstas no artigo 8.° é igualmente objecto de um aviso, do qual constam as indicações previstas no n.° 1, bem como as relativas ao novo registo.

3. As indicações referidas no n.° 1 são comunicadas ao Serviço de Publicações Oficiais das Comunidades Europeias no prazo de um mês a contar da publicidade prevista no artigo 13.°.

II. O Regulamento dispõe um primeiro grupo de normas especiais para ressalvar a participação dos trabalhadores: não pode haver registo sem que esse aspecto se mostre assegurado – 12.°/2 e 3. Adiante veremos quais as exigências e quais as suas projecções em Portugal.

III. Um segundo grupo de normas tem a ver com a mudança de sede. Uma das vantagens das SE está, precisamente, na faculdade de poderem mudar a sua sede, livremente, dentro da União. Todavia, tal mudança pode prejudicar os seus credores. Por isso, prevê-se um prévio esquema de publicações, abaixo analisado: só perante um certificado de que os actos e formalidades prévios à transferência foram cumpridos se pode proceder ao seu registo (8.°/9), altura em que ela produzirá os seus efeitos (8.°/10). Subjacente está o esquema pensado para a 14.ª Directriz. Melhor: para o seu projecto[1294].

222. **A sede; a transferência dentro da União**

I. As SE devem ter a sua sede no território da Comunidade (7.°). Esclarece ainda esse preceito que a sede deve ficar no mesmo Estado onde esteja a administração central da sociedade – leia-se: a sua administração efectiva. O texto do Regulamento traduz *Verwaltungssitz* e *Satzungssitz*.

A sede pode ser transferida para outro Estado-membro: não origina nem a dissolução da SE nem a criação de uma nova pessoa colectiva – 8.°/1. Trata-se de um dos aspectos básicos que justificou a procura da *societas europaea*[1295].

[1294] *Supra*, 809 ss..

[1295] Sobre toda esta matéria, o escrito de referência é o de MARTIN WENZ, *Grenzüberschreitende Sitzverlegung*, em THEISEN/WENZ, *Die Europäische Aktiengesellschaft* (2002), 171-245. Cf., também, ANDRÉ DECOCQ/GEORGES DECOCQ, *Droit européen des affaires* cit., 90 ss..

II. A mudança de sede para outro Estado-Membro suscitou, todavia, alguma desconfiança, por parte do legislador comunitário. Receou-se, fundamentalmente, que a transferência pudesse prejudicar[1296]:

- os direitos de participação dos trabalhadores;
- os credores;
- os sócios minoritários.

Daí resultou o regime algo pesado do artigo 8.°/2 a 16, que passamos a sintetizar[1297].

III. Pretendendo-se mudar uma sede de SE para outro Estado-Membro, o procedimento será[1298]:

- a administração deve elaborar um projecto de transferência de onde constem: a sede proposta; os novos estatutos e, sendo o caso, a nova firma; as consequências para os trabalhadores; o calendário da transferência; os direitos relativos à protecção dos accionistas e/ou credores – 8.°/2[1299];
- o projecto deve ser sujeito a publicidade, nos termos previstos na 1.ª Directriz para as sociedades comerciais – *idem*;
- a administração deve elaborar um relatório explicativo e justificativo, para accionistas, credores e trabalhadores – 8.°/3;
- pelo menos um mês antes da assembleia geral convocada para decidir a transferência, os accionistas e credores podem analisar o projecto de transferência e o relatório, na sede da SE e podem pedir cópias gratuitas dos mesmos – 8.°/4;
- a decisão de transferência só pode ocorrer dois meses após a publicação do projecto e deve ser tomada nos termos requeridos para a alteração dos estatutos – 8.°/5;
- a SE interessada deve provar que os interesses dos credores e dos titulares de outros direitos foram protegidos nos termos das leis do Estado *a quo* – 8.°/7, 1.° §;

1296 Cf. SCHWARZ, *Zum Statut der Europäischen Aktiengesellschaft* cit., 1849/I e II e WENZ, *Grenzüberschreitende Sitzverlegung* cit., 212 ss..

1297 Cf. ALBERTO MALATESTA, em DRAETTA/POCAR, *La società europea* cit., 14 ss..

1298 WENZ, *Grenzüberschreitende Sitzverlegung* cit., 216, fazendo uma representação gráfica do procedimento em causa.

1299 *Idem*, 217 ss..

– no Estado-Membro da sede da SE, "... deve ser emitido, por um tribunal, notário ou outra entidade competente, um certificado que comprove, de forma concludente, o cumprimento dos actos e formalidades prévios à transferência" – 8.°/8;
– o novo registo só pode efectuar-se mediante a apresentação do certificado em causa e a prova do cumprimento das formalidades exigidas para o registo *ad quem* – 8.°/9;
– com o registo, produzem efeito quer a transferência de sede, quer a alteração dos estatutos – 8.°/10;
– o registo *ad quem* deve notificar o registo *a quo* do sucedido; só então este pode cancelar a inscrição – 8.°/11;
– o novo registo e o cancelamento do anterior são publicitados nos termos do artigo 13.°; só então a nova sede é plenamente oponível a terceiros – 8.°/12 e 13;
– o Estado *a quo* mantém competência para dirimir os litígios surgidos antes da transferência, ou relativos ao período anterior a essa transferência – n.° 16.

IV. Além do processo referido, atente-se em que:

– pelo artigo 8.°/5, o Estado *a quo* pode adoptar disposições destinadas a assegurar uma protecção adequada aos accionistas minoritários que se tenham manifestado contra a transferência[1300];
– pelo artigo 8.°/7, § 2.°, a protecção quanto a dívidas anteriores pode abarcar todas as contraídas antes da transferência (e não apenas antes do certificado);
– pelo artigo 8.°/14, os Estados podem prever, em relação às SE neles registadas, que uma transferência de sede de que resulte mudança do Direito aplicável não produza efeitos se, antes da decisão de transferência, uma autoridade competente se opôs, invocando o interesse público; este esquema aplica-se às autoridades de controlo financeiro; a oposição é susceptível de recurso judicial.

Finalmente: não é possível uma transferência de sede depois de iniciado um processo de dissolução, liquidação, insolvência, suspensão de pagamentos ou processos análogos.

[1300] CHRISTOPH TEICHMANN, *Minderheitenschutz bei Gründung und Sitzverlegung der SE*, ZGR 2003. 367-401 (369 ss.); cf. WENZ, *Grenzüberschreitende Sitzverlegung* cit., 221 ss..

V. Todo este esquema é pesado, correspondendo a um "formalismo adaptado a uma estrutura móvel"[1301].

Perante o Direito português, afigura-se-nos que, na ausência de leis de adaptação, o certificado previsto no artigo 8.°/8 terá de ser pedido a um notário. Este lançará mão do dispositivo relativo à justificação para fins do registo comercial, prevista nos artigos 94.° e seguintes do Código do Notariado. Terá o cuidado de citar, expressamente, o artigo 8.°/8 do Regulamento n.° 2157/2001. Na Alemanha, WENZ entende que a função melhor ficaria entregue ao conservador do registo comercial[1302]. Provavelmente será essa a opção do nosso legislador: quando ocorrer.

[1301] COLOMBANI/FAVERO, *Societas europaea* cit., 113 ss..
[1302] WENZ, *Grenzüberschreitende Sitzverlegung* cit., 228-229.

§ 54.° A constituição de sociedades europeias

223. Generalidades

I. A sociedade europeia representa um forte investimento comunitário: político, jurídico e no domínio das expectativas económicas. Todavia, o legislador europeu agiu com grande cautela. Essa preocupação fica clara quando se considera o título relativo à constituição das SE[1303].

O Regulamento n.° 2157/2001 prevê cinco formas de constituição de sociedades europeias[1304]:

- por fusão, desde que se trate de sociedades anónimas e pelo menos duas delas se regulem por Direitos de Estados diferentes – 2.°/1 e 17.° a 31.°;
- por constituição de uma SE *holding*, desde que se trate de sociedades anónimas ou por quotas e pelo menos duas delas se regulem por Direitos de Estados diferentes, ou tiverem, há pelo menos dois anos, uma filial regulada pelo Direito de outro Estado-Membro ou uma sucursal situada noutro Estado-Membro – 2.°/2 e 32.° a 34.°;
- por constituição de uma SE filial, tratando-se de sociedades em sentido amplo ou outras entidades jurídicas públicas ou privadas desde que pelo menos duas delas se regulem por Direitos de Estados-Membros diferentes ou tiverem, há pelo menos dois anos, uma

---

[1303] Como escrito de referência: JOSEF NEUN, *Gründung*, em *Die Europäische Aktiengesellschaft* (2002), 51-169. Cf., ainda, GRUNDMANN, *Europäisches Gesellschaftsrecht* cit., 485 ss. e HABERSACK, *Europäisches Gesellschaftsrecht*, 2.ª ed. cit., 403 ss..

[1304] SCHWARZ, *Zum Statut der Europäischen Aktiengesellschaft* cit., 1851 ss. e MALATESTA, *La società europea* cit., 11 ss.; por vezes, os Autores referem apenas as quatro primeiras formas de constituição, mencionando depois, *a latere*, a quinta: SE filial de SE. Cf. ANDRÉ DECOCQ/GEORGES DECOCQ, *Droit européen des affaires* cit., 93 ss..

filial regulada pelo Direito de outro Estado-Membro ou uma sucursal situada noutro Estado-Membro – 2.°/3 e 35.°e 36.°;
- por transformação de uma sociedade anónima nacional, que tenha a sua sede e a sua administração na Comunidade, desde que tenha há pelo menos dois anos uma filial regulada pelo Direito de outro Estado-Membro – 2.°/4 e 37.°;
- por constituição de uma SE filial, desde que levada a cabo por uma SE, podendo, então, haver unipessoalidade – 3.°/2[1305].

II. Dois elementos se impõem de imediato:

- no tocante a SE, não há liberdade plena de constituição: antes vigora um *numerus clausus* de constituição de sociedades, de tal modo que apenas pessoas colectivas, nos termos previstos, o podem fazer[1306];
- além disso, tal constituição só é possível perante situações que tenham já elementos de estraneidade e, designadamente: que impliquem sociedades ou filiais regidas por dois ou mais Direitos de Estados comunitários.

Houve uma preocupação grande em prevenir a "fraude" à lei através do esquema SE: procurando, através dele, "paraísos jurídicos" ou ladeando normas imperativas locais, com relevo para a temática da co-gestão[1307].

III. Devemos ter presente que as fusões internacionais eram proibidas, até às SE, na Alemanha, na Áustria, na Bélgica, na Dinamarca, na Finlândia, na Grécia, na Irlanda, nos Países Baixos e na Suécia[1308]. Vê-se, aí, a imensa importância do instrumento ora disponibilizado. Além disso, a *Décima Directriz das Sociedades Comerciais*, precisamente sobre fusões internacionais de sociedades anónimas, esteve, desde 1985, longamente

---

1305 Trata-se de uma constituição derivada – PETER HOMMELHOFF, *Eine Bemerkungen zur Organisationsverfassung der Europäischen Aktiengesellschaft*, AG 2001, 279-288 (280) – ou secundária – LUTTER, *Europäische Aktiengesellschaft* cit., 4.

1306 NEUN, *Gründung* cit., 61 e 169 e GRUNDMANN, *Europäisches Gesellschaftsrecht* cit., 485.

1307 NEUN, *Gründung* cit., 62 ss..

1308 Trata-se de uma informação de COLOMBANI/FAVERO, *Societas Europaea* cit., 71; na Alemanha a questão é, de facto, controversa; cf. JOHANNES SEMLER/ARNDT STENGEL, *Umwandlungsgesetz* (2003), Anh. § 77 (790 ss.).

em estado de projecto[1309]. A nova proposta de 18-Nov.-2003, do Parlamento e do Conselho[1310], ainda não tem agenda: outro factor de interesse.

IV. O artigo 2.°/5 admite a possibilidade de um Estado-Membro prever que uma sociedade extra-comunitária possa participar na constituição de uma SE desde que se tenha constituído de acordo com o Direito de um Estado-Membro, tenha a sua sede nesse Estado-Membro e uma conexão efectiva e continuada com a economia de um Estado-Membro[1311].

V. Para além destas especialidades, a constituição de uma SE regula-se pela legislação aplicável às sociedades anónimas do Estado onde ela venha estabelecer a sua sede – 15.°/1. A personalidade adquire-se pelo registo, como foi dito – 16.°/1.

O artigo 16.°/2 contém uma típica norma sobre as denominadas pré-sociedades[1312]: se tiverem sido praticados actos em nome de uma SE antes do registo e se, após o registo, a SE em causa não assumir as obrigações deles decorrentes, as pessoas singulares, as sociedades ou outras entidades jurídicas que a tiverem praticado serão responsáveis por eles, solidária e ilimitadamente. Trata-se do afloramento da *1.ª Directriz*[1313] – artigos 7.° a 9.° – cuja transposição já examinámos.

224. **Constituição de uma SE por meio de fusão**

I. O Regulamento n.° 2157/2001 consagra um espaço largo à fusão de sociedades como modo de constituir uma SE: nada menos de 15 artigos (17.° a 31.°). A matéria tem, subjacente, a *Terceira Directriz das Sociedades Comerciais* ou Directriz n.° 78/855/CEE, do Conselho, de 9 de Outubro[1314], precisamente relativa a fusões. Trata-se de matéria transposta para

---

[1309] Proposta de 8-Jun.-1985, JOCE N.° C-23, 11-22, de 14-Jun.-1985.

[1310] COM (2003) 703 final; cf. *supra*, 787 ss..

[1311] NEUN, *Gründung* cit., 65.

[1312] Cf. CHRISTIAN KERSTING, *Societas Europaea: Gründung und Vorgesellschaft*, DB 2001, 2079-2086 (2081/I ss.).

[1313] Cf. indicações de MATHIAS HABERSACK, *Europäisches Gesellschaftsrecht* cit., 61-62 e o nosso RAÚL VENTURA, *Adaptação do Direito português à 1.ª Directiva* cit., 89 ss..

[1314] JOCE N.° L-295, de 20-Out.-1978, 36-43.

o Código das Sociedades Comerciais – artigos 97.° e seguintes[1315]. Por isso, poderemos considerar que o dispositivo comunitário adoptado para as SE não é, em absoluto, estranho ao nosso Direito. De resto, o artigo 18.° remete, precisamente, para os preceitos nacionais resultantes da referida *Terceira Directriz*.

Acrescente-se ainda que este domínio das fusões – tal como diversos outros – foi cuidadosamente estudado ainda na fase de projecto[1316].

II. A fusão visualizada pelo Regulamento pode operar por incorporação – 17.°/2, *a*) – ou por concentração – 17.°/2, *b*). No primeiro caso, a sociedade incorporante passa a SE, com a fusão; no segundo, a SE advém da constituição de nova sociedade.

A preocupação em defender o "interesse público" levou o artigo 19.° a prever a possibilidade de oposição de uma autoridade pública à fusão, desde que com possibilidade de recurso para os tribunais. Pensamos que, entre nós, esse tipo de oposição pode ter significado no sector da banca (pelo Banco de Portugal) ou dos seguros (pelo Ministro das Finanças).

III. A fusão dá lugar a um processo previsto no Regulamento – artigos 20.° e seguintes: assaz semelhante ao constante dos artigos 98.° e seguintes do Código das Sociedades Comerciais e presente na 3.ª Directriz e na proposta de 10.ª Directriz, já examinadas. Em síntese[1317]:

- os órgãos de administração das sociedades a fundir preparam um projecto de fusão, com os elementos referidos nas alíneas do artigo 21.°/1;
- alguns dos elementos aí referidos devem ser publicados – artigo 21.°;
- deve operar a fiscalização referida no artigo 22.°, por remissão para a Terceira Directriz;
- o projecto é aprovado por cada uma das sociedades a fundir; o envolvimento dos trabalhadores rege-se pela Directriz n.° 2001/86/CE;

[1315] A matéria já havia sido pré-recolhida pelo Decreto-Lei n.° 598/73, de 8 de Novembro, preparado por RAÚL VENTURA então na base da proposta de Directriz; cf. *supra*, 276 ss..

[1316] Temos em mente o estudo de REGINE BUCHHEIM, *Europäische Aktiengesellschaft und grenzüberschreitende Konzernverschmelzung/Der aktuelle Entwurf der Rechtsform aus betriebswirtschaftlicher Sicht* (2001), especialmente 179 ss..

[1317] Circunstanciadamente, distinguindo várias fases, NEUN, *Gründung* cit., 71 ss..

– o Direito do Estado-Membro de que dependa cada uma das sociedades é aplicável no tocante à defesa dos credores, dos obrigacionistas e dos portadores de títulos especiais – 24.°/1; o Estado-Membro pode adoptar medidas de protecção para os accionistas maioritários que se tenham pronunciado contra a fusão – 24.°/2[1318];
– deve operar o controlo de legalidade da operação – 25.° e 26.°.

IV. A fusão e a constituição simultânea da SE produzem efeitos na data do registo da SE – artigo 27.°/1; cf. o artigo 112.° do Código das Sociedades Comerciais, com uma solução paralela. O artigo 29.° explicita os efeitos da fusão, distinguindo: a fusão-incorporação e a fusão-concentração.

Importante é a regra do artigo 30.°: a nulidade da fusão não pode ser declarada se a SE tiver sido registada. A falta de controlo da legalidade da operação pode, todavia, implicar a dissolução – *idem*, n.° 2.

V. O artigo 31.°/1 permite aligeirar as formalidades da fusão quando se tratar de incorporação por uma sociedade que detenha todas as acções da incorporada; pode haver o mesmo tratamento quando a sociedade incorporante detenha 90% ou mais dos votos, mas não todos – *idem*, n.° 2.

225. **Constituição de uma SE "holding"**

I. O Regulamento n.° 2157/2001 versa, nos artigos 32.° e seguintes, a constituição de uma SE "holding". O *holding* pode ser promovido não apenas por sociedades anónimas, mas também por sociedades por quotas, nos termos do artigo 2.°/2. O Regulamento não define directamente *holding*: deve entender-se que se trata de sociedades detentoras de participações sociais[1319].

II. O artigo 32.°/2 e seguintes prevê um processo destinado à efectivação de uma sociedade *holding*, com um projecto, um relatório explicativo, publicidade e assim por diante[1320].

[1318] Encontramos tais medidas, por exemplo, no artigo 105.° do nosso Código das Sociedades Comerciais; todavia, só por aí ela não tem aplicação às SE: deveria ser expressamente consignada em lei *ad hoc*.

[1319] Cf. o nosso *Manual de Direito das sociedades* cit., 815.

[1320] Cf. NEUN, *Gründung* cit., 129 ss..

Quando o projecto tenha sido aprovado pela assembleia geral de cada uma das sociedades promotoras (32.°/6, § 1.°), têm os accionistas ou os quotistas respectivos um prazo de três meses para comunicar às sociedades promotoras a sua intenção de contribuir com as participações sociais detidas para a constituição da SE (33.°/1): esta só se constitui se, no termo do prazo referido, for alcançada a percentagem mínima de acções ou quotas fixada no projecto (33.°/2). Os accionistas ou quotistas que tenham contribuído para a formação da SE receberão acções desta (33.°/4).

III. Também a propósito dos *holdings*, o Regulamento admite que os Estados-Membros possam adoptar, em relação às sociedades que promovam a operação, disposições destinadas a assegurar a protecção de accionistas (e quotistas) minoritários que se oponham à operação, dos credores e dos trabalhadores – 34.°.

226. **Constituição de uma SE "afiliada"; SE afiliada de SE**

I. Recordamos que a constituição de uma SE afiliada está aberta a sociedades na "acepção do segundo parágrafo do artigo 48.° do Tratado"[1321], "bem como a outras entidades jurídicas de direito público ou privado", referidas no artigo 2.°/3. Necessário é que:

- pelo menos duas delas se regulem por Direitos de Estados diferentes;
- tenham, há pelo menos dois anos, uma afiliada regulada pelo Direito de outro Estado-Membro.

II. O artigo 36.° limita-se a prever que sejam aplicáveis as disposições que regulam a constituição de uma afiliada que assuma a forma de uma sociedade anónima, nos termos do Direito nacional[1322]. Entenda-se: o Direito onde a SE a criar irá ter a sua sede, tal como vem definida no próprio Regulamento.

[1321] Que diz: "Valem como sociedades as sociedades de Direito civil e de Direito comercial, incluindo as cooperativas todas as restantes pessoas colectivas de Direito público ou privado com excepção daquelas que não tenham escopo aquisitivo"; cf. PETER-CHRISTIAN MÜLLER-GRAFF, em STREINZ, EUV/EGV (2003), Art. 48, Nr. 2 ss. (687 ss.).

[1322] NEUN, *Gründung* cit., 168.

III. Importa sublinhar que, segundo o já referido artigo 3.°/2, a própria SE pode constituir uma ou mais afiliadas SE, dispensando-se, então, a própria pluripessoalidade. Trata-se de uma interessante vantagem da adopção da estrutura SE: nesta eventualidade, são dispensáveis outros requisitos.

A propósito de este tipo de surgimento de SE, a doutrina já tem falado de constituição "derivada", "derivativa" ou "secundária"[1323]. De uma forma descritiva, estes termos parecem-nos adequados.

227. **Transformação de uma sociedade anónima em SE**

I. Recordamos que, nos termos do artigo 2.°/4, a sociedade anónima constituída segundo o Direito de um Estado-Membro e que tenha a sua sede e a sua administração central na Comunidade pode transformar-se em SE desde que tenha, há pelo menos dois anos, uma afiliada regulada pelo Direito de outro Estado-Membro.

O artigo 37.°, nos seus nove números, vem, depois, precisar esta operação[1324].

II. Fundamentalmente, o Regulamento retoma, nestes preceitos, os grandes vectores relativos à transformação de sociedades, completando-os com regras adequadas às SE. Assim:

- a transformação não dá lugar a uma pessoa colectiva diversa da inicial – 37.°/2;
- a sede mantém-se, aquando da transformação, no mesmo Estado-Membro – 37.°/3;
- a administração elabora um projecto de transformação e um relatório explicativo – 37.°/4;
- ao projecto é dada a publicidade requerida na Primeira Directriz – 37.°/5;
- peritos independentes devem verificar a presença dos requisitos necessários – 37.°/6;
- a assembleia geral aprova – 37.°/7;

1323 Cf. em Neun, *Gründung* cit., 61, a indicação da pertinente doutrina.

1324 Neun, *Gründung* cit., 154 ss..

- os Estados-Membros podem exigir maioria qualificada ou a unanimidade dos membros da sociedade a transformar em que esteja organizada a participação dos trabalhadores – 37.°/8;
- as posições da sociedade a transformar transmitem-se para a SE no momento do registo.

§ 55.° A orgânica e o funcionamento das sociedades europeias

228. Generalidades; o "sistema dualista"

I. O Título III do Regulamento n.° 2157/2001 ocupa-se, nos seus 23 artigos, da estrutura orgânica e do funcionamento das SE. O problema prende-se, ainda, com as técnicas de gestão da própria SE, hoje carreadas através da locução *corporate governance*[1325].

O primeiro problema tem a ver com a adaptação de uma estruturação de tipo alemão, com direcção e conselho de vigilância, também dita "estrutura dualista" ou com a escolha de uma estruturação latina, com conselho de administração e conselho fiscal. As propostas de SE de 1970 e de 1975 estavam tão germanizadas que apenas previam a orientação dualista: o pecado original do projecto de 5.ª Directriz. Em 1989, num esforço de aproximação, o estatuto das SE passou a admitir ambas as versões, deixando-as à escolha das partes interessadas[1326]. Trata-se de uma opção aberta pelo artigo 38.°, *b*); a existência de uma assembleia geral é obrigatória, nos termos do artigo 38.°, *a*).

II. Providenciando quanto à organização dualista[1327], o artigo 39.° dispõe sobre a direcção[1328]. Nos seguintes termos esquemáticos:

[1325] Cf. MANUEL R. THEISEN/MICHAEL HÖLZL, *Corporate Governance*, em THEISEN/WENZ, *Die Europäische Aktiengesellschaft* cit., 247-299, com múltiplos elementos. O tema, de origem norte-americana, suscita hoje um grande interesse na Alemanha, na sequência da aprovação do *Deutscher Corporate Governance Kodex*, de 7-Nov.-2002; cf. o Comentário de HENRIK-MICHAEL RINGLEB/THOMAS KREMER/MARCUS LUTTER/AXEL V. WERDER (2003), 308 pp., bem como as referências constantes do nosso *Manual de Direito das sociedades* cit., 691 ss..

[1326] JAHN/HERFS-RÖTTGEN, *Die Europäische Aktiengesellschaft* cit., 633/II. Tal foi a evolução registada na Proposta alterada de 5.ª Directriz, de 1983.

[1327] Cf. PETER HOMMELHOFF, *Einige Bemerkungen zur Organisationsverfassung der Europäischen Aktiengesellschaft*, AG 2001, 279-288 (283).

[1328] HERBERT HIRTE, *Die Europäische Aktiengesellschaft*, NZG 2002, 1-10 (7/I) e THEISEN/ /HÖLZL, *Corporate Governance* cit., 265.

– a direcção é responsável pela gestão da SE; o Direito nacional pode prever que a gestão corrente incumba a um ou vários directores-gerais (3.°/1);
– os membros da direcção são nomeados e destituídos pelo "órgão de fiscalização"[1329]; o Direito nacional pode prever que o sejam pela assembleia geral (39.°/2);
– ninguém pode pertencer, em simultâneo, à direcção e ao "órgão de fiscalização"; todavia, em caso de necessidade, pode um membro deste órgão exercer funções de direcção, ficando suspenso no tocante à vigilância (39.°/3);
– o número de membros de ambos os órgãos depende dos estatutos, podendo a lei nacional fixar mínimos ou máximos (39.°/4);
– a direcção deve informar o conselho de vigilância sobre o estado da SE, pelo menos de três em três meses – 41.°/1 e 2;
– na falta de disposições relativas a um sistema dualista, podem os Estados-Membros adoptar as medidas adequadas em relação às SE (39.°/5).

Adiantamos não ser o caso de Portugal: o Código das Sociedades Comerciais conhece, já, os dois sistemas (o "monista" e o "dualista") – artigo 278.°/1; a matéria é desenvolvida nos seus artigos 424.° e seguintes, quanto ao sistema dualista.

III. No que tange ao "órgão de fiscalização" – o conselho geral, segundo o Direito português[1330] –, o panorama da competência é o seguinte:

– controla a gestão da direcção mas não tem, ele próprio, competência na matéria – 40.°/1;
– é eleito pela assembleia geral; os primeiros podem sê-lo pelos estatutos; pode, ainda, haver representantes dos trabalhadores – 40.°/2;
– elege o seu presidente: necessariamente um membro indicado pelos accionistas, quando metade dos seus membros tenha sido designada pelos trabalhadores – 42.°;
– pode solicitar informações à direcção, individualmente ou em conjunto – 41.°/3, 4 e 5.

[1329] *Aufsichtorgan* na versão alemã da Directriz; melhor ficaria "órgão de vigilância", como temos vindo a explicar de modo repetido.

[1330] Artigos 434.° e seguintes, do Código das Sociedades Comerciais.

229. O "sistema monista"

I. Quanto ao sistema monista[1331], o Regulamento n.° 2157/2001 limita-se a dispor sobre o "órgão de administração" ou conselho de administração. Em síntese:

- ao conselho de administração cabe a gestão da SE, podendo o Direito do Estado-Membro prever que a gestão corrente incumba a um ou mais directores-gerais – 43.°/1;
- o número de membros é fixado nos estatutos da SE, podendo os Estados-Membros fixar um número mínimo ou máximo de membros – 43.°/2; todavia, terá de haver pelo menos 3 membros, quando a participação dos trabalhadores estiver organizada nos termos da Directriz respectiva – *idem*, 2.°;
- os administradores são nomeados pela assembleia geral, salvo a designação dos primeiros pelos estatutos e as regras sobre a participação dos trabalhadores – 43.°/3;
- o órgão reúne, pelo menos, de três em três meses – 44.°/1;
- todos os seus membros têm direito à informação – 44.°/2;
- os membros do órgão elegem, entre si, um presidente; sendo metade deles designada pelos trabalhadores, só pode ser eleito presidente um membro indicado pela assembleia geral de accionistas.

II. O artigo 43.°/4 dispõe que, na falta de disposições relativas a um sistema monista no que se refere às sociedades anónimas com sede no respectivo território, os Estados-Membros podem adoptar as medidas adequadas em relação às SE. Não é esse o caso português, onde o "sistema monista" ocorre nos artigos 390.° e seguintes do Código das Sociedades Comerciais. Trata-se, de resto e como é sabido, do sistema dominante, em termos práticos.

III. Resta, ainda, deixar o seguinte apontamento. No Direito alemão, está previsto, apenas, o sistema dualista. O Regulamento SE tem, assim, um especial impacto, por introduzir, nesse plano, o sistema monista. Este sistema perturba, todavia, a co-gestão. Além disso, ele tem vindo a ser cri-

[1331] HOMMELHOFF, *Einige Bemerkungen* cit., 284, HIRTE, *Die Europäische Aktiengesellschaft* cit., 6/I e THEISEN/HÖLZL, *Corporate Governance* cit., 275 ss..

ticado mesmo na sua terra de eleição – os Estados Unidos – multiplicando-se as propostas para um *Corporate Audit Committee*[1332], enfatizadas pelos estudiosos alemães.

É de esperar que o Regulamento das SE venha relançar a discussão sobre a orgânica ideal das sociedades anónimas.

230. **Regras comuns a ambos os sistemas**

I. O Regulamento n.° 2157/2001 enumera, em secção 3.ª – artigos 46.° a 51.° – diversas regras comuns a todas as SE[1333]. Não se trata de novidades perante a lei portuguesa aplicável, embora surjam formuladas em moldes algo inabituais para os nossos quadros.

Os artigos 46.° e 47.° têm a ver com os mandatos dos membros dos órgãos das sociedades e com a sua elegibilidade. Assim:

– os membros dos órgãos são nomeados por um período fixado nos estatutos mas não superior a seis anos – 46.°/1 – podendo ser reconduzidos, salvo regra estatutária em contrário – 46.°/2;
– as pessoas colectivas podem ser membros dos órgãos das SE, mediante cláusula estatutária que o permita e salvo disposição em contrário do Estado-Membro sede da SE, aplicável às sociedades anónimas – 47.°/1; será, então, designada uma pessoa singular para exercer a função – *idem*, § 2.°;
– pode haver inelegibilidades, estatutárias ou legais – 47.°/2 e 3;
– fica ressalvada a legislação nacional que permita a uma minoria de accionistas ou a outras pessoas nomearem parte dos membros dos órgãos.

II. Ainda quanto aos membros dos órgãos, temos duas regras importantes, que fixam:

– o dever de sigilo, mesmo após a cessação de funções – artigo 49.°;
– a responsabilidade, nos termos das disposições do Estado-Membro da sede da SE, por violação das obrigações legais, estatutárias ou outras, inerentes às funções.

[1332] Cf., com elementos, THEISEN/HÖLZL, *Corporate Governance* cit., 281 ss..

[1333] Cf. alguns elementos em GRUNDMANN, *Europäisches Gesellschaftsrecht* cit., 495 e em ANDRÉ DECOCQ/GEORGES DECOCQ, *Droit européen des affaires* cit., 114 ss..

III. O Regulamento sobre as SE admite que quer os estatutos das SE, quer o órgão de fiscalização, quer os Estados-Membros da sede possam sujeitar certas operações a regimes de autorização interna ou a decisão expressa – 48.ª.

O artigo 50.° fixa, por seu turno, regras supletivas de *quorum* e de maioria, para a tomada de decisões.

231. **A assembleia geral**

Nos artigos 52.° a 60.° do Regulamento ora em estudo, encontramos diversas regras sobre o funcionamento da assembleia geral e a sua competência[1334]. Elas acompanham o sentido geral do Direito português. Damos, todavia, uma rápida panorâmica do seu conteúdo:

artigo 52.°	competência da assembleia geral: regulamento e lei do Estado-Membro da sede da SE;
artigo 53.°	organização da assembleia: lei do Estado-Membro da sede da SE;
artigo 54.°	periodicidade e convocação;
artigo 55.°	convocação por minoria de 10% e pelo tribunal;
artigo 56.°	inscrição de pontos na ordem do dia por minoria de 10%;
artigo 57.°	decisão maioritária;
artigo 58.°	votos expressos não incluem os ausentes, as abstenções, os votos brancos e os nulos;
artigo 59.°	alteração dos estatutos: maioria qualificada e publicidade;
artigo 60.°	votações separadas para diversas categorias de acções.

Trata-se de matéria que apresenta pontos de contacto com o naufragado projecto de 5.ª Directriz.

[1334] Grundmann, *Europäisches Gesellschaftsrecht* cit., 496.

§ 56.° Contas, dissolução e outras regras

232. Contas anuais e contas consolidadas

I. Os artigos 61.° e 62.° do Regulamento dispõem quanto às contas anuais e, disso sendo o caso, às contas consolidadas. O princípio geral que deles ressalta é o da sujeição das SE às regras aplicáveis às sociedades anónimas reguladas pelo Direito do Estado-Membro da sua sede[1335], regras essas já modeladas pelas 4.ª, 7.ª e 8.ª Directrizes. Trata-se, pois, de matéria que o legislador comunitário desistiu de regular de modo específico: nem era necessário.

II. O artigo 62.°/1 faz ainda uma menção explícita às instituições de crédito ou financeiras. Recorda as regras estaduais próprias, tomadas em transposição da Directriz n.° 2000/12/CE, de 20 de Março, as quais devem ser observadas.

O Regulamento teve, assim, em especial conta a assunção, por instituições de crédito, da forma "SE".

233. Dissolução, liquidação, insolvência e cessação de pagamentos

I. No tocante aos temas da dissolução, liquidação, insolvência e cessação de pagamentos, a regra geral resulta do artigo 63.°: a SE está sujeita às disposições legais que seriam aplicáveis a uma sociedade anónima constituída segundo o Direito do Estado-Membro onde ela tenha a sua sede.

[1335] MARTIN PLENDL/MICHAEL NIEHUES, *Rechnungslegung, Prüfung und Publizität*, em THEISEN//WENZ, *Die Europäische Aktiengesellschaft* (2002), 361-398.

II. O legislador comunitário entendeu dar um especial reforço à obrigação de fazer corresponder a "administração central" com a sede da SE – artigo 7.°. O artigo 64.° determina, assim, sanções especiais para a hipótese de isso não suceder. O Estado-Membro da sede deverá adoptar as medidas aí previstas, visando – 64.°/1:

- ou estabelecer a administração central no Estado-Membro da sede;
- ou transferindo a sede, de acordo com o artigo 8.°.

Prevê-se o estabelecimento de medidas legais para liquidar as SE infractoras, com recurso judicial e informação ao Estado-Membro da sede – artigo 64.°/2, 3 e 4.

III. O artigo 65.° submete a publicidade a abertura de um processo de dissolução, liquidação, insolvência e cessação de pagamentos, bem como o seu encerramento e a decisão de continuação de actividade.

234. **Transformação de uma SE em SA**

I. Um tanto assistematicamente, o artigo 66.° regula a transformação de uma SE "... em sociedade anónima regulada pelo Direito do Estado-Membro da sua sede". Segundo esse preceito, no seu n.° 1, 2.ª parte, a decisão de transformação "... não pode ser tomada antes de decorridos dois anos a contar da data do registo, nem antes da aprovação das duas primeiras contas anuais". É mantida a continuidade da pessoa colectiva – 66.°/2.

II. Seguem-se diversas regras processuais que, de certo modo, acompanham a transformação inversa, com referência às competentes Directrizes sobre Sociedades Comerciais: a 1.ª e a 3.ª.

235. **Disposições complementares, transitórias e finais**

I. O artigo 67.° reporta-se a Estados-Membros que não sejam (ainda) membros da União Económica e Monetária (UEM): as SE podem aí, exprimir o capital social na moeda própria ou em euros, à taxa de conversão do último dia do mês anterior ao da constituição da SE. O n.° 2 ocupa-se da moeda das contas.

II. Prevê-se, no artigo 68.°, que os Estados-Membros tomem as disposições adequadas "... para garantir a aplicação efectiva do presente regulamento". Além disso – n.° 2 – cabe-lhes designar as "autoridades competentes" previstas no Regulamento: artigos 8.°, 25.°, 26.°, 54.°, 55.° e 64.°.

III. O mais tardar no prazo de cinco anos a contar da entrada em vigor do regulamento, a Comissão deverá apresentar ao Parlamento Europeu e ao Conselho um relatório sobre a sua aplicação e eventuais propostas de alteração. Serão visados, designadamente, certos aspectos elencados no artigo 69.°.

O artigo 70.° fixa a entrada em vigor do Regulamento: 8 de Outubro de 2004. Essa entrada em vigor é inevitável, não dependendo, nos termos gerais, do Direito interno.

§ 57.° A participação dos trabalhadores

236. Aspectos gerais

I. Como foi referido, um dos aspectos que mais dificultou o aprontamento de um Regulamento relativo às SE foi o tema da participação dos trabalhadores. Particularmente nos países do Norte, onde a co-gestão está legalmente estabelecida, houve a preocupação de que as sociedades locais se transformassem em SE como forma de evitar as regras atinentes à participação dos trabalhadores. A alternativa estaria em generalizá-las: resistência dos países do Sul, onde opera um sindicalismo mais radical e que não tem tradição nesse domínio.

II. A solução a que, no final, se chegou representa um compromisso, assente no respeito pelas soluções pré-vigentes e na busca de equilíbrios quando estejam envolvidas fusões de sociedades de diversas proveniências. Para regular este aspecto recorreu-se a uma directriz, solução mais flexível do que o Regulamento: a Directriz n.° 2001/86/CE, do Conselho, de 8 de Outubro de 2001, já acima sumariada. Cumpre, agora, ver o seu conteúdo[1336].

237. O procedimento de negociação

I. A Directriz n.° 2001/86 dá uma especial importância ao processo ou aos "procedimentos". É natural: trata-se de um dado das modernas

[1336] Com muitos elementos: ROLAND KÖSTLER, *Mitbestimmung*, em THEISEN/WENZ, *Die Europäische Aktiengesellschaft* (2002), 301-331. Sobre este tema, temos vindo a utilizar duas importantes monografias: GUNTHER MÄVERS, *Die Mitbestimmung der Arbeitnehmer in der Europäischen Aktiengesellschaft* (2002) e ANDREA KUFFNER, *Die Beteilugung der Arbeitnehmer in der Europäischen Aktiengesellschaft/auf der Grundlage der Richtlinie über Europäische Betriebsräte* (2003).

sociologia e ciência política: um mesmo resultado imposto ou obtido por negociação é muito mais eficaz na segunda hipótese[1337].

A esta luz, após a ordenação e as definições da secção 1.ª, surge uma 2.ª – procedimento de negociação – com o seguinte conteúdo:

artigo 3.° – Definição de um grupo especial de negociação;
artigo 4.° – Conteúdo do acordo;
artigo 5.° – Duração das negociações;
artigo 6.° – Legislação aplicável ao procedimento de negociação.

II. O grupo especial de negociação deve ser aprontado aquando do estabelecimento de um projecto de constituição de uma SE. O grupo deve ser representativo dos trabalhadores implicados no universo da operação, sendo a eleição assegurada de acordo com as regras dos Estados-Membros, na base de uma competência territorial – artigo 3.°/2, *b*).

Este grupo decide por maioria absoluta dos seus membros, desde que eles representem também a maioria dos trabalhadores, salvo o n.° 6 – artigo 3.°/4. Exige-se maioria de 2/3 quando o grupo decida pela redução quantitativa dos direitos de participação, representativo de 2/3 dos trabalhadores – *idem*:

- quando, numa SE a constituir por fusão, a participação abranger 25%, no mínimo, do número de trabalhadores;
- quando, numa SE tipo *holding*, ela chegar aos 50%.

III. Importante é a faculdade do artigo 3.°/6: o grupo especial de negociação pode decidir, por maioria de 2/3 representativos de 2/3 dos trabalhadores, não iniciar as negociações ou concluir as já iniciadas e invocar as regras aplicáveis em matéria de informação e de consulta dos trabalhadores nos Estados-Membros onde estejam empregados trabalhadores das SE. Não haverá, então, que aplicar nenhum anexo.

O grupo especial de negociação pode ser convocado, a pedido de 10% dos seus membros, no prazo de dois anos, para reiniciar negociações. As despesas do grupo são custeadas pelas empresas, podendo os Estados fixar regras orçamentais.

1337 Ainda quanto ao projecto: OLAF DEINERT, *Vorschlag für eine europäische Mitbestimmungsrichtlinie und Umsetzungsbedarf im Betriebsverfassungsgesetz*, NZA 1999, 800-805.

238. **O conteúdo do acordo**

I. A matéria do conteúdo do acordo consta do artigo 4.° da Directriz. Segundo o seu n.° 1, os órgãos das sociedades e o grupo especial de negociação devem negociar "... num espírito de cooperação a fim de chegarem a acordo sobre o regime de envolvimento dos trabalhadores na SE".

II. O artigo 4.°/2, sem prejuízo da autonomia das partes, fixa os pontos sobre que deverá recair o conteúdo do acordo:

- âmbito de aplicação – *a*);
- composição do órgão de representação – *b*);
- função e procedimento de informação e de consulta desse órgão – *c*);
- frequência de reuniões – *d*);
- regras de outros eventuais procedimentos de informação – *e*);
- regras de eventuais regimes de participação – *f*);
- entrada em vigor e duração – *g*).

O acordo não está, salvo disposição em contrário, sujeito às disposições supletivas do anexo – 4.°/3.

239. **A duração das negociações**

I. As negociações iniciam-se logo que o grupo especial de negociação esteja constituído. Podem, depois, prosseguir durante os seis meses seguintes – 5.°/1. As negociações são prorrogáveis, pelas partes, até um ano, contado desde o início – n.° 2.

II. As regras aplicáveis, salvo disposição em contrário da Directriz, é a do Estado-Membro em que se situe a sede da SE: no tocante ao procedimento de negociação – artigo 6.°.

III. O esquema da Directriz é, depois, o seguinte: prevê, em anexo, "disposições supletivas" que devem ser estabelecidas pelos Estados-Membros. Tais disposições supletivas têm aplicação:

- por decisão das partes;

- por falta de acordo e o órgão da sociedade participante aceitar a sua aplicação e os trabalhadores não optarem pelas regras "normais" dos Estados-Membros.

Além disso, as regras supletivas da parte 3 – co-gestão – só se aplicam:

- no caso de uma SE ser constituída por transformação, se elas já se aplicavam à sociedade transformada – 7.°/2, *a*);
- no caso de uma SE constituída por fusão, se elas já se aplicavam abrangendo, pelo menos, 25% dos trabalhadores ou, independentemente disso, se o grupo especial de negociação assim o decidir – 7.°/2, *b*)[1338];
- no caso de uma SE-*holding* se elas já se aplicavam a, pelo menos, 50% dos trabalhadores envolvidos ou, independentemente disso, se o grupo especial de negociação assim o decidir – 7.°/2, *c*).

240. **Disposições diversas**

I. O artigo 8.° da Directriz prevê ainda que os Estados-Membros possam fixar deveres de sigilo e de confidencialidade em relação a informações obtidas, a título reservado, pelas pessoas que participem nas negociações.

O artigo 9.° explicita que "o órgão competente da SE e o órgão de representação trabalham em espírito de cooperação e na observância dos seus direitos e obrigações recíprocos".

II. Os representantes dos trabalhadores gozam da protecção prevista, na lei, para esses casos – 10.°/1.

O artigo 11.° fixa uma regra muito pretendida: os Estados-Membros tomam as medidas adequadas para impedir a utilização abusiva de uma SE com o objectivo de privar os trabalhadores de direitos de envolvimento ou de lhes negar esses direitos.

III. O artigo 12.° dispõe sobre o cumprimento da Directriz. Pelo seu n.° 1, cada Estado-Membro assegura que os diversos operadores que se encontrem no seu território cumpram as obrigações nela previstas. Deve-

[1338] Os Estados-Membros podem, porém, afastar esta regra: artigo 7.°/3.

rão prever – n.° 2 – processos administrativos e judiciais que permitam a sua execução.

O artigo 13.° regula as relações da Directriz com outros instrumentos, cabendo consignar, pela sua importância, o texto do artigo 14.°:

Artigo 14.°
Disposições finais

1. Os Estados-Membros devem adoptar as disposições legislativas, regulamentares e administrativas necessárias para dar cumprimento à presente directiva o mais tardar em 8 de Outubro de 2004, ou assegurar, nessa mesma data, que os parceiros sociais introduzam as disposições necessárias por via de acordo, devendo os Estados-Membros tomar todas as disposições necessárias para poderem, em qualquer momento, garantir os resultados impostos pela presente directiva. Do facto informarão imediatamente a Comissão.

2. Quando os Estados-Membros adoptarem essas disposições, estas deverão incluir uma referência à presente directiva ou ser dela acompanhadas aquando da sua publicação oficial. As modalidades dessa referência serão estabelecidas pelos Estados-Membros.

SECÇÃO IV

As SE com sede em Portugal

§ 58.° As remissões feitas pelo estatuto das SE para o Direito interno

241. A remissão geral do artigo 9.°; preceitos nacionais abrangidos

I. As SE que venham a ter sede em Portugal vão reger-se pelo Direito europeu examinado e pelo Direito português das sociedades. Vamos ver a articulação desses dois domínios.

Em primeiro linha, cabe enfocar as remissões feitas, no Regulamento n.° 2157/2001, para o Direito interno.

Na base encontramos a remissão geral que resulta do sistema de fontes firmado no artigo 9.° e cujo teor recordamos. Assim, a SE é regulada:

1.° pelo disposto no próprio Regulamento;
2.° pelo disposto nos estatutos da SE, no que o Regulamento o permita, de modo expresso;
3.° pelas disposições legislativas dos Estados-Membros, adoptadas em aplicação de medidas comunitárias que visem as SE;
4.° pelas disposições legislativas dos Estados-Membros, aplicáveis às sociedades anónimas respectivas;
5.° pelas disposições dos estatutos da SE, nas mesmas condições que para as sociedades anónimas regidas pelo Direito do Estado-Membro da sede.

A remissão consta do ponto 4.°, acima referido, sendo ainda reforçado pelo artigo 10.° do Regulamento.

II. Na sequência da remissão em causa, podemos considerar que têm aplicação a uma futura SE com sede em Portugal, os seguintes preceitos do Código das Sociedades Comerciais:

- *quanto às características e contrato*: os artigos 271.° a 280.°, com excepção do artigo 275.°/1, relativo à firma (que será SE e não SA) e do artigo 276.°/3 (o capital mínimo será de 120.000 euros e não de 50.000); já os artigos 281.° a 283.°, quanto à assembleia constitutiva, terão de se subordinar às formas específicas de constituição das sociedades europeias;
- *quanto às obrigações e direitos dos accionistas*: aplicam-se os artigos 285.° a 297.°;
- *quanto às acções e às obrigações*: aplicam-se os artigos 298.° a 372.°;
- *quanto à assembleia geral*: tendencialmente, operam os artigos 373.° a 389.°; todavia, teremos de ponderar os artigos 52.° a 60.° do Regulamento, prevalecendo estes últimos na hipótese de divergência; a uma primeira análise, todavia, o Direito português antecipou o comunitário;
- *quanto à administração, fiscalização e secretário da sociedade*: os artigos 390.° a 446.°-F têm também, tendencialmente, aplicação; o Direito português antecipou o Regulamento das SE prevendo que as SA possam adoptar a estrutura monista ou a dualista; esse aspecto, que obrigará países como a Alemanha (que só admite a estrutura dualista) a rever a lei interna, não é estranho ao nosso Direito.

III. Podemos ainda considerar aplicáveis às SE com sede em Portugal:

- a generalidade das regras mobiliárias nacionais, quando elas estejam cotadas em Portugal;
- as regras atinentes à contabilidade e à prestação de contas, vigentes no País;
- as regras sancionatórias territoriais.

242. **Remissões específicas**

I. O Regulamento n.° 2157/2001 comporta igualmente diversas remissões específicas para os Direitos nacionais – portanto: para o Direito português, quando se tratasse de sociedades europeias com sede em Portugal. A saber:

- artigos 2.° e 3.°: a SE pode advir de uma sociedade inicialmente regulada pelo Direito português; assim se manterá em tudo o que não contrariar o Regulamento;
- artigo 4.°/3: prevalecem as regras portuguesas quando impliquem, para certas sociedades, capitais superiores a 120.000 euros;
- artigo 5.°: salvo quanto à firma e ao capital mínimo, o Direito português aplica-se ao capital, às acções, às obrigações e a outros títulos equiparáveis;
- artigo 6.°: o Direito português pode impor às SE "nacionais" a obrigação de fazer corresponder a sede à administração efectiva;
- artigo 8.°/5: o Direito português pode adoptar medidas destinadas a proteger accionistas minoritários que se tenham oposto à transferência de uma SE com sede em Portugal para o estrangeiro;
- artigo 8.°/12: o Direito português pode permitir que uma autoridade competente se oponha a uma transferência de sede de uma SE com sede em Portugal para o estrangeiro;
- artigo 9.°/3: são aplicáveis as disposições específicas de legislação nacional destinadas a reger certas actividades;
- artigo 12.°/4, 2.ª parte: o Direito português pode permitir alterações de estatutos sem necessidade de nova decisão da assembleia geral, para os adequar a disposições estabelecidas em execução da Directriz n.° 2001/86/CE (participação dos trabalhadores);
- artigo 13.°: a publicidade dos actos rege-se pelo Direito interno em execução da Directriz n.° 68/151/CEE;
- artigo 15.°/1: salvo o regulamento, a constituição da SE rege-se pelo Direito português;
- artigo 18.°: salvo o regulamento, funcionam as regras sobre fusão de sociedades – artigos 97.° e seguintes do Código das Sociedades Comerciais – que transpõem a Directriz n.° 78/855/CEE;
- artigo 19.°: o Direito português pode sujeitar a prévia autorização a participação de uma SA portuguesa, por fusão, numa SE;
- artigo 24.°: funciona o Direito português de protecção dos credores, dos obrigacionistas, dos portadores de outros títulos e dos accionistas minoritários, na hipótese de fusão;
- artigo 25.°/1: *idem*, quanto ao controlo de legalidade da fusão;

- artigo 29.°/3: *idem*, quanto à oponibilidade, a terceiros de determinadas situações envolvidas na fusão;
- artigos 32.°/1 e 33.°/3: a publicidade inerente à constituição de *holdings* rege-se pelo disposto em normas de transposição da Directriz n.° 68/151/CEE;
- artigo 34.°: o Direito português pode adoptar medidas de protecção de accionistas minoritários, de credores e de trabalhadores;
- artigo 37.°/5: a publicidade inerente à transformação de SA em SE segue as normas de transposição da Directriz n.° 68/151/CEE;
- artigo 37.°/6 e 7: *idem*, quanto às normas de transposição das Directrizes n.° 78/855/CEE e n.° 77/91/CEE;
- artigo 39.°/1: o Direito português pode prever que a gestão corrente de sociedades "dualistas" incumba a um ou mais directores-gerais, nas condições vigentes para as SA;
- artigo 39.°/2: *idem*, que os membros da direcção sejam nomeados ou destituídos pela assembleia geral, em termos semelhantes aos das SA;
- artigo 39.°/3: *idem*, quanto ao número máximo ou mínimo de membros da direcção;
- artigo 40.°/3: *idem*, quanto ao número de membros do conselho de vigilância;
- artigo 47.°/4: têm aplicação as regras portuguesas que permitem a eleição de administradores por minorias;
- artigo 51.°: *idem*, quanto às regras portuguesas relativas à responsabilidade dos administradores;
- artigo 53.°: salvo o Regulamento, aplicam-se as regras nacionais relativas à organização e à realização da assembleia geral, bem como aos processos de votação;
- artigo 59.°/2: o Direito português pode dispor quanto à maioria simples ser suficiente para alterar estatutos;
- artigo 61.°: quanto a contas anuais e a contas consolidadas, aplica-se o Direito português;
- artigo 63.°: *idem*, quanto à dissolução, liquidação, insolvência, cessação de pagamentos e processos análogos;
- artigo 64.°: o Direito português adopta as medidas necessárias para regularizar a sede da SE;
- artigo 66.°/4, 5 e 6: aplicação de várias regras internas na hipótese de (re)transformação de SE em SA.

II. O artigo 68.°/2 prevê, ainda, que o Estado-Membro designe as autoridades competentes, para efeitos dos artigos 8.°, 25.°, 26.°, 54.°, 55.° e 64.° do Regulamento.

243. **A Directriz n.° 2001/86/CE**

I. A Directriz n.° 2001/86/CE, relativa à participação dos trabalhadores, tem uma complexidade intrínseca: consequências do processo difícil de negociação que esteve na sua origem.

Em rigor, impor-se-ia um diploma de transposição. Tratando-se – como se trata – de Direito do trabalho, tal diploma deveria ser autorizado pela Assembleia da República, o que desconhecemos ter acontecido. Toda esta matéria parece atrasada[1339].

II. Todavia, o regime vigente sobre comissões de trabalhadores dá cumprimento à Directriz, desde que se aplique às SE com sede no País. Requerer-se-ia um estudo mais aprofundado, neste domínio.

[1339] Cf. Rui Pinto Duarte, *A sociedade (anónima) europeia* cit., 15/II, com uma chamada de atenção ao legislador português, que também se estende às regras necessárias para a execução do Regulamento.

§ 59.° SE em Portugal: factores a ponderar

244. Generalidades

I. Conhecidos os grandes parâmetros das sociedades europeias, cumpre alinhar os aspectos que poderão funcionar como argumentos pro e contra a sua adopção por parte de empresas portuguesas.

Além disso, também terá interesse explicitar o perfil – ou os perfis – de empresas às quais a eventual assunção da tipologia "SE" poderia ser especialmente interessante. De todo o modo, cumpre recordar que os estudiosos portugueses sempre têm acompanhado com interesse os progressos da elaboração do estatuto da sociedade europeia. Ainda antes da primeira proposta, de 1970, AIRES CORREIA estudou o tema, relatando, com cuidado e pormenor, os elementos existentes[1340]. A proposta de 1970 foi publicada, entre nós[1341]. Houve estudos sectoriais[1342]. A proposta de 1975 obteve uma análise global, de FALCÃO DE CAMPOS[1343]. No âmbito da preparação do Código das Sociedades Comerciais, as sociedades europeias foram tidas em conta pelos seus Autores, em especial RAÚL VENTURA[1344] e BRITO CORREIA[1345]. Publicado o Código e na onda de interesse que ele suscitou pelas sociedades, Autores como BRITO CORREIA[1346] e FAUSTO DE QUA-

---

[1340] AIRES CORREIA, *O Direito das sociedades na Comunidade Económica Europeia* cit., no BMJ 190 (1969), 112-164.

[1341] BMJ 216 (1972), 237-302, 217 (1972), 446-495 e 218 (1972), 441-489.

[1342] HUMBERTO F. XAVIER, *Le statut du commissaire aux comptes dans la société anonyme européenne* cit., 103 ss., com referência à proposta de 1975.

[1343] RUI FALCÃO DE CAMPOS, *A sociedade anónima europeia: projectos e perspectivas* cit., RDES XXXI (1989), 255-296.

[1344] P. ex., RAÚL VENTURA *Grupos de sociedades* cit., ROA 1981, 23-81 e 305-362 (55, 78 ss. e *passim*).

[1345] LUÍS BRITO CORREIA, *Direito europeu da sociedades* cit., OA/*Temas de Direito comunitário* (1983), 51-77 (59).

[1346] BRITO CORREIA, *Grupos de sociedades* cit., em FDL/CEJ, *Novas perspectivas do Direito comercial* (1988), 377-399 (381).

DROS[1347] vieram recordar o tema das sociedades europeias. Estas reapareceriam, ainda que em simples referências, em obras gerais e em monografias[1348]. Finalmente, perante o texto do Regulamento n.° 2157/2001, cumpre referir as análises de CARLA DA COSTA e ALEXANDRA BILREIRO[1349] e de RUI PINTO DUARTE[1350].

A sociedade europeia não é, de modo algum, um dado estranho à cultura jurídica portuguesa.

II. Neste momento, as vantagens e desvantagens da adopção da fórmula "SE", por parte de empresas de vários países já têm sido levantadas por diversos especialistas. Adiante teremos a oportunidade de dar conta do resultado das respectivas reflexões. Todavia, desde já prevenimos quanto a duas particularidades:

- a natureza cautelosa de muitas apreciações feitas;
- a necessidade de ter em conta a realidade portuguesa.

Quer isto dizer que, em última instância, apenas uma apreciação de tipo empresarial permitirá ajuizar da bondade e da oportunidade da adopção da fórmula SE.

III. A ponderação da realidade portuguesa poderá, por exemplo, concluir pela presença de vantagens no facto de uma instituição portuguesa actuar no estrangeiro sob a forma de "SE". E tais vantagens poderão, nessa hipótese, ser mais impressivas do que as que assistiriam, nas mesmas condições, a uma instituição francesa ou alemã.

Ainda a mesma realidade portuguesa recordará que o nosso Direito das sociedades comerciais está muito longe de atingir a normalização e a previsibilidade assumidas, por exemplo, pelo Direito alemão. Assim sendo, a álea representada entre nós pelo recurso à fórmula "SE", ainda não experimentada, é menor do que a verificada noutros países. O lança-

---

1347 FAUSTO DE QUADROS, *Direito europeu das sociedades* cit., em OA/*Estrutura jurídica da empresa* (1989), 151-181 (175 ss.).

1348 P. ex., ENGRÁCIA ANTUNES, *Os grupos de sociedades*, 2.ª ed. cit., 177 e 273. Há importantes referências em diversas monografias e comentários de RAÚL VENTURA.

1349 Ainda que em inglês: CARLA DA COSTA/ALEXANDRA BILREIRO, *The European Company Statute* cit., 11 ss..

1350 RUI PINTO DUARTE, *A sociedade (anónima) europeia/Uma apresentação* cit., CDP 6 (2004), 3-15 (4 ss.).

mento de uma comum SA representa, na nossa Terra, sempre uma certa aventura.

Finalmente, em termos internos, admitimos que uma "SE" tenha uma imagem atraente, particularmente no nosso mercado.

245. **A eventual necessidade de leis internas de adaptação; refutação**

I. Antes de progredir na ponderação, deparamos com uma hipotética questão prejudicial: não será necessário aguardar o aparecimento de prévias leis internas de adaptação ou de transposição?

A sociedade europeia viu o seu estatuto aprovado por um Regulamento comunitário: o Regulamento n.° 2157/2001. Como é sabido, o Regulamento é directamente aplicável na ordem interna dos diversos países da Comunidade: assim resulta, de modo expresso, do artigo 249.°/2, do Tratado da União[1351].

O Regulamento atinente à *societas europaea* não é excepção: ele terá aplicação directa, no dia 8 de Outubro de 2004, a todos os países da União.

II. Todavia, como vimos, o próprio Regulamento:

- remete para as leis internas;
- admite leis internas pontuais de adaptação;
- obriga os Estados a tomar certas opções, comunicando-as.

A doutrina de diversos países tem, assim, reclamado leis internas de adaptação ou, pelo menos: tem-nas pressuposto; tais os casos da Alemanha[1352], da França[1353] e da Itália[1354]. Mas não conhecemos nenhum autor que tenha vindo defender que, na falta de regras especiais para as SE, apontadas pelos diversos Estados, o Regulamento das SE fica bloqueado,

---

[1351] Cf. WERNER SCHROEDER, em STREINZ, *EUV/EGV* cit., Art. 249 (2153 ss.).

[1352] HANS-WERNER NEYE/CHRISTOPH TEICHMANN, *Der Entwurf für das Ausführungsgesetz zur Europäische Aktiengesellschaft*, AG 2003, 169-179 (169).

[1353] HERVÉ LE NABASQUE, *La réception de la société européenne par la pratique*, em HOPT/ /MENJUCQ/WYMEERSCH, *La société européenne/Organisation juridique et fiscale, intérêts, perspectives* (2003), 177-182 (177).

[1354] FABIO AMBROSIANI, *Società europea e fusione internazionale*, em UGO DRAETTA/FAUSTO POCAR, *La società europea* (2002), 61-84 (67-68). Elementos de diversos países podem ser confrontados em THEODOR BAUMS/ANDREAS CAHN (publ.), *Die Europäische Aktiengesellschaft/ /Umsetzungsfrage und Perspektiven* (2004).

não podendo, nos hipotéticos Estados faltosos, surgir sociedades europeias. Todavia, na falta de lei especial, aumentarão as lacunas e ocorrerão situações de integração complexa.

De notar que, mesmo na Alemanha, onde – por razões que abaixo serão apontadas – a conveniência de leis de adaptação é mais intensa do que em Portugal, já estão disponíveis modelos de estatutos de "SE"[1355].

III. A Directriz n.° 2001/86/CE, de 8 de Outubro, por via do artigo 243.°/3 do Tratado da União, carece de transposição. Aguardamos, pois, a competente lei. No cenário hipotético – de resto: mais do que provável – de o Estado português, desobedecendo ao Tratado, não operar, no prazo prescrito, a devida transposição: haveria responsabilidade do Estado perante os particulares lesados, além das consequências comunitárias. Acreditamos todavia que a aplicação da lei interna vigente sobre comissões de trabalhadores seria já bastante para permitir a constituição, pelo menos por algumas das vias previstas, de "SE portuguesas".

De todo o modo, não se torna difícil imaginar o contorno que irá assumir a "lei de participação dos trabalhadores nas sociedades europeias".

246. O Decreto-Lei n.° 2/2005, de 4 de Janeiro; o projecto alemão

I. Na fase da impressão da presente obra, foi publicado o Decreto-Lei n.° 2/2005, de 4 de Janeiro, que aprovou o Regime Jurídico das Sociedades Anónimas Europeias. Este diploma não pode ser assimilado a uma lei de transposição. Perante um Regulamento, a postura dos Direitos nacionais é de mero acolhimento: já foi decidido pelo tribunal de Justiça Europeu[1356] que a "adaptação" a um regulamento só pode operar através da revogação ou da alteração das leis internas. Além disso, havendo conflito, prevalece o regulamento[1357].

O Decreto-Lei n.° 2/2005, de 4 de Janeiro surgiu com quase três meses de atraso. Além disso, continua por transpor a Directriz n.° 2001/86/CE: mantêm-se actuais as diversas considerações feitas, a tal propósito, nesta obra. Pensamos que, mau grado essas falhas, as SE podem, desde já, funcionar em Portugal.

[1355] Assim, em SEBASTIAN KORTS, *Die Europäische Aktiengesellschaft Societas Europea (SE) im Gesellschafts- und Steuerecht* (2004), 13 ss..

[1356] TJE 20-Mar.-1986 (Países Baixos), Proc. 72/85, localizável na *Eur-Lex*.

[1357] SCHROEDER/STREINZ, *EUV/EGV* cit., Art. 249, Nr. 62 (2174-2175).

II. Cumpre aqui assinalar que, na Alemanha, o Ministério da Justiça já preparou um projecto de *Lei de introdução da sociedade anónima europeia*[1358], a qual se encontra em discussão pública[1359].

O projecto alemão tem, naturalmente, o maior interesse: não só por se tratar, tanto quanto sabemos, do primeiro modelo de lei interna de SE, mas ainda por estar em causa o Estado que mais envolvimento político e doutrinário teve na preparação e na discussão do próprio Regulamento. Chamaremos, por isso, a atenção para os tópicos subsequentes.

III. A justificação de motivos do projecto em causa apresenta a seguinte explicação para a existência de um diploma de transposição[1360]:

> Na verdade, um Regulamento vigora, segundo o artigo 249.° do Tratado da União Europeia, imediatamente em cada Estado Membro e não carece, por isso, de qualquer transposição. Mas o Regulamento das SE apresenta consideráveis especialidades perante os casos normais. Ele contém numerosas incumbências legislativas e opções para os legisladores nacionais. Esta circunstância torna incontornável uma lei de execução do Regulamento.

Isto posto, surge a concepção básica do projecto: optou-se por não elaborar uma lei completa relativa às SE, uma vez que isso iria contrariar o artigo 9.°/1, *c*), do Regulamento, que remete, de modo expresso, para as leis internas sobre sociedades; apenas se tratou de regular as remissões especiais para leis internas e as incumbências legislativas.

IV. O conteúdo do projecto contém-se nessas margens, em 49 parágrafos. Mas é importante sublinhar que, destes, 26 se reportam às sociedades "monistas" – portanto: com conselho de administração. A razão é simples: o Direito alemão das sociedades anónimas apenas prevê sociedades de tipo dualista (direcção e conselho geral), ponto no qual os alemães tinham especial orgulho. Ora as SE permitem, aos interessados, optar por

---

1358 Mais precisamente: *Gesetz zur Einführung der Europäischen Gesellschaft* conhecida pela sigla SEEG. O projecto de discussão – ou *Diskussionsentwurf* – é conhecido por DiskE ou SEEG/DiskE.

1359 O projecto está publicado na AG 2003, 204-209, podendo ainda ser consultado na *Internet*, com a justificação de motivos. Foi aprovado pelo Gabinete em 26-Mai.-2004.

1360 SEEG/DiskE, *Begründung*, II/1 (22).

esse modelo ou pelo monista. Perante isso, a "SE alemã" que optasse pela solução monista depararia com uma série imbatível de lacunas. A SEEG pretende colmatar tais lacunas. Aliás, parece-nos ser essa a razão fundamental que levou os alemães a insistir numa lei de introdução e a providenciar, com especial proficiência, o aparecimento de um projecto. Resta acrescentar que este problema não se coloca, entre nós, uma vez que o Código das Sociedades Comerciais vigente permite, como é sabido, a opção por um dos dois grandes sistemas orgânicos de sociedades anónimas, havendo toda uma prática, nesse sentido.

V. Quanto ao Decreto-Lei n.° 2/2005, de 4 de Janeiro: bastará chamar a atenção para alguns aspectos essenciais. Precedido por um preâmbulo explicativo, esse diploma veio, no fundamental:

- alterar o Código e o Regulamento do Registo Comercial e o RNPC, de modo a permitir a inscrição dos diversos factos atinentes às SE;
- modificar o Código do Notariado, por forma a prever a escritura de constituição da SE e a emissão, pelo notário dos certificados previstos nos artigos 8.°/8 e 25.°/2 do Regulamento;
- aprovar, em anexo, em "regime jurídico das sociedades anónimas europeias".

O regime jurídico das SE retoma diversas regras já inseridas no Regulamento. Indica as autoridades competentes para a prática de diversos actos (2.°) e comete à Ordem dos ROC a designação dos peritos (3.°). Prevê a hipótese de exoneração dos sócios no caso de fusão (7.°), bem como a oposição da autoridade reguladora (8.°), numa lógica aplicável à transferência de sede (13.° e 15.°). Surgem alguns preceitos quanto aos órgãos sociais (17.° a 22.°).

§ 60.° Vantagens, desvantagens e opções

247. **As vantagens da "SE"**

I. A adopção do tipo societário "SE" envolve vantagens e desvantagens, como tudo. O Direito ajuda a formulá-las; a decisão é empresarial. Principiaremos pelas vantagens. Antes disso, porém, recordamos que o Regulamento n.° 2157/2001 viu a luz do dia mercê de exigências de ordem prática. Além disso, foi graças à vontade manifestada por grandes empresários europeus e, até, à pressão exercida por significativos grupos económicos que se foram quebrando resistências e impasses políticos, até se chegar à cimeira europeia de Nice. Seria surpreendente que tanto labor não tivesse conduzido a resultados de apreciável utilidade.

II. Em termos técnico-jurídicos, a "SE" apresenta vantagens decisivas nos domínios[1361]:

- da fusão internacional de sociedades europeias;
- da liberdade de transferência da sede dentro da União.

Particularmente em causa estaria a necessidade de cumular a falta das 10.ª e 14.ª Directrizes sobre as sociedades comerciais[1362]. De facto, o panorama actual revela ser muito difícil – nalguns casos, mesmo, impossível, como vimos – proceder a fusões internacionais. Os esquemas práti-

---

[1361] Cf. a síntese de KLAUS J. HOPT, *L'appréciation globale de la société européenne (societas europaea)*, em HOPT/MENJUCQ/WYMEERSCH, *La société européenne* (2003), 255-270 (266-267). *Vide* GIOVANNI ROLLE/GIANPAOLO VALENTE, *La "societas europaea" come strumento di pianificazione fiscale*, em Com.Int. 2003, 39-43 (39/I) e MICHEL MENJUCQ, *Droit international et européen de sociétés* cit., 138.

[1362] EVANGHÉLOS PÉRAKIS, *SE: une société pour quelles entreprises?*, na obra colectiva citada na nota anterior, 227-232 (231).

cos encontrados para contornar essa dificuldade são caros e aleatórios. Ora a "SE" teria o problema resolvido. O mesmo se diga quanto a mudanças de sede.

III. A doutrina parece ainda confluir na ideia de que a "SE" permite organizações flexíveis de grupos com interesses em mais de um País europeu[1363], sendo susceptível de interessar médias empresas[1364].

A possibilidade de, nos termos regulamentares, a "SE", uma vez constituída, poder, de modo unilateral, criar novas "SE", opera como um esquema interessante e flexível para personalizar sucursais e delegações no estrangeiro, dotando-as, de imediato, de um estatuto supranacional de prestígio.

Além disso, a "SE" tem mais defesas contra OPAs hostis[1365].

IV. Os comentadores são unânimes em sublinhar as vantagens da fórmula "SE" perante os aspectos psicológicos, de imagem, de marca e de captação mobiliária.

A empresa que adopte a fórmula "SE" apresentará de imediato, perante as suas congéneres, uma imagem de modernidade. Quando presente em países diversos dos da sua sede, a "SE" surgirá como uma empresa de posição "europeia" e, portanto, em face dos valores hoje vigentes: uma empresa não-estrangeira. Daí derivarão as invocadas vantagens psicológicas e de marca, com facilitação a nível de *marketing* e de conquista de mercados.

V. A captação mobiliária opera em dois níveis de justificação. Desde logo, porque a "SE", perante a imagem de modernidade europeia que transmite, apresenta uma feição atractiva para investidores: quer institucionais, quer particulares interessados. De seguida, porque a "SE", pelas exigências comunitárias que emergem do Regulamento n.° 2157/2001, se submete, necessariamente, a regras de contabilidade e de revisão de contas que inspiram confiança. Noutros termos: a empresa portuguesa que logre apresentar-se aos investidores estrangeiros com a firma "SE" trans-

---

1363 MARTIN WENZ, *Einsatzmöglichkeiten einer Europäischen Aktiengesellschaft in der Unternehmenpraxis aus betriebswirtschaftlicher Sicht*, AG 2003, 185-196 (196).

1364 HOPT, *L'appréciation globale* cit., 267.

1365 Recorde-se FRANÇOISE BLANQUET, o *Avant-propos* a COLOMBANI/FAVERO, *Societas europaea* cit., n.° 42 (16).

mitirá logo a imagem de que se mantém num patamar de exigência específica, de cariz europeu.

Naturalmente, esta dimensão será potenciada no próprio mercado interno, sendo ainda de prever que, num efeito de moda, as vantagens do tipo económico-psicológico ora elencadas sofram uma acção multiplicadora.

Podemos dizer, neste campo, que o Direito oferece aos gestores e aos promotores de imagem um novo parâmetro, em que se podem apoiar.

248. **As desvantagens da "SE"**

I. A adopção do figurino SE poderá apresentar determinadas desvantagens. De todo o modo, importa separar essas desvantagens das críticas que têm sido feitas ao Estatuto derivado do Regulamento n.° 2157/2001.

Com efeito, tem-se dito do Regulamento[1366]:

- que é demasiado cauteloso, quanto às vias por que admite a constituição de sociedades europeias;
- que conserva dificuldades e cautelas excessivas quanto à mudança da sede e quanto ao esquema das fusões;
- que postula um sistema de fontes demasiado complicado;
- que não prevê vantagens fiscais convincentes;
- que se conecta com níveis complexos de intervenção dos trabalhadores.

II. Pois bem: o facto de a "SE" não comportar *todas* as vantagens que dela se poderiam esperar não significa que não comporte *efectivas* vantagens em relação às sociedades anónimas habituais. As desvantagens que acarrete terão de o ser, não perante a lei possível ou expectável, mas em face das comuns SA. Além disso, terá de se ponderar a própria desvantagem que possa resultar para a não-"SE", num universo de "SE".

III. A principal desvantagem da "SE" reside na necessidade de reflexão e de estudo jurídico-científico que implica e nas dificuldades técnicas que, depois, haja que vencer.

[1366] Cf. a síntese de Hopt, em Hopt/Menjucq/Wymeersch, *La société européenne* cit., 256 ss.. Cf. Menjucq, *Droit international et européen de sociétés* cit., 137.

Tudo o que exija mudança requer esforço. Ora, a esse nível, melhor sempre seria não fazer nada. Correr-se-á, todavia, o risco de permanecer no imobilismo, sendo-se ultrapassado pelas sociedades mais dinâmicas.

IV. Uma segunda dificuldade reside na inacção dos órgãos legislativos nacionais. O Regulamento n.° 2157/2001 foi aprovado a 3-Out.-2001, com um período de três anos de *vacatio*. Ao fim de 33 meses (93% do prazo), não havia conhecimento, nos meios especializados, nem de leis de transposição da Directriz n.° 2001/86, nem de eventuais diplomas de adaptação da ordem interna à nova realidade. Apenas em 4 de Janeiro de 2005 surgiu o Decreto-Lei n.° 2/2005, relativo às SE: continua por transpor a Directriz.

Esta falha do legislador – tão produtivo, noutras áreas – irá, naturalmente, deixar os agentes económicos numa relativa incerteza quanto aos meandros do novo regime.

Todavia, daqui só podemos inferir a necessidade de um suplemento de estudo e de análise do material comunitário disponível[1367], tanto mais que, pela natureza das coisas, tal material não poderá, em caso algum, ser postergado pela lei nacional. E na hipótese de o legislador nacional não se desempenhar em tempo útil: mesmo então o Regulamento entrará em vigor, tornando possível a constituição da "SE"[1368].

V. Uma terceira dificuldade advirá do ainda desconhecimento das futuras reacções do mercado ao fenómeno "SE". Seria muito estranho que a reacção fosse negativa. Todavia, uma actuação totalmente segura, levaria a que se aguardasse a multiplicação de iniciativas "SE" em Portugal e no estrangeiro. Perante os resultados, poder-se-ia concluir.

Esta dificuldade, bem gerida, redunda em vantagem: as primeiras "SE" beneficiarão do choque da novidade e da imagem daí adveniente.

[1367] Mesmo na pendência do aparecimento de leis nacionais, as empresas devem, desde já, aprontar-se para o fenómeno SE, integrando-o nas suas estratégias; cf., nesse sentido, HARALD KALLMEYER, *Europa-AG: Strategische Optionen für deutsche Unternehmen*, AG 2003, 197-2003 (197).

[1368] E isso mesmo quando se trate de introduzir, no espaço alemão, sociedades de organização monista: MANUEL R. THEISEN/MICHAEL HÖLZL, *Corporate Governance*, em THEISEN/WENZ, *Die Europäische Aktiengesellschaft* (2002), 247-299 (258) e KALLMEYER, *Europa-AG* cit., 197. Cf. CHRISTOPH TEICHMANN, *Die Einführung der Europäischen Aktiengesellschaft* cit., 442.

CAPÍTULO III

SOCIEDADE COOPERATIVA EUROPEIA (SCE)

§ 61.° O Regulamento n.° 1435/2003 e a Directriz n.° 2003/72

249. Texto do Regulamento n.° 1435/2003, de 22 de Julho

REGULAMENTO (CE) N.° 1435/2003 DO CONSELHO
de 22 de Julho de 2003

relativo ao Estatuto da Sociedade Cooperativa Europeia (SCE)[1369]

O CONSELHO DA UNIÃO EUROPEIA,

Tendo em conta o Tratado que institui a Comunidade Europeia e, nomeadamente o seu artigo 308.°,

Tendo em conta a proposta alterada da Comissão (1),

Tendo em conta o parecer do Parlamento Europeu (2),

Tendo em conta o parecer do Comité Económico e Social Europeu (3),

(1) JO C 99 de 21.4.1992, p. 17 e JO C 236 de 31.8.1993, p. 17.

(2) JO C 42 de 15.2.1993, p. 75 e parecer emitido em 14 de Maio de 2002 (ainda não publicado no Jornal Oficial).

(3) JO C 223 de 31.8.1992, p. 42.

1369 JOCE N.° L-207, 1-24, de 18-Ago.-2003.

Considerando o seguinte:

(1) Em 13 de Abril de 1983, o Parlamento Europeu adoptou uma resolução sobre as cooperativas na Comunidade Europeia [4], em 9 de Julho de 1987, uma sobre a contribuição das cooperativas para o desenvolvimento regional [5], em 26 de Maio de 1989, uma sobre o papel das mulheres nas cooperativas e as iniciativas locais em matéria de emprego [6], em 11 de Fevereiro de 1994, uma sobre a contribuição das cooperativas para o desenvolvimento regional [7] e em 8 de Julho de 1998, uma sobre o papel das cooperativas no crescimento do emprego das mulheres [8].

(4) JO C 128 de 16.5.1983, p. 51.
(5) JO C 246 de 14.9.1987, p. 94.
(6) JO C 158 de 26.6.1989, p. 380.
(7) JO C 61 de 28.2.1994, p. 231.
(8) JO C 313 de 12.10.1998, p. 234.

(2) A realização do mercado interno e a consequente melhoria da situação económica e social na Comunidade implicam, além da eliminação dos entraves ao comércio, uma adaptação das estruturas de produção à escala da Comunidade. Para esse efeito, é indispensável que as empresas de todos os tipos, cuja actividade não se limite à satisfação de necessidades puramente locais possam conceber e promover a reorganização das suas actividades a nível comunitário.

(3) O quadro jurídico em que as empresas devem exercer as suas actividades na Comunidade, continua a basear-se, sobretudo, nas legislações amplamente nacionais e não se coaduna com o quadro económico em que devem desenvolver-se para permitir a realização dos objectivos enunciados no artigo 18.° do Tratado. Essa situação pode constituir um entrave considerável ao agrupamento de sociedades de Estados-Membros diferentes.

(4) O Conselho adoptou o Regulamento (CE) n.° 2157/2001 do Conselho, de 8 de Outubro de 2001, relativo ao estatuto da sociedade europeia (SE) [9], de acordo com os princípios gerais da sociedade de responsabilidade limitada. Não se trata de um instrumento adaptado à especificidade das cooperativas.

(5) O Agrupamento Europeu de Interesse Económico (AEIE), previsto no Regulamento (CEE) n.° 2137/85 [10], embora permita às empresas promoverem em comum certas actividades preservando simultaneamente a sua autonomia, não tem no entanto em consideração as especificidades da vida cooperativa.

(6) A Comunidade, preocupada em respeitar a igualdade de condições de concorrência e em contribuir para o seu desenvolvimento económico, deve dotar as cooperativas, entidades comummente reconhecidas em todos os Estados-Membros, de instrumentos jurídicos adequados susceptíveis de facilitar o desenvolvimento das suas actividades transnacionais. As Nações Unidas incentivaram todos os governos a garantir um ambiente favorável em que as cooperativas possam participar em pé de igualdade com outros tipos de empresa [11].

(9) JO L 294 de 10.11.2001, p. 1.
(10) JO L 199 de 31.7.1985, p. 1.
(11) Resolução adoptada pela Assembleia Geral da 88.a reunião plenária das Nações Unidas, em 19 de Dezembro de 2001 (A/RES/56/114).

(7) As cooperativas são, antes de mais, agrupamentos de pessoas ou entidades jurídicas que obedecem a princípios de funcionamento específicos, diferentes dos outros operadores económicos. Esses princípios incluem o princípio da estrutura e controlo democráticos e a distribuição do lucro líquido do exercício numa base equitativa.

(8) Estes princípios específicos dizem nomeadamente respeito ao princípio da primazia da pessoa, que se manifesta através de disposições específicas relativas às condições de admissão, demissão e exclusão dos membros; que este princípio se traduz pela regra "uma pessoa, um voto", encontrando-se o direito de voto ligado à pessoa, e que dele decorre a impossibilidade de os membros exercerem direitos sobre o activo da cooperativa.

(9) As cooperativas detêm um capital social e os seus membros podem ser pessoas ou empresas. Esses membros podem consistir no todo ou em parte em clientes, empregados ou fornecedores. Quando uma cooperativa for constituída por membros que sejam eles próprios empresas cooperativas, será conhecida como cooperativa "secundária" ou "de segundo grau". Em determinadas circunstâncias, as cooperativas podem contar entre os seus membros uma determinada proporção de membros investidores não utilizadores ou de terceiros que beneficiem da sua actividade ou que executem um trabalho por conta das cooperativas.

(10) A Sociedade Cooperativa Europeia (adiante designada por "SCE") deve ter como objectivo principal a satisfação das necessidades dos seus membros e/ou o desenvolvimento das suas actividades económicas e sociais, na observância dos princípios seguintes:

- as actividades da SCE devem ter por finalidade o proveito mútuo dos seus membros, de modo a que cada um deles beneficie dessas actividades em função da sua participação,
- os membros da SCE devem ser igualmente consumidores, empregados ou fornecedores ou encontrarem-se de algum modo envolvidos nas actividades da SCE,
- o controlo da SCE deve ser equitativamente repartido pelos seus membros, podendo todavia ser permitida uma ponderação da votação destinada a reflectir a contribuição de cada membro para a SCE,
- remuneração limitada do capital mutuado e das participações,
- os excedentes da SCE devem ser distribuídos em função das actividades realizadas com a SCE ou utilizados para satisfazer as necessidades dos seus membros,
- inexistência de entraves artificiais à admissão,
- os activos líquidos e as reservas deverão ser distribuídos no momento da dissolução, de acordo com o princípio da distribuição desinteressada, ou seja, a outro organismo cooperativo que prossiga objectivos semelhantes ou de interesse geral.

(11) A cooperação transnacional entre cooperativas defronta-se actualmente na Comunidade com dificuldades jurídicas e administrativas que convém eliminar num mercado sem fronteiras.

(12) A instituição de um estatuto jurídico europeu para as cooperativas, baseado em princípios comuns mas que tenha em conta as suas especificidades, deve permitir-lhes actuar para além das suas fronteiras nacionais, na totalidade ou em parte do território da Comunidade.

(13) O objectivo essencial do presente regulamento é permitir o estabelecimento de uma SCE por pessoas singulares residentes em diferentes Estados-Membros ou entidades jurídicas estabelecidas ao abrigo das legislações de diferentes Estados-Membros. O presente regulamento também possibilitará o estabelecimento de uma SCE através da fusão de duas cooperativas nacionais existentes ou da transformação de uma cooperativa nacional sem passar pela sua dissolução, nos casos em que essa cooperativa tenha a sua sede e a sua administração central num Estado-Membro e um estabelecimento ou uma filial noutro Estado-Membro.

(14) Dado o carácter comunitário específico de uma SCE, as disposições de "sede real" adoptadas pelo presente regulamento no que diz respeito às SCE não prejudicam as legislações dos Estados-Membros e não condicionam as escolhas a fazer em relação a outros textos comunitários sobre direito das sociedades.

(15) As referências ao capital no presente regulamento devem apenas dizer respeito ao capital subscrito. Tal não afectará quaisquer activos conjuntos ou capital social não distribuídos na SCE.

(16) O presente regulamento não abrange áreas do direito como a fiscalidade, a concorrência, a propriedade intelectual ou a falência. As disposições legislativas dos Estados-Membros e comunitárias são portanto aplicáveis nas áreas acima referidas e noutras não abrangidas pelo presente regulamento.

(17) As regras relativas ao envolvimento dos trabalhadores na Sociedade Cooperativa Europeia são definidas na Directiva 2003/72/CE [12] e essas disposições constituem pois um complemento indissociável do presente regulamento pelo que devem ser aplicadas concomitantemente.

(18) Os trabalhos de aproximação do direito nacional das sociedades progrediram substancialmente, de modo que se poderá proceder, por analogia, relativamente à SCE, à remissão para certas disposições da legislação do Estado-Membro da sede da SCE adoptadas em execução de directivas sobre sociedades, em domínios em que o seu funcionamento não exige regras comunitárias uniformes e na medida em que essas disposições sejam adequadas à regulamentação da SCE, em especial:

- a primeira Directiva 68/151/CEE do Conselho, de 9 de Março de 1968, tendente a coordenar as garantias que, para protecção dos interesses dos sócios e de terceiros, são exigidas nos Estados-Membros às sociedades, na acepção do segundo parágrafo do artigo 48.° do Tratado CEE, a fim de tornar equivalentes essas garantias em toda a Comunidade [13],

- quarta Directiva 78/660/CEE do Conselho, de 25 de Julho de 1978, relativa às contas anuais de certas formas de sociedades (14),
- sétima Directiva 83/349/CEE do Conselho, de 13 de Junho de 1983, relativa às contas consolidadas (15),
- oitava Directiva 84/253/CEE do Conselho, de 10 de Abril de 1984, relativa à aprovação das pessoas encarregadas da fiscalização legal dos documentos contabilísticos (16),
- décima-primeira Directiva 89/666/CEE do Conselho, de 21 de Dezembro de 1989, relativa à publicidade das sucursais criadas num Estado-Membro por certas formas de sociedades reguladas pelo direito de outro Estado (17).

(19) As actividades no sector dos serviços financeiros, nomeadamente no que se refere às instituições de crédito e às empresas de seguros, foram objecto de medidas legislativas previstas nas seguintes directivas:

- Directiva 86/635/CEE do Conselho, de 8 de Dezembro de 1986, relativa às contas anuais e às contas consolidadas dos bancos e de outras instituições financeiras (18),
- Directiva 92/49/CEE do Conselho, de 18 de Junho de 1992, relativa à coordenação das disposições legislativas, regulamentares e administrativas respeitantes ao seguro directo não vida (19).

---

(12) Ver página 25 do presente Jornal Oficial.

(13) JO L 65 de 14.3.1968, p. 8. Directiva com a última redacção que lhe foi dada pelo Acto de Adesão de 1994.

(14) JO L 222 de 14.8.1978, p. 11. Directiva com a última redacção que lhe foi dada pela Directiva 2001/65/CE (JO L 283 de 27.10.2001, p. 28).

(15) JO L 193 de 18.7.1983, p. 1. Directiva com a última redacção que lhe foi dada pela Directiva 2001/65/CE.

(16) JO L 126 de 12.5.1984, p. 20.

(17) JO L 395 de 30.12.1989, p. 36.

(18) JO L 372 de 31.12.1986, p. 1. Directiva com a última redacção que lhe foi dada pela Directiva 2001/65/CE.

(19) JO L 228 de 11.8.1992, p. 1. Directiva com a última redacção que lhe foi dada pela Directiva 2002/13/CE (JO L 77 de 20.3.2002, p. 17).

(20) O recurso ao presente estatuto deve ser facultativo,

ADOPTOU O PRESENTE REGULAMENTO:

CAPÍTULO I
DISPOSIÇÕES GERAIS

Artigo 1.°
Natureza da SCE

1. Podem ser constituídas, no território da Comunidade, sociedades cooperativas sob a forma de Sociedade Cooperativa Europeia (SCE), nas condições e de acordo com as regras previstas no presente regulamento.

2. A SCE é uma sociedade com o capital subscrito dividido em acções.

O número de membros e o capital da SCE são variáveis.

Salvo disposição em contrário dos estatutos da SCE aquando da sua constituição, cada membro é responsável apenas até ao limite do capital que tenha subscrito. Sempre que os membros da SCE tenham responsabilidade limitada, o nome da SCE terminará por "limitada".

3. A SCE tem por objecto principal a satisfação das necessidades e/ou o desenvolvimento das actividades económicas e/ou sociais dos seus membros, nomeadamente através da celebração de acordos com estes com vista ao fornecimento de bens ou serviços ou à execução de trabalhos no âmbito da actividade que a SCE exerce ou faz exercer. A SCE também pode ter por objecto a satisfação das necessidades dos seus membros através da promoção da sua participação em actividades económicas, da maneira supramencionada, em uma ou mais SCE e/ou cooperativas nacionais. A SCE pode realizar as suas actividades através de uma filial.

4. Salvo disposição em contrário dos estatutos, a SCE não pode aceitar que terceiros não membros beneficiem das suas actividades ou participem nas suas operações.

5. A SCE tem personalidade jurídica.

6. O envolvimento dos trabalhadores na SCE é regulado pela Directiva 2003/72/CE.

Artigo 2.°
Constituição

1. A SCE pode ser constituída da seguinte forma:
   - por cinco pessoas singulares, no mínimo, que residam em pelo menos dois Estados-Membros,
   - por um mínimo de cinco pessoas singulares e sociedades, na acepção do segundo parágrafo do artigo 48.° do Tratado, e outras entidades jurídicas de direito público ou privado, constituídas nos termos da legislação de um Estado-Membro, que tenham residência ou que se rejam pelo direito de pelo menos dois Estados-Membros diferentes,
   - por sociedades, na acepção do segundo parágrafo do artigo 48.° do Tratado, e outras entidades jurídicas de direito público ou privado, constituídas nos termos da legislação de um Estado-Membro e reguladas pelo direito de pelo menos dois Estados-Membros diferentes,
   - por fusão de cooperativas constituídas nos termos da legislação de um Estado-Membro e que tenham a sua sede e a sua administração central na Comunidade, se pelo menos duas delas forem reguladas pelo direito de Estados-Membros diferentes,
   - por transformação de uma cooperativa, constituída segundo o direito de um Estado-Membro e que tenha a sua sede e a sua administração central na Comunidade, desde que tenha há pelo menos dois anos um estabelecimento ou filial regulados pelo direito de outro Estado-Membro.

2. Um Estado-Membro pode prever que uma entidade jurídica que não tenha a sua administração central na Comunidade possa participar na constituição de uma SCE, desde que essa entidade jurídica tenha sido constituída segundo o direito de um Estado-Membro, tenha a sede nesse Estado-Membro e tenha uma ligação efectiva e continuada com a economia de um Estado-Membro.

Artigo 3.°
Capital mínimo

1. O capital da SCE é expresso na moeda nacional. Uma SCE cuja sede esteja situada fora da zona euro pode também exprimir o seu capital em euros.

2. O capital subscrito deve ser de, pelo menos, 30 000 euros.

3. A legislação de um Estado-Membro que preveja um capital subscrito mais elevado para as entidades jurídicas que exerçam determinados tipos de actividade é aplicável às SCE que tenham a sua sede nesse Estado-Membro.

4. Os estatutos estabelecem um montante abaixo do qual o capital subscrito não poderá ser reduzido pelo reembolso de títulos de membros que deixem de fazer parte da SCE. Esse montante não pode ser inferior ao montante fixado no n.° 2. O prazo fixado no artigo 17.° durante o qual os membros que deixem de fazer parte da SCE têm direito ao reembolso é suspenso enquanto esse reembolso implicar a redução do capital subscrito para um montante inferior ao limite estabelecido.

5. O capital é susceptível de aumento através de subscrições sucessivas dos membros ou da admissão de novos membros, e de diminuição em virtude do reembolso total ou parcial das entradas, sem prejuízo do disposto no n.° 4.

As variações do montante do capital não implicam a alteração dos estatutos nem qualquer publicidade.

Artigo 4.°
Capital da SCE

1. O capital subscrito da SCE é representado pelas acções dos membros, expressas na moeda nacional. Uma SCE cuja sede esteja situada fora da zona euro pode também exprimir as suas acções em euros. Podem ser emitidas diversas categorias de acções.

Os estatutos podem prever que determinadas categorias de acções confiram direitos diferentes em relação à repartição dos resultados. As acções que conferem os mesmos direitos constituem uma mesma categoria.

2. O capital só pode ser constituído por elementos de activo susceptíveis de avaliação económica. Não podem ser emitidas acções de membros em contrapartida de compromissos de execução de trabalhos ou prestação de serviços.

3. As acções são nominativas. O seu valor nominal será idêntico para cada categoria de acções. Esse valor deve ser fixado nos estatutos. As acções não podem ser emitidas por um montante inferior ao seu valor nominal.

4. As acções emitidas em contrapartida de entradas em numerário devem ser realizadas pelo menos em 25 % do seu valor nominal, no acto da subscrição. A parte restante deve ser realizada no prazo de cinco anos, excepto se os estatutos previrem um prazo mais curto.

5. As acções emitidas em contrapartida de entradas em espécie devem ser integralmente realizadas no acto da subscrição.

6. A legislação aplicável no Estado-Membro da sede da SCE, às sociedades anónimas de responsabilidade limitada, em matéria de designação de peritos e de avaliação das entradas que não consistam em numerário é aplicável por analogia à SCE.

7. Os estatutos fixam o número mínimo de acções a subscrever para a aquisição da qualidade de membro. Quando prevejam que a maioria nas assembleias gerais é reservada aos membros que sejam pessoas singulares, e quando impliquem uma obrigação de subscrição ligada à participação dos membros na actividade da SCE, não podem sujeitar a aquisição da qualidade de membro à subscrição de mais de uma acção.

8. O montante do capital no encerramento do exercício e a sua variação em relação ao exercício precedente são registados numa resolução da assembleia geral anual que delibera sobre as contas desse exercício.

Sob proposta dos órgãos de administração ou de direcção, pode proceder-se ao aumento do capital subscrito por incorporação, total ou parcial, das reservas susceptíveis de repartição, na sequência de uma decisão da assembleia geral, que delibera nas condições de quorum e de maioria exigidas para a alteração dos estatutos. As novas acções são distribuídas pelos membros proporcionalmente à sua participação no capital.

9. O valor nominal das acções pode ser aumentado mediante a consolidação das acções emitidas. Quando esse aumento exija contribuições complementares de capital por parte dos membros, segundo as disposições previstas nos estatutos, a assembleia geral deverá decidir de acordo com as condições de quorum e de maioria exigidas para a alteração dos estatutos.

10. O valor nominal das acções pode ser reduzido pela divisão das acções emitidas.

11. Nas condições fixadas nos estatutos e com o acordo da assembleia geral ou do órgão de direcção ou de administração, as acções são passíveis de cessão ou venda a um membro ou a qualquer pessoa que adquira a qualidade de membro.

12. São proibidas a subscrição, a aquisição e a aceitação de cauções de acções próprias pela SCE, directamente ou por intermédio de terceiros que actuem em seu nome, mas por conta da SCE.

No entanto, é autorizada a aceitação de cauções de acções próprias para as operações correntes das SCE instituições de crédito.

Artigo 5.º
Estatutos

1. Para efeitos do presente regulamento, a expressão "estatutos da SCE" designa simultaneamente o acto constitutivo e os estatutos propriamente ditos da SCE, quando estes sejam objecto de um acto separado.

2. Os fundadores elaboram os estatutos da SCE nos termos das disposições previstas na legislação do Estado da sede para a constituição de cooperativas. Os estatutos devem ser consignados por escrito e assinados pelos fundadores.

3. A lei aplicável no Estado-Membro da sede da SCE à supervisão cautelar das sociedades anónimas de responsabilidade limitada durante a fase de constituição é aplicável por analogia ao controlo da constituição da SCE.

4. Os estatutos da SCE devem conter, pelo menos:

- a denominação, precedida ou seguida da sigla "SCE" e, sempre que adequado, a menção "limitada",
- a indicação do seu objecto,
- os nomes das pessoas singulares e a denominação das entidades que forem membros fundadores da SCE, com indicação, neste último caso, do objecto e da sede,
- a sede da SCE,
- as condições e regras aplicáveis à admissão, à exclusão e à demissão dos membros,
- os direitos e obrigações dos membros e, se for caso disso, as suas diferentes categorias, bem como os direitos e obrigações inerentes a cada categoria,
- o valor nominal das acções subscritas, bem como o montante do capital subscrito e a indicação da variabilidade do capital,
- as regras específicas relativas à reversão dos excedentes a afectar, se for caso disso, à reserva legal,
- os poderes e competências dos membros de cada um dos órgãos,
- as condições de nomeação e de destituição dos titulares desses órgãos,
- as regras de maioria e de quorum,
- o período de duração da sociedade, sempre que esta seja de duração limitada.

Artigo 6.°
Sede

A sede da SCE deve situar-se no interior da Comunidade, no mesmo Estado-Membro que a administração central. Além disso, os Estados-Membros podem impor às SCE registadas no seu território a obrigação de terem a administração central e a sede no mesmo local.

Artigo 7.°
Transferência da sede

1. A sede da SCE pode ser transferida para outro Estado-Membro nos termos dos n.°s 2 a 16 infra. Essa transferência não implica a dissolução da SCE nem a criação de uma nova pessoa colectiva.

2. O órgão de direcção ou de administração deve elaborar um projecto de transferência, que será sujeito a publicidade nos termos do artigo 12.°, sem prejuízo de formas de publicidade adicionais previstas no Estado-Membro da sede. Esse projecto deve indicar a denominação, a sede e o número de registo da SCE e incluir:

a) A sede proposta para a SCE;

b) Os estatutos propostos para a SCE e, se for caso disso, a sua nova denominação;

c) O calendário proposto para a transferência;

d) As consequências que a transferência poderá ter para o envolvimento dos trabalhadores;

e) Todos os direitos relativos à protecção dos membros, credores ou detentores de outros direitos.

3. O órgão de direcção ou de administração deve elaborar um relatório que explique e justifique os aspectos jurídicos e económicos da transferência, bem como os seus efeitos sobre o emprego, e que explique as suas consequências para os membros, credores, trabalhadores e detentores de outros direitos.

4. Pelo menos um mês antes da assembleia geral chamada a pronunciar-se sobre a transferência, os membros, credores e detentores de outros direitos da SCE e qualquer outro órgão que nos termos da legislação nacional possa exercer esse direito, têm o direito de examinar, na sede da SCE, a proposta de transferência e o relatório elaborado nos termos do n.° 3 e de, a seu pedido, obter gratuitamente cópias desses documentos.

5. Qualquer membro que se tenha pronunciado contra a transferência na assembleia geral ou numa assembleia sectorial ou de secção pode apresentar a sua demissão num prazo de dois meses a contar da data da decisão da assembleia geral. A qualidade de membro cessa no termo do exercício em que for apresentada a demissão; a transferência não produz efeitos relativamente a esse membro. A demissão dá direito ao reembolso das acções nas condições previstas no n.° 4 do artigo 4.° e no artigo 16.°.

6. A decisão de transferência só pode ocorrer dois meses após a publicação da referida proposta. A decisão deve ser tomada nos termos do n.° 4 do artigo 62.°.

7. Antes de a autoridade competente emitir o certificado a que se refere o n.° 8 e no que respeita a dívidas anteriores à publicação da proposta de transferência, a SCE deve provar que os interesses dos credores e titulares de outros direitos em relação à SCE (incluindo os de entidades públicas) foram devidamente protegidos nos termos das disposições do Estado-Membro onde a SCE tem a sua sede antes da transferência.

Os Estados-Membros podem tornar a aplicação do primeiro parágrafo extensiva às dívidas contraídas (ou susceptíveis de ser contraídas) antes da transferência.

O primeiro e segundo parágrafos não prejudicam a aplicação às SCE da legislação nacional dos Estados-Membros relativa à satisfação ou garantia de pagamentos às entidades públicas.

8. No Estado-Membro da sede da SCE, deve ser emitido, por um tribunal, notário ou outra autoridade competente, um certificado que comprove o cumprimento dos actos e formalidades prévios à transferência.

9. O novo registo só se pode efectuar mediante a apresentação do certificado mencionado no n.° 8 e a prova do cumprimento das formalidades exigidas para o registo no país da nova sede.

10. A transferência da sede da SCE, bem como a alteração dos estatutos que dela decorre, produzem efeitos na data em que, nos termos do n.° 1 do artigo 11.°, a SCE for inscrita no registo da sua nova sede.

11. Quando tiver sido efectuado o novo registo da SCE, o registo da nova inscrição deve notificar o registo da inscrição anterior. O cancelamento do registo anterior só pode ser efectuado após recepção dessa notificação.

12. O novo registo e o cancelamento do anterior são publicados nos Estados-Membros em questão, nos termos do artigo 12.°.

13. A publicação do novo registo da SCE torna a nova sede oponível a terceiros. Todavia, enquanto não se proceder à publicação do cancelamento da inscrição no registo da sede anterior, os terceiros podem continuar a invocar a antiga sede, excepto se a SCE provar que aqueles tinham conhecimento da nova sede.

14. A legislação de um Estado-Membro pode prever, em relação às SCE nele registadas, que uma transferência de sede de que resulte uma mudança do direito aplicável não produza efeitos se, no prazo de dois meses previsto no n.° 6, uma autoridade competente desse Estado-Membro se lhe opuser. Essa oposição só se pode fundamentar em razões de interesse público.

Se a SCE for sujeita a fiscalização por uma autoridade nacional de controlo financeiro nos termos das directivas comunitárias, o direito de oposição à mudança de sede aplica-se igualmente a essa autoridade.

A oposição é susceptível de recurso judicial.

15. Sempre que tenha sido iniciado um processo de dissolução, incluindo a dissolução voluntária, liquidação, falência, suspensão de pagamentos ou outros processos análogos em relação a uma SCE, esta não pode transferir a sua sede.

16. Para efeitos de litígios surgidos antes da transferência determinada no n.° 10, considera-se que uma SCE que tenha transferido a sua sede para outro Estado-Membro tem a sua sede no Estado-Membro em que estava registada antes da transferência, mesmo quando tenha sido intentada uma acção contra a SCE depois da transferência.

Artigo 8.°
Legislação aplicável

1. A SCE é regulada:

   a) Pelo disposto no presente regulamento;

   b) Sempre que o presente regulamento o autorizar expressamente, pelo disposto nos estatutos da SCE;

c) No que se refere às matérias não abrangidas pelo presente regulamento ou, quando uma matéria o for apenas parcialmente, em relação aos aspectos por ele não abrangidos:

i) pelas disposições legislativas adoptadas pelos Estados-Membros em aplicação de medidas comunitárias que visem especificamente as SCE,

ii) pelas disposições legislativas dos Estados-Membros que seriam aplicáveis a uma cooperativa constituída segundo o direito do Estado-Membro da sede da SCE,

iii) pelas disposições dos estatutos da SCE, nas mesmas condições que para as sociedades cooperativas constituídas segundo o direito do Estado-Membro da sede da SCE.

2. Se a legislação nacional previr disposições e/ou restrições específicas relacionadas com a natureza das actividades exercidas por uma SCE, ou formas de controlo por uma autoridade de supervisão, essa legislação é integralmente aplicável à SCE.

Artigo 9.°
Princípio da não discriminação

Sob reserva do disposto no presente regulamento, uma SCE é tratada em cada Estado-Membro como uma cooperativa constituída segundo o direito do Estado-Membro da sede da SCE.

Artigo 10.°
Menções que devem constar dos documentos

1. A legislação aplicável no Estado-Membro da sede da SCE às sociedades anónimas de responsabilidade limitada, relativa ao conteúdo das cartas e documentos destinados a terceiros é aplicável por analogia à SCE. A denominação será precedida ou seguida da sigla "SCE" e, sempre que adequado, da menção "limitada".

2. Apenas as SCE podem incluir a sigla "SCE" antes ou depois da sua denominação a fim de determinar a sua forma jurídica.

3. Todavia, as sociedades ou outras entidades jurídicas registadas num Estado-Membro antes da data de entrada em vigor do presente regulamento não são obrigadas a alterar a sua denominação, quando dela conste a sigla "SCE".

Artigo 11.°
Inscrição no registo e conteúdo da publicidade

1. A SCE está sujeita a inscrição no Estado-Membro onde tem a sua sede, num registo designado pela lei desse Estado-Membro, nos termos da legislação aplicável às sociedades anónimas de responsabilidade limitada.

2. Uma SCE só pode ser registada se se tiver chegado a um acordo sobre o regime de envolvimento dos trabalhadores nos termos do artigo 4.° da Directiva 2003/72/CE, se tiver sido tomada uma decisão nos termos do n.° 6 do artigo 3.° da mesma directiva ou se o período de negociações previsto no artigo 5.° da directiva tiver decorrido sem se ter chegado a um acordo.

3. Para que uma SCE estabelecida por meio de fusão possa ser registada num Estado-Membro que tenha usado da faculdade prevista no n.° 3 do artigo 7.° da Directiva 2003/72/CE, é necessário que, nos termos do artigo 4.° da referida directiva, se tenha chegado a um acordo sobre o regime de envolvimento dos trabalhadores, incluindo a participação, ou que nenhuma das sociedades participantes tenha sido regulada por regras de participação antes do registo da SCE.

4. Os estatutos da SCE não devem em caso algum ser incompatíveis com o regime definido para o envolvimento dos trabalhadores. Quando novas disposições estabelecidas nos termos da Directiva 2003/72/CE forem incompatíveis com os estatutos existentes, estes devem ser alterados na medida do necessário.

Neste caso, os Estados-Membros podem determinar que o órgão de direcção ou de administração da SCE tenha o direito de alterar os estatutos sem necessidade de uma nova decisão da assembleia geral.

5. A legislação aplicável no Estado-Membro da sede da SCE às sociedades anónimas de responsabilidade limitada, em matéria de requisitos relativos ao conteúdo da publicidade de actos e indicações é aplicável por analogia à SCE.

Artigo 12.°
Publicidade dos documentos nos Estados-Membros

1. Os actos e indicações relativos à SCE sujeitos a publicidade nos termos do presente regulamento são dela objecto nos termos previstos na legislação aplicável às sociedades anónimas de responsabilidade limitada do Estado-Membro da sede da SCE.

2. As disposições nacionais adoptadas em execução da Directiva 89/666/CEE são aplicáveis às sucursais da SCE criadas num Estado-Membro que não o da sua sede. Todavia, os Estados-Membros podem prever derrogações às disposições nacionais de execução dessa directiva para ter em conta as especificidades das cooperativas.

Artigo 13.°
Publicação no Jornal Oficial da União Europeia

1. O registo e o cancelamento do registo de uma SCE são objecto de um aviso a publicar, para informação, no Jornal Oficial da União Europeia, após publicidade efectuada nos termos do artigo 12.°. Desse aviso constam a denominação, o número, a data e o local de registo da SCE, a data, o local e o título da publicação, bem como a sede e o sector de actividade da SCE.

2. A transferência da sede da SCE nas condições previstas no artigo 7.° é igualmente objecto de um aviso, do qual constem as indicações previstas no n.° 1, bem como as relativas ao novo registo.

3. As indicações referidas no n.° 1 são comunicadas ao Serviço das Publicações Oficiais das Comunidades Europeias no prazo de um mês a contar da publicidade prevista no n.° 1 do artigo 12.°.

Artigo 14.°
Aquisição da qualidade de membro

1. Sem prejuízo do disposto na alínea b) do n.° 1 do artigo 33.°, a aquisição da qualidade de membro da SCE está sujeita à aprovação do órgão de direcção ou de administração. Os candidatos recusados podem interpor recurso para a assembleia geral que se seguir ao pedido de admissão.

Quando a legislação do Estado-Membro da sede da SCE o permita, os estatutos podem prever que pessoas não vocacionadas para utilizar ou fornecer os bens e serviços da SCE possam ser admitidas na qualidade de membros investidores (não utilizadores). Nesse caso, a aquisição da qualidade de membro está sujeita a aprovação da assembleia geral ou de qualquer órgão mandatado para o fazer pela assembleia geral ou pelos estatutos.

Os membros que sejam entidades jurídicas são considerados como utilizadores em representação dos seus próprios membros, desde que os membros daquelas entidades que sejam pessoas singulares sejam utilizadores.

Salvo disposição em contrário dos estatutos, a qualidade de membro de uma SCE pode ser adquirida por pessoas singulares ou entidades jurídicas.

2. Os estatutos podem fazer depender a admissão de outras condições, nomeadamente:
   - subscrição de um montante mínimo de capital,
   - condições relacionadas com o objecto da SCE.

3. Sempre que os estatutos o prevejam, podem ser apresentados aos membros pedidos de participação complementar no capital.

4. Deve ser conservado na sede da SCE um ficheiro alfabético de todos os membros, mencionando o seu endereço, o número e, se for o caso, a categoria das acções por eles detidas. Qualquer pessoa com um interesse legítimo directo pode, mediante pedido, consultar esse ficheiro e obter cópia integral ou parcial do mesmo, não podendo o custo dessa cópia exceder o seu custo administrativo.

5. Todas as operações que tenham por efeito alterar a titularidade ou a repartição do capital ou provocar o seu aumento ou redução devem ser inscritas no ficheiro dos membros previsto no n.° 4, o mais tardar no mês seguinte ao da alteração.

6. As operações previstas no n.° 5 só produzem efeitos, em relação à SCE ou em relação a terceiros com um interesse legítimo directo, a partir da data da sua inscrição no ficheiro referido no n.° 4.

7. A pedido dos membros, ser-lhes-á passado um certificado da inscrição da referida alteração.

Artigo 15.°
Perda da qualidade de membro

1. A qualidade de membro perde-se:

- por demissão,
- por exclusão, no caso de o membro faltar gravemente às suas obrigações ou praticar actos contrários aos interesses da SCE,
- quando autorizada pelos estatutos, por cessão de todas as acções detidas a um membro ou a uma pessoa singular ou entidade jurídica que tenha adquirido a qualidade de membro,
- por dissolução de um membro que não seja uma pessoa singular,
- por falência,
- por morte,
- e nos restantes casos previstos nos estatutos ou na legislação relativa às cooperativas do Estado-Membro da sede da SCE.

2. Qualquer membro minoritário que, na assembleia geral, se tenha pronunciado contra uma alteração dos estatutos pela qual tenham sido:

i) instituídas novas obrigações em matéria de pagamentos ou outras prestações, ou

ii) ampliadas substancialmente as obrigações dos membros, ou

iii) alargado o período de aviso para a demissão da SCE para mais de cinco anos,

pode apresentar a sua demissão num prazo de dois meses a contar da data da decisão da assembleia geral.

A qualidade de membro cessa no termo do exercício em curso nos casos referidos nos pontos i) e ii) do primeiro parágrafo e no final do prazo de aviso que era aplicável antes da alteração dos estatutos no caso referido no ponto iii). A alteração dos estatutos não produz efeitos em relação ao membro em questão. A demissão dá ao membro direito ao reembolso das acções nas condições previstas no n.° 4 do artigo 3.° e no artigo 16.°.

3. Os membros são excluídos por decisão do órgão de administração ou do órgão de direcção, depois de ouvidos e dessa decisão cabe recurso para a assembleia geral.

Artigo 16.°
Direitos pecuniários dos membros em caso de demissão ou exclusão

1. Excepto em caso de cessão de acções e sob reserva do disposto no artigo 3.°, a perda da qualidade de membro dá direito ao reembolso da respectiva parte do capital subscrito, reduzido proporcionalmente às eventuais perdas imputáveis ao capital social da SCE.

2. Os montantes deduzidos nos termos do n.° 1 são calculados em função do balanço do exercício no decurso do qual se constituiu o direito ao reembolso.

3. Os estatutos devem prever os processos e as condições de exercício do direito de demissão e fixar o prazo de reembolso, que não pode ser superior a três anos. A SCE não pode, em caso algum, ser obrigada a proceder ao reembolso antes de decorridos seis meses sobre a aprovação do balanço subsequente à perda da qualidade de membro.

4. Os n.°s 1, 2 e 3 são também aplicáveis no caso de reembolso de apenas uma parte das acções detidas por um membro.

CAPÍTULO II
CONSTITUIÇÃO

Secção 1
Disposições Gerais

Artigo 17.°
Legislação aplicável durante a constituição

1. Sob reserva do disposto no presente regulamento, a constituição de uma SCE regula-se pelo direito aplicável às cooperativas do Estado onde a SCE estabelece a sua sede.

2. O registo de uma SCE está sujeito a publicidade nos termos do artigo 12.°.

Artigo 18.°
Aquisição de personalidade jurídica

1. A SCE adquire personalidade jurídica na data da sua inscrição, no Estado da sede, no registo designado por esse Estado nos termos do n.° 1 do artigo 11.°.

2. Se tiverem sido praticados actos em nome de uma SCE, antes do registo previsto no artigo 11.° e se, após esse registo, a SCE não assumir os compromissos deles decorrentes, as pessoas singulares, as sociedades ou outras entidades jurídicas que os tiverem praticado serão por eles solidária e ilimitadamente responsáveis, salvo convenção em contrário.

Secção 2
Constituição de uma SCE por meio de fusão

Artigo 19.°
Processo de formação por fusão

Uma SCE pode ser constituída por meio de fusão efectuada:

- pelo processo de fusão mediante incorporação,
- pelo processo de fusão mediante a constituição de uma nova pessoa colectiva.

No caso de fusão mediante incorporação, a cooperativa incorporante assume a forma de SCE em simultâneo com a fusão. No caso da fusão mediante a constituição de uma nova pessoa colectiva, esta última assume a forma de uma SCE.

Artigo 20.°
Legislação aplicável em caso de fusão

Em relação às matérias não abrangidas pela presente secção ou, quando uma matéria o for apenas parcialmente, em relação aos aspectos por ela não abrangidos, cada cooperativa participante na constituição de uma SCE por meio de fusão está sujeita às disposições do direito do Estado-Membro de que depende, aplicáveis à fusão de cooperativas, ou, na sua falta, às disposições aplicáveis às fusões internas de sociedades anónimas de responsabilidade limitada.

Artigo 21.°
Razões para a oposição à fusão

A legislação de um Estado-Membro pode prever que uma cooperativa regulada pelo direito desse Estado-Membro não possa participar na constituição de uma SCE por meio de fusão, se uma autoridade competente desse Estado-Membro se lhe opuser antes da emissão do certificado referido no n.° 2 do artigo 29.°.

Essa oposição só se pode fundamentar em razões de interesse público e é susceptível de recurso judicial.

Artigo 22.°
Condições da fusão

1. Os órgãos de direcção ou de administração das cooperativas que pretendem fundir-se elaboram um projecto de fusão. Esse projecto de fusão inclui:

a) A denominação e a sede das cooperativas que se fundem, bem como as previstas para a SCE;

b) A relação de troca das acções do capital subscrito e o montante do pagamento a contado. Quando não existam acções, a divisão exacta dos activos e o seu valor equivalente em acções;

c) As regras de entrega das acções da SCE;

d) A data a partir da qual essas acções conferem o direito de participação no excedente, bem como qualquer regra especial relativa a esse direito;

e) A data a partir da qual as operações das cooperativas que se fundem são consideradas, do ponto de vista contabilístico, como efectuadas por conta da SCE;

f) As condições ou vantagens especiais referentes às obrigações ou títulos com excepção de acções que, nos termos do artigo 66.°, não confiram a qualidade de membro;

g) Os direitos conferidos pela SCE aos accionistas que gozem de direitos especiais e aos portadores de títulos diferentes das acções, ou as medidas previstas em relação aos mesmos;

h) As formas de protecção dos direitos dos credores das cooperativas que se fundem;

i) Quaisquer vantagens especiais atribuídas aos peritos que estudam o projecto de fusão, assim como aos membros dos órgãos de administração, de direcção, de fiscalização ou de controlo das cooperativas que se fundem;

j) Os estatutos de SCE;

k) Informações sobre os procedimentos seguidos para estabelecer as disposições relativas ao envolvimento dos trabalhadores nos termos da Directiva 2003/72/CE.

2. As cooperativas que se fundem podem acrescentar outros elementos ao projecto de fusão.

3. A legislação aplicável às sociedades anónimas de responsabilidade limitada em matéria de projectos de fusão é aplicável por analogia à fusão transfronteiras de cooperativas para a criação de uma SCE.

Artigo 23.°
Explicação e justificação das condições da fusão

Os órgãos de administração ou de direcção de cada uma das cooperativas que se fundem elaboram um relatório escrito circunstanciado que explique e justifique o projecto de fusão, de um ponto de vista jurídico e económico, nomeadamente a relação de troca de acções. Esse relatório deve indicar, além disso, quaisquer dificuldades de avaliação especiais que eventualmente existam.

Artigo 24.°
Publicidade

1. A legislação aplicável às sociedades anónimas de responsabilidade limitada em matéria de requisitos relativos ao conteúdo da publicidade dos projectos de fusão é aplicável por analogia a cada uma das cooperativas que se fundem, sob reserva de requisitos adicionais impostos pelo Estado-Membro de que depende a cooperativa em questão.

2. A publicação do projecto no jornal oficial nacional deve, todavia, incluir, para cada uma das sociedades se fundem, as seguintes indicações:

a) A forma, a denominação e a sede de cada cooperativa que se funde;

b) O endereço do local ou do registo em que foram depositados os estatutos e todos os outros documentos e informações relativos a cada uma das cooperativas que se fundem, bem como o número de inscrição nesse registo;

c) A indicação das regras de exercício dos direitos dos credores da cooperativa em questão, estabelecidas nos termos do artigo 28.°, bem como o endereço em que podem ser obtidas, gratuitamente, informações completas sobre essas regras;

d) A indicação das regras de exercício dos direitos dos accionistas minoritários da cooperativa em questão, estabelecidas nos termos do artigo 28.°, bem como o endereço em que podem ser obtidas, gratuitamente, informações completas sobre essas regras;

e) A denominação e a sede previstas para a SCE;

f) As condições que determinam a data em que a fusão produz efeitos, nos termos do artigo 31.°

Artigo 25.°
Requisitos de divulgação

1. Os membros têm o direito de, pelo menos um mês antes da data da reunião da assembleia geral convocada para se pronunciar sobre a fusão, consultar, na sede, os seguintes documentos:

a) Projecto de fusão referido no artigo 22.°;

b) Contas anuais e relatórios de gestão dos últimos três exercícios das cooperativas que se fundem;

c) Mapa contabilístico elaborado segundo as disposições aplicáveis às fusões internas de sociedades anónimas de responsabilidade limitada, na medida em que tal mapa se encontre previsto nas referidas disposições;

d) Relatório pericial sobre o valor das acções a distribuir por troca com os activos das cooperativas que se fundem ou a relação de troca de acções previsto no artigo 26.°;

e) Relatório dos órgãos de administração ou de direcção da cooperativa previsto no artigo 23.°

2. Os membros podem obter gratuitamente, mediante simples pedido, uma cópia integral ou, se o desejarem, parcial dos documentos referidos no n.° 1.

Artigo 26.°
Relatório de peritos independentes

1. O projecto de fusão deve ser analisado, para cada uma das cooperativas que pretendem fundir-se, por um ou mais peritos independentes, designados por essa cooperativa nos termos do n.° 6 do artigo 4.°, que elaborarão um relatório escrito destinado aos membros.

2. É possível a elaboração de um único relatório para todas as cooperativas que se fundem, se as legislações dos Estados-Membros que as regulam o permitirem.

3. A legislação aplicável à fusão de sociedades anónimas de responsabilidade limitada em matéria de direitos e obrigações de peritos é aplicável por analogia à fusão de cooperativas.

Artigo 27.°
Aprovação do projecto de fusão

1. A assembleia geral de cada uma das cooperativas que se fundem aprova o projecto de fusão.

2. O envolvimento dos trabalhadores na SCE é decidido nos termos da Directiva 2003/72/CE. A assembleia geral de cada uma das cooperativas que se fundem pode sujeitar o registo da SCE à ratificação expressa do regime assim decidido.

Artigo 28.°
Legislação aplicável à formação por fusão

1. O direito do Estado-Membro de que depende cada uma das cooperativas que se fundem é aplicável, tal como no caso da fusão de sociedades anónimas de responsabilidade limitada, tendo em conta o carácter transfronteiriço da fusão, no que respeita à protecção dos interesses:

– dos credores das cooperativas que se fundem,

– dos obrigacionistas das cooperativas que se fundem.

2. Um Estado-Membro pode adoptar, em relação às cooperativas que se fundem e que são reguladas pelo seu direito, disposições destinadas a assegurar uma protecção adequada dos membros que se tenham pronunciado contra a fusão.

Artigo 29.°
Controlo do processo de fusão

1. O controlo da legalidade da fusão é efectuado, em relação à parte do processo relativa a cada cooperativa que se funde, nos termos da legislação do Estado-Membro a que está sujeita a cooperativa que se funde aplicável à fusão de cooperativas e, na sua falta, nos termos da legislação do referido Estado aplicáveis às fusões internas de sociedades anónimas.

2. Em cada Estado-Membro interessado, é emitido por um tribunal, um notário ou outra autoridade competente um certificado que comprove o cumprimento dos actos e formalidades prévios à fusão.

3. Se o direito de um Estado-Membro a que esteja sujeita uma cooperativa que se funda previr um processo de análise e alteração da relação de troca das acções ou um processo de compensação dos membros minoritários, sem impedir o registo da fusão, esse processo aplica-se apenas se, ao aprovarem o projecto de fusão nos termos do n.° 1 do artigo 27.°, as restantes cooperativas que se fundem, situadas em Estados-Membros cuja legislação não preveja esse tipo de processo, aceitarem explicitamente a possibilidade de os membros da sociedade que se funde recorrerem a esse processo. Nesse caso, o tribunal, o notário ou outra autoridade competente pode emitir o certificado referido no n.° 2, mesmo que o referido processo já tenha tido início. No entanto, o certificado deve mencionar a existência de

um processo pendente. A decisão decorrente do processo é vinculativa para a cooperativa adquirente e para todos os seus membros.

Artigo 30.°
Controlo da legalidade da fusão

1. O controlo da legalidade da fusão é efectuado, em relação à parte do processo relativa à fusão e à constituição da SCE, por um tribunal, por um notário ou por qualquer outra autoridade do Estado-Membro da futura sede da SCE, competente para controlar este aspecto da legalidade da fusão de cooperativas ou, na sua falta, das fusões de sociedades anónimas de responsabilidade limitada.

2. Para esse efeito, cada cooperativa que se funda remete à autoridade competente o certificado referido no n.° 2 do artigo 29.° num prazo de seis meses a contar da sua emissão, assim como uma cópia do projecto de fusão aprovado pela cooperativa.

3. A autoridade referida no n.° 1 certifica-se, em especial, de que as cooperativas que se fundem aprovaram um projecto de fusão nos mesmos termos, e de que o regime relativo ao envolvimento dos trabalhadores foi definido nos termos da Directiva 2003/72/CE.

4. A mesma autoridade certifica-se igualmente de que a constituição da SCE preenche as condições estabelecidas na legislação do Estado-Membro da sede.

Artigo 31.°
Registo da fusão

1. A fusão e a constituição simultânea da SCE produzem efeitos na data do registo da SCE nos termos do n.° 1 do artigo 11.°.

2. A SCE só pode ser registada após o cumprimento de todas as formalidades previstas nos artigos 29.° e 30.°.

Artigo 32.°
Publicidade

Em relação às cooperativas que se fundem, a realização da fusão deve ser sujeita a publicidade, efectuada nos termos da legislação do Estado-Membro em causa, segundo a legislação que regula as fusões das sociedades anónimas por acções.

Artigo 33.°
Consequências da fusão

1. A fusão realizada nos termos do primeiro travessão do primeiro parágrafo do artigo 19.° implica ipso jure e simultaneamente os seguintes efeitos:

a) A transferência global da totalidade do património activo e passivo de cada uma das cooperativas incorporadas para a pessoa colectiva incorporante;

b) Os membros de cada cooperativa adquirida tornam-se membros da pessoa colectiva incorporante;

c) As cooperativas incorporadas deixam de existir;

d) A pessoa colectiva incorporante assume a forma de uma SCE.

2. A fusão realizada nos termos do segundo travessão do primeiro parágrafo do artigo 19.° implica ipso jure e simultaneamente os seguintes efeitos:

a) A transferência global do património activo e passivo das cooperativas que se fundem para a SCE;

b) Os membros das cooperativas que se fundem tornam-se membros da SCE;

c) As cooperativas que se fundem deixam de existir.

3. Sempre que, em caso de fusão de cooperativas, a legislação de um Estado-Membro imponha formalidades especiais em relação à oponibilidade a terceiros da transferência de determinados bens, direitos e obrigações das cooperativas que se fundem, essas formalidades são aplicáveis e devem ser cumpridas pelas cooperativas que se fundem, ou pela SCE a partir da data do seu registo.

4. Os direitos e obrigações das cooperativas participantes em matéria de condições de trabalho, quer individuais quer colectivas, decorrentes da legislação, das práticas e dos contratos individuais de trabalho ou relações de trabalho a nível nacional, existentes à data do registo, são transferidos para a SCE no momento do registo e em consequência do mesmo.

O primeiro parágrafo não é aplicável ao direito de participação dos representantes dos trabalhadores nas assembleias gerais ou nas assembleias de secção ou sectoriais previstas no n.° 4 do artigo 59.°.

5. Quando a fusão tiver sido registada, a SCE deve informar imediatamente os membros da cooperativa incorporada da inscrição no registo dos membros e do número das suas acções.

Artigo 34.°
Legalidade da fusão

1. A nulidade de uma fusão na acepção do quarto travessão do n.° 1 do artigo 2.° não pode ser declarada se a SCE tiver sido registada.

2. A falta de controlo da legalidade da fusão nos termos dos artigos 29.° e 30.° pode constituir fundamento para a dissolução da SCE, nos termos do artigo 74.°.

Secção 3
Transformação de uma cooperativa existente em SCE

Artigo 35.°
Processo de constituição por transformação

1. Sem prejuízo do disposto no artigo 11.°, a transformação de uma cooperativa em SCE não dá origem à dissolução da cooperativa nem à criação de uma nova pessoa colectiva.

2. A sede não pode ser transferida de um Estado-Membro para outro no momento da transformação, nos termos do artigo 7.°.

3. O órgão de direcção ou de administração da cooperativa em questão elabora um projecto de transformação e um relatório que explique e justifique os aspectos jurídicos e económicos da transformação, bem como os seus efeitos sobre o emprego, e assinale as consequências da adopção da forma de SCE para os membros e para os trabalhadores.

4. O projecto de transformação será sujeito a publicidade segundo as regras previstas na legislação de cada Estado-Membro, pelo menos um mês antes da data da reunião da assembleia geral chamada a pronunciar-se sobre a transformação.

5. Antes da assembleia geral referida no n.° 6, um ou mais peritos independentes nomeados ou aprovados, segundo as disposições nacionais, por uma autoridade judicial ou administrativa do Estado de que depende a cooperativa que se transforma em SCE, devem atestar, mutatis mutandis, que foi cumprido o disposto na alínea b) do n.° 1 do artigo 22.°.

6. A assembleia geral da cooperativa em questão aprova o projecto de transformação e os estatutos da SCE.

7. Os Estados-Membros podem sujeitar uma transformação a um voto favorável, por maioria qualificada ou por unanimidade, dos membros do órgão de controlo da cooperativa a transformar e em que está organizada a participação dos trabalhadores.

8. Os direitos e obrigações da cooperativa a transformar em matéria de condições de trabalho, tanto individuais como colectivas, decorrentes da legislação, das práticas e dos contratos individuais de trabalho ou das relações de trabalho a nível nacional, existentes à data do registo, são transferidos para a SCE no momento do seu registo.

CAPÍTULO III
ESTRUTURA DA SCE

Artigo 36.°
Estrutura dos órgãos

A SCE inclui, nas condições previstas no presente regulamento:

a) Uma assembleia geral; e

b) Um órgão de fiscalização e um órgão de direcção (sistema dualista), ou um órgão de administração (sistema monista), consoante a opção adoptada nos estatutos.

Secção 1
Sistema dualista

Artigo 37.°
Funções do órgão de direcção e designação dos seus membros

1. O órgão de direcção é responsável pela gestão da SCE, e representa-a perante terceiros e em juízo. Os Estados-Membros podem prever que a gestão corrente fique a cargo de um director administrativo, nas mesmas condições que nas cooperativas com sede no território desse Estado-Membro.

2. O ou os membros do órgão de direcção são designados e destituídos pelo órgão de fiscalização.

No entanto, os Estados-Membros podem prever, ou permitir que os estatutos prevejam, que o ou os membros do órgão de direcção sejam designados e destituídos pela assembleia geral nas mesmas condições que os das cooperativas com sede no seu território.

3. Ninguém pode ser simultaneamente membro do órgão de direcção e do órgão de fiscalização da SCE. No entanto, o órgão de fiscalização pode, em caso de vaga, designar um dos seus membros para exercer as funções de membro do órgão de direcção. No decurso desse período, as funções da pessoa em questão como membro do órgão de fiscalização são suspensas. Os Estados-Membros podem prever que esse período seja limitado no tempo.

4. O número de membros do órgão de direcção ou as regras para a sua determinação são fixados nos estatutos da SCE. No entanto, os Estados-Membros podem fixar um número mínimo e/ou máximo de membros.

5. Na falta de disposições relativas a um sistema dualista no que se refere às cooperativas com sede no respectivo território, os Estados-Membros podem adoptar as medidas adequadas em relação às SCE.

Artigo 38.°
Presidência e convocação das reuniões do órgão de direcção

1. O órgão de direcção elege um presidente de entre os seus membros, de acordo com as disposições estatutárias.

2. O presidente convoca o órgão de direcção nos termos previstos nos estatutos, por sua própria iniciativa ou a pedido de um dos membros. Qualquer pedido deve indicar os motivos da convocação da reunião. Se esse pedido não for deferido num prazo de quinze dias, o órgão de direcção pode ser convocado pelo ou pelos membros que apresentaram o pedido.

Artigo 39.°
Funções do órgão de fiscalização e designação dos seus membros

1. O órgão de fiscalização controla a gestão assegurada pelo órgão de direcção. O órgão de fiscalização não tem competência própria em matéria de gestão da SCE. O órgão de fis-

calização não pode representar a SCE perante terceiros. Em caso de litígio, ou aquando da celebração de contratos, o órgão de fiscalização representa a SCE perante o órgão de direcção ou perante os seus membros.

2. Os membros do órgão de fiscalização são designados e destituídos pela assembleia geral. Todavia, os membros do primeiro órgão de fiscalização podem ser designados nos estatutos. A presente disposição é aplicável sem prejuízo das disposições em matéria de participação dos trabalhadores estabelecidas nos termos da Directiva 2003/72/CEE.

3. O número de membros não utilizadores do órgão de fiscalização não pode ser superior a um quarto dos lugares a prover.

4. O número de membros do órgão de fiscalização ou as regras para a sua determinação são definidos nos estatutos. Todavia, os Estados-Membros podem fixar o número de membros do órgão de fiscalização das SCE com sede no seu território, ou um número mínimo e/ou máximo de membros.

Artigo 40.°
Direito de informação

1. O órgão de direcção informa o órgão de fiscalização, pelo menos de três em três meses, sobre o andamento das actividades da SCE e a sua evolução previsível, tomando em consideração as informações relativas às empresas controladas pela SCE que sejam susceptíveis de ter repercussões significativas sobre o andamento das suas actividades.

2. Além da informação periódica prevista no n.° 1, o órgão de direcção comunica em tempo útil ao órgão de fiscalização todas as informações susceptíveis de ter repercussões sensíveis na situação da SCE.

3. O órgão de fiscalização pode solicitar ao órgão de direcção a comunicação de qualquer tipo de informações necessárias ao controlo que exerce nos termos do n.° 1 do artigo 39.° Os Estados-Membros podem prever que todos os membros do órgão de fiscalização possam igualmente beneficiar desta faculdade.

4. O órgão de fiscalização pode proceder ou mandar proceder às verificações necessárias ao desempenho das suas funções.

5. Todos os membros do órgão de fiscalização podem tomar conhecimento de todas as informações comunicadas a este órgão.

Artigo 41.°
Presidência e convocação das reuniões do órgão de fiscalização

1. Os membros do órgão de fiscalização elegem entre si um presidente. Se metade dos membros tiver sido designada pelos trabalhadores, só pode ser eleito presidente um membro designado pela assembleia geral.

2. O presidente convoca o órgão de fiscalização nos termos previstos nos estatutos, por sua própria iniciativa ou a pedido de, pelo menos, um terço dos seus membros, ou ainda a pedido do órgão de direcção. O pedido deve indicar os motivos da convocação da reunião. Se esse pedido não for deferido num prazo de quinze dias, o órgão de fiscalização pode ser convocado por quem apresentou o pedido.

Secção 2
Sistema monista

Artigo 42.°
Funções do órgão de administração e designação dos seus membros

1. O órgão de administração é responsável pela gestão da SCE, e representa-a perante terceiros e em juízo. Qualquer Estado-Membro pode prever que a responsabilidade da gestão corrente incumba um director administrativo, nas mesmas condições que nas cooperativas com sede no território desse Estado-Membro.

2. O número de membros do órgão de administração ou as regras para a sua determinação são fixados nos estatutos da SCE. Todavia, os Estados-Membros podem fixar um número mínimo e, se necessário, máximo, de membros. O número de membros não utilizadores no órgão de administração não pode ser superior a um quarto dos lugares a prover.

No entanto, o órgão de administração deve ser composto por um mínimo de três membros, quando a participação dos trabalhadores na SCE esteja organizada nos termos da Directiva 2003/72/CE.

3. Os membros do órgão de administração e, sempre que previsto nos estatutos, os seus membros suplentes, são designados pela assembleia geral. Todavia, os membros do primeiro órgão de administração podem ser designados pelos estatutos. A presente disposição é aplicável sem prejuízo das disposições em matéria de participação dos trabalhadores estabelecidas nos termos da Directiva 2003/72/CE.

4. Na falta de disposições relativas a um sistema monista no que se refere às cooperativas com sede no respectivo território, os Estados-Membros podem adoptar as medidas adequadas em relação às SCE.

Artigo 43.°
Periodicidade das reuniões e direito de informação

1. O órgão de administração reunir-se-á pelo menos de três em três meses, com uma periodicidade fixada nos estatutos, para deliberar sobre o andamento das actividades da SCE e a sua evolução previsível, tomando em consideração, se for caso disso, as informações relativas às empresas controladas pela SCE que sejam susceptíveis de ter repercussões significativas sobre o andamento das suas actividades.

2. Todos os membros do órgão de administração podem tomar conhecimento de todos os relatórios, documentos e informações transmitidos a este órgão.

Artigo 44.°
Presidência e convocação das reuniões do órgão de administração

1. Os membros do órgão de administração elegem entre si um presidente. Se metade dos membros tiver sido designada pelos trabalhadores, só pode ser eleito presidente um membro nomeado pela assembleia geral.

2. O presidente convoca o órgão de administração nos termos previstos nos estatutos, por sua própria iniciativa ou a pedido de, pelo menos, um terço dos seus membros. O pedido deve indicar os motivos da convocação da reunião. Se esse pedido não for deferido num prazo de quinze dias, o órgão de administração pode ser convocado por quem apresentou o pedido.

Secção 3
Regras comuns aos sistemas monista e dualista

Artigo 45.°
Duração do mandato

1. Os membros dos órgãos da SCE são designados por um período fixado nos estatutos, não superior a seis anos.

2. Salvo restrições previstas nos estatutos, os membros podem ser reconduzidos uma ou mais vezes pelo período fixado nos termos do n.° 1.

Artigo 46.°
Condições de elegibilidade

1. Os estatutos da SCE podem prever que uma sociedade na acepção do n.° 1 do artigo 48.° do Tratado possa ser membro de um dos seus órgãos, salvo disposição em contrário da legislação do Estado-Membro da sede da SCE aplicável às cooperativas.

Essa sociedade designa uma pessoa singular como seu representante para o exercício das suas funções no órgão em questão. Esse representante fica sujeito às mesmas condições e obrigações a que estaria sujeito se fosse pessoalmente membro desse órgão.

2. Não podem ser membros de um órgão da SCE, nem representantes de um membro na acepção do n.° 1, as pessoas que:

- não possam fazer parte, segundo a legislação do Estado-Membro da sede da SCE, do órgão correspondente de uma cooperativa regulada pelo direito desse Estado,
- não possam fazer parte do órgão correspondente de uma cooperativa regulada pelo direito de um Estado-Membro, por força de decisão judicial ou administrativa proferida num Estado-Membro.

3. Os estatutos da SCE podem, segundo a legislação do Estado-Membro aplicável às cooperativas, fixar condições particulares de elegibilidade para os membros que integram o órgão de administração.

Artigo 47.°
Poder de representação e responsabilidade da SCE

1. Sempre que o poder de representação perante terceiros, nos termos do n.° 1 do artigo 37.° e do n.° 1 do artigo 42.°, seja atribuído a dois ou mais membros, esses membros exercerão essa autoridade colectivamente, excepto se o direito do Estado-Membro da sede da SCE permitir que os estatutos disponham em contrário, caso em que esta cláusula será oponível a terceiros desde que tenha sido objecto de publicidade nos termos do n.° 5 do artigo 11.° e do artigo 12.°.

2. A SCE fica vinculada perante terceiros pelos actos praticados pelos seus órgãos mesmo que esses actos não digam respeito ao objecto da SCE, desde que os referidos actos não excedam os poderes que lhes confere a legislação do Estado-Membro em que a SCE tem a sua sede ou que essa legislação permita que lhes sejam conferidos.

Todavia, os Estados-Membros podem prever que a SCE não fique vinculada, quando esses actos excedam os limites do objecto da SCE, quando se prove que o terceiro tinha conhecimento de que o acto excedia esse objecto ou que, tendo em conta as circunstâncias, o não podia ignorar, não constituindo a mera publicação dos estatutos prova suficiente para esse efeito.

3. Os limites dos poderes dos órgãos da SCE que resultem dos estatutos ou de uma resolução dos órgãos competentes nunca são oponíveis a terceiros, mesmo que tenham sido publicados.

4. Um Estado-Membro pode prever que os estatutos atribuam o poder de representação da SCE a uma única pessoa ou a várias pessoas que actuem conjuntamente. Essa legislação pode prever a oponibilidade desta disposição dos estatutos a terceiros, desde que diga respeito ao poder geral de representação. A oponibilidade desta disposição a terceiros é regulada pelo disposto no artigo 12.°.

Artigo 48.°
Operações sujeitas a autorização

1. Os estatutos da SCE enumeram as categorias de operações para as quais é necessária:
   - no sistema dualista, uma autorização do órgão de fiscalização ou da assembleia geral ao órgão de direcção,
   - no sistema monista, uma decisão expressa do órgão de administração ou uma autorização da assembleia geral.
2. O n.° 1 é aplicável sem prejuízo do disposto no artigo 47.°.

3. Todavia, os Estados-Membros podem determinar as categorias mínimas de operações e o órgão que confere a autorização, que devem constar obrigatoriamente dos estatutos das SCE registadas no seu território e/ou prever que, no sistema dualista, o próprio órgão de fiscalização possa determinar as categorias de operações que devem ser sujeitas a autorização.

Artigo 49.°
Confidencialidade

Os membros dos órgãos da SCE são obrigados a não divulgar, mesmo após a cessação das suas funções, as informações de que disponham sobre a SCE cuja divulgação seja susceptível de lesar os interesses da cooperativa ou dos seus membros, excepto quando essa divulgação seja exigida ou admitida pelas disposições de direito interno aplicáveis às cooperativas ou seja de interesse público.

Artigo 50.°
Deliberação dos órgãos

1. Salvo disposição em contrário do presente regulamento ou dos estatutos, as regras internas relativas ao quorum e à tomada de decisões dos órgãos da SCE são as seguintes:

a) Quorum: pelo menos metade dos membros com direito de voto devem estar presentes ou representados;

b) Tomada de decisões: terá lugar por maioria dos membros com direito de voto presentes ou representados.

Os membros ausentes podem participar nas decisões, conferindo a outro membro do órgão ou aos suplentes nomeados na mesma ocasião poderes para os representar.

2. Na falta de disposições estatutárias sobre a matéria, o presidente de cada órgão tem voto de qualidade em caso de empate. Não é, todavia, admissível nenhuma disposição estatutária em contrário quando 50 % dos membros do órgão de fiscalização forem representantes dos trabalhadores.

3. Quando a participação dos trabalhadores for organizada nos termos da Directiva 2003/72/CE, qualquer Estado-Membro pode estabelecer que, em derrogação do disposto nos n.°s 1 e 2, o quorum e a tomada de decisões pelo órgão de fiscalização fiquem sujeitos às regras aplicáveis, nas mesmas condições, às cooperativas reguladas pelo direito do Estado-Membro em questão.

Artigo 51.°
Responsabilidade civil

Os membros dos órgãos de direcção, de fiscalização ou de administração respondem, nos termos das disposições do Estado-Membro da sede da SCE aplicáveis às cooperativas, pelos prejuízos sofridos pela SCE na sequência de qualquer violação por eles cometida das obrigações legais, estatutárias ou outras inerentes às suas funções.

Secção 4
Assembleia geral

Artigo 52.°
Competência

A assembleia geral decide sobre as matérias relativamente às quais lhe é atribuída competência específica por força:

a) Do presente regulamento;

b) Das disposições da legislação do Estado-Membro onde a SCE tem a sua sede, adoptadas em execução da Directiva 2003/72/CE.

Além disso, a assembleia geral decide sobre as matérias relativamente às quais é atribuída competência à assembleia geral das sociedades cooperativas reguladas pelo direito do Estado-Membro onde a SCE tem a sua sede, quer pela legislação desse Estado-Membro, quer pelos estatutos da SCE, de acordo com essa mesma legislação.

Artigo 53.°
Realização das Assembleias Gerais

Sem prejuízo das regras previstas na presente secção, a organização e a realização da assembleia geral, bem como os processos de votação, regulam-se pela legislação do Estado-Membro da sede da SCE aplicável às cooperativas.

Artigo 54.°
Convocação

1. A assembleia geral da SCE reúne-se pelo menos uma vez por ano civil, num prazo de seis meses a contar do encerramento do exercício, excepto se a legislação do Estado-Membro da sede aplicável às cooperativas que exerçam o mesmo tipo de actividade que a SCE previr uma frequência superior. Todavia, os Estados-Membros podem prever que a primeira assembleia geral se possa realizar dentro de um prazo de dezoito meses a contar da constituição da SCE.

2. A assembleia geral pode ser convocada em qualquer momento pelo órgão de direcção, pelo órgão de administração, pelo órgão de fiscalização, ou por qualquer outro órgão ou autoridade competente nos termos da legislação nacional do Estado-Membro da sede da SCE aplicável às cooperativas. O órgão de direcção é obrigado a convocar a assembleia geral a pedido do órgão de fiscalização.

3. Da ordem de trabalhos da assembleia geral realizada após o encerramento do exercício devem constar, pelo menos, a aprovação das contas anuais e a distribuição dos resultados.

4. A assembleia geral pode decidir, numa reunião, da convocação de uma nova reunião para uma data e com uma ordem de trabalhos por ela fixadas.

Artigo 55.°
Convocação pela minoria dos membros

A convocação da assembleia geral e a fixação da ordem de trabalhos podem ser solicitadas por um número de membros da SCE superior a 5000 ou que representem pelo menos 10 % do número total de votos. No entanto, os estatutos podem fixar percentagens inferiores.

Artigo 56.°
Forma e prazo de convocação

1. A convocatória é feita por quaisquer meios de comunicação escrita e é dirigida a todas as pessoas habilitadas a participar na assembleia geral da SCE, nos termos dos n.°s 1 e 2 do artigo 58.° e das disposições estatutárias. A referida comunicação pode ser efectuada mediante publicação da convocatória na publicação oficial interna da SCE.

2. A convocatória deve conter, pelo menos, as seguintes menções:

- a denominação e a sede da SCE,
- o local, a data e a hora da reunião,
- se for caso disso, a natureza da assembleia geral,
- a ordem de trabalhos, com a indicação dos assuntos a tratar bem como das propostas de decisão.

3. O prazo compreendido entre a data de envio da convocatória referida no n.° 1 e a data de realização da assembleia geral deve ser de, pelo menos, trinta dias. Todavia, esse prazo pode ser reduzido para quinze dias em caso de urgência. Quando seja aplicável o n.° 4 do artigo 61.°, relativo aos requisitos de quorum, o prazo compreendido entre a primeira e a segunda assembleia convocada para apreciar a mesma ordem de trabalhos pode ser reduzido de acordo com a legislação do Estado-Membro da sede da SCE.

Artigo 57.°
Inscrição de novos pontos na ordem de trabalhos

Um número de membros da SCE superior a 5000 ou que representem pelo menos 10 % do número total de votos podem solicitar a inscrição de um ou mais novos pontos na ordem de trabalhos de uma assembleia geral. Os estatutos podem fixar percentagens inferiores.

Artigo 58.°
Participação e representação

1. Todos os membros estão habilitados a intervir e a votar nas assembleias gerais sobre os pontos inscritos na ordem de trabalhos.

2. Os membros dos órgãos da SCE e os detentores de títulos com excepção de acções e obrigações na acepção do artigo 64.°, e, quando os estatutos o permitam, qualquer outra pessoa habilitada pela lei do Estado da sede da SCE, podem assistir à assembleia sem direito de voto.

3. As pessoas com direito de voto podem fazer-se representar na assembleia geral por um mandatário, segundo as regras previstas nos estatutos.

Os estatutos fixam o número máximo de procurações que um mandatário pode receber.

4. Os estatutos podem admitir o voto por correspondência ou electrónico, fixando então as regras respectivas.

Artigo 59.°
Direito de voto

1. Cada membro da SCE tem direito a um voto, independentemente do número de acções que detenha.

2. Se a legislação do Estado-Membro da sede da SCE o permitir, os estatutos podem prever que seja atribuído a um membro um número de votos determinado pela sua participação na actividade cooperativa e não pela sua contribuição para o capital. Essa atribuição não deve exceder cinco votos por membro ou 30 % do número total de direitos de voto, consoante o que for inferior.

Se a legislação do Estado-Membro da sede da SCE o permitir, as SCE envolvidas em actividades financeiras ou de seguros podem prever nos seus estatutos que o número de votos seja determinado pela participação dos membros na actividade cooperativa, incluindo a sua participação no capital da SCE. Essa atribuição não deve exceder cinco votos por membro ou 20 % do número total de direitos de voto, se este número for inferior.

Nas SCE em que a maioria dos membros sejam cooperativas, se a legislação do Estado-Membro da sede da SCE o permitir, os estatutos podem prever que o número de votos seja determinado de acordo com a participação dos membros na actividade cooperativa, incluindo a sua participação no capital da SCE e/ou pelo número de membros de cada entidade constitutiva.

3. Quanto aos direitos de voto que os estatutos podem atribuir aos membros não utilizadores (investidores), a SCE regula-se pelo direito do Estado-Membro da sua sede. No entanto, não podem ser atribuídos ao conjunto dos membros não utilizadores (investidores) mais de 25 % da totalidade dos direitos de voto.

4. Se, à data de entrada em vigor do presente regulamento, a legislação do Estado-Membro da sede da SCE o permitir, os estatutos da SCE podem prever a participação dos representantes dos trabalhadores nas assembleias gerais ou nas assembleias de secção ou sectoriais, desde que o conjunto dos representantes dos trabalhadores não controle mais de 15 % da totalidade dos direitos de voto. Esses direitos deixam de ser aplicáveis logo que a sede da SCE seja transferida para um Estado-Membro cuja legislação não preveja essa participação.

Artigo 60.°
Direito de informação

1. Os membros que o solicitem em reunião da assembleia geral têm o direito de obter do órgão de direcção ou do órgão de administração informações acerca das actividades da SCE relacionadas com os assuntos sobre os quais a assembleia geral pode deliberar nos termos do n.° 1 do artigo 61.° Na medida do possível, as informações são prestadas na assembleia geral em questão.

2. O órgão de direcção ou o órgão de administração só podem recusar a comunicação de uma informação se esta for:

– susceptível de prejudicar gravemente a SCE,

– incompatível com uma obrigação legal de sigilo.

3. Sempre que a informação for recusada a um membro, este poderá solicitar que o seu pedido e o motivo da recusa sejam exarados na acta da assembleia geral.

4. Nos dez dias que precedem a assembleia geral convocada para se pronunciar sobre o encerramento do exercício, os membros podem analisar o balanço, a conta de ganhos e perdas e respectivo anexo, o relatório de gestão, as conclusões da revisão das contas efectuada pela pessoa responsável e, quando se trate de uma empresa-mãe na acepção da Directiva 83/349/CEE, as contas consolidadas.

Artigo 61.°
Deliberações

1. A assembleia geral pode aprovar resoluções sobre pontos inscritos na sua ordem de trabalhos. A assembleia geral pode também debater e aprovar resoluções sobre pontos inscritos na ordem de trabalhos da assembleia por uma minoria de membros nos termos do artigo 57.°.

2. A assembleia geral delibera por maioria dos votos validamente expressos pelos membros presentes ou representados.

3. Os estatutos prevêem as regras de quorum e de maioria aplicáveis às assembleias gerais.

Quando os estatutos prevejam a possibilidade de a SCE admitir membros investidores (não utilizadores), ou de atribuir votos segundo a contribuição para o capital em SCE envolvidas em actividades financeiras ou de seguros, os estatutos devem igualmente estabelecer requisitos específicos de quorum relativamente aos membros que não os membros investidores (não utilizadores) ou os membros que possuem direitos de voto segundo a contribuição para o capital em SCE envolvidas em actividades financeiras ou de seguros. Os Estados-Membros são livres de fixar o nível mínimo desses requisitos específicos de quorum para as SCE que tenham sede no seu território.

4. Uma assembleia geral só pode alterar os estatutos em primeira convocação, se os membros presentes ou representados representarem pelo menos metade do número total

dos membros à data da convocação; em segunda convocação para a mesma ordem de trabalhos, não é exigido quorum.

Nos casos referidos no primeiro parágrafo, a assembleia geral delibera por maioria de dois terços dos votos validamente expressos, excepto se a legislação aplicável às cooperativas do Estado-Membro da sede da SCE exigir uma maioria mais elevada.

Artigo 62.°
Acta

1. Deve ser lavrada acta de cada assembleia geral. Da acta devem constar pelo menos as seguintes informações:

- o local e a data da reunião,
- as resoluções aprovadas,
- o resultado das votações.

2. A folha de presenças, os documentos relativos à convocação da assembleia geral e os relatórios submetidos à apreciação dos membros sobre os pontos da ordem de trabalhos devem ser anexados à acta.

3. A acta e os documentos anexos devem ser conservados durante pelo menos cinco anos. A cópia da acta e dos documentos anexos pode ser obtida por qualquer membro, mediante pedido e contra reembolso dos custos administrativos.

4. A acta é assinada pelo presidente da assembleia geral.

Artigo 63.°
Assembleias sectoriais ou de secção

1. Sempre que a SCE exerça diferentes actividades ou actividades em mais de uma unidade territorial, ou possua vários estabelecimentos ou mais de 500 membros, os seus estatutos podem prever a realização de assembleias sectoriais ou de secção, se a legislação do Estado-Membro em causa o permitir. Os estatutos determinam a repartição em sectores ou secções e o respectivo número de delegados.

2. As assembleias sectoriais ou de secção elegem os seus delegados por um período máximo de quatro anos, salvo em caso de destituição antecipada. Os delegados eleitos constituem a assembleia geral da SCE e nela representam o respectivo sector ou secção, ao qual devem comunicar os resultados da assembleia geral. As disposições da secção 4 do capítulo III são aplicáveis aos trabalhos das assembleias sectoriais e de secção.

CAPÍTULO IV
EMISSÃO DE ACÇÕES QUE CONFIRAM VANTAGENS ESPECIAIS

Artigo 64.°
Títulos com excepção de acções e de obrigações com vantagens especiais

1. Os estatutos da SCE podem prever a criação de títulos com excepção de acções, ou de obrigações que não confiram direitos de voto ao seu detentor. Estes títulos podem ser subscritos por membros ou por não membros. A sua aquisição não confere a qualidade de membro. As formas de reembolso são igualmente definidas nos estatutos.

2. Os detentores dos títulos ou obrigações mencionados no n.° 1 podem beneficiar de vantagens especiais segundo os estatutos ou as condições fixadas no momento da emissão desses títulos ou obrigações.

3. O montante nominal total dos títulos ou obrigações mencionados no n.° 1 não pode exceder o montante fixado nos estatutos.

4. Sem prejuízo do direito de assistir à assembleia geral previsto no n.° 2 do artigo 58.°, os estatutos podem prever a realização de assembleias especiais de detentores dos títulos ou obrigações mencionados no n.° 1. Antes de qualquer deliberação da assembleia geral em relação aos direitos e interesses dos detentores desses títulos ou obrigações, a assembleia especial pode dar parecer que deve ser levado ao conhecimento da assembleia geral pelos mandatários nomeados pela assembleia especial.

O parecer a que se refere o primeiro parágrafo é exarado na acta da assembleia geral.

CAPÍTULO V
DISTRIBUIÇÃO DE EXCEDENTES

Artigo 65.°
Reserva legal

1. Sem prejuízo das disposições obrigatórias previstas nas legislações nacionais, os estatutos determinam as regras de distribuição do excedente do exercício.

2. Os estatutos devem prever que, quando se verifique esse excedente, se proceda, antes de qualquer outra afectação, à constituição de uma reserva legal por reversão do excedente.

Enquanto essa reserva não atingir o montante do capital considerado no n.° 2 do artigo 3.°, a reversão efectuada a seu favor não pode ser inferior a 15 % do excedente para o exercício em questão após dedução de quaisquer perdas transitadas.

3. Os membros cessantes da SCE não têm qualquer direito aos montantes que deste modo tenham revertido para a reserva legal.

Artigo 66.°
Dividendos

Os estatutos podem prever o pagamento de dividendos aos membros, na proporção das operações por eles realizadas com a SCE ou dos serviços prestados a esta última.

Artigo 67.°
Afectação do excedente disponível

1. O saldo dos excedentes disponíveis após a dotação para a reserva legal, eventualmente deduzido dos montantes dos reembolsos e das perdas transitadas e acrescido dos excedentes transitados e dos montantes retirados das reservas, constitui o resultado susceptível de distribuição.

2. A assembleia geral convocada para deliberar sobre as contas do exercício tem a faculdade de distribuir o excedente pela ordem e na proporção determinadas nos estatutos e, nomeadamente:

- a transitá-lo para o exercício seguinte,
- a atribuí-lo a quaisquer fundos de reserva legais ou estatutários,
- a consigná-lo à remuneração dos capitais realizados e dos capitais equiparados, podendo o pagamento ser efectuado em numerário ou através da atribuição de acções.

3. Os estatutos podem igualmente excluir qualquer distribuição.

CAPÍTULO VI
CONTAS ANUAIS E CONTAS CONSOLIDADAS

Artigo 68.°
Elaboração das contas anuais e consolidadas

1. A SCE fica sujeita, no que diz respeito à elaboração das contas anuais e, se for caso disso, das contas consolidadas, incluindo o relatório de gestão que as acompanha, à sua fiscalização e à sua publicidade, às disposições da legislação do Estado-Membro da sua sede, adoptadas em execução das Directivas 78/660/CEE e 83/349/CEE. Todavia, os Estados-Membros podem prever alterações às disposições nacionais de aplicação destas directivas para ter em conta as especificidades das cooperativas.

2. Quando uma SCE não estiver sujeita, pela legislação do Estado-Membro em que a SCE tem a sua sede, a uma obrigação de publicidade análoga à prevista no artigo 3.° da Directiva 68/151/CEE, a SCE deve, pelo menos, manter os documentos relativos às contas anuais à disposição do público na sua sede. Deve ser possível obter uma cópia desses documentos mediante pedido. O preço exigido por essa cópia não pode exceder o seu custo administrativo.

3. A SCE deve elaborar as suas contas anuais e, se for caso disso, as suas contas consolidadas, na moeda nacional. Uma SCE cuja sede esteja situada fora da zona euro pode também exprimir as suas contas anuais e, se for caso disso, as suas contas consolidadas, em euros. Neste caso, do anexo às contas devem constar as bases de conversão utilizadas para exprimir em euros os elementos contidos nas contas que estejam ou tenham estado originalmente expressos noutra moeda.

Artigo 69.°
Contas das SCE com actividades de crédito ou financeiras

1. As SCE que sejam instituições de crédito ou instituições financeiras estão sujeitas, no que diz respeito à elaboração das contas anuais e, se for caso disso, das contas consolidadas, incluindo o relatório de gestão que as acompanha, à sua fiscalização e à sua publicidade, às regras previstas no direito interno do Estado-Membro da sede, em execução das directivas relativas ao acesso à actividade das instituições de crédito e ao seu exercício.

2. As SCE que sejam empresas de seguros estão sujeitas, no que respeita à elaboração das contas anuais e, se for caso disso, das contas consolidadas, incluindo o relatório de gestão que as acompanha, bem como à sua fiscalização e publicidade, às regras previstas no direito interno do Estado-Membro da sede em execução de directivas.

Artigo 70.°
Revisão legal das contas

A revisão legal das contas anuais e, se for caso disso, das contas consolidadas da SCE é efectuada por uma ou mais pessoas autorizadas para o efeito no Estado-Membro em que a SCE tem a sua sede, nos termos das disposições adoptadas por esse Estado em execução das Directivas 84/253/CEE e 89/48/CEE.

Artigo 71.°
Sistema de revisão e de controlo

Se a legislação de um Estado-Membro tornar obrigatória a adesão de todas as cooperativas, ou de um certo tipo delas, abrangidas pela legislação desse Estado a um organismo externo legalmente habilitado e a sujeição a um sistema específico de revisão e de controlo exercido por esse organismo, essas disposições serão legalmente aplicáveis às SCE cuja sede social esteja situada nesse Estado-Membro, desde que o organismo em causa cumpra os requisitos da Directiva 84/253/CEE.

CAPÍTULO VII
DISSOLUÇÃO, LIQUIDAÇÃO, FALÊNCIA E CESSAÇÃO DE PAGAMENTOS

Artigo 72.°
Dissolução, falência e processos análogos

No que se refere à dissolução, liquidação, falência, cessação de pagamentos e processos análogos, a SCE está sujeita às disposições legais que sejam aplicáveis a uma cooperativa constituída segundo o direito do Estado-Membro da sede da SCE, incluindo as disposições relativas à tomada de decisões pela assembleia geral.

Artigo 73.°
Dissolução judicial ou por outra autoridade competente do Estado-Membro da sede da SCE

1. A pedido de qualquer interessado legítimo ou de uma autoridade competente, o tribunal ou a autoridade administrativa competente do Estado-Membro da sede da SCE deve pronunciar a dissolução desta, se verificar uma violação do n.° 1 do artigo 2.° e/ou do n.° 2 do artigo 3.° e nos casos abrangidos pelo artigo 34.°.

O tribunal ou a autoridade administrativa competente pode contudo conceder à SCE um prazo para regularizar a sua situação. Se a regularização não for efectuada no decurso desse prazo, o tribunal ou a autoridade administrativa competente pronunciará a sua dissolução.

2. Sempre que uma SCE deixar de cumprir a obrigação estabelecida no artigo 6.°, o Estado-Membro da sede adopta as medidas necessárias para obrigar esta a regularizar a situação num prazo determinado:

- restabelecendo a sua administração central no Estado-Membro da sede, ou
- procedendo à transferência da sede pelo processo previsto no artigo 7.°.

3. O Estado-Membro da sede da SCE adopta as medidas necessárias para assegurar a liquidação de uma SCE que não proceda à regularização da sua situação nos termos do n.° 2.

4. O Estado-Membro da sede da SCE interpõe um recurso judicial ou outro recurso adequado contra todas as infracções verificadas ao artigo 7.°. Esse recurso tem efeito suspensivo sobre os procedimentos referidos nos n.°s 2 e 3.

5. Sempre que se verificar, por iniciativa das autoridades ou de qualquer outra parte interessada, que uma SCE tem a sua administração central no território de um Estado-Membro em infracção ao artigo 6.°, as autoridades desse Estado-Membro informam imediatamente desse facto o Estado-Membro da sede da SCE.

Artigo 74.°
Publicação da dissolução

A abertura de um processo de dissolução, incluindo a dissolução voluntária, liquidação, falência ou cessação de pagamentos, bem como o seu encerramento e a decisão de continuação da actividade, estão sujeitas a publicidade nos termos do artigo 12.°, sem prejuízo das disposições de direito interno que imponham medidas de publicidade adicionais.

Artigo 75.°
Partilha do património

O património líquido é partilhado em função do princípio de partilha desinteressada ou, quando a legislação do Estado-Membro da sede da SCE o permita, de acordo com uma disposição alternativa estabelecida nos estatutos da SCE. Para efeitos do presente artigo, o património líquido compreende os activos residuais após pagamento de todas as verbas devidas aos credores e reembolso das contribuições em capital dos membros.

Artigo 76.°
Transformação em cooperativa

1. A SCE pode ser transformada em cooperativa regulada pelo direito do Estado-Membro da sua sede. A decisão de transformação não pode ser tomada antes de decorridos dois anos a contar da data do registo nem antes da aprovação das duas primeiras contas anuais.

2. A transformação de uma SCE em cooperativa não dá lugar à dissolução nem à criação de uma nova pessoa colectiva.

3. O órgão de direcção ou de administração da SCE deve elaborar um projecto de transformação e um relatório que explique e justifique os aspectos jurídicos e económicos da transformação, bem como os seus efeitos sobre o emprego, e assinale as consequências da adopção da forma de cooperativa para os membros e para os detentores das acções referidas no artigo 14.° e para os trabalhadores.

4. O projecto de transformação está sujeito a publicidade, segundo a legislação de cada Estado-Membro, pelo menos um mês antes da data da reunião da assembleia geral chamada a pronunciar-se sobre a transformação.

5. Antes da assembleia geral referida no n.° 6, um ou mais peritos independentes designados ou aprovados, segundo as disposições nacionais, por uma autoridade judicial ou administrativa do Estado-Membro de que depende a SCE que se transforma em cooperativa, certificam que esta dispõe de activos correspondentes pelo menos ao capital.

6. A assembleia geral da SCE aprova o projecto de transformação e os estatutos da cooperativa. A decisão da assembleia geral deve ser tomada nas condições previstas nas disposições nacionais.

CAPÍTULO VIII
DISPOSIÇÕES COMPLEMENTARES E TRANSITÓRIAS

Artigo 77.°
União Económica e Monetária

1. Cada Estado-Membro pode, se e enquanto a terceira fase da União Económica e Monetária (UEM) não lhe for aplicável, aplicar às SCE com sede no seu território as mesmas disposições que aplica às cooperativas ou às sociedades anónimas de responsabilidade limitada reguladas pelo seu direito no que se refere à expressão do respectivo capital. A SCE pode, de qualquer forma, expressar o seu capital igualmente em euros. Nesse caso, a taxa de conversão entre a moeda nacional e o euro será a do último dia do mês anterior à constituição da SCE.

2. Se e enquanto a terceira fase da UEM não for aplicável ao Estado-Membro da sede da SCE, esta pode, todavia, elaborar e publicar as suas contas anuais e, se for caso disso, as suas contas consolidadas em euros. O Estado-Membro pode exigir que as contas anuais e, se for caso disso, as contas consolidadas da SCE sejam elaboradas e publicadas na moeda nacional, nas mesmas condições que as previstas para as cooperativas e as sociedades anónimas de responsabilidade limitada reguladas pelo direito desse Estado-Membro. Esta disposição não prejudica a possibilidade adicional de a SCE publicar as suas contas anuais e, se for caso disso, as suas contas consolidadas, em euros, nos termos da Directiva 90/604/CEE do Conselho, de 8 de Novembro de 1990, que altera a Directiva 78/660/CEE, relativa às contas anuais, e a Directiva 83/349/CEE, relativa às contas consolidadas, no que se refere às derrogações a favor das pequenas e médias sociedades, bem como à publicação das contas em ecus [20].

([20]) JO L 317 de 16.11.1990, p. 57.

CAPÍTULO IX
DISPOSIÇÕES FINAIS

Artigo 78.°
Disposições nacionais de aplicação

1. Os Estados-Membros tomam as disposições adequadas para garantir a aplicação efectiva do presente regulamento.

2. Cada Estado-Membro designa as autoridades competentes na acepção dos artigos 7.°, 21.°, 29.°, 30.°, 54.° e 73.° e informa desse facto a Comissão e os outros Estados-Membros.

Artigo 79.°
Revisão do regulamento

O mais tardar cinco anos a contar da data de entrada em vigor do presente regulamento, a Comissão apresenta ao Parlamento Europeu e ao Conselho um relatório sobre a sua aplicação e eventuais propostas de alteração. Esse relatório analisará, nomeadamente, a conveniência das seguintes alterações:

a) Possibilidade de a administração central e a sede de uma SCE se situarem em Estados-Membros diferentes;

b) Possibilidade de um Estado-Membro autorizar, na legislação por ele adoptada ao abrigo das competências atribuídas pelo presente regulamento ou para assegurar a sua aplicação efectiva, a inserção nos estatutos de uma SCE de disposições em derrogação dessa legislação ou que a completem, mesmo que esse tipo de disposições não seja autorizado nos estatutos de uma cooperativa com sede nesse Estado-Membro;

c) Possibilidade de prever disposições que permitam a cisão da SCE em duas ou mais cooperativas nacionais;

d) Possibilidade de prever instrumentos jurídicos específicos em caso de fraude ou de erro no registo da SCE estabelecida por meio de fusão.

Artigo 80.°
Entrada em vigor

O presente regulamento entra em vigor no terceiro dia seguinte ao da sua publicação no Jornal Oficial da União Europeia.

O presente regulamento é aplicável a partir de 18 de Agosto de 2006.

O presente regulamento é obrigatório em todos os seus elementos e directamente aplicável em todos os Estados-Membros.

Feito em Bruxelas, em 22 de Julho de 2003.

Pelo Conselho
O Presidente

G. ALEMANNO

250. Texto da Directriz n.° 2003/72, de 22 de Julho

DIRECTIVA 2003/72/CE DO CONSELHO

de 22 de Julho de 2003

que completa o estatuto da sociedade cooperativa europeia no que respeita ao envolvimento dos trabalhadores

O CONSELHO DA UNIÃO EUROPEIA,

Tendo em conta o Tratado que institui a Comunidade Europeia e, nomeadamente, o seu artigo 308.°,

Tendo em conta a proposta alterada da Comissão [(1)],

Tendo em conta o parecer do Parlamento Europeu [(2)],

Tendo em conta o parecer do Comité Económico e Social Europeu [(3)],

(1) JO C 236 de 31.8.1993, p. 36.
(2) JO C 42 de 15.2.1993, p. 75.
(3) JO C 223 de 31.8.1992, p. 42.

Considerando o seguinte:

(1) Para atingir os objectivos do Tratado, o Regulamento (CE) n.° 1435/2003 do Conselho [(4)] criou o relativo ao estatuto da sociedade cooperativa europeia (SCE).

(4) Ver página 1 do presente Jornal Oficial.

(2) O referido regulamento visa criar um quadro jurídico uniforme dentro do qual as cooperativas e outras entidades e pessoas singulares dos diferentes Estados-Membros possam planear e efectuar a reorganização das suas actividades, sob a forma cooperativa, a nível comunitário.

(3) Para promover os objectivos sociais da Comunidade, é necessário estabelecer disposições específicas, nomeadamente no domínio do envolvimento dos trabalhadores, a fim de garantir que a constituição de uma SCE não conduza à abolição ou à redução das práticas de envolvimento dos trabalhadores existentes nas entidades participantes na constituição de uma SCE. Este objectivo deve ser prosseguido através do estabelecimento de um conjunto de normas neste domínio que completem as disposições do Regulamento (CE) n.° 1435/2003.

(4) Como os objectivos da acção proposta, acima esboçados, não podem ser suficientemente alcançados pelos Estados-Membros, na medida em que está em causa o estabelecimento de um conjunto de normas sobre o envolvimento dos trabalhadores aplicáveis às SCE, podendo por isso, e em virtude da dimensão e do impacto da acção

proposta, ser melhor alcançados ao nível comunitário, a Comunidade pode adoptar medidas, de acordo com o princípio da subsidiariedade previsto no artigo 5.° do Tratado. Segundo o princípio da proporcionalidade, previsto nesse mesmo artigo, a presente directiva não excede o necessário para atingir aqueles objectivos.

(5) A grande diversidade das regulamentações e práticas existentes nos Estados-Membros no que se refere ao modo de participação dos representantes dos trabalhadores no processo de decisão das cooperativas desaconselha a elaboração de um modelo europeu único de envolvimento dos trabalhadores aplicável às SCE.

(6) Os procedimentos de informação e consulta a nível transnacional devem ser assegurados em todos os casos de constituição de uma SCE, com a necessária adaptação em relação às SCE criadas ex novo sempre que a sua dimensão, em termos de emprego, o justifique.

(7) Sempre que se verifique a existência de direitos de participação numa ou mais entidades constituintes de uma SCE, estes devem, em princípio, ser mantidos através da sua transferência para a SCE, uma vez constituída, excepto se as partes decidirem em contrário.

(8) Os procedimentos concretos de informação e consulta transnacionais dos trabalhadores, assim como, eventualmente, de participação, aplicáveis a cada SCE devem, em primeiro lugar, ser definidos através de um acordo entre as partes envolvidas ou, na sua falta, através da aplicação de um conjunto de normas supletivas.

(9) Deve ser dada aos Estados-Membros a possibilidade de não aplicarem as disposições supletivas relativas à participação em caso de fusão, atendendo à diversidade dos sistemas nacionais de envolvimento dos trabalhadores. A preservação dos sistemas e práticas de participação eventualmente existentes ao nível das entidades participantes deve ser, neste caso, assegurada mediante a adaptação das regras de registo.

(10) As regras de votação no órgão especial de representação dos trabalhadores nos processos de negociação, em especial aquando da celebração de acordos que prevejam um nível de participação inferior ao existente em uma ou mais entidades participantes, devem ser proporcionais ao risco de desaparecimento ou de redução dos sistemas e das práticas de participação existentes. Este risco é maior no caso de uma SCE constituída através de transformação ou fusão do que através da criação ex novo de uma SCE.

(11) Na falta de um acordo subsequente às negociações entre os representantes dos trabalhadores e os órgãos competentes das entidades participantes, é conveniente prever determinadas disposições supletivas aplicáveis à SCE desde a sua constituição. Estas disposições supletivas devem assegurar práticas eficazes de informação e consulta dos trabalhadores a nível transnacional, assim como a sua participação nos órgãos relevantes da SCE, sempre que essa participação tenha existido antes da constituição desta, nas entidades participantes.

(12) Quando não se justifique a aplicação dos procedimentos acima referidos às entidades participantes na criação ex novo de uma SCE devido à dimensão reduzida destas em termos de emprego, a SCE deverá ficar submetida à legislação nacional sobre envol-

vimento dos trabalhadores, em vigor no Estado-Membro da sede ou nos Estados-Membros onde possui filiais ou estabelecimentos. Tal não prejudica a obrigação que incumbe a uma SCE já constituída de pôr em prática esses procedimentos se um número significativo de trabalhadores o solicitar.

(13) Deverão aplicar-se disposições específicas à participação dos trabalhadores nas assembleias gerais, na medida em que a legislação nacional o permita. A aplicação destas disposições não exclui outras formas de participação, como previsto na presente directiva.

(14) Os Estados-Membros deverão garantir, mediante disposições adequadas que, em caso de modificações estruturais subsequentes à criação de uma SCE, o regime de envolvimento dos trabalhadores possa ser renegociado, se necessário.

(15) É necessário prever disposições para que os representantes dos trabalhadores gozem, no exercício das suas funções e no âmbito da presente directiva, da mesma protecção e garantias já concedidas aos representantes dos trabalhadores ao abrigo da legislação e/ou prática do país em que estejam empregados. Os representantes dos trabalhadores não devem estar sujeitos a qualquer tipo de discriminação, incluindo o assédio, em consequência do exercício legal das suas actividades e devem gozar de protecção adequada contra o despedimento e outras sanções.

(16) Deve preservar-se a confidencialidade de informações sensíveis, mesmo após o termo dos mandatos dos representantes dos trabalhadores, sendo necessário prever que o órgão competente da SCE possa reter informações susceptíveis, em caso de divulgação pública, de prejudicar gravemente o funcionamento desta.

(17) Quando uma SCE e as suas filiais e estabelecimentos estejam abrangidos pela Directiva 94/45/CE do Conselho, de 22 de Setembro de 1994, relativa à instituição de um conselho de empresa europeu ou de um procedimento de informação e consulta dos trabalhadores nas empresas ou grupos de empresas de dimensão comunitária [5], as disposições da referida directiva e as disposições que a transpõem para o direito nacional não devem ser aplicáveis à SCE nem às suas filiais e estabelecimentos, excepto se o órgão especial de negociação decidir não iniciar negociações ou concluir as negociações em curso.

---

(5) JO L 254 de 30.9.1994, p. 64. Directiva alterada pela Directiva 97/74/CE (JO L 10 de 16.1.1998, p. 22).

(18) A presente directiva não deve afectar outros direitos de envolvimento existentes nem outras estruturas de representação existentes previstas na legislação e nas práticas comunitárias e nacionais.

(19) Os Estados-Membros devem tomar as medidas adequadas em caso de incumprimento das obrigações previstas na presente directiva.

(20) O Tratado não prevê os poderes necessários para a Comunidade adoptar a presente directiva para além dos previstos no artigo 308.°

(21) A garantia dos direitos adquiridos dos trabalhadores quanto ao seu envolvimento nas decisões das sociedades é um princípio fundamental e o objectivo declarado da pre-

sente directiva. Os direitos dos trabalhadores anteriores à constituição da SCE constituem um ponto de partida para a definição dos seus direitos em matéria de envolvimento na SCE (princípio do "antes e depois"). Esta abordagem é, pois, aplicável não só à criação de uma SCE, mas também às mudanças estruturais de uma SCE já constituída e às entidades afectadas pelos processos de mudanças estruturais. Por conseguinte, em caso de transferência da sede de uma SCE de um Estado-Membro para outro, deverão continuar a aplicar-se direitos em matéria de envolvimento dos trabalhadores de nível pelo menos equivalente. Além disso, se o limiar relativo ao envolvimento dos trabalhadores for alcançado ou excedido depois do registo de uma SCE, esses direitos deverão aplicar-se tal como teriam sido aplicados se o limiar tivesse sido alcançado ou excedido antes do registo.

(22) Os Estados-Membros poderão prever que os representantes dos sindicatos possam ser membros de um grupo especial de negociação, independentemente de serem empregados de uma entidade participante na constituição de uma SCE. Neste contexto, os Estados-Membros devem, em particular, ter a faculdade de instituir esse direito nos casos em que os representantes dos sindicatos tenham o direito de ser membros dos órgãos de fiscalização ou de administração da sociedade, e de neles votar, de acordo com a legislação nacional.

(23) Em vários Estados-Membros, o envolvimento dos trabalhadores e outros aspectos das relações entre parceiros sociais baseiam-se na legislação e práticas nacionais que, neste contexto, se entendem como abrangendo também os acordos colectivos a vários níveis, nacional, sectorial e/ou da sociedade,

ADOPTOU A PRESENTE DIRECTIVA:

SECÇÃO I
DISPOSIÇÕES GERAIS

Artigo 1.°
Objectivo

1. A presente directiva regula o envolvimento dos trabalhadores nas actividades das sociedades cooperativas europeias, a seguir designadas por "SCE", a que se refere o Regulamento (CE) n.° 1435/2003.

2. Para o efeito, é instituído em cada SCE um regime de envolvimento dos trabalhadores, de acordo com o procedimento de negociação previsto nos artigos 3.° a 6.° ou, nas circunstâncias definidas nos artigos 7.° e 8.°, de acordo com o anexo.

Artigo 2.°
Definições

Para efeitos da presente directiva, entende-se por:

a) "SCE", uma sociedade cooperativa constituída nos termos do Regulamento (CE) n.° 1435/2003;

b) "Entidades jurídicas participantes", as sociedades na acepção do segundo parágrafo do artigo 48.° do Tratado, incluindo as cooperativas, bem como as entidades jurídicas constituídas segundo a legislação de um Estado-Membro e por ela reguladas que participem directamente na constituição de uma SCE;

c) "Filial" de uma entidade jurídica participante ou de uma SCE, uma empresa sobre a qual essa entidade jurídica ou SCE exerce uma influência dominante, na acepção dos n.°s 2 a 7 do artigo 3.° da Directiva 94/45/CE;

d) "Filial ou estabelecimento interessado", uma filial ou um estabelecimento de uma entidade jurídica participante, que passaria a ser uma filial ou um estabelecimento da SCE a partir do momento da constituição desta;

e) "Representantes dos trabalhadores", os representantes dos trabalhadores previstos nas legislações e/ou práticas nacionais;

f) "Órgão de representação", o órgão de representação dos trabalhadores constituído por força dos acordos referidos no artigo 4.° ou nos termos do anexo, com o objectivo de informar e consultar os trabalhadores da SCE e das suas filiais e estabelecimentos situados na Comunidade, bem como, se for caso disso, de exercer direitos de participação ligados à SCE;

g) "Grupo especial de negociação", o grupo constituído nos termos do artigo 3.° para negociar com o órgão competente das entidades jurídicas participantes a instituição de um regime de envolvimento dos trabalhadores na SCE;

h) "Envolvimento dos trabalhadores", qualquer mecanismo, incluindo a informação, a consulta e a participação, através do qual os representantes dos trabalhadores possam influir nas decisões a tomar no âmbito de uma empresa;

i) "Informação", o facto de o órgão de representação dos trabalhadores e/ou os representantes dos trabalhadores serem informados, pelo órgão competente da SCE, sobre questões que dizem respeito à própria SCE ou a qualquer das suas filiais ou estabelecimentos situados noutro Estado-Membro ou sobre questões que excedam os poderes dos órgãos de decisão num Estado-Membro, efectuando-se essa informação num momento, de uma maneira e com um conteúdo tais que permitam aos representantes dos trabalhadores proceder a uma análise aprofundada das suas eventuais incidências e, se for caso disso, preparar consultas com o órgão competente da SCE;

j) "Consulta", o estabelecimento de diálogo e do intercâmbio de opiniões entre o órgão de representação dos trabalhadores e/ou os representantes dos trabalhadores e o órgão competente da SCE, num momento, de uma maneira e com um conteúdo tais que permitam aos representantes dos trabalhadores formular, com base nas informações facultadas, um parecer sobre as medidas previstas pelo órgão competente, que possa ser tomado em consideração no processo de decisão no âmbito da SCE;

k) "Participação", a influência exercida pelo órgão de representação dos trabalhadores e/ou pelos representantes dos trabalhadores nas actividades de uma entidade jurídica, através:

- do direito de eleger ou designar alguns dos membros do órgão de fiscalização ou de administração da entidade jurídica, ou
- do direito de recomendar e/ou rejeitar a designação de alguns ou todos os membros do órgão de fiscalização ou de administração da entidade jurídica.

SECÇÃO II
PROCEDIMENTO DE NEGOCIAÇÃO APLICÁVEL ÀS SCE CONSTITUÍDAS, NO MÍNIMO, POR DUAS ENTIDADES JURÍDICAS OU POR TRANSFORMAÇÃO

Artigo 3.°
Constituição de um grupo especial de negociação

1. Ao estabelecerem o projecto de constituição de uma SCE, os órgãos de direcção ou de administração das entidades jurídicas participantes tomam, o mais rapidamente possível, as medidas necessárias, incluindo a prestação de informações sobre a identidade das entidades jurídicas participantes e das filiais ou dos estabelecimentos, bem como o número dos seus trabalhadores, para iniciar as negociações com os representantes dos trabalhadores daquelas entidades jurídicas sobre o regime de envolvimento dos trabalhadores na SCE.

2. Para o efeito, será constituído um grupo especial de negociação representativo dos trabalhadores das entidades jurídicas participantes e das filiais ou dos estabelecimentos interessados, de acordo com as seguintes disposições:

a) Aquando da eleição ou designação dos membros do grupo especial de negociação, deve assegurar-se que:

i) esses membros sejam eleitos ou designados em número proporcional ao número de trabalhadores empregados em cada Estado-Membro pelas entidades jurídicas participantes e pelas filiais ou estabelecimentos interessados, sendo atribuído, relativamente a cada Estado-Membro, um lugar por cada fracção de trabalhadores empregados nesse Estado-Membro correspondente a 10 %, ou a uma fracção desta percentagem, do número de trabalhadores empregados em todos os Estados-Membros considerados no seu conjunto,

ii) no caso de uma SCE constituída por meio de fusão, haja tantos membros suplementares por cada Estado-Membro quantos forem necessários para assegurar que o grupo especial de negociação inclua, pelo menos, um membro que represente cada cooperativa participante registada que tenha trabalhadores nesse Estado-Membro e que, segundo o projecto, deixará de existir enquanto entidade jurídica autónoma após o registo da SCE, desde que:

- o número desses membros suplementares não seja superior a 20 % do total de membros designados nos termos da subalínea i), e

- a composição do grupo especial de negociação não tenha como consequência uma dupla representação dos trabalhadores em questão.

Se o número dessas cooperativas for superior ao número de lugares suplementares disponíveis nos termos do primeiro parágrafo, esses lugares suplementares serão atribuídos a cooperativas em diferentes Estados-Membros por ordem decrescente do número de trabalhadores que empregam;

b) Os Estados-Membros determinam o modo de eleição ou de designação dos membros do grupo especial de negociação a eleger ou designar no seu território e tomam as medidas necessárias para assegurar que, na medida do possível, entre os membros do grupo se conte, pelo menos, um representante de cada entidade jurídica participante que tenha trabalhadores no Estado-Membro em causa. Essas medidas não devem ter por efeito o aumento do número global de membros. Os métodos utilizados para designar, nomear ou eleger representantes dos trabalhadores devem procurar promover o equilíbrio entre os sexos.

Os Estados-Membros podem prever que entre os membros do grupo se possam igualmente contar representantes dos sindicatos, independentemente de serem ou não trabalhadores de uma entidade jurídica participante ou de uma filial ou estabelecimento interessado.

Sem prejuízo das legislações e/ou práticas nacionais que prevêem limiares para a constituição de um órgão de representação, os Estados-Membros devem prever que os trabalhadores das empresas ou estabelecimentos em que não existam representantes dos trabalhadores por motivos alheios à vontade destes tenham o direito de eleger ou designar membros do grupo especial de negociação.

3. O grupo especial de negociação e os órgãos competentes das entidades jurídicas participantes definem, por acordo escrito, o regime de envolvimento dos trabalhadores na SCE.

Para o efeito, o órgão competente das entidades jurídicas participantes informa o grupo especial de negociação acerca do projecto e do andamento do processo de constituição da SCE até ao registo desta.

4. Sob reserva do n.° 6, o grupo especial de negociação decide por maioria absoluta dos seus membros, desde que essa maioria represente também a maioria absoluta dos trabalhadores. Cada membro dispõe de um voto. Contudo, se o resultado das negociações conduzir a uma redução dos direitos de participação, a maioria exigida para a tomada de uma decisão que aprove esse acordo será constituída pelos votos de dois terços dos membros do grupo especial de negociação que representem, pelo menos, dois terços dos trabalhadores, incluindo os votos de membros que representem trabalhadores empregados em dois Estados-Membros, no mínimo,

- no caso de uma SCE a constituir por meio de fusão, se a participação abranger, no mínimo, 25 % do número total de trabalhadores das cooperativas participantes, ou
- no caso de uma SCE constituída por qualquer outro meio, se a participação abranger, no mínimo, 50 % do número total de trabalhadores das entidades jurídicas participantes.

Considera-se que existe uma redução dos direitos de participação se a proporção de membros dos órgãos da SCE, na acepção da alínea k) do artigo 2.°, for inferior à proporção mais elevada aplicável nas entidades jurídicas participantes.

5. Para efeitos das negociações, o grupo especial de negociação pode solicitar que peritos da sua escolha, por exemplo representantes das organizações sindicais adequadas a nível da Comunidade, o apoiem nos seus trabalhos. Os peritos podem estar presentes nas reuniões de negociação, a título consultivo, a pedido do grupo especial de negociação, se necessário para promover a coerência e a compatibilidade a nível da Comunidade. O grupo especial de negociação pode decidir informar os representantes das organizações externas adequadas, incluindo as organizações sindicais, do início das negociações.

6. O grupo especial de negociação pode decidir, pela maioria prevista no segundo parágrafo, não iniciar negociações ou concluir as já iniciadas e invocar as regras em matéria de informação e consulta dos trabalhadores em vigor nos Estados-Membros onde estejam empregados trabalhadores da SCE. Esta decisão suspende o processo de conclusão do acordo referido no artigo 4.° Sempre que tenha sido tomada uma decisão desse tipo, não é aplicável nenhuma das disposições do anexo.

A maioria exigida para a tomada de uma decisão no sentido de não iniciar ou de concluir as negociações é constituída pelos votos de dois terços dos membros, que representem pelo menos dois terços dos trabalhadores, incluindo os votos de membros que representem trabalhadores empregados em dois Estados-Membros, no mínimo.

No caso de uma SCE constituída por meio de transformação, o disposto no presente número não é aplicável quando exista um regime de participação na cooperativa a transformar.

O grupo especial de negociação é novamente convocado, mediante pedido escrito de, pelo menos, 10 % dos trabalhadores da SCE, suas filiais e estabelecimentos, ou dos seus representantes, decorrido um prazo mínimo de dois anos a contar da referida decisão, excepto se as partes acordarem em reiniciar as negociações antes do termo desse prazo. Se o grupo especial de negociação decidir reiniciar as negociações com a direcção, e destas não resultar qualquer acordo, não é aplicável nenhuma das disposições do anexo.

7. As despesas relativas ao funcionamento do grupo especial de negociação e, em geral, às negociações, são custeadas pelas entidades jurídicas participantes, de modo a que o grupo especial de negociação possa cumprir devidamente a sua missão.

Segundo o princípio acima enunciado, os Estados-Membros podem estabelecer regras orçamentais aplicáveis ao funcionamento do grupo especial de negociação e, nomeadamente, limitar o financiamento à cobertura das despesas de um único perito.

Artigo 4.°

Conteúdo do acordo

1. Os órgãos competentes das entidades jurídicas participantes e o grupo especial de negociação devem negociar num espírito de cooperação a fim de chegarem a acordo sobre o regime de envolvimento dos trabalhadores na SCE.

2. Sem prejuízo da autonomia das partes, e sob reserva do disposto no n.° 4, o acordo referido no n.° 1 entre os órgãos competentes das entidades jurídicas participantes e o grupo especial de negociação estabelece:

a) O âmbito de aplicação do acordo;

b) A composição, o número de membros e a distribuição dos lugares no órgão de representação, que será o interlocutor do órgão competente da SCE no que se refere ao regime de informação e consulta dos trabalhadores da SCE e das suas filiais e estabelecimentos;

c) As funções e o procedimento de informação e consulta do órgão de representação;

d) A frequência das reuniões do órgão de representação;

e) Os recursos materiais e financeiros a atribuir ao órgão de representação;

f) Se, no decurso das negociações, as partes decidirem instituir um ou mais procedimentos de informação e consulta em vez de instituírem um órgão de representação, as regras de execução desses procedimentos;

g) Se, no decurso das negociações, as partes decidirem estabelecer um regime de participação, os elementos fundamentais desse regime, incluindo, se for caso disso, o número de membros do órgão de administração ou de fiscalização da SCE que os trabalhadores terão o direito de eleger, designar, recomendar ou rejeitar, os procedimentos segundo os quais os referidos membros poderão ser eleitos, designados, recomendados ou rejeitados pelos trabalhadores, e os seus direitos;

h) A data de entrada em vigor do acordo e a sua duração, os casos em que o acordo deva ser renegociado e o procedimento de renegociação, incluindo eventualmente, em caso de modificações estruturais na SCE e nas suas filiais e estabelecimentos, ocorridas após a criação da SCE.

3. Salvo disposição em contrário nele prevista, o acordo não está sujeito às disposições supletivas constantes do anexo.

4. Sem prejuízo da alínea a) do n.° 3 do artigo 15.°, no caso de uma SCE constituída por transformação, o acordo deve prever, em relação a todos os elementos respeitantes ao envolvimento dos trabalhadores, um nível pelo menos equivalente ao dos elementos já existentes na cooperativa a transformar em SCE.

5. O acordo pode especificar o regime de habilitação dos trabalhadores a participar nas assembleias gerais ou nas assembleias de secção ou sectoriais, nos termos do artigo 9.° da presente directiva e do n.° 4 do artigo 59.° do Regulamento (CE) n.° 1435/2003.

Artigo 5.°

Duração das negociações

1. As negociações iniciam-se logo que o grupo especial de negociação estiver constituído e podem prosseguir durante os seis meses seguintes.

2. As partes podem decidir, de comum acordo, prolongar as negociações para além do período referido no n.° 1, até um ano, no total, a contar da data de constituição do grupo especial de negociação.

Artigo 6.°
Legislação aplicável ao procedimento de negociação

Salvo disposição em contrário da presente directiva, a legislação aplicável ao procedimento de negociação previsto nos artigos 3.° a 5.° é a legislação do Estado-Membro em que se situa a sede da SCE.

Artigo 7.°
Disposições supletivas

1. Para assegurar a realização do objectivo referido no artigo 1.°, os Estados-Membros estabelecem disposições supletivas sobre o envolvimento dos trabalhadores, que devem preencher o disposto no anexo.

As disposições supletivas previstas na legislação do Estado-Membro em que se situará a sede da SCE são aplicáveis a partir da data de registo da SCE:

a) Se as partes assim o decidirem; ou

b) Se, no prazo referido no artigo 5.°, não tiver sido celebrado qualquer acordo e:

- o órgão competente de cada uma das entidades jurídicas participantes decidir aceitar a aplicação das disposições supletivas em relação à SCE e, portanto, dar continuidade ao registo da SCE, e

- o grupo especial de negociação não tiver tomado a decisão prevista no n.° 6 do artigo 3.°.

2. Além disso, as disposições supletivas estabelecidas na legislação nacional do Estado-Membro de registo nos termos da parte 3 do anexo aplicam-se apenas:

a) No caso de uma SCE constituída por transformação, se as regras do Estado-Membro relativas à participação dos trabalhadores no órgão de administração ou de fiscalização se aplicavam a uma cooperativa transformada em SCE;

b) No caso de uma SCE constituída por fusão:

- se, antes do registo da SCE, uma ou várias formas de participação se aplicavam numa ou em várias das cooperativas participantes abrangendo, pelo menos, 25% do número total dos seus trabalhadores, ou

- se, antes do registo da SCE, uma ou várias formas de participação se aplicavam numa ou em várias das cooperativas participantes, abrangendo menos de 25% do número total dos seus trabalhadores e se o grupo especial de negociação assim o decidir;

c) No caso de uma SCE constituída por qualquer outro meio:

- se, antes do registo da SCE, uma ou várias formas de participação se aplicavam numa ou em várias das entidades jurídicas participantes abrangendo, pelo menos, 50 % do número total dos seus trabalhadores, ou
- se, antes do registo da SCE, uma ou várias formas de participação se aplicavam numa ou em várias das entidades jurídicas participantes abrangendo menos de 50% do número total dos seus trabalhadores e se o grupo especial de negociação assim o decidir.

Se havia mais de uma forma de participação nas diferentes entidades jurídicas participantes, o grupo especial de negociação decide qual dessas formas deve ser instituída na SCE. Os Estados-Membros podem estabelecer regras aplicáveis na falta de decisão na matéria para uma SCE registada no seu território. O grupo especial de negociação informa os órgãos competentes das entidades jurídicas participantes das decisões tomadas ao abrigo do presente número.

3. Os Estados-Membros podem prever que as disposições supletivas referidas na parte 3 do Anexo não se apliquem no caso previsto na alínea b) do n.° 2.

SECÇÃO III
DISPOSIÇÕES APLICÁVEIS ÀS SCE CONSTITUÍDAS EXCLUSIVAMENTE POR PESSOAS SINGULARES OU POR UMA ÚNICA ENTIDADE JURÍDICA E PESSOAS SINGULARES

Artigo 8.°

1. No caso de uma SCE constituída exclusivamente por pessoas singulares ou por uma única entidade jurídica e pessoas singulares, que empregue um total de, pelo menos, 50 trabalhadores em dois Estados-Membros no mínimo, aplica-se o disposto nos artigos 3.° a 7.°.

2. No caso de uma SCE constituída exclusivamente por pessoas singulares ou por uma única entidade jurídica e pessoas singulares, que empregue no total menos de 50 trabalhadores, ou que empregue 50 ou mais trabalhadores num único Estado-Membro, o envolvimento dos trabalhadores regula-se pelo seguinte:

- na SCE propriamente dita, aplicam-se as disposições do Estado-Membro da sede desta que sejam aplicáveis às entidades do mesmo tipo;
- nas suas filiais e estabelecimentos, aplicam-se as disposições do Estado-Membro em que se encontrem situados e que sejam aplicáveis às entidades do mesmo tipo.

Em caso de transferência, de um Estado-Membro para outro, da sede de uma SCE sujeita a regras de participação, continua a aplicar-se um nível de direitos de participação dos trabalhadores pelo menos equivalente.

3. Se, após o registo de uma SCE referida no n.° 2, pelo menos um terço do número total de trabalhadores da SCE e das suas filiais e estabelecimentos em pelo menos dois Estados-Membros diferentes o solicitarem, ou se o número total de trabalhadores for igual ou supe-

rior a 50 em pelo menos dois Estados-Membros, aplica-se, mutatis mutandis, o disposto nos artigos 3.° a 7.°. Neste caso, os termos "entidades jurídicas participantes" e "filiais e estabelecimentos interessados" são substituídos, respectivamente, pelos termos "SCE" e "filiais e estabelecimentos da SCE".

SECÇÃO IV
PARTICIPAÇÃO NA ASSEMBLEIA GERAL OU NA ASSEMBLEIA DE SECÇÃO OU SECTORIAL

Artigo 9.°

Sob reserva dos limites previstos no n.° 4 do artigo 59.° do Regulamento (CE) n.° 1435/2003, os trabalhadores da SCE e/ou os seus representantes estão habilitados a participar na assembleia geral ou, se esta existir, na assembleia de secção ou sectorial, com direito de voto, nas seguintes circunstâncias:

1. Se as partes assim o decidirem no acordo a que se refere o artigo 4.°; ou
2. Se uma cooperativa regulada por esse sistema se transformar em SCE; ou
3. Se, no caso de uma SCE constituída por um meio que não seja a transformação, uma cooperativa participante era regulada por esse sistema e:

   i) as partes não puderem chegar ao acordo a que se refere o artigo 4.°, dentro do prazo previsto no artigo 5.°, e

   ii) forem aplicáveis a alínea b) do n.° 1 do artigo 7.° e a parte 3 do anexo, e

   iii) a cooperativa participante regulada por esse sistema detiver a proporção mais elevada de participação, na acepção da alínea k) do artigo 2.°, em vigor nas cooperativas participantes interessadas, antes do registo da SCE.

SECÇÃO V
DISPOSIÇÕES DIVERSAS

Artigo 10.°
Reserva e confidencialidade

1. Os Estados-Membros devem dispor que os membros do grupo especial de negociação e do órgão de representação, bem como os peritos que os assistem, não sejam autorizados a revelar a terceiros informações que lhes tenham sido comunicadas a título confidencial.

O mesmo se aplica aos representantes dos trabalhadores no âmbito de um procedimento de informação e consulta.

Esta obrigação é aplicável independentemente do local em que se encontrem as referidas pessoas, mesmo após o termo dos respectivos mandatos.

2. Cada Estado-Membro deve dispor que, em casos específicos e de acordo com as condições e limites fixados na legislação nacional, o órgão de fiscalização ou de administração de uma SCE ou de uma entidade jurídica participante estabelecida no seu território não seja obrigado a comunicar informações que, pela sua natureza e de acordo com critérios objectivos, sejam susceptíveis de entravar gravemente o funcionamento da SCE (ou, consoante o caso, da entidade jurídica participante) ou das suas filiais e estabelecimentos ou de lhes ser prejudiciais.

Os Estados-Membros podem subordinar essa dispensa a autorização prévia administrativa ou judicial.

3. Cada Estado-Membro pode adoptar disposições especiais aplicáveis às SCE estabelecidas no seu território que prossigam, directa e principalmente, um objecto de orientação ideológica em matéria de informação e expressão de opiniões, desde que, à data de adopção da presente directiva, essas disposições já existam na legislação nacional.

4. Ao aplicarem os n.°s 1, 2 e 3, os Estados-Membros devem prever recursos administrativos ou judiciais que os representantes dos trabalhadores possam interpor quando o órgão de fiscalização ou de administração da SCE ou de uma entidade jurídica participante exigir confidencialidade ou não fornecer informações.

Esses recursos podem incluir medidas destinadas a salvaguardar a confidencialidade da informação em causa.

Artigo 11.°
Funcionamento do órgão de representação e procedimento de informação e consulta dos trabalhadores

O órgão competente da SCE e o órgão de representação trabalham em espírito de cooperação e na observância dos seus direitos e obrigações recíprocos.

O mesmo se aplica à cooperação entre o órgão de fiscalização ou de administração da SCE e os representantes dos trabalhadores no âmbito de um procedimento de informação e consulta dos trabalhadores.

Artigo 12.°
Protecção dos representantes dos trabalhadores

Os membros do grupo especial de negociação, os membros do órgão de representação, os representantes dos trabalhadores que exerçam funções no âmbito do procedimento de informação e consulta e os representantes dos trabalhadores que participem no órgão de fiscalização ou de administração da SCE e que sejam trabalhadores desta, das suas filiais ou estabelecimentos ou de uma entidade jurídica participante gozam, no exercício das suas funções, de protecção e garantias idênticas às previstas para os representantes dos trabalhadores na legislação e/ou práticas nacionais do país em que estejam empregados.

O disposto no primeiro parágrafo aplica-se, em particular, à participação em reuniões do grupo especial de negociação ou do órgão de representação, em qualquer reunião realizada no âmbito do acordo referido no n.° 2, alínea f), do artigo 4.° ou em qualquer outra reunião do órgão de administração ou de fiscalização, bem como ao pagamento da remuneração dos membros que façam parte do pessoal de uma entidade jurídica participante, da SCE ou das suas filiais ou estabelecimentos durante os períodos de ausência necessários ao exercício das suas funções.

Artigo 13.°
Procedimentos abusivos

Os Estados-Membros tomam as medidas adequadas, nos termos do direito comunitário, para impedir a utilização abusiva de uma SCE com o objectivo de privar os trabalhadores de direitos de envolvimento ou de lhes negar esses direitos.

Artigo 14.°
Cumprimento da presente directiva

1. Cada Estado-Membro assegura que a direcção dos estabelecimentos de uma SCE e os órgãos de fiscalização ou de administração das filiais e entidades jurídicas participantes situados no seu território e os representantes dos respectivos trabalhadores ou, consoante o caso, os próprios trabalhadores, cumpram as obrigações previstas na presente directiva, independentemente de a SCE ter a sua sede no seu território.

2. Os Estados-Membros tomarão as medidas adequadas em caso de incumprimento do disposto na presente directiva, assegurando, nomeadamente, a existência de processos administrativos ou judiciais que permitam a execução das obrigações resultantes da presente directiva.

Artigo 15.°
Relação entre a presente directiva e outras disposições

1. Quando uma SCE seja uma empresa de dimensão comunitária ou uma empresa que exerça o controlo de um grupo de empresas de dimensão comunitária na acepção da Directiva 94/45/CE ou da Directiva 97/74/CE do Conselho, de 15 de Dezembro de 1997, que torna aquela directiva extensiva ao Reino Unido [(6)], as disposições dessas directivas e as disposições que as transpõem para o direito nacional não são aplicáveis às referidas empresas nem às suas filiais.

Contudo, se o grupo especial de negociação decidir, nos termos do n.° 6 do artigo 3.°, não iniciar negociações ou concluir as negociações já iniciadas, são aplicáveis as Directivas 94/45/CE ou 97/74/CE e as disposições que as transpõem para o direito nacional.

2. As disposições em matéria de participação dos trabalhadores nos órgãos de uma sociedade previstas na legislação e/ou práticas nacionais, excepto as disposições de execução da presente directiva, não são aplicáveis às SCE a que se aplicam os artigos 3.° a 7.°.

3. A presente directiva é aplicável sem prejuízo:

a) Dos direitos de envolvimento dos trabalhadores, previstos na legislação e/ou práticas dos Estados-Membros, de que beneficiem os trabalhadores da SCE e das suas filiais e estabelecimentos, com exclusão da participação nos órgãos da SCE;

b) Das disposições em matéria de participação nos órgãos previstas na legislação e/ou práticas nacionais aplicáveis às filiais da SCE ou às SCE a que não se aplicam os artigos 3.° a 7.°.

4. A fim de preservar os direitos referidos no n.° 3, os Estados-Membros podem tomar as medidas necessárias para garantir que as estruturas de representação dos trabalhadores nas entidades jurídicas participantes que deixem de existir enquanto entidades jurídicas autónomas se mantenham depois do registo da SCE.

(6) JO L 10 de 16.1.1998, p. 22.

Artigo 16.°

Disposições finais

1. Os Estados-Membros devem adoptar as disposições legislativas, regulamentares e administrativas necessárias para dar cumprimento à presente directiva o mais tardar até 18 de Agosto de 2006, ou assegurar, até essa mesma data, que os parceiros sociais introduzam as disposições adequadas por via de acordo, devendo os Estados-Membros tomar todas as medidas necessárias para poderem, em qualquer momento, garantir os resultados impostos pela presente directiva. Do facto informarão imediatamente a Comissão.

2. Quando os Estados-Membros aprovarem essas disposições, estas devem incluir uma referência à presente directiva ou ser dela acompanhadas aquando da sua publicação oficial. As modalidades dessa referência serão aprovadas pelos Estados-Membros.

Artigo 17.°

Reapreciação pela Comissão

O mais tardar até 18 de Agosto de 2009, a Comissão procede, em consulta com os Estados-Membros e os parceiros sociais a nível comunitário, à reapreciação da aplicação da presente directiva, com o objectivo de propor ao Conselho as alterações eventualmente necessárias.

Artigo 18.°

Entrada em vigor

A presente directiva entra em vigor na data da sua publicação no Jornal Oficial da União Europeia.

Artigo 19.°
Destinatários

Os Estados-Membros são os destinatários da presente directiva.

Feito em Bruxelas, em 22 de Julho de 2003.

Pelo Conselho
O Presidente

G. ALEMANNO

ANEXO
DISPOSIÇÕES SUPLETIVAS
(referidas nos artigos 7.° e 8.°)

Parte 1: Composição do órgão de representação dos trabalhadores

A fim de realizar o objectivo referido no artigo 1.°, e nos casos previstos no artigo 7.°, é constituído um órgão de representação, de acordo com as seguintes regras:

a) O órgão de representação é composto por trabalhadores da SCE e das suas filiais e estabelecimentos, eleitos ou designados de entre si pelos representantes dos trabalhadores ou, na sua falta, pelo conjunto dos trabalhadores;

b) A eleição ou designação dos membros do órgão de representação é efectuada nos termos das legislações e/ou práticas nacionais.

   Os Estados-Membros definem regras para assegurar que o número de membros do órgão de representação e a distribuição dos respectivos lugares sejam adaptados a fim de tomar em consideração eventuais alterações que ocorram na SCE e nas suas filiais e estabelecimentos. Os métodos utilizados para designar, nomear ou eleger representantes dos trabalhadores devem procurar promover o equilíbrio entre os sexos;

c) Se a sua dimensão o justificar, o órgão de representação elegerá, de entre os seus membros, um comité restrito composto por três membros, no máximo;

d) O órgão de representação aprova o seu regulamento interno;

e) Os seus membros são eleitos ou designados em número proporcional ao número de trabalhadores das SCE e das suas filiais e estabelecimentos empregados em cada Estado-Membro, sendo atribuído, relativamente a cada Estado-Membro, um lugar por cada fracção de trabalhadores empregados nesse Estado-Membro correspondente a 10 %, ou a uma fracção desta percentagem, do número de trabalhadores da SCE, suas filiais e estabelecimentos em todos os Estados-Membros considerados no seu conjunto;

f) O órgão competente da SCE é informado da composição do órgão de representação;

g) O mais tardar quatro anos após o seu estabelecimento, o órgão de representação aprecia a oportunidade de iniciar negociações para a celebração do acordo referido nos artigos 4.° e 7.° ou de manter a aplicação das disposições supletivas adoptadas nos termos do presente anexo.

Os n.°s 4 a 7 do artigo 3.° e os artigos 4.°, 5.° e 6.° aplicam-se, *mutatis mutandis*, se tiver sido decidido negociar um acordo nos termos do artigo 4.°; nesse caso, a expressão "grupo especial de negociação" é substituída por "órgão de representação". Quando não se chegue a acordo até ao termo do prazo para a conclusão das negociações, continuam a ser aplicáveis as disposições inicialmente adoptadas de acordo com as disposições supletivas.

Parte 2: Disposições supletivas de informação e consulta

A competência e os poderes do órgão de representação instituído numa SCE regulam-se pelas seguintes regras:

a) A competência do órgão de representação limita-se às questões que respeitem à própria SCE e às suas filiais ou estabelecimentos situados noutro Estado-Membro ou que excedam os poderes dos órgãos de decisão situados num Estado-Membro;

b) Sem prejuízo das reuniões realizadas nos termos da alínea c), o órgão de representação tem o direito de ser informado e consultado e, para o efeito, de se reunir pelo menos uma vez por ano com o órgão competente da SCE, a fim de ser informado e consultado, com base em relatórios periódicos elaborados pelo órgão competente, sobre o andamento e as perspectivas das actividades da SCE. As direcções locais devem ser informadas desse facto.

O órgão competente da SCE fornece ao órgão de representação as ordens do dia das reuniões do órgão de administração ou, se for caso disso, do órgão de direcção e fiscalização, juntamente com cópias de todos os documentos apresentados à assembleia geral dos seus membros.

As reuniões são consagradas, em especial, a temas como a estrutura, a situação económica e financeira, a evolução previsível das actividades e da produção e vendas, iniciativas relacionadas com a responsabilidade social das empresas, a situação e a evolução provável em termos de emprego, investimentos e quaisquer alterações substanciais em matéria de organização, a introdução de novos métodos de trabalho ou processos de produção, transferências da produção, fusões, redução ou encerramento de empresas, estabelecimentos ou partes importantes dos mesmos e despedimentos colectivos;

c) Sempre que surjam circunstâncias excepcionais que afectem em grande medida os interesses dos trabalhadores e especialmente em caso de mudança de localização, transferência, encerramento de estabelecimentos ou empresas ou despedimentos colectivos, o órgão de representação tem o direito de ser informado. O órgão de representação ou, sempre que este assim o decidir, nomeadamente por motivos de urgência, o comité restrito, tem o direito de se reunir, a seu pedido, com o órgão competente da SCE ou, a qualquer outro nível mais adequado, com uma instância de direcção da SCE que disponha de poderes de decisão próprios, por forma a ser informado e consultado sobre medidas que afectem significativamente os interesses dos trabalhadores.

Quando o órgão competente decidir não actuar segundo o parecer expresso pelo órgão de representação, este terá o direito de voltar a reunir-se com o órgão competente da SCE para tentar chegar a um acordo.

Se se realizar uma reunião com o comité restrito, os membros do órgão de representação que representem trabalhadores directamente afectados pelas medidas em causa também terão o direito de participar.

As reuniões acima referidas não afectam as prerrogativas do órgão competente;

d) Os Estados-Membros podem estabelecer regras relativas à presidência das reuniões de informação e consulta.

Antes de qualquer reunião com o órgão competente da SCE, o órgão de representação ou o comité restrito, alargados, se necessário, de acordo com o disposto no terceiro parágrafo da alínea c), podem reunir-se sem a presença dos representantes do órgão competente;

e) Sem prejuízo do artigo 10.°, os membros do órgão de representação informam os representantes dos trabalhadores da SCE e das suas filiais e estabelecimentos do teor e dos resultados dos procedimentos de informação e consulta;

f) O órgão de representação ou o comité restrito podem ser assistidos por peritos por eles escolhidos;

g) Se tal for necessário para o desempenho das suas funções, os membros do órgão de representação terão direito a uma licença de formação, sem perda de remuneração;

h) As despesas do órgão de representação são custeadas pela SCE, que dota os membros deste órgão dos recursos financeiros e materiais necessários para que possam cumprir adequadamente a sua missão.

Salvo acordo em contrário, a SCE custeará, nomeadamente, as despesas de organização das reuniões e de interpretação, bem como as despesas de estadia e deslocação dos membros do órgão de representação e do comité restrito.

Segundo os princípios acima enunciados, os Estados-Membros podem estabelecer regras orçamentais no que respeita ao funcionamento do órgão de representação e, nomeadamente, limitar o financiamento à cobertura das despesas de um único perito.

Parte 3: Disposições supletivas de participação

A participação dos trabalhadores na SCE regula-se pelas seguintes disposições:

a) No caso de uma SCE constituída por transformação, se as regras de um Estado-Membro relativas à participação dos trabalhadores no órgão de administração ou de fiscalização se aplicavam antes do registo, todos os elementos da participação dos trabalhadores continuam a aplicar-se à SCE. A alínea b) aplica-se *mutatis mutandis* para este efeito;

b) Nos outros casos de constituição de uma SCE, os trabalhadores da SCE, suas filiais e estabelecimentos e/ou o seu órgão de representação têm o direito de eleger, designar, recomendar ou rejeitar a designação de um número de membros do órgão de administração ou de fiscalização da SCE igual à mais elevada das proporções em vigor nas entidades jurídicas participantes em questão antes do registo da SCE;

c) Se nenhuma das entidades jurídicas participantes era regulada por regras de participação antes do registo da SCE, esta não é obrigada a estabelecer disposições em matéria de participação dos trabalhadores;

d) O órgão de representação decide sobre a repartição dos lugares dos membros que representam os trabalhadores dos diferentes Estados-Membros no órgão de administração ou de fiscalização, ou sobre o modo como os trabalhadores da SCE podem recomendar a designação dos membros desses órgãos ou opor-se-lhe, em função da proporção de trabalhadores da SCE empregados em cada Estado-Membro. Se os trabalhadores de um ou vários Estados-Membros não estiverem cobertos por este critério proporcional, o órgão de representação designa um membro de um desses Estados-Membros, designadamente do Estado-Membro da sede da SCE, quando for adequado. Cada Estado-Membro pode determinar de que modo serão repartidos os lugares que lhe são atribuídos no órgão de administração ou de fiscalização;

e) Qualquer membro do órgão de administração ou, se for caso disso, do órgão de fiscalização da SCE que tenha sido eleito, designado ou recomendado pelo órgão de representação ou, consoante o caso, pelos trabalhadores, é membro de pleno direito, com os mesmos direitos e deveres que os membros que representam os membros da cooperativa, incluindo o direito de voto.

§ 62.° Enquadramento, preparação e aspectos gerais

251. Enquadramento

I. A matéria atinente às sociedades cooperativas europeias enquadra-se no movimento cooperativo europeu ou, mais latamente, naquilo que, em expressão consagrada, se denomina "as empresas da economia social"[1370].

Trata-se de empresas que, assumindo diversas formas, não visam, pura e simplesmente, o lucro: antes prosseguem a melhoria da condição pessoal, social e económica das pessoas que nelas se associem ou de terceiros. Em termos de Direito europeu, as empresas da economia social abrangem, hoje, as sociedades cooperativas europeias (SCE), as sociedades mutualistas europeias (SME)[1371] e as associações europeias (AE)[1372]. Estas três realidades foram sendo preparadas em conjunto[1373] até que, em 2003, as primeiras ganharam a dianteira, vendo aprovar o Regulamento n.° 1435/2003, complementado pela Directriz n.° 2003/72, ambos de 22-Jul.-2003. Na presente edição, apenas iremos considerar as SCE.

II. As cooperativas derivam de várias correntes de pensamento de tipo filantrópico, cristão ou científico-social e que tinham em comum o pretender melhorar as condições de vida das classes pobres. Na origem, a constatação que de a união dessas classes permitiria iniciativas de tipo

---

[1370] SCHWARZ, *Europäisches Gesellschaftsrecht* cit., 707 ss..

[1371] Proposta modificada de 6-Jul.-1993, JOCE N.° C-236, 40-64, de 31-Ago.-1993.

[1372] Proposta modificada de 6-Jul.-1993, JOCE N.° C-236, 1-16, de 31-Ago.-1993.

[1373] GRUNDMANN, *Europäisches Gesellschaftsrecht* cit., 515-516.

económico, pondo-as ao abrigo seja de patrões, seja de intermediários interessados[1374].

Seria possível distinguir a associação de cooperadores para, eles próprios, lançarem processos produtivos (cooperativas de produção), a associação destinada a adquirir produtos, vendendo-os aos cooperadores, com dispensa de intermediários (cooperativas de consumo) e a associação que visa recolher fundos, com fins assistenciais, praticando ainda empréstimos a juros (mais) reduzidos: mútuas de seguros e de crédito.

As cooperativas pressupõem uma filosofia de tipo filantrópico especial, já que se movem no seio de uma sociedade marcada pelo lucro como valor e a todo o custo, usando as armas dela, mas com fins de benefício para os cooperadores. Tais princípios, que derivam da experiência de Rochdale (1844), ainda hoje são conhecidos como os dos "Probos pioneiros de Rochdale", vindo a ser acolhidos pela Aliança Cooperativa Internacional. Constam do artigo 3.° do Código Cooperativo:

1.° Adesão voluntária e livre;
2.° Gestão democrática pelos membros;
3.° Participação económica dos membros;
4.° Autonomia e independência;
5.° Educação, formação e informação;
6.° Intercooperação;
7.° Interesse pela comunidade.

O movimento teve algum êxito, registando-se experiências diversificadas em Inglaterra, França e Alemanha e, depois, uma expansão a nível mundial.

252. **Preparação**

I. O associativismo cooperativo a nível europeu é antigo. Com o aparecimento do Mercado Comum, ele reforçou-se, a esse nível. Em 1959 constituiu-se, na Haia, o *Comité Général de la Coopération Agricole des Pays*

[1374] Sobre toda esta matéria e a evolução subsequente, entre nós, J. M. SÉRVULO CORREIA, *O sector cooperativo português – Ensaio de uma análise de conjunto*, BMJ 196 (1970), 31-147.

A grande obra de referência é a de VOLKER BEUTHIEN/ULRICH HÜSKEN/ROLF ASCHERMANN, *Materialen zum Genossenschaftsgesetz*, 5 volumes.

de la CEE ou COGECA, hoje com sede em Bruxelas. Depois, cumpre anotar a CEA ou *Confédération Générale de l'Agriculture*, a EuroCoop ou *Union Européenne des Centres de Prodution et de Gros des Sociétés Coopératives de Consomation*, em Bruxelas e a UGAL ou *Union de Groupements d'Achat de l'Alimentation*. A militância destas organizações seria importante para o avanço do projecto de sociedade cooperativa europeia[1375].

II. O ponto de partida para a evolução ulterior foi constituído pelo projecto de sociedade europeia, apresentado em 1970, na sequência dos trabalhos do Prof. SANDERS[1376]. Perante esse exemplo, as organizações cooperativas europeias, principalmente a COGECA, movimentaram-se no sentido de ser preparado, também, um estatuto das SCE. As cooperativas tinham, de facto, como ambição a de acompanhar no terreno as sociedades comerciais, embora com a manutenção dos seus princípios de origem[1377].

E assim, por iniciativa privada, foram apontados, em 1971, dois projectos de SCE, não publicados e postos à consideração da Comissão[1378].

III. A matéria foi-se mantendo presente, com novo documento, de 1975, sem lograr obter a consagração de proposta oficial[1379]. A partir de 1980, por iniciativa de deputados italianos, o Parlamento Europeu interessou-se pelas cooperativas, discutindo-as durante dois anos[1380]. O tema foi animado pela apresentação do relatório MIHR acabando o Parlamento por, em 13-Abr.-1983, adoptar uma resolução, solicitando à Comissão o desenvolvimento dos necessários estudos[1381].

[1375] GUSTAV KLUSAK, *Stand, Entwicklung und Probleme der internationalen Zusammenarbeit im ländichen Genossenschaftssektor*, ZfgG 20 (1970), 247-260 (253). Cf., com outros elementos, REGINE HAGEN-ECK, *Die Europäische Genossenschaft* (1995), 29-30.

[1376] HEINZ UHLICH, *Die Genossenschaft im Gesellschaftsrecht der Europäischen Gemeinschaft*, ZfgG 23 (1973), 233-243 (234) e THOMAS FISCHER, *Die Europäische Genossenschaft* (1995), 24 ss..

[1377] Quanto ao princípio cooperativo na Europa: TILKA-SOPHIA VON KODOLITSCH-JONAS, *Die Europäische Genossenschaft in identitäts- orientierter Betrachtung* (1997), 132 ss..

[1378] UHLICH, *Die Genossenschaft* cit., 239 e HAGEN-ECK, *Die Europäische Genossenschaft* cit., 30.

[1379] FISCHER, *Die Europäische Genossenschaft* cit., 42 e HAGEN-ECK, *Die Europäische Genossenschaft* cit., 32.

[1380] HAGEN-ECK, *Die Europäische Genossenschaft* cit., 35-36.

[1381] Deliberação do PE de 13-Abr.-1983, JOCE N.° C-128, 51-52, de 16-Mai.-1983. Cf. FISCHER, *Die Europäische Genossenschaft* cit., 43.

IV. Entrar-se-ia, depois e todavia, em novo período de letargia: o tema da SCE manteve-se vivo mercê de iniciativas particulares[1382]. O Parlamento Europeu incitou, de novo, a Comissão a preparar as competentes propostas[1383].

Os estudos viriam a ser retomados, acabando por ser apresentada pela Comissão, em 6-Mar.-1992, uma proposta de estatuto de SCE[1384], acompanhada, ao estilo da SE, por uma proposta de Directriz relativa à participação dos trabalhadores[1385]. A essa proposta seguiu-se, após breve discussão, um parecer do Comité Económico e Social, de 26-Mai.-1992[1386], a aprovação condicionada pelo Parlamento Europeu, de 20-Jan.-1993[1387]. Esses elementos foram tidos em conta, assim se apresentando a proposta modificada de regulamento de 6-Jul.-1993[1388] e a proposta modificada de directriz relativa à participação dos trabalhadores, da mesma data[1389].

253. **Aprovação e aspectos gerais**

I. A partir daí, o estatuto de SCE ficaria dependente das vicissitudes da sociedade europeia. Logo que desbloqueadas as questões que vinham retardando a aprovação do regulamento relativo a esta última, a matéria poderia avançar. Fê-lo em moldes paralelos aos da SE, com o desdobramento em dois diplomas – regulamento e directriz – e com grande similitude de preceitos[1390].

II. A noção de cooperativa resulta do artigo 1.°/3. A SCE é uma sociedade com o capital dividido em acções (1.°/2, 1.ª parte), podendo ser constituída, no mínimo, por cinco pessoas singulares que residam, pelos menos

[1382] Hagen-Eck, *Die Europäische Genossenschaft* cit., 39.

[1383] Deliberação do PE de 24-Jan.-1991, JOCE N.° C-48, 114-115, de 25-Fev.-1991.

[1384] JOCE N.° C-99, 17-36, de 21-Abr.-1992, em 67 artigos.

[1385] JOCE N.° C-99, 37-39, de 21-Abr.-1992, em 8 artigos.

[1386] JOCE N.° C-223, 42-47, de 31-Ago.-1992.

[1387] JOCE N.° C-42, 74-76, de 15-Fev.-1993.

[1388] JOCE N.° C-236, 17-36, de 31-Ago.-1993.

Para uma análise circunstanciada desta proposta cf. Fischer, *Die Europäische Genossenschaft* cit., 79 a 158 e, desenvolvidamente, Kai vom Brocke, *Die Europäische Genossenschaft/Eine europäische Gesellschaftsform?* (1996), 14-225.

[1389] JOCE N.° C-236, 36-39, de 31-Ago.-1993.

[1390] Cf. André Decocq/Georges Decocq, *Droit européen des affaires* cit., 119 ss. (121); pode, aí, ser confrontada uma análise do Regulamento n.° 1435/2003 e da Directriz n.° 2003/72.

em dois Estados-membros ou por algum dos outros meios previstos no artigo 2.°/1: uma constituição bastante mais fácil do que a das SE, tanto mais que o capital subscrito deve ser (apenas) de 30.000 euros (3.°/2).

III. Nos demais aspectos, a SCE tem um regime decalcado do da SE. O sistema de fontes remete, nos mesmos moldes, para o Direito do Estado-Membro da sede (8.°): teremos, pois e em rigor, tantos tipos de SCE quantos os Estados-Membros. Também aqui se prevêem os sistemas dualista (37.° e ss.) e monista (42.° e ss.).

A distribuição de excedentes, própria das cooperativas, surge no artigo 65.°.

Tudo isto é completado pela Directriz n.° 2003/72, de 22 de Junho, sempre segundo o modelo das SE.

254. **Relevo para o Direito nacional**

I. O estatuto da SCE acabou por surgir muito pesado. O legislador europeu terá receado que o esquema SCE pudesse ser usado para contornar a aplicação do pesado edifício próprio das SE. Mesmo assim, admitimos que a facilidade de constituição lhe possa dar um certo impacto prático.

II. O Regulamento entra em vigor em 18-Ago.-2006. E também até essa data se deve mostrar transposta a Directriz n.° 2003/72. É de esperar que, previamente alertado pelos diplomas atinentes à SE, o legislador nacional seja mais desembaraçado e enquadre, em tempo devido, a aplicabilidade nacional desse novo tipo societário.

III. Resta acrescentar o voto de que a introdução da SCE contribua para dinamizar o estudo jurídico do Direito das cooperativas. Trata-se de verdadeiras sociedades[1391].

[1391] O Código Cooperativo pretendeu eliminar a qualificação das cooperativas como sociedades: uma particularidade nacional sem justificação dogmática ou social, que deve ser superada, pois prejudica o estudo e o desenvolvimento das cooperativas. Cf. o nosso *Manual de Direito das sociedades* cit., 350 ss., para mais elementos sobre esse tema.

ÍNDICE DE FONTES EUROPEIAS PUBLICADAS

ÍNDICE DE JURISPRUDÊNCIA EUROPEIA

ÍNDICE IDEOGRÁFICO

ÍNDICE ONOMÁSTICO

ÍNDICE BIBLIOGRÁFICO

AAVV – *Europäisierung des Privatrechts/Zwischenbilanz und Perspektiven*, no *Jahrbuch Junger Zivilrechtswissenschaftler*, 1998.

ABMEIER, KLAUS – *Die Europäische Wirtschaftliche Interessenvereinigung und nationales Recht*, NJW 1986, 2987-2991.

ABREU, COUTINHO DE – *Curso de Direito comercial*, vol. II – *Das sociedades*, 2003;
– *vide* DOMINGUES, PAULO DE TARSO.
– *vide* RAMOS, MARIA ELISABETE.

ALBACH – *vide* KLEIN, KLAUS-GÜNTHER;
– *vide* KURON, IRENE;
– *vide* WIENKÖTTER, ANDREA.

ALBACH, HORST – *Die Umsetzung der 7. Richtlinie im Überblick*, em ALBACH/KLEIN, *Harmonisierung der Konzernrechnungslegung in Europa* (1990), VII-VIII.

ALBACH, HORST/KLEIN, GÜNTER – *Harmonisierung der Konzernrechnungslegung in Europa*, 1990;
– *Die Entwicklung des europäischen Konzernrechts/Einleitender Überlick über die 7. EG-Richtlinie und ihre Beitrag zur Harmonisierung der Konzernrechnungslegung*, em ALBACH/KLEIN, *Harmonisierung der Konzernrechnungslegung in Europa* (1990), 1-9.

ALBUQUERQUE, PEDRO DE – *Direito de preferência dos sócios em aumentos de capital nas sociedades anónimas e por quotas*, 1993;
– *A vinculação das sociedades comerciais por garantia de dívidas de terceiros*, ROA 1995, 689-711;
– *Da prestação de garantias por sociedades comerciais a dívidas de outras entidades*, ROA 1997, 69-147

ALBUQUERQUE, RUY DE – *As represálias/Estudo de História do Direito Português (sécs. XV e XVI)*, vol. 1, 1972.

ALBY, EUGENIO/MAIORCA, SERGIO – *GEIE/Gruppo europeo di interesse economico*, 1998.

ALTMEPPEN, HOLGER – *Schutz vor "europäischen" Kapitalgesellschaften*, NJW 2004, 97-104

AMBROSIANI, FABIO – *Società europea e fusione internazionale*, em UGO DRAETTA/ /FAUSTO POCAR, *La società europea* (2002), 61-84.

ANKELE, JÖRG – *Die Anpassung des deutschen Rechts an die Erste gesellschaftliche Richtlinie des Rates der Europäischen Gemeinschaften und ihre Auswirkungen für die GmbH*, GmbHR 1969, 52-57;
– *Zum Vorschlag der Kommission der Europäischen Gemeinschaften für eine Zweite gesellschaftsrechtliche Richtlinie*, BB 1970, 988-992

ANNUSS, GEORG – *vide* REINHARD RICHARDI.

ANTUNES, JOSÉ ENGRÁCIA – *Os grupos de sociedades*, 1993;
– *Liability of Corporate Groups*, 1994;
– *Os grupos de sociedades/Estrutura e organização jurídica de empresa plurissocietária*, 1993, com 2.ª ed., 2002;
– *O âmbito de aplicação do sistema das sociedades coligadas*, em *Estudos de Homenagem à Professora Doutora Isabel de Magalhães Collaço*, 2.° vol. (2002), 95-116.

Arbeitsgesetze, 63.ª ed. (2003), da Beck.

ARNOLD, ARND – *Entschädigung von Mehrstimmrechten bei Übernahmen- Überlegungen zur geplanten Übernahmerichtlinie*, BB 2003, 267-270.

ASCARELLI, TULLIO – *La liceità dei sindacati azionari*, RDComm XXIX (1931) II, 256-272.

ASCHERMANN, ROLF – *vide* BEUTHIEN, VOLKER.

AUTENRIETH, KARLHEINZ – *Die inländische Europäische Wirtschaftliche Interessenvereinigung (EWIV) als Gestaltungsmittel*, BB 1989, 305-310.

BACHMANN, GREGOR – *Grundtendenzen der Reform geschlossener Gesellschaften in Europa/Dargestellt am Beispiel des britischen Reformprozesses und der Europäischen Privatgesellschaft*, ZGR 2001, 351-384.

BADEDOW, JÜRGEN – *Über Privatrechtvereinheitlichung und Marktintegration*, FS Mestmäcker (1996), 347-363.

BAGEL, FRIDERIKE – *Der Ausschluss des Bezugsrechts im Europa*, 2000.

BARDENZ, ALEXANDER – *Durchbuch für das International Accounting Standards Committee? Entstehung, Organisation und Akzeptanz*, WM 1996, 1657-1671.

BÄRMANN, JOHANNES – *Supranationale Aktiengesellschaft*, AcP 156 (1957), 156-211;
– *Supranationale Aktiengesellschaften*, NJW 1957, 613-617;
– *Einheitliche Gesellschaftsform für die Europäische Wirtschaftsgemeinschaft/ /Ein kritischer Bericht*, AcP 160 (1961), 97-134;
– *Europäische Integration im Gesellschaftsrecht*, 1970.

BÄRWALDT, ROMAN – em SEMLER/STENGEL, *Umwandlungsgesetz*, 2003.

BARZ, CH. – anot. a BGH 29-Mai.-1967, GmbHR 1968, 100-101.

BARZ, HANS CARL/LUTTER, MARCUS – *Die Gründung der S.E.*, em MARCUS LUTTER, *Die Europäischen Aktiengesellschaft/Eine Stellungsnahme zur Vorlage der Kommission an den Ministerrat der Europäischen Gemeinschaften über das Statut für Europäischen Aktiengesellschaften vom 30-April-1975* (1976), 17-37.

BASEDOW, JURGEN – *Europäisches internationales Privatrecht*, NJW 1996, 1921-1930;

– *Grundlagen des europäischen Privatrechts*, JuS 2004, 89-96.

BAUMS, THEODOR – *Übernahmeregelung in der Europäischen Gemeinschaft*, ZIP 1989, 1376-1381.

BAUMS, THEODOR/CAHN, ANDREAS (publ.) – *Die Europäische Aktiengesellschaft/ /Umsetzungsfrage und Perspektiven*, 2004.

BAUNDENBACHER, CARL – *vide* RUIGROK, WINFRIED.

BAYER, WILHELM F. – *Die Europäische Aktiengesellschaft und die Entwicklung des europäischen Gesellschaftsrechts*, RabelsZ 35 (1971), 201-225.

BECKER – *vide* SIEBERT.

BECKER, ULRICH – *Arbeitnehmerfreizügigkeit*, em DIRK EHLERS, *Europäische Grundrechte und Grundfreiheiten* (2003), 214-239.

BEHRENDS, PETER – *Rechtspolitische Grundsatzfragen zu einer Europäischen Regelung für Übernahmeangebote*, ZGR 1975, 433-458;

– *Niederlassungsfreiheit und Internationales Gesellschaftsrecht*, RabelsZ 52 (1988), 498-525;

– *Die Umstrukturierung von Unternehmen durch Sitzverlegung oder Fusion über die Grenze im Licht der Niederlassungsfreiheit im Europäischen Binnenmarkt (Art. 52 und 58 EWGV)*, ZGR 1994, 1-25;

– *Krisensymptone in der Gesellschaftsrechtsangleichung*, FS Mestmäcker (1996), 831-894;

– *Die Gesellschaft mit beschränkter Haftung im internationalen und europäischen Recht*, 1997;

– recensão à 1.ª ed., 1999, de MATHIAS HABERSACK, *Europäisches Gesellschaftsrecht/ /Einführung für Studium und Praxis*, NJW 2000, 1095;

– *vide* BUNGERT, HARTWIN.

BENEVIDES, JOSÉ – *Um projecto de lei e a responsabilidade na gerência das sociedades anonymas*, 1893.

BERGER, KLAUS PETER – *Unternehmensübernahmen in Europa/Der geänderte Vorschlag für eine EG-Takeover-Richtlinie im Vergleich mit nationaler Übernahmeregelung*, ZIP 1991, 1644-1660.

BERTUZZI, MARIO/MANFEROCE, TOMMASO/PLATANIA, FERNANDO – *Società per azioni/Costituzione, patti parasociali, conferimenti*, 2003.

BESS, JÜRGEN – *Eine europäische Regelung für Übernahmeangebote/Kritische Bemerkungen zum Entwurf eines Richtlinienvorschlags über "Übernahmeangebote und Ausgebote"*, I e II, AG 1976, 169-176 e 206-210.

BEUTHEIN, VOLKER – *Sinn und Grenzen der Rechtsscheinhaftung nach § 15 Abs. 3 HGB*, FS Reinhart 1972, 199-210.

BEUTHIEN, VOLKER/HÜSKEN, ULRICH/ASCHERMANN, ROLF – *Materialen zum Genossenschaftsgesetz*, 5 volumes.

BEUTLER, BENGT – *vide* BIEBER, ROLAND.

BÉZARD, PIERRE – *La société anonyme*, 1986.

BIEBER, ROLAND/EPINEY, ASTRID/HAAG, MARCEL/BEUTLER, BENGT – *Die Europäische Union/Rechtsordnung und Politik*, 5.ª ed., 2001

BILREIRO, ALEXANDRA DE MEESTER – *vide* COSTA, CARLA TAVARES DA.

BINZ, MARK K./MAYER, GERD – *Die ausländische Kapitalgesellschaft & Co.KG im Aufwind? Konsequenzen aus dem "Überseering"-Urteil*, GmbHR 2003, 249--257

BIPPUS, BIRGIT – *vide* EBENROTH, CARSTEN THOMAS.

BLANK, MICHAEL – *Perspektiven der Mitbestimmung in der EG*, ArbuR 1993, 229--235.

BLANPAIN, ROGER – *Representation of Employees at the Level of the Entreprise and the EEC*, RdA 1992, 127-131.

BLANQUET, FRANÇOISE – *La* societas europaea*: Histoire de la négotiation et des textes*, em JACQUES-LOUIS COLOMBANI/MARC FAVERO, Societas europaea/*La société européenne* (2002), 5-16;
– *Das Statut der Europäischen Aktiengesellschaft (Societas Europaea, "SE")/ /Ein Gemeinschaftsinstrument für die grenzübergreifende Zusammensarbeit im Dienst der Unternehmen*, ZGR 2002, 20-65.

BLECKMANN, ALBERT – *Zu den Auslegungsmethoden des EuGH*, NJW 1982, 1177--1182

BLUME – *vide* DUVERNELL, HELMUT;
– *vide* POTTHOFF, ERICH.

BLUME, OTTO – *Zehn Jahre Mitbestimmung*, em POTTHOFF/BLUME/DUVERNELL, *Zwischenbilanz der Mitbestimmung* (1962), 55-304.

BOMMERT, R. – anot. a BGH 1-Fev.-1988, 509-511.

BONELLI, FRANCO/JAEGER, PIER GIUSTO – *Sindacati di voto e sindacati di blocco*, 1993;
– *vide* MARTIN, DIDIER;
– *vide* SIMONETTI, LUCA.

BORCHARDT, KLAUS-DIETER – *Die rechtlichen Grundlagen der Europäischen Gemeinschaften – Rechtquellen, Rechtshandlungen, Rechtsetzung*, em MORITZ RÖTTINGER/CLAUDIA WEYRINGER, *Handbuch der europäischen Integration* (1991), 43-75;
– *vide* LENZ, CARL OTTO;
– *vide* SCHEUER, ALEXANDER.

BRAMIGK, HARALD – *Der Zweck der Europäische Wirtschaftliche Interessenvereinigung (EWIV)*, 2002.

BRANDT, ULRICH/SCHEIFELE, MATTHIAS – *Die Europäische Aktiengesellschaft und das anwendbare Recht*, DStR 2002, 547-555.

BREITENFELD, RUTH – em PAUL SELBHERR/GERHARD MANZ, *Kommentar zur Europäische Wirtschaftliche Interessenvereinigung (EWIV)*, 1995, quanto a Portugal, 617-631.

BROCKE, KAI VOM – *Die Europäische Genossenschaft/Eine europäische Gesellschaftsform?*, 1996.

BUCHHEIM, REGINE – *Europäische Aktiengesellschaft und grenzüberschreitende Konzernverschmelzung/Der aktuelle Entwurf der Rechtsform aus betriebswirtschaftlicher Sicht*, 2001.

BUDDE, WOLFGANG DIETER e outros – *Beck'scher Bilanz-Kommentar. Handels- und Steuerrecht/§§ 238 bis 339 HGB*, 3.ª ed., 1995.

BUNGERT, HARTWIN – recensão a PETER BEHRENS, *Die Gesellschaft mit beschränkter Haftung im internationalen und europäischen Recht*, 1997, NJW 1998, 2806.

BÜSSEMAKER, ARNOLD – *Stimmbindungsverträge bei Kapitalgesellschaften in Europa/Ein Vergleich der Rechtslagen in Deutschland, Frankreich und dem Vereinigten Königreich*, 1999.

CAEMMERER, ERNST VON – *Europäische Aktiengesellschaft*, FS Kronstein 1967, 171-202.

CAHN, ANDREAS – *vide* BAUMS, THEODOR.

CALLIESS, CHRISTIAN – *Die Charta der Grundrechte der Europäischen Union – Fragen der Konzeption, Kompetenz und Verbindlichkeit*, EuZW 2001, 261-268;
– *Die Europäische Grundrechts-Charta*, em DIRK EHLERLS, *Europäische Grundrechte und Grundfreiheiten* (2003), 447-466;
– *Eigentumsgrundrecht*, em DIRK EHLERS (publ.), *Europäische Grundrechte und Grundfreiheiten* (2003), 381-397;
– *vide* UKROW, JÖRG.

CAMPOS, RUI FALCÃO DE – *A sociedade anónima europeia: projectos e perspectivas*, RDES XXXI (1989), 255-298.

CANARIS, CLAUS-WILHELM – *Handelsrecht*, 23.ª ed., 2000;
– *Die richtlinienkonforme Auslegung und Rechtsfortbildung im System der juristischen Methodenlehre*, FS Bydlinski (2002), 47-103.

CARDOSO, JOSÉ PIRES – *Problemas do anonimato* – II *Fiscalização das sociedades anónimas*, 1943.

CARLOS, ADELINO DA PALMA (rel.) – *Regime de fiscalização das sociedades anónimas/ /Parecer*, ACC n.° 149 de 8 de Outubro de 1969 = CC/Pareceres (IX Legislatura) Ano de 1969 (1970), 897-947.

CARSBERG, Sir BRYAN – *The Role and Future Plans of the International Accounting Standards Committee*, em LOTHAR SCHRUFF, *Bilanzsrecht unter dem Einfluss internationaler Reformzwänge* (1996), 41-58.

CASPER, MATTHIAS – *Der Lückenschluss im Statut der Europäischen Aktiengesellschaft*, FS Ulmer (2003), 51-72.

CASSESE, ANTONIO/CLAPHAM, ANDREW/WEILER, JOSEPH (ed.) – *Human Rights and the European Community: Methods of Protection*, 2 volumes, 1991

CASTRO, CARLOS OSÓRIO DE – *Da prestação de garantias por sociedades a dívidas de outras entidades*, ROA 1996, 565-593;
– *De novo sobre a prestação de garantias por sociedades a dívidas de outras entidades: luzes e sombras*, ROA 1998, 859-873

CHAPUT, YVES/RONTCHEVSKY, NICOLAS (coord.) – *Code de Commerce*, 99.ª ed. da Dalloz, 2004.

CLAPHAM, ANDREW – *Human Rights and the European Community: A Critical Overview*, 1991.

CLAPHAM, ANDREW – *vide* CASSESE, ANTONIO.

CLAUDIUS, HANS – *"Hilfsweise geltenden Recht" für Europäische Aktiengesellschaften*, em *Quo vadis ius societatum? / Liber amicorum Pieter Sanders*, 1972, 37-48.

CLAUSSEN, CARSTEN P. – *So musste es kommen! – Über die Situation des deutschen Rechnungslegungsrechts*, AG 1993, 278-280.

Código das Sociedades (Projecto), BMJ 327 (1983), 43-339.

COELHO, FRANCISCO MANUEL DE BRITO PEREIRA – *Grupos de sociedades*, BFD LXIV (1988), 297-353.

COLBE, WALTHER BUSSE VON e outros – *Lexikon des Rechnungswesens*, 3.ª ed., 1994.

COLOMBANI, JACQUES-LOUIS – *vide* BLANQUET, FRANÇOISE.

COLOMBANI, JACQUES-LOUIS/FAVERO, MARC – *Societas Europaea/La société européenne (SE)*, 2002.

Comissão Europeia (CHRISTOS PAPOUTSIS) – *Die EWIV als Instrument der grenzüberschreitenden Kooperation*, 2.ª ed., 1999.

Comunicação da Comissão ao Conselho e ao Parlamento Europeu/Modernizar o direito das sociedades e reforçar o governo das sociedades na União Europeia – Uma estratégia para o futuro, de 21-Mai.-2003, em COM (2003) 284, final.

CORDEIRO, ANTÓNIO MENEZES – *Da preferência dos accionistas na subscrição de novas acções: exclusão e violação*, ROA 1990, 345-362;
– *Da tomada de sociedades (takeover): efectivação, valoração e técnicas de defesa*, ROA 1994, 761-777;
– *Da perda de metade do capital social das sociedades comerciais*, ROA 1996, 157-177;
– *Da responsabilidade civil dos administradores das sociedades comerciais*, 1997;
– *Da constitucionalidade das aquisições tendentes ao domínio total (artigo 490.°, n.° 3, do Código das Sociedades Comerciais)*, BMJ 480 (1999), 5-30;
– *O levantamento da personalidade colectiva*, 2000;
– *Da boa fé no Direito civil*, 2001, reimpr.;
– *Manual de Direito comercial*, 1, 2001;
– *Manual de Direito bancário*, 2.ª ed., 2001;
– *Tratado de Direito civil*, I/1, 2.ª ed., 2000 e I/2, 2.ª ed., 2002;
– *Manual de Direito das sociedades*, 1.° vol., 2004;
– *Vernáculo jurídico: directrizes ou directivas?*, na ROA, 2004;

CORREIA, ANTÓNIO FERRER – *Sociedades fictícias e unipessoais*, 1948;
– *O problema das sociedades unipessoais*, BMJ 166 (1967), 183-217.

CORREIA, AIRES – *O direito das sociedades na comunidade económica europeia*, BMJ 190 (1969), 112-164.

CORREIA, J. M. SÉRVULO – *O sector cooperativo português – Ensaio de uma análise de conjunto*, BMJ 196 (1970), 31-147.

CORREIA, LUÍS BRITO – *Direito europeu das sociedades*, em *Temas de Direito comunitário*, org. Ordem dos Advogados/Instituto da Conferência (1983), 51-77;
– *Grupos de sociedades*, em *Novas perspectivas do Direito comercial*, org. FDL/CEJ (1988), 377-399;
– *Direito comercial*, 2.° vol., *Sociedades comerciais*, 1989;
– *Os administradores das sociedades anónimas*, 1991.

CORREIA, PUPO – *Direito Comercial*, 7.ª ed., 2001.

CORSI, FRANCESCO – *vide* FERRARA JR., FRANCISCO.

COSACK, KONRAD – *Eigene Aktien als Bestandteile des Vermögens einer Aktiengesellschaft*, 1907.

COSTA, CARLA TAVARES DA/BILREIRO, ALEXANDRA DE MEESTER – *The European Company Statute*, 2003.

COSTA, RICARDO ALBERTO SANTOS – *A sociedade por quotas unipessoal no Direito português*, 2002.

COSTANZO, PAULO e outros – *Le società*, 2003.

COZIAN, MAURICE/VIANDIER, ALAIN – *Droit des sociétés*, 3.ª ed., 1994.

CREZELIUS, GEOR – *Identitätswahrende Sitzverlegung und wesentliche Beteiligung*, DStR 1997, 1712-1716;
– *Einführung in das Handelsbilanzrecht*, JA 1990, 366-369 e 1991, 1-7.

CUNHA, PAULO (rel.) – *Fiscalização das sociedades anónimas/Parecer*, DSess n.° 19, de 12-Mar.-1943, 172-194.

CUNHA, PAULO DE PITTA E – *A Constituição Europeia/Um olhar crítico sobre o projecto*, 2004;
– *Direito institucional da União Europeia*, 2004.

DANIELE, LUIGI – *Diritto dell' Unione Europea*, 2004.

DÄUBLER, WOLFGANG – *Grenzüberschreitende Fusion und Arbeitsrecht/Zum Entwurf der Zehnten gesellschaftsrechtliche Richtlinie*, DB 1988, 1850-1854;
– *Mitbestimmung – ein Thema für Europa?*, KJ 1990, 14-30.

DÄUBLER/KITTNER/KLEBE/SCHNEIDER – *Betriebsverfassungsgesetz/Kommentar für die praxis*, 4.ª ed., 1994.

DAUNER-LIEB, BARBARA/LAMANDINI, MARIO – *Der neue Kommissionsvorschlag einer EU-Übernahmerichtlinie – Stellungsnahme der Gutachter des EU-Parlaments*, BB 2003, 265-267.

DEBATIN, HELMUT – *Das Steuerrecht der SE*, em MARCUS LUTTER, *Die Europäischen Aktiengesellschaft/Eine Stellungsnahme zur Vorlage der Komission an den Ministerrat der Europäischen Gemeinschaften über das Statut für Europäischen Aktiengesellschaften vom 30-April-1975* (1976), 241-261;
– *Die grenzüberschreitende Sitzverlegung von Kapitalgesellschaften*, GmbHR 1991, 164-170.

DECKERT, MARTINA R. – *Zu Harmonisierungsbedarf und Harmonisierungsgrenzen im Europäischen Gesellschaftsrecht*, RabelsZ 64 (2000), 478-496.

DECOCQ, ANDRÉ/GEORGES DECOCQ – *Droit européen des affaires*, 2003.

DEINERT, OLAF – *Vorschlag für eine europäische Mitbestimmungsrichtlinie und Umsetzungsbedarf im Betriebsverfassungsgesetz*, NZA 1999, 800-805.

DEJMEK, PAULINE – *Das künftige Europa und die Europäische Privatgesellschaft*, NZG 2001, 878-884.

DELP, UDO A. – *vide* WEIMAR, ROBERT.

DIETZ, ROLF – *Betriebsverfassungsgesetz mit Wahlordnung*, 1.ª ed., 1953.

DIETZ/RICHARDI – *Betriebsverfassungsgesetz*, 2.° vol., 6.ª ed., 1982.

DIMKE, ANDREAS/HEISER, KRISTIAN – *Neutralitätspflicht, Übernahmegesetz und Richtlinienvorschlag 2000*, NZG 2001, 241-259.

DOMINGUES, PAULO DE TARSO – *Garantias da consistência do património social*, em IDET/*Problemas do Direito das sociedades* (2002), 497-545;
– *Capital e património sociais, lucros e reservas*, em *Estudos de Direito das sociedades*, coord. COUTINHO DE ABREU, 6.ª ed. (2003), 127-172;
– *Do capital social/Noção, princípios e funções*, 2.ª ed., 2004.

DRAETTA, UGO/POCAR, FAUSTO – *La società europea/Problemi di diritto societario communitario*, 2002.

DREHER, MEINRAD – *Treuepflichten zwischen Aktionären und Verhaltenspflichten bei der Stimmrechtsbündelung / Gesellschaftliche und zivilrechtliche Grundlagen*, ZHR 157 (1993), 150-171.

DRINKUTH, HENRIK – *Die Kapitalrichtlinie – Mindest- oder Höchtsnorm*, 1998.

DRUEY, JEAN NICOLAS – *Das deutsche Konzernrecht aus der Sicht des übigen Europa*, em MARCUS LUTTER (publ.), *Konzernrecht im Ausland* (1994), 310-368.

DRYGALA, TIM – *Konzernhaftung und Einmann-Richtlinie*, ZIP 1992, 1528-1534;
– *Stand und Entwicklung des europäischen Gesellschaftsrechts*, ZeuP 2004, 337-365.

DUARTE, RUI PINTO – *A sociedade (anónima) europeia/Uma apresentação*, CDP 6 (2004), 1-15;
– *anot. a TC n.° 491/02 (aquisição de acções tendente ao domínio total)*, JConst 2004, 44-49.

DUDEN, KONRAD – *Internationale Aktiengesellschaft*, RabelsZ 27 (1962/63), 89-111.

DUDEN, KONRAD/SCHILLING, WOLFGANG – *Die Spaltung von Gesellschaften*, AG 1974, 202-212.

DUPICHOT, JACQUES – *vide* JUGLART, MICHEL DE.

DUVERNELL, HELMUT – *Mitbestimmung – Heute und Morgen*, em POTTHOFF/BLUME/ /DUVERNELL, *Zwischenbilanz der Mitbestimmung*, 1962;
– *vide* POTTHOFF, ERICH.

EBENROTH, CARSTEN THOMAS/BIPPUS, BIRGIT – *Die Sitztheorie als Theorie effektiver Verknüpfungen der Gesellschaft*, JZ 1988, 677-683.

EBENROTH, CARSTEN THOMAS/NEISS, ELLEN – *Zur Vereinbarkeit der Lehre von der verdeckten Sacheinlage mit EG-Recht*, BB 1992, 2085-2090

EBENROTH, CARSTEN THOMAS/WILKEN, OLIVER – *Entwicklungstendenzen in deutschen Internationalen Gesellschaftsrecht* – I, JZ 1991, 1014-1022.

EBKE, WERNER F. – *Die "ausländische Kapitalgesellschaft & Co.KG" und das europäische Gemeinschaft*, ZGR 1987, 245-270.

ECKERT, HANS-WERNER – *Die Harmonisierung des Rechts der Einperson – GmbH/Die 12. Gesellschaftsrechtliche Richtlinie und ihre Answirkungen auf das deutsche Recht*, EuZW 1990, 54-57.

EDWARDS, VANESSA – *The European Company – Essencial tool or eviscerated dream?*, CMLR 40 (2003), 443-464.

EHLERS, DIRK – *Die Grundrechte des europäischen Gemeinschaftsrechts*, Jura 2002, 468-477;

– *Die Grundfreiheiten der Europäischen Gemeinschaften*, § 7.° *Allgemeine Lehren*, em DIRK EHLERS (publ.), *Europäische Grundrechte und Grundfreiheiten* (2003), 147-186;

– *Die Grundrechten der Europäischen Gemeinschaften*, § 13.°, *Allgemeine Lehren*, em DIRK EHLERS (publ.), *Europäische Grundrechte und Grundfreiheiten* (2003), 319-338;

– *vide* BECKER, ULRICH;

– *vide* CALLIESS, CHRISTIAN;

– *vide* EPINEY, ASTRID;

– *vide* GUNDES, JÖRG;

– *vide* KINGREEN, THORSTEN;

– *vide* TIETJE, CHRISTIAN;

– *vide* WALTER, CHRISTIAN;

– *vide* WILMOWSKY, PETER VON.

EHRICHE, ULRICH – *Rechtsvereinheitlichung durch Richterrecht in der Europäischen Gemeinschaft*, RabelsZ 50 (1986), 193-232;

– *Die richtlinienkonforme Auslegung nationalen Rechte*, RabelsZ 59 (1995), 598-644;

– *Das Niederlassungsrecht in der EG als Beschränkungsverbot/Tragweite und Grenzen*, GS Brigitte Knobbe-Keuk (1997), 607-625;

– *Die Überwindung von Akzeptanzdefiziten als Grundlage zur Schaffung neuer supranationalen Gesellschaftsformen in der EU/Ein Beitrag zur Entwicklung einer sog. Société Fermée Européenne (Europäische Privatgesellschaft)*, RabelsZ 64 (2000), 497-516;

– em STREINZ, *EUV/EGV* (2003), 2064 ss..

EIDENMÜLLER, HORST – *Wettbewerb der Gesellschaftsrechte in Europa*, ZIP 2002, 2233-2245;

– *Mobilität und Restrukturierung von Unternehmen im Binnenmarkt/Entwicklungsperspektiven des europäischen Gesellschaftsrechts im Schnittfeld von Gemeinschaftsgesetzgeber und EuGH*, JZ 2004, 24-33.

EIDENMÜLLER, HORST/REHM, GERHARD M. – *Gesellschafts- und zivilrechtliche Folgeprobleme der Sitztheorie*, ZGR 1997, 89-114.

EINEM, CASPAR – *Eine Verfassung für Europa/Anmerkungen zu ausgewähten Aspekten des Verfassungentwurfs*, EuR 2004, 202-215.

EINMAHL, JÜRGEN – *Die erste gesellschaftsrechtliche Richtilinie des Rates der Europäischen Gemeinschaften und ihre Bedeutung für das deutsche Aktienrecht*, AG 1969, 131-139, 167-173 e 210-214.

EINSELE, DOROTHEE – *Verdeckte Sacheinlage, Grundsatz der Kapitalaufbringung und Kapitalerhaltung*, NJW 1996, 2681-2689.

EISENHARDT, ULRICH – *Gesellschaftsrecht*, 11.ª ed., 2003.

EMMERICH, VOLKER/SONNENSCHEIN, JÜRGEN – *Konzernrecht*, 6.ª ed., 1997.

ENGELMEYER, CÄCILIE – *Die Spaltung von Aktiengesellschaften nach dem neuen Umwandlungsrecht*, 1995.

EPINEY, ASTRID – *Freiheit des Warenverkehrs*, em DIRK EHLERS, *Europäische Grundrechte und Grundfreiheiten* (2003), 147-186;
– *vide* BIEBER, ROLAND.

ERMAN, WALTER – *Zwangsweise Durchsetzung von Ansprüchen aus einem Stimmbindungsvertrag*, JuS 1969, 260-265.

ESCARRA, JEAN – *Les restrictions conventionnelles de la transmissibilité des actions*, ADComm 25 (1911), 337-358 e 425-470.

ESCHER, MARCUS/FREY, PETER – *Diskussion um die EU-Übernahmerichtlinie/Wegfall der Mehrfachstimmrechte als Übernahmehindernisse?* BKR 2003, 225-226.

ESCHER-WEINGART, CHRISTINA/KÜBLER, FRIEDRICH – *Erwerb eigener Aktien – Deutsche Reformbedürfnisse und europäische Fesseln?*, ZHR 162 (1998), 537-562

ETZEL – *Betriebsverfassungsrecht*, 4.ª ed., 1990.

EVERLING, ULRICH – *Das Niederlassungsrecht in er EG als Beschränkungsverbot/Tragweite und Grenzen*, GS Brigitte Knoble-Keuk (1997), 607-625;
– *Rechtsvereinheitlichung durch Richterrecht in der Europäischen Gemeinschaft*, RabelsZ 50 (1986), 193-232.

EZRAN-CHARRIÈRE, NADINE – *L'entreprise unipersonnelle dans les Pays de l'Union Européenne*, 2002.

FAVERO, MARC – *vide* BLANQUET, FRANÇOISE;
– *vide* COLOMBANI, JACQUES-LOUIS.

FERMENT, HARRY – em PAUL SELBHERR/GERHARD MANZ, *Kommentar zur Europäischen Wirtschaftlichen Interessenvereinigung (EWIV)*, 1995, quanto à Holanda, 593-616.

FERRARA JR., FRANCISCO/CORSI, FRANCESCO – *Gli imprenditori e le società*, 12.ª ed., 2001.

FERRARI, GIUSEPPE FRANCO – *I diritti fondamentali doppo la Carta di Nizza/Il costituzionalismo dei diritti*, 2001.

FEY, GERD – *Rechnungslegungs- und Prüfungspflichten Europäischer Wirtschaftlicher Interessenvereinigungen*, DB 1992, 233-237.

FISCHER, CURT EDUARD – *Neues Aktienrecht für Familien-Unternehmen / Wird eine "Flucht" in die GmbH provoziert?*, GmbHR 1959, 123-129.

FISCHER, ROBERT – *Zülassigkeit und Wirkung von Abstimmungsvereinbarungen*, GmbHR 1953, 65-70.

FISCHER, THOMAS – *Die Europäische Genossenschaft*, 1995.

FISCHER-ZERNIN, CORNELIUS – *Der Rechtsangleichungserfolg der Ersten gesellschaftsrechtlichen Richtlinie der EWG*, 1986

FITTING, KARL – *Betriebsverfassungsgesetz/Handkommentar*, 20.ª ed., 2000.

FORSTHOFF, ULRICH – *Abschied von der Sitztheorie/Anmerkung zu den Schussanträgen des GA Dámaso Ruiz-Jarabo Colomer in der Rs. Überseering*, BB 2002, 318-321;

– *EuGH fördert Vielfalt im Gesellschaftsrecht/Traditionelle deutsche Sitztheorie verstösst gegen Niederlassungsfreiheit*, DB 2002, 2471-2477.

Forum Europaeum Konzernrecht, *Konzernrecht für Europa*, ZGR 1998, 672-772.

FRANZEN, MARTIN – *Auslegung und Fortbildung von privatrechtsangleichenden Richtlinien*, em AAVV, *Europäisierung des Privatrechts/Zwischenbilanz und Perspektiven*, Mainzer Tagung 10-13-September 1997, *Jahrbuch Junger Zivilrechtswissenschaftler* (1981), 295-306.

FREISCHER, HOLGER – *Grundfragen der ökonomischen Theorie im Gesellschafts- und Kapitalmarktrecht*, ZGR 2001, 1-32.

FREY, KASPAR – *Berich über die Diskussion*, ZGR 1992, 327-333.

FREY, PETER – *vide* ESCHER, MARCUS.

FREYRIA, CHARLES – *Étude de la jurisprudence sur les conventions portant atteinte à la liberté du vote dans les sociétés*, RTDComm IV (1951), 419-437.

FRIEDRICH, OTTO A. – *vide* GROEBEN, HANS VON DER.

FUCHS, HARALD – *vide* KITTNER, MICHAEL.

FÜHRICH, ERNST R. – *Wirtschaftsprivatrecht*, 6.ª ed. (2002), 17.

FURTADO, JORGE PINTO – *Curso de Direito das sociedades*, 5.ª ed., 2004.

GAITANIDES, CHARLOTTE – prenot. aos artigos 220.° a 245.°, no VON DER GROEBEN//SCHWARZE, *Kommentar*, 4.° vol. (2004), 298 ss..

GALDIA, MARCUS – *Rechtsvergleichendes Übersetzen* em *The European Legal Forum* (2003), 1-5.

GANSKE, JOACHIM – *Das Zweite gesellschaftsrechtliche Koordinierungsgesetz vom 13. Dezember 1976*, DB 1978, 2461-2465;

– *Änderungen des Verschmelzungsrechts/Zur Dritte gesellschaftsrechtlichen EG-Richtlinie/Gedanken zu ihrer Umsetzung in deutsches Recht*, DB 1981, 1551-1559;

– *Internationale Fusion von Gesellschaften in der Europäischen Gemeinschaft – ein neuer Ansatz*, DB 1985, 581-584.

GAVALDA, CHRISTIAN/PARLEANI, GILBERT – *Droit des affaires de l'Union européenne*, 4.ª ed., 2002.

GEBAUER, STEFAN – *vide* SIEBEL, ULF R..

GEIGER, MARTIN M. – *Der Erwerb eigener Aktien im schwedischen Recht*, AG 1997, 163-168.

GEILER, KARL – 34. DJT, II (1927), 878.

GEORGES DECOCQ – *vide* DECOCQ, ANDRÉ.

GESSLER, ERNST – *Europäisches Gesellschaftsrecht am Scheideweg?*, DB 1969, 1001-1008;

– *Das Konzernrecht der SE*, em MARCUS LUTTER, *Die Europäischen Aktiengesellschaft/Eine Stellungsnahme zur Vorlage der Komission an den Ministerrat der Europäischen Gemeinschaften über das Statut für Europäischen Aktiengesellschaften vom 30-April-1975* (1976), 274-311.

GEVURTZ, FRANKLIN A. – *Corporation Law*, 2000.

GITTER, WOLFGANG/HEINZE, MEINHARD – *Der Betriebsrat der SE*, em MARCUS LUTTER, *Die Europäischen Aktiengesellschaft/Eine Stellungsnahme zur Vorlage der Komission an den Ministerrat der Europäischen Gemeinschaften über das Statut für Europäischen Aktiengesellschaften vom 30-April-1975* (1976), 405--425;

– *Das Tarifrecht der SE*, em MARCUS LUTTER, *Die Europäischen Aktiengesellschaft/Eine Stellungsnahme zur Vorlage der Komission an den Ministerrat der Europäischen Gemeinschaften über das Statut für Europäischen Aktiengesellschaften vom 30-April-1975* (1976), 427-438.

GLEICHMANN, KARL – *Europäische Wirtschaftliche Interessenvereinigung*, ZHR 149 (1985), 633-650.

GLORIA, CHRISTIAN/KARBOWSKI, ALEXANDER – *Die Europäische Wirtschaftliche Interessenvereinigung (EWIV) – Rechtsgrundlagen, Zweck und Unternehmensgegenstand sowie Gründung einer EWIV mit Sitz in der Bundesrepublik*, WM 1990, 1313-1322.

GODINHO, JOÃO CARLOS – *vide* MACHADO, SANTOS.

GOERDELER, REINHARD – *Überlegung zum europäischen Konzernrecht*, ZGR 1973, 389-409.

GÖLLERT, KURT/RINGLING, WILFRIED – *Bilanzrecht*, 1991.

GROEBEN, HANS VON DER – *Auf dem zu europäischen Aktiengesellschaften / Zur Notwendigkeit und Möglichkeit der Schaffung einer europäischen Unternehmensform*, AG 1967, 95-102.

– *vide* GAITANIDES, CHARLOTTE;

– *vide* JACQUÉ, JEAN PAUL;
– *vide* KIEMEL, WOLFGANG;
– *vide* PIPKORN, JÖRN e outros;
– *vide* SCHMIDT, GUDRUN;
– *vide* TROBERG, PETER;
– *vide* TROBERG/TIEDJE;
– *vide* WÖLKER, ULRICH/GRILL, GERHARD;
– *vide* ZULEEG, MANFRED.

GROEBEN, HANS VON DER/VETTER, HEINZ OSKAR/FRIEDRICH, OTTO A. – *Europäische Aktiengesellschaft/ /Beitrag zur sozialen Integration?*, 1972.

GRONE, PETER – em PAUL SELBHERR/GERHARD MANZ, *Kommentar zur Europäischen Wirtschaftlichen Interessenvereinigung (EWIV)*, 1995, quanto à Itália, 543-562.

GROSS, WOLFGANG – *Niederlassungsrecht (Art. 3 lit. c, Art. 52 ff. EWG-Vertrag) im Gemeinsamen Markt*, AG 1990, 530-538;
– *Komponenten und Lücken bei der Gesellschaftsharmonisierung aus Sicht der Praxis*, em STEFAN GRUNDMANN, *Systembildung und Systemlücken in Kerngebieten des Europäischen Privatrechts* (2000), 189-206.

GROSSERICHTER, HELGE – *Ausländische Kapitalgesellschaften im deutschen Rechtsraum: Die deutsche Internationale Gesellschaftsrecht und seine Perspektiven nach der Entscheidung "Überseering"*, DStR 2003, 159-169

GROSSFELD, BERNHARD – *Europäisches Gesellschaftsrecht*, WM 1992, 2121-2128;
– *Bilanzrecht/Jahresabschluss, Konzernabschluss, Internationale Standards*, 3.ª ed., 1997;
– introdução a STAUDINGER/BERNHARD GROSSFELD, *Internationales Gesellschaftsrecht*, 1998;
– *Internationale Rechnungslegung/Internationalisierung als Führungsaufgabe*, em GRUNDMANN, *Systembildung und Systemlücken* (2000), 289-303.

GROSSFELD, BERNHARD/LUTTERMANN, CLAUS – anotação a TJE 27-Set.-1988, JZ 1989, 386-387.

GRUNDMANN, STEFAN – *Das Thema Systembildung im Europäischen Privatrecht/ /Gesellschafts-, Arbeits-, und Schuldvertragsrecht*, em STEFAN GRUNDMANN (ed.), *Systembildung und Systemlücken in Kerngebieten des Europäischen Privatrechts* (2000), 1;
– *Europäisches Gesellschaftsrecht*, 2004;
– *vide* GROSS, WOLFGANG;
– *vide* GROSSFELD, BERNHARD;
– *vide* HENZE, HARTWIG;
– *vide* HOMMELHOFF, PETER/RIESENHUBER, KARL;
– *vide* KERBER, WOLFGANG;
– *vide* KIRCHNER, CHRISTIAN;
– *vide* LUTTER, MARCUS;
– *vide* MESTMÄCKER, ERNST-JOACHIM.

GRUNEWALD, BARBARA – *Der geänderte Vorschlag einer 13. Richtlinie betreffend Übernahmeangeboten*, WM 1991, 1361-1366;
– *Europäisierung des Übernahmerechts*, AG 2001, 288-291;
– *Gesellschaftsrecht*, 5.ª ed., 2003.

GUILLUY, CHRISTIAN – *Propos d'un praticien sur la société européenne*, em KLAUS J. HOPT/MICHEL MENJUCQ/EDDY WYMEERSCH, *La société européenne/ /Organisation juridique et fiscale, interêts, perspectives* (2003), 183-188.

GUNDES, JÖRG – *Verfahrensgrundrechte*, em DIRK EHLERS (publ.), *Europäische Grundrechte und Grundfreiheiten* (2003), 421-446.

GUSTAVUS, ECKART – *Die registerrechtlichen Bestimmungen des Gesetzes zur Durchführung der Ersten EWG-Richtlinie zur Koordinierung des Gesellschaftsrechts*, BB 1969, 1335-1336

GUYON, YVES – *Droit des affaires*, 1 – *Droit commercial général et Sociétés*, 10.ª ed., 1998.

HAAG, MARCEL – *vide* BIEBER, ROLAND.

HABERSACK, MATHIAS – *Europäisches Gesellschaftsrecht*, 1.ª ed., 1999, e 2.ª ed., 2003;
– *Grundfragen der Spaltungshaftung nach § 133, Abs. 1 S. 1 UmwG*, FS Bezzenberger (2000), 93-109;
– *Rückerwerbbare Aktien auch für deutsche Gesellschaften*, FS Lutter 2000, 1329-1346;
– *Europäisches Gesellschaftsrecht/Einführung für Studium und Praxis*, 2.ª ed., 2003;
– *vide* BEHRENDS, PETER.

HABERSACK, MATHIAS/MAYER, CHRISTIAN – *Der neue Vorschlag 1997 einer Takeover-Richtlinie/Überlegungen zur Umsetzung in das nationale Recht*, ZIP 1997, 2141-2146.

HAGEN-ECK, REGINE – *Die Europäische Genossenschaft* (1995), 29-30.

HAHN, DIETER – *Die Regulierung von Übernahmen in der Europäischen Gemeinschaft*, ZBB 1990, 10-21.

HAHNEFELD, UTE – *Neue Regelungen zur Offenlegung bei Zweigniederlassungen/ /Inkrafttreten des Gesetzes zur Umsetzung der Elften gesellschaftsrechtlichen ERG-Richtlinie*, DStR 1993, 1596-1598.

HARBARTH, STEPHAN – *Kontrollerlangung und Pflichtangebot*, ZIP 2002, 321-332.

HATJE, ARMIN – *Die Niederlassungsfreiheit im europäischen Binnenmarkt*, Jura 2003, 160-167

HATTENHAUER, HANS – *Zur Zukunft des Deutsches als Sprache der Rechtswissenschaft*, JZ 2000, 545-551.

HAUSCHKA, CHRISTOPH E. – *Entwicklungslinien und Integrationsfragen der gesellschaftsrechtlichen Akttypen der Europäischen Gemeinschaftsrechts*, AG 1990, 85-106;
– *vide* SCHIMMELPFENNIG, HANS-CRISTOPH.

HEIDENHAIN, MARTIN – *Fehlerhafte Umsetzung der Spaltungs-Richtlinie*, EuZW 1995, 327-330;
– *Sonderrechtsnachfolge bei der Spaltung*, ZIP 1995, 801-805.

HEINZE, MEINHARD – *Probleme der Mitbestimmung und Betriebsverfassung bei einer grenzüberschreitenden Umstrukturierung von Unternehmen im Binnenmarkt*, ZHR 1994, 47-65;
– *Arbeitsrechtliche Probleme bei der grenzüberschreitenden Sitzverlegung in der Europäischen Gemeinschaft*, ZGR 1999, 54-70;
– *Die Europäische Aktiengesellschaft*, ZGR 2002, 66-95.

HEISER, KRISTIAN J. – *vide* DIMKE, ANDREAS;
– *vide* SEIBT, CHRISTOPH.

HELM, LEONHARD – *vide* ROSEN, RÜDIGER VON.

HENZE, HARTWIG – *Das Richtlinienrecht und der Schutz von Minderheitsgesellschaftern und Gläubigern im deutschen Aktienrecht/verdeckte Sacheinlage, Bezugsrecht und Verschmelzungsbericht*, em STEFAN GRUNDMANN, *Systembildung und Systemlücken* (2000), 235-257.

HERFS-RÖTTGEN, EBBA – *vide* JAHN, ANDREAS.

HERRMANN, CHRISTOPH – *Richtlinienumsetzung durch die Rechtsprechung*, 2003.

HERZIG, NORBERT (publ.) – *Europäisierung des Bilanzrechts/Konsequenzen der Tomberger-Entscheidung des EuGH für die handelsrechtliche Rechnungslegung und die steuerliche Gewinnermittlung*, 1997.

HIRSCH, GÜNTHER – *Die Grundrechte in der Europäischen Union*, RdA 1998, 194-200;
– *Gemeinschaftsgrundrechte als Gestaltungsaufgabe*, em KARL F. KREUZER/ /DIETER H. SCHEUING/ULRICH SIEBER, *Europäisches Grundrechtsschutz* (1998), 7-24.

HIRTE, HERIBERT – *Die Zwölfte EG-Richtlinie als Baustein einer Europäischen Konzernrechts?*, ZIP 1992, 1122-1124;
– *Die Entwicklung des Unternehmens- und Gesellschaftsrechts in Deutschland in den Jahren 1998 und 1999* - I, NJW 2000, 3321-3332;
– *Die Europäische Aktiengesellschaft*, NZG 2002, 1-10.

HOFFMANN, DIETRICH/LEHMANN, JÜRGEN/WEINMANN, HEINZ – *Mitbestimmungsgesetz*, 1978.

HOFFMANN, JOCHEN – *Neue Möglichkeiten zur identitätswahrenden Sitzverlegung in Europa? – Der Richtlinien Vorentwurf zur Verlegung des Gesellschaftssitzes innerhalb der EU*, ZHR 164 (2000), 43-66.

HÖLZL, MICHAEL – *vide* THEISEN, MANUEL R..

HOMMELHOFF, PETER – *Zum revidierten Vorschlag für eine EG-Konzernrichtlinie*, FS Fleck (1988), 125-150;
– *Gesellschaftsrechtliche Frage im Entwurf eines SE-Statuts*, AG 1990, 422-435;
– *Zivilrecht unter dem Einfluss europäischer Rechtsangleichung*, AcP 192 (1992), 75-105;

– *Konzernrecht für den Europäischen Binnenmarkt*, em LUTTER, *Konzernrecht im Ausland* (1994), 55-75;
– *Die "société fermée européenne"/eine Supranationale Gesellschaftsform für kleine und mittlere Unternehmen im Europäischen Binnenmarkt*, WM 1997, 2101-2109;
– *Eine Bemerkungen zur Organisationsverfassung der Europäischen Aktiengesellschaft*, AG 2001, 279-288;
– *Satzungsstrenge und Gestaltungsfreheit in der Europäischen Aktiengesellschaft*, FS Ulmer (2003), 267-278;
– *Impulse für das Europäische Gesellschaftsrecht/Begrüssung*, ZGR 2004, 303--304.

HOMMELHOFF, PETER/KLEINDICK, DETLEF – *Takeover-Richtlinie und europäisches Konzernrecht*, AG 1990, 106-111.

HOMMELHOFF, PETER/RIESENHUBER, KARL – *Strukturmassennahmen, insbesondere Verschmelzung und Spaltung im Europäischen und deutschen Gesellschaftsrecht*, em STEFAN GRUNDMANN, *Systembildung und Systemlücken* (2000), 259-282.

HÖNN, GÜNTHER – *vide* KRAFT, ALFONS.

HOPT, KLAUS J. – *Auflösung, Abwicklung und Konkurs der S.E.*, em MARCUS LUTTER, *Die Europäischen Aktiengesellschaft/Eine Stellungsnahme zur Vorlage der Komission an den Ministerrat der Europäischen Gemeinschaften über das Statut für Europäischen Aktiengesellschaften vom 30-April-1975* (1976), 354--377;
– *Europäisches und deutsches Übernahmenrecht*, ZHR 161 (1997), 368-420;
– *Auf dem Weg zum deutschen Übernahmegesetz/Überlegungen zum Richtlinienentwurf 1997, zum Übernahmekodex (1997) und zum SPD-Entwurf 1997*, FS Zöllner I (1998), 253-274;
– *Verhaltenspflichten des Vorstands der Zielgesellschaft bei feidlichen Übernahmen/zur aktien- und übernahmerechtlichen Rechtslage in Deutschland und Europa*, FS Lutter 2000, 1361-1400;
– *Europäische Aktiengesellschaft – per aspera ad astra?*, EuZW 2002, 1;
– *Übernahme, Geheimhaltung und Interessenkonflikte/Probleme für Vorstände, Aufsichtsräte und Banken*, ZGR 2002, 333-376;
– *L'appréciation globale de la société européenne (societas europaea)*, em HOPT/MENJUCQ/WYMEERSCH, *La société européenne* (2003), 255-270;
– *vide* GUILLUY, CHRISTIAN.
– *vide* NABASQUE, HERVÉ LE.

HOPT, KLAUS J./WYMEERSCH, EDDY – *European Company and Financial Law*, 3.ª ed., *Texts and Leading Cases* (2004), 432-454.

HORN, NORBERT – *Deutsches und europäisches Gesellschaftsrecht und die EuGH-Rechtsprechungsfreiheit – Inspire Art*, NJW 2004, 893-901.

HUECK, GÖTZ/WINDBICHLER, CHRISTINE – *Gesellschaftsrecht*, 20.ª ed., 2003.

HÜFFER, UWE – *Aktiengesetz*, 6.ª ed., 2004

HÜGEL, HANS F. – *Steuerrechtliche Hindernisse bei der internationalen Sitzverlegung*, ZGR 1999, 71-108.

HULLE, KAREL VAN – *Fortentwicklung des Europäischen Bilanzrechts aus Sicht der EU*, em LOTHAR SCHRUFF, *Bilanzrecht unter dem Einfluss internationaler Reformzwänge* (1996), 7-26.

HULLE, KAREL VAN/MAUL, SILJA – *Aktionsplan zur Modernisierung des Gesellschaftsrechts und Stärkung der Corporate Governance*, ZGR 2004, 484-505.

HÜSKEN, ULRICH – *vide* BEUTHIEN, VOLKER.

IPPOLITO, BENJAMIN – *vide* JUGLART, MICHEL DE.

JACQUÉ, JEAN PAUL – no HANS VON DER GROEBEN/JÜRGEN SCHWARZE, *Kommentar zum Vertrag über die Europäische Union und zur Gründung der Europäischen Gemeinschaft*, vol. 1, 6.ª ed. (2003), 54-55.

JAEGER, PIER GIUSTO – *vide* BONELLI, FRANCO;
– *vide* MARTIN, DIDIER;
– *vide* SIMONETTI, LUCA.

JAHN, ANDREAS/HERFS-RÖTTGEN, EBBA – *Die Europäische Aktiengesellschaft – Societas Europaea*, DB 2001, 631-638.

JEANTIN, MICHEL – *Droit des sociétés*, 3.ª ed., 1994.

JOYCE, THOMAS – *Shareholders agreements: a U.S. perspective*, em BONELLI/JAEGER, *Sindacati di voto e sindacati di blocco* (1993), 355-375.

JUDITH, RUDOLF/KÜBLER, FRIEDRICH/LODERER, EUGEN/SCHRÖDER, HANS/VETTER, HEINZ OSKAR – *Montanmitbestimmung*, vol. 1.° *Geschichte, Idee, Wirklichkeit*, 1979, e vol. 2.°, *Dokumente ihrer Entstehung*, 1979.

JUGLART, MICHEL DE/IPPOLITO, BENJAMIN/DUPICHOT, JACQUES – *Les sociétés comerciales*, 10.ª ed., 1999.

JUNGE, WERNER – *Die Zukunft der GmbH in der Europäischen Gemeinschaft*, GmbHR 1992, 225-231.

JÜTTNER, ANDREAS – *vide* SCHANZE, ERICH.

KALKHOF, WOLFGANG – *Neue Entwicklungen das handelsrechtlichen Rechnungslegung (4. EG-Richtlinie und Gesetzentwurf Bilanzrichtlinie-Gesetz vom 26-8--1983) und managementorientierte Informationsaufbereitung der Vermögens-, Finanz- und Erfolgslage*, 1983.

KALLMEYER, HARALD – *Die Europäische Aktiengesellschaft – Praktischer Nutzen und Mängel des Statuts*, AG 1990, 103-106;
– *Die Mobilität der Gesellschaften in der Europäischen Union*, AG 1997, 88-90;
– *Pflichangebote nach dem Übernahmekodex und dem neuen Vorschlag 1997 eine Takeover-Richtlinie*, ZIP 1997, 2147-21248;
– *Europa-AG: Strategische Optionen für deutsche Unternehmen*, AG 2003, 197-2003.

KAMINSKI, HORST – *Vorschlag einer 5. Richtlinie der Kommission der Europäischen Gemeinschaften*, WPg 1972, 633-638.

KARBOWSKI, ALEXANDER – *vide* GLORIA, CHRISTIAN.

KERBER, WOLFGANG – *Rechtseinheitlichkeit und Rechtsvielfalt aus ökonomischer Sicht*, em STEFAN GRUNDMANN (ed.), *Systembildung und Systemlücken in Kerngebieten des Europäischen Privatrechts* (2000), 67-97.

KERSTING, CHRISTIAN – *Die Vorgesellschaft im europäischen Gesellschaftsrecht*, 2000;
– *Societas Europaea: Gründung und Vorgesellschaft*, DB 2001, 2079-2086.

KIEMEL, WOLFGANG – no HANS VON DER GROEBEN/JÜRGEN SCHWARZE, *Kommentar zum Vertrag über die Europäische Union und zur Gründung der Europäischen Gemeinschaft*, vol. 1, 6.ª ed. (2003), 1729 ss..

KINDL, JOHANN – *Der Erwerb eigener Aktien nach Europäischem Gemeinschfatsrecht*, ZeuP 1994, 77-99.

KINDLER, PETER – *Gemeinschaftsrechtliche Grenzen der Konzernhaftung in der Einmann-GmbH*, ZHR 157 (1993), 1-30;
– *Neue Offenlegungspflichten für Zweigniederlassungen deutscher Kapitalgesellschaften/Zur Umsetzung der Elften gesellschaftsrechtlichen Richtlinie der EG in deutsches Recht*, NJW 1993, 3301-3306;
– *Die sachliche Rechtsfertigung des aktienrechtlichen Bezugsrechtsausschlusses im Lichte der Zweiten Gesellschaftsrechtlicher Richtlinie der Europäischen Gemeinschaft*, ZHR 158 (1994), 339-370;
– *Neuere italienische Gesetzgebung auf dem Gebiet des Gesellschaftsrechts*, ZGR 1995, 225-249;
– *Verdeckte Sacheinlage und Kapitalschutzrichtlinie – Zur Umwandlung von Geldkrediten in Nennkapital der AG*, FS Boujong 1996, 299-318;
– *Die sachliche Reichweite der Vertretungsmacht des Verwaltungsrates im italienischen Kapitalgesellschaftsrecht/Publizitätsrichtlinie und innerstaatliches Recht im Vergleich*, FS Lutter 2000, 483-496;
– *Auf dem Weg zur Europäischen Briefkastengesellschaft?/Die "Überseering" – Entscheidung des EuGH und das internationale Privatrecht*, NJW 2003, 1073-1079.

KINGREEN, THORSTEN – *Gleichheitsrechte*, em DIRK EHLERS (publ.), *Europäische Grundrechte und Grundfreiheiten* (2003), 398-420.

KINKEL, WALTER E. – *Unternehmer und Betriebsführer in der gewerblichen Wirtschaft*, 1938.

KIRCHNER, CHRISTIAN – *Ein Regelungsrahmen für Rechtseinheitlichkeit und Rechtsvielfalt in der Gemeinschaft*, em STEFAN GRUNDMANN (ed.), *Systembildung und Systemlücken in Kerngebieten des Europäischen Privatrechts* (2000), 99-113.

KIRCHNER, HILDEBERT – *Bibliographie zum Unternehmens- und Gesellschaftsrecht 1950 bis 1985*, 1989.

KITTNER – *vide* DÄUBLER.

KITTNER, MICHAEL/FUCHS, HARALD/ZACHERT, ULRICH/KÖSTLER, ROLAND – *Arbeitnehmervertreter im Aufsichtsrat/ /Erläuterungen und Gesetzestexte*, vol. 1.°, *Aufsichtsratspraxis* e vol. 2.°, *Aufsichtsratswahl*, ambos 4.ª ed., 1991.

KLAUER, IRENE – *Die Europäsierung des Privatrechts/Der EuGH als Zivilrichter*, 1998.

KLAUER, IRENE –*Die Europäisierung des Privatrechts/Der EuGH als Zivilrichter*, 1998.

KLEBE – *vide* DÄUBLER.

KLEIN, KLAUS-GÜNTHER – *Gliederung und Bewertung in der Konzernbilanz*, em ALBACH/KLEIN, *Harmonisierung der Konzernrechnungslegung in Europa* (1990), 59-94.

KLEIN-BLENKERS, FRIEDRICH – *Wirtschaftliche Bedeutung und rechtliche Fragen zur Europäischen Wirtschaftlichen Interessenvereinigung*, DB 1994, 2224-2226.

KLEINDICK, DETLEF – *vide* HOMMELHOFF, PETER.

KLINKE, ULRICH – *Europäisches Unternehmensrecht und EuGH/Die Rechtsprechung in den Jahren 1998 bis 2000*, ZGR 2002, 163-203.

KLUSAK, GUSTAV – *Stand, Entwicklung und Probleme der internationalen Zusammenarbeit im ländichen Genossenschaftssektor*, ZfgG 20 (1970), 247--260.

KNOBBE-KEUK, BRIGITTE – *Die steuerliche Behandlung der Europäischen Aktiengesellschaft*, AG 1990, 435-441;

– *Niederlassungsfreiheit: Diskriminierungs- oder Beschränkungsverbot?*, DB 1990, 2573-2584.

KODOLITSCH-JONAS, TILKA-SOPHIA VON – *Die Europäische Genossenschaft in identitäts- orientierter Betrachtung*, 1997.

KOLLHOSSER, HELMUT/RADDATZ, ANSELM – *Die Europäische Wirtschaftliche Interessenvereinigung (EWIV)*, JA 1989, 10-16.

KOLVENBACH, WALTER – *Die Fünfte EG-Richtlinie über die Struktur der Aktiengesellschaft (Strukturrichtlinie)*, DB 1983, 2235-2241.

Kommission der Europäischen Gemeinschaften – *Entwurf eines Übereinkommens für die internationale Verschmelzung von Aktiengesellschaften*, RabelsZ 39 (1975), 539-560.

KONZEN, HORST – *Paritätische Mitbestimmung im Montanbereicht*, AG 1983, 289-303.

KOPPENSTEINER, HANS-GEORG – *Die Sitzverlegungsrichtlinie nach Centros*, FS Lutter 2000, 141-156.

KÖRNER, MARITA – *Die Neuregelung der Übernahmekontrolle nach deutschem und europäischem Recht/insbesondere zur Neutralitätspflicht des Vorstands*, DB 2001, 367-371.

KORTS, SEBASTIAN – *Die Europäische Aktiengesellschaft/Societas Europaea (SE) im Gesellschafts- und Steuerrecht*, 2004.

KÖSTLER, ROLAND – *Mitbestimmung*, em THEISEN/WENZ, *Die Europäische Aktiengesellschaft* (2002), 301-331;

– *vide* KITTNER, MICHAEL.

KOSTRZEWA, BEATE – *Feststellung des Jahresabschluss und Gewinnverwendung nach geplanntem EG-Recht/Eine Untersuchung zum Geänderten Vorschlag einer Fünften Richtlinie des Rates über die Struktur der Aktiengesellschaft sowie die Refugnisse und Verpflichtungen ihrer Organe*, 1989.

KRAFT, ALFONS/HÖNN, GÜNTHER – *Verschmelzung und Umwandlung im Vorschlag des Status für Europäische Aktiengesellschaften*, em MARCUS LUTTER, *Die Europäischen Aktiengesellschaft/Eine Stellungsnahme zur Vorlage der Kommission an den Ministerrat der Europäischen Gemeinschaften über das Statut für Europäischen Aktiengesellschaften vom 30-April-1975* (1976), 328--351.

KRAUSE, HARTMUT – *Der revidierte Vorschlag eine Takeover-Richtlinie*, AG 1996, 209-217.

– *Die geplante Takeover-Richtlinie der Europäischen Union mit Ausblick auf das geplante deutsche Übernahmegesetz*, NZG 2000, 905-913.

– *Der Kommissionsvorschlag für die Revitalisierung der EU-Übernahmerichtlinie*, BB 2002, 2341-2347.

– *Die EU-Übernahmerichtlinie/Anpassungsbedarf im Wertpapiererwerbs- und Übernahmegesetz*, BB 2004, 113-119.

KRAUSE, RÜDIGER – *Die Stellung von KMU im europäischen Gesellschaftsrect*, EuZW 2003, 747-751

KRAUSSER, HANS PETER – *Das Prinzip begrenzter Ermächtigung im Gemeinschaftsrecht als Strukturprinzip des EWG-Vertrages*, 1991

KREMER, THOMAS – *vide* RINGLEB, HENRIK-MICHAEL.

KREPLIN, JOACHIM – *Erweiterte Angabenpflicht auf Geschäftsbriefen für Aktiengesellschaften, Kommanditgesellschaften auf Aktien und Gesellschaften mit beschränkter Haftung*, BB 1969, 1112-1114.

KREUZER, KARL F. – *vide* HIRSCH, GÜNTHER.

KRONKE, HERBERT – *Deutsches Gesellschaftsrecht und grenzüberschreitende Strukturänderungen*, ZGR 1994, 26-46.

KÜBEL, FRIEDRICH – *vide* JUDITH, RUDOLF;

– *vide* ESCHER-WEINGART, CHRISTINA.

KUFFNER, ANDREA – *Die Beteiligung der Arbeitnehmer in der Europäischen Beitriebsräte*, 2003.

KUFFNER, ANDREA – *Die Beteiligung der Arbeitnehmer in der Europäischen Aktiengesellschaft/auf der Grundlage der Richtlinie über Europäische Betriebsräte*, 2003.

KURON, IRENE – *Der Konsolidierungskreis*, em ALBACH/KLEIN, *Harmonisierung der Konzernrechnungslegung in Europa* (1990), 25-57.

LABAREDA, JOÃO – *Nota sobre a prestação de garantias por sociedades comerciais a dívidas de outras entidades*, em *Direito societário português* (1998), 167-195.

LAMANDINI, MARIO – *vide* DAUNER-LIEB, BARBARA.

LAMY – *Sociétés commerciales*, 2003.

LANFERMANN, JOSEF – *Prüfung, Feststellung und Publizität des Jahrabschlusses*, em MARCUS LUTTER, *Die Europäischen Aktiengesellschaft/Eine Stellungsnahme zur Vorlage der Kommission an den Ministerrat der Europäischen Gemeinschaften über das Statut für Europäischen Aktiengesellschaften vom 30-April-1975* (1976), 263-274.

– *Der Konzernabschluss der SE*, em MARCUS LUTTER, *Die Europäischen Aktiengesellschaft/Eine Stellungsnahme zur Vorlage der Kommission an den Ministerrat der Europäischen Gemeinschaften über das Statut für Europäischen Aktiengesellschaften vom 30-April-1975* (1976), 314-326.

LANGHEIN, BERND – *Arbeitnehmerbeteiligungen an mittelständischen Unternehmen/ /Recht, Steuer, Betriebswirtschaft*, 1987.

LAZOS, IONNIS – em PAUL SELBHERR/GERHARD MANZ, *Kommentar zur Europäischen Wirtschaftlichen Interessenvereinigung (EWIV)*, 1995, quanto à Grécia, 395-411.

LECHELER, HELMUT – *Das Subsidiaritätsprinzip/Strukturprinzip einer europäischen Union*, 1993;

– *Einführung in das Europarecht*, 2.ª ed., 2003

LEHMANN, JÜRGEN – *vide* HOFFMANN, DIETRICH.

LEINEKUGEL, MAGDALENA – *Die Sachdividende im deutschen und europäischen Aktienrecht*, 2001.

LEIPOLD, DIETER – anotação a BGH 21-Nov.-1996, JZ 1997, 571-573

LEITÃO, AUGUSTO ROGÉRIO – *O efeito jurídico das directivas comunitárias na ordem interna dos Estados membros*, DDC 14 (1982), 7-59.

LENTNER, ANTON J. – *Das Gesellschaftsrecht der Europäischen Wirtschaftlichen Interessenvereinigung (EWIV)/Das Gesellschaftsrecht und die steuerlichen Grundlage der EWIV mit Sitz in der Bundesrepublik Deutschland*, 1991.

LENZ, CARL OTTO – em CARL OTTO LENZ/KLAUS-DIETER BORCHARDT, *EU- und Eg-Vertrag/Kommentar*, 3.ª ed. (2003), 186 ss.;

– *vide* SCHEUER, ALEXANDER.

LIEBERT, ULRIKE – *Der Bezugsrechtausschluss bei Kapitalerhölungen von Aktiengesellschaften*, 2003.

LIETZMANN, HEINRICH – *Stand der Diskussion über die europäische Aktiengesellschaft*, AG 1961, 57-61.

LINDACHER, WALTER – *Massgebendes Recht, Auslegung und Lückenschliessung*, em MARCUS LUTTER, *Die Europäischen Aktiengesellschaft/Eine Stellungsnahme zur Vorlage der Kommission an den Ministerrat der Europäischen Gemeinschaften über das Statut für Europäischen Aktiengesellschaften vom 30-April-1975* (1976), 1-15.

LINNANE, HOWARD – em PAUL SELBHERR/GERHARD MANZ, *Kommentar zur Europäischen Wirtschaftlichen Interessenvereinigung (EWIV)*, 1995, quanto à Irlanda, 489-542.

Livro Verde/Parceria para uma nova organização do trabalho – COM (1997), 128.

LODERER, EUGEN – *vide* JUDITH, RUDOLF.

LOEWENHEIM, ULRICH – *Zulässigkeit und Vollstreckbarkeit von Stimmbindungsvereinbarung*, JuS 1969, 260-265.

LÖWISCH – *Betriebsverfassungsgesetz*, 3.ª ed., 1993.

LÜCK, WOLFGANG – *Zur Harmonisierung nationaler Rechtsvorschriften bei der Zulassung der Abschlussprüfer in der EG/Analyse des Vorschlages einer 8. EG-Richtlinie*, DB 1979, 317-324.

LÜHRMANN, VOLKER – *Bricht über die Podiums- und Plenardiskussion zum Thema Wege zu globale Bilanzierungs-Standards*, em LOTHAR SCHRUFF, *Bilanzrecht* (1996), 85-94.

LUTTER, MARCUS – *Die Europäischen Aktiengesellschaft/Eine Stellungsnahme zur Vorlage der Kommission an den Ministerrat der Europäischen Gemeinschaften über das Statut für Europäischen Aktiengesellschaften vom 30-April-1975*, 1976;

- *Der Aktionär in der SE*, em MARCUS LUTTER, *Die Europäischen Aktiengesellschaft/Eine Stellungsnahme zur Vorlage der Kommission an den Ministerrat der Europäischen Gemeinschaften über das Statut für Europäischen Aktiengesellschaften vom 30-April-1975* (1976), 55-71;
- *Die Aktien der SE*, em MARCUS LUTTER, *Die Europäischen Aktiengesellschaft/Eine Stellungsnahme zur Vorlage der Kommission an den Ministerrat der Europäischen Gemeinschaften über das Statut für Europäischen Aktiengesellschaften vom 30-April-1975* (1976), 146-163;
- *Europäisches Gesellschaftsrecht*, 2.ª ed., 1984;
- *Stand und Entwicklung des Konzernrechts in Europa*, ZGR 1987, 324-369;
- *Die Treuepflicht des Aktionärs*, ZHR 153 (1989), 446-471;
- *Genügen die vorgeschlagenen Regelungen für eine "Europäische Aktiengesellschaft"?*, AG 35 (1990), 413-421;
- *Die Auslegung angeglichnen Rechts*, JZ 1992, 593-607;
- *Europäisches Unternehmensrecht/Grundlagen, Stand und Entwicklung nebst Texten und Materialen zur Rechtsangleichung*, 3.ª ed., 1991, e 4.ª ed., 1996;
- *Umstrukturierung von Unternehmen über die Grenze: Versuch eines Resümees*, ZGR 1994, 87-93;
- *Missglücke Rechtsangleichung: das Chaos der Ein-Personen-Gesellschaft in Europa*, FS Brandner 1996, 81-95;
- *Eine grössenabhängige und zwingende Unternehmensverfassung für Kapitalgesellschaften in Europa?*, AG 1997, 538-540;
- *Konzepte, Erfolge und Zukunftsaufgaben Europäischer Gesellschaftsrechtsharmonisierung*, em STEFAN GRUNDMANN (ed.), *Systembildung und Systemlücken in Kerngebieten des Europäischen Privatrechts* (2000), 121-143;
- *Europäische Aktiengesellschaft – Rechtsfigur mit Zukunft ?*, BB 2002, 1-7;
- *"Überseering" und die Folgen*, BB 2003, 7-10;

– *vide* BARZ, HANS CARL;
– *vide* DEBATIN, HELMUT;
– *vide* DRUEY, JEAN NICOLAS;
– *vide* GESSLER, ERNST;
– *vide* GITTER, WOLFGANG/HEINZE, MEINHARD;
– *vide* HOPT, KLAUS J.;
– *vide* KRAFT, ALFONS/HÖNN, GÜNTHER;
– *vide* LANFERMANN, JOSEF;
– *vide* LINDACHER, WALTER;
– *vide* MARTENS, KLAUS-PETER;
– *vide* MERTENS, H.-J.;
– *vide* RINGLEB, HENRIK-MICHAEL;
– *vide* RITTNER, FRITZ;
– *vide* SCHNEIDER, UWE H.;
– *vide* SONNENBERGER, HANS JÜRGEN;
– *vide* WESTERMANN, HARM PETER;
– *vide* WIEDEMANN, HERBERT.

LUTTER, MARCUS/GEHLING, CHRISTIAN – *Verdeckte Sacheinlagen/Zur Entwicklungen der Lehre und zu den europäischen Aspekten*, WM 1989, 1445-1460.

LUTTER, MARCUS/GRUNEWALD, BARBARA – *Zur Umgehung von Vinkulierungsklauseln in Satzungen von Aktiengesellschafter und Gesellschafter mbH*, AG 1989, 109-117.

LUTTERMANN, CLAUS – *vide* GROSSFELD, BERNHARD.

MACHADO, SANTOS/GODINHO, JOÃO CARLOS – *Novo regime de fiscalização das sociedades anónimas anotado*, 1970.

MAGALHÃES, BARBOSA DE – *Indivisibilidade e nulidade total de um negócio jurídico de "sindicato de voto"/Parecer*, 1956.

MAGGIORE, GIUSEPPE RAGUSA – *Trattato delle società*, vol. II, 2003.

MAHI, FARIDA EL – *Die Europäische Aktiengesellschaft/Societas Europaea, SE*, 2004.

MANFEROCE, TOMMASO – *vide* BERTUZZI, MARIO.

MANZ, GERHARD – em PAUL SELBHERR/GERHARD MANZ, *Kommentar zur Europäischen Wirtschaftlichen Interessenvereinigung (EWIV)*, 1995;
– *vide* BREITENFELD, RUTH;
– *vide* FERMENT, HARRY;
– *vide* GRONE, PETER;
– *vide* LAZOS, IONNIS;
– *vide* LINNANE, HOWARD;
– *vide* MEUSSEN, INGRID;
– *vide* NEUSS, JUBST;
– *vide* NORGAARD, OLE;
– *vide* RHODER, JOHN E.;
– *vide* SCHLOTER, NICOLE;

– *vide* SELBHERR, PAUL;

– *vide* WESTWEBER, URSULA.

MANKOWSKI, PETER – *Der Arrestgrund der Auslandsvollstreckung und das Europäische Gemeinschaftsrecht*, NJW 1995, 306-308.

MARCO, GIUSEPPE DI – *Der Vorschlag der Kommission für eine 14. Richtlinie/Stand und Perspectiven*, ZGR 1999, 3-12.

MARKT, HANNO – *Europäische Aktiengesellschaft: Gesetzgebung als Selbstzweck?/ /Kritische Bemerkungen zum Entwurf von 1991*, BB 1992, 652-661.

MARTENS, KLAUS-PETER – *Kapital und Kapitalschutz in der SE*, em MARCUS LUTTER, *Die Europäischen Aktiengesellschaft/Eine Stellungsnahme zur Vorlage der Kommission an den Ministerrat der Europäischen Gemeinschaften über das Statut für Europäischen Aktiengesellschaften vom 30-April-1975* (1976), 167-193;

– *Stimmrechtsbeschränkung und Stimmbindungvertrag im Aktienrecht*, AG 1993, 495-502.

MARTIN, DIDIER – *Les conventions de vote en France*, em BONELLI/JAEGER, *Sindacati di voto e sindacati di blocco* (1993), 377-397.

MARTINEZ, PEDRO ROMANO – *vide* SILVA, LUÍS GONÇALVES DA.

MARTINS, ALEXANDRE SOVERAL – *Código das Sociedades Comerciais / Alterações introduzidas pelo Decreto-Lei n.° 253/96, de 31 de Dezembro*, em Revista Jurídica da Universidade Moderna I, 1 (1998), 305-318.

MARTINS, ANA MARIA GUERRA – *Curso de Direito Constitucional da União Europeia*, 2004.

MARX, SUSANNE – *Die Unabhängigkeit des Abschlussprüfers*, ZGR 2002, 292-319.

MATOS, ALBINO – *Constituição de sociedades*, 5.ª ed., 2001

MAUL, KARL-HEINZ – *Der Abhängigkeitsbericht im künftigen Konzernrecht/Ein Vergleich zwischen der Regelung des Vorentwurfs zur 9. EG-Richtlinie und der des geltenden Aktienrechts*, DB 1985, 1749-1752;

– *Mitteilungspflichten über qualifizierte Beteiligungsverhältnisse/Geltende Rechtslage und Regelung im Vorentwurf der 9. EG-Richtlinie zum Gesellschaftsrecht*, BB 1985, 897-900.

MAUL, SILJA – *vide* HULLE, KAREL VAN.

MÄVERS, GUNTHER – *Die Mitbestimmung der Arbeitnehmer in der Europäischen Aktiengesellschaft*, 2002.

MAYDELL, BERND VON – *Die vorgeschlagenen Regeln zur Mitbestimmung für eine Europäische Aktiengesellschaft*, AG 1990, 442-447.

MAYER, CHRISTIAN – *vide* HABERSACK, MATHIAS.

MAYER, DIETER – *Die Zulässigkeit von Stimmrechtsvereinbarungen im GmbH-Recht*, GmbHR 1990, 61-65.

MAYER, GERD – *vide* BINZ, MARK K..

MEILICKE, WIENAND – *Die "verschleierte" Sacheinlage – eine deutsche Fehlentwicklung*, 1989;

– *"Verschleierte" Sacheinlage und EWG-Vertrag*, DB 1990, 1173-1179;
– *Vereinbarkeit der Inhaltskontrolle des Bezugsrechtsausschlusses mit europäischem Recht*, DB 1996, 513-517;
– *Zum Vorschlag der Europäischen Kommission für die 14. EU-Richtlinie zur Koordinierung des Gesellschaftsrechts/Sitzverlegungs-Richtlinie*, GmbHR 1998, 1053-1058;
– *Auswirkungen der "Centros-Entscheidung" auf die 14.EU-Sitzverlegungs-Richtlinie*, GmbHR 1999, 896-897.

Mémorandum sur la création d'une société commerciale européenne, 1975.

MENJUCQ, MICHEL – *vide* GUILLUY, CHRISTIAN;
– *vide* HOPT, KLAUS J.;
– *vide* NABASQUE, HERVÉ LE.

MERLE, PHILIPPE – *Droit commercial/Sociétés commerciales*, 9.ª ed., 2003

MERTENS, HANS-JOACHIM – *Der Aufsichtsrat in der SE*, em MARCUS LUTTER, *Die Europäischen Aktiengesellschaft/Eine Stellungsnahme zur Vorlage der Kommission an den Ministerrat der Europäischen Gemeinschaften über das Statut für Europäischen Aktiengesellschaften vom 30-April-1975* (1976), 116--143;
– *Forderung von, Schutz vor, Zwang zu Übernahmeangeboten?*, AG 1990, 252--259.

MESTMÄCKER, ERNST-JOACHIM – *Marktversagen und Staatsversagen in der Europäische Union*, em STEFAN GRUNDMANN (ed.), *Systembildung und Systemlücken in Kerngebieten des Europäischen Privatrechts* (2000), 54-65;
– *Wirtschaft und Verfassung in der Europäischen Union/Beiträge zu Recht, Theorie und Politik der europäischen Integration*, 2003.

MESTRE, JACQUES/TIAN-PANCRAZI, MARIE-EVE – *Droit commercial*, 24.ª ed., 1999.

MEUSSEN, INGRID – em PAUL SELBHERR/GERHARD MANZ, *Kommentar zur Europäischen Wirtschaftlichen Interessenvereinigung (EWIV)*, 1995, quanto à Bélgica, 223-264

MEYER, JÜRGEN (ed.) – *Kommentar zur Charta der Grundrechte der Europäischen Union*, 2003.

MEYER-LADEWIG, JEANS – *Die Durchführung der Ersten Richtilinie des Rates der Europäischen Gemeinschaften zur Koordinierung des Gesellschaftsrechts in der Bundesrepublik*, MDR 1969, 818-820;
– *Der Kommissionsvorschlag für ein Dritte Richtlinie des Rates zur Koordinierung des Gesellschaftsrechts (Nationale Fusion)*, BB 1970, 1517-1520.

MIRANDA, JORGE – *A Constituição Europeia e a ordem jurídica portuguesa*, O Direito 134.°/135.° (2002/2003), 9-29.

MONTI, MARIO – *Statut der Europäischen Aktiengesellschaft*, WM 1997, 607-608.

MÜLBERT, PETER O. – *Kapitalschutz und Gesellschaftszweck bei der Aktiengesellschaft*, FS Lutter 2000, 535-555.

MÜLBERT, PETER O./NIENHAUS, JULIA – *Europäisches Gesellschaftsrecht und die Neubildung nationaler Gesellschaftsformen – oder: unterliegt die Vorgesellschaft der Publizitätsrichtlinie?*, RabelsZ 65 (2001), 513-546.

MÜLLER, WELF – *Zum Entwurf eines Gesetzes zur Durchführung der Zweiten Richtlinie des Rates der Europäischen Gemeinschaften zur Koordinierung des Gesellschaftsrechts (Kapitalschutzrichtlinie)*, Wpg 1978, 565-574.

MÜLLER-GRAF, PETER-CHRISTIAN – em STREINZ, *EUV/EGV*, 2003.

MÜLLER-GUGENBERGER, CHRISTIAN – *EWIV – Die Neue europäische Gesellschaftsform*, NJW 1989, 1449-1458.

NABASQUE, HERVÉ LE – *La réception de la société européenne par la pratique*, em HOPT/MENJUCQ/WYMEERSCH, *La société européenne / Organisation juridique et fiscale, intérêts, perspectives* (2003), 177-182.

NACHBAUR, ANDREAS – *Art. 52 EWGV-Mehr als nur ein Diskriminierungsverbot?*, EuZW 1991, 470-472.

NATTERER, JOACHIM – *Bezugsrechtsausschluss und zweite gesellschaftsrechtliche Richtlinie*, ZIP 1995, 1481-1489.

NEISS, ELLEN – *vide* EBENROTH, CARSTEN THOMAS.

NETTA, FRANZ – *Das Recht der verbundenen Unternehmen im Vorschlag eines Statuts für die Societas Europaea*, 1974.

NEUN, JOSEF – *Gründung*, em *Die Europäische Aktiengesellschaft* (2002), 51-169.

NEUSS, JUBST – em PAUL SELBHERR/GERHARD MANZ, *Kommentar zur Europäischen Wirtschaftlichen Interessenvereinigung (EWIV)*, 1995, quanto ao Luxemburgo, 563-592.

NEYE, HANS-WERNER – *Der neue Übernahmekodex der Börsensachverständigenkommission*, ZIP 1995, 1464-1467;
- *Der neue Vorschlag der Kommission für eine dreizehnte Richtlinie über Übernahmeangebote*, DB 1996, 1121-1125;
- *Die Europäische wirtschaftliche Interessenvereinigung/eine Zwischenbilanz*, DB 1997, 861-863;
- *Grössere Mobilität für Unternehmen in Europa/14. EU-Richtlinie zur Sitzverlegung geplant*, GmbHR 1997, R 181-R 182;
- *Neue europäische Initiative im Gesellschaftsrecht*, GmbHR 1997, R-97-R-98;
- *Die Vorstellungen der Bundesregierung zum Vorschlag einer 14. Richtlinie*, ZGR 1999, 13-19;
- *Der gemeinsane Standpunkt des Rates zur 13. Richtlinie auf dem Weg zu einem europäischen Übernahmerecht*, AG 2000, 289-296;
- *Kein neuer Stolperstein für die Europäische Aktiengesellschaft*, ZGR 2002, 377-382.

NEYE, HANS-WERNER/TEICHMANN, CHRISTOPH – *Der Entwurf für das Ausführungsgesetz zur Europäische Aktiengesellschaft*, AG 2003, 169-179.

NIEHUES, MICHAEL – *vide* PLENDL, MARTIN.

NIEHUS, RUDOLF J. – *Zur Transformation der 4.EG-(Bilanz-)Richtlinie in dem Mitgliedstaaten der Europäischen Gemeinschaft*, ZGR 1985, 536-566.

NIENHAUS, JULIA – *Kapitalschutz in der Aktiengesellschaft mit atypischer Zwecksetzung*, 2002;
– *vide* MÜLBERT, PETER O..

NIESSEN, HERMANN – *Gründung und Kapital von Aktiengesellschaft im Gemeinsamen Markt/Zum Vorschlag der Kommission einer zweiten Richtlinie zur Angleichung des Gesellschaftsrechts*, AG 1970, 281-296;
– *Zum Vorschlag einer "Europäischen" Regelung der Mitbestimmung für "nationale" Aktiengesellschaften*, ZGR 1973, 218-229.

NORGAARD, OLE – em PAUL SELBHERR/GERHARD MANZ, *Kommentar zur Europäische Wirtschaftliche Interessenvereinigung (EWIV)*, 1995, quanto à Dinamarca, 265-293.

NUNES, GONÇALO AVELÃS – *Tributação dos grupos de sociedades pelo lucro consolidado em sede de IRC/Contributo para um novo enquadramento dogmático e legal do seu regime*, 2001.

OCHS, VOLKER – *Die Einpersonengesellschaft in Europa/Eine rechtsvergleichende Studie zum Recht der Einpersonen-GmbH in Deutschland, Frankreich, Italien und England*, 1997.

OLIVEIRA, LUÍS SERPA – *Prestação de garantias por sociedades a dívidas de terceiros*, ROA 1999, 389-412.

OLSHAUSEN, EBERHARD VON – *Neuerungen im System der handelsrechtlichen Rechtsscheingrundsätze/Zur Publizitätswirkung des Handelsregisters*, BB 1970, 137-145;
– *Fragwürdige Rechtsscheingrenzen im neuen § 15 Abs 3 HGB/Koordinierung des europäischen Gesellschaftsrechts*, NJW 1971, 966-968.

OMMESLAGHE, PIERRE VAN – *Unternehmenskonzentration und Rechtsangleichung in der EWG*, ZHR 132 (1969), 201-231;
– *La proposition de troisième directive sur l'harmonisation des fusions de sociétés anonymes*, em *Qui Vadis Ius Sociatum/Liber amicorum Pieter Sanders* (1972), 123-150.

OPPO, GIORGIO – *La convenzioni parasociali tra diritto delle obligazioni e diritto delle società*, RDCiv XXXIII (1987) I, 517-530;
– *Contratti parasociali* (1942) = *Diritto delle società/Scritti giuridici* II (1992), 1-169.

OSÓRIO, JOSÉ HORTA – *Das tomadas de controlo de sociedades (takeovers) por leveraged buy-out e a sua harmonização com o Direito português*, 2001.

PACHE, ECKARD – *Dienstleistungsfreiheit*, em DIRK EHLERS, *Europäische Grundrechte und Grundfreiheiten* (2003), 268-289.

PAEFFEN, WALTER G. – *Umwandlung, europäische Grundfreiheiten und Kollisionsrecht*, GmbHR 2004, 463-476.

PANNIER, MATTHIAS – *Harmonisierung der Aktionärsrechte in Europa/insbesondere der Verwaltungsrechte*, 2003.

Parecer do Comité Económico e Social Europeu sobre a *Comunicação da Comissão ao Conselho e ao Parlamento Europeu/Modernizar o direito das sociedades e reforçar o governo das sociedades na União Europeia – Uma estratégia para o futuro*, de 21-Mai.-2003, COM (2003) 284, final = JOCE N.° C-80, 12-16, de 30-Mar.-2004.

PARLEANI, GILBERT – *vide* GAVALDA, CHRISTIAN.

Participation des travailleurs: rapport final du Groupe Davignon, em www.europa.m.int/comm/internal_market/f...ny/news/396.htm.

PAUL SELBHERR – *vide* BREITENFELD, RUTH.

PELTZEK, MARTIN – *Der Kommissionsentwurf für eine 13. Richtlinie über Übernahmeangebote von 7.2.1996*, AG 1997, 145-151.

PÉRAKIS, EVANGHÉLOS – *SE: une société pour quelles entreprises?*, em Com.Int. 2003, 227-232.

PERALTA, ANA MARIA – *Sociedades unipessoais*, em *Novas perspectivas do Direito comercial* (1988), 249-267.

PERTINARI, ALBERTO – *La società a responsabilità limitata con socio unico*, 1998.

PETERS – anot. a BGH 29-Mai.-1967, JZ 1968, 28-29.

PETERS, ANNE – *Elemente einer Theorie der Verfassung Europas*, 2001.

PETERS, EGBERT – *Die Erzwingbarkeit vertraglicher Stimmrechtsbedingungen*, AcP 156 (1957), 311-346.

PFISTER, WOLFGANG – *Europäisches Gesellschaftsrecht*, 1993.

PHILIPP, OTMAR – *Statut der Europäischen Aktiengesellschaft und Mitbestimmungsregelung*, EuZW 2001, 707/II.

PINHEIRO, LUÍS LIMA – *Direito internacional privado/Parte especial*, 1999;
– *O Direito aplicável às sociedades/Contributo para o Direito internacional privado das sociedades*, ROA 1998, 673-721 = *Estudos Jurídicos e Económicos em Homenagem ao Professor João Lumbrales* (2000), 475-555.

PIPKORN, JÖRN – *Die Mitwirkungsrechte der Arbeitnehmer aufgrund der Kommissionvorschläge der Strukturrichtlinie und der Richtlinie über die Unterrichtung und Anhörung der Arbeitnehmer*, ZGR 1985, 566-593.

PIPKORN, JÖRN/ BARDENHEWER-RATING, ANGELA/CLAUDIUS, HANS – no HANS VON DER GROEBEN/JÜRGEN SCHWARZE, *Kommentar zum Vertrag über die Europäische Union und zur Gründung der Europäischen Gemeinschaft*, vol. 1, 6.ª ed. (2003), 704 ss..

PLATANIA, FERNANDO – *vide* BERTUZZI, MARIO.

PLENDL, MARTIN/NIEHUES, MICHAEL – *Rechnungslegung, Prüfung und Publizität*, em THEISEN/WENZ, *Die Europäische Aktiengesellschaft* (2002), 361-398.

PLESSE, FRANK – *Neuregelung des Rechts der Offenlegung von Zweiggesellschaften/Gesetzentwurf zur Umsetzung der Elften gesellschaftsrechtlichen EG-Richtlinien in deutsches Recht*, DStR 1993, 133-134.

PLUSKAT, SORIKA – *Das Scheitern der europäischen Übernahmerichtlinie*, WM 2001, 1937-1942.

POCAR, FAUSTO – *vide* DRAETTA, UGO.

POTTHOFF, ERICH – *Zur Geschichte der Mitbestimmung*, em POTTHOFF/BLUME/ /DUVERNELL, *Zwischenbilanz der Mitbestimmung* (1962), 1-54;
– *vide* DUVERNELL, HELMUT.

POZZO, BARBARA – *L'acquisto di azioni proprie/La storia di un problema in un'analisi di diritto comparato*, 2003.

PRIESTER, HANS-JOACHIM – *EU-Sitzverlegung/Verfahrenschlauf*, ZGR 1999, 36-50.

Projecto de Tratado que estabelece uma Constituição para a Europa, JOCE N.° C--169, 1-105, de 18-Jul.-2003, Parte II, 22-29.

QUADROS, FAUSTO DE – *Direito europeu das sociedades*, em *Estruturas jurídicas da empresa* (1989), 151-181;
– *Direito da União Europeia*, 2004.

Quo vadis ius societatum? / Liber amicorum Pieter Sanders, 1972.

RADDATZ, ANSELM – *vide* KOLLHOSSER, HELMUT.

RAISER, THOMAS – *Mitbestimmungsgesetz Kommentar*, 2.ª ed., 1984;
– *Die Europäische Aktiengesellschaft und die nationalen Aktiengesetze*, FS Semler 1993, 277-297.

RAJAK, HARRY – *Britisches Recht und der Vorschlag einer 14. Richtlinie*, ZGR 1999, 111-125.

RAMOS, MARIA ELISABETE – *Constituição das sociedades comerciais*, em *Estudos de Direito das Sociedades*, coord. COUTINHO DE ABREU, 6.ª ed., 2003, 31-68

RANFT, NORBERT – *Vom Objekt zum Subjekt/Montanmitbestimmung, Sozialklima und Strukturwandel im Bergbau seit 1945*, 1988.

RASNER, HENNING – *Die Europäische Aktiengesellschaft (SE) – ist sie wünschenwert?*, ZGR 1992, 314-326.

RECHENBERG, WOLF-GEORG FRH. VON – *Die EWIV – Ihr Sein und Werden*, ZGR 1992, 299-313.

REHM, GERHARD M. – *vide* EIDENMÜLLER, HORST.

REIS, JOSÉ VIEIRA DOS – *Os documentos de prestação de contas na CEE e a legislação portuguesa/Análise das 4.ª, 7.ª e 8.ª Directivas da CEE sobre as sociedades comerciais*, 1987.

RENGELING, HANS-WERNER – *Grundrechtsschutz in der Europäischen Gemeinschaft/ /Bestandaufnahme und Analyse der Rechtsprechung des Europäischen Gerichtshofs zum Schutz der Grundrechte als allgemeine Rechtsgrundsätze*, 1993.

REPGEN, TILMAN – *Europäisierung des Privatrechts durch Wiederbelebung des ius commune?*, em AAVV, *Europäisierung des Privatrechts/Zwischenbilanz und Perspektiven*, Mainzer Tagung 10-13-September 1997, *Jahrbuch Junger Zivilrechtswissenschaftler* (1998), 9-36.

REUTER, DIETER – *Stimmrechtsvereinbarung bei treuhänderischer Abtretung eines GmbH-Anteiles*, ZGR 1978, 633-642.

RHODER, JOHN E. – em PAUL SELBHERR/GERHARD MANZ, *Kommentar zur Europäischen Wirtschaftlichen Interessenvereinigung (EWIV)*, 1995, quanto à Grã-Bretanha e Irlanda do Norte, 633-685.

RICHARDI, REINHARD – em REINHARD RICHARDI/GREGOR THÜSING/GEORG ANNUSS, *Betriebsverfassungsgesetz mit Wahlordnung*, 8.ª ed. (2002), 926 ss.;
– intr. a *Arbeitsgesetze*, 63.ª ed., 2003, da Beck;
– *vide* DIETZ.

RIEDEMANN, SUSANNE – *Das Auseinanderfallen von Gesellschafts- und Insolvenzstatut/"Inspire Art" und die Insolvenz über das Vermögen einer englischen "limited" in Deutschland*, GmbHR 2004, 345-349

RIESE, JOACHIM – *Die Konzern-Gewinn- und Verlustrechnung*, em ALBACH/KLEIN, *Harmonisierung der Konzernrechnungslegung in Europa* (1990), 95-116.

RIESENHUBER, KARL – *vide* HOMMELHOFF, PETER.

RINGLEB, HENRIK-MICHAEL/KREMER, THOMAS/LUTTER, MARCUS/WERDER, AXEL V. – *Deutscher Corporate Governance Kodex*, 2003.

RINGLING, WILFRIED – *vide* GÖLLERT, KURT.

RITTNER, FRITZ – *Vorstand*, em MARCUS LUTTER, *Die Europäischen Aktiengesellschaft/Eine Stellungsnahme zur Vorlage der Kommission an den Ministerrat der Europäischen Gemeinschaften über das Statut für Europäischen Aktiengesellschaften vom 30-April-1975* (1976), 94-113.

ROCHA, MARIA VICTÓRIA FERREIRA DA – *Aquisição de acções próprias no Código das Sociedades Comerciais*, 1994.

RODEMANN, CARSTEN – *Stimmbindungsvereinbarungen in dem Aktien- und GmbH--Rechten Deutschlands, Englands, Frankreichs und Belgiens*, 1998.

ROLLE, GIOVANNI/VALENTE, GIANPAOLO – *La "societas europaea" come strumento di pianificazione fiscale*, em Com.Int. 2003, 39-43.

RONTCHEVSKY, NICOLAS – *vide* CHAPUT, YVES.

ROOS, MICHAEL – *Das neue Vorschlag für eine EG-Übernahme-Richtlinie*, WM 1996, 2177-2188.

ROSAPEPE, ROBERTO – *La società a responsabilità limitata unipersonale*, 1996.

ROSEN, RÜDIGER VON/HELM, LEONHARD – *Der Erwerb eigener Aktien durch die Gesellschaft/Plädoyer für ein neues Instrument der Unternehmensfinanzierung in Deutschland und einen wichtigen Impuls für den deutschen Kapitalmarkt*, AG 1996, 434-442

ROTH, WULF-HENNING – *Die Niederlassungsfreiheit zwischen Beschränkungs- und Diskriminierungsverbot*, GS Brigitte Knobbe-Keuk (1997), 729-742.

RÖTTINGER, MORITZ – *vide* BORCHARDT, KLAUS-DIETER.

RUFFERT, MATTHIAS – *Die Mitgliedstaaten der Europäischen Gemeinschaft als Verpflichtete der Gemeinschaftsgrundrechte*, EuGRZ 1995, 518-530;
– *Schlüsselfragen der Europäischen Verfassung der Zukunft: Grundrechte – Institutionen – Kompetenzen – Ratifizierung*, EuR 2004, 165-201;
– *vide* UKROW, JÖRG.

RUIGROK, WINFRIED – *Das multinationale Unternehmen im Zeitalter der Globalisierung*, em CARL BAUNDENBACHER, *Internationales und Europäisches Wirtschaftsrecht*, 1.° vol. (2004), 83-96.

SANDERS, PIETER – *Auf dem Wege zu einer Europäischen Aktiengesellschaft*, RIW/AWD 6 (1960), 1-5;
– *Die europäische Aktiengesellschaft / Probleme des Zugangs in der Mitbestimmung*, AG 1967, 344-348.

SANTOS, ANTÓNIO MARQUES DOS – *Algumas reflexões sobre a nacionalidade das sociedades em Direito internacional privado e em Direito internacional público*, 1985.

SANTOS, MÁRIO LEITE – *Contratos parassociais e acordos de voto nas sociedades anónimas*, 1996.

SARRAZIN, VIKTOR – *Die steuerliche Fusionsrichtlinie – was ist erreicht?*, ZGR 1994, 66-74.

SASS, GERT – *Die Fusionsrichtlinie und die Mutter/Tochterrichtlinie; zu den beiden steuerlichen EG-Richtlinien für die grenzüberschreitende Zusammenarbeit von Unternehmen*, DB 1990, 2340-2346;
– *Neuere Entwicklungen bei Mutter/Tochter-Beziehungen in der EG*, DB 1994, 1585-1596.

SCHANZE, ERICH/JÜTTNER, ANDREAS – *Anerkennung und Kontrolle ausländischer Gesellschaften – Rechtlage und Perspektiven nach der Überseering Entscheidung des EuGH*, AG 2003, 30-36;
– *Die Entscheidung für Pluralität: Kollisionsrecht und Gesellschaftsrecht nach der EuGH-Entscheidung "Inspire Art"*, AG 2003, 661-671

SCHATZMANN, JÜRGEN – *Die Auswirkungen der Achten gesellschaftsrechtlichen Richtlinie auf die Bestellung des Abschlussprüfers*, RIW 1984, 614-621.

SCHEFFER, URBAN – *Die Marktfreiheiten des EG-Vertrages als Ermessensgrenze des Gemeinschaftsgesetzgebers*, 1998

SCHEIFELE, MATTHIAS – *vide* BRANDT, ULRICH.

SCHEUER, ALEXANDER – em CARL OTTO LENZ/KLAUS-DIETER BORCHARDT, *EU- und EG-Vertrag/Kommentar*, 3.ª ed. (2003), 613 ss.

SCHEUING, DIETER H. – *vide* HIRSCH, GÜNTHER.

SCHILLING, WOLFGANG – *vide* DUDEN, KONRAD.

SCHIMA, BERNHARD – *Das Subsidiaritätsprinzip im Europäischen Gemeinschaftsrecht*, 1994.

SCHIMMELPFENNIG, HANS-CRISTOPH/HAUSCHKA, CHRISTOPH E. – *Die Zukassung der Ein-Person-GmbH in Europe und die Änderungen des deutschen GmbH-Rechts*, NJW 1992, 942-945.

SCHLOTER, NICOLE – em PAUL SELBHERR/GERHARD MANZ, *Kommentar zur Europäischen Wirtschaftlichen Interessenvereinigung (EWIV)*, 1995, quanto à França, 475-487.

SCHMIDT, CHRISTOF – *Der Einfluss europäischer Richtlinien auf das innerstaatliche Privatrecht am Beispiel des Einwendungsdurchgriffs bei verbundenen Geschäften*, 1997;
– *Die gemeinschaftsrechtliche Überlagerung der Tatbestände des Missbrauchs der Vertretungsmacht und des Insichgeschäfts*, AG 1998, 127-133

SCHMIDT, GUDRUN – no HANS VON DER GROEBEN/SCHWARZE, *Kommentar zum Vertrag über die Europäische Union und zur Gründung der Europäischen Gemeinschaft*, 4.° vol., 6.ª ed. (2004), 762 ss..

SCHMIDT, KARSTEN – *Handelsrecht*, 5.ª ed., 1999;
– *Sitzverlegungsrichtlinie, Freizügigkeit und Gesellschaftsrechtspraxis/Grundlagen*, ZGR 1999, 20-35;
– *Gesellschaftsrecht*, 4.ª ed., 2002.

SCHMIDT, MAREK – *Privatrechtsangleichende EU-Richtlinien und nationale Auslegungsmethoden*, RabelsZ 59 (1995), 569-597.

SCHMIDZ, RUDOLF – *Kapitalkonsolidierung im Konzernabschluss*, em ALBACH/KLEIN, *Harmonisierung der Konzernrechnungslegung in Europa* (1990), 149-174.

SCHNEIDER – *vide* DÄUBLER.

SCHNEIDER, UWE H. – *Europäische Atiengesellschaft und Verfahrensrecht*, em MARCUS LUTTER, *Die Europäischen Aktiengesellschaft/Eine Stellungsnahme zur Vorlage der Kommission an den Ministerrat der Europäischen Gemeinschaften über das Statut für Europäischen Aktiengesellschaften vom 30-April-1975* (1976), 379-403.

SCHNICHELS, DOMINIK – *Reichweite der Niederlassungsfreiheit/Dargestellt am Beispiel des deutschen Internationalen Gesellschaftsrechts*, 1995

SCHÖN, WOLFGANG – *Gesellschaftsrecht nach Maastricht/Art. 3b EGV und das europäische Gesellschaftsrecht*, ZGR 1995, 1-38;
– *Neue Wege im Europäischen Steuerrecht*, EuZW 1998, 129;
– *Das Bild des Gesellschafters im Europäischen Gesellschaftsrecht*, RabelsZ 64 (2000), 1-37.

SCHRÖDER, HANS – *vide* JUDITH, RUDOLF.

SCHROEDER, WERNER – *Das Gemeinschaftsrechtssystem/Eine Untersuchung zu den rechtsdogmatischen, rechttheoretischen und verfassungsrechtlichen Grundlagen des Systemdenkens im Europäischen Gemeinschaftsrecht*, 2002;
– *Die Auslegung des EU-Rechts*, JuS 2004, 180-186;
– *vide* KLAUER, IRENE.

SCHRUFF, LOTHAR – *vide* CARSBERG, Sir BRYAN;

– *vide* HULLE, KAREL VAN;

– *vide* SCHULZE-OSTERLOH, JOACHIM.

SCHULZ, MARTIN – *(Schein-) Auslandsgesellschaften in Europa – Ein Schein-Problem*, NJW 2003, 2705-2708.

SCHULZE-OSTERLOH, JOACHIM – *Die Rechnungslegung der Einzelkaufleute und Personenhandelsgesellschaften nach dem Bilanzrichtlinien-Gesetz*, ZHR 150 (1986), 403-433 e *Jahresabschluss, Abschlussprüfung und Publizität der Kapitalgesellschaften nach dem Bilanzrichtlinien-Gesetz*, ZHR 150 (1986), 532-569;

– *Harmonisierung der Rechnungslegung und Kapitalschutz*, em LOTHAR SCHRUFF, *Bilanzrecht* (1996), 121-134.

SCHWAB, MARTIN – *Der Dialog zwischen dem EuGH und nationalen Exegeten bei der Auslegung von Gemeinschaftsrecht und angeglichenem Recht*, ZGR 2000, 446--478.

SCHWARK, EBERHARD – *Globalisierung, Europarecht und Unternehmensmitbestimmung im Konflikt*, AG 2004, 173-180.

SCHWARZ, GÜNTER CHRISTIAN – *Europäisches Gesellschaftsrecht/Ein Handbuch für Wissenschaft*, 2000;

– recensão a HEIKE VOLTER, *Der Lückenschluss der Europäischen Privatgesellschaft* (2000), ZHR 165 (2001), 414-417;

– *Zum Statut der Europäischen Aktiengesellschaft/Die nichtigsten Neuerungen und Änderungen der Verordnung*, ZIP 2001, 1847-1861.

SCHWARZ, HANS-DETLEF – *Das Gesetz zur Durchführung der Zwölften gesellschaftsrechtlichen EG-Richtlinie/Neuerungen für die Einpersonen-GmbH*, DStR 1992, 221-222.

SCHWARZE – *vide* GAITANIDES, CHARLOTTE;

– *vide* SCHMIDT, GUDRUN.

SCHWARZE, JÜRGEN – *vide* JACQUÉ, JEAN PAUL;

– *vide* KIEMEL, WOLFGANG;

– *vide* PIPKORN, JÖRN e outros;

– *vide* TROBERG, PETER;

– *vide* TROBERG/TIEDJE;

– *vide* WÖLKER, ULRICH/GRILL, GERHARD;

– *vide* ZULEEG, MANFRED.

SEIBERT, ULRICH – *Die Umsetzung der Zweigniederlassungsrichtlinie im deutschen Recht*, GmbHR 1992, 738-741;

– *Neuordnung des Rechts der Zweigniederlassung im HGB*, DB 1993, 1705-1707.

SEIBT, CHRISTOPH/HEISER, KRISTIAN J. – *Der neue Vorschlag einer EU-Übernahmerichtlinie und das deutsche Übernahmercht*, ZIP 2002, 2193-2203.

SELBHERR, PAUL – *vide* FERMENT, HARRY;

– *vide* GRONE, PETER;

– *vide* LAZOS, IONNIS;

– *vide* LINNANE, HOWARD;
– *vide* MANZ, GERHARD;
– *vide* MEUSSEN, INGRID;
– *vide* NEUSS, JUBST;
– *vide* NORGAARD, OLE;
– *vide* RHODER, JOHN E.;
– *vide* SCHLOTER, NICOLE;
– *vide* WESTWEBER, URSULA.

SELBHERR, PAUL/MANZ, GERHARD – *Kommentar zur Europäischen Wirtschaftlichen Interessenvereinigung (EWIV)*, 1995.

SEMINO, GIORGIO – *Il problema della validità dei sindicati di voto*, 2003.

SEMLER – *vide* BÄRWALDT, ROMAN.

SEMLER, JOHANNES/STENGEL, ARNDT – *Umwandlungsgesetz*, 2003.

SIEBEL, ULF R./GEBAUER, STEFAN – *Interimsdividende*, AG 1999, 385-402.

SIEBER, ULRICH – *vide* HIRSCH, GÜNTHER.

SIEBERT/BECKER – *Betriebsverfassungsgesetz*, 7.ª ed., 1992.

SIEGEL, STANLEY – *Harmonization and Change in Accouting Principles: A Comment on Some Important Changes in United States Accounting*, em LOTHAR SCHRUFF, *Bilanzrecht* (1996), 97-119.

SILVA, JOÃO CALVÃO DA – *Sinal e contrato-promessa*, 8.ª ed., 2001.

SILVA, JOÃO GOMES DA – *Acções próprias e interesses dos accionistas*, ROA 2000, 1221-1296.

SILVA, LUÍS GONÇALVES DA – em PEDRO ROMANO MARTINEZ e outros, *Código do Trabalho Anotado* (2003), 685 ss..

SIMONETTI, LUCA – *Gli "shareholders' agreements" in Inghilterra*, em BONELLI/ /JAEGER, *Sindacati di voto e sindacati di blocco* (1993), 433-447.

SKAUPY, WALTHER – *Europäisches Gesellschaftsrecht / Eine Betrachtung über die Harmonisierungsbestrebungen in der EWG*, AG 1966, 13-24.

SKOG, ROLF – *Der Erwerb eigener Aktien: Reformbestrebungen in den EU-Mitgliedstaaten*, ZGR 1997, 306-333.

SOARES, MARIA ÂNGELA COELHO BENTO – *Aumento de capital*, em *Problemas de Direito das sociedades* (2002), 237-255.

SONNENBERGER, HANS-JÜRGEN – *Der Vorentwurf eines Abkommens über die internationale Fusion*, AG 1969, 381-386;
– *Interne Fusion von Aktiengesellschaften im Gemeinsamen Markt – Kommissionsvorschlag einer dritten Richtlinie zur Angleichung des Gesellschaftsrechts*, AG 1971, 76-82;
– *Die Organisation der Aktiengesellschaften im Gemeinsamen Markt/Kommissionsvorschlag einer fünfte Richtlinie zur Angleichung des Gesellschaftsrechts*, AG 1974, 1-8 e 33-41;
– *Die Hauptversammlung*, em MARCUS LUTTER, *Die Europäischen Aktiengesellschaft/Eine Stellungsnahme zur Vorlage der Kommission an den Mini-*

sterrat der Europäischen Gemeinschaften über das Statut für Europäischen Aktiengesellschaften vom 30-April-1975 (1976), 73-91.

SONNENSCHEIN, JÜRGEN – *vide* EMMERICH, VOLKER.

SOURIOUX, JEAN-LOUIS – *Pour l'apprentissage du langage du droit*, RTDC 1999, 343--353.

SOUSA, ANTONIO BAPTISTA DE – *Projecto de lei relativo à fiscalização de sociedades anonymas*, 1892.

STAUDINGER – *vide* GROSSFELD, BERNHARD.

STEDING, ROLF – *Das Gesellschaftsrecht der EU zwischen Erwartung und Enttäuschung*, NGZ 2000, 913-918.

STEGE/WEINSPACH – *Betriebsverfassungsgesetz*, 7.ª ed., 1994.

STEINBERG, PHILIPP – *Zur Konvergenz der Grundfreiheiten und der Tatbestands- und Rechtfertigungsebene*, EuGRZ 2002, 13-25.

STEINDORF, ERNST – *Gesellschaftsrechtliche Richtlinien der EG und strengeres staatliches Recht*, EuZW 1990, 251-254.

STENGEL – *vide* BÄRWALDT, ROMAN.

STENGEL, ARNDT – *vide* SEMLER, JOHANNES.

STREINZ – *vide* MÜLLER-GRAF, PETER-CHRISTIAN.

STREINZ, RUDOLF – *Europarecht*, 6.ª ed., 2003;
– *Vertrag über die Europäische Union und Vertrag zur Gründung der Europäischen Gemeinschaft*, 2003.

STRIEBECK, CHRISTIAN – *Reform des Aktienrechts durch die Strukturrichtlinie der Europäischen Gemeinschaft*, 1992.

TANK, GERHARD – *Stimmrechtsabkommen im Lichte des Mitbestimmungsgesetzes*, AG 1977, 34-40.

TEICHMANN, ARNDT – *Die Spaltung einer Aktiengesellschaft als gesetzgeberiche Aufgabe*, AG 1980, 85-93;
– *Die Einführung der Europäischen Aktiengesellschaft – Grundlagen der Ergänzung des europäischen Status durch den deutschen Gesetzgeber*, ZGR 2002, 383-464;
– *Minderheitenschutz bei Gründung und Sitzverlegung der SE*, ZGR 2003, 367--401.

TEICHMANN, CHRISTOPH – *vide* NEYE, HANS-WERNER.

TELES, FERNANDO GALVÃO – *União de contratos e contratos para-sociais*, ROA 11 (1951), 1 e 2, 37-103.

TERRA, BEM J. M. – *De Societas Europaea* (2002), na *Internet*.

THAN, JÜRGEN – *Verhaltenspflichten bei der Ausübung von Aktienstimmrechten durch Bevollmächtige / Rechtsfragen der Bankspraxis*, ZHR 157 (1993), 125-149.

THEISEN – *vide* KÖSTLER, ROLAND;
– *vide* PLENDL, MARTIN.

THEISEN, MANUEL R./HÖLZL, MICHAEL – *Corporate Governance*, em MANUEL RENÉ THEISEN/MARTIN WENZ, *Die Europäische Aktiengesellschaft/Recht, Steuern und Betriebswirtschaft der Societas Europaea (SE)* (2002), 247-299.

THEISEN, MANUEL RENÉ/WENZ, MARTIN – *A – Hintergründe, historische Entwicklung und Grundkonzeption*, em MANUEL R. THEISEN/MARTIN WENZ (publ.), *Die Europäische Aktiengesellschaft/Recht, Steurn und Betriebswirtschaft der Societas Europaea (SE)* (2002), 1-50;

– *Die Europäische Aktiengesellschaft/Recht, Steuern und Betriebswirtschaft der Societas Europaea (SE)*, 2002.

THÖMES, OTMAR – *Die steuerliche Fusions-Richtlinie – Was bleibt zu tum?*, ZGR 1994, 75-86.

THÜSING, GREGOR – *Deutsche Unternehmensmitbestimmung und europäische Niederlassungsfreiheit*, ZIP 2004, 381-388;

– *vide* REINHARD RICHARDI.

TIAN-PANCRAZI, MARIE-EVE – *vide* MESTRE, JACQUES.

TIEDJE, JÜRGEN – *vide* TROBERG, PETER.

TIETJE, CHRISTIAN – *Niederlassungsfreiheit*, em DIRK EHLERS, *Europäische Grundrechte und Grundfreiheiten* (2003), 240-267

TIMM, WOLFRAM – anot. a BGH 1-Fev.-1988, 1582-1583.

TIMMERMANN, LEVINUS – *Sitzverlegung von Kapitalgesellschaften nach niederländischem Recht und die 14. Richtlinie*, ZGR 1999, 147-156.

TIMMERMANNS, CHRISTIAN – *Neue Rechtsprechung des Gerichtshofs der EG zum europäischen Gesellschaftsrecht*, 2003.

TORINO, RAFFAELE – *I contratti parassociali*, 2000.

TRIGO, MARIA DA GRAÇA – *Grupos de sociedades*, O Direito 123 (1991), 41-114;

– *Os acordos parassociais sobre o exercício do direito de voto*, 1998;

– *Acordos parassociais/Síntese das questões jurídicas mais relevantes*, em *Problemas do Direito das sociedades*, 2002.

TROBERG, PETER/TIEDJE, JÜRGEN – no HANS VON DER GROEBEN/JÜRGEN SCHWARZE, *Kommentar zum Vertrag über die Europäische Union und zur Gründung der Europäischen Gemeinschaft*, vol. 1, 6.ª ed. (2003), prenot. aos artigos 43.° a 48.°.

UHLICH, HEINZ – *Die Genossenschaft im Gesellschaftsrecht der Europäischen Gemeinschaft*, ZfgG 23 (1973), 233-243.

UKROW, JÖRG – em CHRISTIAN CALLIESS/MATTHIAS RUFFERT, *Kommentar des Vertrages über die Europäische Union und Vertrages zur Gründung der Europäischen Gemeinschaft – EUV/EGV*, 2.ª ed. (2002), 355 ss.

ULRICH, RUY ENNES – *Sociedades anónimas e sua fiscalização*, ROA 1941, 1, 14-27.

UMNUSS, KARSTEN – *Organisation der Betriebsverfassung und Unternehmerautonomie/Grundlesung für die Reform des organisatorischen Teils der Betriebsverfassung*, 1993.

VALENTE, GIANPAOLO – *vide* ROLLE, GIOVANNI.

VASCONCELOS, JOANA – *A cisão de sociedades*, 2001.

VEIT, MARTIN/WICHERT, JOACHIM – *Unternehmerische Mitbestimmung bei europäischen Kapitalgesellschaften mit Verwaltungssitz in Deutschland nach "Überseering" und "Inspire Art"*, AG 2004, 14-20

VENTURA, RAÚL – *Fusão e cisão de sociedades*, RFDUL XXIV (1972), 23-50;
– *A sede da sociedade no Direito interno e no Direito internacional privado português*, SI 26 (1977), 345-361 e 462-509;
– *Auto-participação da sociedade: as acções próprias*, ROA 1978, 217-277;
– *Participações recíprocas de sociedades em sociedades*, SI XXVII (1978), 359-420;
– *Participações dominantes: alguns aspectos do domínio de sociedades por sociedades*, ROA 1979, 5-62 e 241-291;
– *Adaptação do Direito português à Segunda Directiva do Conselho da Comunidade Económica Europeia sobre o Direito das sociedades*, DDC 3 (1980), 5-152;
– *Adaptação do Direito português à Primeira Directiva do Conselho da Comunidade Económica Europeia sobre Direito das sociedades*, DDC 2 (1980), 89-217;
– *Adaptação do Direito português à Terceira Directiva do Conselho da Comunidade Económica relativa à fusão das sociedades por acções*, DDC 4 (1980), 183-252;
– *Participações unilaterais de sociedades em sociedades e sociedades gestoras de participações noutras sociedades*, SI 1980, 19-101;
– *Grupos de sociedades/Uma introdução comparativa a propósito de um Projecto Preliminar de Directiva da CEE*, ROA 1981, 23-81 e 306-362;
– *Adaptação do direito português à Sexta Directiva do Conselho da Comunidade Económica Europeia relativa às cisões das sociedades por acções*, DDC 10 (1982), 7 a 89;
– *Fusão, cisão, transformação de sociedades*, 1990;
– *Estudos vários sobre sociedades anónimas*, 1992;
– *Acções próprias*, em *Estudos vários sobre sociedades anónimas*, 1992;
– *Acordos de voto; algumas questões depois do Código das Sociedades Comerciais*, O Direito 124 (1992), 17-86;
– *O contrato de subordinação*, em *Novos estudos sobre sociedades anónimas e sociedades em nome colectivo* (1994), 89-127;
– *Alterações do contrato de sociedade*, 2.ª ed., 1998.

VETTER, HEINZ OSKAR – *vide* GROEBEN, HANS VON DER;
– *vide* JUDITH, RUDOLF.

VIANDIER, ALAIN – *vide* COZIAN, MAURICE.

VISCONDE DE CARNAXIDE (ANTÓNIO BAPTISTA DE SOUSA) – *Sociedades Anonymas/ /Estudo theorico e pratico de direito interno e comparado*, 1913.

VOIGT/WEDDIGEN – *Zur Theorie und Praxis der Mitbestimmung*, 1.° vol., 1962.

VÖLTER, HEIKE – *Der Lückenschluss im Statut der Europäischen Privatgesellschaft*, 2000.

VÖLTER, HEIKE – *vide* SCHWARZ, GÜNTER CHRISTIAN.

WÄGENBAUR, ROLF – *Inhalt und Etappen der Niederlassungsfreiheit*, EuZW 1991, 427-434

WAGNER, JENS – *Die Bestimmung des auf SE anwendbaren Rechts*, NZG 2002, 985- - 991.

WALTER, CHRISTIAN – *Geschichte und Entwicklung der Europäischen Grundrechte und Grundfreiheiten*, em DIRK EHLERS (publ.), *Europäische Grundrechte und Grundfreiheiten* (2003), 1-19

WALTER, TONIO – *Entwurf einer Richtlinie zur sprachlichen Gestaltung europarechtlichter Texte*, NJW 2004, 582-584

WEDDIGEN – *vide* VOIGT.

WEHLAU, ANDREAS – *Die Europäische Aktiengesellschaft – eine Option für die GmbH?*, GmbHR 1992, 640-643;
- *The Societas Europaea: A critique of the commission's 1991 amended proposal*, CMLR 1992, 473-510.

WEILER, JOSEPH – *vide* CASSESE, ANTONIO.

WEIMAR, ROBERT/DELP, UDO A. – *Die Europäische Wirtschaftliche Interessenvereinigung (EWIV) in rechtlicher und steuerlicher Sicht*, WPg 1989, 89-99.

WEINMANN, HEINZ – *vide* HOFFMANN, DIETRICH.

WEINSPACH – *vide* STEGE.

WEISER, PETER M. – *Die neue Übernahmerichtlinie und die Folgen*, ZIP 2004, 343- -350.

WENZ – *vide* KÖSTLER, ROLAND;
- *vide* PLENDL, MARTIN.

WENZ, MARTIN – *Die Societas Europaea (SE)/Analyse der geplanten Rechtsformen und ihre Nutzungsmöglichkeiten für eine europäische Konzernunternehmung*, 1993;
- *Die Societas Europaea/SE*, Berlim, 1993;
- *Grenzüberschreitende Sitzverlegung*, em THEISEN/WENZ, *Die Europäische Aktiengesellschaft* (2002), 171-245;
- *Einsatzmöglichkeiten einer Europäischen Aktiengesellschaft in der Unternehmenpraxis aus betriebswirtschaftlicher Sicht*, AG 2003, 185-196;
- *vide* THEISEN, MANUEL R..

WERDER, AXEL V. – *vide* RINGLEB, HENRIK-MICHAEL.

WESTERMANN, HARM PETER – *Die Finanzierung der SE*, em MARCUS LUTTER, *Die Europäischen Aktiengesellschaft/Eine Stellungsnahme zur Vorlage der Kommission an den Ministerrat der Europäischen Gemeinschaften über das Statut für Europäischen Aktiengesellschaften vom 30-April-1975* (1976), 195-215.

WESTWEBER, URSULA – em PAUL SELBHERR/GERHARD MANZ, *Kommentar zur Europäischen Wirtschaftlichen Interessenvereinigung (EWIV)*, 1995, quanto à Espanha, 413-474.

WEYRINGER, CLAUDIA – *vide* BORCHARDT, KLAUS-DIETER.

WICHERT, JOACHIM – *vide* VEIT, MARTIN.

WIEDEMANN, HARAD – *Entwicklung internationaler Prüfungs-Standards*, em LOTHAR SCHRUFF, *Bilanzrecht* (1996), 149-196;
– *Bilanzrecht/Kommentar zu den §§ 238 bis 342a HGB*, 1999.

WIEDEMANN, HERBERT – *Satzung und Satzungsänderung*, em MARCUS LUTTER, *Die Europäische Aktiengesellschaft/Eine Stellungsnahme zur Vorlage der Kommission an den Ministerrat der Europäischen Gemeinschaften über das Statut für Europäischen Aktiengesellschaften vom 30-April-1975* (1976), 39-53.

WIENKÖTTER, ANDREA – *Der Konzernanhang*, em ALBACH/KLEIN, *Harmonisierung der Konzernrechnungslegung in Europa* (1990), 117-148.

WIESNER, PETER M. – *Neue EG-Richtlinie über die Offenlegung von Zweigniederlassungen*, GmbHR 1987, 103/I;
– *Binnenmarkt und Wettbewerb bleiben auf der Strecke/Zum Kommissionsvorschlag für eine neue Übernahmerichtlinie*, ZIP 2002, 1967.

WILKEN, OLIVER – *vide* EBENROTH, CARSTEN THOMAS.

WILMOWSKY, PETER VON – *Freiheit des Kapital- und Zahlungsverkehrs*, em DIRK EHLERS, *Europäische Grundrechte und Grundfreiheiten* (2003), 290-317.

WINDBICHLER, CHRISTINE – *vide* HUECK, GÖTZ.

WIRTH, GERNOT – *Auseinanderspaltung als Mittel zur Trennung von Familienstämmen und zur Filialabsplatung*, AG 1997, 455-460.

WISSMANN, HELMUT – *Die Mitbestimmung der Arbeitsnehmer in der Europäischen Aktiengesellschaft (SE)*, RdA 1992, 320-330.

WLOTZKE – *Betriebsverfassungsgesetz*, 2.ª ed., 1992.

WOLF, MARTIN – *Konzerneingangsschutz bei Übernahmeangeboten/neuere Entwicklungen zur Verteidigungsmassnahmen im Spannungsfeld zum EU-Richtlinienvorschlag*, AG 1998, 212-221.

WÖLKER, ULRICH/GRILL, GERHARD – no HANS VON DER GROEBEN/JÜRGEN SCHWARZE, *Kommentar zum Vertrag über die Europäische Union und zur Gründung der Europäischen Gemeinschaft*, vol. 1, 6.ª ed. (2003), 1275 ss..

WYMEERSCH – *vide* HOPT, KLAUS J.;
– *vide* NABASQUE, HERVÉ LE.

WYMEERSCH, EDDY – *Das Bezugsrecht der alten Aktionäre in der Europäischen Gemeinschaft: eine rechtsvergleichende Untersuchung*, AG 1998, 382-390;
– *Diz Sitzverlegung nach belgischem Recht*, ZGR 1999, 126-146;
– *Gesellschaftsrecht im Wandel: Ursachen und Entwicklungslinien*, ZGR 2001, 294-324;
– *vide* GUILLUY, CHRISTIAN;
– *vide* HOPT, KLAUS J..

WYSOCKI, K. VON – *Zur endgültigen Fassung der 7. und 8. EG-Richtlinie*, DB 1979, 1472-1473.

XAVIER, ALBERTO PINHEIRO – *Direito tributário internacional: tributação das operações internacionais*, 1993.

XAVIER, HUMBERTO F. – *Le statut du commissaire aux comptes dans la société anonyme européenne* (1978), em DDC 8 (1981), 7-108.

XAVIER, VASCO LOBO – *A validade dos sindicatos de voto no direito português constituído e constituendo*, ROA 1985, 639-653.

ZACHERT, ULRICH – *vide* KITTNER, MICHAEL.

ZIMMER, DANIEL – *Wie es Euch gefällt? Offene Frage nach dem Überseering-Urteil*, BB 2003, 1-7.

ZIMMER, DANIEL – *Internationales Gesellschaftsrecht*, 1996;
– *Nach "Inspire Art": Grenzenlose Gestaltungsfreiheit für deutsche Unternehmen?*, NJW 2003, 3585-3592.

ZINZER, ALEXANDER – *Entwicklungen zu einem europäischen Übernahmerecht*, ZRP 2003, 78-82.

ZÖLLNER, WOLFGANG – *Zur Schranken und Wirkung von Stimmbindungsverträgen, insbesondere bei der GmbH*, ZHR 155 (1991), 168-189.

ZULEEG, MANFRED – no HANS VON DER GROEBEN/JÜRGEN SCHWARZE, *Kommentar zum Vertrag über die Europäische Union und zur Gründung der Europäischen Gemeinschaft*, vol. 1, 6.ª ed. (2003), 604 ss..

ZUTT, JÜRG – *Einstweiliger Rechtsschutz bei Stimmbindungen*, ZHR 155 (1991), 190--208.

ÍNDICE GERAL

I
INTRODUÇÃO

§ 1.° O Direito europeu das sociedades

§ 2.° Papel e natureza do Direito europeu das sociedades

§ 3.° Relevo, bibliografia e programa

II
DOGMÁTICA GERAL

CAPÍTULO I

AS SOCIEDADES NO TRATADO DA UNIÃO EUROPEIA

§ 4.° Aspectos gerais

§ 5.° Direitos e liberdades fundamentais

§ 6.° A liberdade de estabelecimento

§ 7.° Livre circulação de mercadorias, de pessoas, de serviços e de capitais

CAPÍTULO II

A REALIZAÇÃO DO DIREITO EUROPEU DAS SOCIEDADES

§ 8.° As fontes europeias

§ 9.° **Interpretação e aplicação**

§ 10.° **Estádio actual e perspectivas**

III
DIRECTRIZES DE DIREITO DAS SOCIEDADES E SUA TRANSPOSIÇÃO

CAPÍTULO I
1.ª DIRECTRIZ (68/151/CEE): GARANTIAS DOS SÓCIOS E DE TERCEIROS

§ 11.° **Textos da 1.ª Directriz e da Directriz de alteração**

§ 12.° **Preparação e sistema geral**

§ 13.° **Transposição para o Direito português**

CAPÍTULO II
2.ª DIRECTRIZ (77/91/CEE): GARANTIAS DO CAPITAL SOCIAL

§ 14.° **Textos da 2.ª Directriz e da Directriz de alteração**

§ 15.° **Preparação e sistema geral**

§ 16.° Transposição para o Direito português

CAPÍTULO III

3.ª (78/855/CEE) e 6.ª (82/891/CEE) DIRECTRIZES: FUSÃO E CISÃO

§ 17.° Textos da 3.ª Directriz e da 6.ª Directrizes

§ 18.° Problemática geral e preparação

§ 19.° Sistema geral da 3.ª Directriz

§ 20.° A transposição da 3.ª Directriz

§ 25.° Direito europeu da prestação de contas

§ 26.° Sistema e transposição da 4.ª Directriz

§ 27.° Sistema e transposição da 7.ª Directriz

§ 28.° Sistema e transposição da 8.ª Directriz

CAPÍTULO V
11.ª DIRECTRIZ (89/666/CEE): PUBLICIDADE DE SUCURSAIS

§ 29.° Texto, preparação, sistema e transposição

CAPÍTULO VI

12.ª DIRECTRIZ (89/667/CEE): SOCIEDADES POR QUOTAS UNIPESSOAIS

§ 30.° **Texto, preparação e sistema**

§ 31.° **A unipessoalidade no Direito português**

§ 32.° **A transposição da 12.ª Directriz**

CAPÍTULO VII

13.ª DIRECTRIZ (2004/25/CE): OFERTAS PÚBLICAS DE AQUISIÇÃO

§ 33.° **Texto da 13.ª Directriz**

§ 34.° **Sistema, conteúdo e apreciação**

CAPÍTULO VIII

DIRECTRIZES COMPLEMENTARES

§ 35.° Directrizes sobre regimes fiscais comuns

§ 36.° Directrizes sobre informações a prestar ao mercado

IV
VECTORES EVOLUTIVOS

CAPÍTULO I

PROPOSTA DE 5.ª DIRECTRIZ (ESTRUTURA DAS SOCIEDADES ANÓNIMAS)

§ 37.° **Texto, preparação e dificuldades**

§ 38.° **Sistema e conteúdo**

§ 39.° **O problema da co-gestão**

§ 40.° **Repercussões no Direito português e apreciação**

CAPÍTULO II

9.ª DIRECTRIZ (PROJECTO): GRUPOS DE SOCIEDADES (1984)

§ 41.° **Texto, preparação e sistema**

§ 42.° **Repercussões no Direito português e apreciação**

CAPÍTULO III

10.ª DIRECTRIZ (PROPOSTA): FUSÕES INTERNACIONAIS

§ 43.° **Texto, preparação, sistema e transposição**

CAPÍTULO IV

14.ª DIRECTRIZ (PROJECTO): TRANSFERÊNCIA DE SEDE

§ 44.° **Texto, preparação, sistema e transposição**

V
TIPOS EUROPEUS DE SOCIEDADES

CAPÍTULO I

O AGRUPAMENTO EUROPEU DE INTERESSE ECONÓMICO

§ 45.° **O Regulamento n.° 2137/85, de 25 de Julho**

§ 46.° **Sistema e conteúdo**

§ 47.° **Natureza e apreciação geral**

CAPÍTULO II

SOCIETAS EUROPAEA (SE)

SECÇÃO I

Os textos

§ 48.° **O Regulamento n.° 2157/2001 e a Directriz n.° 2001/86**

SECÇÃO II

Preparação e razões da SE

§ 49.° **A preparação do estatuto da SE**

§ 54.° A constituição de sociedades europeias

§ 55.° A orgânica e o funcionamento das sociedades europeias

§ 56.° Contas, dissolução e outras regras

§ 57.° A participação dos trabalhadores

SECÇÃO IV
As SE com sede em Portugal

§ 58.° As remissões feitas pelo estatuto das SE para o Direito interno

§ 59.° SE em Portugal: factores a ponderar

§ 60.° Vantagens, desvantagens e opções

CAPÍTULO III

SOCIEDADE COOPERATIVA EUROPEIA (SCE)

§ 61.° O Regulamento n.° 1435/2003 e a Directriz n.° 2003/72

§ 62.° Enquadramento, preparação e aspectos gerais